20世纪思想史

Peter Watson

THE MODERN MIND

An Intellectual History of the 20th Century

从弗洛伊德到互联网

上

[英国]彼得·沃森——著　张凤　杨阳——译

译林出版社

献给无名的编辑

献给本书涉及的所有“伟大著作”

的默默无名的编辑们

……加增知识的，就加增忧伤。

——《传道书》

历史让人明白，
人类事务永无定论；
静态的完美和终极的智慧
均不可企及。

——伯特兰·罗素

把不同的红酒混在一起也许糟糕，
但新旧智慧的混合堪称绝妙。

——贝尔托·布莱希特

一切都变了，那样彻底，
一种惊骇之美已经诞生。

——W. B. 叶芝

目 录

中文版序

新无知时代?

本书出版小史

在为本书英国版物色书名时，我的第一个灵感源泉是英 / 美大诗人 W. H. 奥登。奥登和我是老乡，我们都来自英国的伯明翰。伯明翰是这个国家的工业腹地，一座不甚可爱的城市，如果说它有什么显赫的时刻，那么我们可以说，原子弹的理论正是在第二次世界大战的阴影下，由两位移民至此的德国犹太物理学家，在这座城市绿草如茵的大学区推演出来的。于我而言，无论在曾经还是时至今日，奥登的诗歌都是 20 世纪人类创造力的缩影。他的成长环境促使他关注工业化的英国（以及其他地方）不断腐坏的面貌。对科学和精神分析的盎然兴趣也为他的诗歌带来了风格独具的语汇：散发着现实气息的当代场景、支离破碎的句法结构、如同现代艺术般刻意堆砌的冲突意象，最后以几近日常俚语的措辞收尾。也许正因如此，到最后我也没能在他的诗句中找出能够浓缩整个 20 世纪、能够引人共鸣的警句。

接下来，我尝试了同样是英 / 美诗人的 T. S. 艾略特的史诗《荒原》。这首诗歌的标题确实在很大程度上总结了现代人类的处境。但是，它实际上是一种偏颇的视角。艾略特更辉煌（对我个人来说）的诗作《圣灰星期三》（1930）包含如下诗句："我不再希冀求知 / 实证时刻的孱弱荣耀。"我玩味过"孱弱荣耀"这一精彩的搭配，考虑过拿它作书名会怎样。我明白艾略特的所指，也认为它在某种程度上能够引起人们的共情。我也考虑过，也许"实证时刻"的书名也可以成立，因为20世纪是科学的胜利，也是这个世纪最伟大的胜利。

但是这样的书名也许太过正面了。20世纪确实在诸多方面大获全胜，但在其他方面也承受了难以化解的灾难，中国的读者对此想必体会颇深。这也是为什么，最后我采用了爱尔兰大诗人 W. B. 叶芝的诗句"惊骇之美"作为英文书名。叶芝写了57年诗歌，与此同时，他也在政治上非常活跃（1899年的警方报告称他"多少算是个反动派"），不仅在爱尔兰当过参议员，而且诗作中也不时显现出他对政治的关切。这一姿态的集大成之作便是《1916年复活节》，一首歌颂失败的爱尔兰民族主义革命的诗作，其中包含如下诗句：

> 一切都变了，那样彻底，
> 一种惊骇之美已经诞生。

写作这本书的时候，对我来说，这两句诗便是整个20世纪的墓志铭。"惊骇之美"（A Terrible Beauty）也就成了本书英国版的书名。

在这样一个如斯丰富、如斯矛盾的世纪里，我们几乎可以从任何一条路径理解它。在艺术领域，20世纪所经历的艺术运动要比文艺复兴还丰富，而其中有许多遭到了国家或团体的诋毁和封禁。在医学领域，20世纪在医疗手段上取得了璀璨的进步，却也见证了许多医生的道德滑坡。物理学可能是这个世纪最伟大的思想冒险，然而它所取得的成就和招致的灾难都令我们难以忘怀。我们在政治领域突飞猛进，而相应的法律系统常常连亦步亦趋都难以做到。地质学和地理学的新发现本该提请我们注意环境的脆弱，但是就算它发出过这样的呼声，也已经被政客下了封口令。美国人将人类送上了月球，却无法（也有人觉得是不愿）阻止屠杀在他们学校教室中不断重演。谁敢斩钉截铁地说，2000年的世界就一定好过1900年呢？

对我来说，20世纪的多元视角可以从另一件跟我个人有关的小事中反映出来，那就是本书的美国版并不叫“惊骇之美”。我的美国出版方虽然也喜欢这本书（此外，它也获得了业界好评，并且销售业绩喜人），但他们认为英国版的标题并不能引起美国读者的共鸣。虽然叶芝是1923年诺贝尔文学奖得主，虽然美国庆祝圣帕特里克节的习俗比英国更为普遍，但是我的纽约出版方还是认为，在大西洋的西海岸，叶芝的这首诗作以及“惊骇之美”并不能取得同样的效果。

所以，美国版的书名叫作“现代思想”（The Modern Mind）。这是因为美国有着更显明的实用主义态度以及更朴实的文字审美。此外，美国人看待思想的基准点也较少历史思维，对历史上伟大的古典时代较为冷漠，对起源于亚洲和中东，然后在欧洲繁荣的人类文明也不太上心。尽管美国人也可以自豪地宣称，20世纪是属于美国人的世纪，这个国家的自我定位更倾向于展望未来，而不是回溯过去。

中国，在我看来，又与英美两国完全不同，实际上与整个欧洲都判然有别。中国作为一个古老的文明，总是不由自主地将目光投向过去，不过近几十年来，它又一改过去的封闭，向整个世界敞开了胸怀，如今正跻身世界上最有影响力的国家行列，并将目光投向未来。实际上，20世纪发生的一切，以及它所孕育的现代思想，能够帮助读者理解中国近几十年来的变革。也正因如此，我与编辑决定将“The Modern Mind”定为中文版的原书名，并将中文书名定为《20世纪思想史：从弗洛伊德到互联网》。

确切地说，这本《20世纪思想史》是一部剥离了政治的20世纪历史。（说实话，我们的世界也从不缺乏关于20世纪的政治史。）当然了，政治不可能被彻底回避，它们总是不可避免地在这里或那里冒头。但是在你即将打开的这些书页中，思想才是真正的主角：哪些思想是真正重要的，哪些思想改变了我们对20世纪的体验，哪些思想促使人们行动，给予人们勇气，令他们的生活激动人心，值得他们付出一切。

这也就使得我们回到了一个核心的事实，20世纪最重要的思想毫无争议是科学的思想，这也是为什么中文版的副书名会叫“从弗洛伊德到互联网”。早在1909年，精神分析因为弗洛伊德访问美国而逐渐传播并成为主流，尽管这一伟人的理论经历了许多修正，但它仍然在根本上改变了我们对于自身的理解，所以我们如今谈论心理学的方式已然和过去截然不同。

我还要重申，如果在现代思想冒险中择取最伟大的案例，那么它将会是粒子物理学。从1850年左右发现能量守恒开始（它将电、磁、光、波纳入一个体系之中），然后到放射性和电子的发现，最后一步步发现了组成原子的其他微观粒子，这不仅带来了电视的发明、电子技术的革命，使得我们对借由相同的粒子实现进化过程的宇宙有了更深的理解，也最终带来了现代物理学王冠上的宝珠：计算机技术。

历史的进程并非一条直线，但它大体上确实呈前进的态势，而本书试图以尽可能明晰且扼要的方式描述这一态势。而在20世纪纷繁的线索之中，最为重要、也最为根本的一条线索可能在于，尽管就政治领域而言，20世纪是一个无比巨大的灾难，其残忍和反人性达到了史无前例的程度。但它在其他领域，例如文学、医药、绘画和雕塑、历史编纂学、装饰艺术，却取得了辉煌的成绩。

这一悖论迫切需要得到关注，这也是我为何反复强调，许多学科正是因为电子技术革命的成果，因为广播、电视以及计算机和互联网，才得以进一步深化、扩展和融合，这项伟大的科学成就改变了我们获取知识的方式，推动着我们迈入了信息的时代。

一条浑浊的信息河流？

《纽约时报》专栏作家戴维·布鲁克斯最近在文章中提及，互联网上能够获取的信息犹如“一条浑浊的信息河流”。这话当然说得有点过，但他的核心意思是互联网上的信息未经提炼和归纳，其中有着太多纷繁复杂的细节，还称不上是知识。布鲁克斯的观点得到了诸多证据的支撑，而尽管互联网毫无疑问给我们带来了好处，却也可能让我们进入了新的无知时代。

在我们今天栖居的世界里，无知正在大范围地蔓延、扩张，在美国尤其如此，其程度已经到了令人警觉的地步。一项近期的调查显示，42%的美国受访者认为人类自宇宙伊始便已经存在于地球上，而有20%的受访者仍然相信太阳绕着地球公转。在美国，有一个人数相当可观的群体，主要基于宗教原因，仍然拒绝接受进化论的基本理论。另一项调查发现三分之一的美国受访者不知道美国独立战争发生在哪个世纪。在高中生群体中，只有不到20%的美国人学习外语，而这一比例在欧洲高达92%。

这一状况并不会迅速改善。在美国，我们从目前已知的数据得知，高校历史学位的授予数量在2016年相较2013年下降了30%。而这一数据应当与另外一个现实相对观之：耶鲁、普林斯顿、布朗等美国精英大学的历史系毕业生仍旧在连年增加。历史学正逐渐成为一种带有精英色彩的活动。

随着互联网的到来，这个世界变得如斯碎片化，学科之间变得如斯迥异，信息变得如斯原始而未经提炼，我们显然急需对诸种信息进行综合，并将网上大量"浑浊"的现成信息整合、梳理成明晰、连贯的体系。我们急需让信息脱胎换骨，变成知识。

思想综合是《20世纪思想史》的另一大特征。人们在理解事件和思想时喜欢（我几乎想说"需要"）使用框架，因为它能帮助我们进入思想的语境，咀嚼它，记忆它。如果没有框架，思想与思想的叠加只会是混乱的集合，而没有任何条理可言。从这本书的销量和译介情况（除了英语版本，它一共被译成26国语言）来看，《20世纪思想史》似乎完成了我在写作之初为它设定的目标。然而，还有另一件事值得提及，它在《20世纪思想史》问世之初时并不凸显，在我看来却和当今的中国读者有着特别密切的关系。

《丝绸之路》缺了什么？

如果你读过《20世纪思想史》的前篇《思想史：从火到弗洛伊德》，你就会知道这本书曾提到（尽管是将一部很长的历史长话短说），中国直到宋朝都是世界上最先进也最成熟的国家。从那以后，欧洲接过文明发展的接力棒，以不断积聚的势能催生出一大批影响深远的思想。

而我们刚刚经历的20世纪，即本书所涵盖的时期，正是欧洲发展的巅峰期。甚至连两次灾难深重的世界大战都无法遮蔽这一事实。不过，毫无疑问的是，自从第二次世界大战结束以后，世界各地曾经遭到殖民的地区都纷纷迎来了改变，它们开始独立自主，并且开始迎来教育、商业、道德，以及政治的自由。然而，至少从理论上来说，它们享有的这些新生活来自曾经统治过它们的殖民者。那么，接下来的岁月里，这一承前启后的过程也应当开启历史上一个最伟大的转型期。可是，事实当真如此吗？

这一过程目前尚未结束，有些人也许会认为，现在下结论为时尚早。但我现在想要抛出一个想法，供你开始阅读的时候思考。

在2016年，牛津大学全球史教授彼得·弗兰科潘出版了《丝绸之路》，副书名叫“一部全新的世界史”。这本书通过讲述中东和远东（即丝绸之路途径的国家），以它们的政治、贸易和冲突为核心，讲述了整个世界的历史。这个故事讲得很精彩，很值得一读，我个人也很推荐这本书。

但是，与此同时，我希望提请读者注意这本书处理历史的一个方面。《丝绸之路》是一部贸易和战争的历史。在它长达两千年的架构中，它几乎不曾提及任何思想的内容。许多历史学家会告诉你，思想会跟随贸易传播来开。还有些历史学家会告诉你，战争比其他任何事情更能改变整个民族的心智。虽然如此，《丝绸之路》却不曾谈及任何跟随贸易传播的历史，也不曾触及贸易对思想的影响。《丝绸之路》中只有持续不断的冲突，却不像我们自然会期待的那样，谈论战胜者攻城略地所带来的集体心智的改变。

简而言之，虽然《丝绸之路》用大家喜闻乐见的方式重新叙述了世界史，但是它也不自觉地印证了《思想史》的大意，即在思想领域，中国和东方自宋朝以后便被西方赶超了。

然而，我在本书中的意图，是提醒中国读者注意他们面临的挑战。中国在许多领域，比如技术、体育、教育改革、商业、海外投资，都已经取得了长足的发展。这些都是我们乐于见到的改变。但是，只有当中国能像西方的伟大文明所曾经成就的那样，在统辖人生重要的问题方面——比如今天我们该如何一同生活在这个人与人截然不同的世界？——换言之，在法律、哲学，尤其是道德哲学以及人文学科领域提出举足轻重的新思想，我们才能说这个国家在现代世界中成为一个真正重要的角色。

当中国的历史学者写出一部颠覆性的史学作品，将亚洲的过去纳入世界进程的模型当中；当中国的伦理学者，像提出无知之幕的约翰·罗尔斯那样，用一套新的理论摇撼我们对于政治框架的理解；当中国的数学家向我们展现，宇宙的“深层秩序”如何可以重构；当中国的画家或小说家取得相当于毕加索或者马尔克斯的成就——到了那个时候，世界才会心甘情愿地承认，中国已经重新取得了它应有的历史地位。

《20 世纪思想史》包含的大多仍旧是西方文明的成就。但接下来，我们该去向何方？本书的中国读者也许会带领我们走向那片风景。

彼得·沃森

伦敦，2019 年 8 月

序　言

20世纪80年代中期，受伦敦《观察家报》的委派，我在威拉德·范·奥曼·蒯因教授的引导下参观了哈佛大学。时值隆冬二月，地面覆盖着冰雪，参观过程中我们两人都摔了跤。但能够独占当今世界仍旧在世的最伟大的哲学家几个小时，这对我来说已然是难得的荣幸了。然而让我吃惊的是，后来当我向其他人叙述这一天的经历时，几乎没有人听说过这位哲学家，甚至连《观察家》的一些资深编辑也表示从未耳闻。从某种意义上来说，我撰写这本书的念头从那时起便有了萌芽。长久以来，我一直希望借助文学的形式，将人们的目光转移到这些近现代的伟大人物身上。他们不为统治社会生活的所谓名人文化折腰，但在我看来，他们的贡献往往值得浓重的笔墨。

后来在1990年前后，我读到了理查德·罗兹的《原子弹出世记》。这本书在1988年获得普利策奖可谓实至名归，而且它在前三百页中以扣人心弦的笔触描述了粒子物理学创立之初的岁月。电子、质子和中子看似并不适合通过叙事体的手法来描述，因为它们不太可能成为畅销书的主角，也不是什么人们津津乐道的话题。但罗兹深入浅出的妙笔让这些艰涩难懂的素材绽放出引人入胜的光芒。在该书开篇章节中有这样一段描述：1933

年，莱奥·齐拉特在穿过伦敦的南安普顿大街时遇到了一连串的交通信号灯。这一本来无足轻重的日常生活景象却让他醍醐灌顶，使他确信核能的链式反应有可能使炸弹具有超乎想象的巨大威力。这段描述本身就堪称一段小小的叙事杰作。拜读罗兹的作品让我意识到，假以足够的技巧，这样的叙事体手法足以让最干瘪、最生涩的题材具有很强的可读性。

但是，本书的成形，其实是在我和一位老朋友兼老同事的一系列讨论之后才最终完成的。W. 格拉汉姆·罗巴克是加拿大麦克马斯特大学英语系的名誉教授，同时也是历史学家、剧作家和文学教授。原定计划是由他和我共同完成《20 世纪思想史》的创作，而我们起初的宏愿，也意在通过这本书，探索那些改变了 20 世纪面貌的伟大思想。它绝不会是一篇篇枯燥的论文，正相反，它将是一个个故事，传递睿智的华彩，历数闪光角色的人生（包括他们的错误和斗争），并挖掘产生那些影响深远的思想的土壤。但令我
xiii 感到遗憾的是，我们的合作因罗巴克教授过于繁重的事务而未能实现。

如果说罗巴克教授是我最需要感谢的人，那么我还有许许多多的其他人需要感谢。撰写这样一部《20 世纪思想史》，其时间跨度之长，涉及领域之广，使我不得不倚仗许多专家、权威人士和学者的研究，他们包括科学家、历史学家、画家、经济学家、哲学家、剧作家、电影导演、诗人以及各领域的专业人士。在此我要特别感谢以下各位对我的帮助或就某些问题与我长期以来的信函交流，他们是：康斯坦丁·阿金沙、约翰·奥伯里、沃尔特·阿尔瓦、菲利普·安德森、R. F. 阿什、休·贝克、迪利普·班纳吉、丹尼尔·贝尔、大卫·布卢伊特、保罗·博格西昂、露西·布廷、米歇尔·布伦特、小凯斯·坎菲尔德、迪利普·查克拉巴蒂、克里斯托弗·奇彭代尔、金·克拉克、克莱芒西·科金斯、理查德·柯恩、罗宾·科宁厄姆、约翰·康威尔、伊丽莎白·克罗尔、苏珊·迪克森、弗兰克·迪科特、罗宾·迪蒂、里克·伊利亚、尼尔斯·埃尔德雷

奇、弗朗西斯科·埃斯特拉达—贝利、阿米伊塔·埃齐奥尼、伊斯拉埃尔·芬克尔斯坦、卡洛斯·热阿·弗洛雷斯、大卫·吉尔、尼古拉斯·古德曼、伊恩·格雷厄姆、斯蒂芬·格劳巴德、菲利普·格里菲斯、安德鲁·海克、索福克勒斯·哈吉萨瓦斯、伊娃·豪伊杜、诺曼·哈蒙德、阿伦·黑斯廷斯、英奇·赫克尔、阿格妮丝·赫勒、大卫·亨、内雷亚·埃雷拉、艾拉·海曼、杰拉尔德·霍尔顿、欧文·路易斯·霍罗威茨、德里克·琼斯、罗伯特·约翰斯顿、埃维·乔斯洛、瓦索斯·卡拉乔治西斯、拉里·凯耶、马文·卡尔布、托马斯·克兰、罗伯特·诺克斯、艾莉森·科默、威利·科尔特、赫伯特·克雷茨莫、大卫·兰德斯、珍·拉特盖伊、康斯坦斯·洛温塔尔、凯文·麦克唐纳、皮埃尔·德·马雷、亚历山大·马斯哈克、特伦特·毛尔、布鲁斯·马兹利什、约翰·孟席斯、帕特里西亚·孟席斯、梅赛德斯·莫拉莱斯、巴伯·米勒、查尔斯·默里、贾尼斯·默里、理查德·尼科尔森、安德鲁·努恩伯格、琼·奥兹、帕特里克·奥基夫、马克·帕赫特、凯瑟琳·帕尔默、诺曼·帕尔默、艾达·彼得罗娃、尼古拉斯·波斯特盖特、尼尔·波兹曼、林德尔·普罗特、科林·伦弗鲁、卡尔·里斯金、拉克尔·张·罗德里格斯、马克·罗斯、詹姆斯·朗德尔、约翰·拉塞尔、格雷格·萨里斯、克里斯·斯卡瑞、丹尼尔·沙维尔宗、阿瑟·谢普斯、阿玛蒂亚·森、安德鲁·斯莱曼、珍·史密斯、罗伯特·索洛、霍华德·施皮格勒、伊恩·斯图尔特、罗宾·施特劳斯、赫布·特勒斯、沙内尔·托马斯、塞西莉亚·托代斯基尼、马克·汤姆金斯、马里昂·特鲁、鲍勃·蒂勒、华金·巴尔德斯、哈罗德·瓦尔姆斯、安娜·文顿、卡洛斯·韦斯顿、兰德尔·怀特、基思·怀特洛、帕特里西亚·威廉斯、E. O. 威尔逊、丽贝卡·威尔逊、凯特·泽比里、亨利·赵、多萝西·津伯格和 W. R. 兹库。

由于 20 世纪的许多思想家都已过世，因此在描述他们的思想时我也参考了大量著作，它们不局限于20世纪的“经典”，还包括对这些著作的评论和批评。实际上，研究和撰写《20世纪思想史》的一大乐趣，就在于重新发现那些由于某些原因消失在人们视野中的作者。他们虽暂时被人们遗忘，但往往藏有原始的、令人醍醐灌顶的史料。我希望读者能和我一道分享发掘珍宝的快乐与热情。

《20世纪思想史》是一部俯瞰全局的作品。如果在文中将所有的引用都一一标出，必将使行文的流畅性大打折扣。但我确信本书结尾处超过三千条的注释和参考文献足以表达我诚挚的谢意。不过，在此我仍然想感谢那些我亏欠尤甚的作者和出版商，因为我厚着脸皮对他们的著作进行了林林总总的援引、概括和转述。现将他们的名字和著作按英文原书名首字母顺序排列如下：伯纳德·伯尔贡齐，《读懂30年代》（麦克米伦出版 xiv 社，1978），以及《英雄的黄昏：第一次世界大战文学作品研究》（麦克米伦出版社，1980）；沃尔特·博德默和罗宾·麦凯，《人类之书：发现人类基因遗传的探索》（利特尔&布朗出版社，1994）；马尔科姆·布拉德伯里，《现代美国小说》（牛津大学出版社，1983）；马尔科姆·布拉德伯里和詹姆斯·麦克法兰编，《现代主义：1890—1930年欧洲文学导读》（企鹅出版社，1976）；C. W. 塞拉姆，《神灵、死亡与学者》（克诺夫出版社，1951）和《最早的美国人》（H. B. 乔万诺维奇出版社，1971）；威廉·埃弗德尔，《最早的现代人》（芝加哥大学出版社，1997）；理查德·福泰，《人生：未经授权的传记》（哈珀柯林斯出版社，1997）；彼得·盖伊，《魏玛文化》（塞克和沃伯格出版社，1969）；斯蒂芬·杰·古尔德，《误测人类》（企鹅出版社，1996）；保罗·格里菲斯，《现代音乐简史》（泰晤士和哈德逊出版社，1978和1994）；亨利·格罗斯汉斯，《希特勒与艺术家》（霍尔姆斯和迈耶出版社，1983）；凯蒂·哈夫纳和马修·利昂，《巫师熬夜之所：互联网的起源》（塔奇斯通出版社，1998）；伊恩·汉密尔顿编，《牛津20世纪英文诗歌指南》(牛津大学出版社，1994)；伊万·汉纳福德，《种族：一种观念在西方的历史》(伍德罗·威尔逊中心出版社，1996)；麦克·霍金斯，《1860—1945年欧美思想中的社会达尔文主义》(剑桥大学出版社，1997)；约翰·海登瑞，《野性的狂欢：性革命的兴衰》(西蒙和舒斯特出版社，1997)；罗伯特·海尔布隆纳，《俗世哲学家：伟大经济学家的生活、时代与思想》(西蒙和舒斯特出版社，1953)；约翰·赫明，《印加人的征服》(麦克米伦出版社，1970)；阿瑟·赫尔曼，《西方历史中的衰退思想》(自由出版社，1997)；约翰·霍根，《科学的终结：在科学时代的暮色中审视知识的限度》(艾迪生—韦斯利出版社，1996)；罗伯特·休斯，《新冲击》(BBC以及泰晤士和哈德逊出版社，1980和1991)；贾雷尔·杰克曼和卡拉·博登，《逃过希特勒魔掌的缪斯：1930—1945年的文化迁移与文化适应》(史密森学会出版社，1983)；安德鲁·贾米森和罗恩·艾尔曼，《60年代的种子》(加利福尼亚大学出版社，1994)；威廉·约翰斯顿，《奥地利思想：1848—1938年的知识与社会史》(加利福尼亚大学出版社，1972)；阿瑟·奈特，《最鲜活的艺术》(麦克米伦出版社，1957)；尼古拉·克列门特索夫，《斯大林主义的科学》(普林斯顿大学出版社，1997)；保罗·克鲁格曼，《兜售繁荣：预期消退的年代之经济意义与无意义》(W. W.诺顿出版社，1995)；罗伯特·莱卡特曼，《凯恩斯时代》(企鹅出版社，1967)；J. D.麦克杜格尔，《地球简史》(约翰·威立出版社，1996)；布莱恩·麦基，《思想者：当代哲学的缔造者》(牛津大学出版社，1978)；阿瑟·马威克，《60年代》(牛津大学出版社，1998)；恩斯特·迈尔，《生物学思想的发展》(贝尔纳普出版社，哈佛大学出版社，1982)；弗吉尼亚·莫雷尔，《祖先的苦难：李奇夫妇与人类起源研究》(西蒙和舒斯特出版社，1995)；理查德·罗兹，《原子弹出世记》(西蒙和舒斯特出版社，1986)；哈罗德·舍恩伯格，《伟大作曲家的生活》(W. W.

诺顿出版社，1970）；罗杰·沙特克，《盛宴之年：1885年至第一次世界大战期间法国先锋派的起源》（Vintage，1955）；昆丁·斯金纳编，《社会科学宏大理论的回归》（剑桥大学出版社，1985）；迈克尔·斯图尔特，《凯
xv 恩斯与后凯恩斯》（企鹅出版社，1967）；伊恩·塔特索尔，《化石寻踪》（牛津大学出版社，1995）；尼古拉斯·蒂明斯，《五位巨人：福利国家档案》（哈珀柯林斯出版社，1995）；M. 韦瑟罗尔，《寻求治愈：药物发现史》（牛津大学出版社，1990）。

需要声明的是，这绝对不是一部盖棺定论式的20世纪思想史。试问，谁敢斗胆妄言自己能写出这样一部绝对权威的鸿篇巨制呢？这只是我对宏大的20世纪思想的一次个人意义上的概括和总结。我还要感谢以下编辑朋友对部分或全部手稿的勘误、查漏补缺及献言献策，他们是罗伯特·吉尔德、罗伯特·约翰斯顿、布鲁斯·马兹利什、塞缪尔·瓦克萨尔和伯纳德·沃瑟斯坦。当然，书中仍然存在的错误和遗漏由我本人全权负责。

在《洪堡的礼物》中，索尔·贝娄这样描述主人公冯·洪堡·弗莱谢尔："他能言善辩，可以滔滔不绝说个没完。他是个即兴演说家，诋毁别人的老手。说老实话，被洪堡调侃倒是一种荣幸，就像给毕加索的双鼻肖像充当模特一样……钱财是他的灵感之源。他顶爱谈论有钱人……然而他真正的财富是文学。他胸罗万卷。他说，历史是一场噩梦，他只想在这场噩梦中好好睡上一觉。失眠使他更加博学。他彻夜不眠地读着大部头——马克思、桑巴特、汤因比、罗斯托夫采夫、弗洛伊德。"[1] 从各方面来说，20世纪都不啻为一场噩梦，但在历史的血雨腥风中，正是那些撰写出不朽著作的伟大灵魂，让洪堡和许许多多像他一样的人理智依然。而我将这些伟大的灵魂作为本书的主人公，并希冀他们能够获得应有的爱戴与景仰。

2000年6月于伦敦

导　言

思想规律进化论

1997年，牛津大学哲学家和历史学家以赛亚·伯林在去世前不久接受了BBC电视台的专访，并被问及其漫长人生中最让他惊讶的事。伯林于1909年生于里加的犹太木材商人之家，七岁半的时候就在圣彼得堡一座陶瓷厂楼上的家中目睹了二月革命的开端。他这样回答："只有一件事，那就是经历过无数的恐惧，我仍能如此平静而愉悦地生活。在过去的这个世纪里，世界毫无理由地承受了人类有史以来最为严酷的非人道暴行和野蛮毁灭……但我还活着，没有被它们涤荡……在我看来这很令人惊讶。"[1]

听到这段采访的时候，我已深入本书的创作很久了。但伯林先生的回答着实引起了我的共鸣。出于完全可以理解的原因，传统的20世纪史学研究都着力于人们熟知的经典政治军事事件，如两次世界大战、俄国革命、30年代的大萧条、斯大林治下的苏联、希特勒的第三帝国、殖民地自治浪潮和冷战，等等。这是一份可怕的事件簿。而斯大林和希特勒（或打着他们的旗号）犯下的暴行，至今仍没有被清算，甚至很可能永远也无法彻底清算。这些暴行的数量之巨，即便在这个对天文数字已经习以为常的时代，也仍罄竹难书。尽管伯林先生经历了所有这些恐惧肆虐的年代，他留在故乡的所有家人都惨遭屠戮，可他仍能在接受BBC采访时表示自己漂泊的一生堪称“幸福人生”。

因此，我写这本书的第一要务，就是要让人们把目光从传统史学涵盖的大小事件上移开，不再囿于政治军事事件和国家事务，转而关注那些令以赛亚·伯林的人生如此传奇而丰富的主题。过去的一百年中发生的恐怖事件，其散布范围之广，数量之巨，对人的现代情感造成的流弊之严重，使得传统史学家对其他的主题都无暇顾及。举个例子，最近出版的一本关于20世纪前三十年的史学著作，虽然厚达700多页，却丝毫没有提及相对主义，既没有提及亨利·马蒂斯或者格雷戈尔·孟德尔，也没有欧内斯特·卢瑟福、詹姆斯·乔伊斯或马塞尔·普鲁斯特；既没有乔治·奥威尔、W. E. B. 杜波依斯或玛格丽特·米德，也没有奥斯瓦尔德·斯宾格勒
1 或弗吉尼亚·伍尔夫；既没有莱奥·齐拉特或莱奥·亨德里克·贝克兰，也没有詹姆斯·查德威克或保罗·埃尔利希；既没有辛克莱·刘易斯，当然更没有提到他的作品《巴比特》。[2] 其他史学著作同样存在类似的缺失。而在这本书里，我试图打破这一偏颇的局面，聚焦那些改变了20世纪面貌的主要思想理念，正如伯林先生所言，这些思想理念才是真正独一无二的宝贵财富。

尽管基于这样的初衷，但我无意否认传统史书的观点，即20世纪确然是悲惨且多灾多难的。只不过除了战争，这个世纪其实还有更多的美好。我也没有意图暗示政治或军事事务就不是思想或智力事务。它们绝对是。政治家总是试图将哲学和人性的理论融入政府的统治中去，在我看来这绝对是最为困难的智力挑战之一。而在军事斗争中，个人的生命前所未有地无足轻重，人与人面对面地交锋，其间也饱含了政治价值与利益。但是，在纵览传统史书之后，我想给读者一些不一样的东西，一些更为丰富

也更加难以寻觅的东西。

我从来认为，只要我们抛开折磨20世纪的深重苦难，只要我们不再执迷于过去数十年间历历在目的恐怖，那些思想潮流，以及最引人关注的发展、最经久不衰的进步和最意义深远的开拓，都将显现在我们眼前。20世纪一直在知识层面被科学主导，对科学“妥协退让”。科学的影响之所以深远，不仅因为它造就了新发明的诞生和人们生活方式的转变。科学在改变人类思考内容的同时，也改变着人类的思考方式。1988年，法国人类学家克劳德·列维—斯特劳斯在《亦近，亦远》中自问道：“你认为当今世界还有哲学的一席之地吗？”他是怎么回答的？“当然有，但只有当哲学基于当今的科学知识与成就时才能立足……哲学家不能将自己与科学发展隔离开来，因为科学不但极大地拓展和改变了我们对于生命和宇宙的视野，同时也变革了人类思考的方式和规则。”[3]这场规则和方式的革命也将贯穿本书的探讨。

有批评者可能会认为，从20世纪与科学的关系来看，这个世纪其实与18、19世纪并无区别，因为我们都在见证科学发展的成熟，而这一进程早在哥白尼和弗朗西斯·培根时代就已经发端。从某种意义上来说确实如此。但20世纪与19世纪及之前的世纪在三个重要方面有着本质区别。首先，一百多年前的科学只是一套彼此毫无关联的学科集合，而且并未开始探索各学科的基本原理。比如约翰·道尔顿早在19世纪就预测了原子的存在，却一直没有人尝试验证这一概念的实体，甚至连最不着边际的验证空想也没有。而这恰恰是20世纪科学的显著特点，用约翰·马多克斯的话来说：20世纪的标志性特征是它不但让发现之河变成了洪流，而且让很多学科的基础性发现成为现实，包括物理学、宇宙学、化学、地质学、
生物学、古生物学、考古学和心理学等。[4]而正是在1900年及其前后，大 2

多数基本概念（电子、基因、量子和无意识等）得到了定义，这也是思想史上一个伟大的巧合。

20世纪区别于以往世纪的第二方面在于，各种不同领域的探索，包括以上提到的所有学科加上数学、人类学、历史学、遗传学和语言学，以充满力量而令人信服的姿态交相辉映，为人们展开了一幅自然世界的壮美画卷。这幅画卷包含了宇宙、地球以及大陆和海洋的演化，生命的起源，世界人口的增长和不同种族及不同文明的发展等丰富的内涵。这幅画卷的基础和框架都是对进化论的演绎。时至1996年，美国哲学家丹尼尔·丹尼特仍然认为达尔文的进化论是“人类历史上最伟大的思想”。[5]而早在1900年，胡戈·德弗里斯、卡尔·柯伦斯和埃里希·切尔马克就通过重新阐述和发现本笃会修士格雷戈尔·孟德尔的豌豆育种规则，解释了达尔文理论作用于个体水平的可能机制，从而开启了科学（当然也是哲学）的广阔新领域。因此在本书中，我实际上坚持认为，通过自然选择实现的进化论可以说是20世纪的理论，当然了，说它是19世纪的理论也同样正确。

20世纪在科学上区别于以往世纪的第三方面体现在心理学领域。正如罗杰·史密斯所指出的，20世纪是心理学的纪元。自我变得私人化，而公共领域（代表公众利益的政治行为的关键领域）则出现了相对空白的状态。[6]人们开始以一种从未有过的方式审视自己的内心。正统宗教的衰落和个人主义的兴起，使得这个世纪在感觉上迥异于之前的世纪。

在前面的段落中，我用到了对科学“妥协退让”的字眼，我的意思是：人们被迫接受科学发展所取得的进步。除此之外，其他学科以及其他思维模式或行为方式都在进行自我调整以回应科学的发展，它们无法忽视科学。许多视觉艺术的发展，如立体主义、超现实主义、未来主义、建构主义，甚至抽象主义本身，都涉及对科学（或艺术从业者“眼中”

的科学）的回应。许多作家，从约瑟夫·康拉德、D. H. 劳伦斯、马塞尔·普鲁斯特、托马斯·曼和 T. S. 艾略特，到弗朗茨·卡夫卡、弗吉尼亚·伍尔夫和詹姆斯·乔伊斯，也都承认受到过查尔斯·达尔文、阿尔伯特·爱因斯坦或西格蒙德·弗洛伊德的思想影响。在音乐与现代舞蹈艺术中，原子物理学与人类学的影响都已得到承认（阿诺尔德·勋伯格尤甚），而“电子音乐”一词本身就不言而喻了。在法理学、建筑学、宗教和教育中，在经济学和组织工作中，科学成果及其方法学都有着不可或缺的重要性。

在这样的环境下，历史学科显得尤为重要，因为虽然科学对历史学家的写作方式和内容有着直接影响，但历史本身也是不断发展的。史学界的一大辩题关涉历史向前发展的动力问题。有的学派认为，“大人物”举 3
足轻重，当权者的决断可以造成世界历史和思想的重大转变。另一些人则认为，经济和商业因素能够通过促进整体人口中某些阶级的利益而实现变革。[7] 在 20 世纪，尤其是斯大林和希特勒的出现似乎肯定地表明，“大人物”的决策对历史事件至关重要。但随着热核武器统治了 20 世纪下半叶，我们还能说任何单独的个人，无论伟大与否，能够担负起这足以毁灭世界的核弹的决策权吗？显然不能。事实上，我想说的是，我们生活在一个变革的时代，一个众多时空交错的年代。那些曾经被我们视为社会发展的动力（如大人物或影响社会阶级的经济因素）都正在被社会发展的新引擎所取代。而这台新引擎就是科学。

关于科学，还有一个方面让我觉得特别令人振奋。它不存在真正的日程表。我的意思是，就其本质而言，人们不能强迫科学朝向某个特定的方向发展。科学的必然属性就是开放（尽管在冷战时期和某些商业实验室里还存在一些秘密进行的研究），从而确保在这一至为重要的人类活动中，永远只能存在知识的民主。令人鼓舞的是，科学不仅是一种强大的工具，能够发现新事物，改变政治观念，刺激思想的发展，科学还变成了重要的隐喻。要取得成功和进步，世界必须是开放、不断变化且毫无偏见的。因此科学在具有知识权威的同时也具备了道德权威。但这并不总是能为大众所接受。

说到这里，我不想让读者觉得这本书的内容都是关于科学的，因为实际情况并非如此。但在导言部分，我想提请大家注意科学对20世纪产生的另外两方面的哲学影响。第一个方面有关技术。技术进步是科学最显而易见的成果，但它可能导致的哲学后果往往被忽视。科学并不像大多数宗教和某些政治理论家那样，会友善地向我们承诺，为人类的生存状态提供普适的解决方案。科学看待世界的眼光循序渐进而讲究实效。技术则解决具体问题，并为个人提供更强的生活驾驭能力和/或在某些特定方面的生活自由（如移动电话、便携式计算机和避孕药等）。不是每个人都认为这些“小玩意”是对异化或倦怠的困境所作出的适当的哲学回应。而我则固执地认为，它们的确是的。

科学所具有的最后一个重要的哲学意义可能也是最重要当然也是最有争议的。站在20世纪末的关口，人们逐渐清醒地意识到，我们的生活正随着知识的进步而飞速发展，与此同时我们也面临这样一个事实：相比科学知识的突飞猛进，艺术领域却缺乏能与之媲美的成就。有些人会认为这样的比较是错误而毫无意义的，因为艺术所包含的创意、想象力、直觉和本能的知识，是从来不可能像科学知识一样通过累积而增长的。我认为这个问题可以有两种解释。第一，这种关于艺术知识的提法是不成立的，因
4 为已有观点认为艺术文化是具有累积性的。哲学家罗杰·斯克鲁顿在最近的一本著作中已经阐明了这一观点。“创意，”他说，“不是为了吸引眼球而不择手段，也不是通过震慑或干扰将外部世界的竞争拒之门外。一个众所周知的词语，只要用得恰如其分，也可以是最有原创性的艺术作

品。……它们的原创性并不在于对过去的蔑视或对既有期望的粗暴攻击，而在于它们向传统形式及内容注入了令人惊喜的新元素。没有传统，创意便不能存在：因为创意只有通过对抗传统才能为人所知。”[8]这与19世纪沃尔特·佩特提出的“经验之伤”类似，即为了探索新事物，你必须了解过去，否则你可能只是在重复前人的成果，煞有介事地兜圈子。但20世纪的艺术和人文的碎裂所表现出的却常常只是对于奇技淫巧的过分追求，而不是对已有知识的独创性见解和补充。

第二种解释则来源于科学所具有的累积性本质。科学是一个循序渐进、前后连贯的故事，新的成果不断对旧的理论进行修正，从而增强科学的权威，科学的意义就在于此。在我看来，20世纪的艺术和人文已经在一定程度上被科学所压制和超越，而这种压制与19世纪及以前的任何态势都截然不同。一百年前的作家，如胡戈·冯·霍夫曼斯塔尔、弗里德里希·尼采、亨利·柏格森和托马斯·曼等，完全可以就人类的境遇发表足以与当时的科学思想相媲美的论断，而诸如理查德·瓦格纳、约翰内斯·勃拉姆斯、克劳德·莫奈或爱德华·马奈等艺术大师，也具有同样的作品表现力。正如本书第1章里所写的那样，19、20世纪之交，在马克斯·普朗克位于德国的家里，人文科学仍被视为较科学更为优越的知识形式（普朗克一家也并非异类）。但一切还一如当年吗？艺术和人文曾经一直反映着它们栖居的社会，但在过去的一百年间，它们的声音已经日渐低沉。[9]

拔地而起的冷漠大都市，稍纵即逝的邂逅，冷酷的工业化以及前所未有的道德沦丧，这些景象构成了19世纪晚期全新的异化世界。现代主义作为对这一世界的回应，已经被大书特书过了。同样重要，甚至更为重要的是现代主义者对科学本身，而不是对技术及其社会后果的回应。20世纪的许多科学成就，如相对论、量子理论、原子理论、符号逻辑、随机过程、激素和食品添加剂（维生素）等，至少在它们被发现的时候都显得艰涩难懂。我认为现代科学的高门槛已对艺术产生了不利影响。简单地说，艺术家总是尽量避免与大多数（我要强调“大多数”）科学产生交集。这样做的一大后果，正如本书自始至终力图传达的，就是约翰·布罗克曼所谓的“第三种文化”的兴起。这种文化与 C. P. 斯诺概念中的两种文化（文学文化和科学）有关，但存在差异。[10] 布罗克曼认为第三种文化由一种新的哲学类型构成。这种自然哲学事关人类在世界和宇宙中的定位，主要由
5 物理学家和生物学家写就，因为他们是现今最有能力做出此类评价的人。无论如何，对我而言这都是一种对知识形式演变的衡量。这也是本书的中心思想所在。

在这里，我要重申我在序言中说过的话：《20 世纪思想史》只是我对于 20 世纪思想的个人诠释。即便如此，这本书所涵盖的领域仍太过广博，这让我不得不在材料的选择上采用非常严苛的标准。对于若干问题的探讨，我也只能忍痛割爱了。我何尝不希望用整整一章的篇幅描述纳粹对犹太人的大屠杀所造成的思想后果。正如保罗·福塞尔和杰伊·温特为第一次世界大战造成的思想后果所作的阐释一样（见第 9 章），大屠杀也同样值得大书特书。而在介绍 1963 年汉娜·阿伦特报道阿道夫·艾希曼在耶路撒冷接受审判时，大屠杀本来也可以很好地契合主题。亨利·福特的成就，以及他极富影响力的发明（流水生产线），或是查理·卓别林这样在 19、20 世纪之交电影刚刚诞生时便大放异彩的明星，也都理应在本书中占有一席之地。但严格说来，上述都是文化而非思想的进步，所以我只能忍痛省略。实验对象往往会因为实验的设计而导致很多原本并不会出现的结论和推断。丹尼尔·贝尔曾好心地提醒过我，而我没有听从当然不能怪罪于他。有段时间我曾想专门辟出一章来介绍

大学，不只是剑桥、哈佛、哥廷根或日本帝国大学等传统名校，还要包括伍兹霍尔海洋研究所、斯克里普斯研究所、欧洲粒子物理研究所及俄罗斯新西伯利亚科学城等杰出的专业机构。我最初计划走访《自然》和《科学》杂志的编辑部、《纽约书评》办事处和诺贝尔基金会，以及一些著名的大学出版社，介绍这些机构令人瞩目的成就。同样，位于突尼斯、埃及和也门等阿拉伯世界的清真寺图书馆也应当榜上有名。这些想法都很迷人，但要囊括它们，恐怕本书也得增加一倍的篇幅和重量了。

写作本书的一大乐趣，是让我能够借此机会回过头来研读那些我早就应当拜读的作品，重温许多我曾经读过的作品。除此之外，我对诸多大学进行了访问，访谈了许多作家、科学家、哲学家、电影制片人、学者和其他让本书蓬荜生辉的人，这些事情都让我乐在其中。对所有的受访者，我采用的采访方式都大同小异。在有时长达三个小时的谈话过程中，我会问对话者，在其领域内，他/她认为20世纪最重要的三个思想各是什么。有些人给出五个，也有人只选择了一个。在访问三位经济学家（其中两位是诺贝尔奖得主）时，我本期望他们可以给出九个不同的答案，但由于他们不约而同的选择，我最后只得到了四个答案。

本书采用叙事体的写作手法。审视20世纪思想成就的一大方法，就是将这段思想的历史当作一个伟大的故事娓娓道来。因此，大部分的章节都根据时间顺序向前推进。我把它们叫作“垂直”或经线章节。不过，有几个章节则是与之对应的“水平”或纬线章节。它们分别是关于1900年的第1章；关于19、20世纪之交的维也纳及其“思想驿站”特点的第2章；关于神奇的1913年的第8章；关于第一次世界大战造成的思想后果 6
的第9章；以及关于让 保罗·萨特时代的巴黎的第23章。在这些章节里，思想的脚步不再一味沿着时间的大路向前飞奔，而尝试领略那些有时在同一个地方伸展开来的平行岔路。个中缘由也是因为当时发生的事件所致。但我仍希望读者们能够乐于品味这种步伐的改变，我也希望那些字体加粗的人名和概念会对读者的阅读有所帮助。因为在这样一本大部头著作里，单凭章节标题可能不足以提供完善的阅读指导。

本书共分为四部，这种划分也反映出思想的确切变化。在第一部中，我完全颠覆了弗兰克·克默德在《终结的意义》中做出的论断。[11] 克默德爵士认为，尤其是在小说作品中，所有情节的结局，以及该结局与之前情节之间的协调关系，组成了人性的基本面，也就是世界观。起初的文学作品中只有永恒的天使和神话，后来出现了悲剧，而最近的文学作品中则充斥着无尽的危机。与之正相反，本书的第一部反映了我的信念，那就是：20 世纪初，在生活的各个领域，物理、生物、绘画、音乐、哲学、电影、建筑以及交通运输，都存在着一种强烈的征兆。新的局面将被打开，新的故事将被传诵，而新的结局也就可想而知了。不是每个人都看好正在发生的变化，但纯粹的新颖正是这个时期最典型思想的意义所在。我对第一次世界大战之前的 20 世纪思想史抱有这种信念。

虽然在第 9 章中，我着重考量了第一次世界大战造成的思想后果，但实际上，整个第二部“从斯宾格勒到《动物农场》：文明及其缺憾”也延续了对这一命题的探讨。“文明及其缺憾”取自弗洛伊德写于 1931 年的同名作品，我们也许不一定赞同该书传达的观点，但这并不妨碍我们承认他的措辞概括了整整一代人的心境。

本书的第三部则体现了一种截然不同的感受，它比战前时期还要乐观，也许是积极年代里最为积极的时刻，因为在那时的西方（更确切地说，在非共产主义世界里），我们似乎看到了自由的社会架构有希望成为可能。20 世纪的历史最为奇妙的一点，就是第一次世界大战散布了如许的愁云惨雾，而第二次世界大战则守得云开见日出。

决定第四部基调的是后现代主义的理念。而此时要断定它是否如某些人所说的那样是一种革命性突破，还为时尚早。因为有的人仅仅将其视作对现代主义的丰富和补遗，但从后现代主义预示了后西方思想乃至后科学思想这层意义上来说（见本书第 755—756 页），它也可能被证明是与过去年代更为彻底的决裂。这一问题有待解决。如果我们正要进入“后科学纪元”（对此我深表怀疑），那么新的千年势必迎来自达尔文创立“人类历史上最伟大的思想”之后，最为彻底的思想革命。 7

第 一 部

从弗洛伊德到维特根斯坦：伊始的意义

1
打破宁静

公元 1900 年的到来本不必是举足轻重的事件。说到底，世纪的概念只是人为约定的思想。虽然人们在看待时间时往往采用十、百、千为度量衡，但在自然的历史长河中，这些都只是惊鸿一瞥而已。自然总是吝啬而零散地展示着她无穷无尽的秘密，而从人类的所知来看，这样的展示更多地带有随机性。事实上对于当时世界上的大多数人来说，公元 1900 年并不意味着什么：这是一个按基督教纪年方式（公元纪年）产生的年份，因此严格说来，它和非洲、美洲、亚洲或中东的人民并不相关。然而事实上，这个被西方世界命名为 1900 的年份以任何标准来衡量都绝非平凡的一年。就本书的主题，即思想的发展而言，在这一年里，在迥异的领域诞生了四大革命性突破，其中每一项都提供了一种令人惊叹的全新视角，借此改变人类对世界和自身地位的看法。这些新思想非常重要，它们将使世界发生巨大的变化。

1900 年 1 月 6 日星期六，在 20 世纪诞生还不到一个星期的时候，一篇书评出现在奥地利首都维也纳，它将完全颠覆人类对自身的认知方式。从严格意义上说，书评中介绍的这本书在前一年的11月就已经在维也纳和莱比锡出版了，但这篇书评诞生于1900年，而正是它让大众第一次听说了这本书。这本书就是《梦的解析》，其作者是一位来自摩拉维亚的小镇弗莱贝格的44岁犹太医生，名叫**西格蒙德·弗洛伊德**（Sigmund Freud）。[1] 弗洛伊德在家里八个孩子中排行老大，表面上是个传统的人。他笃信规则，严格守时，平时所穿的西服也都是由夫人亲手挑选的英国面料裁剪而成。他年轻时自信满满，曾经打趣说："我的裁缝给我打造的衣着面貌和我的教授给我打造的精神面貌同样重要。"[2] 虽然弗洛伊德喜欢户外且爱好登山，但他也是个抽起雪茄就没完的大烟枪。[3] 他的弟子兼朋友汉斯·萨克斯，经常与他一起从事他最喜欢的休闲项目——采蘑菇。汉斯这样回忆弗洛伊德："他有着深陷的眼窝和锐利的眼神，以及在鬓角处尤为高耸的饱满天庭。"[4] 但弗洛伊德最让朋友和评论家关注的却并非他的眼睛，而是从他双眼中流露的智慧光芒。如他的传记作家乔瓦尼·科斯蒂根所说："他的目光中存在难以捉摸的东西：一些理性的苦楚，少许的怀疑，还有愤慨的成分。"[5]

弗洛伊德这复杂眼神的由来有着充分的缘由。虽然在个人生活习惯方面他可能是个传统的人，《梦的解析》却是一部备受争议的著作。而且
11 在当时绝大多数的维也纳人看来，这也是一部石破天惊之作。对外部世界而言，1900年的维也纳，这座奥匈帝国的首都是一座典雅而古旧的大都市。维也纳大教堂哥特式的尖顶刺破云天，俯瞰着整个城市巴洛克式的屋顶和装饰华丽的教堂。帝国的宫廷里充斥着浮夸而阴郁的迂腐气息，皇帝本人也仍按照西班牙的传统方式用膳，所有的银器都要摆在餐盘的右侧。[6] 这种宫廷的浮华气息也是弗洛伊德厌恶维也纳的一大原因。1898年，他写道："住在这里真是一种煎熬，没有任何克服困难的希望能在这种氛围

里残存下去。”[7]他尤其厌恶奥地利的“八十世家”，那些“世代相传的傲慢，呆板的礼数规矩和出自其门下成群结队的官员”。这些维也纳贵族世家之间经过历代通婚，实际上已经融合成一个庞大的家族。他们相互之间以“你”（不使用敬语“您”）相称，甚至直接谑以绰号和昵称，整日都在各自的派对和沙龙之中混天度日。[8]弗洛伊德厌恶的还不止这些。他还将“可恶的圣斯德望主教座堂的尖顶”看作是教权主义压迫势力的象征。他本人也并非音乐爱好者，因此对“轻佻”的约翰·施特劳斯圆舞曲怀有鄙弃之意。基于所有这些，我们不难看出他为何如此厌恶这座他居住的城市。但憎恨并不一定是弗洛伊德对维也纳的所有感情，也有证据表明他对这座城市也存有好感。1918 年 11 月 11 日，当第一次世界大战的枪声逐渐归于平静，他在备忘录里写下了这样的笔记：“奥匈帝国虽然不存在了，我却不想搬到别处去。对我来说，移民是绝不可能的。我将和这帝国的碎片一起生活下去，假想它并未破碎一样。”[9]

但是，当时维也纳日益滋长的反犹主义是弗洛伊德无法回避的问题，也是他对维也纳生活怀有如此矛盾心态的一大原因。这种反犹情绪随着维也纳犹太人口的增长而逐渐高涨。1873 到 1900 年间，城中犹太人的数量从 7 万人增加到 14.7 万人，而伴随左右的反犹主义已成泛滥之势，据说有的患者甚至会把犹太医生称为“犹太猪猡”。[10]反犹分子卡尔·卢埃格尔也当上了市长，而他曾经提议把所有犹太人统统塞进船舱然后沉入海底。[11]弗洛伊德总是对哪怕一丁点儿反犹情绪都极度敏感，他至死都拒绝接受任何将他的作品翻译成希伯来文或意第绪文的版税。他曾经告诉卡尔·荣格，他自认为是约书亚，“注定要探索精神病学的应许之地”。[12]

维也纳的精神生活之所以塑造了弗洛伊德的理论，还有不甚为人所知的另一个原因，也就是“治疗虚无主义”的学说。根据这种学说，社会的顽疾无药可医。虽然这种学说广泛适用于哲学和社会理论范畴（奥托·魏宁格和路德维希·维特根斯坦都持有类似主张），但这一概念实际上最初是作为医学院的一种科学理念诞生于维也纳的。因为从 19 世纪初开始，人们就对疾病怀有迷恋的心态，认为疾病有其自身的发展过程，患者只能任由疾病走完这一过程，而周围的人也只能对患者抱有深切的同情，并相应地忽略治疗手段。这一传统在弗洛伊德就读医学院的时候仍在盛行，但他旗帜鲜明地予以反对。[13] 对我们来说，弗洛伊德对治疗的尝试似乎只是充满人文关怀的行为，但在当时，它为弗洛伊德理论的离经叛道添加了新的罪证。

弗洛伊德恰当地将《梦的解析》视为他最重要的成就。在这本书里，
12 弗洛伊德的人性理论的四大理论基石首次获得了集中阐述：**无意识**（the unconscious）、**心理压抑**（repression）、**幼稚性欲**（infantile sexuality，导致恋母情结）以及对心理的三重**划分**（tripartite division）：**自我**（ego），即自我意识；**超我**（superego），即广义上的良知；以及**本我**（id），即无意识的原始生物表达。从 19 世纪 80 年代中期以来的十五年间，弗洛伊德发展了自己的思想，同时也完善了治疗技术。他自视为达尔文开创的生物学传统的忠实继承者。在获得医师资格后，弗洛伊德申请到一份奖学金，拜入让—马丁·沙尔科门下。沙尔科是一位巴黎医师，他为患有无法治愈的神经紊乱的女性患者开办了一家收容所。他的研究表明，催眠状态下可以诱发歇斯底里综合征。数月之后，弗洛伊德从巴黎回到维也纳，阅读了一系列神经学著作（比如关于脑瘫和失语症等），并开始与另一位杰出的维也纳医生**约瑟夫·布罗伊尔**（Josef Breuer，1842—1925）合作。布罗伊尔也是犹太人，当时他已是维也纳最德高望重的医生之一，治疗过很多著名的患者。他有两项主要的科学发现：其一是发现了迷走神经在调节人体呼吸运动中的作用，其二是发现了内耳中的半规管具有控制身体平衡的功能。但布罗伊尔之于弗洛伊德乃至整个精神分析领域的重要性，在于他在 1881

年发现的“谈心疗法”。[14] 从 1880 年 12 月开始的两年间，布罗伊尔的病案簿中记录着一个代号为“安娜·O.”的病例。这位患者的真名叫贝尔塔·帕彭海姆，是一名生于维也纳的犹太女孩，因歇斯底里症而求诊于布罗伊尔医生。安娜的父亲因病去世，而她在照顾父亲期间出现了一系列多变的身心症状，表现为梦游、瘫痪、人格分裂（时常表现为淘气孩子的人格）及幻想性妊娠等。在治疗过程中，布罗伊尔医生发现，如果他允许安娜长时间地描述自己的症状，那么这些症状都会暂时消失。实际上正是贝尔塔·帕彭海姆首先把布罗伊尔的治疗方法称为“谈心疗法”，虽然她也把它叫作“打扫烟囱”。布罗伊尔发现，在催眠状态下，贝尔塔能记起在照顾病榻上的父亲时自己是如何压抑着自己的感情，而通过回忆这些“遗失”的感受，她能够最终摆脱它们的梦魇。到 1882 年 6 月，帕彭海姆小姐的治疗告一段落，疗效评价为“完全治愈”（虽然我们知道她在治疗结束后一个月内又住进了疗养院）。[15]

“安娜·O.”的病例给弗洛伊德留下了深刻印象。有一段时间，他试图催眠患有歇斯底里症的患者，但后来放弃了这种做法，取而代之的是“自由联想”：一种让患者把想到的东西全部说出来的疗法。正是在实践这种疗法的过程中，他发现，在适当的情况下，许多人仍然能回忆起在其童年生活中所发生，却早已遗忘的事件。弗洛伊德的结论是，虽然已经忘记，这些早期的事件仍然可以塑造人们的行为方式。于是无意识和心理压抑的概念就应运而生了。弗洛伊德也意识到，许多通过自由联想的方式艰难地重见天日的早期记忆在本质上都是性。他进一步发现，许多“回忆事件”其实并没有发生过，由此他发展了“恋母情结”的概念。换句 13
话说，对弗洛伊德而言，患者表现出的不真实的性创伤和性畸变都是一种心灵密码，体现出人们内心深处的愿望，也确定地表明人类婴儿在生命的最初阶段就有了性的意识。他说，在此期间，儿子被母亲所吸引，并将父亲视为竞争对手（恋母情结），女儿与父亲之间亦然（恋父情结）。推而广之，弗洛伊德认为，这种广泛的动力贯穿了人的一生，并塑造了人的性格。

这些弗洛伊德的早期理论遭到了愤怒的质疑和接踵而来的反对。《性精神病态》的作者理查德·冯·克拉夫特—埃宾男爵讥讽道：弗洛伊德关于歇斯底里症的解释“听着像是科学童话”。维也纳大学神经学研究所也赶忙撇清与他的关系。正如弗洛伊德后来所说：“我很快成了孤家寡人。”[16]

弗洛伊德对此的回应是更加深入的研究，并用自己的理论来分析自己。1896年10月，父亲雅各布的去世促成了弗洛伊德的自我分析。虽然父子之间已相互疏远多年，但弗洛伊德惊讶地发现自己仍不由自主地感怀于父亲的死，很多尘封多年的回忆也因此浮上心头，甚至他的梦境也发生了改变。他从中辨认出自己对父亲怀有下意识的敌意，而这种敌意长久以来一直被自己压抑。这促使他将梦境设想为“通往无意识的捷径”。[17]弗洛伊德《梦的解析》的中心思想是，在睡眠中，自我就像是“在岗位上睡着的哨兵”。[18]通常状态下压抑本我冲动的警惕也因此放松，所以梦境是本我展示自己的一种伪装。弗洛伊德清楚地知道，把一本书押宝在解读梦境上需要冒很大风险。关于释梦的传统可以追溯到《旧约》，但《梦的解析》一书的德文名 *Die Traumdeutung* 却并没有把这一来龙去脉解释得很清楚。在德语里，Traumdeutung 一词其实描述的是露天广场上的算命先生常用的把戏。[19]

《梦的解析》甫一问世，却如死水微澜，早期销售惨淡。初版印刷的600册在头两年间只卖出了228册，实际上前六年里一共也只卖出了351册。[20]更令弗洛伊德懊恼的是，这本书完全没有引起维也纳医学界的关注。[21]柏林的情况也好不到哪儿去，弗洛伊德曾同意在大学做一场关于梦境的讲座，结果到场的只有三个听众。1901 年，在他正准备向哲学学会做演讲之前，有人给他递来一张纸条，恳请他“在讲到令人不快的东西时停下来预先警告，以便在场的女士可以离开”。他的许多同事都同情他的妻子，“这个可怜的女人，她丈夫曾经是一个聪明的科学家，现在却变成相当令人厌恶的怪物”。[22]

如果弗洛伊德觉得有时候整个维也纳都在反对他，其实支持他的声音也在逐渐浮现。1902 年，在弗洛伊德关于梦的研究开始后十五年，一位维也纳高明的医生威廉·施特科在读过《梦的解析》的书评后觉得不过瘾，于是干脆登门拜访作者以求讨论。随后他要求弗洛伊德对他进行分析，并在一年后开始了自己的精神分析实践。他们二人还创立了“星 14
期三心理学会”。该组织每到星期三晚上就聚集在弗洛伊德家的客厅，在他“肮脏的老神”（弗洛伊德之前弄来的出土文物）的无言注视下开展活动。[23]其他成员包括 1902 年加入的阿尔弗雷德·阿德勒，1904 年加入的保罗·费德恩，1905 年加入的爱德华·希尔施曼，1906 年加入的奥托·兰克以及 1907 年加入的来自苏黎世的卡尔·古斯塔夫·荣格。正是在 1907 年，学会正式更名为维也纳精神分析学会，从此其定期集会也改在医师学院进行。当然，此时距精神分析为普罗大众接受还有很长的路要走，很多人也从来没把它看作是一门正经的科学，但到了 1908 年，至少对于弗洛伊德而言，多年来被学界隔离的岁月结束了。

1900 年 3 月的第一个星期，在一场**阿瑟·埃文斯**（Arthur Evans）有生以来最猛烈的暴风雨中，他踏上了克里特岛北岸干地亚（现希腊港口伊拉克利翁）的土地。[24]时年 49 岁的埃文斯是个矛盾的综合体。“派头十足又异常谦逊，举止端庄又荒诞不经……他可以慈眉善目，又能拒人于千里之外……他忠于朋友，却也不惮为了追寻心中所求而不顾亲朋好友的感受。”[25] 埃文斯此前执掌牛津阿什莫尔博物馆达十六年之久，即便如此，其成就也无法望其父亲项背。因为他的父亲约翰·埃文斯爵士精通石手斧和前罗马时代钱币学，可能是当时英国最伟大的古文物学者。

1900 年的克里特岛堪称考古学家心中的麦加，他们做梦都想获得在岛上挖掘的权利。这座岛屿变得令考古学家魂牵梦萦的原因，很大程度上是因为一位德国的百万富翁：海因里希·施利曼。他不惜抛妻弃子，全身心地投入考古研究。他不慑于专业考古学家眼中的繁文缛节，而他的考古发现也让同行们心生艳羡，并促成了对古代世界的重新评估。因为他的发现表明，许多所谓的神话（例如荷马的《伊利亚特》和《奥德赛》）其实都来源于史实。1870 年，他开始挖掘荷马史诗中大部分故事的发生地——迈锡尼和特洛伊遗址，而他的发现也改变了学界之前的定论。他在特洛伊的遗址上辨认出九座城市，并且断定，其中的第二个正是《伊利亚特》中描写的那一座。[26]

施利曼的发现改变了我们对古希腊的理解，但这些发现提出的新问题几乎和它们所回答的问题一样多，其中最引人关注的问题就是：《伊利亚特》和《奥德赛》中都有涉及的灿烂的前希腊文明最早是在哪里发祥的？在东地中海对岸地区进行的发掘已经证实，这样的文明曾经存在过。而当学者们重新检视古代作家的著作时，他们发现，荷马、赫西俄德、希罗多德、修昔底德和斯特拉波都曾提到过一个“伟大的立法者”——米诺斯王。他赶走了一度横行爱琴海的海盗，并总是被称作是宙斯之子。而当我们再回到古代典籍的描述时，我们发现宙斯据传出生在克里特岛的一个洞穴之中。[27] 在这样的背景下，一个克里特岛的农民于 19 世纪 80 年代初在**克诺索斯**（Knossos）偶然发现了一批大罐子和若干具有迈锡尼特征的陶器碎片。但克诺索斯深处内陆，与迈锡尼隔着大海且相距 250 英里。在古
15 代这是一段漫漫长路，那么这两处地点之间的联系是什么？为此施利曼亲

自去实地考察，却始终无法获得发掘权。随后的1883年，阿瑟·埃文斯在雅典的“鞋巷”中闲逛时，意外地从几个古董小贩的托盘中发现了一些三面体和四面体的小石块，上面打有孔洞并刻有符号。他确信这些符号属于某个象形文字系统，但并不是已为人所知的古埃及文字系统。他向小贩们询问石块的产地，小贩们说这些石头来自克里特岛。[28]于是当时的埃文斯已经考虑到这样一种可能性：克里特岛可能充当了文明从古埃及向欧洲传播途中的跳板。若果真如此，那么这个岛拥有介于非洲和欧洲之间的独特书写系统也就在情理之中了（当时进化的思想已经深入人心）。他下定决心要前往克里特岛一探究竟。虽然高度近视并严重晕船，但埃文斯仍然雄心勃勃。[29]1894年3月，他第一次踏上克里特岛并考察了克诺索斯。然而就在那时，奥斯曼帝国的政治纷争使得在岛上从事发掘工作变得十分危险，但怀着伟大发现即将昭然于世的信念，埃文斯表现出了我们今天不可想象的勇气和决心。他买下了一部分克诺索斯的土地，并从中出土了一些刻有字符的石膏块，这些字符采用的书写系统在当时无人知晓。加上从雅典“鞋巷”里找到的那些刻着符号的石块，一个伟大的发现似乎就在眼前了。[30]

埃文斯本想买下整片遗址，但当时土耳其人的统治仍相当稳固，直到1900年他才如愿以偿，大规模的发掘随即展开。他刚到岛上就搬进了遗址旁的一处土耳其“危房”，并雇用了30个本地人进行初步发掘，随后又增加了50人。发掘于3月23日开始，出乎所有人的意料，他们立马获得了重大发现。[31]第二天他们就发现了一座古老宅邸的遗址，其中还残留着湿壁画的碎片——换句话说，他们找到的并不只是一座孤立的房子，而是一座属于某个文明的宅邸。后续的发现接踵而至，截至3月27日，发掘仅仅开始了四天时间，埃文斯已经掌握了克诺索斯的要义所在，其发现也让他扬名于考古学的狭隘窠臼之外：克诺索斯既不属于希腊，也不属于罗马。它的存在要远远早于这两种文明。在头几个星期的发掘中，埃文斯眼见的激动人心的发现就已经超越了大多数考古学家一生梦寐以求的数量：道路、宫殿、大量的湿壁画和人体残骸，其中一具尸体甚至还穿着一件鲜艳的长袍。他发现了复杂的排水渠、浴室、酒窖、成百上千的器皿，以及一处显然经过精心修建，但已被夷为平地的皇家住所。他还出土了成千上万块泥版，上面画着“类似草写体的痕迹”。[32] 这就是后来人所共知的线形文字 A 和线形文字 B 的原出处，时至今日线形文字 A 仍无法破译。但最抢眼的发现无疑是装饰宫殿走廊和房间墙壁的湿壁画。这些反映古代生活的精彩图画生动刻画了当时的男性和女性精致的面孔和优美的形态，以及他们独一无二的服饰。正如埃文斯很快掌握的一样，这些居民与《圣经》中记载的埃及法老属于同一个时代（前 2500—前 1500），其文明程度也绝
16 不逊色于法老。事实上，即使是几百年后在以色列人中成为传说的所罗门王，其光芒也无法与这些克诺索斯人相比。[33]

埃文斯发现了一个完整的文明，一个此前完全未知并可以说是由第一批开化的欧洲人建立的文明。他将自己的发现命名为**米诺斯文明**（Minoan）。这个名字来源于古代作家的经典，也是因为虽然这些青铜时代的克里特人崇拜各种动物，但似乎对公牛和**弥诺陶洛斯**（Minotaur，牛头人身怪物）的崇拜占主导地位。从湿壁画中，埃文斯发现了许多与公牛有关的场景，公牛受人崇拜、公牛参与运动场合以及一项最引人注目的发现：从克诺索斯宫主要大厅的墙壁上发掘出来的一幅巨大的石膏公牛浮雕。

随着埃文斯发现的重要性逐渐深入人心，他的同行们意识到克诺索斯的确是荷马的《奥德赛》中部分场景的发生地，尤利西斯也是在这里上的岸。埃文斯花了长达二十五年的时间，发掘了克诺索斯的每一个角落。他总结道，与他最初的想法多少有些相左的是，米诺斯文明是在公元前 2000 年前后，由从安纳托利亚来的移民与本地的新石器时代人口融

合而形成的。虽然这个民族建造了城镇以及城镇中心辉煌的宫殿（克诺索斯宫的规模之巨大，设计之复杂，现已被视为《奥德赛》中的迷宫），但埃文斯也发现，这些宅邸并不仅限于皇室成员享有，一般公民也能居住。对许多学者而言，这种对财产、艺术和财富的沿袭和发展标志着米诺斯文化乃是西方文明的起源，即“母体文化”，并从中演化出希腊和罗马的古典文明。[34]

1900 年 3 月 24 日，在阿瑟·埃文斯登上克里特岛两个星期后，正当他揭开伟大发现的第一块面纱时，荷兰植物学家**胡戈·德弗里斯**（Hugo de Vries）在同一个星期完成了一块进化论的拼图。他在曼海姆向德国植物学会宣读了一篇名为《杂交的隔离法则》的论文。德弗里斯的成就与埃文斯领域迥异，但其重要程度有过之而无不及。

德弗里斯是一位身材高大、寡言少语的人。自 1889 年以来，他一心扑在了植物的育种和杂交实验上。其研究对象包括了著名的花卉品种，如紫菀、菊花和紫罗兰等。他在曼海姆会议上宣布，其实验结果表明，一种植物的特征和这种特征的遗传，“都是由某些确定的单位所决定的”。也就是说，对于每种特征（比如雄蕊的长度或叶片的颜色）“都对应着一种特殊形式的材料载体”（德语原文所用单词为 Träger，也可以解释为“传递者”）。他接着说，最重要的一点是“这些要素在传给下一代的过程中没有发生变化”。虽然他的表达稍显粗糙，只说出了一种直观的感受，但德弗里斯在曼海姆的那一晚已经对后来出现的**基因**（genes）概念下了定义。[35]他指出，首先，花卉的一些特征总是以非此即彼的形式出现，从未出现折中的形式。比如花瓣的颜色，要么是白的，要么是红的，从来没有粉红色的。其次，他也发现了基因的性质，也就是如今我们所说的“显性基因”和“隐性基因”。在多种性状杂交之后，有些性状会相对明显地得到表达。

这是一个重大的发现。可是与会人士还没来得及向他表示祝贺，他就接着说出了一番影响至今的话："这两种命题（指基因及其显 / 隐性）实际上很早以前就由孟德尔（Pater Gregor Mendel）首先阐述过了……但它们被遗忘，也被误解了……孟德尔的这篇重要论文几乎极少被引用。要不是我总结了自己大部分实验并独立推导出以上这两种命题，我也不会对他的观点有所认识。"德弗里斯对孟德尔成就的肯定和承认是非常大度的。在经历了十余年的艰苦工作之后，发现自己的成果早在三十年前就已被捷足先登，这对他来说肯定也不是件高兴的事。[36]

德弗里斯提到的这篇论文，正是帕特尔·格雷戈尔·孟德尔所著的《植物杂交试验》。孟德尔是一位本笃会修士，在1865年2月的一个寒夜里，他向布吕恩自然科学学会宣读了这篇论文。大约有四十位成员参加了当晚的集会，但这一小群杰出的科学家都被这位敦实的修士提出的观点震惊了，而在接下来一个月的会议上，当孟德尔将显性和隐性基因背后的复杂数学算法展示出来时，这些听众完全惊呆了。将数学和植物学以这样的方式联系在一起在当时是极为怪异的。孟德尔的论文于几个月后发表在《布吕恩自然科学学会会刊》上，同时发表的还有一份出自另一名学会成员支持达尔文进化论的报告（当时距达尔文提出进化论的观点已有七年时间）。布吕恩自然科学学会与超过120个欧洲学会交换了会刊，会刊副本发送到柏林、维也纳、伦敦、圣彼得堡、罗马和乌普萨拉等地（这就是当时科学信息的传播方式），但几乎没有人关注到孟德尔的理论。[37]

看来世界还没有准备好接受孟德尔的理论。达尔文的理论在当时受到万众瞩目，其基本概念是物种的变异性和多样性，而孟德尔理论的基本原则却是稳定性。就算物种可以是多变的，但其基本元素也应该是稳定的。多亏了德弗里斯在科学文献的故纸堆里不知疲倦地挖掘，才让孟德尔的论文重见天日。但无独有偶，还没等德弗里斯发表自己的论文，另外两位来自图宾根和维也纳的植物学家也分别报告自己在近期成功地重复了孟德尔的实验。4 月 24 日，就在德弗里斯发表其研究成果整整一个月后，**卡尔·柯伦斯**（Carl Correns）在《德国植物学会学报》上发表了一篇长达十页的报告，名为《格雷戈尔·孟德尔关于物种杂交的行为规则》。柯伦斯的发现与德弗里斯非常相似，他也做了文献回顾并发现了孟德尔的论文。[38] 同年 6 月，《德国植物学会学报》再次发表了一篇名为《论豌豆的人工杂交》的论文。该文的作者是维也纳植物学家**埃里希·切尔马克**（Erich Tschermak），他在文中阐述了与柯伦斯和德弗里斯基本相同的结果。他介绍说，自己在达尔文学说的启发下开展了实验，而他也在《布吕恩自然科学学会会刊》上发现了孟德尔的论文。[39] 这是一个伟大的巧合，环环相扣
的发现回溯到最初的源头，任岁月流逝其力量丝毫未减。不过，当然重要 18
的不是巧合本身，而是由孟德尔最早阐明，并由其他学者重新验证的遗传机制为另一项伟大理论填补了重要空白，那就是有史以来最具影响力的思想：达尔文的进化论。

孟德尔在修道院的花园里种植了大约 34 种不同品种的豌豆并进行了为期两年的实验。他有意选择了一些具有相对性状的品种（如豌豆表皮光滑或皱褶、黄色或绿色、长梗或短梗等），因为他知道，每一对相对性状中只有一种是显性的——比如说光滑、黄色或长梗，而不是皱褶、绿色或短梗。豌豆进行自体繁殖时，第一代子代的性状总是与亲代相同。但当他对第一代子代（称为 F）进行自体授精并产生第二代子代（称为 F2）时，F2 的性状呈现出一种算法的特征。253 棵豌豆结出了 7324 粒种子。在这些种子中，光滑的有 5474 粒，皱褶的有 1850 粒，比例为 2.96 : 1。在种子颜色方面，258 棵豌豆结出了 8023 粒种子，黄色的占 6022 粒，绿色的占 2001 粒，比例为 3.01 : 1。正如他自己总结说："在这一代中，和**显性性状**（dominant traits）一样，**隐性性状**（recessive traits）也得到了充分表

达，不难发现它们表达的平均比例为3：1，因此在这一代豌豆的四种表型中，其中三种为显性性状，一种为隐性性状。”[40]这使孟德尔做出了高屋建瓴的判断，即虽然性状的种类众多，但对遗传性状而言只存在两种类型：显性和隐性性状，没有其他任何的折中。这种3：1的比例在大量性状表达中的普适性充分证明了这一观点。*孟德尔还发现，这些性状往往呈集合分布，也就是我们稍后会讲到的染色体。他的图表和观点对解释达尔文主义和进化的实现方式大有裨益。显性和隐性基因决定着生物多样性的表现形式，并将不同的性状传给下一代，自然选择正是通过这种变异性发挥着影响，而生物体也通过这样的方式延续着它们的基因，生生不息。

孟德尔的理论是朴素的，而在许多科学家眼里，也是美丽的。其纯粹的独创性意味着，几乎所有涉及该领域的人都有机会做出新发现。而事实的确如此。正如恩斯特·迈尔在《生物学思想的发展》中所写的那样：“1900年后，遗传学新发现产生的速率之高，在整个科学史上几乎是无与伦比的。”[41]

19 那么，在这个羽翼未丰的新世纪的前六个月里，已经产生了弗洛伊德学说和作为达尔文主义基石的孟德尔遗传学说。这两种知识系统分别从迥异的角度呈现出对人类的解读。它们的共同之处在于，两者都属于或表现为科学思想，并且都致力于将潜藏在人类视野范围之内无法触及的力量或实体昭然于世。在这点上它们与病毒颇为相似。此时距病毒被发现仅有两

* 3：1的比例可以通过下表解释：

		来自亲本一的基因	
		Y	y
来自亲本二的基因	Y	YY	Yy
	y	yY	yy

Y是显性基因，y是隐性基因。

年时间，弗里德里希·洛夫勒和保罗·弗罗施已证明造成口蹄疫的元凶就是病毒。这些看不见的力量确实存在，已经不是什么新鲜事了。随着望远镜和显微镜的发明，无线电波和细菌的发现，人们已经逐渐接受了这样的观念：许多自然元素都存在于人类的肉眼和听觉感官所及之外。对于弗洛伊德学说和孟德尔学说而言，其重要性在于它们的发现都是对基本原理的解析，使人们得以从一个崭新的角度审视自然，并进而影响了每个人。加之西方社会“母体文化”的发现，进一步说明了宗教本身也在演化，这也意味着人们过去了解世界的陈旧方法正在归入更新也更为科学的方法之下。这些基本原理方面的变化必然会令人不安，但更多的惊喜还在向我们走来。随着 1900 年秋天的临近，又一项突破的诞生使我们对自然的认识面临着第三次重大的调整。

1900 年，**马克斯·普朗克**（Max Planck）时年 42 岁。他出身一个学术氛围浓郁的宗教家庭，自己还是一位优秀的音乐家。他走上科学的道路不是因为家庭的支持，而恰恰是由于家庭的反对。在他的教育背景中，他从小就被灌输人文学科是比自然科学更为高级的知识形式。他的表兄、历史学家马克斯·伦茨常常把科学家（Naturforscher）戏称为护林员（Naturförster）。但科学是普朗克的使命，对此他持之以恒，心无旁骛。在不懈的努力下，站在 19、20 世纪之交的他已经接近了职业生涯的顶峰：头顶普鲁士科学院院士和柏林大学全职教授的头衔。在柏林，他以丰富的奇思妙想而著称，虽然这些构想并不总能成功地付诸实践。[42]

19、20 世纪之交的当口，物理学处在令人兴奋的变革之中。原子，一种无形且不可分割的物质，其概念可以追溯到古希腊。18 世纪初，艾萨克·牛顿曾将原子设想为微小、坚硬的实心球体。19 世纪早期的化学家如约翰·道尔顿等，已经被迫接受了原子是组成元素的最小单位这一概念。这是化学反应的唯一解释，因为在化学反应中，一种物质直接转化为另一种物质，没有任何中间相的存在形式。但到了19、20世纪之交，定义原子的步伐加快了，因为物理学家开始对一种具有革命性的思想展开实验：物质和能量可能是同一枚硬币的正反两面。英国剑桥大学**卡文迪许实验室**（Cavendish Laboratory）的奠基人、苏格兰物理学家**詹姆斯·克拉克·麦克斯韦**（James Clerk Maxwell）曾在1873年提出，原子之间的“虚空”充满了电磁场，能量以光速在其中移动。他还表明，光本身也是电磁辐射的一
20 种形式。但即便是他，也将原子设想为固体，因而其本质是机械的。这些发现的重要性超过了自牛顿以来物理学领域取得的所有成果。[43]

1887年，**海因里希·赫兹**（Heinrich Hertz）发现了电波，也就是现在所谓的无线电。在接下来的1897年，接替麦克斯韦担任卡文迪许实验室主任的**J.J. 汤姆孙**（J. J. Thomson）进行了他著名的阴极射线管实验。管的两端皆由金属板密封，管中的空气被抽出以形成真空。如果随后将金属板连接到电池上并产生电流，人们就能观察到管中的真空空间发出的辉光。[44]此辉光由负极板（阴极）生成，并被正极板（阳极）吸收。*

发现阴极射线本身就是重大的进步。但这些射线到底是什么呢？一开始，每个人都认为它们是光。然而在1897年的春天，汤姆孙将不同气体泵入射线管内并时而加以磁场包绕。通过系统地控制实验条件，他证明了阴极射线实际上是从阴极喷发并被阳极吸引的微小粒子。他发现粒子的轨迹可以被电场和磁场改变乃至形成曲线。他还发现，该粒子比氢原子还要轻，堪称已知的最小物质存在单元。汤姆孙确凿无疑地发现了物质的一种基本单位。这是人类第一次通过实验建立起物质粒子理论的雏形。[45]

这种粒子，或者说汤姆孙当时所称的“小体”，就是我们今天所知的电子。随着电子的发现，粒子物理学应运而生。从某种意义上来说，粒子

* 这一现象也是电视显像管的基础。如果将正极板（阳极）替换为一个与之相连的玻璃筒，那么之后通过真空射向阳极的阴极射线就可以使玻璃发出荧光。

物理学堪称 20 世纪最严峻的知识冒险，而这趟旅程也将如我们所见，在原子弹的巨响中达到巅峰。在未来的岁月里，许多其他的物质粒子纷纷被发现，但正是粒子这一概念本身的特殊性最令马克斯·普朗克着迷。粒子为什么会存在？在慕尼黑大学求学时，他的物理学教授曾告诉他物理学已经“非常接近完美”了，但普朗克并不这么认为。[46] 他对原子的存在形式首先发难：他质疑牛顿 / 麦克斯韦构想中原子是微小、坚硬的实心球体这一概念。他提出质疑的一大理由是**热力学第二定律**（Second Law of Thermodynamics）。该定律由普朗克在柏林的一位前辈**鲁道夫·克劳修斯**（Rudolf Clausius）提出。按照普朗克本人所学的知识，经典的**热力学第一定律**（First Law of Thermodynamics）可以这样解释：设想一位建筑工人将一块很重的石头搬到屋顶。[47] 石头将一直维持相应的能量并处于屋顶上，直到将来某一时刻重新落回地面。根据第一定律，能量既不能创造也不能消灭。然而克劳修斯的第二定律指出，第一定律并没有给出完备的理论。能量的损耗发生在建筑工人费力搬运石头的过程中，以导致工人流汗的热 21
能的形式耗散了。这种损耗的能量被克劳修斯称为**“熵”**（entropy），它非常重要，因为这种形式的能量虽然并没有从宇宙中消失，但再也无法恢复其原本的形式。克劳修斯因此得出结论，世界（宇宙也是如此）必然总是倾向于增加混乱，随着熵的不断增加，最终油尽灯枯，走向灭亡。这一理念至关重要，因为它意味着宇宙是一个单向过程：热力学第二定律本质上是对时间的一种数学表达。反过来，它也意味着牛顿 / 麦克斯韦将原子定义为微小、坚硬的实心球体的概念是错误的，因为“球体”暗示着双向运行的可能性——在这样的系统里时间是可逆的，自然也就没有熵存在的可能了。[48]

1897 年，就在汤姆孙发现电子的同一年，普朗克开始了日后将使他扬名立万的实验计划。他将日常生活中两种不同的观察发现结合了起来。

首先，自古以来人们就知道，在加热一种物质（比如说铁）时，它首先会发出暗红的光，然后是鲜红色，最后是白色。这是因为中等温度下会激发出波长较长的光，随着温度的升高，波长较短的光随之出现。当材料变得白热化时，所有波长的光都将出现。对于温度更高的物体（比如恒星）的研究表明，在白热化之后的下一阶段里，波长较长的光将消失，导致光的颜色逐渐朝光谱的蓝色端移动。普朗克为此深深着迷，并通过它，与另一个未解之谜，即所谓的**黑体问题**（black body problem）联系起来。一个完美的黑体能够百分百地吸收所有波长的电磁辐射。这样的物体在自然界中并不存在，但也有类似的物体：比如碳黑能够吸收所有辐射的98%。[49] 根据经典物理学，一个黑体应该只能根据其温度发出辐射，而这种辐射应当在每个波长一齐发出。换句话说，它应该只能发出白光。普朗克时代的德国拥有三个完美的黑体，其中两个在柏林。普朗克和他的同事们使用的那个黑体由瓷和铂金制成，位于夏洛腾堡市郊的标准局。[50] 实验显示，黑体受热时的现象或多或少类似于铁块受热，首先发出暗红的光，然后是鲜艳的红橙光，最后是白光。为什么会这样呢？

普朗克革命性的思想似乎在1900年10月7日前后第一次萌芽。那一天他给同事海因里希·鲁本斯寄了一张明信片，并在上面勾勒了一个用来解释黑体辐射问题的方程式。[51] 普朗克思想的核心是，与通常的看法相反，电磁辐射是不连续的，只能以一定的大小成束发射。牛顿曾认为能量的发射是连续的，但普朗克的观点与之相左。他说，能量的发射就像用软管喷水，每次只能喷出成股的水流。鲁本斯在得知这个想法后与普朗克同样兴奋（而普朗克原本是一个比较淡定的人）。同年12月14日，普朗克在柏林物理学会发表演讲，宣布自己已经构建了完整的理论。[52] 该理论的一部
22 分是关于这种小股能量规模的计算，即普朗克所称的h，也就是后来人所共知的**普朗克常数**（Planck's constant）。根据计算，其值为每秒 6.55×10^{-27}

尔格（尔格是很小的能量单位）。他对黑体辐射的观察结果表述如下：虽然特定颜色的光的能量束是一样的，但比如说红光，其能量束就要小于黄光、绿光或蓝光。当一个物体刚开始受热时，它先发出能量束较小的光。随着受热增加，它就能发出能量束相对较高的光。普朗克将这种非常小的能量束定义为构建整个宇宙的基本且不可分割的组成单位。它之于能量辐射，就像原子之于物质世界。普朗克将其称为“量子”（quantum）。这一发现证明自然并不是一个连续的过程，而是以一系列极微小的颠簸方式发生变动。量子物理学的时代已经到来。

然而事实却并非完全如此。弗洛伊德的思想收获了一片反对和嘘声，德弗里斯对孟德尔的重新发现引发了一场雨后春笋般的实验潮，然而普朗克的理论却“不但没有人赞同，也没有人反对”，而是在很大程度上被学界忽视了。他的问题在于，此前二十年间他所提出的种种指向量子论的理论最后都被证明是错误的。所以当他在柏林物理学会提出这个最新理论时，他得到的是礼貌性的沉默，没人提出任何问题。所以我们甚至不清楚普朗克本人是否足够了解其理论的革命性内涵。直到四年之后，这一重要理论才在另一个人手中绽放出异彩。这个人将掀起属于他自己的革命，而他的名字就是阿尔伯特·爱因斯坦。

1900 年 10 月 25 日，就在马克斯·普朗克将写有自己重要方程式的明信片寄给海因里希·鲁本斯的几天之后，**巴勃罗·毕加索**（Pablo Picasso）搭乘从巴塞罗那开来的列车，抵达在巴黎的奥赛火车站。普朗克和毕加索截然不同。普朗克过着有序而相对平静的生活，传统的观念贯穿始终；至于毕加索，则被他的母亲形容为“一半天使，一半魔鬼”。在学校里他目无纪律，乱涂乱画成性，对自己的目不识丁不以为耻反以为荣。但他是一位艺术奇才，从他的出生地马拉加，到他父亲在科伦纳的艺术学校课堂，到巴塞罗那工艺美术学校，再到因画作《科学与慈善》赢得马德里皇家学院奖学金，毕加索在其艺术道路上一路突飞猛进。但对他以及与他同时代的艺术家来说，巴黎才是宇宙的中心。于是就在19岁生日前夕，他终于来到了这座光明之城。走下列车进入这座新建的奥赛火车站，毕加索语言不通且举目无亲。他在“新赛马场”酒店要了个房间作为落脚点。这家酒店坐落在科兰古大街，周围青楼林立。[53]他先在巴黎左岸的蒙帕那斯租了一间工作室，但很快就搬到了右岸的蒙马特区。

1900年的巴黎到处都是才华横溢的人物。这座城市拥有70份日报和35万盏电气路灯，第一份米其林指南也刚刚问世。它是阿尔弗雷德·雅里的故乡，他的剧作《愚比王》堪称对莎士比亚作品怪诞的模仿，它讲述了一个肥胖的傀儡国王妄图通过大屠杀来占领波兰的故事，就连观看了该剧首演的W. B.叶芝也被震惊了。研究放射现象的居里夫人、象征主义诗人斯特凡·马拉美以及印象派音乐大师克劳德·德彪西都居住于此。这里
23 也是埃里克·萨蒂和他“大胆而不成调的”钢琴小品的港湾。詹姆斯·惠斯勒和奥斯卡·王尔德流亡于此，虽然后者正好在当年去世了。这座城市拥有埃米尔·左拉，发生过德雷福斯事件，而奥古斯特和路易·卢米埃于1895年在里昂放映了世界上第一部商业电影后，也将新的热潮带到了这座城市。亨利·德·图卢兹—罗特列克常驻在红磨坊表演，莎拉·伯恩哈特则常驻在以她名字命名的剧院，在《哈姆雷特》中反串饰演主角。巴黎还拥有格特鲁德·斯泰因、莫里斯·梅特林克、纪尧姆·阿波利奈尔、伊莎多拉·邓肯和亨利·柏格森。哈佛历史学家罗杰·沙特克在研究中将这一群星云集的时期称为“盛宴之年”，因为巴黎享受着澎湃的热情和生活的乐趣。而毕加索将怎样在这些同时代的先驱者中崭露头角呢？[54]

其实毕加索在不满19岁时就已初露锋芒。他的一幅略带伤感的画作《弥留之际》悬挂在1900年世界博览会的西班牙馆供人参观。这次世博会

实际上是为庆祝新世纪的到来而在巴黎大小皇宫举办的世界展览和贸易盛会。[55] 那一届世博园占地 260 英亩，拥有专用电气火车、时速可达 5 英里的自动人行道和一座有着超过 80 个轿厢的巨型摩天轮。在特罗卡德罗广场一侧超过一英里的区域内，塞纳河两岸的建筑立面被装扮成了富有异域风情的风格。柬埔寨寺庙、撒马尔罕清真寺和整个非洲的村庄都被一一呈现出来。而在地下，仿制的加利福尼亚金矿和埃及法老陵墓也引人入胜。园区 36 个售票处以每分钟 1000 张的速度售票。[56] 毕加索的画作虽然后来被颜料覆盖了，但 X 光和图纸成分检测显示，原作表现的是一位牧师站在一个垂死女孩的床边，一盏灯为整个场景投下一束阴郁的光。该作的主题可能受到毕加索的妹妹孔奇塔去世的影响，其灵感也可能来源于贾科莫·普契尼当时刚上演的歌剧《波希米亚人》。该剧在加泰罗尼亚首府一上演就引起了轰动。《弥留之际》在展馆里悬挂过高，观众无法仔细看清，但根据毕加索所作的一幅速写来看，他和他的朋友们愉快地离开了展馆，说明他对这幅画的影响很满意。[57]

为配合世界博览会的盛况，许多著名的国际学术协会将自己的会议安排在当年的巴黎举办，举办地点就在阿尔玛桥附近专门为此安排的大楼内。当年至少有 130 场会议在此举行，其中 40 场为科学会议，包括第十三届国际医学大会、国际哲学大会、国际妇女权益大会以及重要数学家、物理学家和电气工程师的聚会。哲学家试图定义数学的基础（但失败了），伯特兰·罗素在讨论中一败涂地，后来他专门就这一主题与阿尔弗雷德·诺思·怀特海合著了一本书。数学大会则由来自德国哥廷根的大卫·希尔伯特主宰。他堪称当时德国（也许是全世界）首屈一指的数学家。他概述了他所认为的有待 20 世纪解决的 23 个重大数学问题，[58] 即著名的“希尔伯特问题”。虽然他选择这些问题的基础将从根本上受到 24
挑战，但这其中的很多问题都将得到解决。

毕加索并没有花太长时间就征服了巴黎这片艺术和知识的丰饶之海。作为集天使和魔鬼特质于一身的奇才，他必然会在巴黎闯出一片属于他的艺术空间。不久以后，毕加索的画作就将攻击艺术的根基，像物理学、生物学和心理学的新成就对传统智识进行的轰炸一样，以同样的火力攻击传统受众的视觉感官，并提出许多同样具有颠覆性的问题。他的作品探索真实与虚无，潜入外貌的表面之下，探究尚未被理解的自然隐藏结构之间的关联。毕加索关注性焦虑、“原始”心态、弥诺陶洛斯（人身牛头怪物）以及现代知识光芒照耀下的古文明发源地。在他的抽象拼贴画中，工业材料和批量生产材料被赋予意义，旨在产生愉悦感的同时制造同样威力的不安（“一幅画，”他曾说，“就是破坏的总和。”）。如孟德尔、达尔文、弗洛伊德、J. J. 汤姆孙和普朗克等人的思想一样，毕加索的作品对人们迄今用来给现实分门别类的范畴提出了挑战。[59]

毕加索的作品以及巴黎博览会的壮丽大观，预告了随着岁月的年轮碾过 19 世纪进入 20 世纪，人类思想上即将发生的改变。需要把握的重点是，首先，19、20 世纪之交的许多思想具有非凡的互补性，人们乐观且自信地在弗洛伊德所谓的“地下世界”中探索着各学科的基本原理以及它们各自的地位。其次，驱动这种心态的动力，即使源自艺术的体验，也仍然
25 具有科学的精神。令人惊喜的是，新世纪的主心骨已然就位了。

2

思想驿站

1900 年的英国是地球上最具政治影响力和经济影响力的国家。它在北美洲和中美洲地区占有殖民地，南美的阿根廷也很大程度上依附于它。它的殖民统治延及非洲和中东，即使是遥远的澳大拉西亚地区也概莫能外。世界的大部分其他地区都被欧洲列强——法国、葡萄牙、意大利、荷兰、比利时甚至丹麦瓜分。美国已经在 1899 年攫取了巴拿马运河，没落的西班牙帝国的殖民地也刚刚落入它的手心。但是，尽管美国对于扩张其影响力的胃口不断增长，思想领域（哲学、艺术和人文科学，以及自然科学和社会科学）的权杖却属于德国，或者更准确地说，属于德语国家。这个简单的事实很重要，因为德国的知识传统与它后来的政治发展有着千丝万缕的联系。

德国之所以在思想领域一枝独秀，一个重要的原因在于德国的大学。这些大学为 19 世纪的化学发展做出了卓越贡献，同时也代表着《圣经》学和正统考古学的最前沿，更不用说“哲学博士”（Ph. D.）头衔的最初概念也诞生于德国。另一个原因则是人口：1900 年，德语国家拥有 33 座人口过 10 万的城市，而城市生活对于思想的碰撞交流与融会贯通起着关键的推动作用。在所有德语城市中，维也纳堪称翘楚。如果说有一个地方最能够代表 20 世纪之初西欧的思想水平，那这个地方非奥匈帝国的首都维也纳莫属。

与其他帝国（如英国或比利时）不同，哈布斯堡王朝治下的奥匈帝国大部分领土位于欧洲境内：包括如今匈牙利的部分地区、波希米亚地区、罗马尼亚、克罗地亚以及现属意大利的的里雅斯特海港。在很大程度上，它是一个内向型国家。以德语为母语的人们是骄傲的民族，具有高度的历史自觉性，他们的认知也将自己与其他民族区别开来。正如我们将看到的一样，这种民族主义给他们的精神生活带来一种特别的风韵，在推动发展的同时也自我限制。维也纳的建筑也对塑造这座城市的独特风格发挥了作
26 用。19 世纪下半叶开始，维也纳环城大道完工。这条大道途经一系列文化建筑，如大学、歌剧院和国会大厦等。它横亘在市中心的老城区与外围的郊区之间，从而将城市的精神和文化生活收缩在市中心这一相对狭小而便利的区域内。[1] 在这座小小的城中城里，出现了维也纳独有的咖啡馆文化，正是它以非正式的方式标识出维也纳与伦敦、巴黎或柏林等其他大城市的区别。咖啡馆的大理石桌面承载着新思维的交流与碰撞，其平台作用不亚于当时的任何报纸、学术期刊和书籍。这些咖啡馆的起源据说可以追溯到 1683 年土耳其军队对维也纳的围城战，人们在土耳其人废弃的军营中发现了大量咖啡库存并开始学习享用。且不论这一传说的真假，1900 年的维也纳咖啡馆已经演变成宽敞且配套齐全的非正式俱乐部。只需买上一小杯咖啡，你便可以在那里待上一整天，并且每半小时还能享用一杯用银盘呈上来的水。[2] 报纸、杂志、台球桌和国际象棋任君免费使用，笔墨和纸张也是如此。老主顾还可以让邮差直接将邮件送到他们钟爱的咖啡馆，有人甚

至把晚礼服存放在那里，以省去回家更衣的麻烦。其中一些咖啡馆，如格林斯坦咖啡馆，甚至提供大百科全书和其他参考书籍，供在此工作的作家随时取阅。[3]

格林斯坦等一众咖啡馆的餐桌上争论最多的话题是社会哲学家**卡尔·普里布拉姆**（Karl Pribram）所谓的两种“世界观”之争。[4]他对这两种世界观的定义是个人主义和普遍主义，但这两种观点实际上重复了一对由来已久的对立关系，它源于19世纪初从乡村社会向城市社会的转型，人与人之间街坊邻里鸡犬相闻的亲密感也因此逐渐变成了都市中“原子式”的孤立个人，虽然疯狂地往来奔忙却无法相互温暖，而这一对立关系也曾引起弗洛伊德的关注。普里布拉姆认为个人主义者笃信启蒙运动所提倡的经验主义，遵循实事求是的科学方法，提出假设并加以验证。而另一方面，普遍主义“先假设永恒存在于精神之外的真理，且这些真理的正确性无法检验……个人主义者发现真理，而普遍主义者体验真理”。[5]对于普里布拉姆来说，维也纳是莱茵河以东唯一真正崇尚个人主义的城市，但即使在这里，由于天主教会依然大权在握，普遍主义也从未消失过。这意味着，从哲学上说，维也纳是一个中途驿站，这里有着许多发展中的思想道路，精神分析就是一个完美的例子。弗洛伊德自认为是科学家，却没有为验证他的观点（如无意识的存在等）提供真正的方法论途径，从而正中怀疑论者的下怀。但弗洛伊德和他的无意识理论并不是唯一的例子。**治疗虚无主义**（therapeutic nihilism）的教条核心（即社会弊病甚至折磨人体的疾病都无药可救）漠视进步主义，它与经验主义和乐观主义的科学方法截然相反。在当时的维也纳非常流行的**印象派**（impressionism）美学也是此观点的一丘之貉。匈牙利艺术史学家阿诺德·豪泽将印象主义的精髓定义为一种“表现城市生活的瞬息万变、紧张节奏以及突然、热烈却总是昙花一现的印象”的城市艺术。[6]这种对幻灭和短暂体验的关切与治疗虚无主义 27

的观点相符，认为世界无法改变，只能顺其自然，袖手旁观。

但有两位年轻人却力图以不同的方式打破这一局面，他们是作家**阿图尔·施尼茨勒**（Arthur Schnitzler）和**胡戈·冯·霍夫曼斯塔尔**（Hugo von Hofmannsthal）。他们来自一个由放荡不羁的文艺青年组成的团体，被称为“青年维也纳”，常常聚集在格林斯坦咖啡馆。[7]这个团体的成员还包括杰出的记者、散文家及后来的犹太复国主义运动的领导者**西奥多·赫茨尔**（Theodor Herzl），作家**斯特凡·茨威格**（Stefan Zweig），以及团体领袖、报纸编辑**赫尔曼·巴尔**（Hermann Bahr）。他主编的《时代报》是当时许多才华横溢的年轻人的论坛。而另一份杂志《火炬》也不遑多让。该杂志由这个团体的另一位作家**卡尔·克劳斯**（Karl Kraus）主编。相较于传媒方面的成就，他的剧作《人类最后的日子》更为人所知。

阿图尔·施尼茨勒（1862—1931）的职业生涯与弗洛伊德有许多耐人寻味的相似之处。他也是一名神经科医师并从事神经衰弱症的研究。[8]弗洛伊德师从西奥多·梅涅特，而施尼茨勒则是梅涅特的助手。施尼茨勒的研究兴趣与弗洛伊德所谓的“被低估和备受指责的性欲”非常类似，以至于弗洛伊德将施尼茨勒称为自己的二重身并刻意回避。后来施尼茨勒弃医从文，其文学作品反映了许多精神分析的概念。他的早期作品探索了咖啡馆常客内心的空虚，但真正使他声名远播的还是《古斯特少尉》和《通向野外的道路》这两部作品。[9]《古斯特少尉》是一部持续的内心独白，故事以一个小插曲开篇：一个“粗俗的平民”公然在歌剧院拥挤的衣帽间里触碰了古斯特少尉的佩剑。这个小动作让少尉陷入了困惑的泥沼并不自觉地开始了普鲁斯特式的“**意识流**”（stream-of-consciousness）独白。在《古斯特少尉》中，施尼茨勒仍然主要立足于一个社会批评家的口吻，但在他提到少尉自以为遗忘的童年时，叙述中却暗含了精神分析的理念。[10]而《通向野外的道路》则更多地探索了个体本能的、非理性的侧面以及他们生活的社会。这本书的戏剧冲突来自对几位犹太角色受阻或受挫的职业生涯的审视。施尼茨勒控诉反犹主义，不单是因为它是错误的。作为一种新的狭隘文化的象征，反犹主义产生于衰败的唯美主义和大众社会的到来。它与“已沦为操纵大众意志的戏剧”的议会一道，彻底钳制了人的本能，并在小说中压倒了由众多犹太角色代表的“有目的、道德而科学的”文化。施尼茨勒的目的是突出“犹太问题”无法解决的难点以及艺术和科学之间的两难选择。[11] 然而，不论艺术或科学都令他失望，“因为唯美主义前途渺茫，而科学则不能为自我提供任何意义”。[12]

胡戈·冯·霍夫曼斯塔尔（1874—1929）比施尼茨勒更进一步。他出生在一个贵族家庭，他的父亲从小就鼓励甚至期望他成为一个唯美主义者。老霍夫曼斯塔尔在他年幼的时候就把他带到了格林斯坦咖啡馆，而巴尔领导下的社团也成为培养这个早熟的青年才俊的温床。霍夫曼斯塔尔写 28
作生涯的早期作品被誉为“德国诗歌史上最优美的成就”，但他从未对这样的审美态度感到满意。[13] 他创作于 1900 年之前的两部最著名的诗歌《提香之死》和《傻子与死神》都质疑了艺术作为社会价值之基础的资格。[14] 对霍夫曼斯塔尔而言，问题在于虽然艺术可以给美的创造者带来自我实现，却未必能给不具有创造才能的社会大众带来同样的感受。他说：

> 如果圣化不从外部降临，
> 我们的当下将空洞而凄凉。[15]

霍夫曼斯塔尔的观点在诗作《古花瓶上的田园诗》中表现得最为明确。该诗讲述了一个古希腊花瓶画家之女的故事。她有一个当铁匠的丈夫，过着安逸的生活，但她心中感到不满。她觉得自己的生活缺乏成就感。她回忆起自己的童年，想起父亲在花瓶上绘出的神话图案。那些图画表现出众神的英雄壮举，而那样壮丽的人生才是她的心之所向。最终随着一位半人马的出现，霍夫曼斯塔尔让她梦想成真。她为自身命运的转机而欢欣鼓舞，立刻想要抛弃她过去的生活，与半人马一起远走高飞。但可惜的是，她的丈夫不这么想。如果他不能拥有她，那么别人也休想。于是他用长矛杀死了她。[16]总之，虽然这个故事听上去很残酷，但霍夫曼斯塔尔的观点毫不含糊：美本身是矛盾的，可以变得危险甚至可怕。本能的生活往往顺其自然，但自有其吸引力。无论它的表达对自我实现有多么至关重要，本能的生活仍然是危险的定时炸弹。换言之，美学从来都不是独立而被动的：它意味着判断和行动。

霍夫曼斯塔尔也指出了科学观念对维也纳老旧的审美文化的侵蚀。“我们这个时代的本质，”他在1905年写道，“是多样性和不确定性。它只能在松动中栖身。”他进一步说：“其他年代的人所笃信的稳定其实都在松动。”[17]对于麦克斯韦和普朗克的发现给经典的牛顿世界带来的松动，能有什么更好的描述吗？“一切都分为许多部分，”霍夫曼斯塔尔写道，“每个部分进一步分为许多部分，再也没有什么概念能归纳这一切了。”[18]和施尼茨勒一样，霍夫曼斯塔尔为奥匈帝国的政治发展，尤其对反犹主义的滋长感到不安。对他来说，这种非理性思想的蔓延部分是因为科学导致了人们对现实理解的改变。新思想是如此令人不安，以至于促进了大规模反动的非理性主义的发展。至少可以这样说，虽然他的个人反应颇具特色，但也有其自身的逻辑。于是在风华正茂的26岁，他放弃了诗歌创作，转向了他认为更能应对时代挑战的戏剧。施尼茨勒指出，政治已经成为一出操纵大众意志的戏剧，而霍夫曼斯塔尔认为，真正的戏剧对于抵消政治的恶果
29 非常必要。[19]他的戏剧作品，从《福图纳图斯和他的儿子们》和《坎道勒斯王》，到他为理查德·施特劳斯创作的歌剧剧本，都将政治领导当作一种艺术形式，并提出了君主制国王应当保留的美学观点。这些观点可以提

供秩序的依据，而践行这样的观点则有助于控制非理性的思想。不过，霍夫曼斯塔尔说，也必须为非理性提供一个出口，而他的解决方案是“整体的仪式”，在这种政治形式中不会有人感到被排斥。他的剧作就是对创建这种仪式的尝试。这些作品将个体心理学与群体心理学相结合，形成了预示着弗洛伊德后期理论的心理剧。[20] 于是，施尼茨勒止步于做维也纳社会的观察者，只是优雅地诊断出其不足之处，而霍夫曼斯塔尔则拒绝接受这种治疗的虚无主义，并为自己赋予了更为直接的作用，试图改变社会。正如他发人深省的论述所言，艺术已成为“国家的精神空间”。[21] 霍夫曼斯塔尔总是希望自己关于国王的作品能帮助维也纳推举出一位杰出的领袖，从而能够为民众指引道德的方向，指明前进的道路。“将所有零碎的表象归于一统，将杂乱的事件融合为‘一个崭新的德国式现实’。”他的愿望不可思议地与最终的现实非常相近。他希望的领导者是一个“带有篡位者烙印的天才”，“真正的日耳曼人和纯粹的人”，一个“先知”、“诗人”、“导师”、“魅惑者”和“色情的梦想家”。[22] 霍夫曼斯塔尔的王权美学与弗洛伊德关于男性统治的主张不谋而合，也与詹姆斯·弗雷泽爵士的人类学发现以及尼采和达尔文的观点有异曲同工之处。霍夫曼斯塔尔非常热衷于协调艺术的可能性，他认为这有助于对抗科学的破坏性影响。

在当时，没有人可以预见霍夫曼斯塔尔的美学观点将为 20 世纪一轮更大规模的非理性思潮在德国的泛滥铺平道路。但面对由科学发现引起的变化，霍夫曼斯塔尔以王权美学和“整体的仪式”作为回应，而**弗朗茨·布伦塔诺**（Franz Brentano，1838—1917）的回应则是他的新哲学。布伦塔诺是一个受欢迎的人，他的演讲堪称传奇，以至于学生们（其中包括弗洛伊德和托马斯·马萨里克）将过道和教室门口挤得水泄不通。有着一副雕塑般外表（他看上去像一位教堂的主教）的布伦塔诺是一位狂热但心不在焉的棋手（他很少下赢，因为他喜欢试验各种走法并观察它们的结果），也是诗人、手艺精湛的厨师和木匠。他经常在多瑙河里游泳，还出版过一本关于谜语的畅销书。他的朋友包括西奥多·梅涅特、西奥多·贡珀茨和约瑟夫·布罗伊尔，后者曾是他的医生。[23] 他注定要担任神职，却于1873年离开了教会，并随后娶了一位皈依基督教的犹太富婆（这也使得有传言讥讽他是傍大款界的偶像）。[24]

布伦塔诺的主要兴趣是尽可能以科学的方式证明上帝的存在。他的科学是一种非常个人化的科学，采用历史分析的形式。对于布伦塔诺来说，哲学是周期性循环的。据他介绍，截至当时，历史上已经出现了三个周期（古代、中世纪和现代）各分为四个阶段：求知、实践、怀疑主义和神秘
30 主义。如下表所示。[25]

阶段＼周期	古　代	中世纪	现　代
求知	从泰利斯到亚里士多德	托马斯·阿奎那	从培根到洛克
实践	禁欲主义者和享乐主义者	邓斯·司各脱	启蒙运动
怀疑主义	怀疑论者和折中主义者	奥卡姆的威廉	休谟
神秘主义	新柏拉图主义者和 新毕达哥拉斯主义者	卢勒和库萨	德国唯心主义

这种分析方法使布伦塔诺成了思想史上典型的过渡人物。经过二十年的探索和演讲，他的科学使他断定，确实存在着“一个永恒的、创造性的和持续的原则”，他将这一原则称为“理解力”。[26] 同时，他关于哲学周期性循环的观点也使他怀疑科学的进步主义。从今天看来，布伦塔诺的主要贡献是他试图将更严谨的思想内容加入对上帝的考量中。尽管他力图将科学与宗教相结合的尝试备受推崇，但是许多和他同时代的人也认为，从一开始他的整个理论体系就注定了失败的命运。尽管如此，布伦塔诺的理论也的确激发了另外两个哲学分支，而这两个哲学分支在20世纪

的最初几年里也颇具影响。它们就是埃德蒙·胡塞尔的现象学和克里斯蒂安·冯·埃伦费尔斯的格式塔理论。

埃德蒙·胡塞尔（Edmund Husserl，1859—1938）与弗洛伊德同年出生，并与弗洛伊德和孟德尔同样出生于摩拉维亚。胡塞尔和弗洛伊德一样也是犹太人，但他的教育背景更加国际化，曾在柏林、莱比锡和维也纳等地求学。[27]他起初爱好数学和逻辑学，但逐渐发现自己被心理学所吸引。在当时，心理学通常只是哲学的一个分支，但由于科学的不断进步，心理学得以快速成长为独立的学科。胡塞尔最关心的问题是意识和逻辑之间的联系。简单地说，他所追求的基本问题是这样的：逻辑究竟是大千世界中的客观存在，还是需要在一些基本原理上依附于心灵而存在？现象的逻辑基础是什么？在这里，数学进入了舞台中央，因为数字及数字运算（加法、减法等）是逻辑运算最明显的例子。那么数字究竟是客观存在，还是只是一种思维活动？布伦塔诺曾声称，在某种程度上思维"意味着"数字，如果是这样，那么思维就影响了数字的逻辑和客观状态。思维本身也带来了一个更根本的问题：思维有没有"意味着"思维本身呢？如果思维创造了自身，那么这会对思维自身的逻辑和客观状态产生怎样的影响？[28]

胡塞尔就此撰写的巨著《逻辑研究》于1900年（第一卷）和1901年（第二卷）出版，忙于作品创作的他也因此缺席了1900年巴黎博览会的世界数学大会。胡塞尔的观点是，哲学的任务是描述日常生活中所经历的世界。而他对上述理论之争的贡献，以及对西方哲学的贡献，便是"**先验现象学**"（transcendental phenomenology）的概念。在其中他提出了著名的**意向对象/意向作用**（noema/noesis）二分法。[29]他认为意向对象本身是一个永恒的自在命题，而且是正确而完全的终结。比如，不管人们是否想到上帝，都可以说上帝是存在的。相反，意向作用则是更加具有心理学意义的 31

概念——这在本质上与布伦塔诺在解释思维“意味着”某物体时的意思是一样的。胡塞尔认为意向对象和意向作用都存在于意识中，而他的突破在于提出意向作用也是一种意向对象，即意向作用存在于自身，也因自身而存在。[30] 很多人觉得这种二分法非常费解，胡塞尔发明的那些更复杂的新词也无法帮助人们理解他的理念（他去世时有超过四万页的手稿存放在鲁汶大学图书馆，其中大部分是从未公之于世也从未有人研究过的）。[31] 胡塞尔认为自己取得了很大的成就。在布伦塔诺过渡思想的传统下，胡塞尔相信自己已经建立了“一门独立于所有心理和事实科学的理论科学”。[32] 在英语世界中很少有人会同意，或者能够理解，怎么可能有一门独立于事实科学的理论科学。但是胡塞尔在今天已被尊为20世纪西方哲学大陆学派的鼻祖，该学派的成员包括马丁·海德格尔、让—保罗·萨特和尤尔根·哈贝马斯。他们与伯特兰·罗素和路德维希·维特根斯坦创立的“分析学派”分庭抗礼，后者在北美和英国影响较大。[33]

布伦塔诺的另一位著名继承者是**格式塔**（Gestalt）哲学和心理学之父**克里斯蒂安·冯·埃伦费尔斯**（Christian von Ehrenfels，1859—1932）。埃伦费尔斯家境富裕，曾在奥地利继承了一座豪宅，但为了将时间和精力投入知识和文学活动中，他不惜将房产过继给他的弟弟。[34]1897年他接受了布拉格大学哲学教授的职位。在这里，从恩斯特·马赫的观察（即圆环的大小和颜色可以“在不减损其圆度的情况下”发生改变）开始，埃伦费尔斯改良了布伦塔诺的观点，认为思维在某种程度上“具有格式塔质的倾向”，也就是说，自然界中存在着一定的“整体”，供思想和神经系统预先体验。（一个众所周知的例子是这样一种视错觉：一张图片的白色部分可以被看作是一个烛台，其黑色部分可以被看作是两个相对而坐的女性轮廓。）格式塔理论在德国的心理学界风靡一时，虽然它本身是行不通的，但它确实为“印刻”理论埋下了伏笔。该理论认为婴儿在其生长发育的关键阶段会准备好感知某些特定的形式。[35] 这一思想在 20 世纪中叶达到鼎盛，受到德国和荷兰的生物学家和动物行为学家的广泛普及。

所有这些维也纳的例子（施尼茨勒、霍夫曼斯塔尔、布伦塔诺、胡塞尔和埃伦费尔斯）都专注于科学的最新发现，不论这些发现是无意识、基本粒子（以及基本粒子之间令人不安的虚空）、格式塔、熵或是热力学第二定律。如果说以今天的眼光来看，这些哲学家的观念显得非常过时和不合逻辑，那么还需要补充的是，这些理念只占当时维也纳思想领域全貌的一半。在当时的维也纳，还流传着很多非常合理但事实上非常直白的唯科学主义观念，今天看来也非常古怪。其中最主要的就是**奥托·魏宁格**（Otto Weininger，1880—1903）臭名昭著的理论。[36] 魏宁格的父亲是一个 32
持反犹主义观念的犹太金匠，而他自己则混成了一个任性霸道的咖啡馆花花公子。[37] 他甚至比霍夫曼斯塔尔更早熟，在大学期间就自学了八种语言并公开发表了他的本科毕业论文。在他的编辑将文章标题改为《性与性格》之后，论文于 1903 年出版并掀起了轩然大波。这是一本饱含狂热的反犹主义和放肆的女性歧视论的书。曾有人认为所有的人类行为都可以用男性和女性的“原生质”来解释，而魏宁格则将这一理论变本加厉，认为每个人的每一个细胞都具有性欲。如果说胡塞尔为自己的想法创造了若干新词，那么魏宁格就创造了一整本字典。比如“种质”，他定义为性别未分化的组织；男性组织称为雄质，而女性组织则为雌质。运用复杂的算法，魏宁格认为不同比例的雄质和雌质可以组成不同种类的事物，如天才、卖淫和记忆，等等。魏宁格还认为，所有彪炳史册的重大成就都要归功于男性主义，比如所有的艺术、文学和法律制度。而另一方面，女性主义则具有太多的消极因素。他断言，犹太种族身上汇集了所有这些消极因素。雅利安种族是男性主义和强大组织原则的化身，而犹太种族则体现了

“女性混沌主义的虚无”。[38] 尽管他的书在商业上取得了成功，但其声望没有平复魏宁格躁动不安的灵魂。那年晚些时候，他在维也纳，在贝多芬去世的房子里租了一个房间，并开枪自杀，时年 23 岁。

还有一位在学术上更有造诣，对性的研究同样入迷的科学家，他是天主教精神病学家**理查德·冯·克拉夫特—埃宾**（Richard von Krafft-Ebing）。他的成名源自出版于 1886 年的拉丁文著作，题为《性精神病态：法医临床研究》。这本书一上市便大受欢迎，此后被翻译成七种语言。其中大多数临床法医的历史案例都来自法庭记录，并试图将性精神病理学与婚后的生活、艺术的主题，或有组织的宗教结构联系起来。[39] 作为一名天主教徒，克拉夫特—埃宾为性设定了严格的底线，认为性的唯一功能是在婚姻制度内繁衍后代。而他的文字也相应反对了许多他眼中的“性变态”。而其中最臭名昭著的“越轨之举”，也是使他的研究背负恶名的原因，是他所创造的“**受虐倾向**”（masochism）一词。这个词来自利奥波德·冯·萨克—马索克的长篇和中篇小说，这位作家是格拉茨一位督察的儿子。在他最直率的作品《穿裘皮的维纳斯》中，萨克—马索克描述了自己与男爵夫人范妮·皮斯托在维也纳巴登的一段风流韵事，在此过程中他“签署了一份为期六个月的合同，其间甘愿做她的性奴”。萨克—马索克后来离开了奥地利（也离开了他的妻子），前往巴黎探索类似的关系。[40]

《性精神病态》清楚地预示了精神分析的某些方面。克拉夫特—埃宾承认，性就像宗教一样，能够在艺术中得到升华——这两者都具有“点燃想象力”的能量。“还有什么其他的事物能作为诗歌的造型艺术的基础呢？只有从（感性的）爱欲中生发出温暖的想象，才能激发创造的思维，
33 点燃感性的火烛，保留艺术的光芒与热情。”[41] 对于克拉夫特—埃宾而言，宗教中的性（因此也包括婚姻中的性）提供了“从屈服中得到极度欢乐”的可能性，而他认为，正是这种过程的变态形式造就了受虐倾向的病理、

病因所在。克拉夫特—埃宾的观点相较弗洛伊德更具有过渡思想的特点，但对于一个尽力想要消除科学对宗教之威胁的社会来说，任何理论，只要涉及信仰的病理学基础及其后果，都必然具有吸引力，尤其是当这一理论涉及性的时候。鉴于这些理论，当弗洛伊德的观点出现时，克拉夫特—埃宾本来可能会更加赞同，但他永远无法释怀幼稚性欲这一有争议的概念。这也使他成了弗洛伊德最响亮的批评者之一。

维也纳的标志性建筑群非环城大道莫属。从 19 世纪中叶开始，弗朗茨・约瑟夫皇帝下令拆除老城区的城墙，清理出大片空间，用一个巨大的环形结构围绕市中心。在接下来的五十年间，十二座重要的建筑物在这片环形区域内拔地而起，其中包括歌剧院、国会大厦、市政厅、维也纳大学的部分校区以及一座恢宏的教堂。这些建筑大多数都配以精巧的石雕装饰，而正是这种奢华的装饰激起了思想者的反应，首先是奥托・瓦格纳，然后是阿道夫・洛斯。

奥托・瓦格纳（Otto Wagner，1841—1918）于 1894 年受命设计维也纳地铁，在此过程中他表现出了“比亚兹莱（19 世纪末英国伟大的插画家）式的想象力”，因而声名大噪。[42] 这项浩大的工程包括了超过三十座地铁站，加上桥梁、高架铁轨和其他城市结构。瓦格纳遵循着“功能决定形式”的格言，其突破在于不仅使用了现代材料，而且向大众展示了这些材料。比如，他在造桥时对铁梁的设计就颇具匠心。这些支撑结构不再像环城大道的建筑那样，用精巧的石雕加以掩盖和隐藏，而是涂上油漆并直接暴露在外。它们实用主义的外形，甚至铆接的细节，都为它们所从属的建筑物整体增色不少。[43] 再就是瓦格纳为地铁车站入口处设计的拱门——四四方方或新古典主义的石质设计都被摈弃，取而代之的是铁路桥或高架铁轨的骨架式结构。因此即使相隔很远，人们也知道前方这座建筑是地铁站入口。[44] 为烘托这样的主题，他的其他设计也体现了现代理念：现代社会中，每个城市人的生活总是行色匆匆，急于上班或回家。因此街道取代了广场、狭长通道或宫殿，成了城市的核心结构。对瓦格纳来说，维也纳的街道应当整齐笔直；街区应当规划有序，以使工作场所靠近住宅区；每个街区都应该有一个中心，而不是整个城市只有一个中心。瓦格纳设计的建筑外墙变得不那么华丽，更加朴素而富有功能性，反映着生活中别处发生的事情。通过这种方式，瓦格纳的风格预示着包豪斯建筑学派的兴起和国际建筑运动的发端。[45]

阿道夫·洛斯（Adolf Loos，1870—1933）的思想则更加尖锐。他与弗洛伊德、《火炬》杂志主编卡尔·克劳斯以及格林斯坦咖啡馆的其他常
34 客都来往密切。他的理性主义与瓦格纳的理性主义不同：它更具革命性，但仍然保持了理性主义的本性。他宣称，建筑不是艺术。“艺术创作是艺术家的私事。艺术作品就是要将受众从他们的舒适区中赶出去。而房子却必须为舒适服务。所以艺术作品是革命性的，而房子则是保守的。”[46] 洛斯将这一理解延伸到设计、服装，甚至生活方式上。他崇尚简单、功能性和朴实无华。他认为人类在物质文化中生活，很容易成为物质的奴隶，而他想重新建立艺术和生活之间的“适当”关系。设计不如艺术，因为设计是保守的，而当人们能明白两者间的区别时，就能得到思想的自由。“工匠为此时此地的用途制造工具，而艺术家则为世界每个角落的所有人创作作品。”[47]

魏宁格和洛斯所持的过渡思想与霍夫曼斯塔尔和胡塞尔并不相同。后两者不但质疑科学，而且质疑科学所描绘的图景。而魏宁格和洛斯则无独有偶地追随了理性主义的脚步。他们都采用科学的思想或措辞，并很快越过了证据的藩篱，构建起与他们所鄙视的非科学思想同样天马行空的体系。在没有被充分领会和理解的情况下，科学的方法是容易被胡乱运用

的，而在维也纳这个思想的过渡阶段，情况正是如此。

在 19、20 世纪之交的维也纳，如果要为当时观察世界的这种迥异而分裂的视角做一个注解，最好的选择莫过于围绕**古斯塔夫·克里姆特**（Gustav Klimt）为维也纳大学所作的画作而催生的争吵。这些画的第一幅正是在 1900 年完成的。克里姆特于 1862 年出生在维也纳附近的鲍姆加登，和魏宁格一样也是金匠的儿子。但他俩的相似之处也仅限于此。克里姆特因运用巨幅壁画装饰环城大道的新建筑物而声名鹊起。这些工程都是在他弟弟恩斯特的帮助下完成的，但后者于 1892 年去世，古斯塔夫也因此隐退了五年，在此期间他似乎潜心研究了詹姆斯·惠斯勒和奥布里·比亚兹莱的作品，也和毕加索一样从爱德华·蒙克的作品中汲取了灵感。直到 1897 年他才重新出山，并成了维也纳分离画派的领袖。维也纳分离画派由 19 位艺术家组成，正如巴黎的印象派画家和其他柏林分离画派的艺术家一样，他们不落官方艺术风格的窠臼，追随着他们自己的新艺术主义。在德国的土地上，这就是我们所知的新艺术风格。[48]

克里姆特的新风格兼具大胆与复杂，展现出三大显著特征——匠心独运地运用金箔（他从父亲那里学到的技术），运用颜色绚丽、质地硬如珐琅的点状装饰，以及表现在女性身上的慵懒情欲。克里姆特的画风并没有弗洛伊德主义的色彩：他画中的女性一点也没有神经质的表现。与之相反，她们平静、温和，最重要的是淫荡好色，是“凝固在艺术中的本能生命”。[49] 然而，在将人们的注意力引向女性的性欲时，克里姆特暗示，这种性欲迄今为止都没有得到满足。这使得女性在他的画作中表现出一种威胁感。她们呈现出贪得无厌而且恬不知耻的模样。克里姆特描绘出这样的女性形象，我们甚至可以说他在对常规思维模式的颠覆上与弗洛伊德难分伯仲。这些画作中的女性一如克拉夫特—埃宾书中所披露的女性性变态，既妩媚撩人，同时也令人憎恶。克里姆特的新风格立刻分裂了维也纳的审美，但它很快就因克里姆特受聘于维也纳大学而告终结。

受维也纳大学之托，克里姆特创作了三幅巨型油画，分别是：《哲
35 学》、《医学》和《法学》。这三幅作品都掀起了轩然大波，但围绕着《医学》和《法学》的争吵只是重复了《哲学》的纷争而已。维也纳大学委员会为第一幅画《哲学》设定的主题是“光明战胜黑暗”。克里姆特实际绘出的作品却是一堆不透明的、“模糊而纠结”的躯体，仿佛要从观众的视线中飘走，纷繁复杂的形体彼此纠缠在一起，所有的一切都被虚空包围。哲学系的教授震怒了。克里姆特被诬蔑为“通过模糊的形式呈现模糊的思想”。[50] 哲学应当是理性的，它“通过确切的科学寻求真理”。[51] 而克里姆特所呈现的画面与这一理念完全背道而驰，因此这幅作品遭到了否定：八十位教授联名上书，要求将克里姆特的画作永远拒于维也纳大学门外。而画家本人做出的回应则是退还所有佣金以示抗议，并将剩余的受聘画作永久封存不再示人。不可原谅的是，这些画作于1945年在伊门多夫城堡被纳粹党付之一炬。[52] 但克里姆特与维也纳大学委员会之间斗争的重要意义在于，它让我们探本溯源，回忆起霍夫曼斯塔尔、施尼茨勒、胡塞尔和布伦塔诺。因为在维也纳大学所委托的作品中，克里姆特尝试传递一种重要的主张。当非理性和本能已经成为生活的主导，理性主义要如何才能成功？理性真的是正确的前进方向吗？本能是一种更为古老也更加强大的力量。是的，它可能更加返祖也更为原始，有时也是一种黑暗的力量，但否定它的益处何在？在第二次世界大战之前，这始终是德国思想中一条重要的脉络。

如果这就是奥匈帝国在19、20世纪之交居于主导地位并从文学延伸到哲学和艺术的时代精神，那么与此同时，在维也纳（以及日耳曼的土地上）也存在着一系列完全科学且简约实用的思想与之分庭抗礼，例如我们

已经看到的普朗克、德弗里斯和孟德尔的成果。但维也纳最激烈、最令人印象深刻，也是截至当时最有影响力的还原论者非**恩斯特·马赫**（Ernst Mach，1838—1916）莫属。[53] 马赫出生在小城布吕恩附近，而布吕恩正是孟德尔推演出遗传理论的地方。作为一个早熟并执拗地质疑一切的孩子，马赫先是在家由父亲辅导，后来转到维也纳学习数学和物理。在研究中，他做出了两个重大发现。首先，他与布罗伊尔同时但完全独立地发现了内耳中的**半规管**（semicircular canals）对维持身体平衡的重要性。其次，他运用特殊技术，用照片记录了子弹以超音速飞行的画面。[54] 在此过程中，他发现子弹产生了两道冲击波，一道在前，一道在后，这是由于子弹高速运动产生的真空造成的。这一发现对于第二次世界大战结束后能够制造出接近音速的喷气机至关重要，这也是人们使用"**马赫数**"（Mach number）来描述超音速（如协和式喷气机的速度）的渊源所在。[55]

然而，在取得这些引人注目的实证主义成就之后，马赫却对哲学和科学史产生了愈发浓厚的兴趣。[56] 他与任何形式的形而上学势不两立，将启蒙运动推崇为历史上最重要的时期，因为它暴露了那些他所谓"被滥用了"的概念，如上帝、自然和灵魂等。他将自我视为"无用的假设"。[57]
在物理学中，他首先怀疑原子的存在，并希望以测量来取代"图示"，即 36
人们对于事物理解的内在精神图像。他甚至摈弃了伊曼努尔·康德关于数字的先验论（即数字就是数字）。[58] 马赫认为，"我们的"系统只是若干可能的系统中满足了我们需求的那一个，就像速算中的辅助手段一样（这当然是类似胡塞尔式的答案）。马赫坚持认为，所有的知识都可以简化为知觉，而科学的任务就是以最简单和最客观的方式描述数据。这意味着对他来说，基础科学是物理学（"能够为知觉提供原始素材"）和心理学（通过它人们能更加清楚地了解自己的感觉）。对马赫来说，哲学如果离开科学将不复存在。[59] 他认为，通过对科学思想史的检视可以发现这些思想是如何进化的。他坚信思想的进化必然存在，并同样遵循适者生存的原则。而我们发展思想甚至是科学思想的目的，是为了生存。对他来说，物理学的理论仅仅是描述，而数学也只是组织这些描述的方式而已。因此对于马赫来说，与其探讨某种理论的正确与否，倒不如探讨它有用与否来得更有意义。永恒且一成不变的真理对他而言毫无意义。普朗克等人都对他颇有微词，理由是他的进化 / 生物理论本身就是形而上学的猜测，但是这并没有妨碍他跻身当时最有影响力的思想家行列。俄国马克思主义者如阿纳托利·卢那察尔斯基和弗拉基米尔·列宁都拜读过马赫的作品，维也纳学派也是基于他和维特根斯坦的思想才得以建立。霍夫曼斯塔尔、罗伯特·穆齐尔甚至爱因斯坦都承认受到他的“深远影响”。[60]

马赫于 1898 年罹患中风，此后他的工作量大大减少，但他直到 1916 年才去世，而当时的物理学已经取得了一些令人震惊的进步。虽然他从来没有完全适应那些更加奇特的理论（比如相对论），但他毫不妥协的还原主义无疑强烈地推动了新研究领域的发展，特别是电子和量子被发现之后敞开的未知世界。这些新的实体各有尺寸规格，都可以通过测量探知，这与马赫定义的科学本质不谋而合。在他的影响下，不少未来的粒子物理学家都将出自维也纳和哈布斯堡王朝的腹地。但是，由于与之对立的思想领域放任非理性主义，他们其中只有很少的人能够在那里将他们的物理学真正付诸实践。

至此，关于维也纳的描述基本已告结束，但也并不尽然。因为这座丰富多彩的城市仍有两大重要的侧面被按下未表。其一是音乐。维也纳第二音乐学院群星云集，古斯塔夫·马勒、阿诺德·勋伯格、安东·冯·韦伯恩和阿尔班·贝尔格，还包括以霍夫曼斯塔尔为御用编剧的理查德·施特劳斯（而非约翰·施特劳斯）都是其成员。他们的故事放在第 4 章“现代主义的少女”中更为恰当。第二个侧面涉及科学和政治的特定组合，也涉及对于进入新世纪以来不断酝酿的浓厚的悲观主义。它在奥地利最引人夺
目，但实际上源自许多国家的许多思想，包括遥远的美利坚合众国，甚至 37
中国。这种悲观主义声称其科学依据是达尔文主义；其敲响警钟的社会学
过程是“退化”；而其政治后果往往是某种形式的种族主义。 38

3

达尔文的黑暗心灵

1900年有三位重要的人物与世长辞。约翰·罗斯金于1月20日死时已精神失常，享年81岁。作为当时最具影响力的艺术批评家，他对19世纪的建筑风格产生了深远的影响。而在《现代画家》中，他还影响了人们对J. M. W. 透纳作品的鉴赏。[1]罗斯金憎恨工业主义及其对美学产生的影响，推崇拉斐尔前派画家，他偏爱的风格是如此的不合时宜。奥斯卡·王尔德于11月30日去世，享年44岁。随着20世纪的流逝，王尔德的艺术和才智，他反对将古怪行为标准化的运动和试图“用充满同情的道德来替代严苛的道德”的努力已使他显得更加现代，也让人们对他倍加思念。但在这一年去世的最重要的人物（当然也与本书的主题密切相关）无疑是**弗里德里希·尼采**（Friedrich Nietzsche）。他于8月25日去世，享年56岁，同样死时已精神失常。

毫无疑问，尼采的身影笼罩着整个20世纪的思想。尼采继承了阿图尔·叔本华的悲观主义，并赋予它现代的、后达尔文主义的转向。他的思想依次影响了许多后世人物，包括奥斯瓦尔德·斯宾格勒、T. S. 艾略特、马丁·海德格尔、让—保罗·萨特、赫伯特·马尔库塞，甚至亚历山大·索尔仁尼琴和米歇尔·福柯。然而在他去世时，尼采已几乎是个植物人，而之前的十多年里也一直如此。1889 年 1 月 3 日，他离开自己在都灵的公寓时，看见一名马车夫正在卡洛·阿尔贝托广场上鞭打一匹马。尼采急于阻止马儿所受的虐待，却突然晕倒在街上。他被围观者带回住处，并开始陷入间歇性的狂乱。他大声呼喊，猛烈敲打钢琴的琴键，而前一秒钟他可能还在安静地演奏瓦格纳的乐曲。登门为他诊疗的医生将其诊断为“心理退化”。正如我们将看到的，这是一个具有讽刺意味的诊断。[2]

尼采当时正遭受三期梅毒的折磨。起初他被幻觉疯狂地迷惑着。他坚持说自己是皇帝，并相信监禁他的人是俾斯麦。这些妄想交替肆虐，难以控制。然而渐渐地，他的病情稳定了下来，而他也被解除禁足，先由他的母亲，后来由他的妹妹**伊丽莎白·弗斯特—尼采**（Elisabeth Förster-Nietzsche）负责照看。她对哥哥的哲学理念很感兴趣。作为瓦格纳知识分子圈的一员，她嫁给了另一位瓦格纳的追随者伯纳德·弗斯特。后者在 1887 年曾设想过一个离奇的计划，试图在巴拉圭建立一个雅利安日耳曼人的殖民地，其目的是要在新大陆重建“血统纯正的日耳曼先驱者”的领地。但 39
这种乌托邦式的计划遭遇了惨痛的失败，之后伊丽莎白回到德国（伯纳德则自杀身亡）。但她并没有被悲惨的经历所击倒，转而开始积极推动她哥哥的理念。她迫使母亲签署文件，将尼采事务唯一的法定控制权转移到自己手里，并建立了尼采档案馆。她还撰写了一部两卷本的歌颂尼采的传记，并重新布置了他的家，将那里变成了供奉尼采作品的圣殿。[3] 她的做法大大简化了她哥哥的思想，令其变得粗糙，省略了所有政治敏感性太强或争议人人的内容。但实际上剩下的部分仍然非常有争议。尼采的主要思想（虽然他从未系统地予以阐述）是：所有的历史都是两大集团之间形而上学的斗争。其一是表达“**权力意志**”（will to power）的领导集团，他们是文明的基石（创造价值）所必需的重要生命力。另一集团则是缺乏“权力意志”的被领导者，主要包括由民主所造就的普罗大众。[4] 他说，“那些贫穷弱小的可怜虫会使文化枯竭”，而“富有强大的人能够使文化繁荣昌盛”。[5] 所有文明之所以能够存在，都要归功于“那些文明的掠夺者。他们具有坚定的意志力，充满对权力的渴望。他们奋力扑向那些更为弱小、文明而和平的种族……掠食那些灿烂的古老文化，即使它们最后的活力仍然在精神与腐朽的绚丽烟火中发出耀眼的光芒”。[6] 他将这些文明的捕猎者称为“**雅利安人**”（Aryans），他们将成为社会的统治阶级或集团。而且这些“高贵的阶级总是野蛮的阶级”。原因很简单，因为他们拥有更长的寿命和更强的能量。他说，相较于“他们掠夺的那些疲惫的经纶世务者而言”，他们是“更完整的人类”。[7] 他认为，这些充满活力的贵族能为自己和他们周围的社会“自发地创造价值”。这些强大的“贵族阶层”创建了属于自己的是非观、荣辱观，定义了真理与谬误、美与丑，而尼采认为，征服者将他们的思想强加于被征服者，这是天经地义的。而另一方面，道德则“是下层阶级发明的玩意”。[8] 它从怨恨中生根发芽，滋养着畜群一样的低等阶级。对尼采来说，“道德否定生命”。[9] 他认为，传统而成熟的文明（即“西方人”）势必导致人类的灭绝。这正是他关于“**末人**”（the last man）的著名描述。[10]

尼采的许多作品都是在他已然罹患早期梅毒的时期撰写的，这一事实似乎使其思想的正确性与接受度打了折扣。但不可否认的是，他的哲学（无论疯狂与否）一直极富影响力，至少对许多人来说，它与查尔斯·达尔文于1859年发表的进化论非常契合。尼采提出的超人（Ubermensch）概念，凌驾于下层社会之上对其生杀予夺。但不管这对某些个体的影响如何恶劣，它听上去与进化、丛林法则以及为了人类整体利益而以“适者生存”为准则的自然选择是非常相似的。但领导能力、创造价值的能力以及将自己的意志强加于人的能力——这些本身并不是进化论对“适者”的定义。“适者”应当是那些繁殖能力最强、后代最多的种群。尼采的思想本质上陷入了社会达尔文主义，后者则常常犯这样的认知错误。

达尔文的《物种起源》出版之后，他的思想很快由生物学扩展到人 40
类社会的运作。达尔文主义首先在美国大行其道。（1869 年，达尔文被授予美国哲学学会名誉会员称号，这比他的母校剑桥大学授予他荣誉学位还要早十年。[11]）美国的社会学家，包括耶鲁大学的**威廉·格雷厄姆·萨姆纳**（William Graham Sumner）和**托尔斯坦·凡勃伦**（Thorsten Veblen），布朗大学的**莱斯特·沃德**（Lester Ward），芝加哥大学的**约翰·杜威**（John Dewey），以及哈佛大学的**威廉·詹姆斯**（William James）和**约翰·菲斯克**（William Fiske）等人，都在达尔文“生存竞争”和“适者生存”的背景下辩论和探讨政治、战争以及人类社会划分为不同阶级的问题。萨姆纳认为，达尔文看待人类的新视角事实上已经为世界提供了终极解释与理性。它解释了深受商人欢迎的、不受约束的自由放任经济存在的原因。其他人则认为，进化论解释了主流的权力体系，作为“适者”的白人“自然地”凌驾于“退化的”其他有色人种之上。另一种稍有不同的意见则认为，进化论暗示着变化都是缓慢发生的，需要经历漫长的地质年代，这也给同萨姆纳持类似观点的人们提供了一个关于政治改革的自然隐喻：即快速的、革命性的变化是“非自然的”。自然法则只是逐渐地带来变化，正是这种渐进性才造就了世界本来的模样。[12]

凡勃伦于 1899 年发表了《有闲阶级论》。他和菲斯克一道，对萨姆纳认为富人阶级等同于生物学上的适者的理论提出了尖锐的批评。凡勃伦实际上将这一推论颠倒了过来，他认为商业世界中“被挑选出来居于统治地位”的阶层几乎和野蛮人没有什么区别，他们是更加原始的社会形态的

“返祖者”。[13]

英国的**赫伯特·斯宾塞**（Herbert Spencer）有可能是最具影响力的社会达尔文主义者。斯宾塞于1820年出生在德比郡一个不信奉英国国教的下游中产阶级家庭，终其一生都对国家政权怀有仇恨。早年他曾是《经济学人》杂志的工作人员，该期刊对自由放任经济抱有近乎狂热的支持立场。实证主义科学家也对他影响颇深，尤其是查尔斯·赖尔爵士，赖尔于19世纪30年代出版《地质学原理》一书，对距今百万年之久的各种化石进行了非常详细的描述。因此当达尔文的理论横空出世，并似乎能够打通早期生命形式与后期生命形式的连贯性时，斯宾塞也就对它全盘接受了。实际上，正是斯宾塞而非达尔文，创造了著名的“**适者生存**”（survival of the fittest）格言，而斯宾塞也很敏锐地意识到达尔文主义可以如何应用于人类社会。在这一点上，他的意见是不容妥协的。例如，对于穷人，他反对所有形式的国家援助。他说，穷人是不适应社会的，他们应该被淘汰。“自然的所有努力都是为了摆脱这样的群体，将他们从世界清除出去，从而为更好的群体腾出空间。”[14]他在开山之作《社会学研究》中阐述了自己的理论，该著作对社会学作为一门独立学科的兴起具有举足轻重的影响（而来源于生物学的基础则似乎让社会学与科学更加沾亲带故）。几乎可以肯定地说，斯宾塞是受众最广泛的社会达尔文主义者，在英美两国有着同样巨大的影响力。

无独有偶，德国也有着属于自己的斯宾塞式人物：**恩斯特·海克尔**（Ernst Haeckel，1834—1919）。作为耶拿大学的一名动物学家，海克尔就像接纳自己的第二天性一样接受了社会达尔文主义。他将“奋斗”称为“时
41 代的口号”。[15]不过，海克尔是获得性性状的遗传原理的热情拥护者，而且与斯宾塞不同的是，他支持强大的国家政权。正是他的这一观念，加上他好战的种族主义和反犹主义主张，致使人们将他视为纳粹的支持者。[16]

相比之下，法国则对达尔文主义相对慢热。但当达尔文主义在法国传播开来时，积极的倡导者也随之应运而生。**克莱芒丝·奥古斯特·罗耶**（Clemence August Royer）在其著作《人类与社会起源》中就采取了强硬的社会达尔文主义立场，将“雅利安人”视为优于其他种族的群体，而为了发展的利益，与低等种族之间的战争是不可避免的。[17] 在俄国，无政府主义者**彼得·克鲁泡特金**（Peter Kropotkin，1842—1921）于 1902 年发表了《互助论》，在其中他采取了不同的路线，认为虽然竞争是不争的事实，但合作也同样如此。这在动物王国也非常普遍，并构成了一部天然的律法。与凡勃伦一样，他提出了不同于斯宾塞的另一种模式，在这种模式里暴力是错误的，将遭受谴责。社会达尔文主义总是很自然地被拿来与马克思主义相比较，而这样做的并不仅局限于俄国知识分子。[18] 无论是卡尔·马克思和弗里德里希·恩格斯都没有发现这两个系统之间的任何冲突。在马克思的墓旁，恩格斯说：“正像达尔文发现有机界的发展规律一样，马克思发现了人类历史的发展规律。”[19] 但是，其他人看到了其中的冲突。达尔文主义的基础是永恒的斗争，而马克思主义则期待新的和谐时代的到来。

如果有人要为 19、20 世纪之交时社会达尔文主义者的论点列一张清单的话，他必须承认，那些热情的斯宾塞哲学的信奉者（其中包括达尔文家族的若干成员，但从不包括达尔文本人）更得其要领。这有助于解释在当时广为流传并公开宣扬的种族主义观点。例如，根据法国贵族诗人阿瑟·德·戈比诺的理论，种族杂交会导致“种族退化”，进而导致文明的崩溃。而另一个法国人**乔治·瓦谢·德·拉普热**（Georges Vacher de Lapouge，1854—1936）则将这种理论发展到了极致。拉普热在对古代人类头骨进行研究后认为，种族是处在形成过程中的物种，种族差异是“先天的、不可磨灭的”，任何认为不同种族能够整合为一体的想法都是违背生物学规律的。[20] 拉普热将欧洲人口分为三大种族群体：欧洲人身材高大，皮肤苍白，头颅较长（长头）；阿尔卑斯人身材较矮小，皮肤颜色较深，头颅较短（短头）；以及地中海人，虽有较长的头颅但身材还要矮于阿尔卑斯人，肤色也更深。这种将种族差异标准化的尝试将一次又一次地在 20 世纪出现。[21] 拉普热视民主为灾难，并认为短头人种将接管世界。他认为由于移居美国的原因，长头人在欧洲的比例在不断下降。他还主张免费供应酒类，寄望于劣等的种族可以因此纵欲无度并自相残杀。这不是在开玩笑，他真的是这么想的。[22]

在众多德语国家里，科学家和伪科学家、哲学家和伪哲学家、知识分子和伪知识分子都在争取公众关注的斗争中试图压过对方。身兼动物学家和地理学家的**弗里德里希·拉采尔**（Friedrich Ratzel）认为，所有的生物
42 体都为生存空间展开竞争，竞争的优胜者将失败者扫地出门。这场斗争延伸到人类社会，成功的种族必须拓展自己的生存空间，才能避免种族的衰退。[23] 而对于**休斯顿·斯图尔特·张伯伦**（Houston Stewart Chamberlain，1855—1927）来说，种族斗争“对于‘科学地’认识历史和文化是非常重要的”。[24] 他与身为英国海军上将的父亲断绝了父子关系，来到德国并娶了瓦格纳的女儿。张伯伦将西方的历史描绘成“精神和文化的创造者雅利安人，与唯利是图、物质至上的犹太人（虽然他的第一任妻子有一半的犹太血统）之间持续不断的冲突史”。[25] 张伯伦认为，日耳曼民族是雅利安人硕果仅存的后裔，但他们也已经随着与其他种族的杂交而衰弱了。

马克斯·诺尔道（Max Nordau，1849—1923）出生在布达佩斯，是一名犹太教拉比的儿子。他最著名的著作是两卷本的《堕落》。尽管长达六百页，它仍成了国际畅销书。诺尔道深信“一种严重的精神疫情、类似黑死病的堕落和歇斯底里”正在影响欧洲，削弱欧洲人的生命力，并表现出一系列的症状：“斜视、失聪、生长缓慢……悲观、冷漠、冲动、情

绪化、神秘主义以及是非判断能力的丧失。”[26] 他所观察过的每个地方都在衰退。[27] 他说，印象派画家的产生就是生理退化的结果。因为他们的眼球震颤才导致他们只能通过模糊而朦胧的方式进行绘画。从夏尔·波德莱尔、奥斯卡·王尔德和尼采的著作中，诺尔道发现了“唯我独尊的自大狂”，而左拉则“痴迷于藏污纳垢”。诺尔道认为堕落是由工业化社会导致的——从字面上讲就是铁路、轮船、电话和工厂等所带来的损耗对人类领袖也产生了影响。弗洛伊德在拜访诺尔道时发现他“自负得令人无法忍受”，并且完全缺乏幽默感。[28] 社会达尔文主义在奥地利的发展胜过其他欧洲各国，而且并没有仅仅停留在理论阶段。格奥尔格·里特尔·冯·舍纳尔和卡尔·卢埃格尔这两个政治领袖，就以社会达尔文主义为基酒调制出了他们自己的理论鸡尾酒，并依此发起了强调两大目标的政纲。第一是要将权力交给农民（因为他们还没有接触腐败的城市，不曾“受到污染”）；第二则是恶毒的反犹主义，犹太人在其中被定义为堕落的化身。而当年轻的阿道夫·希特勒在 1907 年首次抵达维也纳就读艺术学院时，迎接他的正是这思想的瘴疠之气。

从大西洋的另一端，美国的南部也没有传来什么不同的声音。达尔文主义认定所有种族都有共同的起源，因此这本可以用来作为反对奴隶制的依据，正如**切斯特·劳瑞·布雷斯**（Chester Loring Brace）所主张的一样。[29] 但其他人的看法则与之相反。**约瑟夫·勒孔特**（Joseph le Conte，1823—1901）与拉普热和拉采尔一样，是个受过教育的人，一位训练有素的地质学家。当《南方的种族问题》于 1892 年问世时，他已是美国科学促进会德高望重的主席。然而，他的论调充斥着野蛮的达尔文主义。[30] 两个种族一旦开始接触，其中一个就必定要统治另一个种族。他认为，如果较弱的种族仍处在发展的早期阶段（就像黑人），那么奴隶制就是恰当的， 43
因为“原始”的心态是可以塑造的。但是，如果该种族已经发展到了更加复杂的阶段，像“北美印第安人”，那么“种族灭绝将是不可避免的”。[31]

社会达尔文主义最直接的政治影响，就是随着20世纪到来而兴起的**优生学运动**（eugenics movement）。上述所有作家都在其中起到了一定作用，但这场运动最直接的发起者和真正的始作俑者是达尔文的表弟**弗朗西斯·高尔顿**（Francis Galton，1822—1911）。他于1904年在《美国社会学杂志》上发表了一篇文章，提出优生学的本质在于“劣等”和“高等”是可以被客观地描述和测量的——这就是拉普热描述种族间头骨差异之所以重要的原因。[32]当时的现实也在一定程度上支持这种说法，因为欧洲人口正处在下降的时期（部分是缘于移民美国）。这也增加了人们对于“退化”的担忧——人们担心城市化和工业化会使人的生殖意愿或生殖能力下降，并鼓励“不适者”以比“适者”更快的速度繁殖。自杀、犯罪、卖淫和性变态的增长，以及诺尔道看到的那些斜视的眼睛和失聪的耳朵，似乎都支持这种解释。[33]根据一项针对1899至1902年间参与布尔战争的英国士兵的调查显示，这一观点似乎获得了决定性的支持，因为该调查暴露出城市工人阶级的健康状况和受教育水平都低得惊人。

于是，德国种族卫生学会于1905年宣告成立，英国优生学教育学会也在随后的1907年成立。[34]类似机构也于1910和1912年在美国和法国相继成立。[35]关于种族的争论屡次发展到狂热的境地。例如，牛津大学教授F. H. 布拉德利建议，疯子和患有遗传性疾病的人都应该被处死，他们的孩子也不能放过。[36]美国的印第安纳州也于1907年通过了一项法律，要求对州立监狱内“精神错乱的、愚蠢的和低能的”犯人或“被定罪的强奸犯”实行全新的惩罚措施：绝育手术。[37]

然而，如果我们就此认为社会达尔文主义的影响仅仅是彻头彻尾的粗暴和邪恶，那也是不正确的。因为事实并非如此。

专栏副刊是 19、20 世纪之交的维也纳的新闻业的一个显著特点。它是报纸的增补部分，其位置并不显要，其中包含的不是新闻，而是一些闲谈文章（说得好听点就是诙谐文章），或就任何话题发表看法的散文。格林斯坦咖啡馆的常客**西奥多·赫茨尔**（Theodor Herzl，1860—1904）便是当时首屈一指的专栏作家。赫茨尔是一名犹太商人的儿子。他出生在布达佩斯，后赴维也纳研读法律专业，并将这里当作第二故乡。在大学就读期间，赫茨尔就开始向《新自由报》投稿讽刺短文，并且很快就自创了一种诙谐的散文风格，这也和他时髦的打扮非常搭调。他结识了胡戈·冯·霍夫曼斯塔尔、阿图尔·施尼茨勒和斯特凡·茨威格。他尽力无视周围日益增长的反犹主义，认同自由的帝国贵族阶级，否定那些丑陋的群众，也就是弗洛伊德所谓的“乌合之众”。他认为犹太人应该像他自己一样尽力融入社会主流，或是在极少数情况下，在他们遭受歧视之后，通过决斗的方式来恢复他们的荣誉（在当时的维也纳，决斗是很常见的解决分歧的方式）。他认为，经过几次决斗（这也是最佳的达尔文主义策略），犹太人将 44
重获自己的荣誉。但是，他的生活在 1891 年 10 月发生了变化。他因出色的新闻报道荣升《新自由报》驻巴黎记者。然而，在他抵达法国首都之时，巴黎正盛行着因巴拿马丑闻而泛滥的反犹主义，巴拿马运河管理公司的腐败官员也正接受审判。而接下来的 1894 年又发生了德雷福斯事件，即一位名叫阿尔弗雷德·德雷福斯的犹太军官被误判犯有叛国罪。赫茨尔从一开始就质疑这位军官是否真的有罪，但持类似意见的人寥寥可数。赫茨尔原以为法国代表着欧洲所有的进步和高贵，但在短短几个月内，他已经发现法国和维也纳实际上是一丘之貉，当时恶毒的反犹主义者卡尔·卢埃格尔正在成为维也纳市长的道路上平步青云。[38]

因为一个偶然的机缘，赫茨尔发生了转变。1895 年 5 月底，他在巴黎歌剧院观看了歌剧《唐怀瑟》的演出。他通常对于歌剧并不热衷，但那天晚上，正如他后来所说，他被那场表现人民政治不合理之处的演出“电到了”。[39] 他回到家，“兴奋得发抖”，开始坐下来制定策略，以使犹太人能够脱离欧洲，建立独立的家园。[40] 从此以后他脱胎换骨，成为一名坚定的**犹太复国主义者**（Zionist）。从他观看歌剧《唐怀瑟》直到1904年去世，赫茨尔组织了不下六次世界犹太人大会。从罗马教宗到土耳其苏丹，他向每个人游说他的伟大理想。[41] 那些久经世故、受过良好教育的犹太贵族一开始并不愿意听他的话，但最后他的思想打动了他们。在此之前也曾有过犹太复国运动，但通常它们只是出于个人的一己私利。与它们相反，赫茨尔拒绝接受历史的理性概念，即支持“以纯粹的心理能量作为原动力”。他说，犹太人必须有自己的麦加，自己的卢尔德。“伟大的事业不需要坚实的基础……其秘诀在于运动。因此我相信在某个地方人们将发现一部可操纵的飞行器，因为通过运动我们也能克服万有引力。”[42] 赫茨尔并没有将锡安指定在巴勒斯坦，即便在非洲或阿根廷的某地也完全没问题，他也认为没有必要将希伯来语定为官方语言。[43] 正统派犹太人谴责他为异端（因为他显然不是弥赛亚），但十年之后，经历过六次犹太人大会，在他去世时，他帮助建立的、可以成为任何新兴国家中坚力量的股份制公司——犹太殖民信托基金，已经拥有135000名股东，远远超过当时其他所有企业。来自欧洲各地的10000名犹太人出席了他的葬礼。犹太人的家园梦想尚未实现，但这个梦想已不再是离经叛道之举。[44]

马克斯·韦伯（Max Weber）因为和赫茨尔具有同样的经历而与宗教结下了不解之缘。类似马克斯·诺尔道和意大利犯罪学家切萨雷·龙勃罗梭，他也为现代社会中“堕落”的性质感到不安。与这两位不同的是，他相信自己所看到的一切并不都是坏的。他对于现代生活可能诱发的“异

化”现象并不陌生，他认为要让人们能够承受现代城市生活的压力，群体
认同是其中的核心因素，但其重要性长期以来一直受到忽视。由于患有严 45
重的抑郁症，在19、20世纪之交的几年间，韦伯几乎没有任何重要的学
术成果（他任教于弗赖堡大学），而直到1904年他的病情才显示出好转的
迹象。一旦开始好转，其康复速度之快也堪称罕见。他于同年出版的著作
与自己之前所有的作品大相径庭，正是这本书彻底改变了他的声誉。[45]

在韦伯患病之前，他的大部分作品都是生涩的学术专著，内容涉及农业史、经济学以及经济法学，包括中世纪交易法以及东德农村劳工境况等研究，而这些题材也很难畅销。不过他的学者同行对他的日耳曼研究方法颇有兴趣。他的方法与英式研究方法有着鲜明的区别，更注重在相应的文化背景下关注经济生活，而不是将经济和政治作为独立的实体分离开来，因为后者或多或少具有一定的自限性。[46]

韦伯身材高大但有点驼背，他和布伦塔诺一样，拥有偶像般的外表，但他也是一个矛盾的综合体。[47]他不苟言笑，脸上甚至经常愁云密布。他罹患抑郁症的经历，或仅仅是他在患病期间做的反思，似乎造就了他身上发生的改变，并帮助他创造出虽然富有争议但无疑非常强大的思想。韦伯在康复之后从事的研究要比之前的研究题材（诸如东德的农民之类）更为广阔。依据这项研究，他撰写了题为《新教伦理与资本主义精神》的伟大作品。

韦伯在这本书中表达的论点所引发的争议几乎不亚于弗洛伊德理论引发的争议。正如安东尼·吉登斯所指出的，它立即招致了许多同类型的尖锐批评。他自己则将这本书视为对马克思主义和唯物主义的驳斥。如果缺乏对韦伯知识背景的了解，要理解《新教伦理与资本主义精神》一书的主题将会十分困难。[48]他与布伦塔诺和胡塞尔沿袭着同样的传统，即格式塔研究者的传统，坚持从研究人的角度对自然科学进行分化研究：[49]“虽然

我们可以依据因果律来‘解释’自然现象的发生，但人类的行为自有其内在意义，而‘解释’或‘理解’人类行为的方式在自然界中是找不到相似之物的。”[50]对于韦伯来说，这意味着社会和心理问题比纯粹的经济或物质问题更为重要。《新教伦理与资本主义精神》一书的开篇就显示了具有韦伯特色的思维方式：“粗看一下包含多种宗教构成的国家的职业统计，就会发现一种十分常见的情况，即现代企业的经营领导者和资本所有者，高级技术工人，尤其是在技术和经营方面受过较高训练的人中，新教徒都占了绝大多数。天主教的报章和文献以及在德国天主教会议都对这种情况进行过多次讨论。”[51]

对韦伯来说，这一观察结果是问题的症结，也是需要解释的关键矛盾所在。在书的前几章中，韦伯明确表示，他所讨论的不单单是钱的问题。对于他来说，资本主义企业和对利润的追求完全是两回事。人们从来都想成为富人，但这和资本主义并没有什么联系，他认为这只是“一种通过
46 （名义上和平的）经济交流实现盈利的倾向”。[52]他指出，在古巴比伦、古埃及、古印度、古中国和中世纪的欧洲都存在非常成功且颇具规模的商业活动，而自宗教改革以来，仅仅是在欧洲，资本主义活动才与正式自由劳动力的理性组织联系在了一起。[53]

韦伯的观察结果也以一个令人费解的悖论为开端，这个悖论让他非常着迷。他发现在很多情况下，男性（和少数女性）表现出积累财富的动力，但同时也表现出“极度的禁欲主义”，对于他们所积累的财富所能换来的世俗快乐完全不感兴趣。其实很多企业家追求的生活方式是“厉行节约”。[54]这是不是很奇怪？为什么要为了这么少的奖励而努力工作呢？经过患病期间的深思熟虑，韦伯认为他已经找到了答案。答案来自他所谓的“现世禁欲主义”的清教主义，这是一个他参考了“感召”的概念后扩展出的新概念。[55]这种思想在古代并不存在，而且韦伯认为，它同样不存在

于天主教的教义之中。它仅仅起源于宗教改革，而它背后的思想在于，个人道德责任的最高形式以及向上帝履行其义务的最佳方式，是去帮助他此时此刻存在于这个世界上的同胞们。换句话说，天主教徒的最高理念是通过出世和冥想来净化自己的灵魂（正如隐修的修士所为），而新教徒则恰恰相反：成就感源自帮助他人的举动。[56] 韦伯进一步提出了支持此论点的证据，除非资本主义早期阶段财富的积累，是通过“适度而勤劳的职业生涯”实现的，否则都会受到道德制裁，尤其是在加尔文主义国家。不能传播福祉的闲置财富，以及没有运作的资本，都被谴责为罪过。对韦伯来说，不管资本主义已经发展到了什么阶段，它最初都是由宗教狂热引发的。如果没有那场狂热，那么将资本主义与此前所有制度区别开来的劳动组织形式就无法成为现实。

对于欧洲之外地区（如印度、中国和中东）的宗教和经济实践，韦伯都非常熟悉，而这也为《新教伦理与资本主义精神》一书树立了富有知识底蕴的权威。他认为，比如在中国，经济合作的主要形式是由广泛的具有亲属关系的单位提供的，这自然地限制了行业协会和企业家个人的影响力。[57] 在印度，印度教在历史上始终与巨大的财富联系在一起，但其对于来世的信条也让能够产生同类能量的新教没有了容身之处，因而资本主义从来没有在印度获得适当的发展。相比而言，欧洲的优势还在于继承了罗马法的传统，比其他地区提供了更加整合的司法实践，使思想的转化更加缓和，也促进了对契约关系的理解。[58] 有关《新教伦理与资本主义精神》的争议持续发酵，人们开始尝试将其基本思想转移到其他文化（比如儒家思想），而新教和经济增长之间的联系即使是在如今天主教占据主导地位的拉丁美洲仍然显而易见，这些都说明了韦伯论题的价值所在。

《新教伦理与资本主义精神》并没有提到达尔文主义，但它的精神贯穿其中。经过宗教改革的洗礼，新教催生出更早也更为原始的信仰，也造就了更先进的经济系统（其先进之处在于具有较少的罪恶，惠及更多的人）。其他人则在他的理论中嗅到了“原始的阿里乌斯教派”的气味，而韦伯本人也于1895年在弗赖堡大学的就职演说中提到了达尔文主义的斗争。[59] 他的作品后来被社会生物学家当作范例，来说明他们的理论是如何应用于经济学的。[60]

尼采歌颂凭借自己的行动塑造世界的掠夺者。而说到掠夺和它在1900年对世界产生的影响，恐怕无人能与帝国主义者相比。他们在瓜分非洲和其他地区的斗争中争权夺利，也以前所未有的速度和广度传播了西方的技术和思想。在所有参与这场掠夺的人之中，**约瑟夫·康拉德**（Joseph Conrad）因他的独树一帜而得名。他拒绝了所谓的“积极生活”，即使在非洲能够相对容易（也相对安全）地行使“权力意志”，也要从这片“富”得流油”的黑暗大陆抽身而出。多年来在经历过不同商船队的水手生活后，康拉德静下心来开始了文学创作的笔耕生涯。不过在他的想象中，他回到了那些异乡的土地（非洲、远东、南洋），并为新世纪树立起第一个重要的文学主题。

康拉德最负盛名的著作包括《吉姆爷》（1900）、《黑暗心灵》（以单行本的形式在1902年出版）、《诺斯特罗莫》（1904）和《间谍》（1907）等。他从达尔文、尼采、诺尔道甚至龙勃罗梭的思想中汲取养分，探索20世纪的科学、自由、技术乐观论和关于人性的悲观主义之间的断层线。据说有一次他曾对H. G. 威尔斯说：“威尔斯，我们俩从骨子里就是不同的。你不关心人类，却认为他们一定会进步。我爱人类，但我知道他们绝对不会进步！”[61] 现在看来，他将《间谍》题献给威尔斯，也是一种康拉德式的幽默。

康拉德原名约瑟夫·西奥多·康拉德·科尔泽尼奥夫斯基，他于1857

年出生在波兰的俄国占领区。当时的波兰经常遭到列强的瓜分，而他的出生地于1793年起就被俄国占领（现在则属于乌克兰）。他的父亲阿波罗是一个没有封地的没落贵族，因为在1839年参加反俄起义而被没收家产。1862年，他和父母都被流放到俄国北部的沃洛格达，他的母亲因肺结核死在那里，而父亲也在1869年，也就是返回克拉科夫的第二年被同样的病魔夺去了生命，小约瑟夫也因此成了孤儿。从此康拉德只能依靠舅舅塔德乌什的接济度日。后者非常慷慨，不仅为康拉德提供了年金，而且在1894年过世时给他留下了约1600英镑的遗产（比今天的10万英镑还多）。与此同时，康拉德的第一部小说《阿尔迈耶的愚蠢》（动笔于1889年）被出版社接受，他也开始使用约瑟夫·康拉德作为笔名。他的作家生涯由此发端，开始依据自己的亲身经历和水手生涯中听到的故事撰写小说。[62]

当年仅16岁的他登上从马赛开往马提尼克岛的“勃朗峰号”轮船时，他的冒险生涯也正式拉开序幕。毫无疑问，他随后的加勒比海航行经历为他后来的写作，尤其是《诺斯特罗莫》的创作提供了大量生动的素材。他还很有可能试图把军火从马赛走私到西班牙，但不幸遭遇失败。再加上在 48
蒙特卡洛参与赌博，他因此债台高筑。他朝自己的胸口开了一枪企图自杀。但舅舅塔德乌什帮助他渡过了难关，替他偿还了债务，还帮他编造谎言，说胸口的枪伤是在一场决斗中被人击中造成的。后来康拉德在向他的妻子和朋友们解释枪伤时，这个借口也颇为有用。[63]

从一个水手起步，康拉德在英国商船队十六年的海上生涯从未风平浪静，但这段经历为他日后的作家生涯提供了丰富的素材。康拉德最好的作品，如《黑暗心灵》，通常都是经过长期的酝酿，在这期间他似乎反复纠结于在当代科学发展背景下他的经历具有怎样的意义或象征符号。他认为这些科学发展对人类来说大多都是不祥之兆，而非对人性的解放。但康拉德并不反对科学。相反，正如雷德蒙·奥汉隆在题为《约瑟夫·康拉德与查尔斯·达尔文：科学思想对康拉德小说的影响》（1984）的研究中所表明的，康拉德一直与飞速发展的科学思想保持密切接触。[64]康拉德成长在维多利亚时代经典物理学的环境中。经典物理学建立在物质恒久存在这一信念基石之上，虽然也有假想认为太阳正在冷却，而地球上的生命将不可避免地最终毁灭。在1898年9月29日写给出版商的一封信中，康拉德描述了X射线的演示效果。当时他身在格拉斯哥，与放射学家约翰·麦金太尔博士一起，"在晚宴上畅谈留声机、X射线、宇宙的秘密以及上帝的不存在。宇宙的秘密存在于水平波，而水平波多变的振动位于所有意识状态的底部……尼尔·芒罗站在一架伦琴机的前面，我们凝视着他身后屏幕上的脊骨和肋骨……博士说，正因如此，不存在通常概念里的空间、时间、物质和精神……只存在产生这些波的永恒力量，仅此而已"。[65]

康拉德其实并不像他自己所想的那么紧跟科学的发展，因为在前一年，J. J. 汤姆孙就证明了这些"波"实际上是粒子。但问题的关键不在于康拉德对科学有多熟悉，而在于他曾经学到的关于物质本质的铁律现在已经遭到彻底的破坏。他把这一现象转化为许多笔下角色的结构。这些角色看似坚强的性格在遭遇自然的炼狱（通常发生在海上航行中）时都表现出彻头彻尾的动摇或堕落。

在他的舅舅患病后，约瑟夫在返回波兰途中在布鲁塞尔停留，参加比属上刚果贸易公司的招聘面试——这场宿命的面试带给他1890年6月到12月间在比属上刚果的生活经历，也促成了十年后《黑暗心灵》的诞生。这十年里，刚果潜藏在他的脑海中，等待着成文的契机。而1897年"贝宁大屠杀"血淋淋的真相被揭露，以及亨利·莫顿·斯坦利爵士非洲探险的报道成了康拉德灵感的催化剂。[66]1897年，斯坦利爵士的《贝宁：血染之城》在伦敦和纽约出版，向西方文明世界揭示了非洲本土血祭仪式的恐怖故事。1884年柏林会议后，英国宣布将尼日尔河地区列为自己的保护

领地。一个英国代表团曾到访贝宁（该国位于尼日利亚以西），却因正值 49
国王杜博尔举行祭祀祖先的献祭仪式而惨遭屠戮。此后英国兴师问罪，派出一支远征军攻下了这座长久以来实行奴隶制的城市。远征军情报官员 R. H. 培根中校的报道也与《黑暗心灵》中提到的若干事件的细节非常吻合。虽然培根中校颇善辞令，但当他抵达贝宁时，他也承认所看到的惨状难以形容："没有必要继续描述这里的恐怖了。尸横遍野、惨无人道、血流成河，空气中的恶心气味让人闻了都难以忍受，更别提在这里住下去了。"[67] 康拉德没有去定义是什么造就了"可怕啊！可怕啊！"的呼喊——这是《黑暗心灵》中的库尔茨著名的遗言，英雄马洛（Marlow）正是为了拯救他而来——而是提供了线索，比如在接近库尔茨的院子时，马洛认为自己透过望远镜看到杆子上插着一些圆球体。而培根中校则从自己的角度描述了成堆的头颅和白骨包围着的十字架，以及无处不在的血迹，溅满了青铜图腾和象牙。

然而，康拉德的目的并不是唤起文明社会对野蛮行径的典型反应。培根中校在自己的报告中已经例证了这一观点："和平和白人的良好管理意味着幸福、满足和安全，这一点他们（土著人）不可能不懂。"库尔茨在为国际禁止野蛮习俗协会起草的报告中也表达了类似的情绪。马洛将这篇"漂亮的报告"形容为"闪耀着雄辩的光芒"。然而，报告结尾处潦草涂画的字迹"在这篇动人的、能激发利他主义思想的文章最后，如同晴空中的一道闪电，他发出一个清楚而可怕的呼吁：'消灭所有畜生！'"[68]

这种存在于文明人内心深处的野蛮也在白人商人的行为中体现了出来——马洛叫他们"朝圣者"。白人旅行家的故事，就像亨利·莫顿·斯坦利所讲的关于"最黑暗的非洲"的故事一样，总是带着欧洲人对土著人无可置疑的优越感，而这些都入了康拉德的黑暗法眼。《黑暗心灵》颇为讽刺地逆转了文明与野蛮、光明与黑暗，并将这一逆转发扬光大。斯坦利的日记中记录着一段尤为典型的插曲。他急需食物，于是告诉一群土著人说："我必须吃东西，不然我会死掉。他们必须用食物来换红、蓝或绿色的珠子，铜或黄铜线，或是贝壳，否则……我在喉咙上比画着。这就够了，他们马上就懂了。"[69]相比之下，在《黑暗心灵》中，陪同马洛一行人远征的食人族表现出的非凡克制力给马洛留下了深刻印象。他们获得的报酬只有一堆铜丝，没有食物。他们携带的腐烂的河马肉（有着令欧洲人无法忍受的恶心气味）也早已被扔下了船。他想知道为什么"这些人没有拿我们开刀，毕竟人数上他们对我们是三十对五，起码可以大快朵颐一顿"。[70]当然，库尔茨是一个具有象征性的人物（"全欧洲共同造就了库尔茨"），而通过马洛的叙述，康拉德激烈而尖锐的讽刺也清晰地表现了出来。[71]大英帝国的文明使命实际上变成野蛮的掠夺，"争夺战利品的行为之卑劣，令整个人类的道德史蒙羞"，康拉德在别处这样描述。在20世纪末，我们从《黑暗心灵》中得出这样的结论似乎显而易见，但当它于1902年首次
50 亮相时，相关的评论却不这么认为。《曼彻斯特卫报》评论说，康拉德没有攻击殖民、扩张或帝国主义，而是展示了廉价理想的枯萎过程。[72]其部分的魅力当然来自康拉德式的心理学。他笔下众多角色的历程似乎明确地带有弗洛伊德的意味，而人们确实也提出了很多关于他作品的弗洛伊德式的解释。然而康拉德强烈地反对弗洛伊德。当他在科西嘉岛疗养，身体处于崩溃的边缘时，有人曾给过他一本《梦的解析》。他在谈到弗洛伊德时"带着轻蔑的讽刺"，把书拿回房间，并在离开的前夕物归原主，原封未动。[73]

《黑暗心灵》出版时引起了不少读者的反感，时至今日，反感康拉德的也大有人在。正是这样的读者反馈强调了他的意义。也许理查德·柯尔对此的解释最为恰当。他是第一位全面研究康拉德的学者，其研究报告发表于1914年。[74]柯尔的洞见在于，他知道对很多人来说，他们都需要笃

信，这个看似可怕的世界能够通过人们的努力和恰当的自由主义哲学而走上正轨。与同时代的 H. G. 威尔斯和约翰·高尔斯华绥不同，康拉德嘲笑这种观点，认为它往好了说只是一种错觉，而往坏里说则通向绝望的毁灭。近来，康拉德作品的道德观，而非美学价值，受到了质疑。1977 年，尼日利亚小说家钦努阿·阿契贝将康拉德称为“血腥的种族主义者”，而《黑暗心灵》则“欢庆”了一些人的灭绝人性的行为。1993 年，文化批评家爱德华·萨义德认为，阿契贝的批判还不够鞭辟入里，应该更加猛烈。[75] 但证据显示，无论是身体上还是心理上，康拉德都因非洲经历中毒很深。在刚果，他结识了罗杰·凯斯门特（1916 年因叛国活动而在爱尔兰遭处决）。作为英国领事官员的凯斯门特撰写了一份报告，揭露了他和康拉德所目睹的暴行。[76] 1904 年，凯斯门特拜访康拉德，以争取他的支持。无论康拉德与马洛之间有着怎样的纠葛，他都与当时的帝国主义者、非洲的种族主义者和非洲人有着天渊之别。《黑暗心灵》对结束利奥波德的暴政起到了一定作用。[77] 在读罢掩卷之时，读者仍能感受奴役和屠杀带来的纯粹的恐怖，以及马洛的叙述所传达的可怕的徒劳和内疚感。而库尔茨的遗言“可怕啊！可怕啊！”，则展现出社会达尔文主义可以轻易到达的恐怖终点。

51

4

现代主义的少女

1905 年的德累斯顿是世界上最美丽的城市之一，犹如一颗镶嵌在易北河畔的巴洛克式宝石。这里作为**理查德·施特劳斯**（Richard Strauss）新创作的歌剧《莎乐美》的首演地也是非常合适的。然而排练开始后，谣言却在城里传开了，说后台的所有工作都不太顺利。施特劳斯的新作品对歌剧演员们来说“太难了”。随着 12 月 9 日首演之夜的日益临近，这种焦虑愈发恶化，其中一些演员甚至想要退出。尽管存在上述问题，施特劳斯在《莎乐美》的整个排练过程中仍稳如泰山。有一次，一位双簧管乐师抱怨道：“先生，也许这一段用钢琴能弹出来，但双簧管实在太勉为其难了。”“振作一点，老兄，”施特劳斯轻快地答道，“用钢琴也弹不出来的。”关于歌剧院内部分歧的小道消息让德累斯顿的市民忧心忡忡，以至于人们在大街上已经开始不理睬该剧的乐队指挥恩斯特·冯·舒赫了。人们纷纷预测这次首演将是一次昂贵而尴尬的失败，它可能会让骄傲的德累斯顿市民无法忍受。但舒赫仍然坚信施特劳斯新作品的重要性。尽管忧虑和谣言四起，但排练仍坚持进行。用一位批评家的话说，《莎乐美》的首演必将开启“现代主义历史新的一页”。[1]

“现代主义”（modernism）一词有三种含义，我们需要加以区分。它的第一种含义是文艺复兴和宗教改革之间的历史片段。在这段时间里，现代世界开始逐渐清晰，科学开始作为知识体系的重要部分而蓬勃发展，而非宗教和形而上学的附庸。现代主义的第二种、也是最常见的含义是指一场主要发生在艺术领域的运动，由法国的**夏尔·波德莱尔**（Charles Baudelaire）发起并很快扩大。第二种含义本身又含有三大要素。第一个、也是最基本的要素是，它相信现代世界同已经逝去的所有时代同样美好和令人满意。法国（尤其是巴黎）对这一观点的支持最引人注目。在这里，风靡整个 19 世纪（尤其是绘画领域）的历史主义遭到了反对。乔治—欧仁·奥斯曼男爵在 19 世纪 50 年代对巴黎的重建也为此风潮推波助澜。从这个意义上来说，现代主义的第二种含义中的第二大要素是指：现代主义是一种城市艺术，让城市变成了文明的“风暴中心”。印象派作为现代主义最早期的形式之一，将这一点体现得淋漓尽致：其目的就是捕捉稍纵即逝的时刻，而在城市中生活的人们对这些短暂的瞬间早已司空见惯。最 52
后，现代主义激励并倡导新事物高于一切，同时意味着**“先锋派”**（avant-garde）的存在。他们是一群艺术和知识精英，凭借其智慧和创造力鹤立鸡群，虽然他们肩负领导民众的责任，却也注定要与民众对立（虽然很多时候并非有意为之）。这种形式的现代主义如一道鸿沟，划出了现代之前悠闲的、面对面的农业社会与毫无个性、节奏飞快、都市庞大但充满疏离、肮脏和堕落风险的个人主义社会（正如弗洛伊德所指出的）之间的分野。[2]

现代主义的第三种含义被用在有组织的宗教（尤其是天主教）的背景下。在整个 19 世纪，天主教教义的各个方面都受到了威胁。年轻的神职人员急于要求教会对新的科学发现做出回应，尤其是对达尔文的进化论和德国考古学家在中东圣地的发现做出回应，因为这两者与《圣经》存在许多矛盾。本章涉及20世纪初出现的现代主义的所有三种含义。

《莎乐美》忠实改编自奥斯卡·王尔德（Oscar Wilde）的同名戏剧。施特劳斯非常清楚该剧令人震惊的本质。王尔德原本希望《莎乐美》能在伦敦上演，但遭到了王室宫务大臣的禁止。（作为报复，王尔德曾扬言要加入法国籍。[3]）王尔德用“现代主义”的光彩重新塑造了希律王、莎乐美和施洗者圣约翰的古老传说，将女主角莎乐美描绘成一个“被邪恶的贞操毁灭了的处女”。[4] 王尔德在创作该剧的剧本时还没有读过弗洛伊德的作品，但他读过理查德·冯·克拉夫特—埃宾的《性精神病态》，而戏剧情节明确地暗示莎乐美向希律王索要圣约翰人头的行为就类似某种性变态。在这样一个许多人仍然自命虔诚的年代，这种剧本几乎必然会激起公愤。施特劳斯的音乐则为王尔德的剧情添砖加瓦。管弦乐的编排非常艰涩而令人不安，对很多人来说甚至是刺耳的。为了突出希律王和圣约翰之间的心理反差，施特劳斯使用了不寻常的创作技法，同时在两个音调上谱写旋律。[5] 配乐连续的不和谐音反映出情节的紧张，并随着莎乐美等待行刑时的呜咽达到高潮，再配以低音提琴降B调的独奏作为渲染，从而凝固了莎乐美悲惨命运的痛苦一幕：她被那些粉碎她生活的卫士们杀害了。

该剧首演之夜过后，观众的反响各异。科西马·瓦格纳深信这部新剧是“癫狂之作！……与下流沆瀣一气”。多亏柏林歌剧院的经理巧妙地将剧终的段落进行了修改，让伯利恒之星在演出结束时冉冉升起，德国的皇帝才允许《莎乐美》在其首都上演。[6] 这个简单的技巧改变了一切，《莎乐美》也在当季演出了五十场之多。全德六十家歌剧院中的十家（它们彼此之间的竞争非常激烈）也决定效仿柏林，将该剧推上自己的舞台，施特劳斯也因此赚得盆满钵满，在几个月内就得以在加米施建起了一座新艺术主义风格的别墅。[7]尽管该剧在德国大获成功，在国际上却臭名昭著。在伦敦，托马斯·比彻姆不得不打电话动用所有的关系，才能获得公演该剧的许可。[8]在纽约和芝加哥，该剧则被完全禁演。（纽约的一个漫画家建议， 53
如果在莎乐美七重面纱的每一张都印上广告或许会有所帮助。[9]）维也纳也对该剧下了禁令，但出于某种原因，格拉茨却没有向该剧关上大门。1906年5月，《莎乐美》在那里上演，前来观赏的观众包括了贾科莫·普契尼、古斯塔夫·马勒以及一群专程从维也纳赶来的年轻的音乐爱好者，其中一位便是暂时失业并立志成为艺术家的阿道夫·希特勒。

尽管《莎乐美》在某些方面引起人们的反感，但它最后的成功帮助施特劳斯赢得了柏林国家歌剧院高级音乐总监一职。这位作曲家开始在那里工作，其间请假一年来完成他的下一部歌剧《厄勒克特拉》。这部作品也是他和胡戈·冯·霍夫曼斯塔尔之间的首次重大合作。后者的同名话剧已经被德国剧院那位魔术师般的经理马克斯·莱因哈特搬上了舞台，施特劳斯也在柏林观看过该剧（就在他观看王尔德《莎乐美》的同一间剧院里）。[10]施特劳斯开始对此并不热衷，因为他认为《厄勒克特拉》与《莎乐美》的主题实在是太相似了。但霍夫曼斯塔尔将6世纪的希腊描绘为"恶魔般狂喜"的图景，这一点激发了施特劳斯的想象力。它与**约翰·约阿希姆·温克尔曼**（Johann Joachim Winckelmann）以及歌德作品中希腊那高贵、典雅、沉稳的传统形象大相径庭。施特劳斯因此改变了主意，而《厄勒克特拉》最终呈现出的效果要比《莎乐美》更加激烈、暴力和浓缩。"这两部歌剧在我毕生的作品中都是独一无二的，"施特劳斯后来说，"从它们身上我找到了和谐的极限、心理学上复调音乐的极限（克吕泰涅斯特拉之梦）以及今天的听众所能承受的极限。"[11]

这部歌剧的故事发生地设定在迈锡尼的狮子门（受到了克拉夫特—埃宾和海因里希·施利曼的影响）。《厄勒克特拉》动用了一个比《莎乐美》

更加阵容庞大的管弦乐团，乐师多达111位。这些演奏家的大规模配乐聚合在一起，为听众制造了一种更加痛苦而刺耳的听觉体验。成片的“庞大而坚如磐石的和弦”，犹如“铁与血”在耳边轰鸣，施特劳斯的传记作者迈克尔·肯尼迪这样形容道。[12]就所有的不和谐而言，《莎乐美》是妖娆的，但《厄勒克特拉》则是严峻、尖锐和刺耳的。克吕泰涅斯特拉这一角色最初的表演者是欧内斯廷·舒曼—海因克，她将早期的表演形容为“太可怕了……我们就是一群女疯子……没有什么能超越《厄勒克特拉》了……演出结束时我们已经达到了极限。我相信施特劳斯本人也是这么看的”。她说即使每场演出给她3000美元她也不愿意再次出演这部歌剧了。[13]

这部歌剧有两个方面都夺人眼球。首先是克吕泰涅斯特拉遭受拷打时的咏叹调。她“趺趺撞撞、噩梦缠身，仅剩一副死人般的躯壳”，但她仍然精心装扮自己，而起初的音乐也配合着这些装饰品发出的响声。[14]与此同时，她开始唱出一个可怕的梦（一种生物学的恐怖），她的骨髓逐渐溶解，一些不明生物在她试图入睡时爬满她的皮肤。慢慢地，音乐变得越发刺耳、不和谐，并失去了音调。恐怖在生长，在恐惧面前她无处可逃。除了这一方面，三位女性角色之间的冲突也非常引人注目。冲突一面存在于厄勒克特拉和克吕泰涅斯特拉之间，另一方面则存在于厄勒克特拉和克丽索忒米斯之间。她们的两两相遇都带有强烈的同性恋色彩，更增加了音乐的不和谐感，从而确保《厄勒克特拉》和《莎乐美》同样令人反感。1909年1月25日，当《厄勒克特拉》同样在德累斯顿首演时，一位评论家愤
54 然将其斥为“被玷污了的艺术”。[15]

施特劳斯与霍夫曼斯塔尔试图通过《厄勒克特拉》实现两个目的。在最明显的层面上，他们试图在歌剧中实现**桥社**（Die Brücke）和**蓝骑士**（Der Blaue Reiter）等艺术团体的表现主义画家（恩斯特·路德维希·基尔希纳、埃里希·黑克尔、瓦西里·康定斯基和弗朗茨·马尔克）在其画作

中所做的事情：运用出乎意料的“非自然”色彩，打乱扭曲的意象，动摇并列的图形，以改变人们对世界的认识。他们对古代世界的看法也引发了共鸣。在当时的德国，以及英国和美国，大多数学者都从温克尔曼和歌德的作品中继承了关于古代的一种理想化的图景，将古希腊和罗马理解为一种内敛、简单、朴素而冷静的美。但尼采改变了这一切。他强调荷马时代之前的古希腊那本能、野蛮、荒谬而黑暗的一面（如果一个人不带成见地阅读《伊利亚特》和《奥德赛》的话，这一点并不难发现）。但施特劳斯的《厄勒克特拉》讲述的不仅是过去。它是关于男性（因而也包括女性）本性的探索，而精神分析在这种探索中发挥了更大的作用。霍夫曼斯塔尔几乎每天都在格林斯坦咖啡馆与阿图尔·施尼茨勒碰面，而施尼茨勒则被弗洛伊德视为“分身”。因此我们几乎可以肯定霍夫曼斯塔尔曾拜读过《歇斯底里研究》和《梦的解析》。[16] 而伊莱克特拉也确实表现出了一些类似约瑟夫·布罗伊尔的著名患者安娜·O. 所表现出的症状，包括她的父亲固恋、经常出现的幻觉以及骚动的性欲。但《厄勒克特拉》是一部歌剧，而非临床报告。[17] 角色面临的是道德困境，而不仅是心理困境。然而，这种将弗洛伊德思想搬上舞台的尝试破坏了古代神话的传统基础，摧毁了传统意义上的音乐和舞蹈（《莎乐美》和《厄勒克特拉》都有舞蹈场面），也将施特劳斯与霍夫曼斯塔尔牢牢地归入了现代主义的阵营。《厄勒克特拉》挑战了公认关于美丑的定义。它对潜在的无意识世界的探索可能并不能让人们满意，但它一定引发了人们的思考。

《厄勒克特拉》也引发了施特劳斯的思考。欧内斯廷·舒曼—海因克的看法是正确的。施特劳斯已经在不和谐、本能和非理性的道路上走得够远了。此外，如迈克尔·肯尼迪所说，在《厄勒克特拉》著名的“血之和弦”，即“混合着痛苦的 E 大调和 D 大调”中，歌者的人声径自突兀，与乐队的演奏之间的差距仿佛梦境与现实的天壤之别。这样的冲突与当时绘画领域发生的震动不相上下。施特劳斯的巅峰才能也在他“将狂热加入音乐”的过程中得到了展现，但尽管如此，他仍然放弃了从《莎乐美》到《厄勒克特拉》一直遵循的不和谐路线，将这条道路让给了新一代的作曲家。而其中最具创新性的当数阿诺尔德·勋伯格。*[18]

然而施特劳斯对**阿诺尔德·勋伯格**（Arnold Schoenberg）的态度却颇为自相矛盾。他讽刺勋伯格应该去“铲雪”而不是去作曲，但他也力荐将李斯特奖学金授予勋伯格（李斯特基金会的收入每年都用于资助作曲家和
55 钢琴家）。[20] 勋伯格于1874年9月出生在一个贫寒家庭，他生性严肃，其学识很大程度上都是自学成才。[21] 和马克斯·韦伯一样，他是个不苟言笑的人。他个头矮小结实，加上年少秃顶，很容易给人留下一种凶悍的印象，正如与他姓氏相近的评论家哈罗德·舍恩伯格所说，勋伯格有一张狂热者的脸。[22] 斯特拉文斯基曾经这样形容他这位同仁的性格：“他的眼球突出，眼神锐利。他整个人的力量都体现在双眼上。”[23] 他的创造力也不局限于音乐领域。他自己雕刻棋子，自己装订书籍，自己画画（康定斯基很喜欢他的画作），还发明了一台乐谱打字机。[24]

勋伯格起初在一家银行工作，但他对音乐心无旁骛。“有一次在军队里，有人问我是不是作曲家阿诺尔德·勋伯格。‘总得有人是，’他回答说，‘其他人不想成为他，于是我自己接过了这副担子。’”[25] 虽然勋伯格偏爱维也纳，在那里他可以经常光顾兰德曼和格林斯坦等咖啡馆，也在这些咖啡馆里与卡尔·克劳斯、西奥多·赫茨尔和古斯塔夫·克里姆特成了很好的朋友，但他意识到柏林将是他职业生涯腾飞的地方。在那里，

* 施特劳斯并不是20世纪的作曲家中唯一一位从先锋派的前沿急流勇退的。斯特拉文斯基、欣德米特和肖斯塔科维奇后来都曾拒绝他们早期职业生涯中的某些形式上的创新，但施特劳斯是第一人。Kennedy (1976), Op. cit., page 150.[19]

他师从亚历山大・冯・泽姆林斯基，并于 1901 年娶了泽姆林斯基的妹妹玛蒂尔德。[26]

勋伯格的自我学习能力，以及纯粹的创造力成就了他。虽然其他作曲家（如施特劳斯、马勒和德彪西等）纷纷踏上前往拜罗伊特的朝圣之旅，学习瓦格纳的半音化和声，但勋伯格另辟蹊径。他意识到在艺术的演化中，从量变到质变的渐进式发展固然重要，但彻底的、飞跃式的方向性转变同样不可或缺。[27] 他知道表现主义画家试图将扭曲了的原始形式具象化。这些形式由现代世界释放，弗洛伊德已对它们进行了分析和归类。他想要在音乐领域做出类似的变革。他喜欢将这一变革叫作“**不和谐音的解放**”（the emancipation of dissonance）。[28]

勋伯格曾经将音乐比作“预言，揭示了代表人类进化方向的更高生命形式”。[29] 但不幸的是，他发现自己的进展缓慢且痛苦异常。尽管他的早期作品脱胎于瓦格纳（尤其是他的歌剧《特里斯坦》），但维也纳的听众并不买单。1900 年的一场演奏会上发生了第一次听众示威。“从那以后，”勋伯格后来写道，“诽谤和中伤从未停止过。”[30] 恰恰是在第一次听众示威后，他开始探索不和谐音的领域。与世纪初的其他思想（比如相对论和抽象化）处境类似，一些作曲家或多或少在同时朝着不和谐和无调性进行摸索。其中之一就是我们已经介绍过的施特劳斯。但简・西贝柳斯、马勒和亚历山大・斯克里亚宾等年长于勋伯格的作曲家，似乎也在即将过世时皈依了同样的道路。勋伯格相对较小的年龄和他坚定、毫不妥协的性格决定了他将是这场无调性革命的领路人。[31]

1907 年 12 月的一个清晨，勋伯格、安东・冯・韦伯恩、古斯塔夫・克里姆特和其他数百位知名人士聚集在维也纳的火车西站，送别动身前往纽约的作曲家和指挥家古斯塔夫・马勒。后者彻底厌倦了当时维也纳“流行的反犹主义”并且已经和歌剧院的管理层决裂。[32] 当火车缓缓驶离车站，

56 勋伯格和其他格林斯坦咖啡馆的常客失去了这颗塑造了维也纳音乐十年之久的明星，只能默默地挥动着手臂。克里姆特的低语代表着他们的心声："一切都结束了。"但这一陈词本来应该由勋伯格来发表，因为在整个日耳曼音乐世界里，马勒是唯一理解他奋斗目标的重要人物。[33]勋伯格面对的第二个危机则要严重得多。1908 年夏天，就在他第一部无调式作品诞生的时候，他的妻子玛蒂尔德抛弃了他，投入了一个朋友的怀抱。[34]妻子离开了，马勒远去了，勋伯格只能与音乐形影相吊。所以黑暗的主题成为他早期无调式作品的主要特点也就不足为奇了。

1908 年是音乐史上重要的一年，对勋伯格亦然。在这一年中，他创作了《第二弦乐四重奏》和《空中花园篇》（Das Buck der hängenden Gärten）。勋伯格在这两部作品中做出了历史性的变革，创造了一种呼应新物理学发展、"没有根基"的风格。[35]两部作品的灵感都来自格林斯坦咖啡馆另一位常客斯特凡·格奥尔格的诗作。[36]格奥尔格的诗歌是实验主义绘画和施特劳斯歌剧之间风格的交叉，充满着对黑暗、隐秘世界、圣火和声音的涉猎。

对勋伯格来说，无调式到来的精确时间，是在写作弦乐四重奏第三和第四乐章的时候。他在运用格奥尔格的诗歌《欣喜若狂》时，突然省去了全部六个半升音的调号。在飞快地完成大提琴的部分时，他完全抛弃了任何音调的感觉，以营造出一片"真正混乱的声音、节奏和形式"。[37]幸运的是，诗歌的该节以这样一行结尾："我感受到来自其他星球的空气。"这样的感受再恰当不过了。[38]《第二弦乐四重奏》完成于当年 7 月底。创作完成之后，首演日期之前（同年 12 月 21 日），一个危机震撼了勋伯格一家。11 月，他前妻玛蒂尔德的画家新欢先是试图用刀自杀，在失败之后终于吊死了自己。勋伯格把玛蒂尔德接回了家，而当他将作品总谱交给乐团排练时，总谱上写着这样的献词："致我的妻子。"[39]

《第二弦乐四重奏》的首演变成了音乐史上最大的丑闻之一。当灯光暗去后，前面几小节在听众们的礼貌性沉默中度过。但他们也只沉默了这几个小节。当时维也纳大多数住公寓的人都在他们的钥匙环上套着哨子。这样如果他们夜里太晚回家，而公寓楼的大门已经锁上时，他们可以用哨声召唤门房前来开门。在首演当晚，愤怒的观众纷纷拿出了口哨。观众席里发出一阵阵号哭般的哨声，淹没了舞台上发生的一切。一位评论家跳起来喊道："停下！够了！"尽管没人知道他指的是观众还是演员。而当勋伯格的拥趸也加入进来，大声喊出他们的支持时，场面只是变得更加喧嚣。第二天，一家报纸将该场演出定义为"猫的集会"，而勋伯格本人也认为很有创意的《新维也纳日报》，则将他们对此次演出的评论放在了报纸的"犯罪报道"版面中。[40] 只有"马勒虽然不能理解他的作品，但仍然信任他"。[41] 57

多年以后勋伯格承认，这是他一生最糟糕的时刻之一，但他没有因此停下脚步。相反，在 1909 年，他延续了自己对不和谐音的解放，创作了《期待》(Erwartung)。这部时长三十分钟的歌剧，其故事线由于太少而近乎缺失：一名女子前往森林中寻找她的爱人。当她找到他时，却发现他已经死在了离她情敌的房子不远的地方。该剧的音乐并没有太多的故事性，只是反映了这名女子的情绪——欣喜、愤怒和嫉妒。[42] 借用绘画术语来说，《期待》既是表现主义的，也是抽象主义的。它反映出勋伯格遭到妻子抛弃的伤心往事。[43] 除了最低限度的叙事之外，它从未重复过任何主题或旋律。由于大多数"古典"传统的音乐形式采用主旋律的变奏，而大量的重复也是流行音乐唯一显著的特点，因此勋伯格的《第二弦乐四重奏》和《期待》可谓开历史之先河。在此之后，"严肃"音乐也开始失去那些曾经的忠实追随者。而"严肃"音乐在《期待》首演之前已流行了十五年。

虽然对于很多人的审美来说勋伯格可能过于费解，但他并不迟钝。他知道有些人反对他的无调性就是因为不喜欢这种音乐形式本身，但这并不是唯一的问题所在。正如弗洛伊德（以及我们将看到的毕加索）所遭遇的一样，很多传统主义者不但憎恶他所表达的内容，对他的表达方式也怀有同样的憎恶。他对此的回应是创作了一出至少对于他来说“轻快而讽刺挖苦的”作品。[44]《月迷皮埃罗》（Pierrot lunaire）首演于1912年，主角是剧院中一个常见的形象——一个突然有了感情的人偶，同时也是一个忧伤而愤世嫉俗的小丑，由于戏剧传统的规定，只要小丑用谜语将真相包裹起来，那么即便真相令人尴尬也无妨。该剧由维也纳的女演员阿尔贝蒂娜·泽莫出演，她对小丑一角非常喜爱。[45]通过这一出人意料的形式，勋伯格创造出了许多人眼中具有划时代意义的作品，堪称音乐领域能与绘画领域的《阿维尼翁的少女》或物理领域的$E=mc^2$相提并论的作品。[46]《月迷皮埃罗》的主旨我们已经非常熟悉，即现代人的颓废和堕落。在这部作品中，勋伯格引入了几种形式的创新，尤其是“诵唱”。从字面上讲，这是一种介于歌唱和朗诵之间的表达方式，表演者的嗓音高低起伏，但无法将其归类。该剧的主要部分需要由一位女演员而非单纯的歌手来担纲，并要求这位主角既能胜任“严肃”的表演，也能进行滑稽的歌舞表演。但尽管该剧的这种表现形式更加通俗易懂，听众们还是发现剧中的音乐被分解“成了原子和分子，以一种震颤而不协调的方式演绎着，与撞击花粉的分子所进行的布朗运动别无二致”。[47]

勋伯格非常看重《月迷皮埃罗》这部作品。他曾经将德彪西形容为一位印象派作曲家，这意味着他的和声只起到了增加情绪色彩的作用。但勋伯格自比为保罗·高更、保罗·塞尚或文森特·梵高等表现主义和后期印象派画家。他通过与这些表现主义画家大致相同的方式，揭露无意识的意义，从而超越了那些只生产装饰性作品的印象派。他就像伯特兰·罗素和阿尔弗雷德·诺思·怀特海那样，坚信音乐和数学一样（见第6章），自有其逻辑性。[48]

《月迷皮埃罗》于 10 月中旬在柏林首演，地点就在柏林贝尔维尤大街的克罗音乐厅，后来这座建筑在 1945 年毁于盟军的轰炸。随着场内的 58
灯光逐渐暗去，昏暗的舞台上依稀可见女演员阿尔贝蒂娜·泽莫装扮成科伦芭茵（意大利传统喜剧中的女性角色）的模样。所有的乐手则在作曲家的指挥下就位于更后面的位置。《月迷皮埃罗》的结构非常紧凑，由三个部分组成，每个部分包含七首微型诗，每首诗的表演约一分半钟，总计二十一首，总时长恰好半个钟头。尽管形式严谨，但该剧的配乐却是非常自由的，正如剧中情绪的跌宕起伏，从小丑想要洗净衣服上污渍时的纯粹幽默，到一只巨大飞蛾扑灭阳光时的彻底黑暗。继《第二弦乐四重奏》和《期待》首演遭遇强烈批判之后，批评者在《月迷皮埃罗》首演时再次摩拳擦掌，正如剧中描述的那群巨大飞蛾一样，做好了准备想要扑灭这部作品的耀眼光彩。但观众们安静地观赏了整场演出，而在剧终之时，全场观众为勋伯格起立鼓掌。由于这部作品非常短小，许多观众因此大声要求立刻再演一次，而他们甚至对第二次的表演更加青睐。一些有备而来的批评家也同样为此折服。其中一位甚至不吝溢美之词地将这个夜晚描述为“并非旋律的终结，而是崭新听觉时代的开端”。

这样的评价实至名归。在现代主义的诸多创新之中，非常重要的一点在于它对受众提出了新的要求。音乐、绘画、文学乃至建筑风格，都永远不会再像从前一样“容易理解”了。而勋伯格和弗洛伊德、克里姆特、奥斯卡·柯克西卡、奥托·魏宁格、霍夫曼斯塔尔以及施尼茨勒等人一样，信奉本能、表现主义和主观主义。[49] 对于那些怀有同样信仰的人来说，这令人振奋。至于那些对此嗤之以鼻的人来说，实在是前路无门了。但无论你是青睐还是反对，勋伯格都已经找到了后瓦格纳时代前进的道路。法国作曲家克劳德·德彪西曾评论，瓦格纳的音乐是“一轮凄美的夕阳，却被误认为一个灿烂的黎明”。在这一点上，勋伯格的理解无人能及。

如果说莎乐美、厄勒克特拉和小丑科伦芭茵堪称现代主义开创性的女性形象，那么在其后的 1907 年，毕加索在画布上创作的同样感性、朦胧而令人不安的五姐妹形象也将加入她们的行列。与施特劳斯的女主角不遑多让，巴勃罗·毕加索的作品《阿维尼翁的少女》也对以往的一切艺术思想发起了攻击。这幅作品虽然透露出不自然的震撼和不加雕饰的粗糙，但也散发出引人注目的光彩。

1907 年的秋天，毕加索年方 26 岁。他 1900 年来到巴黎，其间曾多次往返于马拉加、巴塞罗那和巴黎，画作《弥留之际》的成功使他终于开始得到名气和争议的眷顾（在他生活的时代这两者基本上是等价的）。从 1886 年直至第一次世界大战爆发，绘画领域的新运动数量之多，超过文艺复兴以来的任何时代，而巴黎正是这些运动的中心。1886 年，乔治·修拉已经开始运用点描绘法进行印象派作品的创作；而三年后，受高更绘画理论的影响，皮埃尔·波纳尔、爱德华·维亚尔和阿里斯蒂德·马约尔组成了纳比派（其名字来源于希伯来文的“先知”一词），作品以平面、纯色为特点。后来在 19 世纪 90 年代，正如我们从克里姆特身上所看到的，在以德语为主要语言的城市（维也纳、柏林和慕尼黑），画家们决定从美术学院中退出，并发起了各种“分离主义”的运动。他们中的大多数从印象
59 派开始，但他们所推崇的实验革新又带来了表现主义，即通过对线条和色彩进行夸张和扭曲的方式探索情感的影响。**野兽派**（Fauvism）是其中最富硕果的运动，尤以**亨利·马蒂斯**（Henri Matisse）的画作为代表，而他和毕加索在两人都在世之时也堪称一时瑜亮。1905 年，在巴黎的秋季艺术沙龙上，马蒂斯、安德烈·德兰、莫里斯·德·弗拉曼克、乔治·鲁奥、阿尔贝·马凯、亨利·芒甘和夏尔·卡穆安的作品被集中在一个大厅内进

行展示，而这间大厅的正中还颇具匠心地摆放了一座由 15 世纪的佛罗伦萨雕塑家多纳泰罗创作的雕塑。批评家**路易·沃塞勒**（Louis Vauxcelles）看到这样的布置，即中央的雕塑安静地注视着四周墙上狂乱而扭曲的色彩时，不由感叹道："啊，多纳泰罗被野兽包围了。"野兽派因此得名。这样的名字无任何诋毁之意。一时间，马蒂斯也被视为巴黎先锋派艺术家的"百兽之王"。

马蒂斯早期最为著名的作品是两幅现代主义的女性肖像画——《戴帽子的妇人》和他妻子的肖像画《绿色条纹》。两幅作品都运用色彩对常见的图像进行了扭曲和破坏，也都毫无疑问地引起了非议。在这个阶段，马蒂斯引领着潮流，而毕加索则亦步亦趋。1905 年，这两位画家就曾在美国流亡作家格特鲁德·斯泰因的公寓里见过面。斯泰因和她同样富有的弟弟利奥一样，是一位眼界独到并充满激情的现代艺术收藏家，而能收到他们的邀请，出席周日晚间在弗勒吕斯街举办的社交聚会则是莫大的荣幸。[50] 马蒂斯和毕加索是聚会上的常客，各自拥有一群支持者。但即使在那个时候，毕加索也清楚他们之间的区别所在。他曾将马蒂斯和自己形容为"北极和南极"。[51] 他说，在他看来，马蒂斯的目标是为了达到"一种艺术的平衡，纯洁而宁静，远离纷扰和喧闹的事物……是一种抚慰人心的影响力"。[52]

毕加索的目标却并非如此。在那之前，他一直在探索自己的前进方向。他的风格颇具辨识度，但他画中的形象（贫穷的杂技演员和马戏团成员）却几乎与先锋派不沾边。他们甚至可以被形容为多愁善感。他对于艺术的理解尚未成熟；环顾四周，他只知道在自己的艺术生涯中，他需要做出和其他现代主义者同样的事业，正如施特劳斯、勋伯格和马蒂斯所做的一样：去震惊世人。当他看到他的许多画家朋友参观卢浮宫和特罗卡德罗人种学博物馆的"原始艺术"展馆时，他找到了自己的前进方向。这一切并非偶然。达尔文的理论在当时已经家喻户晓，社会达尔文主义者的论调也同样深入人心。另一个影响则来自人类学家詹姆斯·弗雷泽，他将许多神话传说和不同种族的风俗习惯收集在《金枝》这本书中。而其中最引人注目的内容来自非洲和其他偏远帝国。所有这一切使得追求世界偏远的“黑暗”地区（尤其是南太平洋和非洲地区）的成果和文化成为一种时尚。在巴黎，毕加索的朋友们开始从古董商人手里购买面具以及非洲和太平洋地区的小雕像。马蒂斯和德兰对这种艺术情有独钟。事实上，正如马蒂斯本人所说：“在雷恩街，我常常经过佩雷·绍瓦热的店铺。他的橱窗里摆放着黑人的雕像。我为它们的特质和纯粹的线条深深打动。这样的艺术足
60 以与埃及艺术相媲美。所以我买了一个并带去给格特鲁德·斯泰因看。那一天毕加索也来了。他对它一见钟情。”[53]

他确实对它一见钟情，而且这尊小雕像似乎成了《阿维尼翁的少女》最初的灵感来源。正如评论家罗伯特·休斯告诉我们的，毕加索不久以后就订购了一张格外巨大的画布，大到甚至需要强化轮架来支撑。后来毕加索对作家兼法国文化部长安德烈·马尔罗这样描述接下来发生的事：“我孤身一人待在那座可怕的博物馆里（即特罗卡德罗博物馆），周围满是面具、印第安人制作的玩偶以及落满灰尘的人体模型。《阿维尼翁的少女》一定是在那一天来到过我的身边，但完全不是因为这些形式。因为它是我第一次创作驱魔画——绝对如此。……那些面具并不像任何其他的雕塑。完全不像。它们是有魔力的。……这些黑人的作品是神与人之间的媒介，从那时起我知道了这个词在法语中的意思。它们反对一切——反对未知而危险的灵魂。我一直打量着这些物神。我理解它们；我同样也反对一切，我同样相信万物皆未知，万物皆为敌！……所有的物神都为了同样的目的。它们是武器，能够帮助人们避免再次受到灵魂的影响，能让人们变得独立起来。它们也是工具。如果我们给予灵魂一种形式，我们也会变得独立。灵魂、无意识（当时的人们还没有过多谈及此事）以及情感都是一

体的。我也因此明白了自己身为一名画家的使命。”[54]

这里面夹杂着达尔文、弗洛伊德、弗雷泽和亨利·柏格森等人的思想，这些人我们将稍后在本章中提到。在毕加索这段充满虚无主义情结的真情流露之中，也有一点点尼采的成分：“万物皆为敌！……它们是武器。”[55]《阿维尼翁的少女》攻击了此前所有的艺术思想。与《厄勒克特拉》和《期待》相似的是，它是现代主义的杰作，因为它富于创意、惊世骇俗、刻意丑陋、绝对粗糙，并且同样破坏力十足。毕加索的天才也在于他让这幅作品变得不可抗拒。画面上的五位女子赤身裸体、浓妆艳抹，对自己的身份厚颜无耻：她们就是一群青楼女子。她们反瞪着观众的眼神中流露出毫不畏惧、充满对抗的情绪而非诱惑。她们的面庞犹如原始的面具，直指所谓原始人与文明人之间的异同。其他人在寻找非西方艺术的宁静之美的时候，毕加索却对西方关于美的假设，连同美与无意识和本能之间的联系，提出了质疑。当然，毕加索笔下的形象让每个人都无法置身事外。这幅作品让乔治·布拉克觉得“就像有人在吐火一样”。这样的评论并不完全是否定性的，因为它暗示着这幅作品里蕴含着爆炸性能量。[56]格特鲁德·斯泰因的弟弟利奥在第一次看到《阿维尼翁的少女》时强忍着尴尬的笑声，至少布拉克意识到这幅画植根于塞尚，但是加入了 20 世纪的理念，一如植根于瓦格纳和施特劳斯的勋伯格。

塞尚本人已于前一年逝世，直到生命的最后他才获得了世人的认可，因为评论家终于理解了他一直致力于将艺术化繁为简，回归本真的模样。大多数塞尚的作品都创作于 19 世纪，但他最后的伟大系列作品《沐浴者》创作于 1904 和 1905 年。正如我们将看到的，爱因斯坦也正好在同样的时间为发表他关于相对论、布朗运动和量子理论的三大论著进行准备。现代艺术与现代科学的精髓也因此在完全相同的时刻应运而生。此外，塞尚还通过画色彩斑点（或称量子）抓住了一道风景或是一碗水果的精髓之美。 61

这些斑点小心地彼此相连，但都没有完全符合所要表达的形态。就像在真空中旋转的电子、原子与物质的关系一样，塞尚发现了确定现实之下闪烁而无常的特质。

塞尚逝世一年后的1907年堪称《阿维尼翁的少女》之年，艺术商人安布鲁瓦兹·沃拉尔举办了一场规模庞大的塞尚作品回顾展，吸引了成千上万的巴黎群众蜂拥而至。布拉克参观了这次展览，加之他在不久前刚鉴赏过《阿维尼翁的少女》，这两次体验使他转变了观念。在这之前他还是马蒂斯的忠实信徒，但现在他完全为毕加索所折服了。

乔治·布拉克（Georges Braque）身高六英尺，面庞宽大而英俊，来自勒阿弗尔峡港。他的父亲身为室内装潢师却有着一颗当画家的心，布拉克本人则体格强健：他喜欢拳击，酷爱舞蹈，并因为能够演奏一手漂亮的手风琴而总能成为蒙马特高地各种派对的座上宾（虽然贝多芬其实更对他的胃口）。"我决定成为画家这件事情就像我决定呼吸一样自然，"他说，"在我的记忆中真的没有除画家以外的选项。"[57]在1906年的独立沙龙展上，他首次公开展出了自己的作品。到了1907年，他在画展上的作品已经与马蒂斯和德兰的作品比邻而居，其受欢迎程度之高，以至于他所有的参展作品全部售罄。尽管已小有所成，但在观摩过《阿维尼翁的少女》之后，他很快意识到毕加索的风格才是前进的正路，因此他改变了方向。随着立体主义逐步形成，有两年的时间，他俩相依为命，并肩思考和工作。"这些年里我和毕加索互相说的话，"布拉克后来说，"再也不会说第二次了。即便再次说起，也再没人能懂了。这感觉就像共用一根绳索的登山者。"[58]

在《阿维尼翁的少女》之前，毕加索只真正探索过两种色域的情绪变化——蓝色和粉红色。但在这幅画之后，他所使用的色彩变得比以往任何时候都更加微妙和柔和。当时他在巴黎近郊的林荫道进行创作，这样的经历激发了他早期立体主义作品中秋之绿的运用。与此同时，布拉克已经南下来到了埃斯塔克，以及塞尚在艾克斯附近创作风景画的地方。尽管他们相隔很远，但这一时期布拉克在法国南部的作品与毕加索在林荫道创作的作品之间存在着惊人的相似：不仅色调相近，几何学、地质学方面的简明性也很类似。画中的风景杂乱无章，这也许是因为他们的风格尚处在较早期的发展阶段。要不然就是因为这是塞尚画中风景的局部特写，窥一斑但无法知全豹。[59]

虽然这些新作品极富革命性，但它们还是很快得到展出。德国艺术品交易商丹尼尔·亨利·坎魏勒对它们异常钟爱，他立即于1908年11月在自己位于维尼翁大街的画廊里组织了一场布拉克风景画的展览。受邀前来观摩的嘉宾中便有路易·沃塞勒，即那位开了关于多纳泰罗和野兽玩笑的评论家。他在回顾这场展览时，再次对自己所看到的图景进行了一番描述。他说，布拉克把所有的景物都简化成了“小小的立方体”。这本来是批判性的观点，但坎魏勒身为商人绝非浪得虚名，他将这一评价进行了剪 62
辑，这一举动堪称断章取义式剪辑的早期范例。于是**立体主义**（Cubism）诞生了。[60]

作为一场运动和一种绘画风格的立体主义持续发展着，直到1914年的枪声宣告了第一次世界大战的爆发。布拉克投笔从戎并负伤而归，在那之后他和毕加索的关系就大不如前了。与《阿维尼翁的少女》意在震惊传统审美观的目的不同，立体主义是一种更为安静而内省的艺术，并具有特定的目标。“毕加索和我，”布拉克说，“都致力于对匿名性格的探索。我们倾向于抹去自己的个性特征以发现创造力。”[61]这就是为什么早期立体派作品的作者签名都位于画的背面。他们借此保持匿名，并保持画面不被画家的个性所污染。因此在1907年至1908年间要区分哪幅作品出自哪位画家之手绝非易事，而这样的情景正是画家所期望的。从艺术史上看，立体主义居于中心地位，因为它是20世纪艺术的主要枢纽。以印象派为起点的艺术进程至此到达顶峰，而通往抽象艺术的大门也就此打开。我们已经看到，塞尚的伟大画作的创作时间与爱因斯坦准备其理论的时间正好相同。艺术领域发生的整体变化反映出科学领域的变化。两大领域都进行着对基本单位的探索，探索更深层次的现实，期待新形式的产生。矛盾的是，这一变化在绘画领域所带来的新兴艺术，其在形式方面的缺失竟然具有极其强大的解放效果。

抽象艺术（Abstraction）有着悠久的历史。在古代，一定的形状和颜色，比如星星和新月，被认为具有神奇的属性。在穆斯林国家，从过去到现在都禁止展示人体，因此抽象图案（蔓藤花纹）在世俗和宗教艺术作品中都得到了高度发展。由于千百年来抽象通过这种方式为西方艺术家所熟知，所以在新世纪的第一个十年里，一些人在不同的国家逐渐向抽象艺术靠拢时，就显得非常古怪。这样的过程，与其他人朝着无意识的摸索，或对牛顿力学局限性的逐渐察觉，齐头并进。

在巴黎，**罗伯特·德劳内**（Robert Delaunay）和**弗兰蒂泽克·库普卡**（František Kupka）的画作都没有具体对象。库普卡是一位从维也纳艺术学校辍学的捷克漫画家，也是这两位之中较为有趣的那一位。虽然他一直坚信达尔文的科学理论，但他也相信神秘主义，认为宇宙中存在着隐藏的奥义，而绘画能将其昭然于世。[62] M. K. **屈尔里奥尼斯**（M. K. Ciurlionis）是一位生活在圣彼得堡的立陶宛画家，他也开始创作一系列的“超然”画作。这些画同样缺乏可辨识的物体，并都以音乐节奏命名：行板、快板，等等。（他的一位赞助人是年轻作曲家伊戈尔·斯特拉文斯基。[63]）美国同样也拥有自己的早期抽象艺术家阿瑟·达夫。他于1907年辞去了稳定的商业插画师工作，背井离乡来到巴黎。他完全为塞尚的作品所折服，以至于再也没能画出具有自身特色的代表性作品。摄影师阿尔弗雷德·施蒂格利茨为他举办过一次展览，而这位摄影师同时也是纽约百老汇291号著名的“291”前卫画廊的创始人。[64]这些艺术家各自在三座不同的城市取得了新的突破，也在艺术史上留下了属于自己的一页。然而通常被 63
视为抽象艺术之父的却另有其人，这主要是因为他的作品对其他人产生的影响最大。他就是瓦西里·康定斯基。

1866年，**瓦西里·康定斯基**（Wassily Kandinsky）出生在莫斯科。他本来打算成为一名律师，却半路出家前往慕尼黑改读了艺术学校。慕尼黑虽然不像巴黎或维也纳那样激荡着文化的洪流，却也不是死水一潭。托马斯·曼和斯特凡·格奥尔格定居于此。由弗兰克·韦德金德主创并演唱的著名夜总会歌舞剧《十一豪侠》也在这里上演。[65]在整个德国范围内，这座城市的博物馆仅屈居柏林之后，而自1892年以来，慕尼黑艺术家的分离派也诞生于此。表现主义浪潮席卷德国之时，由弗朗茨·马尔克、阿列克谢·雅弗伦斯基和康定斯基组成的“慕尼黑方阵”也风生水起。康定斯基不像毕加索那样年少成名，毕竟毕加索在26岁时便已绘就《阿维尼翁的少女》这样的名作。事实上，康定斯基直到30岁时才画出自己的第一幅作品。1911年的除夕夜，时年45岁的他参加了一场由两位艺术家组织的派对。康定斯基的婚姻在当时正濒临崩溃，所以他独自一人来到了派对上，在那里他遇到了弗朗茨·马尔克。他俩一拍即合，接着一起去听了一场音乐会。他们两人对这场音乐会的作曲家都很陌生，但这位作曲家也曾创作过表现主义的绘画作品。他就是阿诺尔德·勋伯格。所有这些影响最后都对康定斯基至关重要，一如布拉瓦茨基夫人和鲁道夫·施泰纳的神智论对他的影响。布拉瓦茨基预言了一个精神化程度更高而物质化程度更低的新时代的到来，而康定斯基（像许多集结成准宗教团体的艺术家一样）也感觉到这个新时代需要一种新的艺术，这给他留下了深刻的印象。[66]另一个影响则来自他在19世纪90年代在莫斯科观摩的法国印象派画家展览。他在克劳德·莫奈的一幅草垛画前伫立良久，虽然他并不确定这幅画的主题所在，却被“调色板的未知力量”所攫住，他开始意识到实物不再是一幅图画必备的“基本要素”。[67] 在他的圈子里，其他画家也开始朝着同一方向摸索前进。[68]

然后就是来自科学的影响。从表面上看，康定斯基是一个不苟言笑的人，总戴着厚厚的眼镜。他行事虎虎生风，但他相信神秘主义的一面使得他有时容易过度解读某些事件，比如他对电子的发现就是如此。“在我的灵魂中，原子的崩溃与整个世界的崩溃是等同的。突然间，最坚固的壁垒崩塌了。一切都变得无常、摇摆而脆弱。”[69] 一切果真如此吗？

有如此之多的影响作用于康定斯基，那么由他来“发现”抽象艺术也许就不足为奇了。抽象艺术的诞生有着最终的诱因以及精确的时间点。1908 年，康定斯基住在慕尼黑以南一座叫穆尔瑙的乡村小镇。这座镇子临近小小的施塔费尔湖和巍峨的巴伐利亚阿尔卑斯山脉，再往前就能到达加米施，施特劳斯正是在那里凭借《莎乐美》赚来的酬劳修建别墅。一天下午，结束了阿尔卑斯山麓的素描后，康定斯基若有所思地回到家中。“在打开工作室大门的瞬间，我突然撞见了一幅难以形容、光彩夺目的美丽画面。我停下来，茫然地盯着它。这画面没有任何主题，没有可辨识的实
64 物，完全由鲜艳的色块组成。最后我走近观看，才看清了这幅画的真面目——是我自己的作品，只不过斜放在那里……我明白了一件事：客观性以及对实物的描绘，在我的作品中不应该有一席之地，它们对我的作品有害而无益。”[70]

在这段插曲之后，康定斯基创作了一系列的风景画，每一幅都与前作略有不同。形状变得越来越少、越来越模糊，色彩则更加鲜艳、更加突出。树木只能依稀看出是树木，火车烟囱里飘出的烟雾也只能被勉强认作是烟雾。一切都是不确定的。他朝着抽象前进的步伐不紧不慢、深思熟

虑。这个过程一直持续，直到 1911 年，康定斯基创作了三大系列的作品，分别名为《印象》、《即兴创作》和《构图》，每幅作品都有编号，并且都彻底抽象。当他完成这些系列作品时，离婚带给他的痛苦也安然过去了。[71] 因此在个人生活上，康定斯基创造抽象绘画风格的历程与勋伯格创造无调性音乐的历程颇为相似。

在 19、20 世纪之交活跃着六位伟大的哲学家。除去 1900 年之前逝世的尼采，剩下的五位分别是**亨利·柏格森**（Henri Bergson）、**贝内代托·克罗齐**（Benedetto Croce）、**埃德蒙·胡塞尔**、**威廉·詹姆斯**和**伯特兰·罗素**（Bertrand Russell）。在 20 世纪即将结束之时，罗素和詹姆斯分别在欧洲和美国最受人们怀念，但柏格森可能是 20 世纪头十年里最易于理解的思想家，而在 1907 年后，他也必然是其中最著名的思想家。

柏格森于 1859 年出生在巴黎的拉马丁街，与埃德蒙·胡塞尔同年。[72] 也正是在这一年，达尔文出版了《物种起源》。柏格森自幼就非常独立。他身形纤弱，额头高耸，语速很慢，句子间伴随着很长的呼吸。这样的说话方式令人略感不快，他就读于巴黎的孔多塞中学时，也给人留下了非常拘谨的印象，以至于他的同学们觉得“他好像没有魂儿似的”。这样的评价堪称对他后期理论的绝妙讽刺。[73] 但对他的老师们来说，他的数学才能完全可以抵消他所有的古怪行为。他顺利从孔多塞毕业，并在 1878 年被巴黎高等师范学院录取，比埃米尔·涂尔干晚一年，而涂尔干日后将成为其时代最著名的社会学家。[74] 在几所学校有过任教经历后，柏格森两次向索邦大学提出求职申请，但两次都失败了。传言认为涂尔干嫉妒柏格森的才能而从中作梗，导致他申请失败。柏格森并未因此气馁，他先后撰写了自己的第一和第二本书：《时间与自由意志》（1889）和《物质与记忆》（1896）。柏格森受弗朗茨·布伦塔诺和胡塞尔影响颇深，他主张物质和心理过程之间应当有一道鸿沟般的分野。他说，用来探索物质世界的方法并不适用于研究精神生活。这些书深受好评，柏格森也于1900年超越涂尔干，先他一步被任命为法兰西学院教授。

但真正为柏格森建立起世界声誉，并使之远播学术界之外的，是诞生于1907年的《创造进化论》。这本书很快就被翻译成英语、德语和俄语出版，而柏格森每周在法兰西学院的讲座也变成了拥挤而时尚的社交活动，
65 不仅吸引了巴黎本地的名流，还包括远道而来的国际精英。1914年，宗教法庭，即颁布天主教教义的梵蒂冈办公室，决定将柏格森的著作列为禁书。[75]这种防范措施很少强加在非天主教作家身上，那为什么罗马教廷要如此大惊小怪呢？柏格森曾经写道："每一个伟大的哲学家只有一件事要说，却往往止步于表达的尝试而无法真正表达。"柏格森的中心观点是，时间是真实的。这算不上原创或是激动人心，但细节中却暗含骚动。吸引人们注意力的是，他声称未来完全没有任何存在的意义。这样的观点争议颇大，因为在1907年，有了近期科学发现撑腰的科学决定论者声称，生命仅仅是对一段业已存在的事件序列的展开，时间仿佛不过是一卷巨大的电影胶片，而未来只是还没有被播放的部分而已。在法国，这很大程度上归因于伊波利特·丹纳大肆宣扬的狂热的科学至上主义。他声称如果一切可以细分到原子，那么根据定义，未来完全是可预见的。[76]

柏格森认为这是无稽之谈。对他来说，时间分为两种类型，即物理时间和实际时间。他说，根据定义，我们通常理解的时间涉及记忆；而另一方面，物理时间由"一长串近乎完全相同的片段"组成，其中属于过去的片段几乎瞬间消亡。然而，"实际"时间是不可逆的——相反，每一段新片段的色彩都来自过去。他最后的结论，同时也是人们最难以接受的观点是，由于记忆对时间至关重要，时间本身必然在一定程度上是属于心理学范畴的。（这也是宗教法庭最为反对的观点，因为这是对上帝领域的干

涉。）以此为基础，柏格森进一步认为已知的宇宙演化过程本身也是一个心理学过程。柏格森由此呼应了布伦塔诺和胡塞尔，他认为进化远不是“遗世独立”的真理，其本身就是心理的“意向”和产物。[77]

柏格森真正吸引法国人，继而影响世界各地越来越多人的，是他不可动摇的信念：他坚信人类选择的自由，以及生命力（élan vital，即活力）超越科学的影响力。柏格森博览群书，对科学典籍同样学富五车。对他来说，理性主义永远没有尽头。一定有更高的某种东西存在，它们是“理性难以触及”的“生命现象”，只能通过直觉来理解。生命力进一步解释了为什么人类从性质上不同于其他的生命形式。柏格森认为，动物当然是某种专家，换句话说，它们对于某项活动非常擅长（类似哲学家）。而另一方面，人类则不是专家，这是理性的结果，但也是直觉的结果。[78] 这一观点使柏格森吸引到法国年轻一代的知识分子，他们把柏格森的讲座现场挤得水泄不通。他还被誉为“解放者”，变成“将西方思想从 19 世纪的‘科学宗教’中救赎出来”的人物。柏格森的一位英国追随者 T. E. 休姆承认，柏格森驱散了“宿命论的噩梦”，从而为“整整一代人”带来了“救赎”。[79]

要说整整一代人略显夸张，因为针对柏格森的批评声仍不绝于耳。狂热的理性主义者于连·邦达说，如果他的观点能够噎死柏格森的话，他早 66
就已经“很愉快地杀掉他”了。[80] 对理性主义者来说，柏格森的哲学是堕落的象征，是一种返祖观念的集合体，在其中，科学的精确性被神秘主义的漫谈所取代。此外，柏格森也因为过于关注科学而遭到教会的谴责。可是，这种批评如螳臂当车。《创造进化论》取得了巨大的成功（T. S. 艾略特甚至不吝将柏格森主义称为“一种传染病”）。[81] 美国人对这本书同样激动万分，威廉·詹姆斯承认“柏格森的独创性实在太丰富了，他的许多思想完全让我迷惑不解”。[82]“生命力”一词也成了广泛使用的流行语，但

“生命”不仅意味着生命，还包括了直觉、本能等理性的对立面。结果，那些似乎已经被科学赶尽杀绝的宗教和形而上学的神秘，再次打着“体面的”幌子借尸还魂。威廉·詹姆斯自己也曾写过一本关于宗教的书，他认为柏格森已经“确定地杀死了理智主义，没有任何复原的希望。我看不出它如何能够以其古老的、柏拉图式的角色再次复兴，并自命为现实的本质最真实、最深刻和最详尽的定义者”。[83] 柏格森的追随者相信《创造进化论》已经表明，理性本身只是生活的一个方面，而不是所有事物重要与否的评价尺度。这样的观点与弗洛伊德相符，而在20世纪更晚些时候，后现代主义哲学家也将与之交相呼应。

柏格森哲学的一大核心原则在于未来是不可预知的。然而在他立于1937年2月8日的遗嘱中，他说：“假如我没有看到历经多年酝酿，并将横行于世的可怕的反犹主义浪潮，我可能已经皈依［天主教］。我想和未来将要遭受迫害的人们站在一起。”[84]1941年，柏格森因肺炎去世。当时在纳粹军事占领下，他和其他犹太人一起被迫排队数小时去当局登记，在此过程中不幸罹患肺炎。

纵观整个19世纪，所有的有组织宗教，特别是基督教，都受到了来自科学领域的持续攻击，因为科学发现与《圣经》对宇宙的解释大相径庭。许多年轻的神职人员敦促梵蒂冈对这些发现做出回应，而传统主义者则希望教会将这些发现驳倒，并让他们回到熟悉的真理中去。在这场预示着深刻分歧的论战中，年轻的激进分子即是现代主义者。

1907年9月，传统主义者终于得到了他们一直为之祷告的福音。教宗**庇护十世**（Pius X）在罗马发表了**《牧尔主羊》**（*Pascendi Dominici Gregis*）通谕，毫不含糊地谴责了所有形式的现代主义。如今，教宗通谕（给教会所有主教的信件）已经很少成为头条新闻，但它们曾经令忠实信徒颇感欣慰，而《牧尔主羊》正是20世纪的第一道通谕。[85]庇护十世所回应的思想可以归为四类。第一类思想发源于启蒙运动，是科学的一般态度。启蒙运动改变了人们对周遭世界的看法，呼唤以科学为代表的理性和经验，并构成了对既有权威的挑战。第二类思想包括达尔文的具体科学及他的进化概念。这包括两方面的影响。首先，进化论将哥白尼和伽利略的革命进一 67
步深化，意在将人类拉下这个有限宇宙的神坛。它表明人类是从动物进化而来，本质上与动物并无区别，与动物相比并没有多么鹤立鸡群。其次，进化论是一种比喻：这些思想就像动物一样，不断演化、变革和发展。现代派神学认为，教会（和信仰）也应当进化。在现代世界，教条这种东西没有栖身之所。第三类思想是伊曼努尔·康德的哲学。他认为，理性没有极限，人类对世界的观察“从来不是中立的，从来无法逃脱先前强加的概念性判断”。正因为如此，人们永远无从知晓上帝的存在。最后一类则是亨利·柏格森的理论。正如我们所看到的，他实际上支持精神性概念，但这些概念与传统教义相去甚远，而与科学和理性紧密地交织在一起。[86]

现代派神学认为教会应该提出“为自身谋利”的理性形式，比如圣灵感孕说和教宗绝对正确说。他们还希望依据康德哲学、实用主义和最新的科学成果，重新审视教会的布道内容。在考古学领域，德国学派对历史上的耶稣进行了孜孜不倦的探索，他们的发现和研究证实了耶稣真实而短暂的存在，却不包含基督教教友所希冀的重大意义。在人类学领域，詹姆斯·弗雷泽爵士的《金枝》已经向我们展示了巫术和宗教仪式的普遍性，以及它们在各种文化中的相似之处。这种宗教上的极度多样性也因此破坏了基督教自称拥有唯一真理的论调。正如一位作家所说，人们很难相信“世界上的大部分人都沉浸在谬误之中”。[87]得益于后见之明，我们现在可以饶有兴味地将《牧尔主羊》看作“上帝之死”的又一阶段。然而，当时大多数参与这场神学现代主义争论的年轻神职人员并不想离开教会；相反，他们希望教会能“进化”到一个更高的层面。

罗马教宗庇护十世（即后来的圣庇护）出身于意大利北部威尼托省里斯的一个工人阶级家庭。他生性质朴，最开始只是一名乡村牧师，因此他成为毫不妥协的保守派，并对进入政治全无畏惧，也就不足为奇了。而他对于年轻神职人员的反应也不是安抚其要求，而是与他们正面对抗。他对现代主义进行了毫不留情的彻底谴责，认为现代主义只不过是“错误哲学信仰的集合”。[88] 对教宗和传统天主教徒来说，现代主义被定义为“对现代事物的夸张热衷和对现代理念的痴心迷恋”。一个天主教作家甚至不惮将其称为“对现代的滥用”。[89] 然而《牧尔主羊》只是梵蒂冈组织的反现代主义运动中最突出的部分。宗教法庭、梵蒂冈国务卿、枢机会议的法令以及颁布于1910年的第二道教宗通谕，一致对现代主义思潮表示谴责，庇护十世也在致枢机和巴黎天主教学院的教宗信中重申了这一观点。在他的教令中，他挑选并谴责了不下65项现代主义的特有主张。此外，“高阶神职
68 的候选人、新任命的忏悔者、传教士、教区神父、教士和主教”都必须依据“拒绝现代主义原则”的信条宣誓效忠教宗。天主教教义的主要任务也得到了重申：“信仰是一种在意志支配下做出的理智行为。”[90]

世界各地虔诚的天主教徒纷纷对梵蒂冈有其自身紧密逻辑的论点和坚定的立场表示感谢。在20世纪的最初几年间，科学发现接踵而至，而艺术领域的变化也比以往任何时候都更加扑朔迷离、充满挑战。在这个动荡的世界中，有着坚如磐石的立场是一件好事。然而除了天主教教会成员之外，很少有人还会听信梵蒂冈的观点。

中国就是一个对梵蒂冈的观点置若罔闻的地方。1900年的中国虽然已历经几个世纪的传教工作，但皈依基督教的人数也只有区区百万。事实

上，中国发生的思想变化与世界其他地方差别很大。这个巨大的国家终于与外面的现代世界达成了妥协，而首当其冲的代价就是摈弃儒学。儒学曾经引领中国走在人类发展的前沿（造就了第一个发明造纸术、火药和很多其他重要发明的社会），但在那之后其创新性便长期陷入停滞，儒学甚至成了一种桎梏。然而，摈弃儒学要比西方超越基督教的零散尝试更加令人望而却步。

儒学最初从天地秩序中吸取根本能量和基本类比。简单地说，儒学是由等级分明的尊卑关系构成，进而形成生命的管治原则。“父尊子卑，男尊女卑，君尊民卑。”依此，每个人都有自己需要履行的社会角色；社会中存在着“个体行为应符合的社会期望，而该期望是按照惯例固定下来的”。孔子本人描述的层次结构是这样的：“君君臣臣父父子子”，这实际上意味着，“君尽君的责任，臣尽臣的义务。父尽父的仁慈，子尽子的孝道”。只要每个人都履行自己的角色义务，则可保天下太平。[91] 儒家学者重视“举止得体”，遵循礼教。礼教是一种道德准则，强调耐心、和平、忍让、尊老、尊师等美德，最重要的是文雅的人道主义，即以人为本，将人作为衡量一切事物的标准。儒家还强调人虽然生来并无区别，但并不完美，而个人可以通过努力“成仁”进而成为他人的楷模。成功的先贤都是视“仁义”高于一切的人。[92]

然而，虽然儒学为中国带来了不容置疑的成功，但儒家的生活态度仍属于一种保守主义的形式。鉴于 19 世纪末和 20 世纪初的动荡变化，这一系统的衰败已经无法隐藏太久了。世界各地随着科学的进步、现代主义的发展和社会主义的出现而不断前进，中国所需要的变革则更为深远，精神和道德的发展道路也更加曲折。古老的耐心和忍让的美德不再能够提供真正的希望，守旧和传统的知识分子也不再能为社会问题提供答案。除此之 69
外，恰恰是知识分子阶层和学者，这些新儒家信仰的卫道士，他们的道德堕落尤为显著。

从理论上讲，中国的现代化自17世纪起就已发端，但截至20世纪初，现代化在实践中已演变成由少数高官掌控的游戏。他们虽然意识到大势所趋，但缺乏实行这些改革的政治资本。在18和19世纪，耶稣会传教士翻译了超过四百本西方作品，其中包括超过半数的基督教教义和约三分之一的科学著作，但中国的学者仍然保守，容闳的经历就是很好的例子。容闳是一名学生，受耶稣会之邀于1847年赴美留学并于1854年毕业于耶鲁大学。历经八年西方文化的熏陶之后，他回到中国，却被迫蹉跎了又一个八年，才得到了政府的任用，得以施展其口译和笔译的专长。[93]当然变化也并非没有。过去的儒家学者关注哲学思考，而这一重点自19世纪起已让位于"考据"，即对古代典籍的具体分析。[94]这样的变化有两个重要后果。其一是学者们发现许多所谓的典籍是伪造的，因此儒家思想内容本身的真实性也陷入了疑问。同样重要的是，"考据"还扩展到了数学、天文学、财政和行政事务以及考古学等领域。这可能尚不足以被形容为一场科学革命，但的确是一个良好的开始，然而为时已晚。

摈弃儒学的致命一击来自义和团运动，它兴起于1898年，并在两年后随着中国共和革命的开端而结束。其产生原因再一次被归结于儒家的生活态度。这意味着，虽然中国的学术活动曾有过一些变化，但古典儒学所倡导的等级隔离仍然是至高无上的，而其最重要的后果是，许多顽固而强大的满族皇亲国戚因为封闭的宫廷教育而"不谙世事并以此为荣"。[95]这种极端的无知使得他们中的很多人资助义和拳这一农民秘密社团，而这种社团只是中国知识分子阶层破败最明显和最悲惨的迹象。义和拳发端于山东地区，具有狂热的排外性质，以两种农民传统为特征——武术技巧（即"拳"）和神灵附体（或萨满教）。没有什么比这二者更为恶劣了，而这种致命的组合也导致了一系列悲剧的发生。中国被十一个国家（它眼中的弹丸之邦）的联军击败，也因此被迫在四十年间支付 3.33 亿美元作为赔偿（现值至少 200 亿美元），并遭受了整个民族历史上最严重的屈辱。义和团运动被镇压的那一年也因此成为儒学漫漫长路的最低点。海内外每个中国人都知道，激进、根本和思想的变革必将到来。[96]

这种变革以一套“**新政**”的颁布而展开（清政府为此投入了巨大财力）。其中最不寻常的（也最具启发作用的）是教育改革。根据这项计划，大量现代学校将在全国范围内广泛设立，教授一套日本风格的新旧混合科 70
目（之所以效仿日本文化是因为该国在 1895 年的甲午战争中击败了中国，而儒家思想认可成王败寇。于是在 19、20 世纪之交，大量中国学生赴东京留学）。[97] 其目的在于将中国的许多老式书院转变为新式学校。传统上，中国有成百上千所书院，每所书院都由数十位本地学者组成。他们思想高深，但彼此之间没有任何形式的协调配合，其思想内容也与国家的需求风马牛不相及。随着时间的推移，他们已经成为一小部分掌管地方事务的精英，从墓葬到水利无一不涉足，但没有产生整体而系统的影响。教育改革的初衷也是对这些书院进行现代化改革。[98]

然而事与愿违。基于日本和西方科学成果的现代新式科目对中国学生显得过于怪异且困难，尽管儒学无法满足中国需求的事实已经昭然若揭，大多数学生仍然固守更容易也更熟悉的儒学课程。人们很快发现，摆脱这一古典知识系统的唯一方法就是将其彻底废除，而这正是四年之后的 1905 年所进行的改革内容。作为中国面临的一个伟大转折点，教育改革中止了其造就高等精英，即士绅阶层的功能。其结果是，旧的秩序失去了思想基础及其附属的思想凝聚力。人们可能会觉得到目前为止一切都还算好。然而，用费正清的话说，取代旧的学者士绅阶层的学生阶层接受的是“一筐混杂的”中西思想。它将学生们引入了技术专长领域，然而他们与现代之间仍然隔着一层道德秩序的藩篱：“**中学为体，西学为用**不再堪用，然而可以取而代之的思想却仍不见踪影。”[99] 对于中国，需要把握的思想要点是，这样混杂的思想形态自那时起便是这个国家所一直延续的状态。多年以来，中国可能呈现出许多类似西方的思想和行为方式，但自儒家思想让位之后，其社会中心留下的道德真空，从来没有得到填补。

对今天的我们来说，要想象现代主义带来的全面影响也许是困难的。生活在当今世界上的人们都生长在科学世界中，对很多人来说大城市的生活是他们唯一所知的生活方式，而日新月异的变化也是他们所知的唯一变化。只有少数人仍葆有与土地或自然的亲密关系。

而在19、20世纪之交，这一切都尚未来临。大城市对许多人来说还是相对较新的体验；社会保障体系尚未到位，因此道德败坏和贫困也远比现在更甚，由此形成了巨大的社会阴暗面；这个不确定的新生世界所哺育的基础科学发现造成了一种更为尖锐也更加广泛的困惑、孤寂和失败感。这种感觉之强烈，前无古人，后无来者。有组织宗教的崩溃只是这一理智的地震性转变的诸多因素之一：国家主义、反犹主义和种族理论的增长，人们对现代主义艺术形式的热情接纳，力图将经验分解为基本单位的尝试，都构成了相同反应的一部分。

最大的悖论和最令人担忧的转变是：根据进化论，世界发展的自然步
71 伐是极其缓慢的。而根据现代主义，一切的变化都同时发生，完全彻底，
几乎只在一夜之间便沧海桑田。因此，对于大多数人来说，现代主义带来
72 的期许和威胁旗鼓相当。它所呈现的美好暗藏恐惧。

5

美国的实用主义智慧

1906年，以艾哈迈德·福阿德亲王为首的埃及团体发表了一则宣言，为建立一所埃及大学而募集公债。这所新的大学旨在“建立类似欧洲大学的教学实体并适应国家之需求”。筹款计划很成功，这所大学（开始阶段是一所夜校）也于两年后开学，师资包括两名埃及教授和三位欧洲教授。这样的计划非常必要，因为开罗爱资哈尔清真寺学院（曾贵为穆斯林世界主要学府）已经名誉扫地，原因在于它拒绝更新和调整其中世纪的教育方法。其造成的一大后果就是，在整个19世纪，埃及和叙利亚一直没有现代意义上的大学。[1]

1900年的中国仅有四所大学；日本有两所（第三所将于1909年建立）；伊朗仅有几所专科院校（德黑兰政治科学学院成立于1900年）；贝鲁特仅有一所；土耳其（直到第一次世界大战之前仍是一个强国）也仅有一所：伊斯坦布尔大学的前身“学习之家”，它始建于1871年，但不久即被关闭，直至1900年才重新开放。在非洲撒哈拉以南地区有四所大学：

开普敦大学、位于布隆方丹的格雷大学学院、位于格雷厄姆斯敦的罗得岛大学学院以及纳塔尔大学学院。澳大利亚也拥有四所，新西兰则有一所。在印度，加尔各答大学、孟买大学和马德拉斯大学创建于1857年，阿拉哈巴德和旁遮普大学则建于1857和1887年之间。此后直到1919年，印度都没有诞生任何新的大学。[2]俄国在20世纪初拥有十所国立大学，在芬兰（芬兰在当时是自治区域）还有一所，以及莫斯科的一所私立大学。

如果说大学数量的匮乏显示出西方世界之外精神生活的特征，那么美国的主要特征则是英式大学的拥趸和德式大学的支持者之间的纷争。起初，大多数美国院校都是按照英式风格建立。美国境内的第一所高等学府哈佛大学，其前身是创立于1636年的一所清教徒学院。马萨诸塞湾殖民地合伙人中有三十多人都毕业于剑桥大学伊曼纽尔学院，因此他们在波士
73 顿附近建立的大学也自然地效仿了伊曼纽尔模式。苏格兰模式也具有同样的影响力，尤以阿伯丁模式为甚。[3]苏格兰大学为非寄宿制，校风民主，宗教气息淡薄，由当地政要负责管理——堪称大学董事会的先驱。然而直到20世纪，美国的高等院校实际上都只是学院（致力于教学），而非严格意义上以知识增长为己任的大学。只有巴尔的摩的约翰霍普金斯大学（成立于1876年）和克拉克大学（1888年）可以划入大学之列，但这两所学校也很快就被迫加入了本科课程。[4]

众所周知，最初构想出现代大学的人是**查尔斯·艾略特**（Charles Eliot），他是麻省理工学院的一位化学教授。1869年，年仅35岁的他被任命为哈佛大学校长，那里是他度过本科时光的地方。艾略特到任时，哈佛只有1050名学生和59名教职员工。而当1909年他退休时，哈佛的学生人数已经翻了两番，教职员工数量则增长了十倍之多。但艾略特在意的不只是规模的扩大："他大力修改了课程模式；建立了专业学院并使之成为大学不可分割的一部分；最后还推动了研究生教育，成了所有有志涉足研

究生教育的美国大学的楷模。”[5]

最重要的是，艾略特遵循了德语国家的高等教育系统，这一系统为世界培养了马克斯·普朗克、马克斯·韦伯、理查德·施特劳斯、西格蒙德·弗洛伊德和阿尔伯特·爱因斯坦等群星璀璨的人才。19 世纪后期德国大学的卓越成就可以追溯到 1806 年的耶拿战役（经此一役，拿破仑终于到达柏林）。他的到来迫使僵化的普鲁士人发生改变。在思想领域，约翰·费希特、克里斯蒂安·沃尔夫和伊曼努尔·康德等重要人物将德国学术界从对神学的愚钝依赖中解放出来。因此，德国学者在哲学、语言学和物理科学等领域与欧洲同行相比取得了明显的优势。例如，德国是第一个将物理、化学和地质学列为与人文学科平起平坐的学科的国家。无数的美国人，以及杰出的英国学者如马修·阿诺德和托马斯·赫胥黎等，都曾到访德国，并对其在德国大学的所见所闻大加赞赏。[6]

从艾略特的改革开始，美国大学开始效仿德国的制度，尤以研究领域为甚。然而，这一德国模式虽然在推进知识和生产新技术工艺方面令人印象深刻，却破坏了“大学的生活方式”，以及本科生和教师之间密切的个人关系，而在采用德国模式之前，这些一直是美国高等教育的一大特色。德国模式造就的人才被威廉·詹姆斯称为“章鱼博士”：耶鲁大学于 1861 年颁发了大西洋西岸的第一个**哲学博士学位**（Ph.D.）；到 1900 年已发展到每年颁发超过三百个博士学位的规模。[7]

遵循德国模式的代价就是与英式大学系统的彻底决裂。在许多大学，学生宿舍和集体食堂被一并取消了。哈佛在 19 世纪 80 年代对德国模式的沿袭已经到了盲从的地步，以至于学生不再需要到堂听讲——只有考试的 74
表现才是决定成绩的标准。这一切终于起了反作用。芝加哥大学首先于 1900 年“冒整个美国中西部之大不韪，不惜被看作中世纪的英式专制学校”而建造了七幢学生宿舍。耶鲁大学和普林斯顿大学很快也采取了类似的做法。哈佛也在20世纪20年代按照英式房屋模型重组了校园。[8]

由于美国的大学已成为思想的温床，孕育出本书后面章节将要讨论的许多内容，所以美国大学的历史也与其自身息息相关。但确定哈佛、芝加哥、耶鲁以及美国其他高等学府之核心思想的斗争也与另一方面有着紧密联系。德国和英国教育模式的融合既是明智之举，也是美国大学在面临20世纪之初的形势时做出的务实响应。实用主义在美国是一套非常强大的思想体系。美国并没有沉溺于欧洲的教条或思想观念。它有着自己的"开拓性思想"：它拥有并把握了自己的机会，甄选并吸取旧世界中的精华，同时去其糟粕。值得注意的是，由此产生的部分成果，即本章所考量的事物，从摩天大楼、垃圾箱画派的绘画、飞行到电影，都与20世纪初的唯美主义、精神分析、生命力、抽象主义、激进的实践发展和对于不断进化的世界的直接而冷静的实用反应等形成了鲜明的对比。

美国**实用主义**（pragmatism）哲学学派的创始人是19世纪70年代的哲学家**查尔斯·桑德斯·皮尔斯**（Charles Sanders Peirce），但**威廉·詹姆斯**于1906年对其思想进行了更新并广为传播。威廉·詹姆斯和他的小说家弟弟亨利·詹姆斯出身于波士顿的一个富裕家庭；他们的父亲老亨利·詹姆斯是一名作家，写过一些"神秘而难以归类的哲学小册子"。[9]威廉·詹姆斯对皮尔斯的致敬从他于1907年在波士顿发表的一系列演讲的题目中就已清晰可见：《实用主义：旧式思维方法的新名称》。实用主义的深层思想是建立一套哲学体系，使之摈弃唯心主义教条并服务于由自然科学发展而来的、严谨的实证主义标准。詹姆斯在皮尔斯思想的基础上增加了哲学应当平易近人的观念。他认为，哲学是生活中的客观事实，是每个人都希望拥有的看待和理解世界的方式，这就是人们所说的哲学。而他的演讲（其中有八讲）就旨在为人们提供这方面的帮助。

以弗朗茨·布伦塔诺、埃德蒙·胡塞尔和亨利·柏格森为代表的大陆学派，同以伯特兰·罗素、路德维希·维特根斯坦及将要形成的维也纳学派为代表的分析学派之间的裂痕，是20世纪哲学的一道分水岭，詹姆斯的做法标志着20世纪哲学的又一道分水岭。在整个20世纪中，有些哲学家是从理想状态中提炼出观点的：他们尝试打造世界观及思想行为的守则，而这些都来自理论性的"清楚"而"纯粹"的状态。在这样的状态中，诸如平等、自由等思想都被假定为预设的前提，整个假想的系统也都围绕这些前提而建立。在与之相反的阵营中，另一些哲学家则立足于真实世界，并不回避所有的混乱、不平等和不公正。詹姆斯就是后者阵营中的坚定成员。 75

詹姆斯对这道分水岭的解释，在于他提出存在着两种截然不同的"思想气质"的基本形式，即他所谓的"实际型"和"空想型"。他并没有表明他认为这些气质是由基因决定的（对于1907年的人们来说，"基因"这个词还为时尚早），但他选择的"气质"一词却给出了这一观点的明确暗示。他认为具有一类气质的人们总会看低与其气质相异的人，因而两者之间的冲突是不可避免的。在他的第一次演讲中，他将双方的特点列举如下：

空　想　型	实　际　型
理论主义（依据原则判断）	经验主义（依据事实判断）
乐观主义	悲观主义
有信仰	无信仰
自由意志	宿命论
教条主义	多元论
	唯物主义
	怀疑论

他突出这些区别的一大主要原因，是提请人们注意世界是如何被改变的："世界从来没有像今天一样，存在着如此之多有着坚定的经验主义倾向的人。我们甚至可以说，我们的子孙几乎都是天生的科学之子。"[10]

不过，这并没有让詹姆斯成为一个科学的无神论者。事实上，这引导他走向了实用主义，毕竟，他于1902年出版过一部重要作品《宗教经验种种》。[11] 他认为哲学首先应该是实用的，而他也承认自己的这一观点来自皮尔斯。皮尔斯曾说过："信念是行为的实际准则。"詹姆斯详细阐述了这一主题并得出结论："哲学的全部功能应当是：如果这样或那样的世界准则才是真正的准则，那么在我们生活确切的瞬间，这样的世界准则会对你我产生怎样具体的影响。……一个实用主义者会毅然转身，与专业哲学家们奉为至宝的诸多痼习彻底决裂。他厌恶抽象和不足，拒绝纸上谈兵，避开错误的先验理由，无视固定规则、封闭系统以及虚假的绝对真理和起源。他迎向具体和翔实，认同事实、行动和能力。"[12] 詹姆斯认为原始的形而上学，同样依赖于那些宏大的词——"上帝"、"物质"和"绝对"。但他认为，这些之所以值得详细阐述是因为它们具有他所谓的"实际兑现价值"。它们让生活之道产生了怎样的不同？只要它能够对我们的生活方式产生实际性的影响，詹姆斯就可以将其称为"真理"。他说，真理在过去和现在都不是绝对的。世间存在着很多真理，只要它们具有实用价值，则它们就是真实的。真理之美并不能使其恒久不朽。这就是真理之所以美好的原因：顾名思义，它能够产生实际的影响。詹姆斯用他的这套方法来面对许多形而上的问题，这其中我们只需举一个例子就能说明他的论点是如
76 何成立的：是否真的存在灵魂这样的东西，它与意识的关系又是什么？詹姆斯写道：过去的哲学家曾提出了"灵魂物质"的概念来解释某些类型的直觉体验，比如一个人曾以不同身份生活过的既视感。但如果你将意识拿走只依赖"灵魂"，这现实吗？灵魂能脱离意识而存在吗？不能，他说。

因此，何必还要专注于灵魂这档子事呢？詹姆斯是一个坚定的达尔文主义者，他认为进化在本质上是一种通向宇宙的务实手段；这也是适者生存和种族繁衍的真谛。[13]

继皮尔斯和詹姆斯之后，**约翰·杜威**成了美国第三位实用主义哲学家。身为芝加哥大学的教授，杜威有着佛蒙特州式慢吞吞的说话方式，戴着无框眼镜，并且毫无时尚感。从某种意义上说，他堪称最为成功的实用主义者。和詹姆斯一样，他认为，每个人都有自己的生活哲学和信仰体系，而这样的哲学应该帮助人们过上更幸福、更富有成效的生活。他自己的生活就非常多产：通过发表报纸文章、通俗读物，以及与其他哲学家（如伯特兰·罗素或《存在巨链》的作者阿瑟·洛夫乔伊等）的大量辩论，杜威的公众知名度达到了哲学家少有能够企及的高度。[14]和詹姆斯一样，杜威也是一个坚定的达尔文主义者，他认为科学和科学方法应当应用于生活的其他领域。他尤其强调，科学发现应当适应于儿童的教育。对于杜威来说，20世纪伊始乃是"民主、科学和工业化的时代"，而他认为，这将对教育产生深远的影响。在当时，人们对儿童的态度正经历快速转变。1909年，瑞典女权主义者**爱伦·凯**（Ellen Key）出版了新书《儿童的世纪》，其主要观点认为儿童已经被重新发现——重新发现的意义在于童年的可能性中存在着新的欢乐，也重新意识到儿童与成人、儿童与儿童之间都是彼此不同的。[15]这对我们来说似乎只不过是常识，但在19世纪，在成功降低儿童死亡率的胜利到来之前，每个家庭都较当今更为庞大，许多孩子不幸夭折，因而对于每个孩子的投资，花费的时间、教育、情感，等等都各不均等——也不可能均等。杜威认为这对教育有着重大影响。截至当时，即使是在美国这样比欧洲更溺爱孩子的国家，教育仍然处在教师的刚性权威之下。教师们对受过教育的人应当具有的素质自有其概念，而他们的主要目的是向学生传达这样一种理念，即知识是"对固定真理的沉思"。[16]

一场运动从两个方面改变了这种思维，而杜威就是这场运动的领导人之一。他认为，第一，传统的教育理念源于有闲的贵族社会，这样的社会形态正在欧洲民主国家迅速消失，而在美国则从来就没有存在。如今的教育必须满足民主的需求。第二，同样重要的是，教育必须反映出不同的孩子在能力和兴趣方面有着很大不同的事实。为了让孩子们都能为社会做出最大的贡献，教育应尽量减少对教师认为必须了解的确凿事实的“反复强
77 调”，着重发现和培养每个孩子具有的能力。换句话说，就是将实用主义应用于教育。

杜威对科学的热情体现在他建于1896年的学校的校名上：**“实验学校”**（Laboratory School）。[17] 这所实验学校部分得益于虔诚的瑞士教育家**约翰·裴斯塔洛齐**（Johann Pestalozzi）、德国哲学家**弗里德里希·弗勒贝尔**（Friedrich Fröbel）和儿童心理学家**G. 斯坦利·霍尔**（G. Stanley Hall）等人的思想，其办学宗旨是：每个孩子都承担着个性带来的积极或消极的后果。首先，孩子的天性决定了其自身能力的局限。从更积极的角度说，应当发现孩子内在的兴趣和品质以找到可能的“成长点”。成长对20世纪初“以儿童为中心”的“新教育”的倡导者来说是一个重要概念。杜威认为，自古以来社会就被分成了有闲贵族阶层和工人阶级，他们分别是知识的保管者和实践者。他认为，这种分离是致命的，尤其在一个民主国家。依托阶级路线的教育必须废除，那些不适合民主、工业化和科学时代的传统学习观念必须被抛弃。[18]

杜威的思想以及弗洛伊德的思想为童年赋予了前所未有的重要性，在这一点上他们的思想无疑是影响深远的。个人成长的概念，排除传统和专制观念对知识和教育的定义，这些对很多人来说都是自由的思想。美国有着众多的移民团体和广阔的国土，这种新的教育理念能够帮助美国塑造出许多个人主义者。与此同时，“成长运动”的理念总是有可能被过度解读，

造成家长对孩子们过于放任自流。在一些学校里，由于老师们认为“孩子们都不该尝到失败的滋味”，所有的考试和成绩都被取消了。[19] 这种结构的缺失最终事与愿违，孩子们反而更循规蹈矩，因为他们缺乏知识或独立判断，而这正是偶尔的失败能够教会他们的。将孩子们从父母的“统治”中解放出来，这毫无疑问是自由的一种形式。但在 20 世纪后来的时间里，它也会带来一系列问题。

当时关于高等教育的陈词滥调认为，大学是象牙塔，抑或是远离喧嚣的“现实世界”的避难所，供教授们（哈佛的詹姆斯、芝加哥的杜威或是法兰西学院的柏格森）集中精力思考根本的哲学问题。我们接下来要讨论的 1908 年诞生于哈佛大学的实用主义思想就是对以上描述的绝妙讽刺。它诞生于**哈佛商学院**（Harvard Graduate School of Business Studies）。需要注意的是，它是一所研究生院。自 19 世纪 80 年代以来，美国的其他大学都开设了商业培训课程，但仅限于本科阶段。哈佛商学院的设立旨在建立一所培训外交官和公务员的行政学院。然而，1907 年的股市恐慌情绪确实表明，市场需要训练有素的实业家。

哈佛商学院于 1908 年 10 月正式成立，首批招收了 59 名新设的工商 78
管理硕士研究生。[20] 当时的意见分歧不仅限于教学内容，还包括教学方法。会计、运输、保险、银行等科目在其他院校均已开设，因此哈佛发展了其对商业的独到定义：“商业是通过体面的方式生产、销售货品，并从中获利的过程。”这一定义明确了两大基本商业活动：制造，即生产行为；销售或市场营销，即分配行为。由于对这些问题的解释并没有现成的教科书，因而现实中的商人和他们的公司就成了教授们关注的焦点，进而演变成为哈佛大学著名的案例研究系统。除了制造和分销，哈佛还提供了一门关于**弗雷德里克·温斯洛·泰勒**（Frederick Winslow Taylor）的《科学管理原理》的研究课程。[21] 泰勒接受过工程师课程的培训。西奥多·罗斯福总统曾在一次白宫演讲中指出，美国生活的许多方面是低效的，是一种浪费，而泰勒就是这种观点的忠实拥趸。对于泰勒来说，公司的管理需要建立在更“科学”的基础之上——他致力于向世人展示管理的科学，并用他为众多公司改进效率的例子来阐明这一观点。比如他说，研究发现，工人平均每铲负荷为 21 磅时，相较每铲负荷 24 磅或 18 磅，可以在单位时间内搬运更多的煤或沙子（或其他货物）。每铲负荷较重时，工人很快会感到疲劳。每铲负荷较轻时，工人也会疲劳得更快，因为他不得不加快频率。而规定每铲负荷 21 磅可以让工人用更短的休息时间维持更长的劳动时间。泰勒为许多企业设计了新的战略，根据他的说法，这些战略既为工人提高了工资，也为公司增长了利润。例如在生铁处理的案例中，工人工资由每天 1.15 美元增加到 1.85 美元，增幅为 60%，而平均产量也由每天 12.5 吨增加到 47 吨，增幅几乎达到 400%。他说，这样的结果可以实现双赢。[22] 哈佛商学院课程的最后一大要素是教师主导的研究与实习经历。他们首先考察了鞋类零售业，并让学生在长假期间赴公司实习。这些要素都取得了成功。哈佛的商业教育因此成功地融合了类似法学院的案例分析、类似医学院的“临床”方法，外加相关的研究成分。这套方法最终声名远播，效仿者众多。截至 1929 年下一次股市崩盘时，MBA 学生人数也由 1908 年的 59 人增加到 872 人，其中包括来自 14 个国家的外籍学生。学院院刊《哈佛商业评论》在 1922 年甫一问世便洛阳纸贵。其宗旨在于说明，基本经济理论与日常经验和商业执行存在着关系，这一理念在本质上便是实用主义的操练。[23]

哈佛和其他商学院的尝试，以及商业本身发生的变化，正是理查德·霍夫施塔特所定义的美国“实用文化”的一个方面。除了商业，“实用文化”还包括了农业、美国劳工运动（一场远比欧洲的劳工运动更注重实际

的社会主义意识形态运动）、白手起家的传统，甚至宗教。[24] 霍夫施塔特睿 79
智地指出，在美国的许多地方，连基督教在本质上都是完全务实的。他借用神学家**雷茵霍尔德·尼布尔**（Reinhald Niebuhr）的名言，美国神学传统“的宗教定义的出发点是为了获取权力而对神圣现实做出适应，而不是根据启示来定义宗教，使得教众必须承受启示内容的批判”。[25] 他还强调许多神学运动运用了“精神性的技术”来实现其目的：“一个……作家告诉我们……‘身体是……一套上帝广播电台的接收设备’。以及‘最伟大的工程师……是你沉默的伙伴’。”[26] 在实用主义文化中，甚至连上帝也成了商人，这大概是再自然不过了吧。

在纽约的曼哈顿区，百老汇大道和第二十三街的交会点向来是个繁忙的十字路口。百老汇大道呈锐角穿过交叉路口，在北侧形成一小块三角形的地块，在纽约典型的巨大矩形街区中显得格外突出。1903 年，建筑师丹尼尔·伯纳姆在这块不寻常的小地块上建起了这座城市的标志性建筑，其创意和美感之强烈，至今看来依然非同寻常。这座窄楔形结构的建筑因为其形状（它的尖角都被设计成圆角）的缘故被人们亲切地称为**熨斗大厦**（Flatiron）。但这特别的形状并不是它得以扬名的唯一原因：这座 21 层楼的熨斗高达 285 英尺。它是纽约的第一座摩天大楼。[27]

建筑是最直白的艺术形式，应对 19 世纪末形成的巨大而拥挤的城市，摩天大楼则是最务实的解决方案，因为在城市里，尤其像曼哈顿这样一片狭窄的岛屿地区，空间是弥足珍贵的。[28] 这些摩天大楼前所未有、引人注目、光怪陆离，没有什么图景能比它们更能象征 20 世纪初期了。有人也许会对熨斗大厦是第一座摩天大楼的论断产生异议。19 世纪已经出现了 12、15 甚至 19 层楼的建筑。由乔治·波斯特设计，于 1892 年在公园街落成的普利策大楼就是其中之一，但熨斗大厦是统治城市天际线的第一座建筑。它立刻成为艺术家和摄影师眼中的焦点。与**阿尔弗雷德·施蒂格利茨**（Alfred Stieglitz）一起创办纽约第一家现代艺术画廊（并将塞尚介绍给了美国）的美国早期摄影大师**爱德华·斯泰肯**（Edward Steichen）就曾拍摄过熨斗大厦，在他的镜头里，大厦仿佛从迷蒙的阴霾中冉冉升起，几乎与自然景观融为一体。在他关于熨斗大厦的作品中，一辆小小的马车穿过街道，煤气灯发出的微光为整个画面蒙上了一层犹如印象派画家笔下的巴黎的感觉。[29] 熨斗大厦的形状也在其周围产生了向下的气流，撩起路过的女人的裙摆，因此很多男青年会在这座大厦周围闲逛，为的就是欣赏裙摆飞舞的场面。[30]

在纽约大展拳脚的摩天大楼，其理念实际上最初孕育于芝加哥。[31] 这一概念的历史引人入胜，其悲剧英雄是**路易斯·亨利·沙利文**（Louis
80 Henry Sullivan，1856—1924）。沙利文出生在波士顿，他的母亲具有德、瑞、法三国血统，音乐造诣极高，他的父亲帕特里克则是一位舞蹈老师。少年时代的路易斯怀有诗人的梦想并创作了许多不甚高明的诗句。充满混乱建筑的家乡令他感到厌恶，但他研习建筑学的院校就在离家不远的地方：查尔斯河对岸的麻省理工学院。[32] 沙利文圆脸棕眸，自学生时代开始就自信满满。他笔挺的西服、衬衫上的珍珠袖扣和顶部镶银的手杖与他形影不离，也彰显出他的气度。他游历欧洲，在欣赏瓦格纳歌剧的同时也研究当地建筑，之后在费城以及威廉·勒巴隆·詹尼位于芝加哥的事务所短暂地工作过，后者因将钢结构和电梯引入由他设计的家庭保险公司大楼（1883—1885 年建于芝加哥）而被尊为摩天大楼之父。[33] 然而这座建筑（未能达到日后的标准）能否真正被称作摩天大楼尚存异议。在沙利文看来，摩天大楼的主要性能是它“必须很高，彻头彻尾的高，必须拥有气魄和力量的态度，必须地地道道是一个高傲的存在，纯粹地拔地而起，从上到下浑然一体，没有一丝不和谐”。[34]

1876 年的芝加哥在某种意义上仍然是一座边陲小镇。住在帕尔默豪斯酒店的鲁德亚德·吉卜林觉得这里“好像一座镀金的养兔场……挤满了高谈阔论和随地吐痰的人”。但是，在 1871 年那场毁灭了城市中心区域的大火之后，芝加哥开始为建筑师提供建造梦幻建筑的无限可能。[35]1880 年，沙利文进入丹克玛·阿德勒事务所，并在一年后成为完全合伙人。正是这种合作伙伴关系使他名声大噪，他很快就成了芝加哥建筑学派的领军人物。

虽然芝加哥以摩天大楼发源地而闻名，但建造非常高的结构这一思想本身却早已古老到难以考证。观念上的突破来自人们开始意识到建造一座大厦并不需要依赖石材。*

金属框架的建筑为摩天大楼提供了答案：从早期的铁质框架到后来的钢制框架，都由螺栓（后来为追求建造速度而改用铆钉）一起固定在钢板上，形成架状结构，用来构成每个楼层。这种结构可以使用非常大的幕墙，因此墙壁只是建筑的外衣，并不需要承担负重的作用。大多数关于摩天大楼的结构性问题很早就解决了。因此，在 19、20 世纪之交，人们的争论更多的是关于工程的设计美学。沙利文热情地加入了讨论，反对一味地模仿或感怀旧式建筑，并坚定地支持现代建筑。他的名言“功能永远决定形式”成为现代主义的振臂一呼，与前文中提到的阿道夫·洛斯在维也纳的工作遥相呼应。[36]

沙利文的早期杰作是位于圣路易斯的**温赖特大楼**（Wainwright Building）。 81
这座建筑依然不是真正的高楼，而是一栋只有十层的陶砖建筑，但沙利文领悟到建筑师的干预可以“增加”建筑的高度。[37] 一位建筑历史学家曾这样写道，温赖特大楼“不只是高大；它诠释了高大本身——它在建筑方面

---

* 升降式电梯在其中也发挥了作用。1889 年，电梯首次获得商业运营，奥蒂斯兄弟公司将一台由电动马达通过“涡轮减速”原理驱动滚筒而实现升降的电梯安装在纽约的德马雷斯特大楼里。最早的升降式电梯仅限于最高约十层楼的建筑，因为电梯滚筒无法承载更多的绳索。

的高度甚至高于其物理高度”。[38] 如果说温赖特大楼让沙利文找到了自己的风格，实现了立面的垂直划分并展示出自如的操控能力，那么他最杰出的建筑作品当数建成于1903至1904年间、同样位于芝加哥的**卡尔森·皮里·斯科特百货公司**（Carson Pirie Scott）。和之前一样，这座建筑仍然不是摩天大楼（高度为十二层），其重点更多地放在水平线而非垂直线。但正是在这座超越其他建筑的大楼身上，沙利文展现出他伟大的独创性，创造出一种崭新的建筑装饰风格，以“威严的流线”、“曲线装饰”和“悦目的边带”为特点。[39] 卡尔森·皮里·斯科特百货公司的一楼展现出沙利文对他曾在巴黎见过的新艺术主义设计的美国化表达：他将一座地铁站变成了一家百货公司。[40]

弗兰克·劳埃德·赖特（Frank Lloyd Wright）同样在尝试改革城市的结构。他建成于1904年的作品拉金大楼位于美加边境的布法罗市。虽然在1950年整座大厦被全部拆除，但从当时的照片上来看，这是一次令人振奋、来势汹汹且引领潮流的尝试。[41]（约翰·拉金是纽约帝国大厦的设计者，帝国大厦也是首座超过一百层的建筑。）在拉金大楼内部，一圈“高耸如绝壁般的朴素砖墙”围绕着一个巨大的办公空间，其陈设严格对称到每一个细节。当整个空间挤满了在长桌前办公的职员时，它看起来更像一套自动装置，而不是赖特自己所说的：“一个办公大家庭在用自然光照明的干净、通风的大楼里办公，照明和调度指挥都由大楼的中庭统一管理。”[42] 这座大楼为许多日后遍布世界各地的设计开了先河。它装有空调，经过了完全的防火处理；所有的家具（包括办公桌椅和文件柜）都由钢和菱镁材料制成；所有的门都是玻璃门，窗户则都装有双层玻璃。相较于沙利文，赖特更钟情于建筑材料及生产这些材料的机器。他的建筑为“机器时代”而生，为标准化而生。他对钢筋混凝土这一彻底改变建筑设计的新型建材也颇为着迷。早在1851年，英国就在建造水晶宫时率先运用了钢材，这一建筑堪称钢和玻璃建筑的先驱，同年法国人弗朗索瓦·埃内比克发明了钢筋混凝土。但只有在美国，在这些摩天大楼的建造过程中，这些材料才得到了前所未有的充分利用。1956 年，赖特还为芝加哥提出过建造一座高达一英里的摩天大楼的计划。[43]

从纽约出发，沿美国东海岸一路往南 685 英里，在北卡罗来纳州的海滩附近有一个名叫**屠魔岗**（Kill Devil Hill）的地方。1903 年，曼哈顿有多么繁华，这里就有多么荒凉。从海上刮来的阵阵强风让这个多风之地难以生长出在美国其他地方广泛生长的伞松树，也使得这里的风景非常特别。正因为如此，在 1903 年 12 月 17 日，这里被选中作为一场试验的地点——这是 20 世纪最激动人心的冒险之一，注定将对许多人的生活产生
巨大影响。摩天大楼是人类离开地面的一种方式，这次试验则是另一种脱 82
离地面的方式，并且还要彻底得多。

当天上午 10 点半左右，四名来自附近救生站的男子和一个 17 岁的男孩站在山坡上，低头注视着山下的试验场，静静地等待着。一面黄旗作为预先安排好的信号已被悬挂在附近的小鹰镇，以提醒当地的海岸警卫队和其他人：这里即将发生不寻常的事情。如果预想中的事情如愿发生，那么这些男子和这个男孩可以充当证人。海风冰冷刺骨。几乎每隔一段时间，这些观察者们注目的对象**莱特兄弟**（the Wright Brothers），就要回到他们的小屋，把冻僵的手指放在炉子上烤一下，好恢复一些知觉。[44]

那天上午早些时候，奥维尔和威尔伯·莱特已经扔过硬币来决定谁来第一个做实验，奥维尔赢了。他和哥哥一样，穿着一身三件套的西服，衬衫领子和领带笔挺。在旁观者看来，奥维尔似乎不太愿意开始实验。最后他和哥哥握了握手，然后，根据旁观者的描述：“我们不禁注意到他们紧握着彼此的手，好像不愿意松开；就像两个即将分别却不知是否能再见的

人一样。”[45] 半小时之后，奥维尔终于松开威尔伯的手，走向地上的机器，踩着底部的机翼，然后平躺着将自己挤进一个尾部支架里去。他紧紧抓住一个奇怪装置的操纵器，在山坡上的人看来，这个玩意似乎包括了电线、木支架以及一对巨大的、盖着麻布的翅膀。整个装置被安装在一个看起来很不结实的木质单轨上，指向来风的方向。单轨上还安装有一台加装了大梁的小推车，那些精心布置的木头、电线和麻布就盘踞其上。小推车通过两个经过特别改装的自行车轮毂进行运动。

奥维尔打量着他的仪器。离他最近的支柱上固定着一个风速计。它与一个旋转圆筒相连，后者可以记录装置前进的路程。第二件仪器是一块秒表，这样他们可以算出装置的行驶速度。第三件是发动机转速计数器，能够记录螺旋桨转数。它可以显示出装置的效率及燃料消耗情况，也有助于计算在空中的飞行距离。[46] 虽然此时装置后面还连着一根安全绳，它的引擎（一部侧放在旁边的四缸八至十二马力汽油发动机）已经油门全开。引擎动力通过链管传输到两个装在双层亚麻布之间木支架上的推进器（即螺旋桨）上。当时的阵风风速高达每小时 30 英里，风声在装置的框架和电线之间嘶吼。兄弟俩清楚，这是一次风险极大的行动，因为他们已经放弃了在动力飞行之前先进行滑翔飞行的安全性测试。现在回头为时已晚。威尔伯站在右侧翼梢旁边，朝着旁观的人群大喊：“别愁眉苦脸的，在奥维
83 尔发动的时候要拍手欢呼给他打气加油。”[47] 于是在嘶吼的风声和远处海洋的轰鸣声中，众人欢呼雀跃、大声叫喊。

随着引擎油门全开，安全绳忽然滑落，这台被莱特兄弟命名为“飞行者”的装置开始向前滑动。“飞行者”通过单轨上的滑行增加着速度。威尔伯·莱特跟着“飞行者”跑了一段路，但逐渐无法跟上，因为它的速度已经达到每小时 30 英里，成功地摆脱了小推车并升到了空中。威尔伯和周围目瞪口呆的证人一道，见证了“飞行者”历史性的飞行，经过一小段

时间后一头栽进了柔软的沙滩。由于风速的缘故，“飞行者”首航在空中飞行了600英尺的距离，但飞行高度只有120英尺。奥维尔后来这样写道：“这次飞行只持续了12秒，然而，它却是世界历史上第一次有人类驾驶着一架自主提供动力的机器飞到空中，毫无减速地向前飞行，并最终降落在与它的出发点同样高度的终点。”当天晚些时候，比奥维尔飞行技术更好的威尔伯成功完成了一次距离为852英尺，持续时间达59秒的“飞行之旅”。兄弟俩已经证明了自己：他们的飞行是持续而受控的动力飞行。自主动力、持续性和控制性这三大概念也定义了重于空气的动力飞行器的应有属性。[48]

自古以来人类便有着飞天的梦想。在波斯传说中，成群的飞鸟背着国王在空中飞行，列奥纳多·达·芬奇也曾有过降落伞和直升机的奇思妙想。[49]历史也多次见证人们近乎癫狂地痴迷于气球的情形。然而在19世纪，无数的发明家都尝试试飞自己的装置，但他们要么因此丧命，要么往往陷于失败的僵局而自欺欺人。[50]莱特兄弟则不然。由于他们务实到了过分的地步，因此在对飞行产生兴趣的四年后便取得了成功。

威尔伯于1899年5月30日给位于华盛顿特区的史密森学会写了一封信，自称是“一个飞行爱好者，绝对不是怪人”，[51]希望学会能提供飞行方面的书籍供他参考。威尔伯生于1867年，时年仅32岁，比奥维尔年长4岁。虽然他们一直都保持着真正的兄弟团队情谊，但威尔伯通常起着表率作用，尤其是在刚开始的时候。莱特兄弟是俄亥俄州代顿市联合兄弟会一位牧师（后来升任主教）的儿子，在成长的过程中他们逐渐成为足智多谋、坚持不懈和做事有条不紊的人。兄弟俩都拥有敏锐的头脑和机械方面的天赋。他们曾做过印刷工人，也曾经营自行车制造和维修的生意。正是自行车生意让他们丰衣足食并为飞大事业提供了资金支持——他们从未接受过来自外界的资助。[52]他们对飞行的热情始于19世纪90年代，但似乎直到伟大的德国滑翔机先驱者**奥托·李林塔尔**（Otto Lilienthal）因飞行事故于1896年身亡，才激发了他们为自己的飞行事业奋斗的激情。（李林塔尔的临终遗言是“牺牲在所难免”。）[53]

威尔伯去信仅仅三天之后，莱特兄弟就收到了史密森学会的答复（放在现在的话应该会慢得多）：记录显示，推荐书单于1899年6月2日寄发。兄弟俩随即着手用他们惯常的系统方法研究飞行中的问题。他们很快意识到仅凭看书和观察鸟类是不够的——他们必须亲自去空中体验才行。
84 因此他们首先从建造滑翔机开始，走上了实践研究之路。1900年9月，滑翔机建造完成，他们将它带到了北卡罗来纳州的小鹰镇，这里是离他们家最近的有着稳定风力的地方。1900至1902年间，他们一共建造了三架滑翔机，这一正确的行为使得他们能够完善机翼形状并制定了后舵，这也是他们对航空技术的另一贡献。[54] 事实上，他们的进展顺利异常，到1903年初，他们自认为已经为动力飞行做好了准备。飞行器的动力来源在当时只有一个选项：内燃机。虽然19世纪80年代末，人们就发明了内燃机，但在1903年，莱特兄弟仍然无法找到适合飞机的轻巧引擎。他们别无选择，只能自己动手设计。

1903年9月23日，他们将新造好的飞机放在板条箱里，运往小鹰镇试飞。由于螺旋桨轴损坏和反复的天气问题（大雨、风暴和刺骨的寒风）等意外延误，直到12月11日他们才做好了试飞的准备。但风又出了问题，直到14日才一切就绪。哥俩抛硬币决定由谁来进行首次飞行，这一次威尔伯获胜。在第一次试飞时，“飞行者”爬升太快，随即失速并坠入沙里。到了17日，在奥维尔成功之后，飞机的着陆变得柔和许多，这也使得他们当天又多进行了三次飞行。[55] 这是一个真正的历史性时刻，虽然我们今天把它理所当然地视为飞行史上的革命，你也可能会认为莱特兄弟的成功必然会成为报纸的头版新闻，但事实远非如此。已经有太多人折腾过形形色色的古怪计划，报纸和公众对飞行机器早就彻底地持怀疑态度了。1904 年，虽然莱特兄弟进行了 105 次飞行，但总计滞空时间仅 45 分钟，只有两次飞行持续了 5 分钟。美国政府甚至没有验证莱特兄弟对飞机的阐述就直接拒绝了他们的三次报价。1906 年，他们没能生产一架飞机，也没能进行哪怕一次飞行。到了 1907 年，他们尝试在英国、法国和德国销售自己的发明。但所有的努力均告失败。直到 1908 年美国陆军部才终于接受了莱特兄弟的投标。就在同一年，一家法国公司也和他们签署了合同。[56] 历时四年半，这一革命性的理念才终于走向了市场。

飞行原理本来也可能在欧洲发现。但莱特兄弟生长在理查德·霍夫施塔特所描述的实用主义文化中，这也是他们成功的一大原因。与之相似的是一群后来被称为**垃圾箱画派**（Ashcan school）的画家，他们有着务实的作品主题，他们在作品中也采纳了实用主义和新闻报道式的表现手法。当立体派、野兽派和抽象派画家更多地关心美学理论或现实和物质的基本面时，垃圾箱画派则用生动的细节描绘出他们周围的新景观，精确地刻画出丑陋而真实的世界。他们的眼界（他们并没有统一的风格）在纽约的麦克白画廊通过一次开创性的展览为世人所知。[57]

垃圾箱画派的领军人物是**罗伯特·亨利**（Robert Henri，1865—1929），他的祖先是在 16 世纪晚期天主教屠杀胡格诺教徒时从法国逃往荷兰的教徒。[58] 亨利老于世故，略显狂野，他曾于 1888 年造访巴黎。后来在费城，85
他成为聚拢各路艺术家的一块磁石，其中的许多人都在当地媒体工作，包括：**约翰·斯隆**（John Sloan）、**威廉·格拉肯斯**（William Glackens）和**乔治·卢克斯**（George Luks）。[59] 他们酗酒、玩牌，却保持着新闻记者敏锐的观察力和对弱势群体的同情——有时甚至是感情用事。他们过从甚密，甚至自称亨利股份公司。[60] 亨利后来转到纽约艺术学院任教，在那里他教过的学生包括乔治·贝洛斯、斯图尔特·戴维斯、爱德华·霍普、罗克韦尔·肯特、曼·雷和莱昂·托洛茨基。他的影响巨大，其方法体现的观点是：美国人民应当“在自己的时代和自己的土地上学习表达自己的方法”。[61]

垃圾箱画派最具代表性的作品出自约翰·斯隆、乔治·卢克斯和乔治·贝洛斯之手。斯隆是一本左翼社会评论期刊《民众》的插画师，该期刊的编辑包括约翰·里德在内。斯隆的创作是在纽约生活中寻找着“快乐的片段”，即工人阶级严酷生活里的一抹亮色：在渡轮工作时的片刻休憩，一个女孩从出租屋的窗口探出头来，另一位妇女轻嗅挂在晾衣绳上刚洗过的衣物——这些都是普通百姓在社会底层冰冷而严酷的生活中苦中作乐的瞬间。[62]

乔治·卢克斯和身为无政府主义者的乔治·贝洛斯则少了如许的感伤，他们的表达方式更为尖锐。[63]卢克斯描绘纽约的人群，以及在街头和社区人潮汹涌的场景。他和贝洛斯经常出现在拳击和摔跤比赛等充满工人阶级特色的场合，而这些场合也正代表了移民社区之间典型的原始而赤裸裸的斗争。这里的生活在各方面都处在悬崖边缘。虽然在1900年的纽约，职业拳击仍是非法活动，但这并不影响它的流行。贝洛斯的画作《俱乐部的两个成员》（原名《黑鬼与白人》）反映出当时许多人对参与运动的黑人逐渐占据上风的担心：“如果黑人能够打败白人，那么所谓优等民族的说法又依据何在呢？”[64]贝洛斯也许是垃圾箱画派最有才华的画家，他追随着宾州车站的建设过程。这项由麦金、米德和怀特领衔的工程要在半个曼哈顿的地下钻出一条隧道，并拆除第三十一街和第三十三街之间整整四个街区。在工程进行的许多年里，纽约市中心成了一个巨大的火山口，塞满了数以百计的工人、蒸汽挖土机和其他工业设备，以及滚滚火焰和浓烟。贝洛斯将这些肮脏的细节都转化成了美丽的画面。[65]

垃圾箱画派的成就在于准确地描述并呈现出纽约移民生活的原始面貌。这些艺术家虽然有时致力于用不加批判的眼光审视稍纵即逝的美感，他们的主要目的仍是向世人展示社会的底层生活，它并非苦不堪言，只是尽自己所有，物尽其用。亨利的学生中有一些在日后还将成为美国抽象派画家的领军人物。[66]

1903 年底，就在莱特兄弟首飞成功的同一周，离熨斗大厦仅两个街区之遥的第二十三街上，《火车大劫案》的第一版胶片在爱迪生活动电影摄影部的办公室里准备完毕。托马斯·爱迪生是 19 世纪 90 年代中期极少数 86
在美国、法国、德国和英国开发无声电影的人物之一。

从 19 世纪 90 年代中期到 1903 年之间已有数百部剧情电影上映，但没有一部达到《火车大劫案》的长度：整整六分钟。在此之前也出现过动作电影，其中有很多都诞生于 19 世纪末的英国。但它们只是用一部摄影机讲述一个简单的故事。《火车大劫案》由**埃德温·波特**（Edwin Porter）执导并剪辑，其复杂程度和雄心壮志要远胜之前的所有电影。产生此等效果的主要原因在于波特的叙述方式。自 1895 年卢米埃兄弟在法国首次向公众展示移动的影像，电影已经探索过许多不同的拍摄地点，目的是将电影与剧院区分开来。人们将摄像机架设在火车上，从平常人家的窗外向屋内拍摄，甚至也尝试了水下拍摄。但在《火车大劫案》这部讲述抢劫和追捕的影片中，波特实际上运用镜头交切的方式讲述了两个故事，而这正是这部影片卓尔不群的原因所在。报务员遭到袭击，被五花大绑，抢劫案发生，劫匪随即逃跑。但在不时的闪回中，影片也交代了报务员奋力挣扎脱身并打电话报警的过程。在后续的情节中，两条故事线在大批警察追逐劫匪的过程中交汇在一起。[67] 现在我们已经对这种“平行剪辑”（在关联的故事线之间交切镜头）的电影手法习以为常了。然而在当时，观众们完全被迷住了，甚至开始议论电影是否能够阐明意识流、柏格森的时间概念或胡塞尔的现象学观点。因为并行剪辑为影片增加了无穷的心理紧张，于是越来越多实践性的想法得到了实施，而这样的效果是戏剧无法达到的。[68] 在1903年底，该片登陆了纽约当时所有十家影院的银幕。这样轰动的效果也让阿道夫·朱克尔和马库斯·洛放弃了自己的皮草生意，买下一批小规模剧院转而专门放映电影。由于他们的影院一般只收取五美分的门票，因此也被称为“五分钱电影院”。威廉·福克斯和山姆·华纳也被波特的《火车大劫案》深深迷倒，各自买下了影院，但没过多久他们就分别亲自投身于电影制作，并创立了以各自名字命名的电影公司。[69]

波特的成功还将被另一个人继续发扬光大：他本能地领会到电影与戏剧相比，具有贴近观众的本质，而这将改变演员和观众之间的关系。正是这种真知灼见催生了电影明星这一概念。这个人就是**大卫·华克·格里菲斯**（David Wark Griffith），他身材瘦削，有一双灰色的眼睛和一个鹰钩鼻。因为经常穿着高筒花边钩靴的缘故，他看起来要比实际身高更高。这种鞋子在鞋跟上方配有拉环以方便穿着，而他的裤脚也总是堆在拉环上。他的衣领太大，领结松散，他还喜欢戴着一顶大帽子，虽然大帽子早已经不流行了。他看起来一团糟，但许多人说，他“天赋异禀”。他的父亲是肯塔基联邦州的一位上校，人称“咆哮杰克”·格里菲斯。据说他是军中唯一能够朝五英里外的士兵喊话而对方仍能听见的大嗓门。[70] 格里菲斯一开始是一名戏剧演员，但后来转到了电影行业，出售故事大纲（默片时代不需
87 要剧本）。在32岁时，他加入了一家早期电影机构，即曼哈顿的贝沃格拉夫电影公司，一年后**玛丽·毕克馥**（Mary Pickford）也加入进来。玛丽于1893年出生在多伦多，加入该电影公司时她只有16岁。她原名格拉迪斯·史密斯，是一个早熟而纤弱的孩子。她的父亲在一次明轮汽船事故中不幸丧生，在这之后由于生活所迫，她母亲不得已将自家的主卧室租给了

一对从事戏剧行业的夫妇，其中的丈夫是当地一家剧院的舞台经理。这成了改变格拉迪斯命运的契机，因为这位经理说服了她妈妈夏洛特·史密斯让两个女儿作为临时演员登台表演。格拉迪斯很快发现了自己的表演天赋并喜欢上了这样的生活。她 7 岁时已经搬到纽约，因为那里可以拿到更高的工资——每周 15 美元。幼小的她已经成了家庭的主要经济支柱。[71]

当时的电影工业和小小的她一样年轻，在这样的时代，剧院生活在纽约要更为普及。例如在 1901 至 1902 年间，有不下 314 场演出在百老汇接连上演，而对于格拉迪斯这样才华横溢的年轻人来说，要找一份工作并不是难事。她 12 岁时周薪就已达到了 40 美元。14 岁时她参加了喜剧《弗吉尼亚的兔子窝》的巡回演出，当巡演来到芝加哥时，她生平第一次看到了电影。她立刻抓住了参与这种新媒体的契机，启用她新近想出来的、听起来更为柔和的艺名玛丽·毕克馥，并向数家电影工作室发出了试镜申请。最初的尝试均告失败，但她母亲力促她继续联系了贝沃格拉夫电影公司。一开始格里菲斯认为玛丽·毕克馥“个子太小又太胖”，不适合演电影。但她的容貌和鬈发给他留下了深刻印象，他试着邀请她出去吃饭，但被她拒绝了。[72] 当他要求她来工作室并与未曾谋面的演员交谈时，他忽然意识到她可能具有银幕吸引力。在当时，电影都非常短小，制作费用也并不昂贵。化妆助理这样的职位还没诞生，演员们都穿着自己的衣服上镜（尽管 1909 年已经出现一些灯光技术的尝试）。一个导演每周能拍两到三部作品，故事通常都发生在纽约。比如 1909 年格里菲斯就拍了 142 部电影。[73]

虽然起初很不情愿，但格里菲斯还是让毕克馥在 1909 年的《克雷莫纳的小提琴工匠》一片中担任女主角。[74] 毕克馥立即在工作室建立了口碑，当该片首次在贝沃格拉夫电影公司的放映室里试映时，整个工作室的成员都到场观看。试映的结果是，毕克馥将于当年在另外 26 部电影中继续担纲主演。

但玛丽·毕克馥仍然没有走红。1909年8月21日，《纽约戏剧明镜报》关于她的第一则影评是这样写的："这部可人的袖珍喜剧再次为观众介绍了一位天真无邪的少女演员，她在贝沃格拉夫的作品引人注目。"文章并未提及玛丽·毕克馥的名字，因为格里菲斯电影里的所有演员一开始都是匿名的。但正如这则评论所指出的，格里菲斯也意识到毕克馥吸引了一批粉丝，因此他悄悄将她的周薪从40美元提高到了100美元，这对当时的演员来说堪称天文数字。[75] 而这时的她仍然只有16岁。

电影制作领域有三大重要创新都源自格里菲斯的工作室。第一项革新来自电影的拍摄手法。格里菲斯开始别出新裁地指导演员在镜头前的表演方式，不是像他们在剧场里演出时一样左右移动进出镜头，而是从镜头背后入镜，朝向镜头出镜。这样观众就能在一个镜头里从远程、中程甚至特
88 写观看演员的表演。特写镜头在转移影片重点时有着至关重要的作用，可以让观众聚焦于演员的容貌，当然也更能欣赏他或她的表演才华。第二项革新诞生于格里菲斯聘请了另一位导演之后。多余的人手让他得以从两天式的电影制作中脱离出来，构思更大的项目，讲述更复杂的故事情节。第三项革新基于前两项革新，可以说是最为重要的革新。[76] 在玛丽加盟之前就享有"贝沃格拉夫明珠"之称的女演员弗洛伦丝·劳伦斯离开贝沃格拉夫，跳槽加盟了另一家电影公司。在她与新公司的合同中包含了一条前所未有的条款：演员的匿名传统对她无效。她主演的电影广告上都将印上她的名字，她就是这些电影里的"明星"。这一创举的详情很快就在整个羽翼未丰的电影行业中流传开来，最后的结果却是劳伦斯的创举为他人做了嫁衣。格里菲斯也不得不和玛丽·毕克馥签订了类似的合同条款，而随着1910年的临近，玛丽·毕克馥即将成为世界上第一个电影明星。[77]

作为一个幅员辽阔的国家，美国充满着怀揣各自民族和种族遗产的移

民。对于飞机和大众电影来说，美国是它们自然的家园，当然摩天大楼也不例外。垃圾箱画派忠实记录了大多数移民初到美国时曾经历的贫困，但它也体现出大多数被迫流亡此地的人们对自己新的家园抱有的乐观心态。美洲版图两侧浩瀚的大洋从地理上确保了美国免于受到欧洲大陆许多非理性和可憎的教条和理想主义的袭扰，而这些正是移民告别欧陆来到美国的原因。相较于弗洛伊德、霍夫曼斯塔尔或布伦塔诺宏大而包罗万象的思想，或是康定斯基的神秘理念，又或是柏格森含混不清的理论，美国人更喜欢实用、有限度并切实有效的思想，美国人也很享受自己与欧洲之间的区别和隔离。这种实用主义的隔离将永远不会完全消失。从某种意义上来说，这正是美国最宝贵的思想财富。 89

6

$E=mc^2$，⊃ / ≡ /v+$C_7H_{38}O_{43}$

实用主义是美国的哲学思想，但它根植于一种源于欧洲且更为古老的思想，即经验主义。虽然尼采、柏格森和胡塞尔等人物凭借自己无所不包的一元论、教条式的解释理论（威廉·詹姆斯肯定也会这么定义）在20世纪的最初几年里声名远扬，但仍然有许多科学家完全无视他们的言论和思想，专注于自己的研究。这标志着整个20世纪思想的分裂。虽然哲学家尽力想适应科学，但科学却径自前行，几乎从不回头观望，也不受哲学家的干扰，对批评和表扬都无动于衷。在20世纪的第二个五年里这样的情形最为明显，因为在几大硬科学领域都完成了艰难的奠基工作。（这里的“硬科学”有两层意思：第一，它们在智力上是非常困难的挑战；第二，研究内容涉及现实的理性问题，即现象的物质基础。）与尼采等哲学家形成鲜明对比的是，这些科学家专注于实验，并以此构建理论。虽然这些理论只涉及可观测宇宙中非常有限的方面，但这并不妨碍他们的研究结果具有广泛的相关性——如果大众接受这些结果的话。而事实也的确如此。

对于这种相较哲学而言更为有限的认识方法，其最好的例子发生在1911年3月7日傍晚的英国曼彻斯特。我们能了解该事件的详情，还得感谢**詹姆斯·查德威克**（James Chadwick），当时他还是个学生，但日后将成为著名的物理学家。当晚，曼彻斯特文学和哲学学会召开了一次会议，与会听众大多是市里的知名人士——他们都是聪明人，但算不上专家。这样的夜晚通常由两三个不同的主题讲座组成，3月7日也不例外。一位当地的水果进口商首先发言，叙述了他如何惊讶地从一堆牙买加香蕉中发现了一条稀有品种的蛇。接下来的演讲交给了曼彻斯特大学的物理学教授**欧内斯特·卢瑟福**（Ernest Rutherford），他向在场听众介绍的内容堪称整个世纪最有影响力的思想之一：原子的基本结构。很难说在场有多少人真正理解了卢瑟福的观点。他告诉听众，原子由"电荷集中在中央一点的核心，以及周围环绕着的、呈均匀球形分布的等量相反电荷"组成。这听上去枯燥无味，但对卢瑟福的同事和学生而言，这是他们听到过的最令人振奋的消息。詹姆斯·查德威克后来说他毕生都铭记着这次会议。他写道，这 90
"对当时还是愣头青的我们来说是最震撼人心的成就……我们意识到这显然就是真理，绝不会错"。[1]

卢瑟福的革命性观点中透露出的自信其实并不总是那么明显。在19世纪90年代后期，卢瑟福已经发展了法国物理学家**亨利·贝克勒尔**（Henri Becquerel）的观点。反过来，贝克勒尔的观点则来源于**威廉·康拉德·伦琴**（Wilhelm Conrad Röntgen）发现的X**射线**（我们已经在第3章中讨论过）。贝克勒尔和他的父亲和祖父一样，都是巴黎自然史博物馆的物理学教授。受到这些由荧光玻璃发出的神秘光线的吸引，他决定研究其他能够发出"荧光"的物质。贝克勒尔的经典实验出自一次意外，当时他不小心将一些铀硫酸钾洒在一张相纸上，并把它在抽屉里锁了几天。当他重新查看相纸时，发现这些铀盐在相纸上留下了图像。在没有任何自然光接触相纸的情况下，这种显影必然是由铀盐造成的。贝克勒尔由此发现了自然发生的**放射现象**（radioactivity）。[2]

正是这一结果吸引了卢瑟福的目光。卢瑟福在新西兰长大，他身材敦实，满脸饱经风霜，嘴里总是叼着一根烟，特别喜欢一有机会就大声唱出赞美诗里的词句，其中《信徒精兵歌》是他最喜欢的一首。他于1895年10月来到剑桥大学，很快就开始致力于一系列旨在阐述贝克勒尔结果的实验。[3] 当时已知的天然放射性物质共有三种，分别是铀、镭和钍。卢瑟福和助手弗雷德里克·索迪将注意力着重放在了钍这种能够释放放射性气体的元素上。在分析了钍释放的气体后，卢瑟福和索迪震惊地发现，这些气体是完全惰性的——换句话说，这些气体已经不是钍了。这怎么可能呢？索迪后来在回忆录中描述了他们当时的兴奋之情。他和卢瑟福逐渐意识到，他们的结果“传达出一个惊人而必然的结论，即钍元素自发地嬗变成了（化学惰性的）氩气！”这次实验是卢瑟福许多重要实验中的第一个：他和索迪发现了放射性元素的自发分解过程，堪称现代形式的炼金术，其意义非常重大。[4]

然而这还只是冰山一角。卢瑟福还观察到铀或钍在衰变过程中会释放出两种辐射。较弱的那一种被他称为“α”辐射，以后的实验显示，α粒子（alpha particles）实际上是氦原子，因此带正电。另一方面，较强的“**β 辐射**”（beta radiation），由带负电荷的电子组成。卢瑟福说，电子“在各方面都酷似阴极射线”。这样的结果太振奋人心了，卢瑟福也因此在1908年年仅37岁时便被授予诺贝尔物理学奖的殊荣，此时他已经搬出剑桥，先到加拿大，后来又返回英国，在曼彻斯特大学担任物理学教授。[5] 截至当时，他把自己的全部精力都投入了对 α 粒子的研究中。他的理由
91 是，因为它比电子要大得多（电子几乎没有质量），所以也更有可能与物

质发生相互作用，而这种相互作用显然对进一步的理解是至关重要的。只要他能设计出适当的实验，α 粒子甚至有可能告诉他关于原子结构的信息。他说："我从小就把原子看作一个精密而坚硬的家伙，根据个人喜好，可以是红色的，也可以是灰色的。"[6] 这种观点在他还在加拿大时已开始改变，在那里他已经表明 α 粒子通过一个狭缝后投射出的粒子束可以在磁场的作用下发生偏转。所有这些实验都是通过非常基本的设备进行的，而这正是卢瑟福实验方法的美妙之处。然而在他对设备进行优化后，下一个重大突破产生了。在他所进行的多次实验中，有一次他用极薄的云母（一种很容易自然碎裂成薄片的矿物）盖住了狭缝。卢瑟福放在他实验的狭缝中的云母片非常之薄，厚度只有约三千分之一英寸，理论上至少 α 粒子能够通过。这些粒子确实通过了，但通过的方式却与卢瑟福此前的预期有所出入。当喷射结果被相纸"收集"并显示出来时，图像的边缘显得很模糊。卢瑟福能想到的只有一个解释：其中一些粒子发生了偏转。这一点是明确的，但真正让卢瑟福兴奋不已的是偏转的幅度。从他的磁场实验中他知道，要诱发轻微的偏转也需要强大的磁场。然而相纸上的结果表明，一些 α 粒子的偏转角度甚至达到了两度。这只有一种解释。正如卢瑟福自己所说："该物质的原子一定蕴含着非常强烈的电力。"[7]

科学的发展并不总像人们想象的那样一帆风顺，而卢瑟福的这一发现虽然令人惊叹，也没有自动通向进一步的见解。相反，有一段时间里，卢瑟福和新助手欧内斯特·马斯登顽强地继续着对 α 粒子行为的研究，把它们喷洒在金、银、铝等各种材质的薄片上。[8] 然而他们并没有取得什么显著的发现。但卢瑟福有了一个主意。一天早晨他来到实验室，"大声询问"马斯登是否可以将粒子束以一定的角度轰击金属薄片（他仍然记着那些偏转结果）。最容易想到的起始角度是 45 度，马斯登也是这么做的，而轰击的对象是金箔。这个简单的实验"动摇了物理学的根基"。它是"一个崭新的自然面貌……揭开了新的现实层面，发现了新的宇宙维度”。[9] 以45 度角进行轰击时，α 粒子没有穿过金箔——而是以 90 度角反弹到硫化锌屏幕上。“我很清楚地记得当我向卢瑟福报告结果时的情景，”马斯登在回忆录中写道，“我在通向他房间的台阶上遇到他，他满怀喜悦地听着我的报告。”[10] 卢瑟福迅速理解了马斯登的实验结果：要造成这样大角度的偏转，他们简单实验所使用的设备的某处一定冻结着大规模的能量。

但卢瑟福有一会儿仍然大惑不解。“这是我生命中发生过的最不可思议的事情，”他在自传中写道，“这简直难以置信，就像你朝一张纸巾发射
92 一枚 15 英寸的炮弹，结果炮弹却弹回来打中了你。在思考过程中我意识到这种散射的结果必然源自一次单一的碰撞，而经过计算我发现在那样巨大的数量级中完全无法获得任何东西，除非设想这样一个系统，其中原子的绝大部分质量都浓缩在一个微小的核（nucleus）里。”[11] 事实上，他反复思量了好几个月才确信自己是正确的。其中一个原因是因为他慢慢发现，那个他从小坚信的原子概念（J. J. 汤姆孙的原子概念，即原子就像一个微型的李子布丁，电子如同点缀其中的葡萄干）已经不能解释这样的现象了。[12] 他渐渐地开始相信另一种完全不同的模式才更有可能。他用天空做了一个比喻：电子围绕原子核运动，就像行星围绕恒星运动一样。

作为一种理论，原子核的行星模型要远比“李子布丁”的版本更为优雅。但它是正确的吗？为了测试他的理论，卢瑟福在实验室的天花板上悬吊了一块大磁铁。在磁铁正下方的桌子上，他固定了另一块磁铁。当上方的磁铁以 45 度角向桌子摆动，而上下磁铁极性相斥时，摆动的磁铁发生了 90 度的反弹，正如 α 粒子在击中金箔时所做的一样。他的理论通过了初步检验，而原子物理也由此升级成为核物理。[13]

对许多人来说，粒子物理学一直是 20 世纪最伟大的知识冒险，但在

某些方面它已产生了两大分支。其中一支的典范就是卢瑟福，他能够出色而熟练地构想出简单的实验来证明或证伪理论的最新进展。另外一支则是理论物理学，它涉及用极富想象力地对现有信息进行重组，从而推进知识的发展。当然，实验物理和理论物理是密切相关的：因为理论迟早都必须经过检验。然而在物理学的整体框架下，理论物理学被认为是一项相对独立的活动，对许多德高望重的物理学家来说，他们只从事理论工作。通常情况下，尝试检验物理学理论的实验在多年之内都无法开展，因为相应的技术条件尚不存在。

就在卢瑟福致力于自己实验的时候，在差不多同一时间里，历史上最负盛名的理论物理学家，也是20世纪最有名望的人物之一，也正在发展着自己的理论。**阿尔伯特·爱因斯坦**（Albert Einstein）甫一登上思想舞台便引起了巨大轰动。在世上所有科学期刊中，迄今为止最受收藏家青睐的一本就是1905年《物理年鉴》的第17期，因为在这一年，爱因斯坦在这本期刊上发表了不是一篇，而是三篇论文，这也使得1905年被称为科学的奇迹年。这三篇论文分别是：对马克斯·普朗克量子理论的实验验证、对布朗运动的考察（这证明了分子的存在），以及狭义相对论及其著名的方程 $E=mc^2$。

爱因斯坦于1879年3月14日出生在斯图加特和慕尼黑之间的乌尔姆，位于多瑙河谷朝向施瓦本阿尔卑斯山的斜坡上。他的父亲赫尔曼是 93
一位电气工程师。虽然他的降生过程非常顺利，但当爱因斯坦的母亲波琳第一次看到儿子时还是大吃一惊：他的头非常大而且形状怪异，她因此确信他是一个畸形儿。[14] 事实上这个孩子并没有任何的异常，虽然他的头确实异乎寻常的大。根据家人的说法，爱因斯坦的小学时光并不开心，也没有表现出特别的聪明才智。[15] 他后来说自己之所以很晚才学会说话是因为他在“等待”，直到自己能说出完全成型的句子。实际上这些家族传说被夸大了。对爱因斯坦早期生活的研究表明，在学校里他的成绩几乎总是名列前茅，尤其是在数学和拉丁文等科目。但他并不喜欢和小伙伴一起玩，而且表现出对积木的特殊迷恋。5 岁的时候，他父亲给了他一个指南针。这让他兴奋不已，他说，自己甚至“高兴得浑身颤抖发冷”。[16]

虽然爱因斯坦不是独生子，但他天性不愿与人交往，而且非常独立。这种独立的个性缘于他父母在孩子们很小的时候就鼓励他们养成自力更生的习惯。比如阿尔伯特在只有三四岁的时候就被父母派到慕尼黑繁华的大街上做跑腿送信的任务。[17] 爱因斯坦夫妇鼓励孩子们发展阅读爱好，于是小阿尔伯特在学校里学习数学，回家之后则研读康德和达尔文——这对一个孩子来说已经非常超前了。[18] 然而，这也让他从一个安静的孩子转变成了一个更加“棘手”和叛逆的青少年。他的个性还不是问题的全部。他痛恨学校里专制的教育手段，也同样痛恨整个德国专制的一面。这样的态度难免带有格格不入的政治色彩，尤其是在德国和维也纳当时盛行的粗暴的民族主义和恶劣的反犹主义氛围下。爱因斯坦在这样的心理氛围中觉得很不舒服，他和老师同学之间的争执也越来越多，甚至到了导致他被开除的地步，当然他本身也不想再待下去了。于是在 16 岁时他随父母移居米兰，19 岁时进入苏黎世大学学习，后来在伯尔尼专利局找到了一个技术员职位。就这样，在没有受过完整高等教育，与学术生活也若即若离的情况下，他于 1901 年开始发表科学论文。他的第一篇论文是关于液体表面性质的。用一位专家的话来说，这篇论文“错得没谱”。随后在 1903 和 1904 年，他撰写了更多论文。它们都非常有趣，但总是少了点什么——毕竟爱因斯坦没有机会接触到最新的科学文献，因此只是在重复或误解别人的研究。但统计学技能是他的专长，这让他在今后的研究中如虎添翼。更重要的是，他游离于主流科学之外的状态反而可能有助于他的独创性，而这样的独创精神在1905年出人意料地蓬勃发展。说是出人意料，只是就爱因斯坦本人而言。但事实上，在19世纪末，许多其他的数学家和物理学家（比如路德维希·玻尔兹曼、恩斯特·马赫和儒勒—昂利·庞加莱等）也正在向类似的思想靠拢。因此当相对论横空出世时，既可以说是惊喜，也可以说是意料之中的事。[19]

在那个了不起的年头，爱因斯坦三篇伟大的论文陆续发表，分别是3月的量子理论、5月的**布朗运动**（Brownian motion）和6月的狭义相对论。正如我们已经看到的，量子物理学本身就是一门新兴学科，是德国物 94
理学家马克斯·普朗克的心血结晶。普朗克认为，光是电磁辐射的一种形式，由小股的能量束组成——他将其称为量子。虽然他的原始论文于1900年12月在向柏林物理学会宣读时并没引起多大轰动，但其他科学家很快意识到普朗克一定是正确的：他的思想解释了太多东西，包括化学世界是由许多的离散单元（即元素）组成的这一观察结果。离散元素暗示着组成物质的基本单位本身也是离散的。爱因斯坦彻底弄清了量子理论的其他含义，从而完成了对普朗克的致敬。爱因斯坦认为光也是由离散单位，即**光子**（photons）构成的。对爱因斯坦以外的科学家来说，量子理论之所以不易接受，一大原因在于，多年的实验表明，光具有波的性质。在爱因斯坦的第一篇论文中，他在开篇就展现出开放的心态，而这样的心态将使物理学在接下来的数十年里赫赫扬名。他也因此提出了迄今为止不可想象的观点，认为光时而是波，时而是粒子，二者兼具。这一思想过了很长时间才得到大众的接受和理解，但在物理学界内部，人们马上意识到爱因斯坦的洞见与现有的发现完全契合。这一被称为**波粒二象性**（wave-particle duality）的概念也最终成为量子力学在20世纪20年代的基础。（如果你对此感到困惑，觉得很难将某种既是波又是粒子的东西具象化的话，这其实很正常。在这里我们探讨的本质上是数学的特质，因此所有直观的类比都无济于事。堪称20世纪两位最顶尖物理学家之一的尼尔斯·玻尔曾说，如果还有人能在被物理学家们称为“量子奇异性”的想法面前“保持清醒头脑”的话，那他肯定已经失去理智了。）

在关于量子理论的论文发表两个月后，爱因斯坦发表了他第二项伟大的研究成果，讨论布朗运动。[20] 大多数人在上学的时候都已经熟悉这种现象：将花粉的小颗粒悬浮在水中并放在显微镜下观察，这些大小不超过百分之一毫米的颗粒会在水中或颠簸或曲折地前后运动。爱因斯坦认为，这种“舞蹈”是由于花粉颗粒受到水分子的随机撞击而产生的。爱因斯坦说，如果他的想法是对的，即水分子确实在随机撞击花粉颗粒，那么其中一些颗粒不应该保持静止（因为如果这样的话，需要各个方向的撞击均等才行），而应该以一定的速度在水中移动。在这里他的统计学知识发挥了作用，因为他复杂的计算得到了实验的支持。这通常被视为证明分子存在的第一手证据。

但真正让爱因斯坦声名远播的成就，来自他于同年6月发表的第三篇论文，即关于狭义相对论的论文。正是这一理论催生了他的结论 $E=mc^2$。要解释**狭义相对论**（special theory of relativity）并不是件容易的事（广义相对论还要过些时间才问世），因为它涉及宇宙中一些极端（但又基本的）情况，在这些情况下常识是行不通的。但思想实验可能对理解有些帮助。[21] 想象一下，你正站在火车站台上，一列火车在你面前从左到右呼啸而过。就在列车上的某个人经过你身边的那一瞬间，火车上位于某节车厢中间的
95 一盏灯亮了起来。现在，假设火车是透明的，这样你可以看到车厢内的情况。那么你作为站台上的观察者，将会看到当灯光光束到达车厢尾部时，车厢本身已经向前移动了。换言之，这束灯光经过的路程要略短于半节车厢的长度。然而，在车厢里的那个人看到的却是光束同时到达车厢尾部和头部，因为对那个人来说灯光走过的路程正好等于半节车厢的长度。因此

对于两位观察者来说，光束到达车厢尾部所用的时间是不同的。但两种情况下的光束都是以同样速度运行的同一光束。爱因斯坦认为，这种差异只能通过这样的假定来解释：知觉对于观察者是相对的，且由于光速恒定，那么时间必然根据条件而变化。

时间可以减慢或加快的想法非常奇怪，但是这正是爱因斯坦的洞见所在。由爱因斯坦的传记作家米歇尔·怀特和约翰·格里宾提出的第二个思想实验也许能在理解上提供更多帮助。想象一下，灯下的一支铅笔在桌面上投下了影子。也就是说这支存在于三维空间的铅笔在桌面上投下了一个二维的影子。如果让铅笔在灯下旋转，或是让灯绕着铅笔旋转，则影子也会相应地增大或缩小。爱因斯坦认为，实际上物体本质上拥有四个维度，而不仅限于我们熟悉的三维——物体占据了我们现在所说的“时空”，在这里，同样的物体随着时间而持续。[22] 所以如果你把一个四维物体像刚才的铅笔那样摆弄的话，那么你就能延展或缩短时间，就像铅笔的影子可以增大或缩小一样。这里我们所说的“摆弄”，实际上是很拙劣的解释。在爱因斯坦的理论中，物体必须以光速或接近光速的速度移动才能展现出他提到的效果。但如果物体的速度真能达到光速，爱因斯坦说，那么时间也确实会发生变化。他最著名的预测是，时钟在高速运动时会走得更慢。这种反常识的见解实际上在许多年后得到了实验的验证。虽然他的思想可能不能产生直接的实际利益，物理学却因此发生了翻天覆地的变化。[23]

几乎与此同时，化学领域也在发生巨变，虽然缔造这场巨变的人并不像爱因斯坦一样妇孺皆知，但是这番变化可以说更能造福人类。事实上，在有关科学家向新闻界透露这位变革者的突破性成就时，他的名字并没有登上头条新闻。相反，《纽约时报》为此发布的头条新闻堪称史上最奇怪的新闻标题之一：“为 $C_7H_{38}O_{43}$ 干杯。”[24] 这条化学式给出了塑料的化学成分，而在当今世界，塑料可能是应用最为广泛的化合物了。从飞机、电话到电视、电脑，现代生活如果没有塑料将无法想象。这一伟大发现的缔造者就是**莱奥·昂德里克·贝克兰**（Leo Hendrik Baekeland）。

贝克兰原籍比利时，但截至 1907 年宣布这一项突破性发现时，他已在美国生活了近二十年。他特立独行且自信满满，而塑料也远非他的第一件发明。他的众多发明中还包括名为“Velox”的感光纸，这项发明被伊士
96 曼柯达公司以 75 万美元（现值约合 4000 万美元）收购；以及能够电解盐水生产烧碱的汤森德电解槽，这对肥皂等产品的生产至关重要。[25]

人类对于合成塑料的探索古已有之。天然橡胶的应用有着数千年的历史：尼罗河沿岸的古埃及人用树脂为法老的石棺上漆；琥珀首饰是古希腊人的最爱；骨头、贝壳、象牙和橡胶都被用于人们的生活之中。19 世纪，虫胶的开发在唱片和电绝缘材料等领域获得了广泛应用。1865 年亚历山大·帕克斯向伦敦皇家艺术学会引荐了一种名为“Parkesine”的材料。在一系列尝试通过改进硝化纤维生产塑料的方法中，这是第一种产品。[26] 更为成功的产品当数**赛璐珞**（Celluloid），它是樟脑胶与硝化纤维浆混合之后加热熔解的产物，用于制作假牙尤为合适。事实上，赛璐珞的发明还让此前只有富人才能消费得起的梳子、护腕和颈托等奢侈品进入寻常百姓的家庭。然而，赛璐珞也并非十全十美，最大的隐患在于其易燃性。1875 年《纽约时报》的社论用一个警醒的标题总结了它的问题：“爆炸的牙齿”。[27]

19 世纪 90 年代和 20 世纪最流行的塑料研究途径是将苯酚和甲醛进行混合。化学家曾经尝试将这两者以能想到的所有比例混合并在各种不同的温度下进行加热，并向其中添加了各种各样的其他化合物，但结果几乎没有差别：产生的黏糊糊的混合物始终无法满足商业化生产的需要。这些失败的树胶因此获得了令人尴尬的“荣誉”：被化学家们贴上了“棘手

树脂”的标签。[28] 但正是这些物质的尴尬处境激起了贝克兰的兴趣。[29] 他于 1904 年聘请了一位名为纳撒尼尔·瑟洛的助手，此人对苯酚的化学性质非常熟悉，于是他们开始尝试在这些混乱无序的结果中寻找某种固定模式。瑟洛取得了一些进展，但直到 1907 年 6 月 18 日，重大突破才姗姗来迟。那一天在助手下班后，贝克兰接手他的工作并启用一本新的实验记录。短短四天后，他就为一种物质申请了专利，最开始他管它叫**“酚醛树脂”**（Bakelite）。[30] 这堪称一个异常迅速的发明。

贝克兰一丝不苟的实验记录还原了这一物质的发现过程。他将碎木屑浸泡在由苯酚和甲醛等比例配成的溶液中，随后加热到 140—150℃。一天后，他发现虽然木屑的表面并不太硬，但少量渗出的树脂却非常坚硬。他问自己，这是不是由于甲醛在与苯酚发生反应之前就已经蒸发导致的呢？[31] 为了证实这一点，他重复了以上步骤但对混合比例、反应温度、压力和干燥程序进行了多种尝试。在此过程中，他发现了不下四种物质，并给它们分配了 A、B、C 和 D 的代号。其中一些比另外一些更像橡胶；有一些遇热就会变软，其他的只有在苯酚里煮沸加热才会变软。但混合物 D 却令他兴奋不已。[32] 他发现，这种混合物“不溶于所有溶剂，也不会软化。我管它叫酚醛树脂，它是通过在密闭容器中加热 A 或 B 或 C 制备的”。[33] 在接下来的四天里，贝克兰几乎没合过眼，他潦草地书写了超过三十三页的笔记。在这段时间里，他确认为制备出混合物 D，需要将产物 A、B 和 C 在密闭容器中（保证反应所需的压强条件）加热到远高于 100℃。但是，只 97
要物质 D 出现，就会呈现出“漂亮光滑的象牙状团块”。[34] 酚醛树脂的专利申请在 1907 年 7 月 13 日提交。贝克兰立即为他的新产品构思了各种用途——绝缘材料、成型材料、新型油毡、具有冬季保暖功能的弹性砖片等。但实际上第一批用酚醛树脂制作的物品是台球，它们于当年年底开始销售，但销量并不尽如人意，因为球体过重且弹性不足。接下来的 1908

年1月，一位来自新泽西州布恩顿罗安多公司的代表造访了贝克兰，表示有兴趣将酚醛树脂用于制造精密绕线管的两端，因为此前使用石棉橡胶化合物的结果并不令人满意。[35] 从此，那本一开始由贝克兰妻子保管的账簿（虽然当时的他们已是百万富翁）记录了1908年酚醛树脂销量的缓慢增长，另外两家公司也成了他们的客户。然而，销量在1909年突然大幅增长。有一件事的发生有助于解释这一现象：当年2月的第一个星期五，贝克兰向美国化学学会纽约分会所做了一场报告，地点就在该学会位于第十四大街和第五大道街角的一栋大楼里。[36] 这场报告颇似卢瑟福概述原子结构的曼彻斯特会议的翻版，因为会议直到晚饭后才开始，而贝克兰的报告被排在议程的第三项。他告诉所有与会者，物质D是聚合态的氧苄基亚甲基乙二醇酐，或称n（$C_7H_{38}O_{43}$）。等他展示完各种样品，演示完酚醛树脂的性质之后，时间已经过了晚上10点，但即便如此，在座的化学家仍为他起立鼓掌。就像聆听了卢瑟福演讲的查德威克一样，这些化学家也意识到他们见证了一项重要的发现。而贝克兰则兴奋得难以入睡，在自家书房里熬夜撰写了一份长达十页的会议纪要。第二天，三家纽约报纸刊登了关于这次会议的报道，而那篇著名的头条新闻也就此诞生。[37]

第一块塑料（plastic）的出现恰好为世界上正在发生的一些变化带去了福音。电气工业正在快速发展，汽车行业也不遑多让。[38] 这两个领域都迫切需要绝缘材料。电气照明和电话服务的应用也在不断扩展，留声机也比预期的更受欢迎。1910年春天，一份旨在创办酚醛树脂公司的企划书起草就绪，而公司也于六个月后的10月5日在纽约开设了办事处。[39] 与莱特兄弟飞机的曲折历程不同，酚醛树脂在商业领域堪称马到成功。

酚醛树脂演变成了塑料，而如果没有它，我们今天所知的电脑很可能将不会存在。就在现代社会的“硬件”逐步形成的过程中，重要的“软件”元素也在孕育之中，尤其是对数学的逻辑基础的探索。这一领域的先驱者当数**伯特兰·罗素**（Bertrand Russell）和**阿尔弗雷德·诺思·怀特海**（Alfred North Whitehead）。

在奥古斯塔斯·约翰为罗素所作的肖像画中，他身材瘦小、一丝不苟、骨骼清奇，犹如“一只贵族麻雀”，他还有着锐利而充满怀疑的眼睛、 98
滑稽的眉毛和一张挑剔的嘴。作为哲学家约翰·斯图尔特·密尔的外孙，罗素出生在维多利亚女王时代中期的1872年，并在近一个世纪之后去世，而在他去世之时，对他和其他许多人来说，核武器已经成为人类最大的威胁所在。他曾经写道：“对知识的追求，对人类苦难无法遏制的怜悯之情以及对爱的渴望”是支配他一生的三种激情。“我觉得生命值得一活，”他总结道，“如果有机会的话，我愿意再活一次。”[40]

我们不难发现，约翰·斯图尔特·密尔并不是唯一与罗素有关的名人，因为T. S. 艾略特、利顿·斯特雷奇、G. E. 摩尔、约瑟夫·康拉德、D. H. 劳伦斯、路德维希·维特根斯坦和凯瑟琳·曼斯菲尔德等人也都在他的社交圈子里。罗素曾数次参选议员（但从未当选），他拥护苏联，于1950年获得诺贝尔文学奖，并被至少六部小说作为角色刻画（这有时让他非常反感），而这些小说的作者包括罗伊·坎贝尔、T. S. 艾略特、阿道斯·赫胥黎、D. H. 劳伦斯和西格弗里德·萨松。1970年，在罗素以97岁高龄去世之时，他的作品仍有超过六十部还在印行。[41]

但在其所有作品中，最具独创性的当数最早诞生于1910年的一本大部头著作，与艾萨克·牛顿的名作《数学原理》同名。罗素的**《数学原理》**（*Principia Mathematica*）堪称20世纪读者最少的伟大著作之一。首要原因在于它是关于数学的，而数学并不是一个人见人爱的题材。原因之二在于这本书过于冗长（三卷本的总页数超过两千页）。但真正将这本书（它间接导致了电脑的诞生）的读者群锁定在极少数人身上的是第三个原因：它所包含的大多数组织严密的论证并不是通过日常语言，而是通过一套专门发明的符号进行阐释的。一根弯横线代表“非”；一个加粗的字母 **v** 代表“或”；一个方形的点代表“和”，而其他逻辑关系则是通过一些图标来表示的，比如一个躺倒的字母 U（⊃）代表“包含”，而有三根线的等号（≡）则代表了“恒等于”。这部作品的酝酿耗时十年之久，其目的在于阐释数学的逻辑基础。

这样的壮举显然只有非凡的作者才能完成。而罗素接受的教育的确从一开始就非同寻常。他小时候的家庭教师就有着不可知论者的特别身份，如果说这还不够大胆的话，这位老师还给罗素介绍了欧几里得，后来在他的少年时期更介绍了马克思的学说。1889 年 12 月，时年 17 岁的罗素进入剑桥大学学习。选择剑桥的原因显而易见，因为这个年轻人身上表现出来的唯一热情就是数学，而剑桥在数学领域的造诣可谓登峰造极。罗素热爱数学的确定性和明确性。他觉得数学就像诗歌、浪漫的爱情或自然的荣耀一样令人“动容”。他热爱这片完全没有受到人类情感污染的净土。“我喜欢数学，”他写道，“因为它不属于人类，与这个星球以及整个附带的宇宙也没有特别关联。因为，就像斯宾诺莎的上帝一样，它不会回报我们对它的爱。”他将莱布尼茨和斯宾诺莎尊为“先贤”。[42]

99 在剑桥，罗素就读于圣三一学院，并参加了学院的奖学金考试。在这次考试中他可谓吉星高照，因为他的考官正是阿尔弗雷德·诺思·怀特海。当时 29 岁的怀特海是一位和善的人（在剑桥人称“小天使”），但年纪轻轻已经显现出了日后众所周知的健忘迹象。他对数学的热情不输罗素，但他表达自己情感的方式有点不太正规。在奖学金考试中，罗素名列第二。一个名叫布谢尔的年轻人获得了更高的分数。尽管如此，怀特海却深信罗素更有才华，于是在和其他考官见面之前，他将所有的答卷和自己打出的分数付之一炬，然后将罗素推举为奖学金获得者。[43] 怀特海很高兴能成为这位年轻的大一新生的导师，而罗素也为另一位哲学家 G. E. 摩尔的才识所折服。摩尔被同时代的人誉为“美男子”，他并不如罗素般诙谐幽默，却是一位很有耐心且令人印象深刻的辩手，正如罗素曾经对他的描述，摩尔是“集牛顿和撒旦于一身”的人。一位学者将罗素与摩尔之间的会谈誉为“现代伦理哲学发展的里程碑”。[44]

罗素毕业时获得了“wrangler”的称号，这是剑桥一流的数学学位获得者才能拥有的荣誉。但如果这让他的成功听上去毫不费力的话，那就错了。罗素的毕业答辩让他心力交瘁（爱因斯坦也曾有同样的经历），以至于此后他卖掉了所有的数学书并如释重负地转投哲学领域。[45] 后来他说，他将哲学视为一片介于科学和神学之间的无主之地。在剑桥的时光里，他发展了广泛的兴趣爱好（这也是他觉得毕业答辩如此艰难的一大原因，因为他忙于做其他事情而把修改论文的事拖到了很晚）。政治也是他的诸多兴趣之一，尤其是卡尔·马克思的社会主义理论。这种兴趣，加上对德国的访问，给了他创作第一本书《德国社会民主》的灵感。此后他接着创作了一本关于“先贤”莱布尼茨的书，而在那之后，他回归了自己的学位主题，开始撰写《数学原则》。

罗素在《数学原则》中的目标是推广一种在当时并不流行的观点，即数学植根于逻辑，它是由“一系列本身就合乎逻辑的基本原理推导而出的”。[46] 他计划在该书的第一卷里陈述自己的逻辑哲学，然后在第二卷中详细解释它对数学的影响。第一卷的确受到了广泛赞誉，但罗素遇到了棘手的问题，用后来的话说，也叫作逻辑悖论。在《数学原则》中他特别重视“类型”的概念。用他自己的例子来说，所有的茶匙都属于茶匙的类。然而，茶匙的类本身却并不是一把实实在在的茶匙，因此并不属于茶匙的类。这一点非常简单明了。但罗素接下来的观点更进一步：如果说所有的类都不属于它们自己（例如大象的类不是一头大象，或者门的类不是一道门），那么包括了所有这些不属于自己的类的“类”的总称，它属不属于自己呢？不管你回答是或否，都会遇到矛盾。[47]罗素和他的导师怀特海都没能找到绕开这条悖论的方法，但罗素让《数学原则》先行出版，并未深究此悖论。“在那之后，仅仅在那之后，”他的一位传记作家写道，“发生了一件让数学故事充满了戏剧性的事件。”在19世纪90年代，罗素曾拜读过德国数学家**戈特洛布·弗雷格**（Gottlob Frege）的《概念文字》一书，
100 但却没能理解其含义。后来在1900年，他购买了同样由这位数学家撰写的《算术基础》，这才惭愧而惶恐地意识到弗雷格已经预见到了这一悖论的存在，并同样没能找到满意的解答。尽管存在这些问题，当《数学原则》于1903年首次面世时（厚达五百页），它成了对数学逻辑基础进行全面论述的第一部英文专著。[48]

《数学原则》的书稿在1900年的最后一天写作完成。在年末的最后几周里，随着罗素开始构思第二卷的内容，他得知他昔日的考官、今日的密友和同事怀特海正致力于撰写其作品《泛代数》的第二卷。经过交谈他们很快发现彼此都对相同的问题兴趣浓厚，因此他们决定合作。没有人知道这样的合作具体开始于何时，因为罗素晚年的记忆力太差，而怀特海的论文也毁于其遗孀伊夫琳之手。其实，她的行为其实并不像看起来那样不过大脑和令人震惊。我们有充分的理由相信，就在罗素和艾丽丝·皮尔索尔·史密斯的婚姻于1900年告吹之后，他已经爱上了怀特海的妻子。[49]

罗素和怀特海之间的合作具有里程碑式的意义。在探究数学根本问题的同时，他们也发展着都灵大学数学教授朱塞佩·皮亚诺的研究成果。皮亚诺在当时刚刚创造了一套新的符号系统，旨在拓展现有的代数，以及探索比迄今业已明确的逻辑关系更为广泛的逻辑范畴。1900年，怀特海预计他和罗素的合作计划将持续一年。[50]但实际上，这一工程耗费了十年之久。我们一般认为，怀特海是他们二人之中更有天赋的数学家；他构思了

整部作品的结构并设计了大部分的符号。但真正每天花费七到十个小时、每星期六天不停写作的却是罗素。[51] 毋庸置疑，精神上的消耗和劳累有时是非常危险的。“当时，”罗素后来写道，“我常常在想，我似乎身在隧道之中，而能否到达隧道的另一端却无从知晓。我曾经常常站在牛津附近肯宁顿的人行天桥上，看着过往的火车，打算第二天就将自己陈尸于其中一列火车之下。但当第二天到来时我又总是重新抱有了一丝期望，也许《数学原理》某天就能完成了呢。”[52] 即使是在 1907 年的圣诞节当天，他仍然坚持写作了七个半小时。在整整十年中，这项工程成为了他俩生活的绝对重心。罗素和怀特海常常互访以讨论写作进展，彼此甚至都成了对方家里的固定房客。在整个写作过程中，罗素终于在 1906 年解决了关于类型论的悖论。这其实是一个逻辑哲学的解决方案，而非纯粹的逻辑解释。罗素说，认识世界的方式有两种，通过认知（如茶匙）和通过描述（茶匙的类），而后者属于间接获得的知识。由此看来，可以得出这样的结论，即关于描述的描述要比描述本身更为高级。通过这样的分析，关于类型的悖论就烟消云散了。[53]

《数学原理》初稿缓缓地越写越厚。截至 1908 年 5 月，全书的整体篇 101
幅已达到“约 6000 至 8000 页”。[54] 当年 10 月，罗素写信给一个朋友说，他预计付梓还需要一年时间。“它将是一本不折不扣的大部头，”他说，“没人会愿意读它的。”[55] 还有一次，他写道：“每次我出去散步，我都怕房子会着火，而手稿也跟着被火焰吞没。”[56]1909 年夏天到来时，他们进入了最后阶段，到了秋天，怀特海已经开始为出版而奔忙了。“终点终于在望，”他写道，这也宣告着他正与剑桥大学出版社的经理进行商谈（两位作者用了一辆四轮车才将手稿运到了印刷厂）。但乐观还为时尚早。这本书不但卷帙浩繁（终稿长达 4500 页，几乎与牛顿的同名著作篇幅相当），而且占到其半数篇幅的**逻辑符号**（symbolic logic）体系无法通过任何当时存在的字体进行印刷。更糟糕的是，出版社经理在评估该书的市场前景时得出的结论是，出版这本书会赔钱（大约600镑）。出版社同意承担一半的损失，但只有在英国皇家学会同意承担另外300镑的条件下他们才会将该书付梓。结果皇家学会只愿意掏200镑，所以罗素和怀特海只能平摊剩下的款项。"也就是说我们俩十年的辛苦劳动反而各亏了50镑，"罗素评论道，"这比弥尔顿写《失乐园》还惨。"[57]

《数学原理》第一卷于1910年12月问世，第二和第三卷分别于1912和1913年出版。整体舆论一片溢美之词。《观察家报》认为该书力图使数学比宇宙本身"更为坚实"的尝试标志着"思辨思维史上的新纪元"。[58]然而，截至1911年底，该书只卖出了320本。国内外同行的反应更多的是敬畏而非热情。第一卷中探讨的逻辑理论仍是哲学家尚在争论的问题，但该书的其余部分，包括长达数百页的形式证明等（第86页证明了1+1=2），却鲜有人问津。"据我所知只有六个人通读了这本书的后面部分，"罗素在20世纪50年代写道，"其中三个是波兰人，后来（我估计）他们被希特勒杀害了。另外三个是德克萨斯人，后来他们成功地吸收了这本书的精华。"[59]

尽管如此，罗素和怀特海已然发现了一些重要的东西，即大多数的数学（如果不是全部的话）可能来源于一些在逻辑上相互关联的公理。这种对数理逻辑的推动作用可能是他们最重要的遗产，因为它鼓舞着艾伦·图灵和约翰·冯·诺伊曼等数学家，于20世纪30和40年代早期对计算机做出了初步的构想。正是从这个意义上来说，罗素和怀特海堪称计算机软件的鼻祖。[60]

1905年，在英国医学期刊《柳叶刀》上，伦敦大学学院生理学教授E. H. 斯塔林将一个新词汇引进了医学术语之中，而这个新词将彻底改变人们对自己身体的思考方式。这个词就是**激素**（hormone）。在当时，医学界正对“信使物质”这一医学新分支趋之若鹜，而斯塔林教授正是其中一员。数十年来，医生们一直都在观察这些物质，无数实验业已证明，虽然身体的无管腺体（脖子前部的甲状腺、大脑基底部的垂体和下背部的肾上腺）自身能产生分泌液，却看不出它们为何能将这些分泌物运送到身体其他部位去。这其中的生理奥秘直到后来才变得清晰。例如在1855年，伦敦盖伊医院的托马斯·阿狄森发现，死于一种消耗性疾病（现名为“阿狄森氏病”）的患者其肾上腺要么功能不全，要么已遭破坏。[61] 后来，法国人丹尼尔·维尔皮安发现，将染色碘或氯化铁注入肾上腺腺体时，其中央部位会染上特定的颜色。他的发现还表明，能够产生同样显色反应的物质也存在于从肾上腺流出的血液中。再后来的1890年，两名来自里斯本的医生将一个看起来非常野蛮的方法付诸实践，他们将羊甲状腺的一半腺体埋入了一位甲状腺功能不良的女性患者的皮下。他们发现她的病情迅速得到了好转。读到这则来自里斯本的报道时，一位泰恩河畔纽卡斯尔的英国医生乔治·穆雷注意到这位女患者的病情早在手术后的第二天就开始好转了，并认为在这么短的时间里，连接移植腺体的血管还来不及再生。穆雷因此得出结论，腺体分泌的物质一定是被直接吸收而进入了患者的血液循环。通过将腺体碾碎制成溶液的方法，他发现对于甲状腺功能不全的患者来说，其效果与羊甲状腺的方法几乎旗鼓相当。[62] 102

这些证据表明，信使物质由身体的无管腺体所分泌。多家实验室，包括纽约和伦敦大学学院医学院的巴斯德研究所，都展开了对腺体提取物的研究。其中最重要的实验由乔治·奥利弗和E. A. 沙皮—谢弗于1895年在伦敦大学学院完成。在此期间，他们发现通过碾碎肾上腺提取出的“汁液”能够使血压升高。由于患有阿狄森氏病的患者大都同时患有低血压，因此该研究证实了肾上腺和心脏之间的联系。这种信使物质被命名为肾上腺素（adrenaline）。来自巴尔的摩市约翰霍普金斯大学的约翰·阿贝尔是确定肾上腺素化学结构的第一人。他于1903年在《美国生理学杂志》上发表了一篇两页的文章，宣布了他的突破性发现。肾上腺素的化学结构出奇的简单，所以这篇论文也短小精悍。它仅仅包括为数不多的分子，每个分子仅由22个原子组成。[63]虽然人们理解肾上腺素的起效机理，以及明确对患者应用的正确剂量花去了一些时间，但肾上腺素的发现却并不算早。随着20世纪的推移，拜现代生活的压力所赐，越来越多的人成了心脏疾病和血压问题的易感人群。

20世纪之初，人类的健康仍然受制于“三大野蛮疾病”，这些疾病让发达世界失色不少，它们包括肺结核、酒精中毒和梅毒（syphilis）。多年以来各种疗法对于它们都束手无策。肺结核经常出现在戏剧和小说中。无
103 论长幼贫富，都难以逃脱它带来的缓慢而绵延的死亡过程——这在《波希米亚人》、《死于威尼斯》和《魔山》中都得到了表现。安东·契诃夫、凯瑟琳·曼斯菲尔德和弗朗茨·卡夫卡都死于这种疾病。酒精中毒和梅毒则提出了尖锐的问题，因为它们不单是需要治疗的疾病，更是充满了信仰冲突、态度冲突和谣言的争议焦点。它们造成的道德困扰与医学难题相比不遑多让。尤其是梅毒，就深陷在道德的迷宫之中。[64]

一个世纪之前，环绕梅毒的恐惧心理和道德上的否定态度彼此交织，以至于尽管梅毒问题愈演愈烈，人们却很少谈及此事。例如，在1906年10月号的《美国医学会期刊》上，一位作者撰文表达了这样的观点：“公开探讨性病问题与私下寻求帮助相比，是对公共生活礼仪的更大违背。”[65]同年，《妇女杂志》的编辑爱德华·博克在其杂志上登载了一系列关于性病的文章，导致该杂志的发行量在一夜之间就锐减了75000本。牙医有时候也被指责为性病的传播途径，还有人认为理发师的剃刀，甚

至乳母也难辞其咎。有些人认为性病来自新发现的美洲大陆；而在法国，一支强大的反教权组织则将矛头直指“圣水”。[66]普遍的卖淫并未促使人们跟踪性病的传播，而《维多利亚医学伦理》也助纣为虐，禁止医生向患者的未婚妻透露患者的病情，除非患者本人同意这么做。最关键的是，没有人知道梅毒是否具有遗传性或先天性。关于梅毒的警告，有时近乎歇斯底里。1901 年一本名为《维纳斯》的“生理小说”问世，同年问世的还有知名剧作家尤金·白里欧的剧作《腐朽者》。[67]每天晚上，在巴黎安托万剧院的大幕拉开之前，舞台经理都要这样向观众致辞：“女士们，先生们，本剧的作家和导演很高兴地告诉您，本剧是关于梅毒和婚姻之间关系的研究。它不涉及任何丑闻的缘由，没有令人不悦的场面，也不包含任何下流的字眼。如果我们都承认，女性完全没必要为了所谓的贞洁纯良而走上愚昧无知的道路，那么我们所有人都能够理解这部剧的含义。”[68]尽管如此，《腐朽者》还是很快便遭到查禁，这也引起众多医学期刊纷纷在社论中表示惊愕和不解，并为这部剧鸣冤叫屈，质疑为何那些在整个巴黎大大小小的咖啡音乐会中公然上演的下流小品“完全没有受到处罚”。[69]

继 1899 年第一次国际预防梅毒和性病会议在布鲁塞尔召开之后，**阿尔弗雷德·富尼耶**（Alfred Fournier）医生开展了对梅毒的医学研究。他通过流行病学和统计学技术强调了一个业已显明的事实：梅毒并不只感染风月女子，所有的社会阶层都在其魔掌之下，其中女性较男性更早感染。而在那些因出身贫寒而被迫卖淫的妇女中，梅毒已经到了“肆虐”的地步。由于富尼耶医生的工作，关于梅毒研究的专门期刊得以创立，而这为梅毒的临床研究铺平了道路，进而在不久以后就产生了立竿见影的效果。1905 年 3 月 3 日，柏林的动物学家**弗里茨·绍丁**（Fritz Schaudinn）在一份梅毒患者的血样中通过显微镜观察到了“一种极其微小的螺旋体，具有活动性，非常难以研究”。一个星期以后，绍丁和细菌学家**埃里克·阿希尔·霍夫曼**（Eric Achille Hoffmann）在一位患者身体各处采集的样本中
104 都发现了同样的螺旋体，这位患者后来出现了玫瑰疹的症状，而这种紫色斑块正是梅毒患者的典型皮损症状。[70] 这种螺旋体非常难研究，因为它太过微小，但它确实是导致梅毒的微生物。它被命名为苍白（颜色苍白）密螺旋体（形似扭曲螺纹）。1906 年，超显微镜的发明意味着与绍丁的预见相比，用这种螺旋体进行实验变得更容易了，而在当年年底之前，奥古斯特·瓦色曼就开展了一种特异性的诊断染色实验。这意味着梅毒现在已经可以被及早发现，这对于防止其蔓延大有裨益。但患者仍然需要有效的治疗方法。[71]

发现这种治疗方法的人正是**保罗·埃尔利希**（Paul Ehrlich，1854—1915）。埃尔利希出生在上西里西亚的斯特雷伦，他对传染性疾病曾有过切身体验：身为年轻医生的他在研究结核病时不幸被感染，并被迫在埃及静养。[72] 正如科学研究中经常发生的一样，埃尔利希的最初贡献是从日常观察中推演而出的。他指出，与不同疾病相关的杆菌陆续得到发现，受到它们感染的细胞也对染色技术呈现不同的反应。显然，这些细胞的生化机理已经受到了感染它们的细菌的影响。正是这种推论带给了埃尔利希关于抗毒素（他将其称为“魔术子弹”，这是一种机体分泌用以对抗病原体入侵的特殊物质）的灵感。做出这种发现的埃尔利希实际上已经洞悉了抗生素和人体免疫反应的原理所在。[73] 他进一步发现了通过接种能够应用于患者身上的抗毒素。除了治疗梅毒，他还在结核病和白喉等方面继续研究，并于 1908 年因其在免疫学领域的贡献荣获诺贝尔奖。[74]

到了 1907 年，埃尔利希已生产出不下 606 种用来对抗各种疾病的“魔术子弹”。它们中的大多数并不神奇，但“**制剂 606**”（“Preparation 606”，埃尔利希实验室里的叫法）最终在治疗梅毒上起了神效。它是一种

砷盐，虽然砷有严重的毒副作用，它却是治疗梅毒的传统疗法，医生们也曾在一段时间内不停尝试不同的砷基化合物。埃尔利希的助手被委以“制剂 606”的疗效评估工作，他报告说它对感染梅毒的动物没有丝毫效果，“制剂 606”因此被放弃了。不久之后，这位研究制剂 606 的助手，同时也是一位相对年轻却受过良好培训的医生，被实验室解雇了。1909 年春天，埃尔利希的一位日本同行，来自东京的北里柴三郎教授派了一名学生到欧洲与埃尔利希共事。这位**秦佐八郎**（Sachachiro Hata）博士对梅毒怀有浓厚兴趣并对埃尔利希的“魔术子弹”非常熟悉。[75] 虽然埃尔利希此时已经从“制剂 606”转向了别的研究方向，但他还是让秦佐再次试验这种盐的效果。为什么呢？是因为他的前助手给出的结论在两年后仍然让他不快吗？不管出于什么原因，秦佐用来试验的物质是已经经过研究并遭到放弃的。几个星期后，他向埃尔利希展示了自己的实验记录本，他说：“这只 105
是初步试验，只是初步的概览。”[76]

埃尔利希翻阅着实验记录并频频点头。“非常好……非常好。”然后他看到了秦佐几天前刚完成的最后一批实验。他用带着一丝惊喜的声音大声读出了秦佐所写的内容：“认为 606 非常有效。”埃尔利希眉头一皱，抬起头来。“不对，肯定不对吧？怎么会这样……怎么会这样？ R 博士已经详细地试验过了，他认为无效！”

秦佐眼睛一眨不眨。“我认为有效。”

埃尔利希思考了一会儿。作为北里教授的学生，秦佐不会千里迢迢从日本跑来，就为了在他的实验结果里造假。然后埃尔利希想起了 R 博士正是由于没有坚持严格的科学实践才被解雇。难道说，R 博士的粗心导致他们错过了重要的发现？埃尔利希马上转向秦佐并要求他尽快重复实验。在接下来的几个星期里，埃尔利希一向凌乱的研究所更是被关于秦佐实验结果的文件堵得水泄不通，其中包括条形图、数据表格和图表等，但最有说服力的莫过于那些用于实验的鸡、小鼠和兔子的照片，它们开始都被人为感染了梅毒，在接受“制剂 606”治疗后都呈现出逐渐康复的状态。这些照片并没有造假，但出于安全的考虑，埃尔利希和秦佐在当年晚些时候将“制剂 606”送往了其他几个实验室，以观察不同的研究者能否得到相同的实验结果。一箱箱魔术子弹被送到了位于圣彼得堡、西西里岛和马格德堡的同行手中。1910 年 4 月 19 日，埃尔利希在威斯巴登举行的内科医学大会上首次发表了研究成果的论文，不过那时他的研究已经又前进了关键性的一大步。他告诉大会，1909 年 10 月，24 名人类梅毒患者已经被“制剂 606”成功治愈。埃尔利希将他的魔术子弹命名为**洒尔佛散**（Salvarsen），其化学名为砷凡纳明。[77]

洒尔佛散的发现不仅是一项极为重大的医学突破，它还导致了社会变革的发生，而这种变革将在未来几年里从多个方面影响我们的思维方式。例如，我们还没有充分探讨的梅毒和精神分析之间的联系。正如我们已经看到的，20 世纪之初，梅毒所导致的围绕着不正当性行为的恐惧和内疚心理远比现在强烈得多，这也为弗洛伊德学说提供了茁壮成长的温床。弗洛伊德本人也承认这一点。他在 1905 年发表的《性学三论》中写道：“在我所治疗过的重度歇斯底里和强迫性神经官能症等病患中，我观察，半数以上的患者的父亲在婚前就已确诊患有梅毒并曾尝试过治疗……我必须清楚地指出，这些日后患有神经疾患的孩子并不具有任何遗传性梅毒的体征……虽然我还完全不能断言患有梅毒的父母会给后代遗传神经疾病，但我相信我所观察到的这些巧合，既非偶然，也不是无足
106 轻重的。”[78]

在以后的岁月里，这段话似乎已经被遗忘，但它非常重要。没有患病的人对梅毒怀有的长期恐惧，加上梅毒患者怀有的长期内疚，这在 20 世纪初的西方世界促成了一幅心理学景观，并很快孕育了被称为深层心理学

的学科。细菌、螺旋体和杆菌的概念与电子和原子并非迥异，因为基本粒子虽不是病原体，却也无法通过肉眼观察。总之，自然隐秘的一面让精神分析的无意识概念变得易于接受。19 世纪科学所取得的进展，加上宗教的衰微，共同造就了符合大众需求的“科学神秘主义”氛围。这是科学主义达到极盛的时期。在其中，梅毒也发挥了作用。

我们当然全无必要将所有科学家和他们的理论归入同一个模子里去。然而，不难发现的是，一个共同的特点在其中大多数人物身上都有体现：罗素可能是个例外，但其他每个人都相当孤独。爱因斯坦、卢瑟福、埃尔利希和贝克兰等人在其职业生涯早期都是默默地埋头耕耘，而不是在格林斯坦咖啡馆和红磨坊里与人谈笑风生。真正重要的是通过会议或是专业期刊，将他们的工作成果传达给民众。这就是（并且将一直是）科学“文化”与艺术领域之间的显著区别，而这也很可能促成了几十年来许多人对科学怀有的敌意。科学的自给自足、科学家的心无旁骛和科学本身令人难以企及的复杂程度使得它不像艺术那样平易近人。在艺术领域，虽然先锋派的理念仍有争议，却也逐渐为人熟知并稳定下来：凡是先锋派在这一年推崇的东西，布尔乔亚（资产阶级）都会在下一年买下来。但新的科学观点受到的待遇却大相径庭；只有极少数布尔乔亚能够完全理解科学的每个细枝末节。硬科学和后来的怪诞科学，其硬和 / 或怪诞的方式也与艺术不尽相同。

对于非专业人士来说，科学的难以理解其实无关紧要，或者说并不十分要紧，因为作为严肃科学产物的技术是切实有用的，这也反过来巩固了物理学、医学甚至数学的权威地位。我们将会看到，硬科学发展使得 20 世纪思想生活的两大不同流派更加泾渭分明。科学家继续辛勤地耕耘，为实证主义问题找寻更多和更根本的答案。艺术和人文科学则通过它们力所能及的方式，对这些基本发现做出回应。但赤裸而尴尬的事实却是，这样的交流几乎完全是单向的。科学为艺术提供信息，反之则不成立。到20世纪第一个十年结束时，这已经是明确的事实。在以后的几十年中，科学是否能形成一种特殊的知识，能否比其他知识拥有更为稳固的基础，这一
107 命题将成为哲学需要回答的当务之急。

7

血之阶梯

1909 年 5 月 31 日星期一的上午，在离纽约阿斯特广场不远的慈善组织会社大楼的演讲厅里，三个经过防腐处理的大脑正放在木架上进行展示。一个是猿脑，一个是白人的大脑，还有一个是黑人的大脑。这些大脑是康奈尔大学神经学家伯特·怀尔德博士所作演讲的主题。怀尔德教授展示了各种各样的图表和照片，就“所谓的黑人大脑前额叶缺陷”的刻板印象报告了相关的测量结果。结束后，他再次向台下来自不同种族的观众保证，最新的科学研究并没有发现白人和黑人的大脑之间存在任何差异。[1]

这次演讲举行的时间（虽然看似年代久远，其内容却非常现代）在某种程度上具有历史意义。此时正值为期三天的“全美黑人大会”开幕日的上午，而此次大会是为建立一个致力于维护美国黑人民权的常设组织所迈出的第一步。举办这次大会的想法源自白人社会工作者玛丽·奥文顿，她为此付出了近两年的心血。此前她曾读到过一则威廉·沃林撰写的报道，描述了 1908 年夏天摧毁了伊利诺伊州斯普林菲尔德市的种族骚乱，从那时起，召开这次大会的念头就萦绕在她的心头。斯普林菲尔德市在当年 8 月 14 日晚上爆发的骚乱标志着美国的种族问题已不再局限于南方。正如沃林所写的，不再是“桃红色幕布后面上演的一出原始而血腥的剧目”。暴乱的导火线是一起指控，一位体面的黑人被控涉嫌强奸一名白人女子，后者是一名铁路工人的妻子。（铁路在当时是一个敏感领域。一些南方州设有“吉姆·克劳”车厢：一旦来自北方的列车进入州界，黑人将被强行从不分种族的车厢集中到黑人的专门车厢。）随着当晚涉嫌强奸的消息散布开来，两宗私刑、六宗枪击命案、八十人受伤、超过二十万美元的损失等接踵而至。在国民警卫队恢复秩序之前，两千名非裔美国人逃离了斯普林菲尔德市。[2]

威廉·沃林关于这次暴乱的文章《北方的种族战争》并没有在暴乱发生后三周内登上《独立报》的版面。但当它问世时，其意义远远超出了一则普通的公正客观的报道。虽然沃林将这次暴乱及其直接起因巨细靡遗地
108 付诸文字，但真正感动玛丽·奥文顿的却是他字里行间的满腔热情。他表明了自南北战争以来，白人对待黑人态度的依然如故；他揭露了南方各州一些州长的顽固不化，并试图为种族问题朝北方蔓延的原因作出解答。沃林的文章让玛丽·奥文顿感到震惊。她联系了他，并提议他们携手建立某种形式的组织。他们召集了其他对黑人心怀同情的白人并开始在沃林的公寓集会。随着团体逐渐壮大，集会地点改到了东十九街的自由俱乐部。当他们在 1909 年 5 月一个温暖的日子召开第一次全美黑人大会时，出席人数刚刚过千，其中黑人占绝对少数。

上午的科学议程结束后，黑人和白人与会代表都来到附近的联合广场酒店共进午餐，“以加深彼此间的了解”。虽然南北战争距离当时已有近半个世纪之遥，但即便是在北方的大城市，黑人和白人同桌进餐仍是非同寻常的，所以出席者都冒着被嘲弄，甚至更糟对待的风险。不过，那一次的

午餐进行得很顺利，时长也恰到好处。餐后，代表们步行回到会议中心继续议程。当天下午，主讲人是少数黑人代表中的一员，一位来自菲斯克和哈佛大学的小个子学者。他留着胡子，态度孤傲。他的名字叫**威廉·爱德华·伯格哈特·杜波依斯**（W. E. B. Du Bois）。

许多人（尤其是针对他的批评家）常常将 W. E. B. 杜波依斯描述成一个傲慢、冷漠和目空一切的人。[3] 当天下午他的表现确实名副其实，但这并不重要。对于许多白人来说，这是他们第一次面对面地认识到杜波依斯一个更为关键的特点：他的非凡才智。他并没有明确地自我夸耀，但在他的讲话中，他给人们留下了这样的印象，即当天上午讲座的主题（白人是否比黑人更聪明）只是一个次要问题。他熟练地运用着学术文章的措辞，他赞赏白人对黑人的住房、就业、健康和道德状况的关切，但他们“错把结果当成了原因”。而更重要的是这一事实，他说，即黑人已经牺牲了自己的自尊，因为他们没能拥有选举权，而没有选举权就意味着“新奴隶制”可能永远不会被废除。他提出了一个简单但非常重要的信息：经济力量（及因此带来的自我实现）只有在黑人的政治力量得到确立的前提下才会到来。[4]

1909 年时的杜波依斯已是一位令人敬畏的公共演说家；他对细节和情绪的掌控已臻化境。但在全美黑人大会召开的时候，他个人正经历着深刻的变革，身处从学者向政治家和活动家的转型途中。杜波依斯弃文从政的原因颇具启发性。美国南北战争后，重建运动已经在南方生根发芽，目的就是要让奴隶制卷土重来，即使不能在法律上，也要在实际上重建曾经倡导种族隔离的南方邦联。甚至到了 19、20 世纪之交，有些州仍想要剥夺黑人的公民权，而在北方，很多白人也将黑人视为劣等民族。自南北战争以来，黑人的境遇不但没有得到改善，实际上反而倒退了。第一位重要的黑人领袖**布克·T. 华盛顿**（Booker T. Washington，曾是阿拉巴马州的一名奴隶）的理论和实践也没能有效改善这样的状况。他认为种族关系的最佳形式是与白人和解，并相信黑人境遇的改变终将到来，而其他任何方式都
109 有可能导致白人对黑人的对抗情绪。因此，华盛顿宣扬的观点是黑人“应当是一种劳动力，而非政治力量”。基于此观点，他在阿拉巴马州的蒙哥马利附近创立了**塔斯克基学院**（Tuskegee Institute），致力于向黑人提供主要适用于南方种植园的工业化技能培训。白人发现这种思想着实具有很强的安抚效果，于是向塔斯克基学院注入巨资，而华盛顿的声誉和影响力也水涨船高，以至于在20世纪初的若干年中，几乎所有对黑人的联邦职务委任都由西奥多·罗斯福总统在白宫征求了华盛顿的意见之后才予以执行。[5]

华盛顿和杜波依斯在各方面都有着天渊之别。杜波依斯生于1868年，此时南北战争已结束三年。作为北方黑人的后代，他还带有一些法国和荷兰的血统、他在马萨诸塞州的大巴林顿长大，那里有着被他称为“孩子的天堂”的丘陵和河流。在学校他聪慧过人，直到12岁时才第一次遭受歧视。当时一个同学拒绝和他交换名片，如他所说，他感到被“巨大的罩子”孤立了。[6]在某些方面，那个罩子从没被解除。但杜波依斯的天才足以让他在大巴林顿学校的白人学生中脱颖而出，获得了菲斯克大学的奖学金。菲斯克大学是南北战争后由美国传教士协会在田纳西州的纳什维尔创办的一所黑人大学。从菲斯克毕业后他进入哈佛大学深造，师从威廉·詹姆斯和乔治·桑塔亚那研读社会学。毕业之初，他在找工作时遇到了困难，但在一段时间的教学工作之后，他被邀请到费城的黑人贫民区开展一项社会学研究。这正是他职业生涯起步阶段最亟须的工作。在接下来的几年里，杜波依斯完成了一系列社会调查：《费城黑人》、《商界黑人》、《受过高等教育的黑人》、《美国黑人间的经济合作》、《黑人工匠》、《黑人教会》，等等，以及最后，在1903年春天完成的《黑人的灵魂》。美国第一份黑人报纸的老板詹姆斯·韦尔登·约翰逊，同时也是一位歌剧作曲家兼

律师，他是南北战争前一位自由人的儿子。他认为这本书在美国黑人中产生的巨大影响是“自《汤姆叔叔的小屋》以来这个国家出版的任何其他书籍都无法企及的”。[7]

《**黑人的灵魂**》（*Souls of Black Folk*）总结了杜波依斯近十年来的社会学研究和思考。它不仅证实了美国黑人被蚕食的投票权和逐渐增长的幻灭情绪，更毋庸置疑地证明种族歧视在住房、健康和就业等方面造成了巨大的经济影响。他的调查传达出的讯息旗帜鲜明，呈现出整体上日益恶化的局面，这让杜波依斯确信，布克·T. 华盛顿的思想实际上弊大于利。因此在《黑人的灵魂》中，杜波依斯对华盛顿的思想进行了攻击。他这样做冒了巨大的风险，而这两位领袖之间的关系也因此急转直下。他俩的争端由于双方力量的悬殊而显得更加突出：华盛顿大权在握、腰缠万贯，还有对他言听计从的罗斯福总统。但杜波依斯倚仗的是聪明才智和研究证据，这些都为他树立了一个不可动摇的信念，即美国黑人中将成为未来种族领导者的“十分之一的才俊”必须将高等教育视为自己的奋斗目标。[8]这样的思想对白人具有威胁性，但杜波依斯完全不接受华盛顿“拘拘儒儒”的做法。他认为，只有对白人施加压力才能让他们发生改变。 110

有一段时间，杜波依斯认为提出反对白人的理由要比和自己的同胞斗争更为要紧。但这一想法在 1905 年 7 月发生了改变。当时随着敌对阵营间的对抗情绪日益高涨，他和其他二十九人在安大略省的伊利堡秘密集会，组织了日后闻名的“**尼亚加拉运动**”（“Niagara movement”）。[9]“尼亚加拉运动”是首个公开的黑人抗议运动，比华盛顿构想过的任何方案都更具攻击性。其目的是要组建一个具有资金支持的、为黑人的公民权及其他合法权利做斗争的全国性机构。其下属的委员会涵盖健康、教育、经济、媒体和公众意见等方面，还包括一个反私刑基金会。而当华盛顿听说这一切时，他被激怒了。“尼亚加拉运动”站在了他所有主张的对立面，因此从那时起，他就决心要搞垮它。华盛顿是一个强大的敌人，他不仅有自己的宣传技巧，还将这场为了黑人灵魂的战斗定义为黑人“负责任的领导者”与“落魄者”（即参加抗议者）之间的斗争。华盛顿的运动吓跑了“尼亚加拉运动”的白人支持者，这个组织的成员数量也从没达到过四位数。事实上，如果不是因为一次奇妙的巧合，现在已经没人记得“尼亚加拉运动”了。1908 年 9 月 2 日，该运动在俄亥俄州奥柏林的最后一场年会因只有二十九人参加而被迫休会。前景一片黯淡，不久前发生在斯普林菲尔德的骚乱也没有什么帮助。但是就在第二天，威廉·沃林关于种族暴乱的文章在《独立报》发表，玛丽·奥文顿接过了运动的火炬。[10]

在以关于黑人和白人的大脑几乎没有差异的讲座勉强拉开序幕之后，奥文顿和沃林组织的这次大会并没有以失败告终，结局恰恰相反。第一次全美黑人大会（NNC）选举产生了“四十人委员会”，也称“全美黑人促进委员会”。虽然它主要由白人组成，但该委员会选择与布克·T. 华盛顿分道扬镳。也是从那时起，华盛顿的影响力开始减弱。在开始的一年里，NNC 的活动主要涉及行政和组织：寻求资金支持和建立全国性的组织架构。到 1910 年 5 月重新聚首之时，他们已经为有组织地对抗种族歧视做好了准备。[11]

但在此之前，情况却不容乐观。私刑致死案仍然以平均每年 92 起的数量发生着。罗斯福总统曾经作秀给少数黑人委以联邦职位，但 1909 年就任总统的威廉·霍华德·塔夫脱“关紧了水龙头”，他坚持认为自己不能像前任总统一样，因为“任命不合适的黑人”而疏远了南方各州。[12] 因此，“剥夺黑人权利及其对黑人的影响”这一杜波依斯的主要研究内容成为第二次黑人大会的主题也就顺理成章。斗争和论战都指向了白人。为此，会议通过了一份由“预备组织委员会”制定的报告，决定成立“全国百人委员会”以及一个由三十人组成的执行委员会，其中十五人来自纽约，另外十五人由其他州遴选。[13] 最重要的是，筹得的资金已经足够支持五名全职人员的开销：一名全国主席、一名执行委员会主席、一名财务主管及其助手，以及一名出版和研究主任。除了 W. E. B. 杜波依斯以外，所 111
有这些职员都是白人。[14]

在第二次大会上，代表们对组织名称里的“Negro”（黑人）一词表达了不满，认为他们的组织应当代表所有有色人种开展运动。因此，组织的名称发生了变更，从“全美黑人大会”变成了“**全美有色人种促进会**”（NAACP）。[15] 该协会的确切形式和方法主要归功于杜波依斯。这位孤傲的黑人知识分子泰然独立，不仅对美利坚民族，也对全世界产生着影响。

杜波依斯选择忽略了与美国种族问题相关的生物学争论，这样做有着充分的实际性和策略性依据。但这并不意味着白人比黑人更加高等的生物学阶梯思想就会自然消亡：社会达尔文主义仍在繁荣兴旺。这种思想的鼎盛在 1903 年密苏里州圣路易斯市的世界博览会上展露无遗，并持续了六个月之久。圣路易斯世界博览会是新大陆所见证过的最雄心勃勃的知识分子聚会。事实上，它是有史以来规模最大的博览会，前无古人，后无来者。[16]

圣路易斯世界博览会的前身是路易斯安那购地展览会，用以纪念杰斐逊总统于 1803 年从法国手中购得路易斯安那州一百周年。这次购地行动开发了密西西比河流域，并使得内陆港口城市圣路易斯一跃成为纽约、芝加哥和费城之后，美国人口数量第四的城市。这次展会堪称雅俗共赏。例如，当年 9 月下旬国际艺术与科学大会在此召开。（它被形容为“科学天才的群英会”，虽然文艺人才也同样济济一堂。）与会者包括行为主义的创始人约翰·B. 沃森、普林斯顿大学的新任校长伍德罗·威尔逊、人类学家弗朗茨·博厄斯、历史学家詹姆斯·布赖斯、经济和社会学家马克斯·韦伯、物理学家欧内斯特·卢瑟福和昂利·庞加莱以及遗传学家胡戈·德弗里斯和 T. H. 摩根。此外虽然弗洛伊德、普朗克和弗雷格本人未能亲临现场，但是他们最新的研究成果得到了探讨。当然对于一些人来说，也许更值得注意的是拉格泰姆之王斯科特·乔普林的到场，以及为展会特地发明的蛋卷冰激淋。[17]

博览会上还有一场“人类发展”的展览。该展览本打算展示“西方（即欧洲）”各种族所取得的成功，后来却演变为有史以来世界最大规模的非西方民族的集中展示：包括北极的因纽特人、南极圈附近的巴塔哥尼亚人、南非的祖鲁人、人称“进化史上缺失的一环”的菲律宾尼格利陀人以及超过五十一个不同部落的印第安人。这些“展品”每日都全天展出，而参加博览会的白人并不觉得这样的展览有任何侮辱意味或政治错误。然而，这种恶趣味（正如我们将看到的）并没有就此打住。由于世界博览会的成功举办，圣路易斯也被选定作为 1904 年奥运会的举办城市。借此东风，一场美其名曰“人类学日”的另类“运动会”在博览会上粉墨登场。
112 在这里，民族大展览的所有成员都必须在一场由白人组织的竞赛中互相竞争，因为主办方似乎认为这不失为展示人类各种族具有不同“适应性”的一种方式。结果一位克劳族印第安人拿下了一英里跑冠军，苏族印第安人在跳高项目折桂，而来自菲律宾的摩洛人获得了标枪比赛的冠军。[18]

社会达尔文主义思想在美国荼毒尤甚。1907 年，印第安纳州出台了针对在押强奸犯和智障人士实施绝育手术的法规。无独有偶，类似思想的温和版本也已在别处生根发芽。1912 年，在伦敦举行的**国际优生学大会**（International Eugenics Conference）通过了一项决议，呼吁政府在生育领域采取力度更大的干预措施。但这对法国人**夏尔·里歇**（Charles Richet）来说还远远不够，他在《人类的选择》（1912）一书中公开主张杀死所有携带遗传缺陷的新生儿。对于年龄超过婴儿期的遗传病患者，里歇认为阉割是最好的对策。但舆论的大惊失色让他不得不退而求其次，转而主张禁止具有一系列“缺陷”的患者进行婚配，包括结核病患者、佝偻病患者、癫痫患者、梅毒患者（他显然没听说过洒尔佛散）、“太矮或太孱弱的人”、罪犯以及“不会读、写或计算的人”。[19] 达尔文的儿子**伦纳德·达尔文**（Leonard Darwin）少校于 1911 至 1928 年间担任英国优生教育学会会长。他虽不至于如此激进，但主张鼓励“优等”民族尽量生育，而“劣等”民族则应减少生育。[20] 在美国，直到 20 世纪 20 年代，优生学仍然是一项强大的社会运动，而印第安人绝育法直到 1931 年才被废除。在英国，优生教育学会在 20 世纪 20 年代之前仍在活跃。而德国的情况则独立而特殊。

保罗·埃尔利希没有让当时这些盛行的社会观点影响到自己对梅毒的研究，许多遗传学家却不敢这么说。在这一历史主题的早期阶段，许多著名的科学家对城市中不断增长的酗酒、疾病和犯罪忧心忡忡。他们将这些现象理解为人种的退化，并因此至少在一段时间内公开支持过优生学会及其工作。美国遗传学家**查尔斯·B. 达文波特**（Charles B. Davenport）发表了一篇至今仍被引用的经典论文，证明亨廷顿氏舞蹈病这种渐进性的神经紊乱是通过孟德尔显性性状进行遗传的。他是正确的。然而，几乎与此同时，他呼吁实行优生绝育法，之后又号召美国在种族和其他生物/遗传依据方面对移民进行限制。这让他的研究方向误入歧途，以至于他后来试图证明对暴力倾向是单一显性基因的结果。我们不能这样“强迫”科学。[21]

另一位一度投身优生学运动的遗传学家是 T. H. **摩根**（T. H. Morgan）。自胡戈·德弗里斯在 1900 年复刻孟德尔的发现之后，遗传学领域的下一项重大进展将由他和同事发现。在美国优生学会成立的同年（1910 年），摩根发表了（黑腹）果蝇实验的第一批结果。这听上去可能没什么了不起，但果蝇生物学构造的简单和繁殖的快速意味着：得益于摩根的研究，果蝇在

未来将成为遗传学研究的主要工具。摩根位于纽约哥伦比亚大学的“**蝇**
113 **巢**”（fly room）因此名声大振。[22] 自德弗里斯于1900年复刻孟德尔定律以来，遗传的基本机制已经经过了多次证实。但是，孟德尔和德弗里斯都是通过统计学方法，围绕其子代3∶1的变异比例进行研究。这个比例被证实的次数越多，就有越多的人意识到孟德尔和德弗里斯确立的遗传机制必然拥有相应的物理学、生物学和细胞学基础。五十多年来，生物学家一直在显微镜下观察细胞分裂的特定行为。他们看到细胞核由许多微小的线状体组成，然后在分裂的过程中分离开来。早在1882年，沃尔特·弗莱明就曾记录，如果通过染料进行染色，这些线状体将呈现比其他细胞成分更深的颜色。[23] 这种反应引发了推测，即线状体是由名为“染色质”的特殊物质组成，因为它使线状体着色了。这些线状体很快就被称为**染色体**（chromosomes），但直到九年后的1891年，才由H. 亨金做出了另一个至关重要的观察，即在无翅红蝽的减数分裂（细胞分裂的一种形式）过程中，半数精子获得十一条染色体，而另一半精子不仅获得了同样的十一条染色体，还获得了一个额外的、染色反应强烈的小体。亨金也不能肯定这个额外的小体是不是一条染色体，所以他干脆把它称为“X”。他从没想过这个一半精子含有而另一半缺乏的“X小体”（X body）可能决定着昆虫的性别，但这一结论很快由其他人得出。[24] 继亨金的观察之后，人们证实了同样的染色体以相同形态出现在连续的子代之中，沃尔特·萨顿也于1902年表明在细胞分裂过程中，相似的染色体聚集到一起，然后分开。换句话说，染色体完全按照孟德尔定律行事。[25] 然而，这只是推论性的（间接）证据。1908年，T. H. 摩根着手了一项雄心勃勃的动物繁育计划，旨在让这一问题水落石出。起初，他试验了大鼠和小鼠，但它们的世代时间过长，也经常患病。于是，他开始使用常见的果蝇，即**黑腹果蝇**（Drosophila melanogaster）。这种微小的生物没有什么特别之处，和人类的关系也不是非常密切，但它有着实实在在的优点：生活方式简便。“首先它能在牛奶瓶里茁壮成长，很少得病，而且每隔几个星期就能顺利地繁殖出新的一代。”[26] 果蝇不像大多数哺乳动物那样具有二十多对染色体，它们只有四对。这也简化了实验过程。

果蝇可能只是一种平凡无奇的生物，但在科学性上它是完美的，尤其是在摩根于数千只正常的红眼果蝇中注意到一只突然出现的白眼雄果蝇之后。这一突变值得一探究竟。在接下来的几个月中，摩根团队在位于纽约哥伦比亚大学的实验室里让成千上万的果蝇进行交配（这也是“蝇巢”之名的由来）。大量的实验结果帮助摩根断定，突变是稳步在果蝇种群中形成的。到了 1912 年，他们已经发现了超过二十种隐性突变，其中包括被他们称为“残翅”的性状和另一种导致“黄色蝇身”的性状。但他们的发 114
现还不限于此。这些突变都只发生在单一性别，要么雄性，要么雌性，从来没有同时影响过两种性别。突变总是伴性遗传的。这一发现意义重大，因为它支持了颗粒遗传的观点。而雌雄果蝇细胞之间唯一的物理差异就在于“X 小体”。因此，接下来的观点就水到渠成：X 小体是染色体，它决定着成年果蝇的性别，而“蝇巢”中观察到的各种突变都是由这种染色体携带的。[27]

早在 1910 年 7 月，摩根就在《科学》杂志上发表了一篇关于果蝇的论文，但他的整个理论体系是在 1915 年的《孟德尔遗传机制》一书中完整阐述的，该书也是第一部公开阐述“基因”概念的著作。[28] 对于摩根和他的同事们来说，基因可以理解为“染色体的某一特殊区段，该区段能通过确切的方式影响生长并借此决定成年有机体的某项特定性状”。摩根认为，基因能够进行自我复制，并从亲代原封不动地传给子代。而突变是新基因及由此而来的新性状可能产生的唯一途径。最重要的是，突变是随机的、偶然的过程，不会由于生物体的需要而受到任何影响。按照这样的说法，获得性性状的遗传在逻辑上是不可能的。这就是摩根的基本思想。它促进了其他地方（尤其是在美国各地）大量实验室研究的开展。但在其他历史悠久的研究领域（如古生物学），科学家还不愿放弃非孟德尔思想，甚至在20世纪40年代还形成了现代综合进化论等非达尔文主义的思想（见下文第20章）。[29] 当然基因和性状的决定关系也有复杂的情况存在。例如，摩根承认，单一的成体性状可以由一个以上的基因控制，而与此同时，单一的基因也可能影响多个性状。同样重要的是基因在染色体上的位置，因为相邻的基因有时也能修饰其表达效果。

遗传学在十五年间取得了长足的进步，这样的进步不仅是经验上的，也是哲学意义上的。在某种意义上，基因相较电子或原子来说是一种更有影响力的基本粒子，因为它与人类的联系远比粒子更为直接。具有偶然和不可控特性的突变是“自然选择的中立控制之下”进化的唯一机制，这在批评者（哲学家和宗教权威）看来，只是平庸之辈无望的自我欺骗，毫无意义；甚至它只是在宗教统治世界时人类从所处的天堂向下堕落的又一个最低点。在大多数情况下，摩根没有涉足这些哲学辩论。作为一名经验主义者，他意识到遗传学比大多数优生学家所认为的更加复杂，而社会达尔文主义的狂热分子所青睐的粗鲁控制技术并不能实现任何目标。于是大约在1914年，他摒弃了优生学运动。他也意识到最近的人类学研究成果没有支持种族生物学家眼中理所当然的观点，最明显的是他一位同事的研究。这位同事的办公室位于第七十九街和中央公园西大道的美国自然历史
115 博物馆，离纽约上西区的哥伦比亚大学只有几个街区。我们将看到，这个人的意见和论证会和摩根一样影响深远。

弗朗茨·博厄斯（Franz Boas）于1858年出生在德国西北部小城明登。他原本是一位物理学家和地理学家，后来出于对爱斯基摩人的兴趣成

了一位人类学家。他移居美国并向《科学》杂志投稿，后来又担任纽约的美国自然历史博物馆馆长。博厄斯个头不高，头发乌黑，前额高耸，待人和蔼。在 19 世纪末 20 世纪初，他研究了数个美国原住民群体，调查了北太平洋沿岸印第安人的艺术和温哥华附近的夸扣特尔印第安人的秘密社会。赶着当时盛行的颅骨测量学的潮流，他也对儿童的发育产生了兴趣并制定了一系列被他称为“头颅指数”的物理测量方法。[30] 博厄斯的涉猎广泛和不知疲倦使他声名鹊起。他和《金枝》的作者詹姆斯·弗雷泽爵士一道，为将人类学建成受人景仰的研究领域贡献了力量。因此他也被委以任务，帮助 1900 年美国人口普查小组记录原住民的人口，并应美国参议院迪林厄姆委员会的要求开展研究。该研究报告发表于 1910 年，而它的诞生源于政治家对优生学种种不成熟的忧虑：美国正在吸引过多属于“错类”的移民；民族“大熔炉”的做法不可能一直有效；而移民的后代出于种族、文化或智力的原因也许不能或不愿被同化。[31] 即使在今天看来，这也不是一个罕见的观点，但以我们现在的角度考虑，1910 年时这些限制主义者的某些特定担忧是非常奇怪的。他们的忧虑集中在移民的体貌特征等方面，尤其认为他们是“退化”的族群。博厄斯被要求对一组移民家长和孩子的样本进行计量生物学评估，这在当时已经是无礼的举动，假如放在今天必然是非常可耻的。随着新的遗传科学开始大行其道，许多人深信体型是完全由遗传决定的。博厄斯的研究表明，移民的同化速度实际上非常快，几乎不用一代，或者最多两代就能与当地人在几乎所有你能想到的方面打成一片。博厄斯本人就是移民，他一针见血地指出，艰苦而漫长的迁徙之旅并没有对新移民造成多大的影响，他们希望能在新的国家里出人头地。大多数的移民渴望安定的生活和繁荣的未来。[32]

尽管博厄斯贡献良多，《迪林厄姆委员会报告》（长达十八卷）得出的结论却是：来自地中海地区的移民“在生物学上比其他移民低等”。不过该报告并未建议驱逐“退化种族”，而是将火力集中在对付那些可以通过阅读和写作测试确认出来的“退化个体”。[*][33]

鉴于迪林厄姆委员会的结论，博厄斯于当年出版的第二本书具有更大的意义。**《原始人的心智》**（*The Mind of Primitive Man*）很快就成了社会科
116 学的经典著作：在英国几乎家喻户晓，而德文版后来遭到了纳粹分子的焚毁。与其说博厄斯是一个富有想象力的人类学家，不如说他是一位测量学家和统计学家。和摩根一样，他是一名经验主义研究者，致力于使人类学尽可能成为一门“硬科学”，并专心于研究“客观”事物，比如身高、体重和头部大小等。他还游历四方，结识了若干不同的种族或民族团体，并清楚地认识到，对大多数美国白人来说，他们与所谓其他种族的接触基本上仅限于非裔美国人。

博厄斯在《原始人的心智》开篇写道：“文明人为自身的惊人成就而自豪，从而鄙视人类大家庭中其他发展程度不及他的成员。文明人征服了自然力，使其为己所用。”[34]这种说法带有一定的引导性，让读者先以身为文明人而沾沾自喜。但博厄斯随即开始质疑（并倾全力消除）“文明人”和“原始人”之间的差异。在近三百页的篇幅中，他小心地为事实和论证的大厦添砖加瓦，将当时的传统“智识”完全颠覆。例如，心理测量学研究将巴尔的摩黑人与巴尔的摩白人的大脑进行了比较，发现二者在大脑结构，尤其在额叶、眶叶和胼胝体的相对大小上存在差异。博厄斯则表明同样的差异也存在于法国北部和法国中部的人群之间。他承认黑人的头骨在尺寸上比所谓的“高等种族”更接近猿类，但他提出，白种人也有更接近猿类的特征，他们体毛比黑人更多，而且相较黑人拥有与其他灵长类动物更为接近的嘴唇和四肢比例。他也承认欧洲人的脑容量均值为1560

* 于1917年在总统未行使否决权的情况下成为正式法律。

毫升、非洲黑人为1405毫升以及“太平洋黑人”为1460毫升。但他同时指出，他调查中几百名杀人犯的平均脑容量竟然也高达1580毫升。[35]他认为，“原始”种族完全有能力实施非冲动的受控行为去达到相应的目的。而只要你能正确地理解他们的语言，你会发现这些语言同样也是高度发达的。比如爱斯基摩人的语言里关于雪的词汇要比其他语言多得多，原因显而易见，因为雪对他们更为重要。他还驳斥了有些语言不含十以上数字的观点。虽然某些美洲土著部落的语言确实如此，但这并不意味着这些部落的成员在学习英语之后仍不能用英语数到十以上。[36]

博厄斯《原始人的心智》的一大重要特色在于其卷帙浩繁的旁征博引。人类学、农学、植物学、语言学和地质学等证据无一不包，而且这些证据通常来自批评家鞭长莫及的德文和法文期刊。在最后一章“美国的种族问题”中，他调查了意大利的卢卡和那不勒斯、西班牙以及德国的易北河以东地区。这些地区都经历过大规模的移民和种族融合过程，且基本没有发生过身体、心理或道德层面的退化。[37]他认为，许多所谓的不同种族之间的差异其实转瞬即逝。他以自己关于美国移民子女的研究为例证，解释了移民如何在至多两代之内逐渐与周围的原住民实现同化，甚至包括外 117
形体貌方面。在书的结尾，他呼吁未来的研究着眼于移民和非裔美国人适应美国生活的方式，以及比较这些移民与仍生活在欧洲、非洲或中国的同胞之间的差异所在。他说，研究者是时候停止专注于那些强调虚构或短暂差异的研究了。“抛开种族和环境等因素，世界范围内基本习俗和信仰的相似性是如此普遍，而种族［看起来］……已经无关紧要”，他写道，并表达了这样的希望，即人类学的研究结果将“教会我们对不同于自身的文明形式抱有更加宽容的态度”。[38]

《原始人的心智》堪称杰作。博厄斯运用自己日渐卓越的影响力，引领人类学家和芸芸众生远离了线性进化论和种族理论，走上了文化史的道路。他对于文化史的推崇塑造了也许是20世纪纯思想领域最重要的成果：相对主义。然而在第一次世界大战之前，他是这种思想唯一的倡导者。而在二十年之后，他的学生（尤其是玛格丽特·米德和鲁思·本尼迪克特）才重新扛起了这面大旗。

就在博厄斯研究夸扣特尔印第安人和爱斯基摩人的同时，考古学家也在美洲原住民的历史领域取得了进展。其推进力在于，美洲原住民所拥有的文化和历史要比种族生物学家所愿意承认的丰富有趣得多。而随着出身于耶鲁大学的历史学家**海勒姆·宾厄姆**（Hiram Bingham）的发现，这一领域的研究日趋成熟。[39]

1875年，宾厄姆出生在檀香山的一个传教士家庭，他的家人曾将《圣经》译成世界上最生僻的一些语言（如夏威夷语）。从耶鲁大学毕业后，他又获得了哈佛大学的哲学博士学位。作为一名史前史学家，他同样热爱旅行、探险和充满异域情调的国度。这种爱好在1909年把他带到了秘鲁。在那里，他结识了利马的著名历史学家卡洛斯·罗梅罗。在自家阳台上和宾厄姆喝古柯茶时，罗梅罗向他展示了德·拉·卡兰查神父的作品，这些关于失落的印加古城比尔卡班巴的描述点燃了宾厄姆的想象力。[40]虽然来自西班牙的征服者已经将哥伦布发现美洲大陆之前存在过的一些较大规模的古城详细记录在案，但直到19世纪80年代中后期和90年代，德国学者爱德华·塞勒的工作才开启了关于这一地区的系统性研究。罗梅罗描述了**比尔卡班巴**（Vilcabamba）——印加帝国的末代君主**曼科·印卡**（Manco Inca）失落的都城——是怎样让世世代代的考古学家、历史学家和寻宝猎人魂牵梦萦。这个故事深深地迷住了宾厄姆。

这无疑是一个富有传奇色彩的故事。早在16世纪初，印加帝国国王曼科·印卡就已大权在握，而当时他还不到19岁。尽管初出茅庐，他已经让对手领教了自己的智勇双全。就在皮萨罗兄弟率领西班牙人向印加领土大举进发时，曼科·印卡退避三舍，退守到人迹罕至的藏身之所，最终来到比尔卡班巴。1539年，危机到来。冈萨洛·皮萨罗率领300名“最勇猛的军官和战士”发动了一次规模庞大（以16世纪的标准来说）的袭击。西班牙人在马匹所能到达的范围内尽量依靠骑行（马在西班牙人登陆美洲 118
前已经在当地绝迹）。[41] 当骑兵部队无法继续向前时，他们留下一名看守照看马匹，改为步行前进。他们跨越乌鲁班巴河，沿比尔卡班巴的山谷迂回而上，取道越过维特科斯。至此，前方密林丛生，不可逾越，西班牙人的紧张情绪逐渐滋长。突然，他们的前方出现了两座横跨在山涧上的新造的桥。这些桥颇有诱敌深入的意味，其崭新程度也本该引起皮萨罗的怀疑：然而它没有，于是他们遭到了伏击。瀑布般的巨石和冰雹般的乱箭向他们倾泻而下。36个西班牙人被打死，冈萨洛·皮萨罗连忙率部撤退。但这只是缓兵之计。十天后，西班牙人集结了更大规模的军队，绕过桥梁，攻入比尔卡班巴并将其洗劫一空。不过那时曼科·印卡已经转移了阵地。虽然印加皇帝最终被由他赦免的西班牙人（因为他们答应在对抗皮萨罗的战斗中助他一臂之力）出卖，但他的智勇双全已经赢得了西班牙人的尊重。[42] 印加王曼科·印卡的传说在几百年间广为流传，围绕比尔卡班巴的秘密也蓬勃生长。事实上，在16世纪晚期于当地发现银矿后，人们认为这座城市的重要意义更甚从前。到了17世纪，在银矿枯竭之后，荒废的城市被丛林重新包裹起来。人们曾在19世纪多次尝试找到这座失落之城，但皆归于失败。

宾厄姆无法抗拒罗梅罗的故事。回到耶鲁大学后，他说服了百万富翁、银行家爱德华·哈克尼斯资助他去探险。哈克尼斯是纽约大都会博物馆董事会的成员，也是亨利·克莱·弗里克和约翰·洛克菲勒的朋友，还是一位秘鲁文物的收藏家。1911年夏天，宾厄姆一行开始了探险之旅并获得了幸运女神的青睐，这一点颇似阿瑟·埃文斯在克诺索斯的发现之旅。1911 年时，由于亚马逊河流域橡胶热的兴起，乌鲁班巴山谷正处在开发阶段（当时马来西亚尚未取代南美成为世界橡胶的主要产地）。[43] 宾厄姆在库斯科集结了队员，该地位于利马和古印加帝国的中心东南 350 英里。7 月，骡车开始沿新建的乌鲁班巴公路进发。在离开库斯科几天后，宾厄姆就被天上掉的馅饼砸中了头。他们一行的骡车在新公路和乌鲁班巴河之间露营。[44] 骡子发出的噪声和人们的炊烟（或是其他东西）引起了一个叫梅尔乔·阿特亚加的人的注意。此人独居在附近一个破落的窝棚里。在与宾厄姆的队员交谈并得知其目的后，阿特亚加提到河对面的一座小山顶上存在着一些废墟。他曾经"去过一次"。[45] 人们被密集的丛林和陡峭的峡谷所吓倒，都不想去验证阿特亚加提供的这条线索，只有宾厄姆除外。他自觉有责任追随所有的线索，于是在 7 月 24 日上午，他说服了一个名叫卡拉斯科的秘鲁军士，同他和阿特亚加一起踏上了征途。[46] 他们通过一座搭在巨石之间的圆木便桥穿过了比尔卡班巴河咆哮的急流。宾厄姆吓得只能四肢
119 着地爬过桥去。在对岸，他们找到了一条穿过森林的小径，但这条路无比陡峭，很多时候他们不得不匍匐前进。手脚并用之下，他们爬到了离河两千英尺高的地方，停下来吃午餐。宾厄姆惊讶地发现，在那里他们并不孤单，还有两个"印第安人"和他们的农场。更令人惊讶的是这个农场是由一系列梯田构成的，而这些梯田显然距今年代久远。[47]

午饭过后，宾厄姆有些举棋不定。这些梯田还算有趣，但仅此而已。如果还要把整个下午花在继续攀爬上也绝不是什么有吸引力的提议。另一方面，他已经历尽千辛万苦来到这里，于是他决定继续前进。没走多远，他就意识到自己继续前进的决定是正确的。就在一座山的侧面，他的眼前突然出现了一大片宏伟（数以百计）的石头梯田，沿着近千英尺的山坡向上绵延。[48] 乍一看，他意识到这些梯田已经被大致清扫一空，但其后依然

蓬勃的密林深处可能隐藏着无限的秘密。此时他已忘掉了疲劳，快速攀至这些梯田的顶层，而就在最顶部，半掩在郁郁葱葱的绿树和高低不平的灌木之中，他发现了连绵的废墟。兴奋之情愈发高涨的他鉴定出一个圣洞和一座由方形花岗岩石块堆成的有着三面墙的神殿——巨大的石头被雕刻成光滑的正方体或长方体，石块间彼此契合天衣无缝，展现出库斯科顶级建筑的精妙之美。用宾厄姆自己的话说："我们沿路向前，去到印第安人曾经种植小菜园的空地。突然间，两处古代美洲最华丽、最具特色的建筑废墟出现在我们面前。它们的墙壁由美丽的白色花岗岩构成，其间包含的巨大石块比人还高。这景象让我神魂颠倒。……每座建筑只有三面墙，有一面完全开放。主神殿墙高十二英尺，内衬制作精美的壁龛，其中五个高居墙壁末端，七个位于背面。背面的七个壁龛下方是一块十四英尺长的矩形石块，可能是一座祭坛，但更像是给死去的印加君主的木乃伊准备的宝座，以供人们崇拜之用。这座建筑看起来好像从来没有过屋顶。建筑顶部铺砌着精美光滑的方形石块，它们毫无遮挡，以便祭司和木乃伊可以接受阳光的恩泽。我几乎无法相信自己，因为我检视了建筑底部较大的石块，估计它们每块至少重达十到十五吨。有谁会相信我所发现的这一切呢？幸运的是……我的相机不错，而这天也正好阳光明媚。"[49]

他在第一天考察过的神殿中，有一座开了三扇巨大的窗户，对于任何用途来说都过于庞大。这些窗户唤醒了他的记忆，他回忆起撰写于1620年的一份关于第一代印加君主曼科·印卡大帝的报告，里面描述了这位君主下令："在他出生地的工程必须完成，其中包括一道有着三扇窗户的石墙。""这会不会正是我所找到的呢？如果是的话，那么这里就不是末代印加帝国的都城，而是初代印加君主的出生地。我没有想过这里可能是两者兼而有之。"在他的第一次探索尝试中，海勒姆·宾厄姆就确定了**马丘比丘**（Machu Picch）的位置，而这里将成为南美洲最负盛名的古文明遗址。[50]

虽然在1912和1915年，宾厄姆曾返回此地对其他地方做进一步的调
120 查和发现，但全世界关注的还是马丘比丘。经过精心发掘，这座城市呈现出自己特有的绰约风姿。[51] 其独有之美部分是因为这么多建筑物都采用环环相扣的印加石工技术构建，一方面是由于古城的保存惊人的完好，连屋顶轮廓都原封未动。而另一方面则源自整个古城的整体规划：住宅区被整齐的梯田环绕着，其间由数以百计的小径和阶梯组成的交通网络相连通。透过这样的规划，印加时代的日常生活也就不难想象了。马丘比丘的地理位置也得天独厚：在清除了周围的丛林之后，人们可以更清楚地看到这座古城坐落在孤立而狭窄的山脊之上，周围环绕着深深的发卡状峡谷。精美绝伦的古代文明在原始丛林中遗世独立，宛如桃源仙境。[52]

宾厄姆对马丘比丘就是比尔卡班巴深信不疑。一大原因在于，他在古城外部发现了不下135具骷髅，其中大多数为女性，且许多头骨上都有孔洞，在城内却没有发现。宾厄姆推断这些带孔的头骨来自异族战士。他们被城市拒之门外，因为显然这里是一座圣城。（但不是每个人都认同这种解释。）第二个激动人心而奇妙的发现也为这种论断添砖加瓦：人们发现了一根空心的管子，而宾厄姆认为这是用来吸入药剂的。他认为这根管子有可能是某种复杂宗教仪式的一部分，而吸入的药剂可能是一种麻醉剂，比如当地出产的胡利卡树的黄色种子。因此，推而广之，这根管子可以用来解释比尔卡班巴（Vilcabamba）名字的由来：胡利卡的平原（bamba of Hulica）。宾厄姆确定这里就是比尔卡班巴的最终论据是基于马丘比丘的规模大小。大约一百座房屋的规模让这里成为该地区最重要的废墟，而古代西班牙人的资料将比尔卡班巴描述为这一地区最大的城市——因此曼科·印卡在皮萨罗的骑兵围剿下寻找避难所时，退守这座坚固的城池，似乎也就不难理解了。[53] 马丘比丘因此被确定为比尔卡班巴。而在半个世纪中，大多数的考古学家和历史学者都认为这座城市确实是曼科·印卡最后

的避难所，同时也是他的妻子惨遭酷刑致死之地。[54]

宾厄姆的观点后来被证明是错误的。但在当时，他的发现与博厄斯和摩根的研究成果一道，对种族生物学家的过激行为进行了谨慎的纠正，因为这些生物学家都一意孤行，试图贸然定论：按照达尔文思想，世界上的种族都能通过一棵简单的进化树进行归类。遥远的印加文明以其巧夺天工的艺术，还有建筑和道路网络的辉煌成就（其道路总长绵延超过 19000 英里，在某些方面甚至优于同时期的欧洲道路系统）将种族生物学草率论断的错误展露无遗。对于那些乐意倾听各个领域的证据的人们来说，进化是一个远比社会达尔文主义复杂得多的过程。

进化论思想的日益普及已是不可辩驳的事实。然而，同样也不能否认，杜波依斯、摩根、博厄斯和宾厄姆等人的研究成果在普遍意义上形成了一股合力，为动物与人之间的联系，以及不同种群之间的联系提供了新 121
的证据。事实上，社会达尔文主义受到热烈追捧本身就表明了进化论思想的强大。此外，在 1914 年，一股来自全新领域的力量同样对进化思想产生了强烈的推动作用。地质学开始为地球的演变进程提供令人大跌眼镜的全新解释。

阿尔弗雷德·魏格纳（Alfred Wegener）是一位德国气象学家。其著作《大陆与海洋的起源》算不上完全独创，因为书中的构想，即世界六大洲起源于同一块超级大陆，已经在 1908 年由美国的 F. B. 泰勒率先提出了。但魏格纳收集了更多且令人印象深刻的证据来佐证这一构想，其研究的卓越程度远非前人可比。1912 年 1 月，在法兰克福的一场德国地质协会会议上，魏格纳阐述了自己的想法。[55] 事实上，用事后的眼光来看，人们可能会问，为什么科学家没有更早地得出魏格纳的结论。到了 19 世纪末，为理解和弄清自然界及全球各地的物种分布，一些知识上的解释显然已经亟待给出。物种分布的证据主要包括化石及相关种类岩石的奇特分布。达尔文的《物种起源》激发了人们对化石的兴趣，因为人们意识到如果能够推断它们产生的年代，那么化石就能为生命在过去的发展，乃至生命的起源本身提供线索。与此同时，人们对岩石已经知之甚详，包括地球从大量气态物质凝结为液态再到固态的形成过程中各种岩石的形成方式。核心问题在于某种岩石在世界范围内的分布以及它们与化石间的相互联系。例如，一条山脉从挪威延伸至英国北部，应当在爱尔兰与其他贯穿德国北部和英国南部的山脉相交会。事实上，在魏格纳看来，其交会点似乎位于北美海岸附近，就好像两个北大西洋的海岸地区曾是相连的一样。[56] 与此相似的是，动植物化石在全球的分布方式也只能这样解释，即现在已经远隔重洋的地区之间曾经有陆地相连。[57]19 世纪的科学家把这叫作“大陆桥”，它被认为是横跨于水域之间的便捷连接通道，连通了诸如非洲和南美，或是欧洲和北美地区。但如果这些大陆桥曾经存在过，它们到哪儿去了呢？是什么为大陆桥的升起和沉没提供了能量？海水在其中扮演了什么样的角色？

魏格纳给出的答案非常大胆。他说，不存在所谓的大陆桥。恰恰相反，现存的六块大陆（非洲、澳洲、南美洲、北美洲、欧亚大陆和南极洲）曾是一块超级大陆。他将这块广袤无垠的大陆叫作**联合古陆**（Pangaea，这个称谓来自希腊语中对“所有陆地”的总称）。大陆通过“漂移”的方式来到它们现在的位置，类似巨大的冰山。他的理论还解释了大陆中央山脉的成因，是由远古陆块的碰撞产生的。[58] 这是一个需要花一定时间来理解的想法。整块的大陆是如何“漂移”的？是通过什么实现的？如果大陆确实移
122 动了，是怎样的巨大能量让它们移动的呢？在魏格纳的时代，人们对地球的基本结构已有了解。地质学家曾通过分析地震波，推断地球由地壳、地幔、外地核及内地核组成。首要的基本发现是，地球上的所有大陆都由同一种岩石，即由长石和石英组成的花岗岩（或由在高温下生成的粒状火成

岩）构成。在花岗岩大陆的周围分布着另一种岩石（更加致密和坚硬的玄武岩）。玄武岩的存在形式分为两种：固态和熔融态（因为火山喷发出的岩浆就是半熔融态的玄武岩）。这表明，地球内外结构之间的关系显然与地球从一团气态物质冷却为液态再到固态的方式密切相关。

人们认为，构成大陆的巨大花岗岩块厚达 50 公里，但其下约 3000 公里的厚度都由所谓的"弹性固体"，即半熔融态的玄武岩构成。再往下直到地核（半径约 6000 公里）则包裹着液态铁。* 当然，数百万年前的地球比现在要热得多，那时的玄武岩可能更偏向液态，因而各大陆的整体情况可能更类似于漂浮在海洋中的冰山。从这一观点来看，大陆的漂移就容易理解得多了。

魏格纳和其他科学家试图弄清这些实际的陆块曾经是如何聚集在一起的，他的理论也在此过程中得到了验证。大陆当然不仅仅包括我们如今所能见到的海平面以上的部分。经历地质年代的变迁，海平面也随之起伏。冰河时代水位降低，在更为温暖的时期则上涨，所以大陆架（大陆位于海平面下较浅的部分，尚未到达陡然下降数千英尺的区域）很可能充当了这其中的"缓冲带"。随着这块巨大的地球拼图成功组合，各种非同寻常的地质特征也逐渐为人所知。例如，南非西海岸与阿根廷和乌拉圭的东海岸存在着形态完全相同的二叠纪冰川沉积物（即形成于 2 亿年前的远古森林，也就是现在的煤田）。而远隔南大西洋遥相呼应的西非尼日尔和巴西的累西腓附近则存在着相似的侏罗纪和白垩纪岩石（距今约 1 亿到 2 亿年）。而横贯非洲南部的地槽（地球表面的洼地）同样整齐地穿过了阿根廷中部地区。最后，在南非和其他遥远的南方大陆，如南美洲和南极洲，

* 岩石所受的压力及其年龄都决定着其熔融的状态。物质越发致密，其温度也相应升高，正如我们在世界上最深的金矿南非的罗宾逊矿坑所见。在那里，坑道中的墙壁炽热无比，必须安装造价高达 50 万美元的制冷设备（1960 年的价格）才能防止矿工被活活烤死。实际上，研究表明在地下约 7200 英尺深处，环境温度就已达到水的沸点。

都发现了相似的舌羊齿植物的化石分布。这么远距离的传播不大可能是由
123 于风的原因，因为舌羊齿的种子太过笨重，无法通过风力传播。这里同样也只能通过大陆漂移来解释这种植物在相距甚远的地点间的广泛分布。

联合古陆存在了多久，又在何时因什么原因分崩离析？是什么力量导致了它的分解？这些问题是大陆漂移学说这一20世纪最惊人的思想之一需要回答的最后问题。（虽然一段时间后人们才得以逐渐理解：1939年的地质学教科书仍然仅仅将大陆漂移认定为“假说”。另参见后文第31章。）[59]

大陆漂移学说（continental drift）与20世纪最初几年中地质领域的另一重大进展不谋而合。而这一进展事关地球年龄的计算。1650年，爱尔兰阿尔马地区的大主教詹姆斯·厄谢尔通过《圣经》中的家谱计算出地球诞生于公元前4004年10月26日上午9点。* 在接下来的几个世纪中，通过化石的佐证，人们已经清楚地知道地球诞生于至少3亿年前，而这一数字后来又被增加到5亿。19世纪末，威廉·汤姆森·开尔文勋爵通过地球冷却的观点，提出地壳形成于距今2000万至9800万年前。但所有这些计算结果后来都让位于放射性和放射性衰变的发现。1907年，伯特伦·博尔特伍德意识到可以通过测量衰变终产物——铀和铅的相对成分并将其与铀的半衰期对比，从而测定岩石的年龄。迄今为止，地球上最古老的物质是于1983年在澳大利亚发现的一些锆石晶体。它们的诞生之日可以追溯到42亿年前，而现今对地球年龄的最准确估计约为45亿年。[60]

地质学家同样计算出海洋的年龄。他们首先从一个假设出发，即世界上的海洋最初完全充满着淡水，但随着世界上的河流不断冲刷大陆，为海洋带来了盐分。通过计算每年海洋中盐分的储量，再除以世界海水的总体

---

* 具有讽刺意味的是，一些现代大学的地质学系仍将10月26日作为地球的生日来庆祝。

盐度，就可以推导出这些盐分沉积所需的时间。当时所能给出的最佳答案是，海洋诞生于 1 亿到 2 亿年前。[61]

在杜波依斯对非裔美国人地位的理解中，他尽量尝试将生物学放在一边。通过这样的尝试，他很快领悟了许多人穷尽几十年才能学到的真谛：只有通过政治行动，为黑人赢得与白人相同的权利，美国黑人的地位才有可能得到改观。然而他低估了（在这一点上还有很多人也是如此）不同形式的知识将共同催生的结果。这一结果如非偶然，也不是完全循序渐进的，并且从一开始就充实了达尔文的进化论。在整个 20 世纪，进化论思想将同时踏上科学之旅和大众之行，而这两种旅程并不总是相同的。与进化论本身相比，人们对进化论的态度和看法同样重要。而两者间的差异在美国尤为重要，因为美国拥有独特的种族 / 生物 / 社会结构，其由移民组 124
成的国民群体迥异于世界上任何一个国家。随着进化的推进，基因在历史上的作用以及不同种族间的智能差异，永远不会随着时间的推移而消失。

进化的步伐缓慢地走过了地质年代，关于地球悠久历史的新知识凸显出这一进程的漫长，也催生出人性永固的思想，即人性就像化石一样，是一成不变的。基因所具有的恒久属性为进化的连续性添砖加瓦，而曾经重要但业已消亡的灿烂文明重见天日，让人们更加相信，自己的先民虽然创造了如此多彩的古代文明，却注定要在历史长河中折戟沉沙。因此，虽然物理学逐渐摧毁了关于现实的传统观念，但生物科学的思想，以及考古学、人类学和地质学，开始在人们的头脑中聚集成一股合力，而这种思想合力在普罗大众身上的体现更甚于专家的科学头脑。线性进化论和种族差异的思想开始沆瀣一气，而这种结合将注定是灾难性的。 125

8

火山爆发

历史偶尔会赋予我们一段时间，来细细品味在时间长河中一枝独秀的决定性时刻。1913 年就是这样一个时刻。这一年，历史的缪斯女神克利俄和人类开了个玩笑。当时的世界正站在万丈深渊的边缘。第一次世界大战的阴云仅有数月之遥，史无前例的人间惨剧即将发生。革命的风暴尚未彻底席卷俄国，世界还没有因此被分裂成前所未有的模样。而在这时，克利俄女神赐予我们整个 20 世纪从创造力的角度来说最多产且最具爆发力的一年。就像**罗伯特·弗罗斯特**（Robert Frost）在第一部诗集《少年的意志》（于同年出版）中所写的：

天堂之光降临，纯洁完满……
晨曦之光，永恒常伴。[1]

在 1912 年即将结束之际，旅居巴黎的美国作家格特鲁德·斯泰因收到了老朋友梅布尔·道奇一封杂乱无章却扣人心弦的来信，信中写道："有一场展览将在2月15日至3月15日之间举办，这是自《独立宣言》签署以来最重大的公共事件，其性质也与《独立宣言》完全相同。一个以阿瑟·戴维斯为首的团体认为美国人民应该有机会看看现代艺术家近年来在欧洲、美国和英国的工作成果……这将是一次滑天下之大稽的事件！"[2]

把"**军械库艺术博览会**"（Armory Show）与《独立宣言》相提并论，梅布尔·道奇的本意是对其进行讽刺挖苦。话虽如此，但她这么说并非完全言过其实。一则当代美国新闻剪报如是说："军械库艺术博览会与火山之间只有一个区别，那就是它的爆发是人为造成的。"1913年2月17日晚，展览正式开幕。四千名观众将位于纽约公园大道和第六十五街之间的纽约军械库周围的十八个临时画廊挤得水泄不通。黄色的幕布遮蔽了原本光秃秃的天花板，空气中弥漫着松树盆栽散发的甜味。展览由约翰·蒯因律师揭幕，他同时也是当代艺术的著名赞助人，各式各样的画家和作家，比如亨利·马蒂斯、巴勃罗·毕加索、安德烈·德兰、W. B. 叶芝、埃兹拉·庞德和詹姆斯·乔伊斯，都是他的座上宾。[3]蒯因在致辞中说："本次展览将是美国艺术史上具有划时代意义的展览。今晚不仅属于美国艺术，也将在整个现代艺术史上留下浓墨重彩的一笔。"[4] 126

正如梅布尔·道奇对格特鲁德·斯坦因所说，军械库艺术博览会是**阿瑟·戴维斯**（Arthur Davies）的心血结晶。作为画家的戴维斯在创作上较为平庸，擅长"独角兽和中世纪少女"等主题。博览会的想法实则借自粉笔画家协会的四位艺术家，当时他们已经开始私底下策划一场在军械库举行的展览，用来展示美国艺术的最新发展成果。戴维斯与三位富有的纽约贵妇（格特鲁德·范德比尔特·惠特尼、莉莉·P. 布利斯和科尼利厄斯·J. 沙利文女士）都是老熟人。这几位女士同意赞助这次展览，而戴维斯则同艺术家**沃尔特·库恩**（Walt Kuhn）和**沃尔特·帕克**（Walter Pach，一位旅居巴黎的美国画家和评论家）一道踏上了前往欧洲之旅，寻找欧洲大陆所能提供的最为前卫的画作。

实际上，在第一次世界大战爆发前，向其他国家介绍巴黎革命性绘画艺术的展览一共举办过三场，军械库艺术博览会只是其中之一。此类展览的第一场于1910年在伦敦的格拉夫顿画廊举办。这场名为“马奈和后印象派画家”的展览由评论家**罗杰·弗莱**（Roger Fry）策展，并得到了艺术家**克莱夫·贝尔**（Clive Bell）的协助。弗莱的展览以介绍爱德华·马奈（马奈堪称最后的“古典”绘画大师，也是首位现代绘画巨匠）的作品拉开序幕，然后直接跳跃到保罗·塞尚、文森特·梵高和保罗·高更。正如评论家约翰·里瓦尔德所说，这场展览完全没有在其他印象派画家身上“浪费时间”。在弗莱眼中，塞尚、梵高和高更虽然在当时的英国几乎不为人知，但他们是现代艺术直接的先驱者。弗莱力图展示出印象派和**后印象派画家**（Post-impressionist）之间的差异，而他认为后印象派画家才是更伟大的艺术家。他认为，后印象派的目的是捕捉“世界的情感意义，而印象派只是单纯地记录世界而已”。[5]塞尚是其中的关键人物：他将静物画和风景画解构成一堆拼凑在一起的彩色菱形图案，仿佛它们是组成现实的积木。这样的手法在弗莱看来是立体主义和抽象艺术的先驱。几位巴黎艺术商向伦敦的展览借出了藏品，柏林的保罗·卡希尔也同样鼎力支持。这次展览受到了一定程度的批评，但弗莱很受鼓舞，并决定在两年后举办第二场类似的展览。

第二次尝试却因1912年5月25日在德国科隆开幕的“**分离运动联盟**”（Sonderbund）展览而相形见绌。这是另一座爆发的火山，或者用约翰·里瓦尔德的话说，是“真正惊人的展览”。不同于伦敦的展览，这次展览为观众设置了知识门槛，他们必须谙熟19世纪的绘画艺术。由此，展览更大胆地将焦点集中在现代艺术的最新运动上。“分离运动联盟”展览蓄意要挑战观众的神经：塞尚的展厅紧挨着梵高，毕加索则与高更比邻而居。除此之外，本次展览同样群星云集，包括皮埃尔·勃纳尔、安德烈·德兰、埃里希·黑克尔、阿列克谢·冯·雅夫伦斯基、保罗·克利、亨利·马蒂斯、爱德华·蒙克、埃米尔·诺尔德、马克斯·佩希施泰因、埃贡·席勒、保罗·西涅克、莫里斯·德·弗拉曼克和爱德华·维亚尔。在展出的 108 幅画作中，超过三分之一的画作为德国人所有；而在 28 幅塞尚作品中，德国人拥有 17 幅。在新的绘画艺术领域，德国人显然要比英国人或美国人更加熟悉和精通。[6] 阿瑟·戴维斯在收到“分离运动联盟”的参展作品名录后大惊失色，他敦促沃尔特·库恩立即前往科隆。库恩此 127
行所接触到的远不止“分离运动联盟”展览本身。他见到了蒙克本人并说服他参加军械库艺术博览会；他还前往荷兰，追寻梵高作品的踪迹；在巴黎，他也为了秋季艺术沙龙的立体主义展品和贝尔南—热纳画廊当年举办的未来主义展览进行着交涉。库恩在伦敦结束了行程，此时弗莱的第二次展览尚未落幕，他也从中挖来了不少展品。[7]

就在蒯因致开幕词的次日早晨，来自媒体的攻击初现端倪，并持续了好几个星期。立体主义展室招致了最多的嘲笑，很快就被戏谑为“恐怖物品陈列室”。其中一幅作品遭到了重点照顾：**马塞尔·杜尚**（Marcel Duchamp）的《下楼梯的裸女》。那一年，杜尚本来就因为“创作”了史上第一件“现成艺术品”而被媒体所报道，该作品即《自行车轮》。评论将杜尚的《下楼梯的裸女》描述成“一大堆废弃的高尔夫球杆和球袋”、“整齐堆放的破烂小提琴”和“爆炸过后的木瓦工厂”。许多故意的拙劣模仿作品接踵而至：比如《下楼梯的食物》等。[8]

但此次展会同样吸引了严肃评论的关注。在纽约的所有报纸中，《论坛报》、《每日邮报》、《世界报》和《纽约时报》都对展会表达了厌恶之情。它们对美国画家和雕塑家协会展示新艺术形式的初衷表示赞同，但难以接受这些画作和雕塑作品本身。只有《巴尔的摩太阳报》和《芝加哥论坛报》对展品表达了喜爱。也就是说，严肃评论的反对和赞成之比约为5∶2，而民众的心态则普遍都是看笑话。这样的反响很可能导致这次展览成为一场商业灾难，但事实并非如此。军械库艺术博览会每天接纳多达一万人次的观众流量。尽管负面评价铺天盖地，但或许正是由于这个原因，纽约各界人士纷至沓来，使得展览大获成功。南希·阿斯特女士每天吃完早饭都要去展会上逛一逛。[9]

在纽约的展览结束后，军械库艺术博览会移师芝加哥和波士顿，总共174件作品销售一空。在展会的启发下，一批新的画廊应运而生，开在纽约的占了大多数。尽管现代艺术展被负面评价所围绕，但仍有许多人在这些新奇的作品中找到了新鲜、愉快甚至奇妙的成分。这些人也开始了对现代艺术的收藏。[10]

具有讽刺意味的是，虽然巴黎自称先锋艺术之都并且引以为豪，但在那里，有一种新艺术形式受到的抵制也最猛烈。理论上来说，在巴黎，一分钟前刚产生的新事物很快就会被当成平常事物一般迅速接纳。到了1913年，印象主义（曾经被认为可耻的艺术形式）已然成为绘画领域新的正统形式；在音乐领域，围绕瓦格纳作品的争议早就被抛到了九霄云外，他华丽的和弦统治了所有的音乐厅；而在文学领域，19世纪晚期象征主义的代表作家斯特凡·马拉美、阿蒂尔·兰波和于勒·拉福格等人虽然曾被视为害群之马，但现已得到了诸如阿纳托尔·法郎士等鉴赏家的赞许。

然而，立体主义仍然没有得到广泛接受。就在纽约军械库艺术博览会闭幕两天后，**纪尧姆·阿波利奈尔**（Guillaume Apollinaire）的出版商宣布将同时出版他的两部最具影响力的作品，分别是《立体派画家》和《醇酒集》。阿波利奈尔于1880年出生在罗马，是一位波兰低等贵族女子的私生子，当时他的母亲正向教宗法庭寻求政治避难。到了 1913 年，他已声名狼藉：他坐过牢，罪名是莫须有地从卢浮宫偷走了达·芬奇的名画《蒙娜丽莎》。在画被找回后，他重获自由，并出版了一本书来揭露此次丑闻。这本书的内容也让人们注意到了他朋友的作品，包括毕加索（警方认为他也涉嫌参与对《蒙娜丽莎》的盗窃）、乔治·布拉克、罗伯特·德劳内以及一位初出茅庐的画家皮特·蒙德里安。阿波利奈尔在书中介绍了立体派著名的四重结构：**科学性**（scientific）、**自然性**（physical）、**神秘性**（orphic）**和本能性**（instinctive）四位一体。[11] 这样的理念对当时的大多数人来说过于深奥，因而没能为大众所接受。不过在该书的其他章节中，他满怀同情地描述了立体主义画家努力想要实现的目标，这有助于提高大众对他们的接受度。他的论调是：除非艺术家们不断更新人们对自然的体验，否则人们应该很快就会厌倦自然。[12]

在蔚蓝海岸长大的阿波利奈尔因为“坦率、健谈和感性”的性格吸引了毕加索和毕加索帮（包括马克斯·雅各布、安德烈·萨尔蒙及后来的让·科克托）。在搬到巴黎开始作家生涯后，阿波利奈尔把画家、音乐家和作家聚集在一起，热情洋溢地向大众展示和介绍他们的作品。这逐渐为他赢得了“先锋派掌门人”的称号。1913 年是他的丰收之年。就在《立体派画家》问世不到一个月之内，阿波利奈尔于 4 月出版了一部争议更大的作品《醇酒集》。该书是他所谓“艺术诗歌”的集合，以题作《地带》的长篇诗为中心。[13] 在很多方面，《地带》之于诗歌领域，相当于阿诺尔德·勋伯格的作品之于音乐领域，或弗兰克·劳埃德·赖特的设计之于建筑领域。这是一种全新的诗歌形式，对传统主义者来说几近无法辨识。传统的排版和诗歌形式都被摈弃。至于标点符号，他认为：“诗句的节奏和切分形成了自然的标点，其他任何停顿和分割都是多余的。”[14] 阿波利奈尔的比喻也同样是彻底现代的：包括了都市风景、速记打字员和飞行员（法国飞行员所取得的成就仅次于莱特兄弟）。该诗涉及巴黎周边的各个区域及其他六座城市，包括阿姆斯特丹和布拉格。它包含了一些非常怪诞的想象：巴黎的桥梁一度发出羊叫般的咩咩声，而埃菲尔铁塔则是它们的“牧羊人”。[15]《地带》被视为文学领域的一大突破，从《地带》出版的短短几年后直到阿波利奈尔（在一场流感中）去世，他一直被视为现代主义诗歌运动的领袖。究其缘由，他的德高望重和作品的优秀程度各占一半功劳。[16]

立体主义极大地激发了阿波利奈尔的才华，而俄罗斯作曲家**伊戈尔·斯特拉文斯基**（Igor Stravinsky）的成功则要归功于野兽派。他也是一座喷涌才华的火山。用评论家哈罗德·舍恩伯格的话来说，斯特拉文斯基在1913年上演的芭蕾作品堪称音乐史上最著名的丑闻。[17]《春之祭》于当年5月29日在新落成的香榭丽舍剧院首演，并在一夜之间改变了巴黎。应该说，与此同时巴黎也在经历着其他方面的改变。电路灯逐步取代老式煤气
129 灯，电话逐渐取代气递信件，而最后一辆马拉式客车也于1913年正式停运。一些人认为，斯特拉文斯基带来的变革在震撼效果上丝毫不亚于卢瑟福用金箔反弹原子的实验。[18]

斯特拉文斯基于1882年6月17日出生在圣彼得堡。1913年时他只有31岁，但自从他的芭蕾舞剧《火鸟》于1910年6月在巴黎首演以来，他已经享受了三年的成名时光。斯特拉文斯基的成功很大程度上要归功于他的俄国同胞**谢尔盖·佳吉列夫**（Serge Diaghilev）。佳吉列夫本来也立志成为一位作曲家，但尼古拉·安德烈耶维奇·里姆斯基—科尔萨科夫的话挫伤了他的志向，因为他被告知自己毫无天赋。佳吉列夫于是转向艺术出版、展览策划等领域，并开始在巴黎举办音乐和芭蕾演出。和阿波利奈尔如出一辙，他也发现了自己在监督和指挥方面的才华。佳吉列夫对芭蕾抱

有极大的热情。这种艺术形式使得他能够同时致力于自己的三大爱好：音乐、舞蹈和绘画（用于舞台背景）。[19]

斯特拉文斯基的父亲曾是圣彼得堡歌剧院的一位歌唱演员。[20] 俄国以及其他国家的音乐家常常来斯特拉文斯基的家里做客，小伊戈尔也因此不断接触到音乐。尽管如此，他在大学所学的专业却是法学，直到 1900 年，他被引见给里姆斯基—科尔萨科夫，在展示了一些自己的作品后成为后者的学生，他才走上了作曲之路。1908 年，即里姆斯基—科尔萨科夫去世的当年，斯特拉文斯基创作了名为《烟火》的管弦乐作品。佳吉列夫在圣彼得堡聆听了这部作品并被深深震撼。[21] 此时的他尚未组建俄罗斯芭蕾舞团，这个日后将让他和演员们声名远播的团体。然而，凭着曾在巴黎组织俄罗斯音乐会和歌剧的经验，佳吉列夫在 1909 年决定成立长期演出的团体。在他的努力下，这个新组建的俄罗斯芭蕾舞团很快就成了先锋艺术的中心。为俄罗斯芭蕾舞团创作的作曲家包括了克劳德·德彪西、曼努埃尔·德·法雅、谢尔盖·普罗科菲耶夫和莫里斯·拉威尔；毕加索和**莱昂·巴克斯特**（Leon Bakst）担任舞台布景设计；主要舞蹈演员则包括**瓦斯拉夫·尼金斯基**（Vaslav Nijinsky）、塔玛拉·卡萨维娜和莱奥尼德·马西涅。后来，佳吉列夫与另一位俄国人乔治·巴兰钦联手推进剧团的发展。[22] 佳吉列夫决定，1910 年的巴黎演出季要有一出《火鸟》的芭蕾舞剧，由致力于古典芭蕾舞的现代化并做出了卓越贡献的传奇人物米歇尔·福金担纲编舞。起初，佳吉列夫委托阿纳托尔·利亚多夫为该剧编曲，但随着排练期限将近，利亚多夫却未能如期交稿。孤注一掷之下，佳吉列夫决定更换作曲家，他需要一位能在短时间内完成编曲的作曲家。这时他想起了《烟火》并与身在圣彼得堡的斯特拉文斯基取得了联系。后者马上坐火车前往巴黎，参与到排练之中。[23]

斯特拉文斯基的编曲让佳吉列夫震惊不已。《烟火》已堪称杰作，《火鸟》还要更加激动人心。首演前夜，佳吉列夫告诉斯特拉文斯基，这出戏将使他一举成名。佳吉列夫的预测是正确的。芭蕾舞剧的旋律带有强烈的俄罗斯风格，里姆斯基—科尔萨科夫的学生能够辨认出这样的风格，却比指挥所期待的更具独创性，其开场是黑暗甚至凶险的。[24] 德彪西在现场观看了首演，他指出了该剧音乐的本质："剧中的音乐不是听命于舞蹈的仆人。"[25] 接下来的 1911 年，芭蕾舞剧《彼得鲁什卡》登台亮相。这同样是一部有着浓郁俄罗斯风格的作品，但与此同时，斯特拉文斯基已经开始了
130 对复调性的探索，即两个无关且不同音调的和声组合在一起，创造出令人震撼的效果。这样的风格影响了其他一些作曲家，如保罗·欣德米特。甚至连佳吉列夫都没能预见到《彼得鲁什卡》为斯特拉文斯基带来的成功。

青年作曲家斯特拉文斯基并非俄罗斯芭蕾舞团中唯一具有争议的俄罗斯人。就在《春之祭》在巴黎首演的前一年，舞蹈家瓦斯拉夫·尼金斯基已是德彪西的芭蕾舞剧《牧神的午后》中的明星。德彪西与阿波利奈尔不遑多让，同样是享乐主义者兼感觉论者，而他的音乐和尼金斯基的舞蹈充分反映了这一点。虽然舞技超群，尼金斯基却精益求精，不惜为这出十分钟的芭蕾舞剧排练了九十次之多。他把这段舞蹈当作自己的《阿维尼翁的少女》。这是一次如火山爆发般突破常规、打破经典的尝试，塑造出一位半人半兽的角色，既性感又令人惴惴不安。因此，他所塑造的形象不仅具有毕加索《阿维尼翁的少女》中冷酷的原始主义风格，更具有蓝骑士派画家作品中富有表现力的有序（和无序）性特色。巴黎再一次被现代主义的火焰所席卷。

尽管出席《春之祭》首演的观众已经对先锋派艺术习以为常，因此并不完全期待迎来一个平静的夜晚，但《春之祭》这座火山仍以遮天蔽日之势剧烈爆发。这部芭蕾舞剧并非单纯的民间传说：它是一个影响巨大的传奇，讲述了古代俄罗斯童贞女献祭的故事。[26] 在主场景中，被选中的童

贞女必须在可怕但不可抗拒的节奏的驱使下不停地跳舞，直至死去。这样的旋律和情节赋予这出芭蕾舞剧原始而本能的特质。正如德彪西的《牧神的午后》，它与那些被原始主义唤起的激情（血腥的历史、性欲和无意识）紧密相连。也许这种“原始”的特质正是首演之夜的观众所回应的（佳吉列夫非常迷信，将《春之祭》的首演放在了《牧神的午后》的公演纪念日）。[27] 演出开始不到三分钟，巴松管刚刚结束开场演奏，观众席里已经开始骚动不安。[28] 人们大声叫喊，吹起口哨，放声大笑。人群发出的噪声很快淹没了音乐声，但指挥皮埃尔·蒙特仍勇敢地指挥着演出继续进行。当年轻的童贞女扎着辫子，身穿红色裙装，在“少女之舞”的旋律中登场时，观众们真正爆发了。作曲家卡米尔·圣—桑愤然离去，但莫里斯·拉威尔站起身来大声叫好：“天才！”坐在管弦乐团旁边的斯特拉文斯基也暴跳如雷，摔门而去。他后来说，自己从来没有这么生气过。他来到后台，找到佳吉列夫，后者正试图通过开关剧院的灯光来让观众安静下来，但无济于事。尼金斯基站在舞台侧面的椅子上，“像一位舵手”向台上的舞者们大声喊出节奏，而斯特拉文斯基则紧紧抓住他燕尾服的燕尾防止他摔倒。[29] 观众中厌恶和喜爱这出芭蕾舞剧的人们甚至相约通过决斗的方式来分出胜负。[30]

“这正是我想要的结果。”演出后来到餐厅时，佳吉列夫对斯特拉文斯基这样说。这也是剧团经理的正常反应，不过其他人的反应就比较难以预料了。“一场春天的屠杀。”次日上午一份报纸评价道，意思是它就是个大笑话。[31] 对许多人来说，《春之祭》集中了立体主义作品的元素，呈现出野蛮而原始的形式，其源头是法国首都不受欢迎的“堕落的”异国人群。（立体派艺术家被称为“外国佬”或可恶的老外，外国艺术家也经常 131
在漫画和笑话中被比作癫痫患者。[32]）《费加罗报》的评论员不喜欢剧中的音乐，但他担心自己可能过于老套，也担心在今后的几年里，这个首演之夜可能成为一件举足轻重的大事。[33]他的担心不无道理。尽管首演之夜一塌糊涂，但《春之祭》很快大行其道：各地的演出团体请求获准排演该芭蕾舞剧，而在数月之内，整个西方世界的作曲家都开始效仿或回应斯特拉文斯基的节奏。因为正是《春之祭》的节奏超越了其他所有的一切，传达出如此强烈的原始性："它们渗透进每一位青年作曲家的音乐潜意识之中。"

1913 年 8 月，阿尔伯特·爱因斯坦正与寡居的法国物理学家玛丽·居里（Marie Curie，即居里夫人）及其女儿们在瑞士的阿尔卑斯山间散步。玛丽此时正因一桩丑闻避祸乡间——另一位物理学家保罗·朗之万（他是儒勒—昂利·庞加莱的朋友）的妻子负气将玛丽写给她丈夫的情书公之于众了。爱因斯坦时年 34 岁，在苏黎世担任瑞士联邦理工学院教授一职，非常需要讲演和担任客座教授的机会。然而在那个夏天，他正试图解决一个自 1907 年起就困扰他的难题。他们走着走着，爱因斯坦突然转向玛丽·居里，抓住她的手臂说道："你明白，我想知道的就是，当一部升降机在真空中下落时，里面的乘客到底会怎么样。"[34]

继 1905 年发表狭义相对论之后，爱因斯坦就算没有完全颠覆自己的思想，也至少对其做了进一步思考。正如我们所看到的，在狭义相对论中，爱因斯坦曾经做了一个关于列车通过车站的思想实验。（之所以被称为"狭义"理论，是因为它仅涉及彼此相对运动的物体。）在该实验中，光的传播方向与列车的行驶方向相同。但自 1911 年以来，他一直怀疑重力对光有引力作用。[35]现在，他想象自己身处一部在真空中向地面坠落的升降机里，升降机的加速度为向下每秒 32 英尺。然而，如果升降机上没有窗户，在加速度恒定的条件下，里面的乘客无从知晓升降机是否静止，而且他们也不会感受到自己的重量。这一设想让爱因斯坦大吃一惊。他构思了另一个思想实验：用一束光射向升降机，入射角度与升降机运动方向成直角。他再次比较了升降机内外的两个人对这束光的观察结果。正如1905年的思想实验所证实的，升降机内的人会看到光束从某一层进入轿厢并打在同一层对面的墙上。然而，在外面的观察者则会看到光束发生了弯曲，因为当光束到达升降机另一侧时，远端的轿厢墙壁已经移动了。爱因斯坦因此得出结论：如果加速度能够弯曲光束，由于加速度是引力的产物，那么引力也一定能够使光束弯曲。当年晚些时候，爱因斯坦在维也纳所作的一次演讲中透露了他对这个问题的思考，这在物理学界引起了轰动。爱因斯坦的**广义相对论**（General Theory of Relativity）的含义可以通 132
过一个模型来解释，正如狭义相对论可以通过灯光下旋转的铅笔投射出或长或短的影子来解释一样。想象一下，一块带边框的橡胶薄板，就像一幅裱好的油画画布般水平放置。将一枚小弹珠或一颗小钢球滚过橡胶板，那么它将沿直线滚动。然而，如果你在橡胶板的中心放置一个很重的球体，比如一枚球形炮弹，那么由于重球压迫橡胶板，小弹珠在向重球滚动时就会呈曲线运动。实际上，这就是爱因斯坦所认为的当光接近大型天体（如恒星）时将发生的现象。时空将发生弯曲，光也一样。[36]

广义相对论是关于引力的理论，且正如狭义相对论一样，它超出了人们的日常经验，是在宇宙尺度上尝试解释自然的理论。J. J. 汤姆孙对这一思想并不热心，但欧内斯特·卢瑟福却对它钟爱有加，他甚至说即使它是错的，也是一件美丽的艺术作品。[37]其美妙一部分是由于爱因斯坦的理论是可以测试的。方程引出了一系列推论，推论之一是：在经过大型物体时光会发生弯曲。另一种推论则是：宇宙不可能是一个静态的实体，它必然处在持续的收缩或膨胀之中。爱因斯坦不喜欢这个想法，因为他认为宇宙是静止的，他为此发明了一个校正值（即宇宙常数），以便可以继续坚持宇宙是静止的想法。他后来将这个校正值形容为“我职业生涯最大败笔”，因为正如我们将看到的，这两种基于广义相对论的预测后来均得到了实验的支持——而且是在万众瞩目的情况下。卢瑟福慧眼独具：相对论确实是最美的理论。[38]

1913 年夏天，另一位缔造科学认知领域重大进展的物理学家则与爱因斯坦判然不同。**尼尔斯·亨里克·大卫·玻尔**（Niels Henrick David Bohr）是丹麦人，同时也是一位运动健将。他是哥本哈根大学足球队队员，还热爱滑雪、骑自行车和帆船运动。在乒乓球项目上他更是“无可匹敌”，而且毫无疑问，他是 20 世纪最才华横溢的科学家之一。在 C. P. 斯诺眼中，他是一个“顶着硕大无朋的头颅”的高个子，有着长而笨重的下巴和一双大手，一头不服帖的头发梳在脑后，说起话来柔声细气，“音量比耳语大不了多少”。玻尔一生都轻声细语，人们总是很费力才能听清他的话。斯诺还发现他“讲起话来就像晚年的亨利·詹姆斯一样总是说不到要点上来”。[39]

这位杰出的科学家出自书香门第，他的父亲是一位生理学教授，弟弟则是一位数学家。除了阅读丹麦哲学家索伦·克尔凯郭尔的著作外，他们全家都能熟练运用四种语言广泛阅读。玻尔的早期工作致力于研究水的表面张力，但随后他转向了放射性物质的研究，这也是 1911 年他前往英国卢瑟福实验室的主要原因。起初他在剑桥大学学习，但在聆听过卢瑟福在剑桥卡文迪许实验室一次晚宴上的演讲之后，他搬到了卢瑟福所在的曼彻斯特。在当时，虽然卢瑟福的原子理论已被物理学界广泛接受，但该理论本身存在着严重问题，其中最令人担忧的是，根据卢瑟福的理论，原子应当是不稳定的，但是没人知道为什么外围电子不朝着原子核坠落下去。就在玻尔开始与卢瑟福共事后不久，他提出了一系列敏锐的、直觉般
133 的洞见，其中最重要的就是：虽然物质的放射性起源于原子核，但化学性质主要反映在电子的数量和分布上。这样他一下子就解释了物理和化学之

间的联系。1912 年 6 月 19 日，玻尔的重大突破端倪初现。他在写给弟弟哈拉尔德的信中解释了自己的发现：“我有可能发现了原子结构的一些线索……也许是真相的一鳞半爪。”他的意思是，他有了一个想法，能更好地解释围绕卢瑟福的原子核运行的电子。[40] 当年夏天，玻尔回到丹麦，完成了终身大事，整个秋天都在哥本哈根大学任教。11 月 4 日，他挣扎着写信给卢瑟福，说他有望“在几周内完成（阐述他新想法的）论文”。此后他隐退回到乡间，撰写了一篇很长的论文，并最终因为他要阐述的想法实在太多了，而将其分为三篇较短的文章。他给这些论文的统一题名为《论原子和分子的结构》。论文的第一部分于 1913 年 3 月 6 日邮寄给了卢瑟福，第二和第三部分则在圣诞节前完稿。卢瑟福允许玻尔转到剑桥的决定堪称慧眼识珠。正如玻尔的传记作家所写的：“一场认知的革命拉开了序幕。”[41]

正如我们所见，卢瑟福的原子概念本质上是不稳定的。根据“经典”理论，如果电子不以直线运行，它就会通过辐射失去能量。但电子围绕原子核以圆形轨道运行，这样的原子模型要么四散离析，要么就朝内部坍缩，毁灭于光爆之中。很显然，这样的情况并未发生，由原子构成的物质大体上是非常稳定的。玻尔的贡献是将该命题和他的观察结合在一起。[42] 他提出了原子的“稳态”（stationary states）。卢瑟福开始很难接受这一观点，但玻尔坚持认为一定存在一些这样的外层轨道，使得沿轨道飞行的电子不会脱轨飞出，也不会朝原子核坠落，其运动过程中也没有辐射光产生。[43] 通过加入一个已知多年的观察，他给予自己的理论极大的支持，即当光穿过一种物质时，每种元素都会发出一种特征光谱，且这种光谱是稳定且不连续的。换句话说，每种元素只会发出特定波长的光，这种方法被称为光谱法。玻尔的过人之处在于他意识到光谱效应之所以存在是因为绕核运行的电子不能占据“任意轨道”，而只能在某些被允许的轨道上运行。[44] 这些轨道意味着原子是稳定的。但玻尔的突破性发现的真正重要意义在于他将卢瑟福、普朗克和爱因斯坦的理论统一了起来，确立了物质的量子（即离散）性质、原子的稳态以及化学和物理之间联系的本质。在得知这位丹麦人的理论如何清楚地匹配了光谱测量结果之后，爱因斯坦评论道："这是最伟大的发现之一。"[45]

在祖国丹麦，玻尔受到了热情款待并在哥本哈根拥有了自己的理论物理研究所。该研究所在战争年间成为理论物理的主要研究中心。玻尔安静、和蔼而自省的个性（在演讲的时候，他经常会停顿几分钟来寻找合适
134 的词语）成了这一进程中的重要因素。但哥本哈根研究所的崛起也与丹麦这个小国家的中立地位有关。在20世纪的黑暗岁月里，物理学家能够在这里相聚，远离狂热的欧洲和北美的大型中心，于战乱中觅得一席学术的净土。

对精神分析领域来说，1913年是继《梦的解析》在1900年出版之后最重要的一年。弗洛伊德出版了一本新书《图腾与禁忌》，将自己关于个人的理论延伸到了达尔文的人类学领域。弗洛伊德认为，人类学决定了社会的性质。这本书的写作动机部分是为了回应他曾经最得意的弟子**卡尔·古斯塔夫·荣格**（Carl Gustav Jung）于两年前发表的《无意识心理学》。荣格的著作标志着精神分析理论第一次重要的分野。此外还有三部重要的小说问世。它们虽然彼此迥异，但都体现出弗洛伊德理论的影响之广：它已经超越了医学界的藩篱，开始为全社会所接受。

托马斯·曼（Thomas Mann）的伟大作品《布登勃洛克一家》出版于1901年，副标题为"家族的衰败"。小说的背景设定在德国北部的一个中产阶级家庭（作家本人就来自德国北部小城吕贝克，他父亲是一位富有的粮商），整体基调黯淡阴冷。小说主人公托马斯·布登勃洛克和儿子汉诺均英年早逝（托马斯四十多岁就死了，汉诺则在十几岁时就不幸身故），

“不为别的，只是因为他们失去了生存的意志”。[46]这本书很活泼，甚至有些滑稽，但它的背后却飘荡着尼采、虚无主义和性欲倒错的幽灵。

托马斯·曼出版于1913年的中篇小说《死于威尼斯》的主题同样是性欲倒错。这是一次本能与理性的交锋，是托马斯·曼对自身无意识的一次直率的探索，其残忍程度远超他曾经的所有尝试。小说主人公古斯塔夫·冯·阿申巴赫是一位作家，刚刚来到威尼斯，希望在此完成他的杰作。他不仅有着和古斯塔夫·马勒同样的名字，其长相也酷似马勒。这是因为托马斯·曼非常崇拜马勒，而1911年他抵达威尼斯时，马勒也正好在当晚去世，所以小说多少借鉴了作家的自身经历。阿申巴赫刚到酒店，就偶遇了同住该酒店的一家波兰人。当他看到其中身穿英式水手服的小儿子塔齐奥时，立刻为他迷人的容貌深深倾倒。故事就在老去的阿申巴赫对塔齐奥与日俱增的爱恋中展开。与此同时，阿申巴赫放弃了写作，自己也受到了侵袭威尼斯的霍乱疫情的感染。结果他没能完成自己的作品，也没能警告塔齐奥及其家人逃离正在蔓延的疫情。最终他不幸病逝，至死没能与心中挚爱说上一句话。

冯·阿申巴赫滑稽的鬈发、涂脂抹粉的装扮还有煞费苦心的穿着都出自托马斯·曼故意的设计，意在将曾经辉煌的文化的日渐式微具体地呈现出来。这个形象也是作家本人的自画像。[47]在托马斯·曼去世后出版的私人日记证实，即使在生命的晚期，他仍然会不切实际地爱上年轻男子，即便他与卡蒂亚·普林斯海姆于1905年开始的婚姻看上去非常幸福。1925年，托马斯·曼承认弗洛伊德的思想对《死于威尼斯》具有直接影响：“死亡的意愿存在于阿申巴赫的意识之中，虽然他对此浑然不觉。”正如托马斯·曼的传记作家罗纳德·海曼所强调的，曼经常以弗洛伊德的风格使用“我”这个词，来表现个性中自我维护的某个方面，并且常常和本能相对立。（“我”是弗洛伊德偏爱的措辞；而我们常见的拉丁词“自我”则是

135 他英译本译者的发明。[48]）书中表现的威尼斯的整体气氛（黑暗、腐朽的陋巷中潜伏着“难以形容的恐怖”，看不见又难以估量）让人想起弗洛伊德理论中的原始“本我”，蛰伏在个性的表象之下，随时准备利用“自我”的错误喷薄而出。一些批评人士推测，托马斯·曼撰写这部篇幅不长的作品所花费的时间（长达数年），正反映出他在承认自己的同性恋倾向时遇到的极大困难。[49]

1913年也是D. H. **劳伦斯**（D. H. Lawrence）的《儿子与情人》问世的一年。劳伦斯早在1905年就在作品中，“如弗洛伊德般精确地阐述了”幼稚性欲这一概念。无论他有没有从那时起就对精神分析有所了解，至少他在1912年遇到弗里达·威克利时已经接触到了这门科学。弗里达原名弗里达·冯·里希特霍芬，1879年生于德国，和爱人奥托·格罗斯（一位精神分析学家）长期致力于精神分析领域。[50]劳伦斯的写作手法兼收并蓄，将弗洛伊德和尼采的思想结合起来。《儿子与情人》涉及的主题具有鲜明的弗洛伊德特征：恋母情结。当然，恋母情结这一概念的出现要早于弗洛伊德，其治疗方法在文献中的追溯也同样古老。但劳伦斯所描述的关于莫雷尔家族的故事——他们来自诺丁汉郡的煤田（诺丁汉也是劳伦斯自己的故乡）——在更宏大的背景下把恋母情结产生的冲突展现了出来。莫雷尔家族生活的世界正发生着巨变，反映出从过去的农业社会向未来的工业社会和战争的转变（保罗·莫雷尔实际上预测了第一次世界大战的爆发）。[51]格特鲁德·莫雷尔是家中的母亲，受过教育且小有智慧，这使她和愚钝的、工人阶级的丈夫泾渭分明。她把自己的全部精力都放在了两个儿子威廉和保罗身上，好让他们能在发生巨变的世界里独善其身。然而在此过程中，身为艺术家却同样在工厂里卖力的保罗坠入了爱河，并试图逃离家庭的束缚。曾经存在于妻子和丈夫之间的矛盾现在转变成了母亲和儿子之间的斗争。“两个儿子被报答母亲式的爱推入了生活，并被不断鞭策着。

但在他们成年后失去了爱的能力，因为母亲是他们生命中最强大的力量源泉，掌握着他们的一切。……一旦这两个年轻人与其他女性有了接触，灵与肉的分离便不可避免地产生了。威廉娶了一个下层女子，而他的灵魂仍被其母亲掌握。”[52]就像托马斯·曼在《死于威尼斯》中试图尽力挣脱同性恋的禁忌，劳伦斯在《儿子与情人》中自由地解读了性与生活的其他方面之间的联系，尤其着重于性与母亲在家庭中的作用方面。但他的思考并未就此浅尝辄止。正如海伦·巴伦和卡尔·巴伦所说，社会主义和现代主义的主题在书中交相辉映：煤矿工人恶劣的生存条件、收入微薄、工作环境险恶、罢工、分娩设施的缺乏，以及 13 岁以上儿童教育条件的匮乏；妇女争取工作和投票权利的迫切愿望；进化论思想给社会和道德生活带来的惶恐与不安；以及人们对无意识心理的关注的发端。[53]保罗在艺术研究中还受到了新理论的冲击，包括社会达尔文主义和万有引力定律。托马斯·曼的小说为一个行将就木的世界敲响了丧钟，而劳伦斯则展示了旧世界让位于新纪元的过程。但这两部作品都反映出弗洛伊德关于性和生命本能之首要地位的思想，背后还潜藏着尼采和社会达尔文主义的影子。在这两部作品中，无意识所起的作用并不是完全积极的。正如古斯塔夫·克里 136
姆特和胡戈·冯·霍夫曼斯塔尔在 19 世纪末的维也纳所指出的，人们冒着风险忽略了本能的生活：无论物理学的理论做出怎样的定论，生物学始终是关乎日常生活的实际存在。生物学就意味着性、繁殖，以及它们背后的进化思想。《死于威尼斯》描写了由于退化导致的文明灭绝，相比之下《儿子与情人》没有那么悲观，但两部作品都探讨了尼采哲学的斗争，即增强生命体验的野蛮人与过度细致的、更加文明的理性之人之间的斗争。劳伦斯将科学视为一种过于精炼的形式。保罗·莫雷尔具有强大而本能的生命力，他母亲的影子却从未离开。

马塞尔·普鲁斯特（Marcel Proust）从来没有承认过弗洛伊德、达尔文和爱因斯坦等人对自己作品的影响。但是，正如美国评论家埃德蒙·威尔逊所指出的，身为犹太人的爱因斯坦和弗洛伊德，以及具有一半犹太血统的普鲁斯特，“从他们边缘化的社会地位汲取力量，增强了自己对世界的观察力”。1913 年 11 月，普鲁斯特出版了《追忆似水年华》的第一卷。这部作品通常被译为这个名字，但许多批评者或学者现在更喜欢将其译为《追寻逝去的时光》，认为这种译法更能传达出普鲁斯特的思想，即这部小说具有一定的科学素质（即研究的成分）。小说中还包含了普鲁斯特对时间的着重思考，并不仅仅是逝去的时光，而是遗失和重现的时光。

普鲁斯特于 1871 年出生在一个小康家庭，家境的殷实使他终生免于生计奔波之苦。他天资聪颖，曾就读于孔多塞公立中学，也曾在家接受教育。家教的安排使他和神经质的母亲关系密切。1905 年，她在普鲁斯特的父亲去世两年后也撒手人寰，时年 57 岁。从那以后，她的儿子远离了尘世，偏居一隅软木装饰的房间，开始与数以百计的朋友通信往来，并以自己翔实的日记为基础，创作传世名篇。《追忆似水年华》曾被誉为文学界的爱因斯坦理论或弗洛伊德思想，虽然普鲁斯特专家哈罗德·马奇曾指出，这种类比一般都出自不熟悉弗洛伊德和爱因斯坦的人之口。普鲁斯特曾有一次在接受采访时将自己的多卷本作品描述为“一系列关于无意识的小说”，却并非通过弗洛伊德的角度（没有证据表明普鲁斯特曾读过弗洛伊德的著作，因为后者的作品直到普鲁斯特临近离世之际才被译成法文）。普鲁斯特把无意识记忆的思想“升华”到了令人仰止的高度，比如糕点的味道，或是一些老旧楼梯的气味，不但可以让人回想起过去的事情，还能将当时整个的事情经历、感受以及想法生动地重现在眼前。对于许多人来说，普鲁斯特的洞察力之强大无人能及，另外的人则觉得这种说法有些言过其实（普鲁斯特总是处于毁誉参半的境地）。

普鲁斯特真正的成就在于他对洞察力的运用。他能够唤起童年的强烈情感，比如在书的开头，他描述了叙述者想要母亲能在入睡前亲吻自己的热切期望。这种在时间顺序上的来回往复使得很多人产生了这样的想法，即普鲁斯特是在回应爱因斯坦关于时间和相对论的理论，虽然实际上没有证据能将这两位作家和物理学家联系在一起，就像普鲁斯特和弗洛伊德也毫无关联一样。同样，正如哈罗德·马奇所说，我们应当仅从普鲁斯特自身出发进行考量。从这种角度来看，《追忆似水年华》是一幅法国贵族 / 上 137
层阶级生活丰富而芜杂的浮世绘，而正如契诃夫和托马斯·曼的作品所描述的那样，这一社会阶层逐渐衰微，并随着第一次世界大战灰飞烟灭。普鲁斯特曾属于这个阶层，他的信件中经常提到这位公主、那位伯爵，或是某位侯爵。[54] 他笔下的人物都美轮美奂。普鲁斯特的才华不但体现在超凡的观察力上，还体现在他流畅的散文写作中。长而慵懒的句子和从句彼此交织，稠密的词汇枝繁叶茂，却始终保持着鲜明的方向和清晰的意义。

该书的第一卷《在斯万家那边》出版于 1913 年，其篇幅大约占到后来整部作品的三分之一。读者与过去的时光若即若离，在贡布雷城内和周围游荡，认识城里的建筑、街道的布局、这个或那个窗口的风景，以及花坛和人行道，同样也认识城里的人们。其中的人物包括斯万自己、他的情人奥黛特以及盖尔芒特公爵夫人。普鲁斯特笔下的人物有时候是基于现实中的人进行塑造的。[55] 借由纯粹的写作才华，他能够传达享用一块玛德琳蛋糕的喜悦，情人充满色情意味的妒火中烧，以及势利或反犹主义的受害者身上积累的强烈的屈辱之情。不管你是否觉得有必要将他与柏格森、波德莱尔或者左拉联系到一起（就像其他人所做的那样），他的描写确是小说式的。这就足够了。

普鲁斯特要想出版自己的作品也并非易事。多家出版社都拒绝了这部作品，其中包括《新法兰西评论》的作家安德烈·纪德，他认为普鲁斯特是个滥竽充数的作家，只能算是文学爱好者。42 岁的普鲁斯特因此惶恐不安，甚至考虑私下出版该书。但后来格拉塞出版社接受了他的作品。普鲁斯特没能如愿以偿地获得龚古尔奖，但许许多多有影响力的仰慕者纷纷给他写信表达了支持，甚至纪德本人也大度地承认自己没能慧眼识珠，并提出为普鲁斯特出版作品后续几卷的提议。事实上在这个阶段，普鲁斯特只有再写一卷的计划，但战争随即爆发，出版也因此搁浅。于是在当时，普鲁斯特不得不将自己的精力投入到大量的信件中去。

自 1900 年以来，弗洛伊德花费了大量的时间和精力来拓展他所创立的学科的覆盖面；精神分析学会已在六个国家建立起来，而国际精神分析协会也已于 1908 年正式成立。与此同时，正如弗洛伊德所预估的一样，这项“运动”的第一个叛逃者也随即产生。**阿尔弗雷德·阿德勒**（Alfred Adler）和威廉·施特科一同于 1911 年脱离了学会，其中阿德勒的离去缘于他的自身经历，他由此对塑造人格的精神力量产生了与弗洛伊德迥异的看法。阿德勒在幼年时期因佝偻病而致残，他饱受肺炎的摧残，一系列交通事故更让他的病痛雪上加霜。他起初是一名眼科医生，也因此认识到了身体有部分残疾的患者通常会在其他方面变得更敏锐。一个众所周知的例子就是盲人都具有非常敏锐的听力。身为社会民主党人和皈依基督教的犹太人，阿德勒极力尝试将马克思主义的阶级斗争思想与他自创的心理斗争思想熔为一炉，最后形成了这样的观点：性欲并不是主要的性能量，它只
138 是具有与生俱来的侵略性。对于他来说，对力量的追求是生活的主要动力，而“自卑情结”则是塑造人格的指导力量。[56] 他辞去了维也纳精神分析学会发言人的职位，因为该协会的章程规定协会的宗旨就是传播弗洛伊德的观点。阿德勒的“个体心理学”思想在此后的很多年间变得非常流行。

弗洛伊德与荣格的决裂发生在 1912 年底至 1914 年初。这次决裂要比任何其他学术上的分道扬镳来得激烈，因为在 1913 年，时年 57 岁的弗洛

伊德仍将荣格视为自己的继承者和“精神分析运动”的新领袖。这次决裂的缘起在于，首先，虽然荣格起初对弗洛伊德推崇备至，但他也对弗洛伊德理论的基本概念进行了修正。第一，荣格认为性欲不像弗洛伊德所坚持的那样，是单纯的性本能，而是一种“心理能量”。这样的重新定义和其他思想一道，动摇了整个童年性欲思想的基础，恋母情结等关系所受的影响也自不待言。[57] 其次，也许更重要的是，荣格认为自己已经完全独立于弗洛伊德，自行发现了无意识的存在。他说，早在苏黎世的布尔格霍茨利精神病院工作时，他就有了这样的发现。在那里他从精神分裂症患者身上看到了性欲的“回归”，也治疗过一名女子，她杀死了自己最喜欢的孩子。[58] 该女子早年曾爱上过一位年轻绅士，但她深信后者的经济和社会地位之高，不会想要迎娶她，于是她转而嫁给了别人。然而几年后，这位富有绅士的一个朋友告诉该女子，其实在她拒绝他的时候，他非常伤心。此后没多久，她在给自己的两个幼儿洗澡时，明知浴用海绵里的水并不卫生，却任由女儿吸吮。更糟的是，她甚至拿了一杯脏水给自己的儿子喝。荣格宣称，在没有弗洛伊德的帮助下，他自己掌握了该案例的核心事实：该女子的所作所为都源自无意识的意愿，希望抹杀她现有婚姻的所有痕迹，好让她能自由地奔向她真正心爱的男子。最终她的女儿染上了伤寒，死于那块不干净的海绵。这位母亲在得知富有绅士曾爱着她的实情之后，抑郁的症状不断滋长，并在她女儿死后愈发恶化，最终导致她被送到布尔格霍茨利精神病院接受治疗。

一开始荣格并没有质疑对该女子的诊断，即所谓的“早发性痴呆”。当他开始探究她的梦境时，真实的故事才逐渐浮出水面，并促使他对她进行了“联想测试”。这种测试后来变得非常著名。由一位德国医生**威廉·冯特**（Wilhelm Wundt，1832—1920）发明。测试的方法很简单：医生向患者展示一系列单词列表，并要求患者说出他/她看到每个单词时，脑海里出现的第一个词。这样做的基本原理是能够弱化意识对无意识冲动的控制。通过该女子的梦境和联合测试的结果，她的相关病史得到了复原，荣格也意识到该女子实际上由于心中的无意识冲动谋杀了女儿。颇有争议的是，他将这一事实真相摆在了她面前。治疗结果非常显著：远比原本的诊断意见“早发性痴呆”的不可治愈要好得多，该女子很快恢复并在三周后
139 康复出院。此后病情也没有复发。

荣格在谈及自己发现无意识时已经有了目中无人的意味。荣格暗示自己并非是对弗洛伊德亦步亦趋的门徒，也不是他的替代品。荣格于1907年加入周三学会并见到了弗洛伊德，在那之后不久他们就走得非常近，并于1909年结伴去了美国。在美国，荣格被弗洛伊德的光芒所掩盖，但就是在那里，他意识到自己与这门学科的创建者之间的意见分歧。光阴荏苒，无数的患者都报告有早期的乱伦经历，这让弗洛伊德更加重视将性行为视作无意识的驱动力所在。然而对于荣格而言，性并不是根本的，相反，它本身是从宗教转变而来的。荣格认为，性是宗教冲动的一个方面，但并非唯一的侧面。他审视了全世界其他种族的宗教和神话（当时这一进程刚刚起步），并发现在东方的宗教中，庙宇里供奉的神明被描绘成非常色情的存在。对他来说，这种坦率的性倾向是一个象征，表现出“高级思想”的一个侧面。他因此开始了对宗教和神话的检视，并以此作为无意识“在其他文明和时代”中的“表现”。

荣格与弗洛伊德的决裂发端于1912年，发生在他俩从美国返回，以及荣格发表了第二部分的《转化的象征》之后。[59]这篇进一步深入研究的论文发表在《精神分析年鉴》上，是荣格首次公开宣扬他所谓的“**集体无意识**”（collective unconscious）思想。荣格认为，深层次的无意识是由每个人共享的，它是“种族记忆”的一部分。确切地说，对于荣格来说，这就是精神疗法的意义所在，即与集体的无意识进行关联。[60]荣格对宗教、

神话和哲学的探索越深入，他与弗洛伊德之间的隔阂就越深，与科学的态度和方法也愈发背道而驰。正如 J. A. C. 布朗所写的，一个人“从荣格的著作中得到的印象与阅读印度教、道教或儒家的经文所获得的见解并无二致；虽然知道其中包含了很多睿智箴言，但［我们］仍然觉得，这些真理本来可以不涉及精神分析理论（荣格认为它是这些见解的根基）”。[61]

根据荣格的理论，我们的心理结构分为三层：意识、个人无意识和集体无意识。这一三分法通常可以用地质学进行类比，其中意识对应着露出水面的陆地部分。水位线以下视线不可及的范围是个人无意识，而再往下的深处，可以说是连接不同大陆的部分，就是“集体无意识”。据说同一种族的成员有着深厚的心理相似性。心理结构的最深处相当于地球的核心，是全人类的心理传承，是人性不可分割的基本面，人们对此只有隐约的意识。这是大胆而简单的理论。荣格认为有三大“证据”提供支持。首先，他指出，在不同文化的神话传说，叙事和主题具有“惊人的一致性”。其次，他还认为：“在长期的分析中，任何特定符号都可能令人不安地反复出现，随着分析的深入，这些符号与神话和传说中的通用符号也逐渐呈现出相似性。”最后，他声称精神病患者讲述的妄想故事往往与神话中的故事相似。

荣格另一大广为流传的思想是原型的概念，即所有人都可以根据一种 140
或另一种基本（且可遗传的）心理类型加以划分，其中最著名的例子就是性格内向和外向的人。当然，这些条款只涉及心灵的意识层面。在典型的精神分析方法之下，真实情况却恰恰相反——外向性格的气质其实在无意识中是内向的，反之亦然。因此它遵循荣格的思想，即作为治疗方法的精神分析涉及梦的解析和**自由联想**（free association），都是为了使患者与他或她的集体无意识建立联系，是一个疏导宣泄的过程。弗洛伊德一直对有组织的宗教持怀疑态度，并时而抱有敌意，而荣格则认为宗教观在治疗中具有积极作用。即便荣格的支持者也承认，其理论的这一方面令人困惑。[62]

虽然在 1912 年，精神分析学家就首次注意到，荣格用于理解无意识的系统非常离经叛道，因此他和弗洛伊德的貌合神离在学界内部已昭然若揭，但直到 1913 年《转化的象征》以书的形式正式出版（其英文版名为《无意识心理学》），荣格与弗洛伊德的分歧才被公之于众。在那之后，两人之间已经没有和解的机会：在 1913 年 9 月于慕尼黑举行的第四届国际精神分析大会上，弗洛伊德及其拥趸与荣格及其追随者分桌而坐。在大会结束时，“我们分道扬镳，”弗洛伊德在一封信中如是说，“再也没有见面的愿望。”[63] 弗洛伊德虽然受到这种个人关系决裂的困扰（也带有一定的反犹主义色彩），却更担心荣格对于精神分析的见解会威胁这门学科作为一门科学的地位。[64] 比如，荣格提出的集体无意识概念明确暗示了获得性性状的可遗传性，而这一论断已经被达尔文主义否定了多年。正如罗纳德·克拉克所评论的：“总之，弗洛伊德理论虽然很难验证，但至少也存在某种程度的证据支持。而荣格则用一套完全无法验证的系统取而代之，而且与当今遗传学研究的成果背道而驰。”[65]

平心而论，弗洛伊德在 1912 年已经预见了自己与荣格的决裂，因此也已着手撰写一部拓展他早期理论的著作，同时对荣格的理论提出质疑，力图将精神分析植根于现代科学的沃土之上。该书完成于 1913 年春天，并在几个月后出版。弗洛伊德将其视为“自己曾经历的最大胆的冒险”。[66]《图腾与禁忌》是一次探索的尝试，目标直指荣格试图据为己有的领域，即人类“深厚的祖先历史”。荣格曾致力于用神话的普遍性来解释集体（或种族的）无意识，而弗洛伊德则转向了人类学，尤其是詹姆斯·弗雷泽爵士的《金枝》和达尔文对灵长类动物群体行为的描述。弗洛伊德推测（在《图腾与禁忌》的开篇就提出该书只是推测），原始社会拥有野蛮人部落的特点，其中为首的男性占有所有的女性，而其他男性（包括该首领的后代）要么被杀，要么只能沦为其爪牙。处在首领位置的男性也时而遭到挑战并最终被推翻，这堪称恋母情结的完整链条，也是“经典”的弗洛伊德理论。《图腾与禁忌》意在表明，个人和群体的心理是如何交织在一起，心理学又是如何植根于生物学和“硬科学”的。弗洛伊德说这些理论是可 141
以验证的，只要观察灵长类动物社会（即人类社会的雏形）即可，它并不像荣格的理论般虚无缥缈。

弗洛伊德的新书也“解释”了一些关涉他本人的事件，即荣格想要把弗洛伊德从精神分析“部落”的首领地位推翻的意图。在一封写于 1913 年，但直到弗洛伊德死后才公开发表的信中，他承认“消灭”荣格是他撰写《图腾与禁忌》的一大动机。[67] 这本书并不成功，弗洛伊德并不像他自认的那样与时俱进，他自以为站在科学的巅峰领域，其实站在了科学的对立面。[68] 他的著作将进化视为单线过程，世界各地的不同种族都只是朝着“白人文明社会”的进化过程中的不同阶段而已。这种观点早已被弗朗茨·博厄斯的研究证明是迂腐而陈旧的观点。在 20 世纪 20 和 30 年代，诸如布罗尼斯拉夫·马林诺夫斯基、玛格丽特·米德和鲁思·本尼迪克特等人类学家将提供越来越多的田野调查，来证实《图腾与禁忌》并无科学价值。弗洛伊德意在命中荣格的要害，却也不小心搬起石头砸了自己的脚。[69]

不过，这本书也为两人之间的决裂画下了句点（不要忘了，和弗洛伊德闹翻的不只荣格一人，还包括布罗伊尔、弗利斯、阿德勒和施特科等人）。[70] 此后，荣格的理论变得越来越形而上，模糊而充满半神秘色彩，吸引了一批忠实但较为边缘化的拥趸。弗洛伊德继续他融合个人心理和群体行为的途径，希望能比荣格的理论更加科学地看待世界。截至 1913 年，精神分析运动一直是单一的思想系统。在那之后，则是两种思想并存。

梅布尔·道奇在写给格特鲁德·斯泰因的信中道出了真相。在 1913

年，绽放华彩的天才如火山爆发般势不可挡。除了本章介绍过的思想外，1913年同样见证了底特律亨利·福特的工厂中现代化流水线的诞生，以及查理·卓别林的横空出世：他小小的个子配上肥大的裤子、高高的礼帽，还有完美体现外来移民永恒的乐观情绪的狡黠面庞。但我们有必要对1913年所发生的事件进行精确的记录。在那个奇迹之年发生的许多事件都标志着相关领域的成熟，而不是对另一个全新领域的开启。现代艺术的影响范围已经跨过了大西洋，并在大洋彼岸的美国安营扎寨；尼尔斯·玻尔站在爱因斯坦和欧内斯特·卢瑟福的肩膀上发展了自己的理论，伊戈尔·斯特拉文斯基也同样从克劳德·德彪西（抑或是从阿诺尔德·勋伯格）身上受益良多；精神分析的思想深深影响了托马斯·曼和劳伦斯，并同样感染到了普鲁斯特；荣格发展了（或者他这么以为）弗洛伊德的理论，而弗洛伊德则拓展了自己的思想。精神分析和现代艺术一样，已经将影响范围扩大到美国；电影创造了该领域第一位不朽的人物，而不是明星。纪尧姆·阿波利奈尔、斯特拉文斯基、普鲁斯特和托马斯·曼等人试图将各种不同的思想结合在自己的作品中，以期获得人性的新真理。这些成就中洋溢的乐观主义精神很好地诠释了它们的特点。而在20世纪初的几个月内所确定的主流思想基调，也似乎得到了安全的巩固。

然而就在那一年，有一个人敲响了警钟。在《男孩的意志》中，罗伯
142 特·弗罗斯特发出了与众不同的警示：无辜的自然界图像通过粗糙破碎的节奏表达出来，提醒着我们自然玩弄的花招，尤其是关于时间的花招：

啊，对于人类的心灵来说，
当它随波逐流
当它体面地向理性臣服。
143 这难道不是一种背叛。[71]

9

反　击

第一次世界大战的爆发让许多聪明人猝不及防。6 月 29 日，西格蒙德·弗洛伊德接见了所谓的“狼人”。此人是一位年轻富有的俄罗斯男性，在接受精神分析治疗的过程中回忆起了自己童年对狼的恐惧。当时，奥匈帝国的弗朗茨·斐迪南大公及其妻子刚刚于两天前在萨拉热窝遭到暗杀。针对“狼人”的治疗即将告一段落（原因之一是弗洛伊德打算休假了），他俩为此进行了交谈。“狼人”后来写道：“那个时候几乎没人会想到这次暗杀……会导致第一次世界大战的爆发。”[1] 7 月底，英国的 J. J. 汤姆孙（电子的发现者，并很快成了英国皇家学会会长）联合一些有识之士签署了一份声明，认为“为了塞尔维亚和俄罗斯的利益发动（对德国的）战争将是对文明犯下的罪行”。[2] 伯特兰·罗素并没有意识到战争已经一触即发，直到 8 月 2 日这个星期天，他在经过剑桥圣三一学院的巨大中庭时遇到了经济学家约翰·梅纳德·凯恩斯，后者正匆匆去借一辆摩托车准备前往伦敦。他私下告诉罗素，自己受到了英国政府的召唤。第二天，罗素亲赴伦敦，那里的战争情绪让他“大为震惊”。[3]巴勃罗·毕加索此前一直在阿维尼翁作画，因为担心丹尼尔·亨利·坎魏勒的画廊（德国人坎魏勒是毕加索的经销商）可能会关门，而他的作品在市场上的销售也并不景气，于是他在战争爆发前一天左右赶到巴黎，取出了银行账户上的所有存款（亨利·马蒂斯后来说这些款项的总额高达十万金法郎）。成千上万的法国人也同样从银行取出所有家当，但毕加索抢在了大多数人的前面，带着所有现金返回阿维尼翁，并刚好来得及前往车站去向乔治·布拉克和安德烈·德兰告别。他俩刚被征召入伍，对即将到来的战斗都焦躁不安。[4]毕加索后来说，他从此再也没有见过他俩。事实并非如此，他的意思其实是，从战场上归来的布拉克和德兰再也不是战前的模样了。

第一次世界大战对许许多多的作家、艺术家、音乐家、数学家、哲学家和科学家都产生了直接的影响。其中不幸遇害的有蓝骑士派画家奥古斯特·马克，随德国军队进攻法国时中弹身故；雕塑家和画家亨利·戈蒂耶—布尔泽斯卡死于英吉利海峡附近的法军战壕里；以及德国表现主义画家弗朗茨·马尔克死于凡尔登战役。意大利未来主义画家翁贝托·博乔尼
144 战死在意奥前线，而英国诗人威尔弗雷德·欧文于停战前一周在桑布尔运河不幸身亡。[5]奥斯卡·柯克西卡和纪尧姆·阿波利奈尔均负伤，后者带着头部的弹孔回到巴黎的家中，不久便离开人世。伯特兰·罗素和其他参与反战游行的人或被关进监狱，或像阿尔伯特·爱因斯坦般遭到排斥，或像西格弗里德·萨松般被扣上了疯子的帽子。[6]马克斯·普朗克失去了儿子卡尔，画家凯绥·珂勒惠支的一个儿子也同样蒙难（在第二次世界大战中她还失去了孙子）。弗吉尼亚·伍尔夫失去了朋友鲁珀特·布鲁克，另外三位英国诗人艾萨克·罗森伯格、朱利安·格伦费尔和查尔斯·汉密尔顿·索利皆不幸遇害。数学家兼哲学家路德维希·维特根斯坦中尉被俘后关押在意大利北部的“战俘集中营”里，在那里他给伯特兰·罗素寄去了

他那时刚刚完成的作品《逻辑哲学论》的手稿。[7]

这场战争给思想带来的许多遗害更为间接，在许多年后才逐渐显露出来。它涉及的主题非常广泛且引人入胜，有几本专门的研究著作都值得一读。[8] 纯粹的屠杀和军事上的僵局将 1914 至 1918 年间发生的这场战争的特点展现得淋漓尽致，而停战协定的不公平深深地刻在了那个年代的人们以及他们后辈的心中。在战争中期爆发的俄国革命给俄国带来了扭曲的政治、军事和思想图景，而这将持续七十年之久。本章将集中介绍那些在第一次世界大战期间诞生的思想及思想事件，它们可以被理解为对战争的直接回应。

保罗·福塞尔在《现代记忆中的大战》中对第一次世界大战做了最富洞察力而令人痛心的汇报。他指出，即使只在战争初期，伤亡数字也是骇人听闻的，为此英国军队入伍标准的身高下限不得不从 1914 年 8 月的 1.73 米迅速放宽到了 10 月 11 日的 1.65 米。[9] 到了 11 月 5 日，在 10 月高达 3 万的伤亡数字面前，身高只需 1.6 米就能入伍了。战时国务卿基奇纳勋爵在十月底要求征召 30 万志愿兵进入预备役。到了 1916 年年初，已经没有足够的志愿兵来补充和替换死去或受伤的士兵了，于是英国首批强制征召入伍的士兵应运而生，“该事件可以说标志着现代世界的开端”。[10] 英军总司令道格拉斯·黑格将军及其部下在 1916 年整个上半年都忙于制订一次大规模的进攻计划。

第一次世界大战的发端源自弗朗茨·斐迪南大公被刺后奥匈帝国和塞尔维亚之间的冲突。当时德国已经与奥匈帝国结盟，形成了同盟国关系，而塞尔维亚则向俄国求援。德国很快响应并动员起来，随后英法两国介入，要求德国尊重比利时的中立地位。1914 年 8 月初，俄国入侵东普鲁士，同一天，德国也占领卢森堡。两天后的 8 月 4 日，德国对法国宣战，
而英国则对德国宣战。整个世界几乎毫无意义地陷入了一场无边大战之中。 145

经过半年的筹备，索姆河战役于1916年7月1日早晨7点半正式打响。此前，黑格已经下令对德军战壕进行了一个星期的炮轰，1500门大炮共发射了150万发炮弹。这可能被列为有史以来最缺乏想象力的军事决策，缺少任何惊喜的元素。正如福塞尔所写，“到了7点31分”，德国人已经把大炮从防空洞中推出来并架设在高地上，他们正是靠着这些防空洞才抵挡住了前一星期的炮击（英国人则完全不知道德国人有多擅长挖洞）。所以当天上午，沿索姆河沿岸13英里范围内发起进攻的11万英国士兵伤亡不下6万人，这一单天伤亡数字的记录至今没能被打破。“超过2万名死者枕藉于前线，而在这片无主之地上数天内仍不断传来受伤士兵的哀号。”[11]想象力的缺乏只是这场灾难的原因之一。也许过多地责备社会达尔文主义思想稍有不公，但英军总参谋部也的确认为刚入伍的新兵要低人一等（他们主要来自英国中部地区），他们的头脑太简单、太过动物化，只能委以最浅显的战斗指令。[12]出于这个原因，所有进攻均在白天打响，而且沿直线进发。参谋部认为如果改为夜间进攻或层层掩护前进，这些士兵可能会摸不着头脑。虽然当时英军已经发明了坦克，但只有32辆投入了战斗，“因为骑兵更喜欢骑马打仗”。几乎可以与索姆河惨案的残酷程度一较高下的是1917年4月的维米岭战役。伊普尔突出部的一块高地遭到了德军的三面包围。整场战役持续了五天，推进了七千码的距离，代价是16万士兵的伤亡——几乎每一码土地都耗费了20多人的性命。[13]

帕斯尚尔战役本来意在消灭比利时海岸的德军潜艇基地，结果这里的战场也经受了炮火的“洗礼”：十天之内共计落下了400万发炮弹。在滂沱大雨之中，这些炮弹的唯一效果就是把泥浆搅拌成了一锅沼泽，并延缓了进攻的推进速度。那些幸免于枪炮的士兵要么冻死、要么淹死在泥浆里。英军损失了37万人。在整场战争中，每天约有7000名军官和士兵伤亡：这真的是在草菅人命。[14]到战争结束时，半数英国军队士兵的年龄都在 19 岁以下。[15] 难怪有人提出了“迷惘的一代”的说法。

第一次世界大战最重要的直接影响在于医学和心理学领域。人们在对整形手术和维生素的理解方面取得了长足进步，这些进展将最终导向我们现今对健康饮食的关注。但具有最重要的即时效果的进步发生在血液生理学领域，而最有争议的创新是**智商**（Intelligence Quotient，智力商数）测试。这场战争也有助于精神病学（包括精神分析）受到更为广泛的接受。* 146

据估计，第一次世界大战中约有 5600 万人被征召入伍，2600 余万人伤亡。[16] 所造成的战伤的性质有别于以往的战争，因为当时高能炸药的威力比以往更为强大，使用频率也大大高过从前。这意味着伤员中有更多的撕裂伤而非穿刺伤，以及更多的手足离断伤——这要归因于机枪的“急速扫射”。由于阵地战的缘故，面部所受枪伤也较以往更为常见；因为很多时候头部是对方阵营步兵和炮兵唯一的目标（而钢盔直到 1915 年底才被发明出来）。这也是头一次在大规模冲突中出现炸弹和子弹从天空倾泻而下的场景。随着战争的肆虐，飞行员开始将烧伤视为头等大敌。综合以上考虑，医学所面临的史无前例的挑战，其难度就可想而知了。士兵遭到毁容，面目全非，而现代科学的**整形手术**（cosmetic surgery）为解决这一可怕的情况也迅速发展起来。希波克拉底的先见之明英明无比：战争是外科医生最好的学校。

无论伤口是大是小，伴随的失血总是不可避免。对血液更为深刻的理解是战争带来的第二大医学进展。1914 年以前，**输血**（blood transfusion）几乎是闻所未闻的。而在战事结束之时，它已成为常规治疗手段。[17] 威廉·哈维于 1616 年发现了血液循环，但直到 1907 年，布拉格的医生

---

* 战争也催化了人类对飞行的理解，以及坦克的诞生。前者的原理已然为人所知，而后者虽然也无可否认地重要，但其对军事领域以外的影响并不大。

扬·扬斯基（Jan Jansky）才发现，绝大多数人类血液都可以分为O、A、B和AB型四种血型。这些血型在欧洲人口中的分布具有相当稳定的比例。[18]血型的确定解释了为什么在过去大量的输血并没有成功，反而导致了患者的死亡。但凝血的问题依然存在：如果不立即将从供体抽出的血输入接受者体内的话，血液将很快凝固。[19]这一问题也在1914年得到了解决。纽约和布宜诺斯艾利斯的两组独立研究人员宣布（相互独立并几乎同时），浓度0.2%的柠檬酸钠溶液可以充当有效的抗凝剂，而且对患者几乎无害。[20]这两组研究者中来自纽约的**理查德·拉维生**（Richard Lewisohn）优化了配方的剂量，在两年后的法国战场上，它已成为治疗大出血的常规手段。[21]输血疗法先驱者之一肯尼思·沃克在回忆录中写道："我到来的消息在战壕里迅速传开，对鼓舞战士的士气起到了极好的效果。'有个从总司令部来的家伙能把血泵入你体内，甚至能让你起死回生'，这样的消息对那些即将冒着生命危险冲锋陷阵的人来说是非常振奋的。"[22]

智力测试以及衍生出来的智商概念，是源自法国的思想，也是生于尼斯的心理学家**阿尔弗雷德·比奈**（Alfred Binet）的心血结晶。在20世纪之初，弗洛伊德的心理学并非唯一的行为科学。意大利和法国的颅骨测量和圣痕学派也颇受欢迎。它们反映的是意大利人切萨雷·龙勃罗梭和法国人保罗·布罗卡的观点，即人的智力与大脑的大小相关联，而性格（特别
147 是与犯罪行为相关的性格缺陷）则与面部或其他体貌特征相关联，这就是龙勃罗梭所谓的"圣痕"。

比奈是索邦大学的教授，他没能证实布罗卡的结果。1904年，他受法国公共教育部长委派开展研究，开发有助于鉴别法国学校中差生的技术，因为这些差生需要某种形式的特殊教育。在对颅骨测量法彻底失望后，比奈制定了一系列与日常生活相关的极短测验，例如数硬币或判断哪张面孔

“更漂亮”等。他并不测试学校中讲授的平淡无奇的技能（比如数学和阅读），因为老师们已经对哪些孩子缺乏这些技能了如指掌。[23] 在比奈的研究中，他非常重视实用性，他也没有让自己的研究带有任何神秘的成分。[24] 事实上，他的想法非常超前，他说，测试的内容并不重要，只要这些题目够多，而且它们彼此之间都尽可能地不同就行。他希望能够做到的是得出一个单一的评分，能够真实反映出一个孩子的能力，不论这个孩子就读学校的好坏以及在家接受辅导的多少。

三个版本的比奈量表于 1905 至 1911 年间陆续出版，并在 1908 年的版本衍生出了所谓智商的概念。[25] 他的想法是将年龄层次与每一个任务联系起来：根据定义，在那个年龄，一个正常孩子应当能够不出差错地完成该任务。因此，总的来说，该测试能够测算出一个孩子全面的“智力年龄”，并可以与他或她的实际年龄进行比较。首先，比奈只用实际年龄减去“智力年龄”来得出分数。但这是一个粗浅的衡量标准，因为一个 6 岁的孩子落后两年，要比一个 11 岁的孩子落后两年显得更为迟钝。因此，1912 年德国心理学家 W. **斯特恩**（W. Stern）提出应该用实际年龄除以智力年龄，从而计算出智力商数，即智商。[26] 比奈从没想过用智商来衡量正常儿童或是成人。相反，他担心这样做会产生不良后果。然而，到了第一次世界大战爆发之时，他的思想已经传播到美国并完全改头换面了。

比奈量表在美国的第一个普及者是 H. H. **戈达德**（H. H. Goddard），他是新泽西州葡萄园低能儿童培训学校的研究主管，也是一位备受争议的人物。[27] 较之比奈，戈达德是一位激进得多的达尔文主义者，经过他的创新之后，智力测验再也不是原来的样子了。[28] 在那个时候有两个心理学的技术名词，其用法已经与现在不大一样了。“**白痴**”（idiot）在当时指无法掌握正常的交流技能并因此难以遵循指令，经判定智力年龄不超过 3 岁的人。同时，“**低能者**”（imbecile）是指无法掌握书面语言的人，智力年龄介于3至7岁之间。戈达德的第一个创新是发明了一个新名词“**痴愚者**”（moron），这个词来自希腊语，意思是愚蠢的，而戈达德用它来表示智力略低于正常人的人。[29] 在1912年至战争爆发期间，戈达德进行了大量的实验并从中得出了令人震惊（或荒谬）的结论，即50%至80%的美国公民的智力年龄小于等于11岁，也就是说他们都是痴愚者。戈达德也震
148 惊了，因为对他来说，痴愚者是对社会的首要威胁。一方面，白痴和低能者都显而易见，把他们关起来也不会引来过多的公众关注，而且他们在任何情况下都基本不可能繁衍后代。另一方面，对戈达德来说，痴愚者永远不可能成为领导者，甚至连自主思考都无法做到。他们只能是工人和唯命是从的苦力。他们为数众多，其中的大多数将会繁衍出更多他们的同类。戈达德真正的忧虑在于移民，在一组研究中他获准对当时刚刚抵达埃利斯岛的一批移民做了测试，结果令他自己非常满意（并再次震惊）：多达五分之四的匈牙利人、意大利人和俄罗斯人都是“痴愚者”。[30]

刘易斯·特曼（Lewis Terman）继承了戈达德的方法，并将它与查尔斯·斯皮尔曼的方法结合在一起。查尔斯·斯皮尔曼是一位英国军官，曾在德国著名心理学家威廉·冯特门下学习，并参加过布尔战争。在斯皮尔曼之前，心理学这门新兴科学的多数从业者都只对处在智力量表极端情况的个案（极度愚蠢或非常聪明的类型）感兴趣。但斯皮尔曼感兴趣的却是擅长某项心理任务的人群对其他任务的擅长趋势。随着时间的推移，他形成了智力是由“一般”（general）能力组成的概念，也就是“g”，他认为这是许多活动的基础。在“g”的基础之上，斯皮尔曼认为，存在着许多特殊的能力，包括数学、音乐和空间能力等。这被称为智力的双因素理论。[31]

到了第一次世界大战爆发之时，特曼搬到了加利福尼亚州。在那里，他依托斯坦福大学，对比奈和其他前辈的测试进行了精炼，使得“**斯坦福—比奈**”（Stanford-Binet）测试成了一种对“更高级”、更复杂的认知功

能的检测，测试内容也涵盖了更为广泛的能力，而不再是传统的对需要特殊教育的人群进行的诊断测试。测试的任务包括词汇量大小、时空定位、识别谬误的能力、对熟悉事物的认识以及手眼协调能力等。[32]因此，通过特曼的努力，智商成了适用于每一个人的通用概念。特曼还产生了将斯特恩算出的智商（实际年龄除以心理年龄）乘以 100 的想法，这样可以去掉小数点。因此，根据定义，人类的平均智商变成了 100，正是 100 这个整数使得“智商”激发了公众的联想。

正是在这样的背景下，第一次世界大战爆发了，心理学家罗伯特·耶基斯也参与到研究中。[33]在战争开始时耶基斯年近 40，据说他过得颇为失意。[34]自 20 世纪初以来，他一直是哈佛大学的教师，但他的学科仍然无法自立门户，成不了一门科学，他对此颇有微词。比如，在大学里，心理学专业通常是哲学系的一部分。因此，在欧洲战事打响而美国也准备参战的背景下，耶基斯酝酿了自己的宏愿：心理学家应当运用智力测试，为新兵的评估提供帮助。[35]不要忘了，布尔战争期间，英军新兵在体格检查中的结果之差劲让统帅大为震惊，优生学家也对美国移民质量的不断下降抱怨了多年，而此时正是一箭双雕的机会——通过对大样本人群的评估来获取平均智力年龄的真实值，并与移民的数据进行比较，从而为未来战争 149
提供可能的帮助。耶基斯立即意识到，至少在理论上，美国军队可以极大地从智力测试中获益：不仅可以淘汰较弱的人，也能够选出潜在的最佳指挥官、复杂设备的操作员和信号员，等等。这一宏伟目标的实现需要现有智力检测技术在两方面进行极大的扩展：需要进行群体测试，且这些测试要能够同时区分人才和蠢材。虽然海军拒绝了耶基斯的提议，但陆军采纳了，并给予他很大的支持。耶基斯被任命为上校，他后来还宣称，智力测试“帮助美军赢得了第一次世界大战的胜利”。而这，正如我们将要看到的，只是夸大其词而已。[36]

美国陆军到底在多大程度上应用了耶基斯的测验，这一点尚不清楚。但在陆军支持下进行研究的长远意义在于如下事实：在战争的进程中，耶基斯、特曼和另一位名为 C. C. 布里格姆（C. C. Brigham）的同事对总共不下 175 万名士兵进行了测试。[37] 当他们在战后对这一史无前例的庞大数据进行筛选后，三大主要结果浮出水面。第一，新兵的平均智力年龄是 13 岁。这听起来让我们这些 20 世纪末的人感到很奇怪：如果一个国家的国民平均智力年龄真的只有 13 岁，那它几乎不可能在现代世界中生存下去。但在当时的优生学氛围之下，大多数人更愿意相信这样的“末日”场景，而不去考虑该测试可能根本就是错误的。第二，欧洲移民可以通过他们的原籍进行分类（猜猜怎么着？），来自东欧和南欧的肤色较深的人群在得分上要低于北欧和西欧等肤色更加白皙的人群。第三，黑人的得分垫底，平均智力年龄仅为 10.5 岁。[38]

第一次世界大战后不久，特曼与耶基斯联手推出了“全国智力测试”，该测试基于军队模型建立，旨在衡量学童群体的智力情况。借由军队项目的宣传，市场推广早已充分，智力测试因此很快成了大生意。特曼也凭借测试销售获得的版税成了富有的心理学家。后来，在 20 世纪 20 年代新一轮的仇外心理和优生道德思潮袭击美国时，这些战时的智商测试结果很快流行起来，并在限制移民方面发挥了作用。我们将会看到这一切的后果。[39]

第一次世界大战带来的最后一项医疗进步来自精神分析领域。斐迪南大公在萨拉热窝遇刺身亡后，弗洛伊德本人起初对同盟国干净利落、兵不血刃的胜利持乐观态度。然而渐渐地，他像其他人一样被迫改变了想法。[40] 在那个阶段，他还不知道这场战争会给精神分析带来如此巨大的命运转折。例如，美国虽然是除德国以外拥有精神分析学会的六个国家之一，但这门学科仍然在许多方面被视为边缘化的医疗专业，与信仰疗法或瑜伽属于一个档次。英国的情况也好不到哪里去。在战争开始后的第一个冬天，《日常生活的心理分析》的英译本在英国出版，却遭到了《英国医学杂志》 150
评论文章的恶毒攻击，其中精神分析被诬蔑为“满纸荒唐言”和“一本犹如剧毒的致病微生物的著作”。其他时候，英国医生在提到弗洛伊德的学说时都轻蔑地称之为“肮脏学说”。[41]

让医学界的态度发生改变的原因在于如下事实：战争双方都出现了越来越多罹患炮弹休克症的伤员（又名战斗疲劳症，或者用现在的说法称为战斗神经官能症）。在以往的战争中也出现过士兵精神崩溃的案例，但其数量要远少于身体受伤的情况。这场战争最关键的不同点似乎在于战争行为的特点：猛烈轰炸下的静态阵地战，加上部队里充斥着大量不适合作战的人群。[42] 精神科医生很快意识到，第一次世界大战大量的平民部队中包括了很多正常情况下不会成为士兵的人，他们不能适应战场的负荷，在轰炸的恐惧之下，他们的“平民”神经症会自主地表达。医生还学会了将这类患者与另一类相区别，该类患者的精神症状更具弹性，但在疲劳的作用下他们已经到了山穷水尽的地步。人类在战争舞台的聚光灯下受到的审视为心理学展现出丰富的内容，而这些内容在年复一年的和平岁月里是不可能如此昭然若揭的。正如罗林斯·里斯所指出的：“在 1914 至 1918 年的战争中，大量发病的战斗神经官能症病例对精神病学界和整个医学界造成了不小的震撼。”正是在这样的背景下，人们开始对精神病学肃然起敬。[43] 曾经只属于一小群业内人士的奥秘现在被普遍视为宝贵的援助，能够让被战争的恐怖折磨得近乎疯狂的一代人恢复些许的理智。一项针对 104 万名英军伤员的分析表明，战斗神经官能症发病率高达 34%。[44]

精神分析并非学界所尝试的唯一治疗方法，而且经典的精神分析形式要花费很长的时间才能显出效果。但这不是问题的关键。同盟国和协约国双方都发现，军官和应征入伍的新兵一样都在战争的重荷下崩溃了，许多情况下他们都是训练有素且非常勇敢的战士，这些行为无论如何也不能称之为装病。因此，建立远离前线，甚至位于大后方的诊所变得非常必要，这样士兵们在经过治疗后还能返回前线继续作战，这也是人类在战争中必须付出的代价。[45]有两段插曲可以表现出战争是怎样帮助精神分析脱颖而出的。其一发生在 1918 年 2 月，弗洛伊德收到了一份**恩斯特·齐美尔**（Ernst Simmel）撰写的论文副本，后者是一位德国医生，曾在一所野战医院里担任医疗官。他运用催眠疗法来治疗所谓的诈病，还制造出一个假人，好让患者能够朝它发泄受压抑的破坏欲。齐美尔发现自己的方法非常成功，于是向德国战时国务卿申请了资金援助，计划建立一家精神分析诊所。虽然德国政府在战时搁置了这项计划，但他们确实向 1918 年在布达佩斯召开的国际精神分析大会派出了观察员。[46]第二段插曲发生在 1920 年，奥地利政府成立了一个委员会来调查针对维也纳精神病学教授**朱利叶
151 斯·冯·瓦格纳—尧雷格**（Julius von Wagner-Jauregg）的指控。瓦格纳—尧雷格是一位杰出的医生，他通过在饮食中加入碘，实现了在欧洲范围内消灭呆小症（甲状腺功能低下导致的智力发育障碍），从而获得了 1927 年的诺贝尔奖。在战争期间，瓦格纳—尧雷格曾负责战地伤员的治疗但效果不佳，部队里因此出现了不少投诉，称他的治疗方法太过残暴，其中就包括电休克疗法。调查委员会邀请了弗洛伊德听取意见，而他与瓦格纳—尧雷格的证词很快就被视为针锋相对的对立理论。委员会最后判定针对瓦格纳—尧雷格的指控无效，但弗洛伊德受到政府支持的委员会的邀请，这一事实体现了他的理论正日益深入人心。正如弗洛伊德的传记作者罗纳德·克拉克所说，弗洛伊德的时代从这一刻开始了。[47]

“诗歌在 20 世纪的其他时间里从未成为占据主导地位的文学形式”，这种情况只发生在第一次世界大战期间（至少在英语文学领域是如此），

伯纳德·伯尔贡齐如是说。而和伯尔贡齐持相同意见的人还认为英文诗“再也没有超越过第一次世界大战期间的水平”。弗朗西斯·霍普有云：“从不完全的修辞意义上说，自 1918 年以来，所有新写的诗歌都是战争诗。”[48] 回想起来，我们不难明白个中缘由。许多奔赴前线的年轻人都受过良好的教育，这在当时意味着熟悉英国文学。前线的生活充满了紧张和不确定性，催生出更短小、更热烈、结构更紧凑的诗句，战争也提供了大量非同寻常的生动画面。当诗人在前线不幸身亡时，这些短小诗句的挽歌性质就有了不可否认的浪漫主义感染力。许多从板球场直接开赴索姆河或帕斯尚尔战役前线的男孩写出的诗句并不高明，当时的书店也充斥着林林总总的诗篇。若非战争的原因，这些诗永远不可能有机会发表。但鱼龙混杂之中，有一些诗人脱颖而出，而他们的名字现在已然家喻户晓。[49]

第一次世界大战期间写作的诗人可以分为两类。早期的诗人讴歌战争的荣耀，但他们很快成了前线的炮灰。后续的诗人不论最后是否幸免于难，都亲眼见证了恐怖的大屠杀、可怕的战斗减员和愚蠢的作战方式，而这些基本就是 1914 至 1918 年间战争的特点所在。[50] **鲁珀特·布鲁克**（Rupert Brooke）是前一类诗人中最负盛名的一位。曾有人评价布鲁克，说他终其短暂的一生，就是为了扮演战争诗人 / 烈士的角色。他外形俊朗，金发飘飘，聪明睿智，略显浮夸。剑桥出身的他如果能活过战争的话，一定会加入布鲁姆斯伯里团体。他还在剑桥时，弗朗西斯·康福德曾写过一节关于他的短诗：

年轻的美男子，金发飘扬，
在冲突的边缘坚持着梦想，
却丝毫没有准备面对
生命的渺小和漫长。[51]

152 战前的布鲁克是一位赞美英格兰乡野的乔治王风格诗人。他们所青睐的技法谦逊而直率，略带些孤芳自赏的味道。[52] 1914 年距离上一次的大战，即 1815 年的滑铁卢战役已经过去了一百年，因此应对未知的未来并非易事。布鲁克的许多诗都创作于战争开始的最初几周，当时对阵双方的很多人都认为战事将很快结束。1914 年秋天，他目睹了比利时安特卫普郊外的一次小规模战斗，但并未陷入任何实质性的危险中。他的许多诗都发表在题作《新数字》的诗集里。该诗集一开始并不引人注目，直到 1915 年复活节，圣保罗大教堂的主教在布道中引述了布鲁克的作品《士兵》，而伦敦的《泰晤士报》又转载了该诗，才让布鲁克获得了更广泛的关注。一周之后，诗人的死讯传来。他的死并非“轰轰烈烈”，因为他在爱琴海死于败血症；他并未战死疆场，只是正在前往加利波利的服役途中。新闻将他变成了英雄。[53]

有一些人（包括他的同胞诗人艾弗·格尼）曾指出，布鲁克的诗作并未对战争本身做深入的描述，而更多地反映了英国人对战争之初的几个月内所发生的事件的感受或者说试图达成的感受。[54] 换句话说，这些诗更多地是告诉我们当时英国民众普遍的心理状态，而非布鲁克自己在战争前线的战斗经历。他最著名的作品是《士兵》(1914)：

我如果死去，请这般把我铭记：
在某个异国他乡的角落
永远刻下了英格兰的印记。在那里，
那片丰腴的土地埋藏着一抔更肥沃的尘泥；
它在英格兰出生，被英格兰养育，在英格兰记事，
它爱着英格兰的花朵，也漫步着英格兰的小径。
英格兰的身体，呼吸着英格兰的空气，

被河流冲洗，被故乡的阳光佑庇。

罗伯特·格雷夫斯（Robert Graves）于1895年出生在温布尔登，是爱尔兰诗人阿尔弗雷德·珀西瓦尔·格雷夫斯的儿子。在法国服役时，他受伤昏迷，躺在一个倒戈的德国战地急救站的担架上等死。[55]格雷夫斯一直对神话富有兴趣，他的诗作也出奇地冷漠，令人不安。他的一首诗描述了他见到的第一具尸体，一个死在战壕的铁丝网上因而无法埋葬的德国士兵。这首诗完全算不上是鼓吹战争的诗歌，而格雷夫斯的很多诗都将矛头直指这场战争的愚昧和蛮横的徒劳无益，其中最有力的或许在于他颠覆了许多人们熟悉的神话：

一柄残酷的长剑反手切下
“我中剑了！我死了！”年轻的大卫喊道，
他盲目地向前爬着，窒息……死去。
头戴钢盔的身影灰暗而冷峻
巨人哥利亚骑在他的尸体上。[56]

这是反英雄的诗句，令人泄气而苦涩。巨人哥利亚本不该获胜。格雷 153
夫斯自行停止了战争诗歌的创作，而后直到他于1985年去世后，其诗集《战争之诗》才重新获得出版。[57]

与布鲁克和格雷夫斯不同，**艾萨克·罗森伯格**（Isaac Rosenberg）并非中产阶级家庭出身。他没有就读公立学校的背景，也没有在乡间成长的经历。他出身于布里斯托一个贫穷的犹太家庭，在伦敦东区度过了童年时光，并饱受童年体弱多病之苦。[58]14岁时他离开了学校，几个有钱的朋友赏识他的才华，出钱资助他进入斯莱德学院学习绘画，在那里他遇到了大卫·邦伯格、C. R. W. 内文森和斯坦利·斯宾塞。[59]他说，他参军不是出于爱国，而是因为他母亲可以获得一笔军属津贴。他觉得部队生活令人厌烦，他的军衔也一直停留在列兵，从未获得过提升。然而，从来没有接受过任何诗歌传统教育的他却以特别的方式看待战争。他将艺术和生活分离开来，并没有试图将战争变成隐喻，而是抓住战争提供的非同寻常的素材来对战争经历进行再创作。这样的经历是生活的一部分，却并非大多数人生活的组成成分：

> 黑暗分崩离析——
> 那是恒久不变的德鲁伊时间老人
> 唯一的活物跃过我的手——
> 一只奇怪的、令人战栗的老鼠——
> 当我采集矮墙上的罂粟花
> 别在我的耳畔

接着，

> 罂粟花的根系深埋在人的血管
> 滴落，不断地滴落；
> 但我耳畔的罂粟是安全的，
> 只沾上了一点点白色的尘埃。
>
> ——《战壕中的破晓》，1916

总之，你仿佛与罗森伯格并肩同行。老鼠在无人区乱窜，享受着人们无法企及的自由，罂粟从浸透鲜血的土地中汲取养分。这些意象具有如图像般强大的冲击力，但最重要的是传达出场景的即时性。正如他在一封信中所说，他的风格“无疑和日常交谈一样简单”。[60] 罗森伯格的笔触是一种毫不畏惧的凝视，但同时也是低调和朴素的。诗中的恐怖不言自明。这也许就是多年以后，其他战争诗歌的力量都随岁月消退，但罗森伯格的诗句却依然感染力十足的原因。他于 1918 年愚人节当天不幸阵亡。

文学评论界一般认为，**威尔弗雷德·欧文**（Wilfred Owen）是唯一能与罗森伯格相提并论，甚至比他更为卓越的战争诗人。欧文于 1893 年生于什罗普郡奥斯维斯奇一个传统的宗教家庭，第一次世界大战爆发时他年仅 21 岁。[61] 被伦敦大学录取后，他在课余担任牛津郡一位村庄牧师的助手，后来又在法国波尔多的贝立兹语言学校谋得了英文教师的职位。战争爆发后的 1914 年，他目睹了抵达波尔多医院的第一批法国伤员。在写给母亲的信中，他生动地描述了伤员的伤痛和他的怜悯之情。1915 年 10 月，154
他加入了“艺术家之枪”战团（想象一下现在哪个战团还用这个名字），却被分派到了曼彻斯特战团。1916 年 12 月底，他乘船前往法国服役，隶属于兰开夏郡火枪团。当时前线的真实战况与后方政府宣传中所维持的形象形成了强烈的反差。

欧文在索姆河战役的第一次值班巡逻就给他带来了强烈的体验，正如他在信中的清楚表述，他经历了一段快速而显著的成熟期。他于 1917 年 3 月负伤后退役，辗转一系列医院治疗伤情，最终于 6 月住进了爱丁堡郊外的克雷格洛克哈特医院。据他的传记作家说，这里“成了威尔弗雷德短暂人生中最重要的分水岭”。[62] 这是一家著名的精神病医院，其中一名医务人员 **W. H. 里弗斯**（W. H. Rivers）正对炮弹休克症进行早期的研究和治疗。在克雷格洛克哈特医院住院期间，欧文遇到了埃德蒙·布伦登和西格弗里德·萨松，此二人也在各自的回忆录中留下了关于此次相遇的记录。萨松的《西格弗里德之旅》（直到 1948 年才出版）阐述了他们各自作品的区别："我的战壕速写就像火箭，它们冉冉升起，照亮黑暗。它们是该类型作品的开山之作，时机也堪称恰到好处。而欧文则揭示了如何通过现实的恐惧和嘲弄，使诗歌创作成为可能。"[63] 欧文于1918年9月返回前线，这部分是因为他相信自己可以借由这种方式更有力地反对战争。10月，他因参与对博雷瓦尔—丰索姆前线的进攻获得了军事十字勋章。而正是在他生命的最后一年，他创作出自己一生中最好的诗篇。在《徒劳无益》（1918）中，欧文的才华甩开了布鲁克几光年的距离，甚至连罗森伯格也无法望其项背。在这首诗中，他描绘了士兵生存的世界里一幅野蛮的画面，这个世界与后方的读者曾有过的任何遭遇都有着天壤之别。他希望传达的是青春的毁灭、屠杀、残害以及这些恐怖可能永恒存在的观念。与此同时，他发现了一种表达方式，能够让恐怖得到清晰、美丽，但永远可怕的展现：

把他移到太阳下——
即使一次轻微触碰，就会使他苏醒，
魂归故里，犹如没有播种的田野的低语。
阳光曾无数次唤醒他，即使在法兰西，
直到这个清晨，这场新雪。
如今，如果说，还有什么东西可以唤醒他
知晓这一秘密的
唯有亘古如斯的宜人的冬阳。

想想它如何催醒种子——
曾经，它苏醒过，这寒星下的泥土。
是肢体，弥足珍贵，如此完美，是周身，

精力充沛——而且温馨——却硬得难以复苏？
它亦是使躯体健硕成熟的唯一缘由？
——啊，冥冥之中的何物在驱使虚妄的日光劳作
并彻底打破大地的宁静？

《哨兵》和《反击》等作品则在字里行间透露出士兵糟糕的身体状况 155
和战场的恐怖。大屠杀随时可能发生。

我们发现了一个德国老兵躲在防空壕里，他也发现了我们，
并给了我们地狱；狂暴的枪林弹雨袭来
照亮头顶的天空，却从未完全突破。
雨水，不停流淌成烂泥的瀑布，
积成齐腰深的泥浆，每小时不断上涨。

对于欧文来说，战争永远不可能是对任何事物的隐喻——它太过庞大和可怕，只有它自己才能容纳得下。他的诗作的感染力有赖于大量阅读后的累积效果。它们不是“照亮黑暗”的火箭（这是萨松对自己作品的形容），而是一枚枚重型炮弹，不断轰击着读者内心的平静。国家让欧文失望，教会让欧文沮丧，所以他担心自己也会让自己失望。最后剩下的只有战争的经历。[64]

我已经建立了情谊——
是老歌里幸福的恋人未曾言说的。
因为爱不是美丽嘴唇的结合
以及丝般柔软的眼神长久地张望，

> 快乐，它的缎带滑落——
> 但伤口被战争的铁丝网造就，撑起它的木桩还很牢固；
> 滴血的手臂缠满束缚的绷带；
> 捆绑着擦拭步枪的皮带。
>
> ——《为我的诗歌辩护》(1917)

正如伯纳德·伯尔贡齐恰如其分的评价，欧文自认为兼具神父与牺牲者的角色于一身。众所周知，W. B. 叶芝将他排除在《牛津现代诗集》(1936)之外，理由是“被动的苦难不是诗歌的恰当主题”，这一恶意的言辞也被一些评论家认定是出于嫉妒。但欧文的诗歌无疑流传了下来。他在指挥手下的士兵横渡桑布尔运河的战斗中不幸阵亡。那一天是1918年11月4日，离战争结束还有不到一周的时间。

第一次世界大战在许多方面不可辩驳地改变了人们的思考的方式和内容。1975年，保罗·福塞尔（时任新泽西州罗格斯大学教授，现为宾夕法尼亚大学教授）在《现代记忆中的大战》中探讨了其中的一些变化。战争结束后，进步的观念发生了逆转，对许多人来说信仰上帝已不再可靠，而讽刺作为一种感情疏远的形式，则“永久住进了现代人的灵魂之中”。[65] 福塞尔还将他所谓的“现代对抗习惯”（也就是说，人们不再将含糊不清视为有价值之物，取而代之的是“泾渭分明的观念”）的起源追溯到了第一次世界大战。这种观念认为敌人极度邪恶，他们的立场错误百出且颠倒黑白，因此“必须要求敌人完全投降”。他指出，战争期间英国的性观念实
156 现了进步，其中一方面就是有些在前线失去了爱人的妇女走到了一起，组成了女同性恋伴侣——这景象在20世纪20和30年代很常见。反过来，这种模式可能为一种普遍的观念推波助澜，即女同性恋并非异常而是某种

现实。这也可能使得大众出于同情和悲悯的心理，更容易接受女同性恋的存在。

在福塞尔研究的基础之上，杰伊·温特在《记忆之墟，哀悼之墟》（1995）中提出了这样的观点，即战争屠杀的末日属性以及数量空前的家破人亡让许多人远离了现代主义的新生事物（包括抽象主义、自由主义、无调式主义等），转而回归更加传统的表达方式。[66] 尤其是所有的战争纪念碑都是简单而保守的现实主义作品。甚至连先锋派艺术家创作的作品——奥托·迪克斯、马克斯·贝克曼、斯坦利·斯宾塞，甚至连让·科克托和巴勃罗·毕加索与埃里克·萨蒂联合创作的现代芭蕾舞剧《游行》（1917）——都退回到传统的，甚至是基督教的概念和主题，因为它们才是唯一能够让占据压倒性地位的“全人类共同面对的问题”合乎情理的叙事和神话。[67] 在法国，“埃皮纳勒彩绘”重新复活，而此前这些虔信派的海报自 19 世纪初就已不再流行。末日性质的“非现代”文学也重新现身，其中以法国尤甚：亨利·巴比塞的《火线》和卡尔·克劳斯的《人类最后的日子》可为两大范例。尽管遭到教廷强烈谴责，尝试与死去之人沟通的招魂论依旧大幅增长，而且其泛滥之势并不仅限于教育水平低下的人群。在法国，形而上学研究所由诺贝尔生理学奖得主夏尔·里歇领衔，而在英国，精神研究学会的主席则是奥利弗·洛奇爵士，他时任利物浦大学的物理学教授，后来成为伯明翰大学校长。[68] 温特在书中加入了 1922 年在白厅举行阵亡将士纪念日时拍摄的“灵魂照片”，据传当时死者现身观看了整个仪式。阿贝尔·冈斯在战后的大电影《我控诉》（1919）中用了类似的手法，让电影中的死者爬出战场上的坟墓，缠着绷带、拄着拐杖和手杖返回他们的村庄，来检查他们的牺牲是否值得：“死者返回的景象让乡民们吓破了胆，他们立即改邪归正，于是死者们返回坟墓，完成了他们的使命。”[69] 死者总是很容易满足。

然而除此之外，对战争的其他回应（也许是最好的回应），还需要许多年才能成熟。它们将成为20世纪20年代乃至更晚时期伟大的文学作品的一部分。

到目前为止，本章中所讨论的全部发展和插曲都是人们对第一次世界大战的直接回应。但对于**路德维希·维特根斯坦**（Ludwig Wittgenstein）来说，他在战争期间完成的著作并不是对战争本身的回应。不过，若非维特根斯坦已经接触到了真正的死亡威胁，他也不大可能获得创作《逻辑哲学论》的契机和灵感，或者《逻辑哲学论》也不会完全具有其自身的风格。

维特根斯坦于8月7日入伍，当天正是奥匈帝国向俄国宣战的第二天。他被分配到东部战线驻克拉科夫某炮兵团服役。[70]后来他说自己是怀
157 着浪漫主义情怀奔赴战场的，也就是说他觉得直面死亡的经历会以某种难以确定的方式让他成长（鲁珀特·布鲁克也说过类似的话）。在看到敌对力量的第一眼后，他就在一封信中吐露："现在我有机会成为一个体面的人，因为我正直面死神。"[71]

战争爆发时维特根斯坦25岁，家里有七个兄弟姐妹。他们家是个富有的犹太家庭，已经完美地融入了维也纳社会。爱国诗人和剧作家弗朗茨·格里尔帕策是路德维希父亲的朋友，约翰内斯·勃拉姆斯则给他的母亲和姨妈上过钢琴课。维特根斯坦家的音乐之夜在维也纳享有盛名：古斯塔夫·马勒和布鲁诺·瓦尔特都是常客，勃拉姆斯单簧管五重奏的首演也安排在这里。路德维希的妹妹玛格丽特·维特根斯坦给古斯塔夫·克里姆特当过肖像模特，画中的她充斥着金色、紫色和其他杂乱的色彩。[72]具有讽刺意味的是，路德维希·维特根斯坦这位现在最受赞誉的维特根斯坦家族成员，最初被家人认为是最愚蠢的孩子。玛格丽特天生丽质；兄长汉斯4岁时就开始作曲，同时已经能够演奏钢琴和小提琴；另一位兄长鲁道夫

在柏林成为演员。要是汉斯没有在 1903 年从切萨皮克湾出发的航行中失踪，或者鲁道夫没有在柏林的一家酒吧里服用氰化物自杀身亡（当时他给钢琴手买了一杯酒，要求他弹奏一首流行歌曲《我迷失了》，然后服下了毒药），路德维希也许永远不会闪耀光芒。[73] 两位兄长不堪忍受父亲呆板意愿的折磨，父亲一心想让他们成为成功的商人，而他们辜负了他的心愿。而鲁道夫的同性恋倾向日益明显，这让他的痛苦雪上加霜。

路德维希也像其他家庭成员一样喜爱音乐，但他同时拥有最具技术性和实用性的头脑。于是，他没有被送到维也纳的文法学校，而被送到了林茨的实科中学。该学校因教授历史的大师**利奥波德·珀奇**（Leopold Pötsch）而闻名。珀奇是一个狂热的右翼分子，他将哈布斯堡王朝视为“堕落的王朝”。[74] 对他来说，忠于哈布斯堡王朝是荒谬的；相反，他崇敬泛德运动更为亲民的民族主义。没有任何迹象表明，维特根斯坦曾被珀奇的理论所吸引，但有一个与他同学了几个月的校友显然深受其影响。那个校友就是阿道夫·希特勒。从林茨的学校毕业后，维特根斯坦前往柏林深造，并在那里对哲学产生了兴趣。不仅如此，他还对航空产生了迷恋。而他的父亲仍旧热切期待着，自己能有一个儿子踏上经商之道，因此建议他前往英国的曼彻斯特大学深造，因为那里有很好的工程系。路德维希按照计划注册了工程课程，他还参加了数学教授贺拉斯·兰姆的讲座。正是在他的一次讲座上，一位同学向维特根斯坦推荐了伯特兰·罗素的《数学原则》。正如我们先前所见，这本书表明了数学和逻辑是相同的。对于维特根斯坦来说，罗素的书犹如启示。他潜心数月钻研《数学原则》和戈特洛布·弗雷格的《算术基础》。[75] 1911 年夏末，维特根斯坦前往德国的耶拿拜访了弗雷格。他对弗雷格的印象是“一个讲起话来在房间里跳来跳去”的小个子，而弗雷格则对这位年轻的奥地利人留下了深刻印象，并建议他前往剑桥，师从伯特兰·罗素。[76] 维特根斯坦找到罗素的时候，后者 158

刚好完成了《数学原理》的写作。这位年轻的维也纳人于1911年抵达剑桥，一开始人们对他的看法褒贬不一。人们普遍认为他很沉闷，带着费解的德式幽默感，因此送他一个绰号叫“Witter-Gitter”。和阿诺尔德·勋伯格和奥斯卡·柯克西卡一样，他自学成才，也不在乎别人对他的看法。[77]这个学生很快就超过了导师。而当罗素安排维特根斯坦加入“使徒”（一个高度机密且选择性极强的文学社团，始建于1820年，当时由利顿·斯特雷奇和梅纳德·凯恩斯把持）时，“剑桥意识到它已经拥有了另一位天才”。[78]

到了1914年，维特根斯坦已在剑桥求学三年，被叫作“卢基”的他开始规划自己的逻辑理论。[79]当时他趁着漫长的假期回到维也纳的家中，但第一次世界大战的爆发让他被困在奥地利国内。在接下来的几年里，维特根斯坦的思想与他在前线面临的危险复杂地交织在一起，并相互影响。他在战争早期就构思了语言的图像理论，而在奥地利军队被俄军杀得仓皇撤退的过程中，他对这一理论做了进一步的完善。然而在1916年俄军向同盟国的波罗的海侧翼发起进攻后，作为一名普通士兵的维特根斯坦被调往前线。他证明了自己的勇敢，主动要求被派往最危险的地方——前线的观察哨，全然不顾那里是敌人的首要打击目标。“有人朝我开枪。”当年4月29日，他在日记中这样写道。[80]尽管危险重重，他仍在那几个月间研究哲学问题，并至少持续到6月。而后俄军发动了蓄谋已久的勃鲁西洛夫攻势，战事日趋激烈。此时维特根斯坦的日记表明他已变得更加的哲学化，甚至呈现出宗教化的趋势。7月底，奥军再次被击退，在冰雨和浓雾中退到了喀尔巴阡山脉。[81]维特根斯坦再次负伤，受到了奥地利军中相当于维多利亚十字勋章的荣誉提名（他最后得到的荣誉要略低一些）并三次得到提拔，最终成为一名军官。[82]在军官学校里，他与一位志趣相投的同道中人保罗·恩格尔曼合作修改了自己的书。在返回意大利前线时，他已经是一名少尉了。[83] 在 1918 年的休假期间，维特根斯坦在某火车站内考虑自杀，恰好被叔叔保罗撞见。叔叔说服了他，并带他回到自己位于哈莱因的住处。[84] 在那里，维特根斯坦得以在返回部队前完成对书稿的修改工作。然而，在手稿出版前，维特根斯坦和其他 50 万士兵一道在意大利被俘。关押在战俘营期间，他认定自己的书已经解决了哲学领域所有悬而未决的问题，而他将在战后放弃这一学科，改行当一名教师。他还决定捐出他所有的财产。后来他言出必行地完成了这两桩心愿。

很少有书籍的诞生过程能像《逻辑哲学论》一样曲折。维特根斯坦在寻找出版商的过程中困难重重，他尝试的第一家出版社同意接受该书，但他必须自掏腰包解决印刷和纸张的费用。[85] 其他出版社也同样谨慎，所以该书的英文版直到 1922 年才得以面世。[86] 但《逻辑哲学论》的横空出 159
世引起了巨大的轰动。许多人无法理解书的内容；还有些人认为它“有着明显的缺陷”，“内容很有限”，并认为书中所论述的都是显而易见的事。哲学期刊《心灵》的编辑弗兰克·拉姆塞说：“这本书的重要性首屈一指。它囊括了关于一系列重大论题的独创性思想，形成了一个连贯的体系……”[87] 凯恩斯在写给维特根斯坦的信中说：“无论是对是错，自从这本书问世以来，它都主宰了剑桥所有基本问题的讨论。”[88] 在维也纳，一群由莫里茨·石里克领衔的哲学家对此书非常关注，而这个团体最终演变成著名的维也纳逻辑实证主义学派。[89] 正如维特根斯坦的传记作者瑞·蒙克所言，这本书包括了逻辑理论、命题的图像理论和“准叔本华的神秘主义”。其论点在于，语言与世界相一致，就如同图像或模型与它们试图描绘的世界相一致。这本书的写作风格堪称毫不妥协。“在此处传达的思想真理，”书的序言这样写道，“在我看来无懈可击、确凿无疑。”维特根斯坦进一步说道，他已经“在所有基本点上”为哲学的难题找到了答案。序言以这样的句子结尾："如果我所笃信的并无谬误的话，那么这部作品的价值还体现在它表明了这些问题得到解决时所取得的进步有多么渺小。"书中的句子都很简单，而且都有自己的编号，附注 2.151 是对 2.15 的精炼，而想要理解 2.15 则必须参考 2.1 中的附注。几乎没有什么附注是限定性的，但每个附注都循序渐进。正如罗素所说："它们就像沙皇的圣旨一样。"[90] 弗雷格的作品曾为《逻辑哲学论》提供了创作灵感，但他本人至死也没能理解这本书的内涵。

如果我们专注于《逻辑哲学论》的后半部分，也许我们能更容易地把握维特根斯坦在书中传达的思想。他的主要创新在于认识到了语言具有的局限性，即有些事情是语言无法描述的，所以这些局限有着逻辑的、因而是哲学的后果。例如，维特根斯坦认为谈论价值是毫无意义的，原因很简单，因为"价值不是世界的一部分"。由此可见，所有对道德和审美的判断都永远不能成为语言有意义的用途。这一点对我们将世界看作一个整体的哲学概括同样适用：如果这些概括不能被分解成基本的句子（"它们才是真正的图像"），那么这些概括也毫无意义。相反，维特根斯坦认为，如果我们想要言而有物，那就必须降低自己的眼界。只有通过对组成世界的单独事实进行细致描绘，我们才能表达出世界的样子。从本质上说，这正是科学试图解决的问题。他认为逻辑本质上是同义反复，只是在用不同方式陈述同一件事而已，传达不出"任何关于世界的真实信息"。

维特根斯坦曾被不公正地批评为在哲学界兴起了一股"沉迷文字游戏"的风潮。其实他是希望通过强调我们能够和不能有意义地谈论的事物，让我们更加精确地运用语言。《逻辑哲学论》的结束语声名远播："但凡人所不能言明之事，皆应保持缄默。"[91] 他的意思是，对于语言不能与现实保持一致的领域，妄加谈论是毫无意义的。他在著书立说之后的生涯一如该书的写作过程一样值得称道，因为他以自己特立独行的方式履行了他在结束语中表达的观点。他沉默了，改行当了一名奥地利的乡村教师，终其余生再也没有出版过任何作品。[92]

在第一次世界大战期间，许多艺术家和作家都来到位于中立国瑞士的苏黎世躲避战乱。**詹姆斯·乔伊斯**（James Joyce）在苏黎世湖边完成了《尤利西斯》大部分的创作，**汉斯·阿尔普**（Hans Arp）、**弗兰克·韦德金德**（Frank Wedekind）和**罗曼·罗兰**（Romain Rolland）也曾在此居住。他们在苏黎世的咖啡馆里会面，这也在一段时间里让这里咖啡馆的重要性堪与19、20世纪之交的维也纳咖啡馆相媲美。奥迪恩咖啡馆是其中最负盛名的一家。对于许多当时流亡苏黎世的文化人来说，这场战争似乎标志着，那个造就他们的文明已告终结。在这之后的一段时期内，艺术成了"主义"的产物，而科学倡导的不可改变的现实观念以及完全理性和自我意识的个人观念则名誉扫地。在这样的世界中，达达主义者感到他们不得不从根本上改变艺术和艺术家的整个概念。战争破坏了进步的理念，而这反过来又扼杀了艺术家为后人创作经久不衰的经典作品的雄心壮志。[93]一位评论家说，沉默还是行动？这是艺术家面临的唯一选择。

奥迪恩咖啡馆的常客中包括了**弗朗茨·韦费尔**（Franz Werfel）、**阿列克谢·雅夫伦斯基**（Aleksey Jawlensky）和哲学家**恩斯特·卡西尔**（Ernst Cassirer）。还有一位当时尚不知名的德国作家**胡戈·巴尔**（Hugo Ball，兼天主教徒和无政府主义者身份于一身），以及他的女朋友**埃米·亨宁斯**（Emmy Hennings）。亨宁斯是一名记者，也是一位卡巴莱舞蹈演员，经常在巴尔的钢琴伴奏下表演。1916年2月，他们打算创办一本文学评论或者开一家卡巴莱酒馆。具有讽刺意味的是，这家酒馆取名为"伏尔泰酒馆"（讽刺意味在于达达主义所回避的理性正是伏尔泰成名的原因）[94]，并将地址选在镜子街。那是一条陡峭而狭窄的小巷，列宁曾在此居住。伏尔泰酒馆迎来的第一批客人中有两位是罗马尼亚人，画家马塞尔·扬乔和青年诗人萨米·罗森斯托克，后者使用的笔名为特里斯坦·查拉（Tristan Tzara）。在这里聚集的早期团体中，索菲·陶博是唯一的瑞士人，她是汉斯·阿尔普的妻子（阿尔普本人则来自阿尔萨斯）。其余常客还包括奥地利的沃尔特·泽尔纳、乌克兰的马塞尔·斯洛德基、德国人理查德·许尔森贝克和汉斯·里希特等。关于创办文学评论一事，巴尔于1916年拟就了一份计划，正是在他的介绍中第一次使用了“达达”（Dada）这个词。巴尔的日记记录了伏尔泰酒馆里的娱乐项目：“粗暴的挑衅、原始的舞蹈、刺耳的杂音和立体主义的戏剧演出。”[95]查拉总是声称自己之前就在《拉鲁斯词典》里找到了“达达”这个词，但不论这个词是否具有任何固有含义，它很快就被绑定上另一种意思。汉斯·里希特对此的总结堪称经典[96]，他说它“与斯拉夫语里快乐地表示肯定的‘da ... da’即‘是的，是的’一定有某种联系”。在战争时期，达达主义将戏剧奉为最可宝贵的人类活动。“我们厌恶屠宰场般的世界大战，转而投身于艺术，”阿尔普这样写道，“我们寻找一种基本的艺术，我们认为它能将人类从那个年代激烈的疯狂中拯救出来……我们想要的是一种无个性的、集体化的艺术。”[97]达达主义旨在疗救将人类推向灾难的病态思想，并使其恢复健康。[98]达达主义者质疑，在
161 科学发展和政治进步的光芒下，最广泛意义上的艺术是否具有可行性。他们怀疑现实能否被代表，认为根据科学的观点，现实太难以捉摸，因此在道德上和社会上都半信半疑。如果要说达达主义真的看重什么的话，那就是实验和探索的自由。[99]

达达主义不亚于任何其他现代主义运动，它同样包含悖论。因为虽然达达主义者怀疑艺术的道德或社会功效，但他们其实别无选择，只能继续保持艺术家的身份。在企图让社会思想恢复健康的尝试中，他们仍然支持艺术具有解释和救赎力量这一先锋派理念。唯一的区别在于，他们摈弃

了自己所嘲笑的各种“主义”，把目光转向童年和偶然性，试图重获天真、纯洁和明晰，最重要的是，将达达主义当作探究无意识的一种方式。

在这一点上，没有人在成就上能出汉斯·阿尔普和**库尔特·施维特斯**（Kurt Schwitters）之右。阿尔普在 1916 至 1920 年间创作了两类画作。其一是简单的、类似玩具的木刻拼图；他像孩子一样热爱用简洁、明快、直接的色彩画出云朵和树叶。与此同时，他乐于接受偶然性，他把纸撕成条状并随意抛撒，然后把纸条固定在落下的位置，从而创造出随机的拼贴画。然而，阿尔普在公共领域发布的作品具有一种冥想的特质，简单而沉稳。[100] 特里斯坦·查拉在诗歌领域进行了同样的尝试，据说他从一个袋子里随机抽取单词然后拼凑成“诗句”。[101] 库尔特·施维特斯也制作过拼贴画，但他的做法并非随机，而是带有一定的迷惑性。正如马塞尔·杜尚通过重新命名和画廊展示的方法将尿壶和自行车轮等日常用品变成艺术，施维特斯则在垃圾中发现了诗歌。怀着一颗立体主义之心，他在家乡汉诺威搜集所有肮脏、剥落、污染、部分焚毁乃至撕裂的东西。当他把这些东西聚拢到一起时，它们完全被改造成另一种不同的东西，它们讲述着一个故事，楚楚动人。[102] 虽然他的拼贴作品可能给人以随机堆放的感觉，但其实是经过精心布置的：每个部分的色彩都彼此搭配，一片材料的边缘与另一片完美贴合，某张报纸上的污渍与另一处的某个形状遥相呼应。对施维特斯来说，这些都是“**梅尔茨**”（Merz）画。这个名字来源于“商业银行”和“私人银行”报纸广告的一部分，是他曾在一张早期的拼贴画中使用过的内容。在施维特斯的拼贴画中，碎屑和浮尘都是一种批评：是对文化的批评，批评这样的文化引发了战争，制造了屠杀、荒芜和污秽；它们也是对城市的批评，批评这样的城市是腐朽文化的温床，也是深重苦难的庇护所。如果说爱德华·马奈、夏尔·波德莱尔和印象派画家赞美了 19 世纪末城市（它们正是孕育现代主义的温床）稍纵即逝的丰饶之美，那么施维特斯的拼贴画则是一个时代结束时令人不安的挽歌，是一种新的艺术形式，同时也是一种遗迹的形式和对当时世界的谴责，更是一座纪念碑。达达主义者所津津乐道的，正是这种模糊性或者说是悖论。[103]

战争结束后，胡戈·巴尔离开苏黎世前往瑞士意大利语区的提契诺州，达达主义的中心也转移到德国。汉斯·阿尔普和另一位拼贴画家马克斯·恩斯特去了科隆，施维特斯则留在汉诺威。但达达主义在柏林发生了
162 改变，较之前变得更加政治化。战败后的柏林是一片满目疮痍之地，物资短缺和巧取豪夺无处不在，政治上四分五裂，在俄国革命的影响下革命一触即发。1918 年 11 月发生了一次规模不大的社会主义起义，但最终失败，革命领导人卡尔·李卜克内西和罗莎·卢森堡遇害。这次起义不但对其他人（尤其是阿道夫·希特勒）来说是一个决定性的机遇，对达达主义者也是重要的契机。[104]

正是**理查德·许尔森贝克**（Richard Hülsenbeck）将“达达病毒”传播到柏林。[105] 他于 1918 年 4 月发表了他的达达宣言，并建立了一个达达俱乐部，早期成员包括**拉乌尔·豪斯曼**（Raoul Hausmann）、**格奥尔格·格罗茨**（George Grosz）、**约翰·哈特菲尔德**（John Heartfield）和**汉娜·赫希**（Hanna Höch）。他们用合成照片取代了拼贴画，以此攻击他们共同厌恶的普鲁士社会。达达主义者仍饱受非议，同时也制造着丑闻：约翰内斯·巴德尔擅闯魏玛议会，用宣传册砸向与会代表并自称为德国总统。[106] 柏林的达达主义较苏黎世更为集体化，达达主义者还发动了更为长期的运动来反对德国表现主义画派（该派的成员包括埃里希·黑克尔、恩斯特·路德维希·基尔希纳和埃米尔·诺尔德）。达达主义者声称这些人只不过是德国资产阶级的浪漫主义者。[107] 格奥尔格·格罗茨和奥托·迪克斯是达达主义画家中最激进的批评者，他们画中最惊人的形象是战争致残者猥琐的半人形态。这些变形和怪诞的个体形象都是对在家中享受和平的人们痛苦的

提醒，提醒他们战争的残酷与疯狂。格罗茨、迪克斯、赫希和哈特菲尔德在描绘装有假肢的人物形象时，表现出的残酷有过之而无不及，他们看上去都成了半人半机器的模样。这些残缺不全的形象是对魏玛文化的总体隐喻：一群腐败、丑陋的傀儡，旧秩序仍在幕后指挥，但最重要的还是反映出战争的创伤。

格罗茨在他的代表作《共和国机器人》（1920）里对社会进行了最严厉的斥责。该画的场景令人生畏，摩天大楼呈现出荒凉的模样，而乔治·德·基里科将在不久以后把它们描绘成令人不寒而栗的样子。前景中残废的人们撑着复杂得荒唐的假肢，戴着过时的传统礼帽，穿着僵硬的高领上浆衬衫，玩弄着他们的战争勋章，挥舞着德国国旗。这幅作品和格罗茨的所有作品一样，是一幅尖刻的嫌恶之图，它憎恶的对象不仅仅是普鲁士人，还包括轻易地接受这种可憎情况的资产阶级。[108] 对于格罗茨来说，罪恶并没有随着战争的结束而告终结。事实上，除了恐怖和残杀已经结束以外，其他改观其实微乎其微，而这正是他所抨击的。“在格罗茨的德国，一切人和物都是商品（妓女是最受欢迎的品种）。……四个品种的猪占有着世界：资本家、军官、牧师和妓女，而社会名流的老婆则是另一种形式的妓女。举出正直的军官或有教养的银行家这样的反例……是毫无意义的。格罗茨作品所传达出的愤怒和痛苦把这些品质统统扫到一边。”[109]

1920 年，特里斯坦·查拉将达达主义的理念带到了巴黎。**安德烈·布雷东**（André Breton）、**路易·阿拉贡**（Louis Aragon）和**菲利普·苏波**（Philippe Soupault）这三位现代主义评论期刊《文学》的编辑对达达主义都持同情态度，因为阿尔弗雷德·雅里式的象征主义及其对荒谬的狂热已经影响了他们。[110] 他们还很享受动荡的趋势。但与柏林的情况不同，巴黎的达达主义采取了一种特别的文学形式，截至 1920 年底已有至少六份达 163
达主义杂志在刊，相关书籍则更多，其中包括弗朗西斯·皮卡比亚的《无言的思想》和保罗·艾吕雅的《生活之必需与梦想之后果》。达达主义在这些杂志、书籍以及沙龙和社交聚会的推波助澜下扩大影响，其主要目标是向公众允诺一些可耻的东西，然后让他们失望，从而迫使资产阶级面对自己的百无一用，“直面虚无的深渊”。[111] 正是这种对公众的攻击、冒险的魅力和“混乱边缘的稳健步履”将巴黎、柏林和苏黎世的达达主义联系在了一起。[112]

巴黎达达主义的独特之处在于**自动书写**（automatic writing），这是一种精神分析技术，执笔者让自己变成“一台记录仪”，倾听“**无意识的低语**”（unconscious murmur）并将其写出。安德烈·布雷东认为更深层次的真相可以通过自动书写来加以认识，“思想的类比序列”能够借此得到释放，他还于1924年发表了一篇短文，介绍人们意识思想的深层含义。[113] 这篇名为《超现实主义宣言》的文章对20世纪20和30年代的艺术/文化生活产生了巨大影响。虽然超现实主义直到20世纪20年代中期才逐渐繁荣，但布雷东认为这是“第一次世界大战的一大作用”。[114]

维特根斯坦在奥军前线撰写和修改着《逻辑哲学论》，而在对面的俄国，几位艺术家则对战争进行着记录。**马克·夏加尔**（Marc Chagall）将受伤士兵画进了自己的作品；**纳塔利娅·冈察洛娃**（Natalya Goncharova）发表了一系列名为《战争的神秘图像》的版画，描绘了古老的俄罗斯标志遭受敌机轰炸的情景；**卡西米尔·马列维奇**（Kasimir Malevich）则制作了一系列嘲笑德国军队的宣传海报。但第一次世界大战给俄国造成的直接而粗暴的思想后果在于，它切断了俄国艺术界与巴黎的联系。

第一次世界大战之前，俄国艺术在巴黎有着非常广泛的影响。由意大利诗人菲利波·马里内蒂在1909年发起的未来主义被**米哈伊尔·拉里奥诺夫**（Mikhail Larionov）和纳塔利娅·冈察洛娃在1914年发扬光大。未来主义的两大中心思想是：第一，机械创造了一种新的人性，在此过程中提供了源于历史约束的自由；第二，对抗是将人们从资产阶级自鸣得意的幻梦中摇醒的唯一途径。虽然未来主义并未持续多长时间，但它倡导对抗的一面正是达达主义、超现实主义和20世纪60年代“发生主义”所体现的对抗面的鼻祖。在巴黎，冈察洛娃为尼古拉·里姆斯基—科尔萨科夫设计了歌剧《金鸡》的舞台背景，亚历山大·伯努瓦则为谢尔盖·佳吉列夫的俄罗斯芭蕾舞团工作。在巴黎的社交晚会上，纪尧姆·阿波利奈尔参观了在保罗·纪尧姆画廊举办的拉里奥诺夫和冈察洛娃的画展，得出的结论是“一种普遍的艺术正在诞生，绘画、雕塑、诗歌、音乐甚至科学的各个方面都将在其中得到结合”。同样也是在1914年，夏加尔在巴黎举办了画展，几幅马列维奇的作品也在独立艺术沙龙上展出。其他战前活跃在巴黎的俄罗斯艺术家还包括**弗拉基米尔·塔特林**（Vladimir Tatlin）、**莉迪娅·波波娃**（Lydia Popova）、埃利泽·利西茨基、瑙姆·加博和安东·佩夫斯纳等。**谢尔盖·休金**（Sergey Shchukin）和**伊凡·莫罗佐夫**（Ivan Morozov）等富有的俄国资产阶级收藏家收集着法兰西学派出品的最好的现代主义绘画作品，还同毕加索、布拉克、马蒂斯、格特鲁德·斯泰因和 164
利奥·斯泰因等艺术家成了朋友。[115] 截至第一次世界大战爆发之时，休金的藏品已达到如下的规模：54幅毕加索、37幅马蒂斯、29幅高更、26幅塞尚和19幅莫奈。[116]

对于俄国人来说，在1914年之前，欧洲旅行是非常便利的，这意味着他们的艺术既对国际现代主义影响持开放态度，同时仍保留了独特的俄国风格。冈察洛娃、马列维奇和夏加尔的作品将俄国标志性的“东方”主题与现代主义的“西方”图像结合在一起：他们的作品中既有东正教的圣像和西伯利亚的冻土景观，也能看到铁梁、机械、飞机和科学的各个方面。革命之前的俄国艺术并没有走回头路。事实上，“至上主义”在第一次世界大战开始和俄国革命爆发之间诞生了。这是一种几何抽象形式，灵感来源于马列维奇对数学的痴迷——它也成了当时欧洲众多“主义”中的一个。但在1917年10月的战争中期爆发的俄国革命改变了绘画和其他视觉艺术。三位艺术家和一名政委代表了革命时期的俄国艺术，他们是：马列维奇、弗拉基米尔·塔特林、**亚历山大·罗琴科**（Alexander Rodchenko）和**阿纳托利·卢那察尔斯基**（Anatoli Lunacharsky）。

卢那察尔斯基是一位敏感而富于理想主义情怀的作家，一生的作品不下36部。他相信艺术是革命的中心，也是重建俄国生活的关键所在，而他对艺术的作用抱有坚定的信念。[117] 既然国家是艺术唯一的赞助来源（休金的藏品于1918年11月5日被收归国有），卢那察尔斯基构思了一种新的艺术形式：**宣传鼓动**（agitprop），顾名思义，集宣传与鼓动于一体。对他来说，艺术是变革的重要媒介。[118] 身为教育政委以及音乐和戏剧领域的权威，卢那察尔斯基是列宁的顾问，一时间他提出的若干宏伟计划都得到了重视。例如，他曾提议在莫斯科的著名地标竖立一系列纪念已故伟大国际革命者的雕像。这些“革命者”中很多是法国人，包括乔治—雅克·丹东、让—保罗·马拉、伏尔泰、左拉和塞尚等。[119] 这个计划和许多其他计划一样，由于资源的匮乏而流产：俄国并不缺艺术人才，缺的是建造雕像所需的青铜。[120] 其他的宣传鼓动计划则得以实施，至少在一段时间内是如此，其中包括宣传鼓动的海报和街头花车、宣传鼓动的火车，以及伏尔加河上的宣传鼓动船。[121] 卢那察尔斯基还重组了艺术学校，包括两所最负盛名的机构，分别位于斯摩棱斯克西北的维捷布斯克和莫斯科。1918年，前一所学校由夏加尔担任校长，马列维奇和利西茨基担任教师；后一所位于莫斯科，名为国家高等艺术培训学校，也称**福库特马斯学校**（Vkhutemas school）。它堪称俄国的包豪斯，是“世界上最先进的艺术学院，也是俄罗斯构成主义的思想中心”。[122]

卡西米尔·马列维奇（1878—1935）早期作品的灵感很大程度上来源于印象派，但也汲取了很多塞尚和高更常用的大胆而单调的色彩，以及野兽派（尤其是马蒂斯）的风格。1912 年前后，马列维奇的作品开始分解成一种立体主义的形式。但在这个时期，他画中的主要形象仍是在田间劳作的充满俄国特色的农民形象。1912 年之后，马列维奇再次改变风格，变得更为简洁。他一直与诗人兼数学家**韦利米尔·赫列布尼克夫**（Velimir Khlebnikov）关系不错，而马列维奇的作品也因为运用抽象和三维形状 165
（三角形、圆形和矩形），且几乎没有颜色变化而被认为类似于诗歌。[123] 他所用的形状在立体性上要低于布拉克和毕加索。最后，马列维奇的风格又发生了变化，创作出了他著名的作品：一片白色背景上的一个黑色方块，接着在 1918 年，又创作了白色背景上的白色方块。随着革命在别处开辟战场，马列维奇的作品在其所能代表的绘画领域内，象征着一种绘画的终结。（除了画家的身份外，他还是一位艺术理论家，写有论文《无目的世界》。）[124] 马列维奇力求表现出简单、明晰和洁净的艺术风格，他认为这些是数学的特质，是优美简洁的形式，是自然的基本形状，甚至是奠定立体主义根基的抽象现实。马列维奇彻底改变了俄国的绘画艺术，将其推到形式的极限，像物理学家分析物质一样将绘画分解为简单的元素。

马列维奇可能彻底改变了绘画，但**构成主义**（constructivism）本身就是革命的一部分，因为它最接近于革命的形象和目标。卢那察尔斯基意在创造一种人民的艺术，他称之为“五戈比艺术”，价廉物美，每个人都消费得起。构成主义以积极向前的图像响应人民委员的要求，这些图像象征着无止境的运动，并试图模糊艺术家与工匠、建筑师与工程师之间的界限。飞机机翼、铆钉、金属板和三角板，这些都是构成主义的图像元素。[125] 弗拉基米尔·塔特林（1885—1953）是构成主义的主要倡导者，他曾做过水手和造船匠，也是一位肖像画家。他像康定斯基和马列维奇一样，致力于创造新形式，即逻辑的形式。[126] 和卢那察尔斯基一样，他希望创造无产阶级艺术和社会主义艺术。他开始运用铁和玻璃等“社会主义材料”进行创作，这些材料尽人皆知，“并不高贵”。[127] 在革命爆发两年后的 1919 年，塔特林形成了自己的理论，当时他接到任务，为第三共产国际（即世界马克思主义革命政党联合会）设计一座纪念碑。1920 年，在莫斯科举行的苏维埃第八次代表大会上，他的设计构思揭晓——它是一座斜塔（slanting tower），高 1300 英尺，与之相比“仅仅”高 1000 英尺的埃菲尔铁塔也相形见绌。这座斜塔将会是苏联的宣传名片，也是塔特林工程艺术构想的体现（他是一个嫉妒心很强的人，与马列维奇竞争激烈）。[128] 根据设计，整座塔分为三部分，每部分以不同速度旋转，用玻璃和钢建造。塔特林的斜塔被视为定义构成主义的纪念碑，也是承载了丰富象征意义的有用的永动机。设计揭晓时，悬挂在模型上方的旗帜上这样写道，“工程师创造新形式”。不过，如果一个社会连给伏尔泰和丹东建造雕像的青铜都拿不出来，它当然也不会拥有建造塔特林的斜塔所需的钢和玻璃，因此该设计永远只停留在模型阶段：“但它仍然是 20 世纪最具影响力的乌有之物，同时也是最矛盾之物，是对不切实际乃至无法建造的实例的隐喻。”[129] 这正是马列维奇的无目的世界的完美缩影。

俄国艺术革命三巨头的最后一位是画家亚历山大·罗琴科（1891—1956）。受到革命精神感染的他创立了具有自身风格的未来主义和宣传鼓
166 动。开始时，他尝试过建筑模型、雕塑和多种建筑设计，而后转向了朴实的现实主义摄影和具有直接影响力的海报。[130] 用罗伯特·休斯的话来说，罗琴科所追求的艺术形式就像“在大街上叫喊一样引人注目”，[131]“未来的艺术不会是家庭住宅的温馨装饰。它将是不可或缺的，就像 48 层的摩天大楼、宏伟的桥梁、无线电（广播）、航空和潜艇一样，都会转化为艺术”。罗琴科与俄国最伟大的现代主义诗人之一弗拉基米尔·马雅可夫斯

基（Vladimir Mayakovsky）组成了搭档，他们工作室的标志上这样写着："广告制作员，马雅可夫斯基—罗琴科"。[132] 他们的海报就是这个新国家的宣传海报。对罗琴科来说，宣传就是伟大的艺术。[133]

罗琴科和马雅可夫斯基赞同塔特林和卢那察尔斯基关于无产阶级艺术和艺术范围的思想。作为革命的坚定支持者，他们认为艺术应当属于每个人，甚至赞同人民委员的意见，认为整个国家，或者至少是政府，应当被视为一件艺术品。[134] 现在看来，这几乎浮夸到了荒谬的地步，在当时却是非常严肃的。对罗琴科而言，摄影是最无产阶级的艺术，甚至比活版印刷或纺织品设计（这些都是他的爱好）尤甚，因为摄影的花销不大，而且可以根据情况需要进行尽可能多的重复。下面是一些典型的罗琴科言论：

> 不要把艺术当作
> 有产者碌碌无为生活中
> 鲜艳的补丁。
> 不要把艺术当作
> 穷人黑暗肮脏生活中
> 珍贵的宝石。
> 不要把艺术当作
> 逃避生无可恋的生活
> 的一种手段。[135]

以及：

> 坦率地告诉我，我们应该保留列宁的什么：
> 青铜雕像，

肖像油画，
铜版画，
水彩画，
他秘书的日记，他朋友们的回忆录——

还是他工作和休息时的照片，
他的书、稿纸、笔记本，
速记报告、电影、唱片？
我不认为我们有任何选择。
艺术在现代生活中没有位置……每一个现代人都必须发动对艺术的战争
就像对鸦片一样。

不要说谎。
167 接着拍下一张照片！[136]

借助摄影这种完美的构成主义材料（现代、谦逊而真实），罗琴科在他的朋友、俄国电影导演**济加·维尔托夫**（Dziga Vertov）的影响下，开始运用重复、失真、放大和其他技术来制作合成照片，以此向群众解释和重新解释革命的意义。对于罗琴科来说，甚至连啤酒这种无产阶级饮料也可以具有革命性、爆炸性的力量。

虽然至上主义和构成主义最初是作为人民大众的艺术形式而创建的，但它们现在已被视为“高雅艺术”。它们对无产阶级施加的影响是短暂的。随着宏大的计划由于缺乏资金而流产，国家也难以继续将其视为艺术品。在“崭新”的现代俄国，艺术再也不能说自己是生活中最为重要的方面了。无产阶级更感兴趣的是食品、就业、住房和啤酒。

大多数这里所讨论的思想回应是积极的，但它们并不会抹杀第一次世界大战的恐怖，也不会减少我们对献出生命者的歉疚之情。但是在人的本性之中似乎存在着一种东西，即使它像达达主义一样，用悲观主义制造出艺术形式乃至哲学，但最终延续下去的也只是艺术形式或是哲学，而不是悲观主义。几乎不会有人愿意争论20世纪最黑暗的时期是哪一段，是1914至1918年间的西线战场，是斯大林治下的苏联，还是希特勒的第三帝国，但我们确乎可以从这场“大战”中打捞出具有非凡价值的思想财富。 168

第 二 部
从斯宾格勒到《动物农场》：文明及其缺憾

10

日　蚀

1918 年 4 月，时值鲁登道夫攻势（这一行动后来被证明是第一次世界大战西方战线的决定性事件）的中期，当时佛兰德斯地区的德军最高统帅埃里希·鲁登道夫将军没能将英军钳制在法国和比利时的北部海岸，因此没能阻止其他部队与之会合，而且在阻击英军的过程中，德军的力量还受到了削弱。就在此时，第一次世界大战之后欧洲最具影响力的思想之一问世了。这本名为《西方的没落》（直译为《黄昏之地的沉沦》）的著作完成于 1914 年，作者是慕尼黑的一位中学教师，名叫**奥斯瓦尔德·斯宾格勒**（Oswald Spengler），书名则早在 1912 年便构思完毕。虽然这两年间世界天翻地覆，但他几乎没有对书的内容做过任何改动。十年之后，他谦虚地将这本书称为“我们这个时代的哲学”。[1]

1880 年，斯宾格勒出生在位于柏林西南一百英里的布兰肯堡。他的父母在情感表达上都颇为矜持含蓄，他们的沉默寡言给斯宾格勒强加了一种隔离感，这似乎对他的性格养成产生了重要影响。这个孤独的孩子只能在一群德国思想界巨人的作品的陪伴下长大，其中包括理查德·瓦格纳、恩斯特·海克尔、亨利克·易卜生和弗里德里希·尼采。正是尼采指出的文化和文明的区别给少年斯宾格勒留下了尤为深刻的印象。尼采认为，文化的代表是查拉图斯特拉，这位隐居的先知从一片蛮荒中创造出秩序。而另一方面，文明的代表则包括托马斯·曼的《死于威尼斯》里的威尼斯，闪亮而发达，却是堕落、衰退和腐朽的。[2] 另一位影响斯宾格勒的人物是经济学家兼社会学家维尔纳·桑巴特。他于 1911 年发表了题为《技术与文化》的论文，认为人类生活的方方面面都与机械之间存在着不可调和的矛盾，这一观点与未来主义的看法截然相反。桑巴特表示，经济和政治自由主义与“商业主义渗出的洪水”之间存在着联系，而后者已经开始拖累西方世界了。桑巴特更进一步宣称历史舞台上有两种角色，分别是英雄和商人。这两种角色极端的典型代表分别是代表英雄的德国，以及代表商人的英国。

1903 年，斯宾格勒没能通过博士论文答辩。虽然他于次年设法通过了答辩，但在德国竞争激烈的学术体系中，第一次答辩的失败意味着顶尖学
171 术机构都向他关上了大门。他在 1905 年罹患神经衰弱并闭门修养了一年。之后他也无法进入大学任教，只能被迫屈身一般中学担任教师。他对此非常厌恶，所以搬到慕尼黑成了一名全职作家。当时的慕尼黑五光十色，与海德堡和哥廷根之类的高等学术中心有着很大的不同。它拥有斯特凡·格奥尔格和他的诗人圈子，拥有刚刚写完《死于威尼斯》的托马斯·曼，还拥有画家弗朗茨·马尔克和保罗·克利。[3]

对于斯宾格勒来说，直接点燃他创作灵感的决定性时刻发生在 1911 年。这一年他搬到了慕尼黑，同年 5 月，德国的“豹号”巡洋舰驶入摩洛哥港口阿加迪尔，企图阻止法国对该国的占领。这一军事对峙将欧洲推到了战争边缘，但最终英法两国占了上风，迫使德国作出让步。许多人（尤

其是身在慕尼黑的人）对此深感奇耻大辱，而斯宾格勒的耻辱感则最为强烈。[4]他当然认为德国以及德国处理问题的方式与法国乃至英国的方式截然相反。对他来说，英法两国代表着自启蒙运动以来兴起的理性科学，而出于某些原因，斯宾格勒将阿加迪尔危机视为理性科学时代终结的标志。一个英雄的时代即将到来，它是一个不属于商人的时代。而他将着手致力于他毕生的事业，其主题就是德国将如何成为属于未来的国家，拥有属于未来的文化。德国也许输掉了摩洛哥的军事博弈，但在必将到来的战争中，她和她的生活方式必将大获全胜。斯宾格勒相信，他正经历着历史的转折时刻，就像尼采曾谈到过的一样。一开始，他的书名叫《保守与自由》，但有一天他在慕尼黑一家书店的橱窗里看到了一本题为《古代的没落》的书，他立刻就知道自己的作品应该叫什么名字了。[5]

德国和整个欧洲正处在重大变革的边缘，怀有这种预感的有识之士当然不只有斯宾格勒一人。法国和德国的青年运动多半是在军国主义的名义下呼唤着自己国家的"复兴"。马克斯·诺尔道的《堕落》仍大行其道，而在近一个世纪没有发生大规模战争的背景下，希望光荣牺牲以彰显崇高的想法也远非罕见。正如我们所看到的，就连路德维希·维特根斯坦也难以免俗。[6]斯宾格勒借鉴了世界八大文明——古巴比伦、古埃及、古中国、古印度、前哥伦布时期的墨西哥、古罗马或希腊罗马、西欧以及他自创的"马吉安"文明，它包括阿拉伯、犹太和拜占庭文明——并解释了每个文明所经历的有机循环：从成长、成熟到不可避免的没落。他的一大目的意在表明，西方文明在文明的发展过程中并不享有豁免权："每种文化都自有其自我表达的全新可能，从产生、成熟再到没落，一去不返。"[7]对于斯宾格勒来说，文明并不是社会进化的终端产物，当然理性主义者所认定的西方文明也不是。相反，文明是文化的暮年时期。这其中不涉及历史科学，也不存在线性发展，只有单纯的个别文化的兴起和衰落。此外，一种新文化的崛起依赖于两大要素（种族和精神），后者是"'我们'的内在生活经验"。对斯宾格勒来说，理性的社会和科学是不屈不挠的西方意志唯
172 一的胜利，而它们将在一个更强大的意志面前崩溃，那就是德国的意志。德国的意志之所以更为强大是因为它对"我们"的感受更为强大。西方文明沉迷于人性"之外"的事物，比如唯物主义科学，德国则更关注内在精神的感受，而这才是决定意志强大与否的关键。[8]他说，德国就像罗马，而且德国人就像罗马人一样，终将到达伦敦。[9]

《西方的没落》堪称一次巨大而直接的商业成功。托马斯·曼在谈及该书对他的影响时，将其与初次阅读叔本华时的震撼相媲美。[10]这本书也让路德维希·维特根斯坦震惊不已，但马克斯·韦伯认为斯宾格勒只是个"非常机灵而博学的半吊子学者"。伊丽莎白·弗斯特—尼采读完全书后为之折服，并安排将尼采奖授予斯宾格勒。该奖项让斯宾格勒摇身一变成了名人，所有的来访者都必须等待三天才能获得他的接见。[11]斯宾格勒甚至还试图说服英国人阅读尼采的作品。[12]

自第一次世界大战结束直到1919年末，德国处于一片混乱和危机之中。中央政府土崩瓦解，革命的火种已经从俄国传来，士兵和水手组成了武装委员会，自称"苏维埃"。如同苏联盟国一样，各大城市都处于枪口的"管辖"之下。最终，社会民主党——成立**魏玛共和国**（Weimar Republic）的左翼政党——不得不召来他们的宿敌，也即军队，以帮助恢复秩序。他们实现了这一目标，但过程的残酷令人发指，数千人因此丧生。在此背景下，斯宾格勒自视为德国民族主义回潮的先知，他得出的结论是：只有自上而下的计划经济才能拯救德国。他认为自己的作用就在于将社会主义从马克思主义的俄国救赎并移植到"更为重要的国家"——德国，因此亟须一种新的政治范畴：他将普鲁士主义和社会主义熔为一炉，诞生了国家社会主义的概念。它号召人们舍弃美国和英国倡导的"现实自

由”，“通过为有机整体履行个人义务”实现对“内在自由”的追求。[13] 这一观点影响了很多人，迪特里希·埃卡特便是其中之一。他帮助建立了德国工人党，而该党的党徽正来源于埃卡特之前所在的泛德图勒会。这一象征“雅利安人生命哲学”的十字徽记，即卐字，第一次具有了政治意义。阿尔弗雷德·罗森贝格也是斯宾格勒的拥趸，并于 1919 年 5 月加入了德国工人党。不久之后，他将一位刚从前线回来的朋友拉入党内，而这个人正是阿道夫·希特勒。

1919 年 1 月 18 日，第一次世界大战的交战国在巴黎召开和平会议，重新分配分崩离析的哈布斯堡王朝和德意志帝国因战败而丧失的国土，并讨论战争赔偿事宜。半年后的 6 月 28 日，德国在和约上签字，签字地点似乎非常完美：就在法国的首都之外，**凡尔赛宫**（Palace of Versailles）的**镜厅**（Hall of Mirrors）之中。

镜厅毗邻凡尔赛宫的战争厅，长 243 英尺，内部装饰璀璨夺目，一排巨大的窗户共计 17 扇，俯瞰着 17 世纪晚期由安德烈·勒·诺特雷设计的王宫花园。大厅中段的大理石壁柱之间安放着三面巨大的镜子，映出花园的美景。在这金碧辉煌之中，英国画家**威廉·奥彭**（William Orpen）爵士用画作记录下这一个历史性的时刻，协约国的首脑、外交官和军人济济一 173
堂，在他们对面坐着两名前来签署条约的德方官员，两人背对着观众。奥彭的画作完美地体现了那一时刻的庄严和肃穆。[14]

从某种意义上说，凡尔赛宫代表了欧洲文明的一脉相承，而这正是斯宾格勒所痛恨并认为正在消亡的文明的体现。但是这里他忽略了一个事实，即自 1837 年以来，凡尔赛宫已不再是王宫，而改成了博物馆。1919 年，欧洲的中心舞台已不属于任何的欧洲皇室家族，而属于三个主要的同盟国和协约国的政治家。奥彭画面的焦点在乔治·克列孟梭身上。他年事已高，海象式的大胡子和头发都已全白，看上去闷闷不乐。在他一侧坐着一位非常正直的总统伍德罗·威尔逊（来自协约国的成员美国），他看起来精明而自信。当时执掌英国的大卫·劳合·乔治坐在克列孟梭的另一侧，看上去明智而多虑。俄国布尔什维克政权代表的缺席则非常显眼，因为他们的领袖认为协约国就像他们刚刚击败的德国人一样，注定要被历史不可阻挡的前进步伐踩在脚下。当时看似完整的解决方案只是凡尔赛宫里的一个错觉而已。在很多人眼里，这样的和平条约更像是对战败者的惩罚和对战利品的瓜分。当时在场的一些人也连带注意到，条约的签署地点是一座镜厅，带有镜花水月的讽刺意味。

《凡尔赛和约》虽然勉强得以签订，但也比撕毁好不了多少。1919年11月，《和约的经济后果》横空出世，就让公众寄托在和约身上的美梦破碎了。该书的作者**约翰·梅纳德·凯恩斯**（John Maynard Keynes）是一位卓越的知识分子。作为经济理论家和秉持约翰·斯图尔特·密尔哲学传统的原创思想家，他不但聪明绝顶，更是著名的布鲁姆斯伯里团体的核心人物。他出身成就斐然的学术之家，父亲是剑桥大学经济学院的学者，母亲也上过剑桥大学纽纳姆学院（虽然她和当时剑桥的其他女学生一样被禁止毕业）。在伊顿公学念书时，他就彰显了卓尔不群的特质，这不仅源自他各种各样令人瞩目的论文，也来自他严谨的着装习惯：他习惯每天早晨都佩戴一朵新鲜的胸花。[15]1902年他进入剑桥大学国王学院就读本科，而在这之前他的名声就传遍了学院。仅仅一个学期之后，著名团体“**使徒**”（Apostles）就向他抛出了橄榄枝，他也因此跻身利顿·斯特雷奇、伦纳德·伍尔夫、G. 洛斯·迪金森和E. M. 福斯特之列，并于后来将伯特兰·罗素、G. E. 摩尔和路德维希·维特根斯坦接纳入“使徒”。在这些自由而富于理性的同僚的影响下，凯恩斯发展了关于合理性和文明的思想，并以此为武器，在《和约的经济后果》中将矛头对准了《凡尔赛和约》的政治伎俩。

在介绍凯恩斯对和约的批判主线之前，我们应当先了解一下他从剑桥到凡尔赛之间的心路历程。早在幼年时，他就深信自己的面容丑陋至极（虽然他看上去显然不能说是体格强健，但这样的想法也完全与他的照片和画像不符），凯恩斯因此对知识生活倾注了大量的精力。他也因此对形体之美推崇备至。他在剑桥时涉及的众多同性恋情之中，有一段事关另一位“使徒”成员阿瑟·霍布豪斯。1905 年，凯恩斯在写给霍布豪斯的信中流露出处于他个性核心的细腻情感，他这样写道：“的确，我头脑聪 174
慧、性格软弱、深情款款、其貌不扬……保持诚实，尽可能地忠于自我。若您从没爱过别人，那么请让我获得您的垂怜，我比任何其他人都更需要您。”[16] 然而他对知识的追求却带着非同寻常的把握。在通过公务员考试后，凯恩斯赴英国政府印度事务部就职，这并非因为他对印度抱有任何兴趣，而是因为印度事务部是当时英国政府的顶尖部门之一。[17] 公务员不高的职责要求让他得以有时间为剑桥的研究员职位论文做准备。1909 年，他当选国王学院研究员，并于 1912 年被委以《经济学杂志》的编辑一职。年方 28 岁的他此时已经是学术界响当当的人物。如果第一次世界大战没有爆发的话，他也将长期处于这样的位置。

在战争时期，凯恩斯的生活处在颇具讽刺意味的紧张状态之中。一方面他担任战时财政部职员，这要求他发挥自己的经济学才能——实际上就是与协约国进行贷款谈判，让英国得以持续作战；另一方面则是他自己的和平信仰，他与拒绝参战的朋友们都持有这样的信仰，包括他在布鲁姆斯伯里团体中的密友以及奥托琳·莫雷尔女士圈子里的和平主义者。的确，他为了朋友们出庭做证，但一旦战争爆发，他告诉利顿·斯特雷奇和伯特兰·罗素：“我们别无其他实际的选择。”而他的确非常实际，他在战争中有一个洞见，预见到法国将永远不会偿还一部分对英国的战争贷款。恰好在1917年，随着法国画家德加的去世，其作品开始在巴黎拍卖，凯恩斯于是谏言英国政府买下部分印象派和后印象派的大师杰作，并让法国政府埋单以抵充贷款。该计划得到了采纳，于是他和英国国家美术馆的馆长一起前往巴黎，为躲避记者耳目，两人还进行了乔装打扮。他们落实了几笔交易，其中就包括一幅塞尚的作品。[18]

凯恩斯作为英国财政大臣的代表，参加了在凡尔赛举行的和约谈判。实际上，于1918年11月投降的德国只能听凭战胜国摆布和约的条款。和谈的中心问题在于，是应当以调和的方式，在新的世界秩序下以民主国家的形式重建德国，还是需要以惩罚的姿态，将德国彻底削弱到永远无法再次发动战争的程度。协约国三巨头的利益诉求并不一致，而在数月的谈判之后，意见逐渐变得清晰：停战建议书不予执行，相反，德国将承担数额巨大的战争赔偿，除此之外，相当一部分的德国领土将被没收，其海外帝国也将由胜利者进行瓜分。

这一结果让凯恩斯震惊了。他怀着“痛苦和愤怒”辞掉了职务。他自由主义的理想、对人性的看法以及拒绝认同克列孟梭的观点，即德国人的本性有着与生俱来的敌意，再加上他对自己没有参战的内疚之情（作为财政部官员，他的兵役得以免除），这所有的一切都驱使他用作品来揭露《凡尔赛和约》的内幕。在《和约的经济后果》中，凯恩斯阐述了他的经济学观点，同时分析了《凡尔赛和约》及其影响。凯恩斯认为，新旧世界
175 之间的平衡已经被战争打破，需要重新建立。欧洲剩余资本在新世界的投资为人口的增长和生活水平的提高生产所需的食品和物品。因此，市场必须更加自由，而非遭到控制。但是控制正是《凡尔赛和约》对德国施加的影响。凯恩斯的观点并非出于狭隘的国家主义，而是基于全欧洲的立场。只有通过这些举措才能消灭大规模人口增长带来的隐患，从而避免进一步的残杀。[19]凯恩斯说，文明必须植根于共同的道德、审慎、深思熟虑和先

见之明。强加在德国身上的惩罚只会事与愿违，反而使欧洲更加贫困。凯恩斯认为，开明的经济学家是维持文明的状态，或者至少防止文明衰退的最佳人选，而政客是无法做到这些的。这本书的一大远见卓识在于，凯恩斯基于数字和计算做出论断，认为德国无论通过金钱或是实物，都无法在协约国设想的三十年内如数偿清巨额的战争赔款。根据凯恩斯的概率论，经济条件的变化根本无法支持如此长期的预测，因此他力劝改为在更短的时间内偿还数额更为实际的赔款。他还指出，为强迫德国缴纳赔款和付出实物而设立的委员会违反了民主国家自由经济的所有规则。因此，他的论断为一种普遍观点埋下了伏笔，即《凡尔赛和约》不可避免地导致了希特勒的崛起，而如果没有德国国内对和约的广泛怨恨情绪，希特勒将不可能掌握德国的大权。虽然在凯恩斯的著作出版后，战争赔款的数额实际上有所缩减，而且大部分规定的款项也从未缴纳过，但这些都于事无补了。德国自认为已经遭到了报复性的待遇，这就够了。

凯恩斯的观点值得商榷。和平伊始之时，德国军队内部就对解除武装一事存在着强烈的抵触情绪。例如，他们拒绝交出协约国要求的所有军用飞机，军工生产和研究仍保持着快速的步伐。[20]凯恩斯作品的巨大成功是不是过分强调了《凡尔赛和约》中可能只是细枝末节的部分，反而破坏了和约更为基本的条款？[21]该书是否助长了20世纪30年代西方绥靖政策的形成，从而让纳粹有机可乘？1946年，在凯恩斯去世后，一本对他提出尖锐批评的书正是基于这样的论断，而有评论者戏谑地认为，该书作者**艾蒂安·芒图**（Etienne Mantoux）代替凯恩斯，在后《凡尔赛和约》时期为该书的负面影响付出了高昂的代价：他在1945年抗击纳粹德国的战斗中不幸身亡。芒图作品的标题严酷地传达出他的观点：《迦太基式的和平，或凯恩斯先生的经济后果》。[22]

但凯恩斯所取得的辉煌成就却是不争的事实，这不仅体现在作品的论辩和论证方面，更体现在他颇具讽刺意味地刻画领导人时运用的文学技巧上。对于克列孟梭，凯恩斯写道，自己无法“轻视或厌恶他，只是在文明人的本性上同他持不同的观点，沉溺于不同的期望”。“他对法国抱有幻想，对包括法国人和他的同事在内的人类却很清醒。”凯恩斯带领读者进
176 入克列孟梭的内心：“为了追求权力而运用策略是难免的，这场战争以及它所追求的目的都没有什么值得学习的新鲜东西；英国像此前的每一个世纪一样，打垮了商业对手；德国和法国为荣誉而长期战斗的历史重要篇章也宣告终结了。为了审慎起见，我们需要简单地说一下愚蠢的美国人和虚伪的英国人的‘理想’，但是，如果相信这个世界上真的会存在像国际联盟这样的机构，或者除了一个用来重新平衡各国利益均衡的精巧公式之外还存在某种意义上的民族自决的原则，那就是非常愚蠢的了。”[23]

在这段惊人的内心独白之后，轮到了“愚蠢”的美国人。伍德罗·威尔逊带着美国的富有和强大来到和会：“威尔逊总统离开华盛顿的时候，他的声望以及在世界上的道德影响力在历史上无人能及。”欧洲经济依赖美国，连基本的食品供给也是如此。凯恩斯曾对新旧世界交替时产生新的世界秩序寄予厚望，但这一希望迅速破灭了。“从来没有一个圣贤拥有如此多能够让世间君王臣服的武器……他发型端庄，仪表堂堂，与其照片别无二致。……但这个又瞎又聋的堂吉诃德先生如同进入山洞，而他的对手则手持闪闪发光的利刃恭候多时。……面对这些欧洲人，总统先生表现出的迟钝非常明显。他无法立即抓住其他人发言的要领，也无法对当下的情形一目了然……因此，仅仅在反应速度、理解力和灵活性上，他就已经输给了劳合·乔治。”在这可怕的情形之中，“总统的信念干涸、枯萎了”。

第一次世界大战和《凡尔赛和约》的一大知识成果在于：人们产生了要建立一个全球性政府的想法。有的学派主张第一次世界大战的爆发完全出于偶然，假以更好的外交策略，这场灾难是完全可以避免的。其他历史

学家则认为1914至1918年间的战争和历史上的大多数（如果不是所有）战争一样，有着更深层次的明确原因。《凡尔赛和约》给出的解决方案是建立一个国际联盟，这是威尔逊总统所赢得的第一个胜利成果。国际法和国际法庭的概念早在17世纪已由荷兰思想家胡戈·格劳秀斯明确提出，而**国际联盟**（League of Nations）概念的新颖之处在于，它将提供永久性的仲裁机构和永久性的组织，并借此实施其判决。支持全球性政府的学派认为，如果德国人在1914年不得不面对守法国家组成的联盟，他们对比利时的突袭就会被阻止。协约国三巨头对国际联盟的设想大相径庭。法国主张设立一支常备军，用以控制德国；英国领导人将联盟视为没有武装的调解机构；只有威尔逊总统希望它既能作为仲裁法庭，也能作为保障集体安全的工具。但这一构想在美国遭遇了彻底失败：参议院直接拒绝批准实施这一脱离其权威的基本决策。要等到世界终于在惊恐中开始为类似国际联盟的构想努力，还需要经历另一场世界大战和核武器发展的洗礼。177

第一次世界大战之前，德国已经在中国山东占据了多处租界。《凡尔赛和约》并未将这些领土归还北京政府，而是将它们划归日本所有。1919年5月4日，这个消息一经发布，约三千名来自北京大学和北京其他院校的学生立刻包围了紫禁城的正门天安门。这一行动引发了学生和警察之间的冲突，继而学生罢课，全国各地纷纷组织示威活动，号召抵制日货——最后发展成为“中国有史以来最广泛的民族情感大宣泄”。[24] 这一运动，即著名的**五四运动**，最非同凡响之处在于，它是成熟知识分子和学生共同努力的成果。运动的领导者接受了西方民主思想的灌输，折服于西方科学的先进，并将这些新思想融入了这场反对帝国主义的运动。这是中国历史上学生群体第一次宣示他们的力量，而且远非最后一次。许多中国知识分子都曾到日本留学。他们带回的西方主流思想提倡个人表达和个人自由，包括性自由，而这将引领他们反对中国传统的家庭组织形式。在西方思想影响下，他们还开始小说创作，并将这种方式视为攻击传统中国最行之有效的方式。这些小说往往运用白话文，以第一人称口吻进行叙述。这样的表达方式也许对西方人来说颇为平常，但在当时的中国，却着实惊世骇俗。

这些新晋作家中首个扬名立万的当数鲁迅。他本名周树人，和许多五四运动的参与者一样，他也出身富裕家庭。起初他学习的专业是西医和西方科学。他的一位兄长将哈维洛克·艾利斯的性学理论译成中文，另一位身为生物学家和优生学家的兄长则翻译了达尔文的作品。1918 年，鲁迅在《新青年》杂志上发表了一篇名为《狂人日记》的短篇小说。这篇短篇小说对中国社会进行了彻底批判，将其形容为吃人的社会，毁灭最优秀的人才，只有疯子才能从中瞥见真相，而且往往只能在梦中——此后还将有无数声音支持这一主张，而且并不仅限于中国范围。鲁迅写道，中华文明的顽疾在于，它的文化“只为主子，主子繁荣昌盛的代价则是万民之水深火热”。[25]

《凡尔赛和约》也许是五四运动直接的导火索，但和约更普遍的影响在于，它产生的思想塑造了 1911 年后的中国社会，而此后统治中国的清王朝被新的共和国取代。[26] 这些本质上属于公民社会的思想在西方并不新颖，但儒家传统为这种转变制造了两大障碍。首先是个人主义的概念，这必然是西方（尤其是美国）公民社会的基本保障。严复是中国的一位改革者，他翻译了许多西方自由主义的经典著作，包括约翰·斯图尔特·密尔的《论自由》（译作《群己权界论》）和赫伯特·斯宾塞的《社会学研究》（译作《群学肄言》）。然而，像他一样的改革者只将个人主义视为支持国家的一个特点，而不是借此反对国家。[27] 儒家传统制造的第二大障碍则更为严重。虽然中国人发展出了一种名为“新学”的学问，其中包含了“洋务”（也就是现代化），但它实际传授的内容却是混杂的，用哈佛大学历史

学家费正清的话来说，是“东方伦理和西方科学”的混合。[28] 中国人（以 178
及一定程度上包括日本人）所秉持的信念是，西方思想（尤其是科学思想）本质上只是技术或单纯的功能问题，相对于东方哲学来说只是一套浅显得多的工具而已，而只有东方哲学才能提供教育的“实体”和知识。但中国人只是自欺欺人罢了。他们自身的教育体系非常薄弱，晚清时期（即1911 年以前）的成年男性识字率为 30% 到 45%，女性则仅为 2% 到 10%。当时中国教育水平落后的一个例子是，已建成的大学需要讲授和研究的许多学科（工程、技术和商业等）仍在使用英文教材：因为中文的相关专业术语还不存在。[29]

实际上，中国的知识精英不得不经历两次思想革命。他们必须首先摆脱儒家思想以及附庸其上的社交 / 教育体系。然后，他们还不得不甩开随后而来的“东方道德加西方科学”这种不伦不类的混合物。实际上，只有那些前往美国留学（由 1908 年美国国会的法案提供机会）的人才真正完成了蜕变。在某种程度上这种蜕变是成功的。1914 年，曾留美深造的中国青年科学家创立了“科学学会”。在一段时期内，该学会是中国 / 儒家背景下唯一能为真正的科学提供机会的机构。[30] 一些曾在国外接受训练的学者试图“以科学（‘赛先生’）和民主（‘德先生’）的名义”净化中国儒家思想，在此过程中，北京大学发挥了重要作用。[31] 这一过程被称为**新学运动**或**新文化运动**。[32] 这次运动所面临的任务之艰巨，我们可以从它首先选择的进攻目标上略知一二，那就是中文的文字系统。该系统诞生于公元前 200 年，在漫长的时间内几乎没有太大变化，于是每个汉字被赋予了越来越多的含义，只能根据上下文或引经据典才能理解。[33]（对西方人来说）无怪乎新式学者要致力于用日常用语来取代这些传统语言。（该问题的重要性可以参考四百年前在欧洲发生的文艺复兴运动，当时也经历了同样的文字替换运动，拉丁文被各国的方言所取代。）[34] 鲁迅运用新式的白话文进行创作，并放弃了对科学领域的追求（在当时的中国，和其他地方一样，许多人都将科学视为第一次世界大战的元凶）。他认为自己作为小说家能够产生更大的影响。[35] 但科学对于当时的世事却是不可或缺的。例如，**傅斯年**和**罗家伦**等五四运动的领袖在北大的**《新潮》**杂志上提出了主张：中国需要一场“启蒙运动”（《新潮》是5月4日之后创刊的11本新刊物之一）。[36] 他们希望借此树立超越家庭关系的个人主义思想，以及合理而科学地处理问题的方式。他们将自己的理论付诸实践，开办宣讲会，以期将这些思想传播给尽可能多的人。[37]

五四运动意义非凡，因为它以前所未有的方式将思想和政治关切紧密结合在一起。与启蒙运动以来的西方不同，传统中国只被分为两种阶级成分：统治阶级和群众阶级。在五四运动之后，越来越多的中国资产阶级接
179 受了西方的态度和观念，为诸如生育节制和区域自治等大声疾呼。这些进步都必定起到政治启蒙的作用。[38] 五四运动中偏向学术的阵营和主张政治诉求的阵营之间的分歧逐渐扩大。在列宁主义在俄国取得成功的鼓舞下，政治阵营仿照布尔什维克党，形成一个秘密、集权而排他的政党，以追求政治权力为目标。其中就有一位五四运动的知识分子，他起初相信改革，但很快转向了暴力革命。他身材魁梧，是一名湖南粮商的儿子，其基本信念与斯宾格勒和其他德国学者出奇地接近。[39] 他的名字叫毛泽东。

老旧的维也纳于1919年4月3日正式寿终正寝。奥地利共和国废除了贵族头衔，甚至在法律文件中规定禁止使用“冯”这一贵族的标志姓氏。和平最终到来时，奥地利只剩下七百万人口，其中两百万都住在首都维也纳。除了拥挤的居住条件之外，随后的几年中还有饥荒、通货膨胀、长期的燃料匮乏和灾难性的流感疫情接踵而至。家庭主妇被迫去树林中砍柴作为燃料，维也纳大学也因校舍自1914年以来年久失修而被迫关闭。[40]

历史学家威廉·约翰斯顿告诉我们，当时的咖啡都是由大麦制成的，而面包则会引发痢疾。弗洛伊德的女儿索菲和画家埃贡·席勒都死于传染病。正是在这样恶劣的条件下，阿尔班·贝尔格创作了歌剧《沃采克》（创作于1917至1921年，1925年首演），讲述了一位因军旅生涯而遭到羞辱的士兵盛怒之下杀人的故事。但道德规范并没有完全失色。一家美国公司一度提出为奥地利人民提供食品供应，但需要用前奥地利皇帝的哥白林挂毯抵偿费用：人们马上用抗议阻止了这笔交易。[41] 维也纳风格的其他方面也都随着贵族姓氏“冯”的销声匿迹而淡出了。例如，按照曾经的惯例，看门人会为男性访客按一次门铃，来访者是女性则按两次，如果是大公或红衣主教等重要人物到访则按三次门铃。而对服务人员施以小费也曾经是无处不在的惯例——甚至电梯操作员和餐馆收银员也常获得小费，但这也一去不复返了。现在和过去之间已经彻底决裂。[42] 胡戈·冯·霍夫曼斯塔尔、弗洛伊德、卡尔·克劳斯和奥托·纽拉特都住在维也纳，但条件早已今非昔比。食品异常短缺，以至于一队研究“辅助食物要素”（即当时所谓的维生素）的英国医生直接以某些儿童为实验样本，甚至不带一丝内疚地声称其中一些孩子不可能过上健康的生活。[43] 启示已经应验，维也纳的欢乐完全消失了。

在布达佩斯，那里的变迁甚至更加赤裸，也更能说明问题。一群杰出的科学家（包括物理学家和数学家）被迫流落异乡，在异地寻找工作，其中包括**爱德华·泰勒**（Edward Teller）、**莱奥·齐拉特**（Leo Szilard）和**尤金·魏格纳**（Eugene Wigner），他们都是犹太人。他们最终都将前往英国或美国，致力于原子弹的研究。另一个由作家和艺术家组成的团体留在了布达佩斯，至少起初是受战争爆发的影响而被迫回国。该团体的重要性在于，他们的风格受到了第一次世界大战和俄国布尔什维克革命的双重影响。在这个名唤**周日圈**（Sunday Circle，或称卢卡奇圈）的

180 团体里发生了伦理道德的日蚀。与自然界的日蚀相比，它将给世界带来了更为长久的黑暗。

布达佩斯周日圈直到第一次世界大战爆发后才告形成，当时一群青年知识分子开始在周日下午聚会，讨论各种主要与现代主义相关的艺术和哲学问题。该团体成员包括社会学家卡尔·曼海姆、艺术史学家阿诺德·豪泽尔、作家**贝拉·巴拉兹**（Béla Balázs）和**安娜·莱兹奈**（Anna Leznai）以及音乐家**贝拉·巴尔托克**（Béla Bartók）和**佐尔坦·科达伊**（Zoltán Kodály）。他们全都聚集在哲学家兼评论家**乔治·卢卡奇**（George Lukács）周围。和特勒等科学家一样，他们中的大多数也曾云游四方，通晓德语、法语、英语和匈牙利语。虽然卢卡奇（他是马克斯·韦伯的朋友）是周日圈的核心人物，但他们聚会的地点却是在巴拉兹位于山上的优雅而“臭名昭著”的公寓里。[44] 他们之间大部分的讨论是高度抽象的，但音乐家的作品为严肃的探讨提供了调剂——比如，巴尔托克就是在这里试演了他的作品。一开始，该团体关心的重点是“异化”；和许多人一样，周日圈成员也认为19世纪发展起来的自由社会培育了工业资本主义和资产阶级个人主义，而第一次世界大战为这一社会画下了逻辑句点。对卢卡奇和他的朋友们来说，这种形势之下存在着某种病态而虚幻的东西。工业资本主义的力量创造了一个世界，他们置身其中感到局促不安。因为在这里，文化共享被移出了议程，宗教、艺术和科学机构乃至整个国家已不再有任何公共意义。他们中的许多人深受格奥尔格·齐美尔在柏林所作的“马奈哲学”系列讲座的影响。齐美尔对“客观”与“主观”文化作了区分。对他来说，客观的文化是经过深思熟虑、撰写、整理和描绘的最好的文化；“文化”本身的定义来自其成员与这些作品的标准之间的关联。在主观文化中，个体利用自身的资源寻求自我实现和自性开悟，不需要共享任何东西。齐美尔说，截至19世纪末，主观文化最典型的例子就是商业文化，而从无数主观文化中产生的共同“病理”正是异化。对于布达佩斯周日圈的成员来说，客观文化的稳定力量是不可或缺的。只有通过共享的文化，自我才能为他人所知，从而才能为自己所知；也只有立足于共享的观点，人们才能在第一时间识别出异化。随着第一次世界大战的进行，这种置身现代资本主义中心的孤独成了周日圈讨论的主要内容，而在布尔什维克革命后，他们又被带入了激进政治活动。犹太人身份是加深他们异化感的附加因素：在反犹主义逐渐滋长的时代，他们必然会感到被边缘化。在战争之前，他们一直对国际运动持开放态度，如印象派、唯美主义等。尤其对于保罗·高更，他们认为他已经在远离欧洲反犹商业文化的塔希提岛上完成了自我实现。“塔希提治愈了高更，”卢卡奇一度这样写道。[45] 他自己在匈牙利也感到强烈的被边缘化，并因此走上了德语写作的道路。

周日圈对艺术的救赎力量的迷恋有着可想而知的后果。一段时间内，他们和神秘主义搅在了一起，正如玛丽·格卢克描述的那样，她在周日圈的时间里，他们已转而反对科学。（这对曼海姆来说很成问题，因为社会 181
学在匈牙利尤为强盛。它自视为一门科学，并相信能够最终解释社会的演变。）周日圈还接纳了色情。[46] 在剧本**《蓝胡子公爵的城堡》**（*Bluebeard's Castle*）中，贝拉·巴拉兹描述了一对男女的情欲邂逅，重点在于揭示他们之间不可避免的情欲纠葛。巴尔托克根据该剧本创作了歌剧，在剧中，尤迪特作为蓝胡子公爵的新娘进入了城堡。随着信心的增强，她探索了男性意识的隐蔽层面（或空间）。开始她将欢乐带进了阴郁，但是在更深处遇到了越来越大的阻力。她被迫变得愈发鲁莽，而且不听劝阻，硬要打开第七道禁闭之门。巴拉兹暗示，全部的性行为只会导致对权力“最后的斗争”。而权力是一种可怕的妄想，只会带来“更多的孤独”。[47]

因此，卢卡奇等人一步步逐渐形成了这样的观点，即艺术只能在人类事务中起到有限的作用，犹如“岛屿之于破碎的海洋”。[48] 就艺术而言，这是意义的日蚀。这无用的慰藉成了周日圈在第一次世界大战期间创立的**人文研究自由学派**（Free School for Humanistic Studies）的主旨所在。自由学派的存在本身就是有意义的。它不再是周日下午的讨论，而是化作实际的行动。

随后，布尔什维克革命爆发了。就算在当时，对周日圈来说，马克思主义早已带有过多的唯物主义和科学主义色彩。但经历了如许的黑暗，卢卡奇的艺术之路也走到了这样的地步，即他对艺术以及艺术所能提供的救赎所抱的期望已大大减少，而在他和其他团体成员看来，社会主义似乎已经成了前进之路的唯一选择："和康德一样，卢卡奇支持将伦理摆在政治的首要位置。"[49] 而欧洲强硬左派势力的出现更增加了紧迫感，他们致力于立即结束战争。1917 年卢卡奇曾写道："布尔什维主义基于一个形而上的前提，即善由恶生，并有可能引领我们通向真理。该理念［我］无法苟同。"[50] 但几个星期后，卢卡奇就加入了匈牙利共产党。他在一篇题为《策略和道德》的文章中阐述了他这么做的理由。核心问题并没有改变：为了大多数人的利益，"通过恐怖、通过侵犯个人权利来实现社会主义的行为是否正当？"通过谎言获取权力是否正确？还是说这些策略与社会主义的原则彻头彻尾地背道而驰？卢卡奇曾对这一信念无法苟同，但他现在得出的结论是：社会主义环境下的恐怖是合法的，"而且布尔什维主义因此才是真正社会主义的体现"。此外，"作为社会主义基础的阶级斗争是一则先验的经验，旧规则已不再适用了"。[51]

总之，这是伦理道德的日蚀，是原则的更替。卢卡奇在此具有重要意义，因为他公开承认了发生在自己身上的变化，即恐怖的合理化。康拉德已经预见到这样的变化，卡夫卡即将记录这一变化给整整一代（或许是两代）知识分子带去的深刻心理影响。他们都将像卢卡奇一样蒙受损害。卢
182 卡奇至少有勇气将自己的文章命名为《策略和道德》。有了他的策动，这

一问题得以公之于众，但该问题并不会长久地留在公众的视野之中。

到了 1919 年底，周日圈本身就处在消散的边缘。他们受到警方的监视，甚至巴拉兹的日记也一度遭到没收以检查其中的反动言论。警方运气欠佳，但这样的监视对一些成员来说已是不堪忍受的重负。周日圈在维也纳重新集结（改在了周一），但好景不长，因为这些匈牙利人被控使用伪造的身份。[52] 在那时，圈子的中心人物卢卡奇则心有旁骛：他已经成了共产党地下党的一员。1919 年 12 月，巴拉兹曾这样描述："他的样子是你所能想象的最令人心碎的模样。面色惨白，两颊深陷，急躁而悲伤。有人监视他、跟踪他，他口袋里藏着枪。……布达佩斯悬赏捉拿他，要是被捕他足够被判九次死刑。……而在这里［维也纳］，他仍不可救药地忙于共产党的密探工作，追查携党的经费潜逃的人……在此期间，他的哲学天才仍然受到压抑，就像被迫流入地下的溪流逐渐松动并摧毁了地表。"[53] 这样的描述非常形象，但并非完全正确。在卢卡奇的内心深处，在他忙于徒劳的地下工作之时，他依然构思着日后将成为他最负盛名的作品《历史与阶级意识》。

第一次世界大战后，维也纳—布达佩斯（和布拉格）轴心并未完全消失。由莫里茨·石里克领衔的维也纳学派活跃于 20 世纪 20 年代，弗朗茨·卡夫卡和罗伯特·穆齐尔也创作了他们毕生最重要的作品。社会依然涌现了诸如迈克尔·波兰尼、弗里德里希·冯·哈耶克、路德维希·冯·贝塔朗菲、卡尔·波普尔和恩斯特·贡布里希等思想家，但他们的杰出才能要等到纳粹的魔掌迫使他们逃往美国之后才显露出来。维也纳这一百家争鸣的思想中心也随着奥匈帝国的末日而走到了尽头。

1914 至 1918 年间，英国和德国之间所有的直接联系都被切断了，维特根斯坦在度假结束后发现自己无法返回剑桥，也正是由于这个缘故。但荷兰和瑞士仍保持中立。1915 年，莱顿大学的 W. **德西特**（W. de Sitter）收到了一份爱因斯坦广义相对论的论文副本。身为造诣颇高的物理学家，德西特有着良好的社会关系，他意识到自己作为中立的荷兰人，可以担当重要的穿针引线作用。因此他将爱因斯坦论文的副本寄给了身在伦敦的**阿瑟·爱丁顿**（Arthur Eddington）。[54] 当时爱丁顿已是英国科学界的核心人物，虽然据他的一位传记作家所说，他有些“神秘主义的嗜好”。[55] 爱丁顿于 1882 年出生在湖区的肯德尔镇。他出身农民家庭，家里人都是贵格会教徒。他先是在家接受教育，后来赴剑桥圣三一学院深造。他在那里取得了数学荣誉学位考试第一名，并与 J. J. 汤姆孙和欧内斯特·卢瑟福建立了联系。怀着童年时期对天文的热爱，他从 1906 年开始在格林尼治皇家天文台工作，并于 1912 年成为英国皇家天文学会秘书。他的第一部重要著作
183 是关于宇宙结构的雄心勃勃的大规模调查。该调查与其他研究者的成果和更强大望远镜的发展相结合，揭示了关于宇宙大小、结构和年龄的大量信息。其主要发现诞生于 1912 年，即**造父变星**（Cepheid stars）的亮度脉动是规则的，且与其大小相关。这一发现有助于估算宇宙中星体的实际距离，并由此计算出我们的银河系直径约为 10 万光年，而太阳曾被认为是银河系中心，但实际上偏离银河系中心 3 万光年。造父变星研究的第二个重要成果，是发现了旋涡星云实际上是河外天体。它们自成星系，离我们非常遥远（最近的仙女座大星云也有 75 万光年之遥）。这一发现最终表明最遥远的星体距离我们远达 5 亿光年，而宇宙的年龄也介于 100 亿至 200 亿年之间。[56]

恒星之中有体积庞大的巨星，也有体积较小的矮星。基于这样的研究结果，爱丁顿还参与了关于恒星演化思想的研究。巨星的密度一般比矮星要低，而根据爱丁顿的计算，矮星核心部位的温度可能高达 2000 万开氏度，密度则高达一吨每立方英寸。但爱丁顿同样热衷旅行，曾到访巴西

和马耳他研究日蚀。因此，当战时的伦敦物理学会希望找人准备一份关于引力相对论的报告时，他的成就和学术地位让他成为了不二人选。[57]这份发表于 1918 年的报告是第一份完整阐述广义相对论的英文文献。爱丁顿此前从荷兰收到了爱因斯坦 1915 年论文的副本，因此他准备充分，而他的报告也引起了广泛关注，以至于皇家天文学家弗兰克·戴森爵士提供了一个非同寻常的机会来检验爱因斯坦的理论。1919 年 5 月 29 日这天将发生一次日全蚀，借此机会可以评估，光线是否真如爱因斯坦所预言的一样，在经过太阳附近时会发生弯曲。在第一次世界大战的最后一年，戴森从政府获得了一千英镑的资金来开展多达两次的探险，目的地分别是西非海岸的普林西比岛和大西洋对岸的巴西索布拉尔。皇家天文学家的影响力可见一斑。[58]

爱丁顿和 E. T. 科廷厄姆一起被分到了普林西比岛。在他们离开的前一天晚上，爱丁顿、科廷厄姆和戴森仍在这项皇家天文学家的研究规划下熬夜计算着证实爱因斯坦理论所需的光线偏转量。其间科廷厄姆问道，要是测量值比预期值高出一倍怎么办？戴森冷冷地回答："那么爱丁顿会发疯，你只能自己回家了！"[59]爱丁顿的笔记本记录了接下来发生的故事："我们在 3 月初航行到里斯本。在丰沙尔，我们于 3 月 16 日将［另外两名天文学家］送往巴西，但我们得在那里继续待到 4 月 9 日……并于 4 月 23 日抵达普林西比。……在那里我们很快过上了养尊处优的生活，每个人都巴不得为我们提供帮助……5 月 16 日左右，我们要在三个不同晚上进行照相检查都完全没有困难。我对这些测量也得心应手。"然而风云突变。5 月 29 日，即日蚀发生的当天早晨，天门洞开，倾盆大雨持续了数小时，爱丁顿开始担心他们这趟艰难跋涉很可能将化为泡影。不过到了下午 1 点 30 184
分时，日蚀已部分开始显现，而云层也终于开始逐渐散开。"我没能看到日蚀，"爱丁顿后来写道，"我忙着替换感光底片，除了开始时看了一眼以确保日蚀已经开始，中途又看了一眼观察云层情况。我们拍了16张照片。它们清楚地显示出太阳的图像，非常突出；但云层干扰了星辰的图像。最后六张照片显示出了一些结果，我希望它们能给出我们需要的东西。……7月3日，我们冲印了照片，在日蚀之后的六个晚上每晚冲洗两张，而整个白天我都用来进行测量。多云的天气干扰了我的计划。……但其中一张底片提供了与爱因斯坦的预言相符的结果。”爱丁顿转身对他的同伴说：“科廷厄姆，你不用一个人回去了。”[60]

爱丁顿后来将普林西比岛上的实验视为“我一生中最伟大的时刻”。[61]爱因斯坦曾为相对论设定了三个测试，现在其中两个都支持了他的观点。爱丁顿立即给爱因斯坦去信，随信寄去了完整的过程描述及他计算过程的副本。爱因斯坦于1919年12月15日从柏林写来了回信：“亲爱的爱丁顿先生，首先我祝贺您艰难的远征取得成功。鉴于您甚至在早期就对相对论具有极大的兴趣，我想我可以假设我们主要受惠于您的进取精神，因为它让这些远征成为可能。我惊讶于我的英国同行对该理论的兴趣，尽管证实它的难度非常艰巨。”[62]

爱因斯坦的回应其实有些虚伪。爱丁顿证实相对论的消息一公开，马上就让爱因斯坦成了全世界最著名的科学家。“爱因斯坦理论大获全胜”成了《纽约时报》闪耀的头条，而世界各地的许多报纸都以同样的方式赞扬这一重大成就。英国皇家学会在伦敦召开了一次特别会议，会上弗兰克·戴森对索布拉尔和普林西比岛的两次远征做了详细说明。[63]**阿尔弗雷德·诺思·怀特海**当时也在场。在他名为《科学与现代世界》的作品中，他虽然并不情愿表达自己对此事的看法，但还是在书中转述了当时现场的兴奋之情：“整个紧张气氛与希腊戏剧别无二致：一个至高无上事件的发展已经让命运的判决显露无疑，我们则在旁齐声赞颂。现场的布置也具有戏剧性：仪式是传统的，而作为背景的牛顿肖像提醒着我们，两个世纪以来最伟大的科学原理就在当下接受着第一次修订。我的个人兴趣也同样得到了满足：一场伟大的思维冒险终于安全抵达了彼岸。”[64]

相对论在爱因斯坦首次提出之时并未获得普遍接受。因此，爱丁顿在普林西比岛的观测结果让许多科学家不得不承认，这一关于物理世界极不寻常的思想其实是正确的。从此以后，思想再也不会是原来的模样了。可以非常肯定地说，常识自有其局限性，而爱丁顿，或者说戴森的发现时机堪称完美。旧世界的太阳已经在不止一个方面遭遇了日蚀。 185

11

贪婪的荒原

20 世纪 20 年代的许多思想，以及几乎所有重要的文学作品，都可以看作是对第一次世界大战的回应，这也许并不足为奇。但不那么容易预见的是，如此之多的作家都以同样的方式进行回应，他们在小说、戏剧和诗歌中采用新的文学体裁来强调自己与过去的决裂，而对这些文学体裁来说，讲故事的方式和故事本身同样重要。作家们花了一段时间，消化战争中发生的故事，理解这些故事的含义并整理他们的情绪。随后的 1922 年在思想史上堪与 1913 年这一奇迹年相提并论，因为在这一年中如潮水般涌现了一批开天辟地的作品：詹姆斯·乔伊斯的《尤利西斯》、T. S. 艾略特的《荒原》、辛克莱·刘易斯的《巴比特》、马塞尔·普鲁斯特的《追忆似水年华》的第九卷《所多玛和蛾摩拉 Ⅱ》、弗吉尼亚·伍尔夫的第一部实验小说《雅各的房间》、莱纳·玛利亚·里尔克的《杜伊诺哀歌》以及皮兰德娄的《亨利四世》。它们都是 20 世纪文学体系的奠基之作。

乔伊斯、艾略特、刘易斯等作家所批判的正是社会本身，它不仅限于战时社会，更是产生资本主义的社会和以财富来评定价值的社会。在这样的社会里，生活成了一场比赛，争夺的内容不是知识、理解或者美德，而是财富。总之，他们攻击这个“贪婪的社会”。这实际上是一个新词，一年前刚由 R. H. 托尼（R. H. Tawney）在一本书中创造出来。然而这本书相当唐突，加之怒气过盛，在当时没能被视作一部伟大的作品。托尼是当时英国社会某一类人物的典型代表（威廉·贝弗里奇和乔治·奥威尔则代表另一类人）。和他们一样，托尼出身上流社会家庭，曾就读于拉格比公学和牛津大学贝利奥尔学院，但他毕生的志趣在于向贫困（尤其是不平等）发起抗争。大学期间他下定决心，和许多与他背景相同的人相反，他不愿进入城市，而选择到伦敦东区的汤因比馆工作（英国福利国家的创始人贝弗里奇也曾在这里工作）。汤因比馆旨在为工人阶级带来大学的氛围和生活方式，并在总体上对所有曾置身其中的人们产生了深远影响。在这里，托尼成了整个英国与工会联系最为紧密的社会主义知识分子。[1] 但塑造托尼日后职业生涯的决定性事件是 1919 年 2 月发生的煤矿工人罢工事件。为回避对抗，政府在煤矿成立了“皇家煤矿委员会”，而托尼正是劳方的六名代表之一（其中还有西德尼·韦伯）。[2] 委员会面前是洋洋数 186
百万字的证据和证言，而托尼把它们通读了一遍。矿工面临的危险、疾病和贫困深深触动了他，于是他专门为此撰写了一部作品，乃是他的三大代表作之一。它们分别是《贪婪的社会》（1921）、《宗教与资本主义的兴起》（1926）和《平等》（1931）。

托尼性情温和，浓密的胡子让他显得特别慈祥。他憎恨资本主义肆无忌惮的野蛮兽性，尤其是随之产生的浪费和不平等。在第一次世界大战期间，他曾作为一名普通士兵在战壕中服役，并拒绝接受军衔。他预计资本主义将在战争之后土崩瓦解：他认为资本主义对人性做了误判，过分提升了生产和盈利的地位。它们本来只应该是实现某些目的的手段，却变成了目的本身。他认为资本主义因此鼓动了人性本能中邪恶的部分，也就是贪欲。作为一名虔诚的宗教信徒，托尼认为贪欲与信仰背道而驰，它尤其破坏了作为传统公民社会基础的“服务和团结的本能”。[3]他认为，从长远来看资本主义与文化不相容。他写道，在资本主义制度下，文化变得愈发私有化，文化的共享也愈发减少，这种趋势不利于人类的公共生活，因为个人主义不可避免地加剧了不平等。因此，文化的概念本身发生了变化，代表内心状态的意义变得越来越少，而更多地代表了个人财产的功能。[4]最重要的是，托尼还认为，资本主义实际上与民主也不相容。他怀疑资本主义的地方性不平等（对消费品的贪婪积累导致的不平等现象比以往任何时候都更加明显）最终会威胁到社会的凝聚力。因此，他认清了自己的使命，就是积极地在道德层面对资本主义发动反击。因为对许多像他一样的人来说，资本主义至少要为第一次世界大战的爆发负部分责任。[5]

但托尼的使命不仅限于此。他是一位历史学家，在他的第二部著作《宗教与资本主义的兴起》中，他用历史的观点审视了资本主义。该书的主题是，古典经济学造就的“经济人”绝非人们所期望的那样在历史上具有普遍的形象，而人性也不一定如古典自由主义者所说的那样已经被改变了。托尼认为资本主义的出现并非历史的必然，其成功的历史相对较短，在此过程中它消灭了各种各样的行为和经验，并用自己的一套规则取而代之。尤其是资本主义还消灭了宗教，虽然教会本身对此也难辞其咎，因为它已经放弃了自己作为道德领袖的角色。[6]

回望往昔，托尼对资本主义的批判已不尽正确。[7]最明显而且重要的错误是，事实证明资本主义并未与民主互不相容。但他的观点并不是完全错误的。资本主义可能不利于托尼所指的文化。的确，正如我们将要看到的，资本主义已经改变了我们对文化的所有定义，而且资本主义还有可能对 20 世纪发生的道德改变负有责任，虽然这里面还有着其他原因的存在。 187

托尼的观点尖锐而独到。不是每个人都像他那样对资本主义怒火中烧，但随着 20 世纪 20 年代渐渐流逝，人们对第一次世界大战的反思越发成熟，一种不安的情绪仍在持续。这种不安情绪的特点在于它不仅关系到资本主义，更延伸到整个西方文明，在某种意义上等效于奥斯瓦尔德·斯宾格勒的论断：西方到处是腐朽和没落。毫无疑问，捕捉这种情绪的最佳人选既是一位银行家（资本主义的标志），也是一位诗人（享有特权的批判者）。

T.S. 艾略特（T. S. Eliot）于 1888 年出生在一个虔诚的清教徒家庭。他就读于哈佛大学，并花了一年时间赴巴黎从事诗歌研究，之后回到哈佛担任哲学教师。他一直对印度哲学以及哲学与宗教之间的联系兴趣颇深，所以当哈佛计划将哲学和宗教拆分为不同学科时，他大发雷霆。1914 年，他转到牛津大学，希望在那里继续他的哲学研究。但不久之后，战争就爆发了。在欧洲，艾略特遇见了两个对他产生了巨大的影响的人：**埃兹拉·庞德**（Ezra Pound）和**薇薇安·海伍德**（Vivien Haigh-Wood）。相识之时，庞德远比艾略特更为世故，他是一位好老师，在当时他的诗写得也比艾略特更好。薇薇安·海伍德则成了艾略特的第一任妻子。这场婚姻开始时幸福美满，却在 20 世纪 20 年代初期逐渐演变成一场灾难：薇薇安一步步陷入了疯癫。艾略特深深为之苦恼，以至于他自己也前往瑞士寻求精神治疗。[8]

艾略特成长于清教徒的环境之下，世界对他来说极端理性。在这样的世界里，科学一直占据主导地位，因为科学给人类带来了消除不公正待遇的希望。比阿特丽斯·韦伯在1870年曾分享过艾略特的早年心愿。她转述道："科学，只有科学，才能最终将人类的所有苦难一扫而光。"[9]然而，到了1918年，对于艾略特而言，世界已是一片废墟。对于他和其他许多人来说，科学在战争中助纣为虐，让武器比以往任何时候都更加可怕，让19世纪巨大的城市不再如印象派画家的画作般美丽，取而代之的却是肮脏和破败，与左拉发人深省的小说所描述的真相一般严酷。新的物理学动摇了原来的基本事实，达尔文主义削弱了宗教，弗洛伊德思想则破坏了理性本身。1922年，詹姆斯·弗雷泽爵士《金枝》的合订本与《荒原》同年出版，这部作品同样重创了艾略特的世界观。它表明，世界各地那些所谓野蛮人的宗教并不比基督教落后、简单或者浅薄。一时间，社会达尔文主义的简单理念，即艾略特所处的世界是长期进化斗争的终点，是人类发展的"最高"阶段，已被扫进了历史的垃圾堆。基督教本身之于宗教具有特殊性的观点也遭到了颠覆。事实证明，哈佛大学将哲学与宗教分家的举措终究是正确的。用马克斯·韦伯的话来说，西方世界已经进入了"除魅"的阶段。在物质、知识和精神等所有层面上，艾略特的世界都一片荒芜。[10]

艾略特对此的回应是创作了一系列诗句。它们的原名叫《他用不同腔调扮演警察》，化用自查尔斯·狄更斯的《我们共同的朋友》中的一句
188 话。艾略特当时在劳埃德银行的殖民地和国外分行工作，他为"金钱的科学深深着迷"，负责劳埃德银行与德国之间的战前债务工作。他每天早晨5点起床，赶在上班之前抓紧时间写作，但时间一长，他被弄得精疲力竭，以至于在1921年秋天请了长假休息。[11]此前一年，庞德发表了诗作《休·塞尔温·莫贝利》，这部作品和《荒原》涉及的主题非常相近。它探讨了饱受战争折磨的旧世界在知识、艺术和性方面的贫瘠，庞德也在其中将英国描述为"一个牙齿掉光的老娘们"。[12]但艾略特所写的《他用不

同腔调扮演警察》，无论是其生动残酷的画面，还是令人惊叹的独创形式，都是《休·塞尔温·莫贝利》所不具备的，而庞德的慧眼立刻意识到了这一点。我们现在知道他辛勤地为艾略特的诗句进行润色，将它们整理成形，使之语义连贯，并为它们赋予了《荒原》的标题（在此过程中，诗句是否能够朗朗上口是他进行润色的一大标准）。[13] 艾略特将这部作品献给了庞德，称其为“更卓越的巧匠”。[14] 艾略特对这部伟大诗篇的关切在于贫瘠这一主题。他认为贫瘠是战后世界生活的核心事实，无论在精神和性方面都存在着双重的贫瘠。但艾略特并不满足于仅仅探讨贫瘠。他将战后世界与其他世界以及其他地方、其他时间的其他可能性进行了对比。这些世界都丰饶而富于创造力，完全没有灭亡的宿命。而正是这样的对比赋予《荒原》独特的诗歌结构。正如弗吉尼亚·伍尔夫的小说、乔伊斯的《尤利西斯》和普鲁斯特的鸿篇巨制那样，艾略特的诗歌在形式上虽然是革命性的，但仍与其所要传达的内容密不可分。据艾略特的妻子所言，这首带有自传性质的诗作也受到了伯特兰·罗素的启发。[15] 艾略特排列了枯树、死老鼠和尸体的意象，并参考了古代传说，召唤出凡尔登和索姆河战役的恐怖；龌龊的性爱场面与古典诗词相碰撞；现代生活有辱人格的千篇一律夹杂着宗教情怀。正是不同思想的碰撞冲突呈现出了如此惊人而原始的意象。艾略特意在表明人类堕落的程度，以及进化在多大程度上是一个堕落的过程。

《荒原》全诗共分六个部分：“题词”、“死者葬仪”、“对弈”、“火诫”、“水里的死亡”和“雷霆的话”。所有的标题都耐人寻味，并且在初次读到时晦涩难懂。这里面有着许多声音的交错，时而单独自语，时而吟诵着来自不同文化典籍的词句，时而念着“命途多舛的盲人”忒瑞西阿斯（古希腊城邦底比斯的盲人先知）的咒语。[16] 我们一会儿拜访塔罗牌占卜师，一会儿来到伦敦东区打烊时分的酒吧，接下来又提到某个希腊岛屿，然后又冒出来一两句德语。在你习惯这样的奇遇之前，这种手法都显得莫名其妙，完全不同于任何其他地方的际遇。更奇怪的是，这首诗还像学术论文一样附带注释和参考文献，这些注释都值得一读。对于神话的研究势必要引入其他文明，它们具有不同但彼此连贯的世界观和不同的价值观。这正是艾略特的观点：如果我们要背弃这个贪婪的社会，我们必须要做好工作的准备：

> 在紫色黄昏到来时，当眼睛和脊背
> 189 从写字台抬直起来，当人的机体
> 像出租车在悸动地等待，
> 我，提瑞西士，悸动在雌雄两种生命之间，
> 一个有着干瘪的女性乳房的老头，
> 尽管是瞎的，在这紫色的黄昏时刻
> （它引动乡思，把水手从海上带回家）
> 却看见打字员下班回到家，洗了
> 早点的用具，生上炉火，摆出罐头食物。

全诗在瞬息间完成了从豪迈到平庸的转换，编织出一种悲怆和突降之感，勾勒出一个处在美好边缘的平凡世界，但是这个世界没有真正意识到美好的存在。

> 一片阴影在这块红色的岩石下，
> （来吧，请走进这块红岩石下的阴影）
> 我要指给你一件事，它不同于
> 你早晨的影子，跟在你后面走

也不像你黄昏的影子，起来迎你，
我要指给你恐惧是在一撮尘土里。
风儿吹得清爽，
吹向我的家乡，
我的爱尔兰孩子，
如今你等在何方？[17]

前两行诗暗指以赛亚的预言，即弥赛亚将“像河流在干旱之地，像大磐石的影子在疲乏之地”。(《以赛亚书》32.2)。德文诗句则直接来自瓦格纳的歌剧《特里斯坦与伊索尔德》：“风儿吹得清爽 / 吹向我的家乡 / 我的爱尔兰孩子 / 如今你等在何方？”其意象密集，其目的充满野心。只读一遍是无法理解《荒原》的，不借助“研究”或不费一番工夫也同样不行。许多人（例如斯蒂芬·库特）将《荒原》比作早期绘画大师的作品。我们必须先学习肖像学才能完全理解画作表达的含义。同样，要想欣赏艾略特的诗作，读者也必须敞开心扉，对其他文化持开放态度，才能逃离贫瘠的文化。这首诗最初的两本“机密副本”送给了约翰·蒯因和埃兹拉·庞德。[18]

令人略感意外的是，艾略特并未宣扬当时（及今后）大多数人所认同的含糊的弗洛伊德主义观点，即艺术是个性的表达。相反，艺术对他来说是“个性的逃避”。他并没有像表现主义者一样向他的作品倾注“超载的灵魂”，取而代之的是，《荒原》源自详尽的深思熟虑，源自技术与艺术的结合，得益于良好的教育和伪装的无意识冲动。在 20 世纪晚些时候，艾略特还将运用相对缺乏诗意的语言对文化的作用发表更为激烈的评价，尤其是对我们生活中所谓的“高级”文化。结果他本人却受到了势利，甚至 190
更糟的指责。最终他和许多与他同时代的作家和艺术家一样，关心的是文化领域、个人意义或生物学意义上的“退化”。

批评家兼翻译家弗雷德里克·梅曾表示，**路易吉·皮兰德娄**（Luigi Pirandello）独具匠心的戏剧《六个寻找作者的剧中人》堪称戏剧界的《荒原》：“它们都是对时代幻灭和精神荒芜的高度诗化的记录，充满怜悯之情和尖锐的失落感……它们都很快成了各自领域的时代宣言和象征。”[19]

皮兰德娄于1867年出生在意大利西西里岛靠近吉尔真蒂（即现在的阿格里真托）的小城考斯，出生之时一场霍乱正在家乡肆虐。长大后他先后在巴勒莫、罗马和波恩攻读文学专业。他从1889年开始发表戏剧作品，但直到1921年才获得了幸运女神的垂青。当时他的妻子因发疯被关进了一所疗养院，而他的两部剧作，即我们在这里要探讨的《六个寻找作者的剧中人》（1921）和《亨利四世》（1922），却在描述乃至构思现实的不可能性上完成了统一。“他将潜意识戏剧化了。”在前一部作品中，六个剧中人闯进了一部剧作的排演现场，该剧是皮兰德娄自己几年前创作的。这六个人坚称他们不是演员，也不是真人，而是剧中的人物，亟须一位“剧作家”来安排他们之间的故事关系。正如维特根斯坦、爱因斯坦和弗洛伊德等人一样，皮兰德娄提请人们注意语言所无法描述现实的情况。剧中人物和演员个性之间的区别和重叠部分是什么？我们能不能寄希望于用艺术给它们以明确的定义？正如艾略特试图创造一种新式诗歌，皮兰德娄创造的则是新式戏剧，在其中，戏剧这一形式本身作为表现真相的方式被放在了聚光灯下。他剧作中的人物懂得自身理解的局限性，即真理是相对的，而他们面对的问题和我们一样，就是认识自我。

《六个寻找作者的剧中人》在罗马首演时引起了公愤，却在一年之后的巴黎受到了热情的礼遇。《亨利四世》在意大利的境遇则比前者要好得多，它在米兰的首演树立了皮兰德娄的声誉。和艾略特的妻子一样，皮兰德娄的妻子也得了疯病，后来，他和意大利女演员玛塔·阿巴坠入了情网。[20] 他与艾略特的不同之处在于，艾略特的文学创作没有受到家庭变故的影响，而皮兰德娄则好几次将疯病当成了一种戏剧策略。[21]《亨利四世》讲述的故事是：二十年前的一次化装游行，一名身着德皇亨利四世服装的男子摔下马背，因头部撞到路面而失去了意识。在准备这次化装游行的过程中，该男子曾广泛阅读了这位皇帝的生平事迹，并在苏醒之后相信自己实际上就是亨利四世。为调理他的病情，他富有的姐姐将他安置在一座中世纪的城堡里，身边围绕着身穿 11 世纪侍臣服装的演员，好让他过着和亨利四世一样的生活。不过这些演员们时而入戏时而出戏，容易混淆时代，时有滑稽场面出现（比如不加提醒的话，一个穿好行头的演员会突然点起一根香烟来）。剧里还引入了一些亨利的老朋友，包括风韵犹存的玛蒂尔黛女士、她的女儿芙丽达以及一名医生。在这里，皮兰德娄的恶作剧达到了巅峰，因为我们永远无法肯定亨利是处在疯癫状态，还是只是在扮演他自己的角色。就像早期戏剧形式里的傻 191
瓜一样，亨利会向他的随从们提出深刻的问题：“你记得自己一直以来都是这样吗？”因此，我们从来不能完全弄清亨利是不是一个悲剧性的人物，但我们知道他是的。这会让他具备感染力和理智，也会让这出戏里的其他角色或疯或傻，或两者兼具。但如果亨利是完全理智的话，他继续这样的生活到底有没有意义呢？剧中的每个人，尽管足够真实，但也都绝望地生活在谎言中。

当医生为了“治疗”亨利，将令人震惊的事实真相告诉他时，真正的悲剧发生了，亨利在刺激下杀了人。在《亨利四世》中，没有人真正彻底地了解自己，尤其是那个掌握科学知识的医生，对自己和使用的方法深信不疑，却促成了最大的灾难。亨利被自己生命中的荒漠摧毁，只能选择“设计好的”疯狂，却不料仍适得其反。对皮兰德娄来说，生活就像是戏中戏，而他也反复运用这一策略：你永远无法完全肯定谁在演戏而谁没有。你甚至不能确定谁何时在扮演自己。

我们在第 9 章中探讨过维特根斯坦的《逻辑哲学论》，它实际上也发表在 1922 年这个奇迹之年。同年发表的巨作还包括**卡尔·克劳斯**（Karl Kraus）的《人类最后的日子》。这个维也纳的犹太人是维特根斯坦的朋友，在 20 世纪初的几年中，他也是格林斯坦咖啡馆青年维也纳团体的一员，与胡戈·冯·霍夫曼斯塔尔、阿图尔·施尼茨勒、阿道夫·洛斯和阿诺尔德·勋伯格等人过从甚密。他性格执拗，先天性畸形的肩膀给他留下了驼背的轻微残疾。凭借几乎无与伦比的辛辣讽刺，他通过讲座和文章给自己带来可观的收入。与此同时，从 1899 年直至他过世的 1936 年，他还主编了一本名为《火炬》的杂志，每月发行三期。这让他树敌无数，也为他赢得了大量拥趸，甚至包括第一次世界大战前线的士兵。他做事极为一丝不苟，对语言的兴趣丝毫不亚于哲学家朋友维特根斯坦，对任何语法错误、用词不当和布局谋篇的差池都深恶痛绝。他曾说过，他的目标“是用双引号之间的内容凝固时代”。[22] 他强烈反对妇女解放，将其视为“对性官能症歇斯底里的反应”。他还憎恨维也纳新闻机构的自以为是和反犹主义倾向，以及它们相互之间随心所欲的同病相怜。这不止一次地给他招来诽谤罪的传票。实际上克劳斯在文学和社会领域的工作与洛斯在建筑领域的工作异曲同工，都是攻击浮夸、利己和自鸣得意的旧制度。正如他在《火炬》杂志里对自我目标的描述：“这里奠定的不是别的，只是为广阔的措辞沼泽铺设的排水系统而已。”[23]

《人类最后的日子》创作于第一次世界大战期间及战后初年的夏天。克劳斯通常都在深夜进行创作，他还不时地逃到瑞士以躲避维也纳的动荡和检查员的监视。身体上的残疾使他免于兵役之苦，在某些评论家眼里这让他更加可疑，但为他带来最多骂名的是他反对同盟国的宗旨。这部剧作是他对战争的盖棺定论，虽然 1919 年他就在《火炬》上发表了一些剧中的段落，但直到 1921 年全剧才大功告成，克劳斯也向其中加入了很多新 192 的内容。[24] 该剧取材于数以百计的小故事，它们都来源于报纸报道，因此绝非杜撰。前线生活的恐怖和荒谬与后方的维也纳所发生的荒谬和贪赃枉法被并排置于眼前（堪称采用了库尔特·施维特斯拼贴画技术的文学艺术）。对克劳斯来说，语言仍是该剧的中心元素（《人类最后的日子》基本上是话剧而非动作剧）。我们见证了皇帝的声音、诗人的声音、前线战士的声音以及维也纳的犹太方言，它们被故意安排在一起，彼此紧挨着，将每个思想或行为的罪行纤毫毕现。这位讽刺作家的技巧，即让词语（或思想、信仰、信念）相互对立的技巧，效果极佳，随着时间的推移而历久弥新。

由于长达十小时的缘故，该剧现在已经很少上演，克劳斯自己也声称它只适合在火星上演出，因为“地球上的人们无法忍受它所呈现的现实”。[25] 剧终之时，人类在一片火雨中自取灭亡，而借由上帝之口说出的最后的台词，是第一次世界大战开始时奥匈帝国皇帝的自白：“我不想打仗。”布莱希特为克劳斯撰写的墓志铭是：“时代举起手来自行了断，而他就是那只手。”[26]

诞生于 1922 年的伟大作品中，**詹姆斯·乔伊斯**（James Joyce）的《尤利西斯》堪称群龙之首。从表面上看，乔伊斯的《尤利西斯》在形式上与《荒原》或者之后将要介绍的弗吉尼亚·伍尔夫的《雅各的房间》有着天壤之别，但是它们之间也存在着相似之处，而它们的作者也都心知肚明。《儿利西斯》在某种程度上也是对战争的回应，它的最后一行是：“的里雅斯特—苏黎世—巴黎，1914—1921。”乔伊斯采用了与《荒原》类似的技法。正如艾略特在一篇评论中所说，乔伊斯将古代传说（即书中提到的《荷马史诗》）作为“一种控制方式，一种命令方式，一种为当代历史之徒劳和无政府状态的巨幅画卷赋予形式和意义的方式”。[27]

乔伊斯于1882年出生在都柏林，是家中十个孩子中的长子。虽然家庭经济状况不佳，但乔伊斯的父母仍设法为他提供了良好的教育环境。他分别就读于耶稣会学校和都柏林大学学院。后来他搬到巴黎。起初他以为自己会成为一名医生，但不久之后就开始了写作生涯。1904年，他在都柏林的拿骚街上与来自戈尔韦的诺拉·巴纳克尔相遇并坠入爱河，并从1905年起定居的里雅斯特。乔伊斯分别于1907年和1914年发表了诗集《室内乐》和短篇小说集《都柏林人》。第一次世界大战爆发后，他被迫搬到了中立的苏黎世（爱尔兰当时处在英国统治之下），尽管他也考虑过搬到布拉格。[28]在战争期间，他发表了《一个青年艺术家的画像》，但让他享有国际声誉的却是《尤利西斯》。该书的一些章节于1919年在一本伦敦杂志《自我主义者》上首次面世。然而，印刷商和一些杂志订户提出了异议，导致该杂志停止了后续章节的连载。乔伊斯接着转向了一家先锋派美国杂志《小评论》，后者发表了该书的其余章节，但1921年2月，该杂志被认定言语猥亵而遭到了罚款处罚。[29]最终，乔伊斯联系了巴黎的一位年轻书商，此人
193 名叫**西尔维娅·毕奇**（Sylvia Beach），也是美国人。她的莎士比亚书店于1922年2月2日出版了《尤利西斯》的全本。该书第一版共印行了一千本。

虽然《尤利西斯》中有无数的次要角色同样令人难忘，但主要角色有两位。**斯蒂芬·迪达勒斯**（Stephen Dedalus）是一位正在经历个人危机的年轻艺术家（和西方文明一样，他已江郎才尽，失去了雄心壮志和创作的意愿）。**利奥波德·布卢姆**（Leopold Bloom，他的妻子叫他“波尔迪”，该角色部分取材于乔伊斯的父亲和哥哥）则是一个更接地气的角色。乔伊斯（受奥托·魏宁格的理论影响）将他塑造成犹太人，并略显阴柔，但是让

他成为现代尤利西斯的乃是他朴素而丰富的内在和外在生活。[30] 乔伊斯的观点在于，英雄的时代已经结束了。* 他厌恶“英雄式的抽象”，因为许许多多的士兵都为此而牺牲，“这些大而无当的词语让我们都如此哀伤”。[32] 他笔下的奥德赛不是与希腊可怕的神话世界斗争的英雄，相反，他为我们呈现了 1904 年 6 月 16 日这整整一天，布卢姆在都柏林的生活。[33] 从他的妻子准备早餐开始，我们就跟随着布卢姆，和他一起参加朋友的葬礼，遇见记者朋友和赛马爱好者，跟他一起购物，购买肉和肥皂，跟他一起去喝酒，然后来到海滩，坐在三个年轻女子的不远处看烟火，因此还目睹了颇为香艳的色情场景，最后在他晚上回家时遇到了警察。我们看着他小心翼翼地爬上床，躺在他妻子身边，以免惊醒她。这时作品转换了视角，开始从他妻子莫莉的角度出发向我们呈现她关于布卢姆完全没有标点停顿的内心独白。

《尤利西斯》的引人入胜之处在于，它在叙述的过程中多次转换风格，从意识流到问答式，到一出梦境的戏，再到更直接的交流。其中包括了一些可爱的笑话（莎士比亚“这位老兄写得跟辛格一样”，“愿用我的王位换一杯酒”）和一些幼稚得无可救药的双关语（“请你原谅”，原文为 I beg your parsnips，是 I beg your pardon 的变体）；语言独出心裁，充满隐喻；还有无穷无尽的人和物的名单，以及对最新科学发展的提及。该书卷帙浩繁（总计 933 页）的一个原因在于，它重新创造出一个世界，而作家能在其中将生活节奏放慢，好让读者细细品味这永无休止的语言。通过这种方式，乔伊斯让我们将注意力放在 1904 年都柏林的丰富多彩上，诗歌、歌剧、拉丁语和礼拜仪式也是中下阶层日常生活的一部分，就和赌博、赛

---

* 事实上，《尤利西斯》的神话成分比许多读者意识到的要更多，其中许多典故都暗指身体的不同部位（肾脏和肉体等）。这一隐含意义在他于 1930 年与斯图尔特·吉尔伯特合著的《詹姆斯·乔伊斯的〈尤利西斯〉》中得以披露。但这一信息对从《尤利西斯》获取丰富而有益的阅读体验并非必要。[31]

马、小坑小骗以及中年男子呆滞的情欲（他们几乎会爱上遇到的每个女人）一样。[34]“如果《尤利西斯》不适合阅读，”乔伊斯在回应批评时对他的表弟说，“那么生活也就不适合继续了。”书中对食物的描写俯拾即是，每一处都令人垂涎欲滴（“勃克·穆利根将一个冒着热气的烤饼掰成两半，往热气腾腾的饼心里涂满了黄油。”）书中的地名都充满隐喻，好让我们意识到这些表示地名的专有名词有多么重要，又多么美好：马拉海德、克朗戈伍斯、卡斯尔康奈尔。乔伊斯重新运用了一些词语，重新排列了拼写，还重加了标点符号，以便我们重新审视这些词和它们代表的意思：“这些
194 戒律究竟是罪恶还是美德，神老爹（Nobodaddy）会在世界末日告诉我们的……”“他闻啜着（smellsipped）那醇和的……”“她那丰腴而被床暖的（bedwarmed）肉体……”“炸药盗匪（Dynamitard）”。[35]

在与布卢姆为伴的过程中，读者（和迪达勒斯一样）感到兴奋和解脱。[36]布卢姆压根不想成为任何人，“不当浮士德，也不做耶稣”，只想做他自己。布卢姆生活在一个宽宏大量的程度令人惊讶的世界里，那里的人们都活得很自我，他们歌颂日常生活，乐于见到文明朝着各种可能的方向演化：食品、诗歌、礼仪、爱、性、美酒和语言。乔伊斯说，这些东西在任何地方都能找到。它们正是内心与外在的和平所在。

1923年，T. S. 艾略特在《日晷》杂志上发表了一篇《尤利西斯》的书评，他在其中承认，这本书对他来说具有堪比“科学发现的重要性”。的确，乔伊斯的部分目的正是推进语言的发展，因为他觉得随着科学的演化，语言的发展已滞后于科学发展。艾略特同样欣赏乔伊斯采用的“神话手法”。[37]他认为这种手法也许可以取代传统的叙事手法，成为文学的发展方向。但《尤利西斯》与《荒原》、《雅格的房间》和《亨利四世》等作品最明显的区别在于，主人公斯蒂芬·迪达勒斯最终得到了救赎。在《尤利西斯》的开头，迪达勒斯身处知识和道德的荒原，失去了思想和希望。然

而，布卢姆却在整本书中表明，他能够通过别人的眼睛看世界，无论是通过他熟知的妻子莫莉，还是通过相对陌生的迪达勒斯。这样做不仅让布卢姆在反犹世界里完全心无偏见，从乔伊斯的角度出发，它更传达了一则奇妙而乐观的信息，即联系是可能的，而孤独和分裂、异化和倦怠都是可以避免的。

1922 年，乔伊斯的爱尔兰同胞 W. B. 叶芝（W. B. Yeats）当选爱尔兰参议员。两年后，他荣膺诺贝尔文学奖。叶芝 57 年的诗人生涯跨越了多个不同时期，但他对政治的参与和他的艺术见解是一致的。一份 1899 年的警方报告形容他“或多或少是一个革命党”，而他也在 1916 年为了失败的爱尔兰民族起义发表了《1916 年复活节》。其中包含了这样的一些诗句，虽然它们是关于被处决的起义领袖，但也可以用作整个 20 世纪的墓志铭：

我了解他们的梦境，
了解他们曾梦过然后死亡，
够了，就算曾经有过多的爱
使他们困惑到死又如何？
我用诗笔一一写出
麦克多纳和麦克布莱德，还有康诺利和皮尔斯，
不管现在或是未来，
只要还有地方将绿色佩戴，
一切都变了，彻底改变，
一种惊骇之美已经诞生。[38]

叶芝认识到，虽然科学在很大程度上摧毁了宗教，但他依旧保留着

195 宗教气质。他认为生活终究是悲惨的，而这在很大程度上是由“遥远……而不可知的现实”决定的。[39] 对他来说，生命的共识，正是其结构所在，它终将打败我们。而最高贵的存在意义（对伟大的追寻），必然涉及对“面具”的剥离：“如果面具和真我能统一起来，我们就能体验生命的完整。”[40] 这不完全是弗洛伊德主义，但已很接近。正如大卫·珀金斯所表明的，在这一思想引领下，叶芝创造出一套复杂而高度个人化的图示和符号系统，并在其中罗列了许多彼此对立的意象：青春与衰老，肉体与灵魂，激情与智慧，兽与人，过分的暴力与秩序，启示与文明，时间与永恒。[41]

叶芝的职业生涯通常被分为四个阶段：1899 年之前、1899 至 1914 年，1914 至 1928 年和 1928 年以后，但他的最高成就是在第三阶段取得的。这一时期他先后出版了诗集《库尔的野天鹅》（1919）、《迈可·罗拔兹与舞者》（1921）、《塔楼》（1928）以及散文集《灵视》（1925）。最后这本《灵视》列出了叶芝神秘的标志和符号系统，这一系统的诞生部分得益于他的“发现”，即他认为自己的妻子具有精神力量，灵魂可以“借助她”通过无意识书写和附身发出声音。[42] 换作其他人的话，这样的说法可能只会引起尴尬，但叶芝的才华体现在他借此创造了一种富有诗意的表达，清晰而鲜明，完全自主，传达出“一个人在生命激情时刻的真实想法”。[43] 叶芝这个人与布卢姆全然不同，但他们踏上了同样的旅程：

树木披上绚烂的秋装，
林中的小径晒得干爽。
十月的微曦朦胧，
一片静空铺水中。
一湖秋水，满池卵石，
五十九只天鹅在悠游……

它们比翼双飞，永不厌倦，
时而荡桨于多情的湖面，
时而双翮凌空，一举千里，
活力永不衰减。
不论游往何地，激情和志向，
将伴随它们，日久天长。

——《库尔的野天鹅》，1919

战争和随之而来的荒芜让叶芝为之动容。

许多精巧可爱的东西都已逝去，
它们以往在大众看来简直是奇迹……
呵，可是我们曾梦想修补
无论什么灾祸似乎给人类
带来的磨难，但是现在，
既然寒冬的狂风吹起。

——《1919 年》，1919 196

但和布卢姆一样，相较于哀悼逝去，他真的更钟情于从自然中重新创立。

那不是老年人的国度。青年人
在互相拥抱；那垂死的世代，
树上的鸟，正从事它们的歌唱；
鱼的瀑布，青花鱼充塞的大海，

鱼、兽或鸟，一整个夏天在赞扬
凡是诞生和死亡的一切存在。
沉溺于那感官的音乐，个个都疏忽了
万古长青的理性的纪念物。

——《驶向拜占庭》，1928

叶芝在诗人生涯之初试图将爱尔兰传说应用于诗歌创作。他从没表达过描绘当代城市景观的现代主义愿望。相反，随着年龄的增长，他认识到“我们孤独中的欲望”的核心事实和私人生活的激情，而科学在这一主题中不值一提。[44] 正如布卢姆所意识到的，伟大体现在更睿智、更勇敢和更具洞察力，即使是在小处（尤其是在小处）。在这片荒原之中，叶芝将诗人的作用视为燃烧自己，照亮他人。他的诗与艾略特非常不同，但他们为了同一个目标团结在一起。

布卢姆当然是对贪婪社会公民的永恒斥责。他并不缺钱，但也不富有，或者说他所拥有的一切丝毫不能干扰他内心的平静。他的内在生活才是最重要的。他也不依据别人占有的东西来对他人进行评判，他只是希望深入他们的思想，发现与自己思想的不同之处，来帮助自己更好地体验世界。

《尤利西斯》问世四年后的1926年，**F. 司各特·菲茨杰拉德**（F. Scott Fitzgerald）出版了小说《了不起的盖茨比》。菲茨杰拉德通过更传统的作品形式，从几乎相反的方向诠释了同样的主题。都柏林人利奥波德·布卢姆只是个靠着雕虫小技蝇营狗苟，并为躲过小灾小难庆幸不已的中下阶层人士，而《了不起的盖茨比》中的人物要么腰缠万贯，要么志在富贵，他们穿越生命的河流，几乎不为任何事物所动。他们的生活环境造就了道德和知识的空虚，构成了其自身形式的荒原。

《了不起的盖茨比》书中的四个主要人物是杰伊·盖茨比、黛西·布坎南、汤姆·布坎南以及故事的叙述者尼克·卡罗威。故事于夏天发生在一个名叫西卵的小岛上，该岛位于楠塔基特岛、马撒葡萄园岛和长岛之间，但从曼哈顿开车就能到达。黛西的亲戚卡罗威凑巧租下了一套与盖茨比的豪宅相邻的房子。一开始，盖茨比（他的履历和菲茨杰拉德本人颇有相似之处）、布坎南一家和卡罗威各自过着相对独立的生活，后来则经常聚在一起。[45] 盖茨比是个神秘人物。他家经常举办大而聒噪的爵士年代派对，但他本人是个谜一般的独行侠。没人知道他究竟是谁，也没人知道他 197
财产的来历。他还经常打长途电话（当时的长途电话还很昂贵，且是从外国引进的）。然而渐渐地，尼克进入了盖茨比的生活轨迹。与此同时，他得知汤姆·布坎南与一位名叫默特尔·威尔逊的女子有染，后者的丈夫经营一家修车行，而汤姆·布坎南经常在往返曼哈顿时在那里加油。汤姆青春靓丽而又“天真无邪”的妻子黛西却仍被蒙在鼓里。全书总共不到 170 页，毫无矫揉造作之感。书的开篇不久就提到“一个叫戈达德的人写的《有色帝国的崛起》一书”，他参考了洛斯罗普·斯托达德的优生学小册子《有色人潮的涨潮》。这引发了汤姆关于种族的讨论：“如果白人不警惕起来的话，我们就会被彻底淹没。书里讲的全是科学，都被证明了的……现在轮到我们，占统治地位的白种人来提高警惕，否则其他人种就会控制一切。……其观点是我们都是北欧民族……我们创造了构成文明的一切——呃，科学和艺术，以及一切的一切。你们懂吗？”[46] 导致默特尔死亡的事故发生地被称为灰烬谷，位于法拉盛草原上，是个堆满了垃圾和灰烬的沼泽。在其他时候，“血统”对书中的人物都有着高雅的魅力。但这些观点都点到即止，并未强加给读者。

但围绕着盖茨比的疑问却无处不在。坊间流传着关于他财产来路的谣言：贩私酒、毒品、赌博等。很快，盖茨比就找到尼克，要求他安排一次会面，将他引见给尼克的亲戚黛西。而当尼克奉命行事后，才发现盖茨比和黛西原来彼此认识，而且在她嫁给汤姆之前他们曾是情侣。（菲茨杰拉德担心这是本书的不足之处，他没有充分解释盖茨比与黛西更早的关系。）[47] 他俩复合了。一天下午，他们一行人分乘两辆车前往曼哈顿。在城里，汤姆指责盖茨比和黛西有奸情。在盖茨比的怂恿下，黛西坦白说她从来没有爱过汤姆。汤姆勃然大怒，也说他一直在追查盖茨比的老底：他是不是确实像自己所说的那样念过牛津大学，并且在第一次世界大战中得过勋章。和尼克一样，读者也对盖茨比心怀同情。我们现在知道他的真名是詹姆斯·盖茨，他出身贫寒，因为帮了一位百万富翁的忙而获得了幸运女神的垂青，得到了大笔财产。但汤姆已经积累了证据，表明盖茨比实际上涉嫌许多不正当甚至是违法的勾当：买卖被盗的有价证券。我们还没来得及消化这些信息，冲突就爆发了，一行人分乘两辆车返回岛上，盖茨比和黛西坐一辆，其他人坐另一辆。我们猜想冲突会稍后继续。然而就在回去的路上，盖茨比的车撞死了汤姆的情人默特尔·威尔逊，但肇事后并未停车。汤姆、尼克和其他人落在后面，赶到现场时发现了已经赶来的警察和悲痛欲绝的威尔逊先生。威尔逊先生早已开始怀疑其妻子的不忠，但不知道她的情人是谁。他现在怀疑盖茨比，认为他杀她是为了灭口，所以他闯进盖茨比的家，射杀了泳池里的盖茨比，然后饮弹自尽。但威尔逊有所不知，而汤姆也从未知晓的是，当时开车的实际上是黛西。警方也对此并不知情。因疏忽大意杀死了默特尔的黛西安然无恙，而导致了所有悲剧的汤
198 姆的婚外情也永远无人知晓。汤姆和黛西消失了，留下卡罗威安排盖茨比的葬礼。事到如今，盖茨比的不正当交易已铁板钉钉，他的葬礼也没人参加了。[48]

《了不起的盖茨比》的最后一幕发生在纽约，尼克在第五大道偶遇汤

姆，但拒绝和他握手。这次偶遇表明汤姆仍不知道当时是黛西开的车，但对尼克来说，这种不知情是无关紧要的，甚至是危险的。正是它迷惑且损害了美国：盖茨比背叛了别人，也遭到了背叛。[49] 他觉得即使汤姆不知道是黛西开的车，他俩的行为也已经卑劣到了极点，他对他们的评价也不再重要。他还要谴责黛西，她搞砸了一切，却安然“缩回”到她的富贵中去。对她的谴责意味着尼克放弃了血缘关系，将自己从“创造了文明的北欧人”中割裂开来。尽管汤姆和黛西血统非凡，但他们所留下的却是灾难。布坎南家族（以及跟他们一样的人）一辈子生活在道德的真空中，无法见微知著，痴迷于奢侈的派头。《了不起的盖茨比》中满目都是荒原：道德的荒原、精神的荒原、生物的荒原，甚至包括灰烬谷这个地理上的荒原。

1922 年 5 月 18 日晚，在伊戈尔·斯特拉文斯基的《狐狸》首演之后，在为谢尔盖·佳吉列夫举行的庆功派对上，詹姆斯·乔伊斯和马塞尔·普鲁斯特见了面。出席派对的还有巴勃罗·毕加索，他为该剧设计了舞台布景。之后普鲁斯特坐出租马车离开，顺便载乔伊斯回家，途中醉醺醺的爱尔兰人告诉普鲁斯特，这位法国人写的东西自己一个字都没读过。普鲁斯特大为光火，自己回到了丽兹酒店。店家和他有个约定，无论多晚都能向他供应餐点。[50]

乔伊斯的无礼很不得体。第一次世界大战导致了《追忆似水年华》其他卷册的出版延迟，但在那之后，普鲁斯特以较快的速度先后出版了该书的四卷。1919 年《在少女们身旁》出版（并荣获龚古尔文学奖），《盖尔芒特家那边》于次年出版，而《盖尔芒特家那边 Ⅱ》和《所多玛和蛾摩拉 Ⅰ》都于 1921 年 5 月面世。《所多玛和蛾摩拉 Ⅱ》出版于 1922 年 5 月，正是普鲁斯特和乔伊斯见面的月份。剩余的三卷（《女囚》、《女逃亡者》和《重现的时光》）都在 1922 年普鲁斯特去世后面世。

尽管出版略有延迟，但《在少女们身旁》和《盖尔芒特家那边》将我们带回了斯万身边，和他一起体验巴黎的沙龙、贵族势利的细枝末节以及斯万对吉尔伯特和奥黛特的爱慕所带来的问题。但《所多玛和蛾摩拉》带来了改变，普鲁斯特的关注点聚焦在艾略特和乔伊斯挑选出的领域：现代世界中的性。艾略特和乔伊斯关注的是婚外情以及随意和无意义的性行为，而普鲁斯特与他们不同，他更关注同性恋。普鲁斯特自己就是一位同性恋人士。在战争期间，他所爱的司机兼打字员阿尔弗雷德·阿戈斯蒂内利为了一名女子离开了他，并移居法国南部。这让普鲁斯特遭受了双重打击。不久之后，阿戈斯蒂内利在一次飞行事故中丧命，这更让普鲁斯特伤心欲绝达数月之久。[51] 这段经历之后，同性恋开始在他的作品中以更为坦
199 诚的面貌出现。普鲁斯特的观点是，同性恋比一般认为的更加广泛，更多的人身为同性恋却不自知。当时的一般观念还认为同性恋是一种病，一种神经疾患，让男性具有女性特质（又一次回应了奥托·魏宁格的理论）。这一观点让普鲁斯特的叙事手法发生了巨大变化。对读者来说，显然书中的许多男性角色都过着双重生活。这让他们的拘谨、自高自大和势利行为显得愈发荒谬，以至于《所多玛和蛾摩拉》最终颠覆了在前几卷中占主导地位的社会结构。普鲁斯特在向我们展示：最令人羡慕的生活是一出建立在欺骗基础上的低俗喜剧。

其实，这出喜剧对参与者来说要有趣得多。[52]《追忆似水年华》的最后几卷更加黑暗：战争初露端倪，在《女逃亡者》中，对悲伤的描写令人印象深刻；性也继续引起读者的关注。但也许最令人感动的时刻出自最后一卷，当叙述者踏上两块不平的石板，不自主的记忆潮水席卷了他，就像整部作品开头时一样。但普鲁斯特并没有让我们陷入周而复始的循环。这一次，叙述者没有选择继续，宁愿将精力集中于当下。我们可以认为普鲁斯特自己发生了决定性的变化，他抛弃了曾发生过的一切。如同技巧最高

超的故事讲述者一样，他将最大的惊喜留到了最后。但尽管如此，在如许的卷帙浩繁之后，它也不能算是什么高潮了。[53]

普鲁斯特去世之时享有极高的声誉。然而，现在的一些评论家认为他的成就已不再值得大肆宣扬。对于其他人来说，《追忆似水年华》仍然是现代文学的杰出成就之一，是“对自我的最伟大探索，甚至胜过弗洛伊德”。[54]

回忆起来，在拒绝出版普鲁斯特《追忆似水年华》第一卷的人之中，就包括《新法兰西评论》（*NRF*）的**安德烈·纪德**（André Gide）。但情况很快就发生了转变。纪德为自己的错误道了歉，而普鲁斯特也于1916年将出版商改了回去。普鲁斯特去世之时，纪德的伟大小说《伪币犯》刚刚开始动笔。他在日记中记录了他在1923年3月15日梦见普鲁斯特的情景（后者于前一年的11月去世）。在梦中，纪德坐在普鲁斯特的书房里，“发现自己”握着一根绳子，绳子的另一头系着普鲁斯特书架上的两本书。纪德拉动绳子，抽出了一本圣西门的《回忆录》的精装本。纪德在梦中悲痛欲绝，但他后来承认自己在梦中的举动可能是有意为之。[55]

创作《伪币犯》的念头从1914年以来就一直萦绕在纪德心头。这本书与《追忆似水年华》并不雷同，但人们还是发现两者之间存在着一些相似之处。[56]纪德的小说里也有德·夏吕斯男爵（《追忆似水年华》中的人物）、青少年群像，以及对平原上的城市（《追忆似水年华》第三卷内容）的关注。这两部作品的主人公都在创作一本小说，结果或多或少就是我们正在读的小说。但最重要的相似之处是，两位作家在创作的过程中都怀着写出伟大作品的抱负。纪德试图在自己的领域内与普鲁斯特一较高下。在那场梦里，纪德对普鲁斯特的嫉妒“喷薄而出、公之于众并重归于好了”。[57] 200
《伪币犯》这部情节高度复杂的小说具有重要意义的原因有很多，其中之一便是纪德还坚持用日记来记录自己的创作思路。这本日记可能以最完整的形式，记录下一部重要文学作品的形成过程。我们从中能够得到的主要信息，是纪德对早期构想逐步改变和去粗取精的过程，以及删减人物的过程。他的目标是创作一本没有主人公，但有着各种各样重要角色的作品。这有些类似毕加索的画作，画中的物体不是从一个主要方向，而是可以从各个方向同时进行“观赏”。他的日记中还包括了一些剪报，其中一则讲的是一群贩运假币的年轻人，另一则讲的是一个小学生受朋友们所逼在课堂上开枪打爆了自己的头。纪德将这些线索编织成了复杂的情节，其中包括一个名叫爱德华的人物，他正在写一本名叫《伪币犯》的小说，而书中的每个人本质上都可以说是伪造者。[58] 身为作家的爱德华和贩运假币的男孩是最明显的伪造者，但最令读者感到震惊的是纪德对法国中产阶级生活的控诉。他们的生活充斥了非法勾当和同性恋行为，却无时无刻都伪装出一副人格高尚的嘴脸（这和普鲁斯特作品后几卷的题材颇为相似）。情节的复杂性自有其用意，即和现实生活一样，书中的角色有时并没有意识到自己行为的后果，不知道他人行为的缘由，甚至不知道他们什么时候真心以待，什么时候又在伪装。在这样的环境中，有什么东西（尤其是艺术）能发挥其作用呢？（这与路易吉·皮兰德娄不谋而合。）有些伪装成功的原因显而易见（比如贩运假钞），但有些生活中的情节，比如打爆自己脑袋的男孩，在一定程度上将永远是一个谜，令人费解。在这样的世界里，我们能依靠什么样的规则生存下去呢？《伪币犯》也许是对我们的时代最现实的诊断。小说并没有提供任何解决方案。它暗示这个社会没有什么有效的解决方案。但如果我们的困境最后一定是悲剧，人们为什么不都去自杀呢？这也是一个谜。

纪德对英国文学怀有非同寻常的兴趣，涉猎过威廉·布莱克、罗伯特·布朗宁和查尔斯·狄更斯等作家的作品。他也熟悉布鲁姆斯伯里团体（1918年，纪德曾在布鲁姆斯伯里团体活动的前沿阵地剑桥大学学习英语）。1919年，他在巴黎结识了克莱夫·贝尔，1920年，他客居位于盖辛顿的奥托琳·莫瑞尔女士家。他曾与罗杰·弗莱保持长时间的通信往来（他们都热爱尼古拉斯·普桑的作品），后来又和**弗吉尼亚·伍尔夫**（Virginia Woolf）一起在知识分子反法西斯委员会中任职。

弗吉尼亚·伍尔夫在准备创作小说《雅各的房间》时，非常清楚地知道其他作家也在尝试她所尝试的工作。她在1920年9月26日的日记中写道："我想，我正在从事的工作可能由乔伊斯先生来做会更好。"[59]她知道T. S. 艾略特和詹姆斯·乔伊斯有联系，因为这个美国人总是告诉她爱尔兰人在做什么。

1882年，弗吉尼亚·伍尔夫出生在一个严格意义上的书香门第（她的父亲是《英国名人辞典》的创刊编辑，他的第一任妻子是写《名利场》的 201
萨克雷的女儿）。虽然伍尔夫无缘接受她的兄弟们所接受的教育，但她仍然坐拥家里藏书颇丰的图书馆，因此她成长过程中的阅读量远超同时代的女性。成为作家一直是她的梦想，而为《泰晤士文学增刊》撰稿则是她写作生涯的起点（该刊在1902年创办时是伦敦的《泰晤士报》旗下的一份独立出版物）。但她直到1915年才出版了她的处女作《远航》，当时她已经33岁了。[60]

《雅各的房间》拉开了弗吉尼亚·伍尔夫系列实验小说的序幕，而该系列小说正是她最为人熟知的作品。该书讲述了一个名叫雅各的年轻人的故事，记录了他的发展历程，从剑桥到充满艺术和文学的伦敦再到希腊之旅，描写了导致英国陷入第一次世界大战的那个阶层和那一代人。[61]这本身就是个宏大的写作主题。然而，与前文提到过的作品类似的是，该书的形式同样令其卓尔不群。她在1920年初的日记中写道："我觉得这次使用的方式将完全不同。不搭脚手架，几乎看不见一块砖，一切都是朦胧的，但其核心是激情和幽默，一切都如火焰般明亮。”[62]《雅各的房间》是一部城市小说，描写了城市街道千篇一律、转瞬即逝的体验，“伦敦的桥梁上云雾般行色匆匆的汹涌人潮”，透过茶馆窗户瞥见一副凝视窗外的面孔，脸上的表情或无聊，或戴着“小人物绝望的热情，永远无法了解”的面具。[63]与《尤利西斯》和普鲁斯特的作品相似，该书由意识流式的内心独白组成，在时间上前后移动，毫无征兆地从一个人物跳到另一个人物，视角和态度的转换速度之快，就像在任何你所能想到的大城市中的偶遇一样稍纵即逝。[64]在《雅各的房间》里，一切都是不安定的。小说没有太多传统意义上的情节（雅各早期的承诺从未兑现，书中的角色不够丰满，人物来来去去。作家对边缘角色，诸如街边卖花人的关心程度和对那些理论上更中心的人物的关心程度旗鼓相当），也没有传统意义上的叙事。书中的人物描写就像印象派绘画一样简单。其中一个人物这样说：“试图评价人们是没有意义的。观察人们必须遵循种种暗示，不可仅仅听其言，也不能完全观其行。”这样的人物本来也可以在纪德的作品里出现。[65]伍尔夫所描述以及希望我们感受到的，正是现代世界广阔的大都市中生活的原貌。她说，这种在心理和身体上对熟悉范畴的分裂和分解，就像军事 / 政治 / 经济领域已经发生的变化一样，都是第一次世界大战的后果，而前者较后者而言可以说更为根本。

西格蒙德·弗洛伊德的心理学思想对**安德烈·布雷东**（André Breton，1896—1966）的影响是非常直接的。在第一次世界大战期间，他在圣迪济耶精神病治疗中心担任医务兵，治疗炮弹休克症患者。正是在圣迪济耶，布雷东第一次接触了梦的（精神）分析。正如他后来所说，他在分析过程中为**超现实主义**（surrealism）做了“基础工作”。他尤其记得一个完全活

在自己世界的患者。这位患者身处战壕却深信自己刀枪不入，他认为整个 202
世界都是“假的”，是演员们用假子弹和舞台道具布置出来的。他对此深信不疑，以至于他会在战斗中暴露自己，并为爆炸兴奋得手舞足蹈。而敌人竟然不可思议地没能将他杀死，这一事实只会进一步加强他的信念。[66]

这个患者创造出的“平行世界”令布雷东醍醐灌顶。对他来说，患者的疯狂实际上是对疯狂世界的理性反应。这一观点在 20 世纪中叶的数十年内影响深远。如弗洛伊德所说，梦境是一个平行世界，是通向无意识的通道，而对布雷东来说，梦境是通向艺术的道路。他认为，艺术和无意识可以形成“新的联盟”，并通过梦境、机遇、巧合、笑话等弗洛伊德的研究对象加以实现。布雷东借用纪尧姆·阿波利奈尔发明的术语，将这种新的现实称为超现实。1917 年，毕加索、让·科克托、埃里克·萨蒂和莱奥尼德·马西涅合作创作了芭蕾舞剧《游行》，阿波利奈尔这位法国诗人曾将其形容为“一种超现实主义”。[67]

就对超现实主义的贡献而言，该主义的实践者对弗洛伊德精神的领会要大于弗洛伊德的理论本身。很少有法国和西班牙的超现实主义者能读到弗洛伊德的作品，因为这些书还都只有德语版本。（直到第二次世界大战结束后，精神分析才在法国流传开来，而英国精神分析协会直到 1919 年才成立。）布雷东关于梦境的思想，以及将神经症视为永恒梦境之“僵化”形式的思想，肯定不能对弗洛伊德理论起到支持作用，同样也不支持超现实主义者所认为的神经症“很有趣”，是一种神秘的、形而上的状态的观点。这是一种 20 世纪的浪漫主义形式，它支持一种新的说法，即神经症是人类思想的“阴暗面”，是关于人类自身新的、危险的真理的基础。[68]

虽然超现实主义兴起于由布雷东、保罗·艾吕雅和路易·阿拉贡领衔的诗人运动，但凭借这一运动获得持久国际知名度的却是超现实主义的画家。四位画家变得尤为知名，在其中三人的作品中，荒原是经常出现的意象。

马克斯·恩斯特（Max Ernst）是第一个投身超现实主义运动的艺术家（1921）。他自称从幼年时就经常产生幻觉，因而倾向于用这种风格进行创作。[69] 他的风景画或静物画有种奇妙的亲切感，但又有微妙的变化。比如，他笔下的树木和悬崖有着人体器官的纹理，野兽的背脊则无比宽广、不成比例，甚至遮蔽了太阳。可怕的事情似乎刚刚发生，或是似乎将要发生。恩斯特还描绘过一些欢乐的场景，却给这些作品冠以冗长而神秘的标题，似乎带有险恶的意味，比如《审判者：七点零七分正义将得到伸张》。[70] 又比如，《被夜莺吓着了的两个孩子》乍看之下富于欢快的色彩。画中有一只鸟、一只类似布谷鸟钟的时钟和一座筑有围墙的花园。但是我们注意到画中的人物似乎在四散奔逃，而之前发生的事却没有得到交代。这幅画实际上是画在一扇小门或一个箱盖上，还附有一个手柄。如果门被打开，我们会发现什么？未知的一切自然充满险恶。

最令人不安的超现实主义画家是**乔治·德·基里科**（Giorgio de Chirico，
203 1888—1978），毕加索称他为“火车站画家”。德·基里科是带有希腊血统的意大利人，他痴迷于意大利北部城镇的广场和拱形游廊：“我刚刚从一场漫长而痛苦的肠道疾病中复原。我有着近乎病态的敏感。整个世界，下至建筑物的大理石和喷泉，对我来说似乎都在逐渐复原。……秋日的阳光温暖而冷漠，点燃了雕像和教堂的正面。这时候，我有种奇怪的印象，我好像是第一次看见这些东西。”[71] 德·基里科总是用同样的方式来描绘这些风景和城市风貌。光线始终是相同的（这是下午的阳光，从左侧或右侧射来，而不是从顶部），总有着长而可怕的影子，而黑暗则近在咫尺。[72] 其次，画面中没有任何人物，这些城市景观一片冷清。有时会出现一个裁缝店的人体模型，或是雕塑，虽然像人，但它们全都又盲又聋又哑，毫无生气。如罗伯特·休斯所说，它们回应着艾略特的经典名言："为了支撑我的荒墟，我捡起这些碎片。"人形的阴影通常都出现在画面的角落里。德·基里科的世界是一个冰冷的世界。气氛冷峻，仿佛这是最后的末日，宇宙正面临崩溃，太阳也将永远熄灭。同样地，可怕的事情似乎刚刚发生，又或是将要发生。[73]

初看之下，**胡安·米罗**（Joan Miró，1893—1983）比之前的两位画家要欢快，也俏皮得多。他从未参与超现实主义者的政治派别：他没有涉足过任何宣言或者活动。[74] 但他的确为超现实主义画家的群展贡献良多，而他的作品风格也与其他人形成了强烈对比。他出生在加泰罗尼亚地区，在巴塞罗那学习绘画。当时的巴塞罗那仍是一个国际化大都市，与欧洲其他国家的联系还没有被西班牙内战切断。他早期表现出对立体主义的兴趣，但后来转而反对立体主义。他的童年时代在农场里度过，而他对野生动物的兴趣也因此不断增长。[75] 这让他的作品带有生物抒情性，随着时间的推移变得愈发抽象。在《农场》（1921—1922）中，他用科学性的细节表现了许多动物，创作出老少咸宜的作品。（他一路带着干草从巴塞罗那来到巴黎，以确保自己能描绘出干草的精确细节。）在他后来的《星座》系列作品中，五花八门的形式呼应着诸如耶罗尼米斯·博斯等前辈艺术家，但它们被欢快而愈发抽象地布置在朦胧的天空中，星星的形式也不是物理化学的，而是生物的。米罗在巴黎时就住在安德烈·马松的隔壁，通过他，米罗结识了超现实主义者。他在 1924 年参加了首个超现实主义群展。但身为画家，他没有描绘多少可怕的东西，更多地是描绘成年生活里残留的稚气，即"未经审查的自我"。这是另一种从精神分析中提出的概念。[76]

萨尔瓦多·达利（Salvador Dalí）的荒原颇负盛名。它们是不折不扣的荒原：即使有生命出现，一经盛开就会立刻凋谢、腐朽。在时间顺序上，达利是毕加索之后 20 世纪最著名的艺术家，尽管这并不意味着他是

20世纪第二优秀的艺术家。这更多的是与他非凡的技艺、对疯狂的深刻恐惧以及和他的个人形象息息相关：他瞪着的眼睛和八字胡，宛如西班牙国王腓力四世时期的宫廷画师迭戈·委拉斯开兹的肖像。[77]在认识自己绘画才能的过程中，达利发现自己能够为水晶般清晰的风景中加入现实的元
204 素，再用梦幻的方式呈现出来。他的作品有着米罗的抒情性，德·基里科的黄昏之光，以及恩斯特微妙地改变熟悉事物后产生的可怕感觉。他画中的图像——打碎的鸡蛋（“达利DNA”）、柔软的表盘、拉长的乳房、干旱风景中死去的树木——造成了视觉上的震荡，让人心绪不宁。[78]它们传达出一个充满生命但缺乏协调的世界，仿佛自然的原则和规律已经瓦解，仿佛生物学即将走到尽头，而达尔文学说的生存斗争已陷入疯狂。

勒内·马格里特（René Magritte，1898—1967）从来都不曾参与过超现实主义的沙龙（他一辈子都没离开过布鲁塞尔），但他和超现实主义者一样痴迷于恐惧，也几乎像维特根斯坦一样迷恋语言以及语言对意义的控制。在他的经典作品中，马格里特为普通的主题（一顶圆顶礼帽、一只烟斗、一个苹果、一把雨伞）赋予了非凡的经历（他自己也经常戴着圆顶礼帽）。[79]比如在《人类的处境》（1934）中，一幅透过窗户看到的风景画与实际的风景完全重叠，使它们融合在一起，没人能分辨这幅画从哪开始，到哪结束。他说，“外面的”世界确实是精神构建的产物，这是对亨利·柏格森观点的回应。在同样完成于1934年的作品《强奸》中，一具裸露的女性躯干，头发勾勒出脸部的轮廓，一张拘谨但同时狂野的脸，对拘谨本身的性质提出了怀疑，暗示着隐藏着的原始性欲。这个意象的背景是一片平坦而空旷的风景，一片纯粹的精神分析的荒原。[80]

超现实主义者玩弄（这个动词是中肯的）图像。他们认真地表明人类可以通过玩乐摆脱困境，因为在玩乐的过程中无意识得到了宣泄。借用同样的道理，他们将色情带到了大庭广众之下，因为性欲的压抑会切断人

与本性之间的联系。但最重要的是，他们的作品从梦境和无意识中获取灵感，表现出对理性的故意排斥。超现实主义艺术力图体现：如果进步是可能的，那么它从来都不是一条直线，没有什么是可以预见的。既然宗教已经失败，那么就用一种新的巫术来替代这个贪婪社会的陈腐吧。

具有讽刺意味的是，贫瘠的荒原本身是一个非常丰饶的比喻。本章探讨的所有作品所强调的是一种对世界的幡然醒悟，是对资本主义与科学相勾结的幡然醒悟，而正是这种勾结创造了荒原。这些目标都选得不错。资本主义和科学必将是 20 世纪最为持久的思想和行为模式。但并不是每个人都能借助它们从迷梦中清醒过来。205

12

巴比特的米德尔敦

20 世纪 30 年代，美国的优生学者和科学种族主义者尤为顽固。他们的主要思想来自一本名为《美国智力研究》（1923）的书，作者是 C. C. 布里格姆。布里格姆是普林斯顿大学的心理学助理教授，也是罗伯特·耶基斯的弟子。他在书中运用了耶基斯在第一次世界大战中获得的材料（耶基斯为布里格姆的书作了序）。尽管有证据表明，移民在美国居留时间越长，他们在智商测试中的表现就越好，但布里格姆的目的是要证明，来自南欧和东欧的移民以及黑人移民在智力上都属下等。为支撑其论断，他采用了很早以前（诸如乔治·瓦谢·德·拉普热伯爵等人）提出的概念，即根据头骨的形状可以将欧洲人分为三个种族类型。鉴于这样的处心积虑，布里格姆得出的结论也就不足为奇了："［美国］智力的衰退来自两个因素的影响，这个国家移民种族构成的变化，加之每个种族输送的移民代表素质都一降再降。……与这些欧洲民族的移民运动并驾齐驱的是，我们还面临这片大陆历史上最险恶的发展，即黑人的移入。……美国智力的衰退将比欧洲国家的智力衰退更为迅速，因为这里有黑人的存在。”[1]

在这样的背景下，回归种族隔离的思想一直都蠢蠢欲动。科妮莉亚·坎农指出，89%的黑人经测试都是“痴愚者”。她在美国杂志《大西洋月刊》上撰文写道：“我们必须将重点放在小学的发展上，放在对活动、习惯和职业等不需要更高级能力的培训上，尤其是在南方……让白种人和有色人种在不同的学校分开接受教育可能是有道理的，这么说并不是基于种族偏见。”[2] 哥伦比亚大学校董兼美国自然史博物馆馆长亨利·费尔菲尔德·奥斯本认为：“如果这些智力测试能够以完全不涉及种族偏见的方式，清楚地向我们的人民表明我们国家的智力匮乏，以及不同种族移民的智力水平，那么第一次世界大战的代价也是值得的，即使这代价是千百万人的生命。……我们已经一劳永逸地认识到黑人与我们截然不同。”[3] 206

优生学者成功地让1924年的《移民限制法案》获得通过，但生物学领域的战斗并未因此偃旗息鼓。次年，由于臭名昭著的斯科普斯审判，生物学再次回到了公众的视线中。早在1910年，基督教长老大会就起草了一份“五个基本信条”的清单，并将其视为基督教的基础。它们分别是：基督的神迹、童贞女之子、耶稣复活、耶稣受难（理解为赎人类的罪）以及《圣经》是上帝意志的直接传达。而最后一条正是**斯科普斯审判**（Scopes trial）的焦点所在。本案的事实并无争议。[4] 田纳西州代顿市的约翰·斯科普斯在讲授生物课时，使用了乔治·威廉·亨特编写的《公民生物学》作为教科书，这本书已于1919年由美国国家教材委员会采纳为标准教材。（实际上从1909年起，它就已经在一些学校投入使用了，因此在它被认为具有危险性之前已经在市面上存在了十五年。）[5] 斯科普斯所使用的亨特教材将进化论描述为事实。控方认为，这违反了田纳西州的法律。进化论只是违背《圣经》的一种理论，不应该被断言为铁板钉钉的事实。庭审变成了马戏团。控方的领袖是**威廉·詹宁斯·布莱恩**（William Jennings Bryan），他曾三次成为美国总统候选人，也是前任国务卿。在审判开始前他曾告诉基督复临安息日会，这场审判将决定进化论和基督教的你死我活。他还说："讲授进化论是美国遭受的所有不幸的源头。最好能够销毁所有进化论的相关书籍，只保留《创世记》的前三节。"[6]辩方领袖**克拉伦斯·达罗**（Clarence Darrow）的履历同样不遑多让。他是一位老练的演说家，也是一位传奇的刑事律师。布莱恩一心想要让审判变成达尔文与《圣经》的较量，而达罗的战术则是借助著名科学家和神学家的帮助让他的对手陷入困境。而这些人专程赶来代顿市就是为了确保布莱恩原教旨主义的目的不能得逞。有一次，布莱恩坚持要以圣经学专家的身份出庭作证，却不愿或无法回答关于地球年龄或著名考古遗址的问题。他自我辩护道："我从不去想我不想的事情。"达罗冷冷地反诘道："那你会想你想的事么？"然而结果是布莱恩在技术层面打赢了这场官司。法官认为审判的焦点并不在于达尔文到底是对是错，而在于斯科普斯到底有没有讲授进化论。既然斯科普斯对自己曾讲授进化论的行为供认不讳，判决结果也就在预料之中了。他被罚款100美元，但这一判决随后也被上诉推翻，因为做出罚款判决的是法官而非陪审团。但除开技术层面的胜利，布莱恩一败涂地。不仅在美国，全世界的媒体都对他大加羞辱和嘲笑。审判结束后的第五天，他就郁郁而终了。[7]

然而，宗教只解释了人们对斯科普斯审判的一部分反应。理查德·霍夫施塔特在《美国生活中的反智主义》中认为，尤其是在美国的南部和中西部地区，人们将基督教/进化论的斗争作为反抗现代性的工具。当时针对禁酒令的大规模抵制也反映了该问题的另一面。霍夫施塔特在书中带着
207 几分同情地引用了三K党帝国巫师海勒姆·W.埃文斯的话，后者将当时的主要问题总结为"'大多数具有拓荒者血统的美国人'与'信奉自由主义的智力杂种'之间的斗争"。"我们面临着一场运动，"埃文斯写道，"一

场老百姓的运动。我们在文化、智力支持和领导能力的培养方面都非常薄弱。我们有诉求，也希望取胜，将权力交还给寻常百姓手中。不是任由文化水平很高、过度聪明的人们摆布，而是由完全纯正、没有被去美国化、具有拓荒者血统的普通公民掌权。……这样的诉求无疑是一个弱点。它让我们有着变成‘乡巴佬’、‘土包子’和‘开二手福特的人’之嫌。我们对此毫不避讳。”[8] 三 K 党巫师的话凸显出当时美国的气氛与欧洲大相径庭，因为在当时的伦敦和巴黎，现代主义正蒸蒸日上。

第一次世界大战结束之时，美国摇身一变，因为只有她独自走上强大的道路，毫发无伤。当时美国人的普遍心态仍是务实和讲求实际的，独立于旧世界各种伟大的主义之外。“这里实质上是一个商业国家，”沃伦·哈丁在 1920 年如是说，而卡尔文·柯立芝发表于 1922 年的著名言论则回应了哈丁的观点：“美国的本分就是生意。”所有这些不同流派——反智主义、商业，以及对欧洲（或者至少是对欧洲民族）的怀疑——都在**辛克莱·刘易斯**（Sinclair Lewis）小说作品中济济一堂。其中最出色的《巴比特》同样诞生在那个非凡的年份，1922 年。

我们很难想象，有哪个小说人物能像**乔治·F. 巴比特**（George F. Babbitt）一样，与迪达勒斯、忒瑞西阿斯、雅各或是斯万等著名人物迥异。他是一位房地产经纪人，来自俄亥俄州的**泽尼斯**（Zenith，一个美国中西部中等大小的城镇）。巴比特勤劳、富有，深得同胞的爱戴。但巴比特的成功和走红只是他所有问题的开始。奥斯瓦尔德·斯宾格勒、R. H. 托尼和 T. S. 艾略特都对物欲横流的贪婪社会厌恶有加，刘易斯也对这样的社会进行了猛烈抨击。艾略特和乔伊斯强调古代神话的力量，以此来接近现代世界，随着 20 世纪 20 年代时间的流逝，刘易斯则剖析了许多现代美国神话。巴比特本人就像刘易斯其他作品中的“英雄”一样，虽然并不自知，但也是一个受害者。

哈里·辛克莱·刘易斯生于1885年，在明尼苏达州的小城镇索克森特长大。他后来评价自己的家乡是个“心胸狭隘、民风粗犷之地”。刘易斯的众多作品中有一个中心思想，美国的小城镇远不及普遍的传言所说的那样友好或宜人。对刘易斯来说，小城镇的美国人对所有持不同意见或与自己不同的人都疑心重重。[9]刘易斯自己的成长过程得益于他继母的帮助，而继母是个芝加哥人（虽然在当时芝加哥也不是最发达的城市，但至少不是小城镇）。他的继母鼓励年轻的哈里阅读“外国”书籍，也鼓励他出门旅行。他就读于奥伯林学院，毕业后继续向东赴耶鲁大学深造。在那里，他学习诗歌和外语，结识了许多阅历远胜于他继母的人。从耶鲁毕业后，时年25岁的他去了纽约，在一家出版社找到了一份审稿和新闻广告员的差事。这让他有机会了解美国公众的阅读品位。他随后在《星期六晚邮
208 报》发表了一系列短篇小说，每一篇都稍微颠覆了美国的自我形象，但这些短篇小说不能承载他所希望表达的含义。当他于1920年10月出版了第一部长篇小说《大街》时，才堪称“让美国人跌破眼镜”。[10]《大街》发表之时正值深秋，正好赶上圣诞节高峰期，它造成了罕见的现象，即通过口口相传的评价造就了畅销书的地位。故事发生在格菲尔草原镇。这个小镇很自然地与刘易斯的家乡索克森特有着许多相似之处。格菲尔居民的偏见和瑕疵都难逃刘易斯的法眼，他们的弱点和自吹自擂都被抓个正着，所以这本书不但在美国中部颇受欢迎，更发达地区的人们虽然绝对不会在中西部的“乡下”出现，也同样对它青睐有加。这本书大受欢迎，以至于有时候出版商找不到足够的纸张来进行重印。它甚至还在东部引发了一桩闹得沸沸扬扬的事件：据悉，普利策奖评委会投票选出了《大街》作为获奖作品，但出人意料的是，该奖的管理方哥伦比亚大学理事会却推翻了评委会的决定，把奖改颁给了伊迪丝·华顿的《纯真年代》。刘易斯对此并不介

意，至少不那么介意。他本身也是华顿的粉丝，还把自己的下一本书《阿罗史密斯》献给了她。[11]

在《巴比特》中，刘易斯从美国小镇来到了美国中西部的中等城市。这使得小说在许多方面都更具典型性。故事的发生地泽尼斯不仅展现出美国的优势，也暴露了它的问题所在。截至1922年，已经出现了许多反映美国商人的小说，比如**迪恩·豪威尔斯**（Dean Howells）的《塞拉斯·拉帕姆的发迹》（1885）和**西奥多·德莱塞**（Theodore Dreiser）的《金融家》（1912）。但它们都不具备《巴比特》式的悲剧性结构。刘易斯怀着对"外国"文学的热情，效仿了埃米尔·左拉的作品。左拉曾在19世纪末期乘坐矿车，沿铁轨深入地下矿井，为他伟大的《卢贡—马卡尔家族》系列小说进行调研。同样，刘易斯也搭乘火车前往中西部的几个城镇，在扶轮社团与房地产经纪人、市长和商会主席共进午餐。和左拉一样，他记下了大量笔记，他灰色的笔记本中包含了典型的商界短语和修辞手法，收集了各种合适的人名和地名。所有的这一切孕育出了巴比特，一个处在美国物质主义文化"心脏地带"的人。[12]刘易斯赋予巴比特的核心素质是他的成功，对他来说以下三方面缺一不可：物质享受，受同胞爱戴（他们的思维方式相近）以及相较不成功者的一种优越感。巴比特得意洋洋却不自知，他赖以为生的行为准则是：效率、推销和"动产"（即商品、物质财产）。刘易斯对此的观点类似艾略特，认为这些东西都是虚妄的。在巴比特的世界里，艺术和宗教都被歪曲了，成了永远为生意服务的道具。刘易斯用一幕剧情将这一点展现得淋漓尽致：即朱姆·弗林克向"**促进者俱乐部**"（Booster's Club）发表的演说。弗林克讲话的主题是为什么泽尼斯应该拥有自己的交响乐团："如今，文化像柏油马路或者银行支付能力一样，已经成为城市必须具备的装饰和广告。每年吸引着成千上万的人前来参观访问的是剧院、美术馆等场所体现的文化……［所以］我请各位会员为文

209 化、为一个举世瞩目的交响乐团捧场！”[13]

这种自鸣得意几乎是令人难以忍受的，刘易斯并未让其长久。随着巴比特最亲密的朋友杀妻，阴影开始在这个完美世界里逐渐延伸。这位朋友之妻的死并无神秘之处，是过失杀人而非谋杀。即便如此，这位朋友也被送进了监狱。这一连串事件让巴比特彻底陷入混乱，并引发了他身上的许多变化。对读者来说，这些只是很小的变化和微不足道的反叛，但每次巴比特试图反抗，想过一种他认为更“放荡不羁”的生活，他总是意识到自己不能这样做：因循守旧主宰了他一直以来所过的生活，他的生活也依赖于因循守旧。要想在美国取得成功需要付出代价，刘易斯将它作为一种浮士德式的交易呈现出来。对于巴比特和他的同侪来说，天堂和地狱都在同一个地方。

刘易斯对物质主义和贪婪社会的控诉并不逊色于托尼，但他塑造的人物更加令人难忘，也少了许多野蛮的气息。[14]他将巴比特的儿子泰德塑造得比父亲更有头脑，这也许暗示着美国中部地区可能会逐渐进化。刘易斯这种轻微的乐观情绪也许是帮助这本书大获成功的明智之举。1922年9月14日，该书刚一问世，“巴比特”或“巴比特式”立即成了美语词汇中因循守旧的缩写。更有甚者，书中的“促进主义”一词也被广泛用来描述众所周知的美国式自我推销。厄普顿·辛克莱认为这本书是“一部真正的美国杰作”，弗吉尼亚·伍尔夫则认为它“跟20世纪的任何英文小说相比都不相上下”。[15]让巴比特从同时期的欧洲文学人物中脱颖而出的，正在于他并没有意识到自己是一个悲剧人物。他缺乏悲剧中经典人物的洞察力。对于刘易斯来说，这种自鸣得意，这种无法被救赎的状态，就是美国中部地区根深蒂固的恶习。[16]

巴比特既是一个经典的美国中部人，也是一个典型的“中庸”之人。

这个20世纪20年代创造的词准确地概括了BBC所宣扬的文化。然而，这种文化却更适应美国，因为这个国家的一大批新媒体在20世纪20年代营造了一种新文化，让巴比特和他的“促进者”好友如鱼得水。

在20世纪末，人们通常认为电子媒体（尤其是电视，但也包括广播）要比平面媒体更强大，受众面也更为宽广。但在20世纪20年代，情况却并非如此。无线电的原理早在1873年就已为人所知，当时苏格兰人詹姆斯·克拉克·麦克斯韦和德国人海因里希·赫兹开展了第一批实验。古列尔莫·马可尼于1900年创办了第一家无线电报公司，雷金纳德·费森登于1906年从匹兹堡发出了第一次“广播”（这在当时是个新词）。然而直到1912年，无线电才在搜救沉没的泰坦尼克号时起到了关键的指引作用，这项技术才真正大放异彩。第一次世界大战的交战各方都将无线电广泛应用于战时宣传，而在战后，这种媒体似乎已为席卷美国做好了准备：要将这个幅员辽阔的国家联系在一起，无线电似乎是非常自然的传播媒介。美国无线电公司的总裁大卫·萨尔诺夫曾设想过这样的将来，即美国可能会拥有一整套广播系统，它不以利润作为唯一的评价标准，实际上是一套公 210
共服务体系，将教育和娱乐一网打尽。不幸的是，美国的本分就是生意。在20年代初，美国出现了“**收音机潮**”（radio boom），其势头之汹涌，以至于1924年已建成了不下1105个广播台。许多都规模很小，超过一半的广播台都以倒闭告终。其结果是美国的电台从来没抱有过什么雄心壮志，它们从一开始就受控于广告和广告商的利益。实际上，甚至还出现了在同一时间内没有足够的波长可供这么多的广播台分配的情况，从而导致了“**苍穹中的混乱**”（chaos in the ether）。[17]

这一混乱的结果是，新的平面媒体占领了两代人的市场，直到电视的出现为止。平面媒体崛起的另一个原因则在于，第一次世界大战后，教育快速扩张，至少在美国是如此。例如在1922年，美国在校学生人数几乎比 1918 年翻了一番。[18] 这样的变化迟早会反映在对新媒体的需求上。撇开广播不谈，四种新的传媒实体应运而生。它们是《读者文摘》、《时代周刊》、“每月读书会”和《纽约客》。

如果第一次世界大战不曾发生，如果陆军中士**德威特·华莱士**（De Witt Wallace）不曾在默兹—阿尔贡战役中被弹片击伤，那么他可能永远没有机会拥有“空闲时间”，将自己筹划已久的创办一种新杂志的想法付诸实践。[19] 华莱士逐渐确信，大多数人都太过忙碌，没时间阅读所有读物。出版物的数量太过庞杂，甚至重要的文章都往往太过啰唆，而它们其实很容易简化。因此在法国医院养伤的过程中，他就开始在后方送来前线的大量杂志上收集剪报。伤愈出院之后，他回到家乡明尼苏达州的圣保罗，花了几个月完善自己的想法，从剪报中精选出 31 篇他认为具有长期价值的文章并进行了大幅度修改。然后他将这些文章统一字体，以杂志的形式排版，并称之为《读者文摘》。他印制了 200 本，并将它们分送到十来家纽约出版商手中。但每一家都拒绝了他。[20]

《读者文摘》于 1922 年推出后，华莱士为使其牢牢站稳脚跟所做的一系列努力，都堪称一则绝佳的美国冒险故事，而且这故事还有着圆满的结局。**布雷顿·哈登**（Briton Hadden）和**亨利·卢斯**（Henry Luce）为《时代周刊》所做的努力也与之类似。创刊于 1912 年 3 月的《时代周刊》直到 1928 年才扭亏为盈。加拿大人**哈里·谢尔曼**（Harry Scherman）于 1926 年 4 月创立的**“每月读书会”**（Book-of-the-Month-Club）也有着类似的坎坷开端，其首批推荐的图书，包括西尔维亚·汤森·沃纳的《洛莉·威洛艾斯》、T. S. 斯特里布林的《提夫塔罗》以及布利斯·佩里编辑的《爱默生日记精华》惨遭“成批”的退货。[21] 但华莱士的直觉是对的：第一次世界大战后，美国教育的爆炸性增长改变了美国人的知识品位，虽然这种改变的方向并不总能得到普遍认可。围绕“每月读书会”的争论尤为激烈。

这个组织的委员会决定着人们的阅读内容，这尤为引人关注。有人说这会使美国人的思维方式面临“标准化”的威胁。[22]“标准化”的担忧在当时各行各业的许多人心中都广泛存在，这主要是由于1913年装配流水线的发明引发了工业的“福特化”。辛克莱·刘易斯曾在《巴比特》中提出了 211
这个问题，而1926年在拒绝接受为他的小说《阿罗史密斯》所颁发的普利策奖时，他再次提出了这个问题。他认为推选“年度最佳作品”的做法是荒谬的。大多数人反对每月读书会是因为他们提供的书籍良莠不齐。他们声称，由此哺育出的新思维方式，会在严肃的“高雅文化”和“单纯娱乐”作品间摇摆不定。这场辩论产生了一个新概念和一个新词，在20年代中期首次使用：中庸。20世纪最初几十年中建立的教授职位也在其中起到了作用，就像第一次世界大战前后出现的大学扩张有助于彰显“阳春白雪”和“下里巴人”之间的区别一样。在20年代中期和末期，尤其是美国杂志，人们反复讨论中庸品位，以及它是否对年轻人的思想造成了伤害。

辛克莱·刘易斯虽然谴责推选“最佳作品”的想法，但他无法阻止自己的作品对他人产生影响。他也赢得了比普利策奖更经久不衰的荣誉：20年代中期的社会学家觉得《巴比特》的现象如此迷人，他们甚至决定亲自研究一个美国中部的中型城镇。

罗伯特·林德（Robert Lynd）和**海伦·林德**（Helen Lynd）夫妇便以此决定研究一座普通的美国城镇，描述小镇生活所包含的所有社会学和人类学细节。正如美国自然历史博物馆的克拉克·威斯勒在他为林德夫妇的作品《米德尔敦》所写的序言中所说的一样：“对大多数人来说，人类学就是关于野人的一些稀奇古怪的资料。不错，人类学很多时候确在研究愚昧人群。”这是反讽？还是无礼？[23] 该项目的实地调查由社会和宗教研究所资助，于1925年完成，研究团队中的一些成员在“米德尔敦”生活了一年半之久，其他人也至少生活了五个月。研究目的是选择一个中西部的“典型”小镇，但该小镇需要带有某些特质，以便观察社会变革的过程。课题组选择了一个人口约三万人的镇子（根据美国人口普查的结果显示，当时美国拥有143个人口在两万五到五万之间的城镇）。被选中的小镇应当拥有单一的种族成分，只有一小部分黑人群体——林德夫妇认为不包含种族变化的成分可以让研究文化变迁变得容易些。他们还规定，这个镇子应当拥有现代工业文化和充实的艺术生活，但他们不想要一个有着不稳定学生人数的大学城。最后，米德尔敦应当有着温和的气候。（作者特别重视这一点，并在《米德尔敦》第一页的一个脚注引用了J. 拉塞尔·史密斯在《北美》中写过的一句话：“身上没有落过雪的人是办不成大事的。”）[24] 后来人们知道，他们选择的城市是印第安纳州的曼西市，位于印第安纳波利斯东北部60英里处。

没人会把《米德尔敦》称为一部伟大的文学作品，但作为社会学专著，它自有令人钦佩的清醒头脑和理智的优点。林德夫妇发现，这个典型小镇里的生活可以简单地分为六大类别：谋生、成家、生儿育女、戏剧和
212 艺术之类的休闲娱乐、宗教活动，以及社区活动。但林德夫妇对研究结果以及对观察到的变化的分析让《米德尔敦》绽放出了迷人的光芒。比如传统上来说，许多观察家（尤其在欧洲）将社会分为三个阶级，上层阶级、中产阶级和工人阶级。而林德夫妇在米德尔敦只发现了两个阶级：经营阶级和生产阶级。他们发现男人和女人保守（对变化持怀疑态度）的方式各不相同。举例来说，与家里相比，工作场所有更多的变化，也有较多的变化得到接纳。林德夫妇得出结论，米德尔敦采用的“大体上是19世纪的心理学来对孩子进行家庭教育，而在劝说居民从商店中购买物品时采用的又是20世纪的心理学”。[25] 米德尔敦的工种数量有四百余种，阶级差别显著且无处不在，即使是在平常早晨的六点半：[26] “一个人如果在冬季清晨六点钟走在米德尔敦的大街上，他会发现两种家庭：一种是黑灯的家

庭，人们还沉睡在梦乡；另一种家庭的厨房里已亮起灯，隐隐约约地晃动着成年人的身影，他们准备着开始新一天的忙碌。”林德夫妇发现，生产阶级开始工作的时间在 6 点 15 分至 7 点 30 分之间，“大部分是 7 点”。经营阶级开始工作的时间范围则在 7 点 45 分至 9 点之间，“但主要是 8 点 30 分”。悖论比比皆是，因为现代化对生活的不同方面产生了速率不同的影响。比如说，现代（主要是心理学）思想“可以在［米德尔敦的］法庭上得以体现，因为他们即将开始认定个人可以不完全为自己的行为负责”，但在商业世界里却不是这么回事。“一个人可以通过操纵 20 世纪的机器维持生计，但与此同时却要在可以追溯到一个多世纪前的放任自流的个人主义影响之下寻觅工作。”“一位母亲也许会承担教育自己孩子的社会责任，却不一定会承担照顾他们健康的责任。”[27]

总的来说，林德夫妇发现，米德尔敦的人们可以很快学会以新的行为方式对待物质事物，但在养成对待人和非物质体系的新习惯方面就步履缓慢。“比起夫妻间的协调或亲子关系中的新做法，淋浴室或电力反而总是能够更快地进入人们的家庭生活。比起给年轻人上文学课，汽车的普及也总是能够更剧烈地改变人们的闲暇生活方式；在学校课程中，相比文科课程的变化，有关工具使用的职业课总是变化得更快；打字机和收音机的发展，与讲演艺术和米德尔敦的竞选方法的发展相比，更快地改变了人们赢得政治竞选的技术；基督教青年会建造的体育馆，与牧师们每周的布道和牧师协会的评议相比，更快地改变了米德尔敦的宗教体制。”[28] 林德夫妇将米德尔敦居民个人生活的典型领域作为他们对比分析的基础，而该领域自 19 世纪 90 年代起就几乎没有任何改变，即“以浪漫爱情作为婚姻的唯一坚实基础。……米德尔敦的成年人似乎将婚姻中的罗曼史视为一种像宗教一样的东西，只有相信它，才能使社会结为一体。儿童被长辈告知，‘爱情’是一种妙不可言的神秘东西，它‘就那么发生了’。……尽管从理论

213 上讲，这个‘热血沸腾’对永久的幸福似乎已经足够，但同母亲们的谈话却揭示出某些其他因素的影响，尤其在经营阶级中更是如此”。这些因素中最主要的是挣钱养家的能力。而事实上林德夫妇发现，与1890年相比，米德尔敦在20世纪20年代对金钱的关注度要高得多。在1890年，邻居对大部分人来说是最重要的，但到了20世纪20年代，经济和社会地位在汽车的帮助下更加密切地联系在一起。[29]

汽车、电影和广播已经完全改变了人们的闲暇时光。汽车受到了狂热的追捧。米德尔敦的居民告诉林德夫妇，他们为了买车愿意放弃购置衣物。相比给浴室添置浴缸，许多人更倾向于拥有自己的汽车（林德夫妇确实发现有些人家没有浴缸，却一定有汽车）。许多人说汽车让家庭关系更为紧密。另一方面，周日驾车出游让去教堂做礼拜的人减少了。但也许对米德尔敦生活最简洁的总结，以及米德尔敦所经历的改变，都体现在林德夫妇在书的末尾列出的表格里。这是一项对1890至1923年间当地报纸为各种新闻题材分配的报纸版面百分比的分析。[30]

	1890	1923	变化百分比
漫画	0.2	14.6	+7300%
女性新闻	0.5	3.4	+680%
体育	3.8	13.2	+347%
商业	3.4	6.6	+94%
公共事务	9.1	15.7	+72%
科学	2.0	1.0	−50%
事故	5.4	1.9	−65%
农业	4.3	1.1	−74%
政治	17.3	1.2	−93%

人们观念中的某些现代问题也已经初露端倪。性教育就是其中之一，青年地位的提高（和购买力的增长）则是其二（当然这两个问题并非完全无关）。林德夫妇还花了相当多的时间考虑两大阶级之间的智商差异。米德尔敦拥有十二所学校，其中五所的生源既包括生产阶级的孩子，也包括经营阶级的孩子，但其余七所则完全按阶级区别开来，林德夫妇正好由此进行对比。针对 387 名小学一年级（即 6 岁）孩子的测试结果如下表所示：[31]

	父母为经营阶级的百分比	父母为生产阶级的百分比
高于平均智商（110—139）	25.8%	6.5%
平均智商（90—100）	60.8%	51.0%
低于平均智商（70—89）	13.4%	36.2%
低能或弱智（25—69）	00.0%	6.3%

214

智力测试是有争议的，而林德夫妇对此已有所察觉（比如他们在提到“智力测试”时加上了引号），但他们仍然得出结论：“孩子们的性格差异无时无刻不与他们所处的世界相关联。”

林德夫妇的研究是一种社会学、人类学，以及一种新的历史学。他们的描绘的内容没有《巴比特》的热情和智慧，但米德尔敦却与泽尼斯同样糟糕。这本书决定性的发现在于，典型的美国小镇存在着两个而非三个阶级。正是这一发现加快了美国的社会流动性，从而以最有成效的方式将美国和欧洲区别开来。

巴比特的米德尔敦可能在知识层面、社会学层面和统计学层面都堪称典型的美国，却不是唯一的美国。不是每个人都能“理解”生意，不是每个人都匆匆忙忙或无暇阅读，或是需要其他人来帮自己拿主意。这些“其他的”美国人可以根据地点来识别：尤其是身在巴黎、格林威治村和哈莱姆黑人聚居区的人们。20 世纪 20 年代，美国人纷纷涌向巴黎：美元坚挺，而现代主义方兴未艾。欧内斯特·海明威在那里待了一小段时间，F. 司各特·菲茨杰拉德也一样。出版《尤利西斯》的西尔维亚·毕奇也是美国人。尽管有这些文学明星的存在，但美国人拥入法国首都（和法国的里维埃拉）的现象更多的是一个社会史问题而非思想史问题。哈莱姆和格林威治村则不一样。

英国作家奥斯伯特·西特韦尔爵士于 1926 年抵达纽约，他发现“美国正全力遵守着禁酒令，其方式就是永远保持酩酊大醉的状态”。他指出，对自由的热爱“让喝过头几乎成了一种责任”，而在派对过后，“年轻人在大厅里东倒西歪等着被出租车送回家”的场景也是司空见惯。[32] 但给他更大惊喜的却另有其事。在康内留斯·范德比尔特夫人的“第五大道庄园”消磨过一晚之后，有人把他带进了住宅区，来到**阿莱里亚·沃克**（A’ Lelia Walker）位于哈莱姆区第 136 街的宅邸。阿莱里亚家举办的社交晚会在当时享有盛名，她的财产源自一项让黑人头发“不缠结”的专利配方。她的公寓装修得富丽堂皇，一个房间挂满“法兰西第二帝国时的巴黎风格”的帷幔，另一个房间摆放着一架金色的三角钢琴和一台镀金的管风琴，还有一个房间则被当成她的私人小教堂。[33] 欧洲和本土的显贵经常来此拜访，其中包括一些最杰出的黑人知识分子：W. E. B. 杜波依斯、**兰斯顿·休斯**（Langston Hughes）、**查尔斯·约翰逊**（Charles Johnson）、**保罗·罗伯逊**（Paul Robeson）和**阿兰·洛克**（Alain Locke）。阿莱里亚的宅邸是后来的“新黑人”运动的大本营，而且这样的大本营也绝不仅限她家这一处。[34] 随着第一次世界大战中美国黑人组成的独立兵团立下赫赫战功，一段时期内，美国的种族关系颇为乐观（如果在南方不是如此，至少在东海岸是这样），因此也就出现了“哈莱姆文艺复兴”。在这段长约十五年的时期内，美国黑人作家、演员和音乐家在这个国家的知识图景打上了他们的集体烙印，也为哈莱姆地区带来了蓬勃生气和一段兴旺的时期，前无古人，后无来者。 215

当格林威治村的鉴赏家终于开始欣赏黑人的表演，**哈莱姆文艺复兴**（Harlem Renaissance）也通过融合两种波希米亚风格而拉开了序幕。1920年，黑人演员查尔斯·吉尔平出演了尤金·奥尼尔的《琼斯皇帝》，缔造了一段时尚传奇。[35] 杜波依斯一直认为，美国黑人未来的道路取决于美国黑人中的精英分子，即“**十中有一的天才**”（talented tenth），而哈莱姆文艺复兴则是这种观点在实际行动上的完美体现：在十年左右的时间里，涌现了一批黑人舞台明星，他们有着共同的信念，即艺术和文学有着改造社会的力量。哈莱姆文艺复兴也自有其政治优势。在南方和中西部的种族骚乱的背景下，哈莱姆便成了黑人同胞的避难所。黑人社会主义者出版了诸如《信使》一类的杂志（“世界上唯一由黑人出版的科学激进主义杂志”）。[36] 来自牙买加的**马库斯·加维**（Marcus Garvey）是“一名个子略矮，精力旺盛的黑人男子”，他的泛非运动敦促所有黑人回归非洲，尤其是利比里亚。他是哈莱姆区文化生活的重要成员，直到他于1923年因邮件诈骗遭到逮捕。[37]

但让大多数人心驰神往的是哈莱姆文艺复兴带来的文学、戏剧、音乐、诗歌和绘画作品。俱乐部遍地开花，吸引了杰利·罗尔·莫顿、胖子沃勒、爱德华·肯尼迪·“埃灵顿公爵”、斯科特·乔普林以及后来的弗莱彻·亨德森等爵士音乐家。1917年，尼克·拉罗卡的“正宗迪克西兰爵士乐队”在纽约录制了第一张爵士乐唱片《黑人区阔步者的舞会》。[38] 哈莱姆文艺复兴中涌现了大量的黑人小说家、诗人、社会学家和表演者——他们的人数传达出关于种族的乐观情绪，尽管他们的作品内容冲击了这种乐观主义，这些人包括**克劳德·麦凯**（Claude McKay）、**康梯·卡伦**（Countee Cullen）、兰斯顿·休斯、**吉恩·图玛**（Jean Toomer）和**杰西·福赛特**

（Jessie Fauset）等。举例说来，麦凯的《哈莱姆的影子》将哈莱姆区描绘成一片郁郁葱葱的热带丛林，藏匿着（精神的）衰退和萧条。[39] 吉恩·图玛的《甘蔗》由诗歌、散文和小说组成，总体基调哀伤，哀悼奴隶制的遗痕，即黑人身处的“种族黄昏”：他们不能，也不想回到过去，也不知道前进的方向。[40] 阿兰·洛克有点像是经理人，他堪称哈莱姆的阿波利奈尔。他的《新黑人》出版于1925年，是一本诗歌散文选集。[41] 查尔斯·约翰逊是一位社会学家，在芝加哥时曾师从罗伯特·帕克。他在公民俱乐部组织知识分子聚会，参与者包括尤金·奥尼尔、卡尔·范·多伦和讲解非洲艺术的阿尔伯特·巴恩斯。约翰逊也是一本新的黑人杂志的编辑，这本名为《机遇》的杂志堪与杜波依斯主编的《危机》杂志相媲美。而《机遇》这个名字本身就反映出当时的乐观主义。[42]

普遍观点认为，哈莱姆文艺复兴时期的巅峰和低谷都是1926年小说《黑人天堂》的出版。**作者卡尔·范·维克滕**（Carl Van Vechten）被誉为“哈莱姆最狂热和最无所不在的北欧人”。范·维克滕的小说现在几乎没什么人读了，但克诺夫出版社首次将其出版时可是一时间洛阳纸贵。该书的主题是高尚的哈莱姆，是范·维克滕了解和崇尚的哈莱姆，但当他真正面对哈莱姆时，却只是一个局外人。他认为哈莱姆区的生活是完美的，正如他所说，那里的黑人“以他们的肤色为荣”，这反映出当时的观点，即非裔美国人有着白人缺乏的，或是正随着白人文明的衰落而失去的生命力。
216 所有这一切也许是公正的、可以接受的。但范·维克滕是一个局外人，他还犯下了两个不可饶恕的错误，也因此败坏了自己的作品：首先，他刻意忽略了黑人仍旧存在的问题。其次，他也许认为自己具有“人类学精神”，但在他使用的俚语以及对“黑人步态”等的评价中，却给人留下了居高临下和令人难堪的印象。《黑人天堂》无法做到真正的针砭时弊。[43]

哈莱姆文艺复兴勉强躲过了1929年华尔街的崩溃和随后的萧条。小说和诗歌仍不断出版，但经济条件的制约造成了又一轮更深的种族隔离和私刑的死灰复燃，而在这样的背景下，人们很难保持文艺复兴所需要的乐观情绪。美术和艺术也许可能为现实生活提供了暂时的喘息，但随着20世纪30年代的到来，美国黑人再也无法逃避惨淡的事实：尽管经历了哈莱姆文艺复兴，但除此之外，黑人的境遇几乎没有什么改变。

哈莱姆文艺复兴具有更为广泛的双重意义：首先，当时的科学种族主义者刚刚推出《移民限制法案》，并试图证明黑人根本没有能力创作文艺复兴式的作品，但文艺复兴依然发生了；其次，哈莱姆文艺复兴一旦结束，就被彻彻底底地遗忘了。这也是种族主义的评价标准所致。*

从某种意义上说，到了20世纪20年代，格林威治村的伟大时代已经结束了。但它依然是艺术家的避难所，也依然是许许多多小型文学杂志的精神家园。其中的一些杂志，诸如《大众》和《小评论》等，曾经有过一段辉煌时期，而另一些诸如《新共和》和《国家杂志》等，今天仍在发行。普罗文斯顿剧社和华盛顿广场剧社仍然在那里举办演出季，演出剧目包括奥尼尔的早期剧作。但第一次世界大战结束后，那里的化装舞会和放荡不羁的行为即使放在现在也过于轻佻了。不过在20年代，格林威治村的精神依然在一本杂志里存在着，或许更准确地说，在一本杂志里变得成熟了。这本杂志反映出格林威治村的价值，公开反抗《时代周刊》、《读者文摘》、《米德尔敦》和其他主流刊物和作品。它就是《纽约客》。

《纽约客》之所以敢于走上这条离经叛道之路，其实完全是由于其主编**哈罗德·罗斯**（Harold Ross）。在许多方面罗斯都不像一个主编。首先，他不是纽约人。出生在科罗拉多州的他是个喜欢"打打扑克，骂骂脏话"

* 直到20世纪80年代，在大卫·利弗林·刘易斯和乔治·哈钦森等学者的努力下，哈莱姆的历史才得以完全恢复。我的描述也主要是基于他们的研究。

的记者。早先他曾于第一次世界大战期间编辑过在巴黎出版的美军报纸《星条旗》。这段经历让罗斯变得老练而多疑。回到纽约后，他加入了文学界的圈子。他们总在第44街的阿尔冈昆酒店召开圆桌会议，共进午餐。在那里，罗斯和**多萝西·帕克**（Dorothy Parker）、**罗伯特·本奇利**（Robert Benchley）、马克·康奈利、富兰克林·P. 亚当斯和埃德娜·费伯等人成了好朋友。对罗斯的职业生涯更为重要、却没那么出名的活动则是一些扑克牌局。通过牌局，罗斯认识了烘焙业的百万富翁**拉乌尔·弗莱施曼**（Raoul
217 Fleischmann），后者同意资助罗斯创办一本讽刺周刊。[44]

就像20世纪20年代创办的所有其他出版物一样，《纽约客》一开始并未大红大紫。最初的预期销量约为七万本，所以当1925年2月的创刊号只卖出了一万五千本，而第二期更是滑落到八千本时，这本杂志的前景看起来并不乐观。根据传说，它的成功是由一个奇怪的、不请自来的包裹带来的。包裹里装着一叠手写的文章，用奢华昂贵的皮革捆扎着。原来，文章的作者是一位初入社交界的女子，名叫**艾琳·麦凯**（Ellin Mackay），来自一个纽约上流社会家族。罗斯充分地利用了这个契机，以"我们干吗去餐馆"为题发表了其中一篇文章。这篇笔法风趣的文章的主旨是，相比麦凯小姐的父母为她安排的呆板的社会活动，纽约真实的夜生活与之迥然不同，而且有趣得多。这种机智的腔调正是罗斯的初衷，并吸引了其他作家的加入：E. B. **怀特**（E. B. White）于1926年加入《纽约客》，一年后**詹姆斯·瑟伯**（James Thurber）加入，接着是**约翰·奥哈拉**（John O'Hara）、**奥格登·纳什**（Ogden Nash）和S. J. **佩雷尔曼**（S. J. Perelman）。[45]

但是故作正经的诙谐和世故的调侃并不是《纽约客》的唯一特质。它也有严肃的一面，这在它的"人物特写"中反映得尤其明显。《时代周刊》力图通过人物，尤其是成功人士来表现新闻。而《纽约客》则将人物特写提高到即便不能称之为艺术也堪称精湛手艺的高级形式。在随后的几年中，《纽约客》的记者可能会在一篇文章上投入五个月的时间：用三个月收集信息，用一个月写作，再用一个月修改润色（此时，事实核对的正式流程尚未确立）。“大到银行征信、小到尿液检测的所有人物的相关信息都逐一核验，文章可以长达许多页。”[46]《纽约客》发展了一批忠实读者，并在第二次世界大战结束后迅速走上了巅峰，每周能卖出约四十万份。在 20 世纪 40 年代初，不下四部基于《纽约客》文章的喜剧登上了百老汇的舞台：《诺斯先生和夫人》、《酒绿花红》、《伴父生涯》和《艾莲妹妹》。[47]

广播在英国经历的发展透露出人们心中的恐惧：人们害怕它会对信息和品位的层次产生不良影响，而当局也强烈感到，广播需要中央政府的指导，要不惜一切代价避免“苍穹中的混乱”。[48] 一开始，一些大公司获得了开展实验性广播的许可证。在此之后，在英国邮电部的资助下，生产收音机的公司成立联合组织，而邮电部则向每位购买收音机的用户征收 10 先令（50 便士）的费用。广告则因“庸俗且妨碍收听”而被省去了。[49] **民营英国广播公司**（British Broadcasting Company）持续经营了四年时间。在此之后，**英国广播公司**（British Broadcasting Corporation）应运而生，该公司受皇家宪章特许，保护其免受政治干预。

在 BBC 发展的早期阶段，其作为公共服务的概念是非常含糊的。各方势力都反对它。第一，国家的情绪反复无常。英国仍处在财政危机之中，第一次世界大战的损失尚未恢复，150 万人仍处在失业状态，劳合·乔治的联合政府也并不得人心。这些总体状况导致了 1926 年的总罢工，这本身就让 BBC 陷入了危机。第二个因素是报界，它们将 BBC 视为巨大的威胁，以至于 BBC 被规定不得在晚上七点之前发布任何新闻快报。 218
第三，没人知道到底应该播送什么内容——直到 1936 年才开始出现听众调查，而许多人相信所谓的“听广播”也只是风靡一时的爱好，很快就会停止。[50]这时候，BBC 的首任执行官站了出来。他名叫约翰·里思（John Reith），是一位 33 岁的苏格兰工程师。作为一名思想高尚的苏格兰长老会信徒，里思坚定地认为，广播所承载的远远不只娱乐，还应当具有教育和传播知识的作用。他对此从来没有片刻的怀疑。因此，BBC 所提供的节目并不完全是听众想要的，而是里思认为人们需要的。尽管这种做法非常霸道而且傲慢，但 BBC 还是广受欢迎，公司规模也从第一年的仅有 4 名员工发展到了一年后的 177 名员工。事实上如下表所示，这一时期收音机产量的增长实际上超过了一代人以后电视产量的增长：[51]

获准生产的许可证数量			
收 音 机		电 视 机	
1922	35744	1947	14560
1923	595496	1948	45564
1924	1129578	1949	126567
1925	1645207	1950	343882
1926	2178259 （+6094%）	1951	763941 （+5246%）

注：虽然相比较而言，电视机比收音机昂贵得多。即便如此，这些数字也能说明问题。

尽管粗看之下收音机受到了大众的欢迎，但与之相对的是当时还存在着许多担忧，担心广播可能对知识造成危害。拉格比公学的校长说："没有了独立思考，人们听到的是给数百万人播报的东西，这些东西不可能是最好的。"[52]另一个担心是，广播会让人们"更加驯服"，造就出毫无个性的"千人一面"。还有些人担心广播会让男人待在家里，进而对酒吧的生意产生不利影响。1925 年，《潘趣》杂志在提到 BBC 建立的新文化时，就给它打上了"中庸"的标签。[53]

BBC 面临的第一次考验是 1926 年总罢工的爆发。大多数报纸都受到了罢工影响，所以一段时期内 BBC 几乎是唯一的新闻来源。里思的应对方式是将通常情况下每天一档的新闻快报增加到五档。人们现在接受的观点是，里思或多或少遵从了政府的要求，尤其是为政府的政策和行为制造乐观的假象。阿萨·布里格斯教授在他撰写的 BBC 官方历史中给出了罢工期间播出节目的例子："任何受到'罢工抑郁症'折磨的人最好能去新杂耍表演剧场观看'RSVP'（一场演出）。"然而并不是每个人都认为里思是政府的托儿。事实上，时任财政大臣的温斯顿·丘吉尔认为 BBC 应该被接管。他将其视为自己旗下的《英国公报》的竞争对手，而后者的编辑 219
部就设在他位于唐宁街 11 号的办公地点。[54] 丘吉尔没能成功，但人们已经看到了其中的危险。这次斗争带来了一个结果，BBC 中的字母"C"于 1927 年从 Company 变成了 Corporation，受到皇家宪章的保护。因此大罢工成了 BBC 在政治领域的一道分水岭。在罢工之前，政治（和其他"有争议的"主题）都在节目中被完全避开了，但罢工改变了这一切。1929 年，《一周议会》节目正式推出。三年后，公司启动了自己的新闻采集机构。[55]

历史学家 J. H. 普拉姆曾表示，20 世纪有一项默默无闻的伟大成就，那便是教育了数量巨大的人民群众。国立学校和大学在这里起到了示范作用，但各种形式的新媒体（其中许多创始于 20 世纪 20 年代）也发挥了作用。"中庸"这个词原先可能带有侮辱的意味，但对于数以百万计的人们来说，就像《时代周刊》的读者或 BBC 的听众一样，这实际上意味着让人们在变得更聪明，而不是更笨。 220

13

英雄的黄昏

1920 年 2 月，一部恐怖电影在柏林上映。用一位评论家的话说，该片风格“离奇、凶恶、残酷、‘哥特’”，弗兰肯斯坦式的情节充满了古怪的灯光和阴暗、扭曲的场景。[1]这部名为《卡里加里博士的小屋》的电影被许多人视为“艺术电影”的开山之作。上映后它大获成功，在巴黎的受欢迎程度之高，以至于在 1920 至 1927 年间，有一家影院每天都在放映它。[2]但这部电影不仅仅是放映纪录的创造者。正如两次世界大战之间的德国历史学家彼得·盖伊所写：“《卡里加里博士的小屋》凭借噩梦般的情节、表现主义的布景和阴暗的气氛，显然囊括了魏玛精神的子孙后代，包括格罗皮乌斯的建筑、康定斯基的抽象、格罗茨的卡通和玛琳·黛德丽的腿……但《卡里加里博士的小屋》不仅在电影史上起到了决定性的作用，它同样对魏玛的历史具有启发意义。……除了奇怪的剧本或新奇的布光之外，还有更多的东西至关重要。”[3]

正如我们所看到的，第一次世界大战结束后，德国几乎在一夜之间变成了一个共和国。柏林仍然是国家的首都，但随着制宪会议在魏玛召开，新的共和国体制得以确定，而魏玛也被选为国会所在地。这是因为魏玛完美无瑕的声誉（歌德和席勒都曾在这里大放异彩），也是因为担心如果要在柏林和慕尼黑之间二选一定为国会所在地的话，这些城市的暴力将会愈演愈烈。**魏玛共和国**历时十四年，直到 1933 年希特勒上台掌权为止。作为两次世界大战的灾难之间喧闹的过渡时期，魏玛共和国成功造就了一种独特的文化，既灿烂又具有其自身特色的思想风格，与米德尔敦完全相反。

魏玛共和国时期可以分为三个明显的阶段。[4] 从 1918 年底到 1924 年，“在革命、内战、外国占领和严重的通货膨胀影响下，这段时期是艺术的实验时期。表现主义对政治的主宰不亚于其对绘画或艺术舞台产生的影响”。[5] 接下来的 1924 至 1929 年，经过一段经济稳定期，人们对政治暴力的担忧得以消除，艺术领域的“新客观主义”运动反映出日益增长的繁荣。这一运动的目的是实事求是，甚至是保持清醒。最后的 1929 至 1933 年间，政治暴力重新回归，失业率高涨，独裁政府施行严刑峻法。艺术在恐吓中陷入沉默，取而代之的是宣传性的媚俗。[6] 221

《卡里加里博士的小屋》出自捷克人**汉斯·雅诺维茨**（Hans Janowitz）和奥地利人**卡尔·迈耶**（Carl Meyer）两人的合作，他俩于 1919 年在柏林相识。[7] 他们的作品不仅激烈地反对战争，并且探索了表现主义在电影中的用武之地。影片的主角是疯子博士卡里加里，他是一个露天市场的杂耍演员，和他的梦游症患者切萨雷一起表演。然而在市场之外还存在着第二条故事线，而这条线要黑暗得多。无论卡里加里走到哪里，死亡永远随之而来。所有遇到过他的人都以死亡告终。故事是从卡里加里杀死了两名学生——或者他自认为将他们杀死之后开始的。但实际上其中一人幸免于难，正是这位名叫弗朗西斯的幸存者开始了调查。通过四处打探，他发现切萨雷睡在一个箱子里。但杀戮仍在继续，而当弗朗西斯回去查看睡着的切萨雷时，他意识到这一次，箱子里一动不动的“人”只是个假人。弗朗西斯和帮助他的警察逐渐领悟到，梦游的切萨雷会无意识地服从卡里加里的指挥，替他执行杀戮任务，却对自己的所作所为一无所知。卡里加里意识到自己已经暴露，于是逃进了一家疯人院。但事情没那么简单，因为弗朗西斯发现卡里加里也是这家疯人院的院长。事实虽然令人震惊，但卡里加里已无处可逃。双重生活曝光后，他却远没有感到解脱。他无法自控，只能在约束衣的束缚中了此残生。[8]

这就是原版的卡里加里故事，但在电影上映之前，它经历了大幅度的修改。雅诺维茨和迈耶原计划将剧本打造成对军人式服从的强有力抨击，而在当时最成功的电影制片人**埃里希·波默**（Erich Pommer）接受了该剧本时，他们觉得他不会对其作任何修改。[9]然而，波默和导演**罗伯特·维内**（Robert Wiene）实际上彻底颠覆了该故事，经过重新安排，结果弗朗西斯和他的女友才是疯子。关于绑架和谋杀的想法只不过是他们的妄想，而现实中疯人院的院长则是治疗弗朗西斯邪恶想法的好医生。雅诺维茨和迈耶对这样的改动大光其火。波默版本的故事与他们的初衷完全相反。对盲从的批判已完全消失，更糟的是，当局的形象是善良的，甚至是可靠的。这完全是一种歪曲。[10]

具有讽刺意味的是，波默的版本在商业和艺术层面都大获成功，电影史学家经常在想，如果采用的是原版故事，《卡里加里博士的小屋》是否还能造成同样的轰动效果。也许这里非常重要的一点是，虽然故事情节发生了改动，但表现故事的风格却始终如一：仍然是表现主义。表现主义是一种力量，是革命和改变的推动力。但正如作为其基础的精神分析理论一样，人们也没有完全理解表现主义。于是在1918年12月，所有希望看到变革的艺术家成立了表现主义革命联盟“**十一月学社**”（Novembergruppe），成员包括埃米尔·诺尔德、沃尔特·格罗皮乌斯、贝尔托·布莱希特、库尔特·威尔、阿尔班·贝尔格和保罗·欣德米特。但革命所需要的不只是一部引擎，它更需要发展方向，而这是表现主义从来没能提供的。或许最后它在方向上的缺失成了阿道夫·希特勒上台的一个原因。希特勒憎恨一切，表现主义也概莫能外。[11]

但是，将魏玛共和国看作通往希特勒帝国的临时中途站这样的想法是错误的，因为魏玛共和国完全没有这样看待自己，并且它还拥有许多坚实的成就。至少，它建立了一些颇负盛名的学术机构，即使在今天也 222
仍然是卓越的学术中心。这些机构包括弗朗茨·亚历山大、卡伦·霍妮、奥托·费尼谢尔、梅兰妮·克莱因和威廉·赖希所在的**柏林精神分析学院**（Psychoanalytic Institute in Berlin），以及**德意志政治学院**（Deutsche Hochschule für Politik）。在共和国时期的最后一年，后者拥有超过两千名学生，其教师队伍则包括西格蒙德·诺伊曼、弗朗茨·诺伊曼和哈乔·霍尔本。再有就是**瓦尔堡艺术史研究所**（Warburg Institute of Art History）。

1920 年，德国哲学家恩斯特·卡西尔拜访了位于汉堡的瓦尔堡艺术史图书馆。他刚刚就任新成立的汉堡大学的哲学系主任。他知道这所图书馆的一些学者有着与自己相投的兴趣。当时的馆长弗里茨·萨克斯尔带领他进行了参观。这座图书馆是**阿比·瓦尔堡**（Aby Warburg）毕生收藏结出的丰硕果实。阿比·瓦尔堡是一位富有、博学且“患有间歇性精神病的人”。与 T. S. 艾略特和詹姆斯·乔伊斯不同，他沉迷于古典时代，也致力于让古典理念和价值观尽可能地在现代世界延续下去。[12] 这座图书馆的魅力和价值并不只体现在瓦尔堡买得起数以千计关于深奥主题的稀有卷宗，还体现在他将它们集中保存、彼此阐释的匠心，所以，艺术、宗教和哲学的卷宗与历史、数学和人类学的典籍混在了一起。对于瓦尔堡来说，循着詹姆斯·弗雷泽的理论，哲学与“原始思想”的研究是不可分割的。瓦尔堡研究所一直是20世纪许多重要的艺术史研究的大本营，但它起源于魏玛德国，在其支持下发表的作品包括**埃尔温·帕诺夫斯基**（Erwin Panofsky）的《理念，丢勒的〈忧郁症Ⅰ〉》、《十字路口的赫拉克勒斯》以及**珀西·施拉姆**（Percy Schramm）的《恺撒、罗马与复兴》。埃尔温·帕诺夫斯基解读绘画作品的方法，即“肖像学方法”，将在第二次世界大战结束后发挥巨大的影响。[13]

欧洲人已经迷上了美国拔地而起的摩天大楼，但这样的建筑很难适应大西洋东岸的环境：法国、意大利和德国的老城早已各就各位，它们美轮美奂，容不下可能会给既有的城市布局造成威胁的高大建筑。[14]但催生出摩天大楼的新型建材却非常诱人，在欧洲也广受欢迎，尤其是钢材、钢筋混凝土和平板玻璃。特别是玻璃，它既改变了建筑物的外观，也改变了人们身在建筑物内部的体验。凭借其不同的颜色、反射率和透明度，玻璃成了钢结构建筑灵活而富有表现力的皮肤。最后，玻璃和钢对欧洲建筑师产生的影响要胜过钢筋混凝土，尤其是对三位在同一间工作室工作的建筑师。该工作室属于德国工业设计的领军人物**彼得·贝伦斯**（Peter Behrens，1868—1940）。这三位建筑师分别是**沃尔特·格罗皮乌斯**（Walter Gropius）、**路德维希·密斯·范·德·罗**（Ludwig Mies van der Rohe）和**查尔斯—爱德华·让纳雷**（Charles-Edouard Jeanneret），最后这位更加著名的名字是**勒·柯布西耶**（Le Corbusier）。他们每个人都将举世闻名，但首先成名的是格罗皮乌斯，正是他创建了**包豪斯**（Bauhaus）。

我们不难看出格罗皮乌斯为何会一马当先。受到马克斯·恩斯特和威廉·莫里斯的影响，他始终认为，现实技艺与“高级”艺术同等重要，
223 这一点与阿道夫·洛斯截然相反。格罗皮乌斯也从贝伦斯身上学习了很多，后者的公司是开展现代“设计方案”的首批公司之一。他们为通用电力公司提供了一整套公司风格的设计，从信笺抬头、弧光灯到公司的建筑

本身，无所不包。因此，当创建于18世纪中叶的大公美术学院与创建于1902年的魏玛工艺美术学校合并时，他成了负责人的不二人选。合并后的机构被命名为“国家包豪斯”。“包豪斯”的字面意思是“建筑工地的房屋”，选用这个名字是因为它呼应了Bauhütten，即中世纪建造大教堂的建筑工人居住的小屋。[15]

早年的包豪斯处于困境之中。在魏玛所在的图林根州，州政府的政治倾向极右，所以包豪斯学校的集体主义做法、学生的叛逆以及首任校长约翰内斯·伊滕（一位爱好争论的神秘主义修道士）的风格在那里非常不受欢迎。[16]学校的预算遭到削减，不得不被迫搬迁到德绍，那里的政府管理与学校更为适合。[17]这次迁址似乎也为格罗皮乌斯带来了变化。他发表了第二份宣言，宣布学校将关注现代世界的实际问题：大规模住宅、工业设计、排版以及“原型的开发”。执迷于木材的理念遭到了抛弃：格罗皮乌斯为学校设计的新大楼完全由钢材、玻璃和混凝土建造，以强调学校与业界的伙伴关系。在学校内部，格罗皮乌斯庄严宣告，学生和工作人员将探索“以积极的心态去面对充满车辆和机器的生活环境……避免一切浪漫的点缀和异想天开的行为”。[18]

经历过一场失败的战争和高涨的通货膨胀之后，在魏玛德国，没有什么社会问题比群众住房更迫切地需要解决。所以包豪斯的建筑师与其他人一道，开发了一种社会住房形式，这种名为“定居点”的形式逐渐为人们所熟悉。1927年的斯图加特贸易博览会上，它被推向了世界。柯布西耶、密斯·范·德·罗、格罗皮乌斯、J. P. 奥德和布鲁诺·陶特都为“白房”定居点设计了房屋，“每天有两万人前来参观，他们对屋顶平台、白色墙壁、水平长窗和被密斯·范·德·罗称为‘新生活方式的伟大斗争’的底层架空柱惊叹不已”。[19]虽然定居点已然毫无疑问胜过它们想要取代的19世纪的贫民窟，但包豪斯最持久的影响力实际上出现在应用设计领域。[20]“设计一把一流的茶壶远比画一张二流的图画困难得多”，包豪斯的这种哲学已经得到广泛接受——折叠床、嵌入式壁橱、堆叠式桌椅等家具在设计时就考虑到了大规模生产的工艺，也充分考虑了使用这些家具的房屋户型。[21]

对许多人来说，第一次世界大战的灾难以及战后随之而来的饥荒、失业和通货膨胀，证明了马克思的理论，即资本主义最终会在“无法解决的矛盾”的重压下崩溃。然而，人们也开始清楚地意识到，从战争废墟中出现的不是共产主义，而是法西斯主义。一些马克思主义者对此大失所望，
224 以至于完全抛弃了马克思主义。其他人则不顾相关证据，依旧坚信马克思主义。但还存在着第三类团体，他们处于上述两种观点之间，仍然希望保持马克思主义者的身份，但也认为马克思主义理论需要经过改造才能保持可信度。这一团体于20世纪20年代后期在法兰克福集会，为自己命名为“**法兰克福学派**”（Frankfurt School），并在城里建立了研究所。由于纳粹的缘故，他们的研究所没能存在多长时间，但这个学派的名字流传了下来。[22]

法兰克福学派最著名的三位成员是**西奥多·阿多诺**（Theodor Adorno）、**马克斯·霍克海默**（Max Horkheimer）和**赫伯特·马尔库塞**（Herbert Marcuse）。阿多诺“似乎对哲学、社会学和音乐都同样精通”；霍克海默既是哲学家也是社会学家，在创新性方面比阿多诺相比略逊一筹，但或许更加可靠；马尔库塞是政治理论家，他后来将会成为他们中最有名望的一位。霍克海默是法兰克福学派研究所的所长。除了哲学家和社会学家的身份外，他也是一位金融奇才，能够出色地运营研究所在国内外（比如后来在美国）的投资。据马尔库塞所说，法兰克福学派的成员撰写的任何稿件在发表之前都需要和他讨论。阿多诺是学派早期的明星。据马尔库塞所说：“他的谈话内容都可以不经更改直接发表。”此外还有学派的文学评论

家利奥·洛温塔尔、法律哲学家弗朗茨·诺伊曼以及弗里德里希·波洛克。最后这位波洛克的主张既反对马克思，也惹怒了列宁，因为他认为关于资本主义为什么应该崩溃这个问题，不存在令人信服的内部原因。[23]

法兰克福学派在早年因复兴了“**异化**”（alienation）的概念而为人所知。这个词最初是由黑格尔首创，马克思采用了它并加以提炼，但在 19 世纪 70 年代以来的半个世纪内一直被哲学家所忽略。“根据马克思所说，‘异化’是一个社会经济学概念。”[24] 马尔库塞认为，异化基本上意味着在资本主义制度下男人和女人不可能通过工作满足自身的需求。资本主义生产方式在这里存在错误，而只有从根本上改变生产方式才能消除异化。但是，法兰克福学派发展了这一思想，使其首先变成了一种心理实体，而且不一定或并非主要是由于资本主义生产方式所导致的。对于法兰克福学派来说，异化更多的是现代生活的产物。这种观点塑造了学派的第二种、也许是最持久的学术创见：**将弗洛伊德学说和马克思主义结合起来**（marriage of Freudianism and Marxism）。[25] 马尔库塞一马当先地尝试了这种研究路径，而后来埃里希·弗洛姆也写了几本关于这一主题的书。马尔库塞认为弗洛伊德学说和马克思主义是同一枚硬币的两面。在他看来，弗洛伊德无意识的原始驱动力，尤其是生命本能和死亡本能，扎根于社会框架之中，而社会框架决定了它们展示自己的方式。弗洛伊德曾认为压抑必然会随着文明的进步而增加，因此必须增加侵略性并以越来越大的量来进行释放。因此正如马克思的预言所说，革命是不可避免的，资本主义必然会引发自身的混乱，所以在马尔库塞手中，弗洛伊德学说为这一剧本造就了一种平行且更为个性化的背景，并说明了破坏性（自我毁灭和对他人的毁灭）累积的原因。[26] 225

法兰克福学派的第三个贡献，是对社会的变革和进步做了更为全面的分析。学派通过引入社会学、心理学和哲学等跨学科方法，检验了他们眼中当时至关重要的问题："西方文明的问题究竟出在哪里，以至于技术进步的高度变成了我们眼中对人类进步的否定：人性丧失、兽性大发、刑讯作为审讯的'常规'方式死灰复燃、核能的破坏性发展、生物圈的污染，还有什么？怎么会发生这些情况？"[27]为了回答这一问题，他们回溯到了启蒙运动时期，然后追踪事件和思想的发展直到20世纪。他们宣称认清了一种"辩证关系"，即西方世界的进步时期和压抑时期之间的相互作用。此外，每次压抑时期通常都比前一次更长，这是由于资本主义制度下技术的发展，以至于20年代末期甚至到了这样的地步，"作为资本主义的主要成就，西方文明所积累的数量惊人的社会财富没有被用来构建更加高雅和人性化的社会，却被越来越多地用在防止这种社会的形成上"。[28]法兰克福学派将法西斯主义视为启蒙运动之后资本主义的历史长河中一个自然的发展，并且在20年代末期因成功预测了法西斯主义的发展而赢得了同行的尊重。法兰克福学派的治学方法通常表现为仔细研读原始材料，从而能够形成不受前人的分析干扰的观点。这种方法在产生的新认识的方面颇具创造性，法兰克福学派的研究方法也被后人称为**批判理论**（critical theory）。[29]阿多诺还对美学颇有兴趣，他对艺术也有自己的社会主义观点。他认为，有些见解和真理只能通过艺术的形式加以表达，因此审美经验是另一种解放，与心理解放和政治解放同等重要，应当让尽可能多的人享有。

精神分析学院、瓦尔堡艺术史研究所、德意志政治学院和法兰克福学派都是彼得·盖伊所谓"理性共同体"的组成部分。它们试图为公共问题和体验带来科学理性的阳光。然而并不是人人都这么想。

在魏玛德国，后来还形成了一股反对科学的"冷实证主义"的运动。该运动的一脉分支由诗人和作家的"圈子"领导，而这些人都聚集在号称"秘密德国之王"的**斯特凡·格奥尔格**（Stefan George）周围。[30]格奥尔格生于 1868 年，第一次世界大战结束时已年逾 51 岁。他博闻强记，博览欧洲所有文献，而他的诗作有时近乎矫揉造作，洋溢着一种“傲慢的直觉主义美感”。虽然为首的是一位诗人，但格奥尔格圈所代表的立场要比它实际做出的贡献更为重要。其中的大多数作家都是传记作家——这并非偶然。他们的意图是要突出“伟人”，尤其是那些来自“英雄”年代、曾通过意志改变事件发展的人们。他们最成功的作品是恩斯特·坎托罗维奇为 13 世纪的腓特烈二世皇帝所写的传记。[31] 对于格奥尔格和他的圈子来说，德国魏玛显然是一个非英雄的时代。科学没有给当前的困境提供解决 226
方案，而作家的任务是通过优秀的直觉来激励他人。

格奥尔格从未拥有过自己所期待的影响力，因为他生活在一位更加伟大的诗歌天才的阴影之下。这位天才诗人就是**莱纳·玛利亚·里尔克**（Rainer Maria Rilke）。1875 年，里尔克出生在布拉格，原名勒内·玛利亚·里尔克（他在 1897 年才将名字德国化了），曾在军校接受教育。[32] 作为一位酷爱旅行和有些势利的人（至少他很喜欢与贵族结交），他与弗里德里希·尼采、胡戈·冯·霍夫曼斯塔尔、阿图尔·施尼茨勒、保拉·莫德松—贝克尔、格哈特·豪普特曼、奥斯卡·柯克西卡和爱伦·凯（《儿童的世纪》的作者，见第 5 章）都有过交集。[33] 在里尔克职业生涯的早期，他尝试过戏剧、传记和诗歌的创作，但随着年龄的增长，诗歌这种文学形式让他脱颖而出，令他成为一位了不起的作家，并影响了 W. H. 奥登等后人。[34] 作为对第一次世界大战的回应，他创作了《五篇诗 /1914 年 8 月》，这部诗集也让他声名鹊起。年轻的德国士兵们“把他薄薄的诗集随身带到前线，他的诗句往往是他们死前阅读的最后词句。因此他与鲁珀特·布鲁克齐名，却没有亲身经历战争的危险，成了……‘孀寡一代的偶像’”。[35] 里尔克最著名的诗作《杜伊诺哀歌》发表于魏玛时期的 1923 年。该诗神秘、哲学而“广阔无垠”的境界完美地捕捉了当时的气氛。[36] 第一次世界大战之前，里尔克曾到位于的里雅斯特以南、亚得里亚海海岸的杜伊诺城堡做客，据传伟大的诗人但丁也曾在此居住。他实际上早在那时起就开始了这十首哀歌的创作。这座城堡属于里尔克许多贵族朋友中的一位，即玛丽·冯·图恩和塔克西斯—霍恩洛厄公主。但《杜伊诺哀歌》的大部分都是在1922年2月7日至14日的一周之内，在一场“精神风暴”中“倾泻而出”的。[37] 这首诗作感情丰富、形而上且高度浓缩，无论是其英文翻译版本还是德语原版，长久以来都颇受欢迎。在度过了这个二月疲惫的一周之后，他向一位朋友去信，告诉他哀歌“已经到来”（从开始创作到完成已经过去了十一年），仿佛他是上天的代言人。里尔克的确是这么想的，而根据朋友和旁人的观察，他也的确是这么做的。在《杜伊诺哀歌》中，里尔克与生命的意义（即“悲伤的大地”）展开了搏斗，网罗了美术、文学史、神话和科学（尤其是生物学、人类学和精神分析）。[38] 诗中充满了天使、情侣、孩子、狗、圣人和英雄等意象，完全反映出日耳曼式的想象力，但其中也充满了诸如杂技演员和江湖骗子之类现实中的造物，他们来源于里尔克在毕加索早期作品中的所见。里尔克赞美生命，将原始图像互相堆叠（以一种让人稍感不适的节奏，为的是让读者专注于词句），但也让自然世界与现代机械并行不悖。然而，在里尔克赞美生命的同时，他也提醒着我们生命的脆弱。这种哀歌般的品质来自人类有别于其他生命形式的独特认识：我们知道死亡终将到来。对里尔克的传记作者E. M.巴特勒来说，诗中“光辉天使”的概念是他最真实的诗歌创作。“不容理性的解
227 释……它们就像人类与造物主之间的一道鸿沟。”

你们，早期的杰作，造化的宠儿，
一切创造的巅峰，朝霞映红的山脊，
——正在开放的神性花蕊，

光的铰链、穿廊、台阶、王座、
本质铸成的空间，欢乐凝结的盾牌，
暴风雨般激奋的情感骚动——顷刻，唯余，
明镜：将自己流逝的美
重新汲回自己的脸庞。[39]

斯特凡·茨威格在里尔克逝世后发表悼词，给予他“诗人”的称号。[40] 对里尔克来说，生命的意义，即生命所能实现的价值，一定能够在语言中、在表达或“说出”真理的能力中找到，并将机器驱动的文明改造为更崇高、更神圣、更配得上情侣和圣人的世界。虽然里尔克的诗有时晦涩难懂，但他仍成了具有国际影响力的偶像。成千上万的读者（其中大部分是女性）写信给他，而当他回复这些读者的书信集发表时，他的偶像地位得到了进一步的提升。从对里尔克的偶像崇拜中，有些人看到了在 20 年代末和 30 年代突然降临德国的国家民族主义的早期端倪。在某些方面可以肯定的是，里尔克预示着海德格尔的哲学思想。但公平地说，诗人自己也一直清楚这种狂热崇拜的危害。许多德国的年轻人都很困惑，因为正如他所说，他们“将艺术的呼唤理解成了对艺术的要求”。[41] 这是对霍夫曼斯塔尔早年提出的问题的呼应：没有创造力的人们命运究竟会如何？对里尔克来说，对艺术的崇拜是那些想成为艺术家而不愿过平凡生活的人们从生活中逃离的一种形式。[42] 魏玛德国对精神的热爱并不是里尔克创造的，它是一种古老的日耳曼迷恋。但他确实重振了这种情绪。再次引用彼得·盖伊的话：“他对语言的慷慨馈赠铺平了通向音乐的道路，而非通向逻辑的道路。”[43]

里尔克和霍夫曼斯塔尔有着共同的信念，即艺术家有助于塑造一个时代的普遍心态，然而**托马斯·曼**的关切和施尼茨勒相同，是尽可能戏剧性地描述这种时代心态的变化。曼最著名的小说《魔山》出版于1924年，该书甫一出版就大获成功（分两卷出版），面世第一年就卖出了五万本。书中充满了大量的象征意义，虽然英文译本没能完全传达出曼的幽默，不过这并不是他作品中最有价值的东西。最重要的是象征意义，因为正如我们将看到的，这种象征并不陌生。《魔山》讲述的是通向《荒原》，或者至少是在《荒原》之前的荒原世界。故事发生在第一次世界大战前夕，主人公**汉斯·卡斯托尔普**（Hans Castorp）是“一个单纯的年轻人”，他前往瑞士的疗养院探望罹患肺结核的表兄弟（阿尔弗雷德·爱因斯坦为了做一次讲座真的去过瑞士的疗养院）。[44]汉斯本来只打算逗留一小段时间，却不想染上了结核病而被迫留院治疗长达七年之久。随着故事的发展，他遇到了各式各样的工作人员、病友和游客，他们每一个都代表着争夺汉斯灵魂的一种不同观点。该书整体的象征意义非常沉重。医院代表着欧洲，是一座存在已久的稳定机构，却充满了衰退和腐败。就像发动战争的各国将
228 军，汉斯希望他对医院的探访很快就能结束。[45]和他们一样，汉斯吃惊甚至是惊骇地发现自己的整个时间框架都必须改变。书中的其他人物还包括自由主义者塞塔姆布里尼，他反对教权、乐观向上，最重要的是非常理性。他遭到另一位人物纳夫塔的反对，纳夫塔口才很好，但有着阴暗的气质，倡导豪迈的激情和本能，是“非理性主义的使徒”。[46]皮佩尔科尔恩在某种程度上类似里尔克笔下的人物，耽于酒色，放浪形骸，整天滔滔不绝却实际上没什么可说。他的身体和头脑一样，病态而虚弱。[47]俄国人克劳迪娅·肖夏的纯真有别于汉斯。她沉着冷静但非常无知，尤其缺乏科学知识。汉斯想通过展示自己拥有的全部科学知识从而赢得她的芳心。他俩享受了一段短暂的恋情，但汉斯对她心灵的占有也仅限于科学知识的部分而已。[48]最后，还有一个名叫约阿希姆的士兵，他是汉斯的表兄弟，也是这些人当中最不浪漫的一个，尤其是对战争的态度。当他被杀之时，我们

对他的损失感同身受，如截肢一般。卡斯托尔普得到了救赎，却是通过一个梦，一个弗洛伊德会津津乐道的梦（但实际上很少存在于现实生活中）。这个梦充满了象征，他由此得出的结论是：爱是一切之主，爱比理性更强大，只需要爱便可以征服散布死亡的力量。汉斯并没有完全放弃理性，但他意识到生命若没有激情，便只剩下一半生命。[49] 里尔克的目的是将经验转化为艺术，与他不同的是，曼的目标是详细且宏观地总结人类的处境（至少是西方的处境）。他和里尔克都明白，一个时代即将结束。怀着悲悯之心，曼摈弃了神秘主义，并领悟了英雄并不是最终的答案。对于曼来说，现代人的自我意识是前所未有的。但自我意识究竟是一种理性的形式，还是一种本能呢？

在 19 世纪后半叶和 20 世纪的第一个十年里，巴黎和维也纳统治了欧洲的知识和文化生活，苏黎世也曾短暂地做到过这一点，现在则轮到了柏林。在英国驻柏林大使达伯农子爵的回忆录中，他将 1925 年后的一段时期描述为柏林城市文化生活的“辉煌时代”。[50] 贝尔托·布莱希特搬到了柏林，亨利希·曼亦然，埃里希·凯斯特纳在被莱比锡报社解雇之后也来到了柏林。画家、记者和建筑师纷纷拥进市里，但这里首先是演员的天堂。除了 120 份报纸之外，这座城市还拥有 40 家剧院。据一位观察家所说，这些剧院为柏林提供了“无与伦比的精神警觉性”。[51] 但这一时期同样也是政治舞会、艺术电影、讽刺歌曲、埃尔温·皮斯卡托的实验戏剧和弗朗茨·莱哈尔的轻歌剧的黄金时代。

在这一系列的天才以及无与伦比的精神警觉性之中，三位表演艺术领域的人物脱颖而出：阿诺尔德·勋伯格、阿尔班·贝尔格和贝尔托·布莱希特。1915 至 1923 年间，勋伯格只创作了少量作品，但在 1923 年，他向世界呈现了（如一位评论家所称）“一种新的音乐组织方式”。[52] 两年前的

1921 年，勋伯格历经多年的艰辛，曾心怀怨恨地宣布他“发现了能够确保
229 德国音乐在接下来的一百年里保持霸主地位的东西”。[53] 这就是后来著名的**“序列音乐”**（serial music）。在创作过程中，勋伯格发明了这个术语，“我把这个程序叫作‘只用彼此相关的十二音作曲的方法’”。[54]“程序”这个词很恰当，因为序列主义这种风格还谈不上是音乐的一种“新语法”。勋伯格更早发明的无调性主义，其设计的部分目的是消除音乐作品中的个人理解。序列主义又将这一创作方法向前推进一步，将任何音符过分突出的倾向减到最小。在这种系统下，一首曲子是由一系列半音音阶的十二音组成，排列的顺序由主题决定，每首作品各不相同。通常情况下，一行或一个序列中的每一个音符都不会重复，所以每个音符都被赋予了同等程度的重要性，以免旋律如同有调性的传统音乐一样呈现出存在主音的感觉。勋伯格的音阶序列能够在原型的基础上，以颠倒（倒影）、反向（逆行）或者甚至反向颠倒（倒影逆行）的方式进行演奏。这种新音乐的特点在于，它是横向的或对位的，而不是纵向的或和声的。[55] 它的旋律线往往生涩，在音调间大幅跳跃，在节奏上长时间中断。乐曲主题不再按和声学进行分组和重复，取而代之的是，旋律被分成了一个个“单元”。按照定义，重复也加以避免。巨大的变奏在这一新的系统下成为可能——包括在特殊音区中对人声和乐器的运用。然而，作品中总存在一定程度的连贯和声，“因为基本的音程模式始终是相同的”。[56]

我们一般认为，第一部完整的序列音乐作品是勋伯格于 1923 年首演的《钢琴组曲》（第 25 号作品）。**阿尔班·贝尔格**（Alban Berg）和**安东·冯·韦伯恩**（Anton von Webern）都积极地采用了勋伯格的新技术，而对许多人来说，贝尔格的两部歌剧《沃采克》和《露露》已分别成为无调性歌剧和序列主义歌剧最为大众所知的范例。贝尔格于 1918 年开始创作《沃采克》，尽管直到 1925 年该剧才在柏林正式首演。该剧以格奥尔格·毕希纳

未完成的一部短剧为基础，围绕着一个不称职的普通士兵展开，他的情妇、医生、队长和乐队指挥都折磨他并背叛了他。在某些方面，该剧堪称格奥尔格·格罗茨野蛮绘画作品的音乐版。[57] 这名士兵最终成了杀人犯并自杀身亡。相对于勋伯格或韦伯恩，贝尔格作品中的浪漫主义残留要更多一些（这或许是他的作品更受欢迎的原因），而《沃采克》的内容和形式也非常丰富——狂想曲、摇篮曲、军队进行曲、回旋曲，每个人物都刻画得栩栩如生。[58] 首演之夜，在经历了"一系列前所未有的排练"之后，该剧由埃里希·克莱伯担纲指挥正式上台演出，但即便如此，该剧仍引发了公众的狂怒。[59] 它被贴上"堕落"的标签，而《德意志报》的评论写道："当我离开国家歌剧院时，我感觉自己不是身在公共剧院，而是在疯人院。舞台上、乐团中、座位上全都是疯子。……从音乐的角度来看，我们面对的是一位对公众福祉构成威胁的作曲家。"[60] 但并不是每个人都觉得该剧冒犯了自己，一些评论家称赞贝尔格拥有"直觉的洞察力"，欧洲其他歌剧院吵嚷着要求该剧前去演出。《露露》在某些方面则是《沃采克》的反面：《沃采克》里的士兵遭到周围人的折磨，露露却是一个勾引男人的荡妇、一个寡廉鲜耻的妖妇，"毁坏所有她碰到的东西"。[61] 这部序列主义歌 230
剧基于**弗兰克·韦德金德**（Frank Wedekind）的两部剧本创作，也趋近于无调性风格。该剧在 1935 年贝尔格去世时仍未完成。它充满华丽的唱段和精致的花腔，以及沦为妓女的女主角与杀害她的凶手之间的对抗。《露露》是"新世纪的传道者"，被害怕她的男子杀害。[62] 这正是柏林，是**贝尔托·布莱希特**（Bertolt Brecht）等人如鱼得水的柏林的绝佳体现。

和贝尔格、库尔特·威尔和保罗·欣德米特一样，布莱希特也是十一月学社的成员。该社团成立于 1918 年，致力于传播适应新时代的新艺术形式。虽然该社团在 1924 年魏玛共和国的第二阶段开始之后便告解散，但正如我们所看到的，革命的精神得以延续，并体现在布莱希特的作品风格之中。虽然他喜欢自称来自黑森林地区，但实际上他于1898年生于奥格斯堡。布莱希特是在电影（尤其是卓别林）的影响之下成长起来的第一批艺术家/作家/诗人。他在很小的时候就一直着迷于美国和美国的思想（后来也受到爵士乐和厄普顿·辛克莱作品的影响）。慕尼黑距离奥格斯堡约40英里，布莱希特在那里度过了他的青春期。在父母羽翼的保护下，贝尔托（本名欧根，但他后来改了名）长成了一个自负甚至是"冷酷"的孩子，有着"浣熊般警惕的双眼"。[63] 开始时他是一个诗人，但他同时也是一位技艺娴熟的吉他手。据一些人（诸如利翁·福伊希特万格）所说，他常常"强迫"他人接受他的观点，散发出"明明白白的革命气息"。[64] 他的合作对象和朋友包括卡尔·克劳斯、卡尔·楚克迈耶、埃尔温·皮斯卡托、保罗·欣德米特、库尔特·威尔、格哈特和伊丽莎白·豪普特曼以及一位"看起来像蝌蚪"的男演员。最后这位名叫彼得·洛尔。布莱希特在二十多岁时感受到了来自戏剧、马克思主义和柏林的强烈吸引。[65]

《巴尔》等早期作品为布莱希特在先锋派中间赢得了声誉，但让他真正出名的却是《三分钱歌剧》。该剧基于1728年约翰·盖伊的民谣歌剧《乞丐歌剧》创作，1920年，奈杰尔·普莱费尔爵士在伦敦的抒情剧院将这部作品重新搬上舞台，并上演了四年之久。伊丽莎白·豪普特曼意识到该剧在德国可能受到同样的欢迎，于是她为布莱希特翻译了剧本。[66] 布莱希特非常喜欢这个剧本，于是找来制片人和剧院，自己也搬到法国南部靠近圣特罗佩的莱拉旺杜，与作曲家**库尔特·威尔**（Kurt Weill）一起合作完成该剧。约翰·盖伊原剧本的主旨在于嘲笑意大利大型歌剧的虚荣做作，虽然他也对时任英国首相的罗伯特·沃波尔爵士进行了抨击。后者涉嫌受贿，还包养了一名情妇。但布莱希特的目的则更加严肃。他将故事搬到了维多利亚时代（比原剧本的诞生时代更近），并将矛头对准了体面的资产阶级及其洋洋自得的自我形象。剧中的乞丐伪装成了残疾人，就像格奥尔格·格罗茨画作中栩栩如生的战争致残者一样。该剧的排练是灾难性的。女演员要么退场罢演，要么患上了莫名其妙的疾病。请来的明星反对修改剧本，甚至反对导演要求的一些动作。内容与性有关的歌曲不得不被删除，因为女演员拒绝演唱。这还不是《三分钱歌剧》类似《莎乐美》的唯一方面，关于该剧的幕后谣言在柏林疯传，人们还相信剧院老板正拼命搜 231
寻另一场演出来替代该剧，一旦布莱希特和威尔的作品演砸，就用那出新剧来救火。[67]

首演之夜，出师不利。观众对前两首歌曲报以毫无反应的沉默。但近乎灾难的场面随即降临：为第一首歌充当伴奏的手摇风琴突发故障，导致演员被迫在无伴奏的情况下演唱第一节的曲目（管弦乐队为第二节提供伴奏）。但观众对第三首歌，即马奇斯与警察局长泰格·布朗回忆他们早年在印度的经历的二重唱报以兴高采烈的欢呼。[68]剧院经理曾明确表示当晚不会满足任何返场加演的请求，但不重唱的话观众又不愿让演出继续，所以经理只好顺应民意。该剧的成功部分归功于这样的事实，即它公开宣告马克思主义已偃旗息鼓。正如布莱希特的传记作者罗纳德·海曼所说："阐述资产阶级与悍匪之间的共同之处对资产阶级并不完全是侮辱性的。该剧只是在优美旋律的伴奏下顺带提到了匪徒的纵火和割喉等罪行，而观众席里坐在前排衣冠楚楚的企业家仍能舒服地感到自己与强盗团伙相比之下的优越性，因为后者只是拙劣地模仿着社会新贵虚荣做作的做派。"[69]该剧成功的另一个原因是当时德国剧坛流行的是时代剧，即具有当代意义的戏剧。1929 至 1930 年间的其他例子还包括欣德米特反映报界竞争的《每日新闻》、恩斯特·克热内克的《容尼奏乐》、马克斯·勃兰特的《机械师霍普金斯》以及勋伯格的《从今天到明天》。[70]布莱希特和威尔的《马哈哥尼城的兴衰》也再一次大获成功（和《三分钱歌剧》一样，也是现代社会的寓言）。正如威尔所说，"马哈哥尼与所多玛和蛾摩拉城一样，因罪恶、淫乱和居民的普遍混乱而沉沦”。[71] 从音乐角度来说，该剧的成功是由于爵士乐尖刻而商业化的声音象征着资本主义的腐败，而不是非洲或美洲的自由。退化的思想也并不遥远。布莱希特对马克思主义的看法使他确信，像其他事物一样，艺术作品也受制于剧院、报纸和广告商等组成的商业网络。因此，《马哈哥尼城的兴衰》是经过设计的，以便“一些非理性、非现实和轻浮的东西能够在适当的地方引入，以表达双重含义”。[72] 该剧也是一部史诗剧。对于布莱希特来说，史诗剧的重要意义在于：“情节剧的前提是人类的本性无法改变。而史诗剧不但假设人性可以改变，还假设它正在发生改变。” [73]

《马哈哥尼城的兴衰》的上演当然不会风平浪静。演出开始前，纳粹党在剧院外抗议示威。首演之夜也受到了包厢里传来的嘘声和走廊里打斗声的干扰，造成的混乱很快还蔓延到了舞台上。演出的第二晚，警察排成人墙维持秩序，而演出过程中剧院的灯光也一直开着。[74] 纳粹对布莱希特的兴趣愈发浓厚。但布莱希特起诉了购买了《三分钱歌剧》版权的电影制作人，原因是制作人想做出违背合同精神的改动。这时纳粹分子面临了两难境地：在马克思主义者和犹太人之间他们该支持谁呢？不过纳粹党也不会永远这么无能。1929 年 10 月，威尔出于单纯的好奇心参加了一场纳粹
232 集会，他震惊地听到自己与爱因斯坦和托马斯·曼一道，被痛斥为“对国家的威胁”。他赶忙趁着没被认出离开了那里。[75]

有一个人憎恨柏林——他把它叫作巴比伦。他也憎恨所有的城市，实际上他将自己对城市生活的仇恨上升到了哲学的高度。这个人就是**马丁·海德格尔**（Martin Heidegger）。他于 1889 年出生在德国南部，在成为一名哲学专业的老师之前，他曾在埃德蒙·胡塞尔门下学习。[76] 他从容的方言口音，传统的着装方式（灯笼裤），以及他对城市生活的仇恨都让敏

感的学生对他的哲学思想更加笃信。1927年，时年38岁的他出版了自己最重要的著作《存在与时间》。尽管让—保罗·萨特在20世纪30、40和50年代名满天下，但海德格尔除了成名更早外，也是一位思想更为深刻的存在主义者。

《存在与时间》是一部令人费解的书，用一位评论家的话来说就是“几乎无法解释”。然而这部作品却广受欢迎。[77] 对海德格尔来说，生命的核心事实是：人类存在于这个世界。我们只能通过尽可能准确的描述来面对这一核心事实。西方的科学和哲学在过去三四百年间都得到了发展，所以“西方人的主要使命一直是征服自然”。因此，人类对自然的看法就好像自己是主体，而自然是客体。从哲学的角度来说，核心的困境在于知识的本质：“我们知道些什么？我们怎样才能知道我们知道？”自从笛卡尔以来，这些问题一直极为重要。然而对海德格尔来说，理性和智慧“根本不足以指导人类揭开存在的秘密”。实际上他一度甚至说“思想是理解的死敌”。[78] 海德格尔认为，我们正被不由分说地推入世界，等到我们习惯了这个世界之时，我们却又面临死亡。对于海德格尔来说，死亡是继存在之后生命的第二个核心事实。[79] 他说，我们永远无法体验到我们自己的死亡，但我们可以害怕它，这种恐惧是非常重要的：它为我们的存在赋予了意义。我们必须在世界上花时间创造自己，“前进到一个开放的、不确定的、还没有被创造的未来”。海德格尔思想的另外一个元素对于理解他的思想至关重要。海德格尔将科学和技术视为意志的体现，是对我们控制自然的决心的反映。不过他认为，人性有着不同的侧面，而这在诗歌中体现得尤为淋漓尽致。海德格尔说，一首诗的中心环节是“它逃避我们意志的要求”。“诗歌不是诗人下定决心写出来的，它是一个自然流露的过程。”[80] 这一观点将他与里尔克直接联系在一起。此外，同样的道理也适用于读者：他们必须允许诗歌对他们展现它的魅力。这是海德格尔思想的

核心要素——意志与内在生命之间的分裂。内在生命超脱、独立于意志之
外，而理解内在生命的恰当方式与其说是思考，不如说是屈从。在某种程
度上，这听起来有点像东方哲学。海德格尔确实认为，西方的做法需要怀
疑的审视，科学则越来越执着于控制，而非理解。[81] 海德格尔在总结哲学
家威廉·巴雷特言论的基础上，认为我们可能会迎来这样的时代，“届时
我们应该停止自我主张，只是服从，顺其自然”。海德格尔援引弗里德里
233 希·荷尔德林的话：我们身处一段黑暗之中，旧的神已经消失，新的神还
未到来。我们处在马修·阿诺德所谓的两个世界之间，“其一已死，另一
个还无力诞生”。[82]

这也许只不过是对海德格尔思想相当无力的总结。海德格尔的思想立刻广受欢迎的缘由在于它尊重德国人对于死亡和非理性的痴迷，同时排斥城市的理性文明，实际上也带有对魏玛德国本身的仇恨。此外，海德格尔的思想还默许了当时蠢蠢欲动的民族运动。这些运动呼唤的不是理性，而是英雄。它们要求人们服从另一种为科学服务的意志，服从“用血思考的人”（这一惊人之语出自彼得·盖伊）的意志。纳粹并不是海德格尔创造的，他也未曾孕育纳粹的氛围。但正如辞去职位的德国神学家保罗·蒂利希后来所写道的：“通过法西斯主义和国家社会主义的反道德运动，尼采和海德格尔的名字联系在了一起，这不是没有一定道理的。”海德格尔将《存在与时间》献给了导师埃德蒙·胡塞尔，而胡塞尔是犹太人。这本书在纳粹时代再版重印之时，海德格尔的献词被抹去了。[83]

在第 10 章里，我们讲到**乔治·卢卡奇**从布达佩斯流亡维也纳，“仍不可救药地忙于密谋的［共产党］工作，追查携党的经费潜逃的人。”[84] 在整个 20 年代，卢卡奇的生活依然艰难。20 年代初，他与贝拉·库恩争夺匈牙利流亡共产党领袖的地位，而库恩已逃往莫斯科。卢卡奇在莫斯科会

见了列宁，在维也纳结识了托马斯·曼。他给后者留下了深刻影响，以至于曼在《魔山》中部分以卢卡奇为原型塑造了共产主义者兼耶稣会教士纳夫塔的形象。[85] 然而在大部分的时间里，他生活在贫困之中。1929 年，他在取道柏林前往莫斯科途中非法滞留在匈牙利。抵达莫斯科后，他在马克思—恩格斯学院工作，尼古拉·梁赞诺夫也正在那里编辑新发现的马克思青年时期的手稿。[86]

尽管困难重重，但卢卡奇仍于 1923 年发表了日后令他声名远播的作品《历史与阶级意识》。[87] 该书包含九篇关于文学和政治的论文。就文学方面而言，卢卡奇的理论是，从米格尔·德·塞万提斯的《堂吉诃德》开始，小说家主要可以分为两大流派，其中一派主要描绘“自我（或英雄人物）与环境（或社会）之间的不相容”，这一派的作家包括塞万提斯、弗里德里希·冯·席勒和奥诺雷·德·巴尔扎克等，他们将这种不相容描绘为“逃避现实世界”。另一派包括古斯塔夫·福楼拜、伊凡·谢尔盖耶维奇·屠格涅夫和列夫·尼古拉耶维奇·托尔斯泰等，他们“在浪漫主义的幻灭中醒来”，参与真实生活，但同时清楚，正如约瑟夫·康拉德所说的，人类无法进步。[88] 换句话说，这两种做法基本上都是反实证、反进步的。卢卡奇从文学转移到政治，认为不同的阶级有着不同的意识形态。资产阶级赞美个人主义和竞争，反映在文学和生活上，其立场就假定社会“受一成不变的规律支配，就如同自然界的物理定律一样不以人的意志为转移”。[89] 与此相反，无产阶级则寻求一种新的社会秩序，该秩序承认人性可以改变，自我与社会之间的结合也存在新的可能性。卢卡奇认为自己的使命就 234
是向资产阶级解释这种一分为二的状态，以便他们能理解终将到来的革命。他认为电影普及的原因在于，事物在电影中失去了存在感，人们喜爱这种错觉，能够“没有命运、没有缘由、没有动机”地活着。[90] 他还认为，虽然马克思主义解释了这些不同的阶级意识，但在革命之后，随着他设想的自我与社会之间产生新的结合，马克思主义将被弃之不用。他因此得出结论："共产主义不应由它自己的建设者加以具体化。"[91]

卢卡奇被严厉地谴责为修正主义者和反列宁主义者，并遭到排斥。他从来没有真正得以平反昭雪，也从未进行任何反击，并最终承认了自己的"错误"。然而在20世纪30年代，本雅明在著作中回应了他对马克思主义、阶级意识和文学的分析，而在第二次世界大战之后，雷蒙德·威廉斯等人将他的思想以一种修正的形式在文化唯物主义中进行了复兴（见第26章及第40章）。

1924年，就在《历史与阶级意识》出版后的第二年，一群身在维也纳的哲学家和科学家开始在每周四聚会。最初他们的组织名叫恩斯特·马赫协会，后来在1928年更名为**维也纳学派**（the Vienne Circle）。在这面大旗下，他们发起了可以说是20世纪最为重要的哲学运动（顺便提一句，该哲学运动与海德格尔针锋相对）。

学派的精神导师是**莫里茨·石里克**（Moritz Schlick，1882—1936）。他生于柏林，和学派的许多成员一样，也接受过科学训练。他在1900至1904年间是马克斯·普朗克门下的一名物理学家。石里克麾下共计二十余名学派成员，包括来自维也纳的**奥托·纽拉特**（Otto Neurath），一名博学的犹太学者；来自耶拿的数学家**鲁道夫·卡尔纳普**（Rudolf Carnap），曾是戈特洛布·弗雷格的门生；同为物理学家的菲利普·弗兰克；精神分析学家海因茨·哈特曼；数学家**库尔特·哥德尔**（Kurt Gödel）以及偶尔参与的卡尔·波普尔，最后这位将在第二次世界大战后成为颇具影响力的哲学家。石里克将20年代在维也纳逐步形成的哲学类别命名为"一致的经验论"。不过在他于1929年初访美国，以及1931至1932年再访美国之后，**逻辑实证主义**（logical positivism）这一术语逐渐浮现，并得到了长期沿用。

逻辑实证主义者对形而上学展开了猛烈的攻势，反对任何诸如“在科学和常识的普通世界之外，即能够通过感官认识的世界之外，可能存在另一个世界”的提议。[92] 对逻辑实证主义者来说，所有无法通过实证进行检验、证实的陈述都是荒谬的。因此神学、美学和政治学的绝大部分内容都遭到了摈弃。当然，实证主义并不仅限于此。正如英国哲学家 A. J. 艾耶尔（他曾短时间担任过维也纳学派的观察员）所说，他们同样反对“我们称之为德国往事”的浪漫主义。对他们来说，黑格尔和尼采的思想（虽然不包括马克思）都过于混乱。[93] 美国哲学家西德尼·胡克当时正在德国旅行，他证实了这种分裂，即更为传统的德国哲学家都敌视科学，认为他们的职责是“推动宗教、道德、自由意志、民族和有机的民族国家等事业的发展”。[94] 维也纳学派的目的是通过运用逻辑和科学的技术，对哲学进行阐 235
明和简化。在他们看来，哲学成了科学和“二等学科”的仆人。一等学科探讨世界（如物理学和生物学），二等学科探讨一等学科对世界的探讨。[95] 维特根斯坦的《逻辑哲学论》是对维也纳学派产生主要影响的著作之一，维特根斯坦本人也一直对语言在经验中的作用情有独钟，并对传统的形而上学颇有微词。这样一来，正如牛津大学哲学家吉尔伯特·赖尔所说，哲学逐渐被当作“关于探讨的探讨”。[96]

纽拉特也许是学派中最有才华的一位成员。虽然他的职业是数学家，但他还对马克斯·韦伯进行了研究，并出版了一本名为《反斯宾格勒》（1921）的书。他与包豪斯的成员过从甚密，并开发出一套由两千个符号（图形文字）构成的系统，意在为文盲教育提供帮助（他会用一头大象的图形文字来签署自己的信件，并视心情而定选择快乐或悲伤的图形）。[97] 但这位无比热情洋溢的人物异常严肃，他认同维特根斯坦，认为人们应该对形而上学保持沉默，因为它完全是无稽之谈，同时承认“我是在为不存在的东西而保持沉默”。[98]

维也纳学派自然而然地彼此趣味相投，以及他们对自己的新方法抱有的热情也是造成其影响力的因素之一。就好像他们突然之间明白了哲学到底是什么。科学描绘了世界，唯一存在的世界，也就是我们周围的世界。因此，哲学所能做的，就是分析和评论科学的观念和理论，从而完善它们，使它们更加准确、有用。这就是逻辑实证主义的遗产被称为分析哲学的原因所在。

1924 年，就在莫里茨·石里克创办维也纳学派的同年，也是《魔山》问世的当年，**罗伯特·穆齐尔**（Robert Musil）在维也纳开始了《没有个性的人》的创作。假如穆齐尔从没写过任何作品，他仍然会因为在 1930 年将希特勒形容为“活着的无名士兵”而值得我们铭记。[99] 但他三卷本著作的第一卷同样出版于这一年，而这部作品对一些人来说堪称 20 世纪最重要的德语小说，与之相比，托马斯·曼的所有作品都似乎黯然失色。虽然许多人认为该书堪与乔伊斯和普鲁斯特的作品相提并论，但其知名度仍远不及《尤利西斯》、《追忆似水年华》或《魔山》。

穆齐尔于 1880 年出生在克拉根福的一个中上层阶级家庭，属于奥地利的“士大夫阶层”。他曾学习理工科专业并写过一篇关于恩斯特·马赫的论文。《没有个性的人》的故事背景设定在 1913 年一个叫作“卡卡尼亚”的神秘国度里。卡卡尼亚显然就是奥匈帝国，这个名字指的是“皇帝的和国王的”，简称 K.u.K，代表匈牙利皇家王国和奥地利王室的皇家帝王领地。[100] 这本书的篇幅虽然令人望而生畏，但对很多人来说，它是反映 20 世纪早期除文学以外领域的发展最才华横溢的文学作品，是少数无法过度解读的作品之一。它是后柏格森、后爱因斯坦、后卢瑟福、后玻尔、后弗洛伊德、后胡塞尔、后毕加索、后普鲁斯特、后纪德、后期乔伊斯以及后维特根斯坦时代最重要的作品。

《没有个性的人》中存在着三条相互交织的主线，呈现出松散的叙事结构。第一条是主人公乌尔里希·冯·……[*]的调查。他是一位30岁出头的维也纳知识分子，尝试参透现代生活的意义，这引导着他参与了一个旨在理解杀人犯心态的科研项目。第二条则是乌尔里希与他妹妹之间的关系（和恋情），他们两人从童年起便失去了联系。第三条主线是对第一次世界大战前夕维也纳社会的讽刺。[101]

尽管如此，《没有个性的人》的真正主题是在科学时代生而为人，到底意义何在。穆齐尔问道：如果我们所能相信的只有自己的感官，如果我们对自身的了解只限于科学家对人体的了解，如果所有对价值、伦理和美学的普遍原理和探讨都如维特根斯坦所说的那样毫无意义，那么我们该怎么活下去？他认同人类思想的陈旧范畴（种族主义思想的“折中方案”或是宗教）已经毫无用处，但问题是我们该用什么来替代它们呢？乌尔里希尝试理解杀人犯穆斯布鲁格的心态，这让人回想起纪德的观点，即有些事情是无法解释的。（穆齐尔和胡塞尔一样，曾在心理学家卡尔·施通普夫门下学习心理学，因此他并不囿于弗洛伊德理论。他认为虽然无意识的确存在，但它只是遗忘记忆的一种无组织的、“普鲁斯特式”的混乱。他还以科学的方式为图书进行了实地调查，亲赴维也纳监狱研究一名真正的杀人犯。）在某些时候，乌尔里希自知自己身材高大，肩膀宽阔，“他的胸腔鼓起，像桅杆上扬起的篷帆”，但有时他会感到渺小和柔弱，当他读到一本令他感动的书时，他就像“飘在水中的水母”。换句话说，任何描述、任何特征或品质都与他不符。正是在这个意义上，他是一个没有个性的人：“我们失去了所有内心的声音。在这个时代我们知道得太多，理性统治了我们的生活。”

---

* 《没有个性的人》中并未提到乌尔里希的姓，理由是“顾及他的父亲，我们应该把他的姓氏隐去”。——译注

1942年，穆齐尔在穷困潦倒中溘然长逝，此时他还没能完成自己这部大部头著作。他在该书中投入的时间长度也反映出他的观点，即随着其他领域的发展，小说在20世纪也必须作出改变。他认为，作为一种故事的陈述方式，传统小说已告死亡。相反，对他来说，现代小说是形而上学的天然家园。小说（至少他的小说）是一种思想实验，可与爱因斯坦或毕加索的作品相提并论。小说中的人物可以同时呈现出人物的侧面和正面。他认为，经验的基础是两种相互交织的原则，即暴力和爱情，这正是他与乔伊斯的联系所在：科学或许能够解释性，但它能解释爱吗？爱可以让人筋疲力尽，我们所能做的只有熬过今天。而思考明天的哲学是与之不相称的。穆齐尔并不像许多其他人一样反对科学。（乌尔里希“热爱数学，而有的人无法忍受数学”。）但他认为小说家可以提供帮助，探明科学引领我们前进的方向。对他来说，根本问题在于，精神是否可以被逻辑所取代。对客观性的探寻和对意义的探寻是不可调和的。

弗朗茨·卡夫卡（Franz Kafka）同样痴迷于生而为人的意义所在，以及科学与伦理之间的对抗。1923年，时年39岁的卡夫卡实现了夙愿，从
237 布拉格搬到了柏林（他接受的是德语教育，在家也说德语）。但他在柏林待了不到一年就因喉部结核被迫转移到维也纳附近的一家疗养院，并最终死在了那里。去世时年仅41岁。

卡夫卡个人生活的细节几乎没有向我们透露他为什么拥有格外奇异的想象力。他身材修长，衣着考究，略带花花公子气质。他学过法律，在保险业颇为成功。关于他内在的与众不同，唯一的线索在于他有过三次不成功的订婚经历，其中两次是和同一个女人。[102] 正如弗洛伊德对维也纳爱恨交加一样，卡夫卡也对布拉格抱有几乎相同的感情。“这个小妈妈有着一副利爪”，这是他曾经对这座城市的形容。他也总是打算离开，却从来没能完全放弃保险工作的优厚待遇，直到1922年才下定决心，但为时已晚。[103]

他经常和父亲发生冲突，这对他的写作造成了影响，但正如所有伟大的艺术一样，卡夫卡的作品和他的个人生活之间的联系远非如此简单。

卡夫卡最著名的三部小说作品分别是《变形记》（1916）、《审判》（1925，过世后出版）以及《城堡》（1926，过世后出版）。他还记了十四年的日记，并写有许多信件。这些作品透露出他内心深刻的矛盾和神秘感。他经常声称自己的主要目的是独立，但在前往柏林之前，他一直住在父母家里；他和同一位女士订婚了五年，在此期间与她见面的次数却只有十几次；他还通过想象自己可怕的死法来自我消遣。他为写作而生，可以连续数月沉迷于创作，最后在精疲力竭中垮掉。即便如此，如果他觉得写得不够好，他仍然可能扔掉自己所写的一切。他的通信对象相对较少，却经常给他们写信，频率极高，而且信件极长。在遇见一名女子之后，他在两个月内给她写了九十封信，其中包括一些长达二十至三十页的信，而对另一名女子，他则在五个月内写了一百三十封信。在36岁时，他写了一封著名的长达四十五页的打字信给他的父亲，解释自己为什么依然怕他。虽然他和未来的岳父仅有一面之缘，但他也曾去过一封长信，解释自己可能患有阳痿。[104]

虽然卡夫卡的几部小说表面上主题迥然不同，但这些主题有着相当多惊人的相似之处，以至于卡夫卡作品的累积效应要大大超过各部分相加的总和。《变形记》的开篇堪称文学作品中最著名的开场白之一："当格里高·萨姆莎从烦躁不安的梦中醒来时，他发现自己变成了一只巨大的甲虫。"这看起来似乎立刻就泄露了全书的故事情节，但实际上《变形记》探讨了格里高对自己古怪状态的反应，以及他与家人和同事的关系。如果一个人变成了一只甲虫，这是否有助于他/我们理解生而为人的意义？在《审判》中，约瑟夫·K（我们永远不知道他的姓）遭到逮捕并受到审判。[105]但无论他本人还是读者都不知道他罪行的性质，或是审判他的法院是何方神圣组建的，因此他和我们都无从知晓死刑的判决是否得到了授权。最后，在《城堡》里，K（主人公的名字同样只有一个字母）来到一座村庄，准备就任城堡的土地测量员。城堡高踞村庄之上，其主人也拥有村里的所
238 有房屋。然而，K 发现城堡方面不承认他，至少一开始是如此，甚至说他不能留宿于村里的客栈。而后发生了一连串离奇事件，其中的人物自相矛盾，他们对待 K 的态度变化多端、不可预测，他们会在一夜之间老去，或是说谎——即使 K 自己也被迫时不时撒谎。城堡的使者来到村里，但他从未见到城堡本身有任何生命迹象，也永远无法走进它。[106]

要诠释卡夫卡的作品，一个额外的难题便是他从来没能完成他三部主要作品中的任何一部，虽然我们从他的笔记中得知他临死时的想法。他也把他为完成度最高的作品《城堡》安排的计划告诉了朋友马克斯·布罗德。一些评论家认为，他的每个想法都是一次对精神不稳定的人内心活动方式的探索，这尤其体现在《审判》中，阅读这部作品仿佛是在阅读某个被害妄想症患者的妄想病例一样。但事实上人们不必如此危言耸听。这三个故事所呈现的只是无法控制自己、或是无法控制自己生活的人。在每个故事中，这些人的思想感情被牢牢控制，他们被外力掌控，无法施展自身意志，而这些生理的、心理的和逻辑的外力则毫无目的地将他们引向前去。这里不存在任何传统理解上的发展或是进步，也没有丝毫的乐观。故事的主人公并不总能获胜，实际上他们总是失败者。卡夫卡的作品中存在着各种力量，却没有权威。这毫无希望且令人恐惧。尽管身为犹太人和捷克人，但卡夫卡这个魏玛德国的局外人却看清了这个社会的走向。卡夫卡与海德格尔之间的相似之处在于，卡夫卡作品中的人物都必然屈服于更强大的力量，而他们并不真的理解这些力量。他曾说过：“我有时认为没人能像我一样理解人类的堕落。”[107] 然而，卡夫卡还认为即使屈服也无法带来满足，在这点上他与海德格尔分道扬镳。他甚至认为满足或成就可能

无法在现代世界实现。这正是《城堡》之所以成为卡夫卡的旷世杰作的原因，许多人甚至将其视为近代史上的《神曲》。W. H. 奥登曾说过："如果要我说出一个作家，其地位和成就之于我们的时代，最接近于但丁、莎士比亚或歌德之于他们的时代，卡夫卡就是我所能想到的第一个。"[108]

在《城堡》中，村庄里的生活被城堡这座建筑统治着，其权威性毫无争议，但也无法解释。其官僚机构的反复无常也同样毫无争议，而 K 试图理解这些反复无常的所有努力都是徒劳的。虽然卡夫卡的作品通过描写现代社会无个性得近乎恐怖的官僚民众，以及刻画现代社会中由弥漫的侵害感（由科学和机器造就）和人性丧失所打上的非人格烙印，从而对现代社会进行了明显的，甚至过于强烈的讽喻，但他的作品反映并预言了一个正在成为现实的世界。《城堡》是卡夫卡作品的巅峰之作。读者试图理解这本书的过程，一如 K 试图理解书中的城堡，至少从这个意义上这本书无愧此名。不过在他的所有作品中，卡夫卡成功地向读者展现了恐惧和不安，以及孤绝和隔离的感情，而这些情感都恰如其分地刻画出现代生活的特征。可怕的是，他还预示了不久就将来到的具体的世界：斯大林的苏联和希特勒的德国。

在 1924 这一年里，结核病带走了卡夫卡，而**阿道夫·希特勒**（Adolf
Hitler）则在监狱里度过了自己的 35 岁生日。他被关在巴伐利亚首府以西 239
的兰茨贝格监狱，因叛国罪和参与慕尼黑政变被判处五年徒刑。跟他一道服刑的还有其他几位国家社会主义者，他们同样刑期不长，而且在监狱里过得相当惬意，每天佳肴不断，还能在花园里散步。希特勒是狱卒的最爱，在生日的时候他收到了数不胜数的包裹和花束。他都吃胖了。[109]

希特勒在入狱前接受审判的新闻曾在二个多星期里一直占据着每张德国报纸的头版，这也是他第一次闯进全德人民的视野之中。后来，他声称这场审判和围绕审判展开的宣传是他职业生涯的一大转折点。希特勒正是在狱中写下了《我的奋斗》的第一部分。要是他没有被送到兰茨贝格，他可能永远也不会写出任何东西，这完全是可能的。与此同时，正如艾伦·布洛克所指出的，这次牢狱之灾的契机是无价的。《我的奋斗》帮助希特勒确立了国家社会党的领袖地位，帮助他奠定了希特勒神话的基础，也帮助他阐明了自己的想法。希特勒本能地领会到，一场运动（比如他所谋划的运动）需要一部“神圣的文本”，一部《圣经》。[110]

抛开其他属性不谈，希特勒绝对自认为是一个思想家，精通技术事务、军事事务和自然科学，以及最重要的，精通历史。他深信这种独到的见解使他鹤立鸡群，在这方面他也并非完全没有道理。我们必须记住，他在成年之初是一位艺术家、一位有抱负的建筑师。他之所以转变成后来的模样，是由于第一次世界大战及随后的和平，也是他自学的结果。要理解希特勒的思想发展历程，也许最重要一点在于，它与本章中介绍过的大多数乃至所有人的思想发展都完全不同。即使只是草草翻阅一遍《我的奋斗》也能知道，希特勒思想的大部分都属于19世纪或19世纪末、20世纪初（即本书在第2章和第3章中介绍过的思想），而且希特勒的思想一旦形成，再无任何变化。正如第二次世界大战期间他的桌边谈话所透露的，所谓的元首思想直接起源于他年轻时候的思想。[111]

历史学家乔治·L.莫斯已经发掘出第三帝国更加遥远的思想背景，他的研究也是本部分内容的主要基础所在。[112] 他表明种族神秘主义与精神性的结合体是如何在19世纪的德国成长起来的，其部分成因是对浪漫主义运动和对工业化纷乱步伐的反应，它也促成了德国的统一。德意志民族逐渐融合，开始构筑英雄的泛德主义国家，那些“漂泊的犹太人”就自然成了负面对照（当然这是彻头彻尾的不公：直到1918年犹太人才被允许担任政府官员或全职教授）。莫斯追踪着思想家和作家的影响，他们曾为形成这种思想添砖加瓦，但许多人都已被完全遗忘——这其中包括保罗·拉加德和尤利乌斯·朗本，他们强调“**日耳曼的直觉**”（German intuition）是世上一种全新的创造力；以及尤金·迪德里希斯，他通过复兴诸如《埃达》等日耳曼传说，强调德国的深厚历史积淀以及与希腊和罗马的联系（同 240
属伟大文明但也是异教徒），公然鼓吹“精英领导下根植于文化的民族国家”。这些努力的目的在于将“**民族**”（Volk）上升到了近乎神的层次。[113] 有些19世纪的德国书籍，例如路德维希·沃尔特曼的作品，研究了文艺复兴时期的艺术，“雅利安人”鉴定为掌握权力的民族，表明北欧民族受人赞美的程度。[114] 莫斯还强调了社会达尔文主义是如何贯穿整个德国社会。例如在1900年，富有的实业家兼武器制造商阿尔弗雷德·克虏伯发起了一项公众征文比赛，题目为“我们可以从进化论的原则中学到什么，来应用于国内政治发展及国家法律体系？”[115] 因此，当征文比赛的获奖者主张，国家的各个方面无一例外地都应当以社会达尔文主义视角加以审视和管理，也就不足为奇了。莫斯进一步描述了许多德国人建立乌托邦的尝试：从巴拉圭和墨西哥的“雅利安”殖民地到巴伐利亚州的裸体主义者营地，都尝试将“民族”原则付诸实践。对体育的狂热也脱胎于这些乌托邦。此外，还有建立农村寄宿制学校的运动。这些学校的课程以“回归自然”和本地历史为基础，将其渲染为“祖国的知识”，强调德国性、自然性以及古老的农民习俗。希特勒从小就是在这样的环境中成长，完全没有意识到任何其他思想的存在。[116]

事实上，希特勒从未对此守口如瓶。他的家乡林茨是一个充满德国民族主义者的半农村式中产阶级城镇。市政府对违法的“**哥特**”（Gothia）或“**沃丹**”（Wodan）社团的集会以及他们的泛德主义倾向视而不见。[117] 当时还只是个孩子的希特勒也加入过这些社团，他也见证了城里的成年人狭隘的国家主义，他们反对捷克的情绪很容易就喷薄而出，甚至抵制过著名小提琴家扬·库贝利克原计划在林茨举行的演出。这些儿时记忆在《我的奋斗》中都非常明显，有助于解释希特勒对哈布斯堡王朝的攻击，称在他们统治下奥地利人逐渐变得“斯拉夫化”。在《我的奋斗》中，希特勒还坚持认为他在林茨上学期间“学会了理解和领悟历史的意义”。“所谓‘学习’历史”，他解释道，“是指寻找和发现历史背后的力量。有些我们后来理解为历史事件的结果，其原因就是这些力量”。[118] 他觉得（这也是他从孩童时代便有的想法），其中一种力量是德国周围的英国、法国和俄罗斯都对德国虎视眈眈，而他此后从未摆脱过这种观点。或许对他来说理所当然的是，历史从来都是伟人的作品，他心中的英雄包括查理曼大帝、鲁道夫·冯·哈布斯堡、腓特烈大帝、彼得大帝、拿破仑、俾斯麦和威廉一世。因此，希特勒的思想与斯特凡·格奥尔格或是莱纳·玛利亚·里尔克更为接近，而与马克思或恩格斯差距较大，后两者认为阶级斗争的历史是最重要的。对希特勒来说，历史是种族斗争的历史，虽然斗争的结果总是依赖于伟大人物：“［历史］是斗争和战争的总和，每次战争的发动都不曾给仁慈或人性留下任何空间。”[119] 他经常引用 19 世纪德国将军赫尔穆特·冯·毛奇的话，认为人们应该总是使用最可怕的武器和战术，这样可
241 以缩短战争时间，从而拯救生命于兵戎之中。

希特勒的生物学思想是托马斯·R. 马尔萨斯、查尔斯·达尔文、约瑟夫·阿瑟·戈比诺和威廉·麦克杜格尔思想的混合：“人类已经通过斗争变得伟大。……人类达到的所有目标都归功于自身的创造力加上残暴性。……所有生命都与三大命题息息相关：奋斗是万物之父，美德存在于血液之中，而领导力是首要且决定性的。……想要生存的人必须奋斗，而在这个以永恒奋斗为生存法则的世界上，不想奋斗的人没有存在的权利。”[120] 马尔萨斯曾认为，世界人口正在超过地球的承载能力，其结果必将导致饥荒和战争。对马尔萨斯来说，生育控制和高度发展的农业是人类

仅有的希望，但对希特勒来说还有另一个答案："灭绝性的掠夺战争，从历史观点上说，这是非常重要的行为，是对自然法则和必要性的响应。"根据希特勒的一位传记作家沃纳·马泽尔所说，他对"弱者"的野蛮态度是从阿尔弗雷德·普勒茨的讲义中移植而来的。早在第一次世界大战之前，年轻的希特勒就在维也纳读过了普勒茨的作品《我们种族的能力与对弱者的保护》。以下摘自普勒茨作品的内容将展示自19世纪以来，他的思想是如何"发展的"："种族卫生学［优生学新的替代词］的倡导者几乎不会反对战争，因为他们从战争中看到了民族继续其生存斗争的途径。……在生存斗争过程中，有时候故意招募劣等人种可以被视为明智之举，只要当时的目的是为了满足炮灰数量的需求，并且个体的能力是次要的情况下。"[121]

希特勒的生物学主义与他对历史的理解密切相关。他对史前时代知之甚少，却肯定有点自视为古典主义者。他喜欢说自己的"自然家园"是希腊或罗马，而他对柏拉图的认识绝非仅仅略知一二。部分由于这个原因，他认为东方的种族（古老的"野蛮人"）是劣等种族。"退化"是希特勒最钟爱的思想之一，他认为"哈布斯堡家族"便是如此。他们虽然统治了维也纳，但在他看来注定要退化。同样，有组织的宗教，尤其是天主教，由于其反科学的立场和对穷人（即"弱者"）抱有可悲的关切，也注定会灭亡。在希特勒看来，人类分为三种（文化的创造者、文化的承载者和文化的毁灭者），而只有"雅利安人"才有能力创造文化。[122]文化的衰退从来都归咎于同一个原因：异族通婚。在古罗马时代，日耳曼部落曾取代过衰微的文化，而在如今衰微的西方，它仍可以再造乾坤。在这里我们可以再一次发现林茨时期的影响。一方面，它有助于解释黑格尔对希特勒的吸引力。黑格尔认为，欧洲是历史的中心，俄国和美国只是外围角色。身处内陆的林茨更强化了希特勒的这一观点。"纵观他的一生，希特勒一直是个以内陆为导向的日耳曼人，他的想象力从未涉及过海洋。……他完全植根于古老的罗马帝国的文化疆界之内。”[123]这种态度可能正是一直以来至关重要的，导致希特勒致命地低估了外围国家（即英国、美国和俄国）的决心。

如果林茨让希特勒的思想停留在19世纪，那么教给他憎恨的就是维也
242 纳。有趣的是，沃纳·马泽尔说：“也许希特勒的憎恨比他的爱更好。”[124]正是维也纳艺术学院两次拒绝了他，让他梦想成为艺术系学生和建筑师的努力成为泡影。也正是在维也纳，希特勒第一次遇到了广泛的反犹主义。在《我的奋斗》中，他认为自己直到来到维也纳才遇到了许多的犹太人或者反犹主义，而且反犹主义有着合理的基础，即“理智对情感的胜利”。这遭到了希特勒维也纳时期的朋友**奥古斯特·库比采克**（August Kubizek）的断然反驳（目前我们已经知道，《我的奋斗》在希特勒的生平履历方面存在若干错误）。根据库比采克的说法，希特勒的父亲并非如他自己所说，是一个心胸开阔的世界主义者，而是一个不折不扣的反犹主义者，也是格奥尔格·里特·冯·舍纳尔的拥趸。这位舍纳尔我们曾在第3章中见过，是一位狂热的民族主义者。库比采克还说，1904年他和希特勒第一次见面，当时希特勒只有15岁，还在上学，但他已经“明显反对犹太人了”。[125]研究已经证实，希特勒当时所在的学校里有15名犹太学生，而不是如他在《我的奋斗》中所说的只有一个犹太人。

关于林茨的反犹主义，不论库比采克和希特勒谁对谁错，正如我们所看到的，维也纳才是恶毒的反犹情感的污水坑。首先，希特勒在早期读过一系列名为《奥斯塔拉》的小册子，这种杂志的封面上往往盖有一个卐字标记。[126]该杂志创办于1905年，创刊人自称格奥尔格·兰茨·冯·利本费尔斯，是一个疯狂的种族主义者。该杂志声称发行量一度高达十万份。其社论公开表明了立场：“《奥斯塔拉》是第一份，也是唯一一份通过实际应用人种学的发现，致力于调查和培养英雄的种族特征以及人类律法的杂

志。我们可以通过贯彻系统优生学……防止英雄而高贵的种族毁于社会主义和女权主义的革命。”兰茨·冯·利本费尔斯也是“新圣殿秩序”团体的创始人，其会员资格“仅限金发碧眼的男性，且必须承诺只娶金发碧眼的女性为妻”。从1928至1930年间，《奥斯塔拉》重印了利本费尔斯写于1908年的大部头作品《神动物学，或所多玛小猿的科学及神圣电子：最古老和最新世界观简介及皇室和贵族的平反》。“所多玛小猿”是给深色皮肤的“劣等种族”贴上的标签，利本费尔斯将他们视为“上帝的次品”。[127]但希特勒的反犹主义也煽动了格奥尔格·里特·冯·舍纳尔，后者反过来得益于戈比诺的《论人类种族之不平等》的德语译本。在1919年的泛德联盟会议上，联盟的一大具体目标被确定为打击“犹太人破坏性、颠覆性的影响——一个与宗教问题无关的种族问题”。正如沃纳·马泽尔的评论所说：“该宣言因而标志着生物反犹主义的诞生。”[128]当然，等到希特勒在五年多以后开始撰写《我的奋斗》之时，他已经把犹太人叫作“寄生虫”、“细菌”、“病菌携带者”和“霉菌”。从那时起，从国家社会主义的角度来看，犹太人已经被剥夺了所有人类的属性。

希特勒是否真如他的崇拜者声称的那样博览群书，这点颇值得怀疑，但他的确知道一些建筑、艺术、军事史、通史和技术知识，对音乐、生物学、医学以及文明和宗教史也颇有心得。[129]他常常能用各领域的详细知识
让听众感到惊讶。比方说，他的私人医生曾惊讶地发现，元首竟然熟知尼 243
古丁对冠状血管的作用。[130]但希特勒主要是自学成才的，这造成了显著的后果。第一，从来没有人给过他任何客观的、外部的观点，因而也无法对他的判断或他权衡证据的方式产生影响。第二，第一次世界大战开始之时希特勒25岁，战争使他的教育陷于停顿（和中断）。希特勒的思想发展于1914年停下脚步，从此以后，他大体上局限于在第2和第3章中提到的折中的泛德主义思想。希特勒的成就向世人呈现了，把里尔克的神秘主

义、海德格尔的形而上学，以及维尔纳·桑巴特的英雄 vs. 商人的观点混在一起，能锻造出怎样的产物，以及社会达尔文主义、尼采的悲观主义和发自肺腑的反犹主义能调出一杯怎样的鸡尾酒。这种组合只有在一个大部分国土都处在内陆且迷恋英雄的国家才能蓬勃发展。而商人们，尤其是沿海国家或者以生意为本分的美国，在贸易行为中学到了太多对其他民族的尊重。虽然往往没有加以足够强调，但打上希特勒烙印的思想如此全面地被西方理性主义打败，也是完全恰当的，而西方理性主义在很大程度上正是犹太人的成果。

然而，我们必须小心，不要过度拔高希特勒的思想。第一，正如马泽尔所强调的，希特勒后来的大部分阅读只是为了证实他业已具有的观点。第二，他为了保持立场上的一致性，需要对事实进行严重歪曲。比如，希特勒多次指出，德国“在六百年前”就放弃了向东扩张。这与他解释德国过去的失败和未来的需求有关。然而，无论是哈布斯堡王朝还是霍亨索伦王朝都有过完善的东方政策（比如波兰就被瓜分过三次）。最重要的是，希特勒能够制定出自己的历史版本，并说服自己和其他人：他是对的，而学术观点通常是错误的。比如，尽管大多数学者认为拿破仑的垮台是俄国战役的结果，但希特勒则将拿破仑的失败归因于他科西嘉式的“家庭观念”，以及他“急于品尝皇冠的味道”。这意味着他“与退化之人同流合污了”。[131]

在政治方面，希特勒创建了第三帝国和纳粹党，以及发动了第二次世界大战和对犹太人的大屠杀。然而在本书中，他代表了古老的形而上学的最后抽搐。魏玛既拥有“无与伦比的精神警觉性”，也是19世纪种族浪漫主义的渣滓沉积之地，这里的人们“用血思考”。希特勒所痛恨的魏玛文化在今后几年里几乎全部输出也完全是合情合理的。希特勒的思想缺陷和
244 他军事上的妄自尊大一样，塑造了整个20世纪的下半叶。

14

进化之进化

也许第一次世界大战对思想领域造成的最大伤害在于，它损害了进步的理念。1914 年之前，已有一百年没有发生过任何大规模冲突，西方世界的人均寿命显著延长，许多疾病已被攻克，儿童死亡率也显著下降，基督教传播到了非洲和亚洲的广大地区。虽然并非每个人都认为这些属于进步——约瑟夫·康拉德提请人们关注种族主义和帝国主义，埃米尔·左拉则关注道德败坏。但对于大多数人来说，19 世纪是一个充满道德进步、物质进步和社会进步的纪元。然而第一次世界大战一举颠覆了这一切。

但战争真的颠覆了这一切吗？进步的概念是出了名的难以捉摸。人类没有取得任何道德进步，人类残酷和不公正的能力与技术发展并驾齐驱，这么说是一回事，但不会有什么人质疑技术进步的存在。随着第一次世界大战临近尾声，剑桥大学近代史教授 J. B. 伯里（J. B. Bury）着手开展了一项关于进步理念的研究，审视其发展历程，探寻其最佳理解方式，以及从中所能吸取的教训。《进步史观》一书于 1920 年面世，其中包含了非常具有煽动性，甚至可以说颠覆性的思想。[1]伯里发现进步的理念本身就在进步。起初，它大体上是源自法国的理念，但在法国大革命之前人们都只是非正式地使用它。这是因为在当时，宗教占主导地位的社会中，大多数人关心的是自己在来世的救赎，因而（相对而言）不太关心自己今生的命运。人们有着各种各样关于世界组织方式的想法，但多半都是凭直觉获知的。比方说，17 世纪时的法国作家伯纳德·德·丰特奈尔认为，任何美学进步都是不可能实现的，他认为文学已经随着西塞罗和李维达到了极致。[2]法国哲学家兼数学家孔多塞认为文明曾经历过十个周期，而奥古斯特·孔德则认为只有三个文明周期。[3]让—雅克·卢梭则另辟蹊径，他认为文明实际上是一种退化，也就是倒退的过程。[4]伯里发掘了两本出版于 18 世纪晚期的法语书，即《2000 年》和《2440 年》，书中预测未来完美的进步社会将不再有赊欠现象，只有现金交易，而关于过去的历史和文
245 学档案都将被付之一炬，历史将被视为“人类的耻辱，每一页……都写满了罪恶和愚蠢”。[5]伯里的第二个周期从法国大革命的 1789 年开始，直到 1859 年，包括了第一次工业革命的时代。他认为这段时期是一个几乎完全乐观的时期，人们相信科学能够改造社会、缓解贫困、减少不平等，甚至如上帝般无所不能。然而，从 1859 年开始，随着达尔文《物种起源》的出版，伯里认为进步的概念变得模棱两可：人们可以从进化论的算法中解读出乐观和悲观两种结局。[6]他将进步理念的强化视为宗教情感衰退的结果，这种衰退将人们的思想指向现实世界，而非虚无缥缈的来世；它指向科学发展，给予人类更多控制自然的能力，因此可以带来更多的改变；它指向民主发展，借由这一正式的政治实施方案，实现促进自由和平等的目的。他将社会学视为进步的科学，或是旨在定义进步并衡量变化的科学。[7]他接着补充了这样的想法，即或许进步的理念本身与第一次世界大战的血腥和残酷有着某种联系。进步暗示着物质和精神条件将在未来会变

得更好，如果当下做出了牺牲，就会造福子孙后代。因此，进步值得我们为之舍命献身。[8]

伯里作品的最后一章概括了“进步”是如何演变成进化的思想。[9]正如伯里所见，这是一种关乎哲学的变革，因为进化是非目的论的，它不具有任何政治、社会或宗教意义。它从理论上阐明了进步并不需要明确的方向。此外，进化的对立面（灭绝）的可能性也始终存在。换句话说，此时的进步理念已经夹杂了社会达尔文主义的所有旧观念、种族理论和退化。[10]这个想法很诱人，而由此产生的直接而实际的结果是各种学科（地质学、动物学、植物学、古生物学、人类学和语言学）都呈现出了历史维度：从此以后，所有的发现，无论自身价值大小，都将被我们用来填补对进化（进步）的理解。尤其是在 20 世纪 20 年代，我们对文明进步和进化的理解都出现了极大的倒退。

虽然 T. S. 艾略特、詹姆斯·乔伊斯和阿道夫·希特勒在很多方面大相径庭，却有着一点相同之处：他们都热爱古典世界。在 1922 年，艾略特和乔伊斯出版了他们的巨著，而希特勒则受邀在柏林的国家俱乐部发表演讲，该俱乐部主要由军官、高级公务员和行业领袖组成。就在同一年，一支探险队离开伦敦前往埃及，希望能够找到古典时期最伟大帝王的遗踪。

第一次世界大战之前，在开罗以南约 300 公里的帝王谷中，考古学家曾进行过三次煞费苦心的发掘。在每次发掘过程中，**图坦卡蒙**（Tutankhamen）这个名字都不断出现：它被刻在一个彩陶杯上，一些金箔上，以及一些黏土印章上。[11]因此，图坦卡蒙被认为是一位重要人物，但大多数埃及古物学者万万没有想到，他的遗体将会重见天日。尽管帝王谷此前已经被发掘过许多次，但英国考古学家**霍华德·卡特**（Howard Carter）和他的资助人 246

乔治·赫伯特·卡纳封（George Herbert Carnarvon）勋爵下决心再次开挖。他们已经为此尝试了数年，一度因为战争不得不中断。但他们俩都不愿就此放弃。卡特身材修长，有着黑色的眼睛和浓密的胡子。他是位一丝不苟的科学家，耐心而细致，自1899年以来一直在中东地区从事考古发掘工作。在停战协定签署后，卡特和卡纳封终于获得了在横跨尼罗河两岸的卡尔纳克和卢克索进行发掘的许可。

卡特独自率队离开了伦敦。一开始没有什么值得注意的发现，直到11月4日这天早晨。[12]当时太阳刚刚开始照耀发掘地点周围的山坡，一位工作人员刮到了一级雕刻在石头上的台阶。经过仔细发掘，十二级台阶显露出来，通往一扇密封且布满灰泥的大门。[13]"整个过程顺利得令人难以置信"，通过辨认封印，卡特惊讶地发现自己已经发现了一处王室墓地。他恨不得立即破门而入，但当天晚上他在现场留下守卫，骑着毛驴回到营地之时，他意识到自己必须等待。卡纳封为这次发掘提供了资金支持，所以陵墓开启时他应当在场。第二天，卡特发了一封电报，告诉卡纳封这一喜讯并邀请他前来见证历史。[14]

卡纳封勋爵是一位具有传奇色彩的人物。他是一位伟大的射击手，也是一位著名的帆船运动员，年仅23岁时便完成了环球航行。他还是一位充满激情的收藏家，同时也是英国第三辆合法汽车的拥有者。正是他对速度的热爱间接引发了帝王谷的发掘。一场车祸对他的肺部造成了永久性的损害，从而让他在冬日的英格兰倍感煎熬。他在埃及享受温和的气候时，也对考古学产生了兴趣。

卡纳封于11月23日抵达卢克索。第一道墓门打开后，门后面是一个充满碎石的房间。清理掉这些碎石后，他们发现了第二道门。他们先在门上钻了个小孔，每个人都退后以防有任何有毒气体逸出。接着他们将小孔凿大，卡特借助手电筒的光亮透过门上的洞向第二个房间里看去。

“你能看见什么吗？”卡纳封急切地问道。

卡特暂时没有回答。他回答时声音因激动而嘶哑。“看见了。”又停了一下。“美妙的东西。”[15]

他并没有夸大其词。“历史上没有哪位考古学家曾借助手电筒的光芒看到过卡特所见的一切。”[16]他们终于进入第二个房间时，发现这座陵墓塞满了奇珍异宝——一座镀金王座、两张金色躺椅、若干雪花石膏花瓶，墙上刻着异国情调的动物头像，还有一条金色的蛇。[17]两尊王室雕像对面而立，“宛如哨兵”，它们身穿金色短裙，脚穿金色凉鞋，头上饰有象征保护的眼镜蛇，两人都一手握着权杖，另一手握着棍棒。卡纳封和卡特领略着这令人惊异的壮丽场景，却渐渐明白还缺了些什么：没有石棺。是被人偷走了吗？卡特这时才意识到还存在第三道门。鉴于他们已经发现了如许的奇珍异宝，里面的房间肯定更令人叹为观止。但卡特是一名专业的考古学家。他决定在打开里面的房间之前，先对外面的房间进行适当的考古研 247
究，以免丢失珍贵的信息。因此这间后来被称为前厅的房间被重新密封起来（当然戒备森严），而卡特则召集了一批来自世界各地的专家合作开展学术研究。需要研究的不只是铭文和封印，甚至还包括已发现的植物残余。[18]

直到 12 月 16 日，陵墓才被重新打开。里面的藏品质量之高，堪称惊世骇俗。[19]一具木质棺木，饰有埃及艺术中从未见过的狩猎场面。还有三张侧面饰有动物图案的躺椅，卡特意识到，在其他发掘中也曾见过类似的图案——换句话说，这个地方即使在古埃及也非常有名。[20]还有四辆战车，完全被黄金包裹，其体积之庞大，以至于战车的车轴在装上之前不得不先分成两段。不下 34 个沉甸甸的货箱装满了来自前厅的物品，它们被运到尼罗河上的一艘蒸汽货船上，经过七天的航行顺流而下去往开罗。直到运走这些物品，通往内室的路才得以清理出来。卡特在门上凿了一个足够大的洞，像上次一样借助手电筒的光向洞内张望。“除了一道闪闪发光的墙壁，他什么也看不见。他拿着手电东张西望，仍然无法找到这道墙的外部边界。显然它封锁了通向门后房间的入口。卡特又一次目睹了前无古人后无来者的事物。他的面前是一道纯金打造的墙壁。”门被拆除后，可以更清晰地看到这道金墙是神殿的一部分，这座神殿占满了第三间墓室。后来进行的测量表明该神殿长 17 英尺，宽 11 英尺，高 9 英尺，除了镶嵌亮蓝彩陶的面板上绘有未知符号以保护死者外，整座神殿完全由黄金包裹。[21] 卡纳封、卡特和工人们都震惊得哑口无言。更令他们惊讶的是，在正殿之中还有一个房间。内殿已经是第三个房间了，而其中的则是第四个房间。

移除这些层层装饰耗时 84 天。[22] 他们必须设计一台特殊的滑车来抬起石棺的盖子。随着石棺盖子的打开，压轴大戏上演了。里层棺材的盖子上摆放着少年法老图坦卡蒙的黄金头像：“金子闪闪发光，仿佛刚刚出自工匠之手。”[23] “从来没有什么宝物能媲美法老的头像，他的脸由纯金打造，他的眉毛和眼睑由天青石色的蓝玻璃制成，双目则分别由黑曜石和霰石制成。”最令人动容的是一个小花圈的残骸，“是未亡人少女王后为丈夫送上的最后告别”。[24] 在这一切惊世骇俗的发现之后，法老的遗体本身也许不可避免地令人略感失望。少年法老在过去的几个世纪中一直在“药膏和其他油类”中憋闷，这些化学品混合形成了漆黑的沉淀物，并渗透进木乃伊的裹尸布之中。裹尸布之间填满了一层层的珠宝，它们与沉淀物发生反应并导致了自燃，使得遗骸和周围的亚麻裹尸布都碳化了。尽管如此，法老的年龄可以被确定在 17 岁左右，不满 18 岁。[25]

在历史上，图坦卡蒙并不是一个特别重要的法老王。但他的宝藏和华丽的陵墓令公众对考古学产生了前所未有的兴趣，甚至比发现马丘比丘时
248 更为强烈。然而，这次戏剧性的发掘隐藏着一个谜团。如果古埃及人以这样隆重的方式安葬年仅 17 岁的图坦卡蒙，他们又是如何埋葬更年长、更

贤明的法老呢？如果更高规格的陵墓没有被发现（也确实没被发现），这是否意味着它们已经沦落于盗墓贼之手？而这又会对知识造成怎样的损害？如果它们仍深埋地下，在将来又可能给我们理解文明的发展方式带来多大的改变呢？

中东地区考古学的魅力很大程度上并不在于寻找黄金，而在于从神话中梳理出事实成分。到了20世纪20年代，《圣经》所记载的人类起源已经一再受到质疑。虽然《圣经》的一些部分显然是基于事实，但这本经典在许多地方的极不准确也同样显而易见。调查的领域自然是《圣经》的诞生，探寻过去最古老的记录。但这里同样存有一个谜团。

谜团源于楔形文字的复杂性，这种在黏土上刻出楔形凹槽的书写系统存在于底格里斯河和幼发拉底河之间的美索不达米亚地区。当时的考古学家认为，楔形文字从象形文字发展而来，并逐渐在整个美索不达米亚传播开来。问题在于，楔形文字是象形文字、音节文字和当时不可能出现的字母文字的混合体，这些文字形态自发地在同一时间和地点混杂在一起，从而形成楔形文字。随之而来的问题就是，如果楔形文字一定是从另一种更早的实体文字演化而来的，那么这种早期文字是什么呢？使用它的又是谁呢？通过对语言、过去常用词以及具有代表性的商业交易记录的分析，语言学家逐渐形成了这样的看法，即楔形文字的发明者不是闪米特巴比伦人或亚述人，而是出自另一个从高原迁移到东方的民族之手。这一观点将“证据”推到了更久远的过去，他们甚至还给这一理论上存在的祖先族群起了个名字。由于美索不达米亚南部地区已知最早的统治者被称为“苏美尔和阿卡德之王”，因此这一祖先族群被称为“**苏美尔人**”（Sumerians）。[26]

正是在这样的背景下，在现代伊拉克巴士拉以北，**乌尔和乌鲁克**（Ur and Uruk）附近的铁罗，法国人**欧内斯特·德·萨尔泽克**（Ernest de Sarzec）

对一个坟堆展开了发掘，并发现了一尊世人从未见过的雕像。[27]这自然重新引发了人们对“苏美尔人”的关注，其他的发掘随即跟进，主要由美国人和德国人发起。这些出土文物包括巨大的金字形神塔，它证实了这里的古代文明（当时称为拉加什文明）非常复杂。年代推定也同样颇有争议：“看起来好像它的开端正好与《创世记》中描述的时代相符。有人认为，天罚大洪水摧毁了除诺亚及其亲属之外的所有人类，在此之后地球上居住的人类有可能与苏美尔人是同一批人。”这些发掘所揭示的，不仅是早期文明的发展方式，还包括早期人类的思考方式。而 1927 年英国考古学家**伦纳德·伍利**（Leonard Woolley）开始在《圣经》中提到的**迦勒底王国**（Chaldea）的**乌尔**（即犹太人的祖先亚伯拉罕传说中的故乡）进行发掘工作，也正是出于这样的原因。

伍利出生于 1880 年，曾就读于牛津大学。他是 T. E. 劳伦斯（即“阿拉伯的劳伦斯”）的同事兼朋友。他俩一起发掘了卡尔基米什，幼发拉底河正
249 是在那里从现代的土耳其流入叙利亚。在第一次世界大战期间，伍利在埃及从事情报工作，后来在土耳其度过了两年战俘生涯。他在乌尔取得了三大重要发现：第一，他发现了几处王室墓葬，其中包括**舒伯—亚德女王**（Queen Shub-ad）的陵墓，从中出土的金银器皿堪与图坦卡蒙陵墓中的发现相媲美。第二，他出土了乌尔的标准镶嵌画，上面绘有战车集群，表明苏美尔人在公元前四千年末期就已在战争中使用战车这种装备。第三，他发现乌尔王室成员的遗骸并不孤单。[28]在同一间墓室内，除了国王和王后，还埋葬着一队士兵（他们的遗骨旁发现了铜制头盔和长矛）。另一间墓室内则发现了九位宫女的遗骨，戴着精心制作的金色头饰。[29]不仅这些仪式非常可怕，更重要的是，没有任何文字曾经暗示过这种集体献祭。因此，伍利得出结论，这场献祭发生在文字发明之前，所以没有留下任何记录。通过这种方式，献祭证实了苏美尔人是那个阶段世界上最古老的文明。

在作出这些令人震惊的发现之后，伍利来到了地下 40 英尺的深度。在这里他什么也没挖到。[30]8 英尺深度之下只有黏土，完全没有陶器碎片、垃圾或者任何文物的踪迹。既然能够形成厚达 8 英尺的黏土沉积，一场滔天洪水一定在某段时间内彻底淹没了苏美尔的土地。那么，这是不是《圣经》中提到的大洪水呢？[31] 和所有的古典考古学家一样，伍利熟知中东地区关于吉尔伽美什（Gilgamesh）的传说。他是一位半人半神的英雄，经历了许多考验和冒险，其中就包括一场滔天洪水（“死亡之水”）。[32] 苏美尔人与早期的《圣经》之间是否还存在其他相似之处？伍利仔细检视后，发现了许多相似点。最吸引人的是《创世记》中的描述，在亚当和大洪水之间存在着十位“强大的祖先长者”。苏美尔文献中也提到了他们的“先祖之王”，一共有八位成员。此外，以色列人还吹嘘他们祖先难以置信的长寿。比如亚当在 130 岁时迎来了第一个儿子，据说他的寿命长达 800 岁。伍利发现，古代苏美尔人的寿命可能比这还要长。[33] 根据一种说法，八位先祖之王的统治绵延超过 241200 年，平均每位国王的统治长达 30150 年。[34] 重点在于：伍利的调查越深入，他就越是发现苏美尔人与《创世记》的描述有着诸多重叠之处，说明苏美尔在人类发展过程中占有举足轻重的地位。[35] 例如，他们创建了第一批学校，首创通过建造花园来遮荫避暑。他们还拥有第一座图书馆，早在《圣经》之前就有了“复活”的概念。他们的律法令人难忘，在某些方面甚至出奇的现代。[36]“从现代观点看来，这部法典令人惊讶之处在于它依照明确而一致的罪行概念进行管理的方式。”[37] 任何时候法律途径都得以强调，对宗教因素加以有意的压制。例如，仇杀在苏美尔被完全废止，国家取代个人成了正义的仲裁。这种正义非常严苛，却尽可能地实现了客观。医学和数学等行业在苏美尔也得到了高度重视，苏
美尔人似乎已经发明了拱形结构。和我们一样，他们也在吃苹果前擦拭苹 250
果的表皮，而黑猫象征着不幸的想法也来自苏美尔人，他们甚至还将钟面

分成了 12 小时。[38] 苏美尔似乎就是文明演化过程中缺失的那一环。伍利由此推断，苏美尔人不是闪族人，而是美索不达米亚三角洲地区一个取代了另外两个闪米特族的黑发民族。[39]

虽然伍利的探索止步于此，但来自**拉斯沙姆拉**（Ras Shamra）的发现却为希伯来人的起源和文字的演化提供了更多线索。拉斯沙姆拉位于叙利亚西北部，靠近亚历山大勒塔的地中海海湾，处在叙利亚和小亚细亚之间的夹角上。在当地一个小港口旁的一座小山上，**克劳德·舍费尔**（Claude Schaeffer）率领的法国考古队于 1929 年发掘出一处古代小村落的遗址。他们成功构建了该地的完整年表，其中包含可追溯至公元前 15 和前 14 世纪时拉斯沙姆拉的书写记录。这一成果表明当时该地已改名为乌加里特，居住人口是来自亚摩利—迦南阶级的一支闪米特部落。[40] 根据《圣经》记载，这一时期以色列人正从南部进入巴勒斯坦，开始在迦南人，即乌加里特居民的同族人中间开枝散叶。在巴尔和大衮的寺庙之间的建筑中发现了一座图书馆，它属于大祭司所有，主要藏有许多刻着文字的泥版，这些文字风格上属于楔形文字，但写法上偏向字母文字，由 29 个字符组成。这使其成为已知最早的字母系统。[41]

研究表明，泥版上的文本内容有法律文件、价目表、医学和兽医专著，还包括为数众多的宗教典籍。这些文本表明乌加里特的主神是**厄勒**（El），这是《旧约》记载的以色列诸神中一个耳熟能详的名字。比如在《创世记》（33：20）中，雅各为“以色列之神厄勒”建造了祭坛。在拉斯沙姆拉的泥版上则记载着“厄勒是国王，是最高裁决，是岁月之父”，以及“他统治着其他众神”。[42] 迦南地也被称为“厄勒的全地”。厄勒有一个妻子，名叫阿瑟拉，他们的儿子叫作巴尔。厄勒通常呈现出公牛的形态，在一个文本中，克里特岛被描述为厄勒的居所。因此共同点不仅存在于拉斯沙姆拉和苏美尔之间、亚述和克里特思想之间，它们还与希伯来思想有关。许多文本描述了巴尔的冒险，比如他与“蜿蜒而强力的七头大蛇”罗滕之间的战斗。罗滕的形象让人想起希伯来神话中的海怪利维坦，它的七个脑袋也让我们想起《启示录》和《约伯记》中记载的七头怪兽。[43]在另一组文本中，厄勒命凯雷特统领一支大军，名唤“内盖夫的军队”。这一名字现在属于巴勒斯坦最南端的内盖夫沙漠地区。凯雷特受命征服一些被称为特拉西忒斯的入侵者，这些人被直接认定为亚伯拉罕的父亲他拉的后代，换句话说，就是在他们四十年漂泊生涯中占据当时（根据当时公认的年表）沙漠地区的以色列人。[44]拉斯沙姆拉 / 乌加里特文本包含其他与《旧约》的相似之处，为追溯到大约公元前 4000—前 2000 年整个中东地区的公牛崇拜与我们今天认可的宗教之间提供了即便不是完全清晰、也堪称强有力的联系。 251

拉斯沙姆拉的发现之所以重要，原因有二。第一，巴勒斯坦和以色列在同一个国家的先后存在突出了阿拉伯人和犹太人之间的差异。拉斯沙姆拉正是在这样的国家里表明了犹太教是如何从迦南宗教中产生，或由迦南宗教演化而来，而这一自然演化过程证明了这一小块区域上的古老民族，即迦南人和以色列人，基本上是同根同源的。第二，文字（以及字母）在如此久远的年代就已存在，这一发现彻底改变了人们对《圣经》的看法。在乌加里特发掘之前，公认的看法是：希伯来人在公元前 9 世纪之前没有接触过文字，而希腊人直到公元前 7 世纪才第一次接触了文字。这意味着《圣经》在这几个世纪的时间里都是通过口述的方式流传下来，这使其中的传说不甚可靠，有虚构之虞。实际上，文字的出现比任何人所想的都要早五百年。

在古典考古学和古生物学中，年代测定的传统方法借助于地层学知识。常识表明，地层越深，年代越久。然而，这只能给出相对年代，仅仅有助于区分年代先后。对于绝对年代的测定，还需要一些独立证据，比如带有书写日期的君主列表，或是印有日期的硬币，或是在文本中提及一些天文事件，比如日蚀，它们的时间可以通过现代天文知识计算得出。这些信息可以与地层的水平进行匹配。当然这无法完全令人满意。遗址可能遭到人为或自然、有意或无意的破坏，陵墓也可能被重复使用。因此考古学家、古生物学家和历史学家一直在寻找其他的年代测定方法。20世纪在这一领域提供了若干解决方案，其中的第一种年代测定法出现在1929年。

在列奥纳多·达·芬奇的笔记本里，有一个简短的段落，认为干湿年份可以通过树木年轮进行追溯。1837年，查尔斯·巴贝奇得出了同样的观察结论（巴贝奇还设计了世界上第一台机械计算器，即计算机的祖先，他更多地因此而得名），但他补充了一个概念，即年轮可能也与其他形式的年代测定有关。一连好几代人都没有重视这一观点，但随后，美国亚利桑那大学斯图尔德天文台主任、物理学家兼天文学家**安德鲁·埃利科特·道格拉斯**（Andrew Ellicott Douglass）博士取得了突破性进展。他的研究方向是太阳黑子对地球气候的影响。像其他天文学家和气候学家一样，他知道大致说来，每隔十一年左右，太阳黑子活动达到最高峰，地球就会受到风暴和暴雨的摧残。其后果之一就是植物和树木会受到远高于平均水平的降雨量影响。[45]为证明其中的关联性，道格拉斯需要表明这种气候模式在远古历史上就已反复出现。对于这样的项目，人类历史上不完备和偶然的气候观测记录是远远不够的。就在那时，道格拉斯想起了他少年时代就注意到的现象，所有在农村长大的人都对这一经验司空见惯：将一棵树锯断并将树干运走，只留下树桩，我们会看到一圈圈的同心环。作为行业知识的一部分，所有的樵夫、园丁和木匠都知道这些环是年轮。但道格拉斯的观察结果却没有人思考过，他发现这些年轮的宽度不是均等的。252 有些年份的年轮较窄，而其他年份则更宽。道格拉斯因此猜想，莫非宽轮代表着“丰年”（即多雨的年份），而窄轮代表着“荒年”（换句话说，干旱的年份）？[46]

这是个简单但极富灵感的想法，而且可以很容易地进行测试。道格拉斯开始将一棵新砍的树的外圈年轮与近几年的天气报告进行比较。令他满意的是，他发现自己的假设与事实吻合。接着他更进一步。在他生活的亚利桑那州，一些树木的树龄有三百岁之久。如果他沿着这些树木的年轮一直数到树干中心，他应该能够重建该地区过去几个世纪的气候波动。如果结果与太阳黑子活动相吻合，每隔十一年就会出现一个“丰年”，从而产生一些宽轮。道格拉斯由此证明了他的观点，即太阳黑子活动与气候有关。但现在他看到了自己新技术的其他用途。在亚利桑那州，大部分树木都是松树，无法追溯到公元 1450 年以前，即欧洲人入侵美洲之前。[47] 一开始，道格拉斯设法获得了一些树木样本，这些树木是西班牙人在 16 世纪初砍伐以建造教堂之用的。在研究期间，道格拉斯给许多美国西南部的考古学家去信，希望他们提供当地树木的木芯样本。在新墨西哥州普韦布洛波尼托史前遗址以北 50 英里的一处阿兹特克遗迹从事研究的厄尔·莫里斯，以及发掘普韦布洛波尼托遗址的尼尔·贾德都给他寄回了样本。[48] 从建筑风格和发掘出的物品来看，这些阿兹特克“大房子”似乎是同时建成的，但北美不存在手写记录，因此没人能确定普韦布洛遗址的确切年代。道格拉斯在收到莫里斯和贾德给他寄来的样本后，过了一段时间，便用回信带给了他们一个重磅炸弹作为答谢。“您也许有兴趣知道，”他在信中说，“阿兹特克遗迹最新的房梁的砍伐时间恰好是在波尼托遗址最新的房梁砍伐之前九年。”[49]

一门崭新的科学——**树轮年代学**（dendrochronology）诞生了，而普韦布洛波尼托遗址的年代是这门科学解决的第一个经典问题。道格拉斯的研究开始于 1913 年，但直到 1928 至 1929 年他才觉得可以向世界公布他的发现。在当时，通过重叠在不同时期砍伐的不同年龄的树木，他获得了美国西南地区完整的年轮序列，一开始可以追溯到公元1300年，后来进一步推进到公元700年。[50]这些序列显示该地区在公元1276至1299年曾发生过一次严重的干旱，从而解释了一个困扰了考古学家几个世纪的难题，即为什么普韦布洛印第安人在当时进行了一次大规模迁徙。

这些发现为进化阶梯增添了更多人类的历史，也配上了比以往任何时候都更为具体的时间框架。文字、宗教、法律甚至建筑的演化史都开始在20世纪20年代初露端倪，让历史和史前作为一个连续的故事得到越来越多的理解。甚至连《圣经》中耳熟能详的事件似乎也在新出现的事件顺序中找到了位置。当然，这种观点具有其危险性。顺序也许并不存在，而是
253 被强加的，而复杂的过程也可能被过度简化。许多人陶醉于科学发现，觉得这种新的故事令人满意，但另一些人则备受困扰，因为他们关于世界的幻梦因谜团的破解而进一步“破灭”。正是这个原因使得一本1931年出版的篇幅很短的书产生了不小的影响力。

身为剑桥大学彼得学院的一位年轻讲师，**赫伯特·巴特菲尔德**（Herbert Butterfield）在年仅26岁时便出版了《历史的辉格解释》，成就了自己的美名。[51]虽然备受争议，虽然他本人并不真正关心进化论，但他的观点事关“进步的朋友和敌人”，因此仍然是对新近涌现的社会共识的一次有用矫正。巴特菲尔德推翻了目的论历史观（认为历史发展是一条贯穿过去与现在的直线）。对巴特菲尔德来说，“进步”的观念很可疑，同样可疑的还有如下概念，即在任何冲突中总是好人获胜坏人失败。他所使用的具体例子是文艺复兴引发宗教改革，并接着产生了当代世界。普遍的看法（即他所谓的辉格观点）认为，从开始的天主教文艺复兴到宗教改革再到现代世界，这条直线式的发展一帆风顺，它在很大程度上归功于路德促进人类

更大自由的意图。[52] 巴特菲尔德认为，这种观点假定了“事件虚假的连续性”：辉格史学家“喜欢想象宗教自由是从新教中美好地产生，但实际上它是从完全不同的事物中痛苦而勉强地产生的，那就是宗教改革之后悲惨的世界”。[53]

巴特菲尔德认为，从历史学家的角度而言，这种习惯的动机从最广泛的意义上说源自当代政治。现代历史学家对民主自由思想或自由主义传统的热情使他们得出结论：过去的人们也在朝着这些目标努力。[54] 巴特菲尔德认为，这种趋势的一大后果，就是辉格史学家过分喜爱对过去进行道德判断：“对他们来说，子孙后代的声音就是上帝的声音，而史学家就是子孙后代的声音。他们的特点就是往往自视为法官，但实际上单凭他们的方法和才能只适合担任侦探。”[55] 这种道德判断的流行导致辉格史学家犯了另一个错误，认为有意识的罪过比无意识的错误更邪恶。[56] 巴特菲尔德为这样的立场感到不安。他提出了另一种观点，即历史所能做的就是以越来越多的细节和越来越少的删节来接近其主题。对他来说，所有的道德判断都是多余的，因为历史学家不可能进入过去年代人们的思想中，也因为历史上的重大争论并不在“正邪”两派之间展开，而是在对立群体之间（不一定只有两个）展开，而他们持有关于事件和社会走向的对立思想。用现在的观点评判过去，这为过去的事件强加了现代的心态，而这些事件本不能用这种方式加以理解。[57]

巴特菲尔德的观点是对进化思想的一种抑制，但也只是抑制而已。随着时间的推移，更多结果不断产生，为这种叙述添砖加瓦，形成压倒性的优势。进步这个词的使用变得越来越少，但进化不断发展壮大，甚至开始渗透历史本身。20 世纪 20 年代的发现推动了这样的观点，即对人类完整 254
历史的呈现也许会在某一天成为可能。物理学领域类似的发展则进一步助长了这个愿景的不断膨胀。 255

15

物理学的黄金年代

从 1919 年欧内斯特·卢瑟福首次分裂原子，到 1932 年他的学生查德威克发现中子，物理学经历了它的黄金年代。这期间几乎每年都有一些重大突破诞生。在这一阶段，美国还远远不是世界物理学领域的领头羊，而是在这之后才逐渐成为领导者。物理学黄金年代的所有开创性工作集中在欧洲的三个地方：英国剑桥的卡文迪许实验室、哥本哈根的尼尔斯·玻尔理论物理研究所以及靠近德国马尔堡的古老大学城哥廷根。

对于卢瑟福在 20 世纪 20 年代的一位门徒马克·奥利芬特来说，卡文迪许实验室的主门厅，即实验室主任的办公室所在地是这样的一幅场景："没有铺设地毯的地板，暗淡的清漆松木门以及沾满污渍的灰泥墙，肮脏的玻璃天窗中透下的光淡淡地照着这一切。"[1] 但是，对于同样在那里接受过训练的 C. P. 斯诺来说，虽然他也在自己的第一部小说 *《搜索》中对这

* 出版于 1934 年的《搜索》并非 C. P. 斯诺的第一部小说，他的第一部小说是出版于 1932 年的侦探小说《船帆下的死亡》。——译注

里的实验室进行了描写，却没有提到清漆和脏玻璃之类的东西。“我不会轻易忘记卡文迪许实验室的周三会议。对我来说，它们是我亲身经历过的令人兴奋的科学精华所在。它们是浪漫的——如果你愿意这么理解的话，但还无法与我不久将会知晓的［科学发现的］最高体验相提并论。周复一周，我在阴冷的夜里离开，听见东风从古老街道上呼啸而过。我内心洋溢着澎湃的热情，因为我亲眼见到、亲耳听闻并亲身接近了世界上最伟大运动的领导者。”接替麦克斯韦于1919年担任卡文迪许实验室主任的卢瑟福显然同意这一观点。在1923年英国物理学会的一次会议上，他突然的叫喊吓了同行一跳：“我们生活在物理学的英雄时代！”[2]

在某些方面，卢瑟福本人（现在的他面色红润，留着小胡子，嘴上总是叼着熄灭的烟斗）便是物理学英雄时代的直观体现。在第一次世界大战期间，粒子物理学一直或多或少陷于停滞。卢瑟福战时的官方职务是在英国海军部从事潜艇探测技术的研究工作。但他仍在职责允许的范围内继续开展物理学研究。而在战后的第一年，即1919年4月，就在阿瑟·爱丁顿正准备前往西非检验爱因斯坦的预言之时，卢瑟福寄出了一篇论文，就算他从未做过任何别的研究，这篇论文也会让他名垂青史。单从论文的标题你可能看不出这一点：《氮气中的不规则效应》（‘An Anomalous Effect in Nitrogen’）。正如卢瑟福往常的实验风格一样，该实验的设备简陋到堪称 256
粗糙的地步：一根装在密封黄铜盒子中的小玻璃管，一端连接着一块锌硫化物的闪烁屏幕。黄铜盒子内充满氮气，然后向玻璃管中通入一个 α 粒子源，即来自镭的放射性气体氡所发出的氦原子核。当卢瑟福观察锌硫化物屏幕上的活动时，激动人心的时刻到来了：屏幕上的闪烁与氢原子产生的闪烁没有明显区别。既然系统中没有氢原子，怎么会产生这样的结果呢？这催生了卢瑟福论文第四部分中著名的悲观主义句子：“从目前得到的结果来看，我们很难回避这样的结论，即 α 粒子与氮原子碰撞产生的长射程原子并非氮原子，而很可能是氢原子。……如果情况属实，我们必须定论，氮原子发生了衰变。”但报界没有那么谨慎。他们奔走相告：欧内斯特·卢瑟福爵士已经实现了原子分裂。[3] 卢瑟福本人也意识到了自己研究的重要性。他的实验暂时让他从反潜艇研究中分了心。他向监察委员会自我辩护道：“如果，我有理由相信我已经让原子核发生了衰变，那么这一发现的意义要比第一次世界大战更大。”[4]

从某种意义上说，卢瑟福取得的成果相当于炼金术士孜孜以求的目标，即将一种元素嬗变为另一种元素，在他的实验中是将氮元素嬗变为氧元素和氢元素。（历史上首次）人工嬗变的发生机制也非常明确：一个 α 粒子，即原子量为 4 的氦原子核。它在轰击一个原子量为 14 的氮原子时，取代了一个氢原子核的位置（卢瑟福很快将其命名为质子，proton）。因此这里的算法变成了：4+14−1=17，生成氧同位素 O^{17}。[5]

这一发现的意义，除了自然存在可变性这一哲学意义之外，还在于它开启了研究原子核的新途径。卢瑟福和查德威克立刻开始探索其他轻量原子，观察它们是否有同样的表现。结果显示，确实如此。硼、氟、钠、铝、磷，都存在可以探测的原子核：它们不仅仅是固体物质，而且具有一定的结构。针对所有轻量元素的研究耗时五年，但随后出现了问题。根据定义，较重元素的特点在于具有许多电子组成的外层电子壳，它们构成了强大的电屏障，要想穿过它们需要更强的 α 粒子发射源。对于詹姆斯·查德威克和他在卡文迪许实验室的年轻同事来说，前进的道路是明确的——他们需要探索将粒子加速到更快速度的方法。卢瑟福对此并不相信，宁愿采用简单的实验工具。但在其他地方，尤其是美国，物理学家已经意识到了未来的实验方法有赖于粒子加速器。

从 1924 年一直到 1932 年，查德威克最终分离出中子，这期间核物理学领域没有产生突破性进展。在**量子物理学**（quantum physics）领域，情况则完全不同。尼尔斯·玻尔理论物理研究所于1921年1月18日在哥本哈根正式成立。研究所用地由哥本哈根市提供，选址恰好毗邻足球场（玻 257
尔和弟弟哈拉尔德·玻尔都是优秀的足球运动员）。[6] 四层高的大楼外形呈“L”形，包括报告厅、图书馆、实验室（对理论物理学研究所来说，实验室这一配备略显奇怪），以及一张乒乓球台——玻尔同样擅长此项运动。“他的反应迅速而精准，”奥托·弗里希说，“他还拥有强大的意志力和耐力。在某种程度上，这些素质也体现了他科学研究的特点。”[7] 一年之后，玻尔荣膺诺贝尔物理学奖。这让他成了丹麦的英雄，就连丹麦国王也想接见他。但实际上，一项更值得注意的研究在这一年中占据了主导地位——玻尔最终为化学和物理建立了相互之间的必然联系。1922年，玻尔表明原子结构与19世纪的俄国化学家门捷列夫绘制的元素周期表有着紧密的联系。就在第一次世界大战爆发之前，他实现了第一次突破，解释了电子如何以一定的形态绕原子核旋转，以及这一发现如何有助于解释不同的物质晶体发出的光谱特性。这一自然轨道的想法还将原子结构与马克斯·普朗克的量子概念联系在一起。现在，玻尔进一步认为，连续轨道的电子壳层只能容纳规定数量的电子。他提出了这样的想法，即某些元素之所以具有相似的化学性质，是因为它们具有相似的外层电子排布，而这些外层电子是化学反应中最常用到的。例如，他将钡和镭这两种元素进行了比较。两者都是碱土金属，但原子量差异很大，分别在元素周期表中排在第56和第88号元素。玻尔对此的解释是，原子量为137.34的钡具有的电子壳层由内到外依次含有2，8，18，18，8和2（一共56）个电子。原子量为226的镭具有的电子壳层分布则依次为2，8，18，32，18，8和2（一共88）。[8] 除了解释它们在周期表中的位置，这两种元素的最外电子层都含有两个电子，这意味着钡和镭的化学性质相似，尽管它们在其他方面存在明显差异。正如爱因斯坦所说，“这是思想领域中最美妙的乐章”。[9]

在 20 世纪 20 年代，物理学的重心（当然是指量子物理学）转移到了哥本哈根（Copenhagen），很大程度上就是因为玻尔。从各种意义上说，他都是一个伟人。即使过程痛苦而缓慢，他仍致力于精确地自我表述，并督促别人同样自律。他为人慷慨、慈祥，完全没有那些可以轻易破坏人际关系的对抗性本能。但哥本哈根的成功也与这样的事实有关，即丹麦是一个中立的小国，在那里可以忘却英国人、法国人、德国人、俄国人和意大利人之间的国民对抗。20 世纪 20 年代共有 63 位著名物理学家曾在哥本哈根从事研究，其中包括英国的保罗·狄拉克、德国的沃纳·海森堡和俄国的列夫·郎道。[10]

除此之外，瑞士—奥地利人沃尔夫冈·泡利也名列其中。1924 年的泡利 23 岁，身材矮胖，遇到难以解答的科学难题时容易意志消沉。尤其有一个问题让他徘徊于丹麦首都的街道，百思不得其解。这个问题也让玻尔非常为难。它源于一个事实，即当时没人能理解为什么所有围绕原子核运动的电子不会都挤到内电子层里去。随着电子以光的形式释放能量，这
258 本来应该发生。然而，现在所知的是，每层电子都经过排布，所以内电子层永远只包含一条轨道，而下一层则包含四条轨道。泡利的贡献是证明了每条轨道都不能容纳超过两个电子。一旦轨道上含有两个电子，这条轨道就“满了”，其他电子则被排斥，被迫进入下一轨道。[11] 这意味着，内电子层（一条轨道）不能容纳两个以上的电子，第二层（四条轨道）不能容纳超过八个电子。这被称为**“泡利不相容原理”**（Pauli’s exclusion principle），其美妙之处部分在于扩展了玻尔对化学性质的解释。[12] 例如，氢原子在第一轨道上有一个电子，具有化学活性。但氦原子在第一轨道上有两个电子（也就是说轨道是“满”或“完整”的），所以几乎是惰性的。3 号元素锂内电子层上拥有两个电子，第二层上有一个，所以化学性质非常活跃。但

是拥有十个电子的氖，则由于内电子层有两个电子（填满轨道），第二层的四条轨道上有八个电子（再次填满），因而也是惰性的。[13] 所以玻尔和泡利共同表明了元素的化学性质不仅是由原子占有的电子数量决定，还由这些电子在轨道壳层的分布决定。

接下来的 1925 年是物理学黄金年代的鼎盛时期，活动的中心暂时转移到了哥廷根。第一次世界大战前，英国和美国的学生会定期去德国完成学业，而哥廷根是他们经常停留的地方。此外，哥廷根大学所保持的声望和地位都优于魏玛时期的其他大学。玻尔于 1922 年在那里发表过一次演讲，并受到了一位青年学子的批评，后者纠正了他观点中的一处错误。玻尔自有玻尔式的宽宏，他对此并不介意。“讨论结束时，他朝我走过来，邀请我当天下午跟他一起去海恩山散步，”**沃纳·海森堡**（Werner Heisenberg）后来写道：“我真正的科学生涯从那天下午才刚刚开始。”[14] 事实上这不仅仅是一次散步，因为玻尔邀请这位年轻的巴伐利亚人前往哥本哈根。海森堡还没有准备好在两年内离开哥廷根，但两年之后玻尔仍一如既往地欢迎海森堡。他们立即着手解决量子理论的另一问题，即玻尔所谓的“**对应**”（correspondence）问题。[15] 它来源于这样的观察，即在低频率下，量子物理学和经典物理学走到了一起。但这怎么可能呢？根据量子理论，能量（和光一样）是以小股的形式释放的；而根据经典物理学，它们则是以连续形式释放的。海森堡热情满怀地回到哥廷根，但也心存疑惑。而海森堡和泡利一样痛恨困惑。因此，在 1925 年 5 月底，当他曾多次发作的花粉症再度光临时，他请了两星期假，在赫里戈兰岛这个北海德国海岸的狭窄岛屿享受没有花粉的时光。海森堡是一位优秀的钢琴家，还能背诵大段的歌德作品，他体格强健（喜欢登山），长距离的散步和令人心旷神怡的海水浴也理清了他的思路。[16] 海森堡在这寒冷清新的环境中产生的想法后来被称为“量子奇异性”的第一个例子。海森堡认为，我们应当停

259 止设法将原子的内部活动具象化，因为不可能直接观察这么小的东西。[17] 我们所能做的就是测量其属性。所以，如果某些东西在某一时刻被测得呈连续状态，而在另一时刻呈离散状态，那就是现实的状态。如果两次测量结果都存在，说它们不一致也毫无意义：因为它们只是测量而已。

这就是海森堡的核心见解，但在忙碌的三周里他更进一步，开发了一种被称为矩阵数学的数学方法。这种方法起源于大卫·希尔伯特的思想，将获得的测量结果都集中在一个二维数表中，其中两个矩阵可以相乘得出另一个矩阵。[18] 在海森堡的方案中，每个原子可以被一个矩阵代表，又受到另一个矩阵的“支配”。如果用“钠矩阵”乘以“光谱矩阵”，结果应该得出钠光谱波长的矩阵。令海森堡和玻尔非常满意的是，事实确实如此。“这是原子结构第一次拥有了虽然出人意料但是毫无疑问的数学基础。”[19] 海森堡将他的创造 / 发现命名为量子力学。

1925 年，**路易·德布罗意**（Louis de Broglie）在巴黎发表了一个新理论，这让理解海森堡的想法变得更加容易。普朗克和爱因斯坦都曾指出，迄今为止都被视为波的光，有时也可以表现出粒子的特征。德布罗意反转了这一想法，他认为粒子有时会表现为波。德布罗意的理论甫一提出就得到了实验的证明。[20] 物质的**波粒二象性**是第二个奇异的物理概念，但它很快流行起来。原因之一在于另一位天才，奥地利人**埃尔温·薛定谔**（Erwin Schrödinger）的研究。他对海森堡的看法感到困惑，却着迷于德布罗意的想法。对于物理学家这个职业来说，时年 39 岁的薛定谔已经相当“老迈”，他补充了这样的观点，即沿着轨道绕原子核运动的电子，其运动方式不像行星，而像波。[21] 此外，这种波的模式决定了电子轨道的大小，因为为了形成一个完整的圆形轨道，波必须符合一个整数而不是分数（否则波将陷入混乱）。这反过来决定了轨道离核的距离。薛定谔的研究在 1926 年春夏的《物理年鉴》上以四篇长论文的形式发表。这些论文行文考究，解释了玻尔的轨道位置。支撑其理论的数学基础也被证明与海森堡的矩阵类似，只是更为简单。知识再一次融合在了一起。[22]

这一轮最后的奇异思想诞生在 1927 年，再次来自海森堡的发现。时值 2 月底，玻尔已前往挪威滑雪，海森堡独自在哥本哈根的大街小巷徘徊。一天深夜，在他位于玻尔研究所楼上的房间，爱因斯坦曾说过的一句话勾起了海森堡脑海中深层次的思考："理论决定了我们能够观察到的东西。"[23] 当时早已过了半夜，但他打算出来透透气，于是他走了出去，艰难地穿过泥泞的足球场。在他散步的过程中，一个念头开始在他的脑子发芽。不同于诸天的浩瀚，量子物理学家研究的世界小得难以想象。海森堡扪心自问，莫非在原子水平存在认识的极限？为了确定一个粒子的位置，它必须撞击锌硫化物屏幕。但是这会改变其速度，意味着它不能在关键时刻得到测定。相反，如果用一个粒子散射的伽马射线测量其速度，比 260
如，将其撞向不同的轨道，而它在测量时间点上的确切位置已经发生了改变。这一观点后来被称为海森堡的**不确定性原理**（uncertainty principle），它假定电子的确切位置和精确速度不能同时确定。[24] 这在实践和哲学两方面都令人不安，因为它意味着亚原子世界的因果关系永远无法测量。了解电子行为的唯一方法是运用概率规则进行统计。"即使在原则上，"海森堡说，"我们也无法知道当下的所有细节。出于这个原因，我们观察到的所有东西都是从大量的可能性中选择出来的，也是对未来可能性的一种限制。"[25]

然而，爱因斯坦从未对量子理论的基本概念（即我们对亚原子世界只能做统计上的理解）感到满意。这成了他和玻尔之间争论的焦点，直到他生命的终点。1926 年，爱因斯坦给哥廷根的物理学家马克斯·玻恩写了一封著名的信。"量子力学需要密切关注，"他写道，"但内心的声音告诉它这并不是真正的雅各。量子力学理论让许多东西变得圆满，但它并不能让我们更接近上帝的秘密。无论如何，我深信，上帝不掷骰子。”[26]

在近十年时间里，量子力学一直在制造新闻。在黄金年代的鼎盛时期，关于这一研究主题的论文中，德语论文的数量超过用其他所有语种发表的论文数量总和，这凸显出德国在这一领域的卓尔不群。[27]在那段时间里，实验粒子物理学一直止步不前。时至今日，我们已经很难解释个中缘由，而早在1920年，欧内斯特·卢瑟福做了一个非凡的预言。在伦敦皇家学会发表著名的贝克尔演讲时，卢瑟福透露了一年前他的氮气实验的一些内幕，但他也接着对未来的研究做了猜想。[28]他提出除了电子和质子外，原子还可能含有第三种主要成分。他甚至对该成分的一些性质作了描述，对此他说，该成分将带有“零核电荷”。“这样的原子成分，”他认为，“将具有非常新颖的属性。它的外部［电］场几乎为零，与原子核的性质非常接近，因此应当能够自由地从物质中穿过。”他说，这种原子成分虽然很难被发现，却是非常值得寻找的：“它应该很容易进入原子结构，并可能要么与原子核融为一体，要么被核的强烈力场分解。”如果该成分确实存在，他说，他提议将其命名为“中子”。[29]

与1911年卢瑟福在曼彻斯特揭示原子结构时的情形一样，**詹姆斯·查德威克**在贝克尔演讲时同样在观众席中聆听。毕竟他现在已是卢瑟福的得力助手。不过在当时，他并未真正领会他老板对于中子的热情。电子和质子的对称性，即负电和正电，似乎是完美无缺的。其他物理学家可能从来没有读过贝克尔演讲的讲稿（这是个大体上乏味的演讲），因此他们的思想也没有得到启发。但是在整个20世纪20年代后期，各种异常现
261 象逐渐出现，其中一个较为有趣的现象就是原子量和原子序数之间的关系。原子序数是由原子的核电荷数和质子数决定的。因此，氦的原子序数为2，但其原子量为4。对银元素来说，相应的原子序数和原子量分别为

47 和 107，铀元素则是 92 和 235（或 238）。[30] 当时的一个普遍理论认为，原子核中存在着额外的质子，与电子结合从而保持中性。但这又产生了另一个理论上的异数：要将电子这样微小而轻质的粒子封闭在原子核内，需要极强的能量。而当原子核受到轰击，其结构发生改变时，这种巨大的能量应该表现出来，然而这从没发生过。[31] 在 20 世纪 20 年代早期的大部分时间里，人们都忙于用其他轻量元素重复氮的嬗变实验，所以查德威克几乎无暇他顾。然而，就在这些异常现象没有表现出圆满解决的迹象之时，他转而接受了卢瑟福的看法：**中子**（neutron）这样的粒子一定存在。

查德威克进入物理研究领域是缘于一次阴差阳错的机缘巧合。[32] 他是个腼腆的人，粗犷的外表掩盖了他与生俱来的善良。他本来希望成为一名数学家，但他在曼彻斯特大学排队注册时站错了队伍，而面试他的物理学家给他留下了深刻印象，他也因此转向了物理学。他曾在柏林大学的汉斯·盖革门下学习，但没来得及在第一次世界大战爆发前离开，所以在战争期间一直滞留在德国。到了 20 年代，他渴望开启属于自己的学术生涯。[33] 一开始，寻找中子的实验毫无进展。卢瑟福和查德威克都认为它是质子和电子紧密结合的产物，所以设计了各种不同的实验方法（用理查德·罗兹的话来说）来“折磨”氢原子。接下来的研究则比较复杂。首先，德国物理学家**沃尔特·波西**（Walter Bothe）在 1928 至 1930 年间研究了诸如锂和氧等轻元素被 α 粒子轰击后释放出的 γ 辐射（一种强光）。奇怪的是，他发现不仅硼、镁、铝等元素可以释放强烈的辐射——这在他的意料之中，因为 α 粒子使这些元素发生了衰变（正如卢瑟福和查德威克已经表明的）——但铍元素同样可以释放强辐射，而它并不会在 α 粒子作用下发生衰变。[34] 波西的实验结果让剑桥的查德威克和身在巴黎的居里夫人的女儿**艾琳·居里**（Irène Curie）以及她的丈夫**弗雷德里克·约里奥**（Frédéric Joliot）大为震惊，他们纷纷采纳了这个德国人的方法。很快，两个实验室都各自发现了异常现象。查德威克的学生 H. C. 韦伯斯特在 1931 年春天发现“α 粒子射入方向上［铍释放出］的辐射强度要大于相反方向上的辐射强度［即更具穿透力］”。这一发现的重要性在于，如果该辐射是 γ 射线（也就是光），那么它应该均匀地朝各个方向发出，就像光从灯泡中发出一样。另一方面，粒子的行为则与此不同，它很可能被撞向 α 粒子的射入方向。[35] 查德威克认为：“这就是中子。”[36]

1931 年 12 月，艾琳·约里奥—居里向法国科学院宣布，她重复了波西的铍辐射实验，并对其进行了标准化的测量。她因此计算出铍释放的辐射能量是轰击它的 α 粒子能量的三倍。这个数量级显然意味着该辐射不
262 是 γ 辐射，其中必然涉及一些其他的成分。遗憾的是，艾琳·约里奥—居里从未读过卢瑟福的贝克尔演讲，因此她想当然地认为铍辐射是由质子引起的。仅仅两周之后，在 1932 年的 1 月中旬，约里奥—居里夫妇发表了另一篇论文。这一次他们宣布，石蜡在受到铍辐射轰击后，释放出了高速质子。[37]

当查德威克在 2 月初从早晨的邮件中读到法国物理学期刊《法国科学院院报》的这种说法时，他意识到这种描述和解读存在严重错误。任何称职的物理学家都知道单个质子比单个电子重 1836 倍，所以一个质子完全不可能被电子轰击出原子核。在查德威克阅读这份报告时，一位名叫费瑟的同事进了他的房间。他也读过这篇文章，并急切地想要提醒查德威克注意它。那天上午的晚些时候，在他们的每日进度会上，查德威克和卢瑟福讨论了这篇论文。“当我告诉他约里奥—居里夫妇的观察结果以及他们的看法时，我看见他的表情变得愈发惊讶。终于，他突然大喊道：‘我不相信！’如此急躁的话语完全出人意料，在与他所有的长期合作中我都不记得有过类似的场景。我用这个细节来强调约里奥—居里夫妇的观察报告令人震惊的效果。当然，卢瑟福也认同我们必须相信这一观察结果，但对其

做出的解释则完全是另一回事了。”[38] 查德威克不失时机地重复了该实验。令他兴奋的第一件事是，他发现铍辐射可以畅行无阻地穿过 2 厘米厚的铅块。接下来，他发现铍辐射可以将一些元素的质子轰出 40 厘米远。无论这种辐射是何方神圣，它都威力巨大，而在电荷方面，它还是中性的。最后，查德威克撤掉了约里奥—居里夫妇曾使用过的石蜡片，以观察铍辐射直接轰击元素时产生的效果。通过示波器来测量辐射，他首先发现，无论被轰击的是哪种元素，铍辐射都能代替其中的质子，而至关重要的一点则是，被取代的质子释放出的能量之大，是 γ 射线所无法产生的。及至此时，查德威克已从卢瑟福身上学到了一些东西，其中就包括低调陈述的习惯。在他匆匆投给《自然》杂志的名为《论中子存在之可能性》的论文中，他写道：“很明显，我们必须要么放弃这些碰撞中能量和动量守恒定律的应用，要么接纳关于辐射性质的另一种假说。”在补充说明了他的实验似乎是首次有证据表明一种“不带净电荷”粒子的存在之后，他总结道：“我们可以将其设想为卢瑟福在他的贝克尔演讲中讨论过的‘中子’。”[39] 他所观察到的过程是 $^{4}\mathrm{He}+^{9}\mathrm{Be} \rightarrow ^{12}\mathrm{C}+n$，这里的 n 即代表质量数为 1 的中子。[40]

对于卢瑟福和查德威克来说，这一发现的实质非常明显。而约里奥—居里夫妇则由于未能明辨该粒子的本质而陷入窘境（虽然这两个法国人后来也作出了自己的发现）。查德威克经过十个昼夜的奋战，确保了自己是中子的第一个发现者。实际上他最初是在剑桥大学卡皮察俱乐部的一次会议上宣布了自己的结果。该俱乐部由卡文迪许实验室的俄国物理学家彼得·卡皮察创办。震惊于剑桥大学拘谨的等级构成，卡皮察将其首创的俱 263
乐部作为一个讨论平台，在这里等级并不重要。这个俱乐部在每周三集会，而在精疲力竭的查德威克宣布他发现了物质的第三个基本成分的那天晚上，他发表了非常简短的演讲，然后开玩笑地说道：“现在我只想被氯仿麻醉，然后在床上躺上两个星期。”[41]由于这一发现，查德威克荣膺诺贝尔物理学奖。这种新粒子的电中性属性为人们对原子核的探测提供了更加深入的方式。事实上，其他物理学家已经开始考虑他的发现之后的问题了——但在某些情况下，他们并不喜欢自己的所见。

带着实用性和深刻的哲学意义，物理学正在成为科学的女王和接近自然的根本途径。抛开自然的可变性不谈，物理学最具有哲学意义的方面在于它与天文学的交集。

此时此刻，我们需要暂时回到爱因斯坦身上。就在他创立相对论之时，大多数科学家都想当然地认为宇宙是静态的。19世纪的人们已经了解了许多关于恒星的新知识，包括测量它们温度和距离的方法，但天文学家还没有观察到由天体构成的星系，或者它们正彼此远离的现象。[42]但相对论给天文学家带来了惊喜：爱因斯坦的方程预言，宇宙必然要么膨胀，要么收缩。这是一个完全出人意料的结果，它看起来如此怪异，甚至爱因斯坦本人也这么觉得，以至于他运用计算对自己的理论进行修正，使他理论中的宇宙保持静止。后来，这一修正被他称为自己职业生涯中犯下的最大错误。[43]

然而奇怪的是，一些科学家虽然接受了爱因斯坦的相对论以及在此基础上的计算，却从来不接受宇宙常数，以及基于该常数的修正。年轻的俄国科学家**亚历山大·弗里德曼**（Alexander Friedmann）是第一个促使爱因斯坦重新自我审视的人（“宇宙常数”实际上是弗里德曼的用词）。弗里德曼的童年颇为悲惨。他的母亲抛弃了他残忍、傲慢的父亲，并带走了还是孩子的小弗里德曼。但她被判犯有“破坏夫妻忠诚”罪而被王室判处独身，也被迫放弃了小弗里德曼。近二十年的时间里，他都没能见到母亲。弗里德曼自学了相对论，在这期间他意识到爱因斯坦犯了一个错误，即无论宇宙常数是否成立，宇宙都必然要么膨胀，要么收缩。[44] 他觉得自己敢于改进爱因斯坦理论的想法令人振奋，于是开发了一个数学模型来证明自己的观点，并将它寄往德国。不过，到了 20 年代早期，阿瑟·爱丁顿已经证实了爱因斯坦的一些预言，爱因斯坦因此名声大噪，信件如雪片般飞来，而弗里德曼的想法也在这雪崩般的信件中遗失了。[45] 不屈不挠的弗里德曼尝试面见爱因斯坦，但也没能成功。直到他们俩一位共同的同事向爱因斯坦介绍了弗里德曼之后，他才终于得以正视这个俄国人的想法。结果，爱因斯坦经过重新考虑，开始改变他对宇宙常数及其意义的看法。但 264
将弗里德曼的思想向前推进的却不是爱因斯坦。在 20 世纪 20 年代，比利时宇宙学家**乔治·勒梅特**（Georges Lemaître）和其他科学家以弗里德曼的思想为基础，逐渐充实并完善了对均匀膨胀的宇宙的几何描述。[46]

理论终归是理论。而行星、恒星和星系也绝非小巧的实体。它们占据了广阔的空间。当然，如果宇宙真的在膨胀，应该就能被观察到。实现这一目标的方法之一就是通过对当时被称为“螺旋星云”的天体进行观察。现在我们知道，星云是遥远的星系，但在当时的望远镜条件下，它们只是太阳系外天空中模糊不清的东西而已。没有人知道它们是气态还是固态物质，也没有人知道它们的大小或与地球相隔多远。就在那时，人们发现从螺旋星云发出的光会向光谱的红色端偏移。而**多普勒效应**（Doppler effect）能够说明这种现象具有怎样的意义。多普勒效应以其发现者克里斯琴·多普勒的名字命名，他是奥地利物理学家，于 1842 年首先解释了这一观察结果。当一列火车或一辆摩托车朝我们行驶过来时，它发出的噪音会发生改变，然后当它经过并离我们而去之时，它发出的噪音会再次发生变化。原因很简单：随着火车或摩托车逐渐靠近，声波也离观察者越来越近，其时间间隔会缩短。当火车或摩托车逐渐远离，相反的效应也出现了。噪音的声源一直在远离，所以声波之间的间隔也越来越长。而光也会产生与声波大致相同的现象：光源向某处接近时，在该处就会观察到光向光谱的蓝色端偏移；而当光源远离某处时，光则向光谱的红色端偏移。

1922 年，维斯托·斯里弗在亚利桑那州弗拉格斯塔夫的洛厄尔天文台就这一现象进行了第一个关键的测试。[47] 洛厄尔天文台建于 1893 年，原本用于探测火星上的“运河”。在这种情况下，斯里弗预计会在螺旋星云的一侧（旋转远离观察者的部分）观察到红移，而在另一侧观察到蓝移（因为螺旋朝向地球旋转）。结果是，他发现在他所考察的 40 个星云中，有 4 个只出现了红移。这是为什么？几乎可以肯定的是，这种混乱之所以会出现，是因为斯里弗无法真正确定星云距离地球有多远。这使他对红移和距离的关联出现了问题。但观察结果仍然颇具启发性。[48]

又过了三年，个中缘由终于得以澄清。1929 年，**埃德温·哈勃**（Edwin Hubble）用一台当时最大的望远镜，即架设在洛杉矶附近的威尔逊山上直径 100 英寸的反射式望远镜，成功地识别了多个星云旋臂中的单个恒星，从而证实了许多天文学家的猜想，即“星云”实际上是完整的星系。哈勃还确定了一些“造父变星”的位置。造父变星即亮度呈规律性变化的恒星（周期范围从 1 到 50 天不等），它从 18 世纪晚期以来已为人所知，但直到 1908 年，哈佛的亨丽埃塔·莱维特才证明了恒星的平均亮度、大小以及它们与地球的距离之间的数学关系。[49] 利用所能观察到的造父变星，哈勃计
265 算出 20 个星云到地球的距离。[50] 他的下一步计划是将这些距离与它们对应的红移关联起来。哈勃总共收集到了 24 个不同星系的信息，他观察和计算的结果简单而令人激动：他发现其中存在着一个简单的线性关系。星系离我们越远，发出的光产生的红移就越强烈。[51] 这被称为哈勃定律，虽然原始的观察是基于 24 个星系做出的，但自 1929 年以来，该定律已被证明适用于成千上万的星系。[52]

爱因斯坦的预言因此再一次得到证实。他和弗里德曼以及勒梅特的计

算通过实验得到了证明：宇宙确实处在不断膨胀的过程中。许多人花了一些时间才适应了这一观点。它涉及了关于宇宙的起源、性质以及时间的各种启示。一时间，宇宙膨胀思想带来的即时影响几乎让哈勃与爱因斯坦齐名。各种荣誉随之而来，牛津大学授予他荣誉博士学位，《时代》周刊将他作为封面人物详细介绍，而他工作的天文台也成了名人到访洛杉矶时的必经之地：阿道斯·赫胥黎，安德鲁·卡内基和安妮塔·露丝等都专程到此一游。哈勃一家也成了好莱坞明星的座上宾：埃德温的妻子格雷丝·哈勃在 30 年代初所写的信件中提到了他们与海伦·海斯、埃塞尔·巴里摩尔、道格拉斯·费尔班克斯、沃尔特·李普曼、伊戈尔·斯特拉文斯基、弗里达·冯·里希特霍芬（D. H. 劳伦斯的遗孀）、哈波·马克斯和查理·卓别林共进晚餐的故事。[53] 这招来了同行的嫉妒。他们指出，哈勃远远不配被称为当时的伽利略或哥白尼。作为一个观察者，他也并非十分敏锐。由于其他人已经预料到了他的发现，因此他的贡献是有限的。但哈勃完成了艰苦的基础性工作，得出了足够精确的数据，让持怀疑态度的同行再也不能藐视宇宙膨胀的理论。这是 20 世纪最惊人的思想之一，而让它变得毋庸置疑的正是哈勃。

就在物理学为解释诸如宇宙这样的巨大现象添砖加瓦的同时，它同样在其他微观世界的领域取得了进步，尤其是分子世界，从而帮助我们更好地了解化学。19 世纪已经见证了化学，尤其是工业化学的第一个黄金年代。德国的崛起很大程度上就是由于化学，而希特勒也非常重视将德国的国力恢复到 19 世纪时的水平。比如，在第一次世界大战爆发前一年，德国的硫酸产量已经从只有英国的一半攀升到了超过英国 50%的水平，通过现代电解法生产的氯气，产量也三倍于英国，而德国在世界染料市场所占的份额更是达到了令人难以置信的 90%之多。

20 世纪理论化学的最大突破出自**莱纳斯·鲍林**（Linus Pauling）之手，他关于化学键的思想与基因和量子等概念具有相同的基础性意义，因为它表明物理学是如何支配分子结构，而结构又是如何与化学元素的性质乃至外观相联系的。鲍林解释了为什么有些物质是黄色液体，另一些却是白色
266 粉末，还有一些是红色固体的个中缘由。物理学家马克斯·佩鲁茨对此的评价是，鲍林的研究成果将化学转变成了“可供理解，而非只能单纯记忆的学科”。[54]

鲍林生于 1901 年，他的父亲是俄勒冈州波特兰市附近的一名药剂师。鲍林拥有健全的自信人格，这显然让他的职业生涯如虎添翼。作为一名年轻的大学毕业生，他放弃了哈佛大学的入学邀请，宁可选择了另一家高校继续深造。该大学创办之初名为思鲁普理工学院，但在 1922 年更名为加州理工学院，简称 Caltech。[55] 部分出于鲍林所取得的成就，加州理工逐渐发展成为一个重要的科学中心，但当他第一次到达那里时，学校只有三栋建筑，周围是 30 英亩的荒草地和矮栎林，外加一座橘园。鲍林最初希望研究一种新技术，可以显示化学品所形成的不同形状的晶体与构成该晶体的分子的实际结构之间的关系。人们已经发现，如果将一束 X 射线射向一枚晶体，这束射线将以一种特定的方式分散开来。突然之间，一种检测化学结构的方法成为可能。这种方法被称为 X 射线晶体学。在鲍林拿到自己的博士学位之时，该方法几乎刚刚处于起步阶段，但他很快意识到自己的数学和物理水平都根本不足以对新技术进行充分利用。他决定去欧洲求学，去结识当时最伟大的科学家：尼尔斯·玻尔、埃尔温·薛定谔和沃纳·海森堡等。正如他后来写道的：“可以说，1926 年我刚到欧洲的时候，我有点儿震惊，因为我发现周围有好些人都比我聪明。”[56]

就他自己的兴趣——化学键的性质而言，收获最为丰盛的要数他对苏黎世的那一次造访。在那里，他遇到了两个不太出名的德国人：**沃尔**

特·海特勒（Walter Heitler）和**弗里茨·伦敦**（Fritz London），他们开发了一种将电子和波函数应用于化学反应的思想。[57] 简单说来，想象一下这样的场景：两个氢原子彼此靠拢。每个氢原子都由原子核（质子）和一个核外电子组成。随着两个原子之间的距离越来越短，“其中一个的核外电子会受到另一个的原子核的吸引，反之亦然。在某一点上，其中一个的核外电子会跳入另一个原子的怀抱，而同样的事情也会发生在另一个原子身上”。他们将这一现象称为“电子交换”，并声称这种交换每秒钟可以发生数十亿次。[58] 从某种意义上说，电子们“无家可归”，它们之间的交换构成了将两个原子彼此“黏合”的力量，“建立起具有一定长度的化学键”。他们的理论将泡利、薛定谔和海森堡的研究成果结合在一起。他们还发现这种“交换”决定了分子的结构。[59] 这是一套非常优雅的理论，但在鲍林看来却有一个缺点：这不是他的理论。如果他自己要想扬名立万，还需要将该理论向前推进。等到鲍林从欧洲返回美国的时候，加州理工已经取得了长足的进步。在威尔逊山建造世界上最大望远镜的谈判已在进行，哈勃即将在那里开展工作。一座喷气推进实验室也在规划中，而 T. H. 摩根也即将加盟该校，创建新的生物实验室。[60] 鲍林决心胜过他们所有人。在整个 20 世纪 30 年代初，他发布了一个又一个的报告，全都来自同一个项目，
也全都与**化学键**（chemical bond）有关。他在海特勒和伦敦的研究基础上 267
取得了辉煌的成功。他早期对生命的基本成分（碳）的实验，以及后来关于硅酸盐的实验都表明，这些元素可以根据其电子关系进行系统分组。这被称为“鲍林规则”。他指出，其中一些键的键能比其他键要弱，这有助于解释化学性质。比方说，云母是一种硅酸盐。所有的化学家都知道，它们会裂开形成薄而透明的片状。鲍林成功地表明，云母的晶体在两个方向上具有很强的键能，而在第三个方向上的键能则较弱，这与观察结果完全一致。第二个例子是众所周知的硅酸盐——滑石。它的特点是各个方向上

的键能都很弱，所以它不会裂开，而会碎掉，形成一堆粉末。[61]

鲍林的研究成果不但让他人景仰，也让他自己非常满意。[62]对于常见物质看得见的性质，终于有了原子、电子层面的解释。20世纪始于物理学和生物学的基础性发现，而现在，化学领域也见证了同样的发现。知识再一次开始走向融合。从1930至1935年间，鲍林平均每五周就发表一篇关于化学键的新论文。[63]他在32岁时当选为美国国家科学院院士，是有史以来获得该荣誉的最年轻科学家。[64]一时间，他已经遥遥领先，很少有人能望其项背。爱因斯坦曾出席他的一场演讲，之后也承认鲍林超过了他。与众不同的是，鲍林投往《美国化学学会学报》的论文未经评阅就直接发表，因为编辑找不出合格的评阅人。[65]尽管鲍林意识到自己需要做一些总结性工作，但在整个20世纪30年代他都忙于撰写原创论文，没时间用一本书来总结他的所有研究。终于，他在1939年出版了《化学键的性质》。这本书彻底改变了我们对化学的理解。它立即成为标准文本并被译成多种语言。[66]事实证明，它对第二次世界大战后分子生物学家的发现有着至关重要的作用。

物理学新发现所产生的新数据造就了非常实用的衍生物。可以说，这些衍生物为我们的生活带来的改变，比致力于基础研究的科学家起初所设想的要直接得多。收音机经过一段时间的应用后，在20世纪20年代飞入了寻常百姓家。电视于1928年8月首次面世。而另一个应用物理学的发明以一种完全不同的方式改变了人们的生活：这就是英国人**弗兰克·惠特尔**（Frank Whittle）历尽艰辛开发成功的**喷气式发动机**（jet engine）。

惠特尔的父亲是一位住在考文垂住宅区的机修工。惠特尔从小就在利明顿公共图书馆里自学，在那里度过了所有的空闲时间，如饥似渴地阅读关于飞机和涡轮机的科普读物。[67]弗兰克·惠特尔终其一生都酷爱飞行，但当时的大学教育很难接受具有他这样教育背景的人，所以在 15 岁时他申请加入英国皇家空军，希望成为一名技术学徒。但他失败了。他通过了笔试，却受到了军医的阻挠：弗兰克·惠特尔身高只有五英尺。他并没有放弃，而是从一位友善的体育老师那里要了一份长高食谱和一套锻炼计 268
划。在短短几个月内，他长高了三英寸，胸围也增加了三英寸。从某种程度上来说，这和他日后生活中的其他成就一样令人钦佩。他终于如愿以偿地成了英国皇家空军的一名学徒。虽然他觉得军营生活令人生厌，但在他学徒生涯的第二年，就在皇家空军克伦威尔学院，时年 19 岁的他就撰写了一篇关于飞机设计未来发展的论文。惠特尔就是从这篇论文开始，勾勒出喷气式发动机的想法。现在我们仍然可以在伦敦科学博物馆里见到这篇论文。笔迹略显稚嫩，但观点清晰而直接。[68] 他的关键计算在于“每小时 100 英里的风速对在 12 万英尺高空以时速 600 英里飞行的飞机产生的影响，小于每小时 20 英里的风速对相同飞机在 1000 英尺高度产生的影响”。他总结道：“因此，一切都表明设计师应着眼于提升飞机的飞行高度。”他知道螺旋桨和汽油发动机在高空中效率低下，但他也知道火箭推进器只适合航天飞行。在这里，他旧时对涡轮机的兴趣重新浮出水面。他成功证明涡轮机的效率在较高的高度上能够增加。惠特尔的眼界可以从一个事实上明显表现出来：在 1926 年，当他正在构思能在 6 万英尺高度以 500 英里的时速飞行的飞机，英国皇家空军战斗机的最高时速仅为 150 英里，而且无法在 1 万英尺高度以上飞行。

毕业于克伦威尔学院之后，惠特尔被调往艾塞克斯郡霍恩切奇的一个战斗机中队，然后在 1929 年来到位于苏塞克斯郡威特灵的中央飞行学校担任飞行教练。他一直以来都在顽强地思考如何发明一种新的发动机，大部分时间里都致力于研究汽油发动机的汞合金和涡轮机中使用的那种风扇。而来到威特灵之后，他突然发现解决方案惊人的简单。事实上，他的想法太过简单以至于他的上司都不敢相信。惠特尔已经领悟了用涡轮机能够驱动压缩机，“因此喷气式发动机的原理本质上是循环的”。[69] 将压缩机吸入的空气与燃料混合并点燃。燃烧使气体的体积膨胀，进而以高速通过涡轮机的叶片。这样不但可以产生推动飞机前进的喷射性气流，而且叶片的转动也能够将新鲜空气吸入压缩机，重复新的循环。如果将压缩机和涡轮机安装在同一根传动轴上，实际上一部喷气式发动机就只有一个活动部件。它不但在推进力方面比具有许多活动部件的活塞式发动机强大得多，而且无比安全。惠特尔年仅 22 岁，正如从前的身高对他不利一样，当时的年龄也让他阻力重重。伦敦航空局对他的想法不予理会，这让他受到了很大打击。虽然他为自己的发明申请了专利，但从 1929 年到 30 年代中期，他的专利一直无人问津。当专利续期的期限到来时，他还是一贫如洗，只能让它失效。[70]

在 20 世纪 30 年代早期，哥廷根大学物理与空气动力学专业的学生**汉斯·冯·奥海恩**（Hans von Ohain）与惠特尔有着许多类似的想法。冯·奥海恩与惠特尔有着天渊之别。他是富有的贵族，身高超过六英尺。对于喷气机的用途，他也有着不同的态度。[71] 他不屑于将自己的想法呈报政府，而是找到了私人飞机制造商**恩斯特·亨克尔**（Ernst Heinkel）。亨克尔已经
269 意识到高速航空运输的强烈需求，因而从一开始就认真对待冯·奥海恩的想法。亨克尔在他位于波罗的海海边瓦尔内明德的乡间别墅召开了一次会议，25 岁的奥海恩在会上与亨克尔手下的航空智囊唇枪舌剑。尽管他年纪尚轻，奥海恩仍然获得了一份合同，其中规定他对所有可能出售的发动机都享有专利使用费的收入。这份合同与航空部或德国空军都毫无关系。合同的签署时间是 1936 年 4 月，在惠特尔写下论文的七年之后。

与此同时，身在英国的惠特尔所表现出的聪明才智如今已经不言自明，他的两个朋友被他的承诺所打动，请他吃饭并决定以纯粹的企业身

份为喷气式发动机提供支持。惠特尔仍然只有 28 岁，许多经验更加丰富的航空工程师都认为他的引擎永远无法试飞成功。然而，在城市银行家 O. T. 福克及其合作伙伴的帮助下，一家名为“动力喷气机”的公司得以成立并获得了两万英镑的注资。[72] 惠特尔获得了公司的股权（没有专利使用费），而英国航空部也同意入股 25%的股份。

“动力喷气机”公司于 1936 年 3 月注册成立。3 月 3 日，英国的国防预算从 1.22 亿英镑增加到了 1.58 亿英镑，部分用于购买 250 多架海军航空兵用于国土防御的飞机。四天后，德国军队占领了莱茵兰非军事区，从而违反了《凡尔赛和约》。第二次世界大战突然间一触即发，而这场战争中的空中优势将被证明是至关重要的。所有关于喷气式发动机原理的疑虑现在都被统统抛开。从那时起，问题只在于谁能够生产出第一架战斗机。

物理学与数学之间的知识重叠一直是相当大的。正如我们已经在海森堡的矩阵和薛定谔的计算中所看到的，物理学黄金年代取得的进步往往涉及新的数学形式的发展。到了 20 世纪 20 年代末，1900 年大卫·希尔伯特在巴黎会议（参见第 1 章）上确定的 23 个有待解决的数学难题大部分都已得到了解决，数学家对世界抱着乐观的态度。他们的信心不仅仅只是技术上的。数学涉及逻辑学，因此数学具有哲学意义。如果数学已经完美无缺，其内部也如看起来一样和谐一致，那么它就能说明关于这个世界的一些基本问题。

不过，在 1931 年 9 月，哲学家和数学家在哥尼斯堡召开了一次题为“精密科学的认识论”的会议，出席会议的包括路德维希·维特根斯坦、鲁道夫·卡尔纳普和莫里茨·石里克等人。然而，所有人的光芒都被一位来自捷克布吕恩的年轻数学家的一篇论文所掩盖。其革命性的观点后来以论文的形式发表在一份德国科学期刊上，题为《〈数学原理〉及有关系统中的形式不可判定命题》[73] 论文的作者名叫库尔特·哥德尔（Kurt Gödel），是维也纳大学一位 25 岁的数学家。这篇论文现在被视为逻辑和数学史上的一个里程碑。哥德尔曾断断续续地参加过石里克的维也纳学派，这激发
270 了他对科学所具有的哲学意义的兴趣。在 1931 年的论文中，他推翻了希尔伯特试图将所有的数学都建立在无可辩驳的坚实基础之上的目标，用他的定理告诉我们，与海森堡的不确定性原理不相上下，数学领域也存在着我们无法知晓的东西。同样重要的是，他推翻了伯特兰·罗素和阿尔弗雷德·诺思·怀特海用单一逻辑系统推导出整个数学体系的目标。[74]

毫无疑问，哥德尔定理非常难以理解。我们也许可以先阐明两个要素：其一，“任何一致的形式系统中都将存在既无法证明也无法否证的命题”；其二，“算法形式系统的一致性不能在该系统内部得到证明”。[75] 要解释他的思想，最简单的方法就是利用所谓的“里夏尔悖论”。这一悖论由法国数学家儒勒·里夏尔于 1905 年首先提出。[76] 在这个系统中，整数被赋予了各种各样的数学定义。例如，“无法被 1 和它自己之外的任何数整除”（即质数）的定义可能被赋予了一个整数，比如说 17；另一个定义“等于一个整数乘以该整数自身的积”（即完全平方数）可能被赋予了整数 20。现在假设这些定义被列在一张表上，以上两个定义分别以第 17 和第 20 位插入表格。注意有关这些定义的两件事：与第一条定义相关联的 17，本身确实是一个质数，但与第二条定义相关联的 20，却不是一个完全平方数。在里夏尔算术中，之前关于质数的定义称为不具有里夏尔性，而关于完全平方数的定义则称为具有里夏尔性。从形式上来说，具有里夏尔性的定义是指“不具有在连续有序的定义集合中由与整数相关联的典型表达式所赋予的定义”。但当然，这最后一条语句本身就是一则数学定义，因此属于该系列并拥有自己的整数，n。现在可以提出问题了：n 具有里夏尔性吗？关键的矛盾马上出现了。“当且仅当 n 具有里夏尔性时，按照定义它不具

有第 n 个定义所描写的特征，显而易见，因此当且仅当 n 不具有里夏尔性时，n 才具有里夏尔性。”[77]

没有哪种类比能够完美地表达哥德尔定理，这里所作的类比也不例外，但它至少充分传达出了悖论的思想。对某些人来说这是一个令人沮丧的结论（哥德尔自己也和慢性抑郁症的反复发作进行着斗争。他终生过着苦行僧般的生活，并于 1978 年因人格障碍导致的“营养不良和虚弱”去世，终年 72 岁）。[78] 哥德尔确立了数学和逻辑都存在自身界限的思想。而戈特洛布·弗雷格、大卫·希尔伯特和罗素的目标——建立单一的演绎系统，在其中所有的数学（以及所有的逻辑学）真理都可以从少数公理推导得出——也因此无法实现。哥德尔定理从其自身和以上的暗示来看，都是数学不确定性原理的一种形式，因此它永远改变了数学的面貌。此外，正如罗杰·彭罗斯所指出的，哥德尔“开放式的数学直觉与物理学的现有结构从本质上是不相容的”。[79]

在某些方面，哥德尔的发现堪称最根本和最神秘的发现。他当然有着大多数人所谓的神秘的一面，他也认为我们应该像相信其他形式的经验一
样相信数学直觉。[80] 他的理论和不确定性原理一道，描述了认识的界限。 271
正如当时在各个方向上取得的所有进步和思想的新途径一样，哥德尔的理论为思想领域注入了一层怀疑和悲观。为什么人类的认识应该有界限？而
认识到这些界限的存在又意味着什么呢？ 272

16

文明及其缺憾

1929年10月28日，华尔街发生了众所周知的股灾，美国向欧洲提供的贷款因此暂缓支付。在接下来的几星期和几个月里，尽管许多人忧心忡忡，但同盟国军队还是拟订并执行了他们从莱茵兰非军事区撤离的计划。在法国，总理乔治·克列孟梭去世，享年88岁，而在德国的图林根州，威廉·弗里克即将成为第一位被任命为州政府部长的纳粹党党员。意大利的贝尼托·墨索里尼叫嚣着要求修订《凡尔赛和约》。而在印度，莫汉达斯·甘地开始了他的非暴力不合作运动。在英国，国民政府于1931年成立，以帮助平衡预算。而日本则放弃了金本位制。关于危机的感觉已经山雨欲来风满楼。

西格蒙德·弗洛伊德当时已73岁高龄，生活已经给了他许多理由来感到悲观。1924年，他经历了两次口腔癌手术，他的部分上颚不得不被切除，代之以金属假体，而整个手术过程中只能使用局部麻醉剂。手术之后他可以略带困难地咀嚼和说话，但他仍拒绝停止吸烟，而吸烟可能正是他罹患癌症的首要病因。弗洛伊德于1939年在伦敦去世，但在此之前他还经历过另外二十多次手术，或用于去除癌前病变组织，或是为了清洁和更换他的下颚假体。在此期间，他从来没有停止过工作。

1927年，弗洛伊德出版了《幻想的未来》，该书既剖析有组织的宗教，实际上又对宗教进行了攻击。这是弗洛伊德“文化”著作三部曲的第二部（第一部《图腾与禁忌》已在前文探讨过：参见前文页边码第141页）。在1929年底，随着华尔街股市的崩溃，弗洛伊德发表了该系列的第三部作品《文明及其缺憾》。当时在奥地利已经出现饥荒，在德国则出现了未遂的革命和大规模的通货膨胀，而美国的资本主义体系似乎也已轰然倒塌。第一次世界大战带来的破坏和道德沦丧仍然是许多人关注的话题，希特勒也正在逐步攫取权力。无论朝哪个方向看去，弗洛伊德作品的标题都与当时的现实非常吻合。[1]

在《文明及其缺憾》中，弗洛伊德将他在《图腾与禁忌》中探讨过的一些思想进行了深化，他尤其认为，社会（以及文明）是从遏制个人不羁的性欲和攻击欲望的需求中进化而来的。他现在认为，文明、压抑和神经症都不可避免地交织在一起，因为越多文明的存在就越需要更多的压 273
抑，并直接导致更多神经症的发病。他说，人类在文明中不得不变得愈发的不幸福，也解释了为什么这么多人在酗酒、毒品、烟草或宗教中寻求心理庇护。在这一基本困境之下，个人的“精神体质”决定了个人进行自我调整的方式。例如，“性欲占主导地位的人会将他与其他人的情感关系置于首要位置，而倾向于自给自足的自恋者则会在其内在心理过程中寻求满足。”[2]诸如此类。他说，他这本书的主要目的并不是为社会的弊病提供灵丹妙药，而是提出建议，即道德（人们共同生活所必须遵守的规则）可以得益于精神分析的理解，尤其可以从“超我”或者“良心”等精神分析概念中获益良多。[3]

弗洛伊德的愿望并没有实现。20世纪30年代，尤其是在德语国家，道德的完全缺失比任何试图改善或理解道德的企图都更加强势地主宰了整个社会。尽管如此，他的书仍然催生出了许多其他的作品。这些作品虽然与他的书大相径庭，但不论担忧的来源是经济、科技、种族，还是他的心理学中所揭示的人类本性，它们都为西方资本主义社会感到深刻的不安。探索西方文明之不满的理论和调查研究主导了20世纪30年代初的思想领域。

一本最接近弗洛伊德作品的书于1933年出版，该书名为《现代灵魂的自我拯救》，作者是精神分析领域的前任王储、现任主要竞争对手卡尔·荣格。荣格在这本书中提出的观点是，“现代”社会与“古老”的原始社会之间，比起“现代”社会与刚刚过去的社会（即文明的前一阶段）之间有着更多的共同点。[4] 在现代世界中，古老的“原始意象”所展现出的自我要比它们在刚刚逝去的世界中所展现的更多。这解释了现代人对自己精神的痴迷和对宗教崩溃的痴迷。现代的状况是，人类知道自己是进化的巅峰之作，毕竟科学如是说，但人类也知道“明天自己将会被超越”，这使得人们的生活“孤独、冷漠而令人恐惧”。[5] 此外，精神分析用精神代替了人们的灵魂（荣格显然认为这已经发生了），这只是提供了治标不治本的手段。精神分析作为一种技术，只能应用于个人基础之上，它不能成为“有组织的”行为，不能像天主教一样在同一时间内帮助数以百万计的人。因此，人类学家吕西安·莱维—布留尔所谓的“神秘参与”对现代人来说是一个完全封闭的生活维度，它将西方文明这一全新的文明与更加古老的东方社会分离开来。[6] 这种集体生活的缺乏，即胡戈·冯·霍夫曼斯塔尔所谓的整体仪式的缺乏，导致了神经官能症以及普遍焦虑的产生。[7]

十五年来，卡伦·霍妮一直在魏玛德国担任正统的精神分析师，与梅兰妮·克莱因、奥托·费尼谢尔、弗朗茨·亚历山大、卡尔·亚伯拉罕和威廉·赖希等人一道在柏林精神分析学院工作。搬到美国之后，她先是担任芝加哥精神分析学院副院长，后来在纽约社会研究新学院和纽约精神分 274
析学院担任副院长。此时她才发现自己有能力向精神分析运动的创始人提出批评。她的作品《我们时代的神经症人格》涵盖了弗洛伊德和荣格两人的观点，但也对资本主义社会诱发神经官能症的方式展开了攻击。[8]

霍妮对弗洛伊德的主要批评是他的反女权主义偏见（她的早期论文包括《女性的恐惧》和《阴道的拒绝》）。但她也是一个马克思主义者，认为弗洛伊德的观点过于生物化，对现代人类学和社会学抱有“深刻的无知”（她是对的）。此时，精神分析学本身也分裂成了左右两翼。右翼的主要特征在于聚焦于生物学方面，愈发深入地探究婴儿时期的经验。梅兰妮·克莱因是这种方法的领袖，她是弗洛伊德的德国弟子，后移居英国。而精神分析学的左翼大致包括霍妮、埃里希·弗洛姆和哈里·斯塔克·沙利文等人，他们更加关心个人的社会和文化背景。[9]

霍妮的观点是“不存在适合一切人的正常心理”。[10]一种文化中被认为是神经质的表现可能在其他文化中就是正常的，反之亦然。不过对她来说，有两种特质是表征所有神经症的一贯征象。第一是“反应方式上的某种固执”，第二则是“潜能和成就之间的差距”。例如，根据定义，一个正常人只有在其他人对自己有过不良行为之后才会对这个人起疑心，而神经症患者“任何时候都在警戒和提防他人”。霍妮同样不相信恋母情结。她更愿意使用“基本焦虑”的概念，将其归因于自个人小时候起就作用于其身上的社会的冲突力量，而不是归咎于生物学原因。她将基本焦虑定性为一种“自觉渺小、无足轻重、无能为力、被抛弃、受威胁的感觉，一种仿佛置身在一个一心要对自己进行谩骂、欺骗、攻击、侮辱、背叛、嫉妒的世界中”的感觉。[11] 她说，当父母没有给孩子们提供温暖和亲情时，这种焦虑会变得更加严重。这通常发生在父母自己的神经症也悬而未决的家庭，从而产生恶性循环。根据定义，神经症人格已经失去或从未拥有过“被人需要的、确定的幸福感”。[12] 这样的孩子在成长过程中带有以下四种对待生活的僵化方式：神经症式地争取爱，神经症式地争取权力，神经症式地退缩和神经症式地顺从。而它们将妨碍自我实现。[13]

对于非精神分析学家来说，霍妮的理论中最有争议的部分是她将神经症归咎于当代生活，尤其是当代美国生活所催生的矛盾。她坚持认为，相较其他地方，美国存在更多固有矛盾：竞争和成功（“绝不放弃在笨蛋身上捞油水的机会”）同良好的睦邻友好关系（“爱邻如己”）之间的矛盾；通过大肆宣扬来提升雄心（“向邻居看齐”）同个人无法满足这些雄心抱负之间的矛盾；无拘无束的个人主义信条同环境问题和更多的法律带来的愈发常见的压抑之间的矛盾。[14] 尽管存在物质优势，但这个现代世界助长了许多人心中“孤立无援”的感觉。[15] 许多人都承认他们感到孤立无援，甚
275 至可能神经症般地存在这种感觉。但霍妮的理论没有解释为什么一些神经症患者需要的是爱，而另一些需要的是权力；她也没有解释为什么有些人会变得顺从。她本人否认这其中有生物学的因素，但从来没有阐明造成如此之大的行为差异的其他可能原因。

霍妮的女权主义路径非常新颖，但并非独一无二。在第一次世界大战之前，一些国家的政治家已经开展了争取妇女投票权的运动，尤其是在奥地利和英国。在战争结束后，其他事务立即成了经济上和心理上需要优先考虑的当务之急，但随着20世纪20年代的过去，妇女的地位再次成了问题。

在弗吉尼亚·伍尔夫的小说《雅各的房间》中，一个故事分支谈及导致英国卷入战争的是男性轻松惬意的生活，以及他们对待妇女的随意态

度。书中的所有男性都拥有舒适的套房，他们在其中过着充实的生活，而书中的女性却总是不得不合住一套房子，或者只能拥有寒冷而透风的房子。这就是伍尔夫在她最著名的非小说作品中所探讨的差异。该书名为《一间自己的房间》，出版于 1929 年。看起来，由于女性身份而被牛津大学和剑桥大学的图书馆拒之门外，这样的经历驱使伍尔夫走上了为女权主义奋笔疾书之路。而 20 世纪最伟大的心理革命发生在女性的情感方面，这一观点也肯定值得一辩。[16]

截至 1929 年，弗吉尼亚·伍尔夫已经出版了六本小说。它们包括在 1922 年这个奇迹年出版的《雅各的房间》、《达洛维夫人》（1925）、《到灯塔去》（1927）以及 1928 年出版的《奥兰多》。然而，她的成就似乎仅仅让她对大多数女作家的处境感到更加不安。在《一间自己的房间》中，她的中心论点是“一个女人要想写小说，她一定要有钱，还要有一间自己的房间”。[17] 她认为，作家“是历史环境的产物，而物质条件则至关重要”，它不仅关系到作品能否写成，还关系到作家的心理状态，无论该作家的性别为何。这一观点将在余下的 20 世纪得到其他人不同方式的呼应。但女性是她关注的焦点，而她接着展示了至少在英国，直到 1870 年和 1882 年的《已婚妇女财产法案》颁布之前，已婚妇女的收入都在法律上属于她的丈夫。她觉得，没有经济自由，就不可能有心灵自由。这就是为什么在 17 世纪末之前，只存在极少数女性作家，而这些作家也往往只是浅尝辄止。伍尔夫本人也深受其害，她家里的其他男孩子都一路从寄宿学校念到大学，而她和其他女孩都只能在家里接受教育。[18] 这导致了若干后果。在小说中，女性经验受到了低估，而得到描写的女性经验都不可避免地遭到了歪曲和 / 或某种程度的限制。例如，她觉得简·奥斯丁没能获准涉足她的才华所要求的更广阔的世界，伊丽莎白·巴雷特·布朗宁也受到了同样的限制：“毫无疑问，多年的隐居生活已经对她［布朗宁］的艺术生涯造成了不可挽回的损失。”[19]

虽然她对女权主义者的愤怒感同身受，但伍尔夫非常清楚，这样的
276 愤怒在小说中没有一席之地，她应该有自己更高的追求。她批评早期的女性作家（如布朗宁和夏洛蒂·勃朗特等）向那些愤怒让位。然后她继续考量了女性思想对男性思想可能的补充途径，努力展现文学由于女性面对的藩篱而丧失的东西。例如，她思考过塞缪尔·泰勒·柯勒律治雌雄同体思想的概念，以及男性和女性特质并存的和谐，对所有的可能性都持开放态度。她认为哪种性别都不具有优越性，而更支持对两种性别都抱有平等同情的思想。她实际上这样写道：“考虑自己的性别对任何作家都是致命的。”[20] 她自己认为《一间自己的房间》不足挂齿，但她也说自己是怀着热情将它写成的，而且它无疑是一个巨大的成功。成功的原因之一在于作品的风格。当该书于 1929 年 10 月出版时，伦敦《星期日泰晤士报》的德斯蒙德·麦卡锡对它发表了评论，称其为“女权主义者的宣传”，但补充说“然而它就像一棵开花的杏树”。[21] 伍尔夫的风格是对话式的、亲密的。对于过去的女性作家和想成为作家的女性所承受的不公正待遇，她既义愤填膺，又表达出了比愤怒更深的含义。她专门描写了当年她在牛津和剑桥吃过的午饭，她说那里女子学院的伙食要比男子学院好得多，而她凸显出了这件小事的重要性。当然，弗吉尼亚·伍尔夫的小说和《一间自己的房间》一样都值得一读。她确实对妇女解放贡献良多，不仅通过她的论战，也在于她自身的榜样作用。

精神分析学家和小说家并不是分析文明缺点的唯一人群。人类学家、社会学家、哲学家和记者都同样痴迷于这个主题。20 世纪 30 年代对人类学来说是一个成果丰硕的年代。这门学科不仅对资本主义生活方式做了含蓄的比较和批评，而且也或多或少提供了替代资本主义生活方式的成功范例。

弗朗茨·博厄斯依然主宰着人类学研究领域。他于 1911 年出版的著作《原始人的心智》已经明确表示，他厌恶 19 世纪将西方白人固有的优越性视为理所当然的思想。对博厄斯来说，人类学“能够将文明从自身的偏见中解放出来”。来自其他文明的数据能够越早得到收集并同化于共同意识之中就越好。博厄斯强大而充满热情的主张让人类学似乎成了令人兴奋的学科，相较过去几十年中过时的种族中心主义以及精神分析学模糊的生物主义，这种状况已经有了很大进步。博厄斯的两位学生，**玛格丽特·米德**（Margaret Mead）和**鲁思·本尼迪克特**（Ruth Benedict），分别开展了极具影响力的研究，进一步削弱了生物主义的势头。和博厄斯一样，米德和本尼迪克特也对种族、遗传学（仍是一门新兴学科）与文化之间的联系兴趣浓厚。米德拥有心理学硕士学位，但和许多人一样，她发现人类学更具吸引力，并曾受到鲁思·本尼迪克特的启发。鲁思·本尼迪克特是个沉默寡言的人，以至于她的同学都以为她患有抑郁症（他们为叫她“蓖麻油”面孔而感到内疚），但她很快通过她的研究赢得了尊重。她和米德最终成了具有影响力的国际人类学家和精神病学家群体的成员，该群体的其他成员还包括杰弗里·戈尔、格雷戈里·贝特森、哈里·斯塔克·沙利文、埃里克·埃里克森和迈耶·福特斯。

正如米德后来所说的那样，对于博厄斯来说，人类学是展示文化重要
性的“一次巨大的救援行动”。[22] 博厄斯赋予玛格丽特·米德的思想让她在 277
年仅二十多岁时便声名大噪：他建议她研究一个非西方社会中的青春期。这是个聪明的选择，因为青春期可以说是西方文化中病理现象的一部分。实际上，青春期这一术语直到 1905 年才在美国心理学家 G. 斯坦利·霍尔（弗洛伊德的一个朋友）的一项研究中被“发明”出来。[23] 他的《青春期：它的心理学及其与生理学、人类学、社会学、性、犯罪、宗教及教育的关系》涉及超过六项专门研究心理成长的研究。该书将青春期定义为“唯心

主义逐渐滋长、对权威的反抗日益强大的时期，是困难和冲突完全不可避免的时期”。[24]换句话说，它在心理的发展过程中是至关重要的。有些思想认为青春期的问题纯粹或主要由生物学因素导致，博厄斯对此持怀疑态度。他觉得文化和基因对这些问题负有同等程度的责任。[25]

1925年9月，玛格丽特·米德在太平洋西南部美属萨摩亚（Samoa）的主要岛屿图图伊拉岛的首府帕果帕果度过了几星期时间。[26]她下榻的酒店因作家萨默塞特·毛姆于1920年在此创作的短篇小说《雨》而闻名，[27]而她也在开展田野调查之前学习了萨摩亚语的基础知识。[28]根据她的初步调查，米德告诉博厄斯，她建议将田野调查的地点选在帕果帕果以东约一百英里的塔乌岛，该岛是组成马努阿群岛的三座小岛之一。“这是一座独一无二的岛：岛上的村庄拥有数量充足且足够原始的青少年，在村子里我还可以和美国人住在一起。我可以吃当地人的食物，但我不能六个月都靠这些食物为生。它们的淀粉含量太高了。”[29]一艘政府轮船每隔几个星期都会停靠在岛上，但她认为如此低的频率不足以破坏这个岛上未被污染的独立文化。塔乌岛上的人“比萨摩亚任何其他地区的人都更加原始，更加质朴。……除了海军医务室的负责人、他的家人及两名医务兵之外，岛上没有别的白人”。岛上的气候远远谈不上完美：全年湿度80%，华氏70—90度，一天五次“倾盆大雨”，“雨滴和杏仁一样大”。然后太阳出来了，岛上的一切，包括人们都处在“蒸笼”之中，直到蒸干为止。[30]

米德将对这次田野调查的描述写成了《萨摩亚人的成年》，它在1928年面世时取得了巨大的成功。她在引言部分的结尾叙述了夜幕降临之后岛上发生的故事。她写道，在月光下，“男人们和少女们”会翩翩起舞，“不时地有人从圈子中离开，向树林深处信步而去。有时，人们一直到午夜时分才尽兴而散，这时只剩下海潮柔和的拍击声和着情人们的温柔细语，直到第二天的黎明小村才会再次苏醒”。[31]她描述年轻人之间的“嬉戏”，“尤其在年轻女性群体中最为常见，经常表现为以调皮地抓抢对方的生殖器为乐趣”。她说，让她感到满意的是，对这些女孩来说，青春期“并没有表现出任何危机或压抑，相反，她们有条不紊地发展了一系列日趋成熟的兴趣和行为。姑娘们的头脑不因任何冲突所烦恼，不为任何哲理所迷茫，也不因任何不着边际的雄心大志所忧心忡忡，惶惶不可终日。……唯一的宏愿就是在做姑娘时尽情地谈情说爱，结交情郎，然后在本村找个丈夫，安家立业，尽量住得离亲属们近一些，并多生几个孩子，以此打发一生”。 278
她坚持认为，萨摩亚人不具有哪怕一丁点儿的“浪漫爱情。而在我们的文明社会中，浪漫爱情总是与一夫一妻制、排他性、嫉妒以及坚定不移的忠贞相联系的”。[32] 与此同时，独身的概念是“毫无意义的”。[33]

萨摩亚，或者至少是塔乌的生活，是一种牧歌式的田园生活。对米德来说，这座岛屿只存在于“粉彩画的色调”中。在她的设想中，整个萨摩亚都是这样一幅画面。但事实上，这种概括是不准确的，因为萨摩亚的主岛就在 1924 年发生了政治问题和一起谋杀事件。在塔乌，米德受到了当地人的善待并与他们保持了恰当的距离，萨摩亚人爱称她为“玛科丽塔”，这是他们一位死去的王后的名字。《萨摩亚人的成年》大获成功的一个原因，在于当她的出版商威廉·莫罗阅读完该书的初稿后，建议米德增加两个章节，以解释她的发现与美国人和美国文化之间的关联。在增加的章节中，她强调了“弗朗茨爸爸”的方法，即强调文化而非生物学的主要地位。青春期并不一定需要动荡：弗洛伊德、霍妮和其他人都是对的，西方文明要对这其中的许多问题负责。该书广受学界好评，支持者包括性学家哈维洛克·艾利斯，《野蛮人的性生活》的作者、人类学家布罗尼斯拉夫·马林诺夫斯基以及 H. L. 门肯。米德很快成为了全世界最著名的人类学家。[34]

继《萨摩亚人的成年》之后，米德随后又在 20 世纪 30 年代初推出了两部基于田野调查的著作，分别是《新几内亚人的成长》(1930)和《三个原始部落的性别与气质》(1935)。一位批评家认为，在这些作品中，玛格丽特·米德怀着“恶魔般的喜悦”强调了所谓的文明人和他们更加“原始”的亲戚之间差距的微小。但这种说法是不公正的。米德对原始社会并非不加批评，而她所有作品的重点都意在提请人们注意文化的不同。在新几内亚，大人们可能会让孩子们玩耍一整天，但她说：“唉，对于理论家们来说，这些孩子的游戏就像小猫小狗的嬉戏一样。不像那些文明社会的孩童游戏，充满了从他们崇拜的成人传统借鉴的丰富含义，他们的童年生活沉闷而乏味，只是怀着愉悦的心情追逐嬉闹，累了就喘着气瘫倒在地上，等到休息好了便再度开始嬉闹。”[35] 在《三个原始部落的性别与气质》中，她观察了阿拉佩什人的社会，发现他们“几乎无人知晓”战争和个人攻击行为。阿拉佩什人对艺术几乎一窍不通，而最让她感到奇怪的是，他们对男女之间也几乎不加区别，至少在心理方面是这样。[36] 在阿拉佩什人之后，她在新几内亚研究的第二个原始部落是蒙杜古马人，他们生活在塞皮克河的支流源店河流域。她说，她发现这个民族让她厌恶。[37] 猎取人头和吃人肉的行为在三年前才终止。在这里，她记载道，河上经常漂浮着幼小婴孩的尸体，“外表肮脏，无人认领”，就这样顺流而下。[38]“他们一直在这里丢弃婴儿。”米德写道。而那些没被丢弃的婴儿，她说，则被装进随身携带的硬质篮子里，他们没法向外张望，也没有多少阳光能透进篮子里去。孩子们哭泣的时候从来没有人拥抱或者爱抚他们，所以对米德来说，这些孩子在成长的过程中感觉不到爱，所以蒙杜古马社会“充斥着猜
279 疑和不信任”也就不足为奇了。她研究的第三个原始部落是居住在塞皮克河上游50英里处的德昌布利人。在他们的社会里，西方社会熟悉的男女角色被颠倒了。女性是“占主导地位的、感情内敛且担负责任的一方”，而男性则“责任较少，情感上更加依赖伴侣”。[39] 米德在“狂欢般的田野调

查”之后得出的结论是“人性几乎具有难以置信的可塑性，能够对差异巨大的文化条件作出准确而截然不同的回应。”

与《三个原始部落的性别与气质》同年出版的是鲁思·本尼迪克特的《文化模式》。该书或许可以被称为“三个原始部落的性别与气质、经济交流、宗教及食品生产与争夺”，因为这两部作品有许多共同之处。[40]本尼迪克特观察了美国新墨西哥州的祖尼印第安人（美洲原住民当时仍被称为“印第安人”，即便人类学家也概莫能外）、新几内亚的多布人和居住在阿拉斯加和普吉特海湾太平洋沿岸的夸扣特尔人。该书再次对文化方面的大量特质进行了描写。祖尼人是“一个将节制和无害视为最高美德的民族”，他们很依赖模仿性质的巫术：比如将水洒在地上来求雨，[41]以及对孩子们不时进行仪式性的鞭打来“免除坏事的发生”。[42]财产所有权，尤其是对神圣物品的所有权，是属于母系家族的，而除开宗教之外，祖尼人生活的主要方面则是礼貌和有序，个性则淹没在族群之中。与之相反，多布人则“无法无天、阴险狡诈”。“多布人的社会形态鼓励憎恨和背叛，并将这些品质作为他们社会认可的美德。”[43]丈夫和妻子之间毫无忠诚可言，婚姻破裂则“过于普遍”，而疾病在这样的社会中起到了特殊的作用。如果有人病倒了，那是由于别人诅咒的结果。疾病的符咒被广泛出售，其中一些人垄断了某些疾病的符咒。在贸易方面，欺骗对方被赋予最高价值。“由此可见，多布人既郁郁寡欢、小心谨慎又情绪亢奋，他们被妒忌、猜疑和愤懑所吞噬。在那样一个充满恶意的社会中，人们每一次都要以冲突的形式，而且要能击败对手，才能取得成功。”[44]欣喜若狂的舞蹈是夸扣特尔人宗教的主要组成部分，而继承的财产（甚至包括能够发现大比目鱼的海域）是社会的主要组织基础。非物质的东西，如歌曲和神话等，也是财富的形式，其中一些可以通过杀死其拥有者来获得。夸扣特尔人的一年被分为冬夏两个季节，在夏天，人们的财富和社会地位得到尊重，而在冬天则更加崇尚社会平等。[45]

本尼迪克特掀起论战的章节与她报道原始社会的章节并驾齐驱。在这里，她的观点显然极大地得益于博厄斯。她的主题旨在展现人性极强的可塑性，地理上相互独立的社会可以围绕人性的不同方面，赋予这些社会以典型特征。有些文化，她说，是“酒神型文化”，围绕情感组织起来；而其他的是“太阳神型文化”，围绕理性建立。[46]而在旁征博引之中，她认为堂吉诃德、巴比特、米德尔敦、D. H. 劳伦斯以及柏拉图的同性恋可能都
280 需要在人类学的环境中才能得到最好的理解，也就是说，需要将它们作为根本无法比较的人性的正常变化来加以理解。社会必须基于其自身情况进行理解，而不是依据某种单一的衡量标准加以判断（当然，在这些衡量标准中，“我们”，即白人，总是用得最多的）。在创建自己“文化模式”的过程中，其他社会和其他文明避开了西方文明面临的一些问题，也创造了他们自己的问题。[47]

现在已经几乎不可能恢复人类学在20世纪20年代和30年代掀起的热潮了。[48]那是一个大规模空中旅行、大众旅游和电视兴起之前的时代，在那些“原始”部落发生改变或被赶尽杀绝之前对他们进行的探索，也是世界上最后的伟大冒险之一。在人类学家这个小圈子里，人们互相了解（有时候他们还因此结为连理，米德有过三任丈夫，其中两个是人类学家，她自己有段时间也曾是本尼迪克特的情人）。在他们的研究中存在着改革运动的成分，表明所有的文化都是相对的，这种信息包含在他们的社会/政治观点中（米德信仰开放式婚姻，而出身农民家庭的本尼迪克特则依靠自学成才）。

本尼迪克特的作品和米德的作品同样成功，多年以来行销数十万册，不但书店有售，甚至连杂货店也能买到。博厄斯的两位学生用自己的研究，加上博厄斯以及马林诺夫斯基和米德的丈夫雷奥·福琼的研究，改变

了我们看待世界的方式。无意识的种族优越感，更不用说性别沙文主义，在 20 世纪前半叶要比现在强大得多，而人类学家以科学的方式提出的结论具有深远的解放意义。博厄斯、本尼迪克特和米德的目的是确立文化在决定人类行为方面所起的重要作用，并反对生物学在人类行为方面的支配地位。他们的其他目的（比如表明社会只能基于其自身情况进行理解）则具有深远影响。的确，对于人类学这门相对较小的科学来说，它已经促进了 20 世纪最伟大思想之一，即相对主义的诞生。玛格丽特·米德很好地表达了这一观点。1939 年，她躺在床上，双腿跷在椅子上（她解释说，“这是孕妇唯一的姿势”），草草记下了一些撰写《来自南海》的“序言”的灵感，这是一部关于太平洋社会的人类学著作。“在 1939 年，”她预言说，“人们提出的社会科学问题将比 1925 年更为深入，也更加彻底。我们正处在十字路口，必须决定是要迈向更加有序的异质性，还是惊恐地退回到一些单一的标准。而后者将浪费十分之九的人类潜能，我们也不得不以高昂的代价换取安全感。”[49]

社会学家并不为异国情调和异乡土地所动。为了试图弄清西方资本主义抛出的诡辩，国内还有许多研究亟待开展。这里的一个关键人物是**罗伯特·E. 帕克**（Robert E. Park），他是芝加哥大学社会学教授，在赋予社会学更科学地位的过程中所做出的贡献无人能及。芝加哥大学是美国在 19 世纪末成立的三所大型研究型大学之一，仅次于约翰霍普金斯大学和克拉克大学。（正是这些研究型大学率先为想要在美国成为学者的人们设立了博士学位的门槛。）芝加哥大学树立了四大思想学派：以约翰·杜威为首的哲学学派，以帕克为首的社会学学派，以查尔斯·梅里亚姆为首的政治 281
学派以及在 20 世纪晚些时候才建立的以米尔顿·弗里德曼为首的经济学派。帕克在社会学领域取得的伟大成就把社会学从本质上个人的观察活动转化为一门以经验为基础的学科。[50]

芝加哥社会学学派出品的第一项值得注意的研究是《身处欧美的波兰农民》，虽然这本著作现在已不为一般人所知，但仍被社会学家视为集实验数据和归纳概括于一身的里程碑式研究。W. I. 托马斯和弗洛里安·兹纳涅茨基在波兰进行了为期数月的调研，然后随成千上万的波兰移民来到美国，从而实现了对大西洋两岸同一民族的研究。他们获准阅读私人信件、移民局档案以及报纸档案，尽可能地还原出整个移民经历的完整画面。在此次研究之后，芝加哥学派开展了一系列针对当时各种不同的“不满”或“不满”表现的研究：弗雷德里克·思拉舍1927年发表的《帮派》、路易斯·沃思的《贫民区》、露丝·肖恩勒·卡万的《自杀》和E.T. 希勒的《罢工》均发表于1928年；以及约翰·兰德斯科发表于1929年的《芝加哥的有组织犯罪》。其中多项研究直接指导了政策制定，帮助芝加哥减少犯罪或自杀，或让街头黑帮销声匿迹。帕克始终与当地社区委员会合作，从而确保他的研究符合当地人民真正关心的问题。芝加哥社会学学派在1918至1935年间发挥了巨大影响，但该学派的重要性与调查技术、非导向访谈和态度测量的发展息息相关。所有这些都是为了发掘出更多人群分组的心理途径，超越枯燥无味的政府调查呈现的画面。[51]

芝加哥学派最著名的调查是一次审视，对象是让美国文明受害最深的不满（甚至堪比大萧条造成的失业）：种族问题。1931年，**查尔斯·约翰逊**（Charles Johnson）出版了《美国文明中的黑人》，第一次给出了一幅美国黑人的统计图像，而黑人取得的进步或进步的缺失都可以通过这幅图像得以衡量。[52] 该书出版之时，约翰逊实际上身在菲斯克大学任教，他于1922年师从帕克，并将《美国文明中的黑人》纳入社会学系的系列研究项目。[53] 约翰逊为哈莱姆文艺复兴做出了无人能及的贡献，他相信如果美国黑人通过任何其他方式都无法实现平等或得到尊重，他就应当利用艺术的方式实现这一目的。在整个 20 世纪 20 年代，约翰逊主编了面向黑人的纽约杂志《机遇》，但在 20 年代末他回到了学术界。《美国文明中的黑人》一书的副标题是“基于社会调查的黑人生活与种族关系的研究”，而研究正是其强项所在。该书堪称有史以来对黑人地位最彻底的分析，汇编了政府记录和报告、卫生和犯罪统计数据以及各种图表、表格、曲线图和清单。在当时，许多黑人（当时被称为“黑鬼”）都对奴隶制记忆犹新，其中一些人还参加过南北战争。

统计数据显示，黑人的生活得到了改善。黑人的文盲率已经从 1880 年的 70%下降到了 1920 年的 22.9%。但与 1920 年仅有 4.1%的白人文盲 282
率相比当然还相差甚远。[54] 私刑的数量从 1892 年的 155 起下降到了 1920 年的 57 起，1928 年更是只有 8 起，这也是私刑年发生量首次跌至个位数。但每年 8 起私刑仍然是一个可怕的统计数字。[55] 也许更具启发性的是偏见的演变所展现的方式。例如，人们普遍认为黑人之间存在着显著的结核病易感性，以至于预防或治疗措施的支出几乎毫无用处。与此同时，人们还认为黑人对于诸如癌症、疟疾和糖尿病等疾病具有相应的免疫力，所以不需要给予他们任何特殊的治疗措施。人们也注意到，在黑人之中，多数人的意见总是少数人受到损害的原因。[56] 然而，约翰逊的调查还首次以非常深入的方式表明，人们健康的先决条件是各种社会因素而非种族因素。一项针对 15 座城市（包括纽约、路易斯维尔和孟菲斯）的调查显示，黑人的人口密度并不低于白人，在有的地区甚至高达白人人口密度的四倍。[57] 黑人的死亡率在 15 个州都高于白人，在某些州则高达白人的两倍。这些统计数据所呈现的图景将逐渐为人所熟知：黑人正开始占据城市中心区域，那里的房屋更加狭小，工程质量更差，配套设施也更为简陋。而在司法实践方面，已经出现了当时所谓的“法律惯例”方面的差异。[58] 一项囊括 10 座城市（包括克利夫兰、底特律、巴尔的摩和其他城市）的调查显示，黑人遭到逮捕的几率比白人高出 2 至 5 倍，虽然他们最后被判处一年及以上刑期的几率比白人要低 2.5 倍。无论这些调查表明了什么，事实是黑人并不像许多白人认为的一样，天生就具有实施暴力的生物学倾向。

W. E. B. 杜波依斯为约翰逊的书所撰写的部分中重复了他的观点，即种族之间假想的生物学差异必须被彻底抛弃。与之相反，人们更应该将注意力集中在社会学的统计数据上。这些数据已经得到了充分的扩展，也揭露了种族歧视对于黑人地位的影响。他说，这些数据在教育领域尤其有用。黑人大学生的数量已由 1900 年的 1000 人增加到了 1931 年的 19000 人，而获得学士学位的黑人数量也从 150 人增加到了 2000 人。这些数据戳穿了黑人永远没有能力接受高等教育的观点。[59] 杜波依斯从未动摇过自己的观点，即对生理和心理差异的执迷是怀有种族偏见的白人用于否认种族之间真实社会学差异的工具，而白人在很大程度上是这种差异的罪魁祸首。美国俄亥俄州立大学的社会学家赫伯特 · 米勒认为，20 世纪 20 年代实施的更为严格的移民控制已经在种族歧视的目的下，“通过用欧洲移民代替黑人移民的方式，深刻地影响了种族关系”。[60]《美国文明中的黑人》产生的长期影响并不乐观。美国自视为一切皆有可能的国家，黑人的状况却与这一精神不符。

查尔斯 · 约翰逊来自城市，他久经世故，博闻强记，是哈莱姆文艺复兴时期的明星，他与来自南方腹地乡村的偏执狂**威廉 · 福克纳**（William
283 Faulkner）有着天壤之别。在 1929 至 1936 年间，福克纳创作了四部传世杰作，分别是《喧哗与骚动》（1929）、《我弥留之际》（1930）、《八月之光》（1932）以及《押沙龙，押沙龙！》（1936），其中后两部专门探讨了黑人和白人之间的种族问题。

福克纳住在密西西比州的牛津市，他深爱着南方，着迷于南方及其历史，即他的传记作家所谓的“伟大的发现”。[61]对福克纳来说，南方在美国内战中的战败将这片土地困在了过去。他意识到，美国的大部分地区都乐观向上，没有太多的过去，移民永远在改造着当下的世界，然而南方则是一片被孤立的不同之地，与蓬勃发展的北方和西部沿海几乎背道而驰。福克纳希望通过剖析南方，以一种富有想象力的方式重建它的过去，去描述一个已遭废弃但仍负隅顽抗的文明的不满。他所有关于南方的伟大著作都涉及自负的家族，并随心所欲地虚构出一些背景，人们在其中永远都跨越了藩篱，尤其是那些阶级、性别和种族的藩篱。这些家族要么冉冉升起，要么日薄西山，而背景则是耻辱和乱伦，《八月之光》和《押沙龙，押沙龙！》中还有种族通婚。这些元素的组合激发了激情、暴戾、死亡和自杀以及挫败的家族野心。

福克纳最典型的写作方法体现在《押沙龙，押沙龙！》中。除去情节之外，这本书与《喧哗与骚动》和《我弥留之际》一样非常难以理解。福克纳强行给读者提出了很高的要求：时间上的倒叙、不加提醒但快速交替的视角以及只会在后文解释的晦涩引用。[62]他的目的是在不向读者伸出指引之手的情况下，向他们展示社会的混乱。正如他书中的人物致力于创造属于自己的身份和财富一样，读者也必须自行领会福克纳的用意所在。[63]

在《押沙龙，押沙龙！》的开篇，罗莎·科德菲尔德小姐找来了她的朋友兼业余历史学家昆丁·康普生，给他讲述了关于南方王朝奠基人托马斯·萨德本的兴衰故事。萨德本的儿子亨利枪杀了他的朋友兼战友查尔斯·邦，从而导致了王朝的灭亡。[64]亨利·萨德本杀害自己最好的朋友是出于怎样的动机？康普生通过在稀少的事实中添加自己的想象，逐渐填补了这个故事的空白。[65]最终，谜团得以破解。查尔斯·邦实际上是托马斯·萨德本早年与一名黑人女子结合的产物（因此也是他的长子）。在萨德本拒绝承认其长子的过程中，我们看到了构成整座王朝大厦基础的“巨大罪恶”，也暗示着南方本身。福克纳并不逃避道德困境，但他的主要目的是描述道德困境所导致的苦痛。在查尔斯·约翰逊为美国北部城市社会的弊病分门别类之时，福克纳也怀着同情，照亮了南方社会的不完善之处。

如果说种族问题（仍然）是美国的痼疾，那么在欧洲，尤其是英国，将人们分成三六九等的则是阶级。在这里，特别是在20世纪30年代的大股灾之后，有一个人为宣传英国的下层阶级与极度贫困之间的紧密联系付
284 出了很大的努力，他就是**乔治·奥威尔**（George Orwell）。奥威尔身兼记者和小说家并非偶然，身处那个时代的他注定会更喜欢报告文学。正如埃里克·霍布斯鲍姆告诉我们的，随着《时代周刊》和新闻短片等新媒体的发展，报告文学的伟大时代在20世纪20年代才刚刚开始。“报告文学”一词最早出现在1929年的法语字典里，被收入英语字典则在1931年。当时的许多小说家（欧内斯特·海明威、西奥多·德莱塞和辛克莱·刘易斯）要么就是记者，要么当过记者，要么将会成为记者。[66]

奥威尔本名埃里克·布莱尔，于1903年6月25日出生在印度加尔各答西北部孟加拉的偏僻小镇莫蒂哈里，从小浸淫在英国传统的（也就是说，享有特权的）中产阶级教育中。他曾就读于伊斯特本附近的圣塞浦路斯学校。他在寄宿时常常尿床，并在那里结识了西里尔·康诺利。随后他被送到惠灵顿公学和伊顿公学学习。[67]毕业后，他加入了印度皇家警察并在缅甸服役。他不满于皇家警察的生涯，于是提前离开了缅甸，开始了写作生涯。“他感觉作为一名年轻军官在东方服役的‘成功’经历污染了自己，于是想要逃避所有能让他想起那个他曾听命的不公正制度的东西。”“我感到自己不仅必须摆脱帝国主义，而且必须摆脱一切形式的人对人的统治，”他后来解释道，“失败在我看来是唯一的美德。一切自我发展

的嫌疑，甚至在生活中一年赚几百块钱的‘成功’，在我看来在精神上都是丑陋的，是一种蛮横。”[68]

要说奥威尔不希望成功的愿望是他缅甸经历的直接后果未免过于简单。[69]这个想法在他成为一名警官之前很久就已经在他的心里埋下了种子。根据他的传记作家迈克尔·谢尔登所说，圣塞浦路斯学校的经历给他灌输了腐朽的价值观，让他在年少之时就对成功产生了偏见。获胜是那所学校里唯一重要的东西，而要想成为胜利者就需要“变得更高大、更强壮、更英俊、更有钱、更受人欢迎、更优雅、比其他人更加寡廉鲜耻”——总之，“在各方面都成为佼佼者”。后来，他这样叙述这段经历：“人与人之间分出了等级，无论发生什么都是正确的。强大者赢在情理之中，也不放过赢的机会，而弱小者则注定失败，永远一败涂地。”[70]他感到自己是一个弱者，而且不管他做什么，“他永远不会成为赢家。对他来说，慰藉在于知道失败之中也包含着荣誉。人们可以因为拒绝了错误的成功观而感到骄傲……我可以接受失败并尽力而为”。[71]在奥威尔最负盛名的四部作品，有两部以报告文学的形式探讨了最虚弱（和最贫穷）的社会环境，即20世纪30年代资本主义世界的流浪贫民。另外两部完成于第二次世界大战之后，则探讨了权力和成功的本质，以及它们容易遭到滥用的方式。

离开警察队伍后，奥威尔在父母身边陪伴了数月，然后在1927年的秋天搬到了西伦敦波托贝洛路的一间小屋内。他开始尝试写小说，游走于伦敦东区，与流浪汉和乞丐比邻而居，以便理解穷人的生活，体会他们的苦衷。[72]在拒绝了“一切形式的人对人的统治”之后，他希望“立即开始研究被压迫者，成为他们的一员，与他们并肩对抗暴君”。奥威尔担心自 285
己的装束影响探访，为此专门买了一件破烂不堪的大衣，一条黑色粗棉布裤子，“一条褪了色的围巾和一顶皱巴巴的帽子”。他还改变了说话方式，担心自己受过教育的口音暴露身份。他很快熟悉了西印度码头周围的破烂区域，那里鱼龙混杂，码头装卸工人、商船水手和失业劳工等各色人等共同混居在一所位于莱姆豪斯堤道的出租房里（房费9便士一晚）。以这种方式为下层人民所接受之后，他决定“继续流浪”，并在一段时期内游走于整个伦敦东区，在肮脏的“临时收容所”（即当地济贫院搭建的棚屋）过夜。这些经历构成了1933年出版的《巴黎伦敦落魄记》的主要内容。当然，奥威尔从未真正落魄过。正如迈克尔·谢尔登所说，奥威尔的流浪生活有些游戏的性质，反映了他对自身背景、抱负和未来的矛盾心理。但这种游戏并非毫无价值。他所能帮助这些不幸的人的最佳途径就是替他们说话，“提醒世人，他们也是人且理应生活得更好，他们也有着真实的痛苦”。[73]

1929年，奥威尔去了巴黎，以证明贫困并非仅局限于一个国家。在巴黎，他在拉丁区一条狭窄而破旧的小街（铁锅街）上一家破败的酒店里租了一个小房间。他说房间的墙壁很薄，“旅馆里到处是灰尘，永远有烦人的臭虫”。[74]他因此神经衰弱。[75]不过，离他住处不远就有许多体面的邻居，巴黎高等师范学校就坐落在其中一个街区，让—保罗·萨特是该校的得意门生，而塞缪尔·贝克特也刚刚成为那里的老师。再往前走一点就是贡特斯卡普广场，海明威在《乞力马扎罗山的雪》中深情地勾勒了那里“醉汉、妓女和可敬的劳动人民”混杂的场景。[76]而奥威尔在《巴黎伦敦落魄记》中则说，他惨遭窃贼洗劫，几乎落得身无分文。[77]

《巴黎伦敦落魄记》的出版商是**维克托·戈兰茨**（Victor Gollancz），他于1929年创立了自己的出版公司，并在考文垂花园设立了办事处。戈兰茨奋发图强，精明能干，很快生意就蒸蒸日上。他付给签约作者一小笔定金，在书籍广告上却不惜大笔投入。他出版各种门类的书籍，但政治题材是他的最爱，他本人也是一位激进的社会主义者。奥威尔作品具有的社会意义要远大于政治意义，但戈兰茨看重的是它“对社会不公的有力抨击”。[78]

《巴黎伦敦落魄记》于1933年1月初出版之后，立即取得了成功，新闻媒体一片赞誉之声（康普顿·麦肯齐也赞不绝口）。奥威尔认识到，对于贫困，任何快速或油嘴滑舌的解决措施都不可能奏效。在此之后，他在观念上发生了改变，希望贫困不再被视为“一种感染无力自助之人的可耻疾病”。[79] 他强调甚至许多慈善工作者都持有类似想法，即“一些穷人心有悔悟，仿佛贫困意味着灵魂的罪恶”。他认为，这种态度与持续存在的贫困现象紧密相连。

《巴黎伦敦落魄记》之后，奥威尔接连出版了三部作品，分别是《缅甸岁月》、《牧师的女儿》和《让叶兰在风中飞舞》。每部作品都审视了英国生活的一个方面，并为奥威尔树立了声誉。1937年，他回归报告文学/社会学式的写作风格，创作了《通往威根码头之路》。这部作品出自他对希特勒和墨索里尼崛起的高度政治敏感性，以及他不断增长的信念，即“社会主义是法西斯主义唯一不得不面对的敌人”。[80] 戈兰茨曾要求他撰写一部作品，题材定为失业这一自大股灾以来20世纪30年代的苦难根源。这几乎算不上一个有创意的题材，奥威尔本人也确实在几个月前拒绝了《新闻纪事报》几乎相同的提议。[81] 但出于更积极地参与政治的想法，他同意了。他从考文垂出发，向北来到曼彻斯特，在一位工会官员家中搭伙，正是此人建议他前往威根采风。[82] 他在一家牛肚店楼上找了间屋子，和人轮换住，而在房间里他发现长久以来没有任何人来打扫过的迹象。其他房客告诉他，“地下室里储藏的牛肚上爬满了蟑螂”。有一天他甚至在吃早餐时“惊慌地”发现桌子下面放了一个装得满满当当的尿盆。[83] 根据谢尔登所说，奥威尔花了很多时间在当地的图书馆处理煤炭行业和失业率的统计数据，但在大部分时间里，他四处游走，视察住房条件、运河以及煤矿，采访煤矿工人和失业者。他后来将威根形容为“可怕的地方”，将下煤矿的经历形容为“破坏性极强的体验”。他不得不蒙头大睡一整天来克服其

286

影响。[84]“在此之前他没有意识到他这样身高的人是无法在矿井里站直的，他也不知道从竖井到采煤工作面的步行距离可以长达三英里，而在这种狭窄环境里行走‘足以让我四天之内抬不起腿来’。然而这趟步行只是矿工一天工作的开始和结束。‘有时候在我累得跪下来之后，我的膝盖简直再也抬不起来了。’”[85]

奥威尔从图书馆得到的数据表明，煤矿工人遭遇的事故发生率之高，简直骇人听闻。在过去的八年里，已有将近八千名矿工死亡，六分之一的矿工受伤。煤矿中的死亡过于稀松平常，以至于几乎形成了这样的惯例：“每当有矿工死去，他生前每位同事的工资中都会被扣除一先令，捐献给一项为寡妇设立的基金。但这种扣款以可怕的频率不断发生，以至于煤炭公司刻了一枚‘死亡扣除款’字样的橡皮图章，以便在工资支票上做出标记。”[86]在北方地区进行为期两个月的调查之后，奥威尔在回家的火车上目睹了最后一幕令他震惊的画面，那是人们面对冷酷现实的无情索取所付出的代价。他发现一名年轻女子站在她的房子后面，试图用棍子疏通管道。“火车经过的时候她抬起头来，我离她很近，几乎能看清她的眼神。她有一张苍白的圆脸，是那种贫民窟女孩常有的、由于流产和做苦工造成的憔悴面孔，只有25岁却看起来像40岁。就在我看着她的那一瞬间，她的脸上带着我此生见过的最凄凉、最无助的表情。我突然发现我们所说的‘我们和穷人之间有着本质的不同’，以及出生在贫民窟的人们除了贫民窟之外什么也不知道，这些都是错误的。……这个女孩心里很清楚自己的处境，至少跟我一样清楚，在严寒之中，跪在贫民窟后院黏糊糊的石头上用
287 棍子疏通排水管的命运是多么可怕。”[87]

奥威尔的所见所闻让他怒不可遏，他将《通往威根码头之路》分成两部分撰写。在第一部分中，他让残酷的现实本身说明一切。第二部分则是言辞激烈的论战，反对资本主义制度，支持社会主义。出版商对第二部分

抱有一些疑惑。[88] 许多评论家觉得这部分几乎无法补救，文字含糊不清且过分雕琢。但第一部分鲜明的细节却是不可否认的，其对英国的羞辱堪比约翰逊的作品对美国的羞辱。《通往威根码头之路》引起了轰动。

作家**刘易斯·芒福德**（Lewis Mumford）从一个迥然不同的角度对文明提出了批评。他是纽约摄影师阿尔弗雷德·施蒂格利茨周围小圈子的一员。在 20 世纪 20 年代早期，芒福德曾在曼哈顿的社会研究新学院讲授建筑学，并随后担任《纽约客》杂志建筑学专栏的通讯记者。与日俱增的名气让他受邀在麻省理工学院、哥伦比亚大学和斯坦福大学发表许多演讲。1934 年，他将这些演讲结集出版，命名为《技术与文明》。[89] 在这部作品中，他绘制了技术的演进示意图。在始生代技术时期，社会的特点在于通过水力或风力驱动木制机械。[90] 在古生代技术时期，即大多数人所谓的第一次工业革命时期，蒸汽是主要的能源形式，铁则是主要的材料形式。新生代技术时期（第二次工业革命）的特点则是电、铝、新型合金和合成材料。[91]

对芒福德来说，资本主义需要持续的扩展、更大的功率、更大的覆盖范围和更快的速度，本质上正是资本主义驱动了技术的发展。他认为，人们之所以对资本主义感到不满，是因为虽然新生代技术时期在 20 世纪 20 年代已经来临，但社会关系仍处在古生代技术时期的困境之中。从这个意义上说，他们对自己的生活没有控制权，即当时的工作对绝大部分的人仍是异化的。作为一个擅长编造警句的人（比如“抢劫可能是人类有史以来发明的最省力的手段”），芒福德提出的解决方案是“基本的共产主义”。他的意思并不是要建立苏联式的共产主义，而是建立市政自治的工作组织，就像管理公园、消防和游泳池的市政自治组织一样。[92] 芒福德作品的重要性在于第一次指出了资本主义企业对环境的破坏，以及消费主义是如何被广告引导和误导的。和许多人一样，他将第一次世界大战视为一场满足了资本家和军国主义需求的技术竞赛的顶点，而他认为唯一的出路在于经济规划。芒福德精明地预测，随着老式工厂的逐渐废弃，工业无产阶级（奥威尔的主题）也会逐渐消失，他认为新生代技术时期的工业将会更均匀地分布在全国各地（不再聚集在港口或煤矿周围）和世界各地。他预测，在未来的几年中，亚洲和非洲将成为市场和新生代技术时期的新生力量。他预计生物学将取代物理学成为最重要和最具争议的科学，而人口问题将成为未来的一个主要问题。不过，美国人面临的最直接的危险则源于“无目的的唯物主义”，以及不假思索地接受肆无忌惮的资本主义是现代生活的唯一组织原则这样的理念。在这本基调乐观的书中（有一部分是关于
288 机械之美的），芒福德对西方社会的批评超越了时代。这不仅让他的批评更加令人印象深刻，而从事后看来，我们可以说他预言中的正确成分远远超过了错误成分。[93]

四年后，芒福德出版了着眼于城市历史的《城市文化》一书。[94] 从公元1000年左右，即芒福德所说的城市在中世纪后的复兴开始，他根据城市所呈现的主要的集体戏剧性场面对它们进行了定义。在中世纪的城市中，市场、比赛和教会的圣歌游行构成了集体戏剧性场面；在巴洛克城市中，宫廷提供了最好的戏剧性场面；而在工业城市之中，车站、街道和政治会议等都是重要的舞台。[95] 芒福德还区分出了城市生活的六个阶段：原始城市——村落社会、驯养动物；城邦——村落或血缘集团聚集在一起有助于防止掠夺；大城市——随着区域产品过剩，出现了“母城”（即中心城市）的重要转变；大城市区——衰落的开始，机械化、标准化兴起（大城市区的特点是缺乏戏剧性，被常规所取代）；专制城市——过度膨胀、堕落、大量的衰退；死亡之城——战争、饥荒和疾病。最后两个阶段是芒福德的预言，但他认为大城市区已经在个别城市实现，比如纽约。[96]

芒福德认为，异化和贫困的危机已成为城市的特点，而它们的解决之

道在于发展城市区域（虽然他也考虑过田园城市）。芒福德在此也表现出了先见之明，《城市文化》的最后一章几乎完全致力于探讨环境问题以及我们现在所说的“生活质量”问题。

尽管芒福德专注于环境和技术对生活质量的影响，但他并不像其他一些人那样采用了反科学的方式。即便在弗洛伊德、米德和约翰逊等人认为科学可以为社会弊病提供解决方案的时候，怀疑论者仍认为科学的每一个优点都有其相应的缺点相匹配。而这正是科学的惊骇之美。此外，宗教可能已经遭受了科学的连续打击，但它并没有消失，完全没有。毫无疑问，长期性失业为针对科学的怀疑论提供了理由，随着 20 世纪 30 年代向前推进，宗教开始重申自己的权威。

在这场重申宗教权威的运动中，最不同寻常的成分是由伯明翰主教欧**内斯特·威廉·巴恩斯**（Ernest William Barnes）所作的一系列演讲，它们于 1933 年结集出版，名为《科学理论与宗教》。[97]很少有人在翻开一本由主教所写的书时，会料到书的前四百页包含了对高等数学的详细讨论。然而巴恩斯不但是一位数学造诣颇深的科学家，还是理学博士和皇家学会院士。他希望表明的是，作为一位神学家，他了解大量现代科学知识，而且不惧怕科学。他讨论了物理学的最新发展，以及地质学、进化论和数学的最新进展。这是一部才华横溢的杰作。巴恩斯完全支持粒子物理学、相对论和时空的新进展，宇宙膨胀的新概念以及地质学关于地球的年龄和岩石记录生命的发现。他笃信进化论。[98]与此同时，他摈弃了各种形式的神秘
主义和超自然现象。（顺便说一句，尽管该书对 20 世纪科学进行了全景式 289
的审视，却一个字也没有提到弗洛伊德。）

那么关于上帝，主教有何看法呢？他认为，存在着一种占有宇宙中所有物质的“宇宙心识”，而宇宙的目的是为了发展意识和良知，以产生善，

以及最重要的是，产生美。他对永生的观点是，不存在诸如“灵魂”之类的东西，而人们在生前创造的善与美会在他们身后继续存在。但他也说，他个人相信来世。[99]

巴恩斯将一本自己的作品寄给了另一位著名神学家**威廉·拉尔夫·英奇**（William Ralph Inge），后者是圣保罗大教堂的主教，正是他在1915年的复活节星期天布道时引用了鲁珀特·布鲁克的诗作。在收到巴恩斯的作品之时，英奇正在修改一部他自己作品的校样，该书将在当年，即1933年晚些时候出版，名为《上帝与天文学家》。该书同样始于一系列讲座，是英奇在林肯律师学院教堂所作的瓦尔堡演讲。[100] 除了圣保罗大教堂主教的身份之外，英奇也是剑桥大学耶稣学院和牛津大学赫特福德学院的研究员，还是著名的演说家、作家和知识分子。他对当代话题发表的争议性观点已经在《不讳之言》中结集出版。《上帝与天文学家》探讨了热力学第二定律、熵和进化论的问题。对英奇来说，这些领域之间存在根本的联系，因为它们都是关于时间的问题。宇宙诞生、膨胀、收缩以及最后在他所谓的“诸神的黄昏”中消亡，这样的思想显然是令人担忧的，因为它意味着永恒并不存在。

进化论的主要作用是贬低过去的思想，认为更为现代的思想已经“进化”并超过了它们。[101] 因此，英奇故意广泛引用了古代哲学家的思想（以古希腊为主）来支持其论点。他的目的是为了彰显这些古代哲学家的思想相较于现在的思想而言是多么辉煌。他多次提到“种族退化”的趋势，以表明进化并不总能催生进步。他也承认，他的观点是凭直觉获得的，但坚持认为（就像诗人在魏玛德国所做的一样）直觉的存在就是上帝的标志，而科学对此并没有给出真正的答案。[102] 与亨利·柏格森一样，英奇承认生命力的存在，也承认科学知识与上帝的存在之间有着“不可逾越的鸿沟”。他和巴恩斯一样，将良善的概念本身以及多半在祈祷时出现的令人心醉神迷的神秘体验视为上帝存在的证据，而且他说这种体验无法通过任何科学手段加以解释。他认为，文明自有其压力和步调，正是文明让我们和这种体验疏远开来。他暗示，上帝的存在可能类似于科学家所谓的“突生性”现象，其经典范例就是水分子，它们并不像水那样具有液体的性质。换句话说，这是运用科学的比喻来支持上帝的观点。[103] 英奇与巴恩斯的不同之处在于，他无法接受最新的科学进步：“上帝选择在无生命的自然中，而不是在人的思想或心灵中越发清楚而直接地展现自己的存在，这是一个奇怪的想法。……我的结论是，物质宇宙的命运对宗教来说并不是一个重要问题。”[104] 和巴恩斯一样，英奇也没有提到弗洛伊德。 290

在巴恩斯和英奇发表各自观点之后一年，**伯特兰·罗素**出版了一本短小精悍的作品《宗教与科学》。罗素与宗教的关系是复杂的。[105] 他有许多信教的朋友（尤其是奥托琳·莫雷尔女士），他对他们既羡慕又恼火。在一封写于 1912 年 1 月的信中，他说：“我们所知的是，有时光临我们生活的事物是如此美好，比日常的事物好上太多，仿佛它们来自另一个世界，无法从我们自己的世界中产生。”[106] 但后来他又说，“不过我有另一种看法……根据这种看法，悲伤是终极真理……我们在痛苦中呼吸……思想是通往绝望的道路。”[107]

在《宗教与科学》中，罗素囊括了与巴恩斯和英奇大致相同的内容（哥白尼革命、新的物理学、进化、宇宙的意义），但他还纳入了对医学、鬼神学和奇迹的分析，以及一章关于决定论和神秘主义的内容。[108] 在书的大部分内容中，他向读者展示了科学如何能够越发全面地解释世界。对于一个科学家而言，他对神秘主义表现出令人惊讶的宽容，宣称他曾有耳闻的一些通灵实验“对理智之人是有说服力的”。在全书结尾关于科学与伦理的两章里，他以逻辑学家激烈的口吻，试图证明并不存在客观之美或客观之善。他开头的陈述是：“所有的中国人都是佛教徒。”他说，这样的陈述可以通过“举出一位中国基督徒的例子”驳倒。[109] 另一方面，“我认为所有的中国人都是佛教徒”这样的说法则无法“被任何来自中国的证据［即关于中国佛教徒的证据］”驳倒，而只能通过举证“我不相信我所说的话”来反驳。如果一位哲学家说，“美是好的”，这句话可能有两种意思，“每个人都热爱美”（对应于“所有的中国人都是佛教徒”）或者是“我希望每个人都热爱美”（对应于“我认为所有的中国人都是佛教徒”）。“后两句未做任何主张，但表达了愿望。由于它没有作任何断定，因此逻辑上不可能存在任何支持或者否定它的证据，也不存在它可以用以成为真理或谬误的证据。前两句并没有仅仅表示愿望，而是确实提出了陈述，但这是关于哲学家思想状态的陈述，只能用他并不具有他所声称的愿望这样的证据来加以反驳。前两句不属于伦理范畴，而属于心理学或生物学范畴。后两句虽然的确属于伦理范畴，且表达了对某事物的愿望，却未作任何主张。”[110]

罗素接着写道：“我的结论是，虽然科学的确不能决定价值问题［英奇的观点］，但这是因为价值问题根本无法在知识上进行决定，它们存在于真理和谬误的领域之外。无论我们可以获得怎样的知识，都必须通过科学方法来获得。而科学所不能发现的东西，人类则无法认识。”[111] 同样，他也没有提到弗洛伊德。

西班牙作家**何塞·奥尔特加·伊·加塞特**（José Ortega y Gasset）于1930年出版的《大众的反叛》对科学发起了完全不同的攻击。奥尔特加
291 是马德里大学的哲学教授，他的主要观点是社会在退化，原因在于大众社会里毫无特征的异化之人的增加，而这种增加本身在很大程度上是由于科学发展所致。对奥尔特加来说，只有当人民通过投票将权力赋予“少数精英”时，才能产生真正的民主。而他认为事实上出现的是“超民主”，即

渴望权力的普通人和平庸之辈厌恶所有与自己不同的人，并因此催生了一个“均质的……空洞”社会。他谴责科学家，因为他们造成了专业化的加剧，以至于科学家现在都成了“有学问的无知者”，即对极狭小的领域知之甚笃，代价却是忽略更广阔的全景，只关注他们自己关心的小天地。他还发现这样的科学家“自鸣得意”，他们是形式非常现代的退化范例，助长了文化缺失的趋势。

奥尔特加·伊·加塞特属于文化的社会达尔文主义者，或称尼采主义者。在他的另一本著作《艺术的去人性化》中，他认为“现代艺术的基本功能是将公众分为两大类：能够理解现代艺术的人和不能理解的人”。[112] 他认为精英，即“具有精细感官的少数特权者”能借助艺术的手段认识自己，并将自己与“死气沉沉的社会大众”区别开来，而大众则是“历史进程中的惰性物质”。他相信庸俗的民众希望了解的是诗人背后的那个人，对任何纯粹的美感兴趣寥寥（艾略特应该会对此表示赞同）。对奥尔特加·伊·加塞特来说，科学和大众社会都同样不利于“高雅”的东西。

随着法西斯主义在德国和意大利的兴起，而西方世界又这般诸病缠身，人们开始把目光转向苏联，以考察社会组织方式的替代系统，看看西方是否能学到什么东西。包括乔治·萧伯纳和伯特兰·罗素在内的许多西方知识分子都在20世纪20和30年代访问过苏俄，但当时最有名的访问来自**西德尼·韦伯**（Sidney Webb）和**比阿特丽斯·韦伯**（Beatrice Webb）夫妇，他们关于此次访问的作品《苏维埃共产主义：一个新文明？》于1935年出版。

在这部作品问世之前很久，韦伯夫妇就已经对英国政治和社会产生了深远影响。他们还交友广泛，同巴尔弗夫妇、霍尔丹夫妇、迪尔克和萧伯纳夫妇私交甚笃。[113] 西德尼·韦伯在两次世界大战之间的两届工党政府中担任内阁大臣，他们俩组成了有史以来最强大的知识伴侣（西德尼一度被称为“英格兰最有才华的人”）。[114] 他们于1896年成立了伦敦政治经济学院，在1913年又创办了《新政治家》杂志，并在创建福利国家和发展费边社（一个笃信逐渐演变具有必然性的社会主义组织）的过程中发挥了重要作用。他们或单独或联合撰写了近百部书籍和小册子，其中包括《一天八小时》、《济贫法的改革》、《社会主义与个人主义》、《男性和女性的工资待遇：是否应该平等？》以及《资本主义文明的衰亡》。韦伯夫妇毕生都是坚定的社会主义者，他俩有缘相识是由于比阿特丽斯想找个人一起研究合作社运动，而她的一个朋友向她推荐了西德尼。韦伯夫妇的传记作家丽
292 萨尼·雷迪斯提出，从总体上看，西德尼和比阿特丽斯作为组织者和理论家共同取得的成就要大于西德尼在内阁担任政治家时取得的成绩。他们著作等身，具有坚定的社会主义观点，因此几乎没有人会对他们无动于衷。伦纳德·伍尔夫喜欢他们，但弗吉尼亚·伍尔夫不喜欢他们。[115]

韦伯夫妇于1932年前往苏俄，当时他俩都已是古稀之年的老人。比阿特丽斯策划了这次访问，她感到资本主义已接近衰败的终点，而苏俄可能正好能够提供一种替代方案。在《苏维埃共产主义：一个新文明？》中，韦伯夫妇的意见与马克思相反，他们认为社会主义可以在不借助革命的条件下逐步实现，可以通过晓之以理，让人们相信社会主义，而平等也会逐渐形成（这正是费边主义的本质）。但随着法西斯主义的兴起，她和西德尼觉得如果资本主义可以被一扫而空，费边主义也可能难逃厄运。[116] 在这种情况下，苏联的集体性规划变得更加可行。在1930年底，比阿特丽斯开始阅读俄国文学，并得到了苏联驻伦敦大使及其妻子的支持。比阿特丽斯几乎立即在日记中写下了这样的笔记：“苏联共产党政府可能仍然无法在苏联实现其最终目标，因为它一定无法用苏联式的共产主义征服世界，但它的壮举证明了孟德尔对生物进化所持的突然跳跃的观点是正确

的，也反对了斯宾塞所认为的缓慢调整的观点。”（社会达尔文主义者赫伯特·斯宾塞曾是比阿特丽斯父亲的一位密友。）一年后，就在她动身前往苏联之前，比阿特丽斯写下了将被她的批评者牢记的话：“十年之内，我们就会知道是美国的资本主义还是苏联的共产主义会为大多数人带来更美好的生活……毫无疑问，我们站在苏联一边。”[117]

1932 年韦伯夫妇到访之际，苏联的第一个五年计划已接近尾声。五年计划于 1929 年由斯大林发起，目的在于尽快推进工业化和农村集体化。（这样的计划在当时非常普遍：罗斯福于 1933 年启动了新政，而德国在 1936 年推行了旨在通过扩大公共工程、消除失业的沙赫特四年计划）。斯大林的“计划”直接导致了一百万富农遭到消灭，以及大规模的流放和饥荒。它拓展了克格勃的前身、秘密警察组织“格伯乌”的权柄，并通过恢复国内通行证的方式损害了工会的力量，从而制约了人民运动。五年计划也颇有建树，比如教育得到改善，惠及更多的孩子，妇女也获得了更多就业机会。但正如丽萨尼·雷迪斯所描述的那样，第一个五年计划“剥下了它宣传的伪装……预示着极权主义权力范围的深远延伸”。[118]

韦伯夫妇受到贵宾的礼遇，却完全无从知晓苏联的这些负面因素。他们下榻列宁格勒阿斯托利亚酒店的套房里，套房面积之大让比阿特丽斯担心，“我们似乎成了新的皇亲国戚”。他们在斯大林格勒参观了一座拖拉机厂，列席一次共青团会议。在莫斯科，他们住在外交部下设的宾馆里，参观目的地则包括学校、监狱、工厂和剧院。他们还去了位于莫斯科东北 150 英里的罗斯托夫，在那里他们走访了几家集体农庄。在采访过程中，
韦伯夫妇都依赖于口译人员的翻译。他们全程只看到了一个问题，有一家 293
汽车制造厂没有达到生产指标，而他们设法收集到的数据也是由苏联政府提供的。伦敦政治经济学院和《新政治家》杂志的两位缔造者采纳了任何自重的学者或记者做梦都不会发布的缺乏进一步证据的信息。他们本可以

咨询《曼彻斯特卫报》驻莫斯科记者马尔科姆·马格里奇（他娶了比阿特丽斯的侄女）。但马格里奇对苏俄政府持强烈批评态度，所以韦伯夫妇不太关注他。在他们返程途中，比阿特丽斯写道："苏维埃政府……代表了一种新的文明……以及一种新的人生观——这里有一种个人以及个人与社会关系的全新行为模式，我相信所有这些一定会在未来几百年内传播到许多别的国家。"[119]

用丽萨尼·雷迪斯的话说，《苏维埃共产主义：一个新文明？》"成于概念与眼界之不朽，败于判断之错误"。[120] 韦伯夫妇相信苏联共产主义优于西方，因为在苏联一般人有更多的机会参与国家的管理。对他们来说，斯大林不是一个独裁者，而是"一系列委员会"的书记。他们认为共产党献身于消灭贫困的事业，党员"不享有任何法定特权"。他们认为秘密警察组织"格伯乌"做了"建设性的工作"。在以后的版本中，他们对书名作了修改，开始改为《苏维埃共产主义是一种新文明吗？》（1936），后来又改为《苏维埃共产主义：独裁还是民主？》（同年晚些时候出版），这表明他们的心态有了轻微的变化。即使是斯大林主义者在20世纪30年代末进行公开审判之后，他们仍然不愿意完全收回自己写过的东西。在1937年，随着斯大林大恐怖时期的暴行达到顶峰，该书的重印版更名为《苏维埃共产主义：一个新文明》，也就是说，去掉了问号。在1939年7月，在他俩结婚47周年纪念日当天，比阿特丽斯在日记中透露，《苏维埃共产主义》是"我们伴侣生涯的最高成就"。[121] 对资本主义的不满让一些人误入歧途，但几乎没有人像韦伯夫妇这般执迷不悟。

苏俄的共产主义是资本主义之外的一种选择。还有一种选择已经随着纳粹高涨的信心开始在德国浮出水面。在魏玛德国时期，正如我们所看到的，理性主义者（即科学家和学者）与民族主义者（即泛德主义者）之间存在着持续不断的斗争。泛德主义者仍然相信德国拥有一些特别之处，包括她的历史，以及她的英雄与生俱来的优越性。奥斯瓦尔德·斯宾格勒在《西方的没落》中曾经强调过德国与法国、美国和英国的不同之处，而这种希特勒非常喜爱的观点，随着纳粹党离国家政权越来越近，在纳粹党内部也逐渐普及。1928 年，这种不断增强的信心导致了一本书的诞生。几乎可以肯定的是，这本书绝不可能在巴黎、伦敦或纽约找到愿意将其付梓的出版商。

该书的文字极具煽动性，而图片更是变本加厉。在书页的一边是阿梅代奥·莫迪利亚尼和卡尔·施密特—罗特卢夫等艺术家的现代派绘画的复制品，但在另一边却是畸形和病态的人体照片——其中一些眼球凸出，另一些患有唐氏综合征，还有一些则患有先天性愚型。该书的作者是一位 294
著名的建筑师**保罗·舒尔茨—瑙姆堡**（Paul Schultze-Naumburg），书名叫作《艺术与种族》。其主题虽然怪诞，却对国家社会主义产生了深远的影响。[122] 舒尔茨—瑙姆堡的理论是，他书中所示的畸形和病态的人是许多现代（尤其是表现主义）艺术家作品的原型。舒尔茨—瑙姆堡说，这种艺术是堕落的艺术。他的做法似乎受到了几年前海德堡大学城开展的一项科学研究的启发。海德堡当时已成为研究精神分裂症患者创作的艺术作品的中心，他们试图通过这种方式解决精神疾病的核心问题。1922 年，精神病学家汉斯·普林茨霍恩基于 450 名患者创作的超过 5000 幅作品以及他的调查材料，发表了他的研究《精神病患者艺术作品选》。这项研究表明，精神病患者的艺术作品展现出了一定的特质，该研究引发的严肃关注远远超出了医学界的圈子。[123]

《艺术与种族》引起了希特勒的注意，这是因为它的残酷“理论”契合元首的目的。虽然希特勒不时地攻击现代艺术和现代艺术家，但和其他的主要纳粹分子一样，他同样生性反对知识分子。对他来说，历史上最伟大的人都是实干家，而非思想家。然而，在不学无术的纳粹分子之中也有一个例外，这个自称知识分子的人与其他的主要纳粹分子相比，更能称得上是德国社会的局外人。他就是**阿尔弗雷德·罗森贝格**（Alfred Rosenberg）。[124] 罗森贝格出生在德意志帝国的疆界之外。他的家人来自爱沙尼亚，那里直到 1918 年都属于苏俄。有一些证据（发现于第二次世界大战之后）表明，罗森贝格的母亲是犹太人，但在当时没有任何人起过疑心，而他与希特勒之间保持的密切关系也比许多早期的同事更为长久。少年时代的他沉迷于历史，尤其是在他读到休斯顿·斯图尔特·张伯伦的作品之后。[125] 张伯伦是一个变节的英国人，他是瓦格纳的助手和姻亲，而瓦格纳将欧洲历史视为“日耳曼民族反对犹太教和罗马天主教会日渐衰弱的影响的斗争史”。罗森贝格在 1909 年的一次家庭度假期间偶然读到了张伯伦的《19 世纪的基础》，这本书改变了他，并为他提供了日耳曼民族主义情感的知识基础。他现在有了憎恨犹太人的理由，就像他在爱沙尼亚的经历给了他憎恨俄国人的理由一样。1918 年停战协定签署后，他搬到了慕尼黑，很快加入了纳粹党并开始撰写恶毒的反犹小册子。他的写作能力、对俄国的丰富知识和熟练的俄语能力帮助他成为纳粹党内东方问题的专家。此外他还担任了纳粹党机关报《人民观察家报》的编辑。随着 20 世纪 20 年代的流逝，罗森贝格、马丁·鲍曼和海因里希·希姆莱纷纷意识到亟需建立一种超越《我的奋斗》的纳粹意识形态。于是在 1930 年，他出版了自认为能够为国家社会主义奠定知识基础的作品。该书的德语名为 *Der Mythus des 20. Jahrhunderts*，通常翻译为《20 世纪的神话》。

295 《20 世纪的神话》是一本杂乱无章、前后矛盾的书，因此很难加以概括。（一个例子可以说明该书的晦涩程度：当时的一个崇拜者专门为此书出版了一份词汇表，用来解释书中的 850 个术语。）它将罗马天主教视为德国文明的主要威胁并对其进行了全面攻击。该书的篇幅长达 700 多页，其中关于德国和德国艺术的历史占去了超过 60% 的篇幅。[126] 书的第三部分题为“即将到来的帝国”，其他部分则探讨了“种族卫生”、教育和宗教，书的结尾则是对国际事务的探讨。罗森贝格认为耶稣不是犹太人，而耶稣的旨意遭到了犹太人保罗的歪曲。正是保罗 / 罗马对基督教的伪造，通过忽略贵族和种族的观念以及创造原罪、来世和地狱火海等假教义，造就了我们熟悉的基督教模式。在罗森贝格看来，所有这些信仰都是“不健康的”。

罗森贝格的目的（在今天看来其胆大包天已经到了惊人的地步）是为德国创造一种代替天主教的信仰。他所倡导的“血统的宗教”实际上告诉德国人，他们是优等民族的成员，拥有“种族的灵魂”。罗森贝格盗用了许多德国历史名人的思想，如画家埃克哈特大师和宗教领袖马丁·路德。他们都反抗罗马教廷，不过他在这里再次只采用了那些符合他目的的故事。他引用了纳粹的首席种族主义学者 H. F. K. 京特的作品，而京特“声称已经在科学的基础上建立了所谓的北欧雅利安种族的界定特征”。正如在他之前的希特勒等人一样，罗森贝格也尽全力将印度、希腊的古代居民与德国联系起来，他还引入了伦勃朗、赫尔德、瓦格纳、腓特烈大帝和狮子亨利，从而捏造出一部完全专制但充满英雄气概的历史，一心想要将纳粹植根于德国的过去之中。

对罗森贝格来说，种族（血统的宗教）是唯一能够与退化的力量（个人主义和普世主义）相抗衡的力量。他将“经济人的个人主义”，即美国理想，斥为“引诱人们走向灭亡的犹太思想的臆造之物”。[127] 与此同时，他必须对抗罗马的普世主义，在创造新宗教的过程中，也必须去掉基督教的某些标志，包括十字架。如果日耳曼人和德国要从战争失败的混乱中恢复过来，“十字架这个符号就太过强大，不允许改变的发生”。出于同样的原因，罗森贝格写道：“日耳曼人的圣地不是巴勒斯坦。……我们的圣地是莱茵河畔的城堡，是下萨克森的沃土，是马林堡的普鲁士要塞。”在某些方面，《20世纪的神话》可以说是烈火遇到了干柴。“血统的宗教”完美契合了已经开始在纳粹中发展的新仪式。在早期“斗争”中遇害的纳粹分子被宣布为“殉道者”，尸体由纳粹旗帜包裹。沾有他们血迹的旗帜就成了“血旗”，在游行时被尊为图腾。（另一个新发明的传统是当死者的名字在点名时被念到时，纳粹党员们齐声喊出“到”。）然而，希特勒似乎对《20世纪的神话》有着复杂的感情。在罗森贝格将手稿提交给他之后，希
296 特勒积压了半年之久，直到1930年9月15日纳粹党在民意调查中取得了压倒性胜利之后才批准出版。也许希特勒推迟出版该书是为了等到纳粹党强大到足以承受失去罗马天主教徒支持的风险，而在该书出版后，这一情况也势必将会发生。这本书卖出了50万册，但这并不意味着什么，因为所有中学和大专院校都被迫购买了此书。[128]

如果希特勒推迟出版确实是因为担心《20世纪的神话》可能会疏离天主教徒，那么他确实是非常现实的。梵蒂冈对它的观点大为震怒，并于1934年将其列入《禁书目录》。科隆大主教舒尔特枢机（Cardinal Schulte）成立了由七名年轻神父组成的“辩护参谋团”，他们夜以继日地工作，列举出了书中的大量错误。为逃避盖世太保的追查，这一系列匿名小册子同时在五座城市印刷。这本书最残酷的用法是被作为揭发神父的工具：信仰天主教的纳粹党员奉命在忏悔时提到《20世纪的神话》，然后告发所有对纳粹的意识形态提出批评的神父。[129]一时间，连罗森贝格都开始相信一种新的宗教正在形成——他在1939年8月曾与赫尔曼·戈林谈及此事。然而一个月之内德国便进入了战争状态，在那之后，《20世纪的神话》的影响日渐式微。罗森贝格仍然深受希特勒赏识，在第二次世界大战开始后，他还有了自己的部队“国家领袖罗森贝格特遣队”，简称ERR，专门负责洗劫艺术品。

虽然《艺术与种族》和《20世纪的神话》都语无伦次、主观武断，但

它们因为对德国的思想和文化生活的攻击而走到一起。无论它们存在怎样的缺点和错误，也不管它们多么粗制滥造、充满偏见，它们代表了纳粹党人试图超越党派政治的界限，聚焦于思想领域的尝试。在宣扬这些观点的过程中，纳粹党对他们所认为的德国文明的问题已经深信不疑了。

许多人都对文明的前进方向忧心忡忡，而悲惨命运即将到来的例证也从四面八方涌来，那么这样的时期和氛围催生出 20 世纪最伟大的文学作品之一也许也就不足为奇了。有人可能会说约翰·斯坦贝克是 20 世纪 30 年代失业状况的记录者，也有人会说克里斯托弗·伊舍伍德关于柏林的小说化解了《20 世纪的神话》带来的险恶与荒谬。但人们的忧虑和凄凉的心情早已不仅局限于失业问题和德国境内，有一个人清晰地捕捉到了这种悲观情绪，他就是《美丽新世界》的作者**阿道斯·赫胥黎**（Aldous Huxley）。

阿道斯·赫胥黎出生在 1894 年，比他著名的生物学家哥哥朱利安·赫胥黎年幼 7 岁。[130] 他视力不佳，因此得以免除了第一次世界大战的兵役之苦，在这段时间里他在奥托琳·莫雷尔位于牛津附近的农场上干活，并在那里遇到了利顿·斯特雷奇、T. S. 艾略特、马克·格特勒、米德尔顿·默里、D. H. 劳伦斯和伯特兰·罗素。（艾略特说，赫胥黎给他看了一些早期的诗作，而他“无法表现出任何热情”。）[131] 赫胥黎博览群书，生性多疑，他在 20 世纪 30 年代初撰写了四部作品，包括小说《克罗姆·耶娄》和《滑稽的环舞》。[132]《美丽新世界》出版于 1932 年，是一部反乌托邦小说，是对 20 世纪思想可能催生的可怕后果的一次悲观体验。在某种 297
程度上它可以算作科幻小说。但《美丽新世界》也被设计成一则警世寓言。如果说弗洛伊德在《文明及其缺憾》中探讨了作为新道德基础的“超我”，那么赫胥黎则描述了这种新道德本身，而新的心理学在其中和所有东西一样都负有不可推卸的责任。[133]

赫胥黎在书中的攻击对象主要是生物学、遗传学、行为心理学和机械化。《美丽新世界》设定的时间是在很久以后的未来，AF 632年（AF代表福帝纪元，大约是公元2545年）。技术已经获得了极大的进步，一种被称为“波坎诺夫斯基程序”的技术可以让一个卵巢在某种条件下生成一万六千人，这对孟德尔法则的数学运算堪称完美，它也构成了新社会的基础，在那个社会里有比现在更多的完全相同的人。还有新式的巴甫洛夫婴儿训练法（书籍和花朵被与有害的电击联系在一起），以及“睡眠教育法，婴儿们借此学到阶级意识的雏形”。[134]性行为受到严格控制：妇女只能使用怀孕代用品，还有被称为马尔萨斯带的药囊带，里面装的不是子弹而是避孕药。多配偶制是公认的准则，而一夫一妻则是丢脸的事。组建家庭、为人父母等概念都已过时。想要花时间独处、谈恋爱和享受读书的乐趣都是“不当之举”。与《20世纪的神话》形成恐怖呼应的是（两本书出版于同一年），在《美丽新世界》中，基督教的十字架已被废除，方法很简单，把十字架的头砍掉，成为T字架，以纪念“福特T型车”。有组织的宗教也已被“团结服务”取代。这本书向我们庄严宣告，这个新世界是一场为期九年的战争的结果，在战争中，生物武器造成的破坏之大，以至于“全球性的联盟和对人民万无一失的控制是唯一可以接受的选择”。赫胥黎详细介绍了帮助实施这种万无一失的控制的优生学技术，展示了卵子是如何被分出等级（从第一级到第五级），然后被浸入“一种含有自由游动的精子的温暖液体”。我们遇到了一些陌生的组织，比如“伦敦中心孵化场和训练中心”。书中的一些人物（西欧居民主管穆斯塔法·蒙德，以及伯纳·马克斯和列宁娜·克朗）提醒着我们新世界所失去的东西，以及新社会选择记住的东西。赫胥黎也谨慎地表明，势利和嫉妒仍然存在，孤独也一样，“尽管人们尝试过所有方法来消灭这些情感”。[135]

概括起来这听上去非常专制，但赫胥黎是一位风趣的作家。他对未来的看法并不完全是坏的——精英仍然享受生活，因为他们乐于享受生活。[136]
正是这种看法将赫胥黎与本章开头提到的弗洛伊德联系在一起。弗洛伊德
的观点是，通过精神分析可以更好地理解超我，最终会引导人们更好地理
解道德，以及促进更多道德的行为。赫胥黎则更持怀疑态度，他与罗素之
间有着更多的共同点。他认为没有绝对的善与恶，人类必需根据新的知
识，不断更新自己的政治体系，来创造尽可能最好的社会。《美丽新世界》
中的社会也许对我们来说非常可怕，但对故事中的人们来说却似乎并没有
那么可怕，因为他们别的什么也不知道，就像多布人、阿拉佩什人或夸扣
特尔人一样，对他们社会之外的东西一无所知，所以也很幸福。赫胥黎肯 298
定地表示，为了得到你想要的世界，你必须为之战斗。而且他还暗示，如
果你的世界正在崩溃，这说明你的斗争还不够努力。这正是他最有先见之
明之处，即暗示着一场战争即将来临。 299

17

思想浩劫

1933 年 1 月 30 日，阿道夫・希特勒当选德国总理。仅仅六周后的 3 月 11 日，他组建了帝国国民启蒙宣传部，约瑟夫・戈培尔出任部长。[1] 这个部门的名字直接来源于《美丽新世界》，而希特勒和戈培尔两人将很快以前所未有的规模对德国的文化生活造成破坏。他们在文化领域的暴行并不是突如其来的。希特勒一直十分清楚，纳粹党组建政府之日，就是他与各种的敌人清算"账目"之时。这些敌人之中，他认为首当其冲的就是艺术家。1930 年，他在一封写给戈培尔的信中向这位未来的部长保证，在纳粹党上台之后，就艺术方面而言，该党不会简单地变成一个"辩论社团"。早在 1920 年，纳粹党就在建党宣言中奠定了政策，要求以"斗争"反对"给人民生活带来分裂影响的艺术和文学倾向"。[2]

第一批**艺术家黑名单**（blacklist of artists）于 3 月 15 日公布。当时正在美国访问的格奥尔格・格罗茨被剥夺了德国国籍。包豪斯被关闭。马克斯・利伯曼（时年 88 岁）、凯绥・珂勒惠支（时年 66 岁）、保罗・克利、马克斯·贝克曼、奥托·迪克斯和奥斯卡·施莱默等艺校教师都遭到解雇。纳粹的这些行动过于迅速，以至于不得不采用直到1933年4月7日才生效的法律来追认这些解雇的合法性。[3] 同样在4月，第一场诋毁现代艺术的展览，即所谓的“**恐怖屋**”（Chamber of Horrors）展览在纽伦堡举办，随后在德累斯顿和德绍巡回展出。[4] 在希特勒当上总理的前一个星期，恩斯特·巴拉赫大义凛然地在广播节目中将希特勒形容为“他人的潜在毁灭者”，并将国家社会主义称为“人类的秘密死亡”。[5] 现在，作为报复，当地纳粹党徒要求将巴拉赫的雕塑作品《战争纪念像》从马格德堡大教堂中移走，而号令刚一发布，这件作品就被装上船运到柏林“进行保存”。[6] 为推广德国现代艺术做出了巨大贡献的《风暴》杂志也被关停，与之命运相同的还包括《行动》和《艺术与艺术家》等杂志。《风暴》杂志的出版商赫尔瓦特·瓦尔登逃亡苏联，并于1941年在那里去世。[7] 抽象拼贴画家约翰·哈特菲尔德逃到了布拉格。

1933年，现代艺术家们几度尝试与纳粹结盟，但戈培尔拒绝了所有 300
的提议，现代艺术展览也被迫关闭。一段时期内，戈培尔和罗森贝格争夺着文化/思想领域的政策制定权，但宣传部部长戈培尔组织能力超群，一旦官方的**艺术与文化协会**（Chamber for Arts and Culture）在他的手下建立起来，他的对手就被边缘化了。该协会的权力大得惊人，每一位艺术家都被迫加入一个由政府资助的专业团体，除非注册在案，否则艺术家将被禁止在博物馆举办展览或收取佣金。戈培尔还规定，没有官方批准，不允许举办任何公开性的艺术展览。[8] 在1934年9月的纳粹党年度会议上，希特勒在讲话中强调了威胁国家社会主义的“两种文化危险”。一方面是现代派艺术家，即“艺术破坏者”，具体包括“立体主义、未来主义和达达主义艺术家”。他说，他和德国人民想要的是“纯净的”、“不被歪曲的”和“毫不含糊的”德国艺术。艺术不是“政治的附属品”，他说，艺术必须成为纳粹政治纲领的“功能部件”。[9]这次讲话对那些职务还没有被解除或作品还没有被禁止展览的艺术家来说是决定命运的重要时刻。戈培尔之前还对埃米尔·诺尔德和恩斯特·巴拉赫等艺术家抱有一些同情，但他的立场也很快强硬起来。对艺术品的没收重新开始，又一大批画家和雕塑家被从教职或博物馆的职位上解雇。汉斯·格伦迪希被禁止作画。现代艺术家所写或关于现代艺术家的书籍也成了查禁的目标。出版于1934年的保罗·克利作品图鉴甚至还没运抵书店就被查封。两年后，弗朗茨·马尔克的全部作品也被查封（当时马尔克已经过世近二十年了），巴拉赫的一部作品目录也遭此厄运，它被冠以威胁“公共安全和社会治安”的罪名。这本书后来被盖世太保销毁成纸浆。[10]1936年5月，所有在帝国文化协会注册过的艺术家都必须证明自己的雅利安血统。1936年10月，柏林的国家画廊奉命关闭其现代艺术展厅，而在11月，戈培尔取缔了所有的“非官方艺术批评”。从那以后，合法的只剩下对艺术活动的报道了。

一些艺术家试图抗议。被迫离开普鲁士科学院的恩斯特·路德维希·基尔希纳坚持说自己“既不是犹太人也不是社会民主主义者”。“三十年来我一直在为新的、强大的、真正的德国艺术奋斗，只要我还活着，我会继续这样做。”[11]马克斯·佩希施泰因则不敢相信自己的遭遇，他提醒盖世太保自己曾在第一次世界大战期间在西线战场为德军作战，他的一个儿子是纳粹冲锋队队员，另一个则是希特勒青年团成员。**埃米尔·诺尔德**（Emil Nolde）从20世纪20年代初开始就是纳粹党的狂热支持者，他批评一些同行的作品是“对党的玷污”，并在他出版于1934年的自传《斗争的岁月》里将他们形容为“混血儿、杂种和穆拉托人（即黑白混血儿）”。[12]这一年他直接写信给戈培尔，坚称自己的艺术是“朝气蓬勃、持久、热情而德国式的”。但戈培尔置若罔闻。1937年6月，诺尔德的1052幅作品遭到没收。[13]**戈特弗里德·贝恩**（Gottfried Benn）在广播演讲《新国家和知

识分子》中对艺术家发动了攻击，该演讲为纳粹做了饱含感情的辩护，并
对他们的敌人进行了激烈的攻击。这个时候，奥斯卡·施莱默挺身而出。 301
施莱默的观点是，贝恩所认为的“颓废”艺术家绝不是那样的人，而真正颓废的是“二流艺术家”，他们用“拙劣之作”替代了别人的佳作。[14]

这样的抗议没有起到任何作用。希特勒的思想在很久以前就已顽固不化，而他也丝毫没有改变之意。实际上，这些艺术家的行为没有激起纳粹的报复已经够幸运了。他们所能做的一切就是在自己的艺术中进行抗议。奥托·迪克斯是率先向纳粹发难的艺术家，他在1933年的画作《七宗罪》中将希特勒描绘成了“妒忌”之罪。（当然，他的意思是希特勒这个失败的艺术家妒忌真正的艺术家。）马克斯·贝克曼用漫画讽刺总理希特勒为“勾引者”。马克斯·利伯曼在第一次世界大战之前是最受欢迎的在世德国画家。他在得知自己被逐出普鲁士科学院时辛辣地讥讽道：“我不可能吃得跟吐得一样多。”[15]

许多艺术家最终选择了移民和流亡。[16]库尔特·施维特斯去了挪威，保罗·克利去了瑞士，莱昂内尔·法伊宁格去了美国，马克斯·贝克曼去了荷兰，海因里希·坎彭东克先去了比利时然后又去了荷兰，路德维希·迈德纳去了英国，马克斯·利伯曼去了巴勒斯坦。利伯曼曾经爱过德国，而在第一次世界大战之前，德国也一直待他不薄，而他也曾与德国的最杰出的人物相识并为他们画像。然而，就在他于1935年去世前不久，他悲伤地得出结论，对身为犹太人的德国年轻艺术家来说，只有一种选择，“除了移民巴勒斯坦，没有别的获救方法。只有在那里他们才可以作为自由人而生活，并摆脱沦为难民的危险”。[17]

人们多半可能会认为科学（尤其是物理学、化学、数学和地质学等“硬”科学）能够免于政治制度的影响。毕竟，人们普遍认为对自然基本

原理的研究不像思想研究一样可能带有政治色彩。但在纳粹德国，没有什么是理所当然的。

对爱因斯坦的迫害很早就开始了。他遭受攻击的原因很大程度上是因为阿瑟·爱丁顿观察结果的公布为他带来了国际性声誉。1919 年 11 月，爱丁顿宣布他通过实验证实了广义相对论的预言。政治和科学极端分子都向爱因斯坦发起了恶意中伤。他也有一些支持者，比如德国驻伦敦大使在 1920 年的一份报告中私下警告其外事办公室，“爱因斯坦教授是此时世界一流的文化人。……我们不应该把这样的人逐出德国，而可以用他开展真正的文化宣传”。然而两年后，随着外交部长沃尔特·拉特瑙遭到政治暗杀，未经证实的消息泄露出来，传言爱因斯坦也在暗杀名单上。[18]

十年之后，当纳粹终于攫取了政权，他们的加害行动也没有拖延多久。1933 年 1 月，爱因斯坦离开柏林，前往美国进行访问。他当时 54 岁，虽然自觉为声名所累，更愿意安静地投身于广义相对论和宇宙论的研究之中，但他也意识到自己无法完全避免成为公众人物。于是，他发表了一番宣言，宣布只要纳粹还把握权柄，自己就不会返回柏林的大学和威廉皇帝
302 学会任职。[19] 纳粹分子“报答”了他的“赞誉”：冻结他的银行账户，以共产分子和藏有武器为名义对他家进行了搜查，并公开焚烧了他的一本关于相对论的畅销书。那年春天的晚些时候，纳粹政权颁布了一份“国家公敌”目录。该目录经过精心编辑，以最准确的照片展示纳粹的敌人，每张照片下面还附有一段简要的文字说明。爱因斯坦的照片排名榜首，而他的照片下面所附的文字是：“还没被绞死。”[20]

是年 9 月，爱因斯坦身在牛津，不久之后他就计划回到自己在加州理工学院的教职岗位。关于他将在哪里定居的问题却一直悬而未决。他告诉一名记者，他觉得自己是欧洲人，无论短期内会发生什么，他最终都会回到欧洲。与此同时，“在一连串的考虑不周中”，他也接受了来自西班

牙、法国、比利时和耶路撒冷希伯来大学的教授职位，以及新近成立的普林斯顿高等研究院的职位。英国也打算为他在牛津提供一份职位，而给予他归化公民身份的法案也已送交下议院审批。[21] 然而，到了 20 世纪 30 年代初，美国已不再是物理学的穷乡僻壤。美国已经开始培养自己的博士（20 年代共授予 1300 人），而他们都继承了爱因斯坦的研究。此外，他也喜欢美国，在希特勒当上总理之后，他也不需要进一步的刺激来促使自己离开了。不过他没有返回加州理工，而选择了普林斯顿。1929 年，美国教育家亚伯拉罕·弗莱克斯纳成功地筹集到资金，在新泽西州的普林斯顿建立了一所高等研究院。出身新泽西州成功的商业世家的路易斯·班伯格和他的妹妹卡罗琳·富尔德承诺为其捐款五百万美元。[22] 研究院建院的基本思路是建立一个高级研究中心，可以让杰出的科学家在宁静而富有成效的环境中开展研究，且没有任何教学负担。弗莱克斯纳曾到爱因斯坦位于柏林卡普特的家中访问，而当他们在湖边散步时，爱因斯坦对普林斯顿的热情变得更加高涨。他们甚至进行到谈论薪酬的地步。在被问到希望获得多少薪资时，爱因斯坦犹豫不决地说："一年三千美元？再少些也够我用吧？""这点钱你肯定不够用，"弗莱克斯纳马上说，并建议爱因斯坦和夫人商量后再做决定。很快，弗莱克斯纳和爱因斯坦的夫人埃尔莎达成了每年一万六千美元的共识。[23] 这是弗莱克斯纳的一项主要成就。爱因斯坦受聘普林斯顿的消息一经发布，立即就大大提升了研究院的公众形象。德国内部的反响则有些不同。一家报纸的头条写道：《来自爱因斯坦的好消息——他不会回来了》。但并不是所有的美国人都喜欢爱因斯坦。全国爱国委员会抱怨说，他是个布尔什维克分子，信奉的都是些"毫无价值的理论"。美国妇女联合会也诬蔑他为共产分子，呼吁国务院拒绝爱因斯坦的入境许可。但这些反对意见都被忽略了。[24] 爱因斯坦可能是离开德国的最有名的物理学家，但他绝不是唯一一个。在 1933 至 1941 年间，约有 100

位世界级物理学家来到美国避难。[25]

303 对于名气略逊于爱因斯坦的科学家来说，纳粹的态度可能会造成严重的问题，他们在国外找到安全避难所的机会也更少。**卡尔·冯·弗里希**（Karl von Frisch）是第一位发现"蜜蜂语言"的动物学家。蜜蜂通过这种在蜂巢近旁跳舞的语言来告诉其他同伴关于蜜源的情况。"圆圈舞表明有花蜜的来源，而摇摆舞则表示有花粉存在。"冯·弗里希的实验激发了公众的想象力，他的作品也成了畅销书。但这对纳粹毫无意义，1933年颁布的《公务员法》仍要求冯·弗里希提供雅利安血统证明。问题出在他外祖母的血统，他承认，她有可能是"非雅利安人"。于是慕尼黑大学的学生报纸发动了一场恶意针对冯·弗里希的运动，而他之所以幸免于难只是因为当时德国爆发了一场蜜蜂的微孢子虫病，1941年，有数十万个蜂群因此灭亡。这严重损害了果树栽培，扰乱了农业生态。在这个阶段，德国不得不自己动手，培育新苗，而帝国政府认定冯·弗里希是挽救这种状况的最佳人选。[26]

最近的研究显示，在1933年至第二次世界大战爆发期间，13%的德国生物学家遭到解雇，其中五分之四是由于"种族"原因。这些失业的生物学家中大约有四分之三移民他国，而遭到驱逐的生物学家所取得的成就后来被证明大大超过了留在德国的同行。德国的生物学最主要在两个领域受害严重：细菌的分子遗传学和噬菌体（即捕食细菌的病毒）研究。这并不是由于留在德国的科学家水准低下，而是由于这些领域的科学发现主要都诞生在美国，而科学同行间正常的交流无论是在30年代后期、第二次世界大战期间，还是在此后的很长一段时期内，都根本无法进行。[27]

1925年，在图林根州的右翼当局削减了**包豪斯**的预算之后，沃尔特·格罗皮乌斯和拉斯洛·莫霍利—纳吉已经将包豪斯从那里搬出并转移到了位于萨克森—安哈尔特州的德绍。然而，在1932年5月的萨克森—安哈尔特州议会选举上，纳粹党赢得了绝大多数议席，而他们的竞选宣言包括了“取消所有对包豪斯的经费拨款”并激进地反对“犹太包豪斯文化”。[28] 新政府恪守其承诺，在9月便关闭了包豪斯。勇敢的路德维希·密斯·范·德·罗将学校转移到了柏林的施特格利茨郊区，在没有国家或市政支持的情况下以私立学校之名继续运营包豪斯。但经济问题还不是真正的问题所在。1933年4月11日，包豪斯遭到警察和纳粹冲锋队的包围。学生被拘留，文件被查封，学校大楼也被封锁。警方的守卫禁止人们进入大楼达数月之久。当德绍的包豪斯遭到关闭之时，至少在新闻媒体上还有一些抗议的声音。而现在，柏林的媒体发动了反对包豪斯的运动，将其斥为“德意志帝国中附庸风雅的犹太民族的赞助人和教宗”资助下的“布尔什维克颠覆活动的种子”。[29] 校方曾试图让学校重新开张，纳粹实际上为此制定了政策，称为“同化至现状”。[30] 在包豪斯的案例中，密斯被告知要重开学校就必须解雇一些教师，尤其是瓦西里·康定斯基。最后，密斯和纳 304
粹当局之间的分歧无法调和，包豪斯在德国被永久关闭。这不仅仅是反犹主义。在尝试将古典传统与现代观念相结合的过程中，包豪斯代表了纳粹所厌恶的一切。

包括一些最杰出的教师在内的包豪斯工作人员因学校的关闭而被迫流亡他乡。沃尔特·格罗皮乌斯、路德维希·密斯·范·德·罗、约瑟夫·阿尔贝斯、马塞尔·布罗伊尔和拉斯洛·莫霍利—纳吉等包豪斯的核心成员都在1933至1934年或1937至1938年间离开了德国。他们中的大多数之所以离开，是因为他们的职业生涯在德国陷于停滞，而不是因为他们的生命受到威胁，不过纺织艺术家奥蒂·贝格尔在奥斯威辛惨遭毒手。[31] 1934年，格罗皮乌斯在得到官方许可之后才得以搬到英国。当时的英国还有一些在政治上较为活跃的德国艺术家（被称为奥斯卡—柯克西卡同盟），但格罗皮乌斯避免与他们有任何接触。当他于1937年被聘为哈佛大学教授时，德国报纸并没有恶言相向。[32]格罗皮乌斯在美国很快成为现代主义德高望重的权威，但他依然回避政治。艺术史学家一直无法找到他对纳粹德国所发生事件的任何公开声明，他甚至没有对“堕落艺术展”发表看法。该展览就在他接受哈佛委任的同年举办，几乎他所有的包豪斯艺术同事和朋友都在这次展览上遭到了卑劣的中伤。

在遭到关闭的时间先后上，汉堡的瓦尔堡研究所实际上要早于包豪斯。阿比·瓦尔堡在1929年去世，但在1931年，由于担心这所犹太人创立的研究所会成为纳粹当权后的攻击目标，瓦尔堡的朋友采取了预防措施，将所有书籍和研究所本身迁往了安全的英国，成为伦敦大学艺术历史研究所。在后来的20世纪30年代，瓦尔堡最杰出的弟子埃尔温·帕诺夫斯基也离开了德国，研究所还在汉堡时他便撰写了著名的透视结构研究论文。1933年他遭到解雇，后来他也被亚伯拉罕·弗莱克斯纳聘为普林斯顿高等研究院的一员。

法兰克福社会研究所的大多数成员不仅是犹太人，而且是公开的马克思主义者。根据马丁·杰伊在研究所历史中的记载，多亏研究所主任马克斯·霍克海默的先见之明，他们在1931年就将研究所的基金从德国转移到了荷兰。法兰克福学派的国外分支已经在日内瓦、巴黎和伦敦成立（后者位于伦敦政治经济学院）。在希特勒上台后不久，霍克海默离开了位于法兰克福克龙贝格郊区的家，将自己和妻子安顿在法兰克福主火车站附近一家酒店里。在1933年2月，他放弃了逻辑学，转而研究政治，尤其是对自由意义的研究。一个月后，他悄悄地越过边界进入瑞士，而此时距离研究所因“对国家抱有敌对倾向”而遭到关闭只有几天之遥。[33]研究所位于维多利亚大道上的大楼被没收，拥有6万册藏书的图书馆也未能幸免。在霍克海默逃脱几天后，他和保罗·蒂利希以及卡尔·曼海姆一道被正式解雇。当时几乎所有的学派高层都逃走了。霍克海默和他的副手弗里德里希·波洛克逃到了日内瓦，一同前去的还有埃里希·弗洛姆。身在法 305
国的亨利·柏格森和雷蒙·阿隆向他们发去了聘用邀请。与此同时，西奥多·阿多诺前往牛津大学默顿学院，并在那里从 1934 年待到 1937 年。西德尼·韦伯、R. H. 托尼、莫里斯·金斯伯格和哈罗德·拉斯基都伸出了援手，将学派的伦敦分支维持至 1936 年。然而，日内瓦渐渐变得不那么友好。根据波洛克所说："法西斯主义也在瑞士取得了很大发展。"他和霍克海默访问了伦敦和纽约，试探转移学派的可能性。相比起伦敦政治经济学院的威廉·贝弗里奇，他们从哥伦比亚大学获得的响应要更热烈。于是到了 1934 年中期，法兰克福社会研究所在第 117 大街西 429 号重新组建起来。研究所一直在那里驻扎至 1950 年，并在此期间开展了大部分较有影响力的工作。德国分析方法与美国实证研究方法的结合有助于战后社会学风格的形成。[34]

维也纳学派的哲学家经历的迁移伤痛或许要少于其他学者。由于美国的实用主义传统，那里有相当多的学者对逻辑实证主义者的观点颇为赞同，而维也纳学派的数位学者也曾在 20 年代末或 30 年代初横渡大西洋，前往美国讲学或结识志同道合的同行。他们受到了"科学联合会"的帮助，该团体由哲学家和科学家组成，致力于寻找学科之间的一致性。这个国际团体召开的学术会议遍布欧洲和北美。在 1936 年，英国哲学家 A. J. 艾耶尔出版了《语言、真理与逻辑》，对于在美国更为普及的逻辑实证主义进行了极为出色且清晰的阐释，使得维也纳学派的成员在大西洋的另一边尤为受欢迎。赫伯特·费格尔一马当先，于 1931 年到访爱荷华州，鲁道夫·卡尔纳普于 1936 年在卡尔·亨佩尔和奥拉夫·赫尔默的陪同下去了芝加哥。汉斯·赖兴巴赫紧随其后，于1938年在加州大学洛杉矶分校安顿下来。不久之后，库尔特·哥德尔接受了普林斯顿高等研究院的研究员职位，因此加入了爱因斯坦和埃尔温·帕诺夫斯基的行列。[35]

纳粹一直将精神分析视为“犹太科学”。即便如此，纳粹禁止该学科列席1933年10月莱比锡心理学大会依然给精神分析学家带来了沉痛的打击。德国的精神分析学家被迫到别国寻找工作机会。对其中的一些人来说，弗洛伊德的家乡维也纳在几年内提供了暂避之地，但大多数人都去了美国。美国的心理学家对弗洛伊德理论并不十分赞成——威廉·詹姆斯和实用主义的余威仍在。但美国心理学协会仍然成立了一个“外国流离失所心理学家委员会”，截至1940年已与269位重要学者（并非都是精神分析学家）建立了联系，其中134位已经抵达美国，他们之中包括卡伦·霍妮、布鲁诺·贝特尔海姆、艾尔泽·弗伦克尔—布伦斯维克以及大卫·拉帕波特。[36]

1938年3月，希特勒宣布奥地利成为第三帝国的一部分。当时的弗洛伊德已是82岁高龄，身体状况每况愈下。他的许多朋友都为他的健康状况担忧，尤其是身在伦敦的欧内斯特·琼斯。就连美国总统罗斯福也要求随时通报弗洛伊德的状况。美国驻巴黎大使威廉·布利特奉命留意“弗洛
306 伊德的情况”，确保驻维也纳总领事的工作人员“密切关注”弗洛伊德。[37]欧内斯特·琼斯先在英国试探了弗洛伊德定居伦敦的可能性，之后他急忙赶到维也纳，但他到达时却发现弗洛伊德不愿离开维也纳。只有在得知他的孩子会在国外拥有更宽广的未来之后，他才被说服了。[38]

弗洛伊德得以脱身之前，他的“案子”级别之高，由纳粹头子希姆莱亲自办理，且完全是因为罗斯福总统的密切关注才最终确保了他的安全，但在此之前弗洛伊德的女儿安娜已遭到逮捕并被审讯了一整天。纳粹小心

地确保弗洛伊德在离开前偿清了所有债务，并向弗洛伊德一家逐一发放出境签证，而弗洛伊德自己的签证则最后到达。直到那一刻，他都担心家人可能会因此分开。[39] 当他的签证终于姗姗来迟时，送信的盖世太保还带来了一份要求他签署的文件，以肯定他一直以来都受到了妥善对待。他签署了该文件，但加了一条，“我衷心地向所有人推荐盖世太保”。他乘坐东方快车离开维也纳前往巴黎，之后继续前往伦敦。一位美国使馆的工作人员奉命陪同，以保障弗洛伊德的安全。[40] 在伦敦，弗洛伊德首先暂住在汉普斯特德的埃尔斯沃斯路 39 号。斯特凡·茨威格、萨尔瓦多·达利、布罗尼斯拉夫·马林诺夫斯基、哈伊姆·魏茨曼和英国皇家学会的秘书纷纷登门拜访，学会秘书还带来了学会的会员特许签名本请弗洛伊德签名，而这项荣誉此前只有国王才能享有。

抵达伦敦不到一个月，弗洛伊德就开始投入《摩西与一神教》的创作。在他的最初设想中，这本书将是一部历史小说。弗洛伊德在书中声称《圣经》中的摩西融合了两位历史人物的事迹，一位是埃及人，另一位则是犹太人。其中埃及那位独裁的摩西遭谋杀身亡，这项罪行是犹太人罪孽的根源所在，并一直流传了下来。他认为早期的犹太人是野蛮的民族，崇拜“火山和荒野”之神，而他们行割礼的习惯则激发了非犹太人对阉割的恐惧，这也是反犹主义的根源所在。[41] 不难看出，这本书是对希特勒的回应，几乎如《圣经》所言“连另一边脸也转过来由他打”。这本书的真正意义在于它的时间选择。弗洛伊德在犹太人的命运低谷背弃了犹太教（如果不是从情感上，也是从思想上）。他暗示犹太人所遭受的孤立具有深刻的心理原因，还有一部分是他们自己的过错。弗洛伊德并不认同元首希特勒所认为的犹太人是邪恶的想法，但他确实承认他们是有缺陷的。[42] 许多犹太学者恳求他不要出版这本书，理由是从历史的观点上说这并不准确，而且可能冒犯政治 / 宗教感情。但他一意孤行。

这本作品不是一则恰当的墓志铭。在1938年底和1939年初，新的肿块出现在弗洛伊德的口腔和喉咙中。他在维也纳的医生获得了特别许可，在没有英国医师资质的情况下前往伦敦对弗洛伊德进行了治疗，但已经于事无补。弗洛伊德在1939年9月去世，而第二次世界大战已于三个星期前正式爆发。

作为一名年仅18岁的哲学系学生，**汉娜·阿伦特**（Hannah Arendt）于1924年来到马尔堡，师从马丁·海德格尔。当时的海德格尔可以说是
307 欧洲最著名的在世哲学家，而他最重要的著作《存在与时间》也处在最后的完成阶段。他俩初次见面时，海德格尔35岁，已婚并有两个年幼的孩子。出身于天主教家庭、原本打算成为神职人员的他已变成为一位魅力非凡的老师，他的课程复杂难懂，闪耀着思想的光芒。学生们陶醉于他的授课方式，但那些无法跟上他思想脚步的人却时常陷入绝望之中。至少有一名学生因此自杀身亡。

阿伦特的背景与海德格尔迥异，她出身于哥尼斯堡一个优雅、国际化且已完全同化的犹太家庭。父亲和祖父都在她很小的时候就去世了，母亲则云游四方，所以小汉娜总是担心她会一去不复返。后来母亲改嫁给一个她从未喜欢过的男人，所以她也一直不喜欢两个同母异父的妹妹。所以当她来到马尔堡时，她非常热情，但在感情上缺乏安全感，很需要爱、保护和指导。[43] 当时的马尔堡是一个小小的大学城，保守、体面而安静。在这样的环境中，男教授和女学生交往过密会带来很大的风险，而马丁和汉娜的关系说明了汉娜的到来对马丁具有怎样的意义。在她开始听他的课两个月后，他邀请她到自己的书房讨论他的研究。而在接下来的两周之内，他们已经成为情人。汉娜改变了海德格尔。她与他所习惯的“条顿女战士”（即典型的德国女性）完全不同，同时也是他所见过的最聪明的学生

之一。[44] 他不再是那个孤僻，甚至郁郁寡欢的人，而变得更加外向，甚至还为汉娜创作了充满激情的诗歌。一连几个月，他们完全沉迷于秘密幽会，还为此精心设计了暗号，用海德格尔家的灯光来表示何时何地可以安全相见。致力于《存在与时间》对他们两人来说都是一次激烈的情感体验，而汉娜对参与如此重要的哲学项目也极为高兴。在最初的激情退去之后，双方都意识到汉娜最好离开马尔堡，于是她转学到了海德堡，师从海德格尔的朋友卡尔·雅斯贝尔斯。但汉娜和海德格尔仍继续通信和会面，以一种前所未有的狂热分享他们对贝多芬、巴赫、里尔克和托马斯·曼的喜爱之情。他们在德国和瑞士的小镇里幽会，海德格尔为此专门设计了借口以便前往。[45]

在获得哲学博士学位之后，汉娜移居柏林，嫁给了一个她不爱的犹太男子。对她来说，这次婚姻是一种生存手段。这个男子也是一位哲学家，但并不像她那么全身心地投入哲学事业，后来他转行当了记者。他们俩加入了一个左翼圈子，在其中他们的密友包括剧作家贝尔托·布莱希特以及法兰克福学派的哲学—社会学家西奥多·阿多诺、赫伯特·马尔库塞和埃里希·弗洛姆。汉娜仍与海德格尔保持通信来往。在 1933 年纳粹上台之后，汉娜和海德格尔的生活戏剧性地转向了不同的方向。海德格尔被任命为弗赖堡大学校长，此后汉娜很快听到流言，即他拒绝为犹太学者提供职位，甚至背弃了他们。她向他写信求证，而他马上回复，“愤怒地”否认这些指控。[46] 她于是打消了这些念头。她左翼阵营的丈夫决定离开德国前往巴黎。不久之后，海德格尔以弗赖堡大学校长的名义发表了一篇极为反 308
犹和亲希特勒的讲话，世界各地都对此进行了报道。[47] 对于海德格尔的行为，汉娜深感不安和迷茫。更糟糕的是，贝尔托·布莱希特被诬陷为共产分子并遭到迫害，被迫流亡他国。他逃亡时留下了大部分的个人财产，包括他的通讯簿，而其中汉娜的姓名和电话号码赫然在列。她遭到逮捕，并在狱中被审讯了八天之久。她的丈夫当时已身在巴黎，无从伸出援手，海德格尔本可以帮助她，却选择袖手旁观。[48]

汉娜刚从监狱获释便离开德国，定居巴黎。从那时起，她与海德格尔的世界变得截然不同。作为一个流亡中的犹太人，她无家可归，没有工作，与家人和她所知的一切失去了联系。对阿伦特来说，30年代后期和40年代初期是一段极度悲惨的时光。她加入了一个名为“青年犹太人大迁徙”的犹太组织，为希望移居犹太圣地的学生提供培训。她曾到访巴勒斯坦，但并不喜欢那里，她也不是犹太复国主义者。然而她需要一份工作，并希望帮助她的人民。[49]

海德格尔的生活则迥然不同。他在纳粹德国起到了至关重要的作用。作为一位哲学家，他非常重视第三帝国，为发展其思想添砖加瓦，为纳粹主义确立了历史根源并为日耳曼人的自我意识打下了基础。在这方面他得到了戈培尔和希姆莱的支持。[50]作为一位学术人物，他在大学的重组方面发挥了主导作用，而在此计划之中，主要的“政策”就是解雇所有犹太学者。在海德格尔的施压之下，现象学的奠基人、海德格尔的导师埃德蒙·胡塞尔以及妻子是犹太人的卡尔·雅斯贝尔斯均被迫离开了大学岗位。汉娜后来写道：“马丁杀害了埃德蒙。”当《存在与时间》于1937年再版时，致胡塞尔的献词被删除了。[51]海德格尔让自己和自己的哲学成了纳粹意识形态国家机器的一部分。他改变了自己的想法，开始歌颂战争（这种观念上的变化发生在他的校长演讲于1937年再版之时）。他认为纳粹还不是地道的尼采信徒，不够关心伟人和斗争。通过比较现代德国和古希腊对于体育运动和身体纯洁性的痴迷，他在将生物学与历史学相联系的过程中发挥了作用。

汉娜·阿伦特与马丁·海德格尔之间的故事予以我们启迪，它表明知识分子不仅是希特勒残酷迫害的受害者，他们有时也是助纣为虐的帮凶。

自 1989 年柏林墙倒塌之后，学者们获得了更多可供研究的档案资料，而第二次世界大战之前和战时的研究活动也变得豁然开朗。目前已知的曾做过不道德研究（委婉的说法）的科学家包括后来获得了 1973 年诺贝尔奖的**康拉德·洛伦茨**（Konrad Lorenz）、柏林臭名昭著的威廉皇帝人类学与人类遗传学研究所的汉斯·纳赫茨海姆，以及位于兰纳赫的圣遗物植物遗传学研究所的海因茨·布吕歇尔。

在第二次世界大战之前，洛伦茨最知名的成就是创立了动物行为学，对比研究动物与人类的行为，他在其中发现了一种被他命名为“印刻”的 309
行为。在他最著名的研究中，他发现年幼的雏鹅会在成长过程的某一阶段对它们首次遇到的图像念念不忘。对于他所研究的许多雏鹅来说，这种图像就是洛伦茨自己。而这位教授漫步校园，身后跟着一群小鹅的照片在媒体上大受欢迎。印刻在理论上很重要，因为它展示了生物的完全形态与本能之间的联系。洛伦茨曾读过奥斯瓦尔德·斯宾格勒的《西方的没落》，对纳粹抱有一定的同情心。[52] 在那种大环境下，他开始将印刻设想为动物驯化过程中出现的一种障碍，并将动物的印刻与人类文明进行了比较：他认为，在两种情况下都存在着退化。1940 年 9 月，在纳粹党的唆使下，他在全体教师的反对声中成为哥尼斯堡大学比较心理学研究所的教授兼主任，这是一个政府资助的职位，而且从那时起直到 1943 年，洛伦茨的研究都旨在加强纳粹的意识形态。[53] 比如，他声称人们可以被分为具有“完全价值”和具有“劣等价值”几种档次。劣等人包括了“缺陷类型”，他们是由大城市的进化条件创造的。大城市的繁殖条件类似“饲养动物，它们可以出生在最肮脏的畜栏里，并与任何性伴侣交配”。对洛伦茨来说，任何减少“伦理上的劣等人”或“受到缺陷折磨之人”的政策都是合法的。[54]

威廉皇帝人类学与人类遗传学研究所于 1927 年在柏林的达勒姆成立，

当时正值第五届国际遗传学大会在德国首都举办。该研究所和这次大会的目的都在于使德国的人类遗传研究得到国际认可，因为正如德国其他领域的科学家一样，德国的生物学家也在第一次世界大战后遭到了其他国家学者的联合抵制。[55] 研究所的第一任所长是德国最著名的人类学家**尤金·菲舍尔**（Eugen Fischer），他网罗了一群声名狼藉的科学家，其中包括研究遗传病理学的库尔特·戈特沙尔特、研究种族科学的沃尔夫冈·阿贝尔、研究种族卫生学的弗里茨·伦茨和负责实验遗传病理学部的**汉斯·纳赫茨海姆**（Hans Nachtsheim）。研究所几乎所有的科学家都支持纳粹的种族政治目标，并参与了这些目标的实际执行，例如制定与纽伦堡法案一脉相承的、关于“种族成员”的专家意见。该研究所的医生和奥斯威辛集中营的约瑟夫·门格勒之间也存在着千丝万缕的联系。在第二次世界大战结束后，研究所被盟军解散。[56]

纳赫茨海姆的研究方向是癫痫，他怀疑该病是由于脑部缺氧所致。由于幼小孩子对于缺氧的反应要比成人明显得多，因此有“必要”在年仅5至6岁的孩子身上进行实验。为了确定这些孩子中有哪些（如果有的话）罹患癫痫，他们全都被迫吸入了相当于高海拔地区（比如说海拔四千米）含氧量的空气。这已经足够杀死一些孩子，但如果确实导致了癫痫，死掉的孩子也可以算是被合法地“绝育”了。这些灭绝人性的实验并不是种族
310 主义暴徒所为，而是受过教育的人犯下的罪行。[57]

通过研究柏林和波茨坦新近解密的档案，乌特·戴希曼完整展现出**海因里希·希姆莱**（Heinrich Himmler）塑造纳粹党卫军科学政策的主要目的，以及党卫军所发起的科学和医学研究的实际内容。希姆莱在一个严格的天主教家庭中长大，在幼年就对战争和农业（特别是动植物育种）产生了兴趣。他也很早就对各类替代疗法产生了兴趣，尤其着迷于顺势疗法。

他非常迷信，和希特勒同样坚信日耳曼人优越的种族价值。正是希姆莱在纳粹党卫军分支“**圣遗物**”（Das Ahnenerbe）的框架下建立了军事科学实践研究所，开始从人类学和生物学的角度阐明“犹太人问题”。希姆莱在1935年建立“圣遗物”研究所的过程中起到了决定性作用，也是该研究所的第一任所长。由“圣遗物”主持的一份详细分析表明，希姆莱关注的焦点是对北欧日耳曼人种的保护及它所受到的威胁的研究，“他将这一人种视为最高文明和文化的承载者”。[58]

军事科学实践研究所开展过一些冷冻实验，将达豪集中营的囚犯拿来当实验对象。这项研究冠冕堂皇的理由是研究人类冻伤后的恢复效果，并考察人类耐受寒冷的程度。约有8300名囚犯在这些实验过程中死亡。其次是关于黄十字毒气（也称为芥子气）的研究。这次实验导致的死亡人数之多，以至于一段时间后即使允诺完成实验后可以获释，也找不到更多的“志愿者”了。为建立“犹太人骨骼的类型学标准”而开展“调查”的奥古斯特·希尔特，获得批准可以在奥斯威辛集中营随意地杀死115名犹太囚犯。（他于1945年自杀身亡。[59]）野蛮程度不遑多让的是“圣遗物”植物遗传学研究所，该所位于兰纳赫，靠近格拉茨，其中尤以海因茨·布吕歇尔的研究为甚。布吕歇尔享有可随意调遣一整支突击队的特权。在德军入侵苏联期间，这支突击队盗走了尼古拉·瓦维洛夫采集的种子样本（见下文页边码第319页）。其目的是为了找到耐寒的小麦品系，以便为不断扩大帝国版图的德国人民提供充足的粮食。布吕歇尔及其部队还进行了远征，甚至去过西藏开展民族学以及植物学研究。这表明他们想得很远，认为偏远地区的“劣等”民族可能被迫培育了此类作物。[60]

1938年5月2日，希特勒签署了遗嘱，在他死后要将遗体送往慕尼黑，停放在统帅纪念馆供人们吊唁，之后在附近埋葬。慕尼黑比起其他任何地方，甚至林茨，都更像是他的家。在《我的奋斗》中，希特勒曾将这座城市形容为“德国艺术的大都市”，并进一步说“不到慕尼黑就不能算了解德国艺术”。正是在这里，他和艺术家的争吵在1937年达到了顶点。[61]

1937年7月18日，希特勒在慕尼黑为德国艺术之家举行了揭幕
311 仪式，其中陈列了近900幅纳粹收藏的绘画和雕塑作品，分别出自阿诺·布雷克尔、约瑟夫·托拉克和阿道夫·齐格勒等深受纳粹党喜爱的艺术家之手。展品还包括希特勒的多幅肖像画，以及赫尔曼·霍耶的一幅名为《在起初已有圣言》的画作，展现出元首在早期的纳粹集会上咨询其“同事”的怀旧画面。[62]需要提醒的是，此时任何理论性的批评已经遭到禁止，只能发表报道性新闻，于是有一位评论家巧妙地将批评融进了报告文学之中：“展出的每一幅绘画作品都投射出充满深情的崇高或具有挑战性的英雄气概……完整的现代生活中存在的压力和问题丝毫没有留下任何印象，并且存在着一种昭然若揭的遗漏，没有一张画布描绘了城市和工业生活。”[63]

在展览开幕的当天，希特勒发表了一篇长达90分钟的演讲，以彰显他对该场合的重视程度。在讲话过程中他再次向德国人民保证，“文化崩溃”的始作俑者已被一网打尽，而活力充沛的古典日耳曼传统已经复兴。他重申了他关于现代艺术的许多众所周知的观点。在这次讲话中，他将现代艺术形容为糊在德国身上的“黏液和粪便”。但他比往常说得更多。艺术和时尚截然不同，他坚持认为：“每年都有新的艺术产生。今天是印象主义，明天是未来主义和立体主义，甚至可能是达达主义。”不，他坚持说，艺术“不是建立在时间之上，而是建立在人民之上。因此艺术家的当务之急是为人民竖立纪念碑，而不是为某一段时期树碑立传”。[64]希特勒说，种族（血统）是一切的一切，而艺术必须对此表示尊敬。他坚持认为，德国“需要的是……反映我们日益增长的种族统一的艺术，它们也是

丰满的、对全体人民的写照”。身为一个德国人意味着什么？他说，它意味着“保持纯粹”。其他种族可能有其他的审美渴望，但“对表达纯粹法则的德国艺术的向往永远活在我们民族的内心深处”。艺术是为人民服务的，艺术家必须展示人民所看到的东西，“而不是蓝色的草地、绿色的天空、硫黄色的云彩之类的东西”。对于那些“很明显患有眼疾的可怜人”，德国没有他们的容身之处。[65] 为升华其主题，他承诺“对我们文化中最后的腐败元素”发动“一场无情的净化战争”，将“所有这些拉帮结派的饶舌者、半吊子和艺术伪造者统统消灭”。[66]

当然，艺术批评并不是德国唯一禁止的批评形式，元首的讲话也容不得任何反对声音。纳粹德国还是会用其他变相的方法，来展现出它对现代艺术的批评。就在元首演讲的第二天，7 月 19 日，在慕尼黑另一端的城市考古研究所，“堕落艺术展”开幕了。[67] 这场展览几乎是一场反展览，展出了 112 位德国和非德国艺术家的作品。其中包括 27 幅诺尔德、8 幅迪克斯、13 幅黑克尔、61 幅施密特—罗特卢夫、17 幅克利和 32 幅基尔希纳的作品，以及高更、毕加索和其他艺术家的作品。这些画作和雕塑作品是从全德国的博物馆中搜刮而来的。[68] 该展览必将名列有史以来最臭名昭著的展览。它不仅在主题上冒天下之大不韪（肆意地诽谤一些 20 世纪最伟大的画家），而且为艺术展览设定了新标准。即使希特勒本人也被其中一些展品的展出方式吓了一跳。画作和雕塑作品被随意排列，好让它们看上 312
去奇形怪状。讥讽的标签被贴在画作的一旁，为的是激起观众的嘲笑。比如，恩斯特·路德维希·基尔希纳的《正午的农夫》被标以“犹太人眼中的德国农夫”。马克斯·恩斯特的《夏娃的诞生，或美丽的园丁》被标以“对德国女性的侮辱”。恩斯特·巴拉赫表现圣汤玛斯认出基督的雕塑《团圆》则被标上了“两只穿睡衣的猴子”。[69]

如果希特勒和齐格勒认为他们已经消灭了现代艺术，那他们就大错特错了。“堕落艺术展”在慕尼黑展出的四个多月里，超过两百万人参观了考古研究所，观众人数远远超过了参观德国艺术之家的人数。[70]这是对艺术家的小小安慰，虽然他们中的许多人觉得这个展览令人心碎。埃米尔·诺尔德再次写信给戈培尔，带着绝望的心情恳求“停止对我的诽谤”。马克斯·贝克曼则更加现实，展览开幕当天他开始了流亡生涯。出生在纽约的德裔艺术家莱昂内尔·法伊宁格虽然自1887年起就在欧洲生活，此时也重新拿出了他的美国护照，乘船返回了新大陆。

在慕尼黑的展期结束后，“堕落艺术展”继续前往柏林和许多其他德国城市巡回展出。另一部具有追溯效力的法律《堕落艺术法》于1938年5月获得通过，授权纳粹政府无偿没收博物馆中的“堕落艺术作品”。其中一些画作在瑞士卢塞恩的费舍尔画廊举行的特别拍卖会上以具有嘲弄性的金额卖出，还有些画被纳粹认为太过无礼，必须销毁，于是在1938年3月，纳粹在柏林的柯伯尼克大街燃起篝火，将近四千幅这样的作品付之一炬。[71]“堕落艺术展”颇为仁慈地没有再次展出，但德国艺术之家成了每年的固定展览，一直延续到1944年。这里展出的都是希特勒所喜欢的艺术（田园风光、军事场面，以及类似于他自己年轻时所画的山地风景等），年复一年，几无改变。[72]

历史学家已经越来越多地关注到希特勒对画家和雕塑家攻击，但他对音乐家迫害的严重程度也不遑多让。在这个问题上，戈培尔和罗森贝格之间一开始也有一番争斗。早在1933年，现代主义的歌剧就遭到了清洗，诸如阿诺尔德·勋伯格、库尔特·威尔、汉斯·艾斯勒和恩斯特·托赫等“堕落”作曲家以及奥托·克伦佩雷尔和赫尔曼·舍尔欣等指挥家都遭到了驱逐。1938年5月，一场名为“堕落音乐展”的展览在杜塞尔多夫举行。这是阿道夫·齐格勒的创意，其主要特点在于展示作曲家的照片，勋伯格、斯特拉文斯基、欣德米特、韦伯恩等人都被视为对德国音乐造成破坏性影响的人物。爵士乐受到的待遇相对宽松。戈培尔意识到它在人民群众中的受欢迎程度，如果加以限制可能造成纳粹支持率下降，所以爵士乐被允许演出，但只能由德国音乐家演奏。另一方面，歌剧遭到纳粹的严格控制，瓦格纳、威尔第、普契尼和莫扎特等“更稳妥”的作品统治了所有剧场，而现代主义作品要么受到阻挠，要么被彻底禁演。[73]

如果阿尔弗雷德·罗森贝格如愿以偿地以纳粹的名义，创立了一种新的国家社会主义宗教，那么这种宗教的存在必须被摧毁。有一个人比任何 313
其他人（无论新教徒或天主教徒）都更加强烈地意识到了这一点，以及这门宗教带来的危险，他就是**迪特里希·朋霍费尔**（Dietrich Bonhoeffer）。朋霍费尔的父亲是一位精神病学家，他于1906年出生在布雷斯劳，有个异卵双胞胎弟弟，分别在家里的八个孩子中排行老六和老七。他的父亲是反对弗洛伊德理论的主要领导者之一，当迪特里希感到受到教会召唤时，他父亲吓了一跳，但出于自由主义者的态度并未提出异议。

朋霍费尔爱好学术，倾向高教会派。虽然他是一个新教徒，但他喜欢天主教忏悔的性质，他深受海德格尔与存在主义的影响，尽管这种影响是负面的。作为20世纪最有影响力的神学家之一，他在20世纪30年代（纳粹时代）创作了自己的主要著作：《圣徒相通》（1930）、《行动与存在》（1931）、《做门徒的代价》（1937），虽然后期作品《伦理学》（1940—1944，未完成）和《狱中书简》（1942）也非常有名。正如《行动与存在》这一标题所暗示的，朋霍费尔赞同海德格尔行动决定存在的观点，但他不认为人类在这个世界上是孤独的，也不认为人类面临着海德格尔所认定的必然严峻的现实。朋霍费尔认为，对于许多现代哲学家所哀叹的孤独处境，团体生活显然是一个解决方案，而最自然的团体就是教会。[74]因此，团体生活至少在理论上远比孤立的社会生活更有意义，但要使其发挥作用，也的确涉及一定的牺牲。他说，这些牺牲和基督以上帝的名义所要求的牺牲别无二致：服从、克制甚至必要时受苦。[75] 这样一来，教会取代了上帝，成为朋霍费尔关注和思考的焦点。教会中的活动教导我们如何处世，而这正是伦理的意义所在。这个由圣人和其他人组成的团体教导我们如何思考，如何推进神学的发展：出于这个原因，我们祈祷，借由这一宗教存在主义的行为希冀自己能变得更接近基督。[76]

在纳粹上台并恰好强调团体、服从和克制的时候，朋霍费尔强调这些素质应该成为神学的核心问题，这并不是一种偶然。朋霍费尔立即看出了纳粹带来的威胁，不仅是对全社会，而且是专门针对教会的威胁。1933 年 2 月 1 日，就在希特勒攫取政权的当天，朋霍费尔通过柏林电台发表了一篇引发争议的演讲，名为《年轻一代的元首观念已经改变》，由于演讲的内容对抗性太过直接，他还没有讲完就被强行打断。在演讲中，他认为现代社会非常复杂，而青年的狂热恰恰不是社会所需要的，希特勒青年运动正在创造一条虚假的代沟，他认为家长和青少年需要齐心协力，好让青年的能量能够通过岁月的历练得到调和。他实际上认为纳粹之所以能激起青年的热情，是因为成熟的成年人可以识破希特勒和其他纳粹头子的夸夸其谈和空洞的主张。[77] 这篇演讲反映出朋霍费尔的信念和态度，但正如他的传记作家玛丽·博赞基特所阐明的，它同样凸显了他的勇气。从那时起，他和其他人一道，多次抨击国家接管教会
314 及其功能的企图。他说，教会的基础是忏悔，是人与上帝的关系，而不是人与国家的关系。当“雅利安人”条款在随后的一个月出台之时，他进一步充满勇气地予以反对，并认为照顾犹太人是基督徒的责任。这让他成了纳粹当局的眼中钉，以至于他只好在 1933 年夏天接受邀请，成了伦敦的德国教区的一名牧师。他在伦敦一直工作到 1935 年 4 月，然后回到德国接管芬克尔瓦尔德地区的一所神学院。他在那里出版了《做门徒

的代价》(1937)，这是他第一部吸引广泛关注的作品。[78]它的一大主题是精神共享与心理操纵的比较。换句话说，他是在将教会的思想与罗森贝格在《20世纪的神话》中的观念做比较，以及推而广之，与希特勒获取支持的技巧进行对比。芬克尔瓦尔德神学院在当年被希姆莱查封，学生遭到扣押，后来在战争中被派往前线，其中21人不幸遇难。朋霍费尔没有受到迫害，但被禁止教学或出版任何作品。1939年夏天，神学家雷茵霍尔德·尼布尔邀请他访问美国，但6月他刚抵达纽约就意识到了自己的错误，并乘坐第二次世界大战爆发前通航的最后一艘船返回了德国。[79]

由于无法从事正常的工作，朋霍费尔加入了地下组织。他的姐夫在卡纳里斯海军上将麾下从事军事情报工作，1940年，朋霍费尔接受了在瑞典和瑞士等中立国家与盟军联络人举行秘密会议的任务，试探盟军会对暗杀希特勒持怎样的态度。[80]这些努力都没有结果，虽然卡纳里斯手下的小组仍继续筹备于1943年在斯摩棱斯克对希特勒进行的首次暗杀行动。这次行动失败了，1944年夏天的暗杀也功亏一篑。1945年4月，朋霍费尔遭到逮捕，被关押在柏林泰格尔军事监狱。他从狱中发出了信件和其他作品，这些文本在1951年以《狱中书简》为名结集出版。[81]盖世太保对于朋霍费尔与德国地下组织之间的关系一直缺乏绝对的把握，但在第二次刺杀希特勒的行动失败后，1944年7月20日，在小镇措森发现的文件证实了纳粹的军事谍报局内部与盟军之间的联系。因此朋霍费尔被转移到位于阿尔伯特王子大街的盖世太保监狱，然后在1945年2月被送往布痕瓦尔德集中营。这是一趟缓慢的旅程，第三帝国也在此过程中逐渐崩溃。还没等他到达集中营，朋霍费尔等人就被希特勒派来的密使追上。此时已被困在地堡中的元首下定决心，任何涉嫌谋害他的人都不能幸免。在4月8日至9日夜间，朋霍费尔收到了一份军事法庭的判决，并在第二天清早被处以绞刑，死时赤身裸体。[82]

希特勒曾设计了一套迫害和毁灭数百万人的体制，但处死朋霍费尔是他生前亲自下达的最后几条命令之一。希特勒对上帝的仇恨甚至超过了他对艺术家的憎恨。

1938 年，一位年轻（时年 20 岁）的俄国作家，或想要成为作家的人，将一份用他在科雷马的经历写成的报告寄给了莫斯科的作家协会，至少他以为自己这么做了。科雷马是广袤的西伯利亚人迹罕至的地区，那里有世界上最残酷的古拉格集中营。但实际上，**伊万·瓦西里耶维奇·奥库涅夫**（Ivan Vasilievich Okunev）写在普通学生作业本上的这份报告哪里也没去
315 成。它被克格勃保存在奥库涅夫的档案中，直到 20 世纪 90 年代初，作家兼诗人维塔利·申塔林斯基在多年的尝试之后，终于成功说服苏俄当局开放克格勃的“文学档案”，这份报告才得以重见天日。他的不屈不挠得到了丰厚的回报。[83]

奥库涅夫之所以遭到逮捕并被送到古拉格集中营，是因为他的（国内）通行证失效了，仅此而已。他被派往一座煤矿工作，结果没几星期大衣的袖子就磨破了。有一天，集中营的主管宣布，如果有人有任何要求的话，可以在白天的工作开始前说出来。奥库涅夫和另一名男子于是提出了他们袖子的情况，另外还有两人说他们需要新的手套。其他人都被派往井下工作，但这四位举手提出要求的人被送进了惩戒室。他们在那里被喷了 20 分钟冷水。时值寒冬腊月，西伯利亚的气温是零下 50 摄氏度，水很快在奥库涅夫和其余三人身上结冰，于是四个人变成了一整块结实的冰块，用斧子劈才能将他们分开。由于他们不能走路（衣服都被冻硬了），于是他们就在雪地里一路被踢着滚回了睡觉的窝棚。在翻滚的过程中，奥库涅夫的脸砸在冰冻的地面上，磕掉了两颗牙齿。在窝棚里，他靠在火炉边解

冻。第二天早上当他醒来时，衣服仍然是湿的。他得了肺炎，一个月后才逐渐恢复。有两位跟他一起冻在冰里的人则没能挺过去。[84]

如果你认为在如此恶劣的条件下苟延残喘算得上幸运的话，那么奥库涅夫的确是幸运的。据目前所知，多达 1500 位作家在苏维埃制度下丧生，大多数都死于 20 世纪 30 年代末期。许多其他作家则被迫流亡。正如**罗伯特·康奎斯特**（Robert Conquest）所指出的，《企鹅版俄国诗选》（1962）一书表明，自俄国革命以来，流亡的俄国诗人平均寿命为 72 岁，而留在苏联或返回苏联的诗人，平均寿命只有 45 岁。许多科学家也遭到流放、监禁或枪杀。与此同时，斯大林意识到，为了生产更多的食物和更多的机械，以及随着 30 年代时间的推移，还为了生产出更精良的武器，他需要科学家。因此科学家承受了巨大的压力，被迫接受马克思主义思想教育，即使这意味着忽略不恰当的实验结果。有一种名叫“跳棋”的集中营是专门为科学家设立的，他们在里面吃得比其他犯人好一些，但也被迫从事科学研究。

苏俄的肃反运动蓄谋已久。1918 年夏，俄国内战开始之时，所有非布尔什维克的出版物都遭到查禁。然而，随着 1922 年颁布的新经济政策，苏联共产党（即布尔什维克现在的名字）允许一种古怪的混合经济形式的存在，私营业主与合作社在这样的经济体制中得以建立。其结果是，一些革命前的出版商重新出现，还出现了一百多家文学合作团体，其中诸如**苏联无产阶级作家协会**（RAPP）等一些团体变得相当强大。在文学领域，20 世纪 20 年代是一段动荡的岁月。一些作家被迫流亡，但在文学领域还没有任何确切的标准来区别什么是可以接受的，什么是不能接受的。苏联领导层显然关注的是比写作更为紧迫的事务，虽然两本新的期刊《红色新潮》（1921 年创刊）和《新大陆》（1925 年创刊）处在强硬的马克思主义者控制之下。**奥西普·曼德尔施塔姆**（Osip Mandelstam）和尼古拉·克柳 316

耶夫等作家已经很难再出版任何作品。十年之后的1936年，不下108份报纸和162家期刊仍在苏联之外以俄语出版。[85]

1917年，科学已经被布尔什维克“国有化”，从而成了国家财产。[86]根据尼古拉·克列缅佐夫在《斯大林时代的科学》中的说法，一开始，许多科学家并没有反对，因为在沙皇统治之下，俄国的科学发展缓慢，已远远落后于其他欧洲国家。对于布尔什维克来说，科学将在技术统治的未来发挥重要作用，而在战争期间，科学家因此获得了若干特权，包括增加口粮供给和免除兵役等。1919年还颁布了一项特别法令，“以改善学者的生活条件”。在20世纪20年代初，科学家可以使用国际货币购买外国设备，并获得特批的出国“考察”机会。1925年，鼓励科学研究的列宁奖正式设立。科学家在最高议会占有议席，许多的研究所在他们的指导下建立，如X射线研究所、土壤研究所、光学研究所和实验生物学研究所，其中实验生物学研究所是一家大型机构，下设细胞学、遗传学、优生学、动物心理学、水文学、组织学和胚胎学等部门。[87]这一现代化的方法也反映在第一部《苏联百科全书》的出版上。这一时期还见证了“苏维埃物理学”的大发展，尤其是在苏联与西方的关系良好的时候，还建立了列宁格勒物理技术实验室。[88]科学不再被归为资产阶级的东西。

然而，到了20年代中期，科学领域的语言开始出现了变化。一种新的词汇，以及一种更有争议的新风格开始浮出水面，甚至出现在杂志中。诸如“唯物主义数学家协会”和“马克思主义土地改革协会”等专业学会开始出现。名为《心理学、反射学与马克思主义》（1925）之类的书籍开始出版，共产主义学院院刊《在马克思主义的旗帜下》等杂志刊发了一些资深科学家的文章，尽管他们认为实验结果与官方解释毫无关系。共产主义大学和红色教授学院（Institute of Red Professors）相继成立，都是为了“创造一个崭新的共产主义知识界”。[89]在1928年5月的共产主义青年联盟（即共青团）第八届代表大会上，斯大林表示，他已经准备好迎接苏联生活的新阶段。在一次演讲中，他说："一座新的堡垒矗立在我们面前。这座堡垒被称为科学，拥有众多的知识领域。我们一定要不惜任何代价攻克这座堡垒。尤其是年轻人，如果他们想成为新生活的建设者，如果他们想要取代旧的哨兵就一定要攻克这座堡垒。……同志们，我们现在所需要的，就是革命青年对科学堡垒展开大规模的进攻。"[90]

一年后，斯大林发动了集体化运动，所有的个人积极性都被扼杀，市场力量被消灭，农业也进行了集体化改造。根据斯大林的命令，国家从现在开始实行对资源和生产的全面垄断。在科学界，这是一个"阶级斗争 317
尖锐化"的时期，实际上产生了第一批遭到逮捕、流放和公审的科学家，共产党干部也开始干涉农业发展。这造成了灾难性的后果并直接导致了1931至1933年的饥荒。尽管在第一个五年计划的推动下，科学获得了发展（增长了约50%），但集体化运动不仅是政治运动，也是一场思想浩劫。党内积极分子接管了所有的新机构，也渗透进了业已存在的机构中，包括苏联科学院。[91]就连伟大的心理学家兼诺贝尔生理学奖获得者**伊凡·巴甫洛夫**（Ivan Pavlov）也遭到了持续的跟踪（他当时已80岁高龄），而"伟大的无产阶级作家"兼列宁的朋友**马克西姆·高尔基**（Maxim Gorky）则被安排主管遗传学和医学研究。[92]后来在1936年7月，整个心理学和教育学领域都遭到废除。而原本囊括众多获奖科学家的苏联科学院也被迫改为一个行政机构，负责管辖超过100家实验室、观测站及其他科研机构，当然那时的科学院充斥着具有最高级别的"红色院长"。官方的口号是"干部决定一切"。此外还成立了一个物理学家—数学家—唯物主义者小组，"力图将马克思主义方法论贯彻到数学和物理研究中去"。[93]职位未经党委批准不得委任（或者确切地说，不得撤销），职位越高，授权的委员会级别也越高：比如科学院的院长须由苏共中央政治局授权任命。[94]与此同时，对外交往受到阻挠，只有经过筛选的科学家才能出国考察，而想来苏联的外国科学家也要经过层层审查。中央审查办公室负责审查所有出版物，甚至包括科学出版物，有时还会从图书馆中拿走“有害”的文献资料。[95]

事到如今，一些科学家已经学会在体制中苟且偷生，在介绍论文的主要内容之前，他们先大量地在引言部分中引用马克思等官方认可的作家的言论。从 1930 年 12 月开始，斯大林向哲学界发出命令，要求他们反对传统观念，发展列宁主义哲学。这项政策是通过红色教授哲学与自然科学学院发动的。该政策的潜台词是，科学具有“阶级性”，必须加深科学的“无产阶级化”。[96] 此外还发动了一场让科学更“实用”的运动。应用科学被视为高于基础研究而受到颂扬。“激进的”科学家批评较为保守（但往往更有才华）的同事，让他们参加公开讨论，并在讨论中强迫他们承认以往的“错误”。因此，到了 20 世纪 30 年代中期，苏联科学的性质已经完全改变。党的官僚掌管一切，并尽可能使科学发展与马克思列宁主义原理保持一致。这很自然地导致了许多荒谬之事的发生。[97] 其中最臭名昭著的事件发生在遗传学领域。在革命之前，遗传学在俄国并不存在，但在 20 世纪 20 年代得到了蓬勃发展。1921 年成立了优生局，虽然主要与植物育种有关。1922 年 T.H. 摩根的一位助手访问了苏联并带来了宝贵的果蝇种
318 群。在 1923 和 1924 年，摩根、威廉·贝特森和胡戈·德弗里斯都当选苏联科学院外籍院士。[98]

然而，在 20 世纪 20 年代后期，形势变得复杂和险恶。在革命刚刚结束的苏联，达尔文主义起初被视为有助于马克思主义创造一个新的社会主义社会。但遗传学除了解释社会发展的方式之外，不可避免地指出了一项事实，即许多特征是经遗传获得的。这给布尔什维克带来了麻烦，支持这一观点的遗传学家与苏联优生学会一道，都在 1930 年遭到了镇压。在

当时苏联所处的环境中，由于国家的粮食问题、幅员辽阔和极端恶劣的气候，遗传学有着极大的潜在重要意义，例如可以开发更加高产和 / 或能够在不适宜作物生长的贫瘠土地上的生长新型小麦品系。在这一领域，20 年代末期和 30 年代初期的关键人物是**尼古拉·瓦维洛夫**（Nikolai Vavilov）。他与其他两位科学家一道为 20 年代初的苏联生物科学发展奠定了基础，他本人也与许多外国遗传学家关系良好，包括美国的 T. H. 摩根和英国的 C. D. 达灵顿。但这当然是一种“传统”的思维方式。在 30 年代初，苏联遗传学界开始出现了一个新名字：**特罗菲姆·李森科**（Trofim Lysenko）。[99]

李森科于 1898 年出生在一个农民家庭，他没有接受过正规的学术训练，实际上科学研究从来就不是他的强项。相反，他成名的原因是由于撰写了许多挑起论战的论文，这些论文探讨了遗传学在苏联社会中的作用，尤其是遗传学研究应当表明的内容。而这正是党的领袖希望听到的，毕竟它是非常“实用的”。于是在 1934 年，李森科被任命为敖德萨遗传育种研究所首席科学家，并被“选为”乌克兰科学院院士。[100] 李森科的学说被称为“农业生物学”，是生理学、细胞学、遗传学和进化理论的结合体，其中的新元素是他所谓的“春化现象”的概念。第一，春化现象与植物种子对季节温度的反应方式有关。李森科认为，如果能够调节温度，植物会“认为”春天和夏天已然来临，从而比通常情况下更早地获得收获。但问题是，是这么回事吗？第二，以农业作为比喻，春化现象表明了植物的产出至少部分取决于其培养条件，因此并不完全取决于其遗传因素。对马克思主义者来说，这表明环境（即社会、抚养和教育在人的成长过程中）如果不比遗传更重要，至少也与遗传同样重要。在整个 20 世纪 30 年代初，在他的《春化通报》和党内同志为他组织的宣传活动中，李森科向对手发起了聒噪的攻击。[101] 这一系列活动最终于 1935 年达到顶点，瓦维洛夫的列宁全苏农业科学院院长的职务遭到撤销，这是苏联植物育种和遗传学领域最有威望的职位，取而代之的是一个党内人士。与此同时，李森科被任命为该科学院的院士。局面的变化已昭然若揭。[102]

瓦维洛夫并没有默默离去，苏联农业科学院举行了一场关于李森科争议性观点的讨论会，在会上概述了其观点的异常性及不确定性。[103]李森
319 科抛弃了基因是遗传的物质基础这一思想，他声称孟德尔是错误的，与之相反，环境条件能够直接影响生物体的“遗传”。[104]站在瓦维洛夫一边的科学家认为李森科实验结果的有效性值得怀疑，从未经过重复验证或通过进一步实验进行证实，而且公然无视其他国家的研究结果。根据克列缅佐夫在《斯大林时代的科学》中的说法，李森科的支持者将对手诬蔑为“法西斯分子”和“反达尔文主义者”，并指出了瓦维洛夫的理论与德国生物学家和纳粹的优等民族思想之间的联系。在这个阶段，苏联农业科学院实际上似乎更倾向于瓦维洛夫，而不是李森科，至少没有接受后者的实验结果，并下令开展进一步的研究。国际遗传学会议原定于1938年在莫斯科召开，当时瓦维洛夫的盟友认为与外国遗传学家的交流一定会一劳永逸地消灭李森科主义。但随即到来的却是大恐怖时期。

1937年，九位主要的遗传学家遭到逮捕和枪杀（总共有83位生物学家和22位物理学家遇害）。[105]这些遗传学家的罪名是坚持认为基因是遗传的基本单位，并且质疑李森科受到官方认可的春化概念。以遇害遗传学家为首的研究所要么逐渐衰微，要么被李森科的党羽接管。他自己篡夺了瓦维洛夫此前担任的职务，成为列宁全苏农业科学院院长。他还进一步得到提拔，成为苏联最高苏维埃的成员。尽管如此，李森科的如意算盘并没有完全打好。1939年，瓦维洛夫和其他逃过大恐怖浩劫（大恐怖于当年3月结束）的同事发出了一封长达六页的联名信，寄给苏共中央委员会书记兼列宁格勒市委书记**安德烈·日丹诺夫**（Andrei Zhdanov），要求废除李森科主义，重建传统遗传学。（日丹诺夫和他的儿子都是化学家。）[106]1933年，

T. H. 摩根刚刚获得了诺贝尔奖，这更支持了瓦维洛夫等人的观点。[107] 他们在信中强调了李森科及其同伙的“野心”，其实验结果的不可靠，以及他的思想与达尔文主义和国际遗传学共识的不一致。这封信受到了重视，苏共秘书处（斯大林本人也是成员之一）决定由哲学家予以裁断。这次研讨会于 1939 年 10 月 7 日至 14 日在莫斯科的马克思恩格斯列宁学院举行。所有四名“法官”都是红色教授学院的毕业生。

53 名各种各样的学者参与了这次讨论。从形式上看，苏共邀请的研讨人员是哲学家，这次讨论的目的是“定义遗传育种领域中的马克思列宁主义工作路线，必须动员该领域中的所有人员为社会主义农业的发展和达尔文主义理论的真正发展而奋斗”。在某个层面上，这次会议讨论的内容似曾相识。李森科主义者指控对手的工作“不切实际”，因为其研究对象是果蝇，而他们自己使用的研究对象则是西红柿、土豆和其他有用的动植物。不过，李森科主义者不再认为其对立阵营是“法西斯分子”。因为苏联在 1939 年 10 月签署了《苏德互不侵犯条约》，所以这样的说法是非常不恰当的。在遗传学家这边，他们指出李森科的实验结果并不可靠，认为 320
他草率的理论性结论只会为苏联的农业带来灾难，人们会发现这些结论不能产生预期效果。但是，在另一个层面上，这次辩论是凌驾于达尔文主义之上的。至此，马克思主义和达尔文主义在苏俄已混为一谈。[108] 生物进化的必然性被马克思主义者在社会学领域做了同样的假设，这让苏联名正言顺地成为了“进化程度”最高的社会，也是其他国家终将到达的巅峰。

在哲学家的裁决中，他们发现李森科违背了苏联官僚政治的一些规则，但他们认同他的观点，即正统遗传学是“反达尔文主义的”，其方法是“不切实际的”。瓦维洛夫等人联名的“**列宁格勒上书**”（Leningrad Letter）没有带来任何改变。正统遗传学仍然处在次要地位，而李森科毫发未损，仍然占据着联名上书之前就已享有的所有官职。事实上，他的地位很快得到了巩固。1940 年夏，瓦维洛夫因充当英国间谍的罪名遭到秘密警察逮捕。触发这一罪名的事实似乎是他与英国遗传学家 C. D. 达灵顿的通信来往，后者安排将瓦维洛夫的一本著作翻译成英文出版。秘密警察很容易就捏造了罪名，并弄到了瓦维洛夫的"供述"，以表明他是如何向英国人提供了苏俄遗传学研究的重要情报，而这一情报可能对苏联粮食的自给自足造成影响。[109]

瓦维洛夫死在了狱中，与他一起死去的还有苏俄遗传学的大部分基业。他或许是死于大恐怖时期最重要的科学家，但遗传学 / 农业并不是唯一遭到摧毁的学科：心理学和生物学的其他领域也深受其害。瓦维洛夫也许在俄国以外受到了比俄国内部更多的哀悼，时至今日他仍是一位受人缅怀的伟大科学家，而李森科就只是李森科而已。[110]

1936 年 6 月 20 日，马克西姆・高尔基在位于莫斯科郊外戈尔基市的乡间别墅中去世。他最早是在 19 世纪 90 年代以创作短篇小说成名的，在他去世之时，他可能是苏联最著名的作家、小说家、剧作家和诗人。他在 1905 年参加革命，加入了布尔什维克，但在 1906 至 1913 年间一直住在意大利的卡普里岛。[111] 他的小说《母亲》（1906）被普遍认为是社会主义现实主义的先驱。这部作品是他在美国为布尔什维克筹募资金时创作的。作为列宁的朋友，他支持 1917 年俄国革命，并在此之后创办了《新生活报》。20 世纪 20 年代初，出于对知识分子所受待遇的抗议，他再次离开俄国，但斯大林于 1933 年将他劝回国内。

对于那些了解这位作家和他糟糕的健康状况的人来说，高尔基的死并不出乎意料，但他死后诡异的谣言立刻开始流传。其中一个版本是他被掌管作家协会的官员亨里希・雅戈达杀害了，因为高尔基打算向法国作家安德烈·纪德（以及一些收回了对苏俄热情的人）告发斯大林的暴行。另有传闻则说高尔基被注射了“大剂量的心脏刺激剂”，包括莰酮和咖啡因等。根据这个版本的谣言，最终的罪魁祸首是外国政府资助的“右派和托洛茨基分子”，企图通过杀害公众人物以使苏俄社会陷入动荡。[112]当维塔利·申塔林斯基在20世纪90年代获准接触到克格勃的文学档案之时，他发现了高尔基的文件。其中包含了两个版本的死因，“官方”版本和真实版本。看起来至少在理论上可能的是，高尔基的儿子之所以于1934年遭到谋杀，其目的是为了在心理上打垮高尔基。即使这也不能完全令人信服，因为高尔基并不是苏俄政权的敌人。作为列宁的老朋友，他可能已经觉察到自己不得不在与斯大林有关的地方谨慎行事，当然，随着时间的推移，斯大林和高尔基之间逐渐冷淡。但正如克格勃的档案所表明的，在高尔基生前最后一次患病期间，斯大林曾两次看望了他。高尔基是自然死亡的。[113] 321

即便如此，关于高尔基之死的流言仍凸显出当时的苏联作家和其他艺术家的生存环境并不乐观，与科学家同病相怜。在集体化运动和第二次世界大战之间的十年里，苏俄的文学发展经历了三个不同的阶段，它们更多的是由于当局的强迫所致，而不是任何审美创新的产物。第一阶段从1929至1932年，见证了无产阶级作家的崛起。他们追随的是斯大林而非列宁。这个运动由苏联无产阶级作家协会领导，将一些新的作家吸引至麾下。他们发起了一场反对旧文学类型的运动，并坚持认为，作家和所有的知识分子一样，应该保持“置身于社会之外，最好能够对社会提出批评”。因此，无产阶级作家协会攻击“心理主义”，理由是对个人行为动机的关心是“资产阶级思想”。作协也反对任何不从赞扬的角度刻画农民的文学作品。[114]贫农是高尚的，不应受到嫉恨。富农则不值得同情。作协参与建立了“作家旅”，这一组织的任务是描述党的官员的所作所为，尤其是集体化工作。奥西普·曼德尔施塔姆、鲍里斯·帕斯捷尔纳克和弗拉基米尔·马雅可夫斯基都饱受作协诟病。[115]从1932到1935年，形势再度逆转。任何有头脑的人都能看出在作协的制度下，无甚才华或根本没有才华的人正将杰出的作家逼得陷入了沉默。于是，新颁布的措施为作家赋予了特权（别墅、养老院、疗养院、出国旅游），但他们还需要加入一个新的组织：苏联无产阶级作家协会已被废除，由苏联作家协会取而代之。然而，新的作协不仅仅是一个协会。它集中体现了正统观念的强制力：社会主义现实主义。正是这一信条的引入致使高尔基被召回了苏联。

社会主义现实主义（socialist realism）是三位一体的。第一，它要能够吸引受教育程度有限的群众，要有教导意义，“表现他们革命环境下的真实事件”。[116]第二，写作不应该“过于抽象”，它必须是“行动指南”，并包含“歌颂”的基调，因为这可以让它“无愧于社会主义的伟大时代”。第三，社会主义现实主义应当表现出对党的忠诚，或者“具有党的头脑”，这是对科学界“干部决定一切”口号的一种回应。[117]然而，高尔基意识到伟大的文学作品是不大可能在这种情况下产生的。一些大篇幅的项目，如
322 俄国内战史、工厂的历史以及关于饥荒的文学是值得从事的，但它们注定是古板的，而不是富有想象力的。[118]因此，高尔基的主要目的是确保苏联文学不退回老套的宣传中去。社会主义现实主义的巅峰时期是1935年在莫斯科的圆柱厅举行的**苏联第一届作家代表大会**（First Congress of Soviet Writers）。为迎接这次大会的召开，这座大厅里装饰了莎士比亚、塞万提斯、普希金和托尔斯泰（这些不朽的文学巨匠似乎都不是资产阶级出身）的巨幅画像。工人和农民的代表扛着生产工具，成群结队地在会议中走来走去，提醒着苏联作家代表他们肩负的“社会责任”。[119]高尔基发表了一篇模棱两可的演讲。他强调了他对革命中涌现的新兴人才的赞同，随即转而批评官僚，他说这些人永远不会知道当作家意味着什么。不过，这一逆

耳之言不仅指向作家协会的官僚体制，也指向其他公务机构。他的言下之意是，社会主义现实主义必须是真实的，社会主义也一样，这也是瓦维洛夫在生物学界为之奋斗的要点所在。事实证明，这次大会上诞生的所有提案都淹没在了大恐怖的汪洋之中。就在同一年，二十位作家也在乌克兰遭到枪杀，此前，作家基洛夫已经遇刺身亡。与此同时，所有的图书馆都奉命撤掉托洛茨基和季诺维也夫等人的作品。最令人不寒而栗的是，斯大林开始向文学注入他个人的兴趣爱好。斯大林会打电话给帕斯捷尔纳克等个别作家，对具体作品作出评判（认可《静静的顿河》，反对肖斯塔科维奇的歌剧《姆岑斯克区的麦克白夫人》）。斯大林甚至审阅了 L. M. 列昂诺夫的《俄罗斯森林》，并用红色铅笔加以批改。[120]

斯大林对**奥西普·曼德尔施塔姆**的干涉则更富有戏剧性。曼德尔施塔姆的文件是维塔利·申塔林斯基在克格勃档案中发现的最令人动容的一份档案。曼德尔施塔姆曾在 1934 和 1938 年两次被捕。第二次被捕之时**安娜·阿赫玛托娃**（Anna Akhmatova）恰好在他家（她刚从列宁格勒赶来）。[121] 曼德尔施塔姆后来被尼古拉·希瓦罗夫审问，审讯内容以他的一些诗作为主，其中包括一首关于斯大林的作品。

问："你可承认自己犯有撰写反革命作品之罪？"

答："我是下面这首反革命诗歌的作者：

我们活着，感受不到国家的存在，
我们说话，声音传不到十步之外，
只要在哪里发出悄悄的声音，
克里姆林宫的山鹰都要将其阻隔殆尽。
手指如同蛆虫，又粗又肥，

话语重如四十磅的砝码，
蟑螂般的大眼珠露喜含笑，
两只长筒靴总是光彩闪耀。

他身边簇拥着一群细脖子的头头，
他就玩弄着这些半人半妖的仆人，
323 有的吹口哨，有的学猫叫，有的在号哭，
只有他一个人拍拍打打，指天画地。
他发出的命令如同钉马蹄铁掌——
钉向屁股，钉向脑门，钉向眉心或腹股沟，
每判人一次死刑，他就感到愉快，
而且还要显示出奥塞梯人宽广的胸怀。

曼德尔施塔姆还写过一首反映乌克兰的一场可怕的饥荒的作品。结果是他被判处流放三年。要是斯大林不曾对文学注入个人兴趣并让逮捕曼德尔施塔姆的人对他进行“隔离保护”的话，他的情况可能会更遭。[122] 1938 年，曼德尔施塔姆再次因违反同样的法律遭到指控。“这一次的判决是‘隔离’但并不一定需要‘保护’。”[123] 此时距离曼德尔施塔姆上一次被流放还没过去多久，他已然被折磨得消瘦而憔悴，而包括斯大林在内的当局知道他不可能在集中营里活过五年（第二次的刑期）。判决在 8 月生效，到了 12 月，身在临时营地的他甚至没有从铺板上爬起来的力气。他在 12 月 26 日病倒，第二天便溘然长逝。根据克格勃档案的记录，有人在他腿上绑了一块板子，上面用粉笔写下他的囚犯号码。然后他的遗体被扔进一辆货运马车，运往一处公墓埋葬。六个星期后的 1939 年 2 月 5 日，当他的妻子娜杰日达给他寄去的汇票“因收件人死亡”被退回时，她才得知了

这一噩耗。[124]

伊萨克·巴别尔（Isaac Babel）是一位著名的短篇小说作家，其最著名的作品包括《红色骑兵军》（1926）和《敖德萨故事集》（1927），描述了他的俄国内战经历。他是个犹太人，从未加入苏联共产党。震惊于苏俄所发生的一切，他在 20 世纪 30 年代几乎没有从事创作（并因此受到攻击）。尽管如此，他仍在 1939 年 5 月被捕并从此消失。在整个 20 世纪 40 年代，他的妻子都被定期告知，"他还活着，很好，被关在集中营里"。[125] 1947 年，她被正式告知，伊萨克将在 1948 年被释放。但直到 1955 年她才得知自己的丈夫已经"在服刑过程中"于 1941 年 3 月 17 日死去。就连这种说法也是错的。克格勃文件还原了真相：他于 1940 年 1 月 27 日遭到枪决。

1937 至 1938 年在知识分子中被称为叶若夫暴政时期，以克格勃的前身，苏联内务人民委员部的头子 N. I. 叶若夫的名字命名。这个词最初是鲍里斯·帕斯捷尔纳克发明的，他总是提到希加廖夫暴政，让人回想起费奥多尔·陀思妥耶夫斯基的小说《群魔》（一部反乌托邦小说，其中揭发和监视是至高无上的事业）中的希加廖夫。大恐怖时期遇害的作家、艺术家和学者包括：斯大林的老师兼哲学家扬·斯登、利奥波德·阿韦尔巴赫、伊万·卡达耶夫、亚历山大·恰亚诺夫、鲍里斯·古贝尔、帕维尔·弗洛伦斯基、克雷奇科夫·列列维奇、弗拉基米尔·基尔申斯、伊万·米哈伊洛维奇·别斯帕洛夫、弗谢沃洛德·梅耶荷德、未来主义历史学家贝内迪克特·利夫希茨以及德米特里·斯维亚托波尔克—米尔斯基公爵。[126] 大恐怖时期遇害的作家人数存在争议，少的有 600 人，多的有 1500 人。即使只有 600 人也相当于苏联作家协会会员人数的三分之一。[127]

所有这一切残暴、偏执狂和对控制的痴迷所带来的后果是思想的贫瘠。社会主义现实主义以失败告终，虽然斯大林终其一生也没有承认过这一

324 点。这一时期的文学作品（比如工厂的历史）则无人问津。即使有人读过
它们，也不是为了消遣或寻求启迪，而仅仅是因为其冷酷的历史价值。文
学领域遭受的浩劫，与心理学、语言学、哲学和生物学所受的摧残如出一
辙。回顾往事，一位真正的作家弗拉基米尔·马雅可夫斯基为这段时期奉
上了最好的墓志铭。在一首他早期的未来主义诗歌中，一位人物来到理
发店，当被理发师问及想剪什么发型时，他简单地回答道：“请剪掉我的
325 耳朵。”[128]

18

无用的慰藉

尽管在德国和苏维埃俄国发生了如许的浩劫，尽管大西洋两岸都存在着普遍的失业问题，但新思想和新艺术作品的蓬勃生长却不可抑制。在某些方面，20 世纪 30 年代是出人意料的多产年代。

在 1929 年华尔街股灾及随之而来的大萧条时期，电影业突然迎来了有声电影。[1] 第一位充分意识到声音之于电影意义的导演是法国人**勒内·克莱尔**（René Clair）。第一部有声电影是阿尔·乔尔森主演、艾伦·克罗斯兰导演的《爵士歌手》。在电影历史学家阿瑟·奈特笔下，该片是早期“声音暴政”的范例之一，在其中原始噪音的运用几乎无孔不入，而这仅仅是因为声音是一种新技术。在早期的有声电影中，你可以听到野餐的人们嘎吱作响地咀嚼芹菜，而在放映演职人员名单之时，演员们是被穿着斗篷的其他演员介绍给观众的。广告牌上对有声电影的宣传语是首次“百分之百户外拍摄的纯谈话剧”，或“第一部全由黑人出演的纯谈话电影”。[2]

克莱尔则要狡猾得多。实际上，一开始他反对声音的运用。在克服了自己的不情愿之后，他选择保守地运用对话和音效，其中最值得注意的是将声音与画面分离以增强效果。他没有表现关门的场景，相反，观众只听到了门关上的响声。克莱尔这项技术最显著的例子是影片《巴黎屋檐下》中的一场打斗戏，当时的场景是黑暗中的一条铁路边。路过的列车发出的轰鸣声，我们听到阴影中人们的打斗声和咕哝声却没有看到实景，这为电影增色不少。克莱尔的发明在本质上是一种新的电影语言，以一种暗示的方式来为影片添加信息、情绪和气氛，而这些都是前无古人的创举。[3]

电影（特别是美国出品的电影）中出现心理变化，主要应归功于大萧条、富兰克林·D. 罗斯福当选总统，以及他于 1933 年迅速出台的旨在刺激经济复苏的新政救济措施。罗斯福新政为公众带来了一定程度的乐观情绪，但总统出台政策的速度之快只强调了这一问题的紧迫性和深度。在好莱坞，随着大萧条的持续，传统的喜剧，甚至自有声电影以来成为时尚的音乐剧似乎也不再足以帮助人们应对 30 年代初期的严峻现实。观众仍然
326 想借助电影逃避现实，但也存在着一种逐渐增长的需求，即人们希望看到能解决问题的真实故事。

在这方面，华纳兄弟的《小恺撒》是第一部票房大卖的写实影片，也是最早获得成功的警匪片（故事改编自黑道老大阿尔·卡彭的经历）。紧随其后，好莱坞很快推出了一长串类似的影片（仅在 1931 年就有 50 部上映）并引起了同样的轰动，题材涉及敲诈勒索、政治腐败、监狱暴行及银行倒闭等。这些影片包括《牢狱鸳鸯》（1930）、《满城风雨》（1931）、《人民公敌》（1931）以及《六个秘密》（1931），每部影片都让观众见识了头条新闻背后的真实故事。[4] 有些影片对社会浅尝辄止，但绝非所有的影片全部如此。根据真实故事改编的影片《逃亡》（1932）上映后，确实给苦役囚犯的生活带来了改变。《金发维纳斯》（1932）和《情重身轻》（1932）

则直面了贫困问题。[5]罗斯福当选总统后，电影界的基调再次发生转变。对社会问题的关注（贫民窟住房、失业或农业工人的境况）依然存在，但电影如今传达的主旋律是，这些问题需要通过民主来解决，不管实际故事情节的结局是快乐还是悲伤，这个国家的个人悲剧背后都存在着系统性的政治错误。观众对“传记片”逐渐增长的喜好同样产生于相同的情感，即通过展现成功人士的英勇斗争来克服困难。林肯、路易·巴斯德、居里夫人和保罗·埃尔利希等人的传记电影都深受好评，虽然个中翘楚很可能是《左拉传》（1937），其中左拉为德雷福斯上尉的经典辩护桥段对反犹主义进行了严厉的抨击，而当时的反犹主义不但暴露了纳粹德国的嘴脸，在美国也同样非常盛行。[6]

在 1939 年的纽约世界博览会上，每一种可以想象得到的电影类型（从旅行纪录片到产品推销片）全都公开展出，但最突出的类型是一种与众不同的拍摄方式，以全新的角度记录下 20 世纪 30 年代的风貌。它就是**英国纪实影片**（British Documentary）。在直白的娱乐片方面，英国不但已经远远落后于好莱坞，也同样落后于其他欧洲国家。[7]然而，纪实影片的传统却另当别论。英国纪实影片早期的阳刚之气主要归功于**帝国商品行销局电影组**（Empire Marketing Board Film Unit），该机构于 1929 年以宣传为目的成立，旨在通过设计海报和小册子，促进大英帝国的其他地区增加对英国本土的食品供应。一位坚韧不拔的苏格兰人说服了行销局局长斯蒂芬·塔伦茨爵士，从而增设了电影组。这位仁兄名叫**约翰·格里尔森**（John Grierson），他曾在美国接受教育并对美国的广告技巧印象深刻。他对局长说，电影能够比文字产生更为广泛的影响。[8]格里尔森的目的是利用大导演的才华，诸如**埃里克·冯·施特罗海姆**（Erich von Stroheim）和**谢尔盖·爱森斯坦**（Serge Eisenstein）等，将“现实生活”搬上银幕，表达以工人阶级为主的现实生活中人们的戏码和英雄主义，他认为声音的发明使得这一切变得可能。对格里尔森来说，纪实影片是一种即将诞生的新艺术形式。[9] 早期反映渔民、陶工或矿工的电影几乎不包含戏剧性，更谈不上什么艺术性。在随后的1933年，电影组几乎原封不动地搬到了英国邮政总局名下，并一直持续到第二次世界大战爆发。[10] 正是在这里，电影组出品了一系列开创性的纪实影片，格里尔森所渴望的崭新艺术形式终于
327 诞生了。这些影片的风格并不统一。巴兹尔·赖特的《锡兰之歌》充满暗示，镜头温柔地交切，时而展现"采茶的永恒仪式"，时而切回茶叶商人刺耳的声音和伦敦证券交易所乏味的画面。哈里·瓦茨的《夜邮》对接连好几代英国人来说可能是最著名的纪实影片（和其他此类影片一样，它也在学校播放）。该片追随着邮政火车于夜间从伦敦行驶到苏格兰，配以W. H. 奥登（W. H. Auden）的旁白解说和本杰明·布里顿（Benjamin Britten）的背景音乐。选择奥登的决定堪称完美，他的诗作传达出火车热情洋溢的韵律、紧迫性以及驾驶火车的平凡，也表现出即使一封普通的信都可能对人们的生活产生影响：[11]

任谁听到邮递员的敲门声
不会心跳加速。
因为谁能忍受被遗忘的感觉？[12]

英国人还要经历一场战争才能真正明白电影的宣传价值。然而在当时，德国人已经在宣传中生活了近十年之久——希特勒在控制艺术家的同时也插手了电影制片人的事业。在约瑟夫·戈培尔（Joseph Goebbels）被任命为宣传部长之后，他的首批举措就包含召集全德国最杰出的电影制作人，并给他们放映影片《战舰波将金号》。该片是俄国导演爱森斯坦在1925年为纪念俄国革命拍摄的力作，既是一部艺术电影，也是一部宣传利

器。“先生们，”戈培尔在放映结束灯光亮起时宣布，“这就是我希望从你们的作品中看到的思想。”[13]戈培尔想要的并不是过分露骨的宣传，他很聪明，也精于宣传之道。但他希望电影必须赞颂第三帝国：在这一点上不能存在任何异议。与此同时，他坚持认为每部电影必须在其内容中包含一则由政府赞助的新闻短片，有时甚至是一则较短的纪实影片。到了第二次世界大战爆发之时，戈培尔的新闻短片已经可以长达40分钟，但起到明显宣传效果的是纪实影片。这些影片在技术上堪称绝妙，它们的策划人是**莱尼·里芬斯塔尔**（Leni Riefenstahl），一位魏玛时期平凡的女演员，但已改头换面成了电影导演和剪辑师。关于这些影片的任何主题总结听起来都枯燥无比：纳粹党的会议、戈林的新空军、陆军和奥运会等。但正是影片的呈现方式和里芬斯塔尔的导演技巧让它们令人难忘。个中翘楚当数《意志的胜利》（1937）。其三小时的长度完全不符合戈培尔关于时长的规定，但该片是受元首亲自委托，作为纽伦堡纳粹第一届党代会记录的影片。根据摄影机捕捉到的画面（游行队列、元首演讲、部队训练、大量群众专心于体育运动或只是集体就餐），我们能够判断出影片拍摄团队的人数几乎和镜头前的拍摄对象一样多。实际上，该片一共动用了16组摄制组。[14]历时两年的后期制作，《意志的胜利》在上映之时让一些人为之着迷。[15]无尽的火把游行，演讲者一个接一个冲麦克风叫喊，大量整齐划一、沉浸于豪言壮语的冲锋队队员和法西斯分子以及齐声高喊的“胜利万岁”，它们都是纳粹的催眠剂。[16]

与《意志的胜利》几乎同样巧妙的是影片《奥林匹亚》。该片是戈培 328
尔下令为1936年柏林奥运会拍摄的。现代奥林匹克运动正是随着该届奥运会正式诞生，这一点倒是多亏了纳粹德国。虽然奥运会自1896年于希腊雅典重新开始举办，但直到1932年洛杉矶奥运会，黑人选手才开始崭露头角。德国在该届奥运会上只获得了四枚奖牌，这让德国人大失所望，但国家社会主义者不以为然，因为他们反对德国参加奥运会，理由是奥运会是世界主义的运动会，而且具有“种族包容性”。所以当1936年奥运会确定将在德国举行时，一切变得更加戏剧化。[17]

纳粹上台之后，将体育美化为高尚的理想，以及现代国家的稳定力量。因此，尽管奥运会有着种族包容的性质，但希特勒和戈培尔仍将1936年柏林奥运会视为一种炫耀第三帝国、向全世界展示其成就和崇高理想的完美方式，并且还可以给对手们一个教训。犹太人被排除在纳粹德国的体育代表团之外，这引发了美国对这届奥运会的抵制。但随着德国保证每个人都将受到欢迎，这一抵制也很快消散了。希特勒和戈培尔着手将这届奥运会办成举世瞩目的盛会。在奥运会举办期间，柏林的街道以外国运动员的名字重新命名，而主体育场则由希特勒的御用建筑师**阿尔伯特·施佩尔**（Albert Speer）专门设计建造。纳粹还首创了“火炬接力传递”，即将点燃的奥运火炬通过一系列火炬手从希腊传到柏林，并及时抵达会场，隆重地拉开奥运的序幕。[18]

拍摄反映这次盛会的电影《奥林匹亚》时，莱尼·里芬斯塔尔运用了80组摄影师及工作人员，而且几乎拥有无限制的国家资金。[19]她一共拍摄了130万英尺长的电影胶片，并最终于1938年出品了一部分为上下集、总时长六小时的有声电影，配以德语、英语、法语和意大利语的音轨。正如一位评论家所写的：“里芬斯塔尔的影片容纳并强化了所有关于现代奥运会的人造神话。她将古希腊的象征与工业社会体育运动的戏剧效果交织在一起。她赞美不气馁的失败者，也尊重最优秀的胜利者，并详细刻画了运动员发达的肌肉，尤其是杰西·欧文斯的强健体魄。”欧文斯是美国的黑人运动员，他在本届奥运会上一人独得四枚金牌，让希特勒极为不满。[20]“里芬斯塔尔是第一位运用慢动作拍摄和快速剪辑的摄影师，她以此来反映获得最佳运动成绩所需的努力强度。一些奥运会项目，尤其是高台跳水，因此展现出无法超越的美感。”[21*]

在战争开始后，戈培尔尽其所能地调动了一切宣传力量。在德军的斯图卡轰炸机和装甲部队闪击波兰之时，摄影师也随军进行拍摄。这些纪实影片不仅仅供德国国内的观众观赏。一些经过专门剪辑的版本被展示给丹麦、荷兰、比利时和罗马尼亚的政府官员，向他们强调“抵抗是徒劳的”。[22]戈培尔喜欢说“电影是不会说谎的”。他这么说的时候心里肯定很笃信。

斯大林对电影与宣传之间的关系也有着本能理解，在这方面他完全可以望戈培尔之项背。第一个五年计划的目标中，有一条要求增加整个苏联 329
电影放映设备的数量。在 1929 至 1932 年间，电影放映机的数量增加了两倍，达 2.7 万台，“大大改变了苏联电影的状况”。[23]党的官员表面上希望让新行业产出“社会主义现实主义”作品，它的实际内容却是宣传。

1934 年的影片《夏伯阳》为苏联电影界定下了基调。该片由两兄弟**谢尔盖·瓦西列夫**（Sergei Vassiliev）和**格里戈里·瓦西列夫**（Grigori Vassiliev）执导。这是一部具有独创性，诙谐、浪漫的影片，讲述了俄国内战期间一位农民出身的红色游击队领袖带领队伍取得胜利，并成为“训练有素的布尔什维克”的故事。与此同时，影片并没有回避英雄的缺点，从而成功地让英雄的形象更加平易近人。[24]直到第二次世界大战之前，《夏伯阳》都是大多数苏联影片的典范。《我们来自喀琅施塔得》（1936）、《波罗的海代表》（1937）和《马克辛三部曲》（1938—1940）都描绘了布尔什维克的革命英雄。[25]与此相反，描写当代生活的电影则显著缺乏，个中缘由显而易见。我们通常理解中的“社会主义现实主义”应当包含社会批评，但是在斯大

* 在柏林奥运会之前，所有的赛事报道都只关注运动员的个人实力。然而报道这次盛会的记者发明了一套积分系统，从而可以比较不同国家之间的表现。这是前无古人的创举，从此成了奥运会所采用的积分系统的基础。根据这一系统，德国在 1936 年奥运会上斩获了最多的分数，排名次席的是美国，意大利排名第三，日本的排名在英国之前。

林的苏联，批评社会将冒很大的风险。不过历史题材影片也有所进步，官方开始许可它们将革命前的俄国生活展现为并非一无是处的时代。这一想法植根于斯大林在30年代中期不断增强的信念，即席卷世界的革命永远不会发生，而德国正逐渐构成对苏联的最大威胁。电影导演可以讲述彼得大帝、伊凡雷帝和其他历史人物的故事，只要这些人物为俄国的统一做出过贡献。[26]然而，很快民族主义便不再能满足斯大林的宣传需要了。随着德国与苏联之间的关系越发紧张，他们迫切需要具有更强寓意的影片。在《亚历山大·涅夫斯基》（1938）中，谢尔盖·爱森斯坦认为，同名主人公曾带领俄国人战胜了13世纪的条顿骑士，如果再次得到召唤，他们能够重复这一壮举。在影片末尾，涅夫斯基直接对镜头说："那些手执利剑到我们这里来的人终将死于剑下。"[27]其他影片则更加旗帜鲜明：《沼泽中的战士》（1938）和《奥本海姆家族》（1939）表现出德国反犹主义的严酷现实和集中营里令人绝望的生活。[28]当然，宣传的烦恼在于它永远摆脱不了政治。在1939年8月签署了《苏德互不侵犯条约》之后，所有的反德影片突然之间都遭到了禁映。

1936年，**沃尔特·本雅明**（Walter Benjamin）发表了著名的论文《机械复制时代的艺术作品》，提出了一种不同的电影观。这篇论文发表在刚刚创刊的《社会研究杂志》上，由流亡的法兰克福研究所出版。本雅明于1892年生于柏林，是一位犹太拍卖商兼艺术品经销商的儿子。他是一位激进的知识分子，自称为"文化犹太复国主义者"（意思是他倡导欧洲文化中的犹太自由主义价值观），身兼历史学家、哲学家、文艺评论家和记者多重身份。

本雅明有着轻微的神秘主义倾向，第一次世界大战时他因健康原因客
330 居瑞士接受治疗，此后与胡戈·冯·霍夫曼斯塔尔、女雕刻家朱莉娅·科

恩、贝尔托·布莱希特以及法兰克福学派的创始人建立了友谊。在一系列的论文和书籍（《论〈亲和力〉》、《德国悲剧的起源》以及《知识分子的政治化》）中，他比较和对照了传统艺术形式与新的艺术形式，大体上提出了雷蒙德·威廉斯、安迪·沃霍尔和马歇尔·麦克卢汉后来提出的思想。[29]他最著名的论文《机械复制时代的艺术作品》写于客居瑞士之时，他在文中提出了“**无光晕**”（non-auratic）艺术理论。[30]根据本雅明所说，从古到今的艺术都起源于宗教，甚至世俗的作品也保留着自身的“光晕”。这光晕可能是神迹的闪现，无论这一闪现有多么遥远。正如霍夫曼斯塔尔、里尔克和何塞·奥尔特加·伊·加塞特曾表示的，这暗示了艺术家与非艺术家、知识分子与无产阶级之间的一个重要区别。然而在机械复制的时代，尤其是在电影（这种集体而非个人活动）中，这种传统以及艺术家与非艺术家之间的区别被打破了。艺术再也无法获得神迹的垂青，阶级之间有了一种新的自由，作者与读者之间没有了区别，假以机会的话读者随时准备成为作者。对本雅明来说，这样的改变是一件好事：在机械复制的时代，公众不再是孤独灵魂的集合。尤其是电影，通过提供大众娱乐，可以解决社会心理问题。因此，社会革命也许会在非暴力的情况下实现。[31]本雅明这位客居他乡的自由主义知识分子的观点可能与戈培尔的观点形成了鲜明对比。两人都明白电影的政治力量。戈培尔将其力量估量为短期内的政治工具，但本雅明则率先发现，艺术的本质正在发生变化，其部分意义正在逐渐枯竭。他确定了文化演化的新阶段，而这一阶段将在20世纪下半叶加速发展。

1929年，纽约现代艺术博物馆开张，其揭幕展献给了保罗·塞尚、保罗·高更、乔治·修拉和文森特·梵高。然而，在影响力方面，它却被另一场创始自1920年、并于1932年在该馆展出的建筑展所超越。“**国际风**

格”（international style）或“**国际现代风格**”（international modern style）等术语就是在这次建筑展上诞生的。在当时的纽约，吸引人们目光的新建筑是克莱斯勒总部（1930）和洛克菲勒中心（1931—1939）。这两座建筑都不属于国际风格，因为当时曼哈顿的整体规划仍然落后于时代的潮流。在20世纪，国际风格比任何其他形式的建筑都更具影响力。这是因为它不仅仅是一种风格，而是构思建筑的整体方式。1933年，**国际现代建筑大会**在马赛开往雅典的一艘游轮上召开了，国际主义的目标正是在这次会议上首次得以明确阐述。[32] 大会在雅典发布了一份教义式的宣言，即著名的《雅典宪章》。该宪章强调了城市规划、“功能区划”以及高层宽间距公寓大楼的重要性。这一共识背后的推动者是一位46岁的瑞士人，本名查尔
331 斯—爱德华·让纳雷，但自1920年以来人称勒·柯布西耶。他对新材料和直线条的热情获得了沃尔特·格罗皮乌斯、阿尔瓦·阿尔托（芬兰人）、菲利普·约翰逊（纽约现代艺术博物馆馆长，“国际主义”一词的发明者）甚至弗兰克·劳埃德·赖特的认同。他们都追求艺术的大众化形式，但勒·柯布西耶是其中最具创新精神，也是斗志最为旺盛的一位。[33]

20世纪早期，**勒·柯布西耶**在巴黎学习艺术和建筑，深受约翰·罗斯金与工艺美术运动的社会理想的影响。1910至1911年期间，他曾在彼得·贝伦斯位于柏林的办公室工作，并受到赖特和包豪斯流派的影响。他与这两者有着许多共同的目标，而这两者也设计了许多类似的建筑。[34] 第一次世界大战结束后，勒·柯布西耶对新建筑的规划逐渐变得更加激进。首先问世的是他的“**Citrohan**”住宅，字面上是“雪铁龙”的变体，表明住宅和汽车一样与时俱进。这些住宅摈弃了传统的墙壁，用支柱或底层架空柱进行抬高。[35] 1925年，在巴黎举行的国际装饰和工业艺术展上，他设计了一栋光秃秃的白色住宅，里面生长着一棵树。这座住宅是邻居计划的一部分，该计划设想拆除大部分的巴黎市中心并用18座巨型摩天大

楼取而代之。[36] 勒·柯布西耶独特的国际风格终于在普瓦西的萨伏伊别墅（1929—1932）以及巴黎附近大学城的瑞士学生宿舍（1930—1932）中得到了表达。这两座都是纯白色的矩形建筑，底层架空，抬离地面。[37] 在这里，以及同样位于巴黎的救世军酒店（1929—1933），勒·柯布西耶力图实现简单和纯粹，用新科学的"基本原理"将古代经典与现代性结合在一起。[38] 他说，他希望歌颂他所谓的"白色世界"：精良的材料，清晰的视觉、空间和空气，与"褐色世界"混乱、封闭而混沌的设计和思考形成鲜明对比。[39] 这是一个崇高的目标，当他受命为 1937 年在巴黎举行的世界博览会（这次世博会展出了毕加索的画作《格尔尼卡》）设计"现代馆"时，公众普遍认为他的这一目标非常崇高。

遗憾的是，勒·柯布西耶的做法存在着严重的问题。当时有限的建筑材料没能使他想象力的价值充分发挥。纯白色的建筑表面很快就被污染，进而破损、剥落了。人们不喜欢在这样的建筑里居住或工作，尤其不喜欢生活在极简主义的公寓楼里。[40] 白色世界的国际运动将凭借其规划的热情，主宰第二次世界大战结束之后的城市景观。然而在许多方面，这将是一个灾难。

现在人们常常谈起"奥登一代"的诗人，其中包括克里斯托弗·伊舍伍德、斯蒂芬·斯彭德、塞西尔·戴·刘易斯和约翰·贝奇曼，有时还包括路易斯·麦克尼斯。他们并非都以相同的"奥登式"口吻进行创作，但无论如何，"**奥登式**"（Audenesque）作为一种标志性语言在英语中留存下来。

威斯坦·休·奥登生于 1907 年，出身中产阶级家庭，从小在伯明翰长大（虽然他在诺福克郡上学），少年时代便着迷于神话和英格兰中部地区的工业景观——铁路、煤气厂以及与汽车贸易相关的工厂和机器。[41] 他曾在牛津大学学习生物学，虽然很快转到英文专业，但他始终保持了对科

332 学的兴趣，对精神分析更是如此。他转而学习英文的一个原因是他已经明确立志要成为一位诗人。[42] 他的第一首诗发表于 1928 年，出版人是他在牛津的熟人斯蒂芬·斯彭德（Stephen Spender），他有一台手动印刷机。当时担任费伯出版社编辑的 T. S. 艾略特此前曾拒绝出版一本奥登的诗集，但该社在 1930 年改变主意，接受了奥登的诗稿。[43] 这部诗集表明 23 岁的奥登已经在表达和技巧上拥有了惊人的独创性。出身英国衰退中的工业中心地区的背景，加上他对科学和心理学的兴趣，帮助他创造出一套独特的语汇，植根于当代现实的基础之上。与此同时，他打乱了诗歌的句法，故意以不和谐的方式排列意象，让人联想到机器毫无节奏的轰鸣。他许多诗句的结尾之处都有着一些常见的、几乎是平凡的东西。

> 狗在吠叫，庄稼在生长
> 但没人知道风是怎样咆哮：
> 天哪，看看我们一无是处的模样
> 历史似乎已经遭了殃。[44]

或者：

> 兄弟们，当汽笛鸣响
> 从办公室、商店和工厂涌出
> 来到傍晚的天空下；
> 得了警察的指引，去到烟雾缭绕的
> 放映厅里寻找解药
> 或下到运河边上求一个拥抱
> 直到死去。[45]

读奥登的作品让人感到奇妙的平静，就像一个“和我们套近乎的陌生人”，这也许是因为，在 20 世纪 30 年代动荡不安的世界里，他令人熟悉的清晰意象是我们可以紧紧抓牢的。[46] 他并不反对从社会学中汲取思想，也不抗拒借鉴盖洛普调查的信息。[47] 正如伯纳德·伯尔贡齐所观察到的，奥登后来的诗作有了更强的政治倾向，但真正体现奥登式风格的是他所发现的新“调色板”，即借用爵士乐、好莱坞音乐剧和流行歌曲（由于收音机的缘故现在已经空前地流行）的节奏，并经常在诗句中提到嘉宝和黛德丽等电影明星。

士兵爱自己的枪，
　　学者爱自己的书，
农民爱自己的马，
　　电影明星爱自己的长相。
世界到处充满爱
　　无论你置身何方；
有人为放荡的梅·韦斯特夜不能寐，
　　但你是我爱的姑娘。[48] 333

模仿奥登风格的诗作很快出现，但奥登自己诗歌创作的质量和艺术激情在 20 世纪 30 年代末他最出色的作品《西班牙》发表之后逐渐下降。1937 年 1 月，奥登身在西班牙，不是为了像许多著名知识分子一样以战士的身份参加西班牙内战，而是为共和军驾驶救护车，虽然到最后这一愿望并未实现。在那里，他看到了共和军不同派系之间不顾一切的明争暗斗，而他们对牧师的残忍行为也令他震惊不已。尽管存在这些疑虑，但他仍然认为必须阻止法西斯获得胜利。在返回英国途中，他写下了《西班牙》，全诗的创作时间不到一个月。[49] 他的主要关切是自由主义、它的内涵以及它是否能够存在下去。

> 他们是为奉献生命而来。
> 从炎热的非洲切下那干燥的方块土地
> 被粗糙地焊接到善于发明的欧洲；
> 就在它江河交错的高原上，
>
> 我们的思绪具备形体，而我们的热病
> 显出威胁而清楚的形象。[50]

然而，这首诗里还包含下面的内容：

> 今天，死亡的机会不可避免地增加，
> 在必要的谋杀中清醒地担负罪责。

乔治·奥威尔参加过西班牙内战，在他所写的内战故事《向加泰罗尼亚致敬》中，他强烈抨击了奥登的这首诗，他说这些诗句只可能出自“一个将谋杀只当作词语的人”。[51] 事实上，奥登也对最后这句诗不满意，后来将其改成了“在谋杀的事实中清醒地担负罪责”。随后他受到了攻击，理由是他和某些知识分子一样，赞成政治谋杀，并集体对苏俄发生的大恐怖视而不见。

奥威尔并没有继续为此抨击奥登。和奥登一样，奥威尔担心法西斯会在西班牙获得胜利，因此觉得有义务为此而战。许多其他人也怀着同样的信念。事实上，前往西班牙参加内战的作家和知识分子的范围之广令人瞩目：来自法国的安德烈·马尔罗、弗朗索瓦·莫里亚克、雅克·马利丹、安东尼·德·圣埃克苏佩里、路易·阿拉贡和保罗·艾吕雅；除了奥威尔和奥登之外，来自英国的还包括斯蒂芬·斯彭德、C. 戴·刘易斯和赫伯特·里德；来自美国的欧内斯特·海明威、约翰·多斯·帕索斯和西奥多·德莱塞；来自俄国的伊利亚·爱伦堡和米哈伊尔·柯里佐夫以及来自智利的巴勃罗·聂鲁达。[52] 之后将会出现的关于苏维埃制度的普遍幻灭，此时还没有到来，许多知识分子担心继德国和意大利之后，法西斯主义会进一步扩张（法西斯政党已经在芬兰、葡萄牙和英国，以及其他地方出现）。他们认为西班牙内战是一场“正义战争”。少数作家（其中包括乔治·桑塔亚那和埃兹拉·庞德）支持佛朗哥，因为他们认为他会建立民族主义和贵族式的社会秩序，从而挽救不可避免的文化衰退。还有一些信仰 334 罗马天主教的作家希望回归基督教社会。当西班牙最优秀的诗人费德里科·加西亚·洛尔迦在民族主义阵营区域遭到无谓的杀害之后，一些作家也加入了战斗。这些作家从第一人称视角撰写了描写战争的作品。[53] 虽然这些作品提出的大多数问题都被后来的第二次世界大战和冷战淹没了，但西班牙内战至少催生出了两部具有永恒价值的伟大小说，以及一幅同样伟大的画作。它们是安德烈·马尔罗的《希望》、欧内斯特·海明威的《丧钟为谁而鸣》以及巴勃罗·毕加索的《格尔尼卡》。

安德烈·马尔罗（André Malraux）对西班牙内战的参与程度远远超过大多数知识分子，也远远超过一般作家力所能及的范围。他是一位技术高超的飞行员，花了很多时间为共和军购置坦克和战斗机，甚至为了筹集资金而远赴美国（获得了成功）。他的小说《希望》讲述了国际纵队的命运，尤其是飞行中队，从战争开始时的马德里到巴塞罗那和托雷多，以 1937 年 3 月的瓜达拉哈拉之战结尾。[54] 这部作品部分属于战斗日记，其他部分则是由国际纵队成员的经历和态度反映出来的哲学探讨。[55] 其根本主题是，在战争中单靠勇气是不够的，胜利属于最能组织勇气的一方。这样做的目的是传递两种不同的信息。《希望》出版之时战争仍在继续，所以马尔罗是在提醒他的战友，也是在提醒整个世界。作家认为，虽然革命无疑需要勇气，但战争的组织提出了完全不同的问题，事关纪律、等级和牺牲。马尔罗一方面坚定地关注着列宁和斯大林等最卓越的组织者，同时也指出了革命的内在危险，提醒读者组织工作可以是一种武器，就像任何武器一样，掌握在坏人手中将会是灾难。

欧内斯特·海明威（Ernest Hemingway）的作品《丧钟为谁而鸣》的时间背景设定在战争后期，1937 年的初夏。这一时期非常重要，因为当时共和军的败相已经开始显现。故事情节集中在一群来自西班牙各地的共和军游击队员身上，他们的藏身之地位于法西斯战线后方，马德里西南方一百公里处，陡峭的瓜达拉马山脉的松树林的一个山洞里。与《希望》相比，《丧钟为谁而鸣》更多地研究了命运和背叛，书中的一些人物逐渐意识到他们为之而战的原因不可能获胜，并开始分析这种情况是谁造成的，又为什么会发生。海明威的观点是，西班牙人民遭到了背叛，背叛他们的不仅包括没有履行自身承诺的国际力量，还包括西班牙自己，以及利己主义、党派主义和散漫的个人主义。这部小说震撼人心的力量源于美国人罗伯特·乔丹所意识到的事实，即每场战争都存在这样的一个阶段，战败的可能性会出现，然而这种可能性不能被承认，于是人们必须继续杀戮。这时候自由主义的良心去哪了呢？[56]

在瓜达拉哈拉战役（即马尔罗小说的部分故事背景）结束后一个月，
335 1937 年 4 月 26 日，43 架德国空军的亨克尔式轰炸机袭击了西班牙巴斯克地区的小镇**格尔尼卡**（Guernica）。一架接一架的轰炸机在午后的阳光中飞临小镇上空，对这个古老而神圣之地毫无防御的屋顶、教堂以及广场进行扫射和轰炸。袭击结束后，格尔尼卡的 7000 居民中有 1600 人遇害，70% 的城镇被毁。这是一次令人震惊的暴行。在此之前，巴勃罗·毕加索已经接受了西班牙政府的委托，为将在1939年举行的巴黎世界博览会创作一幅油画。在接受委托之后，他已经拖延了一段时间。他憎恨佛朗哥，并且在当年年初创作了一首充满暴力意象的诗《佛朗哥的梦想与谎言》，旨在讥讽佛朗哥，并在诗中将佛朗哥描述为一条可憎的、几乎不成人形的多毛鼻涕虫。经过数月的犹豫之后，格尔尼卡遭受的空袭终于刺激他投入创作。在空袭发生后几星期内他便拿起了画笔，凭着心中燃烧的怒火，在一个月左右的时间内完成了这幅长25英尺、宽11英尺的巨型油画。[57] 毕加索生平第一次允许观众观摩他的创作过程。他的伴侣多拉·马尔一直在场，用相机记录下这幅作品的进展；保罗·艾吕雅也是这个观摩小组的成员，他和克里斯蒂安·泽尔沃斯、安德烈·马尔罗、莫里斯·雷纳尔和让·卡苏一起，看着毕加索卷起袖子创作，过程中他们时常谈到戈雅，因为戈雅的作品曾记录了拿破仑战争的恐怖。[58] 这幅画作是毕加索四十年艺术生涯的集大成之作，充满深刻的内省和个人感悟，同时具有更加广阔的意义。[59] 它表现了一场黑白噩梦中一同受到惊吓的女人、公牛和马。小说家克劳德·罗伊当时还是一名法律系学生，他在巴黎世博会观赏完《格尔尼卡》后，认为它是“来自另一颗星球的信息。它蕴含的暴力让我目瞪口呆，以一种我从未体验过的焦虑让我哑口无言”。[60] 赫伯特·里德说：“艺术界很长时间都没有里程碑了。一个时代必须有一种荣耀感。艺术家必须对他的族人有信念，必须对他出身的文化有信心。这种心态在现代社会中已经绝迹了。即使有所谓的纪念碑，也只会是那些消极意义的纪念碑，也就是幻灭、绝望和毁灭的纪念碑。我们时代最伟大的艺术家也不可能脱离这个窠臼。毕加索的巨作就是一幅毁灭的纪念碑，是他极高天赋创作出来的愤怒和恐惧的呐喊。”[61]

《格尔尼卡》超越了毕加索所有的作品。画面中有疯狂、尖叫的女人；有在痛苦中嘶鸣、眼球膨胀、痛苦不堪的马；还有邪恶的公牛。所有的意象都支离破碎，被战争和丧亲之痛扭曲了容貌。它们全都是黑白的，马的躯干上还带着报纸的痕迹。怀着深深的绝望，毕加索暗示着即使他的纪念碑也可能并不比一张报纸的寿命更长久。正如罗伯特·休斯所写道的，《格尔尼卡》是最后一幅伟大的历史绘画。[62] 它也是最后一幅重要的政治题材绘画作品，“意在改变大多数人思考和感受权力的方式”。到第二次世界大战结束之时，“战争画家”的作用将因战争摄影的出现而遭到淘汰。[63] 在战争初期，1940 年的秋天，毕加索住在被德军占领的巴黎，纳粹调查了他的资产。他们搜查了他在银行的保险柜，将那里存放的他的画作清点
336 造册。然后他们搜查了他的公寓。一个军官在一张桌子上发现了《格尔尼卡》的照片。他检查了照片，说：“这是你干的？”

“不，”毕加索回答说，“是你们干的。”[64]

然而，有件事毕加索错了。《格尔尼卡》中的图像长久流传，至今仍能激发人们的共鸣。西班牙内战也是如此。乔治·奥威尔与共和军游击队一起在巴塞罗那城内和周边奋勇作战，创作了一部辉煌的杰作《向加泰罗尼亚致敬》。他解释了这场战争对他产生的催化作用：“西班牙内战和 1936 至 1937 年间的其他事件起到了决定性作用，从那以后我明白了自己的立场。自 1936 年起，我所写的严肃作品的每一行都直接或间接地反对我所理解的极权主义和 / 或民主社会主义。”[65] 换句话说，奥威尔在 1936 年就明白了极权主义的模样，而其他人还需要几十年才能领悟这一点。

《向加泰罗尼亚致敬》不仅传达了战争的恐怖、战场的寒冷、虱子和疼痛（奥威尔脖子中弹），同时也传达了战争的乏味。[66] 要避开寒冷或虱子的困扰是不可能的，但奥威尔在一段简短的旁白中说，他之所以能摆脱乏味是因为他在自己的背包里随身带了“几本企鹅书”。这是出版物中第一次提到 30 年代的新兴文学现象：平装书。

《向加泰罗尼亚致敬》本身就是一本非常受欢迎的企鹅书，但奥威尔在西班牙能读到的书籍则不大可能具有特别高的文化品位。**企鹅图书**（Penguin Books）有着艰难且相当平凡的诞生过程。创立企鹅公司的想法产生于**艾伦·莱恩**（Allen Lane）的一次周末访问。那是 1934 年春天，他前往德比郡拜访阿加莎·克里斯蒂和她的第二任丈夫、考古学家马克斯·马洛温。当时的莱恩是伦敦鲍利海出版公司的总经理。那个周末他过得非常开心，因为两位主人都兴致很高。（克里斯蒂常说："考古学家是最佳的结婚对象，你越老他就对你越感兴趣。"）然而，在回家路上莱恩发现自己没东西可读。[67] 在埃克塞特转车时他得等一个钟头，从而有时间察看车站的书报摊，但目之所及全是杂志、廉价的恐怖故事和无聊的精装言情小说。于是就在第二天的公司晨会上，他和自己的两位兄弟迪克和约翰商讨了此事，这两位也是鲍利海的经理。莱恩说，他有个想法，创造一种新的图书形式：内容是再版的优秀虚构和非虚构作品，但装订成令人愉悦的纸质封面，这意味着这些书的定价可以低至六便士，远低于传统的精装本，仅相当于一包普通香烟的价格。他的想法并没有立即得到兄弟们的赞同。他们说，假如这些书定价六便士的话，怎么可能有盈利的空间呢？艾伦的回答只有一个词：伍尔沃斯（英国著名连锁零售商）。他坚持认为，由于这些平装书的价格便宜得让人难以想象，它们的销量之巨大也将让人难以想象，从而实现单位成本最小化和盈利最大化。艾伦的热情逐渐打动了他的兄弟们。在此之前也出现过便宜的书籍，但它们都没能像艾伦·莱恩那样改变人们的阅读习惯。[68] 他起初为这一系列新书所取的名字是"海豚"，因为海豚是莱恩的家乡布里斯托尔的市徽的一部分。但这个名字已被人捷足 337
先登，"鼠海豚"也一样被占用了。不过，"企鹅"仍然可用。事实证明，让图书行业接受这一理念要比莱恩的设想艰难得多，企鹅书取得盈利花了很长的时间。根据莱恩的传记作家 J. E. 莫珀戈所说，伍尔沃斯一位高级采购员的妻子碰巧出席了企鹅图书的一次订货会，并表示她喜欢首批十本书的选题和封面设计。[69]她丈夫随后下了一笔大单。

首批企鹅图书内容混杂。第一本书是安德烈·莫洛亚的《雪莱传》，其次是海明威的《永别了，武器》，接着是埃里克·林克莱特的《诗人的酒馆》、苏珊·厄茨的《克莱尔夫人》、多萝西·L. 塞耶斯的《贝罗那俱乐部的不快事件》以及阿加莎·克里斯蒂的《斯泰尔斯庄园奇案》。在这些书之后是贝弗利·尼科尔斯的《二十五岁》、E. H. 扬的《威廉》和玛丽·韦伯的《谪仙记》。第十本书是康普顿·麦肯齐的《狂欢节》。这是一张丰盛的书单，用莱恩一位朋友的话说，它没有造成思想上的新突破，却是明智而谨慎的选择。[70]它很快取得了商业上的成功。对于企鹅图书所产生的影响，当时所给出的某些社会学原因相较其他原因来说要更为合理。比如，有人认为书籍是大萧条时代逃避现实的一种廉价方式，或者，大型私人图书馆已不再可能存在于 J. B. **普里斯特利**（J. B. Priestley）曾在《英格兰之旅》中提到过的较小的房屋之内，该书是对 20 世纪 30 年代英国社会变革的调查研究。[71]但对企鹅图书的成功更好的理解来自艾伦·莱恩所熟悉的一项调查，因为它发表于仅仅两年之前的 1932 年，它对英国人的阅读习惯进行了研究。这就是 Q. D. **利维斯**（Q. D. Leavis）的《小说与读者大众》。Q. D. 利维斯是 F. R. **利维斯**（F. R. Leavis）的妻子，后者是剑桥大学英语系一位颇具争议的教师兼文学评论家。在当时的剑桥，“英语”是一门相对较新的学科。在第一次世界大战结束后不久成立的剑桥英语系，其主要师资包括赫克托·芒罗·查德威克教授和他的同事 I. A. 理查兹、威廉·燕卜荪以及利维斯夫妇。他们有两个主要研究方向，其一是相信文学是人类最高尚的思想冒险，是高于其他所有行为的人类活动，目的是为了造就符合伦理道德、因而最终令人愉快而满足的生活；其二是认为商业文化是对文学和思想的腐蚀。1930 年，F. R. 利维斯已经出版了《大众文明与少数人文化》，他在其中认为，对艺术和文学“敏锐的鉴赏力”总是依赖于一小部分人，而“精致生活”总是至关重要地源于这小部分人“自发的第一手判断”。[72] 诗歌引领着高雅文化。

在剑桥，理查兹和利维斯夫妇身边围绕着许多科学家。燕卜荪初来剑桥时学的是数学，凯思琳·雷恩也在这里学习生物学，而学生文学杂志的编辑雅各布·布罗诺夫斯基，其更加著名的身份也是科学家。毫无疑问，理查兹和利维斯夫妇都受到了科学的影响。正如利维斯的传记作者告诉我们的，诗歌对他来说“属于‘问题的广袤集合’，其解决方法是主观看法而非科学方法或常规的经验法则：‘简单来说，这是个关于感觉问题的抽象观点和争论的世界。’诗歌是对主观性的引诱，因此对任何希望阻止当前意见和回应的人来说，诗歌都是最为合适的诱饵”[73]。利维斯和理查兹 338
的兴趣是了解“普通人”（与评论家相对应）对诗歌和特定诗作的看法，并为此进行了调查（类似于科学调查）来测量人们的反应。对这些调查“方案”的讨论在教室里引入了一种新的互动方式，在当时也颇具革命性。这是一次秉持客观和科学态度的尝试，正如《小说与读者大众》所做的努力一样。Q. D. 利维斯在这本书里的自我感觉有点像考察文学的人类学家。

利维斯的关注焦点是“畅销书”，以及为什么畅销书从来没有被视为伟大的文学作品。她开篇的章节分析了发给畅销书作者的问卷调查，但该书剩余的部分却让前面部分黯然失色。在剩余的部分里，她基于史实描述了英国不断增加的小说读者群体。利维斯指出，在伊丽莎白时代最流行的文化形式是音乐，在 17 和 18 世纪，清教徒的良心捍卫了一系列文学经典，其目的是令人振奋，这反映了英国国教至少“在每个教区都安排了一位有教养的绅士”来帮助引领人们的文学品位。随后的变化都源自一件事：新闻业的发展和变化。在 18 世纪后期，随着诸如《闲谈者》和《旁观者》等期刊的受欢迎程度逐渐增长，小说的阅读量翻了两番。利维斯说，这种变化非常迅速，以至于小说的水准下降了。小说家加快写作速度以满足不断扩大的读者需求，从而催生了劣质的作品。随后，在 19 世纪初期，对于系列小说的需求意味着小说家被迫以较快的速度写作，而分期刊载也意味着每一期都必须尽可能地以耸人听闻的方式来结尾。小说的水准进一步下降。最后，在 19 世纪末，随着轮转印刷机和现代报纸的到来（尤其是诺思克利夫勋爵和他的《每日邮报》的出现），小说的水准再次下降，到了“依据公众喜好而写作”的地步。利维斯说，在这些阶段中，小说获得了声望，然后又失去了。小说曾经是对人类基本道德本性的高雅探索，但从那以后它便急转直下，一步步沦为单纯地讲故事。在书的结尾，利维斯已经完全抛弃了她的人类学立场和科学公正性。《小说与读者大众》最终成了一部充满愤怒的作品，尤其是对诺思克利夫勋爵的愤怒。[74]

然而，这本书确实为艾伦·莱恩和企鹅图书的成功提供了一些线索。利维斯提到的几位作者（海明威、G. K. 切斯特顿和希莱尔·贝洛克）被列入了企鹅图书的早期书目。她说，海明威赞美了“普通人”，即与高雅人士相对立的记者形象；切斯特顿和贝洛克所采用的散文风格，虽然比报刊文章更加优美，但仍然明显属于报刊流派，经过精心打磨，对读者不作任何思想要求。[75] 这样的说法对莱恩有失公允。他的书目是混杂的，他也的确试图用一些作品来提高人们的眼界。比如第二批的十本企鹅图书就比第一批更好：诺曼·道格拉斯的《南风》、W. H. 哈德逊的《紫土地》、达许·汉密特的《瘦子》、维塔·萨克维尔—韦斯特的《爱德华时代》以及
339 塞缪尔·巴特勒的《埃瑞璜》。1937 年 5 月，莱恩推出了“鹈鹕丛书”，正是这一系列非虚构书籍为他带来了最大的成功。[76] 当时是 20 世纪 30 年代，西方资本主义或西方体制正面临着显而易见的问题。[77] **鹈鹕丛书**（Pelican）事实上发端于 1936 年夏天，在艾伦收到了乔治·萧伯纳著名的明信片之后。萧伯纳表示他喜欢企鹅图书的第一个系列，同时推荐将阿普斯利·谢

里—加勒德的《世界上最糟的旅行》作为“杰出的增补”加入企鹅系列中去。莱恩在此前已经放弃了这本书，理由是篇幅太长，如果仅售六便士将无法实现盈利。于是在回复萧伯纳时，他很谨慎地没有作任何承诺，但他确实告诉萧伯纳，他真正想纳入企鹅系列的是萧伯纳自己的《关于社会主义、资本主义和苏维埃主义，写给聪明女性的指南》。萧伯纳简单地回复道：“多少钱？”[78] 在招募了萧伯纳之后，H. G. 威尔斯、朱利安·赫胥黎、G. D. H. 科尔和伦纳德·伍利也很快加入进来。正如这份书单所示，企鹅立即转向了科学并主要采取了中偏左的世界观。但如今已是 1937 年，世界正日益转向黑暗，为纠正这一趋势，莱恩推出了第三个创意：**企鹅特辑**（Penguin Special）。[79] 该系列的首部作品是出版于 1937 年 11 月的《德国将时光倒流》，作者是固执己见的美国记者埃德加·莫勒。作品的基调是辩论性的，但这本快速完成的书直接面对当时的困境，而这也是它成功的一个原因。这种紧迫的特点前无古人，让人们感受到企鹅特辑与图书出版业不紧不慢的传统风格有着很大的不同之处。在第二次世界大战爆发前，企鹅出品了 36 部企鹅特辑，其中包括《勒索还是战争？》、《中国为统一而奋斗》、《英国的防空》、《欧洲与捷克人》、《两战之间？》、《我们的粮食问题》和《波兰》（最后这本出版于希特勒入侵波兰前两个月）。[80]

艾伦·莱恩和企鹅图书的立场对许多人来说往往过于偏左。但是从商业角度来看，其出版的绝大多数作品是成功的，平均单本销量达四万册，其中政治特辑的销量则达到六位数。[81] 在某种程度上，Q. D. 利维斯对此感到迷惑不解。根据她的标准，严肃小说可能会曲高和寡，但事实上社会却对严肃小说有着合理的需求。因为不用提醒人们也知道，这是一个非常严肃的时代。

对于艺术家克莱夫·贝尔来说，他所见过的最聪明的人毫无疑问是约翰·梅纳德·凯恩斯。许多人和贝尔持有同样的看法，个中缘由不难发现。凯恩斯设在剑桥大学国王学院的政治经济学俱乐部吸引着全世界最聪明的学生和经济学家。凯恩斯还通过在伦敦金融城的一系列风险投资展现出学者身上罕见的商业头脑，也让自己轻松成了富翁，但这并没有对他的声誉造成影响。自《和约的经济后果》发表之后，凯恩斯一直处在不恰当的位置。只要涉及政策制定，他都是一个局外人，但作为布鲁姆斯伯里团体的一员，他绝不是不起眼的。他继续纠正政治家的言行，批评 1925 年时任财政大臣的温斯顿·丘吉尔将回归金本位的美元与英镑的汇率定为 4.86 美元兑 1 英镑，因为在凯恩斯看来美元的估值高了 10%。[82] 他还预见
340 到，由于德国鲁尔区的煤矿在 1924 年获准重新投入生产，煤炭价格将显著下降，并导致英国国内形势急转直下，从而引发 1926 年的总罢工。[83]

正确的预见并没有让凯恩斯因此受到欢迎，但他也拒绝管住自己的嘴。随着 1929 年华尔街股灾和大萧条的到来，美国和欧洲地区的失业率分别上升到近 25% 和 33%，美国更是有不少于九千家银行倒闭，在这种背景下，当时的大多数经济学家都认为正确的做法是无为而治。[84] 传统观点认为，经济萧条是"治疗性的"，它们能"榨出"像毒药一样积累在国家经济中的低效和浪费。干涉这一自然的经济顺势疗法将带来通货膨胀的风险。凯恩斯认为这是无稽之谈。更糟的是，鉴于大规模失业所造成的困境，这更是不道德的无稽之谈。传统经济学家的无为而治理论基于萨伊的市场定律，这一定律以 19 世纪法国经济学家让—巴蒂斯特·萨伊的名字命名。萨伊定律主张，商品的整体生产过剩是不可能的，同理普遍失业也是不可能的，因为人类生产商品只是为了享受其他商品的消费。每一次投资的增加很快都伴随着需求的增加。存款也同样被银行用来为投资提供贷款，因此消费和储蓄之间不存在真正的区别。这种失业的出现是暂时的，当人们抽出时间来花费自己的收入时，问题很快就会被纠正，而且是自愿

的纠正。[85]

在20世纪30年代，资本主义体制的弊病是失业不仅普遍存在而且是非自愿的，并且远非暂时性的现象。凯恩斯并不是唯一指出这种困境的人。他的重要观察是人们不会将自己收入的全部增长都用于消费。他们固然会花得更多，但也会存一点起来。这一行为也许看起来并不十分重要，但凯恩斯认为它具有多米诺骨牌效应，据此商人也不会将所有利润用于投资。因此，萨伊所概括的系统将逐渐放缓，并最终停止。这会造成三种影响：第一，经济体既依赖于既成事实，也依赖于人们对未来前景的认知；第二，在背负较高失业率和随之导致的社会危害的情况下，经济体仍能保持稳定；第三，投资是最为关键的因素。由此他推导出了决定性的观点，即如果民间投资匮乏，国家就应当介入，利用政府信贷和操控利率来创造就业机会。无论这些工作有用（比如修路）还是完全无用都没有多大关系，它们能给人们提供用于实际生活的现金，从而为其他人创造收益，并将这一收益链传递下去。[86]

凯恩斯依然身处英国经济政策的决策层之外，他还需要赢得另一场战役才能走出冷宫。一直以来，他都是一位“脚踏实地的梦想家”，但其他人对此拒不承认。[87]具有讽刺意味的是，首先将凯恩斯经济政策付诸实践的国家是纳粹德国。自1933年独揽大权开始，希特勒的表现几乎像是一个完美的凯恩斯主义者，大兴土木修建铁路、公路、运河和其他公共项目，同时实施严格的外汇管制，防止德国人将财产向国外转移并强迫他们购买国内产品。两年之内德国便消灭了失业，物价和工资开始相继上涨。[88] 341
然而，许多人对德国取得的成就不以为然。希特勒造成的恐怖抹杀了人们对他所有成就的认可。1933年，在访问华盛顿时，凯恩斯试图向富兰克林·D.罗斯福总统兜售他的思想，但这位新总统此时全神贯注于自己的新政，并未完全被凯恩斯或凯恩斯主义吸引。此次失败过后，凯恩斯怀着让自己的思想影响更多人的希望，决定撰写一本书。于是《就业、利息和货币通论》在1936年横空出世。在一些经济学家看来，这部作品具有轰动效应，堪与亚当·斯密的《国富论》和马克思的《资本论》相提并论。对于其他人来说，凯恩斯的激进主义就像马克思的经济理论一样令人生厌，或许还更加危险，因为它的可行性更大。[89]一开始，这本书在美国产生的实际效果要强于英国。美国的大学接受了书中的理论，随后影响了华盛顿的决策层。J. K. 加尔布雷斯回忆道："在罗斯福新政时期，每周四和周五的晚上，从波士顿开往华盛顿的联邦快车上几乎一半的乘客都是哈佛的教职员工。他们都是前去为新政献计献策的。在《就业、利息和货币通论》出版后，年轻的经济学家所试图建言的正是凯恩斯的观点。"[90]

1937年，就在凯恩斯的书出版几个月后，大萧条的影响似乎开始缓解，经济复苏的迹象终于开始显现。失业率依然高企，但至少商品产量和物价都在缓慢提升。这些复苏的苗头甫一出现，古典经济学家就如梦初醒地建议削减联邦支出和上调税收以平衡预算。于是经济复苏立刻放缓并陷于停滞，随即继续回到下滑状态。美国的国民生产总值从910亿美元下跌至850亿美元，民间投资总量则减少了一半。[91]大自然并不经常为人类的假说提供天然的实验室，但这一次几乎立竿见影。[92]至此，第二次世界大战已并不遥远。当欧洲战事爆发之时，美国的失业率仍高达17%，大萧条的影响已持续了十年之久。第二次世界大战将在美国几代人的字典里抹去失业一词，并预示着凯恩斯时代的来临。

20世纪30年代的本质是一段灰暗而险恶的年代，在科尔·波特（Cole Porter）的作品和歌词中却完全没有这样的感觉。Q. D. 利维斯和她的丈夫可能会慨叹大众文化对思想的总体质量的影响（他们的悲观情绪也将在接下来的几年中一次次得到呼应），有的时候却是一些近乎天才的个人缔造了流行艺术。在音乐领域，脱颖而出的就是波特。虽然他直到 1955 年都在持续创作优秀的作品（比如音乐剧《丝袜》），但 20 世纪 30 年代才是属于他的十年。[93] 波特发表于 30 年代的全部作品包括《不要困住我》、《日日夜夜》、《只是其中之一》、《无声之夜》、《我爱你深入骨髓》、《你是最好的》、《跳起比根舞》、《轻率地爱》以及下面这首《我为卿狂》：

我没有从香槟中得到快乐；
单纯的酒精无法让我激动。 342
所以告诉我，为什么是这样
我为你而疯狂。

我没有在飞机上得到快乐。
与某人在天空翱翔
对我来说只是梦一场，
然而我却为你而疯狂。

在 1937 年的一次骑马事故中，波特的双腿被压断，他因此成了半个残废，他的创作也受到了很大的影响，但成熟和聪明只是他天才的一部分。据格雷厄姆·格林所说，波特对细节的注重是首屈一指的，甚至不输给“奥登式”的诗歌。[94]

你是西班牙夏夜的紫色霞光
你是国家美术馆
你是嘉宝的片酬
你是玻璃纸！

以及

在过去的日子里
长筒袜总是引人注目
但是现在天晓得
凡事皆可！[95]

玻璃纸和长筒袜，它们实际上比葛丽泰·嘉宝的片酬更令人印象深刻。[96]20世纪30年代，莱纳斯·鲍林发现了化学键的本质，但在这十年间，贝克兰所发现的塑料也使得大量合成物质一个接着一个地投放市场。**第一种基于乙炔的织物材料**（acetylene-based fabrics）于1930年上市，同年上市的还有丙烯酸塑料，并在此基础上产生了**有机玻璃**（Perspex）、**普列克斯玻璃**（Plexiglass）和**聚甲基丙烯酸酯塑料**（Lucite）。**玻璃纸**（Cellophane）也诞生在1930年，本来是用来包在骆驼牌香烟外面的。[97]氯丁合成橡胶在一年后面世，聚酰胺合成纤维则出现于1935年。贝纶（尼龙纤维的一种早期形式）于1938年在德国问世，而商用的聚乙烯则出现在1939年。在1940年的美国，玻璃纸一词在"最美词汇"的评选中排名第三（名列"母亲"和"记忆"之后），这堪称是市场营销的胜利。但最关键的因素还是化学发现，在这里**尼龙**（nylon）的诞生最具有启发性。[98]

尽管在第一次世界大战中，德国是战败的一方，但它仍保持了化学工业方面的坚实基础。实际上，由于协约国的海上封锁非常成功，德国被迫开展了人工合成食品和产品的实验，从而在这方面领先于它的敌人。从1925年开始，随着I. G.法尔本化工集团的成立，一批有才华的有机化学家被集中起来开展高分子化学的基础研究，旨在构建具有特殊性能的分子。[99]这被列为基础研究范畴，从而逃避了协约国对军工产品的制裁。这个化学家小组在几年内几乎每天合成一种新的化合物。纵然政治家排除了这些化合物的军事风险，但英国和美国的化学公司充分意识到了其中的商业威胁，于是在1927年，位于特拉华州威尔明顿的杜邦公司增加了化学部门 343
的研发经费，从每年两万美元增加到每月两万五千美元。[100]

在当时，人们认为化学物质分为两类，一类类似于糖或者盐，它们的分子能通过孔洞细小的膜，并能形成晶体；另一类则是大分子，类似于橡胶或明胶，它们的分子不能通过这样的膜，因此被归为“**胶体**”（colloids）。在人们的构想中，胶体是被神秘的“电力”结合起来的一系列小分子。然而，正如莱纳斯·鲍林的实验所显示的，化学键是构成化学物质的基础，它是一种物理力，而不是所谓的“神奇”之力。一旦破除了其中的玄机，分子之间的联系方式也变得更加清晰，合成橡胶或明胶，甚至比它们更好的物质也变成了实际的选择。当时人们急需丝绸的代用品，因为日本正与中国交战，要从日本进口丝变得非常困难而且昂贵。决定性的突破来自**华莱士·休姆·卡罗瑟斯**（Wallace Hume Carothers）博士的研究。杜邦公司此前许诺向他提供用于基础研究的“巨额经费”，于是他放弃了哈佛大学的邀请，来到了威尔明顿从事研究。他开始通过双官能分子，来构建史无前例的巨大链式分子——聚酯。在经典化学中，醇类与酸反应产生酯。在双官能分子中，分子的两端各存在着两个（而非一个）酸或醇的基团，而卡罗瑟斯发现这种分子“相互之间能够连续地发生反应从而引发连锁反应”，并生成越来越长的分子。[101]随着20世纪30年代向前推进，卡罗瑟斯构建出了分子量为4000、5000乃至6000的分子（糖的分子量是342，血红蛋白为6800，而橡胶的分子量约为100万）。这些高分子的一大性能是能够被拉成长而光滑的坚韧细丝。根据斯蒂芬·费尼谢尔在《塑料的历史》中所说，一开始这些细丝要么过于易碎，要么过于昂贵，无法投入商业用途。然后在1934年3月下旬，卡罗瑟斯要求他的助手**唐纳德·科夫曼**（Donald Coffman）尽量用一种从未研究过的酯类物质构建一种纤维。如果任何合成纤维要具有商业意义，它必须具有“冷拉”的能力，这能够体现它在常温下的表现。标准的测试是要将一根冷的玻璃棒插入高分子混合物中，然后将玻璃棒拉出。科夫曼和卡罗瑟斯发现这种新的聚合物竟然非常坚韧，一点也不易碎，还具有光泽。

这一发现之后，杜邦公司开展了疯狂的行动，以期率先生产出一种成功的合成丝。该专利于 1937 年 4 月 28 日提交，在 1939 年纽约世界博览会上，全世界在杜邦公司的“神奇化学世界”中见识了这一新物质。尼龙（以尼龙丝袜的形式）出尽了风头。它最初被称为 66 号纤维，此后尝试了数百种名字，从“克利斯”（Klis，即把丝绸 Silk 倒过来写）到“努拉伊”和“瓦卡拉”（想象一下，“我要一双瓦卡拉”）。尼龙最终成为正式名称，因为它听上去有合成的感觉，而且不会与别的名字混淆。在这次博览会后，人们对尼龙的需求逐渐高涨。许多商店限制每位顾客只能购买两双尼龙丝袜。然而，这股尼龙热潮有着严肃的一面，正如《纽约时报》所指出的：“通常情况下，合成物是对自然界中物质的复制。……这种尼龙则
344 完全不同。在自然界中它没有对应的化学物质。……它是……对物质的完美控制，以至于人类对食物、服装和建筑材料的需要不再完全依赖于动植物和地壳。”[102]

在大萧条最黑暗的岁月里，百老汇的 86 家合法剧院中只有 28 家依然开门营业，但**尤金·奥尼尔**（Eugene O’Neill）的剧作《悲悼》的门票则销售一空，就连最贵的六美元的位子也全卖掉了。[103] 早在 1931 年 10 月 26 日《悲悼》首演之前，奥尼尔就已然被尊为“伟大的美国剧作家，在他之后美国才有了真正的戏剧”。[104] 然而直到 30 年代末，奥尼尔年过半百之时，他才创作了两部真正代表他艺术造诣的伟大杰作《送冰的人来了》和

《长夜漫漫路迢迢》。其间的年月则被他称为“低潮期”。

比起大多数艺术家，奥尼尔的某些履历对于理解他的作品要更为重要。在他还不到 14 岁时，他发现自己的出生促使母亲染上了吗啡瘾。他还发现父母责备长子杰米，因为他把麻疹传染给了次子埃德蒙，并导致后者在 18 个月大时便夭折了。1902 年，奥尼尔染上毒瘾的母亲艾拉·奥尼尔用完了家里所有的吗啡，于是企图自杀。这导致当时正值青春期的奥尼尔在一段时期内沉溺酗酒和自我毁灭的行为。他还开始流连于剧院（他的父亲是一名演员）。[105] 在一次失败的婚姻之后，1911 年，奥尼尔自己也在一家小旅馆里试图用过量服药自杀，此后他因心理问题看了几位精神科医生。一年后他被诊断患有结核病。1921 年，他的父亲罹患癌症不幸去世，母亲也于次年与世长辞。他的哥哥杰米先是罹患酒精性精神病，在奥尼尔母亲去世以后一年也因中风去世，享年 45 岁。奥尼尔本来打算在普林斯顿攻读科学课程。然而在大学期间，他深受尼采的影响，接受了一种被他的传记作者称之为“科学神秘主义”的生活态度。他最终因为出勤率太低而遭到学校开除。1912 年，他当上了记者，开始了写作生涯，但很快转向了戏剧领域。[106]

除了他的自传之外，奥尼尔的戏剧理念还可以通过他对美国所下的定论来理解。他说，美国“非但没有成为世界上最成功的国家，反而成了最大的失败者。究其原因，这是因为它拥有了一切，超过其他任何国家。……它的主要理念是永恒的游戏，试图通过占有灵魂之外的东西来占有你的灵魂”。[107]《送冰的人来了》和《长夜漫漫路迢迢》都长达数小时，而且两部作品都是谈话剧，几乎没有动作。剧中的人物和观看演出的观众都被困在同一个屋子里，在这里谈话是不可避免的。在《送冰的人来了》中，角色都待在哈里·霍普旅馆的酒吧里，他们在那里喝酒聊天，日复一日地互相讲着同样的故事，这些故事实际上都是白日梦，是永远不会发生的希望和幻想。[108]一个人想要回到警队，另一个希望能被重新选为政治家，第三个人则只想回家。随着时间的推移，听着他们说着这样那样的事，观众察觉到即使这些寻常的目标对这些角色来说也只是幻想，用奥尼
345 尔的话来说就是白日梦。后来观众才知道剧中的角色等待了许久的是一位旅行商人希基，他们相信他能够让自己的愿望成真，能成为他们的救世主（希基是一个牧师的儿子）。但当希基终于出现的时候，他一个接一个地刺破了他们的梦想。奥尼尔并不想表达现实总是残酷的这种肤浅的观点。相反，他所表达的观点是现实并不存在。不存在坚定的价值观，没有终极意义，所以我们都需要自己的白日梦和幻想。[109]希基过着"诚实"的生活，他辛勤工作并告诉自己真相，或者他自己以为的真相。但他其实杀死了自己的妻子，因为他无法忍受她"竟然"接受了他不计其数的寻花问柳。我们无从知晓他妻子是如何向自己解释生活，她又有怎样的幻想，以及她是如何坚持活下去的。但我们认识到这些东西的确让她继续活着。当然，送冰的人就是死亡。人们常说该剧可以被称为《等待希基》，以强调它与塞缪尔·贝克特的《等待戈多》的相似之处。正如我们将看到的，这两部作品都向我们展示了一种令人不寒而栗的世界观，而这种世界观正是在查尔斯·达尔文、T. H. 摩根、埃德温·哈勃和其他人的发现之后形成的。

《长夜漫漫路迢迢》是奥尼尔最富自传色彩的作品，是一部"用眼泪和鲜血写成的哀伤之剧"。[110]故事发生在一个房间里，共分四幕，分别为一天中的四个时间段：早餐、午餐、晚餐，以及蒂龙一家临睡前济济一堂之时。全剧没有很大的动作场面，却有两个事件：玛丽·蒂龙的毒瘾复发，以及埃德蒙·蒂龙（还记不记得，埃德蒙是奥尼尔死去的哥哥的名字）发现自己染上了结核病。随着时间的流逝，外面的天气变得愈发阴沉而雾气弥漫，这座宅子也似乎愈发与世隔绝。[111]随着剧中人物更多的自我袒露以及从他们的角度重新描述其他人此前叙述的事情，各种各样的插

曲一再回到谈话中。该剧的中心思想是奥尼尔的悲观人生观，即“奇怪决定论”。“生活的遭遇强加在我们身上的倒霉事，我们谁也不能抗拒，”玛丽·蒂龙说，“而且这些倒霉的事发生了，自己还莫名其妙，可是一旦发生了，还不得不跟着做别的事，弄到最后一切事情都不是出自自己的心愿，一辈子也是身不由己。”[112] 另一场戏中，两兄弟中的一位对另一位说：“我对你的爱远远胜过我对你的恨。”然后，就在剧终之时，蒂龙家的三个男人，即玛丽的丈夫和两个儿子，看着她进入房间，进入一个深沉的梦，即她自己的迷雾之中。[113] 她在男人们的注视下哀叹道：“那时正是我高中的最后一年。到了春天我身上就发生了一件事。对了，我想起来了。我爱上了詹姆斯·蒂龙，那一阵子感到非常幸福。”这就是该剧的最后几行台词，正如诺曼德·伯林所写的，最让人心碎的是这最后几个字“一阵子”（奥尼尔的亲戚都痛恨该剧）。[114] 对于奥尼尔来说，一个人如何坠入爱河，然后分手，然后永远为情所困，这是一个谜。通过这样毁灭性的方式，奥尼尔想要表达的是，过去在现在继续存在，这是科学无法提供解释的场域。[115]

奥威尔、奥登或者奥尼尔的作品是否对 20 世纪 30 年代进行了最佳概括，也许尚值得商榷。这一时期远远谈不上是灾难，也不完全如奥登所说的是“消沉而虚假的十年”。然而无可否认的是，这十年是通往黑夜的旅程，而在路的尽头，等待着人们的正是代表死亡的送冰人。无论 20 世纪 346
30 年代发生了什么（也确实发生了许多事），它们都只是无用的慰藉。

“你可知道欧洲的鸟儿会唱的旋律不及我们鸟儿的一半？”这是评论家**阿尔弗雷德·卡津**（Alfred Kazin）为 20 世纪 30 年代确定的墓志铭，他引用了阿比盖尔·亚当斯写给约翰·亚当斯的这句话，作为《论本土文学》最后一章的开篇语。这句话足够恰当，因为他在书中的论点是，在两次世界大战之间，美国文学已经走向成熟，完成了自我阐释，而如今随着欧洲一心要自我毁灭，维护和发展西方传统的重任落到了美国的肩上。[116]

但这本书的其他主要信息在于，它使用的材料本身就是美国特有的。《论本土文学》的副标题是“现代美国散文文学解读”。这当然意味着他没有将诗歌和戏剧考虑在内（因此也忽略了华莱士·史蒂文斯和尤金·奥尼尔这样的人物），但并不意味着他像欧洲评论家那样就事论事地囿于小说的范畴之内。相反，卡津所谓的文学还包括：评论、揭秘新闻、哲学甚至摄影报道。他的理由是美国小说牢牢地扎根于务实的现实主义（不同于弗吉尼亚·伍尔夫、卡夫卡、托马斯·曼或阿道斯·赫胥黎等人），在这一总体背景下，美国小说的主要冲突和主题是商业和唯物主义。通过对西奥多·德莱塞、辛克莱·刘易斯、F. 司各特·菲茨杰拉德、薇拉·凯瑟、约翰·多斯·帕索斯、约翰·斯坦贝克、欧内斯特·海明威、威廉·福克纳和托马斯·沃尔夫小说的讨论，加上托尔斯坦·凡勃伦、约翰·杜威、H. L. 门肯和埃德蒙·威尔逊等人的作品，卡津首次辨明了美国灵魂中各种有影响力的部分：拓荒者、学者、记者 / 揭发者、商人和南方的封建余孽。他说，这些成分互相竞争，孕育出一种时而“触及伟大”，但也经常呈现“半感性、半商业化”的文学。正如其评论所揭示的，他的分析完全不掺杂情感成分。他认定以下这些主题具有美国特色，首先是由辛克莱·刘易斯和范·威克·布鲁克斯的作品所强调的“无止境的推销”，即美国最有活力的人才都进入了商业和政治领域，而非艺术或人文领域；其次是包括约翰·多斯·帕索斯在内的一些作家“认为美国的商业成功是精神的失败，这一趋势已经在20世纪30年代末达到了悲喜交加的高潮”，而此时的教育“只是商业文明的训练，政治教育只是为了追求物质主义的好生活”。[117] 与此同时，卡津指出了批评的发展，从20世纪20年代的自由主义批评到马克思主义批判，再到30年代初的“科学批评”，以及关于

“科学批评的”专著，如马克斯·伊士曼的《文学思维在科学时代的位置》（1931），伊士曼认为科学将很快能够解答“所有的问题”，而文学实际上“在这样的世界里没有容身之处”。[118] 卡津也记录了方兴未艾的“记号指代过程”，即将语言理解为一套符号系统。

然而，正如他在全书最后一章开篇所引用的那句话所示，卡津认为欧洲自 1933 年以来已经停滞不前，而在如今的 1942 年，带着所有缺点，并且与商业爱恨交织的美国文学是“在被法西斯主义侵占的世界里西方文化 347
的储藏室”。[119] 他觉得，这是一个意义深远的转变，与美国自身传统的再次觉醒相吻合。股市暴跌和法西斯主义的兴起在欧洲导致人们质疑资本主义，并受到俄国的吸引，而在美国则迫使美国人重新依靠自己，借助国家主义作为凝聚力实现道德转变，同时抵消商业、工业化和科学带来的过激行为。对于卡津来说，这种国家主义不是盲目或狭隘的：它是一种道德意识，赋予美国以尊严。文学只是这场全社会趋势的一部分，但卡津认为其作用只会在未来成长。这在当下同样也是无用的慰藉。

在卡津的《论本土文学》出版前不久，在迥然不同的媒体上也曾出现与该书的主要观点类似的作品，这部作品对一些人来说是有史以来最伟大的电影。这就是**奥森·威尔斯**（Orson Welles）的影片《公民凯恩》（1941）。威尔斯于 1915 年出生在威斯康星州的基诺沙，是一位戏剧和广播界的奇才。他极富创新才华，在二十多岁时就与黑人演员合作了一出成功的《麦克白》，他主播的《世界大战》广播剧改编自 H. G. 威尔斯的同名小说，这出新戏震惊了整个美国，许多听众甚至惊慌失措地认为火星人真的入侵了地球。20 岁出头的他被带到好莱坞，获得了一份几乎独一无二的合同：他将自编自导自演一部属于他自己的电影。

威尔斯高大的身躯注定了他只能扮演“大”人物（如他自己所说），

他希望能为自己大肆宣传、万众瞩目的处女作找到一个好题材，并在偶然的机会下发现了《公民凯恩》。这似乎是因为他的第一任妻子弗吉尼亚·尼科尔森改嫁给了电影明星玛丽恩·戴维斯的侄子，而与戴维斯同居的正是报业巨头威廉·兰道夫·赫斯特。[120]《公民凯恩》的拍摄过程极端保密，部分是出于宣传目的，部分是为了防止赫斯特有所察觉。此外，出于法律上的原因，为使影片主角和这位报业巨头有所区别，威尔斯还进行了一些改动。但事实上这部影片仍然描写了一位媒体大亨利用自己的力量助力其配偶演艺生涯的故事，与此同时，这位大亨住在一座富丽堂皇的豪宅之中，身边充斥着由朋友和食客组成的小圈子。影片完全没有掩饰凯恩到底是谁，在影片拍摄完成后的一段时间内，关于电影是否能上映还存在疑问，制片方雷电华电影公司担心一旦上映会招来赫斯特大规模的诽谤和侵犯隐私的诉讼。到头来赫斯特并没有起诉，但一些电影院确实因为惧怕他的影响而没有传播或放映该片。部分由于这样的原因（而另外的原因则正如剧团经理索尔·胡洛克对踢踏舞演员所说："如果观众不想来，没什么能阻止得了他们。"），《公民凯恩》没能取得商业上的成功。

然而这部影片却在评论上和艺术上取得了极大的成功。首先，它引入了大规模的技术创新。这部分要归功于摄影师格雷格·托兰和特效制作师林伍德·邓恩。[121] 在当时，电影的特技效果并不意味着塑造外星生物，而意味着拍摄多重场景，从而达到这样的效果，比方说所有映入观众眼帘的都非常清晰，从而造成更类似剧院的体验——这在当时的电影技术中是非
348 常新颖的。威尔斯还在一个长镜头中从头到尾地演绎，没有任何镜头交切，只让镜头跟随着他的动作。此外，他扮演的凯恩已年逾五十——该片的化妆技巧是另一大特技效果。其他技术创新还包括引入了电影的"预告片"，讲述了凯恩的人生故事。当然该片也有着老套的元素：影片开头时一位记者展开"调查"以揭开凯恩去世时留下的词语"玫瑰花蕾"的含

义。无论如何，该片给观众留下了深刻印象。

当《公民凯恩》终于在三个不同的城市首映之时，评论界一片欣喜若狂：“精彩至极”（《纽约时报》评论）；“恢宏壮丽”（《纽约先驱论坛报》评论）；“杰作”（《纽约世界电信报》评论）；“天马行空的聪明才智”（《纽约邮报》评论）；“电影界终于迎来了新的突破”（《纽约客》评论）。[122]党性更强的右翼媒体指责威尔斯对赫斯特展开了“共产主义式”的攻击，而这正是它与卡津论点的关联之处。因为《公民凯恩》是对大企业的攻击，而算不上是共产分子的政治攻击。它更多的是一种心理攻击。《公民凯恩》表明，一个人纵然腰缠万贯，有权有势，坐拥广袤的地产和数以千计的雕塑，但他仍然可能像凯恩一样缺乏情感的内在，只能形影相吊，无人疼爱。正如卡津所表明的，这算不上什么新发现，但在30年代末的美国，这一切仍然令人震撼，尤其是威尔斯所呈现的表达方式。威尔斯的本意是否是让这部电影同样具有冷酷的中心思想，这仍然是个谜（豪尔赫·路易斯·博尔赫斯将《公民凯恩》称为没有中心的迷宫）。[123]威尔斯曾经说过，个性是不可知的（“扔掉所有的传记”），因此至少这种解释是可能的，即该片的另一个目的是展现这种不可知性。但总的来说，批评家所下的定论是，该片在这方面是失败的，而非有意为之。

财富对威尔斯来说，就像对凯恩一样（当然对赫斯特也一样），是无用的慰藉。威尔斯职业生涯的其余部分相比起他的年少成名和《公民凯恩》的辉煌成功，只能说是一种草草收尾。在卡津的《论本土文学》问世之前，《公民凯恩》在当年年底已在所有院线下线。在那之后，威尔斯已是江郎才尽。 349

19

希特勒的礼物

有这样一张著名的照片，拍摄于 1942 年 3 月纽约皮埃尔·马蒂斯画廊的“流亡中的艺术家”展览期间。皮埃尔·马蒂斯是画家亨利·马蒂斯之子，自 20 世纪 30 年代初，他就是曼哈顿一位成功的艺术品商人，却从未举办过此类展览。照片中出镜的人们都身着“体面的”西服或花呢外套，他们是：（前排）马塔、奥西普·扎德基恩、伊夫·唐吉、马克斯·恩斯特、马克·夏加尔、费尔南·莱热；（后排）安德烈·布雷东、皮特·蒙德里安、安德烈·马松、阿梅代·奥藏方、雅克·里普希茨、帕维尔·切利乔夫、库尔特·塞利格曼和尤金·伯曼。阵容如此强大，质量如此优秀的艺术天才极少（如果有过的话）能有机会济济一堂，评论家也对这场展览展出的艺术作品持有同样的看法。《美国信使》杂志以《希特勒送给美国的礼物》为题对此次展览发表了评论。[1]

在 1933 年 1 月至 1941 年 12 月之间，104 098 名德国和奥地利的难民来到美国，其中包括 7622 位学者，还有 1500 位艺术家、专门从事文化问题研究的记者或其他知识分子。这股流向美国的涓涓细流始于 1933 年，在 1938 年的“碎玻璃之夜”后迅速膨胀，却从未变成真正的移民浪潮。在当时，形势已经让许多人难以离开，而美国普遍的反犹主义和反移民情绪意味着仍有许多人都被拒之门外。自 1924 年以来，美国实行了移民配额制度，将每年的移民总数限制在 165 000 人，其中每个白人国家的配额按照 1890 年人口普查的数据限制在当时各国人口总数的 2%。然而在整个 30 和 40 年代，奥地利和德国的移民配额实际上从来没有填满过，所以在美国众多的人道主义行为之中，这是一个鲜为人知的统计学耻辱。

有的艺术家和学者逃到了阿姆斯特丹、伦敦或巴黎。在法国首都巴黎，马克斯·恩斯特、奥托·弗罗因德利希和格特·沃尔海姆组成了“德国艺术家团体”，后来更名为“自由艺术家联盟”，并举办了一场反对纳粹在慕尼黑举行的“堕落艺术展”的展览。在阿姆斯特丹，马克斯·贝克曼、尤金·施皮罗、海因里希·坎彭东克和包豪斯建筑师哈乔·罗泽组成了紧密的团体，保罗·西特罗昂则以他们为师资力量，建立了一所私立艺术学校。在伦敦，约翰·哈特菲尔德、库尔特·施维特斯、路德维希·迈德纳和奥斯卡·柯克西卡等知名艺术家纷纷加入了一个流亡知识分子群体，该群体拥有约 200 人的规模，分别组成了“流亡艺术家委员会的自由德国文化联盟”、“新英国艺术俱乐部”和皇家艺术学院等组织。这一联盟 350
最有力的举动是于 1938 年在新伯灵顿画廊举办的“20 世纪德国艺术展”。展览的名字故意取得平淡无奇，是为了避免得罪当时对希特勒施行绥靖政策的英国政府。第二次世界大战爆发时，哈特菲尔德和施维特斯还被当作敌国公民遭到羁押。[2] 在德国境内，奥托·迪克斯、威利·鲍迈斯特和奥斯卡·施莱默等艺术家避祸于“内部流亡”之中。迪克斯藏身于博登湖畔，在那里描山绘水。他称这段经历“无异于移民”。[3] 卡尔·施密特—罗特卢夫和埃里希·黑克尔则搬到了不起眼的小村子，希望能逃离纳粹的眼线。恩斯特·路德维希·基尔希纳则对所有的一切深感沮丧，选择自杀身亡。

但最重要也最值得注意的是前往美国的德奥移民，这不单单是因为他们人数众多。这场知识分子的移民令20世纪的思想领域的景象发生了剧变。这可能是同类型的移民之中最为宏大的一次。

在希特勒对知识分子的残酷镇压昭然若揭之后，比利时、英国、丹麦、法国、荷兰、瑞典和瑞士分别设立了应急委员会，其中两个国家可以单列出来详述。在英国，各所大学的校长组成了学术援助委员会，由伦敦政治经济学院的威廉·贝弗里奇爵士领衔。截至1938年11月，该委员会已为524位学者在36个国家安排了学术岗位，其中161人去了美国。许多英国大学的教职员工从薪水中拿出2%到3%的数额来筹集资金，而美国的学术同行听闻此举之后，也从大西洋彼岸寄来了相同比例的资金。通过这种方式，委员会一共筹集了约三万英镑安置善款。（直到1966年该机构才最终解散，在此期间他们继续支持着其他国家因政治或种族原因遭到迫害的学者。）一些流亡的德国学者组建了**海外德国学者应急协会**（Emergency Society of German Scholars Abroad），其宗旨在于为学术同行寻觅学术岗位。该机构还总结出了一份1500人的详细名单，列出了在德国国内失去学术岗位的学者姓名。随着时间的推移，该名单对其他的团体变得非常有用。1933年春，作为西化土耳其的举措之一，土耳其总统凯末尔·穆斯塔法·阿塔图尔克重组了伊斯坦布尔大学，应急协会也利用了这次契机。许多德国学者（其中包括保罗·欣德米特）受雇于此项计划，1935年，随着伊斯坦布尔法律学院升级为一所大学，也出现了类似的计划。这些流亡土耳其的学者甚至创办了他们自己的学术期刊，因为对他们来说要在德国国内或在英美两国发表论文是非常困难的。这份期刊所承载的领域无所不包，从皮肤病学到印度梵文。如今这本期刊的每一期都成了收藏品。[4]

土耳其的这份德文期刊一共只发行了 18 期。不过希特勒送来的礼物哺育出一份更加经久不衰的期刊，即《数学评论》。这本新期刊的创刊号问世之时几乎无人知晓，毕竟大多数人在 1939 年都为其他事情所困。但《数学评论》（数学家们很快将其简称为 MR）安静的登场亮相实则既激动人心，又意义重大。在那之前，世界上最重要的数学期刊是柏林的施普林 351
格出版社创办于 1931 年的《数学及其相关领域中心期刊》，该刊物以数十种语言发表来自全世界的数学论文摘要。部分归功于物理学的黄金时代，也多亏了戈特洛布·弗雷格、大卫·希尔伯特、伯特兰·罗素和库尔特·哥德尔等人的研究成果，数学在当时蓬勃发展，而一份综合的文摘期刊有助于数学家之间保持沟通和交流。[5]然而在 1933 至 1934 年，一个问题凸显出来：该刊物的主编叫**奥托·纽格鲍尔**（Otto Neugebauer），他同时也是哥廷根大学理查德·库朗麾下著名的数学系的一名教师突然成了政治嫌疑犯，并于 1934 年逃往丹麦。直到 1938 年，他仍坚持担任《数学及其相关领域中心期刊》的编委会成员，但当时同为编委会成员的意大利数学家**图利奥·莱维—奇维塔**（Tullio Levi-Civita）却因犹太人的身份遭到罢免。出于同情，纽格鲍尔与其他几位国际顾问委员会的成员一道提出了辞呈。到了 1938 年底，俄国数学家代表也被终止了编委会资格，而流亡数学家甚至被禁止担任审稿人。据《科学》杂志的一篇文章报道，出自犹太学者之手的论文如今已无法在《数学及其相关领域中心期刊》上刊载。

美国的数学家怀着不安和忧虑注视着欧洲大陆的形势发展。他们起初考虑过买下这本期刊，但柏林的出版社不肯出售，非但如此，施普林格出版社还做出了相反的举动，提出了两套编委会方案，从而产生两种不同版本的期刊，其一在美国、英国、英联邦和苏联发行，另一份则在德国及其周边国家发行。美国的数学家被这一侮辱彻底激怒，1939 年 5 月，他们投票表决，决定创立属于自己的数学期刊。[6]

早在1933年4月，洛克菲勒基金会的官员就已开始考虑能够如何为个别学者提供帮助。他们为应急委员会筹措了所需的资金，并于1933年5月正式开始运营。由于大萧条仍在肆虐，工作机会仍然稀缺，所以该委员会不得不小心行事。委员会的第一项任务是评估问题的严峻程度。1933年10月，应急委员会副主席**爱德华·R. 默罗**（Edward R. Murrow）经统计得出，在240所研究机构总计27 000名学者中，不下2000人失去了工作。这个数目非常庞大，而将这些人大规模地移民美国不仅会产生取代美国学者的风险，还有可能引爆反犹情绪，因此需要采取一种能够限制移民美国的学者人数的政策。应急委员会最终将其政策确定为“帮助学者，而非全方面排忧解难”。因此他们将工作重点放在了学术成就已获得认可的较为年长的学者身上。其中最知名的受益者就是来自哥廷根大学的理查德·库朗。[7]

为帮助德国同胞做出最多贡献的两位数学家是**奥斯瓦尔德·凡勃伦**（Oswald Veblen，1880—1960）和**R. G. D. 理查森**（R. G. D. Richardson，1878—1949）。前者是伟大的社会理论家托尔斯坦·凡勃伦的侄子，时任普林斯顿高等研究院研究员，而理查森则是布朗大学数学系主任兼美国数学学会秘书。在数学学会的帮助下（该学会已正式加入了应急委员会），51位数
352 学家在1939年欧洲战事爆发前被带到了美国，而到第二次世界大战结束之时，数学家的移民总人数已近150人。每位来到美国的学者无论年龄大小，都找到了工作。与六百万在毒气室中丧生的犹太人相比，150人听起来并不算多，然而获救的数学家人数已然超过了其他任何领域的获救学者人数。如今，在世界顶尖的八大数学研究所中，美国独占三席，而德国则一无所有。[8]

除了艺术家、音乐家和数学家之外，脱离苦海来到美国的还包括113位资深生物学家和107位世界级的物理学家，我们将在第22章详细介绍

后者对第二次世界大战的胜负所起到的决定性影响。学者们还受到了美国移民法一项特殊条款的帮助，这项条款由美国国务院在1940年设立，允许向处于危险之中，且“知识文化成就或政治活动对美国有益”的难民提供“应急访问”签证。戏剧导演马克斯·莱因哈特、作家斯特凡·茨威格和语言学家罗曼·雅各布森都利用应急签证来到了美国。[9]

在所有旨在帮助具有重要研究成果的知识分子的计划中，没有哪个计划的出色程度和有效性能比得上德美自由友好同盟组织的**应急救援委员会**（ERC）。友好同盟此前由遭到德国驱逐的社会党领导人保罗·哈根（又名卡尔·弗兰克）创立，旨在为反纳粹活动筹集资金。1940年6月，在法国与德国签署了包含臭名昭著的“按需投降”条款的停战协定后三天，友好同盟的成员组织了一次午餐会，讨论该如何帮助在全新的、且更加危险的环境下受到威胁的个别知识分子。[10]委员会在这次会议上应运而生，并立刻筹集到了三千美元经费。此次午餐会提出的目标，是列出一份重要知识分子名单（包括学者、作家、画家和音乐家），他们应当身处险境且有资格获得特殊签证。委员会的成员之一**瓦里安·弗赖伊**（Varian Fry）受命前往法国，去尽可能多地寻找受到威胁的知识分子，并帮助他们脱离险境。

弗赖伊身材单薄，戴着眼镜，毕业于哈佛大学。他曾在1935年到访德国并目睹了惨绝人寰的纳粹大屠杀。他会说德法两种语言并对这两个国家仍健在的作家和画家非常熟悉。在当时的美国，反犹主义情绪高涨，他的第一步行动就是拜访白宫的第一夫人埃莉诺·罗斯福并争取她的支持。第一夫人答应帮忙，但我们根据随后国务院的举动判断，她的丈夫并不支持她的观点。1940年8月，弗赖伊怀揣三千美元抵达马赛，脑子里牢记着一份两白人的名单，因为他认为携带纸质名单太过危险。这些名字是通过一种特定方式收集的。托马斯·曼冒着风险提供了德国作家的名单，雅克·马利丹和扬·马萨里克分别提供了法国和捷克的作家名单。纽约社会研究新学院院长阿尔文·约翰逊提供了人文学者名单，而纽约现代艺术博物馆馆长阿尔弗雷德·巴尔则提供了艺术家名单。一开始，许多弗赖伊试图帮助的学者（尤其是艺术家）并不想离开欧洲。巴勃罗·毕加索、亨
353 利·马蒂斯、马克·夏加尔和雅克·里普希茨都拒绝移民（夏加尔天真地问美国有没有“任何品种的奶牛”）。阿梅代奥·莫迪利亚尼愿意离开，但不愿为此做任何违法的事。帕布罗·卡萨尔斯、安德烈·纪德和安德烈·马尔罗都拒绝了弗赖伊的帮助。[11]

弗赖伊很快明白过来，并不是他名单上的所有人都面临着生命危险。而犹太人以及纳粹主义更加直言不讳的长期政敌则的确身处险境。与此同时，逐渐明朗的形势是，如果许多非常著名的非犹太裔“堕落”艺术家受到法国维希政府的保护，那么还有多得多的不知名人物处在真正的危险之中。因此，在没有请示纽约的情况下，弗赖伊改变了委员会的政策，着手帮助尽可能多的满足特殊签证条款的人，不管他们在不在他的名单之上。[12]他创建了美国救助中心这一“前线”组织，地点设在马赛的格里尼昂大街，向难民们提供日常援助，包括小额现金资助，帮助办理证明文件或与美国联系等。与此同时，他成立了自己的秘密网络，在几位法国地下党成员的帮助下，将经过筛选的难民从法国运往葡萄牙，并在那里使用特别签证乘船前往美国。他将马赛北部的“美丽空中别墅”作为“安全屋”，在那里给难民们发放伪造的证明文件和当地指南，并指引他们经由比利牛斯山隐蔽而险峻的道路通往自由。通过这种戏剧性的方式得以逃出生天的著名人物包括安德烈·布雷东、马克·夏加尔、马克斯·恩斯特、利翁·福伊希特万格、康拉德·海登（希特勒评传的作者）、亨利希·曼、阿尔玛·马勒—韦费尔、安德烈·马松、弗朗茨·韦费尔和古巴画家威尔弗雷多·拉姆。弗赖伊总共帮助了约两千人，十倍

于他最初被派来拯救的人数。[13]

在珍珠港事件爆发（当时弗赖伊已返回美国）之前，美国公众大体上对欧洲难民的困境漠不关心，并对其中的犹太难民怀有明确的敌意。美国国务院许多身居高位的官员本身就是排犹分子，甚至包括助理国务卿布雷肯里奇·朗，他憎恨弗赖伊的所作所为。弗赖伊还时常受到美国驻马赛领事的部门政策的骚扰，几乎可以肯定的是，弗赖伊在 1941 年 9 月遭到逮捕并被维希政府短暂监禁，美国领事也脱不了干系。[14] 尽管如此，在 1933 至 1941 年之间，仍有数千名科学家、数学家、作家、画家和音乐家渡过了大西洋，他们中的许多人永久留在了美国。纽约**社会研究新学院**（New School for Social Research）院长阿尔文·约翰逊带领 90 位学者创建了一所“流亡大学”，其师资力量包括汉娜·阿伦特、埃里希·弗洛姆、奥托·克伦佩雷尔、克劳德·列维—斯特劳斯、欧文·皮斯卡托和威廉·赖希。在编纂突破性的《社会科学百科全书》的过程中，约翰逊与这些学者中的大多数要么见过面，要么曾有通信来往。[15] 后来在法国沦陷后，他还创建了另一所流亡学院，即**自由高等研究院**（École Libre des Hautes Études）。拉斯洛·莫霍利—纳吉在芝加哥重新创建了一所新的包豪斯学院，他的其他前任同事则创建了一所类似的学院，即后来的**黑山学院**（Black Mountain College）。这所学院坐落在北卡罗来纳州海拔 2400 英尺的山林和溪流之
间，讲授的科目除了建筑、设计和绘画之外，还包括生物学、音乐和精神 354
分析。曾在这里执教的学者包括约瑟夫·阿尔贝斯、威廉·德·库宁、奥西普·扎德基恩、莱昂内尔·法伊宁格和阿梅代·奥藏方。虽然这所学院位于美国南方，但无论是教师还是学生之中都能见到黑人的身影。第二次世界大战结束后，这所学院成了一个杰出的诗人流派的根据地，并持续办学直到 20 世纪 50 年代。[16] 哥伦比亚大学的法兰克福学院和纽约大学的埃尔温·帕诺夫斯基美术学院也开始接收流亡学者担任教职。事实证明，希

特勒的礼物，其价值是无法估量的。

1942 年在皮埃尔 · 马蒂斯画廊举办的“流亡中的艺术家”展览，以及与之类似的其他展览，向美国大众介绍了重要的欧洲艺术家的作品。但这只是一个双向过程的开端。一些在马蒂斯画廊露过面的画家从未在美国感到舒适，于是一有机会就回到欧洲。其他人适应了美国并留了下来。每个人都用作品对他们所经历过的世界末日般的事件做出了回应。

贝克曼、康定斯基、施维特斯、柯克西卡和超现实主义者直接回击了法西斯主义以及它所表现出的对自由主义、理性和现代性的背离。夏加尔和里普希茨更加个性化地解读了事件，探索了犹太特性变化中的本质。**费尔南 · 莱热**（Fernand Léger）和**皮特 · 蒙德里安**（Piet Mondrian）则立足他们所在的新国家，满怀期待并环顾四周。莱热亲口承认，虽然纽约等摩天大楼林立的城市让他感到震撼，但美国最令他印象深刻的，并体现了美国强大生命力和“电场强度”的，是这个巨大国家的冲突和互补性，以及“丰富的自然资源和巨大的机械力”。[17] 他画作中的色彩变得更大胆，更明亮，更简单，而他的黑色线条则变得更加质朴，不再是立体效果的一部分。莱热的美国绘画就像是亲近而神秘的广告牌。皮特 · 蒙德里安（他于 1944 年去世，享年 72 岁）最后的作品也许是有史以来最容易理解的抽象派绘画。它们色彩鲜艳、生机勃勃，是闪烁的格子画。《纽约市》、《纽约市 1》、《布吉伍吉舞的胜利》和《百老汇布吉伍吉舞》都闪烁着律动和兴奋，表现出从空中或摩天大楼的顶部看到的曼哈顿网格般的街区，捕捉着这个新大陆棱角分明而毫无特征的美，同时表现出抽象和表现主义的风格，强调了新世界中旧的范畴是如何被分解的。[18]

在第二次世界大战期间还举办了其他展览，主要集中在纽约，展示了生活在美国的欧洲艺术家的作品。“战争与艺术家”展览于 1943 年开展，

1944 年举办了“解放沙龙”展览。这些展览上有价值的不再是美国影响流亡艺术家的方式，而更多的表现出流亡艺术家对美国年轻艺术家的影响，这些年轻艺术家急切地希望看到欧洲人所能创造的一切。他们的名字是威廉·德·库宁、罗伯特·马瑟韦尔和杰克逊·波洛克。

希特勒送给新大陆的最好的一份礼物就是阿诺尔德·勋伯格。一旦纳粹上台执政，毫无疑问，这位作曲家就不得不离开德国了。虽然他在年轻时就从犹太教改信基督教，但纳粹当局完全对此视而不见。于是在 1933 355
年，他重新回归了犹太人的信仰。同年，他被列入“文化布尔什维克分子”的黑名单，他在柏林的教授职位也遭到罢免。然后，他意外地收到了一份来自波士顿的邀请函，请他前去大提琴家约瑟夫·马尔金创办和指导的一所小型私立音乐学校任教。勋伯格立即接受了邀请，并于当年 10 月抵达美国。

然而，美国并没有完全准备好接纳勋伯格，初到美国的前几个月对他来说非常艰难。这里的冬天寒冷刺骨，他的英语水平并不高，学校的学生人数也不多，他的作品对于乐队指挥来说也过于艰难。他一有机会就搬到了洛杉矶，至少那里的气候更宜人。他一直住在洛杉矶直到 1951 年去世，在此期间他的名声逐渐蔓延。在他搬到洛杉矶之后一年多，勋伯格被任命为南加州大学音乐系教授。1936 年，他接受了加州大学洛杉矶分校的职位。他从来没有放弃音乐上的追求，并成功地抵御了好莱坞的花言巧语：当米高梅电影公司询问他是否愿意创作电影配乐时，他故意开出了离谱的要价（五万美元），不仅打消了他们的念头，而且让他们从此消失得无影无踪。[19]

他在美国创作的第一首作品是为一个学生管弦乐队所写的轻音乐片段，但随后而来的就是**《小提琴协奏曲（作品第 36 号）》**（Violin Concerto,

Op. 36）。这部作品不仅是他的美国首演，也是他创作的第一首协奏曲。它丰富而充满激情，对勋伯格来说，虽然它在形式上相当传统，却对小提琴手的演奏指法提出了非常严苛的要求。勋伯格一直自视为一个保守派，致力于寻找一种新的和声，却从未真正（在他自己看来）找到它。

比勋伯格年轻 20 岁的**保罗·欣德米特**（Paul Hindemith）不是犹太人，事实上，他具有“纯正”的德国血统。但他完全没有任何民族或种族主义情感，而在他的帮助下成名的弦乐三重奏乐团中就有一名犹太人，因为他觉得完全没有理由打破这一纽带。这成了纳粹用来攻击他的一个污点。另一个污点则出自 1927 至 1934 年他在柏林音乐学院任教之时。当时的他已成为备受瞩目的德国作曲家，拥有一批狂热的追随者，尤其包括了为一些有影响力的报纸供稿的音乐评论家和指挥家威廉·富特文勒。但戈培尔并不为所动，因而欣德米特也被打上了“文化布尔什维克分子”的标签。在土耳其的教职结束之后，他于 1937 年去了美国。贝拉·巴尔托克、达律斯·米约和伊戈尔·斯特拉文斯基随后都一道去了美国。许多大师级的演奏家已经将经常旅行视为理所当然之事，他们对美国也已经非常熟悉，而美国也已经熟悉了他们。阿图尔·鲁宾斯坦、汉斯·冯·比洛、弗里茨·克赖斯勒、埃弗雷姆·津巴利斯特和米沙·埃尔曼都于 30 年代末期在美国安顿了下来。[20]

正如勋伯格所发现的，作为第二次世界大战期间流亡艺术家的大本营，唯一能与纽约相抗衡的正是洛杉矶，在那里，名人之间住得近，堪称“眉睫之间”（用洛杉矶的方言来说）。除了勋伯格之外，住在洛杉矶的名人还包括托马斯·曼、贝尔托·布莱希特、利翁·福伊希特万格、西奥
356 多·阿多诺、马克斯·霍克海默、奥托·克伦佩雷尔、弗里茨·朗、阿图尔·鲁宾斯坦、弗朗茨·韦费尔和阿尔玛·韦费尔夫妇、布鲁诺·瓦尔

特、彼得·洛尔、谢尔盖·拉赫曼尼诺夫、亨利希·曼、伊戈尔·斯特拉文斯基、曼·雷和让·雷诺阿。[21] 历史学家劳伦斯·韦施勒甚至绘制过一份“另类”的好莱坞地图，标示出知识分子和学者的住宅地址，而不是更加传统的标示电影明星住宅的地图——这值得一做，但在今天的世界绝对不可能具有像当时一样的吸引力。[22] 阿诺尔德·勋伯格的遗孀过去经常在观光巴士停靠时，把她的客人带到房子外面，以此来逗乐他们。观光巴士会停在勋伯格的房子外面，在那里可以清楚地听见扬声器传出的导游声音。随着游客的视线透过花园望向宅子，导游会说：“在左手边你能看到秀兰·邓波儿还在拍电影时住过的房子。”[23]

瓦里安·弗赖伊仍在哈佛求学时，他曾与一位名叫**林肯·柯尔斯坦**（Lincoln Kirstein）的同学合作编辑过一份大学生文学杂志。和弗赖伊一样，柯尔斯坦后来去了欧洲，并将旧世界的一部分文化带回到美国。然而，对于柯尔斯坦来说，移民与战争、反犹主义和希特勒之间都没有联系。除了文学兴趣之外，柯尔斯坦还是一位芭蕾舞迷：他认为美国需要在现代舞领域得到提振，而只有一个人恰好能够满足这一要求。

柯尔斯坦身材高大，非常富有，也非常早熟。他出生在纽约罗切斯特的一个犹太家庭，从 10 岁起就开始收藏艺术品，12 岁时第一次观赏芭蕾舞剧（由帕夫洛娃主演），不到 14 岁时出版了一部以西藏为背景的剧本，同年夏天在伦敦避暑时遇到了布鲁姆斯伯里团体，结识了利顿·斯特雷奇、约翰·梅纳德·凯恩斯、E. M. 福斯特以及西特韦尔一家人。但是，给柯尔斯坦的生活带来改变的是芭蕾。[24] 他从 9 岁开始就深深迷上了这种舞蹈形式，当时他父母不让他去波士顿观看佳吉列夫的剧团演出的芭蕾舞剧《天方夜谭》。后来，22 岁的他前往威尼斯参观时，巧遇了一场东正教教堂举办的葬礼。一艘船体涂满黑色和金色、富有异国情调的驳船停靠在教堂的台阶下，等候将死者的遗体送往“圣伊拉兹马斯”，即潟湖中央的死亡之岛。在教堂里面，柯尔斯坦的目光越过哀悼的人群看到了棺材，“覆盖着一朵朵鲜花，停放在一个巨大铮亮的青铜圣障之下”。[25] 在哀悼仪式结束后，人们走出教堂来到阳光下，其中一些面孔柯尔斯坦觉得似曾相识，但不能肯定。三天后，根据他的传记作者伯纳德·泰普尔的说法，他偶然间读到了一份《泰晤士报》，并从中发现他之前溜进的教堂是希腊圣乔治堂，而这场葬礼正是谢尔盖·佳吉列夫的葬礼。

第二年，柯尔斯坦从哈佛大学毕业，此时他的父亲问他：“听着，我会留给你一大笔钱。你现在就要还是等我死后再给你？”柯尔斯坦选择当即就接受了这笔钱，因为虽然他仍然只有 20 岁出头，但他对芭蕾的热情已经成熟，变成了明确的抱负。美国的芭蕾不应当仅仅依赖“巡回演出的俄国人”，或者巡回演出的任何团体。柯尔斯坦的天职是把芭蕾带到美国，
357 使之成为一种本土艺术形式。[26] 30 年代初，音乐剧刚刚被搬上银幕，它向全美国证明了美国人民是会跳舞的，但需要假以一定的舞蹈形式。对于柯尔斯坦来说，芭蕾是舞蹈的最高形式，而他本能地感觉到，只要抓住机会，美国将在这个领域大放异彩。

柯尔斯坦自己也尝试过学习芭蕾，曾在纽约师从伟大的俄罗斯编舞家**米哈伊尔·福金**（Mikhail Fokine）。[27] 他还曾帮助**萝莫拉·尼金斯卡**（Romola Nijinska）整理出版她丈夫（著名芭蕾舞演员瓦斯拉夫·尼金斯基）的传记，并潜心研读芭蕾历史。这一切都没有让他满足，但对于舞蹈历史的学习让他明白，自法国皇帝特许成立第一家芭蕾舞团以来的三百年中，芭蕾只被成功地移植到少数几个国家。这让柯尔斯坦在 1933 年下定决心，在许多艺术难民开始涌入美国之时前往欧洲。他先到了巴黎，后来他说自己在那里表现得“就像一个追星族”。[28] **乔治·巴兰钦**（George Balanchine）就住在巴黎，柯尔斯坦知道，巴兰钦是在世的最好的芭蕾舞

编舞家。他遇到的每个人都对巴兰钦所取得的成就表示钦佩，但他们的热情也仅限于此。柯尔斯坦面临的一个问题是巴兰钦的健康状况不佳。萝莫拉·尼金斯卡曾告诉柯尔斯坦，她觉得这位编舞家“可能活不过三年”，甚至还有个算命师给出了他的确切死期。再有就是他喜怒无常的个性以及他在某些领域出了名的缺乏品位，比如穿着（他常戴着一枚蝶形领结）。柯尔斯坦没有望而却步。所有真正的大师都很难相处，他自己就在两个人身上深有体会，至于巴兰钦的健康状况……好吧，他在日记中透露的是，“有很多事情可以在三年内完成”。[29] 尽管经历了这些踌躇，他没能在巴黎见到巴兰钦，因此被迫跟随巴兰钦去了伦敦，即他舞蹈团的下一个演出地点。当他们终于在柯尔斯坦下榻的酒店见面时，柯尔斯坦用法语讲述了他来到欧洲的原因。[30] 两人的这次见面颇为不协调。柯尔斯坦身材高大，富有且态度诚恳，而巴兰钦则身份低微，身无分文且天生对一本正经的人和事抱有怀疑（他常说：“芭蕾就像咖啡，闻起来的味道要好过实际品尝。”）。[31] 柯尔斯坦精心准备了他的说辞，口齿伶俐且充满激情地赞美巴兰钦的编舞，歌颂美国精神，并承诺巴兰钦能够在并不遥远的将来拥有芭蕾舞团和剧院。巴兰钦也适时地回应说他将很高兴能够前往造就了金吉·罗杰斯的国度。柯尔斯坦愣了一下才反应过来，这就是这位编舞大师表示同意的方式。[32]

巴兰钦于同年 10 月抵达曼哈顿。对这样一次大胆的冒险来说，当时的前景颇为黯淡。大萧条正处在最深的低谷之中，人们也希望艺术能够顺应形势，或者至少不要因为票价过高或毫无意义而增加人们的烦恼。柯尔斯坦一直希望将芭蕾舞团设在康涅狄格州安静的偏僻角落，巴兰钦可以在那里训练舞者。但巴兰钦完全不接受这样的想法。他是个彻头彻尾的城里人，对于圣彼得堡、巴黎和伦敦等大城市都如鱼得水。他从没听说过柯尔斯坦计划中的小镇，并表示他宁可重返欧洲，也强过“在这个叫哈特福德

358 的地方失去自我”。[33] 所以柯尔斯坦只得在纽约麦迪逊大街和第59街交会处的一栋老房子里找了一间教室。1934年1月1日，美国芭蕾舞学校正式开业。首批招录了25名学生，其中只有3名女生。教学方式让这些美国青年大吃一惊。一般情况下，舞蹈老师绝不会动手打学生，但巴兰钦永远对学生“打着、推着、拉着、敲着、戳着”。[34] 通过这种方式，他让学生做出了他们从未想过能够完成的动作。

巴兰钦在新大陆的首部芭蕾舞剧《小夜曲》于1934年6月10日首演，立刻成为经典之作。[35] 作为一名天生的表演者，他意识到要让自己的第一部芭蕾舞剧一炮打响，这部戏必须是关于美国和舞蹈本身的。他需要向美国观众展示的是，尽管有着不断传承的经典，但芭蕾是一门不断变化的重要当代艺术，不是亘古不变的，也不仅仅只有《吉赛尔》和《胡桃夹子》这样的剧目。所以巴兰钦进行了即兴创作。“排练的第一天晚上，一共有17名年轻的女性舞者到场，于是他按照17人的规模编排了开场。有一次，一名舞者摔倒哭泣，后来这成了剧中的一幕。另一天晚上有几名舞者迟到了，所以那也成了该剧的一部分。”[36]《小夜曲》中蕴含的故事是关于缺乏经验的年轻舞者如何实现对技艺的掌握，以及在更广泛的意义上，她们在此过程中是如何完善自己并赢得尊重的。他所展示的是艺术的高贵力量，以及为什么因此有必要首先建立一个芭蕾舞团。[37] 对于芭蕾舞评论家爱德华·邓比来说，《小夜曲》的关键是所有年轻舞者之间齐心协力的“甜蜜”。邓比认为，美国人与身上流淌着芭蕾舞血液的俄国人不同。美国文化更加偏重个人主义和理性，缺少一些感性，也更加缺乏共同的文化遗产。因此，感情可以借由芭蕾舞团的成员来创造。邓比认为，这正是巴兰钦有争议的做法的基础（这也是他始终坚持的做法），即在现代舞蹈中，舞蹈团队比任何个人舞者都更加重要，不应该存在舞蹈明星这种说法。[38]

《小夜曲》的首演只限受到邀请的观众。搭建舞台的草坪“不曾从震惊中回过神来”。[39] 第一次公开演出安排在阿德尔菲剧院从 1935 年 3 月 1 日开始为期两周的演出季上。这个芭蕾舞团由芭蕾学校的 26 名舞者加上两位客座艺术家——塔玛拉·杰瓦（巴兰钦的第一任妻子）和保罗·哈康——组成，被称为“美国芭蕾舞团”。[40] 他们演出的剧目包括《小夜曲》、《回忆》和《超越》。柯尔斯坦当然兴奋不已，因为他横渡大西洋的冒险这么快就获得了丰厚的回报。然而在首演之夜，巴兰钦更加谨慎，事实证明他是对的。这样的艺术需要一段时间才能获得观众的接纳。在第二天的《纽约时报》上，舞蹈评论家约翰·马丁将巴兰钦评价为“矫揉造作而颓废”，是美国不需要的“里维埃拉美学”的例子（巴兰钦的芭蕾舞剧也是对司各特·菲茨杰拉德和贝尔托·布莱希特的嘲弄）。他建议，对美国芭蕾舞团来说，最好能抛弃巴兰钦“以及他的国际观念”，并用“一位优秀的美国舞蹈家”取而代之。然而这是芭蕾，不是音乐剧，幸好没人听从他的建议。

1952 年春，宾夕法尼亚大学举办的本杰明·富兰克林讲座也是希特
勒送来的大礼，这些讲座的所有主讲人都是流亡学者。弗朗茨·诺伊曼主 359
讲社会科学，昂利·拜尔主讲文学研究，埃尔温·帕诺夫斯基探讨了艺术史，沃尔夫冈·科勒探讨了科学家，保罗·蒂利希则将他的演讲命名为《征服神学的地方主义》。他以乐观的态度使用了“征服”一词，但他也用一个至今仍历历在目的问题结束了他的演讲：“美国会继续保持它对我们［流亡学者］的态度吗？仍会是那个让来自各个国家的人都能克服其精神上的地方主义的国家吗？一个国家既可以在政治上成为世界大国，也可以
同时拥有精神上充满地方主义的国民。”[41] 360

20

巨　人

1939 年 9 月 3 日星期天上午，英国对德国宣战。在柏林，那是个风和日丽的日子。后来撰写过一部生动的第三帝国兴亡历史的美国新闻记者威廉·夏伊勒写道，柏林的街道风平浪静，但人们的脸上写着“惊讶和忧愁”。午饭前，他在阿德隆酒店和 12 位英国大使馆的工作人员一起喝了点东西。“他们似乎完全不为战争所动，谈论的也都是宠物狗之类的话题。”

其他人则被要求展现出更强的紧迫意识。就在英德宣战后第二天，9 月 4 日星期一，**艾伦·图灵**（Alan Turing）来到位于白金汉郡布莱切利公园的**政府代码和密码学校**（Government Code and Cipher School）报到。[1] 布莱切利镇并不是英格兰一个讨人喜欢的地方，那里离该郡著名的砖厂及其带来的尘土飞扬并不遥远。然而此地自有其优势：它与伦敦、剑桥和牛津（即英国的知识心脏）之间的距离相等，从伦敦通往英国北部的主要铁路干线在布莱切利火车站与连接牛津和剑桥的本地铁路相交会。布莱切利公园坐落在火车站以北一个不起眼的小山坡上。在第二次世界大战初期，布莱切利镇的人口由于两种迥异的外来人口的涌入而急剧膨胀。其一是数百名儿童，他们主要从伦敦东区疏散而来，躲避被称为“闪电战”的德军轰炸。其二是像图灵一样的人，虽然政府从来没有向当地人解释过这些人到底是谁，他们又在做什么。[2]他们在布莱切利公园的生活严格保密，以至于当地人开始反感这些“游手好闲之人”，并要求当地的国会议员在议会提出质询。但这位议员遭到了有关方面的强硬劝阻。[3]图灵是个腼腆而纯朴的人，留着一头黑色短发。在距离此地三英里远的村庄里，他在一家名叫“皇冠”的酒吧楼上找了间屋子。尽管空闲时，他会在酒吧帮忙，但房东太太毫不掩饰她的疑问，她不明白像图灵这样身强力壮的小伙子为什么不去参军。

从某种意义上来说，当图灵来到布莱切利公园时，这里的“战事”已经进行了一年之久。1938年，一位名叫**罗伯特·莱温斯基**（Robert Lewinski）的年轻波兰工程师溜进了英国驻华沙大使馆，并告诉那里的军事情报部门负责人，他曾在德国一家生产代码信号机的工厂里工作过。他还说他具有过目不忘的记忆力，能够记住这些代号**“恩尼格玛”**（Enigma）的机器的细节。英国人相信了他的说法，将莱温斯基偷偷带到巴黎，他确实在那里 361
造出了一台机器。[4]这是英国人在秘密的代码之战中取得的第一个突破。他们知道“恩尼格玛”的用途是向陆军和海军的军事指挥官发送命令，但这是人们第一次有机会目睹其真容。

事实证明这部密码机的构造非常简单，但它的代码几乎是牢不可破的。[5]它大体上看上去像一台添加了零部件的打字机。发送消息的人只要先将特定按键设定在一个指针上，再用德语键入他或她想说的话。然后一系列转动臂会在消息发送的过程中将其打乱。在另一端，一台类似的机器接收到该消息，假如其按键设置相同，消息就会被自动解码。操纵这些机器的所有工作人员都配发了一本小册子，标明了哪一天使用哪套按键设置。这部机器能够产生数十亿种排列。由于按键设置一天三变，而德国人在任意24小时内都会发送数千条信息，所以英国人面临着一个看似不可能完成的任务。如何破解"恩尼格玛"的故事在许多年里都被列为高度机密，而且绝对是20世纪最激动人心的智力冒险之一。它还产生了与之高度相关的长期影响，不仅关系到第二次世界大战的进程，更关系到计算机的发展。

图灵是这一过程中的关键人物。他生于1912年，父亲曾在印度行政部门担任公务员，因此他在少年时代就被送到寄宿学校，并在那里遭受了相当大的心理创伤。寄宿学校的经历导致了他口吃的毛病并唤起了他心中的怪癖，而这也许进一步导致了他在几年后试图自杀的行为。他曾爱上另一名后来死于结核病的学生，这让他在悲痛之中发现了自己的同性恋倾向。然而图灵在数学领域的才华逐渐显露。1931年10月，他接受了剑桥大学国王学院的一份奖学金。当时的剑桥云集了约翰·梅纳德·凯恩斯、阿瑟·爱丁顿、詹姆斯·查德威克、利维斯夫妇以及另一位杰出的数学家乔治·哈迪，所以图灵至少在知识层面感到非常惬意。他抵达剑桥时，恰逢哥德尔定理的面世，对于数学领域来说这是一段激动人心的时光，而德国又发生了如许的动乱，埃尔温·薛定谔、马克斯·玻恩和理查德·库朗等哥廷根学者也纷纷来到英国。[6]图灵以第一名的优异成绩（和罗素一样也获得了"wrangler"的称号）毕业并成为国王学院的研究员，他立即着手解决超越哥德尔的数学问题。他为自己设定的具体问题是：可计算数是什么？以及它是如何被计算出来的？对于图灵来说，计算是如此符合逻辑，如此直白，如此独立于心理状态之外，以至于它甚至可以通过机器完成。因此，他开始尝试描述这样的机器应当具有哪些属性。

他的解决方案与哥德尔定理有着异曲同工之妙。图灵首先在理论上构建出一台机器，能够求出一个整数的"因数"的数量。在保罗·斯特拉森

为图灵撰写的传记中，他引用了下面这个熟悉的例子：[7] 362

$180 \div 2=90$

$90 \div 2=45$

$45 \div 3=15$

$15 \div 3=5$

$5 \div 5=1$

因此 $180=2^2 \times 3^2 \times 5$

图灵认为不用多久就能发明出一台遵循这些规则的机器。他接下来的假设是，能够发明一台遵循国际象棋规则的机器（这样的机器现在已经有了）。再接着，图灵设想了一种通用机，能够执行所有计算。最后（这正是他与哥德尔的最异曲同工之处），他补充了以下思路：假设这台通用机能够响应一个整数列表，而该列表又对应着某些类型的计算。比如说，整数 1 可能代表“求因数”，整数 2 可能代表“求平方根”，整数 3 可能代表“遵循国际象棋规则”，诸如此类。图灵现在发问，如果人们向这台通用机输入一个代表通用机的整数，会发生什么呢？它怎么能遵循一条指令去做它正在做的事呢？[8] 他的观点是，这样的机器甚至不能在理论上存在，因此他暗示，这种类型的计算是完全不可计算的。运用数学本身，解释如何能够证明或推翻数学问题的规则，过去不存在，现在也不存在。虽然发表受到了推迟，图灵还是于 1936 年在《伦敦数学学会学报》上发表了他的论文，推迟的原因和鲍林作出化学键的发现时一样，因为没人能审读图灵的研究成果。这篇题为《论可计算数》的论文引发了和哥德尔所提出的“突变”概念同样的巨大关注。[9] 图灵的思想具有重要的数学意义，因为它有助于对计算作出定义。但同样重要的是，它设想了一种通用机（现在被称为图灵机），它是计算机的前身，即使只是理论上的前身。

图灵在普林斯顿度过了20世纪30年代中期，在那里他获得了博士学位。普林斯顿大学的数学系和新近成立的高等研究院位于同一栋楼内，所以他结识了一些当时最著名的知识分子：爱因斯坦、哥德尔、库朗、哈迪，以及一个对他特别友好的人，即奥匈帝国数学家**约翰·冯·诺伊曼**（Johann von Neumann）。与爱因斯坦、哥德尔和图灵的孤独、古怪和不够优雅相反，冯·诺伊曼更加贴近生活。他是一个精于世故的人，非常想念家乡维也纳的咖啡馆和派头。[10]尽管两人截然不同，但冯·诺伊曼是最欣赏图灵才华的人，他力邀图灵在完成博士学位后加入他在高等研究院的团队。虽然图灵受宠若惊，虽然他也很喜欢美国，因为这里的环境对同性恋人士来说更加友好，但他还是回到了英国。[11]在英国他遇到了另一位才华横溢的怪人路德维希·维特根斯坦，后者在离去多年之后重新出现在剑桥。维特根斯坦的讲座只向精挑细选的少数人开放，这位哲学家兼数学家怪异的习惯一点也没减少。讲座在一间空荡荡的房间里举行。图灵和其他
363 参加该研讨会的人一样，只分到了一把折叠式躺椅。该研讨会的主题是数学的哲学基础。根据大家所说，图灵几乎不懂哲学，但当谈到数学时他的优势便彰显出来，他和维特根斯坦之间也有过几次尖锐的交锋。[12]

就在他们的这些争论之中，真正的战争爆发了，图灵奉命前去布莱切利从事研究。在那里，他和军人之间的遭遇几乎是可笑的，要找到比他更不适合军队生活的人简直太困难了。对穿军装的士兵来说，图灵绝对是个怪胎。他几乎从不刮胡子，也没有腰带，用领带扎着裤子，他的口吃跟以往一样糟糕，他的作息时间也极度不规律。他认为人与人之间的唯一区别就是智力，所以他甚至会解雇被他视为傻子的高级军官，反而花时间和军衔较低的士官下国际象棋，如果这些人表现出棋力的话。自他从美国回到英国之后，他对自己的同性恋倾向已非常自在，在布莱切利也毫不隐瞒这

一点，然而在当时的英国，同性恋是一项可以被判处监禁的罪行。[13] 但破译恩尼格玛是只有他才能胜任的智力难题，所以他的行为得到了容忍。[14] 破译该密码机最基本的困难是，图灵和同事必须在成千上万被截获的消息中进行搜索，寻找任何可能的规律，然后试着去理解它们。图灵一眼就看出，至少在理论上这是一个图灵机问题。他的回答是建造一台能够执行高速运算的电磁装置，从而接收被恩尼格玛打乱的消息，并从中寻找任何可能的规律。[15] 这台机器被命名为“巨人”（Colossus）。第一台巨人机（经过十个版本的修改终于变得可以操作）直到 1943 年 12 月才建造成功。[16] 机器的细节在很多年里一直处于绝密状态，但目前已知某个版本有 1500 个电子管，在后来的版本中，改为用 2400 个真空管来进行“二进制”计算（也就是说，所有信息都包含在“二进制数字”，即各种 0 或 1 的组合中）。[17] 正是在这个意义上，巨人机如今被认为是电磁数字计算机的先驱。巨人机比人的身高略高，照片显示它占据了布莱切利 F 座临时营房里一个小房间的整面墙壁。它代表着技术上的一大进步，能够每秒扫描 25000 个字符。[18] 尽管如此，恩尼格玛的破译却是一个循序渐进的过程。在 1943 年，从北美运来宝贵食品和物资的大西洋护航队遭到德军潜艇的攻击，损失惨重。在最黑暗的日子里，英国几乎没有足够的粮食来维持一周的需求。然而，通过顽强地改进巨人机，破译加密信息的时间从几天缩短到了几小时，最后缩短到了只需几分钟。最终，布莱切利的密码破译人员已经能够定位大西洋中每一艘德国潜艇的行踪，从而大大减少了运输损耗。德国人起了疑心，但从没想到过恩尼格玛已被破解，这是一个代价高昂的错误。[19]

图灵的成果被认为无比重要，以至于他被送往美国，和盟友分享这一成果。[20] 在那次访问中他再次见到了冯·诺伊曼，后者也开始将《论可计算数》中的想法付诸实践。[21] 这将促使宾夕法尼亚大学造出**电子数字积分计算机**（ENIAC）。这台机器比巨人机更加庞大，拥有大约 19000 个电子

364 管，并将对未来的计算机发展产生直接影响。[22] 但 ENIAC 直到战争结束后才开始充分运作，并从巨人机发展初期的问题中获益良多。[23] 毫无疑问，巨人机为盟军赢得第二次世界大战立下了功劳，或者它至少帮助英国免于战败。布莱切利那些“无所事事”的人也证明了自己的价值。在战事结束之后，作为一个科学家和数学家小组的成员，图灵被派往德国，调查德国在通信领域取得的进步。[24] 关于巨人机的小道消息已经开始泄露，但对机器本身的细节没有过多的描述，只是说布莱切利藏着“一个天大的秘密”。事实上，恩尼格玛密码机 / 巨人机的真容直到几十年后才呈现在世人面前，到那个时候电脑已然成为人们日常生活的组成部分。图灵并没有活着看到这一切，他于 1954 年自杀身亡。

在第二次世界大战结束很久之后，一批资深英国军人和科学家在一项调查中被问及，他们认为对战争胜负最重要的科学贡献是什么。受访者包括帝国国防委员会秘书汉基勋爵；曾在诺曼底登陆战时指挥搭建马尔伯里人造港的海军上将威廉·坦南特爵士；驻缅甸第 14 军指挥官、陆军元帅斯利姆勋爵；在潜艇战关键时期担任皇家空军海岸司令部总指挥的皇家空军元帅约翰·斯莱塞爵士；为雷达的发展做出贡献的核物理学家约翰·科克罗夫特爵士；著名的蒂泽德委员会（该委员会监督了雷达的发展）成员以及后来运筹学的创立者之一、物理学家 P. M. S. 布莱克特教授；以及英国航空部战时科学情报主管、物理学家 R. V. 琼斯教授。这批受访者的结论是，“由于战争而产生或发展成型”的重要进步或设备共有六项。它们分别是：原子能、雷达、火箭推进器、喷射推进器、自动化和运筹学研究（当然没人提到布莱切利或恩尼格玛密码机）。原子能将在第 22 章中单独介绍，而在其他五项之中，到目前为止在智力上最激进的想法非雷达莫属。[25]

雷达（Radar）是美国人为这项英国发明所起的名字。在第二次世界大战期间，这一基本概念得到了大量应用，从反潜作战到测向都有其身影，但它最富传奇色彩的作用体现在 1940 年的不列颠空战中，当时它为英国空军提供的优势可能恰恰带来了战役胜败的天壤之别。早在 1928 年，英格兰朴茨茅斯通信学院的一位物理学家获得了一项专利，他发明了一种可以通过无线电波探测舰船的仪器。他的上司几乎都不相信这样一台设备会有用武之地，于是任凭该专利失效。六年后的 1934 年 6 月，随着德国重整军备的威胁变得日益清晰，英国航空部的科学研究主管下令调查该部门到底在为防空做哪些准备。在收集了共计 53 项关于防空的文件后，负责此事的官员发现“它们全都毫无希望”。[26] 正是这项调查揭示的惨淡图景直接导致了**蒂泽德委员会**（Tizard Committee）的成立，该委员会是帝国国防委员会的附属委员会。为首的亨利·蒂泽德爵士是牛津大学的化学家，也 365
是一位精力充沛的人，正是他负责的这一委员会（正式名称为防空科学调查委员会）极大地推进了雷达研究的进程，从而不仅在根本上改变了英国在第二次世界大战中的命运，还为飞机安全做出了重要贡献。

在雷达的发展进程中，三大观察结果融合到了一起。首先，自从海因里希·赫兹于 1885 年首次证明无线电波与光波之间的相互关联之后，人们便明白金属片之类的物体能够反射这些波。其次，在 20 世纪 20 年代，人们在大气层中发现了一个广阔的带电层，它也起着反射无线电波的作用——该层原名亥维赛层，以发现它的科学家的名字命名，后来被称为**电离层**（iononsphere）。最后，人们在 20 世纪 20 年代后期进行的原型电视机实验中发现，飞行器会干扰无线电波的传输。在 1935 年，这些发现终于融合到了一起，但即便有了这么多的铺垫，雷达的发明也几乎称得上意外之喜。它的诞生是因为米德尔塞克斯国家物理实验室无线电部门的**罗伯特·沃森—瓦特**（Robert Watson-Watt）爵士当时正在研究一种“死亡射线”。他有一个残忍的想法，即创造一束能量足够强大的电磁波来熔穿飞机薄薄的金属外壳并杀死里面的飞行员。通过计算证明，这一想法只是白日梦而已。然而，沃森—瓦特的助手 A. F. 威尔金斯不但完成了这些计算，他还意识到用这样的电磁波来探测飞机的存在也许是可行的：这束电波将被重新辐射出来，像“回声”一样弹回其发射源。[27] 威尔金斯于 1935 年 2 月 26 日在英格兰中部地区的达文特里广播站附近进行了试验。在拖车中密谈的蒂泽德委员会发现，一架飞机（虽然在那个阶段还无法知道其具体位置）确实可以在 8 英里以外的距离被探测到。接下来的步骤发生在遥远的东英格兰海岸。高约 70 英尺的雷达天线被竖立起来，在它们的帮助下，最远 40 英里开外的飞机也能被追踪到。事到如今，蒂泽德委员会意识到，最终的成功取决于减小无线电波的波长。在当时，无线电波的波长是以米为单位的，要创造出波长小于 20 英寸的电波被认为是不可行的。但后来，伯明翰大学的**约翰·兰德尔**（John Randall）和**马克·奥利芬特**（Mark Oliphant）提出了**空腔磁控管**（cavity magnetron）的想法，本质上就是一根两端各用蜡密封固定了一枚半便士铜币的玻璃管。管中的空气被抽出，形成真空。由电磁铁提供磁场，将导线的线圈插入其中的一个空腔之中，“希望它能产生出高频功率”（即产生波长较短的波）。[28] 它做到了。

当时是 1940 年 2 月 21 日。[29] 怀着对成功的期待，从怀特岛上的文特诺到苏格兰泰河的峡湾，一连串的沿海雷达站拔地而起。这意味着，一旦空腔磁控管证明了自己的作用，雷达站就可以监视敌人的飞机，即使它们仍在法国和比利时上空形成编队。英国人甚至能够粗略地测量敌机编队的规模，以及它们的飞行高度和速度。正是这一利器“让‘少数’英国战斗
366 机飞行员能够如此成功地拦截敌机的入侵”。[30]

对英国及其亲密的欧洲盟国来说，1940 年 5 月是第二次世界大战最黑暗的岁月。5 月 10 日，德军入侵荷兰、比利时和卢森堡，荷兰和比利时

军队随即投降，比利时国王利奥波德三世被俘。26 日，30 万被困法国东北部的英法联军开始了敦刻尔克大撤退。奥斯瓦尔德·莫斯利和其他 750 名英国法西斯分子被关进监狱。内维尔·张伯伦辞去首相职务，由温斯顿·丘吉尔取而代之。

虽然战争支配着每个人的思想，但在 5 月 25 日星期六，两位牛津大学病理学系的科学家开启了一系列实验，而它们将引发“20 世纪最乐观的医学突破”。**恩斯特·钱恩**（Ernst Chain）是一位俄德工业化学家的儿子，从纳粹德国流亡而来；**N.G. 希特利**（N. G. Heatley）是一名英国医生。在那个星期六，他们将链球菌注入实验小鼠体内，然后对其中一些小鼠注射了青霉素。在此之后，钱恩回了家，但希特利仍留在实验室里，直到第二天凌晨三点半。到了那时，所有未经青霉素治疗的小鼠都死了，但所有经过治疗的小鼠仍存活着。当钱恩在星期日早上返回病理实验室，并见到希特利目睹的景象时，据说他兴奋地跳起了舞。[31]

人们对抗生素时代的到来已经期待许久。**抗生素**（antibiotics）这个词本身最早在 19、20 世纪之交进入英语。医生意识到人体在一定程度上自有其防御体系。自 1870 年以来，人们已经知道一些青霉菌属的霉菌能够杀死细菌。但直到 20 世纪 20 年代，大多数对抗微生物感染的医疗尝试都失败了。奎宁对疟疾起效，“砷剂”也能治疗梅毒，但除开这两者之外，存在着一条通则，即用于治疗的“化学品”对患者本身造成的伤害和对病原微生物造成的伤害旗鼓相当。这就是为什么如下观点变得根深蒂固，即治疗疾病的最佳方式就是采用一些能调动人体自身防御系统的策略，也就是古老的顺势疗法。这种疗法的主要实践中心是伦敦帕丁顿的圣玛丽医院，**亚历山大·弗莱明**（Alexander Fleming）就是那里的医生。弗莱明起初在英国从事洒尔佛散（见第 6 章）的临床试验。不过他在 1928 年夏天的某一天偶然来到了帕丁顿的实验室，当时的他因度假已经离开了几个星期，而在离开之前曾将一些培养皿留在实验室里任其生长。[32] 他注意到青霉培养基杀死了其周围区域的细菌。[33] 在接下来的几个星期里，各位同事都用青霉在自己身上做实验，比如治疗他们的眼睛感染等，但弗莱明没能将这一初步成功兑现。要不是因为后人的成功，谁知道弗莱明会怎么做，又不会做什么呢？

霍华德·沃尔特·弗洛里（Howard Walter Florey，后来成为英国皇家学会会长，1898—1968）出生于澳大利亚，但于1922年作为罗德学者来到了英国。他先是在剑桥大学师从查尔斯·谢林顿爵士，后来转到了谢菲尔德，然后又到了牛津。在20世纪30年代，他的主要研究兴趣是开发杀精子的物质，而这将形成阴道避孕凝胶的基础。这种凝胶除了具有重要的
367 实际意义之外，其理论意义在于，它们体现了“选择性毒性”，即杀死精子的同时不对阴道壁造成破坏。[34] 在牛津，弗洛里招募了E. B. 钱恩（即后来的恩斯特·钱恩爵士）。钱恩拥有柏林弗里德里希—威廉大学的化学博士学位。身为犹太人的他被迫离开德国，也放弃了他在一家柏林报纸著名音乐评论家的身份，而这只是希特勒认为犹太人是“劣等”民族的又一个例子。钱恩和弗洛里将精力集中在三种抗生素上：枯草芽孢杆菌、铜绿假单胞菌和点青霉。在开发出一种将霉菌冷冻干燥的方法后（青霉素在常温下极不稳定），他们启动了非常重要的小鼠实验。

受到上述骄人成果的鼓舞，弗洛里和钱恩计划在人体上重复这一实验。虽然他们获得了足量青霉素以开展临床试验，虽然实验结果让人惊叹，但整个实验还是由于至少一名患者的死亡而满盘皆输，而在战争时期，弗洛里也无法获得足够的抗生素来继续进行研究。[35] 显然这是不能接受的，即便这种短缺是在可以理解的情况下发生的，于是弗洛里和希特利动身去了美国。弗洛里召集了基金资助机构和制药公司，而希特利则在位于伊利诺伊州皮奥瑞亚的美国农业部北方地区研究实验室待了几个星期，

因为那里的技术人员是培养微生物的专家。不幸的是，弗洛里并没有得到他所寻求的资金，而希特利虽然发现和他共事的都是优秀的科学家，但也发现他们都是反英主义者和孤立主义者。最后的结果是，青霉素成了美国产品（制药公司窃取了弗洛里的结果，自己完成了临床试验）。对于许多人来说，青霉素一直是美国人发明的。[36] 如果没有美国制药公司的帮助，青霉素无疑不会具有它所带来的巨大影响（或者这么早就变得这么便宜），但 1945 年授予弗莱明、弗洛里和钱恩的诺贝尔奖表明，青霉素的智力成果属于英国人、澳大利亚人，以及俄德犹太人钱恩。

蒙提涅克（Montignac）是法国多尔多涅地区的一座小镇，位于佩里格东南大约 30 英里。小镇横跨韦泽尔河，河水在石灰岩上侵蚀出了一条狭窄的峡谷。在 1940 年 9 月 12 日上午，伦敦的闪电战空袭刚刚开始，法国也已然被分割成了占领区和非占领区，五个男孩离开小镇去打鸟和兔子。他们走向一座树木繁茂的小山，那里有该地区特有的桦树、榛树和小橡树。他们看到了许多兔子，但没有发现山鸡或鹧鸪的踪迹。[37]

他们缓慢而安静地行走，以免惊动野生动物。在正午前不久，他们来到了一处浅浅的洼地，这是由于几十年前一棵巨大的枞树被风暴刮倒后形成的。这里被当地人称为“毛驴坑”，因为一头毛驴曾经误入其中，跌断了腿，人们不得不杀掉它以免除其痛苦。经过这个坑之后，男孩们继续前进。前方的树木变得愈发稠密，他们希望能在此发现一些鸟类。然而其中一个男孩带了一条狗，这狗名叫罗伯特，是条杂种狗，一只眼睛上带有一块黑斑。突然之间，罗伯特消失得无影无踪（这部分故事现在尚存争议，请参见参考文献）。[38] 男孩们都很喜欢它，于是开始呼喊它的名字。但罗伯特没 368
有回应，丁是他们一边往回走，一边叫喊和吹口哨。终丁，当他们回到毛驴坑附近时，他们听到了狗的叫声，但声音被奇怪地闷住了。他们当即意识到罗伯特一定是掉进了洞里。该地区洞穴遍布，因此这并不足为奇。果然，吠叫声将他们引到了一个小洞旁边。他们往里面扔了一颗石子并仔细倾听，出乎意料的是，石子过了很长时间才碰到其他石头，然后扑通一声落入水中。[39] 他们从桦树和榉树上折下枝条，朝那个小洞一通乱挖，直到体型最小的孩子能爬进洞去。这个孩子随身携带了一些火柴，借着火柴发出的光他很快就找到了狗。但他的发现却不仅限于此。借助火柴的微光，他看到在之前罗伯特掉到地下的狭窄通道逐渐开阔，形成了一个长约 60 英尺、宽约 30 英尺的大厅。他大吃一惊，连忙招呼其他人下来见证这一切。孩子们嘟囔着没能打到鸟的事，一个个爬了下来。立即映入他们眼帘的是洞穴顶部的岩层。他们后来说，它们“恰似岩石做成的云彩，在几个世纪的地下河作用下形成了奇异的形状”。但是在岩石旁边，还有着更令人惊讶的东西：洞穴顶部有许多奇特的动物绘画，红、黄、黑色彩纷呈。有马、小鹿、牡鹿和巨大的公牛。鹿有着细腻而精致的鹿角，一些公牛是用点画法绘就的，站在齐膝深的草地里，还有一些公牛似乎在整个洞顶上乱窜。[40]

火柴很快就用完了，黑暗重新笼罩了山洞。男孩们走回村里，但没有告诉任何人他们的发现。在接下来的几天里，他们分别每隔 10 分钟离开村子以免引起注意，并利用一支简易火把探索了山洞中的每个角落。[41] 在互相讨论过此事之后，他们决定告诉当地学校的老师 M. 莱昂·拉瓦尔。起初他还怀疑这是孩子们的恶作剧。然而，一旦他亲眼看见了洞中的一切，他的态度完全改变了。在短短几天之内，著名考古学家**步日耶神父**（Abbé Breuil）便考察了位于拉斯科的这个洞穴。步日耶是一位法国天主教神父，在第二次世界大战之前都一直是最重要的洞穴艺术研究者。即使是最偏远的遗址他也亲自前往考察，通常是骑着骡子去的。第一次世界大战中他曾被怀疑为间谍而在葡萄牙遭到逮捕。然而就在武装警卫之下，他仍旁若无人地继续进行自己的研究，直到所有指控都得到澄清。[42] 在蒙提涅克，步日耶所看到的一切让他印象深刻。毫无疑问，这些拉斯科壁画是真实的，而且非常古老。步日耶说，只有西班牙的**阿尔塔米拉山洞**（Altamira）能超过孩子们发现的山洞。

拉斯科（Lascaux）的发现是 20 世纪的同类发现中最具轰动效应的一个。[43] **史前艺术**（prehistoric art）最早是在 1897 年发现的阿尔塔米拉山洞中得以确认的，那是一座隐藏在西班牙北部坎塔布连山脉的山谷之中的洞穴。与此发现相关的还有一段个人的哀伤往事，主人公正是山洞的发现者唐·马塞利诺·德·桑图奥拉，他是一位西班牙贵族兼业余考古学家，但他至死也没能说服其他专业同行相信，他在阿尔塔米拉发现的壁画是真实的。没人能相信如此生动、现代的鲜活图像是古人所为。然而，等到小狗 369
罗伯特掉进拉斯科的洞穴时，人们已经发现了很多其他遗址，要说它们全是恶作剧是不可能的。[44] 事实上，在第二次世界大战的时候已经有了如此之多的洞穴艺术发现，以至于我们可以肯定两点。第一点，许多藏有艺术作品的洞穴集中分布在西班牙北部山区和法国中部的河流周围。从那时起，史前艺术在世界各地都有发现，但法国南部和西班牙北部的这种数量上的优势依然存在，而且从来没有令人满意的解释。第二点涉及年代测定。拉斯科的壁画符合一系列大约出现在三万五千年至三万年前的史前艺术风格，以简单图案为主，带有明显的女性阴户标志；然后在两万六千至两万一千年前出现了简单的轮廓图画；接着在一万八千年前出现了着色更多的立体图画。这种“创意爆炸”也与大约从三万一千年前开始的石器的发展相匹配，也和分布广泛的所谓**“维纳斯雕像”**（Venus figurines）相关。这些表现丰满胸部和臀部的女性雕像可以追溯到两万八千年至两万六千年前，在整个欧洲和俄国都有发现。考古学家相信，这种艺术“爆炸”在某种程度上与人类的一个新品种的出现有关，即克罗马侬人（以他们被发现的法国地区名命名）。其正式名称为晚期智人，他们取代了更加古老的早期智人和尼安德特人（即穴居人）。相关发现表明，这些人种聚集在一起的数量超过以往任何时候，这一关键性发展引发了后续的一切（比如文明）。[45] 步日耶和其他学者持有相同的观点，即维纳斯雕像是生育女神，而洞穴壁画则是“交感巫术”的原始形式。[46] 换句话说，早期人类相信他们能够通过将自己想要捕获的动物“定格”在圣地的墙上并向它们献祭，从而提高自己在打猎中的成功率。第二次世界大战结束后，另一处被称为**“三兄弟洞”**（Trois Frères）的法国遗址出土了一幅壁画，似乎表现了一个身穿野牛皮、头戴鹿角面具的人类形象。这位**“巫师”**（sorcerer）是不是萨满的原始形式呢？如果是的话，它将是支持交感巫术假设的证据。但最后一个谜团仍然存在：这一创造性活动的爆发似乎在大约一万年前灭绝了。个中缘由再一次无从知晓。

在半个地球之外，与人类遥远过去相关的更为罕见的证据成了战争的直接受害者。自 1937 年以来，中国和日本一直处于交战状态。日军于 1941 年 2 月底入侵爪哇岛，经缅甸进行推进。6 月，他们袭击了美属阿留申群岛，自此中国处在了日军的包围之中。在这些轰轰烈烈的国情战事之中，几块古老的人类遗骨算不上有多大价值。但事实上从**周口店**洞穴中出土的古人类化石与任何人类学 / 考古学遗迹的重要性都旗鼓相当。

在第二次世界大战之前，早期人类的存在证据主要分布在欧洲和亚洲。其中最著名的是 1856 年在尼安德河谷（杜塞尔河汇入莱茵河之处）
370 陡峭岩壁上的一个小山洞中出土的骨头和头骨。这些遗骸中的沉积物可以追溯至 40 万至 20 万年前，尼安德特人是人类祖先的可能性也因之大大提升。法国韦泽尔河谷克罗马努（即“大崖”）发现的外貌更加现代的颅骨表明，现代人曾与尼安德特人并肩生活过一段时间。[47] 雷蒙德 · 达特于 1925 年在南非发现了“南非人猿”，其解剖学细节暗示着其发现地，即约翰内斯堡附近名叫塔翁的地方，是猿类首次离开树木、直立行走之处。但人们在亚洲取得了更多的发现，它们与火的使用和粗糙的石器有关，尤其是在中国和爪哇。有人认为，大多数让原始人成为人类的特征都最早出现在亚洲，这让周口店出土的人类遗骨具有重要意义。

为安全起见，中国学者提出了将这些宝贵的遗骨送往美国的想法。然而，纵观整个 1941 年，遗骨的保管人对此想法犹豫不决，而直到当年 12 月珍珠港事件爆发前不久，他们才下定决心将遗骨送往国外。[48] 珍珠港事件爆发后不到 24 小时，驻北平日军就搜查了化石贮藏室，他们只找到了化石的铸件。但这并不意味着这些化石就安全了。它们被安放在几个军用提箱内，在一个排的美国海军陆战队队员的保护下被送往天津港。原计划是让这些化石搭乘“哈里森总统号”轮船回到美国。不幸的是，“哈里森总统号”在驶往港口的途中被击沉，这些化石也随之消失，再无踪迹。

周口店化石具有至关重要的意义，因为它们有助于阐明进化论，而在第二次世界大战爆发之时，进化论正处于混乱状态。在整个 20 世纪 30 年代，古生物学家们都持续专注中国周口店的发现而非爪哇或非洲的考古遗迹。理由很简单，因为惊人的发现一再在那里出现。例如在 1939 年，弗朗茨·魏登瑞报告，在周口店洞穴中发现的约 40 具人体骨骼中（其中 15 具是儿童），没有一具骨骼是完整的。实际上占绝大多数的都是头骨，而且是破碎的头骨。魏登瑞的结论引人注目：这些人是被杀害的，然后被吃掉了。这些遗骸来自一种原始宗教的早期杀戮仪式，杀人者吃掉了受害者的大脑，以获得他们的权力。虽然有了这些突飞猛进的观察结果，但进化论与已知化石之间的联系仍然不连贯，也无法令人满意。[49]

1937 至 1944 年间，四部理论性著作的出版消灭了这种不连贯性，在这四位作者的帮助下，一些 19 世纪的观念终于入土为安。这些研究创立了现在被称为**“综合进化论”**（evolutionary synthesis）的理论，产生了进化论实际作用方式的现代理解。这些著作按照时间顺序排列分别是：狄奥多西·杜布赞斯基的《遗传与物种起源》(1937)；朱利安·赫胥黎的《进化：现代综合论》(1942)；恩斯特·迈尔的《系统分类学与物种起源》(1942)以及乔治·盖洛德·辛普森的《进化的速度与模式》(1944)。他
371 们试图共同解决的基本问题可以表述如下[50]：随着1859年查尔斯·达尔文《物种起源》的出版，他的两个理论相对较快地得到了接受，但另外两个则不然。进化的思想本身（即物种的变化）很容易掌握，“分支演化”的概念同样易于接受，即所有的物种都源自共同的祖先。不那么容易被接受的则是逐渐进化的想法，以及进化的动力是自然选择。此外，尽管达尔文著作的标题是《物种起源》，但他没能提供物种形成的报告，没能解释新的物种是如何出现的。这造成了三大主要领域的分歧。

分歧的主要观点表述如下：第一，许多生物学家相信“突变”，即进化的过程，不是渐进式的，而是存在着巨大的跳跃式前进。他们认为，只有这样才能解释物种之间的巨大差异。[51]如果进化是渐进式的，为什么没有在化石记录中得到反映？为什么从来没有发现过“进化中途”的物种？第二，还存在“定向进化”的概念，即进化的方向在某种程度上是注定了的，生物体会莫名其妙地走向它们最终的进化命运。第三，人们普遍相信“软”遗传，这一理念更出名的说法是获得性遗传或拉马克主义。朱利安·赫胥黎是素有“达尔文的斗犬”之称的托马斯·赫胥黎的孙子，也是《美丽新世界》作者阿道斯·赫胥黎的哥哥。他是最早使用“综合”一词的人，但他是这四位中最缺乏原创性的一位。其余三位所做的努力将遗传学、细胞学、胚胎学、古生物学、系统学和人口研究的最新进展结合起来，以显示这些新发现如何在达尔文主义的大旗下组合为一个有机的整体。

恩斯特·迈尔是一位德国流亡学者，自1931年以来一直在纽约自然历史博物馆工作。他将人们对个体的关注引向了种群。他认为，物种包含

大量个体且每个个体都与物种的基本原型相符的传统观点是错误的。相反，物种是由种群，即独特个体的集群组成的，其中并不存在理想的基本类型。[52] 例如，世界各地的人种有显著差异，但也在某些方面具有相似性。最重要的是，他们可以实现异种交配。迈尔发展了这样的观点，即至少在哺乳动物中，重要的地理界限（比如高山或海洋）是物种形成的必要条件，因为这样的话不同的种群就被分隔开来并开始朝不同的进化路线发展。同样作为一个例子，这也可能发生在不同种族之间，并且可能已经持续了几千年，但它是一个渐进的过程，而种族仍然远远不是表示物种定义的“孤立的遗传包”。俄国人杜布赞斯基在斯大林的集体化运动开始之前的 1928 年逃到了纽约并与 T. H. 摩根共事。他概括地阐述了与迈尔相同的领域，但更为密切地关注了遗传学和古生物学。他成功地证明了世界各地不同物种化石的传播与古代地质和地理事件之间有着直接联系。杜布赞斯基还认为，北京人和爪哇人的相似性暗示着人类的血统可能更加简单，从而提示人类的祖先不是更多，而是更少。与战前所认为的存在多个原始人种群的观点相比，他认为，地球在一段时间内被超过一种类型的原始人占据都是极不可能的。[53] 辛普森是迈尔在美国自然历史博物馆的同事，他观 372
察了进化演变的速度和突变率。他也成功证实了已知的基因产生的突变率能够形成足够的变异，进而说明我们在地球上所见的生物多样性。因此，经典达尔文主义得到了加强，而所有挥之不去的跳跃进化论、拉马克主义和定向进化论都被一扫而光。这些理论最终在 1947 年普林斯顿举行的一次研讨会上尘埃落定（至少在西方是如此）。在此之后，所有对进化论有兴趣的生物学家通常都自称“新达尔文主义者”。

埃尔温·薛定谔于 1944 年出版的《生命是什么？》并不是综合进化论的一部分，但它在推动生物学的发展方面起着同样重要的作用。薛定谔于

1887年出生在维也纳，曾在毕业后留在维也纳大学担任物理学教师，后来辗转苏黎世、耶拿和布雷斯劳等地任教，最后回到柏林接替马克斯·普朗克担任理论物理学教授一职。1933年，他因参与（和沃纳·海森堡及保罗·狄拉克一道）第15章“物理学的黄金年代”中提到的量子力学革命而荣膺诺贝尔奖。就在获得诺贝尔奖的同一年，薛定谔出于对纳粹政权的厌恶而离开了德国。他曾当选牛津大学莫德林学院的研究员，也曾在比利时任教，但在1939年10月，他移居都柏林，因为在英国，他将被迫与自己的“敌国公民”身份做斗争。

都柏林对薛定谔还有一个额外的吸引力，那就是新成立的高等研究院。该研究院仿照普林斯顿高等研究院设计，是爱尔兰总理埃蒙·德瓦勒拉的心血结晶。薛定谔同意在1943年开设公开讲座，并将主题定为对物理学和生物学的尝试性融合，尤其是涉及生命本身和遗传最根本的方面。讲座被形容为“半通俗”，但实际上它对普通听众来说绝非易懂，因为其中包含了一定量的数学和物理学的专业知识。尽管如此，讲座仍然场场爆满，以至于原定只在2月的每个星期五举行的三场讲座不得不在第二个星期的星期一再重复一遍。[54]就连《时代周刊》也报道了都柏林对薛定谔的热列追捧。

在讲座中，薛定谔做了两种尝试。他思考了物理学家会如何定义生命。他给出的答案是，一个生命系统会从秩序中吸取秩序，即“从合适的环境中啜饮秩序”。[55]他认为，这样的过程不能用蕴含熵的热力学第二定律来解释，因此他预测，虽然生命过程终将可以通过物理学加以解释，但它们将包含物理学的新定律，在当时还无从知晓。也许他的另一种说法更有趣、当然也更有影响力。这是从物理学家的角度来看待遗传的基本结构：染色体。就这一点而言，薛定谔的演讲（以及他后来的书）确实可以被称为“半通俗”。1943年，大多数生物学家并不知道量子物理和化学键的最

新进展。（当弗里茨·伦敦和沃尔特·海特勒发现化学键时，薛定谔也在 373
苏黎世。《生命是什么？》却没有提到莱纳斯·鲍林。）薛定谔表明，从已知的物理学知识来看，基因必须是“非周期晶体”，也就是说，“一个由重复单元组成的规则阵列，但其中各个单元都不尽相同”。[56] 换句话说，它的结构对当时的科学来说尚不完全熟悉。他解释说，单个原子的行为只能在统计学上了解，因此，对于能够以极高的精确度和稳定性进行工作的基因来说，它们的尺寸必须最小化，所含的原子数也必须最少。通过再次运用最新的物理学知识，他还表明可以根据染色体计算出单个基因的大小（他给出的数字是 300 埃，1 埃 =10^{-10} 米），并从这一结果进一步计算出每个基因包含的原子个数和造成突变所需的能量值。他说，突变率与这些计算结果具有良好的一致性，突变本身的离散特性也与计算结果对应良好。这让人回想起量子物理的性质，即中间能量水平是不存在的。

在 1943 年，所有这一切对大多数生物学家来说都是全新的，但薛定谔更进一步，推断基因必须由一种很长、高度稳定且含有一种密码的分子组成。他将这种密码与摩尔斯电码相比较，在这个意义上，即使数量很少的基本单位也能产生极大的多样性。[57] 因此，薛定谔是使用“遗传密码”一词的第一人。正是由于这一点，加上物理学与生物学之间存在关联的事实，吸引了生物学家的注意，并造就了薛定谔的演讲和随后著作的巨大影响力。[58] 在他的推理基础上，薛定谔得出结论，基因一定是“一个大的蛋白质分子，其中每一个原子，每一个基团，每一个杂环，都起着独特的作用”。[59] 他说，染色体是用密码书写的信息。具有讽刺意味的是，正如薛定谔的基本贡献是将新的物理学应用于生物学，因此他自己也没有察觉到，就在他发表演讲的时候，在大西洋另一边的纽约洛克菲勒医学研究所，奥斯瓦尔德·托马斯·艾弗里正在发现位于基因核心的“转化因子”不是蛋白质，而是脱氧核糖核酸，或称 DNA。[60]

当薛定谔将他的演讲结集出版时，他加上了一章结语。即使在青年时代，他也一直对印度教的教义吠檀多很感兴趣，在该书的结语中他思考了印度教思想的中心问题，即小我与“全知的大我”是完全相同的。他承认这在基督教的思想中“既是可笑的，也是亵渎神灵的”，但仍然认为该想法值得进一步发展。当时天主教氛围浓厚的都柏林出版社正在考虑是否出版他的演讲内容，这段结语足以导致该出版社拒绝了薛定谔，即使该书的文本已经排版完毕等待印刷了。该书于一年后的 1944 年改由剑桥大学出版社出版。

尽管结语充满争议，但这本书证明了自己强大的影响力。它可能是有史以来物理学家所撰写的最重要的生物学著作。该书的影响力也与出版时有关：当时相当多的物理学家因为原子弹的发展而对自己的学科心生厌倦。无论如何，在阅读过《生命是什么？》并为其中的观点感到兴奋的人
374 之中，包括了弗朗西斯·克里克、詹姆斯·沃森和莫里斯·威尔金斯。他们对薛定谔思想的深入研究将在后面的章节中得到探讨。

从知识层面来说，第二次世界大战最显著的后果是科学的羽翼已经丰满。当然，我们已经见识过物理、化学和其他自然科学的力量。雷达、巨人机和原子弹，以及许多较小的发现（诸如运筹学、新的心理评估方式、磁带和第一架直升机的诞生）都直接影响了战争的结果，远远胜过第一次世界大战期间的科学创新（如智商测试）对第一次世界大战结果的影响。如今，科学本身已成为世界的巨人，或者也许是世界上唯一的巨人。此前的战争过后都伴随着悲观的时代，然而部分由于科学的原因，第二次世界大战尽管笼罩着原子弹的巨大阴影，随之而来的却是相反的情绪，是一种乐观的信念，即科学能够被用来为全人类的福祉服务。这一信念终将催生
375 出关于“伟大社会”的思想。

21

无路可退

不同的政权在第二次世界大战中相互交手，很自然地，人们会重新审视人类该以何种方式自治。一方面，科学家、军事家和密码破译专家想方设法智取敌人；另一方面，其他人则带着些许迫切的心情潜心研究同样至关重要的法西斯主义、共产主义、资本主义、自由主义、社会主义，或民主对手的长处。因此，20世纪出现了若干巧合，其中之一是，战争期间，奥匈两国的流亡者不约而同出版了四本书，展望战争结束后人类应该构建何种社会。撇开其他差异不谈，它们都有一个共同点：由于战时纸张配给，这些书篇幅有限。

第一本是约瑟夫·熊彼特于1942年写的《资本主义、社会主义与民主》。但是，由于各种显而易见的原因，它使我们首先想到**卡尔·曼海姆**（Karl Mannheim）在一年后发表的《时代的诊断》。[1] 曼海姆是"周日圈"的成员，这个组织于第一次世界大战期间在布达佩斯成立，以乔治·卢卡奇为中心，其成员还包括阿诺德·豪泽尔和贝拉·巴尔托克。曼海姆于

1919年离开匈牙利赴海德堡大学学习，后在马尔堡大学聆听马丁·海德格尔的讲座。1929至1933年间，他在法兰克福大学任社会学教授，是西奥多·阿多诺、马克斯·霍克海默等人的亲密同事。希特勒掌权后，他移居伦敦，先后任教于伦敦政治经济学院和伦敦教育学院。同时他还是“社会学与社会重建国际文库”的编辑，这是乔治·劳德利奇负责出版的一套大型丛书，其作者包括芝加哥大学的政治科学教授哈罗德·拉斯韦尔、弗里茨·舒马赫、雷蒙德·弗斯、埃里希·弗洛姆和爱德华·希尔斯。

曼海姆完全视“**计划社会**”（planned society）为理所当然。在他看来，曾经引发过股市暴跌和经济萧条的旧资本主义已经寿终正寝。“如今我们都知道，这场战争使我们再也不可能退回过去自由放任的社会秩序，战争为新型的计划秩序铺平了道路，这是一场无声的革命。”[2]此时，他对斯大林主义和法西斯主义也已不抱幻想。相反，他认为，要实现战后的新社
376 会，即他所谓的伟大社会，只能效仿极权主义国家，仰仗一种不破坏自由的计划，但同时还要关注心理学和社会学的最新发展，特别是精神分析学的新进展。曼海姆相信，这个社会是病态的，因此，他的书名里才有“诊断”。对他来说，“伟大社会”不仅要能够维护个人自由，人们还要清楚社会的运转方式，了解复杂的现代技术社会与农民的农业社会之间的区别。因此，他主要关注当代社会的两个方面：一方面是青年和教育，另一方面则是宗教。希特勒时代的青年已经变成一股保守主义势力，然而曼海姆认为，只要接受适当的教育，青年天然是进步的。[3]他认为学生在成长过程中应该注意当代社会的社会学变化及其成因，同时还应了解心理学，了解神经衰弱症的起因及其对社会有何影响，在缓解社会问题方面又有何作用。在书的后半部分，他主要谈论宗教，原因在于，他发现西方民主面临的危机实际上是价值观的危机：旧的阶级秩序正被打破，却又没有任何系统的、富有成效的秩序能取而代之。他认为教会也是社会问题的一部分，

但是他相信，只要与教育相结合，宗教仍然是灌输价值观的最佳方式，要通过社会学和心理学巩固神学，使有序的宗教实现现代化。由此，曼海姆支持计划，支持经济学、教育学和宗教等领域的计划，但这并不意味着他赞同高压统治或中央控制。他只是认为，与战前社会相比，战后社会应更明悉自身。[4]他承认，社会主义确实有可能产生中央集权，并进而堕落为纯粹的操纵机构，但他也是一名伟大的亲英派人士，他认为英国“公民缺乏哲学头脑、又很务实”，会将可能的独裁者拒之门外。

约瑟夫·熊彼特（Joseph Schumpeter）无暇顾及社会学或心理学。他认为，这两门学科即使存在，那么相对于经济学，它们也是次要的。在他的战时著作《资本主义、社会主义与民主》里，他力主改变经济学思维，他为此付出的努力丝毫不亚于约翰·梅纳德·凯恩斯。[5]熊彼特坚决反对凯恩斯和马克思，原因不难理解。他和凯恩斯同龄，于1883年出生于奥地利，在专为贵族子弟开办的泽拉萨姆学校接受教育。[6]熊彼特的父亲是一介平民，他之所以能在贵族学校求学，是因为他父亲去世后，母亲改嫁给一位将军。他因此十分在意自己的贵族出身；他会身着骑装到学校出席会议，并向与会者讲述自己人生的三大抱负：做一名出色的情人、一位优秀的骑手，以及一位伟大的经济学家。在维也纳（在本书前面提到的维也纳的辉煌时期）读完大学之后，熊彼特成为埃及王妃的经济顾问，继而出版了自己的第一本书，随即又回到奥地利任教。第一次世界大战后，奥地利成立了以社会主义者为核心的政府，他应邀出任财政部长，并制订了一套稳定货币的计划，但他不久就辞职了，并出任一家私人银行的总裁。凡尔赛体系崩溃之后，这家银行破产。最后，熊彼特去了哈佛大学，“在哈佛，他的翩翩风度和每天披在身上的披风很快使他成为校园名人”。[7]他一生笃信精英，认为精英是“人才中的贵族”。 377

熊彼特的主要论点是，**资本主义制度本质上是稳定的**：对雇员、雇主和顾客来说，资本主义制度本身不会带来利润，投资也不会带来财富。工人基于商品的生产成本和销售成本按劳取酬。言外之意，利润只能来自创新，在一定时期内（在竞争对手迎头赶上之前）降低生产成本，用余钱追加投资。这就得出两种结论。第一，资本主义的推动力不是资本家本身，而是企业家，他们发明新技术或新机械，以便生产出更廉价的商品。熊彼特认为企业家的才干无法传授、无从继承，他认为，本质上这是一种“资产阶级”活动。他的意思是，在任何城市环境中，人们都会有创新的想法，但是哪些人能够想到新的点子，在什么时间、什么地点想出新点子，又会如何处理这些点子，却是无法预测的。资产阶级的行动并非源于任何理论或哲学，而是源于实用的利己主义。这与马克思的分析完全矛盾。第二，企业家创造的利润是不长久的。[8] 无论哪种创新，最终都会被工商业领域的其他人迎头赶上，最终达到新的稳定。也就是说，熊彼特认为，资本主义不可避免地具备周期性繁荣和衰退的特征。[9] 因此，在 20 世纪 30 年代，他的观点与凯恩斯完全相左。熊彼特认为，在某种程度上，经济萧条不可避免，是冷酷而现实的整肃。战争期间，他开始怀疑资本主义是否能够生存。他认为，这种本质上的资产阶级活动会加剧官僚主义，这个世界属于那些衣冠楚楚的人，而不是投机分子。他在经济学领域取得了成功，但在社会学领域却无甚建树。[10] 而且，资本主义在体现竞争社会的同时，也培养了一种近乎独特的批判方法，它最终会否定自身。与此同时（1942 年），他认为社会主义会有所作为；不过他认为，社会主义不是纯粹的马克思主义或斯大林主义，而是温和的、官僚主义的计划经济。[11]

如果说曼海姆在战后理所当然地支持计划经济，而熊彼特对此的态度是不冷不热，那么第三位奥匈帝国人**弗里德里希·冯·哈耶克**（Friedrich von Hayek）则全然反对计划经济。哈耶克于 1899 年出生于一个科学家家庭，与维特根斯坦是远亲。他在维也纳大学获得两个博士学位，1931 年在伦敦大学政治经济学院担任经济学教授，并于1938年成为英国公民。对于斯大林主义和法西斯主义，他同等憎恨。但是与其他人不一样的是，对于俄国和德国存在的中央集权和极权主义最终不会蔓延到英国，甚至是美国这种说法，他不太相信。在《通往奴役之路》（1944，同为乔治·劳德利奇公司出版）中，他反对计划，断然将自由与市场相联系，认为这有助 378
于建立一种“**自发的社会秩序**”（spontaneous social order）。他批评曼海姆的观点，认为凯恩斯的经济学是一种“实验”，在1944年，这种实验还有待验证；他提醒读者：民主本身不是目的，民主“本质上是一种方式，一种保障内部和平和个人自由的功利手段”。[12] 他承认市场还不健全，所以不能迷信市场，但是他再次提醒读者，市场和法律法规是同步发展的，部分程度上说，这是对市场缺点的回应：市场和法规二者是启蒙阶段相互交织的成就。[13] 针对曼海姆重视掌握更多社会学知识的观点，他这样回应：市场是“盲目的”，其后果是无法预测的，部分程度上说，这也是市场的意义，是市场对自由的贡献，即所谓的“**看不见的手**”（invisible hand）。因此，他认为，原则上计划是错误的，而且是不切实际的。哈耶克进而提出三大理由说明计划体制会“使情况糟糕至极”。第一，受教育程度较高的人往往能够认清观点，不会人云亦云，也不认可任何阶层的价值观；第二，集权主义者发现，他们更容易吸引轻信的人和温顺的人；第三，相对于正面事项，群体更容易就负面事项达成一致，如仇视外国人或仇视其他阶层。他批评爱德华·霍列特·卡尔等历史学家在某种程度上把历史当作科学的做法（马克思事实上也是如此）；他也批评科学本身。《科学态度》的作者C. H. 沃丁顿曾经预言，科学方法很快会被应用于政治学。[14] 在哈耶克看来，科学在某种程度上就是计划。在资本主义的众多缺点中，他承认需要注意垄断的趋势，但是他又认为社会主义的工会垄断实际上是更大的威胁。

战争快要结束的时候，第四位奥匈帝国人**卡尔·波普尔**（Karl Popper）发表了《开放社会及其敌人》。[15] 波普尔的职业生涯很不寻常。他于 1902 年出生在维也纳，但年少时体弱多病，1917 年，长期患病迫使他离开学校。他接触过社会主义，但深受弗洛伊德和阿德勒的影响，还在维也纳听过爱因斯坦讲课。1928 年，他完成了哲学博士论文，然后做了社工，为第一次世界大战后的遗孤服务，此外还做过教师。他渐渐接触到了维也纳学派，特别是赫伯特·费格尔和鲁道夫·卡尔纳普，并开始写作。波普尔先期发表了《知识理论中的两个基本问题》和《科学发现的逻辑》，受到了广泛的关注，于 20 世纪 30 年代中期两次获邀到英国进行长期巡回演讲。当时，犹太知识分子移民潮已经开始；1936 年，莫里茨·石里克被一名纳粹学生暗杀，此时，有犹太血统的波普尔应邀去新西兰坎特伯雷大学任教。波普尔于 1937 年抵达新西兰，因此第二次世界大战期间的大部分时间里他在这个国度过着平静而相对与世隔绝的生活。在南半球的这段期间，他又发表了两本著作，《历史主义的贫困》和《开放社会及其敌人》，
379 后者收录了有关前一本书的诸多争论。[16] 波普尔与他的维也纳同胞、被流放的弗里德里希·冯·哈耶克在很多方面观点一致，但是波普尔并不囿于经济学领域，他涉猎的领域十分广泛。

1938 年，德国和奥地利合并的消息直接刺激了公众对《开放社会及其敌人》的关注。初抵英格兰，波普尔即“心情愉快”，这在相当长时期内令他文思泉涌。波普尔感到，与受到国家社会主义威胁的国家相比，英国是“一个自由传统悠久的国家”，他觉得前者更像原始的封闭社会、原始部落或封地，权力和思想集中于少数领导者甚至是国王之手，对那类国家而言，“仿佛窗户突然被人打开了”。与维也纳学派的逻辑实证主义者一样，波普尔深受科学方法的影响，并将其用于政治学。他认为，这会产生两个重要的后果。第一，政治的出路与科学的出路相同：它们“永远只是

暂时的，总有改进的余地”。因此，他才提出了历史主义的贫乏，研究历史带给我们的深刻教训，从而找到治理社会的“铁律”。[17] 波普尔认为，历史根本不存在，只存在对历史的解读。第二，他认为社会科学要是有点用处的话，就应“具备预言的能力”。但是，果真如此的话，历史主义就奏效了，人的作用或责任就会减弱，甚至可能消失。在他看来，这是无稽之谈。他排除了“理论史”像理论物理学那样存在的可能性。[18]

因此，波普尔的书中包含了批评柏拉图、黑格尔和马克思的著名篇章。（他最初打算为此书起名为“错误的先知：柏拉图、黑格尔和马克思”。）波普尔认为柏拉图很可能是业已出现的最伟大的哲学家，但他是个极端保守主义者，他把国家利益凌驾于其他一切（包括对正义的解读）之上。例如，根据柏拉图的说法，国家卫士（即哲学家）有权利说谎和欺骗，可以“为了国家的利益欺骗敌人或同胞”。[19] 由于蔑视柏拉图，波普尔受到了批评，但是他显然认为柏拉图是个机会主义者，是黑格尔的先驱。他认为，黑格尔的教条主义的辩证观导致了存在的就是好的，从而得出“强权即公理”的结论。[20] 波普尔认为，这不过是对辩证法特点的误读。他说，实际上，这只是一种试错法，它是一种科学方法，黑格尔认为正命题产生反命题的观点是错误的，这一观点是浪漫的，却是错误的。他说，随着越来越多的对立面的产生，正命题会自行修正。同样，马克思也是一位错误的先知，因为他坚持社会的全面变革，而波普尔却认为这必然是错误的，原因很简单，它不科学，无法检验。他本人认同渐进式变革，这样，每引入一种新的元素都有可能加以检验，看看它在原来的基础上有没有改进。[21] 波普尔并不反对马克思主义的目标，例如，他指出，《共产党宣言》中的很多设想已经在西方社会成为现实。但是，他的观点是：这是通过非 380
暴力的渐进式变革达到的。[22]

与哈耶克一样，波普尔也赞同政权最小化，政权存在的理由是维护正义，即不恃强凌弱。他反对曼海姆，认为计划会使社会更封闭，原因是计划涉及历史主义的方法、整体论的方法和乌托邦式的方法，所有这些都与科学的试错法背道而驰。[23]这使得波普尔认为民主政府是唯一切实可行的政府形式，因为只有这种政府才会使用科学的试错法，允许社会根据经验修正政治，从而无须流血就达到变革政府的目的。[24]与哈耶克的作品一样，波普尔的观点在今天看来也许不那么独到，其原因恰恰是我们已经视之为理所当然。但在当时，极权主义思想泛滥，人们对股票市场的崩溃和经济萧条的景象还记忆犹新，第一次世界大战还不像今天看来那么遥远，很多人认为历史确实存在某种隐秘的体系（波普尔特别批评了奥斯瓦尔德·斯宾格勒的《西方的没落》，称其“言之无物”），即历史的轮回特点，特别是在经济领域，有些东西无论是共产主义还是法西斯主义都无可避免。波普尔相信，思想关系到人类生活和人类社会；思想能够改变世界；政治哲学需要思考这些新思想，才能持续地改造社会。

奥匈帝国的流亡者相继推出这四本书，这一巧合引人瞩目，但是只要稍加思考，我们就不会感到惊讶。因为他们看到，战争已经打响，人们不仅为了领土而战，也为了思想和理想而战。这些流亡者都近距离地看到了极权主义和独裁，并且意识到：即使与日本和德国的战争结束了，与斯大林主义的冲突仍将继续。

1941年，当威廉·坦普尔（William Temple）完成《基督教与社会秩序》时，他还是约克大主教。[25]到1942年初，此书被收入企鹅特辑时，坦普尔已经是坎特伯雷大主教和英格兰教会的负责人了。教会领导较少发表社会科学方面的著作，更不用说政治、自然科学领域的著作了，但是，由于作者的知名度，这本书获得了成功：1942年再版两次，销量很快突破15万本。坦普尔的书充分展示了战争期间知识分子所处的环境的一个侧面。

这本书的主体部分非常宏观。坦普尔花了一定篇幅说明为什么教会有权“干预”（语出坦普尔）社会问题，因为社会问题必然会产生政治后果，其中有一章提到了教会过去干预社会问题的历史。在论述过程中，他展示了自己丰富的经济学知识，还为《圣经》正典的相应说法提出了新颖有趣的诠释。[26]通过讨论职场友谊、神的旨意，以及自由的本质等问题，他试图简要说明某些“**基督教的社会原理**”（Christian Social Principles）。但是， 381
真正引人注意的是坦普尔这本书的附录。坦普尔认为，针对战争结束后的事宜，由英国抛出“官方”看法，这一做法是错误的。他在正文中提到了这个观点。同时又在附录中，提出了具体看法。

首先，他赞同曼海姆的计划观点。在附录的开头，坦普尔这样写道：“没有人会怀疑，我们的战后经济生活在某种程度上必须以某种方式进行‘计划’，格莱斯顿先生认为那是社会主义，并加以谴责。”[27]在全书的结尾部分，坦普尔列出了管理基督教社会的六大基本原则，并加以说明。第一，人人都应该住得体面，因此，他提出要成立地区住房委员会，由委员过问土地是否用于体面居住的目的。[28]这些委员将被严格授权，防止土地投机。第二，儿童都应有机会接受教育，直至成年。为此，坦普尔提出将离校年龄从14岁提高到18岁。第三，人人都应有适当的收入，这里，他直接提出凯恩斯主义，为了维持一定数量的公共建设工程，“应该禁止私营企业参与公共建设”，应该按照需求开展公共建设和工程发包。第四，所有公民在其工作的企业或行业内应有发言权。坦普尔主张恢复中世纪的同业协会，在主要经营企业内，工人、管理层和资本家等均有代表列席董事会。第五，全体公民需要适当休息，享受家庭生活，拥有尊严。因此，坦普尔建议一周工作五天，错时休息，以便企业调配。他还提出带薪休假。[29]最后，他主张礼拜、言论和集会的自由。

最后一条最不出彩。至于其他原则，坦普尔急于表明他并不反对企业，并特地提出“利润”不是什么难听的字眼。他还强调自己注意到计划可能会导致自由的丧失，但是他认为有些自由不值得拥有。例如，他引用数据表明，“新开办的企业有四分之三会在三年内破产清算。说实话，社会只是看似处处有利润，其实应该减少刺激，少开办这类风险企业，因为企业倒闭会带来麻烦，招致真正的不幸”。他认为，应该将一定比率的利润用于“工资均等基金”，他希望将来某天，能通过遗产税的办法，使一代人积累的财富在两代或三代内“萎缩”。在坦普尔看来，钱“从根本上说是一种媒介”。他说，生活中最主要的必需品是空气、阳光、土地和水。[30] 人们不会声称拥有前两者，他明确表示相同的原则应该适用后两项资源。

坦普尔的书极其畅销，这说明在战争这个突发事件背后，人们广泛关
382 注计划和社会公平。股票市场崩溃、经济萧条，以及20世纪30年代的诸多事件给人们带来了深切的伤痛。这伤痛有多深，由此可见一斑。在某些方面人们对“计划”深恶痛绝，但是另一些方面又觉得计划还欠力度。例如，在英国和美国，很多人暗中钦佩希特勒解决失业问题的做法。经历过经济大萧条之后，很多人觉得，与政治自由相比，失业要严重得多，因此，极权主义的计划，或曰中央领导，也许值得尝试。前面提到过，这种态度也转移到了斯大林的“计划”，因为苏联当时只是一个盟国，所以在战争期间这种“计划”没有受到应有的苛刻审视。正是在这种思想背景下，出台了一份文件，它对英国的影响远胜过20世纪的其他任何文件。

1942年11月30日深夜，在金斯威霍尔本英国皇家出版局伦敦总部外面，已经聚集了排队的人群。这种情况可能说是不太寻常。如今很少发生政府出版物热销的情况。但是，第二天早上，当英国皇家出版局开门时，办公室都要被挤破了。当天发行的6万份报告很快销售一空，每份2先令（24旧便士，相当于今天的10便士），这个价格是企鹅出版社平装书的四倍。到当年年底，销量达到10万份。这份报告当然算不上是什么圣诞礼

物，因为它的标题实在让人倒胃口：《社会保险与相关服务》。然而，通过种种形式，这份报告最终销出 60 万份，成为有史以来最畅销的政府报告。二十年后，丹宁法官就普罗富莫的色情和间谍丑闻撰写的调查报告才终于打破了这一纪录。[31] 为什么会出现这种盛况？《社会保险与相关服务》，即著名的《贝弗里奇报告》，它创建了英国的现代福利制度，刺激了战后世界的整体思想环境。这份报告的内容当然很重要，但是这一出版物引发的狂潮还表明，公众关注点发生了转变。

福利国家（welfare state）的观点并不新鲜。早在 19 世纪 80 年代，俾斯麦就在德国推行了意外、疾病、养老和残疾保险。奥地利和匈牙利随后跟进。1910 和 1911 年，在韦伯夫妇、萧伯纳、H. G. 威尔斯及其他费边主义者的鼓动下，时任英国财政大臣的劳合·乔治开始出台有关失业和养老保险的法律。20 世纪 20 年代，在剑桥，经济学家亚瑟·庇古认为，只要总产量没有减少，财富的再分配，即福利经济，是完全可行的，这是与“古典经济学”的第一次决裂。在 20 世纪 40 年代的美国，随着罗斯福的“新政”的实施，同时也受到凯恩斯理论的影响，约翰·康纳、理查德·伊利和罗伯特·拉福莱特提出了“威斯康星计划”，这个计划在全州范围内提供失业救济金，接着从 1935 年开始，为老人、穷人和未成年儿童提供基本的联邦支持。[32]《贝弗里奇报告》内容广泛，而且是在战时提出的，因而也促进了全国范围内民众态度的变化。[33] 383

这个报告的出炉似乎很偶然，1941 年 6 月，战时联合重建劳工部长阿瑟·格林伍德邀请**威廉·贝弗里奇**（William Beveridge）爵士主持一个跨部门的委员会协调社会保险。当时，他们只是希望贝弗里奇整修一下英国社会机器，不过对此深感失望的贝弗里奇（他希望能在战时发挥更加积极的作用）很快重新审视当时的局势，并看出时局将发生重大变化，而且可能产生深远的影响。[34]

贝弗里奇很聪明、人脉很广，这些人脉对他日后取得的成就有着重要影响。1879年，贝弗里奇出生于印度，家里有26位仆人，父亲是一名英国法官。他早年就读于切特豪斯学校和牛津大学贝列尔学院，学习数学和古代经典。在贝列尔学院，他受到了导师爱德华·凯尔德的影响。这位导师经常敦促刚出道的毕业生“去研究为什么拥有大量财富的英国却有那么多的贫困人口，以及到底该如何解决贫困问题”。于是，贝弗里奇去了汤恩比馆，后来他说，那里让他明白了贫困的含义，并且“目睹了失业的后果”。[35] 1907年，他访问德国，考察后俾斯麦时代的养老和疾病等强制社会保险制度，回国后，他在《早报》上发表了有关德国情况的几篇文章，引起了温斯顿·丘吉尔的注意，丘吉尔邀请他以全职公务员的身份加入英国贸易部。因此，贝弗里奇在自由党政府制定1911年法律的过程中起了关键作用，该法律涉及了养老金、劳工介绍所和法定失业保险计划。丘吉尔本人对社会改革满腔热情，他宣称自由主义是“导致数百万人被遗忘的原因”。[36] 第一次世界大战后，贝弗里奇担任伦敦政治经济学院的院长，并使其成为社会科学的强大阵地。第二次世界大战时，他回到牛津大学，在大学学院担任院长。他在漫长的职业生涯中积累了很多社会关系：R. H. 托尼是他的舅子，克莱门特·艾德礼和休·道尔顿曾经受聘于伦敦政治经济学院，此时则在国会和政府工作。他认识丘吉尔、凯恩斯和西伯姆·朗特里，后者于1899年调查了约克郡的贫困状况，协助促成了1911年立法，此后，又于1936年展开跟踪研究，也对贝弗里奇本人发表的那份文件的形成有所贡献。[37] 他在牛津大学时的助手哈罗德·威尔逊后来成了英国首相。[38]

与格林伍德见面大约一个月后，1941年7月，贝弗里奇向他本人担任主席的委员会提交了《社会保险：总体构想》一文，文中没有提及零碎的细节。贝弗里奇写道，“现在是时候全面考虑社会保险了，这有利于战后建设更美好的新世界。人如果有明确的领域……且没有受到任何既得利益的牵制，现在该如何制订社会保险计划呢？”[39] 在接下来的几个月里，也是战争最黑暗的日子里，贝弗里奇领导的委员会取得了 127 页书面证据，为了获得证人的证言，召开了 50 多场会议。但是，尼古拉斯·蒂明斯在谈及福利国家的历史时所提到：“到 1941 年 12 月，当贝弗里奇发表《社 384
会保障计划的要点》一文时，只收到一件书面证据；这篇文章包含了一年后面世的那份报告的精髓。”[40] 这份颇具影响力的报告实际上是贝弗里奇独立完成的。

他的文章设想了两样东西。国家要有卫生保健服务、儿童补助和失业救济；救济金要有统一的标准，足以维持生活，资金则来源于个人、雇主和国家。贝弗里奇完全反对经济情况调查或浮动计算法等手段，他清楚这些手段解决的问题不如制造的问题多，特别是管理这种复杂制度又会滋生官僚主义。他明白，有人会说，如果福利过高，人们就不会去找工作了，但是他也赞成朗特里新近的研究成果，即工资低是导致大家庭贫困的主要原因。[41] 政府当然不想自找麻烦，这一点贝弗里奇也清楚。他开始暗中利用自己的社会关系，使电台、报界和英国政府等都为他造势，使人们对那份报告的出炉翘首以盼，从而使其成为头等重要的思想和政治事件。

说到该报告的影响力，贝弗里奇可谓是心想事成。这份报告在英国创下的销售数字轰动一时，在国外也广受关注。英国信息部随后对此加以研究，具体情况由 BBC 于 12 月 1 日用 21 种语言发布。英国的士兵都收到了这份报告，在美国它也十分畅销，财政部因此获得了 5000 美元的盈利。成捆的报告被空投到法国和其他纳粹占领的欧洲地区，甚至还有两份到达了希特勒位于柏林的地堡，战争结束时有人发现了这两份文件及相关的时评，上面还有“秘密”字样。一份时评认为这份计划是“极具简单的……连贯性制度……与现行的德国社会保险相比，这一计划几乎在各个方面都更加优越”。[42]

报告之所以产生如此巨大的影响，主要有两个原因。贝弗里奇选用的题目平淡无奇，但是内容夺人眼球，其措辞也有别于常见的官方语言或公务员腔调。他写道：“世界历史的革命性时刻指的是革命，而不是修补。”他说，战争“使很多重要制度趋于废止”，从而“为真正的变革提供了契机”，因为“胜利的目的不是要维系旧的世界，而是要创建更美好的新世界”。他说，他针对的是贫困，这也是收入保障或社会保障的全部内容。“但是……贫困只是重建道路上的五大敌人之一，某种程度上也是最易消灭的敌人，其他敌人分别是疾病、无知、道德败坏和懒散。……国家应该提供服务保障和收入保障。国家在建立保障制度时，应提供激励政策，提供机会，促进人们承担责任，在确立国家最低生活标准时，如果个人愿意工作，为自己和家人提供比基本生活标准更好的生活，那么国家应该提供空间，并予以鼓励。”[43] 但是，享有最低生活标准应该是“百姓的权利，为了保障人人都可以自由享受这种最低生活保障，国家不能进行经济情况调查……［这］对于五大恶敌来说，这些动作还远远不够，我们还面临：直
385 接相关的物质贫困；疾病，会导致贫困并带来一连串其他问题；无知，使民众无法享受民主；以及道德败坏和懒散，使人堕落、坐吃山空”。[44]

在那段黑暗的日子里，出现一份如此感人的政府报告实属意料之外，也足以振奋人心，但是贝弗里奇似乎本能地意识到，由于生活凄惨、威胁主要来自外部，此时正是从态度上激起变革的好时机，人们应该转而意识到英国社会内部存在危险，在发生了所有这些事情之后，危险依然存在。贝弗里奇比大多数人更明白，20 世纪的英国鲜有变化。[45] 贝弗里奇很清楚，大战结束后，英国在国际贸易中所占的份额将会锐减，而且，由于丘吉尔坚持在汇率极高的情况下回到金本位，导致政府大幅削减公共开支，英国社会再度分裂（贾罗的失业率是 67%，而海威科姆的失业率则为 3%）。[46]

《1944年教育法》（《贝弗里奇计划》的产物）的提出者英国保守党人理查德·奥斯汀·巴特勒后来写道："人们进一步认识到，在迪斯累利提出'两个民族'的说法一个世纪以后，英国的'两个民族'状态仍然存在。"[47]贝弗里奇本人承认，贝弗里奇计划的成功也有凯恩斯的功劳，但是英国在社会和思想领域发生的变革远甚于经济领域。1941年，W. H. 奥登的朋友查尔斯·马奇麾下民意测验机构的数据表明，16%的英国民众认为战争改变了他们的政治观点。1942年8月，即《贝弗里奇报告》发布四个月前，三分之一的英国民众政治观点发生了变化。[48]在商品极度匮乏的情况下，《贝弗里奇报告》使人们看到了希望。[49]报告发布一个月前，隆美尔在北非战场败退，英国军队收复了托布鲁克，艾森豪威尔率部登陆摩洛哥。为了庆祝胜利，丘吉尔自宣战后首次命令教堂钟声齐鸣（此前教堂的钟悉数封存，以示受到侵略）。

尽管俄国历经"大清洗"运动，斯大林政权却继续获益于其重要的盟国地位。1943年11月，丘吉尔、罗斯福和斯大林举行德黑兰会谈，讨论最后阶段的战事，特别是登陆法国的事宜。会上，丘吉尔赠给斯大林一把荣誉之剑——"斯大林格勒之剑"。有些人认为苏联领导人受之有愧，其中包括弗里德里希·冯·哈耶克和卡尔·波普尔。而**乔治·奥威尔**在发表另一本小说时所经历的曲折过程更能够说明，在战争时期同盟国对斯大林是何等的姑息。

这部小说名为《动物农场》，副标题为"一则童话故事"，讲述的是一场步入歧途、走向邪恶的革命。故事发生在琼斯先生的农场上，在一头年老的中型白色公猪梅杰的挑拨下，动物们发起了一场叛乱，占领了农场，并赶走了琼斯先生和夫人。其寓意非常明显。老梅杰临死前对其他动物发表演讲，称他们为"同志"。叛乱领导人（包括一头年轻的公猪拿破仑）

对这场叛乱加以粉饰，称其为动物主义。1937年，奥威尔作为一名战士参与了西班牙战争，当时他就产生了这篇小说的构思，而且他从不掩饰小说
386 讽刺的对象是斯大林及其党组成员。此书写于1943年末1944年初，在此期间，苏联人最终赶走了德国人，“进军斯大林格勒变成了进军柏林”。[50]动物农场的革命很快变得乌烟瘴气：猪夺取了大权，只顾自己；一窝小狗渐渐长成邪恶的盖世太保一样的禁卫军；在夜深人静时，有动物修改了早就写在谷仓墙上的动物主义的戒条（“所有动物一律平等/但有些动物要比其他动物更加平等”）；在“两条腿孬！四条腿好！”的口号喊了几个月后，猪最后竟然开始用两条腿走路了！

这本书发表于1945年8月，恰在此时，美国向广岛和长崎投下了两颗原子弹，此书从完成到发表经历了很长一段时间，部分原因是在出版本书的过程中奥威尔遇到了麻烦。多家出版商拒绝出版《动物农场》，维克多·戈兰茨是其中之一。在费伯出版社工作的T. S. 艾略特也拒绝出版此书。[51]作为基督徒，艾略特对共产主义没有好感，也不怀疑奥威尔的能力。但是，就拒绝出版《动物农场》这件事，他写道：“我们没把握……是否可以从这个角度批评目前的政治形势。”[52]一共四家出版社拒绝出版此书，奥威尔开始对出版商的内部审查感到愤怒，打算自谋出版。但是，就在此时沃伯格出版社向他抛出了橄榄枝，不过由于纸张短缺，没能立即出版。[53]最终这本书问世时，战争刚刚结束，但是原子弹引发的恐慌随之而来。在7月份的波茨坦会议之后，战后世界（冷战）开始了。纳粹集中营的证据逐渐为世人知晓，这些证据足以证明人类自相残杀的行为是多么令人发指。

如果说斯大林可以算作模范政客的话，那么《动物农场》也许也可以算作是童话故事。奥威尔的社会政治目标可能与威廉·坦普尔相似，但是奥威尔更现实；与哈耶克和波普尔一样，奥威尔认为，反对希特勒的战争

虽然获胜，但是反对斯大林的战争远未结束；就20世纪的思想和观点而言，反对斯大林的战争更重要，因为一整套的思维方式（自由的想象）都受到了斯大林主义、集体主义和计划的质疑。

直到战争结束，纳粹分子和日本人在战争期间的许多暴行仍然没有得到彻底揭露，黑暗的六年成为尘封的过去。然而，乐观主义者却从这黑暗中看到了一线光明。在战争期间，几乎所有的交战国，包括英帝国控制的边远地区，如澳大利亚和新西兰，都没有出现过失业问题。20世纪30年代的灾难已经结束。在最先经历大萧条并受到严重影响的美国，到1944年为止，其失业率也已经降至1.2%。[54] 人们认为这是凯恩斯思想的胜利，不过，凯恩斯的反对者不同意。战时政府到处设立大型公共支出项目（武器制造），这些完全是浪费（不像修路，战后可以继续使用），因而导致巨额赤字。1941年，美国政府负债490亿美元，但到1945年，这一数字已 387
经飙升至2590亿美元。[55]

第二次世界大战爆发时，**凯恩斯**已经56岁，尽管他在第一次世界大战期间成名，但是，事实上他在第二次世界大战中发挥了更为重要的作用。战争爆发后两个月内，他在《泰晤士报》上发表了三篇文章，这些文章旋即被编成一本名为《战争的代价》的小册子出版。（实际上，由于他的一次讲座走漏消息，这些文章最先出现在德国报纸上。[56]）这一次，凯恩斯的观点主要包含两大要素。他直接指出，问题的根源不在于货币，而在于原料：战争的胜负取决于物质资源能否迅速变成轮船、枪炮等。这些原料是有限的，因此，也是可控的。[57] 凯恩斯发现，和平时期的经济和战时经济的差异在于：和平时期，工人将额外收入用于购买自己生产的商品；而在战时，除了生活必需品以外，多余的产出全部归政府所有。凯恩斯的第二个发现是，战争为刺激社会变革提供了良机，国家紧急状态时所需要的“同等付出”可以转化成金融手段，这种金融手段不仅能反映付出平等，还能确保战争结束后拥有更大的平等。反过来，如果广泛宣传，还有助于提高效率。在温斯顿·丘吉尔就任首相后，尽管凯恩斯的观点遭到比弗布鲁克报业的反对，他仍然被任命为两大经济顾问之一（另一位是卡托勋爵）。[58]凯恩斯不失时机地贯彻自己的思想，虽然这些想法没有全部落实为法律条文，但其影响是深远的：“英国财政部按照凯恩斯原理打了第二次世界大战。”[59]

美国的情况也很相似。在一些有影响力的领域，很早就有人意识到战时是经典的凯恩斯局势，来自哈佛大学和塔夫茨大学的七位经济学家主张积极扩张公共领域，这样一来美国就可以像英国一样，利用这个机会引进各种经济手段促进战后平等。[60]国家资源计划委员会（注意该组织名称含有计划的字眼）在“新权利法案”中制定了九条原则，听起来非常像威廉·坦普尔的“基督教六大原则”，《新共和》杂志宣称：“最好还是从一开始就承认，自由资本主义的旧理想已经过时……越来越需要某种计划和管控。”[61]跟英国的情况一样，美国的凯恩斯拥护者并没有在一切领域获胜；传统的商业利益成功地抗拒了众多的社会平等观念。在惨淡的20世纪30年代之后，第二次世界大战的成就在于，多数西方民主政府，例如英国、美国、加拿大、新西兰、澳大利亚、瑞典和南非，都认可保持高水平的就业率是一个国家的当务之急的观点；使他们了解这一点，明白该怎么做，并意识到这是政府应该承担的责任的，正是凯恩斯及其思想。[62]

如果说凯恩斯在整顿国内经济方面取得了成功，那么在处理国际贸易
388 方面，凯恩斯的经历就不那么愉快了。这就是1944年夏天**布雷顿森林会议**（Bretton Woods）所要解决的问题。[63]大约750人出席了在新罕布什尔州的怀特山召开的这次会议，会议决定成立**世界银行**（World Bank）和**国际货币基金组织**（IMF）；一定程度上说，两者都源于凯恩斯的思想，不

过，美国方面削弱了它们的权力。凯恩斯清楚，战后世界所面临的两个问题中，“只有一个是新问题”。老问题是要防止重现20世纪30年代的竞争性货币贬值，其总体后果就是国际贸易减少，经济萧条加剧。新问题是战后世界将形成两个阵营：债务国（如英国）和债权国（最明显的是美国）。只要这种巨大差异存在，国际贸易的恢复就会受阻，各方都会受到影响。凯恩斯在会上旗帜鲜明地指出，需要建立国际货币体系和世界银行，以便将国内经济原则扩展到国际领域。[64]世界银行的核心内容是提供贷款（由债权国提供），其办法是，在不会引发其他国家针锋相对的报复行为的前提下，债务国可以改变汇率。这一办法取消了金本位制。[65]凯恩斯没能左右全局，最终采用的计划是他与美国财政部**哈里·迪克特·怀特**（Harry Dexter White）的共同成果。[66]不过布雷顿森林会议在研究这些问题时，还停留在凯恩斯于两次战争期间培养的学术氛围。这其实不是计划，因为众所周知凯恩斯深信市场，但是他明白世界贸易是相互关联的，要使最多数量的人获得最大的繁荣，必须认识到创造财富需要消费者和生产商，而消费者和生产商其实是同一批人。凯恩斯教导世人，资本主义的合作效果不会逊色于其竞争效果。

第二次世界大战的末期是凯恩斯经济学的鼎盛期。人们把凯恩斯看成“魔法师”。[67]很多人希望把凯恩斯的原则奉为法律，在某种程度上，他也确实做到了这一点。另一些人则认同波普尔的观点：如果给经济学披上科学的外衣，那么随着时间的推移，凯恩斯的观点将得到修正，事实也确实如此。凯恩斯在思想领域引发了惊人的变化（不仅在战争期间，而且是终其一生的著述），尽管他晚年受到很多批评，他的理论也被修正，但是多亏了他，今天我们才会如此看待失业，即在一定程度上失业要靠政府控制。但凯恩斯只是一个人而已。虽然有凯恩斯的存在，但是随着战争的结束，人们开始普遍担忧经济状况会迅速回到20世纪30年代的愁云惨雾。[68]

只有 W. S. 沃伊廷斯基这样的经济学家认为经济会繁荣，他认为，人们急需消费，工人和技术员在战时一直加班加点地工作，没时间花钱；士兵的存款多年未动，大量的战争债券现在该要赎回了，战时的技术进步以及军
389 工设备很快将转化成和平时期的产品。（沃伊廷斯基预测，有 2500 亿美元的钱等着用出去。）[69] 事实上，喧嚣之后，形势的发展出乎所有人的意料：虽然美国的失业率并没有回到 30 年代的高水平，不过也没有维持战时的低水平。相反，美国的失业率在 4% 至 7% 之间徘徊——“这么高的失业率确实令人不安，但还不至于令富裕的大多数人感到紧张。”[70] 这种错层社会使经济学家长期感到困惑，尤其是凯恩斯没有预见到这一点。

在美国，虽然来自哈佛大学和塔夫茨大学的众多凯恩斯主义经济学家想在战后创建更平等的社会，但是战后美国的主要问题不是贫困本身，因为这个国家的就业率并没有太大的问题。在美国，谈到平等，战争只是突出了美国的传统问题：种族问题。众多黑人参与了欧洲和太平洋地区的战争，既然他们曾经与白人一样冒着生命危险上战场，那么战后为什么他们不能享有平等？

1944 年 1 月，第二次世界大战明显朝着有利于同盟国的方向发展，有人发布了一份文件，它对美国社会产生的深远影响绝不亚于《贝弗里奇报告》对英国的影响。这是一部耗时六年写就的恢宏巨作，题为《进退维谷的美国：黑人问题与现代民主》。[71] 作者贡纳尔·默达尔（Gunnar Myrdal，1898—1987）是位瑞典人，1937 年，他被该项目的资助者、卡耐基基金会的主席弗雷德里克·凯佩尔看中，因为人们认为瑞典没有帝国主义传统。这份文件的正文长达 1000 页，注释达 250 页，还有 10 篇附录。与贝弗里奇的独角戏不同，默达尔有许多助手，分别来自芝加哥、霍华德、耶鲁、菲斯克、哥伦比亚等大学。他在序言里列出了大量他曾经请教过

的杰出的思想家，其中包括：鲁思·本尼迪克特、弗朗茨·博厄斯、奥托·克兰伯格、罗伯特·林顿、阿什利·蒙塔古、罗伯特·帕克、爱德华·希尔斯。[72]

自从20世纪20年代的洛斯罗普·斯托达德和麦迪逊·格兰特以来，由于纳粹在德国掌权、苏俄发生特罗菲姆·李森科运动，“种族科学”和优生学领域主要转入欧洲。在英国和美国，人们开始反感早期作者所描绘的单纯、直白的真相，甚至开始怀疑种族是否属于科学概念。1939年，美国霍华德大学社会学教授E. 弗兰克林·弗雷泽（他从30年代初起就在芝加哥从事相关研究）在《美国的黑人家庭》一书中，记述了黑人家庭普遍存在的瓦解过程。[73]他认为这简直像是回到了奴隶制时代，主人一时心血来潮，很多夫妻就被迫分离；抑或是回到了奴隶解放的时代，他们的生活发生剧变，进而破坏了原有的社会稳定。他说，黑人漂泊到城镇也无济于事，反倒强化了社会对黑人的刻板印象：“无能、滥交、有犯罪倾向”。弗雷泽承认，这些刻板印象并非毫无根据，但是他驳斥了其成因。

默达尔比弗雷泽更进一步。虽然他同意美国的有些制度比欧洲先进，390
美国是个更理性、更乐观的国家，不过即使如此，这些先进制度也不足以应对美国普遍存在的状况。他说，美国的困境完全是由白人一手造成的。[74]美国黑人的生活方式，黑人生存的方方面面，都是受制约的，是对白人世界做出的间接反应；其最重要的后果是，合众国的法律和众多制度孤立了黑人，特别是在政治领域。[75]

默达尔对上述问题的解决办法和他所做的分析一样，从头到尾都引发争议。他认为，是国会不愿意或者没能力纠正这些错误。[76]他觉得还需要更多东西，而“这些东西”只能由法院提供。对于业已存在的法典，应该由法院执法，并让世人看到法院为了改善黑人境遇而执法，让白人认清时代变了。与贝弗里奇和曼海姆一样，默达尔意识到，战后没有回头路可走。因此，这位中立的瑞典人告诉美国人，虽然美国在全世界范围内打破了独裁，挽救了民主，但在国内，美国却又实行十足的种族主义。这一结论没有得到广泛认同，至少没有得到白人的广泛认同，甚至有人认为默达尔的结论过于“阴险”。[77] 另一方面，长远来看，默达尔的论点产生了两种突出的反应。第一，完全如他所说，黑人要诉诸法律，其中最著名的是布朗诉托皮卡地方教育委员会一案（1954），法院一致裁定学校实行种族隔离违反第十四条修正案，这条修正案保证公民平等地受法律保护，因此，学校实行种族隔离违宪。伊凡·汉纳福德曾经称之为“美国历史上联邦最高法院作出的一项最重要的判决”，它对20世纪50年代和60年代的民权运动有着重要影响。

对默达尔的第二种反应则比较个人化。黑人音乐家、小说家拉尔夫·艾里森首先发表了自己的看法，他在一篇文章中这样评论《进退维谷的美国》：“默达尔没有想到，他认为自己对［黑人］文化所做的表述是反思性的，但这些表述其实恰恰拒绝了他所谓的‘高尚价值观’。”[78] 在某些领域，拒绝“高尚价值观”（不仅仅黑人拒绝）是20世纪下半叶最重要的
391 思想问题。

22

八月之光

如果说曾经有一个时刻，原子弹不再局限于理论领域，而变成了真实的选项，那么这一时刻发生在英国伯明翰，时间是1940年初的一个晚上。当时闪电战正打得如火如荼，伦敦每晚都实施灯火管制，不许开灯，有时候**奥托·弗里希**（Otto Frisch）和**鲁道夫·派尔斯**（Rudolf Peierls）甚至怀疑他们移居英国的决定是否正确。

弗里希是莉泽·迈特纳的侄子，1938年，德奥合并之际，莉泽·迈特纳流亡瑞典，而弗里希与尼尔斯·玻尔一起留在哥本哈根。随着战争的临近，弗里希变得忧心忡忡。如果纳粹侵略丹麦，那么无论他是多重要的科学家，他都很可能被关进集中营。弗里希还是一位颇有成就的钢琴家，此时他最大的安慰就是能够弹奏钢琴。但是，随即，1939年夏，伯明翰大学的物理学教授、腔式磁力计的联合发明家马克·奥利芬特以讨论物理学问题为由邀请弗里希去英国。（1937年，卢瑟福由于术后感染去世，终年56岁。之后，卡文迪许实验室的许多成员就各奔东西了。）弗里希只是稍作收拾，仿佛外出度周末。然而，弗里希一到英国，奥利芬特就明确告知，如果他愿意，可以留下来。奥利芬特教授没有提出什么详尽的计划，但是他比任何人都能看清形势，他意识到，人身安全高于一切。弗里希还在伯明翰时，战争爆发了，他只好留下来。他失去了全部的财产，包括心爱的钢琴。[1]

此时，派尔斯身在伯明翰，他到那儿已经有好一阵子了。他是一位富有的柏林人，与众多杰出的物理学家一样师出慕尼黑大学的阿诺德·索末菲门下。1933 年，派尔斯已经生活在英国，在剑桥大学任洛克菲勒研究员，当时，德国大学的清洗运动已经开始。他有财力留在外面，所以他没回去，并于 1940 年 2 月成为英国公民。但是，严格地说，从 1939 年 9 月 3 日起大约五个月的时间里，他和弗里希属于敌对国的侨民。在与奥利芬特对话时，他们假装只谈理论问题，以避开这一“棘手话题”。[2]

弗里希和派尔斯在伯明翰开展合作之前，关于原子弹的主要争论
392 在于：到底需要多少铀才能“**达到临界点**”进而引起**链式反应**（chain reaction），并最终引发爆炸。估计值差距很大，从 13 吨至 44 吨，甚至 100 吨。倘若真是如此，那么原子弹将会因太重无法用飞机运输，而且，即使研制出来，也要花长达六年的时间才能安装好，到那时，战争早就结束了。弗里希和派尔斯漫步在伯明翰黑灯瞎火的街道上，首先领悟到之前的计算可能不够准确。[3] 弗里希算出，铀的实际需要量可能不超过 1 公斤。派尔斯的计算证实了原子弹的爆炸强度，这意味着他算出了铀膨胀并分离至足以阻断链式反应所需要的时间。派尔斯算出的时间大约为 400 万分之一秒，其间包括 80 个中子代（即 1 变成 2 再变成 4 → 8 → 16 → 32……）。派尔斯发现，80 代反应后，温度将达到太阳内部的水平，“压力将大于地球中心，那里的铁会像液体一样流动”。[4] 铀是一种重金属，1 公斤铀的体积仅相当于一只高尔夫球。弗里希和派尔斯反复验算，结果还是一样。因

为 U_{235} 在自然界中数量稀少（与 U_{238} 的比例是 1∶139），他们大胆地猜想：不需要几年，只要几个月，就可以分离出足够制造和试验原子弹的 U_{235}。他们将计算结果交给了奥利芬特，后者与他们一样，立刻意识到他们攻克了一道难题。奥利芬特要求他们准备一份三页纸的报告，随后亲自将其交给了伦敦的亨利·蒂泽德。[5] 奥利芬特独具慧眼，他为弗里希提供了避难所，但他本人也没想到回报会来得如此之快。

自从詹姆斯·查德威克于 1932 年发现中子以来，原子物理学主要关注两件事：深入了解放射性；进一步弄清原子核的结构。1933 年，法国的约里奥·居里夫妇有了重大发现，并因此获得了诺贝尔奖。他们用钋的 α 粒子轰击中量元素，发现了人工合成放射性物质的办法。换句话说，他们几乎可以随意改变元素。正如卢瑟福所预见的，这一至关重要的粒子是中子，中子与原子核相互作用，迫使原子核在放射性衰变的过程中释放能量。

也是在 1933 年，意大利物理学家**恩里科·费米**（Enrico Fermi）带着 **β 衰变**（beta decay）理论横空出世（不过《自然》杂志曾经拒绝过他的一篇论文）。[6] 这与原子核如何以电子的形式释放能量有关，在这一理论中，费米提出了“弱作用力”的观点。这是一种新型的力，它使自然界中基本力的种类增至四种：万有引力、远距离的电磁力、亚原子层面的强作用力和弱作用力。尽管费米的论文是纯理论性的，却基于广泛的研究，他发现，轻量元素被轰击后，会释放出质子或 α 粒子，因此变成更轻量的 393
元素；重量元素正好相反。也就是说，重量元素的较强电阻捕获了中子，使自己变重。但是，由于不稳定，又会衰退成大一号原子序数单位的元素。这就产生一种有趣的可能性。铀是当时自然界中已知的最重元素，处于元素周期表的顶端，原子序数为 92。如果铀被中子轰击并俘获一个中子，它应产生更重的同位素：U_{238} 会变成 U_{239}。这就会衰退成一种此前地球上从未见过的崭新元素，原子序数为93。[7]

制出所谓的“超铀”（transuranic）元素还有一段光景，但是当它成为现实时，费米因此获得了1938年的诺贝尔物理学奖。费米获悉自己获得最高荣誉的那天，实在是刺激神经的一天。首先，当天早上他接到了本地话务员的电话，通知他们晚上六点等候来自斯德哥尔摩的电话。费米及其家人认为他得到了梦寐以求的奖项，一整天都神不守舍，晚上六点电话铃一响，费米就冲过去听电话；但那个电话不是斯德哥尔摩打来的，而是一个朋友打听他们对新闻的看法。[8] 费米一家一直焦急地等候电话，竟然忘了听收音机。此时他们才打开收音机。一位朋友后来讲述了费米一家听到的内容：“播音员以生硬、有力而无情的口气播送……那些种族法案。当天发布的法案对［意大利］犹太人的活动和公民身份作出诸多限制。犹太人子女不得入读公立学校；犹太人教师被解雇；犹太人律师、医生和其他职业都只能为犹太人服务；许多犹太人公司被解散。……犹太人完全被剥夺了公民权利，护照也被撤销。”[9]

费米的太太劳拉·费米是犹太人。

这还不是唯一的一条新闻。前天晚上，德国的反犹主义运动全面爆发：全国暴徒放火烧毁犹太人教堂，许多犹太人全家都被赶到大街上，遭受殴打。暴徒捣毁了数以千计的犹太人企业和商店，砸碎玻璃。那便是臭名昭著的“碎玻璃之夜”。

斯德哥尔摩的电话终于接通了。“由于发现了属于全人类的新放射性物质以及在此过程中还发现了慢中子的选择能力”，恩里科被授予诺贝尔奖。这一提法是偶然的吗？或者这是瑞典式的讽刺？

直到此刻，尽管些许物理学家谈论过“核能”，但其实他们多数人并没有真正想过它会成为现实。物理学的魅力是无穷尽的，但它只是对自然的基本解释，而非其他东西。1933 年，欧内斯特·卢瑟福作了一次公开讲演，他特别提到，尽管最近的发现很令人激动，但是“世人并不指望它得到实际应用，它不是什么新能源，并不是人们曾经寄予厚望的原子力”。[10]

但是，**奥托·哈恩**（Otto Hahn）在柏林发现了任何一位科学家都可能
发现却实际上错过的东西。铀的更为常见的同位素 U_{238}，它的原子核由 92
个质子和 146 个中子组成。如果中子轰击能够产生新的超铀元素，那么这 394
种元素不仅会有不同的重量，而且还会有不同的化学特性。[11] 因此他开始研究这些新的化学特性，但是他总是觉得，如果中子没有被俘获，而是从核中击出粒子，那么他应该会发现镭。一个铀原子失去两个 α 粒子（氦的原子核，每个氦核的原子量为 4）就会变成镭，R_{230}。但他没有发现镭，也没有发现任何新元素。经过反复实验，他发现了钡。钡轻得多，它由 56 个质子和 82 个中子构成，总重量为 138，比铀的 238 低得多。这说不通。哈恩非常疑惑，因此，他将这一结果告诉了**莉泽·迈特纳**（Lise Meitner）。哈恩和迈特纳一直关系很好，因为她是犹太人，所以在 20 世纪 30 年代，他一直设法护她。她虽是犹太人却一直被雇用，严格地说，是因为她是奥地利人，所以，种族歧视的法律不适用于她。但是 1938 年 3 月，德奥合并了，奥地利成为德国的一部分，迈特纳无法再受到保护，被迫逃亡瑞典的哥德堡。就在 1938 年圣诞节前夕，哈恩写信给她，述说了这一不寻常的实验结果。[12]

巧的是，那个圣诞节，迈特纳的侄子奥托·弗里希来看她，当时他正与玻尔一起在哥本哈根。彼时，他们都在流亡中，见到对方非常高兴，然后他们去附近白雪皑皑的树林里滑雪。迈特纳向侄子提到了哈恩的信，两人一边散步一边反复思考钡的问题。[13] 他们开始考虑如何解释哈恩遇到的难题，并提到了玻尔的理论，即原子核就像一滴水，分子由于相互吸引而聚在一起，原子核则由于其成分的核力而构成一个整体。如前所述，在此之前，物理学家一直认为，如果原子核受到轰击，它会很稳定，至多击出

奇粒子。[14] 而今，迈特纳和弗里希围着哥德堡树林里一棵被伐倒的树，思考铀原子核会不会在其他层面与水滴相像。[15] 特别是，他们认为，有可能原子核不会被中子击碎，而有可能在某种情况下裂为两半。他们在树林里边滑雪边交谈，持续了三个小时。天气很冷，但是在回家前，他们就地计算。计算显示，如果如他们所想，铀发生裂变，就可能会产生钡（56个质子）和氪（36）——56+36=92。他们是对的，当弗里希将计算结果告诉玻尔时，他立刻明白了。“啊，我们简直是傻瓜，”他叫了起来，“绝对是这样。”[16] 但是事情还没有完。当这条消息传遍世界时，人们意识到，原子核发生裂变将释放能量，即热量。如果这种能量以中子的形式存在，并且数量足够，那么链式反应，也就是原子弹的制造，就真有可能实现了。这种可能性是存在的，但是要实现它并非易事。铀十分稳定，其半衰期为45亿年；理查德·罗蒂冷冰冰地评论道，如果它能释放激起链式反应的能量，几乎没有哪个实验室能侥幸存活下来给世人讲述这个故事。但是玻尔
395 抓住了要点，即常见的同位素 U_{238} 是稳定的，但是另一种不太常见的 U_{235} 则较易发生**裂变**（nuclear fission，这个全新的说法可以解释哈恩的观察结果以及迈特纳和弗里希最初的理解）。将两种数量的 U_{235} 放在一起，形成临界物质量，就能获得原子弹。但是到底需要多少 U_{235} 呢？

还是1939年初，这一窘境遭遇了更多的讽刺。希特勒加紧侵略的步伐，有识之士眼见战争就要爆发。但是，严格地说，世界还处于和平状态。哈恩/迈特纳/弗里希的研究成果公开发表在《自然》杂志上，因此，纳粹德国、苏俄、日本、英国、法国、意大利和美国的物理学家都看到了。[17] 现在，物理学家面临三个问题。链式反应的可能性有多大？这要看裂变时释放出多大能量。如何从 U_{238} 中分离出 U_{235}？需要多长时间？第三个问题最具戏剧性。其原因是，即使在1939年9月欧洲爆发战争后，各国都迫切地想

要制造原子弹，但是拥有最丰富的资源、并且已经成为许多流亡学者新家的美国却是一个非交战国。怎么说服美国采取行动呢？1939 年夏，几位英国物理学家建议政府向比属刚果购买铀，以免其他人先下手。[18] 在美国，三个匈牙利难民利奥·西拉德、尤金·魏格纳和爱德华·泰勒也有相同的想法。由于爱因斯坦认识瑞典女王，他们去见了爱因斯坦，希望他请女王从中斡旋。[19] 不过最终他们还是决定与罗斯福接触，并且认为爱因斯坦很有名，罗斯福会听他的意见。[20] 中间人花了六周的时间才见到总统，即使如此，事情仍然毫无进展。但是在弗里希和派尔斯仔细计算并写出了三页纸的论文之后，事情变得有眉目了。此时，约里奥·居里夫妇写出了另一篇重要论文，即 U_{235} 原子每被轰击一次，平均释放 3.5 个中子。这个数据是派尔斯原先预想的两倍。[21]

1940 年 4 月，亨利·蒂泽德召集了一个委员会小组，首次在皇家学会的办公室开会，研究了弗里希—派尔斯的报告，最终得出结论：制造原子弹并对战争施加影响的时机已经成熟，从那以后，研制原子弹就成了英国的一项政策。说服美国加入这一项目的任务则落到了马克·奥利芬特（弗里希和派尔斯在伯明翰大学的教授）肩上。受战争所累，英国没有资金实施这么大的项目，而且，无论多么隐秘，任何地点都可能遭到轰炸。[22] 美国成立了“铀委员会”，其主席是毕业于麻省理工学院的双博士工程师范内瓦·布什。奥利芬特和约翰·考克饶夫来到美国，劝说布什向罗斯福报告事情的迫切程度。罗斯福不想让美国参与原子弹的研制，但是他认同研究制造原子弹的可能性。于是，在没有告知国会的情况下，罗斯福为“这个不寻常的目的”所需要的资金找到了“特殊的渠道”。[23] 396

当布什着手调查英国的研究成果时，尼尔斯·玻尔以前的学生，“测不准原理”的创立者沃纳·海森堡到哥本哈根拜访了尼尔斯·玻尔。1940 年

4月，纳粹德国入侵丹麦。玻尔拒绝了美国使馆将其安全送抵美国的保证，而是竭尽所能保护了更多的青年犹太学者。一番详谈之后，玻尔和海森堡到嘉士伯厂区附近的哥本哈根啤酒厂散步。海森堡是莱比锡德国原子弹计划的负责人之一，在那次散步中，他谈到了原子能的军事应用前景。[24] 海森堡知道玻尔刚刚去过美国，也知道他清楚自己去过美国一事。在会谈中，海森堡向玻尔透露了他计划建造的反应堆的示意图。事后看来，这次会谈莫名其妙，又很戏剧化。是因为海森堡痛恨纳粹，才让玻尔知道德国人的进展？或者如玻尔事后所想，他只是利用那张图诱使玻尔告诉他美国和英国取得的进展？这次会谈的真正原因无从确定，不过，随着时间的流逝，其戏剧性丝毫没有减弱。[25]

在总统与布什谈话大约几星期后，美国国家科学院的报告出炉了，1941年12月6日（星期六），布什在华盛顿主持会议并对此进行了讨论。这份报告的结论是，原子弹的制造是可能的，并且这项工作应该尽快推进。至此，美国科学家已经成功地研制了两种**"超铀"元素**，即镎和钚，它们是不稳定的。特别是钚似乎颇具潜力，可以用作U_{235}链式反应中子的替代原料。布什领导的小组委员会还确定了美国哪些机构分别研究以不同的方法分离同位素——采用电磁法或离心机。委员会小组解决了这个问题后，大约在午餐时间散会，众多与会人员同意两周后再次会面。就在第二天早晨，日本人袭击了珍珠港；美国和英国一样，也处于交战状态了。正如理查德·罗兹所说，美国情况紧急。[26]

1942年最初几个月，科学家主要在研究采取哪种方法分离U_{235}最有效。这年夏天，理论物理学家在伯克利召集了一次特殊的研究会，现在称为**"曼哈顿计划"**（Manhattan Project）。经过深思熟虑之后，他们认为铀的需要量大大多于先前的估算值，不过相应的原子弹威力将会更强。布什意识到，仅靠大城市的大学物理系已经远远不够，必须有一个秘密的独立地点专门用于原子弹的实际研制。

在华盛顿特区众议院办公楼的走廊上，陆军工兵部队的指挥官**莱斯利·格罗夫斯**（Leslie Groves）上校受命寻找合适的地点，他因此气急败坏。这个任务意味着他得留在华盛顿，战事正酣，他一心想去国外，而他 397
却接到了一桩“文”差。[27]但是当他得知如果接受这一任务，可以晋升为陆军准将时，他的态度发生了变化。他立刻明白如果能造出原子弹，将对战争起决定性作用，那么他所发挥的作用将远胜接受任何海外任务。于是他接受了挑战，立刻动身去巡视这个项目的实验室。回到华盛顿后，他派**约翰·达德利**（John Dudley）少校寻找地址，起初称为 Y 场地。达德利接到的命令非常明确：Y 场地要能容纳 265 人，要在密西西比河以西，距离墨西哥或加拿大边境至少 200 英里，场地上面具备一些建筑物，地形呈自然的碗形盆地。达德利首先想到了犹他州的橡木城，但是，这个地点会涉及太多人的迁移问题。然后他想到了新墨西哥州的赫梅兹斯普林斯，但其峡谷太窄。不过，在峡谷上方的平顶山上，一所男校所处的位置似乎很理想。那就是**洛斯阿拉莫斯**（Los Alamos）。[28]

当洛斯阿拉莫斯在进行初步改造时，恩里科·费米正在芝加哥（他于 1938 年移民）一个废弃的壁球场朝着核时代迈出第一步。此时，不再有人怀疑能否制出原子弹，但是还必须证实利奥·西拉德对核链式反应的最初设想。因此，1942 年 11 月，费米一直在那个壁球场装配他所谓的“反应堆”，内有 6 吨铀、50 吨二氧化铀和 40 吨石墨块。这些材料被建成一个共 57 层的球形结构，总计大约 24 英尺宽，高度相当，几乎把整个壁球场塞得满满当当，费米和他的同事只好把观赛走廊用作办公室。

12月2日实验当天，天气寒冷，气温在零度以下。[29]那天的早间新闻报道说，欧洲大约200万犹太人死亡，还有数百万犹太人处境危险。费米身穿灰色的实验外套，和同事聚集在壁球场的观赛走廊，吩咐“马上用石墨掺黑”。[30]观赛走廊里满是各种机器和装置，以便测量中子放射，一旦出现紧急情况，就将安全杆丢入反应堆中（这些安全杆会迅速吸收中子、终止反应）。实验的关键部分大约从10点开始，逐步抽出镉吸收杆，每次抽出六英寸。每抽出一次，中子记录仪发出的点击声就逐渐变强，随后逐渐恢复平稳，同步而精准。这个过程从上午持续到下午过半，中间由于午饭稍作停顿。3点45分，费米命令抽出镉吸收杆，使反应堆进入临界状态。这次中子记录仪的点击没有趋于平稳，而是迅速发生轰鸣声，此时费米切换到图形记录仪。即便如此，他们还得不断更改记录器的比例尺，以便适应不断增加的中子强度。下午3点53分，费米命令将镉吸收杆恢复原位：
398 核反应堆的自行反应已经维持了四分多钟。他抬起手说：“核反应堆已经进入临界状态。”[31]

从知识层面来说，洛斯阿拉莫斯的核心工作在于研究三种反应过程，生产足量的可裂变材料，保障原子弹的研制。[32]其中两种过程涉及铀，另一种涉及钚。第一种处理铀的方法叫作气体扩散。金属铀与氟反应，产生六氟化铀气体。它由两种分子组成，一种是U_{238}分子，另一种是U_{235}分子。U_{238}分子较重，比U_{235}稍慢，因此，当通过过滤器时，U_{235}首先通过，过滤器远端的气体中U_{235}的含量会更高。重复相当的次数后，就可以达到洛斯阿拉莫斯研究人员需要的90%的气体纯度。这个过程十分复杂，但是非常有用。另一种方法则是在真空环境中剥离铀原子的电子，并给铀原子补充一种电荷，使它们对外部磁场更敏感。再将这些铀原子送入一道在电磁场中变得弯曲的波束，这样，与较轻的同位素相比，重同位素经过该路程所用的时间更长，从而被分离开来。至于钚的生产，用中子轰击较为常见的同位素 U_{238} 会产生一种新的超铀元素，即 Pu_{239}，正如理论学家预言的那样，它确实可裂变。[33]

在洛斯阿拉莫斯，最多的时候有 5000 人受雇于曼哈顿计划，每年花费 20 亿美元，这是史上最大的研究计划。[34] 其目标是在 1945 年夏末之前制成一枚铀原子弹和一枚钚原子弹。

1943 年初，一位丹麦陆军上尉拜访了尼尔斯・玻尔。他们喝了茶，又到他们认为比较安全的暖房里谈话。这位陆军上尉说他从秘密渠道收到来自英国的消息，称玻尔不久会收到一串钥匙。这些钥匙上面钻了小孔，孔里面隐藏了超小照片，并装满了新鲜金属。他可以慢慢地锉钥匙从而找到这些超小照片，“将它们抽取出来，放到显微镜的载玻片上”。[35] 上尉向玻尔提供了技术上的帮助，当钥匙到达时，玻尔发现信息来自詹姆斯・查德威克，目的是邀请玻尔到英格兰研究“科学问题”。玻尔猜到那是什么意思，但是作为一名爱国者，他没有立即接受。丹麦人一度与纳粹达成妥协，他们为德国提供食物，作为回报，丹麦犹太人将免受骚扰。有段时间确实相安无事，但是后来，尤其是在德军在斯大林格勒投降之后，罢工和破坏活动愈演愈烈，很多人感到战争的进程发生了决定性的变化。最终，丹麦的破坏活动日益猖獗，纳粹于 1943 年 8 月 29 日再次占领这个国家，并立即逮捕了几位犹太名人。玻尔受到警告，称他也在抓捕名单上。9 月底，在地下组织的帮助下，他乘坐一条小船，穿过厄勒海峡的雷区，从瑞
典逃到苏格兰。很快他又离开英国，来到洛斯阿拉莫斯。在这里，他对技 399
术问题很感兴趣，且提出过建议，但是，对于年轻的科学家来说，他的出现首先是个很大的鼓舞，他是一类科学家的象征：这类科学家认为他们正在研制的武器极其可怕，应该想方设法避免使用这种武器；他们认为应

该向敌人展示这一武器的威力，给他们机会投降。还有些科学家则更离谱，认为技术信息应该共享，共享技术可以树立道德权威，从而制止军备竞赛。因此，有人计划让玻尔去见罗斯福总统，向总统提出这一观点。玻尔找到了总统的助手菲利克斯·弗兰克福特，后者与罗斯福总统谈了一个半小时。玻尔被告知，总统表示同情，但是要求这位丹麦人先去见见丘吉尔。于是玻尔再次穿越大西洋，而英国首相又让他等了几周。最后，他们总算见面了，但那简直是场灾难。丘吉尔提前结束了会谈，还告诉玻尔不要掺和政治。玻尔后来说，丘吉尔简直把他当成了小学生。[36]

丘吉尔的担忧可以理解（当时他正紧锣密鼓地计划诺曼底登陆）。他们怎么知道德国人，或日本人、苏联人不会捷足先登呢？事后看来，在这件事情上，他们远远地落在了同盟国的后面。[37] 在德国，自 1939 年以来，**弗里茨·豪特曼斯**（Fritz Houtermans）一直致力于研制 94 号元素，德国人埋头研究所谓的“U-计划”，忽视了同位素的分离。玻尔得到了一份重水反应器示意图，英国人根据自己的判断轰炸了挪威的**维莫尔克**（Vemork）工厂，那是唯一能生产这种产品的地方。[38] 不过，那家工厂后来得以重建。英国军队多次试图炸毁它，但未成功，正打算制订新计划时，他们通过秘密渠道获悉 1944 年 2 月底重水将被转移到德国。根据情报部门的消息，这批重水将由火车运往廷湖，然后经渡轮过海。2 月 20 日，一支挪威突击队炸毁了这艘渡轮，船上一共 53 人，26 人丧生。同时，39 桶共计 162 加仑重水沉入海底。德国人后来承认，他们“之所以未能在战争结束前制成自持式原子反应器，主要原因”是由于维莫尔克袭击和渡轮袭击，导致他们未能增加重水储备量。[39] 这几乎是战争期间地下组织进行的众多破坏行动中最重要的一次。

日本根本没有真正触及问题的核心。日本科学家一度注意到了制造原子弹的可能性，但是指导这项研究的海军特别委员会得出的结论是，制造一枚炸弹需要 100 吨铀，这相当于日本铜产量的一半，更可怕的是，它要消耗日本全国供电量的 10%。于是日本物理学家转而关注雷达的研发。苏联人则比较精明。1940 年 6 月，两位科学家在《物理评论》上发表论文，谈及有关铀的新发现。[40] 美国科学家对这篇文章毫无反应，苏联人则 400
据此认为（可能这才是这篇论文的真实意图），没有出现后续反应，说明西方盟国已经秘密开始核弹项目了。苏联人还注意到了德国人和日本人都可能注意到的情况，即西方著名的物理学家都不再向科学杂志提交独创性论文；显然，他们忙于别的事情。因此，1939 年，苏联人开始苦心研究原子弹，但是，由于德国入侵，这项工作被中断（后来物理学家不得不忙于雷达研究和地雷探测，而且出于安全考虑，原子弹研究的实验室和实验材料被转移到东部）。斯大林格勒保卫战之后，这个项目又重新启动了，并从前方召回了科学家。位于莫斯科河边一个废弃农场的“**二号实验室**”（Laboratory Number Two）就相当于美国的洛斯阿拉莫斯。不过，这个实验室只有大约 25 名科学家，主要从事有关链式反应和同位素分离的理论研究工作。苏联人尽管走上了正轨，但是此时他们已经落后了数年。[41]

1945 年 4 月 12 日，罗斯福总统因脑溢血去世。他的继任者哈里·杜鲁门在 24 小时内获悉了原子弹的情况。[42] 不到一个月，5 月 8 日，欧洲战场的战事结束。但是日本人还在负隅顽抗，新任总统杜鲁门即将成为签署使用这一可怕武器的命令的第一人。到欧洲胜利日这一天，研究人员已经将原子弹的打击目标定为广岛和长崎，运输系统无懈可击，工作人员全部就位，实际投射的航空程序已经过试验并加以改进。5 月 31 日，临界数量的钚和铀已经就绪，确定于 7 月 16 日 5 点 50 分在墨西哥边境附近格兰得河边的阿拉莫戈多沙漠试爆炸，当地人将该地区称作“死亡之旅”。[43]

试爆炸完全按计划进行。洛斯阿拉莫斯的技术负责人**罗伯特·奥本海**

默（Robert Oppenheimer）和他的兄弟弗兰克一起见证了这次爆炸，亲眼目睹原子弹爆炸腾起的云变成“明亮的紫色”，听到爆炸声不断地回响、激荡。[44] 至于要不要将消息告诉苏联人，要不要警告日本人，要不要将第一枚原子弹投于附近的海域，科学家仍然意见不一。最后，他们决定完全保密，一个重要的原因是担心日本人为了阻止原子弹爆炸，可能将数千名美军俘虏转移至潜在的目标区域。[45]

8 月 6 日，当地时间接近上午 9 点，美国人向广岛投放了 U_{235} 原子弹。在原子弹下落的过程中，运载原子弹的“艾诺拉 · 盖号”飞机已经飞到投弹位置的 11.5 英里之外。[46] 即便如此，爆炸后发出的强光还是照亮了机舱，随着爆炸的冲击波，飞机机身“发出噼啪断裂声”。[47] 三天后，钚弹落在长崎。六天后，日本天皇宣布投降。从这个意义上说，原子弹奏效了。

401 第二次世界大战结束了，全世界为此感到轻松，然而结束战争的手段令人感到恐惧。这是一个时代的结束，也是另一个时代的开始；这一次，这么说毫不夸张。在物理学领域，第一颗原子弹的爆炸使传统意义上的“美丽科学”在知识层面上所做的冒险达到了可怕的巅峰。但是，这种巅峰只是表明：物理学将很难重振雄风，不过它也并未完结。

长达四年的对日战争使世界其他人民，特别是美国人，长久地关注日本这一敌人：他们的神风队飞行员，他们看似多余而又令人困惑的残忍，以及他们对天皇的忠诚，所有这些都似乎与西方人迥然不同。到 1944 年，很多差异显得尤为明显，美国军方觉得有必要研究日本人，以全面了解日本民族的能力和不足，以及在某些情况下，它会做出何种反应和动作。（当然，有一点谁也不能说，即军方想知道，如果日本在有准备的情况下，他们面对原子弹的威胁会做何反应。当时情况很清楚的是，很多日本士兵和部队拼死抵抗，即使寡不敌众也不投降，与盟军和德军在类似的情况下的表现截然相反。面对一枚或多枚原子弹，日本投降的决策会有所不同吗？如果他们不投降，同盟国要准备多少枚炸弹才能迫使他们投降？投放多少枚炸弹不会超过安全线？）

1944 年 6 月，曾经在战时情报局的外国道德分析科工作过几个月的人类学家鲁思·本尼迪克特接到了一项任务：研究日本文化和心理。[48] 她因田野考察工作而闻名，当然，在这种情况下，进行田野考察是绝无可能的。她努力绕开这个难题，尽可能多地采访日本人，包括战前移居美国的日本人和日本战俘。她还研究缴获的宣传电影、一般电影、小说以及为数不多的用英文出版的其他政治学或社会学书籍。巧的是，她的研究到 1946 年才告完成，她就此发表了《菊与刀》一书，虽然该书是写给决策者看的，却在大众层面引发了轰动。[49] 第二次世界大战结束后，还有 50 万美军以战领军的身份留在日本执行任务，这个曾经令人恐惧的敌人普遍以礼貌而客气的态度接受了外国军队，这一点令人惊讶。与战争时期的日本人相比，和平时期的日本人同样让人感到困惑，这也是本尼迪克特的著作《菊与刀》大受欢迎的原因，这本书的知名度比她早期实地考察的研究成果还要高。[50]

本尼迪克特以阐明日本民族的各种悖论为己任："这个民族谦恭斯文，却又傲慢无礼；循规蹈矩，却又敢于创新；唯诺顺从，却又犯上作乱；忠心耿耿，却又背信弃义；遵纪守法，却又不甘屈服；愿以刀自刎，却又挂念菊花之美。"[51] 她最大的贡献在于，她发现日本人的生活是一个义务的连锁系统，其他一切都基于这个系统。她发现，日本社会有严格的义务等 402
级制度，每个等级都有相应的行为方式。"恩"是指周遭世界赋予一个人的义务，如人生中遇到的天皇、家长、老师等各种各样的人。[52] 因着这些义务，个人有责任做出各种报答：对天皇要"忠"，对父母要"孝"，这些都是"义务"，是还不清的债，它没有时限，永远还不完。与此相对，还有一种“情义”，这种债只能用“完全等量的恩惠”来回报，这种债是有时限的。有“俗世的情义”（例如叔伯婶婶的情义），也有“姓氏的情义”，指消除失败的污名或弥补受损的名誉，以正家声。本尼迪克特解释说，日本心理学中不存在西方人都理解的罪的概念，不存在人生的戏剧性源于使人进退两难的互相冲突的义务。日本社会的基础不是罪，而是羞耻，羞耻感衍生出很多其他内容。[53] 例如，与西方社会不同的是，在日本社会，失败会给人带来创伤，是一种侮辱，因此日本人竭力避免竞争。学校成绩不反映在校表现，只反映出勤情况。学生会对在校期间遭受的侮辱郁积数年，也许到成年后才能“消解”，而“对方”对这种“消解”也许完全不知情。本尼迪克特说，孩子们在9岁之前有极大的自由，其自由程度比西方孩子更甚，但在9岁左右，他们开始进入成年人的义务世界。她说，这一点可以解释日本人的许多问题，即他们会对这个黄金时期的一切念念不忘，他们在懵懂中失去了天堂。[54] 日本心理学的另一个重要方面是罪恶感缺失，即他们纵情享受生活的乐趣。本尼迪克特对此进行了研究，特别是沐浴、美食、酒色。她发现，日本人孜孜不倦地追求这一切，完全不会伴有西方人的挫败感和罪恶感。例如，日本人吃饭时，菜肴丰盛，品种繁多，耗时很长，每道菜量很少，令人回味无穷；他们同样重视食物的味道和外观。他们喝酒时，很少吃菜，所以经常酩酊大醉，事后也不会自责。由于包办婚姻，丈夫可以随便接触艺妓和妓女。但是，女性不可以有婚外性行为，不过本尼迪克特的报告说，妻子可以手淫，而且没有任何罪恶感。她还发现，日本妻子往往拥有手淫用的各种精美的古老器具。但是，比这些享乐本身更重要的是，日本社会普遍认为这些是生活琐事。俗世的快乐是该享受和品味的，对日本人来说，最重要的是义务的连锁系统，这些义务大多涉及家庭，要履行这些义务，必须严格自律。[55]

在当时，这种国际性的跨文化比较还寥寥无几（这跟现在的情况大

不相同），本尼迪克特的研究很快为自己树立了经典地位。她的研究透彻，
没有套话，没有学究气：连将军都喜欢读她的书。[56]她的研究有助于解 403
释很多驻日美军的发现：尽管日本人在战争中非常残暴，但是美国人可
以不用携带武器随意行走在日本的国土上，而且所到之处，都受到欢迎。
有一点很重要，即正如本尼迪克特所发现的，虽然天皇曾经下令投降，
但是日本人仍然容许保留天皇。尽管军事失败是耻辱的，但“忠”的义
务意味着绝对服从天皇的命令。臣服的人民可以效仿征服者，而这也是日
本心理学的自然结果。[57]本尼迪克特的研究并没有显示日本日后会取得非
凡的商业成就，但是，事后看来，还是有迹可循的。按照日本人的思维方
式，本尼迪克特得出结论：军国主义是“一盏熄灭的灯”，因此，日本如
今必须依靠“新艺术和新文化”赢得世界的尊重。[58]这就需要效仿胜利的
一方：美国。 404

第 三 部

从萨特到宁静之海：人类新境况与伟大社会

23

战后零年的巴黎

1945年10月，法国哲学家让—保罗·萨特（Jean-Paul Sartre）首次访问美国之后，回到了截然不同的法国，美国的朝气和富裕给他留下了深刻的印象，至少当时是这样。在过去的几年里，巴黎被敌军占领，经历了战火的洗礼，城市破败。与之相比，心灵的创伤则远甚于城市的破败（也因为德国人还算手下留情），与美国形成鲜明的对比。萨特回国后做的第一件事就是在大学里发表题为“存在主义是一种人道主义”的演讲。令他惊愕的是，前来聆听演讲的观众挤得水泄不通，他本人都挤不进去。演讲推迟了一个小时。演讲开始后，“他完全脱稿，双手插在口袋里，一口气讲了整整两个小时”。此事迅速传扬开来。[1] 萨特的演讲之所以如此引人瞩目，不仅仅是因为他的演讲技巧出众，还因为这是萨特第一次公开确认其哲学思想需要改变。法国维希政府时期发生的一切，以及盟国的最终胜利在很大程度上影响了萨特。战前，他的存在主义（existentialism）本质上是悲观主义学说，现在却成为基于“乐观主义和行动”的思想。[2] 萨特认为，自己的新观点将成为“1945 年欧洲人的新信条”。萨特是战后最有影响力的思想家之一，阿瑟·赫尔曼在文化悲观主义研究中明确提到，萨特的新姿态与他的战争经历直接相关。“战争把我的人生一分为二。”萨特曾说。谈及他在“抵抗运动”时期的经历，他描述了自己如何不再感到孤独：“我突然明白，我是一个社会人……我意识到世界的重要性，我意识到我与其他一切相关，其他一切也与我相关。”[3]

萨特于 1905 年出生于普瓦捷，成长环境舒适，父母开明，有教养，因此他获得了极好的艺术、文学和音乐的熏陶（他的祖父是阿尔贝特·施韦泽的叔叔）。[4] 萨特曾经就读于巴黎最好的学校亨利四世中学，后就读于巴黎高等师范学校。起初，他崇拜波德莱尔，打算当一名诗人，但是很快他受到了马塞尔·普鲁斯特，以及特别是亨利·柏格森的影响。“在柏格森身上，”他说，“我一眼就看到了自己精神生活的描述，仿佛上天向我昭
407 示了这一真相。”[5] 另外，他还受到了埃德蒙·胡塞尔和马丁·海德格尔的影响。20 世纪 30 年代早期，受同一所中学的同学**雷蒙·阿隆**（Raymond Aron）的影响，萨特开始关注德国思想家。那时，阿隆比萨特更博学，他在柏林师从胡塞尔，刚刚学成回国。胡塞尔的理论是，传统哲学的形式结构很大程度上是胡扯，真正的知识来自“我们对事物本来面目的当前直觉”，把握真相的最佳渠道是“边界情境”——突如其来的极端时刻，好比有人走下人行道站在疾驶而来的汽车面前一样。胡塞尔将这种时刻称为“无媒介的存在”，此时，人被迫“选择和行动”，此时，人的生活是“最真实的”。[6]

1933 年，萨特不顾希特勒的崛起，追随阿隆来到柏林。[7] 除了胡塞尔、海德格尔和柏格森的影响之外，20 世纪 30 年代苏联侨民**亚历山大·科耶夫**（Alexandre Kojève）在索邦神学院组织了一个研讨班，从而营造了巴黎的思想氛围，萨特也从中受益。这个研讨班向包括阿隆、莫里斯·梅洛—

庞蒂、乔治·巴塔耶、雅克·拉康和安德烈·布雷东在内的一代法国知识分子介绍了尼采，也介绍了黑格尔的历史发展观。[8]科耶夫认为西方文明及其民主已经战胜了其他所有形式（鉴于当时德国和苏联所发生的一切，这个说法颇具讽刺意味），他还认为，所有人，包括被践踏的工人阶级都会“资产阶级化”。但是，萨特得出了不同的结论，放在20世纪30年代，这个结论比他的苏联老师要悲观得多。他提出了一个最著名的警句，即人“被判自由”。萨特追随海德格尔和科耶夫，但前者对他的影响更大。萨特认为，人是孤立的，逐渐受到物质主义、工业化、标准化和美国化的侵袭（注意，海德格尔曾经受到奥斯瓦尔德·斯宾格勒的影响）。萨特认为，在那样一个黯淡的世界，生活是“**荒诞的**”（absurd，著名的萨特用语）。萨特还说，这种荒诞性是一种空虚，它使人滋长“**恶心**”（nausea）感，即新版的异化。1938年，他以此为题创作了一部小说《恶心》。小说的主人公历经这种精神痛苦：身处外省的资产阶级世界，日子一天天过着，生活“泛着甜味的恶心”，如同身着时装的“包法利夫人”。[9]萨特说，大多数人热爱自由，但他们不自由，他们活在“坏的信仰”中。本质上说，这是海德格尔的本真与非本真观点，但是萨特以存在主义者闻名，因为他的语言更通俗易懂，他写作小说，后来也创作剧本。[10]尽管战后他变得乐观了些，但无论战前还是战后，他的思想都透着对资产阶级生活的厌恶，或者说憎恨。他喜欢提及《恶心》里那名乖戾服务生的恐惧，他的乖戾（“恶心”）之所以存在，是因为他讨厌做服务生，想当艺术家、演员，他认为做服务生的每一刻都是活在“坏的信仰”中。[11]只有冲破这种存在，才能获得自由。

1944年，巴黎的思想生活复苏了，之所以如此，是因为这个城市曾经沦陷。当时很多书籍被查禁，剧院被审查，杂志被停刊；就连谈话也被监 408
听。与东欧的一些沦陷国以及荷兰、比利时的遭遇一样，法国受到了罗森堡国家指导总部（即阿尔弗雷德·罗森堡领导的特遣部队）的洗劫，很多私人和公众的艺术藏品被没收。纸张短缺导致书籍、报纸、杂志、戏剧节目单、学校笔记本，以及艺术家使用的材料都供不应求。除了萨特以外，这一时期的名流还有安德烈·纪德、阿尔贝·加缪、路易·阿拉贡、洛特雷阿蒙、费德里科·加西亚·洛尔迦和路易·布努埃尔，还有先前遭禁的美国作家欧内斯特·海明威、约翰·斯坦贝克、桑顿·怀尔德和达蒙·鲁尼恩。[12] 1944 年还是"**抚慰战争伤痕**"（Ritzkrieg）的一年：虽然第二次世界大战还在继续，但是巴黎已经解放，来访者络绎不绝。海明威拜访了西尔维亚·毕奇，她著名的莎士比亚书店（曾经出版过詹姆斯·乔伊斯的著名小说《尤利西斯》）已经关门歇业，但她在集中营里活了下来。《时尚》杂志的李·米勒迅速恢复了与巴勃罗·毕加索、让·科克托和保罗·艾吕雅的交往。当时玛琳·黛德丽、威廉·夏伊勒、威廉·萨罗扬、玛莎·盖尔霍恩、A. J. 艾耶尔和乔治·奥威尔等人也都造访了巴黎。人们感到了巨大的变化，一切万象更新，西蒙娜·德·波伏娃甚至谈起了"巴黎的战后零年"。[13]

对萨特这样的人来说，整肃内奸的清洗运动即便不是喜闻乐见，至少也彰显了正义，令人欣慰。莫里斯·切瓦力亚和查尔斯·崔尼都上了黑名单，原因是他们曾经在德国人经营的巴黎电台献唱。乔治·西默农被监视了三个月，因为他允许德国人将自己创作的关于马格雷探长的若干书籍拍摄成电影。画家安德烈·德兰、塞贡扎克、凯斯·凡·东根和莫里斯·德·弗拉芒克（解放的时候他躲了起来）等人，因为在战争期间接受了德国人的资助，都接到命令，惩罚他们为国家画一幅巨作。出版商贝尔纳·格拉塞因严格执行"**奥托名单**"（Otto List，即德国人查禁的书单，该书单因德国驻巴黎的大使奥托·阿贝茨而得名）被关入弗雷纳监狱。[14] 路易·费迪南·塞利娜、查尔斯·莫拉斯和罗伯特·巴西拉奇等作家曾经与"维希政府"过从甚密，他们的命运更加悲惨：有人受审、被判卖国罪，有人逃到国外，还有人自杀。最臭名昭著的是作家马西拉奇，他是一名“耀武扬威的法西斯主义者”，曾经是一家狠毒的反犹杂志的编辑，杂志名称为《我无处不在》（绰号“我已离去”），他于 1945 年 2 月被行刑队处死。[15] 剧作家和演员萨卡·圭特瑞（法国版的诺埃尔·科沃德）也被逮捕，并接受审讯；被问及为何去见戈林时，他回答说：“因为好奇。”谢尔盖·佳吉列夫的门生谢尔盖·里法曾经被维希政府任命为巴黎歌剧院的掌门人，起初被终身禁止登上法国舞台，但是后来被减为封杀一年。[16]

萨特参过军，在德国被俘过，还曾经是抵抗组织的成员。他认为战后的世界是自己的时代，并希望为知识分子和作家开创新的角色。作为一名
哲学家，他的目标仍然是创作“反抗者”，即反叛者，目的是推翻资产阶 409
级；为此，他还开始批评分析理性，称其为“资产阶级民主的官方学说”。孤独感消失的方式触动了战时的萨特，他感到存在主义应据此做出相应的调整，即人类应对艰难处境的方案是行动和选择。在某种程度上而言，他认为哲学和存在主义是一种游击战，在这场游击战中，两个孤立的灵魂参与了一场联合战役，从而使个体发现了自身的存在。萨特（担任主编）与西蒙娜·德·波伏娃和莫里斯·梅洛—庞蒂一起，创办了一份新的政治、哲学和文学刊物，即《现代》，其箴言是：“人是完全的：完全受约束，又完全自由。”[17] 这个群体实际上聚集了大批思想家，包括柏格森、斯宾格勒和海德格尔。他们认为实证主义、科学、分析理性和资本主义正在缔造一个物质主义、理性，却又粗鄙的世界，人类毫无生机可言。这些最终使萨特产生了同样粗鲁的反美情绪（在他之前，斯宾格勒和海德格尔亦是如此），不过，他先在《存在主义》（1947）一书中宣称“人只是环境的产物”，这是他最重要的名言之一。他说，人都有“一个遥远的目标”，即实现自我，为成为自我而做出取舍。为此，他必须将自己从资产阶级的理性中解救出来。[18] 萨特无疑是一位颇具天分的语录创作者，也是一位有力的

哲学家。战后，很多人被他的观点吸引，特别是他认为达到存在主义的存在的最佳途径，或做到“真实”的最佳途径，就是反对一切，海德格尔可能也会这么说。他说，与凡事赞同应和的人相比，批评家的人生更圆满。（他晚年时，甚至拒绝接受诺贝尔文学奖。）[19] 正是这种态度使他于 1948 年建立了革命民主协会，试图将知识分子及其他人抽离令人窒息的困扰：冷战。[20]

萨特是马克思主义者。他解释说：“如果现实是马克思主义的，那可不是我的错。”不过《现代》杂志的另外一位创办者莫里斯·梅洛—庞蒂一度赶超了他。20 世纪 30 年代，梅洛—庞蒂也曾参加过科耶夫的讲座，也受到胡塞尔和海德格尔的影响。但是，战后，他在推行“反教条”方面比萨特更进一步。在 1948 年发表的《人道主义与恐怖》一书中，梅洛—庞蒂在最后的存在主义辩论中，将萨特和斯大林捆绑在一起。[21] 他的中心观点是，“冷战”是传统的“**边界情境**”（boundary situation），它要求“人们在危机四伏的处境中做出根本的决定”。他认为，成功的革命不会像资本主义帝国那样带来这么多流血事件，因此，前者优于后者，有“人道主义前途”。照此分析，斯大林主义尽管有其缺点，但是，与构成自由资本主义的暴力相比，斯大林主义却是一种更为“坦诚”的暴力形式。梅洛—庞蒂说，斯大林主义有勇气承认暴力，而西方帝国反倒矢口否认。至少从这个方面来看，斯大林主义更可爱。[22]

因此，存在主义、萨特和梅洛—庞蒂是战后主流思想界的概念之父，
410 特别是在法国，在欧洲其他地区亦是如此。当时阿瑟·库斯勒（其著作《正午的黑暗》揭露了斯大林暴行，仅在法国的销量就达到 25 万册）等人斥责他们，说他们是骗子。[23] 后来萨特等人辩称，苏联人以暴力为耻，所以掩盖事实，而在西方资本主义民主国家对暴力心照不宣、肆无忌惮。法国之所以拥有苏联阵营之外最强大的共产党，萨特和梅洛—庞蒂是关键因

素之一（1952年，《现代》杂志除了保持其名称之外，内容上已经成了一份共产主义党刊），直到1968年学生骚乱之后，他们的影响才开始真正减弱。他们的立场也导致了法国哲学领域对美国的敌意，当然，欧洲思想从来不乏对美国的敌意，但是现在这一敌意呈现出了前所未有的恶意。1954年，萨特访问了苏联，回国后，他声称“苏联完全享有批评自由”。[24] 他明白事实并非如此，但他觉得比批评苏联更重要的是反美。萨特等人坚持这一态度，也明确显示哲学家对马克思主义的反美事业的支持：铁托领导的南斯拉夫、卡斯特罗领导的古巴、毛泽东领导的中国和胡志民领导的越南。当然，在近在咫尺的祖国，萨特很自然地成为20世纪50年代中期抗议和反对法国与阿尔及利亚交战的领袖，他支持阿尔及利亚民族解放阵线的激进分子，这种支持促使他与弗朗兹·法农建立了友谊，后者使萨特的思想迈出了更重要的一步。[25]

与大多数国家相比，法国更重视知识分子。法国人常常以哲学家甚至不太出名的作家的名字为街道命名。巴黎尤为明显，第二次世界大战后的这段时期是知识分子的黄金时期。在被德国占领期间，全国法语作家委员会领导知识分子参加抵抗运动，《法国文学》是其战斗的号角。解放后，**路易·阿拉贡**接任编辑，“曾经的超现实主义者现在成了一位斯大林主义者”。他的第一个动作便是登出了一份名单，这份名单罗列了156位曾经通敌的作家、艺术家、演职人员和学者，呼吁给他们“公正的惩罚”。[26]

如今，法国知识分子给人的印象往往是穿着黑色翻领毛衣，抽着呛人的香烟，这在某种程度上与萨特有关，那个时候，他与众人一样吞云吐雾，口袋里揣着各种小纸片。[27] 知识分子群体有各自喜欢的咖啡馆。萨特和波伏娃爱去圣日耳曼大道和圣贝诺街角的花神咖啡馆。[28] 萨特在那儿用过早餐（两杯白兰地酒）后上楼，在桌旁坐下，连写三个小时。波伏娃也是如此，不过他们不坐在一起。午餐后，他们回到楼上，再写三个小时。起初店主不认识他们，但是萨特成名后，由于打电话到咖啡馆找他的人太多了，于是店主为他安装了专线电话。对面的利普啤酒馆一度被冷落，因为其菜肴是德国人喜欢的阿尔萨斯菜（不过纪德曾经光顾过）。毕
411 加索和多拉·玛尔喜欢去奥古斯丁大街上的卡塔兰咖啡馆；共产党人去广场北边的波拿巴特咖啡馆；音乐家喜欢去皇家圣日耳曼酒馆，对面的双偶咖啡馆，也是萨特爱去的地方。[29] 但是，不管怎么说，“清醒而淡定”的存在主义生活主要局限于这个区域：东至圣米歇尔大道，西至圣佩雷斯街，北至塞纳河岸，南至沃日拉尔路；这片区域又称“萨特大教堂”。[30] 那个时候，很多作家、艺术家和音乐家不住公寓，而是租住在廉价旅馆，这也是他们喜欢去咖啡馆的一个原因。当时唯一一家夜间开张的咖啡馆是多菲街上的塔布餐厅，萨特、梅洛—庞蒂、阿尔贝·加缪和说唱乐女王**朱丽特·格蕾科**（Juliette Gréco）都是那里的常客。1947年，伯纳德·卢卡斯说服塔布的店主将地下室租给他，他把那个管状的房间改造成一间酒吧，配备了留声机和钢琴。塔布大受欢迎，从那以后，圣日耳曼大街和“萨特之家”便成了旅游景点。[31]

不过，很少有游客读过《现代》，这本杂志于1945年创刊，由加斯东·伽利玛出资，萨特、波伏娃、加缪、梅洛—庞蒂、雷蒙·格诺和雷蒙·阿隆等人均给予支持。西蒙娜·德·波伏娃将《现代》看成是“萨特理想”的展示品，当然，他们都想把这本杂志做成思想变革时代的旗舰。当时巴黎的思想界已经复兴，这种复兴不仅限于哲学和存在主义。在戏剧方面，让·阿努伊的《安提戈涅》和萨特本人的《密室》于1944年面世；1945年，加缪发表了《卡里古拉》，同年，季洛杜发表《沙依奥的疯女人》；1946年，萨特发表《没有影子的人》。受到路易吉·皮兰德娄影响的尤金·尤内斯库和塞缪尔·贝克特也正蓄势待发。

所有这一切都令人振奋，但是，在主导一切的斯大林主义这个问题上，巴黎思想界的氛围很快变得令人失望。[32] 我们知道，法国有强大的共产党。但是随着南斯拉夫按照苏联模式实行中央集权，捷克斯洛伐克的共产党掌权及其外交部长扬·马萨里克的离世，很多法国人开始觉得无法继续待在共产党内，有些人在表达这种反感情绪后被法国共产党除名。法国发生了多次灾难性罢工，破坏了法国知识分子和工人之间的关系。实际上，知识分子与工人的关系从来没有知识分子所想象的那么牢固。其后，又发生了两件大事。一是萨特及“萨特之家”于 1947 年加入了民主革命联盟，这个政党的宗旨是发起一场独立于苏联和美国之外的运动。[33] 克里姆林宫对此十分重视，他们担心萨特的“颓废哲学”（他们这样理解存在主义）会发展成“第三势力”，特别是在年轻人中间。如今我们知道，安德烈·日丹诺夫想方设法使萨特处处受到批评，1948 年 8 月于波兰弗罗茨瓦夫召开的和平会议上便是如此，当时毕加索也遭诬蔑。[34] 萨特后来改变了对斯大林主义苏联的论调，他说，无论有什么过错，为了大局都不应该计较。
20 世纪 40 年代，越来越多的证据证明斯大林的暴行，这种转弯抹角的论 412
断显得越发重要，而对美国唯物主义的持续憎恨使萨特更愿意支持苏联阵营。1947 年，萨特的这一立场遭受重大挫折，维克多·克拉夫琴科发表《我选择了自由》一书，他原是一位苏联工程师，于 1944 年随苏联贸易代表团出差途中叛逃美国。这本书获得了巨大的成功，并被译为多种语言。[35] 这部苏联人撰写的著作首次以第一人称叙述的方式描述了斯大林治下的劳动集中营，斯大林对富农的迫害，以及他强制推行的集体化政策。[36]

在法国，由于共产党势力强大，各大出版社均不敢染指这本书（与奥威尔的《动物农场》在英国的境遇相仿）。但是，该书真正在法国面世后，销量达到 40 万本，并且一举夺得“圣勃夫奖”。该书受到了共产党的批评，接着《法国文学》刊登了一篇署名“西姆·托马斯”（据称曾经是战略情报局的官员）的文章，他声称该书是美国情报员代笔，并非克拉夫琴科本人所写，因为克拉夫琴科说谎成性，而且还是个酒鬼。[37] 当时已经定居美国的克拉夫琴科控告西姆·托马斯诽谤。该案于1949年1月公开审理，在“苏联人民内务部”的帮助下，《法国文学》从苏联找来证人，包括克拉夫琴科的前妻**季娜伊达·高洛瓦**（Zinaïda Gorlova），因为克拉夫琴科曾说，很多暴行是他俩一起亲眼所见。由于高洛瓦的父亲仍被关押，她的证词多次受到质疑。尽管如此，看到证人席上的前夫后，她的身体状况迅速恶化，一夜之间体重骤降，“蓬头垢面，无精打采”。她最终被带回奥利机场，由一架苏联军用飞机将她送回莫斯科。“西姆·托马斯”并未到场，此人根本不存在。克拉夫琴科一案中令人印象最深刻的证人是德国共产党战前领袖海因茨·努曼的遗孀**玛格丽特·布伯—努曼**（Margarete Buber-Neumann）。希特勒掌权后，努曼一家逃往苏联，但是由于“政治观点异端”被送去了劳动集中营。[38]1940年，苏联和德国签订《互不侵犯条约》后，他们被遣回德国，关入雷云斯堡集中营。因此，玛格丽特·布伯—努曼在“铁幕”两边的集中营都蹲过：她有什么理由说谎呢？

判决于4月4日宣布，同一天，“北大西洋公约组织”签署成立。克拉夫琴科胜诉。他的损失很小，不过问题不在这里。那一年，很多知识分子退党，不久阿尔贝·加缪也萌生退意。[39] 但是萨特和波伏娃没有退党。他们认为，一切革命都有其“可怕的威严”。[40] 对他们来说，对美国物质主义的憎恨高于其他一切。

战后，巴黎似乎决心重掌其作为全世界的思想和艺术之都的地位，重现过去的“光之城”。布勒东和杜尚自美国归来后，又与科克托打成一片。这是一个星光熠熠的时代，阿努依带来了《可伦比》，纪德发表了《纪德日记》并获得了诺贝尔奖，马尔罗发表了《寂静之声》，阿兰·罗伯—格里耶创作了《橡皮》；沉寂一段时间之后，这个城市再次推出伊迪丝·琵雅芙、西德尼·波切特和莫里斯·切瓦力亚，我们看到了马蒂斯的《爵士》系列、年鉴学派史学家的重要作品（下文会谈到）、“尼古拉·布尔巴基”的新数学、弗朗兹·法农的《黑皮肤，白面具》，以及雅克·塔蒂的《于洛先生的假期》。可可·香奈儿还健在，克里斯汀·迪奥才刚起步。严肃音乐方面，则是**奥利维埃·梅西安**（Oliver Messiaen）的天下。这位作曲家极具个性，他远非存在主义者，而是一位神学作家，“努力通过艺术媒介弥补人的不足，彰显神的荣耀”。梅西安憎恶现代生活的方方面面，喜欢古代的亚述文明和苏美尔文明。由于深受德彪西和苏联作曲家的影响，梅西安试图在自己的作品中营造永恒的沉思情绪。虽然他尝试了十二音列法，但是他的作品时常出现大量的反复和奇特的创新，比如转录鸟鸣声。战后的十五年里，梅西安大胆采用新技法（包括划分钢琴键盘的新方法）、鸟鸣声和东方音乐，在音乐里营造新的宗教精神，创作了《图伦加利拉交响曲》（1946—1948）、《乌鸫》（1951）和《百鸟苏醒》（1953）。梅西安反对存在主义，其弟子皮埃尔·布列兹如此强调，他认为梅西安的音乐更接近东方哲学中的“存在”，而不是西方的“演化”。[41]

413

然而，尽管如此，巴黎在20世纪50年代逐渐没落，纽约崛起了，伦敦也赶上来了。20世纪60年代末的学生运动使这座城市愈加暗淡。哲学、文学和艺术都是如此。阿尔伯托·贾克梅蒂创作了他最伟大的枯瘦至极的战后巴黎人物形象，那是众人眼中存在主义者的缩影；让·杜布菲画出了稚气而又世故的知识分子和动物（主要是牛）的形象，怪诞又文雅，反映了战后巴黎人怀着五味杂陈的急切心情审视自己的哲学和文学领域。贝尔纳·比费、雷内·马蒂厄、安东尼·塔皮埃斯和让·阿特朗等巴黎小众艺术家的作品在法国异常畅销，比英国和北美同时代的艺术家运气好得多。但是战争的苦难使艺术家和经销商变得目光短浅，引发了投机，最终导致了1962年的物价崩溃。法国的当代画从未真正恢复元气。事实上，当波伏娃提出巴黎零年的概念，认为巴黎重获新生时，仿佛巴黎又成了世界的前沿。又一次，日薄西山被误以为黎明初现。在第二次世界大战后的十年，“光之城”经历了最后的绚烂。存在主义曾经在法国独具魅力、大受欢迎，因为它在某种程度上是抵抗运动的产物，因此它体现了法国人（至少是法国知识分子）看待自我的方式。除了萨特以外，巴黎最后的荣耀来自四个人，其中三人并非土生土长的法国人，第三位还对巴黎所代表的一切尤为厌恶。他们分别是阿尔贝·加缪、让·热内、塞缪尔·贝克特和尤金·尤内斯库。

阿尔贝·加缪（Albert Camus）是欧洲人，生于阿尔及利亚，在贫困
414 中长大，对穷人和受压迫阶层满怀同情。简要来说，他是位马克思主义者，战争期间，曾经担任抵抗派报纸《战斗》的编辑。与萨特一样，他也痴迷于研究人在冰冷的宇宙中的“荒诞”处境，他毕生都试图揭示如何去面对可能（或必将）要面对的局面。1942年，他创作了《西绪福斯神话》，这本哲学随笔最初是本地下刊物。他认为，人必须认清两件事：人能依赖的只有自己和自己的头脑；宇宙是冷漠的，甚至怀有敌意，生活就是奋斗，我们都是推着石头上山的西绪福斯，一旦我们停下来，石头就会再次滚下去。[42]这看似徒劳，也许确实是徒劳，但生活就是如此。他继而于1947年发表了《鼠疫》。这部小说可读性更强，故事开篇即提到阿尔及利亚的奥兰城爆发鼠疫。书中没有明显的哲学思考；相反，加缪研究了一系列人物（里厄医生、他的母亲，还有塔鲁）对这条恐怖消息的不同反应和表现，以及疫情的发展。[43]加缪的主要目的是揭示社会做了什么，没做什么，也就是说，哪些是可以指望的，哪些是没有指望的。这部小说实际上感性地描述了孤独，即因鼠疫引起的隔离。书中有迪特里希·朋霍费尔及其社会观的影子，也能看到胡戈·冯·霍夫曼斯塔尔对他的影响；无论如

何，加缪凭借荒诞和隔离创作了一部杰作。这些能使他感到些许轻松吗？1957 年，加缪获得了诺贝尔文学奖，但是三年后，一场车祸夺去了他的生命。

让·热内（Jean Genet，萨特传记中称之为圣热内）于 1944 年与萨特及其朋友初识于花神咖啡馆。他光头、塌鼻子，“但是眼睛会笑，嘴巴总是现出孩童般的惊奇”。[44] 他的长相大多与他在感化院、监狱和妓院成长的经历有关。他曾经做过男妓。热内未来的声誉离不开其出众的文笔和刺激的情节，但是存在主义者之所以对他感兴趣，是因为他是一名激进的同性恋者和罪犯，有过两种入狱经历（精神和肉体），生活在社会边缘，身处边界境地，他起码有机会比别人过得更鲜活、更真实。波伏娃也对他很感兴趣，因为热内是一名同性恋者，在狱中时曾经被迫扮演过“女性”角色（他在一次监狱婚礼中做过“新娘”），因此，他对性和性别的看法与众不同。热内完全按照自己的方式生活，他甚至离谱地去亵渎教堂，看看上帝能拿他怎么办。“奇迹发生了，根本没有奇迹，上帝被揭穿了，上帝是只纸老虎。”[45]

热内通过一系列的小说和戏剧向公众展示了他所了解的“同性恋者”和罪犯的生活，狱中邪恶的性等级制度，巴洛克式的性行为和颠倒的行为规范（骂别人“吹箫客”足以招致杀身之祸）。[46] 但是热内本能地抓住了处于暴力边缘的底层生活，非一般的边缘状态不仅勾起了资产阶级的低级趣味，还唤醒了更深层次的同情。它展现了对某样东西的渴望，无论那是 415
潜在的受虐倾向或是同性恋倾向还是暗中滋生的暴力渴望，无论那是什么，热内的作品广受追捧，这本身就揭示了资产阶级生活的空虚，它比萨特等人的评论深刻多了。《鲜花圣母》（1946）是热内在梅特莱监狱创作的，详细描述了自然和非自然的同性恋者在封闭世界中所经历的琐碎而重要的得失。《女仆》（1948）表面上讲了两个女仆密谋杀害女主人的故事，但是，热内坚持所有的角色均由年轻男性扮演，以强调故事的真实内涵，表现性欲的本质及其与肉体的关系。出于同样的原因，在《黑奴》（1958）中，他要求部分白人角色由黑人出演，并且每场演出过程中，必须有一个白人角色夹杂在观众席中。热内以这种方式进一步深化自己的观点，即生活“不只”关乎思想，还关乎感觉（即便这种感觉是羞耻或难堪）。[47] 作为一名曾经的罪犯，他清楚叛逆者不一定是革命者，两者之间的差异是微妙的，这一点萨特似乎还未领悟。

塞缪尔·贝克特（Samuel Becket）最重要的创作期与加缪和热内重合。同一时期，他完成了《等待戈多》、《终局》和《克拉普最后的录音带》。不过需要注意的是，《终局》和《克拉普最后的录音带》世界巡演的首发站是伦敦。当时，巴黎日益没落。贝克特生于1906年，父亲是一位富裕的新教徒，居住在都柏林附近的福克斯洛克。正如以赛亚·伯林关注彼得格勒的十月革命一样，贝克特也关注发生在爱尔兰首都郊外山区的复活节起义。[48] 和詹姆斯·乔伊斯一样，他也上过圣三一学院，还在那儿教过书，随后赴欧洲游历。[49] 在巴黎，他遇到了这位《尤利西斯》的作者，与他成为朋友，并为这位老者后来创作的作品辩护（乔伊斯当时正在写《芬尼根的守灵》）。[50] 在父亲过世并为他留下一笔年金之后，贝克特先在伦敦定居。1934年，在塔维斯托克诊所，受心理治疗师威尔弗雷德·比昂的启发，他开始接触精神分析。那时他还写作短篇小说、诗歌和评论。[51] 1937年，他回到巴黎，最终经由罗德里奇出版社出版长篇小说《莫菲》，在此之前，这部小说曾被42家出版社拒绝。第二次世界大战期间，他在抵抗运动中表现出色，荣获两枚勋章。不过有很长一段时间里，他（与小说家娜塔丽·萨洛特一起）藏身维希法国，正如很多评论家所说，他因此经历了丰富的等待过程（到他返回时，南希·库纳德觉得他颇有些“阿兹特克雄鹰”的神气）。[52] 贝克特此时完全醉心于法国文化，他是一位普鲁斯特研究专家，与《转型》杂志圈交往，阅读象征主义诗人的作品，不由自主地受到萨特存在主义的影响。贝克特的主要剧作都用法语创作，然后译回英语，主要由他本人翻译，偶尔请人帮忙。[53] 评论家安德鲁·肯尼迪认为，他体验到的“语言之痛”无疑有助于写作。

从 1948 年 10 月至次年 1 月，贝克特花了不到四个月的时间创作了他最著名的作品《等待戈多》。但是，四年后，它才在巴黎的巴比伦剧院首演。尽管各方观点不一，朋友们仍帮他大力宣传。这种等待是值得的，416
《等待戈多》成了 20 世纪最受关注的剧目，爱它的人和恨它的人同样多，至少起初如此；但是随着时间的流逝，它的声誉水涨船高。[54]《等待戈多》是一部平实简单的剧本；舞台显得空荡无物，只有两位主角（一共五个角色）和一棵孤零零的树。[55] 这两个主要人物通常被认为是文学流浪汉形象，他们经常戴着圆顶礼帽，不过舞台指导并没有这样要求。该剧的特点是长时间的沉默，重复的对白（有对白时），在形而上学的思考和平庸的陈词滥调之间徘徊，上下半场戏的情节接近重复，以及直至剧终戈多都未现身。其独特的形式、自我标榜的特点，以及对观众的要求，都使其成为现代主义的最后一击。一位评论家给予了巧妙的总结，“啥事都没有，还来了两次！”[56] 表面看是如此，不过那绝对是曲解。与现代主义的所有杰作一样，就戏剧而言，就作品的感受而言，《等待戈多》的形式都是完美的，所以哪种说法都不可能做到公正客观。这是一部后《荒原》、后奥尼尔、后乔伊斯、后萨特、后普鲁斯特、后弗洛伊德、后海森堡、后卢瑟福戏剧。通过仔细观察，我们可以从中找到不少 20 世纪的痕迹，正是这些痕迹使其拥有丰富的内涵。两个流浪汉弗拉季米尔和爱斯特拉冈在等待戈多。我们不知道他们为什么要等、在哪里等、等了多久、还打算等多久。等待这一行为，以及众多的沉默和啰唆协力将时间问题带入人们的视野。当然，观众们其实也在沉默和啰唆中等待。在迷惑和撩拨观众的同时，

《等待戈多》带来了一种未曾有过的体验，促使观众思考。（该剧的法文标题是 *En attendant Godot*；“attendant”这个词包含了“关注”的意思，突出了等待的内涵。）从某种意义上说，《等待戈多》与普鲁斯特的《追忆似水年华》正相反。普鲁斯特是无中生有，而贝克特是有中生无，但是结果是一样的，都迫使观众思考有或无到底是什么、有何区别（令人想起沃尔夫冈·泡利在 20 世纪 20 年代提出的问题：为什么世界是有而不是无？）。[57]

两幕戏都因为有人到来而中断，先是“幸运儿”和“波卓”，然后是“男孩”；前两位有点像是在玩杂耍，前者是聋人，而后者是哑巴。[58]“男孩”是戈多先生派来的信使，但他没有口信，这使人想起卡夫卡的《城堡》。当然，戏中还有很多其他东西：大量的咒骂、传帽子的例行动作、靴子坏了以及身体不好了等问题。不过这出戏剧主要还是谈空虚、沉默和意义。人们会想起物理学家在谈论原子时所打的比方：核（所占的质量最多）在电子壳层结构中的大小不过相当于剧院里的一粒沙子。贝克特谈
417 道，这不仅仅是苍白；交流不仅愚蠢、无用、荒诞，而且好笑。我们得到的要么是陈词滥调，要么是臆测，游离于现实之外，以至于我们无法搞清它到底有什么意义——这是受到了维特根斯坦的影响。虽然贝克特喜爱卓别林，但是他的用意完全相反；剧中弗拉季米尔和爱斯特拉冈跟英雄沾不上边，他们的滑稽搞笑无法引起我们的共鸣。它令人毛骨悚然，它有意如此。贝克特打破了所有的界限。弗拉季米尔和爱斯特拉冈占据了空间和时间；在早期的法语版本中，“波卓”和“幸运儿”被说成是“斯大林式的滑稽角色”；这出剧关乎人性（宇宙）堕落、衰退、冷漠；正如存在主义者所说，剧中人物被扔进了一个没有目的或本质，只有感觉的世界。[59]他们必须耐心等待，因为对于未来即将发生什么，甚至是除了死亡还有没有别的未来，他们一无所知。弗拉季米尔和爱斯特拉冈一直相伴，直至剧情最高潮，这是该剧谱写的一个积极乐观的调子——这是戏剧家艺术的范

例，简直无法超越。弗拉季米尔喊道："咱们已经履行了约定，一切都结束了。咱们不是圣人，可是咱们已经守了约。有多少人能吹这个牛？"

与奥尼尔和艾略特的作品一样，贝克特的作品也是重在用心体会。他不是愤世嫉俗的人。我想，有关贝克特的内容，最理想的结束方式就是引用他自己的话。他的故事结尾总是最棒的。《等待戈多》的结尾是这样的：

> 弗拉季米尔：嗯，咱们该走了吧？
>
> 爱斯特拉冈：好，走吧。
>
> [他们都没有动。]

或者我们也可以引用贝克特写给剧作家同行哈罗德·品特的信："如果你坚持［从我的剧本中］找寻形式，那么我来讲给你听。我曾经住过院，隔壁病房住了个垂死的喉癌患者。在寂静中，我能听到他不间断的尖叫声。我的作品就属于那种形式。"

对于20世纪中期的贝克特来说，萨特的思索毫无意义；它们只是简单陈述表面现象。科学制造了一个冰冷、空虚、黑暗的世界，在这个世界里，抓住的细节越多，消耗的画面越大，即便是语言也不足以说明我们知道的东西或者我们认为自己知道的东西。在《等待戈多》中，人的尊严几近消失。意料之外的是，在沉默的努力中还残存了些许幽默，这种幽默充其量也是不确定的。这多少令人感到宽慰，但贝克特看不出尊严的意义。至于幽默……嗯，充其量可以这么说，它有利于等待。

贝克特和热内都不是法国人，但是巴黎为他们提供了成功的舞台。当时获得成功的第三位剧作家**尤金·尤内斯库**（Eugène Ionesco）的情况则稍有不同。尤内斯库有罗马尼亚背景，成长于法国，在苏联占领期间，他在罗马尼亚住过几年，后来回到巴黎，并于1950年发表了第一部戏剧《秃头歌女》。随后迅速发表了更多作品，包括《椅子》(1955)、《空中行人》
418 (1956)、《如何摆脱它》(1958)、《杀人者》(1959)和《犀牛》(1959)。贝克特有一本传记的副标题是“最后的现代主义者”，不过这个标题同样也适用于尤内斯库，因为他在某些方面是维特根斯坦、卡尔·克劳斯、弗洛伊德、阿尔弗雷德·雅里、卡夫卡、海德格尔和达达/超现实主义者等的完美综合。尤内斯库承认，他的很多戏剧观点源于梦境。[60]他说，他的主要目标（当然是指其早期戏剧）是表达他感受到的惊讶，针对存在和缘何世界是有而不是无的惊讶。随后他开始关注语言，发现人们过度依赖陈词滥调，在描述现实时语言极度贫乏，他对此尤为不满。随后他迷上了心理学，特别是现代社会大城市里大众文明的新群体心理学，研究它如何影响我们对孤独的看法，以及是什么使人性有别于动物性。

《秃头歌女》中的人物对话仿佛是德·基里科描绘的风景，机械、毫无情感、语言单调。[61]这里，尤内斯库的目的在于展现语言的真正魅力，要我们关注语言是什么，又是如何产生的。《空中行人》是一部基于飞行之梦的戏剧，其中主角能清楚地看透别人的生活。但是，这种单向的本领，提供了很大的喜剧可能性，结局却是悲剧，因为正是行人所拥有的这种独特视角使他体会了其他任何人都无法体会的更深刻的孤独。在《椅子》中，数把椅子被快速搬上舞台，以创造一种言语无法描述的情境，因此，观众必须看懂情境，并理解它所要表达的语言。最后，在《犀牛》中，角色逐渐变成了动物，将人类个体心理变成一种更为“原始”、更加群体中心的东西，不断驱使我们探询这种分裂有多么巨大。[62]

尤内斯库十分关注科学成就，特别是弗洛伊德和荣格的心理学，还有生物学，这造就了他独有的悲观主义烙印。“我想艺术还没有进入死胡同，”在20世纪70年代，他说，“从目前的表现形式来看，它确实还没有进入死胡同。曾经，人们将作家和诗人尊为先知和预言家。他们有某种直觉，比同时代人更加敏感、更加敏锐，他们的发现和想象甚而超越科学本身，比科学发现提前二十五年甚至五十年。在心理学方面，普鲁斯特是先驱……不过，迄今为止，科学和潜意识心理学已经取得了长足的进步，而作家的经验主义阐释却鲜有进步。在这种情况下，文学还能算是获得知识的渠道吗？”他还说：“电视卫星本身是一项惊人的成就，但是它只是用于播放泰伦斯·拉提根的戏剧。同样，与在剧院播放的电影相比，电影院也是一项更有意义的成就。”[63]

尤内斯库的这些言论与其戏剧一样及时。20 世纪 50 年代的巴黎见证
了现代主义的最后一次浪潮，这也是高雅文化最后一次主导其他一切主流 419
文明。正如我们将在第 25 和第 26 章看到的，知识分子生活即将迎来颠覆
性的变化，山雨欲来，隐约有感。 420

24

女儿与情人

“萨特之家”是围绕在萨特这位哲学家、小说家和剧作家周围的作家和知识分子群体的别称。它不无讽刺意味，当然这也与他的主要伴侣**西蒙娜·德·波伏娃**（Simone de Beauvoir）有关，因为到20世纪40年代末，他们的家庭关系已经变得非常复杂。这对伴侣于1929年相识于德萨意中学，当时波伏娃在那儿进修师范课程（与莫里斯·梅洛—庞蒂和克劳德·列维—斯特劳斯一起）。她格外聪明，非常引人注意，因此，她后来被吸纳加入学校的精英知识分子团体，领导人正是萨特，从而开启了两人之间长期的、某种程度上不寻常的关系；之所以不寻常，是因为他们的恋情刚开始不久，萨特就告诉波伏娃自己对她的肉体无甚兴趣，但是波伏娃调整自我，始终将自己看作他的主要伴侣，甚至帮他发展其他情人。在萨特确立了存在主义理论后，波伏娃还担任他的主要代言人。[1] 萨特则慷慨大方，在早期的小说和戏剧获得成功后，就在经济上支持波伏娃（他也支持过其他几位情人）。他们的关系没有秘密，波伏娃也不缺乏仰慕者。她还是同性恋作家薇奥莱特·勒迪克热情追逐的对象。[2]

全世界都视萨特和波伏娃两人为存在主义者，而且仅仅是存在主义者，两人始终对这一事实感到恼火。但是有时这种局面也有好处。1947年春，波伏娃离开法国去美国参加一段横贯大陆的演讲旅行，她被冠以“法国第二号存在主义者”的名号。在芝加哥，她遇到了**纳尔逊·艾格林**（Nelson Algren），这位作家坚持要带她体验普通观光内容之外的“真正的美国”。他们旋即成为情人（他们一起只待了两天），波伏娃事后承认，她体验了“第一次完美的性高潮”（那时她39岁）。[3]她说，与他在一起，她明白了“男人和女人之间爱情可以变得何等炙热”。尽管她不喜欢美国（在这一点上，她和萨特一样），她动了不回法国的念头。事实上，她后来还是回了法国，不过她变了个人。在那以前，她的穿着还比较俗气过时（萨特称她“海狸”，别的人则称她“伟大的女萨特”）。但是她并非没有吸引力，而且她与艾格林的经历使她更具魅力。那个时候，她写 421
的东西（发表在《现代》杂志上的文章和小说《人皆有死》）并未给人留下深刻的印象，但是她回到法国时，脑袋里装下了与存在主义不一样的东西。这些想法并非她原创，最初是由克列特·奥德里介绍给她的。克列特·奥德里是她的一位长期朋友，二人曾在鲁昂的同一间学校任教。[4]奥德里总是声称要动手写本书，但是她知道她的朋友更擅长写作。[5]奥德里想写的是一本研究战后女性境况的书，在若干年的推诿搪塞之后，波伏娃似乎开始着手这个研究计划了，原因有两个。一是美国之行让她看到了美国女性和欧洲女性（特别是法国女性）之间的相似性和显著的差异。二是她与艾格林相处的经历反衬出她与萨特之间的微妙关系。他们关系稳定，朋友和同事都视他们为“伴侣”（“伟大的女萨特”很能说明问题）；但是他们没有结婚，没有性，而他又从经济上给她以支持。这种“边缘”地位使波伏娃的情况不同于“正常”的女性，同时也使她具有一定优势，她认为这有助于她客观、公正地书写性别。“有一天我想剖析自己。我开始审视自己，令我惊讶的是，我首先说的是：‘我是个女人。’”同时，她也在思考一些更宽泛的事情：1947 年法国女性获得选举权，当阿尔弗雷德·金赛发表第一部男性的性学报告时，她的著作几乎同时面世。毫无疑问，男女之间境况发生了变化，战争不无关系。波伏娃的研究于 1946 年 10 月开始，到 1949 年 7 月结束，其间她于 1947 年在美国待了四个月。[6] 随后，她回到了“萨特之家”，这项特别的研究有别于她的其他研究，某种程度上说，有别于她自己。若干年后，有位批评家说，她理解女性处境，因为她自己便是从中逃离的，对此，她表示赞同。[7]

波伏娃的写作基于自身丰富的经历、广泛的阅读，还有对众多陌生人的采访。她的书分为两个部分，法语版分两卷发表。第一卷是《事实与神话》，主要是女性历史概述，分为三个部分。“命运”部分从生物学、精神分析学和历史学等方面审视女性境遇。例如，在历史部分，她描述了原始社会、中世纪、启蒙运动时期的女性状况，最后谈到了当代女性问题。在有关神话的部分，她剖析了五位男性作家笔下的女性：亨利·蒙泰朗、D. H. 劳伦斯、保罗·克洛岱尔、安德烈·布雷东和司汤达。她不喜欢劳伦斯，认为他写的故事“乏味”，不过她承认“他写出了爱情的朴素真理”。另一方面，她觉得司汤达是“最伟大的法国小说家”。第二卷，或者第二册，叫作《当代女性》，探讨了女性的童年、青年、壮年和老年时期。[8]
422 她谈到了爱情、性、婚姻和女同性恋。她动用了大量的朋友和熟人，花了好几个早晨与列维—斯特劳斯讨论人类学，向雅克·拉康讨教精神分析学。[9] 在这本书中，艾格林对她的影响显然与萨特不相上下。这位美国人曾建议她关注偏见社会中的黑人女性，向她介绍了美国黑人、种族文学，包括贡纳尔·默达尔的《进退维谷的美国》。起初，她想将她的书命名为《另一性》，后来使用的标题是《第二性》，是由萨特最早的追随者之一雅克—劳伦·博斯特在左岸咖啡馆的一次夜饮中向她提议的。[10]

《第二性》面世后，批评家（总有那样一些批评家）抱怨说，波伏娃没有写出什么新东西。但是更多的人认为她抓住了其他人、其他女性当时正在思考的东西；而且，她通过自己的研究向人们提供了新的武器："她为一代女性发出了声音。"[11] 该书很快被译成英文，原因是出版商阿尔弗雷德的妻子**布兰奇·克诺夫**（Blanche Knopf）在访问巴黎时注意到了伽利玛出版社出版的这本书。考虑到当时的美国学生对"左岸"地区放荡不羁的文化人很感兴趣，布兰奇和阿尔弗雷德相信这本书一定有市场。他们的判断是对的。1953 年 2 月，这本书在美国面世，总体来说，反响不错，不过有几位评论家（如史蒂夫·史密斯和查尔斯·罗洛）不喜欢她的口气，认为她"女权主义者的牢骚有点过火了"。[12] 但是，最有趣的反应来自《星期六文学评论》杂志的编辑，他认为这本书的主题太大了，一位评论员无法应付，于是他找了六位评论员，其中有精神科学者卡尔·梅宁哲、人类学家玛格丽特·米德以及阿什利·蒙塔古。米德发现这本书的中心观点非常正确，即社会浪费了女性的天赋，但是她补充说，波伏娃选择材料时失之偏颇，违反了科学规则。然而，最重要的是，波伏娃的书受到了重视，这意味着人们认真思考了书中提出的问题，这种情况以前从未发生过。波伏娃认为女性代表社会上的"他者"，这一观点广受欢迎，并为后来若干年的女性运动注入活力。布兰登·基尔在《纽约客》杂志上发表了一篇题为《夏娃不再》的评论，以令人瞩目的方式总结了他的看法："我们面对的远不止是一部学术著作；它是一件艺术品，其中蕴含的胆识像撒了一把盐一样使艺术感到刺痛。"[13]

布兰奇·克诺夫在访问巴黎期间偶然看到《第二性》，有人告诉她这本书读起来像是"横跨了哈维洛克·艾利斯和《金赛报告》"，她的胃口被调起来了。[14]哈维洛克·艾利斯已经不新鲜了，他的《性心理研究》最初发表于1897年，1928年就已经停版，而且作者本人已经于1939年去世。不过，《金赛报告》是新近的著作。与《第二性》一样，《金赛报告》的第一卷《人类男性性行为》反映了战后世界的剧变。

423 在第二次世界大战中幸存下来的一代人几乎立即安定了下来。他们抓紧时机学习、结婚，然后比父辈生育更多的孩子，因此迎来了婴儿潮。但是，他们见识过生活；他们知道生活有喜乐也有哀愁。与他人近距离生活常常令他们身处险境，因此他们明白亲密关系是怎么回事。所以他们特别清楚在人们应该怎么做和事实上怎么做之间有巨大的差异，这种差异也许在性这个领域是最大的。当然，第二次世界大战前也有性，但是人们从来没有像现在这样随处谈论性。20世纪20年代，当林德夫妇着手米德尔敦研究时，他们打算研究婚姻和恋爱，而不是探讨性问题。事实上，他们记录了20世纪30年代的一个重要社会变化，这个变化对人类行为的影响胜过其他一切，那就是汽车的出现。青少年开着汽车离家，摆脱家长的监管，他们去会朋友，通常会去播映好莱坞爱情电影的电影院。更重要的是，汽车提供了另一种场所，一种可能发生亲密行为的私人场所。所有这一切意味着，到20世纪40年代末，人的行为已经发生了变化，而公众对这种行为的感知还没有跟上。正是出于这个原因，1948年问世的这本厚达804页、题为《人类男性性行为》的枯燥学术报告才会风靡一时。作者金赛是印第安纳大学（距曼西城不远）的动物学教授。[15]发行这本书的医学出版商起初只印了5000本，但他们很快意识到自己预判有错，[16]最终销量接近25万本，而且这本书连续27周蝉联《纽约时报》的畅销书单。动物学教授**阿尔弗雷德·金赛**（Alfred Kinsey）一夕成名，登上了《时代》杂志的封面。[17]

这本书的科学风格显然发挥了作用。其精确的图表图示、对采访过程的方法讨论以及对“数据”有效性的思考使它有别于情色作品，人们可以深入细节讨论性，又不会显得好色或淫荡。而且，金赛这个人物也不大可能引起争议。他因研究黄蜂而知名，20 世纪 30 年代末，因教授一门婚姻和家庭方面的课程，从而对人类性行为产生兴趣。他发现学生渴望了解“准确的、不带偏见的性知识”；实际上，作为一名科学家，他发现关于人类性行为缺乏“可靠而客观的资料”，为此感到失望。[18] 因此，他开始记录学生的性行为，积累统计数据，后来还建立一个研究小组，教研究员采访的技巧，这样他们只要花大约两小时就能了解受访者的性生活。在十多年的时间里，他收集了 18000 名男性和女性的资料。[19]

约翰·戴梅里和埃丝特尔·弗里德曼在《美国性学》中认为：“除了科学的叙述，《人类男性性行为》详尽描述了普通美国白人（此意义上的任何人）业已养成的性习惯。金赛制作了一个详细的表格，记录手淫、婚前的爱抚和性交、婚内性生活、婚外性生活、同性恋和人兽性行为等发生的情况和频率。为了尽可能避免类似作品的说教口吻，金赛采用了‘计数和分类’的方法：多少受访者在什么年纪做过什么、做了多少次。他的发现震惊了传统的伦理学家。”[20] 例如，他对美国男性的研究显示，手淫和异性爱抚“普遍存在，90%的男性有过婚前性行为，一半有过外遇，成年男性中超过三分之一有过至少一次同性恋经历”。15 岁时，几乎所有的男性都已经形成了稳定的性宣泄方式，“95%的男性为了达到性高潮至少违法过一次”。[21]1953 年，同系列的第二卷《人类女性性行为》发表，同样引起轰动。尽管女性数据偏低（不像男性数据那样惊人），但是 60%的女性曾经手淫，一半有过婚前性行为，四分之一有过婚外情。[22] 综合来看，金赛的研究统计指向了性生活的隐匿世界，与公开信奉的规范极不相称，他的报告成了文化地标。[23] 但是，最值得关注的是公众的反应。总体而言，美国人对这份报告并没有感到震惊和惊骇。相反，民意调查显示，大多数公

424

众认可有关性行为的科学研究，并渴望了解更多的性知识。无疑，这份研究揭示了观点和实际行为之间的巨大反差，缓解了很多人的焦虑，他们曾经担心自己的私人行为不同于他人。

回顾过去，金赛的三大发现不论好坏，的确产生了持续的社会、心理和智力影响。第一，他发现许多人沉溺于婚外情，如果同时考虑男性和女性的话，可以说是多数人沉溺于婚外情。金赛的研究发表十年后，我们可以看到，基于这一发现，人们采取了进一步的行动：在此之前，人们只是有婚外情，但是他们没有罢手，他们离婚，又再婚。第二，他发现“女性通过婚内性行为获得性高潮的比例明显地稳定上升”。[24] 看一下女性样本的年龄，金赛发现，大多数出生于19世纪末的女性从来没有达到性高潮（前文提过，西蒙娜·德·波伏娃到39岁时才体验性高潮），而出生于20世纪20年代的女性“在性交中总是能达到［性高潮］”。尽管金赛不愿意将女性性高潮等同于愉悦的性生活，但是这些发现以及大量的样本明确鼓励更多没有体验过性高潮的女性追求性高潮。在之后的十年中，这一现象愈演愈烈，这绝不是妇女运动的唯一追求，却是原因之一。第三个被证实有持续影响的重要发现是同性恋活动的比例远高于预期，三分之一的成年男性表示有过同性恋经历。[25] 金赛的报告似乎再次显示，大多数人曾经自以为怪异和不正常的行为其实比他们所了解的正常得多。[26] 因此，金赛的
425 报告不仅减轻了人们的焦虑，在接下来的若干年里，还有可能鼓励了更多的同性恋行为。

金赛的继任者是一位谢顶的妇产科医生，来自密苏里州圣路易斯的华盛顿大学，名叫威廉·豪威尔·马斯特斯（William Howell Masters），出身俄亥俄州克利夫兰市的富裕家庭。马斯特斯的性学研究方法与金赛不同。金赛感兴趣的是调查研究，而马斯特斯是位生物学家、医生，他感兴趣的

是生理学性高潮，特别是性高潮障碍，以期发现性生理对不育夫妇的影响，并针对性地研究对策。[27]

从 1941 年起，马斯特斯开始对性研究产生兴趣，当时他与乔治·华盛顿·柯那博士在巴尔的摩的卡耐基实验胚胎学研究中心工作。柯那既是阿尔弗雷德·金赛的导师，也是马斯特斯的导师，他后来发现了两种雌性激素之一的黄体酮。[28] 为了进行性学研究，马斯特斯做了充分准备，他知道自己在玩火，但他必须那么做，在他进入这一领域之前，他必须令自己在专业上“无可怀疑”。20 世纪 40 年代，他获得了若干学位和学术资格，在有关类固醇替代疗法以及男性和女性的正确剂量方面发表了出色的研究成果。其间，他还结了婚。1953 年，金赛的两份报告均已发表，马斯特斯终于与学校的理事会建立联系，希望从事人类性行为的研究。学校对此并不热心，但是有金赛的先例摆在那儿，出于学术自由的考虑，一年后，马斯特斯的项目获批。不久，他发现可供参考的资料太少，很快找到校长希望获得初期研究的许可，即对妓女（因为她们了解性）进行为期一年的研究。他再次获得批准，条件是必须与一个评议小组合作，这个评议小组的成员包括当地警长、当地天主教区负责人，以及当地报纸发行人。[29] 获得他们的支持之后，马斯特斯花了 18 个月调查中西部、西海岸、加拿大和墨西哥的男妓和妓女的各种性经历，“包括所有已知的各种性交、口交、肛交和各式各样的恋物癖”。[30] 他向妓女询问性交过程中自身性器官的反应以及她们对性高潮的看法。在第二个研究阶段，在极度保密的情况下，马斯特斯在学校附属的产科医院顶楼开设了一个有三间房的诊室。除了办公室以外，里面两间屋子由单向镜隔开，透过这面镜子，在一段时间内，马斯特斯拍摄了 382 位女性和 312 位男性的性交过程，获得了 10000 个性高潮片段。[31]

随着研究的开展，马斯特斯意识到自己需要一名女搭档，最好要了解女性性生理，并且能正确提问。就这样，1957年1月，**弗吉尼亚·约翰逊**（Virginia Johnson）加入，她是一名歌手，不是科班出身，马斯特斯认为
426 这很有利，她可能会提出与自己不同的问题。她与马斯特斯一样投身于这项“事业”，为了深入研究，他们一起发明了很多新的设备，例如测量阴茎内血压变化的设备，还有一种“透明的合成树脂阴茎，长约9英寸，阴茎头部可以射出一束冷光，使阴茎柱中内置的照相机镜头”可以拍摄到能反映女性性高潮的阴道壁。此前，人们认为性的主要奥秘在于不同的女性有阴蒂性高潮或阴道性高潮之说，比如弗洛伊德等人就这么认为。[32] 金赛反对这种说法，马斯特斯和约翰逊也未能找到证据支持弗洛伊德的理论。不过，他们的一项初期发现证实，阴茎在一段时间内只能有一次性高潮，其间有不应期，而阴蒂却能反复达到高潮。这是一个重要的发现，用约翰·海登瑞的话说，这“几乎达到哥白尼的高度”，因为这一发现对女性心理学（性满足不再以男性标准来衡量）和性治疗都有重要意义。[33] 在这个颇具争议的领域，马斯特斯和约翰逊最具争议的革新是使用性用品。最初他们用在妓女身上，因为她们有时间、有经验，但是学校高层对此持反对意见，因此，他们发广告，从学生中招募女性志愿者。

随着研究及相关疗法的推进，他们在专业杂志（如《妇产科》杂志）上发表了一些早期研究成果，还计划将来出一本大部头的书。但是，1964年11月，精神分析学家莱斯利·法勃在《评论》上发表了数页长文批评他们，嘲弄并质疑他们的动机，他们保守了十年的秘密被揭开了。[34] 作为回应，1966年4月，他们发表了《人类的性反应》。在写作过程中，他们刻意不露声色，所以这本书显得乏味、沉闷，但这并未带来不利影响，该书出版后一周内售罄；最终销量达到30万本。[35] 幸运的是，《美国医学会杂志》表态，认为他们的研究很有价值，因此，多数主流媒体对其研究成果持尊重的态度。马斯特斯和约翰逊研究的长远意义超越了金赛，因为他

们向过去一直处于黑暗和无知的领域照射光芒，使人们得以公开谈论性问题。很多人反对这一变化，但是不包括那些多年来遭受某种性功能障碍折磨的人群。例如，马斯特斯和约翰逊发现，大约有80%性功能障碍者在寻求医疗帮助后，尽管可能复发，但是通常都有很大改善。他们还发现：由酒精、疲劳或紧张引发的男性继发性阳痿可以轻松治愈；淫秽作品的后果之一是人们对自身性行为的预期过高。《人类的性反应》非但不是淫秽读物，它还指出了淫秽读物的不良影响。

《第二性》、《金赛报告》，以及《人类的性反应》改变了人们的态度，而这些作品本身也是态度变化的产物。在英国，由于战争，民众态度的变 427
化尤为深刻。例如，战争期间，私生子数量明显上升，从1942年的11.8%上升到1945年的14.9%。[36]当时，由于橡胶短缺，男用护套（即避孕套）和女用护套等供应紧张，而且质量低劣。与此同时，计划生育协会面临的主要难题是生育能力偏低。这个问题得到了多方关注，1943年，英国首相温斯顿·丘吉尔在向全国发表的广播演讲中，鼓励“我们的人民……要千方百计多生孩子”。鉴于这一担忧，英国于1944年组建了**皇家人口委员会**（Royal Commission of Population）。此事直到1949年才被报道，当时，无论是政府的关注度，还是人们的行为都已经有所变化。例如，皇家人口委员会发现，实际上，在持续下跌大约半个世纪之后，英国家庭规模已经在近二十年里维持相对稳定，保持每对已婚夫妇有2.2个孩子的水平，这意味着英国人口在缓慢增长。[37]但是皇家人口委员会也很清楚，虽然中央政府似乎没有打算控制生育（例如，新建的英国家卫生署没有要求设立计划生育门诊），但是多数人，特别是女性，却非常关注这个问题，因为他们清楚孩子的数量关系到生活质量，所以会主动学习相应的避孕知识。这又属于性行为的另一个领域，其中有很多个人行为，但整体情况如何谁也不清楚。尤为特别的是，皇家人口委员会得出结论："小家庭观念在各个阶层蔓延，这是在适应现状，其最重要的特点是逐渐认可并控制家庭规模，尤其是通过避孕来实现，并将其作为人们应当承担的责任。"[38]

在人工避孕这个问题上，各个教会的态度各不相同。1918 年，英国国教投票赞成人工避孕，但是罗马天主教会还没有采取类似的行动。因此，这件事情就显得特别尖锐：哈佛医学院妇产科主任、科学家**约翰·罗克**（John Rock）博士于 1944 年首次在试管中实现人工受孕，他也是首批将人类精子冷冻长达一年时间而不损伤其活力的科学家之一，但他是一名天主教徒。他的最初目标不是避孕，而是要帮助不孕妇女怀孕。[39] 罗克相信，服用黄体酮和雌二醇可以促进怀孕，还能稳定月经周期，这样，有不同宗教信仰的夫妇就可以采取"安全期避孕法"。[40] 遗憾的是，当时人们还不完全了解此类激素的作用，例如，黄体酮有效果是因为它能抑制排卵，但是具体怎样抑制还不清楚。不过罗克注意到，当他让众多所谓的不孕女性服用黄体酮时，起初黄体酮似乎没有效果，但是，她们中相当多的人在治疗一结束就怀孕了。[41] 其后他得到了**格雷戈里·平卡斯**（Gregory Pincus）博士的帮助，后者是哈佛大学的生物学家，也对不育感兴趣。他最终确定，
428 结合使用雌二醇和黄体酮能抑制促性腺的活性，从而阻止排卵。因此，在适当的日子服用药品可以防止怀孕，同时还干预了正常的月经过程。1956 年，罗克和平卡斯在波多黎各的两百名女性中进行首次临床试验，因为当时节育在马萨诸塞州还是非法的。[42] 他的工作性质一经披露，就有人想将罗克逐出教会，但是在 1957 年，美国食品和药品管理局批准使用罗克—平卡斯避孕丸治疗月经不调。接着他们又进行了一次临床试验，这次参加试验的样本有将近九百位妇女，结果非常成功。1960 年 5 月 10 日，美国食品和药品管理局准许使用**异炔诺酮—炔雌醇甲醚片**（Enovid），这是由芝加哥的瑟尔公司生产的一种女性口服避孕药。[43]《纽约时报》长篇累牍

地报道了避孕药研发的新闻，但这是值得的：到1961年底，大约40万名美国女性服用该药片，第二年和第三年，这个数字翻了一番。到1966年，已经有600万美国女性服用该药片，全世界其他地区也有大约600万妇女使用该药片。[44] 这种药物大获成功，英国的统计数据可见一斑（英国计划生育传统悠久，志愿者见多识广、有耐心，另外世纪初的一场优生运动也带来了良性的结果，这些都使英国的统计工作十分出色）。1960年，在计划生育协会的诊所里，97.5%的节育客户得到的指导意见是使用子宫帽（在英国，口服避孕药到1961年才获准销售）；到1975年，58%的客户得到的建议是服用口服避孕药。[45] 对性的统计研究显示，公众对亲密行为的观念总体来说是错误的、陈旧的。人们私下悄悄地改变着，聚沙成塔，就迎来了一场性革命，因此波伏娃、金赛、马斯特斯和约翰逊的作品才那么畅销；成千上万的人看了他们的书，激动地从中读到了自己。

出版商和作家也读懂了这些信号。20世纪50年代出版的几本文学作品谈到性问题的时候要大胆得多。这些作品包括弗拉基米尔·纳博科夫的《洛丽塔》（1953）、J. P. 唐利维的《姜人》（1955）、弗朗索瓦丝·萨冈的《你好，忧愁》（1955）、威廉·巴勒斯的《裸体午餐》（1959），以及艾伦·金斯堡于1956年发表的诗作《嚎叫》。1959年，金斯堡的《嚎叫》和D. H. 劳伦斯的《查泰莱夫人的情人》（1929年起在法国市面上就能买到）在英国和美国成了著名的淫秽物审查的对象；鉴于其艺术价值，二者最终都通过了审查。此外，纳博科夫的《洛丽塔》还逃过了法院审查，可能是因为他没有像其他作者那样进行露骨的性描写。但是，从某种程度上说，他的主题最"变态"，讲的是位中年男性对未成年的"性感少女"的迷恋。

不过，在那个时候，**弗拉基米尔·纳博科夫**（Vladimir Nabokov）已经出人头地。他生于圣彼得堡的一个贵族家庭，他们家在革命中失去了一

切，他在剑桥接受教育，曾经生活在德国和法国，1941年起定居美国。他
429 的俄语写作和英语写作同样出色，他痴迷于国际象棋，还是公认的蝴蝶研究权威。[46]《洛丽塔》诙谐、悲伤、动人。故事谈到了年龄和性，谈了与成长相伴的忧伤，谈了性生理和性心理的差异，性、爱和激情之间的差异，还谈了爱情何以成为伤害，成为桎梏而非自由。洛丽塔就是一只蝴蝶，美丽、柔弱，有中年人羡慕的原始生命力，但她也很庸俗，绝非理想的情人。[47]当然，那位中年“男主角”失去了她；当然，他还失去了一切，包括自尊。虽然洛丽塔意识到了发生在她身上的一切，但她完全不清楚有没有失去什么，如果有，那是什么？是他内心的温暖造就了她内心的冷漠，还是这根本就无关紧要？小说《洛丽塔》尽可能地避开了性描写。

这一时期出现的最后一份报告则基于早些时候的调查和事件，并有所推进，这就是**贝蒂·弗里丹**（Betty Friedan）于1963年发表的《女性的奥秘》。弗里丹（婚前姓哥德斯坦）毕业于史密斯学院，做过记者，住在纽约的格林尼治村。1947年，她与卡尔·弗里丹结婚，很快搬到了郊区，成了一名全职母亲，每天接送孩子上下学。她喜欢抚养孩子，但她也想拥有事业，于是她试图重操旧业，做个记者。1957年正逢她的大学同学毕业十五周年聚会，她决定就此为《麦考尔》杂志写篇文章。为了收集相关信息，她设计了一套调查问卷。[48]她提出的问题主要关注昔日同学自己身为女性的感想以及性或性别对其生活有何影响。她发现：“绝大多数女性感到遗憾、孤独，羡慕她们的丈夫能拥有自己的生活、朋友和同事，能拥有家庭以外的事业。”

但是她被《麦考尔》拒稿：“那位男编辑说这不可能是实情。”她撤回稿件，转而投给《妇女家庭杂志》，结果他们改写了这篇文章，完全颠倒了她所要表达的意思。她继而转投《红书》杂志，这一次编辑对她的经纪

人说，“这位贝蒂肯定疯了”。[49]他认为只有女“神经病”才会认同她的文章。后来，弗里丹终于意识到自己写的东西“威胁到了女性杂志生存的基础”，于是她决定将自己的研究成果写成书。[50]起初，她采用的书名是《团结的女性》，后来改成了《女性的奥秘》。选用这个书名，弗里丹暗指一般观点认为女性喜欢待在家里当主妇、生儿育女，对广大社会、政治或思想问题不感兴趣，也不需要事业。她惊讶地发现，情况并非一贯如此，在第二次世界大战以前，那些曾经将其稿件拒之门外的杂志所刊登的文章大不相同。“1939 年，女性杂志故事中的女主角并非总是年轻人，但在某种程度上，比如今杂志上的虚构人物年轻……四大女性杂志（当时是《妇女家庭杂志》、《麦考尔》、《巧妇》和《妇女居家指南》）的女主角多为职业女性……昂扬、勇敢、独立、果敢。她们在护士、教师、艺术家、演员、撰 430
稿人、推销员等工作中所展示的性格力量是她们的魅力所在。当时的氛围很明确，人们欣赏她们，是因为她们有个性，而不是因为她们能够吸引男性；对男性而言，她们独特的精神和性格与漂亮的长相具有同等的魅力。”[51]

她觉得战争改变了一切。整整一代男人为了自己的最高理想背井离乡、奔赴战场；但他们还是回到了等在家中的“小女人”身边，通常她们还抚养着男人离家前特意孕育的孩子。这些男人回来了，找到了好工作，或者通过《退伍军人权利法案》获得了良好的教育机会，这就形成了一种新的生活模式，住到郊区也于事无补，只会使女性感到更加孤独。但是，弗里丹说，如果她收回来的调查问卷可信的话，到 1960 年，女性的挫败感到达了极限；女性的愤怒和神经过敏达到了前所未有的程度。不过，有个问题是，它无法名状；就在此时，弗里丹的书发表了，这一无法名状的问题造就了《女性的奥秘》。

弗里丹批评的范围广泛，有大量研究支撑，她的愤怒（这本书冷静地探讨了一个极具争议的主题）不仅直指女性杂志和麦迪逊大街——因为它们将女性群像刻画为“养尊处优”，周围全是洗衣机、吸尘器和其他省力的设备，而且直指弗洛伊德、玛格丽特·米德，以及教育女性努力迎合老套的完美形象的大学。[52] 她认为，弗洛伊德提出的阴茎嫉妒理论，只是变着法子说女性比男性低等，不过他拿不出任何证据。她还认为，米德的人类学研究虽然揭示了不同文化背景下女性之间的差异，但她所提出的理想女性的形象本质上仍然是顺从的，这又迎合了陈旧的女性形象。她指出，米德自己的生活（有自己的职业、两任丈夫、一位同性恋人、一段互不干涉的婚姻）完全不符合她自己作品中的描述，反而是现代西方女性的良好范式。[53] 弗里丹的研究成果作为当时颇受欢迎的作品，还引导人们关注女性重要的基本细节。她研究了众多女性如何 20 岁不到就结婚，导致她们既没有事业，也没有思想；她惊讶地发现很多女性支持丈夫获取各种资质，她讽刺地称之为“培养丈夫”学位。[54] 她也较早注意到，这种艰难环境最终往往导致母亲殴打或辱骂孩子。

弗里丹的书大获成功，不仅销量巨大，而且推动了妇女地位问题总统委员会的成立。1965 年，该委员会发表报告，详细阐述女性获得的报酬如何低人一等（女性平均工资是男性平均工资的一半），以及从事专业和管理工作的女性比例如何在下降。华盛顿的官僚机构没有重视这份报告，于是一群女性决心行动起来，掌握自己的命运。贝蒂·弗里丹也是其中之一，她们在华盛顿集会，创立了全国有色人种妇女协进会。[55] 这个组织最
431 终演变为**全国妇女联合会**（NOW）。现代女权运动自此拉开了序幕。[56]

图书在版编目（CIP）数据

20世纪思想史：从弗洛伊德到互联网／（英）彼得·沃森（Peter Watson）著；张凤，杨阳译．—南京：译林出版社，2019.10（2024.4重印）
书名原文：The Modern Mind: An Intellectual History of the 20th Century
ISBN 978-7-5447-7901-2

Ⅰ.①2…　Ⅱ.①彼…②张…③杨…　Ⅲ.①思想史－研究－20世纪　Ⅳ.①B151

中国版本图书馆 CIP 数据核字（2019）第 130673 号

著作权合同登记号　图字：10-2018-175 号

20世纪思想史：从弗洛伊德到互联网　[英国] 彼得·沃森／著　张　凤　杨　阳／译

责任编辑　陶泽慧
装帧设计　韦　枫
校　　对　孙玉兰
责任印制　董　虎

原文出版　Harper Perennial, 2002
出版发行　译林出版社
地　　址　南京市湖南路 1 号 A 楼
邮　　箱　yilin@yilin.com
网　　址　www.yilin.com
市场热线　025-86633278
排　　版　南京展望文化发展有限公司
印　　刷　南京爱德印刷有限公司
开　　本　718 毫米 ×1000 毫米　1/16
印　　张　82.25
插　　页　8
版　　次　2019 年 10 月第 1 版
印　　次　2024 年 4 月第 11 次印刷
书　　号　ISBN 978-7-5447-7901-2
定　　价　248.00 元

20世纪思想史

Peter Watson

THE MODERN MIND

An Intellectual History of the 20th Century

从弗洛伊德到互联网

下

[英国]彼得·沃森 —— 著　张凤　杨阳 —— 译

译林出版社

25

人类新境况

金赛的报告和弗里丹的调查都传递出一种信号：战争结束后西方社会正从根本上发生变革。美国是最前线，不过这种变革同样发生在其他国家，只是变革程度可能稍弱。战前，人类学是给公众带来最多遐想的社会科学，这要感谢弗朗茨·博厄斯、鲁思·本尼迪克特和玛格丽特·米德。但是，现在，西方社会发生的变化主要集中于其他社会科学领域，特别是社会学、心理学和经济学。

这些研究中，第一本颇具影响力的著作是哈佛大学社会学家**大卫·里斯曼**（David Riesman，后来去了斯坦福大学）于 1950 年发表的《孤独的人群》。里斯曼首先强调社会学应该超越人类学。他说，与社会学相比，人类学很“贫乏”，它不算是一个大学科，这个领域的研究不过是个别人展开的考察，原因是他们不具备足以启动庞大项目的资金。这样一来，人类学的田野调查就显得业余，更重要的是，“它还出现了这样的倾向：从原本贫乏的材料中得出过于笼统的结论”。相比较而言，社会学家主要依靠民意调查。**盖洛普**（Gallup）民意调查公司于20世纪30年代创办，在第二次世界大战期间即广泛采用民意调查的办法评估公众的态度，同时统计学在数据处理方面也取得了进步，所以无论在数量、详细程度以及样本的典型意义方面，民意调查都能提供丰富的资料。除了调查数据，里斯曼还说，诸如广告、梦、儿童游戏、养育孩子的习惯等此类研究现在已经“毫无新意”。因此，他和他的同行能够断言美国人的民族性，其准确性是人类学家无法匹敌的。（特别要说明的是，他后来被迫收回了一些一概而论的话，也对这种过于自信的论调表示懊悔。[1]）

里斯曼师从埃里希·弗洛姆，因而他间接继承了法兰克福学派的传统。跟法兰克福学派一样，他的很多观点受到弗洛伊德和马克斯·韦伯的影响，《孤独的人群》是将个体心理学和家庭心理学与整个社会相关联的
432 一种尝试。他的观点分为两个部分。首先，他声称，社会的发展要经历与人口变化有关的三个阶段。在久远的社会，人口数量处于较低水平，呈稳定状态，人是“**传统导向**”的。在第二阶段，人口规模迅速增长，人变成“**内在导向**”。在第三阶段，人口规模在较高水平趋于平稳，人是“**他人导向**”的。其次，他认为随着其他各种情况的发展，构成性格的因素也发生变化。他特别观察到家长的权威和家庭生活的影响在下降，大众媒体和同辈群体的影响在扩张，在涉及年轻人的生活时，情况尤甚。[2]

里斯曼认为，到20世纪中叶，像印度、埃及和中国这样的国家仍然停留在传统导向的阶段。这些国家的很多地区人烟稀少、死亡率高，人民的文盲率较高；那里的生活被已经存在了好几代的固有习俗和姻亲礼节所左右，人的青年时代显然是训练期，经过某种正式的启动仪式后才进入成人社会，这是人人都要经历的。这些仪式不仅使人享受更多的特权，同时也要承担更多的责任。“这种社会有三大事项，分别是仪式、规矩和宗教，‘几乎没有精力为旧问题寻找新解法’。”[3] 里斯曼没有谈及传统导向的社会

如何发展或演变，但是他认为下一个发展阶段有明确的标志，人口迅速增长，出生率和死亡率变得相对稳定，这种情况又转而成为其他社会变革的原因或后果，这种不平衡给整个社会的传统处事方式带来了压力。个体流动性增强，资本迅速积累，以及不断地发展是新社会的特点。里斯曼说，这种社会（例如文艺复兴或宗教改革时期）培养的典型人格是“不需要严格而明确的传统指导就具备与人打交道和相处的能力”。“内在导向”的概念涉及众多个人，但他们都有共同的经历，即左右他们生活和行为的价值观均是早年由长辈灌输的，其结果便是鲜明的个人主义倾向，即使在不同的处境中也表现一致。内在导向的人了解传统，甚至了解各种传统，但他们每个人都忠于自己所属的传统。里斯曼说，这就好像每个人都有自己的“内在陀螺”。典型的内在导向型社会是维多利亚时期的英国社会。[4]

当出生率随着死亡率一起下降时，人口再次趋于稳定，但人口数量已经水涨船高。靠土地讨生活的人变少了，更多的人拥进城市，人们的生活变得富裕、闲适，社会日趋集权化和官僚化，渐渐地“物质环境不再是问题了，他人成了问题”。[5]人与人的交往更广泛，相互之间变得更加敏感，这一社会造就了他人导向的人。里斯曼认为，在20世纪的美国，他人导向型人格最常见。美国缺乏封建传统，美国城市更是如此，人们大多能读会写、受过教育、生活殷实。[6]他觉得，在新的富裕环境中，家长的 433
管教作用被削弱，因为在新的、生物学上更稳定的小型家庭里，家长的管教并非必不可少，这就产生了两种后果。第一，在社交影响方面，同辈群体（指与孩子同龄的其他孩子）变得与家庭同样重要，甚至更加重要。第二，社会上的儿童被纳入了营销范畴；儿童用品生产商和宣传儿童产品的媒体都视儿童为目标群体。孩子们希望获得他人的指导或认可，这就形成了现代社会的从众性，他们最希望讨人喜欢，想要受人欢迎。[7]里斯曼认为，相对于个人得失或各方利益，这种新的他人导向群体更关注自己的精神发展；他们想要的不是被尊重，而是被喜爱；他们最重要的目标是与他人“相处”。

里斯曼继续深入展开这部分内容，他用了好几章阐述家长、教师、报刊媒体和电子媒体等的角色改变，以及经济学的作用，工作特点的变化。他认为，他观察到的和论述的变化有着私人领域和政治领域的意义，无论个体属于哪种人格类型，都逃不脱三种命运：调整、反常和自治。[8] 后来他修正了部分观点，承认自己对美国的变化言过其实了。但是，有一件事情他无疑是正确的：他观察到，美国人最关心“人际关系”，这预示着20世纪晚期，人们将痴迷于关乎生活领域的各种心理学。

《孤独的人群》发表的当年，参议员约瑟夫·麦卡锡在西弗吉尼亚州威灵市的女性共和党俱乐部宣布“我手上有”一张潜伏在国务院内的共产党间谍名单。在此之前，麦卡锡还是一位籍籍无名的、好酗酒的中西部政客。[9] 这一说法在美国引起了“道德恐慌”，据说有151名演员、作家、音乐家、广播和电视艺人被指与共产党有关，美国司法部长还发布了一份名单，罗列了179个“极权主义、法西斯主义、共产主义、颠覆分子组织”。* 麦卡锡和美国司法部长担心的是共产主义者和“颠覆分子”，其他人则为全面的道德恐慌及其对美国的影响忧心忡忡。实际上，很多人（特别是来自欧洲的避难学者）开始忧虑美国有可能变成法西斯国家。正是对此类问题的关注促成了一种心理学研究，它与《孤独的人群》不谋而合，且几乎在同一时间出现。

早在1939年，在伯克利民意调查机构和美国犹太人委员会合作的一

---

* 这份名单包括伦纳德·伯恩斯坦、李·科布、亚伦·科普兰、乔斯·费雷、丽莲·海尔曼、兰斯顿·休斯、伯尔·艾夫斯、吉普赛·罗斯·李、阿瑟·米勒、泽罗·莫斯特尔、多罗西·帕克、阿蒂·肖、欧文·肖、威廉·夏伊勒、山姆·沃纳梅克和奥森·威尔斯。

个有关反犹主义的研究项目中，《权威型人格》的构思便开始初具雏形。[10] 434
这个项目试图用问卷调查的方式研究“潜在的法西斯性格”的心理状态能否被识别。这是专事批判的法兰克福学派第一次使用量化的研究方法，其结果是“F（代表法西斯）”指标“完全应该引起人们的警惕”。[11]“结果，普通美国人的很多‘传统’的‘种族优越感’姿态和对各种权威的令人不安的顺从态度所反映出的不良人格恰恰是反犹主义的表现。”[12] 这就与里斯曼联系起来了：这些潜在的法西斯分子是“他人导向”的、标准的、传统的美国人。《权威型人格》以这样一句警告作结：战后美国面临的首要威胁不是共产主义而是法西斯主义，法西斯主义在大西洋西岸找到了“新家”，资产阶级美国及其大城市是“现代文明的黑暗心脏”。[13]《权威型人格》的另一个结论是：引发大屠杀的原因不单单是纳粹思想及其“种族退化”理论，西方资本主义文明的理性也难辞其咎。法兰克福的流亡者、该报告的主要作者西奥多·阿多诺发现，左翼分子情绪更稳定，往往比保守派更愉快，资本主义倾向于产生不良人格，产生集理性与权力于一身的权力主义的反犹分子；对他们而言，大屠杀就是权力的极端表现。[14] 如果说《孤独的人群》是一种早期尝试，为了弄懂整个民族，它将民意调查材料与社会心理学及社会学相结合，这一做法即便算不上完全成功，至少也是一种吸收新知识的理性方案；《权威型人格》则是对弗洛伊德和斯宾格勒的德国传统的抛弃，它的另一个至关重要的意图是贬低西方 / 大西洋的理性主义，以及科学和民主之间的结盟。这是一个引人关注的论题，尤其是在研究了麦卡锡事件的背景之后。但事实上，它随即遭到其他社会科学家的批评，他们毫不留情地、有条不紊地拆解其研究成果。不过，那时候，“权威型人格”这个不甚确切的短语已经流行开来。

关于极权主义的源起及其在战后世界（特别是在美国）可能有何表现，**汉娜·阿伦特**给出了更清晰的论述。自从 1941 年逃离法国之后，她就一直住在纽约。有段时间，她住在曼哈顿，生活潦倒，学会英语后，开始写作，辗转于《党派评论》的知识分子圈。她曾经在普林斯顿大学、芝加哥大学和加利福尼亚大学任教授，还定期为《纽约客》杂志撰稿。后来，她长期在纽约的社会研究新学院任教，直到1975年去世。[15]新学院是20世纪30年代为逃离法西斯主义而来到美国的一批欧洲知识分子的家园，其办学宗旨便是努力融合欧洲思想和美国思想。阿伦特成名于三部有影响力，也极具争议的著作：《极权主义的起源》（1951）、《人的境况》（1958）
435 和《艾希曼在耶路撒冷》（1963）。[16]第二次世界大战结束后，她开始写作《极权主义的起源》，前后花了七年时间。[17]她的主要目标是说明这个在世界政治中与“犹太问题”或“反犹主义”一样“无足轻重”的问题为何能够成为“众多问题的导火索，首先引发纳粹运动，然后引发世界大战，最后还导致死亡工厂的设立”。[18]她的回答是大众社会走向了隔离和孤独，即里斯曼书名所说的孤独的人群。她意识到，在这种情况下，正常的政治生活变质了，而法西斯主义和共产主义却日益强大，并形成了一种政治形式，其公众生活如下：穿制服，站队；有具体的头衔，便于辨认和致敬；大规模集会，提供参与的体验。[19]这是积极的一面。同时，她认为“孤独”等同于“恐怖”，“而恐怖是极权政府的实质”。[20]这就引起了争议，因为尽管她把斯大林主义等同于纳粹主义，让很多人认为新兴的美国生活方式无可替代，但她仍然暗示社会“大众化”向“极权主义跨出了一步”，迈向“根本恶”，认为“新的西方大众社会有与极权主义东方接轨的危险”。[21]

在《人的境况》一书中，阿伦特试图为其早期著作阐述提出的问题给出答案。[22]她觉得，现在社会面临的基本困难是，现代人在政治上有疏离感（相对于心理学角度）。普通人无法获得政治精英所拥有的信息，官僚现象比比皆是，一个人、一张选票并没有多大意义。这种情况现在变得更加突出，因为随着巨型公司的发展，个人更难掌控其工作，能使人感到愉悦的技术工作越来越少，收入也更难保证。人类日趋孤独，但又清楚自己无法孤立地行动和生活。[23] 正如她的传记作者伊丽莎白·扬—布鲁尔所说，她给出的方案是超前的；阿伦特认为社会将逐渐向她所说的政治人格化方向发展，也就是我们今天所说的单一问题政治（环境、女权主义、转基因食品）。[24] 她说，这样的话，人们能够像专家一样知识广博，可以努力主宰自己的生活，并能收到一些效果。有关政治人格化的问题，阿伦特的观点是正确的：20 世纪后期，它将成为集体生活的重要元素。

与汉娜·阿伦特一样，**埃里希·弗洛姆**（Erich Fromm）也是位德国犹太人。他是法兰克福学派的成员，1934 年与该学派的其他成员一起移民到美国，继续在哥伦比亚大学法兰克福社会研究所工作。弗洛姆的家人笃信宗教，他本人曾经与马丁·布伯一起组建犹太思想研究院，这在法兰克福变成了一个项目，研究阶级意识的形成，研究心理学和政治学之间的联系。弗洛姆基于问卷调查收到的一千多份回复发现，人群不能如他原先设想的那样分成“革命”的工人和“不革命”的资产阶级。也有保守的工人和革命的资产阶级；经常有左翼工人承认自己在很多一般认为非政治的 436
领域存在“极不革命的权威态度”，如育儿和女性时尚。[25] 这使得弗洛姆和法兰克福学派的其他人相信，马克思主义必须根据弗洛伊德的意见加以修正。

弗洛姆写于 20 年代的作品直到 80 年代才被译成英语，因此，并没有产生应有的影响。但是它表明，他和里斯曼、阿多诺和阿伦特等人持有相近的观点；事实上，1955 年《健全的社会》一书的出版证明他才是走得更远的那个人。[26] 他没有盯着大众社会的缺点，而是考察了一个更为极端的观点，即我们能否认为全社会都处在不健康的状况。对很多人来说，弗洛姆的中心概念过于狂妄、毫无意义。但是他正面处理了这个问题。首先他承认他的书吸收了弗洛伊德在《文明及其缺憾》和托尼在《贪婪的社会》中提出的一些观点（他提醒读者，这本书最初的名字是“贪婪社会的疾病”）。弗洛姆从人们熟悉的统计数据入手，他发现，与世界其他地方相比，美国和其他新教国家（如丹麦、挪威、瑞典）的自杀、谋杀、暴力、吸毒和酗酒比例更高。[27] 因此他认为，无论以何种标准衡量，这些社会的病情更严重。他的其他观点则掺杂了精神分析学、经济学、社会学和政治学。他认为，最重要的现实是，“19 世纪，上帝死了，而 20 世纪，人也死了”。[28] 资本主义有种种优点，它本身也是众多自由的产物，但是资本主义的问题在于它会给人类带来严重的后果。他的措辞相当简洁：“工作可以定义为执行机器完成不了的动作。”他用现代的方式提出了一个我们耳熟能详的观点：对大多数人来说，20 世纪的工作毫无个性、无聊、没意思，而且引发了各种问题。诸如“反常”和“异化”等词汇再次出现，但是弗洛姆的批评意义主要在于，他认为现代工作的束缚型体验直接关系到人们的精神健康。他写道，大众社会将人变成商品。“人的价值在于他的销路，而不是爱和理性等人文素质或艺术能力。”[29] 在书的末尾，弗洛姆强调了爱的作用，他认为爱是一种“艺术形式”，因为超级资本主义的一大灾难是“人”与同胞之间的关系受到伤害。异化的工作损害友谊、公平和信任。里斯曼曾经说过，年轻人更关注人际关系和受欢迎程度，但是弗洛姆担心，人们会变得更加冷漠；如果人人都是商品，那么人与物品就没有区别。[30] 他明确表示，自己研读了各种文献，发现生活之所以枯燥无味，是因为工作淹没了一切，人们自然就对艺术丧失了兴趣。弗洛姆的目标与其说是帮助人类重拾理性，不如说是找回尊严，他特别提到了阿瑟·米勒的作品《推销员之死》的主题。[31] 虽然弗洛姆采用精神分析的方法将战后世界诊
437 断为疯狂的社会，但他并没能提出心理疗法。相反，他大大方方地面对事实，认为想要消除他所看到的发生在身边的严重的心理损害，就必须改变工作的性质，完善工厂、办公室的社会角色以及管理决策的参与方式。

社会之所以出现弗洛姆描述的情况，主要是因为巨型公司或“组织”，W.H. 怀特（W. H. Whyte）在次年发表的《组织人》中特别谈到了这一问题。与弗洛姆的书相比，这本书更尖锐、更具煽动性，但是两本书的主题有大量交叉。[32] 怀特的书文笔更好（他曾经是《财富》杂志的记者）、更直截了当，他只阐述战后美国人民“他人导向”的生活和文化，没有给予过多的同情。怀特认为大型组织吸引并培养某一类型的个体，因此就应该有一种心理学来适应公司或组织的生活。首先，他看到组织内部的新教伦理在衰退，某种意义上说，个人主义和冒险精神都有明显衰退。[33] 人们知道加入一个组织的办法是成为群体的一员，要合群，不要“给人添麻烦”。怀特说，组织人比较保守，而且组织人是为别人工作，不是为了自己。[34] 怀特认为这是美国历史的重要转折点。他认为公司的主要动机是“归属感”和“团结精神”。怀特的其他观点也有充分阐述。当时美国教育系统刚刚经历历史性变革，他曾制作过一张教育课程图表，清晰地说明这些变化。1939 至 1946 年和 1954 至 1955 年间，选修基础课程（人文和自然科学）的人越来越少，而选修应用课程（工程、教育、农业等）的人则越来越多。[35] 他认为这一点比较遗憾，因为这说明生活面在变窄；人们掌握的知识不如以前丰富，而且只与兴趣相同的人交往，无法开阔眼界，生活日趋单调。[36] 怀特进而批评了人力产业和有关“人格”及人格测试的概念，他认为这些概念进一步鼓励趋同和保守。他最反对为人格测试提供精神分析的解释，认为这比占星术强不了多少。他强烈批评郊区，认为郊区是组织的“分支机构”，是集体心理的整体延伸。他引用了郊区开发的略图，指出郊区的社会生活极度受限，人们的活动囿于邻里（一连串的桥牌聚会、垂钓野餐、情人节化装舞会）；这一看法突显了他的中心观点，即组织人在“温和的暴政”体制中过活。[37] 在这种暴政下，人们必须“外向”，这是最重要的素质。他们牺牲自己的隐私和嗜好，取而代之的是愉快而草率的生活方式，人们漫无目的地从一个集体活动奔向另一个集体活动，而且，438 一年内，这样的家庭有三分之一会搬到数百英里外的类似社区。正如里斯曼所说的“他人导向”的人一样，怀特认为，组织人宽容、不贪婪、对其他形式的存在也不是一无所知。他们的笼子是镀过金的，但那仍然是个笼子。

怀特不喜欢他所看到的这些变化，但他并未对此大光其火，反倒很率直。C. **赖特·米尔斯**（C. Wright Mills）却不是这样。米尔斯喜欢将自己说成是“学术好汉”。[38] 作为一个土生土长的德克萨斯人，加上他喜欢骑硕大的摩托车，他倒是很符合这个形象。他接受过专业的社会学教育，战争期间曾经在华盛顿任教，接触过 20 世纪 30 年代末产生并在战争期间走向成熟的新的社会调查手段。通过这些调查，米尔斯认识到美国社会正在发生变革（某种程度上，其他西方国家也是如此），但他痛恨这一事实。不过，与里斯曼或怀特不同的是，他不满足于描述社会变革。他视自己为参与新战争的斗士，他的任务就是指出美国面临的危险。这迫使他走向学术同仁的对立面，而他们也认为米尔斯越界了。从这一点来看，他确实是一个好汉。

米尔斯出生于 1916 年，战争期间在马里兰大学任教，他在华盛顿的时候曾经参与**保罗·拉扎斯菲尔德**（Paul Lazersfeld）的研究，后者所在的哥伦比亚大学应用社会学研究所为政府做了很多调查。拉扎斯菲尔德用统计方法佐证自己的观点，这一方法迅速发展，政府部门也出钱开展一些与战争相关的实践性社会研究。[39] 这种战时经验给米尔斯带来了两种影响。他更清楚冲击美国社会的种种变化，同时他也因此建立了长久的信念，即社会学必须务实，不仅要努力理解社会运转的方式，还要为人们提供信息，以便人们在知情的情况下作出合理的决断。当时在伦敦的卡尔·曼海姆实际上也持相同的观点。战后，米尔斯搬去纽约，并与众多知识分子交往，包括《党派评论》杂志圈的菲利普·拉夫、德怀特·麦克唐纳和欧文·豪，以及《新领袖》杂志的编辑丹尼尔·贝尔。[40] 在哥伦比亚大学，他认识了罗伯特·林德，林德因研究“米德尔敦”而闻名，不过当时林德的光芒已经开始黯淡。在 1948 至 1959 年间，米尔斯撰写了一系列著作，思想上罕见地一致。20 世纪 40 年代末 50 年代初，由于《退伍军人权利法案》的出台，大批学生得以接受高等教育。这在总体上提升了大众素质，也缔造了一个新社会，就业机会更多，出现了各种趣味性工作，更多技能走向职业化。米尔斯认为自己责无旁贷，应该阐释新形势并加以批评。

如果将米尔斯的众多著作按发表时间排列，它们依次是：《权力新贵》（1948）、《白领》（1951）、《权力精英》（1956）和《社会学的想象力》（1959）。这些著作都反映了他的主要观点，即本质上劳动力已经不再是社会的大问题：“劳动力问题在国内政治中走向终结，同时，苏联从盟友变成敌国，共产主义也成为一大威胁。当劳工运动从社会运动变为利益集团时，理想国的终结也是意识形态的终结。举足轻重的政治问题不再是资本主义与社会主义，而是极权主义与自由。”他感到汽车已经使郊区生活成为可能，主妇成为家庭中心，她“精于消费，善于打造家庭凝聚力”。[41] 作为私人领域的家庭已经取代工作场所和工会大厅，成为人们关注的焦点。他认为 20 世纪 30 年代由于大萧条引发了很多政府干预，这个时代是个转折点。他率先将“名人”视为一个群体。[42] 他说，这一切的结果是，从前“粗犷而特立独行的”美国人成了“普通大众”，成了“习惯性从众的生物”，不再“积极地自由思考”。[43] 在《组织人》中，怀特关注的是公司的中层，在《权力新贵》中，米尔斯则主要讨论领导人物。他提出，新型劳工领导已然出现，他们是大型官僚组织的首脑，是新的权力精英的一员，也是主流社会的一员。在《白领》中，他主要讨论美国中产阶级的转 439

型，他将中产阶级描述成“漂泊不定的、没有组织的群体，他们的地位和权势根基不牢……他们完全是中间阶级，具有不确定性”，精神颓废，动辄需要服用当时刚出现的镇静剂。[44]“白领人士悄悄地迈入现代社会。无论他们有怎样的历史，那历史都没有事件；无论他们有哪些共同利益，都不可能走向团结；无论他们的未来如何，都不是自己亲手缔造的。”[45]“工人阶级将是一个新的、更加进步的社会的中流砥柱，这个观点首先出现于19世纪初，并在20世纪30年代走向成熟”，但是，米尔斯总结道，这种观点行将灭亡。在思想部分，他介绍了一种颠覆性的观点，即实际上与其说白领阶层是新的中产阶级，不如说他们是新的工人阶级。[46]

米尔斯有关美国社会的理论阐述在1956年出版的《权力精英》中达到高峰。20世纪60年代，很多革命派学生认为“权力精英”是一个比较恰当的措辞和论题。基于马克斯·韦伯的观点（他曾经参与韦伯作品的英文翻译工作），米尔斯认为：“现代社会的凝聚力是一种新的支配形式，是一种社会制度，与早期的各种社会秩序相比，在这种社会制度里，权力更分散、更隐蔽。不同于工厂主对其员工及独裁者对其臣民的直接权力，现代权力已经制度化，因此，难以发现和辨认。……在大众社会，权力呈现出一种新面孔，即集体权力和内在关联的层级制度。”[47]在传统的美国，米尔斯写道，“家庭、学校和教堂是构建社会秩序的主要结构。而在现代美国，公司、国家和军队取代了这些结构，分别被植入了一种技术、一种相互关联的过程体系”。[48]

《社会学的想象力》是米尔斯的最后一部作品，书名别致巧妙，意在
440 提供审视世界、评判经验的新方法，帮助现代人“摆正自己的历史角色，理解自身经历、把握自身命运……通过了解周围环境中的各色人物，明白自己的各种人生机遇……”（再次令人想起曼海姆。[49]）与汉娜·阿伦特一样，米尔斯意识到，由于旧的范畴被打破，政治学的性质已经发生了变

化。个体作为群体成员的身份已经崩溃，不再适用。因此，至少对他而言，社会学的一大任务是创建新的实用主义，“将个人烦恼变成公共议题，将公共议题变成适用于众多个人的有人类意义的话题”。[50] 米尔斯的想法令人耳目一新，它并非基于自己的偏见，或者说不仅仅基于偏见，还基于调查材料。他的分析与其他学者相互补充，他将知识投入实际应用的热情引领很多学者（特别是社会学家）在其后的数十年里直接参与政治。米尔斯算是学院派的萨特式的反抗者，这是他偏爱的角色，也是那些没能取得同样成就的人试图仿效的角色。[51]

对美国社会乃至其他西方社会正在经历的变革，经济学家**约翰·肯尼思·加尔布雷思**（John Kenneth Galbraith）有不同的看法。加尔布雷思身高 6.5 英尺，是一名出身哈佛和普林斯顿的学者，曾经负责战时物价控制和美国战略轰炸调查。他发现第二次世界大战后经济领域发生了显著变化，大众社会即将来临。从他提出的观点来看，他可能是无意中追随了卡尔·波普尔的观点，即从科学意义上而言，真理只是暂时的：也就是说，待日后经验修正，才成其为真理。

加尔布雷思认为，经济学这门学科，即所谓的“沉闷科学”，诞生于贫困之中。他说，在历史的长河中，在人类社会中，大多数人遭遇严重的贫困、不平等，只有少数人特别富有。而且，这种情况可能不会发生变化，因为经济学有一个基本的无可争辩的事实，一个人的工资上涨不可避免地意味着另一个人的利润下降：“这就是传统观念中经济学思想的中心内容。在希望和乐观的表象之下仍然潜藏着对贫困、不平等、不安全的恐惧。”[52] 两种注解进一步完善了这种忧郁的中心观点，一种是右翼的，一种是左翼的。社会进化论者认为，竞争很正常，失败有时候也很正常，进化就是这样实现的。马克思主义者认为私有化、不安全和不平等将进一步扩大，最终发展成摧毁一切的革命。对加尔布雷思来说，经济学“自古以来就关注”生产力、不平等、不安全感。[53]但是，他认为我们现在生活在一个“**丰裕社会**”（Affluent Society，也是其著作名），在这个世界，人们的关注点变成了两个重要的方面。第一，在第二次世界大战及其带来的“凯恩斯的巨大繁荣”之后，特别是在美国，不平等现象并没有表现出恶化的
441 态势。[54]因此，马克思预言的螺旋式推移从而导致革命的情况并未发生。第二，之所以发生这种变化以及其他一些没有充分估计到的情况，原因在于现代公司适应了经济不稳定的局面。达到这一点有众多途径，但从短期来看并非全靠职业道德，比如企业联合、关税、配额或法定价格等，所有这些都改善了资本主义竞争的原始后果。但是加尔布雷思认为，其长期影响是深远的。有史以来第一次，人们首先担忧的不再是经济不稳定了（仅就西方民主国家而言）。人们不再活得战战兢兢。“现代企业生活的风险其实是现代企业管理者无害的自负，这也是现代企业得到大力宣扬的原因。”[55]

加尔布雷思认为，人类心理学的这种深刻变化解释了很多现代行为，这一观点再次与里斯曼产生共鸣，不过加尔布雷思从未提及他的名字。随着人们生活中巨大的经济不安全感逐渐消失，随着不平等现象暂时告一段落，“我们现在只关心商品的生产”。只有提高生产水平和生产力，才能维持和增加收入。当前生产的商品不再是生活必需品，这并不矛盾（从这个意义上说，它们是外围产品），因为在“他人导向”的社会，一个重要社会目标是不能落后于左邻右舍，商品是否必需并不重要，“人们想要获得高级商品的欲望开始显现”。[56]

加尔布雷思认为，这会带来四个重要后果。第一，新兴的广告变得非常重要。由于商品是非必需品，必须要创造需求：“商品的生产造就了商品想要满足的那部分需求”，广告因而成了生产过程不可缺少的部分。[57]于是，广告既是大众文化的孩子，又是大众文化的老子。再者，要增加商品

的生产和消费，就要刻意创造债务（就在加尔布雷思的作品发表的当年，信用卡诞生了，这个巧合很能说明问题）。第二，在这个制度中，即使在和平时期，也很可能发生通货膨胀（过去，通货膨胀一般伴随着战争发生）。加尔布雷思认为，这是制度性的，如果要让人们购买商品，那么商品生产者必须创造对同类商品的需求。经济处于发展中时，企业永远会满负荷或接近满负荷地运转，因此又会建立新的工厂，从而需要资本投资。在竞争的制度里，成功的企业就需要支付最高的工资，而且必须在资本投入带来回报之前完成支付。因此，消费型社会总是有上升的通胀压力。第三，它带来的后果是，公共服务总是滞后于私营的、市场驱动的商品，由于这些领域不存在市场，必须由政府买单。[58] 加尔布雷思发现并预言，在丰裕社会，公共服务总是没什么分量，而公共服务的从业者将是最不富裕的阶层。他提出的最后一点是，随着产品驱动型社会的到来，商人的时代，“更确切地说，可能是重要的企业经理人”的时代到来了。加尔布雷 442
思说，只要不平等现象还是一个严重的社会问题，富豪至多拥有一个模糊的地位：“他起到了救急的作用，不过他会不断受到谴责，因为相对于他提供的服务，他攫取的太多了。随着不平等现象的消退，这种反应会消失。”

在对现代大众社会做出一番描述之后，加尔布雷思进而提出了著名的私人富足和公共贫困的观点，揭示了对私有产品的执迷导致公共服务的衰退，学校拥挤、警力不足、街道肮脏、交通不力。他认为“这些不足不仅存在于新的服务，也存在于旧的既有的服务”，因为造就需求的广告只在私有产品领域有效，为道路、学校，或警方做广告没有意义。因此，他总结道，暂时告停的不平等将被私人富裕和公共贫困之间的不平衡所取代。通货膨胀只会加剧这种不平衡，与中央政府相比，地方上的情况更糟。（例如，与联邦调查局相比，地方警察局明显资金不足。[59]）

对富裕社会的社会问题，加尔布雷思提出的解决方案一分为二。一个已经被广泛采用，这就是地方销售税。[60]在现代社会，如果消费品取得成功，那么它同时就成了引起社会问题的原因，正如加尔布雷思所说，假使我们让消费品成为解决方案的一部分，也就有某种公道可言。他的第二个解决方案更加激进，甚至有悖常理，也不能说在哪方面真正有效果，不过他还是提出来了。加尔布雷思注意到，在丰裕社会里，很多人拿高工资不是因为他们需要高工资，而是因为高工资可以反映他们的成就和声望。这些人其实喜欢工作，工作不再是摆脱经济不稳定的渠道，而且还能从智力上愉悦自己。他认为需要培养一种新的有闲阶级。事实上，他觉得有闲阶级正在成长，不过他希望用政策进一步鼓励有闲阶级的成长。他的观点是，他所谓的**新阶级**（New Class）具备初始资本，将会有不同的道德体系。他们接受了更好的教育；对文学和艺术感兴趣，在职业生涯的早期已经赚了足够的钱，这种新阶级的成员可能放弃工作，改变生产的价值观念，帮助调整私人富裕和公共贫困之间的社会平衡，甚至可能会将职业生涯的后半部分奉献给公共服务事业。[61]

《丰裕社会》也带动了其他书籍的面世，其中有很多都始于20世纪50年代末的类似观察。例如，**W.W.罗斯托**（W. W. Rostow）在1959年完成并于一年后出版的《经济成长的阶段》，这本书在某些方面显示了他与加尔布雷思和里斯曼的亲缘性。罗斯托是麻省理工学院的一名经济学家，曾经在英国住了很长时间，主要是在剑桥。他认同里斯曼的观点，认为现
443 代世界是分阶段发展的，一步步从传统社会发展到大众消费社会。他赞同加尔布雷思的观点，认为经济发展不仅是物质变革的引擎，也是政治变革、社会变革和思想变革的引擎。他甚至认为经济发展诸阶段对战争负有部分责任，不过只是部分责任而已。[62]

罗斯托认为，社会发展分成五个阶段。最初是“前牛顿世界”，即传

统社会，包括中国的众多朝代、中东和地中海文明、中世纪的欧洲。它们都达到了生产力的极限，它们有能力变革，但是很缓慢。他说，在某个时间点，传统社会打破了现状，主要原因是出现了早期的现代科学，新技术使个人“得以享受由复合利息的发展而带来的众多福祉和选择”。[63]这个阶段是经济起飞的前提条件，在这个阶段内发生了几件事，最重要的是出现了行之有效的、中央集权的国家，贸易在全世界横向扩张，促进资本流动的银行登上历史舞台。有时候，较发达社会的入侵也会促进这种变化。罗斯托认为他所说的“起飞”是“近代社会中近代生活的分水岭”。[64]这需要两样东西：一是技术创新，二是政治组织，即“视经济现代化为严肃、高端的政治事业”的一群人。在经济起飞期间，有效投资率和储蓄率成倍增长，即由5%升至10%甚至更多。这个阶段的经典例子是铁路大繁荣。按照罗斯托的说法，自经济起飞阶段开始大约六十年后，就到了第四阶段，即成熟期了。[65]这一阶段发生了从诸如煤炭、铁、重型机器工业的铁路阶段到机械工具、化学品和电子设备等的转变。罗斯托设计了很多表格加以说明。这里列举了一张最有趣的表格：[66]

国　家	起飞阶段	成熟阶段
英　国	1783—1802	1850
美　国	1843—1860	1900
德　国	1850—1873	1910
法　国	1830—1860	1910
瑞　典	1868—1890	1930
日　本	1878—1900	1940
俄罗斯	1890—1914	1950
加拿大	1896—1914	1950

至于起飞期和成熟期之间六十年的跨度，是因为罗斯托考虑到复息算法奏效需要这么长时间，或者在正常发展的政权下生活三代人需要这么长时间。在第五个阶段，即高度大众消费时代，出现了耐用消费品，如汽车、冰箱及其他家用电器。[67]同时还出现了福利国家。[68]《经济成长的阶
444 段》并未止于追随加尔布雷思的观点，它还是属于那个时代的产物。当时正值冷战最剑拔弩张的时期（柏林墙于次年建立，一年后又迎来古巴导弹危机），军备竞赛达到顶点，太空竞赛正热火朝天。罗斯托很清楚，他提出的阶段学说在社会变革和经济变革的分析方面优于马克思主义，他认为不同的发展阶段一定程度上与战争相关。他注意到了三种战争：殖民战争、区域战争和20世纪的大规模战争。[69]他说，当社会或国家从一个发展阶段向另一个发展阶段过渡时，可能发生战争，在此期间战争可以满足和刺激正在释放的社会能量。反过来，经济停滞的国家，如第二次世界大战后的法国和英国，则成为扩张势力的侵略目标。鉴于此书发表的时代背景，他最重要的观点在今天看来仍然很有趣，即向高度大众消费社会的转变的特点是人们最希望和平。[70]不仅因为高度大众消费社会创造了不愿开战的满足型社会，而且还因为在拥有大规模杀伤性武器的时代，战争将使人们失去更多。他注意到，苏联不惜血本建设防御工事，结果苏联人民无法真正享受消费品；他希望苏联人有一天能明白这两个事实相互矛盾，并敦促苏联政府做出改变。[71]罗斯托的分析和预测后来得到了证实，不过那是二十五年之后的事情了。

因而，罗斯托的观点基本上是乐观的，至少肯定比加尔布雷思的观点乐观，其他批评家则很少如此乐观。加尔布雷思在其著作的分析部分有一个主要观点，即广告业的重要意义在于，广告创造了私人消费品意欲满足的那部分需求。在加尔布雷思的书问世的几乎同一时间，美国一位记者出身的社会评论家**凡斯·帕卡德**（Vance Packard）发表了三卷本著作，猛烈

抨击广告业，他展开并深入阐述了加尔布雷思的观点，研究“权力、金钱和文字的交集”。凡斯·帕卡德的三部曲分别是《隐形说客》(1957)、《攀缘社会阶梯》(1959)和《浪费制造者》(1960)。这些书全部都是《纽约时报》畅销书榜的冠军，当然也改变了帕卡德本人的命运。1956年圣诞节前，因为他供职的《矿工杂志》倒闭，他失业了。[72] 随后，1957年初，他拿到第一笔失业金，不过手头有一篇稿件等待发表。这份手稿命运相当奇特。1954年秋天，《读者文摘》杂志就当时广告采用的新型心理技术问题向帕卡德约稿，后来他说“他们显然撒了谎”。帕卡德进行了研究，并写出了文章，但是他得知《读者文摘》“最近打破了长期以来的传统，决定刊登广告了。随后，杂志向他支付了稿酬，却没有发表他的文章。当他知道不能发文的原因是由于《读者文摘》刊登广告，而广告正是他的文章批评的对象时，他很愤怒”。[73] 于是他将这篇文章写成了一本书。

帕卡德批评的主要对象是较新潮的**动机研究**(MR)技术，它主要依靠深度访谈、精神分析理论和定性分析，并且常常凸显性别差异。正如加 445
尔布雷思强调过的，很多人从不质疑广告，他们认为广告很重要，有助于满足需求，而需求正是大众社会走向繁荣的基础。1956年，著名的动机研究倡导者**欧内斯特·迪希特**(Ernest Dichter)曾宣称：“霍瑞修·爱尔杰已经死了。我们不再真正相信辛苦工作努力存钱是生活的唯一理想；但是潜意识里，辛苦工作努力存钱仍然是我们的道德标准。”迪希特认为，消费必须与享受相关，应该向消费者传递享受生活是“道德的”这一观念，并在广告中体现出来。[74]

在《隐形说客》一书中，帕卡德旨在通过一连串的事例揭示美国消费者简直就是被新的心理学技巧左右的“没头脑的僵尸”。例如，在一个耐人寻味的个案中，他引用了迪希特本人的一项营销研究。[75] 这项研究题为“情人和妻子”，是为克莱斯勒公司研究为什么男人虽然喜欢跑车但还是会买轿车。这份报告说，男人被橱窗里闪亮的跑车吸引，走进了汽车展厅，但实际上他们买的车子并不抢眼，“就像他娶了一个平凡的女孩做妻子一样”。“迪希特怂恿汽车制造商开发一种硬顶轿车，这种车型能将男人在妻子那儿追求的实用功能和他们想象的情人的冒险感觉相结合。”[76] 帕卡德相信，动机研究技术是反民主的，普遍吸引非理性的、思想僵化的人。帕卡德认为，如果将这些技术用于政治，我们就离《一九八四》和《动物农场》所描述的世界不远了。在这一点上，他是追随里斯曼的，认为“他人导向”型的大众社会危机四伏。广告不仅有助于创建消费型社会，还妨碍人们拥有自主权。

帕卡德的第二本书《攀缘社会阶梯》缺乏新意，主要是批评广告宣扬社会地位并利用害怕失去地位的心理兜售商品。[77] 他更重要的观点是：当时在美国，很多人正在争论美国的阶级意识是否真的不如欧洲国家那么强？或是美国有自己的一套阶级体系（因为相对于继承，美国人更多地通过商业手段获取财富）?（这个问题加尔布雷思也曾经提过。）帕卡德进一步深化了这个观点，他认为商业本质上是虚伪的。一方面，它声称在售的种类繁多的消费品使美国社会避免两极分化；另一方面，其主要销售方法是利用社会地位的差异以及人们对这些差异表现出来的焦虑感来推销商品。他的第三本书《浪费制造者》开篇提到了普林斯顿大学一位名叫威廉·扎贝尔的学生于1957年撰写的一篇有关计划报废的论文，也就是说，蓄意操控商品的卖相，使产品在实际使用寿命到期之前很久就显得过时，从而需要更换。[78] 最后这本书可能是帕卡德最夸张的一本书。即便如此，对他的一些信函研究显示，很多人已经对大众消费社会的内在本质不抱幻想，认为自己孤立无依，无所适从。正如他本人后来所说，给他写信的那
446 些人都属于“孤独的人群”。[79]

当然，商业界可不喜欢这些批评。《生活》杂志的一位编辑曾说：“最近

有些著作危言耸听，提出‘孤独的人群’的概念……‘孤独的人群’以‘权力精英’为首，隐形说客一派胡言令他们威风不再，成了‘组织人’。”[80]

一个概念的出现，使众多不同思想有了根基，并相互关联起来。作为工作场所变化以及大众社会确立的后果，作为第二次世界大战和引起战争的诸多事件的后果，一种新的社会政治心理学，即人类的新境况，由此发端。人们获得认同的传统渠道发生了变化，这带来了新机遇，同时也引发了新的问题。里斯曼、米尔斯、加尔布雷思等人各出珠玑，但是对此加以总结的另有其人，他用最契合的语言论述了这个时代的变革。

1919 年，**丹尼尔·贝尔**（Daniel Bell）出生于纽约下东区一个移民家庭（这个家庭来自介于俄罗斯和波兰之间的比亚韦斯托克市，家庭姓氏为波罗茨基），并在纽约时装区长大。贝尔说，因为他的成长环境太贫寒，所以为了阐释自己目睹的一切，他“毫无疑问”会成为一名社会学家。在纽约城市大学，他加入了一个读书会，会员包括麦尔文·拉斯基、欧文·克里斯托、内森·格拉泽和欧文·豪等众多著名的社会学家和社会批评家。有些人是托洛茨基分子，不过后来他们大多改变了观点，并成为新保守主义运动的骨干。贝尔曾经当过记者，先后在《新领袖》杂志和《财富》杂志做过编辑（曾经与怀特同事）；战争结束后，他在芝加哥大学做过一段时间社会学家，与大卫·里斯曼同事；1952 至 1956 年间，他在哥伦比亚大学兼职教授社会学，后来转入哥伦比亚大学做全职教授，随后来到哈佛大学；1965 年，他和欧文·克里斯托一起创办了《公共利益》杂志，作为大型公众辩论的预演场。[81] 在哥伦比亚大学兼职期间，他写出了一部作品，使他第一次在社会学领域之外广为人知，那就是《意识形态的终结》。

1955 年，贝尔在米兰参加了**文化自由代表大会**（Congress for Cultural

Freedom），当时几位知名的自由知识分子和保守知识分子发表了演讲，演讲题目是雷蒙·阿隆拟定的“意识形态时代即将走向终结？”马尔科姆·沃特斯在评论贝尔的时候提到，当时出席会议的还有爱德华·希尔斯、卡尔·波兰尼、汉娜·阿伦特、安东尼·克罗斯兰、理查德·克罗斯曼、休·盖茨克尔、马克斯·贝洛夫、约翰·肯尼思·加尔布雷思、何塞·奥尔特加·伊·加塞特、西德尼·胡克和西摩·马丁·李普赛特。贝尔做了一个关于美国是大众社会的演讲。“意识形态终结”这个题目在20世纪下半叶一再以不同的形式出现；不过阿隆最初认为“意识形态终结”的辩论是件好事，因为他认为意识形态会阻碍人们建设一个进步的国家。阿隆特别指出，国家主义、自由主义和马克思社会主义这三大主要意识形态正走向穷途末路：国家主义走向没落的原因在于，国家变弱，变得相互依赖；自由主义走向没落的原因在于，它无法“给予集体感或认同感”；
447 而马克思主义走向没落的原因是马克思主义本身就是错误的。[82] 贝尔认为，在美国，这整个过程走得太快太远了。他认为，意识形态不仅是一套执政观点，还应该是“充满激情”的，试图“改变整个生活方式”的观点。因此，意识形态就呈现出世俗宗教的某些特点，但是绝不可能取代真正的宗教，因为意识形态没能解答有关存在的重要问题，特别是死亡。贝尔认为，意识形态在整个19世纪以及20世纪初是奏效的，因为它有助于提供道德的引导，并且反映社会上各种利益集团和阶级之间的真实差异。但是多年以来，这些差异已经逐渐模糊，原因在于：福利国家出现、社会主义国家暴力压迫人民，以及新的禁欲主义哲学和存在主义哲学的出现（它打破了人类本性可臻完善的浪漫想象）。[83] 至少对贝尔以及对美国而言，大众社会是一个富足乐观的社会，这个社会的传统差异已经降至最小，还形成了思想共识。鲜血、汗水和眼泪已经远离了政治。[84]

贝尔并不是要寻求药方，只是试图描述他所目睹的空前的社会变革，身处其中的人们不再受制于主导思想了。与弗洛姆或米尔斯一样，他勾画了一种正在形成的新的生活形式。今天我们很容易对那个社会习以为常，特别是我们还太年轻，什么都看不明白。

这些学者中，几乎没有谁与政党关系密切，但是至少有段时间，他们中的大多数人是左派，而不是右派。战争期间各行各业不分尊卑、万众一心，这一点意义重大，而且这意义绝非象征性。这不仅在设计和创建福利国家方面有所反映，在大众社会的各种分析中也有反映，它们都毫无保留地认为每个人都拥有平等的权利向生活索取回报。这种平等也是人类新境况的一个方面。

但是这真的有道理吗？1958年，丹尼尔·贝尔的朋友和同事、英国教育家**迈克尔·扬**（Michael Young）写了一部讽喻作品，嘲弄那些想当然的说法。[85]《知识精英的崛起》表面上讲的是2034年的事情，主要内容是基于某个没有明说的“骚乱”而写的一份“官方”报告。[86]讽喻的核心是摒弃生活中的传统原则，代之以成功原则（智商+努力=成功），即“贵族统治”被“精英统治”取代。引人深思的是，这本书的出版实属不易，它被十一家出版商拒之门外。[87]有一家出版商建议说，只有把它改写成像《动物农场》那样的讽喻作品才有出版的价值（仿佛那本书的出版很轻松一样）。扬后来确实将此书改写成一部讽喻著作，但是出版商仍然拒绝出版。扬也因创造“知识精英”一词遭到批评，这个词既有希腊词根，也有拉丁词根。最后，纯粹出于友谊，一位在泰晤士与哈德逊出版公司工作的朋友帮忙出版了这本书，《知识精英的崛起》旋即卖出了数十万本。[88] 448

这本书分成两个部分。第一部分“精英的崛起”以积极的口吻描述了高智商人士走向权力中心的过程；第二部分“下层社会的衰落”则轻松谈及这些社会系统工程何以眼看就要带来适得其反的后果。扬没有表态；他只是为双方的争论添把火：如果我们真的全心全意地高唱“机会均等”的颂歌，将会出现什么情况。他的主要观点是这种做法将使优生概念走向畸形，新的下层社会（即愚蠢人士）将没有名符其实的领袖，而新的高智商的上层社会将想方设法维系权力。在此，他“揭示”到了2034年，人们已经能够预知三个月大婴儿的智商；结果可以想象，婴儿黑市出现了，高智商的家长把自己生的笨孩子卖掉，换取笨家长生的高智商孩子。[89]这个做法一经报纸披露，即引发了“骚乱”，一帮群龙无首的愚笨暴民旋即发起松散的反抗，最后当然不可能成功。

扬的观点与贝尔等人有相同之处，他所表达的是，人类的新境况存在风险，可能会成为无情、冷漠、令人厌恶的官僚主义的温床。其时，暴政的形式不再是法西斯主义、共产主义或社会主义，而是善意的官僚主义。[90]他说，科学至上也是一个因素。科学也许可以测出智商，但测不出教养，也无法给出准确的数值判定一个人将来能做艺术家还是做公司的首席执行官，而且，任何此类尝试带来的问题可能都要比解决的问题多。

扬将贝尔、里斯曼和米尔斯的论断推向了极致，并得出了相应的逻辑结论：人的身份将不再由政治决定，人也不再是存在主义的生物。人的身份是心理的、生理的，是在出生前就已经确定的。如果我们不小心，意识
449 形态的终结就意味着人性的终结。

26

经典的裂隙

1948 年 11 月，诺贝尔文学奖颁给了 T. S. 艾略特。对他而言，这一年是获奖年，因为在不久前的 1 月份，他被英王乔治六世授予荣誉勋章。斯德哥尔摩传来获奖消息后，艾略特接受了普林斯顿一位记者的采访，被问及因哪部作品获奖时，他说估计是“因为自己的全部作品（corpus）”，记者竟然追问道：“这本书何时出版的呢？”[1]

在《荒原》发表之后，获得诺贝尔奖之前，艾略特那坚定、清晰而富有诗意的作品以及对现代生活中弥漫的空虚和平庸的绝望想象，已经为他树立了极佳的声誉。他还创作了很多剧本，里面大多是些悲观的角色，迷失在疲惫的世界里，这些剧本都深受欢迎。正如他的传记作者彼得·阿克罗伊德所说，1948 年，艾略特愈发意识到，他的作品是“一种垂死的文化的成就，具有明显的欺骗性”。在某种程度上由于这个原因，在到斯德哥尔摩拜谒瑞典国王并接受颁奖的当月，他还发表了最后一部重要的文集。[2]《关于文化的定义的札记》并不是他最出色的作品，但是，这部作品之所以引人关注，一是由于出版的时机，二是由于它是战后出现在大西洋两岸的为数不多的、为定义和保护传统“高雅”文化做最后尝试的第一本文集，当时艾略特等人认为“高雅”文化已经受到致命的威胁。[3]

在本书第 11 章中我们看到，《荒原》对第一次世界大战后的自然风光作了可怕的想象，它还是基于高雅文化的，引经据典，尤为艰深晦涩。在第二次世界大战后的大环境中，艾略特清楚地感到自己需要改变批评或辩护的形式，他需要不加掩饰地、坦率地表达自身观点，不用担心被误解或忽视。《关于文化的定义的札记》首先罗列了“文化”一词的各种含义，包括人类学角度（“原始文化”）、生物学角度（细菌培养、农业），以及更常见的角度，指的是一个人文明、有学识、熟知艺术、能轻松驾驭抽象概念。[4]他先谈论了这些概念的相通之处，然后进入他自己的主题，即在他
450 看来文化是一种生活方式。这里，艾略特为我们留下了一个非常著名的段落：“文化这个词……涵盖了一个民族所特有的一切活动和喜好：德比赛马节、亨利皇家划船赛、考斯帆船周、开猎松鸡日、足球赛、赛狗、弹球台、飞镖板、干酪、美味佳肴、哥特式教堂和埃尔加音乐。读者尽可以开出自己的清单。”[5]

这份清单似乎过于宽泛，艾略特很快澄清，文化还有多个层次。他没有无视这个事实：文化创造者（比如艺术家）本人不必有很高的才智。[6]但是他认为，文化只有通过精英（文化精英）才能繁荣，没有宗教，文化就无以立足；他的观点在于宗教有一整套共通的信息，从而保有一种生活方式。因此艾略特深信民主和平等理念必然危及文化。虽然他经常提到“大众社会”，但是他的主题是家庭和家庭生活的崩溃，因为他认为文化是通过家庭传播的。[7]最后他谈到了欧洲文化的统一以及文化与政治的联系。[8]他说，欧洲文化的统一很重要，因为文化与宗教一样，是一个共享的语境，是欧洲各文化保持活力的方式，它会吸收新元素，同时识别出其中为我们

所熟悉的部分。他引用艾尔弗雷德·诺思·怀特海在《科学与现代世界》（1925）一书中提出的观点："人需要从邻人身上看到某些东西，如果与自己相近则便于理解，如果与自己迥异，则会引起关注，如果特别优秀，则会心生敬意。"[9] 不过，艾略特认为，也许文化最重要之处在于它对政治的影响。他认为权力精英需要文化精英，因为文化精英是最好的解药，能够为任何社会的权力掮客提供最好的批评，批评会推动文化进步，防止文化停滞或衰退。[10] 因此，他认为社会必须有阶级，阶级是个好东西，不过他希望不同阶级之间充满变数；他认为达到理想状态的主要障碍是家庭，家庭很自然地想为后代获取特权。他认为，文化显然在发展，有些文化比其他文化优秀，但这不值得忧虑，也不是种族主义的借口（不过后来有人指责他是反犹主义者）。[11] 艾略特认为，在任何一种文化中，较高的、发展更好的层次将运用自己掌握的怀疑主义的知识对低层文化发挥积极影响。艾略特认为，这就是知识的目的，也是知识对幸福和公益的最大贡献。

在英国，F. R. 利维斯深受艾略特的影响（我们在第 18 章中已经提过），加入他的行列之中。利维斯生于剑桥并在剑桥大学接受教育，他是一名有良心的反战者，在第一次世界大战期间曾经当过担架兵。第一次世界大战后，他回到剑桥，从事学术工作。起初他发现英国没有独立的英语系，于是他和妻子昆妮以及少数批评家（并非小说家、诗人或戏剧家）着手将英语学院的研究升华为"整个人类智识的核心院所"（语出利维斯）。利维斯的一生展现出很高的道德水平，因为他深信那是实现"生活中各种可能性"的最佳途径。他认为作家（特别是诗人，还有小说家）比其他人 451
"更具活力"，大学老师和批评家有责任说明为什么有些作家比其他作家伟大。"英语是通往其他学科的路径。"[12]

早在 20 世纪 30 年代，即其学术生涯早期，利维斯就拓展了英文教学大纲，将对广告、新闻和商业小说等的评析纳入其中，"帮助人们抵御我们今天所说的‘媒体’的影响”。1948年，他发表了《伟大的传统》，1952年又发表了《共同的追求》。[13]请注意“传统”和“共同”这些词都有“共享”的意思。利维斯满腔热情地相信，人性有共通点，但是我们每个人都必须自己去发现，其代表人物就是他在两本书里所提到的作家：亨利·詹姆斯、D. H. 劳伦斯、乔治·艾略特、约瑟夫·康拉德、简·奥斯丁和查尔斯·狄更斯。他还认为严肃文学批评是练习判断力的绝佳（超验）机会，这种批评“既是‘个人的’又远不止于个人”。[14]这种超验经历正是文学和批评的目的，也是文学之所以成为人类智识核心，诗人之所以“揭示心灵成长”的原因。利维斯的文学批评是运用艾略特的高层次怀疑论的最明显范例。[15]

在纽约的时候，艾略特和利维斯就发现他们与**莱昂内尔·特里林**（Lionel Trilling）和**亨利·康马杰**（Henry Commager）怀有某种相似的精神。像艾略特一样，哥伦比亚大学的犹太裔教授特里林在《自由的想象》一书中关注大众社会的“原子化”效应或大卫·里斯曼所谓的“孤独的人群”。[16]但是特里林的主要观点是告诫大家，他发现思想生活正面临新的危险。在《自由的想象》序言中，他着重谈到了“自由主义”，他说“自由主义”不仅是战后世界占主导地位的思想传统，而且实际上还是唯一的思想传统：“因为今天的大环境中没有保守观点或反动观点，这是明摆的事实。”且不说这种观点是否属实（举例来说，艾略特就持反对意见），特里林感兴趣的主要是这一新形势对文学的影响。他特别预见到经验的粗浅化现象。他说，之所以出现这种现象，是因为在自由民主的土壤里萌发了某些主导思想，且被公众接受了，最后又将有关人性的观点推向一系列的桎梏。他提醒读者注意这些桎梏：首先是弗洛伊德精神分析学，其次是社会学，最后是萨特的哲学。[17]他并不反对这些观点，实际上总体说来，他对弗洛伊德及其精神分析学持肯定态度。但是他坚持认为无论是过去还是现

在，伟大的文学都应该超越任何一种想象，文学应该指出为人类经验提供
包罗万象的注解的任何尝试都有其不足。他很清楚，在一个原子化的大众
民主社会，文学观很容易迷失方向。由于大众社会走向了共识和整合（当
时的情况就是如此，特别是美国在发生了麦卡锡聆讯事件之后，这一倾向
更加突出），特里林写道，文学该做的是完全不同的另一码事。他还谈到
这样一个事实：20 世纪的一些最伟大的作家都不是自由的民主主义者，他
列举了庞德、济慈、普鲁斯特、乔伊斯、劳伦斯和纪德，说他们的强大源
于他们身处敌对阵营。特里林认为，这才是问题的根源。他认为，批评家 452
的任务就是找出共识，以便艺术家弄清该反对什么。[18]

亨利·斯蒂尔·康马杰的《美国精神：19 世纪 80 年代以来美国人的思想和性格阐释》也发表于 1950 年，与特里林的著作同一年问世。[19] 表面上看，康马杰走了一条不同的路线，试图弄清到底是什么使美国人的思想不同于欧洲人。康马杰这本书就是他本人思想的导读。该书的重点不是那个时代的“伟人”或君主（当然美国没有君主），不是政治家（全书共二十章，仅有第 15 和 16 章谈到政治），也不是普通大众及其生活（虽然提到了林德夫妇的《米德尔敦》，但是完全没有提及他们的统计方法）。相反，康马杰主要谈的是那个阶段在哲学、宗教、文学、历史、法律以及被他视为新科学的经济学和社会学领域熠熠生辉的大人物。[20] 康马杰在整个论述及方法澄清的过程中，指出达尔文及其进化论如何影响了美国的思想生活。在引用 19 世纪末的一些文献资料后，康马杰在谈到赫伯特·斯宾塞的影响（见本书第 3 章）时认为，达尔文主义已经以实用个人主义的形式融入了美国精神。他暗示道，美国人认可社会进步是通过杰出个人取得的成就所实现的；包括他本人在内的所有历史学家有责任认可这些个人及其取得的成就；文学的作用就是为传统和变革提供案例，推动辩论；作家和学者也有责任揭示个人主义病态的一面，这种负面特征必须受到约束，

还其本来面目。[21] 例如，他认为很多作家（如杰克·伦敦和西奥多·德莱赛）过于崇拜达尔文的决定论，而宗教派别在美国的激增在某种意义上是对个人主义的病态拒绝（雷茵霍尔德·尼布尔也谈过同样的观点），常见的“非理性膜拜”也是如此，是对科学决定论的反叛。他认为，美国最大的成功是法律的务实发展，美国法律认识到，社会不是、也不可能是一个静态的制度，社会应该变革，应该促进变革。[22] 换句话说，艾略特将高层文化精英的怀疑论视为即将出现的政治家泛滥的首要良方，康马杰则认为美国法律制度是后达尔文的实用主义社会的最大成就。

这四种观点实质上都相信理性，相信进步观点，相信严肃文学的作用在于促进不同文化的自我阐释。广义上说，它们甚至在什么是严肃文学（高雅文化）这个问题上达成了一致。

这些著作一经发表即受到质疑。说“质疑”可能太客气了，因为他们的观点实际上受到各方的批评、攻击和痛斥。这些攻击来自人类学、历史
453 学及其他学科领域；来自社会学、自然科学、音乐界和电视媒体的批评持续升级；就连利维斯所在的剑桥大学英语系也传出批评声。这一思想运动还在继续，并形成了 20 世纪下半叶思想界的主要潮流之一。这也是诠释个人主义崛起的一个背景因素。大众社会的来临为这一变革提供了最初也是最主要的发动机，特别是在大卫·里斯曼、C. 赖特·米尔斯、约翰·肯尼思·加尔布雷思和丹尼尔·贝尔所预见和描绘的心理学和社会学的变革。但是发动机只提供动力，不能控制方向。里斯曼等人阐述了大众社会的人们正在大体发生的变化，但是具体的变革方向还有待指明。本章将接着介绍左右这一变革的主要人物。

1955 年 10 月，当**艾伦·金斯堡**（Allen Ginsberg）在旧金山朗诵他

的诗篇《嚎叫》时，谁也不曾想到，他将以星火燎原之势引发一种另类的“**垮掉的一代**”（Beat）文化。但是，细细品读他本人，还是能发现一些端倪。金斯堡曾经在哥伦比亚大学学习英语文学，师从莱昂内尔·特里林，他认为特里林为美国自由主义的辩护“既振奋人心又令人大倒胃口”。在创作《嚎叫》时，金斯堡是一名自由职业的市场研究员，因此，他非常了解传统态度和行为模式。既然他清楚常规，他就明白如何才能做到与众不同。[23]

另外，在相当一段时间里，金斯堡的生活处境完全不同于特里林的世界。金斯堡出生于新泽西州帕特森市的一个诗人和教师家庭。20 世纪 40 年代，他就已经结识**小威廉·巴勒斯**（William Burroughs Jr.）和杰克·凯鲁亚克，当时他们正在纽约的公寓里对第二次世界大战“袖手旁观”。[24] 小巴勒斯比他年长得多，来自圣路易斯一个富有的新教徒家庭，曾经在哈佛大学学习文学，在维也纳大学学习医学，后来他几乎是掉入贼窝，流连于曼哈顿时代广场和格林威治村的波希米亚社区。巴勒斯迥异的两面，即良好的教育和离经叛道的生活方式，令金斯堡着迷。像这位前辈一样，金斯堡深感自己接近美国社会的主流，在他师从特里林的时候，这种感受更为强烈。[25] 由于不喜欢特里林的形式主义，金斯堡等人创造了一种新的写作形式，其主要特点是自发性和自我表达。[26] 金斯堡的风格近乎原始，旨在颠覆一种在他看来过于官方的文化，而这种文化基于中产阶级的礼仪和成功观念；由于新兴电视商业广告的出现，这种观念虽然只是社会的一个方面，却比以前更显眼了。不过，首次朗诵《嚎叫》的那个晚上可算不上顺利。当金斯堡站在旧金山楼上某个房间的时候，现场一百多人看出他很紧张，还喝了很多酒。[27] 据一位当时在场的人说：“他的声音低沉、紧张，但是由于酒精的作用和诗歌的强烈情感迅速弥漫，他迅速沉醉于诗歌的有力节奏，像犹太领唱一样高声吟唱起来，气息控制得当，肆无忌惮地玩味语

454 言。”[28] 当时在场的还有他的纽约故友凯鲁亚克，金斯堡每念完一行诗，凯鲁亚克都欢呼喝彩，高呼“继续！继续！”很快大家一起高呼起来，群情高涨，金斯堡本人甚至有点恍惚了。那晚金斯堡的诗篇风靡一时，那个时刻也将留下印记：

> 我看见这一代最出色的头脑毁于疯狂，
> 挨着饿，浑身赤裸，歇斯底里，
> 拖着身躯在黑人街区游荡到黎明，
> 目光逡巡，找寻着注射器，
> 戴着天使头饰的时尚客渴望在机械暗夜中，
> 与那星光熠熠的永动机沟通古旧厚重的美妙关系。

旧金山诗歌复兴中的评论家和关键人物肯尼斯·雷克斯罗斯后来说，《嚎叫》使金斯堡在“两桥区域”（意指从纽约的三区大桥到旧金山的金门大桥）声名远扬，无人不知。[29] 这低估了金斯堡诗歌的现实意义，最要紧的是其诗歌的形式和创作方式。《嚎叫》的原创性不仅在于它的标题和它所使用的隐喻，还在于它重拾“前现代口头文学传统”。在这种传统下，表演与诗句的具体意义同等重要。这样，金斯堡促使“文化意义从教化和理性的内涵转向更普遍的集体体验”。[30] 金斯堡是刻意为之的。从一开始，他就没有想过要刊载在思想评论类杂志上，而是积极接触《时代》、《生活》等大众媒体，宣传自己的观点；别忘了他是个市场研究员啊。他还利用更广阔的平装本市场推销自己的作品，《嚎叫》的出版商是**劳伦斯·费林盖蒂**（Lawrence Ferlinghetti），即美国第一家平装书店“**城市之光**”（City Lights）的老板。[31]（当时，平装书仍被视为一种另类的、稍显激进的信息传播形式。）在《嚎叫》被大众媒体接受之后，“垮掉的一代”

文化才作为一种另类生活方式进入大众的视野。“垮掉的一代”的文化主要包括三个重要的组成部分：另类的文化观，另类的经验观（借助毒品），以公路文化为代表的前沿心态。具有讽刺意味的是，所有这些都试图传达伟大的个人主义，从这个意义上说，它给美国传统一记耳光。但是“垮掉的一代”自认为是一种激进文化。关于公路文化，最能引起人们共鸣的例子是杰克·凯鲁亚克于 1957 年创作的《在路上》，它同时也是“垮掉的一代”的另一个重要标志。

杰克·凯鲁亚克（Jack Kerouac）原名让—路易·乐比利·德·凯鲁亚克，1922 年 3 月 12 日出生于马萨诸塞州洛威尔市，并不具备日后成为一名作家的良好家庭背景。他的父母是来自加拿大魁北克法语区的移民，因此，英语不是他的母语。1939 年，他凭借足球奖学金进入哥伦比亚大学。[32] 因为结识了金斯堡和巴勒斯，他才萌生出当作家的念头，但是直到他 35 岁的时候，他才会发表他最出名的著作（也是他的第二部作品）。[33] 凯鲁亚克的书之所以受到读者欢迎，部分原因是在它出版的两周前，金斯堡的《嚎叫及其他诗集》成了旧金山著名的“猥亵审判案”的主角，当时还没有下达最后判决（最后法官断定这些诗“有一定的社会意义”）。于是人们竞相谈起“垮掉的一代”。凯鲁亚克向无数打听“垮掉”有何含义的采访者解释道，部分灵感来自时代广场上的一名妓女，她用这个词“形容兴奋后的疲惫状态”，另外在凯鲁亚克心中这个词还与天主教的至福幻象相关联。[34] 在接受采访的过程中，凯鲁亚克透露，他疯狂地写了三周就完成了《在路上》，他将打印纸前后相接，粘成很长一串，以免中断工作，影响思维。虽然很多批评家觉得这种技术很有趣，或者很潇洒，但是杜鲁门·卡波特却评论道：“那不是写作，是打字。”[35]

与凯鲁亚克的其他作品一样，《在路上》有很强的自传性质。他喜欢说自己为了寻求体验，花了七年时间在路上，研究书籍，在莫名的躁动中从一个城镇搬到另一个城镇，从一种毒品换到另一种毒品。[36] 这本书还涉及朋友们的性格和经历，特别是尼奥·凯塞迪（在书中叫迪恩·莫里亚蒂），他给凯鲁亚克和金斯堡写信，用词狂野兴奋，详细描述自己“在性和毒品方面的探索”。[37] 凯鲁亚克想在书中重现的正是这些“勇敢之师”的无根的、混沌的、本质上又意气相投的能量；就像 F. 斯科特·菲茨杰拉德的小说影响了 20 世纪 20 年代，而海明威的著作影响了 20 世纪 30 和 40 年代一样，他刻意想对 20 世纪 50 年代有所影响。（凯鲁亚克不喜欢他们的写作风格，却极力仿效他们敏锐的观察视角。）《在路上》以平淡且刻意漫不经心的语言，讲述了各种冒险经历，挑战了“繁荣美国的自负心理”，清楚地揭示了流行音乐（比如波普乐和爵士乐）对年轻人的影响。[38] 但最主要的是，它给我们带来了公路作品，甚而给我们带来公路电影。“公路”成为另类生活方式的象征，四处流浪但不是漫无目的，到处迁徙但方向明确，物质贫穷却精神富足，在思想和道德上勇于尝试（即便身体上有局限性）。由于凯鲁亚克的影响，旅行成了新文化的一部分。[39]

“垮掉的一代”的文化开始远离特里林和康马杰等人，远离艾略特在其诗歌中精心创造的高雅意象。瘾君子、飞车党、灰狗巴士族等亚文化群体开始独创性地运用方言土语，“策略性回避”过于复杂或困难的内容，并借助药物转向“另类”意识等，由此在各方面都极具颠覆性。[40] 但是，在 20 世纪 50 年代，并不是所有与传统高雅文化相对的另类文化都如此自我，最具影响力的领域仍是流行音乐。

无论流行音乐能回溯多远，它的表现形式一直受制于传播技术。在乐谱、现场乐队、歌舞厅和收音机的年代，流行音乐的影响相对而言是有限的。总有一个精英或是核心团队决定该发行哪种音乐，该邀请哪支乐队到
456
舞厅或电台演出。1948 年，哥伦比亚唱片公司发明了慢转唱片；一年后，

美国无线电唱片公司推出第一支“单曲”；从此，正如我们看到的，音乐世界改天换地了。此后，只要有留声机，人们就可以随时在家播放自己喜欢的音乐。人们听音乐的方式发生了变化。同时，新一代的“他者导向”的年轻人已经做好准备投身这一新的文化形式了。

一般认为，流行音乐最初诞生于1954年或1955年，当时黑人的R&B（节奏布鲁斯）音乐走出了贫民区（第二次世界大战前，它被称为“种族音乐”）。不仅黑人歌手成功地被白人听众接受，很多白人音乐家也模仿起黑人的音乐风格。关于流行音乐的真实起源有很多说法，但是一个公认的说法是：克利夫兰唱片店主**里奥·梅兹**（Leo Mintz）与俄亥俄州克利夫兰的电台音乐主持人**艾伦·弗里德**（Alan Freed）有交往，有一天，梅兹告诉弗里德，白人青少年突然都“争相购买黑人R&B唱片，把能买到的都买光了”。弗里德去了梅兹的唱片店，后来他这样描述那次见闻：“我听到了瑞德·普莱萨克和比格·艾尔·西尔斯的男高音萨克斯乐，也听到了布鲁斯演唱、钢琴伴奏的艾弗里·乔·亨特的音乐。我很纳闷，大约纳闷了一个星期。然后我找到电台经理，说服他同意我在古典音乐节目结束后加一个摇滚派对。”[41]弗里德一直声称是他发明了“摇滚”这个术语，但是业内人士说，在1954年以前的黑人音乐里，便到处都有这个词，它是黑人用来表示性交的俚语。[42]无论是不是弗里德发现了节奏布鲁斯或摇滚乐，但他确实是在电台播放流行音乐的第一人；他对着唱片咆哮，就像凯鲁亚克在金斯堡初次表演《嚎叫》时大喊“继续”一样。[43]

弗里德很精明，他重新命名了节奏布鲁斯。重新包装后，节奏布鲁斯不再是种族音乐了，白人电台也可以播放。唱片公司很快响应，发行白人版（通常是净化过的）黑人歌曲。例如，有些人认为“和弦”乐队的《嘘—砰》是第一张“摇滚”唱片。[44]它在电台大获成功后不久，水星唱片公司发行了“海军头”乐队翻唱的净化版，并在一周内进入热卖唱片前十名。接着，白人歌手如比尔·哈雷和“猫王”艾尔维斯·普莱斯利开始模仿黑人音乐并取得了更大的商业成就。[45] 电影《黑板丛林》和电视节目《美国舞台》等影视作品进一步推广了此类音乐，尤其给各地青少年留下了深刻的印象。[46] 对热衷社会学的人来说，早期的流行 / 摇滚歌曲恰巧反映了里斯曼的孤独人群理论，例如保罗·安卡的《寂寞男孩》(1959)、维德尔乐队的《寂寞先生》(1960)、罗伊·欧宾森的《唯有孤独》(1960) 和布伦达·李的《我永寂寞》(1962)。不过，也有人认为，早在社会学出现之前，孤独就已经存在。顺带一提，摇滚业的一个重要方面是热门音乐排行榜，这一点常常被忽视。对于这个被 W.H. 怀特取笑为三分钟热度的群体，统计数据很重要，人们能够看到别人在做什么，然后去跟风。[47] 不过，摇滚音乐或流行音乐最重要的意义在于，它的出现是高雅文化的又一
457 颗棺材钉。与这些音乐一起到来的还有时尚，这些由毒品、爱情及最重要的性导致的“另类意识”汇成了一代人的大合唱。摇滚的声音淹没了其他一切，年轻人的文化完全焕然一新了。

流行音乐的发展是白人中产阶级接受并改编黑人音乐的结果，这绝非偶然。20 世纪 50 年代，黑人的自我意识不断提升。美国黑人参军打仗，与白人一样无所畏惧，他们自然期待公平地分享战后的繁荣。但是，在 20 世纪 50 年代，他们发现事与愿违，特别是在南方，种族隔离依然十分明显，黑人感到受了羞辱，他们的怒气即将爆发。1954 年，美国最高法院裁决校园内种族隔离违宪，否定了此前盛行的“分开却平等”的观点，黑人的大光其火只是一个时间问题（实际上只用了一年半）。随后亚拉巴马州蒙哥马利市一名美国黑人罗莎·帕克斯被捕，原因是她坐了公共汽车前部为白人保留的座位。即将撕裂美国的民权运动从那天起轰轰烈烈地开始了。此时，在国际社会，参与第二次世界大战的前殖民地的自我意识也获

得提升，也开始寻求独立。（1947 年印度独立，1951 年利比亚独立，1957 年加纳独立，1960 年尼日利亚独立。）其结果是，20 世纪 50 年代迎来了黑人文学创作的繁荣。

在美国，我们已经看到 20 世纪 20 年代哈莱姆文艺复兴所取得的成就。**理查德·赖特**（Richard Wright）的写作生涯跨越战争，他最重要的两本书分别问世于第二次世界大战的始末，《土生子》发表于 1940 年，《黑孩子》发表于 1945 年。赖特的作品十分出色，着力描述了当时那个变革过于缓慢的社会，赖特的一位朋友对此则牢骚更甚。

拉尔夫·艾里森（Ralph Ellison）8 岁时，母亲给他买了一把短号，他因此立志要当一名音乐家。但是 1933 年，他进入布克·华盛顿的塔斯克基学院后，在那里的图书馆发现了 T. S. 艾略特的《荒原》。[48] 受到朋友赖特的影响，也由于海明威在《纽约时报》上刊登了西班牙内战的报道，艾里森于 1952 年发表了《隐形人》。在这本巨著中，主角（无名氏）经历了现代美国黑人历史的所有阶段："在南方腹地度过童年；上了北方慈善机构资助的黑人大学；到北方工厂做工；在哈莱姆经历狂暴而复杂的黑人城市生活；'回到非洲'运动；共产主义机构'兄弟会'；最后成了一名颓废派。"[49] 但是，所有这些都使他反感，隐形人无所适从。艾里森较早时批评过贡纳尔·默达尔，不过，除了对黑人面临的各种可能性进行大胆批评之外，艾里森似乎也没提出什么建设性的意见。这部小说问世之后，他本人反常地陷入沉默，几近销声匿迹。真正震动白人的是第三位黑人作家，他对黑人所处的水深火热的环境有着切身的体验。 458

詹姆斯·阿瑟·琼斯生于 1924 年，兄弟姐妹共十个。他在极度贫困中长大，从未见过父亲。多年后，母亲嫁给了大卫·鲍德温，他于是改跟继父姓。这位继父是位极具"煽动性"的传教士，"根深蒂固"地仇恨白人，因此，到 14 岁时，**詹姆斯·鲍德温**（James Baldwin）也继承了这两种性格。[50]他在布道中的表现证明了他的写作天赋，于是他被菲利普·拉夫介绍给了《新领袖》（C.赖特·米尔斯曾经在那儿获得机遇）。由于鲍德温既是同性恋又是黑人，他从理查德·赖特的著作中吸取营养，流亡巴黎，在那儿写出了早期作品。这些作品继承了美国的实用现实主义传统，受到了亨利·詹姆斯和约翰·多斯·帕索斯的影响。当时，鲍德温给自己的定位是要充当“哈莱姆封闭的家庭和教堂的眼睛，谨慎地观察巴黎的同性恋事件，尤其是要敏锐地记录人类内在的自我冲突”。[51]《向苍天呼吁》（1953）和《乔瓦尼的房间》（1956）使他小有名气，但是随着20世纪50年代末民权运动的出现，他的生活旋即发生了新的变化。1957年，他从法国回到美国，9月份受《哈泼斯》杂志委托，报道阿肯色州小石城及北卡罗来纳州夏洛特市为取消种族隔离而发起的斗争。当年9月5日，阿肯色州州长奥维尔·法柏斯曾经试图阻止黑人学生到小石城的一所学校就读，于是艾森豪威尔总统派遣联邦军队强行取消种族隔离，保护了黑人儿童的权利。

这一经历改变了鲍德温：“过去的鲍德温是一个在白人世界里谋求发展的黑人作家，但是此时的鲍德温变成了真正的黑人。”[52]他不再是一名旁观者，《哈泼斯》杂志上的文章使他克服了对南方的恐惧（他本人如是说），他坦率地表达自己的愤怒和诚意，是接受或者拒绝，读者们看着办。他用痛苦、本色的语言传达讯息：“他们（参加静坐示威和游行的学生）并不是第一批面对暴徒的黑人，但这是第一次，感到惧怕的不再是他们，而是暴徒。”[53]鲍德温的两篇文章结集成书，即为《下一次将是烈火》，这本书颇受关注，他生动地叙述黑人的经历，向白人传达黑人心中强烈的仇恨和愤怒。“因为美国黑人生活中的恐惧已经无法言表……我意识到惊天大事正在发生，而我身负使命。我会因此不快，但我绝不会袖手旁观。”[54]黑人的愤怒倾泻而出，掷地有声。

此外，黑人写作也取得了进步。英国的**科林·麦金尼斯**（Colin MacInnes）发表了两部小说（1959 年的《绝对新手》和 1960 年的《爱先生和正义先生》）。不过，这两部小说对西印度群岛人的生活方式作了较为敏锐的观察（这些人自 1948 年后陆续来到伦敦，在交通系统工作），而不太关注直接的社会观点或政治观点。[55] 在法国，“黑人气质”（négritude）这个概念早在第二次世界大战前就有了，但直到 1945 年以后才广泛使用；其主旨是赞美非洲人的过往，强调与希腊人的理智和逻辑相对应的黑人的情感和 459
直觉。主要代表有塞内加尔总统利奥波德·桑戈尔、艾梅·塞泽尔和弗朗兹·法农（法农是位精神病医生，来自马提尼克岛，在阿尔及利亚工作，详见第 30 章）。“黑人气质”是个宝贵的词汇，它所描述的那个阶段似乎比鲍德温或艾里森笔下的更为安全可靠。这个词汇的中心意思是，黑人文化或黑人生活与其他文化一样丰富多彩、意蕴深厚、令人满意，黑人艺术源于黑人经历，它新颖、感人，值得分享。

实际上，“黑人气质”是欧洲人用的一个标签词，指发生在非洲法语地区的事情。[56] 然而，这些非洲国家正在经历的历史却比这个词的内涵更加痛苦和深刻。殖民地走向自治的过程是第二次世界大战带来的不可避免的副产品。殖民国家日益衰落，难以维系对殖民地的控制，而且还要依赖殖民地的人力出征打仗，巨大的道德压力迫使殖民国家在政治上放弃对殖民地的控制。与此同时，思想界也在发生变化。

希普林·埃昆西的《城里人》（1954）是西非第一部现代的现实主义小说，不过使西方国家注意到非洲文学新发展的是阿莫斯·图图奥拉于 1951 年发表的《棕榈酒醉鬼故事》。[57] 然而，尼日利亚作家**钦努阿·阿契贝**（Chinua Achebe）于 1958 年发表的小说《瓦解》才是非洲小说的真正原型。它用优美的英语生动地描述着，白人的到来导致非洲传统社会走向瓦解。读者一眼就能看出，无论从情感或是地理上看，小说的场景都是非西方的。所有这些交织在一起，最后汇成一部杰出的悲剧。[58]

阿契贝的母语是伊波语，但他从小学习英语，并在1953年成为伊巴丹大学英语文学专业首批毕业生。另外，阿契贝深刻同情其小说人物的性格缺点，他巧妙的创作方法反映出他的感悟，即一切社会、一切文明都包含着毁灭自身的种子，这在小说标题上也有所反映；因此在他的小说中，白人的到来不是社会瓦解的根源，而是加速社会发展的催化剂。小说主人公奥康克沃是伊格博文化的成员、村里受人尊敬的长者、身强体壮的男人、顺风顺水的农场主和摔跤手，但他与性格温和的儿子存在分歧。[59]阅读阿契贝的小说，读者会被昂莫非亚村的节奏所吸引，他的创作非常成功，就连西方读者也会承认这个社会的“野蛮”风俗不无道理。实际上，他是通过想象为我们清晰地描绘出一个稳定、富足、“复杂、本质上又有人情味”的社会。当奥康克沃违反村规时，我们认可这意味着他将被放逐七年。对于奥康克沃一手养大的人质，我们逐渐接受他的存在以及他对奥康克沃的爱。当这名人质被谋杀，甚至当奥康克沃自己参与殴打时，我们甚至也能接受，这本身就是阿契贝的非凡之处。当一位白人到来的时候，
460 我们也像昂莫非亚村的村民一样对他的行为举止迷惑不解。阿契贝憎恨殖民主义，但他并非只想鞭挞白人，他让读者看到了昂莫非亚社会的不足，它停滞不前、无力变革，所以被这个社会遗弃或淘汰的人很可能被引向基督教（奥康克沃本人思想僵化，这也是造成悲剧的一个原因）。《瓦解》构思巧妙，是一部思想深刻且富有感染力的作品。[60]通过主人公奥康克沃和昂莫非亚村，阿契贝塑造了具有普遍意义的人物和社会。

在阿契贝的小说发表一年后，另一位尼日利亚诗人和剧作家**沃莱·索因卡**（Wole Soyinka）于1959年发表了处女作《狮子和宝石》。这是一部获得极大成功的散文体喜剧，背景也是一个非洲村落。与阿契贝相比，索因卡更像是“人类学”作家，他用到了约鲁巴神话，并产生了很好的反

响（他甚至对约鲁巴神话做了学术研究）。人类学本身就是一种能帮助我们重新塑造“文化观”的学科。在人类学领域，**克劳德·列维—斯特劳斯**（Claude Lévi-Strauss）是最有影响力的人物，他在1955年发表了两部重要作品。他于1908年出生在瑞典，在凡尔赛宫附近长大，上过巴黎大学。毕业后，他在圣保罗大学任社会学教授，并到巴西开展实地研究，后来他又来到古巴开展后续的实地研究工作。1939年，列维—斯特劳斯回到法国服兵役。1941年，他作为难民来到纽约的社会研究新学院，第二次世界大战后担任法国驻美国的文化专员。1959年，他被任命为法兰西学院的社会人类学教授，当时的他已经开始发表大量作品。他的作品主要有三类：第一类研究家庭关系，考察不同的部族（主要是美洲印第安人）如何看待家庭关系；第二类研究神话，探讨神话反映出表面上截然不同的人看待事物的方式；第三类是研究自传、哲学、旅行记录，即1955年发表的《忧郁的热带》。[61]

列维—斯特劳斯的理论很复杂，同时，他的风格也很晦涩，经常使翻译其作品的译者感到棘手。因此，他是一个很难通过作品译介获得公正评价的作者。不过，我们可以这么说，除了对亲属关系的研究之外，列维—斯特劳斯的作品有两个主要元素。在他的论文《关于神话结构的研究》（1955年发表于《美国民俗杂志》，与《忧郁的热带》同年问世）中，列维—斯特劳斯研究了全世界数百个神话，这篇文章后来被收进他的四卷本作品《神话学》。尽管他学的是人类学，但他声称，自己的工作得益于“三位情人”：地质学、马克思和弗洛伊德。[62]他书中的弗洛伊德元素明显多过马克思主义或地质学元素，但他想表达的是，他和马克思及弗洛伊德一样，试图寻找人类经验背后的普遍结构；他像“年鉴学派”（见第31章）的历史学家一样，认为历史的广阔视野比局部事件更重要。[63]

列维—斯特劳斯说，一切神话都有共同的内在逻辑。通过观察，他发

现任何神话故事都反复提及几个基本主题。乱伦、手足相残、弑父，或同
461 类相残。神话是“一种集体梦想”，一种能够被解码的“黑暗的手段”。[64]
在后来的四卷本《神话学》中，他独具匠心地研究了813种不同的神话故事。很多人拒绝接受他们结论，特别是盎格鲁—撒克逊的批评家（如爱德蒙·利奇）。列维—斯特劳斯发现，世界各地的神话人物都是生于大地，而非女性，都有很不平凡的名字或者诸如畸形足的某种畸形。[65]神话往往含有“高估”的亲属关系（乱伦）或“低估”的亲属关系（手足相残或弑父）。有些神话谈到食物的吃法（熟食/生食），或热闹或安静、人们或盛装或裸体。列维—斯特劳斯的主要观点是：实质上，如果神话可以解读，它就能解释早期人类看待世界的方式，因此也就能看出最基本的无意识思想结构。他的方法对很多人有启示作用，但是也有一个重要的继发效应。他本人明确说过，基于他的探究，“原始”人和“现代”人毫无区别，所谓的野蛮人在传说故事中也是高级人，跟我们一样，不同于原始状态。[66]

我们知道，在20世纪早期，玛格丽特·米德和鲁思·本尼迪克特在揭示全世界不同人民在各种行为领域（如性）的差异方面，做了重要的工作。[67]相反，列维—斯特劳斯从根本上告诉我们，神话所表现出来的全世界的人性和信仰在本质上是相似的，基本上是一致的。这在20世纪下半叶是一个极其重要的观点，不仅有助于颠覆艾略特、特里林等人提出的经过进化的高雅文化的合法性，而且推进了“地方性知识”概念的发展，也就是说，即文化表达是有效的，即便它有明显的地方局限性，而对这种文化表达的解读可能比局外人见到的表象更复杂、更丰富。在这个意义上，列维—斯特劳斯和钦努阿·阿契贝所说的是同一个东西。

人类学的发展还受到了平行学科考古学的积极影响。1959年，巴兹尔·戴维森发表了《古老非洲的再发现》，详细说明“黑暗大陆”遥远的过去。一年后，牛津大学出版社推出了权威的《非洲音乐史》。本书第31

章将论及这两本著作，探讨历史思维的新方法。[68]但是在这里，我们也要关注这两本书，因为艾里森、鲍德温、麦金尼斯、阿契贝、列维—斯特劳斯和巴兹尔·戴维森等人的作品反映的都是非黑人世界中的黑人经历。这些作品反响不一，但是都有一个共同点：他们日益意识到，在过去人们刻意贬低黑人的艺术、历史、语言和经历，或者干脆视而不见。黑人的历史、语言和经历亟待还原。“垮掉的一代”是一种不同的另类文化，但它在丰富性、多变性或价值方面，毫不逊色。这里有着共同的追求，又有其伟大的传统。

英国在20世纪50年代还没有大量的黑人。黑人移民自1948年开始 462
进入，前面提到，科林·麦金尼斯等作家偶有记录他们的生活。1961年，限制“新”联邦（尤其是黑人国家）移民入境的第一部《英联邦移民法》获得通过。直到那时，种族对传统的英国文化几乎构不成威胁。相反，在相应的社会分化过程中，“另一种因素”日益强大，很多人为此投入了相当的热情，这一因素便是阶级。

1955年，几个志趣相投想干出一番事业的人打算在伦敦建立剧院，做些新的事情：根据全新的素材创作新的剧本，努力振兴当代戏剧，培养一批新观众。他们给这家企业取名为“**英国演艺公司**”（English Stage Company），并租下了切尔西区斯隆广场上一座名叫“**皇家剧院**”（Royal Court）的小型剧场。事后证明，这座剧院十分理想。它地处资产阶级伦敦的市中心，演出的节目却是革命性的。[69]该公司的首位艺术导演是**乔治·迪瓦恩**（George Devine），他曾经在牛津和法国学习；他还带来了副导演**托尼·理查森**（Tony Richardson），后者时年27岁，曾经就职于BBC。迪瓦恩有经验，而理查森有天分。实际上，奥利弗·内维尔谈到英国演艺公司的早期状况时曾说，迪瓦恩慧眼独具，发现了第一个天才。公司刚启动时，他在戏剧周刊《舞台》上登广告，征集有关当代主题的新剧本，七百多份稿件像雪片般飞来，其中有一位名叫**约翰·奥斯本**（John Osborne）的编剧送来了《愤怒的回顾》。[70] 迪瓦恩很喜欢它“犀利”的语言，认定其演出效果不错。他发现作者约翰·奥斯本是个失业演员，他的很多情况在战后的英国具有典型性。《1944 年教育法》(《贝弗里奇报告》的后续成果）提高了学生的离校年龄，开启了现代小学、初中和高中的学校教育制度；政府还资助下层社会的学生进入表演学校。但是，战后的英国死气沉沉，学生人数太多，工作机会太少。奥斯本就是这些接受超长训练的学生中的一员，他剧本中的“男主人公”杰米·波特也是如此。[71]

“男主人公”要加引号，因为这也是剧本《愤怒的回顾》的几大特征之一。剧中这位主角，属于社会中下层，他一边批评周遭的一切，一边批评自己。从这个意义上说，杰米·波特和奥康克沃是难兄难弟，他“被一股狂野的力量拽向虚无”。[72]《愤怒的回顾》的结构屡遭批评，因为故事最后走向崩溃，杰米和他的中产阶级的妻子缩回了他们自己那装点着可爱玩具的梦想世界。[73] 尽管如此，这部戏剧获得了极大的成功，有位评论家说，它标志了一个时代的开始，“戏剧不再只关注中产阶级人物，戏剧的场景也不再局限于乡村别墅”。[74] 这部戏剧的标题也引起“**愤怒的青年**”（angry young men）一词的兴起，这个词与“**极端现实主义戏剧**”（Kitchen Sink Drama）一起，意指英国 20 世纪 20 年代中后期众多关注工人阶级（通常是男性）经历的小说和戏剧。[75] 因此，从这个意义上说，正是奥斯本代表的趋势契合了我们所关注的文化概念重建。奥斯本的剧本以及众多小说的主角都是工人阶级的“男主人公”或者所谓的“反正统派男主人公”，其
463 他作品还有伯纳德·科普斯的《斯特普尼·格林的哈姆雷特》(1957)、约翰·雅顿的《巴比伦河域》(1957）和《忍辱偷生》(1958)、阿诺德·韦斯克的《大麦鸡汤》(1958）和《根》(1959)、小说家约翰·布莱恩的《上流社

会》(1957)、艾伦·西利托的《周六晚和周日晨》(1958）和大卫·斯托里的《如此运动生涯》(1960)。这些非正统主角都富有进取心，凭借接受的教育或掌握的技能摆脱了下层社会背景，但又前途迷茫。尽管这些作者都能看到下层社会的缺点，并且发现这些缺点与其他阶层的缺点不相伯仲，但是他们的作品给下层人民的生活经验带来了正统性，也为传统文化形式提供了另一种可能。用艾略特的话说，这些作品本身持极度怀疑的态度。

诗歌领域也发生了类似的变化。1954 年 10 月 1 日,《观察家》杂志刊出一篇匿名文章《在运动中》。这篇文章其实出自该杂志文学编辑 **J. D. 斯科特**（J. D. Scott）之手，它指出了英国文学的一个新群体，即一群小说家和诗人，“崇拜利维斯、燕卜荪、奥威尔和格雷夫斯”，“对四十岁左右群体的绝望感到乏味……对诗意的情感极不耐烦……怀疑、坚强又刻薄”。[76]《观察家》的这篇文章列举了五位作者。而在 1955 年 D. J. 恩莱特发表了《20 世纪 50 年代的诗人》，以及一年后罗伯特·康奎斯特发表《新诗》之后，共有九位诗人和小说家被认为参与了当时的这场所谓运动：金斯莱·艾米斯、罗伯特·康奎斯特、唐纳德·戴维、恩莱特本人、托姆·冈恩、克里斯托弗·霍洛韦、伊丽莎白·简宁斯、菲利普·拉金和约翰·韦恩。也许有些偏激，一位文选编者这样评价这次运动，称它是“18 世纪以来与文化传统最伟大的决裂”。其主要文本包括韦恩的小说《误投尘世》(1953）和艾米斯的《幸运的吉姆》(1954)，主流情调是“中产阶级怀疑论”和“讽刺性常识”。[77]

菲利普·拉金（Philip Larkin, 1922—1985）是这次运动中最具代表性的诗人，他的诗作清晰地表述了自己的生活观和文学观。他成长于考文垂，离 W. H. 奥登所在的伯明翰不远，从牛津大学毕业后，当了大学的图书管理员（莱斯特大学，1946—1950；贝尔法斯特大学，1950—1955；赫尔大学，1955—1985)，这主要是因为他需要一份稳定工作。他早年写过两本小说，却因诗作而闻名。拉金喜欢说，是诗歌选择了他，而不是他选择了诗歌。从他的第一部成熟的诗集，发表于1955年的《较小之欺诈》中，我们可以领略他富有诗意的表达，“怀疑、坦率、没有华丽的辞藻”，更重要的是，谦逊和坚强。这部作品不像奥斯本的剧本那么愤怒，但是，拉金拒绝旧文学、传统、崇高思想和精神分析（他称之为“普通的神秘猫”），这与极端现实主义戏剧脚踏实地的特点相吻合，只不过音量没有那么大。[78] 他最著名的诗篇《去教堂》里有这样的诗句：

> 我摘下骑车裤腿夹，
> 勉强表示敬意。

464 这些句子立刻传达了拉金“内心的诚意”，更不用说某种喜剧意识。拉金认为，人们“渴求意义，但在很大程度上，又没有把握能胜任这项工作；毫无疑问，世界是存在着的，没有任何哲学意义；具有哲学意义的是，人对这一事实无能为力，只能做个‘无助的旁观者’；人的感受没有意义，因此无所立足。那么我们为什么会有感受呢？这就是斗争”。他看到：

> 冰雹
> 眼看就要降临，
> 痛击你的生活，然后消失于无形

为了突出多愁善感的缺点，拉金刻意涉及情感，并彻底意识到多愁善感是很多人的通病。他的情感世界是一个幻想破灭和失败的世界（“两个人一起生活与一个人独自生活同样愚蠢”，这是他对婚姻的看法），是“消极的现实主义，他生活的基本目标不是要感受如火的激情，而是避免受到伤害”。正是因为他十分了解令他痛苦和消沉的科学，看穿了存在主义和其他“豪言壮语”，才能有此看法。因此，拉金的声望大增；他的观点可能并不勇敢，却颇有根据。正如布雷克·莫里森指出，几十年来，拉金一直被看成是不那么重要的诗人，但是在世纪末的时候，“拉金似乎主导了20世纪下半叶英语诗歌史，如同艾略特主导了上半叶的英语诗歌史一样”。[79]

与愤怒的青年和文学运动或者与他们所探讨的世界同步出现的，还有**理查德·霍加特**（Richard Hoggart）的独创性作品《识字的用途》。这本书发表于1957年，即《愤怒的回顾》首次登台一年后。霍加特与雷蒙德·威廉斯、斯图尔特·霍尔和E. P. 汤普森一起，并称文化研究的思想学派（今天称学科）的创始人。霍加特于1918年出生在利兹，并在当地大学接受教育，并在北非和意大利参与过第二次世界大战。从军经历对他有很大影响，这与威廉斯一样。战后，霍加特与拉金是同事，当时在赫尔大学成人教育系担任文学讲师，在此期间，他发表了评论专著《奥登》。代表作《识字的用途》糅合了他的全部经历：工人阶级背景、军旅生活、在地方大学成人教育系的教书经历，仿佛他突然间找到了合适的语汇，终于能够描述之前缺乏相应词汇的某个生活面。[80]

霍加特学习的是I. A. 理查兹（见第18章）创立的实用文学批评理论的传统方法和F. R. 利维斯的“伟大传统”，但是，实际经历引领他走向了不同的方向。就像金斯堡与莱昂内尔·特里林分道扬镳一样，他与利维斯也渐行渐远。[81]霍加特不再遵从剑桥传统，而是借鉴理查兹的方法去研究他所熟知的文化（从工人俱乐部的歌唱至家庭周刊杂志，从商业流行歌曲到普通大众趋之若鹜的电影）。他像人类学家一样描述和分析成长过程中习以为常、从未受到质疑的习俗，比如周日早上洗车，或冲洗门前的台阶。他的书做到了两件事情。第一件是详细描述工人阶级的文化，尤其是 465

工人阶级的语言，其中包括书籍、杂志、歌曲和游戏。他进而又做了第二件事，揭示这种文化的丰富性，尤其是比评论家宣称的要丰富得多。与奥斯本一样，霍加特并没有无视工人阶级文化的不足，也没有忽略这个事实：总体而言，英国社会剥夺了工人阶级出身的人们摆脱本阶级地位的机会。但是霍加特旨在描述和分析，没有任何赤裸的政治企图。此后，很多人以同样的方式回应霍加特和奥斯本。此前一直被忽视的某个方面的事件突然能够合理发声了，这也打造出一种优秀的传统。[82]

提到霍加特，自然不能不提**雷蒙德·威廉斯**（Raymond Williams）。与霍加特一样，威廉斯也曾参战，不过他人生的大部分时光在剑桥大学英语系度过，在那他不可避免地注意到了利维斯。与霍加特相比，威廉斯更像是一个理论家，而非一个引人关注的观察家，不过他的辩论同样令人信服。自1958年发表《文化与社会》开始，威廉斯在一系列书中将霍加特限于篇幅没有讲明的内容置于具体的语境加以阐述。[83]这实际上是一种新美学。威廉斯的基本观点是，一件艺术品，无论是一幅画、一本小说、一首诗，还是一部电影，在没有语境的情况下就不可能存在。即使是广泛应用的作品，如“一尊普通的圣像”也有其知识、社会背景，尤其是政治背景。威廉斯的主要论点是，想象不可避免地关系到权力，艺术的形式和我们对待艺术的态度本身就是一种政治。自我意识的终极形式未必是政党政治，而是对文化与权力之间关系的确认。在《文化与社会》中，威廉斯首先谈到艾略特、理查兹和利维斯，称这些学者都认为“文化”有不同的水平，只有少数受过教育的人才能真正从最高水平的文化受益并为之做出贡献。接着威廉斯另辟一章，题为“马克思主义与文化”。关于马克思主义理论，威廉斯提醒我们，对生活起决定性作用的是生产方式和分配方式，所以，文化进步与其他事物一样，依赖于产生相应文化的物质条件。因此，文化必定会反映一个社会的构成，基于这种分析，处于社会顶层的人自然不会要求变革。那么，根据这一观点，艾略特和利维斯只是反映了他们那个时代的社会环境，这也说明他们明显缺乏自我意识。[84]

在（极为扼要地）说明威廉斯的观点之后，还有几点要谈。第一，用来评判艺术家或艺术品的任何标准都不是唯一的。在艾略特或利维斯看来，精英只是一类拥有特殊兴趣的人。关于艺术家及其作品是否有意义，威廉斯建议我们相信自己的经验，也就是说，所有的观点都可能有意义或正确。从这个意义上说，尽管威廉斯本人埋首于多数人认为是高雅文化的东西，他还是在批判传统。第二，威廉斯的理论也意味着，在发展新思想 466
的过程中，艺术家必须同时在美学上和政治上有所突破。正是这种艺术与政治结合的观点导致了“文化左派”的诞生。

对艾略特、利维斯、特里林、康马杰等经典人物的最后两轮批评来自历史学和科学。历史学发起的挑战首先由法国的“年鉴学派”率领，接着又换成了英国的马克思主义历史学派。他们在方法上取得的成就将于第31章详细讨论，我们在这里想说的是，这些历史学家注意到一个事实：“历史”的参与者不仅有国王、将军和元首，还有“普通”大众；整个村庄的历史以及根据出生、婚姻和死亡记录等重建的历史与记载重大战役和谈判的编年史同样精彩，同样重要；生活向前发展并获得意义，靠的是其他方式，而非战争或政治。历史学与其他学科一起，关注“下层社会”，揭示他们的丰富生活。霍加特对20世纪英国工人阶级所做的一切，正如“年鉴学派”为15世纪的朗格多克或蒙塔尤的农民所做的一样。英国的马克思主义历史学家，例如罗德尼·希尔顿、克里斯托弗·希尔、埃里克·霍布斯鲍姆和E. P. 汤普森等人，也关注“普通人”的生活，即农民、底层教士，以及汤普森经典作品中的英国工人阶级。促进这些研究的动力是：下层社会是历史的重要组成部分；他们不愿做上层社会的口中食，理应争取自身利益。

20世纪50年代中后期，历史学、人类学、考古学，甚至是威廉斯所在的英语学科，以及阿契贝、鲍德温、金斯堡、霍加特和奥斯本的作品都反对有关高雅文化的传统观点。新著作和新发现比比皆是。少数“伟大著作”能支撑起一个文明或者是一个文明的精髓的观点似乎越来越站不住脚了，距离现实也越来越遥远。在物质方面，如今美国比欧洲繁荣；为什么美国人要关注欧洲作家？前殖民地意气风发地书写新的历史篇章，他们还想要什么呢？这些问题都有答案，而且是很好的答案，但是一度无人对此感兴趣。此时，从完全不同的方向又刮来了意料之外的一阵风。

艾略特和利维斯等人所发动的最正面的攻击，其出现有着精确的时间和地点。时间是1959年5月7日下午5点多，地点是英国剑桥。当时，在参议厅，即市中心的一幢白色石楼，一个“身材魁梧的人蹒跚着走上西侧的演讲台”。[85] 在这座装饰华丽的新古典大厦的房间里，挤满了资深学者、学生，以及众多的贵客，他们是来参加剑桥大学“颇具代表性的公开活动”，即年度“瑞德讲堂”的。当年的主讲者是查尔斯·斯诺勋
467 爵，不过被大家所熟知的名字是C.P.斯诺（C. P. Snow）。“坐了一个多小时后，”斯蒂芬·柯里尼讲道，“斯诺至少做了三件事：针对这项势不可挡的成功的国际事业，他启动了一个短语，甚至可能是一个概念；他提出一个问题……现代社会任何一位有思想的观察家都需要正视；他还开启了一场论战，这场论战从其范围、持续时间，以及不时出现的激烈程度来看都是不同凡响的。”[86] 斯诺演讲的标题是《两种文化和科学革命》（“The Two Cultures and Scientific Revolution”），他谈的两种文化指的是“人文知识分子”的文化和自然科学家的文化，他称自己“在这两者之间发现了深层的相互猜疑和不理解，这种现象反过来又对科学技术在世界问题上的应用前景带来破坏性后果”。[87]

斯诺选对了时机。剑桥拥有英国一流的科研机构，但是，我们知道，它也是传统文学文化的主要鼓吹者的大本营。斯诺本人也是剑桥人，曾经在卡文迪许实验室工作，接受欧内斯特·卢瑟福的指导（当时他还是莱斯特大学的本科生）。1932 年，他的科研生涯遭受挫折，在宣布发现了用人工方法生产维生素 A 后，他因为计算有误又被迫撤回这个消息。[88] 此后，他不再从事科学研究，相反成为一名政府科学顾问和小说家，写了一套多卷本《陌生人和兄弟们》，讲的是一系列封闭社会（比如专业团体或剑桥大学的众多学院）的决策过程。这些内容遭到"高雅"文学拥趸的嘲笑，认为他的风格傲慢浮夸。因此，斯诺早已开始试图在这两种他都持有鲜明观点的文化之间架起桥梁，但还不太成功。

斯诺认为，他的主要观点适用于全世界，讨论引起的反响完全证明了这一说法。但是它更适合英国以外的其他地方，英国的情况几乎完全相反，这也是事实。斯诺说，人文知识分子把持着政府和高层社交圈的控制权，这就意味着只有懂得古典文学、历史和 / 或英语文学的人才是受过教育的。这些人不太了解科学，或者对科学一无所知；当政府讨论方针政策时，科学往往被认为无关紧要，他们甚至认为科学是全社会最无聊的东西。斯诺认为这种无知是可耻的、危险的，如果一个政府对科学一无所知，那么这个国家将走向衰退。同时，他认为，科学家如果不了解人文学科，也是一种罪过，因为他们很可能主观地认为文学无用，没什么可学的。

翻阅斯诺的演讲稿，他的很多敏锐观察令人印象深刻。例如，他发现科学家比人文知识分子更乐观，科学家们往往出身贫寒（在英国如此，美国"可能"也是如此）。他发现人文知识分子比科学家更自负，实际上对其他文化"一窍不通"，而科学家至少了解自己的无知之处。[89] 他还发现人文知识分子嫉妒科学家同行："有才华的年轻科学家都觉得自己举足轻重， 468

绝对体会不到作品被嘲笑的感觉，就像《幸运的吉姆》的主角那样，实际上金斯莱・艾米斯及其同事的某些不满也就是艺术毕业生找不到工作的不满。”[90] 他总结道，很多人文知识分子都是天生的勒德分子*。斯诺的主要观点正是这两种文化及两者之间存在巨大的鸿沟，而他以世界将进入科技革命的时代这一论断加以佐证。[91] 他这样区分科学革命和工业革命：工业革命带来了机器，设立了工厂，创建了城市，深刻地改变了人们的生活，而科学革命可以“追溯到原子首次应用于工业。我相信电子学、原子能、自动化等构成的工业社会不同于之前的任何一种社会，并将给世界带来更广阔的变革”。他研究了英国、美国、苏联、法国和斯堪的纳维亚半岛的科学教育情况，发现英国的科学教育最薄弱（他认为苏联做得不错，但其成果如何，还不清楚）。[92] 最后他说，只有让人文知识分子熟悉这些陌生学科，摒弃偏见，才会形成恰当的科学管理，有助于解决令全世界头疼的富国和穷国的大问题。[93]

斯诺的演讲引起了巨大的反响。不同国家的人都参与了讨论，由于斯诺不懂众多的语言（如匈牙利语、日语和波兰语），所以，对于世界各地的不同观点，他几无所知。很多评论或多或少赞同他的观点，但从两个方面传来了严厉的批评，其中一种颇有人身攻击的性质。此人正是 F. R. 利维斯。针对斯诺的演讲，他在《观察家》杂志上发表了一篇文章。利维斯主要从两个方面批评斯诺。在较为严肃的层面上，他认为，文学与个人的关联方法不同于科学，“因为文学语言从某种意义上说是个性化的语言，可能不那么鲜明，但至少比科学语言要鲜明”。“利维斯认为，观察者拥有物理世界及其符号语言的方式不同于读者拥有文学的方式，更不同于作家拥有文学的方式，因为人们构筑文学和文艺靠的不是书面语而是交际。”[94]

---

* 1811 至 1816 年间以捣毁机器等手段反抗资本家压迫的英国人。

不过，利维斯同时还向斯诺发起了人身攻击。利维斯的攻击相当恶毒，连《观察家》杂志和将这篇文章收入文选并重新出版的出版方查特与温德斯公司都与斯诺接触，问他是否打算起诉。斯诺没有选择起诉，但是很难说他有没有受到伤害。[95] 利维斯说道："如果天才是指一个人自认为才华横溢，有才干，有见识，有学识，可以就当今文明的骇人问题发表权威性的见解，那么毫无疑问查尔斯·斯诺勋爵就是这样一个天才。他完全没有迟疑。"利维斯在讲演过程中，说完这句话后，稍作停顿，然后继续说道："但是，斯诺其实是个自命不凡的无知之徒。"[96]

尽管如此，最令人信服的批评并非来自利维斯，而是来自纽约的莱 469
昂内尔·特里林。他看不起利维斯的无礼，也瞧不上他的人身攻击，因为他要捍卫此前他无暇顾及的现代作家。另一方面，特里林认为斯诺过度夸大了自己的看法。他说，不能用如此"漫不经心"的方式概括数量庞大的作家。科学可能要兼顾逻辑和概念，但文学不是。"文学"活动丰富多变，不能如此简单地与科学相提并论。[97] 但是，果真如此吗？无论特里林怎么说，"两种文化"的争论在某些领域仍在进行。1997 年，斯诺的演讲获重印，斯蒂芬·柯里尼为此写了长篇序言，介绍它在全世界范围内引起的论争。1999 年，BBC 办了一场题为"四十年后的两种文化之争"的公开辩论会。现在看来，很明显，斯诺是对的，至少他看到了电子 / 信息革命的重要性。后人记得斯诺，更多的是因为那场演讲，而不是他的小说。[98] 正如我们在结语中所说，20 世纪末的人们置身于"交叉文化"，通俗的（但又难以理解的）科学读物几乎和小说一样畅销，而且比文学批评类书籍好卖得多；人们的科学知识也变得更丰富。无论我们是否由衷赞同斯诺的观点，都不难体会到，他与里斯曼一样的确言之有物。

于是，一本本著作、一个个剧本、一首首歌曲、一门门学科如雨后春笋般涌现，传统经典渐渐走向破裂和崩溃。在一些人看来，这种变革有助于解放思想；在另一些人看来，这种变革令人极度不安，使人茫然失措。还有一批可能更为务实的人则借变革的东风大步前进。更多地了解科学，或熟悉钦努阿·阿契贝、詹姆斯·鲍德温或约翰·奥斯本等人的作品，并不一定意味着要抛弃传统。但是无疑，自20世纪50年代以来，很多自视有文化有修养的人所普遍拥有的共同追求和伟大传统开始走向崩溃了。事实上，高雅文化这个观点本身在很多方面也遭到怀疑。“高雅文化”这个词现在也常常加上引号，仿佛这种说法不可靠，不该当真。这种态度对于新的美学是极其重要的，在接下来的几十年里，这种新的美学将以“后现代主义”而闻名。

尽管利维斯恶毒攻击斯诺，但他忘记了一个特别有力的论据，大概他本人没有意识到这一点。在20世纪50年代，这个论据将变得越来越重要。斯诺强调成功的科学方法应该参照经验、冷静理智、自我修正。矛盾的是，在斯诺和利维斯唇枪舌剑之际，有越来越多的证据表明，科学的“文化”并不像斯诺描述的那样，它其实是一项更为“人性化”的活动，不同于阅览科学杂志。这种我们今天所采用的新科学观，将有助于后现代
470 境况的形成。

27

自然科学的力量

C. P. 斯诺坚称，科学与严肃文学一样也是一种“文化”，他强调二者在知识上的相似性，同时也承认二者有所区别。可能最重要的区别在于科学方法：经验观察、理性推理，并基于经验持续修正。在此基础上，科学家被刻画成最理性的人，他们从事科学活动时不会受到竞争、抱负或意识形态等个人因素的影响。一切要靠证据说话。专业期刊上发表的科学论文也印证了这个观点，其写作风格总是客观到匿名的程度，文章的正式结构几乎都一样：陈述问题、评论文献、方法、结果，以及结论。在各种期刊上，科学活动一项项有条不紊地进行着。

但是这个观点有一个问题：它是不正确的，甚至是错误的。科学家清楚这一点，不过由于各种原因，这种反对意见几乎从未散播，一个原因便是斯诺强调的不安全性。第一位注意到科学本质的人也是一位奥匈帝国的流亡者，他叫**迈克尔·波兰尼**（Michael Polanyi）。第二次世界大战前，他曾经在布达佩斯和柏林的恺撒—威廉学院研究医学和物理化学，不过，到战争快要结束的时候，波兰尼到曼彻斯特大学担任社会学教授（他的兄弟卡尔是哥伦比亚大学的一名经济学家）。1946 年，在英国杜伦大学的里德尔系列演讲（后结集成《科学、信仰与社会》出版）中，迈克尔·波兰尼针对科学提出了两个基本观点，并最终成为 20 世纪末的核心思想。[1] 他首先提到很多科学源于猜测和直觉，虽然理论上科学是可以不断修正的，但是实践中并非如此："在科学发现的过程中，新的观察和实验所起的作用往往被高估了。"[2]"推动科学进步的不是新的事实，而是找到了对已知事实的新的诠释，或发现了能够解释已知事实的新的机制或体系。"而且科学进步"往往呈现格式塔的特点，仿佛人们突然'领悟'了之前认为毫无意义的东西"。[3] 他认为，科学家比自身想象的更加依赖直觉，与其说他们在研究过程中保持绝对的中立或超脱，不如说他
471 们全凭良心（科学良心）开启科学事业。这种良心以众多方式发挥作用。它指引科学家选择发现之路，也会引领他认可哪些结果是正确的哪些是不正确的或者还需要深入研究。从这两种意义上来看，科学良心都是科学家的根本动力。

波兰尼可能不同于其他人，在他看来，科学是宗教社会天然的副产品，他提醒读者，基督教会的某些创始人对科学也很感兴趣，如圣奥古斯丁。波兰尼认为，科学必然与自由和原子化的社会有着千丝万缕的联系；只有在这种环境中，人类才能真正培养独立思想。他认为，产生这种观点的原因在于一神论的宗教，特别是基督教，它给世界带来凌驾于任何个人之上的"先验真理"的思想和传统，真理"就在某处"，等着你去发现。他研究了科学机构，例如，他发现"皇家学会"的研究员大多认为同事们名副其实，不公平的现象基本不存在，值得吸纳的学者都进了学会。科学与公正相关。

波兰尼认为科学的传统，即对客观的先验真理的追求，本质上基于基

督教精神，只不过它的发展（或演变）远远超越了宗教的时代。他认为，科学和科学方法的发展会影响社会的宽容度和自由，与实际的科学发现同等重要。实际上，波兰尼最终回归到上帝；他认为，科学、科学的思维方式和工作方法的发展，只是完成上帝旨意的最后阶段，与此同时，人类也取得了道德的进步。事实上，科学家的工作如此依赖直觉而且顺应良心，恰好强调了他的观点。[4]

乔治·奥威尔对科学有不同的看法。他认为科学充满冰冷的理性，没有人比他更讨厌或害怕这种冰冷的理性。《动物农场》和《一九八四》表面上看是政治小说。当后者于1948年出版时，它与奥威尔早期的作品同样富有争议，保守派再次认为这是在透过乐观的前社会主义者的视角批评社会主义的极权本质。但是作者不这么看，无论如何，《一九八四》是在悲观地抨击科学。奥威尔之所以悲观，部分原因是他得了肺结核，另一部分原因是1948年战后的英国还是很糟糕：肉类配给（一周两块排骨）经常拿不到，面包和土豆仍然要配给，肥皂粗劣，剃刀很钝，电梯老是出故障，朱利安·西蒙斯说，胜利的美酒“给人的感觉像是被橡皮棍击中了脑袋”。[5]但是奥威尔一直是个社会主义者，他知道，社会主义要想发展和成功，就得暴露斯大林主义的残酷和极权主义本质。因此，奥威尔在《一九八四》中批评的思想主要是詹姆斯·伯纳姆在《管理革命》中的核心观点，即由科学家、技术人员、管理人员和官员组成的“管理阶层”正在世界各国逐渐控制社会的运行，“社会主义者”和“资本主义者”这类 472
词语的意义日趋淡化。[6]但是，这本书的惊人之处在于，奥威尔描绘并预言了极权主义社会的降临，且带有科学或伪科学的确定性。这本书的开篇现在已经成为名句：“四月间，天气寒冷晴朗，钟正敲到第十三声。”钟不会敲十三下，而奥威尔描述思想警察、新话和记忆洞（一种用来忘却过去的碎纸机）的准科学观点令人感到阴森又熟悉。“老大哥正注视着你”这样的语汇已经融入日常语言，部分原因是现今的技术使其成为可能。

《一九八四》的出版时间安排得非常巧妙。这本书出版的同年，柏林开始受到封锁，斯大林切断了柏林城西区的供电，切断通往西德的公路和铁路。斯大林主义的威胁一览无余。封锁持续了近一年，直到1949年5月才结束，但其影响是永久的，因为整个事件统一了西方各国的思想，他们意识到冷战即将开始。不过奥威尔在时间安排上的巧妙还在于，《一九八四》恰逢苏联国内思想界的一系列异常事件，这些事件与柏林封锁一样，赤裸裸地暴露了斯大林主义的实质。这其中就包括著名的李森科事件。

在第17章中，我们已经谈到20世纪30年代苏联生物学界分成两派，一派是传统遗传学家，他们支持达尔文主义、孟德尔遗传定律、摩根染色体和基因研究等西方理论，另一派则追随**特罗菲姆·李森科**的主张，支持拉马克的后天获得性性状会遗传的观点。[7]在第二次世界大战期间及战争刚刚结束时，苏联内部的形势发生了根本变化。战争高度统一了苏联人的思想，由于高度机械化和现代化战争的技术需求，苏联领导层前所未有地需要科学家。结果，苏联内部迅速进行科学界重组，主管重要委员会的人民委员被科学家取代。从地质学到医学全部进行相应的改组，在有些部门，主管科学家还被授予将军军衔。在20世纪30年代，科学家曾经遭受猜疑和各种冷遇，现在他们被优先安置住房，获准到党的工作人员才能去的专门饭店就餐，还能去以前只有党的高级官员才能享受的专门医院和疗养院。苏联人民代表大会还通过一项决议，为学者建造郊外别墅。更受欢迎的举措是废除了从20世纪30年代中期以来一直盛行的由党的哲学家严格控制科学的制度。

战争特别有利于苏联遗传学的发展。因为自1941年以来，苏俄一直

与美国和英国结盟，其最直接的结果是 20 世纪 30 年代斯大林主义树立的
科学壁垒被打破。苏俄科学家又能获准访问美国和英国的实验室了；外国
科学家（如亨利·戴尔、J. B. S. 霍尔丹和欧内斯特·劳伦斯）再次入选苏
联科学院；国外杂志在苏联解禁了。[8] 很多反对李森科的苏联遗传学家利 473
用这些机会向西方同行（特别是英国和美国的生物学家，以及诸如狄奥多
西·杜布赞斯基等在美国的苏俄流亡者）寻求帮助。“综合进化论”（见第
20 章）的提出进一步帮助了他们，因为综合进化论把遗传学和达尔文主
义联系起来，给米丘林和李森科施加了思想压力。孟德尔学说、摩根模型
的实验和理论被平反，就在战后的那几年里，苏联进口了数千箱“果蝇”。
这些活动直接导致李森科的牢固地位受到威胁，甚至有人试图撤销其科学
院常务委员会成员的资格。[9] 斯大林收到了投诉信，此前属于李森科阵营
的苏联领导层一度没有介入这场争论。但这种局面并未持续多久。

1946 年春，温斯顿·丘吉尔在密苏里州富尔敦发表“铁幕”演说，标志着冷战正式开始；但是两大阵营的真正交锋始于 1947 年 3 月的“杜鲁门主义”声明，杜鲁门主义旨在帮助希腊和土耳其两国消除共产主义的影响。不久，共产党员被逐出法国和意大利的联合政府。这在苏俄引起了一系列反应，其中一个反应便是爆发了一场喧嚣的意识形态运动，即著名的“日丹诺夫主义运动”，苏共中央政治局成员**安德烈·日丹诺夫**公布一系列决议，对新闻宣传在政治上正确与否做出规定。起初作家和艺术家因“对西方文化奴颜婢膝”而受到警告，但是 1946 年底，莫斯科建立了一个意在控制宣传阵地的社会科学院；1947 年春，日丹诺夫主义蔓延到哲学界，当年夏天，又蔓延到科学界。同时，党的思想家重新掌权，成为凌驾于科学之上的权威。出国未归的苏联科学家受到公开批评，苏联科学院不再吸纳优秀的西方学者，多家学术杂志被停刊，特别是用外语发行的杂志。科学在斯大林主义的苏俄兜了一圈又回到原处。钟摆回到了原位，李森科的

影响卷土重来。他积极协助列宁农业科学研究院联盟组织了一场公开辩论，主题是“生存斗争”。李森科将达尔文推上大幕，他的意图不仅是要突出“孟德尔—摩根派”和“米丘林派”之间的分歧，而且要将这种分歧从遗传学领域扩展到整个生物学，这是一场赤裸裸的强权行为。围绕辩论的中心问题的观点主要有两种，一派是李森科等人，他们认为物种内部不存在竞争，只存在物种间的竞争；另一派持传统观点，认为一切生命领域都存在竞争。需要记住的是，马克思曾经盛赞达尔文，认为历史是一种辩证法、一场斗争。但是，在李森科所处的时代，斯大林主义的官方说法是
474 人人平等，在社会主义社会里，合作（不是竞争）是有价值的，人与人之间的差异（即物种内部的差异）不是遗传得来的，而是环境使然。因此，这场辩论旨在查清科学家分属于哪个阵营。[10]

由于某种原因，斯大林总是对李森科很热情。这位苏联最高领袖似乎表明过自己对进化论的看法，他的观点显然是拉马克主义的，原因可能是拉马克的观点听起来更符合马克思主义。另一个更迫切的原因可能是米丘林—李森科主义的观点迎合了斯大林迅速发展的关于“冷战”的观点和全盘否定西方的需要。总而言之，斯大林专门给李森科运了一批“发枝的小麦”供他检验理论。作为回报，这位“科学家”定期向斯大林汇报米丘林派和孟德尔派之间论战的情况。因此，在1948年秋，当这个议题最终到达列宁研究院联盟会议上时，斯大林站在李森科这边，甚至还在会议文件批写自己的意见。[11]

经过精心策划，李森科在这次会议上获得了胜利。李森科先致开幕词，然后有五天时间讨论。但是，在会议前半程，反对者根本没有获得发言的机会，56位演讲者中总共只有8位获准批评他。[12]最后，不仅大会支持李森科的方法，而且他还透露自己获得了“中央委员会”的支持。也就是说，实际上斯大林同意他全权控制遗传学及整个苏联的生物学。在农

科院会议后，《真理报》展开了一场持续的运动。这份报纸一般有四个版面，但是那个夏天，它有九期都调整为六个版面，花了大量篇幅讨论生物学。[13] 一部有关米丘林的彩色电影开拍，并由肖斯塔科维奇负责音乐创作。这些事件在思想上的重要性无论怎么说都不过分。尼古拉·克列门特索夫最近发布的研究披露，1948 年 8 月的第一周，正值斯大林为柏林危机与法国、英国和美国等国的大使会谈期间，他曾经抽时间浏览李森科的演讲。这次会议后，在这位最高领袖的鼓动下，人们努力将米丘林主义生物学出口到新生的社会主义国家，如保加利亚、波兰、捷克斯洛伐克和罗马尼亚。生物学比其他任何科学领域都更关注人性的特质，而马克思曾经为人性设定过不少规律。因此，与其他任何科学相比，生物学更有可能对马克思主义思想构成潜在的威胁。李森科版的遗传学使苏联领导层看到了希望，因为它对马克思主义不构成威胁，同时又使苏联有别于西方。由于“铁幕”固若磐石，苏联科学家与西方同行的交流降到冰点，确切地说，苏联的遗传学正走向死亡。对苏联来说，这是一场灾难。

长期以来，个人斗争、政治操控、自欺欺人和固执己见都在伤及苏联 475
遗传学的根本，它完全走向了科学的对立面。李森科事件也许是政治粗暴干涉重要科学领域最恶劣的一例，因此，它带给我们的教训也是有限的。在西方，严格来说，这种事件是罕见的。但是即便如此，20 世纪 50 年代科学还是取得了一些重要进步，仔细想来，这些进步与冷静、内省、无私的品质无关，反而是源于激烈的竞争、强大的野心、运气，甚至是彻头彻尾的欺骗。

首先要提的是生性嫉妒的**威廉·肖克利**（William Shockley），他对 20 世纪思想文化史做出的巨大贡献在很大程度上源于他的嫉妒心。1947 年 12 月 23 日，早上 7 点刚过，肖克利刚刚在新泽西州玛瑞山的贝尔电话实验室的停车场停好他那辆敞篷车，这个地方距离曼哈顿大约20英里。[14] 肖克利身材瘦削、头发稀疏，他顺着楼梯去实验室三楼的办公室，满心烦躁。当天晚些时候，他和另外两名同事按计划要向贝尔实验室的负责人汇报一项新的发明。肖克利紧张不安，因为虽然他是这个三人小组的组长，但是实际上真正取得突破的是另外两个人——**约翰·巴丁**（John Bardeen）和**沃尔特·布拉顿**（Walter Brattain），肖克利完全是被他们拽着走。[15] 这天上午，天开始下起大雪。不过，贝尔实验室的研究主管拉尔夫·鲍恩还是在午饭后找到了他们。肖克利、巴丁和布拉顿拿出了他们的发明，那是一个贴有金箔的塑料小三角，被固定在一个用回形针做的小弹簧上。[16] 这个奇妙的装置外面包着透明塑料，形状就像大写字母C。“布拉顿捻着自己的八字须看着窗外飘着的雪。实验室窗外的棒球场慢慢不见了，云层迫近，远处华奇坦山上的树梢渐渐看不见了。他坐在实验室的长椅上，俯身启动这个装置，它立刻热了起来，与它连着的示波器随即显示有一个光点划过屏幕。”[17] 布拉顿给这个装置安上麦克风和耳机，然后递给鲍恩。布拉顿轻轻地对着麦克风说了些什么，鲍恩立马凌厉地扫了他一眼。布拉顿只是低语，声音很轻，但是鲍恩听到的绝不是低语，这就是这个装置的关键：输入的语音被放大了。他们用锗、金箔、回形针搭建的这个装置能够将电信号放大近一百倍。[18]

六个月后，1948年6月30日，鲍恩在曼哈顿西街面向哈德逊河的贝尔总部会晤媒体，并展示这项小小的新技术。“我们称之为晶体管，”他解释说，“这是一个电阻或半导体装置，可以放大从其中经过的电信号。”[19] 鲍恩很看好这项新发明；当时电话用的放大器样子笨拙，性能又不稳定，
476 无线电收音机用的真空管又大又易碎，而且发热速度很慢。[20] 媒体（至少《纽约时报》）对此则不太感兴趣，仅在报纸内页刊发了相关报道。此时肖克利的嫉妒成就了他。由于迫切地想要出成绩，他一直关注着晶体管的应

用。环顾周围追求标准化的大众社会，他想到，如果要将晶体管投入批量生产，必须把它做得更简单更强大。

晶体管实际上是世纪初的两项发明的进一步发展。1906 年，李·德·弗雷斯特（Lee de Forest）偶然发现：在真空管的电流场中加入一个通电的金属丝网，就可以“放大”发出端的电流。[21] 这一自然放大成为后来电子革命中最重要的一环，但是德·弗雷斯特的发现的进一步发展却落在了固态物理学的范畴内，因为更好地认识电本身就是粒子物理学的成就。如果外壳层电子是“自由”的，也就是说，外壳层不“饱满”，固态结构就能导电（这要追溯到泡利的不相容原理和莱纳斯·鲍林对化学键及其如何影响化学反应的研究）。铜能导电，因为铜的外壳层只有一个电子，而别的材料，如硫不会导电，因为硫的所有电子都紧贴着核。因此，硫是绝缘体。[22] 但不是所有的元素都这么简单。“半导体”（如硅或锗）物质含有少量的自由电子，但不是太多。每个铜原子都含有一个自由电子，每一千个硅原子则含有一个自由电子。随后，科学家发现这些半导体有着不寻常的、极有用的特性，其中最重要的是，在一定条件下它们可以传导（和放大）电流，而在另一种条件下，它们又是绝缘的。曾经被巴丁和布拉顿占了上风的肖克利在此基础上，于 1950 年做出了第一个简单而强大的半导体晶体管，而且能够批量生产。[23] 这种晶体管由硅和锗组成，上面还有三根金属线。通常人们称这个装置为“芯片”。[24]

肖克利赶上了好时候。彼时密纹唱片和“单曲”刚刚走向市场，并大获成功，流行音乐事业开始起飞。1954 年，即艾伦·弗里德开始播放节奏布鲁斯的那一年，达拉斯一家名叫“德州仪器”的公司开始为最新上市的便携式收音机生产芯片晶体管，这种收音机价格很便宜（不到 50 美元），因此非常适合整天播放流行音乐。不清楚是什么原因，后来“德州仪器”公司放弃了这个市场，并被一家当时名不见经传的日本公司索尼所取代。[25]此时肖克利与两名前同事分别闹翻。1951年，巴丁无法忍受肖克利的敌对情绪，愤而出走，于1951年离开了实验室。布拉顿同样无法忍受这个上司，转到了贝尔实验室的另一个部门。1956年，当他们三人为领诺贝尔奖而在斯德哥尔摩重逢时，气氛非常尴尬，那也是他们最后一次共处一室。[26]那时肖克利本人也已离开了贝尔实验室，他告别了大雪纷飞
477 的新泽西，来到了阳光明媚的加利福尼亚，在旧金山南部一片漂亮怡人的杏园附近建立了肖克利半导体实验室。[27]起初，那只是个小公司，但是随着越来越多的实验室的到来，那片杏园消失了。这个地区就是现在的**硅谷**（Silicon valley）。

肖克利、巴丁和布拉顿三个人的问题属于团体内部矛盾。但是，随着控制繁衍的长链分子**脱氧核糖核酸**（DNA）的发现，来自不同大陆的三个独立研究小组展开了竞争，他们中一些人甚至素昧平生，其中所牵扯的恶意却不亚于肖克利及其同事之间所发生的一切，而这正是引起一切事由的关键因素。

1953年4月25日，《自然》杂志刊登了一篇全文只有900个单词、题为“核酸的分子结构”的论文，公众才初次获悉此事。这篇论文遵循了人们熟悉的《自然》杂志的有序风格，开创了分子生物学，彻底击垮了李森科主义，但它实际上是一场持续两年的紧张戏码的最高潮部分；如果科学真如大家以为的那样是个谨慎有序的世界，那就错得离谱了。

这些人中最引人注目的是**弗朗西斯·克里克**（Francis Crick）。克里克于1916年出生于英国北安普顿，父亲是位鞋匠。后来他毕业于伦敦大学，第二次世界大战期间在海军部工作，负责设计地雷。1946年，莱纳斯·鲍林的一场讲座点燃了他对化学研究的兴趣。他还深受埃尔温·薛定谔的著作《生命是什么？》的影响，该书提出可以将量子力学应用到遗传学。

1949 年，他加入卡文迪许实验室的剑桥医学研究协会，在那儿，他因为经常放声大笑（有些人会因受不了笑声而离开房间），而且动不动就质疑同仁的理论而臭名远扬。[28]1951 年，实验室里又来了一个美国人**詹姆斯·杜威·沃森**（James Dewey Watson），他身材高大，来自芝加哥，比克里克小 12 岁，却极其自信，是位神童，在芝加哥大学学习动物学的时候就读过薛定谔的《生命是什么？》，也是受这本书的影响走上了微生物学的道路。按照科学历史学家保罗·斯特拉瑟恩的说法，在访问欧洲的时候，沃森在那不勒斯参加一次科学大会时遇到了新西兰人**莫里斯·威尔金斯**（Maurice Wilkins）。威尔金斯当时在伦敦国王学院，致力于第二次世界大战期间的曼哈顿计划，最终心生失望转而投身生物学。英国医学研究会在国王学院里有个生物物理学的机构，当时由威尔金斯负责。脱氧核糖核酸的 X 射线衍射摄片是他的一个专业领域，在那不勒斯的时候，他曾经慷慨地向沃森展示过一些成果。[29] 正是这次巧遇重塑了沃森的人生。他由此决定要献身于脱氧核糖核酸结构的发现工作。他知道这项工作一定能获得诺贝尔奖，他也清楚，如果不能取得进步，分子生物学将无法前行，但是一旦取得了进步，通向基因工程的大门将被打开，科学发现的历史将进入全新的时代。他设法加入卡文迪许实验室。刚过 23 岁生日没几天，沃森就来到了剑桥。[30] 478

沃森不知道卡文迪许实验室与国王学院有个“君子约定”。剑桥实验室当时正在研究蛋白质结构，特别是血红蛋白的结构，而伦敦则研究脱氧核糖核酸。这只是诸多问题中的一个。不过沃森很快就与克里克打得火热，而且他俩都惊人的自信，而这也许是他们唯一的共同点。克里克不擅长生物学，而沃森不擅长化学。[31] 他们都没有做过 X 射线衍射，这一技术是由实验室负责人**劳伦斯·布拉格**（Lawrence Bragg）开发的，目的是测定原子结构。[32] 但这些问题难不倒他们。两人迷上了脱氧核糖核酸的结构，除了睡觉，他俩几乎都在谈论这个话题。沃森和克里克不但自信，而且都争强好胜。他们的主要对手来自国王学院，当时莫里斯·威尔金斯刚刚雇用了29岁的**罗莎琳德·富兰克林**（Rosalind Franklin，人们背后称她“罗西”*）。[33] 据称她出身颇有教养的银行家庭，是个“任性的女儿”，刚刚在巴黎结束四年的X射线衍射的研究工作，是该领域世界顶尖专家之一。当威尔金斯雇用富兰克林的时候，她以为自己是合作者的身份，并将负责X射线衍射的研究工作；但是威尔金斯只是让她来做助手的。这一误会决定了他们之间的合作不会有多愉快。[34]

尽管如此，富兰克林还是取得了很好的进展。1951年秋天，她决定在国王学院开个交流会，公布自己的发现。因为威尔金斯记得在那不勒斯遇到的沃森对此感兴趣，于是他邀请了这位剑桥人。在这次交流会上，沃森从富兰克林那里了解到，脱氧核糖核酸肯定具备螺旋结构，每个螺旋形拥有磷酸—糖主链和碱基：腺嘌呤、鸟嘌呤、胸腺嘧啶、胞嘧啶。交流会结束后，沃森带富兰克林到苏豪区的一家中餐厅吃饭，席间谈起了脱氧核糖核酸，后来富兰克林聊起了她在国王学院的糟糕处境。她说，威尔金斯含蓄、客气而冷淡，这令富兰克林感到紧张烦闷，她讨厌这种行事方式，但又无法避免。谈话间，沃森对她深表同情，但他回到剑桥后，认定威尔金斯和富兰克林的关系不好，很难出成果。[35]

与此同时，沃森和克里克关系良好，与接下来的几个方面有关。因为他们的年龄、文化和科学背景有差异，他们之间几乎不存在竞争。而且他们清楚自己在与研究相关的众多其他课题方面极其无知（他们随身携带鲍林的《化学键的本质》，奉之为《圣经》），所以他们可以互相抨击对方的观点，却不伤感情。这比威尔金斯和富兰克林的组合相差好了不知道多少

---

* 罗西（Rosy）是她叔祖母的名字，她不喜欢别人这么叫她。她在家里被唤作罗丝（Ros）。

倍，从长远来看，这是至关重要的。

不久，发生了一场灾难。1951 年 12 月，沃森和克里克认为他们找到了问题的答案，于是邀请威尔金斯和富兰克林到剑桥做客，并向他们展示了自己制作的模型：一个外层附有碱基的三螺旋结构。富兰克林粗暴地批评了他们，她简单地说，无论是螺旋结构还是碱基的位置，这个模型与她的晶体学证据毫不相符，她认为碱基应该在内部。他们的模型也不能解释一个事实：脱氧核糖核酸的存在本质上与水有关，这对其结构有明确影 479
响。[36] 由于他们忽略了她的研究，她真心感到惊讶，并且抱怨说她在剑桥完全是在浪费时间。[37] 这一次，沃森和克里克满溢的自信受到打击，当事情传到他们的老板耳朵里时，则更是如此。布拉格把克里克叫到办公室提醒他做事情不要出格。他批评克里克，当然也包括沃森，这种做法破坏了“君子约定”，可能使实验室面临失去资金的危险，并且明确禁止他们继续从事有关脱氧核糖核酸的研究。[38]

布拉格以为，这事至此就算结束了。但他错了。克里克确实停止了脱氧核糖核酸的研究，但是正如他跟同事们所说的，谁也不能阻止他思考这个问题。沃森则打着另一个项目的名号秘密地继续这项工作，他当时有个关于烟草花叶病毒的项目，与基因研究有某些相似性。[39]1952 年秋天，又发生了一些新情况：莱纳斯的儿子**彼得·鲍林**（Peter Pauling）到卡文迪许实验室做硕士研究。他吸引了很多漂亮女人的目光，也深得沃森的器重，更重要的是，他与父亲保持联络，并且告诉新同事，莱纳斯正在制作脱氧核糖核酸的模型。[40] 沃森和克里克很震惊，但是当他们看到一份有关研究进展的论文样稿时，立即在文中发现了一个致命的错误。[41] 那篇文章描述的也是一个三螺旋结构，碱基在外层（这与他们自己制作的受到富兰克林批评的模型很相似），鲍林忽略了电离作用，这意味着他制作的结构不会聚合，只会分离。[42] 沃森和克里克意识到鲍林发现这个错误只是时间问题，他们估计自己还有六周的时间可能抢到先机。[43]他们冒险将自己的发现告诉布拉格。这一次他没有反对：事关莱纳斯·鲍林，就不用考虑君子约定了。

就这样，沃森和克里克经历了人生中最紧张的六周。现在他们获得了许可，可以搭建更多的模型（在三维世界，模型非常必要）并且进一步思考四种碱基（**腺嘌呤**、**鸟嘌呤**、**胸腺嘧啶**、**胞嘧啶**）是以何种方式相互关联的。此时他们知道腺嘌呤和鸟嘌呤相互吸引，而胸腺嘧啶和胞嘧啶相互吸引。从富兰克林的最新晶体学研究来看，他们拥有更佳的脱氧核糖核酸图片，对其维度有更准确的把握，也有助于模型的搭建。最后突破在于，沃森意识到他们可能犯了一个简单的错误，使用了错误的碱基异构体。每种碱基有两种形式：烯醇式和酮式，所有的证据已经表明烯醇式是正确的。但是，如果尝试酮式会怎么样呢？[44]顺着这个思路，沃森立即发现这些碱基在内部组合，形成完美的“**双螺旋结构**”（double-helix）。更重要的是，当两个链在复制过程中分开时，腺嘌呤和鸟嘌呤相互吸引，胸腺嘧啶和胞嘧啶相互吸引，这就意味着新的双螺旋体与旧的双螺旋体完全相同，基因
480 包含的生物信息被原样传递，这个结构可以用来解释遗传。[45]1953 年 3 月 7 日，他们向同事宣布了这一新的结构，六周后，他们的论文发表在《自然》杂志上。斯特拉瑟恩说，威尔金斯对沃森和克里克很宽容，称他们为一对“老顽童”。富兰克林立即接受了他们的模型。[46]但并不是人人都这么客气。有人骂他们“无耻”，不配获得与他们的发现相提并论的赞誉。[47]实际上，这个戏码还没有结束。1962 年，沃森、克里克和威尔金斯荣获诺贝尔医学奖，同年，卡文迪许实验室 X 射线衍射组组长马克斯·佩鲁茨及其助手约翰·肯德鲁获得诺贝尔化学奖。罗莎琳德·富兰克林则一无所获。她已于 1958 年死于癌症，时年 37 岁。[48]

多年后，沃森针对此事写了一本引人入胜又发人深省的书，上文的说

法也部分参考了沃森的这本书。作为一名作家，他的成功部分源于他对科学发现的开放态度，这使他和同事的关系更有人情味。当时，对多数人来说，科学书籍是教科书，像砖头一样厚，非常枯燥。在一定程度上，这是一种传统，人们重视科学成果，而不是参与者取得成功的过程。当然，另一个原因是“冷战”，在某些科学领域，很多重要进展需要保密，至少在一段时间内要保密。实际上，“冷战”已经使科学家变成没有个性的官僚，奥威尔在小说《一九八四》的字里行间也给予了批评，冷战引发了两个阵营科学家之间激烈的竞争，与 20 世纪初物理学领域的国际合作精神迥然不同。最秘密的学科实际上是物理学及其相关领域，在这些领域，竞争已经白热化。例如，自 80 年代苏联改革以来进行的档案研究便发掘出一名伟大的科学家，由于保密需要，不仅西方人对他一无所知，本国人也毫不知情，他本人也痴迷于竞争。他几乎是靠一己之力成就了苏联最伟大的科学成就，但是他的优点正是他的弱点，他的争强好胜导致了最终的失败。[49]

1957 年 10 月 4 日，星期五，苏联发射了一枚轨道卫星，世界哗然。“斯普特尼克 1 号”长度仅为 23 英寸，它以每分钟 300 英里的速度绕地球运行，实际上做不了什么事情。但这不是关键：它的真实存在以及它第一天就飞越美国上方四次，这成了“冷战”期间两大敌对阵营竞争的一个标志，这种竞争主导着战后的世界，至少在一段时间内，苏联人似乎领先了。[50]《纽约时报》当天下午晚些时候接到消息，便在次日早上以罕见的方式刊发了这条新闻：三段式大标题、字体有半英寸大且全文为大写字母、头版头条。

苏联向太空发射地球卫星；

时速 18 公里绕地球运行；

绕地球轨道运行，一日内四次飞越美国上空。[51]

至此，俄国领导人尼基塔·赫鲁晓夫才意识到“斯普特尼克号”的发射为“冷战”的宣传提供了一个极好的机会。第二天的《真理报》面貌一新，花了半个专栏报道“斯普特尼克号”的发射，标题是“苏联成功研制世界上第一颗人造卫星”，占据整个头版。这份报纸还刊登了蜂拥而来的祝贺，不仅来自众多后来被称为苏联卫星国的国家，也来自西方科学家及工程师。[52]

“斯普特尼克号”的发射之所以引起轰动，部分原因是它表明太空旅行是可能的，它还表明，苏联在向太空殖民的过程中赢得了先机，在心理上和物质上都占据了优势；还有一个原因是，为了将人造卫星送入轨道，卫星的发射速度必须至少达到每秒 8 千米且准确无误，这意味着苏联人已经解决了与火箭技术相关的若干技术问题。火箭技术是“冷战”期间军备竞赛的核心，苏联和美国都竭尽全力发展能够运输核弹头在洲际间远距离飞行的洲际弹道导弹。“斯普特尼克号”的发射意味着苏联人拥有了具备足够动力，能够精准地将氢弹掷向美国本土的火箭。[53]

第二次世界大战期间，苏联在军备竞赛中落了下风，但是它很快在 1945 至 1949 年间追了上来，原因在于“原子间谍”小组，其成员包括罗森伯格夫妇、莫顿·索贝尔、大卫·格林格拉斯、哈维·戈尔德和克劳斯·富克斯。但是，原子武器的运载是另一回事。自从苏联改革以来，学界对苏联科学界的内幕做过若干调查，其中最有趣的是詹姆斯·哈福德撰写的**谢尔盖·帕夫洛维奇·科罗廖夫**（Sergei Pavlovich Korolev）传记。[54]科罗廖夫的一生非同寻常，客观地说，他称得上苏联洲际弹道导弹系统之父和太空计划之父。[55]谢尔盖·科罗廖夫于 1907 年出生于乌克兰基辅附近的一个哥萨克家庭，自幼痴迷于人造飞行器。20 世纪 30 年代，他又迷上了火箭和喷气推进器。（苏联改革后披露了一个情况：苏联间谍混入了沃纳·冯·布劳恩的队伍，因此科罗廖夫及其同事能及时了解德国人的进展，更不用说斯大林、贝利亚和莫洛托夫了。）但是 1937 年 6 月，科罗廖夫在苏联体制内的顺利上升戛然而止，他在大清洗运动中被逮捕，并被遣送至古拉格劳改集中营，罪名是“在新技术领域进行颠覆活动”。他没有受审，但被“屈打成招”。[56] 他在西伯利亚东部科雷马河地区那个臭名昭著的集中营度过一段时间，这个地方后来由于亚历山大·索尔仁尼琴的小说《古拉格群岛》而为世人所知。[57] 罗伯特·康奎斯特在《大恐惧》中说，科雷马河流域“［每年］的死亡率高达 30%”，但是科罗廖夫活了下来，因为很多人为他求情，最后他被送往科学监狱萨拉斯卡，这里没有古拉格那么严酷，科学家和工程师被迫为了国家利益参与实用性研究。[58] 科罗廖夫受雇于飞机设计师**安德烈·图波列夫**（Andrei Tupolev）管理的监狱。[59]20 世 482
纪 40 年代早期，图-2 轻型轰炸机和伊留辛-2 攻击机就是图波列夫管理的监狱设计的，它们后来在第二次世界大战中取得了骄人的战绩。1944 年夏天，科罗廖夫获释，但是直到 1957 年，即“斯普特尼克号”发射那年，他所谓的“颠覆罪”才被彻底平反。[60]

照片显示，科罗廖夫是个圆脸硬汉，浑身散发着自然的力量，他的坏脾气甚至会把老同事吓坏。战后，他从被苏联俘获的科学家中熟练地挑选出德国火箭科学家；第一枚原子弹爆炸后，同样的事情又发生了，苏联人就这样获得了原子弹的秘密。科罗廖夫发现，大规模破坏性武器的“运载”与武器本身同样重要，那就需要可以高精度飞行数千英里的火箭。科罗廖夫还意识到，这是一个一石二鸟的时代。如果火箭能够将原子弹头从莫斯科运到华盛顿，那么只要动力充足，它就能够将卫星送入轨道。

太空探索的科学理由本身就十分充分，但是，根据最近公布的有关科罗廖夫的信息来看，他的科研动机主要是打击美国人。[61] 斯大林对此很感兴趣，他曾多次接见科罗廖夫，特别是在 1947 年。与遗传学一样，这是苏联有别于（实际上是领先于）西方对手的另一个领域。[62] 在当时的环境下，科学活动已经谈不上冷静、理性、内省和“无私”了。到20世纪50年代早期，科罗廖夫是在幕后推动苏联的火箭太空计划的唯一且最重要的力量，詹姆斯·哈福德说，他的情绪波动很大，与研究进展息息相关。他有一辆战后收缴的德国汽车，他经常在莫斯科及周边地区高速驾驶，释放压力。他独自承受项目的失败，疯狂地查看美国公开出版的技术文献，寻找线索，了解美国的进展。[63]在冲向领先的过程中，他曾经出现过若干错误，R-7火箭最初的五次测试全都失败。但是最终，1957年8月27日，一架R-7火箭成功飞越7000公里，到达西伯利亚东部的堪察加半岛。[64]

1955年7月，艾森豪威尔政府宣布，美国将发射一枚“先锋号”卫星，作为1957至1958年的“国际地球物理年”的一项活动。于是，科罗廖夫招募了几名科学家，开始自行研制卫星。最近的资料表明，科罗廖夫极其清楚这个项目的历史意义，他“必须”抢得先机。R-7成功后，他更是趁热打铁。在R-7火箭飞抵堪察加半岛一个月后，“斯普特尼克号”就在拜科努尔发射升空。这次发射不仅成为世界媒体的头条新闻，而且还在西方宇航专家中引起极大震动。[65]美国人随即做出反应，将他们的卫星发
483 射时间提前数月，改到1957年12月发射。这不是冷静、理智的科学家应有的表现，事实胜过一切。在镜头的聚焦下，美国卫星离开地面数英尺后就掉了下来，发生爆炸，引起一片火光。《真理报》幸灾乐祸地说，“哦！卫星落败！”另一家报纸说，“卫星故障！”第三家报纸则说，“卫星不听指挥！”[66]

赫鲁晓夫意识到科罗廖夫取得了巨大的成功，于是把他喊到克里姆林宫，指示他再创辉煌，庆祝革命胜利四十周年。[67]科罗廖夫的回应是，在“斯普特尼克1号”发射一个月后，又发射了“斯普特尼克2号”，这次搭载了一条**莱卡狗**（Laika）。作为一幕较劲的戏码，它无可挑剔，但是作为

科学，它远非完美。“斯普特尼克 2 号”未能成功与助推器分离，由于温度控制系统故障，卫星过热，莱卡狗被烤煳了。动物权利组织提出抗议，但是苏联人声称莱卡“为了崇高的事业献出了生命，莱卡是个烈士”。[68] 无论如何，继“斯普特尼克 2 号”之后，又迎来了“斯普特尼克 3 号”。[69] 他们打算把它建成最复杂最高效的卫星，并配置了灵敏的测量设备，可以测量各种大气和宇宙现象。科罗廖夫的直接动机是进一步羞辱美国，但是他又一次失手了。在卫星测试期间，一个重要部件发生了故障，如果全面修复，需要推迟发射，而负责人阿历克塞·博格莫洛夫“不想被人看成是一个赢家团队中的输家”。他说故障是由测试室的电气干扰引起的，而太空中不存在这种干扰。他没有骗过所有人，但他骗过了关键人物科罗廖夫。[70] 飞行过程中故障果然发生了。没有发生轰动事件（没有壮观的爆炸），也没有记录到关键的信息。结果，美国人最终于 1958 年 3 月 26 日成功发射了“探索者 3 号”，它观测到地球周围有一条大规模的辐射带，即“范·艾伦辐射带”，用詹姆斯·范·艾伦的名字命名，因为正是他设计了记录这一现象的仪器。[71] 所以，可以说，在最初的太空飞行之后，做出第一个重大科学发现的不是科罗廖夫，而是后来者美国人。科罗廖夫的成功和失败都与其个性有关。[72]

1958 年是第一个完整的太空年，这一年苏联一共发射了 22 次，但只有 5 次成功。科罗廖夫继续致力于竞争若干个“第一”，包括让无人驾驶宇宙飞船登陆月球和金星，1961 年 4 月，尤里·加加林成为绕地球轨道飞行的第一人。1966 年 1 月，科罗廖夫逝世，葬于克里姆林宫墙内，这是无上的荣誉。但在他生前，他的身份一直保密，后来才为世人所知晓。

说到发生在 20 世纪 50 年代的第五项重大科学进步，品格就变得很关键了，当然也不能排除运气的成分。实际上，自从 20 世纪 30 年代以来，考古学家和古生物学家**李奇夫妇**（Louis and Mary Leakey）一直在非洲肯尼亚和坦噶尼喀（后来的坦桑尼亚）挖掘，但是没发现什么特别有价值的
484 东西。他们还在**奥杜威峡谷**（Olduvai Gorge）附近挖掘过。那是塞伦盖蒂平原上的一个300英尺深、30英里长的深坑，也是由北向南横跨非洲东部的东非大裂谷的一部分，学界一般认为这是两大构造板块的接壤处。[73] 自1911年被发现以来，奥杜威峡谷一直备受科学家的关注。当时，一位名叫威廉·卡特温克尔的德国昆虫学家因为追赶蝴蝶差点掉了下去，才发现了这个地方。[74] 他爬下这个峡谷，穿过很多层沉积物，发现了无数骨骼化石。他将这些化石带回德国后，引起了轰动，因为其中包括一种已经灭绝的马的骨头化石。后期的探险发掘又发现了一些现代人的骨骼，由此，一些科学家得出结论，认为奥杜威是研究灭绝生命形态（可能包括人类的祖先）的理想之地。

从20世纪30年代初到1959年，李奇夫妇都在奥杜威挖掘，但一直没有找到他们期望的重大发现，这本身就足以说明李奇夫妇品格坚韧。[75] 前面几章已经提过，直到那时，人们仍然认为早期人类起源于亚洲。路易斯·李奇出身肯尼亚的一个传教士家庭，他12岁的时候第一次发现化石，从此走上这条道路。起初，由于他那种不切实际的性格，在获取科学证据方面似乎显得有些懒散，所以他一直未能获得正式的学术职位。[76] 一方面，在战前的道德氛围中，李奇与第一任妻子势同水火，最终以离婚收场，这也对他的职业十分不利，使他在严谨的剑桥大学谋求学术职位的希望成为泡影。[77] 另一方面，20世纪40年代末50年代初，他在肯尼亚独立运动期间充当英国间谍，并现身法庭指证独立党领导人乔莫·肯雅塔，即后来的肯尼亚首任总统。[78]（肯雅塔似乎并未对此耿耿于怀。）另外，李奇本人还不断地拈花惹草。李奇不是单维度的，他的性格对他的发现和他取得的研究成果至关重要。

20 世纪 30 年代，大多数发掘工作由于战争而中断，李奇夫妇大多数时间都是在奥杜威挖掘。他们最著名的成就是发现了一大批早期的人造工具。路易斯和他的第二任妻子玛丽首先意识到，在非洲的那个地方不可能发现燧石工具，而欧洲全境都能发现，也就是说，非洲东部缺乏燧石。但是，他们发现了大量的“砾石工具”，特别是玄武岩和石英岩工具。[79] 这使李奇确信他们发现了一个“生命层”，即一种史前生活空间，早期的人类在那里制作工具，以便食用已经灭绝的物种，这些物种的化石在奥杜威及其邻近地区已经被发现。战后，他和玛丽直到 1951 年的肯雅塔审判后才重返奥杜威，并且 50 年代大部分时间都在那儿挖掘。在这十年里，他们发现了数千件石斧和很多灭绝了的哺乳动物的骨骼化石，如类似猪、水牛、羚羊的物种，有些动物的体积比今天的物种大得多，令人产生巨型原始动物在非洲生活的美好想象。他们将这个“生命层”重新命名为“屠宰场”。[80] 李奇夫妇的传记作家弗吉尼亚·莫莱尔说，当时，他们以为 485
峡谷最低的河床应该有大约 40 万年的历史，而最高的河床则有 1.5 万年的历史。经历了二十多年的探索，路易斯已经人到中年，虽然没有发现任何人类踪迹，但他的热情丝毫未减。1953 年，他继续忘我地挖掘，由于长时间在非洲阳光下暴晒，他的中暑情况严重，头发“简直是一夜之间从棕色变成了白色”。[81] 李奇夫妇继续挖掘着，偶尔会发现原始人的牙齿（由于牙齿很坚硬，所以要比人体其他部分更容易保存下来），所以路易斯相信他们终有一天会找到重要的头盖骨。

1959 年 7 月 17 日早晨，路易斯醒来时发着低烧。玛丽坚持让他待在营地。他们新近发现了一块已经灭绝的长颈鹿的头盖骨，因此有很多工作要做。[82] 玛丽一个人开着路虎车离开营地，车上还带着两条名叫萨利和维多利亚的狗。那天早上，她检查了最低、最古老的 1 号河床（即弗里达·李奇峡谷，弗里达·李奇是路易斯的第一任妻子）。天气酷热难挨，大约11点，玛丽无意间发现了一片骨头，“不是松散地堆在地表，而是从地底探出来的，像是头盖骨的一部分……看起来像是原始人的头盖骨，但是这块骨头似乎很厚，无疑，不是一般地厚”，后来她在传记里这样写道。[83] 拂去表面的泥土，她发现“颚部嵌有两颗大牙齿”。终于，经过几十年辛苦挖掘之后，他们成功了。毫无疑问，那是原始人的头盖骨。[84] 她带着两只狗跳上汽车，冲回营地，喊着“我找到他了！我找到他了！”她激动地向路易斯说明一切。路易斯后来回忆说，那一瞬间他“神奇地好了”。[85]

路易斯一见到这块头盖骨，立即根据牙齿形态判断出这不是早期的原始人，而很有可能是南方古猿，因为它比原始人更接近猿类。他们清理掉周围土壤时，这块头盖骨的形状显露出来了，很大，颚部坚固，脸型扁平，颧弓较大（或颧骨凸起），上面本该有大块的咀嚼肌。更重要的是，这是李奇夫妇发现的第三块南方古猿的头盖骨，旁边还有一堆工具。路易斯一直认为南方古猿是被原始人杀死的。但是现在路易斯改变想法了，他琢磨会不会制造工具的是南方古猿。制造工具一直被认为是人类的特征，但是现在看来，南方古猿似乎也具备这一人类特征。

不久，路易斯认为这块新发现的头盖骨实际上介于南方古猿和现代智人之间，因此他称之为 Zinjanthropus boisei（“东非人”）——Zinj 是古代语，指东非，anthropos 表示化石的类人特点，而 boisei 则来自查尔斯·博伊斯的名字，这位美国人为他们的考察资助了很多钱。[86] 由于“东非人”很完整、古老又特别，李奇夫妇因此成名。这一发现成了全世界的头条新闻，路易斯也成了欧洲、北美和非洲各大学术会议上的明星。在这些学术
486 会议上，李奇对“东非人”的解释遭到了一些学者的否定，他们认为李奇发现的这块头盖骨，除了块头更大，与其他地方发现的南方古猿并无多大差异，并且说，时间会证明这些批评家是对的，而李奇是错的。就在李奇等人就这块巨大扁平的头盖骨的意义展开辩论时，两位跨领域的科学家

出乎意料地扭转了整个局面。"东非人"的头盖骨被发现一年后，李奇为《国家地理》杂志写了一篇文章《发现世界上最早的人类》，并在文中指出，他认为"东非人"大约生活在60万年前。[87]事实证明，他错了。

直到20世纪中期，测定化石年代的主要技术还是传统的地层学手段，即分析沉积层。李奇运用这一技术，计算出奥杜威可以上溯到更新世早期，一般认为这一时期猛犸象等巨型动物与人类共同生活在地球上，大约是60万年前到大约1万年前。1947年以后推出了一种新的测定年代的方法，即碳–14（carbon–14）技术。碳–14测定法的实际依据是：植物从空气中吸收二氧化碳，其中一小部分二氧化碳遭到太空宇宙光的轰击，具有放射性；光合作用再将这种CO_2转换成放射性的植物组织，并保持固定比例，直到这种植物（或食用这种植物的生物）死亡，放射性碳的摄入才会停止。放射性碳的半衰期大约是5700年，那么将古生物所含的放射性碳的比例与现代生物所含的放射性碳的比例相比较，就可以计算出该生物的死亡年代。但是，由于半衰期相对较短，碳–14仅用于测试大约4万年以内的人工制品。李奇的文章在《国家地理》上刊出之后，加州大学伯克利分校的两名科学家杰克·埃文顿和加尼斯·柯蒂斯宣布他们已经采用钾–氩（K/Ar）法测定了发现"东非人"的奥杜威1号河床的火山灰的年代。原则上，这种方法与碳–14测定法类似，但是它利用的是不稳定的放射性钾的同位素钾–40衰变为稳定的氩–40的速度，将其与天然钾中已知的丰富的钾–40相比较，就可以通过半衰期计算出物体所处的年代。由于钾–40的半衰期大约是13亿年，这一方法更适合测定地质材料。[88]

利用这一新方法，伯克利的地球物理学家惊讶地发现，奥杜威1号河床的年代不是60万年前，而是175万年前。[89]这是一个新发现，也是第一条线索，证明早期人类比人们所猜想的要早得多。正如"东非人"的发现一样，这一新的发现使奥杜威峡谷进一步闻名世界。在接下来的几年里，人们在东非发现了更多早期原始人的头盖骨和骨骼，围绕早期人类是何时以何种方式发展的这一话题引发了更加激烈的争论。但是东非大裂谷的“寻骨热”确实源于“东非人”的惊人发现及其古老程度。最终，达尔文学说在其问世一百年后，迎来了一个惊人而大胆的观点：人类起源于非
487 洲，随后散播到全世界。

这些事件虽然形式不一，却均有其重要性，都改变了我们对自然世界的认知。然而，回顾这些科学历程，至少有四项涉及知识的进步（李森科最后在 20 世纪 60 年代中期被打倒）都证明了科学是混乱的、情绪化的、令人着迷的、人性化的活动。科学远远不是冷静、自省、纯理性的工作，也并非只有追求真相、不偏不倚的科学家才能从事科学工作，科学与其他行业并无明显差异。如果说在今天，这一点已经不足为奇，那么这恰恰说明，自从 20 世纪 40 和 50 年代取得这些科学进步以来，人们的观念已经发生了巨大的变化。早在那个时代，克劳德·列维—斯特劳斯就表达过对时代的总体看法。“哲学家不能自绝于科学，”他说，“科学不仅极大地扩展和改变了我们对生活和宇宙的看法，而且革新了知识界的运作法则。”[90]卡尔·波普尔在 1959 年发表的英语著作《科学发现的逻辑》中强调了这一心态，他说，科学家本质上以陌生人的身份邂逅这个世界，邂逅整个自然；科学工作之所以不同于其他一切工作，是因为科学关注的是那些能够证伪的知识和经验。波普尔认为，正因为这个原因，科学有别于宗教和形而上学：启示、信仰或直觉之间没有关系，或者说没有哪个是主角；但是知识在递增，而且事物是可知的，这在一切时代都是真理，从这个意义上来说，知识永无“止境”。[91]但是波普尔与列维—斯特劳斯一样，只关注科学的理性主义，即科学在前进过程中试图运用或成功运用的逻辑，完全没有考虑科学活动的外围环境——这些戏码（往往如同戏剧）中参与者的

背景、竞争、野心和隐秘的议程，仿佛它们是与主要事件不相关的、不合时宜的过场戏。当时大家都深以为然。我们知道，迈克尔·波兰尼在 1946 年就已经提出质疑，但是给出答案的是一名科学历史学家，而不是哲学家，他永远改变了人们对科学的看法。这位科学历史学家就是于 1962 年发表《科学革命的结构》的**托马斯·库恩**（Thomas Kuhn）。

库恩是麻省理工学院物理学院出身的一名科学历史学家，他感兴趣的是科学领域的重大变化是如何发生的。他的观点主要形成于 20 世纪 50 年代，他没有采用现有的事例，而是研究更早的历史，如哥白尼革命、氧气的发现、X 射线的发现及爱因斯坦的相对论等。库恩的主要观点是，科学主要由相对稳定的时期组成，在这样的时期内，一切都平淡无奇，科学家在某个“范式”内工作、做实验，充实这种“范式”的内容。在这种模式下，科学家并非特别有怀疑精神的人，他们受到自身追随的某种范式或理论的思想束缚。但是，库恩发现，在这种情况下，会出现许多反常现象。起初，科学家会尝试将这些反常与通行范式相整合，多少会取得一些成功。但是，这些反常现象迟早会扩大，导致某个科学分支即将出现危机， 488
然后一个或更多个科学家将会提出全新的范式，为这些反常现象提出更好的解释。于是科学革命就此发生。[92] 库恩还注意到科学往往是一种合作型工作。例如，在氧气的发现过程中，很难说约瑟夫·普里斯特利和安东尼·劳伦·拉瓦锡谁的贡献更大，离开其中任何一个人的工作，都不可能那么准确地了解氧气。库恩还发现，发起科学革命的通常是年轻人或是处于边缘学科，没有接受全面训练，因此也没有全面接受学校教育的人，他们的思维方式很特别。因此，他强调，在促进知识进步和促使其他科学家接受新知识方面，社会学和科学的社会心理学非常重要。库恩的另一个发现与马克斯·普朗克的发现一致，库恩认为，多数科学家从不改变自身观点，新理论之所以获胜，是因为旧理论的追随者会逐渐去世，而新一代的人通常喜欢新的理论。[93] 实际上，库恩反复表明，他认为科学革命是一种进化形式，一些稍显逊色的观点会慢慢消亡，而更好（“更适合”）的观点将得以继续存在。库恩说，科学更有条理的观点实际上是科学教科书推动的。[94] 别的学科也使用教科书，但是在科学领域，教科书最盛行，这说明很多年轻科学家获得信息的渠道是简化版教材（因此也是重新包装过的信息），却没有读过原始的文献。所以，科学家往往不了解（或没有了解过）第一手的科学发现，不像一些对文学感兴趣的人，他们不仅要读原作，还要读文学批评的教科书。（在这一点上，库恩的观点回应了 F. R. 利维斯对 C. P. 斯诺的主要批评。）

非科学家和反科学家都很重视库恩的著作，因此，必须强调的是，他并非想要拆科学的台。库恩一贯认为，正如列维—斯特劳斯所说，科学创造了一种特殊的知识，一种以特殊的方式发挥作用且颇具成效的知识。[95] 对库恩著作的某些解读并未得到库恩的首肯。库恩留给后人的遗产是他重新定义了科学的概念，正如斯诺所说，科学不是文化，而是一种传统，很多科学家因循守旧，预先确定对哪类问题感兴趣，打算以何种方式追寻问题的答案。因此，科学传统远不及一般人想象的那么理性。有些科学家不相信这一观点，显然，对于何为范式、何为常规科学，仍然有很大的争议空间。但是，对科学历史学家和众多人文历史学家而言，库恩的著作极大
489 地解放了思想，科学知识由此比过去更具实验性了。

28

心智的祛魅

1959年底，电影导演**阿尔弗雷德·希区柯克**（Alfred Hitchcock）正在绝密的状态下制作一部电影。在洛杉矶环球电影公司下属的“时事讽刺剧摄影棚”里只能看到这部电影的场记板，在公司里，这部电影的代号是“懦夫”。影片拍摄完成后，希区柯克致信新闻界的电影评论家，请求他们不要泄露影片的结局，同时宣布电影自开拍后，从未允许任何公众踏足片场。

《精神病患者》创造了众多个“影史第一”。在此之前，希区柯克导演过许多优秀的谋杀故事，配合异域的场景、鲜明的色彩。仔细对比一下，就能发现《精神病患者》似乎成本很低，它是部黑白片，聚焦于一个地区丑闻。[1] 片中史无前例地出现了很多暴力画面。但是，更引人注目的是对癫狂状态的表现。实际上，电影的真实原型是艾德·盖恩案件。艾德·盖恩是一名“威斯康星州的食人凶手”，另有两部影片也是基于他的恶行拍摄的，即《德州电锯杀人狂》和《癫狂》。在《精神病患者》中，希区柯克非常前卫，他确定诺曼·贝茨成为杀人狂的根源在于他狭隘苍白的家庭生活和性经验。[2]

安东尼·珀金斯和珍妮特·利因为这部电影一举成名，他们俩为了能与讲故事的高手希区柯克共事，只收取了很低的片酬（利扮演的角色在影片一半时就被杀身亡，这也是一大创新）。为了表现疯狂，特别是精神分裂，这部电影的视觉符号很丰富。在一个风雨交加的夜晚，在姜饼屋汽车旅馆的哥特式场景中，每个人都藏着事情：幽会、偷钱、伪造身份或者有谋杀事实但尚未被揭发。为了变换影像，希区柯克大量使用了镜子，碎成两半的镜子暗示现实颠倒、砍杀、暴力疯狂的分裂世界。[3]安东尼·珀金斯假装是自己受到母亲的束缚，其实多年前他就将母亲杀掉了，他还“填塞鸟类”（夜间活动的鸟，如猫头鹰，鸟儿也在注视着他）打发时间。所有这些紧张气氛酝酿出电影中最著名的场景：凶手没头没脑地砍向淋浴中的珍妮特·利，“在那幕象征强奸的场景中，刀子就像阴茎一样，穿透身体”，观众紧张地盯着屏幕、毛骨悚然，鲜血顺着淋浴室的下水道汩汩流
490 淌。[4]《精神病患者》实际上是一种电影手法的杰出典范，这种手法随着时间的流逝已经变得习以为常，它高明地操控了影院观众，在某种程度上，观众能理解并能感受到分裂人格的冲突情绪。希区柯克很狡黠，他让珀金斯（饰谋杀犯贝茨）将珍妮特·利的尸体放在汽车里沉入沼泽地。汽车慢慢陷进沼泽地的时候，突然熄火了。观众不由自主地希望汽车消失，此时观众简直成了这桩罪案的同谋。[5]

影片发行时受到了严厉的批评，部分原因是评论家痛恨自己的观点被人左右。希区柯克说：“我记得《精神病患者》公映时受到了严苛的批评，那简直是场灾难。”但是公众的反应恰好相反，虽然影片的制作成本仅为80万美元，但是希区柯克最终赚回了2000多万美元的票房。这部电影风靡一时。希区柯克说：“我的电影跳过了简单的成功阶段，直接从烂片变成了杰作。”[6]

很长时间以来，人们试图理解精神疾病患者，认为他们的疾病不是身体疾病，而是一种逻辑或哲学病理的适应不良，这也是精神病学中精神分析学派的基础。就在希区柯克这部电影问世的同一年，英国出版了一本精神分析的书，迅速受到追捧。作者是位年轻的来自苏格兰格拉斯哥的精神病专家，此人将自己描述为一名存在主义者，继而成了一名新派诗人。这种特殊的职业道路在他的精神疾病理论中也有所反映。在《分裂的自我》中，**罗纳德·大卫·莱恩**（Ronald David Laing）将萨特的存在主义运用到明显的精神分裂症患者身上，尝试理解他们缘何发疯。莱恩是一个精神病学派（其他人包括大卫·库珀和亚伦·埃斯特森）的领袖，该学派认为精神分裂症不是器质性疾患（尽管当时已经有证据表明有些家庭精神分裂症高发，因此某种程度上是遗传性的），而是患者对其成长环境的私人反应。莱恩及其同仁相信，家庭是导致或产生“精神分裂症”的实体。在《分裂的自我》及其后的几本书中，莱恩认为对精神分裂症患者的背景调查显示出他们有若干共同点，最主要的一点是其家属（特别是母亲）的行为方式表现出自我的感觉和身体的感觉相分离，生活不过是一系列的“游戏”，这极有可能吞噬患者。[7]

且不谈莱恩理论的效果，以及这些理论在治疗上的成功与否，莱恩的重要性远远超过了临床意义：他的方法表明他试图将存在主义哲学与弗洛伊德心理学相结合，他的理论是 1948 年至 20 世纪 60 年代出现的一个重要转折。在这一时期，19 世纪所理解的那种形而上学已经死亡。而置之于死地的正是哲学家；讽刺的是，罪魁祸首便是牛津大学的形而上学教授**吉尔伯特·赖尔**（Gilbert Ryle）。在 1949 年出版的《心的概念》一书中，赖尔猛烈攻击了传统的笛卡尔身心二元论观点，这种观点认为精神活动与身 491
体活动之间存在本质区别。[8] 通过细致的语言分析，赖尔说，他承认这大致上是一种行为主义的观点。赖尔说，没有哪种精神生活能够使“心”独立于动作、思维和行为而存在。当我们"心痒痒"地想做某件事的时候，我们不会真像被蚊子叮了那般痒；当我们用"心""看"事物时，我们不是像看一片绿叶那般地看。他说，这些例子都是在草率地使用语言，他的书大多在克服这种草率。头脑清醒，感觉到自我，这不是心智的副产品；而是心智在行动。实际上，心不是在"窃听"我们的思想；有思想是因为心智在活动。[9]简而言之，机器里面只有机器，没有灵魂。赖尔以这种方式研究了意志、想象、智力和情感，不断驳倒传统的笛卡尔二元论，并以心理学和行为主义的章节收尾。他认为，心理学更像药物（将关系松散的问题和技术相结合），它不是一般意义上的严肃科学。[10]结果，赖尔的这本书在剔除笛卡尔的二元论方面，比起它对心理学的贡献，要重要得多。

当赖尔在牛津大学完善自己的观点时，**路德维希·维特根斯坦**也在剑桥大学做着类似的事情。自1921年发表《逻辑哲学论》后，维特根斯坦有十年没有碰过哲学，但是在1929年，他回到了剑桥，起初他想继续拆解《逻辑哲学论》中的观点，尽管它曾经很有影响力，他还是想代之以新的、从某些方面看截然不同的观点。20世纪30和40年代，他没有发表任何作品，他感到自己已经"远离"当代西方文明，想通过教书发挥自己的影响力（如图灵曾经参加过的"躺椅"研讨班）。[11]维特根斯坦第二部代表作《哲学研究》发表于1953年，他本人于1951年死于癌症，终年62岁。[12]他的新作深化了赖尔的观点。本质上，维特根斯坦认为很多哲学问题是伪问题，主要原因是我们受到了语言的误导。P. M. S. 哈克曾经为《哲学研究》写过四卷评注，他说，类似的语法掩盖了深奥的逻辑差异，这样的例子比比皆是。"哲学问题经常不是为了追求答案，而是为了找寻意义。'哲学是一场反对语言迷惑理解力的斗争。'"例如，"动词'存在'看起来与'吃'或'喝'这类动词没有区别，但是，如果我们问学院里多少人不吃肉或不喝酒，是有意义的；而如果我们问学院里有多少人不存在，这就无意义了。”[13]

这不只是个语言游戏。[14]维特根斯坦的根本观点是哲学的存在不是为
了解决问题而是为了让问题消失，就好像绳子上的结，拆开了就消失了。
换句话说：“解决问题的方式，不是提供新的信息，而是［重新］整理我
们已有的知识。”[15]维特根斯坦认为，接下来的工作就是要重新彻底整理语
言。[16]凭一己之力，谁也办不到。于是，正如赖尔的做法一样，维特根斯
坦首先关注身心二元论。他进一步将身心二元论与他所说的身脑二元论联 492
系起来。他说，这两种二元论都是误解。当意识与“大脑中的自我审查机
制相比较的时候，意识就被误解了”。[17]他举了疼痛为例。他解释说，人
有痛苦的“有”不同于他有一分钱的“有”。“疼痛不会周游世界，而一分
钱可以，它不受任何拥有者的支配。”同样，我们在说自己疼痛之前，不
会先去检查是否呻吟，从这个意义上说，呻吟是痛苦的一部分。[18]维特根
斯坦接着说，“内在”生活、“内省”和私人经验都被误解了。这个人的疼
痛与那个人的疼痛相同，就好像两本书都拥有红色的封面一样。而红色
不是抽象的存在，疼痛也不是。[19]关于内省，维特根斯坦认为，所谓的心
智活动并不需要“心智”：“下定决心是指做决定，犹豫不决是指还有待决
定……有一个说法叫内省，但它不是一种内心感知……它只是唤起记忆，
设想可能的情境，想象可能会有什么样的情感……”[20]“我想赢”不是对
心理状态的描述，而是反映。[21]维特根斯坦认为，“精神”生活的“内在”
和“外在”只是隐喻。我们可以说牙痛是身体的痛，而悲伤是心理的痛。
但是悲伤的痛不同于牙痛，它不像牙痛那么“伤人”。[22]维特根斯坦认为，
我们并不需要心智的概念，我们对待“大脑”要慎重。感觉到痛苦、希望
和失望的是人，而不是他的大脑。

《哲学研究》有得有失。但是，按照维特根斯坦本人的标准，它确实使一些问题消失了，心智问题就是其中之一。这本书是促使人们关注意识

的几本书之一，不过维特根斯坦没能很好地解释意识，而意识恰恰支配了20世纪末哲学家和科学家的注意力。

对弗洛伊德的精神分析学来说，《哲学研究》所带来的影响从未被穷尽过，但是维特根斯坦将“内在”和“外在”视为隐喻的观点很大程度上动摇了弗洛伊德的核心思想。20世纪50年代后期，越来越多的人开始**批评弗洛伊德**，马丁·格罗斯对此做了详细的记录。虽然两次大战之间的年代曾经是弗洛伊德学说的顶峰，但是资料显示，早在20世纪20年代，就有人对精神分析疗法的有效性提出了质疑，当时一项针对柏林精神分析学院诊所472名患者的研究表明，只有42%的患者可以被认定治愈。随后，20世纪40年代，对伦敦诊所、芝加哥精神分析学院和堪萨斯州梅宁哲诊所的研究同样表明，平均“治愈率”仅为44%。20世纪50年代的一系列研究基本上一致表明“患者出院时精神状态比刚入院时好一点的机会接近
493 一半”。[23] 但是，最具杀伤力的研究来自20世纪50年代中期，出自由哈里·温斯托克医生领导的美国精神分析协会的核心事实收集委员会。该委员会收集了美国精神分析协会成员治疗的1269个精神分析案例。这项研究的样本在当时数量最多、涉及面最广，因此人们对研究结果翘首以盼，但是1957年12月，协会决定不公开发表这份报告，认为“宣传争议毫无益处”。[24] 于是，这份报告的副本开始在治疗领域传播，精神分析行业则受到流言困扰，最终美国精神分析协会同意发布研究结果，但那已经是十年以后的事情了。延迟公开的原因终于水落石出。这份“争议材料”显示，在最初接受治疗的人中，治愈率只有六分之一。作为来自本行业的报告，这是极具毁灭性的；但是饱受威胁的不仅仅是精神分析学是否有效，弗洛伊德的基本理论也在劫难逃。他认为人都是轻微的双性同体的观点受到挑战，俄狄浦斯情结和婴儿期性欲是否存在也受到质疑。例如，精神分析学

家认为婴儿阴茎勃起是婴儿期性欲的确切证据，但是 H. M. 霍尔沃森观察了 9 个婴儿，每个婴儿观察期为 10 天，发现其中 7 个婴儿每天勃起至少一次。[25]“勃起不是快感的信号，反而倾向于说明孩子不舒服。85%的勃起伴随着哭闹、烦躁或僵硬地伸直腿部。勃起现象平息之后，孩子才感到放松。”霍尔沃森得出的结论是，勃起的原因是腹部压迫了膀胱，“只是一种身体需求，而不是弗洛伊德式的需求”。同样，睡眠研究显示，忘记梦的现象很好解释，不过精神分析学则认为它属于被压抑的状态。我们在特定的睡眠阶段做梦，现今称为**快速眼动睡眠**（REM sleep），因为在此期间，眼球快速运动。如果患者在快速眼动阶段被弄醒，她或他很容易记起梦，但是如果频繁被叫醒，会变得烦躁，这表明快速眼动睡眠有益健康。但是，如果在快速眼动睡眠之后，即在睡眠周期的稍后阶段把患者弄醒，那么患者就很难记起梦境，不过也较少出现烦躁现象。梦本质上是容易消散的。[26]最后，20 世纪 50 年代出现了越来越多的反弗洛伊德的人类学证据。根据弗洛伊德的理论，哺乳很重要，它有助于在亲子之间建立基本的心理学纽带，当然这本身也是婴儿性心理发育的一部分。但是，1956 年，人类学家拉尔夫·林顿报告了马库赛斯群岛妇女的情况，称“由于乳房在本地文化中的重要性，她们极少哺育婴儿”。她们只是简单地让婴儿躺在石头上，随便喂些椰子汁和面包果的混合物。[27]但是，马库赛斯群岛的孩子成长期间却没有表现出什么特殊问题，亲子关系并未受到损害。

20 世纪 50 年代开始，弗洛伊德和荣格受到越来越严厉的批评，原因是他们的理论不科学，而且他们总是选择性地使用对他们有利的证据。

其他形式的心理学也没能逃过批评。就在《哲学研究》面世的同一年，哈佛大学心理学教授**伯尔赫斯·弗雷德·斯金纳**（Burrhus Fred Skinner）发 494
表了他的第一部具有争议性的作品。弗雷德·斯金纳成长于宾夕法尼亚州沙士魁海纳河畔的一座小镇，曾经立志要当一名作家，并在汉密尔顿学院学习英语文学，在那里，罗伯特·弗罗斯特说他擅长“观察事物的细微差异”。但是，斯金纳之所以没有成为作家，是因为“他发现自己没有什么想说的”。他还放弃了萨克斯管，因为他认为这种乐器“不太适合心理学家”。[28] 放弃作家梦之后，他成功转入哈佛大学学习心理学，并于1945年成为一名教授。

斯金纳的《科学与人类行为》与赖尔和维特根斯坦的观点有很多重合之处。[29] 和他们一样，斯金纳认为“心智”是一种形而上学的落伍之物，认为科学家应该主要关注的对象是行为。和他们一样，斯金纳也认为语言常常曲解现实，科学家和哲学家都有责任净化语言的使用。斯金纳首先用鸽子和老鼠做了一系列实验，实验证明，如果严格控制环境，特别是实行奖惩，那么它们的行为就会朝着可预知的方向发生巨大改变。斯金纳认为，这种快速学习的证据在哲学和社会学方面都很重要。他认为本能可以解释大量的人类行为，但是，在《科学与人类行为》中，他的目的在于为其余的各种行为提供简单理性的解释，他认为许多行为用巩固原则就可以解释得通。本质上，斯金纳想要证明的是，大部分行为（包括信仰、某些精神疾病，有时候甚至包括“爱”）都可以通过个人经历，以及过去受到奖惩的程度来理解。例如，“你应该带把伞”可以意味着“你将被强化带伞这一行为”。“这句话可以清楚地解读出至少三层含义：（1）保持干燥对你有益；（2）带把伞可以使你在下雨的时候不被淋湿；（3）可能要下雨……‘应该’是个讨厌的词，如果听者不带伞，会觉得内疚。”[30] 基于此类行为解读，斯金纳认为酗酒是后天养成的坏习惯，因为酗酒者可能发现了酒精的奖励效果，酒精可以使他在社交情境中感到放松，离开酒精他可能感到不安。他反对弗洛伊德，因为他认为精神分析对“深度”心理学的关注是一种执迷不悟；它自我宣称的目标是要发现“内在的、其他情况下不易察觉的矛盾、压抑和突发行为。生物的行为往往被认为是在精神表象掩盖下发生激烈挣扎而引发的相对不重要的副产品”。[31] 弗洛伊德认为，神经症行为是根源性原因表现出来的症状，而斯金纳认为，神经症行为本身就是研究对象，一旦消除了神经症行为，也就消灭神经症了。斯金纳详细研究过一个例子，即两兄弟争夺父母的关爱。其中一个孩子经常招惹兄弟，结果受到家长或兄弟的惩罚。设想这样的事情反复发生，直到此事引起的焦虑使“惹事的”兄弟感到愧疚，他就会自我控制。斯金纳认为，这说明这孩子在“压抑”自己的攻击性。“如果攻击性行为被有效替换，从而很少会达到引发焦虑的原初状态，那么这种压抑就是成功的。如果焦虑频繁发生，那就不成功。”接着他进而思考其他可能的后果并分别用精神分析法解释。作为反应形成的结果，这个孩子可能会从事社会工作，或表达某种“兄弟之情”；他也可能参军或到屠宰场工作，进一步强化自己的攻击性；他也可能“意外”伤人，转移自己的攻击性；他还可能成为一名职业拳击手。但是，斯金纳认为，我们不必编造什么深层神经症来解释这些行为。“其精神动力不是巧妙地谋划攻击的冲动以努力摆脱个体或社会的潜意识稽查，而是分解各种复杂的变量组合。治疗不是要释放惹麻烦的冲动，而是要引入变量，以弥补或修正产生不良行为的过往。情绪压抑不是造成失常行为的原因，而是行为失常的症状。无法唤起早期记忆并不会产生精神病症状，它只是一例无效行为。”[32] 在这部处女作中，斯金纳旨在解释行为，最后他还谈到了现代社会的很多管理机制，例如政府和法律、有组织的宗教、学校、心理疗法、经济学和金钱，他认为很多奖惩机制业已存在，而且多多少少是有效的。后来，到 20 世纪 60 和 70 年代，他的理论风行一时，很多诊所采纳了“行为疗法”。这些机构在治疗中并不关注所谓的潜在问题。例如，有个人总是觉得自己脏，不断强迫自己用毛巾清洗，那么医生并不追究他内心为什么觉得自己“脏”并且需要使劲地

495

洗，而是就他哪天不取毛巾清洗给予奖励（食物）。在教学手段的发展方面，斯金纳的理论也受到追捧，后来又纳入计算机辅助教学，学生根据课堂指令学习，回答正确就给予奖励，形成各自不同的学习进度。

当时很多人认为，斯金纳提出的行为研究及其对人的理解是革命性的，甚至有人将他与达尔文相提并论。[33] 他的方法把赖尔和维特根斯坦与心理学联系起来了。例如，他认为意识是“社会产物”，源自人在言语社会中的交际。但是言语行为，或 1957 年发表的《言语行为》却令他走向没落。[34] 与赖尔和维特根斯坦一样，斯金纳认为，要想让自己的理论令人信服，就需要解释语言，所以他在 1957 年发表的书中开始这项工作。他的主要观点是，社会群体通过社会强化的过程“筛选”并微调我们的口头话语，即我们“选择”说的内容，而这个系统贯穿一生，决定我们使用
496 何种语言。反过来，这一言语行为强化系统有助于塑造我们的行为（“性格”）以及我们看待自身的方式，即我们的意识。斯金纳认为我们可以根据与周围偶发事件的关系，给不同种类的言语活动分组。例如，“祈使语”是带来特定后果的言语行为，而“得体”是通过事物或事件实现社交强化的言语行为。[35] 本质上，在这种体系下，人是受外部影响的行为“主体”，不是自主性的主体。这与弗洛伊德的观点相左，也与更为传统的形而上学的人类观相悖，因为形而上学认为人源自内在。遗憾的是，1959 年，31 岁的**诺姆·乔姆斯基**（Noam Chomsky）在《语言》杂志上发表了一篇著名的评论，严厉批评了斯金纳的激进观点。乔姆斯基出生于宾夕法尼亚州，父亲是一名希伯来语学者，受父亲的影响，他对语言很感兴趣。乔姆斯基的作品《句法结构》也发表于 1957 年，与斯金纳的作品同一年，但是人们之所以注意到这位年轻的学者，却是因为他在《语言》杂志上发表的那篇书评及文中刻薄的语气。由此，心理学领域发生了乔姆斯基革命。[36]

乔姆斯基当时在距离哈佛大学两站地铁远的麻省理工学院担任教授，

他认为，大脑中有普遍的、与生俱来的语法结构；换句话说，大脑的“布线”以某种方式管理着语言的语法。为了证实他的观点，他提到了若干国家的儿童研究，这些研究表明，无论儿童的抚养方式如何，他们发展语言技能的顺序和进度都是一样的。他认为，幼儿自发地学习讲话，不需要任何实质的训练，他们学习何种语言，取决于他们成长的环境。而且，儿童在语言上很有创造力，在很小的时候就能使用全新的、与生活经验无关的句子。因此，这些句子不可能是用斯金纳等人所说的方法学会的。[37]乔姆斯基认为语言有基本结构，这种结构有两个层次，表层和深层，不同的语言在深层结构上比在表层结构上更为相似。例如，我们学习外语，实际上是在学习表层结构。因为深层结构大致相同，所以这种学习才是可能的。说德语或荷兰语的人可能会把动词放在句尾，而说英语或法语的人却不会，但是德语、荷兰语、法语和英语都有动词，在这些语言里，动词与名词、形容词等的关系也是相对等的。[38]乔姆斯基的论证是革命性的，不仅仅因为他的观点有悖于行为主义的正统观点，还因为他的观点似乎暗示大脑中存在着某种遗传结构，暗示着大脑似乎具备某种先天能力，并且部分程度上决定了人类体验世界的方式。

乔姆斯基—斯金纳事件与斯诺—利维斯事件一样，却具有个人倾向。斯金纳显然从未读完那篇评论，就认为是有人完全（或者故意）误解了他。对乔姆斯基的观点，他从未回应过。[39]但是，结果，乔姆斯基的评论比斯金纳的原作更为人所熟知和了解，因此，斯金纳的影响式微了。实际上，斯金纳从不否认很多行为是本能的；但是他感兴趣的是这些行为是如何改变的，或者在必要的情况下，又是如何进一步改变的。斯金纳的观点一直有少数重要的追随者。 497

无论乔姆斯基的批评对斯金纳有何影响，弗洛伊德或精神分析并未从中受益。虽然传统的精神分析在个别地区（比如曼哈顿）还很流行，但是有些知名的科学家，一方面没有完全抛弃弗洛伊德观点，另一方面也开始基于经验对其加以修改和拓展。其中最有影响力的一位是**约翰·鲍比**（John Bowlby）。

1948 年，联合国社会委员会决定针对无家可归的儿童的需求做一项调查：战后，有许多国家发现，由于男性大量战死，许多儿童缺乏完整的家庭。世界卫生组织于是提出就这一问题展开精神健康调查。鲍比博士是来自英国的精神病专家和精神分析师，在战争期间，他曾经协助挑选部队军官。1950 年 1 月，他接受世界卫生组织的临时委派，在那年的隆冬和初春，访问了法国、荷兰、瑞典、瑞士、英国和美国，与从事儿童托管和儿童指导的工作人员交流，并于 1951 年发表了《母爱与心理健康》，这份著名的报告击中了公众的神经，大大改变了我们对童年的看法。[40]

这份报告第一次证实，对很多人而言，婴儿期的头几个月十分关键，特别是育儿质量，对儿童今后的心理发展至关重要。鲍比在书中引入一个重要短语，用于说明常见的儿童发展疾病的源起，即“**母爱剥夺**”（maternal deprivation），其影响十分广泛。幼小的婴儿，如果没有得到母亲的抚爱，就会“无精打采、安静、不悦、不理会微笑或逗弄”，将来就显得不太聪明，有时候甚至出现缺陷。[41] 同样重要的是，鲍比还注意到，大量研究表明，缺失母爱的孩子很难维持良好的人际关系，容易感到愧疚。这些孩子要么“渴望得到关爱”，要么“冷酷无情”。鲍比还提到了对西班牙内战时期的研究、对美国的研究，以及对哥本哈根妓女的抽样调查，这些都证实，相当一部分犯罪群体的成员来自破碎的家庭，他们普遍缺乏母爱。[42] 这一研究主要有两种后果。从积极的一面来看，鲍比的研究无疑提出了一个观点：即使一个糟糕的家也要比好的孤儿院强。当时很多国家的普遍做法是将私生子或弃儿安置到孤儿院，同时关注孤儿院的营养、卫生和医疗情况。但显然，这种环境远远不够，还缺少影响心理健康的东西。498 因此，在世界卫生组织的报告公布后，一些国家开始改变对待弃儿的方式：领养优于寄养；有慢性病的孩子在接受治疗期间不再与家长分离；母亲可以带着婴儿服刑。在职场，产假得到延长，不仅包括生产假，还包括婴儿出生后十分重要的最初几个月。总体而言，人们更加在意母子的关系。[43]

世界卫生组织的报告发现，早期破碎的家庭生活与后来的违法犯罪或人格缺陷之间的联系并不是那么简单，其影响往往会恶性循环，因为这些来自"破碎"家庭的孩子往往自己又成了问题家长，因而先是形成了"系列缺失"，继而演变成"循环缺失"。并不是所有缺失母爱的孩子都会违法犯罪，也不是说所有犯罪的孩子都来自破碎的家庭（但大部分是）。这种联系的确切性后来还被用来证明智力出众的现象，但是在 20 世纪 50 年代，由于母爱缺失而导致的破碎家庭和违法犯罪之间的联系使很多西方国家看到了曙光，认为有希望改善战后面临的社会问题。

鲍比报告的重要意义在于，它实质上采用了弗洛伊德的观点（母子关系），并加以科学研究，用客观的行为标准来理解事实，而不只关注"心智"的内在运作。作为一名精神分析学家，弗洛伊德的成果引领鲍比关注母子关系，并从中发现了重大的实践意义，但是《母爱与心理健康》只有一处引用了弗洛伊德，而且那一处与无意识、自我、本我或超我都毫不相关。实际上，鲍比更多地受到了他本人对动物行为研究的影响，包括 20 世纪 30 年代在纳粹德国进行的一系列研究。因此，鲍比的成果是绕开"心智"关注行为的又一个例子。他本人是位精神分析学家，这一事实更加说明传统的弗洛伊德观点存在不足。

自从 19 世纪 50 年代开始，人们开始陆续将儿童当作心理实体加以研究。1910 年，《教育心理学》杂志在美国创刊，一年后耶鲁心理学诊所开业，开始系统地研究婴儿。但是，维也纳直到第一次世界大战之后才开始研究儿童心理学，部分原因是当时弗洛伊德学说占据主导地位，甚至比过去更受“推崇”，另一部分原因则是国家贫困，导致儿童的境况更糟糕。不过到 1926 年，维也纳也已经有四十家关注儿童发展的机构。

对于堪称 20 世纪最伟大的儿童心理学家**让·皮亚杰**（Jean Piaget）来
499 说，弗洛伊德的影响远远不如荣格来得重要。皮亚杰于 1896 年出生于瑞士纽沙特尔，儿时就聪慧过人，10 岁时发表了第一篇科学论文，15 岁时就因软体动物的系列报告闻名欧洲。他师从尤金·布鲁勒（此人发明了“精神分裂症”术语）和卡尔·荣格，研究精神病学，后来又在索邦大学与西奥多·西蒙共事。[44] 西蒙曾经与阿尔弗雷德·比奈合作研究智力测试，在巴黎，皮亚杰的任务则是检验西里尔·伯特在英国设计的一种新测试。这种测试包含如下问题：“简比苏漂亮，苏比艾伦漂亮；那么简和艾伦谁更漂亮？”[45] 伯特感兴趣的是智力，而皮亚杰从这个测试中看到了不同的东西，这个想法最终使他比伯特更功成名就，也更有影响力。皮亚杰的中心观点有两个方面。首先，他声称，儿童实际上是一张白纸，没有内在的逻辑能力（如智力）；这些能力是在他成长过程中学会的。其次，儿童在发展过程中要经历一系列的阶段，渐渐掌握各种逻辑关系并运用于实际生活。这些理论源于皮亚杰于 1955 年在日内瓦建立的发生认识论国际中心里进行的大量实验，而他的**发生认识论**（Genetic epistemology）关注的正是人类知识的性质和源起。[46] 这里还要谈到一个实验。6 个月大的婴儿就可以熟练拿取东西，拿起来，再扔掉。但是，如果把物体放在垫子下面，即使这个物体仍然唾手可得，婴儿也会对它失去兴趣。有争议的是，皮亚杰认为，这是因为 6 个月大的婴儿不懂得见不着的物体依然存在。到接近 9 个月大的时候，婴儿就不再有此类困难了。[47]

多年来，皮亚杰一丝不苟地描述婴儿在类似游戏的一系列实验中培养起来的全部才能。[48] 虽然极富独创性，但评论家很难接受他的解释，尤其是孩子出生时没有任何逻辑能力，必须通过“与世界战斗”才能学会生活所需要的各种概念。[49] 很多评论家认为他无非是观察了一个走向成熟的过程，它基于出生时的大脑“布线”和乔姆斯基所说的婴儿遗传特征，只是儿童大脑还需要逐步发育而已。这些评论家认为，逻辑“是发育的动力，而不是发育的产物”，而皮亚杰却说逻辑是发育的产物。[50] 在其后的年代里，有关先天和后天及其它们对行为有何影响的论争日益激烈，但是皮亚杰的意义在于，他与斯金纳和鲍比一样，认为心理学家应该主要关注行为，并且表明早期生活对未来的发展极为重要。皮亚杰再一次让“心智”的概念往后靠了。

20 世纪 50 年代另一大发展使传统的心智概念失去了权威：影响大脑活动的药物。随着时间的流逝，越来越多的“心理”病症被证实与生理有关，如痴呆症（精神错乱性全身麻痹症）和癞皮病（烟酸缺乏导致的神经紊乱），都可以用生物化学或生理学术语解释，更重要的是，可以通过药物得到控制。[51] 500

20 世纪 50 年代以前，精神错乱的“硬核”（精神分裂症和躁狂抑郁病）缺乏任何生理基础。但是，从 20 世纪 50 年代开始，这些疾病开始进入科学范畴，三种探究方法殊途同归，形成了一致的观点。[52] 通过研究神经细胞和控制细胞间传送神经刺激的神经递质，科学家能分离出特定的化学物质，这就意味着，修改这些化学物可能有助于加速或抑制神经刺激的传播。人们发现 20 世纪 40 年代发明的用于治疗运动疾病的**抗组胺剂**（antihistamines）有副作用，容易引起瞌睡，即对大脑产生了影响。此外，人们发现，西方人用印度植物罗根木的提取物治疗高血压，但在印度人们用它控制“兴奋过度和疯癫”。[53] 这种印度药物的作用相当于抗组胺剂，具有效物质是异丙嗪（商标名为非那根）。通过异丙嗪变体的实验，法国人亨利·拉布洛提偶然发现一种叫氯丙嗪的物质，它能使激动或烦躁的患者进入明显的“迟钝或冷淡”状态。[54]就这样，氯丙嗪成了最早的**镇静剂**（tranquiliser）。

镇静剂似乎是通过抑制神经递质（如乙酰胆碱或去甲肾上腺素）起作用的。人们自然会问，作用相反的物质会产生什么样的效果呢？会不会缓解抑郁症？当时，治疗长期抑郁唯一有效的方法是**电休克疗法**（ECT）。许多人认为电休克疗法太过残忍，但它通常是有效的，其依据是人们认为癫痫和精神分裂症之间有某种对抗关系，并且相信人为的发作有治疗作用。实际上，最早的突破十分偶然。医生们发现，患者服用新型抗结核药物异烟肼后，身体明显好转，胃口恢复了，体重增加了，精神状态也好多了。精神病学家很快发现异烟肼及相关化合物与神经递质十分相似，特别是大脑中发现的胺类。[55]一种叫单胺氧化酶的物质会使这些胺类分解；异烟肼是否通过抑制单胺氧化酶，防止它分解神经递质而起作用的呢？单胺氧化酶抑制物在缓解抑郁方面十分出色，却有很多的毒副作用，因此难以成为一种常备家庭用药。但是，不久之后，科学家又发现一种氯丙嗪的亲缘药物丙咪嗪是有效的**抗抑郁药**（antidepressant），还能增加患者接触社会的意愿。[56]这种药物，即盐酸丙咪嗪，很快得到了广泛的应用。

所有这些药品都强化了学界关于化学物可以治疗“心智”的观点。20世纪50年代和60年代初，很多镇静剂和抗抑郁药投入使用。并非每种药物都对所有患者有效，而且都有一定副作用。但是，无论缺点如何，或者
501 它们还存在哪些难点和复杂之处，这两类药物仍然缓解了大量痛苦，同时也对人性提出了深刻的质疑。它们证明，心理情绪是大脑内部化学状态的结果，从而对传统的形而上学的心智概念提出重大质疑。

罗纳德·大卫·莱恩试图糅合弗洛伊德的精神分析学和萨特的存在主

义，他的观点独树一帜，也在精神病学领域占得一席之地。当学界还未确定莱恩的方法是否能治愈患者时，他就早已备受追捧，原因何在？

在那个时代背景下，莱恩及其同仁（如英国的大卫·库珀和美国的赫伯特·马尔库塞）都关注大众社会的个人解放，在这方面他们有别于马克思主义通过革命解放受压迫阶级的观点。格雷戈里·贝特森、马尔库塞和莱恩都认为，个人生活与大众社会相冲突，社会和无意识不断对抗，精神分裂症患者不过是这场战争中最显而易见的受害者。[57] 现代家庭承受着常人难以忍受的压力，导致著名的**“双重束缚”**（double bind），全能的家长在孩子面前说一套做一套，导致孩子在无休止的反抗中成长。实际上，莱恩等人想要表达的是，社会是疯狂的，面对复杂而混乱的世界，精神分裂症患者的回应与理性回应并无太大差别，要是能解读精神分裂症患者的个人逻辑就好了。莱恩认为，无论家庭是什么，它首先是“权力单位”，将其从权力结构中解放出来正是精神病学的部分作用。于是莱恩在专门诊所开展了一系列的实验，这些实验甚至废止了精神病医生与患者之间的权力结构。

20 世纪 60 年代初，莱恩风靡一时，不仅是因为他对精神分裂症的激进态度——**反精神病学**（anti-psychiatry）和**激进的精神病疗法**（radical psychiatry）成了流行词——还因为他对经验的态度。[58] 大约从 1960 年开始，莱恩就经常使用所谓改变心智的药物，包括迷幻药。与其他人一样，他相信**“另类意识”**（alternative consciousness）在临床上能帮助精神分裂症患者解除由其家庭培养的错误意识，他曾一度说服英国内政部，同意他用捷克斯洛伐克当时正投入商业生产的迷幻药做实验（在他位于伦敦温波街的实验室内）。[59] 随着 20 世纪 60 年代的推进，莱恩和库珀的观点被新左派吸收。在英国，将精神病学与政治联系起来似乎既新颖又激进，但这可以追溯到法兰克福学派的教义及其将马克思与弗洛伊德相结合的最初尝试。这也是“莱恩热”在美国较“马尔库塞热”逊色的原因。

1960年，**赫伯特·马尔库塞**已经62岁，他曾经是法兰克福学派的成员，与汉娜·阿伦特一样，师从马丁·海德格尔和埃德蒙·胡塞尔。希特勒掌权之后，他与马克斯·霍克海默和西奥多·阿多诺一起移民美国，但是，马尔库塞没有像他们那样战争一结束就回国。他将语言学技能用于处
502 理战时情报，1945年后还继续为政府服务了一段时间。[60]作为一个前马克思主义者，希特勒、斯大林和第二次世界大战彻底改变了马尔库塞的思想。他说，后来激励他的有三样东西：马克思主义没有预料到纳粹主义的崛起，即资本主义社会将出现非理性的野蛮运动；技术对社会的影响，特别是福特主义和泰罗主义；以及繁荣的美国仍然暗藏着许多令人不安的现象和矛盾。[61]马尔库塞试图调和弗洛伊德和马克思，相对于埃里希·弗洛姆或莱恩，马尔库塞要圆滑得多。他觉得马克思主义对人类处境的解释是失败的，因为它未能触及个体心理。在《爱欲与文明》（1955）和《单向度的人》（1964）中，马尔库塞审视了周围循规蹈矩的大众社会。在大众社会，高科技材料产品不仅是科学理性主义的缩影，还是统一思想和行为的方法，他还强调人类生活中的美学和感性。[62]他认为，个体对大众社会最有价值的回应是**否定**（negation，这与萨特的“反抗者”相呼应）。美国是单向度的，因为它不容许有另类的思想或行为方式。他说，他只是进行“优势诊断”。由于科技的理性和“刻板”，生活凭借“科技进步”而“向前”发展。[63]他说，这是一个令人窒息的整体，能够与之抗衡的必须是想象、艺术、自然、“负面思想”，概括地说就是“**大拒绝**”（a great refusal）。[64]马尔库塞认为，近几十年来循规蹈矩的社会会出现灾难性后果，大众社会与富裕社会的新心理学，以及所谓的实证主义科学和哲学的非人影响相结合，形成一个“不光彩的、有限的”单向度世界。[65]很多人认为，莱恩和马尔库塞属于同路人，因为莱恩所说的精神分裂症是单向度社会的自然终

点，是被泯灭人性的世界排斥的牺牲品，在这个社会，不服从的代价可能是发疯。这似乎是对托马斯·曼和弗朗茨·卡夫卡的观点的不安回响，甚至令人联想到希特勒的演讲，因为希特勒曾威胁要将他认为“堕落”的艺术家关进监狱。20 世纪 60 年代早期，婴儿潮那代人已经到了上大学的年纪。大学迅速扩张，尽管莱恩、马尔库塞等人的观点与临床证据不相符，但在大学校园里依然大行其道。里斯曼曾经发现，“他者导向”人格的一大特点正是讨厌自己循规蹈矩的形象。莱恩和马尔库塞的大受欢迎印证了这一点。因而，这一阶段搭建起一个适合个人变化而不是政治变化的舞
台。20 世纪 60 年代即将来临。 503

29

转向曼哈顿

1960年5月1日晚上六点半，理查德·克莱门特像往常一样从布宜诺斯艾利斯市苏亚雷斯郊区的梅赛德斯奔驰工厂乘巴士回家。下车后不久，他被三个人抓住，旋即被塞进旁边的一辆汽车，接着被带到另一个郊区的出租屋。被问及身份，他立刻回答，“我是阿道夫·艾希曼”，还说，“我知道我在以色列人手里”。以色列情报局监视“克莱门特”已经有段时间了，并最终将他逮捕，这个新生国家不会遗忘也不会原谅第二次世界大战对他们犯下的滔天罪恶。艾希曼被捕后，被秘密羁押在布宜诺斯艾利斯市九天，然后乘坐以色列航空的航班被秘密押往耶路撒冷。5月23日，总理大卫·本—古里安在耶路撒冷国会大厦兴奋地宣布，艾希曼已经于当天早上被押解到以色列的土地上，赢得满堂喝彩。11个月后，艾希曼在耶路撒冷地方法院受审，被控15条罪状，“数罪并罚”，他犯下了反犹罪和反人类罪。[1]

在采访审判会的大批新闻记者中，有一位代表《纽约客》杂志出席这次审判的记者，她便是汉娜·阿伦特，她的文章后来结集发表，引起了一场激烈的争议。[2] 争议源于书的副标题“一份关于**平庸的恶**（Banality of Evil）的报告”，这个短语不胫而走。她的中心观点是，虽然艾希曼做了罪大恶极的事情，或者在人们对犹太人做出可怕之事时袖手旁观，但是他本人并不是一般意义上的魔头。她坚持说，以色列法庭（或任何法庭都）不能审判艾希曼这样的人，他犯下的罪在任何法典上都找不到。特别是阿伦特还对艾希曼的良知抱有幻想。当然不是说他没有良知：在审讯期间，在囚室，有人给他一本《洛丽塔》，他还没看完就还了回来，并告诉卫兵：“这本书不健康。”[3] 但是，阿伦特在报告中指出，在整个审判期间，尽管艾希曼冷静地承认自己做过的事情，尽管他内心知道自己做错了，但是他并不感到愧疚。他说，在他生活的那个世界，谁也不能质疑最终方案，谁也不能谴责他。他只是服从命令，事实就是这样。“战后提出的公开不服 504
从在当时是个神话：‘在那种情况下，那是不可能的。没人会那么做。’那简直‘不可思议’。”[4] 他在那些暴行中充当帮凶只是为了升职。

阿伦特遭受诟病的原因有两个。[5] 其一，她强调很多犹太人在受死时并未反抗，他们当然不会欣然赴死，却十分顺从；其二，很多评论家认为，阿伦特否认艾希曼是个魔头，就贬抑和降低了大屠杀的意义。第二项批评绝非事实。在阿伦特的笔下，艾希曼用陈词滥调自我安慰，他还质问为何拖延审判，因为以色列人已经有充分的证据，够将他绞死数次了，但这些不过使艾希曼的所作所为变得更加骇人听闻。阿伦特客观地记下了她看到的情况，她报道说，他喝了半瓶红酒（还剩了一半）后，拒绝了牧师的帮助，一脸庄重地走向刑场。不过即使到了这个时候，他还在说着一些陈词滥调。阿伦特说，临终遗言的“怪诞愚蠢”更能证明他在“语言和思想上藐视平庸的恶”。[6]

无论阿伦特的报告当时反响如何，她的书如今已是经典之作。[7] 在今天看来，她的分析在一个重要的方面仍然是正确的，因此也更容易被接受。阿伦特的报告中，有一个方面没有引起足够的重视，却绝非无关紧要。这篇报道是为《纽约客》杂志采写的，使用的语言是英语。与很多流亡的知识分子一样，战后阿伦特没有回到德国，至少没有回去定居。20世纪30年代的大批知识分子移民（大多来到美国），为战后美国生活的方方面面注入新鲜元素，带来了变化，到20世纪60年代初《艾希曼在耶路撒冷》问世时，情况更为明显。从音乐到数学、从化学到舞蹈，一切都受到了影响，但最突出的是三大领域：精神分析学、物理学和艺术。

在精神分析学方面，美国经历了最初的迟疑，后来则变得比英国、法国或意大利要宽容得多。20世纪30年代，纽约、波士顿和芝加哥都建立了精神分析学院。当时，与欧洲同行相比，美国的精神病学不是那么有组织性。前面说过，传统上美国人更宠孩子，因此，他们对与儿童经历和成年人性格有关的观点持更为开放的态度。

美国很早就有组织地为流亡的精神分析学家提供援助，虽然实质上受援助的人数不多（估计约有190人），但是他们极具影响力。我们已经提到过卡伦·霍妮、埃里希·弗洛姆和赫伯特·马尔库塞，其他著名的移民精神分析学家还包括弗朗茨·亚历山大、海伦娜·杜奇、卡尔·亚伯拉罕、恩斯特·齐美尔、奥托·费尼谢尔、西奥多·赖克和汉斯·萨克斯，其中汉斯是“七戒指”成员之一，“七戒指”是弗洛伊德早年的同事，曾经发誓要发展和维护精神分析学，弗洛伊德各送他们一枚戒指象征这种执着与奉献。[8]第二次世界大战期间，美国暴露出来的各种精神病问题使精
505 神分析学进一步为人接受。根据官方数字，在1942至1945年间，大约有185万人由于精神病原因被军方拒绝入伍，占到拒绝总量的38%。截至1946年12月31日，退伍军人医院里大约有54%的患者因神经性精神疾

病接受治疗。

战后美国还有两名最有影响力的流亡精神分析学家，分别是**埃里克·埃里克森**（Erik Erikson）和**布鲁诺·贝特尔海姆**（Bruno Bettelheim）。埃里克森是弗洛伊德在维也纳的关门弟子。虽然他有个丹麦名字，但他其实是北德人。他 1938 年来到美国，当时才 21 岁，在波士顿的一家精神病院工作。埃里克森并不是科班出身的临床医学家（美国不如欧洲严格，对精神分析学家而言，如果没有医学学位问题也不大），但是他逐渐形成了自己的理论，在《童年与社会》（1950）一书中，他谈到青少年都会经历“**认同危机**”（identity crisis），如何处理很重要，因为决定他们成年后性格的正是这种处理方式，而不是弗洛伊德所说的童年期的经历。[9] 在 20 世纪 50、60 年代，随着第一批真正富足的“他者导向”的一代人到了青春期，埃里克森的观点开始广受欢迎。他的另一个观点同样得到广泛的接受：在弗洛伊德生活的维也纳城，主要的精神病是歇斯底里症，而在战后的美国，主要的精神病症则是自恋，他所谓的自恋是指人们特别关注自己的心理发展，尤其是在这个多数人认为宗教已死的世界里。[10] 布鲁诺·贝特尔海姆也是一位非科班出身的精神分析学家，他最初是美学家，从维也纳来到美国，其间被关过集中营。他的这些经历在《极端情境中的个体与大众行为》一文中有生动的表述，艾森豪威尔将军将该文指定为军政人员的必读书。[11] 第二次世界大战后，贝特尔海姆因擅长治疗自闭症儿童而闻名，他还写了《空城堡》一书。[12] 这两部作品彼此相关，因为贝特尔海姆亲眼见到集中营里的人走向“自闭”状态，他觉得设法逆转这种经历可以有效治疗自闭症儿童。[13] 贝特尔海姆宣称，他的治疗方法治愈率高达 80%，不过 20 世纪后期，有人开始怀疑他的方法。[14]

与在欧洲的境遇相比，精神分析学在美国变成一种更为乐观的学说，它体现了这样一个观点：每个人都有办法自助，纠正人生中某些出了错的心理状态。这与欧洲人的看法不一样，欧洲人认为社会学的阶级与一个人在社会中所处的地位有很大关系，离开普遍的社会变革，个人很难改变自己的处境。

第二次世界大战后，两件事情使物理学家走向分化。首先是氢弹（hydrogen bomb）的研制。曼哈顿计划是一项协作型事业，来自英国、丹麦、意大利等地的科学家和美国科学家共同合作。但毫无疑问，牵头的是美国人，出资的也几乎全是美国人。另外，德国被占领，英国、法国、奥地利和意大利境内又都遭受了长达六年的战争破坏，这项研究由美国人牵
506 头并不奇怪。哥廷根被毁；哥本哈根不再是国际学者聚集的中心；在英国剑桥，卡文迪许实验室人员流失，研究重点转向了分子生物学，后来证明这项策略出了很多成果。战后几年里，有四位移居美国的核科学家获诺贝尔奖，极大地提升了美国在科学界的声望，他们是：费利克斯·布洛赫（1952）、埃米里奥·西格雷（1959）、玛丽·梅耶和尤金·魏格纳（1963）。《1954 年原子能法》设立了自己的奖项，并以第一位获奖者恩里科·费米的名字命名，在 1963 年前，有五位移民科学家获奖，分别是：费米、约翰·冯·诺依曼、尤金·魏格纳、汉斯·贝特和爱德华·泰勒。同时获奖的还有三位美国本土科学家：欧内斯特·劳伦斯、格伦·西博格和罗伯特·奥本海默，这些都说明美国在物理学领域取得了长足进步。

其中很多人（包括少数女性）在“原子科学家运动”中表现出色，这项运动旨在影响原子时代的公众思维，还发行自己的刊物《原子科学家公报》，讨论相关问题。这份公报有个著名的标识，即设置为午夜前数分钟的末日之钟，编辑视世界接近毁灭的程度来回调校指针。战后，奥本海默、费米和贝特等科学家不愿在和平时期从事武器研究，退出了曼哈顿计划。但是爱德华·泰勒对氢弹依旧感兴趣，因为 1942 年，费米在一次午

餐时提出了一个问题：一旦研发出原子弹，能否用这种爆炸启动类似太阳内部的热核反应？1949 年 9 月，俄国成功爆炸原子弹的消息使一些科学家陷入反思。原子能委员会决定向奥本海默主持的顾问委员会征求意见。顾问委员会一致决定美国不应率先研制氢弹，但是委员们群情高涨，这在费米身上有所反映，他的观点随着时间的流逝发生了变化。他认为在氢弹问世前就应该宣布它非法，不过他也承认，在冷战气氛弥漫的情况下，不太可能达成这样的一致；“如果办不到，就应该将研究遗憾地继续推进下去。”[15] 美国科学界举棋不定的时候，1950 年 1 月，克劳斯·富克斯在英国供认他在洛杉矶工作期间将情报传给了共产党的特工。四天后，杜鲁门总统撇开科学家的意见，决定美国将继续推进氢弹研究计划。

氢弹的本质是：当原子弹与氘或氚一起爆炸时，会产生地球上闻所未闻的高温，熔化两个氘核，并释放出大量的结合能。早期计算显示，它引起的爆炸相当于 1 亿吨 TNT，同时将 3000 平方英里的土地变成废墟（为了方便比较，第二次世界大战中所使用的炸药总量大约相当于 300 万吨 TNT）。[16] 1952 年 11 月 1 日，在太平洋小岛**伊鲁吉拉伯岛**（Elugelab）上，世界上第一个热核装置（氢弹）投入测试。观察员们在 40 英里外看到数百万加仑的海水变成蒸汽，形成一个巨大的泡泡，火球绵延 3 英里。爆炸 507
结束后，伊鲁吉拉伯岛完全消失，人间蒸发了。炸弹的威力相当于 1040 万吨 TNT，比投向广岛的原子弹厉害一千倍。爱德华·泰勒在给一位同事发的电报上用暗语写道，“是个男孩”，这一隐喻充满讽刺意味。九个月后，苏联也爆炸了自己的氢弹装置。[17]

第二次世界大战结束后，大多数物理学家还是渴望恢复“正常”的研究工作。这一时期正常的工作指的是两大物理会议，一次于 1947 年 6 月在纽约附近长岛海面上的**谢尔特岛**（Shelter Island）召开，另一次于 1956

年在纽约州北部的罗彻斯特召开。

谢尔特岛会议的高潮是威利斯·兰姆提交的一份报告，他在报告中提出了证明氢原子的能量存在微小变化的证据，如果保罗·狄拉克将相对论与量子力学相联系的方程式完全正确，那就不应该出现这种微小变化。“兰姆移位”修正了数学方法，促使量子电子动力学的诞生，科学家们额手称庆，称之为“物理学上最精确的理论”。[18] 在这次会议的同一年，掌握物理学和数学知识的宇宙学家和天文学家开始研究从宇宙传往地球的宇宙射线，发现了新的亚原子微粒，但是它们的表现与预想的不完全一样，例如，它们不会像预想的那样很快衰变成其他微粒。这一异常现象导致粒子物理学进入新的阶段，这一阶段贯穿了20世纪的下半叶，综合了物理学、数学、化学、天文学，以及看起来有点奇怪的历史学。它取得的两大成就分别是：弄清楚宇宙是如何形成的，元素是如何形成的，以什么顺序形成的；粒子还可以进行比电子、质子和中子更细微的系统分类。

对基本粒子的研究迅速回到了宇宙起源的问题上。关于宇宙起源的“大爆炸”理论始于20世纪20年代，主要是乔治·勒梅特和埃德温·哈勃的研究成果。谢尔特岛会议后，1948年，英国的两位奥地利移民**赫尔曼·邦迪**（Herman Bondi）和**托马斯·戈尔德**（Thomas Gold）与剑桥大学教授**弗雷德·霍伊尔**（Fred Hoyle）一起，提出了另一个“**稳恒态**”（steady state）理论，设想宇宙中的物质在局部“能量活动”中悄然形成。只有少数几位科学家重视这一理论，其中20世纪30年代叛逃到美国的俄罗斯人**乔治·伽莫夫**（George Gamow）在同一年提出了新的计算方法，显示大爆炸早期发生的核反应形成了膨胀的宇宙，又将氢转变成了氦，并对这些元素在古老恒星中的比例加以解释。伽莫夫还说，如果在宇宙中寻找，一定能找到以背景辐射的形式存在的、低密度的早期爆炸证据。[19]

伽莫夫的理论，尤其是“恒星的个体生命”那一章，使物理学家对

“核合成”发生了极大的兴趣，**“核合成”**（nucleosynthesis）是指最轻的元素氢如何构成较重的元素，以及在此过程中不同形式的基本粒子所承担的 508
作用。这就开启了宇宙射线的研究。第二次世界大战以来发现的新粒子在地球上几乎都不是天然存在，只能使自然形成的粒子加速，在粒子加速器和回旋加速器中与别的粒子相互碰撞，从而加以研究。这些设备非常庞大、价格昂贵，这也是“大科学”在美国繁荣的另一个原因：不仅因为美国在知识上领先，还因为美国比别的国家对知识更感兴趣，并愿意为此提供必要的资金。在谢尔特岛会议之后的十年里，科学家发现了数百种粒子，最突出的有三种。1953 年，加州理工学院的**默里·盖尔曼**（Murray Gell-Mann）把那些没有按照早期理论描述的方式运动的粒子命名为**“奇异粒子”**（strange particle，物理学中为粒子取古怪名字的第一例）。[20]1956 年，于曼彻斯特召开的第二届物理学会议开始关注“奇异粒子”的不同方面。1961 年，盖尔曼搜罗了各种有关“奇异粒子”的概念，并制定了粒子分类表，他称之为**“八重法”**（Eight-Fold Way），让人联想到周期表。八重法依据的是数学而不是观察结果，1962 年，数学引领盖尔曼（同一时间还有乔治·茨威格）提出了**“夸克”**（quark）的概念，夸克是比电子更小的基本粒子，几乎所有已知物质都由夸克组成（茨威格称之为“埃斯”，但是“夸克”沿用了下来。直到 1977 年，才有实验证实夸克的存在）。夸克有六种变体，分别随机命名，如“上夸克”、“下夸克”或“粲夸克”。[21] 它们有分数式的电荷（电子中的一个电荷加上或减去三分之一或三分之二），正是这种非常重要的零碎电荷进一步减小了自然的基础构件。现在我们知道所有的物质都有两种粒子组成：一种是**重子**（baryons），包括质子和中子，是较重的粒子，可分解为夸克；另一种是**轻子**（leptons），质量很轻，包括电子、缈子、陶子和中微子，不能分解为夸克。[22] 例如，质子由两个上夸克和一个下夸克构成，而中子则由两个下夸克和一个上夸克构成。对于物理世界以外的人而言，这些可能令人费解，但是请记住，地球上天然存在的基本粒子与1932年的情况没有区别：电子、质子和中子。其余的要么从来自太空的宇宙射线中发现，要么是在粒子加速器的人工环境中发现的。[23]

物理学家的主要目标是将所有的发现整合成一个包含两类答案的大综合。首先它可以解释宇宙的进化，描述基本元素的产生及它们在行星和恒星上的分布，解释使生命成为可能的碳是如何形成的。其次，它还将解释使物质成其为物质的根本力量。撇开上帝，它实际上能够解释一切。

509 1960年年中的一天，儿童图书插画家伦纳德·凯斯勒走出纽约一家艺术用品商店时，碰到了大学同学**安迪·沃霍尔**（Andy Warhol），后者手里拿着画刷、颜料和一些油画布。凯斯勒看着他，问："安迪！你在干什么？"

"我刚开始搞波普艺术。"沃霍尔答道。

凯斯勒能想到的就是问他："为什么？"

"因为我恨透了抽象表现主义。恨透了！"[24]

艺术运动就是从那个时刻开始的吗？也许**波普艺术**（pop art）就始于那个时刻。我们看到，它不仅完全改变了艺术，还改变了艺术家的角色，这种变化本身就是20世纪后期思潮的缩影。但是，如果说安迪·沃霍尔讨厌**抽象表现主义**（abstract expressionism），那是因为他妒忌他们在1960年取得的成功。随着巴黎在艺术界的没落，纽约开始成为先锋派的栖息地。沃霍尔也将改变人们对先锋派的看法。

1943年，皮埃尔·马蒂斯画廊推出"流亡艺术家"展览，费尔南·莱热、皮特·蒙德里安、马克·夏加尔、马克斯·恩斯特、安得列·布勒东、安德烈·马松及众多欧洲艺术家都展出了作品，这次展览对美国艺术家产生了巨大影响。[25]很难说这次展览是否改变了美国绘画发展的进程，但是，它必定加快了当时的进程。这些后来被称为抽象表现主义者（这个词是在 20 世纪 40 年代末才出现）的画家都在 20 世纪 30 年代开始创作，并且都有一个共同特点：杰克逊·波洛克、马克·罗斯科、阿希尔·戈尔基、克利福德·斯蒂尔和罗伯特·马瑟韦尔都迷上了精神分析学及其对艺术的影响。吸引他们的是荣格的精神分析学（波洛克曾经花了两年时间研究荣格的精神分析学），特别是原型理论和集体无意识理论，这使他们成为超现实主义的热心追随者（和评论家）。在大萧条年代，在那个总体上忽视艺术家的世界，他们历经锤炼，很多抽象表现主义派艺术家经历了极度的贫困。这又造就了第二个特点，即艺术家是社会的叛逆。他们与大众文化为敌，而大众文化中大部分内容（广播、有声电影、《时代》等杂志）在 20 世纪 30 年代尚属新生事物。换句话说，抽象表现主义者是天然的先锋派。[26]

从军械库艺术展会到第二次世界大战期间，欧洲艺术展览在美国稳步开展，这主要归功于纽约现代艺术博物馆的阿尔弗雷德·巴尔。1929 年，纽约现代艺术博物馆创建时，巴尔曾经组织塞尚、梵高、修拉和高更等人的画展。[27] 他还参与举办了 1934 年纽约现代艺术博物馆的国际现代艺术展和 1937 年的包豪斯艺术展。但是在 1935 至 1945 年间，由于前面提到的欧洲精神分析学家的涌入，美国人着手研究精神分析思潮，特别是它与艺术的联系。例如，精神分析是**玛莎·葛兰姆**（Martha Graham）和**摩斯·肯宁汉**（Merce Cunningham）编排的芭蕾舞剧的核心要素，《黑暗草原》和《死亡与入口》都将原始神话（美洲印第安人）与荣格式的主题相结合。真正探究精神分析学的首场艺术展也发生在战时。1943 年 11 月，佩吉·古根海姆美术馆举办的杰克逊·波洛克艺术展首开先河；接着，1945
年 3 月，朱利恩·利维画廊举办阿希尔·戈尔基画展，并由安德烈·布勒 510
东撰写序言。[28] 抽象表现主义运动是美国第一场有影响力的先锋派运动，但是其重要性远不止于此。评论家**艾萨克·罗森菲尔德**（Isaac Rosenfeld）和**西奥多·索罗塔洛夫**（Theodore Solotaroff）注意到艺术领域发生了“地动山摇的变化”，他们认为，由于大萧条和世界大战，艺术家已经“从马克思转向了弗洛伊德”。艺术的基本准则不再是“改变世界”，而是“适应世界”。[29]

这正是抽象表现主义艺术家显得如此重要的原因所在。他们可能自视前卫（直到第二次世界大战结束之前，他们确实是这么看待自己的），他们中的一些人，如**威廉·德·库宁**（Willem de Kooning）总是拒绝赞助人和艺术商人的谄媚，想怎么画就怎么画，想画什么就画什么。问题是，艺术家想要表现的东西变了。他们在作品中表现出来的批评也是个人的、心理学的、内部指向的，不再指向周围的外部社会，正如保罗·克利在1915年所说：“世界越可怕，艺术就越抽象。”从某些方面看比较特别的是，就在此时，冷战开始了，美国已经成功投掷过两枚原子弹，并且正在研制氢弹，世界面临前所未有的危机，艺术应该回归艺术本身，避开社会，忽略政治，关注某种表面上看无法理解的自我（无意识），它们或者可以通过零碎的方式，费力而迂回地得到理解。这就是戴安娜·克兰所著的《先锋派的嬗变》一书的主题，书中不仅记录了纽约艺术市场的兴起（画廊从1949年的90家增加到1965年的197家），还记录了艺术家的地位变化和自我看法。现代主义的先锋派视自己为一种叛逆，此外还用新的技术和科学知识扰乱和挑战资产阶级，这种做法改变了社会的整个阶级秩序。但是，到20世纪60年代，评论家哈罗德·罗森伯格写道：“艺术不是叛逆、绝望或自我放纵，艺术将要回归正常化，成为社会内部的职业活动。”[30]克利福德·斯蒂尔则更加尖锐：“对于我所处的这个时代，我毫无兴趣……我们的时代是科学的时代，是机械的时代，是权力和死亡的时代。这个时代本就无比自负，在我看来，再用绘画对其进行赞美没有任何意义。”[31]结果，由于抽象表现主义缺乏明确的意义或社会内涵，它不断受到批评，一场长期变革的序幕就此揭开。

这种变革的极端例子是波普艺术，**克莱门特·格林伯格**（Clement Greenberg）和法兰克福学派批评家都认为波普艺术本质上不利于先锋艺术的传统功能。很少有流行艺术家经历过抽象表现主义者经历过的贫困。弗兰克·斯特拉的父亲约瑟夫事业有成，安迪·沃霍尔本人尽管来自移民家庭，但是在20世纪50年代中期，他每年的广告收入已达5万美元。沃霍尔（或他们中的任何人）有什么可反抗的呢？[32]波普艺术的重要特点是，它不仅不批评而且还赞美流行文化和中产阶级的生活方式。所有的波普艺术家（罗伯特·劳申伯格、贾斯珀·约翰斯、詹姆斯·罗森奎斯特、克拉斯·奥尔登堡、洛伊·利希腾斯坦和沃霍尔）都对大众文化、广 511
告、连环画和电视中出现的形象做出回应。不过，20世纪60年代初主要是沃霍尔的时代。罗伯特·休斯这样写道，与其他画家相比，沃霍尔不遗余力地“把艺术界变成艺术生意”。[33]在他对自己感到厌倦之前，有几年时间，他总有办法让自己的艺术（或者说作品）既颠覆又赞美大众文化。沃霍尔抓住了流行文化（不是书本世界，而是视听文化）的本质：复制而非创新。他喜欢机器生产出来的一成不变的平庸形象，但他在某种意义上又是马歇尔·杜尚的继承人，因为他意识到，某些物品，比如一把电椅或一罐汤，只要被作为“艺术品”呈现出来，其含义就发生了变化。艺术家乔德·加雷特这样概括这种新的美学：“我觉得自己不必很有眼光。那没什么大不了。每次读到艺术家笔下的过去，特别是两次世界大战前的文章，我就觉得很好笑，我嘲笑这些东西：文化的精神和文化的变革。文化的改变是可能的，但是我想除了视觉变化以外，艺术不是尝试变化和发生重大变化的地方……在当今这个时代，艺术不可能撼动世界……无论哪种视觉描述，都要先通过时装设计和家具设计，然后投入批量生产；最终，因为你的一幅画，气泵看起来就有点特别。但这不是艺术家该费心的事情……人人都在重新评估，如何才能严谨地概括高雅艺术的要素。时尚走进艺术或是艺术走向时尚确实是种奇妙的发展。时尚和艺术走得很近，这不是坏事。”[34]

尽管波普艺术始于抽象表现主义，但是此后，艺术家却不再提出“另类看法”，或者不再以提出“另类看法”为己任。相反，他们已经成为构成当代的他者导向的富裕社会中“相互竞争的各种生活方式和意识形态”的一部分。1968 年，在位于联合广场的自家“工厂”，沃霍尔遭到一名女权主义女演员的枪杀，在医生宣布临床死亡之后，他活了下来，紧接着他的画作价格飙升，从平均 200 美元涨到 15000 美元。在当时的社会环境下，这种情况完全说得通。从此，艺术品的价格变得与其内容同等重要。

当时的美国艺术（以曼哈顿为甚）还有一个特点，艺术、诗歌、舞蹈和音乐等不同形式之间相互交叠、相互联系。大卫·莱曼认为，先锋派这个观念本身已经转往美国，而且不仅限于绘画。于是，针对 20 世纪 50 年代初颇为活跃的纽约诗派，他写了一本书，书名是《最后的先锋派》。[35] 在艾略特等人的“旧秩序”和“垮掉的一代”的新文化之间，诗歌走出了一条实验性道路；除了诗歌以外，约翰·阿什贝利、弗兰克·奥哈拉、肯尼斯·科赫和詹姆斯·舒伊勒都对抽象表现主义画家德·库宁、简·弗瑞里切、费尔菲尔德·波特和拉里·里弗斯十分友善。阿什贝利还受到了作曲家约翰·凯奇的影响。同样，凯奇后来也与罗伯特·劳申伯格和贾斯珀·约翰斯等画家和舞蹈家摩斯·肯宁汉共事过。

512 在 20 世纪中期的严肃音乐中，我们可以看到两大主旋律。一是不再追求调性，另一个是十二音阶体系未能获得广泛认可。[36] 调性继续存在，特别是在谢尔盖·普罗科菲耶夫和本杰明·布里顿的作品中（布里顿 1945

年的作品《彼得·格莱姆斯》甚至预示了20世纪50年代所谓愤怒的青年的“反英雄”主题)。但是第二次世界大战后，苏联以外的多数国家的作曲家都想弄清楚第一次世界大战期间和之后出现的“两大反差强烈的原则”：“理性”的十二音阶体系和“非理性”的达达主义。此外，音乐家还探索了新的音乐技术：磁带录音、电子合成和计算机技术。[37]在这些方面，约翰·凯奇的影响最为深远。

约翰·凯奇(John Cage)于1912年出生在洛杉矶，1935至1937年间师从勋伯格，不过他受到的影响不完全来自理性的十二音阶体系，他的另一位老师亨利·考维尔向他介绍了东方的禅、佛教和密宗思想。1938年，凯奇在西雅图的一次舞蹈课上遇见了摩斯·肯宁汉。1942年，肯宁汉建立了自己的舞蹈团，从此开始他们一起工作。1948年，他俩应邀前往北卡罗来纳州的黑山学院暑期班讲学，1952年再次应邀前往，这回他们遇到了**罗伯特·劳申伯格**(Robert Rauschenberg)。画家和作曲家相互影响：劳申伯格承认凯奇关于日常生活的艺术观点对他的绘画创作产生了影响，而凯奇则说，1952年他在黑山学院看到的劳申伯格的白色画作使他有勇气在同一年用钢琴呈现自己的“无声”音乐《4分33秒》。从1954年开始，劳申伯格在肯宁汉的舞蹈团担任艺术顾问。[38]

凯奇是位出类拔萃的实验主义者，善于探索新的声源和节奏结构(《虚构风景第一号》中的声源只有两只变速留声机转盘、弱音钢琴和铜钹)，特别擅长探索不确定性。正是这种对偶然性的关注将他与达达主义相联系，又通过超现实主义的荒诞派戏剧，与肯宁汉发生交集。在后现代主义思想出现之前，凯奇就试图打破(正如沃尔特·本雅明预见的)艺术家和观众之间的屏障。凯奇认为，艺术家不应享有任何特权，在《音乐马戏团》(1968)这类作品中，他设法只做音乐事件的发起人，让观众完成大量工作，刻意放大音乐符号与演奏之间的鸿沟。[39]“原型”实验创作就是前面提到的《4 分 33 秒》(1952)，这是一首三乐章的钢琴曲，但在实际演奏过程中，一个音符也没有奏响。凯奇说得很清楚，这首音乐可以用任何乐器“演奏”任意长的时间。其目的不仅是对常见的音乐会加以戏仿或搞笑，而且要让观众聆听周遭环境的声音，并在可以忍受的较短时间内对其加以思考。

他与肯宁汉的交集很简单。肯宁汉于 1919 年出生在华盛顿州的中心地区，曾经是玛莎・葛兰姆舞蹈团的独舞演员，但是他对情感性和叙事性的内容感到不满，开始探索用独特的方式表现乐章。自 1951 年开始，与凯奇同一时期，肯宁汉也将偶然性引入舞蹈。他通过抛硬币、掷骰子或
513 《易经》的线索选择舞蹈动作的先后顺序或舞步的安排，尽管这些舞步本身就是某些身体动作，但是肯宁汉进行了史无前例的分解。这种方法在 20 世纪 60 年代的《故事》和《事件》等作品中得到发展，肯宁汉会在演出开始前不久才决定当晚要表演舞蹈的哪些部分，即便如此，在表演过程中的某些地方，舞蹈演员依然可以临时决定下面该怎么跳。[40]

这些作品还有两个方面值得关注。首先，这些作品由凯奇或其他作曲家提供音乐，劳申伯格、约翰斯、沃霍尔或其他艺术家提供场景。不过，一般情况下，舞蹈、音乐和场景这三种元素直到首演前一天才能合成。肯宁汉不知道凯奇创作的内容，他们俩也不知道劳申伯格创作的内容。尽管肯宁汉为自己的一部著名作品取名为《故事》，但这极具讽刺性。肯宁汉认为，芭蕾舞不必讲故事，芭蕾舞实际上就是“事件”。他想让观众自行理解台上的舞蹈。[41] 凯奇强调沉默是音乐的一部分，肯宁汉则强调静止是舞蹈的一部分。有时候，舞台两侧的布告栏会提示某些舞蹈演员在指定时间段内离开舞台。服装和灯光每晚都会变化，有些布景也会变化，有时候道具会变换位置或完全撤掉。

这就是说，肯宁汉的舞蹈编排风格实际上是轻松而富有启发性的。用

评论家萨利·贝恩斯的话说，它传递了“轻松、弹性……是一种灵活、冷静、分析的智慧”。[42]就像人们可以自行理解音乐、舞蹈和布景一样，肯宁汉的每段舞蹈本身都是完整的呈现，而不单单是某个序列中的一部分。肯宁汉与雅克·塔蒂主张同样的创作方法，即最有趣的戏并不总是在舞台中央的正前方上演，在舞台上的其他地方，可能会有同样有趣的戏码上演，观众的反应由观众自己说了算。

对肯宁汉影响更大的是法国人马塞尔·杜尚及他提出的几个问题：艺术是什么？艺术家是什么？艺术家与观众之间是什么关系？最明显的是《闲逛时分》（1968），贾斯珀·约翰斯根据杜尚的大玻璃作品《新娘，甚至被光棍们剥光了衣服》装饰舞台，大卫·贝尔曼根据杜尚的另一个作品《（从玻璃的另一侧）眯起一只眼，盯着看了将近一小时》制作了名为《将近一小时》的音乐。这部作品的创意来自约翰斯。有一天晚上，约翰斯和肯宁汉都在杜尚家里做客，他向杜尚提起了这个想法，杜尚回答道，“不过，这所有的工作由谁来做呢？”[43]约翰斯说他来做，杜尚如释重负，同意由他来做，还说在演出过程中应该效仿画作，不断地移动。[44]这段舞蹈的特点是，演员在舞台上不断走动，小组演员在飘忽的切分音节中舞动，像机器一样，在慢动作中绷紧身体，做出很小的、极易被忽略的动作。《闲逛时分》有着“机器般的优雅”，比《故事》更受欢迎。[45] 514

与玛莎·葛兰姆和妥拉·萨普一样，肯宁汉是20世纪末最有影响力的舞蹈家之一。吉姆·塞尔夫等人直接受到了他的影响，不过伊冯·雷奈尔等人却反对他提出的偶然性方法。

肯宁汉、凯奇、抽象表现派和流行艺术家都更关注艺术形式，而不是艺术的意义或内容。小说家和评论家**苏珊·桑塔格**（Susan Sontag）于1964年在《常青藤评论》杂志上发表了一篇著名的文章，便是谈论这种区别。在《反对阐释》中，她说，弗洛伊德、马克思和许多现代主义的遗产使艺术作品背负了太多意义、内容和诠释。她认为，人们欣赏艺术（无论是绘画、诗歌、戏剧，还是小说）不再是因为艺术本身，不再是因为艺术的呈现形式或风格，也不再是因为（如本雅明所说）艺术的神秘、夺目或“破碎”的特点。相反，所有的艺术都置身于意义的“虚幻世界”，使艺术和我们都走向赤贫。她看到了一种反向运动：“如果用‘艺术作品由一系列内容构成’这一高度可疑的理论来指导艺术的解读，那么这种解读亵渎了艺术。它使艺术变成一种可使用的物件，变成属于不同智力范畴的物品……逃离解读似乎因此成了现代绘画的特征。从一般意义上来看，抽象画试图抽离内容；因为没有内容，也就不能解读。而波普艺术采用的方法正相反，但结果相同，殊途同归；波普艺术的内容喧嚣艳俗、‘原本如此’，最终也无法解读。”[46] 她想还诗歌以沉默，还语言以魔力：“解读视艺术品的感觉经验为理所当然。……当务之急是恢复我们的感知……我们需要用艺术色情学取代解释学。”[47]

桑塔格的警告是适时的。从某些方面来看，凯奇和肯宁汉是最后的现
515 代主义者。在接下来的后现代时期，解读将一发不可收拾。

30

伟大社会中的平等、自由与正义

1964年春，约翰·F. 肯尼迪总统遇刺几周后，他的继任者林登·约翰逊总统在安阿伯的密歇根大学发表演讲。当天，他为美国社会的复兴描绘了一项宏伟的计划。他说，这个计划将正视贫困的存在和持续存在，以及贫困与国内持久的民权问题之间的关系；它将进一步关注环境，努力满足迅速发展的妇女解放运动的要求。他向民众承诺，美国经济将持续增长，多数人将过上富足的生活。他继而表示，美国人不仅关注自己的物质利益，还关注“全体公民的理想”。[1] 约翰逊是位经验丰富的政治家，他明白肯尼迪遇刺给美国带来了巨大的冲击，这桩灾难性事情将促使20世纪60年代初期成为美国历史上的决定性时刻。他意识到，为了迎接这一时刻，他必须表现出极大的想象力和远见卓识。他交出的答卷就是**伟大社会**（The Great Society）。

且不说约翰逊的观点是否取得了成功，但他对那个时机的把握是正确的，因为在20世纪60年代，若干思想领域经历了集体转变。这十年往往被描述成“轻佻”的十年，充斥着时尚艳俗、音乐“令人神迷”、性放纵、毒品所引起的虚无主义，实际上在这十年里，除了战争年代以外，西方前所未有地面对着关乎人类生存最基本的困境：自由、正义和平等，它们分别是什么？如何才能实现？在谈论约翰逊之前，我们有必要先审视密歇根演讲的背景，较之于 1963 年 11 月 22 日在达拉斯发生的肯尼迪被刺事件，这个背景回溯得更久远，范围也更广泛。

1961 年 8 月 17 日，东德工人开始修建柏林墙。这道屏障封锁了通往西柏林的道路，阻止东德人逃往西方。此后，苏联领导人尼基塔·赫鲁晓夫向美国总统肯尼迪提议召开德国和平会议，以达成协议，将柏林建成一座自
516 由城市，苏联领导人同时还提出就禁止核试验的问题举行会谈。虽然有关禁止核试验的会谈从 6 月份就已经开始，但是一个月后，谈判破裂。因而柏林墙的建立标志着冷战的高潮已经到来，同时还在东方和西方划出一条长久的分界线。次年 1 月，关系进一步恶化，在经历了 353 次会议之后，三方（美国、英国和苏联）就禁止核试验问题的会谈宣告失败。接着，1962 年 10 月，古巴导弹危机爆发，此前，苏联同意向菲德尔·卡斯特罗提供武器（包括导弹），而卡斯特罗在漫长的起义之后已于 1959 年在古巴掌权。肯尼迪总统下令封锁古巴，当苏联船舰接近古巴岛时，全世界密切关注着事态的发展。危机持续了十三天，直到 10 月 28 日，赫鲁晓夫宣布苏联已经下令从古巴撤出所有“攻击性”武器。这是世界最接近核战争的时刻。

截至 1961 年，共产主义已经从苏联蔓延到东德和七个东欧国家，到达了巴尔干半岛的南斯拉夫和阿尔巴尼亚、中国、朝鲜、北越南、非洲的安哥拉、美洲的古巴。与此同时，意大利、智利、埃及和莫桑比克都有主要的苏维埃政党或局部的共产党。苏联还向其他国家提供武器、教育和培训，如叙利亚、刚果和印度。世界从未像当时那样严重地分化成两种敌对的

制度，一边是中央集权的、国家领导的共产主义经济，另一边是西方的自由市场经济。在这种背景下，出现研究自由的基本概念的书籍就不足为奇了。说得婉转些，共产主义涉及高压统治。即使它不受欢迎，却非常成功。

1944 年，弗里德里希·冯·哈耶克发表了《通往奴役之路》，其中心观点之一是，生活中存在一种“自发的社会秩序”，它是经过许多年或几代人发展而来的，事物的存在是有其原因的，试图干涉这种自发的秩序将注定失败。1960 年，在冷战高潮期，哈耶克发表了《自由宪章》；这部著作超越了他早期作品的重心（计划体制），将触角延伸至道德领域。[2] 他的出发点是，我们借以调整和经营人生的价值观与我们的智力以相同的方式发展着。由此，自由（正义的法则）“必定优先于任何明确的福利主张”，因为正是自由和正义创造了福利，“如果想让个人最大限度地自由应用自己掌握的知识和资源，那么他们必须在已知的一般法律规范的框架下从事这件事情”。哈耶克说，个人自由“是法律的产物，它只存在于文明社会”。因此，法律必须尽可能普遍适用，还应抽象——也就是说，应基于普遍概念和广泛接受的概念，而不能基于个案。[3] 他还提到了两个重点：自由与财产权密切相关；“社会正义”的概念在未来几年将十分流行，一定会为伟大社会打下坚实的基础，但是过去和现在它都是个神话。哈耶克认为，人们愿意靠自己的私有财产生活，同时不会妨碍他人的权利，那么这样的自由是至善之事。哈耶克认为，不断发展的法律“是人类发展史的一部分；法律的产生源于人们的相互交往，与社会同时产生，因此，至关重要的是，法律的出现早于国家。由于上述原因，法律当然不是任何政府机构的产物，当然也不是任何君王的命令”。[4] 因此，哈耶克反对社会主义，特别是苏联模式的社会主义，根本原因是在这样的社会，法律由政府或国家制定，不存在上议院，而他认为上议院是法律领域的天然解药。苏 517

联共产主义不允许任何私有财产的存在，而自由的普遍原则却是借由私有财产变成人人都能理解的实实在在的东西；由于苏联实行中央计划，法律没有发展的空间，不可能维护最多数人民的最大自由。简而言之，社会主义干预了法律的自然发展。最后同时也最具有争议的是，哈耶克认为，对近些年酝酿的法律来说，“社会正义”的概念是最强大的威胁。哈耶克说，社会正义“将正义和非正义的特征归因于社会生活的整体模式及所有构件的得失，而不是归因于其组成个体的行为，这就颠倒了自由原先本真的意义，而按照这个意义，自由只与个体活动相关”。[5]换句话说，要真正做到法律平等，法律应该以匿名的方式待人；如果区别对待，就会造成严重的不平等。而且，他认为，有关“分配”公平的现代概念涉及社会对“公平”分配的标准是“需求”还是“价值”的概念。[6]他发现，“并非所有的需求都是相对等的”，例如一种医疗需求是缓解疼痛，但是在资源稀缺而产生竞争的情况下，另一种医疗需求可能是维持生命。[7]其他一些需求也很难满足，据此推断，“解决争端没有理性原则”；它“具有不确定性，依赖于无法预料的官僚干预”，“影响”市民生活。[8]哈耶克的观点过去是、现在仍然是富有影响力的，不过学界主要存在两种批评意见。其中一种涉及自发秩序。为什么会产生自发的秩序？为什么不会产生自发的无序？我们如何能确信已经发生的就一定是最好的？为什么自发的秩序（作为进化结果）不是一种过于乐观的假设？不是在假设我们已然生活在最好的世界，已经好得不能再好了？

《自由宪章》主要是一部关于法律和公正的著作，其中不乏经济学和政治学的内容，但只是背景材料。1950 年，哈耶克离开英国，担任芝加哥大学的社会科学和道德科学系教授和社会思想委员会委员。继哈耶克之
518 后，另一位芝加哥的同事也提出了类似的观点，为这场辩论添加了一种经济学的维度。**米尔顿·弗里德曼**（Milton Friedman）在《资本主义与自由》

一书中，提出了当时并不流行的观点，即自由主义的意义在20世纪已经发生了变化，它在19世纪时是指经济自由主义，信奉自由贸易和自由市场；如今则信奉具有善意的中央政府会带来平等。[9] 他的首要目标是要为自由主义恢复过去的原义，其次是指出要想获得真正的自由，必须回归真正的市场经济，只有当人类获得经济自由时，才能实现真正的自由。[10] 这一观点在当时引起了很大争议，因为在1962年，凯恩斯的经济学还占据主导地位。事实上，弗里德曼的观点比传统经济学更关注市场。弗里德曼认为大萧条并不是源于经济崩溃，而是因为美国政府在经济崩溃后对经济管理不当；他认为，回到真正的市场经济有助于解决卫生、教育和种族歧视等问题。他觉得，全科医生在医生的培训和执照方面占据垄断地位，不利于医疗卫生行业的发展。其影响是医疗从业人员数量减少，提高了医生的赚钱能力，对患者不利。他还列举了一些可以由技术人员完成的"医疗"职责，如果允许这些技术人员存在的话，他们的薪水应该比受过高水平训练的医生低得多。[11] 至于学校，弗里德曼首先明确谈到了教育的"相邻效应"（neighborhood effect）。也就是说，如果我们所有人都能接受社会运转所必需的公民基本技能教育，那么在某种程度上，我们都能从中受益。弗里德曼认为，这种教育应该由中央政府免费提供，但是其他形式的教育，特别是职业课程（牙医术、理发、木工手艺），就应该收费。[12] 即使最基本的公民教育，也应该推行教育券制度，家长可以用教育券让孩子在中意的学校接受教育。他认为这样可以通过教师对学校产生影响，原因在于，教育券能反映说谁是好老师，同时也能增加他们的收入。[13] 至于种族歧视，弗里德曼持长远观点，他认为，在整个历史过程中，资本主义和自由市场一直是少数族裔的朋友，无论这些族裔是天主教国家的黑人、犹太人，还是新教徒。因此，他的看法是，假以时日，自由市场将有助于解放美国的黑人。[14] 他认为促进种族融合的立法与支持种族隔离的立法并无伦理上的优劣之分。

学界对弗里德曼的观点有一种批评，即缺乏紧迫感，而我们从约翰逊的密歇根演讲中无疑能看到这种紧迫感。肯尼迪遇刺事件在这一点上产生了一定的影响，当然 20 世纪 60 年代黑人与执法部门之间的骚乱和僵局也
519 有一定的影响，另外还有共产主义的无情攻击。但是到了 1964 年，又多了一个因素：美国社会“重新发现”了富裕的瑕疵，即贫困，以及贫困与所有美国人亲眼看到的城市（特别是内陆城市）的衰落之间的联系。虽然哈耶克和弗里德曼的著作都在冷静和深思的格调下充满争议，但是，两本内容迥异的书同时发表，更具争议性，并且都产生了直接的影响。**简·雅各布斯**（Jane Jacobs）的《美国大城市的死与生》富有讽刺意味和争辩力。**迈克尔·哈灵顿**（Michael Harrington）的《另一个美国：美国的贫困》则完全充满愤怒。[15]

从引发政治法案的能力来看，《另一个美国》应该是最成功的笔战。这本著作发表于 1961 年，并被《纽约客》杂志连载，采用的标题是《看不见的贫困》。次年底，肯尼迪总统就解决国内贫困问题征求具体提案。[16] 哈灵顿的风格是好斗的，但是他比较谨慎，避免言过其实。例如，他承认，从绝对意义上来说，第三世界的贫困比北美更糟糕。他也承认，尽管富裕社会滋养了“精神空虚和疏离……但是傻瓜才会舍弃饱足选择饥饿；物质至少提供了丰富和充实生活的可能性”。[17] 但是，他又说第三世界有一个优势：大家同在一条船上，齐心协力，努力奋斗，谋求出路。另一方面，美国有一种“贫困文化”，存在于富裕社会内的“欠发达国度”，这一情况是隐藏的、看不见的，比任何人想象的更为普遍。他声称，美国的贫困人口多达 5000 万人，大约相当全国人口的四分之一。[18] 这就引发了相关的辩论：划定贫困线的标准究竟是什么，美国的贫困状况是在加剧还是有所缓

解，还是保持稳定。但是，哈灵顿想要揭示的是，尽管贫困规模如此之大，美国的中产阶级却对此完全熟视无睹。部分原因是，贫困发生在偏远地区，发生在农场中的季节工人中间，发生在偏远的岛屿或者像阿巴拉契亚山脉那样的地方，或者是中产阶级不会涉足的黑人聚居区。[19] 他让美国社会吃惊地意识到它一直忽略了发生在自家后院的问题。他还提出“贫困文化”，即失业、贫民窟、健康状况差、犯罪率高和离婚率高等相生相伴的问题。贫困的原因不单是缺钱，而是资本主义制度的系统性变化引起了各种问题，如矿区（阿巴拉契亚山脉地区）和农场（加利福尼亚州的一些地区）的破产。因此，我们不该指责说，穷人应对其困境负责，贫困问题的解决不能依靠个人行为，而要依靠政府。哈灵顿认为解决贫困问题的关键是要改善住房条件，在这方面联邦政府应该起带头作用。因此，他的书是写给“富裕的盲人”看的，他刻意对贫困文化进行尖刻而具体的描述，目的是要消除美国人对贫困的冷漠和无视。他提出的短语“**贫困文化**”（the culture of poverty）和“**贫困循环**”（the cycle of deprivation）已经成为日常语汇的一部分，仅此一点就能说明他取得了成功。在伟大社会演讲的四个月前， 520
在 1964 年 1 月发表的国情演讲中，约翰逊宣布了一项十三条计划，“向贫困……向威胁国家强盛和人民福利的国内敌人无条件开战”。[20]

《美国大城市的死与生》与哈灵顿的论战型著作《另一个美国》同一年发表，对美国社会产生了直接的影响。[21] 但是，奇怪的是，尽管很多人从过去到现在都赞同她的观点，但是这本书所产生的长期影响却并非雅各布斯所愿。《美国大城市的死与生》可能是有关城市描述的最切合实际的著作。首先，它批评了埃比尼泽·霍华德及其花园城市的观点（在雅各布斯看来，这个语汇本身就是矛盾的），批评了刘易斯·芒福德及其城市生活阶段的观点（“病态”而又“充满偏见”），尤其批评了勒·柯布西耶及其“光辉城市”的观点，指责说他要为遍布城市的巨大的“**沉闷、丑陋的**

建筑”（“Blight of Dullness”）负责。[22]她首先强调城市的基本要素是街道，特别是人行道。她指出，忙碌的人行道和街道更安全；它们本身就是社区，是完全自然的社区，这个社区里面有相互认识的居民，也有陌生人，是儿童学习以及融入成人生活的地方（她发现，“街上”的混混往往聚集于公园或学校）。当且只有当街道成为各种利益群体的家园时，它们才会全天既繁忙又安全，即占据街道的不仅有办公室或商店，还包括住宅区在内的混合建筑。[23]她认为公园和学校比街道更“复杂”，很难说公园会不会成为贫民窟或是“性变态者”（她的用词）逗留的地方，也很难判断学校能否起作用。[24]她认为“社区”是个感性的概念，但很难说它是个真实的概念。除了街道，城市还被划分为不同的区，但这些应该是自然的区域，与大多数居民心目中的城市划分方法一致。划区是出于政治目的，不是心理目的，也不是个人目的。设区的目的是要完成太小或太弱的街道无法完成的事情（她举的例子是毒品贩子从一条街道流窜到另一条街道）。区的存在可以使警方在有限的时间内进入某条街道解决问题。她说，至于区的大小，从这端到那端，不应该超过 1.5 英里。[25]

人们见面谈话的街道，特别是人行道，其本质是使人们能够控制自己的隐私，这是自由的一个重要方面。她相信，人们对隐私没有那么坦率，所以经常会让别人“少管闲事”。这反映了谣言的重要性，人们喜欢传播各种谣言，但往往又假装自己不喜欢传谣或者不赞成传谣。这样，他们就可以随时退回到自己的小天地，“只管自己的事”，而不觉得失面子。她说，这在心理学上很重要，也许对于保持城市的活力来说也十分重要。只有当这些心理需求得到满足，即同时兼顾隐私和社区（城市的一个特点）
521 时，人们才会安于现状。[26]

雅各布斯还提出了她所谓的“边缘真空”——铁路、高速公路、水路，以及像纽约中央公园那样的巨型公园。她说，这些设施有各自的缺陷，城市规划者们应该明白它们“好坏参半”，需要特别设计以降低其负面影响。例如，可以在巨型公园周围规划旋转木马或咖啡馆，增加亲切感，鼓励人们来此游览。她认为，应该保留老建筑，部分原因是它们具有审美价值，可以弥补单调的城市风光，而且新老建筑物的用途各不相同。例如，剧院要搬进新建筑，但为剧院服务的工作室则没有必要，因为它们负担不起入驻新建筑的费用，却可以负担早就收回成本的老建筑的费用。超市要搬进新的大楼，书店则不必。她认为只有当城市居民数量达到10万以上时，城市才是名副其实的城市，那样它才具备足够的多样性，而多样性正是城市的本质，由于人口基数大，人们才能够找到足够多的志趣相投的朋友（比如大约30个）。[27] 她说，了解这些动态条件有助于保持城市的生机。资金当然重要，有了资金城市才可以自助。雅各布斯发现，房地产业的资金筹措事宜往往被委托给专业（即私营）公司，因此，最终的资金需求决定了受抵押的房地产的类型，而不是相反，这种情况屡见不鲜。[28] 她说，她相信，如果遵循她的四项基本原则，城市中心的负面影响将会消除，同时还能开展“拆除贫民窟”的工作。这四项基本原则是：每个区都必须至少具备一到两项主要功能（企业、商业和住宅），而且这些不同的功能应当给人们提供每日应当做的事项；街区不能太长，“拐弯要多”；不同年代的建筑物相互穿插；因相同原因在此定居的人口密度够高。[29] 雅各布斯的著作是乐观的，同时还充满了此前从未有人指出过的常识。关于种族问题，她丝毫没有提及，仅有为数极少地几次提到了种族隔离和“黑人贫民窟”，除此之外，她严格地以一个建筑设计师 / 城市规划者的身份写作。

对于哈灵顿和雅各布斯提出的问题，约翰逊总统并非一无所知。不过，毫无疑问，迫使他发表伟大社会演讲的主要原因，除了冷战这一“深层背景”以外，还有种族问题，特别是美国黑人的处境。1954 年，针对布朗诉托皮卡地方教育委员会一案，最高法院曾经作出了里程碑式的判决：种族隔离违宪，否定了“隔离但平等”的教条。到1966年，十二年过去了。约翰逊意识到，在实施干预的年代里，黑人生活的统计数据是令人沮丧的。与1952年相比，1963年美国种族隔离学校中的黑人数量更多。与1954年相比，黑人的失业人数更多。更重要的是，1954年黑人的平均收
522 入是白人收入的57%，但到1963年，这一数字降到了54%。在这种背景下，米尔顿·弗里德曼有关资本主义对种族关系会产生长期有利影响的观点显得不可靠了，1963年，约翰逊意识到亟须采取行动了。

正如人们可以预料到的，黑人对自己的前途也众说纷纭。一些人更急迫，一些人认为必须使用暴力，另一些人则认为非暴力运动才能产生更大的影响。1963年3月，亚拉巴马州伯明翰市发生黑人骚乱，市内商业区发生经济抵制，警察署长，外号“公牛”的尤金·康纳下令警方包围教堂，阻止人们离开。事后（在耶稣受难节）被逮捕的人中有来自亚特兰大的34岁的牧师**马丁·路德·金**（Martin Luther King），他因为发表演讲鼓吹非暴力行动而闻名。在狱中，金受到一群白人牧师的谴责。他的回应是**《伯明翰狱中来信》**（“Letter from a Birmingham Jail”），长达19页，字迹潦草地写在信封、厕纸和报纸边缘空白处，由他的支持者偷偷带出监狱。它生动而雄辩地阐述了伯明翰人（白人）如何“使黑人群体别无他法”，只能采取不合作主义和非暴力抵抗。[30]“伯明翰可能是美国种族隔离最彻底的城市。……比起国内其他城市，伯明翰有更多尚未侦破的黑人家园和教堂的爆炸案。……我们别无选择，只能准备直接采取行动……亚洲和非洲国家正以喷气式飞机的速度冲向政治独立，而我们却仍以老牛拉破车的速度争取在快餐台前喝上一杯咖啡。”[31]

从伯明翰监狱获释后，金的名望如日中天。当年夏天，他在向华盛顿进军的历史性游行中担任主要演讲人，这次游行是黑人领袖们经过深思

熟虑后所做的决定，他们希望此次游行能够成为民权运动的转折点。游行示威声势浩大，尽管是和平的游行，但它依然隐约传达了威胁的信息：如果美国不做出改变，不采取措施尽快废除种族隔离，那么……我们可以看出，这是种刻意模糊过的威胁。1963 年 8 月 28 日，大约二十五万人聚集到华盛顿广场，其中有四分之一至三分之一的人是白人。游行的人群态度温和，排好队伍，还有一队纽约黑人警察志愿维持秩序。琼·贝兹、鲍勃·迪伦、“彼得、保罗和玛丽”合唱组和马哈丽亚·杰克逊等人在现场有出色的表演，还有很多其他名人到场支持，包括马龙·白兰度、哈里·贝拉方特、约瑟芬·贝克、詹姆斯·鲍德温、莉娜·霍恩和小萨米·戴维斯。不过，那天人们真正记住的是金的演讲。他在过去的演讲中曾经用过一个短语“**我有一个梦想**”，收到了很好的反响，这一次，他更是格外用心。[32] 有些人幸运地拥有出众的脸蛋，而金则拥有一副好嗓音，是颇有特色的微微颤抖的男中音。结合文字的力量，这种颤抖使金的声音 523
听起来既强大又脆弱，与普通美国黑人当时的心境和政治情势完全吻合，同时对白人来说也具有普遍的感染力。很多人认为，金当天的演讲是民权运动中最令人难忘的部分，或者说是他们最愿意记住的部分。“一百年前，一位伟大的美国人签署了解放黑奴宣言，今天我们就在他的雕像前集会。”他那近乎经典的声音一开篇就直指主题，深入美国的历史。“然而，一百年后，然而一百年后的今天，我们必须正视悲惨的事实，黑人还没有得到自由。……黑人得不到公民的权利，美国就不可能有安宁或平静。”他进而提出展望，“我有一个梦想，有一天，我的四个孩子将生活在一个不是以他们的肤色，而是以他们的品格优劣来评价他们的国度里”。[33] 即使在今天，金的演讲录音依然感人。

金经历了一个动荡的时代，某种程度上说，他推动了这个动荡的时代（越南战争也是一个因素）。1955 年 11 月，亚拉巴马州蒙哥马利市美国黑人罗莎·帕克斯因为在公共汽车前部为白人保留的座位上就座而被捕（照惯例，黑人只能坐在公共汽车后排），到1973年洛杉矶选出了第一位黑人市长，其间发生了一场规模浩大的社会、政治和立法革命。这场革命在美国最引人注目，它还蔓延到了欧洲、非洲和远东地区的其他国家，请看下面这份列表，当然它并非详尽无遗：

1958年，阿肯色州小石城发生骚乱，原因是州长试图阻止黑人小学生入学。

1960年，《民权法案》通过，如果被剥夺选举权，黑人有权起诉。

1961年，争取种族平等大会发起“自由乘车运动”，迫使公共汽车取消种族隔离。

1962年，美国平等就业机会委员会成立，副总统约翰逊任主席。在联邦政府的保护下，黑人学生詹姆斯·梅瑞狄斯被密西西比大学牛津校区录取。《英联邦移民法》限制某些联邦国家的移民进入英国。

1963年，华盛顿游行。美国立法，男女“同工同酬”。

1964年，美国《民权法》禁止用工、就餐、工会和公共设施等领域的种族歧视。《经济机会法》和《食品券法》通过，《美国教育机会监督法案》实施。

1965年，伟大社会计划的提案包括：为穷人和少数族裔提供教育支持的启蒙计划；为穷人和老人提供医疗支持的医疗补助制度和医疗保险制度；城市发展计划；以及其他福利措施。女性可以担任法官。

1966年，美国全国妇女组织成立，同时成立的还有主张“黑人权
524 利”的准军事性质黑人组织黑豹党。《美国儿童营养法》实施，由联邦财政为贫困儿童提供食物。英国推行最低收入补助金，为患者、残疾人、失业者和丧偶人士提供帮助。市中心区得到重建。

1967年，瑟古德·马歇尔成为美国最高法院的第一位黑人大法官。美国70个城市暴发种族骚乱，加速了“白人向郊区迁移”的过程。科罗拉多州成为第一个允许堕胎的州。同性恋在英国合法。在美国，民权委员会的一份报告得出结论，要加快种族融合的步伐，改变非裔美国儿童成绩不理想的现状。英国设立教育优先地区制度，应对不平等现象。堕胎在英国合法。

1968年，城市研究所成立。研究上个年度种族骚乱的《科纳报告》发出警告，美国正在变成“两个社会，一黑一白，两者互不往来，高低有别”。约翰逊总统宣布“平权政策”，要求所有的政府承包商都要向非裔美国人和其他少数族裔提供“优待”。房屋销售和租赁中如有种族歧视，则为违法。雪莉·切斯霍姆成为第一位黑人女性国会议员。《移民与国籍法》取消配额制，转而提出技能要求。西班牙裔工人抗议他们在美国受到的待遇。英国的《种族关系法》规定种族歧视违法。

1969年，由于被提名人的“种族主义倾向和无能”，最高法院取消任命。在芝加哥的一次警方突袭中，几名黑豹党人被击毙。土地回到美洲印第安人手中。美国终止审查制度。

1970年，女性获得公民权；联邦契约公司必须雇用一定数量的女性。英国通过《同工同酬法》。离婚在意大利合法。美国出现首批废除种族隔离的班级。

1971年，实施校车接送制度，确保美国学校中的“种族平衡”。瑞士承认女性享有选举权。英国清理贫民窟小学。加拿大实行医疗保险。第一批妇女被授予牧师职务（香港圣公会）。

1972年，安德鲁·扬成为重建后南方选出的第一位非裔国会议员。印第安人到华盛顿特区游行示威。纽约证券交易所迎来第一位女性掌门人。

1973 年，堕胎在美国合法。洛杉矶选出第一位黑人市长。[34]

当然，变化并未就此结束（次年，美国出现了首位西班牙裔州长、首位女州长以及首位女主教）。不过，动荡的年代结束了（相关因素还有越南战争结束和 1973 年石油危机后经济低迷，见第 33 章）。但是并非所有的变化都朝着为少数族裔群体、女性和同性恋者带来更大自由的方向。请
525 看下一份列表：

1964 年，南非推出《班图法律修正案》，限制非洲人在周边地区定居。

1966 年，种族隔离蔓延到非洲西南部（纳米比亚）。

1967 年，南非加速实施安置村计划。

1968 年，教宗通谕《人类生命》颁布，禁止罗马天主教徒采取避孕措施。

1969 年，纽约石墙警方突袭一家同性恋俱乐部，连续多天暴力事件不断，在警员尚在俱乐部内执行公务时，有人焚烧了俱乐部。反对平等主义的“黑皮书”在英国出版。阿瑟·詹森在《哈佛教育评论》上发文，称非裔美国人的智商测试成绩始终低于白人。

1970 年，在南非，所有的非洲黑人都被遣往各个“班图黑人聚居区”。有关种族问题的图书在南非遭禁。

1971 年，南非班图地区受中央政府管辖。

1972 年，南非禁止在市议会中出现有色人种代表。

20 世纪 50 年代末和 60 年代，南非社会反自由主义思想的滋长和美国社会中伴随黑人状况得到改善而出现的暴力活动同样令人不安，正如默

达尔所说，二者处于相同的困境，这些情形激起了有关种族问题的敏锐思考。不过，这些作者也许在辞藻上与金不相上下，但是在基督教信仰方面，他们很难与金相提并论。

詹姆斯·鲍德温在巴黎时读过**弗朗兹·法农**（Frantz Fanon）的作品。法农于1925年出生于法属西印度岛屿马提尼克岛，是位黑人精神病学家。在巴黎接受精神病学培训之后，法农来到法属北非殖民地阿尔及利亚的一家医院工作，此时殖民地爆发了反抗法国人的运动。这段经历使他震惊，他支持阿尔及利亚人民，就像鲍德温支持美国南方各州一样，法农写了几本著作，为那些遭受痛苦压迫的人代言。在最初用法语发表的《垂死的殖民主义》（1959）和《黑皮肤，白面具》（1960）中，法农能言善辩，批评了帝国主义，认为其末日即将到来，他还参加了民族解放阵线的运动，并在1956年发表了致第一届黑人作家代表大会的演讲，引起了法国警方的注意。[35] 当年晚些时候，他被迫离开阿尔及利亚，去了突尼斯，继续担任反殖民主义的杂志《圣战者报》的编辑。在创作他最尖锐的作品《全世界受苦的人》（1961）时，他已经身患白血病，这部作品耗尽了他最后的精力。[36]

与鲍德温相比，法农是个论战型作家，但不太擅长发明新术语。但是，与这位美国人相同的是，法农的作品使白人感到惊慌，同时使黑人确信反对种族主义和殖民主义的斗争必将获胜。《全世界受苦的人》之所以独特，是因为法农运用了自己作为精神病医生的经历。法农决心向黑人同胞揭示，被他们认作殖民主义结果的精神错乱的确是殖民主义引起的后果，并非黑人种族天生低劣。为了证明自己的观点，他叙述了他在诊所看 526
到的许多精神病例，并认为这与国内为了争取独立而发起的游击战争直接相关。其中一个病例是，一名阿尔及利亚出租车司机，同时他也是民族解放阵线的成员，他的妻子在受审期间遭到法国士兵的殴打和强奸，后来他患上了阳痿。在另一桩病案中，两名年龄分别是13岁和14岁的阿尔及利亚年轻人杀死了他们的欧洲伙伴。13岁的年轻人说："我们一点也不讨厌他……一天，我们决定杀了他，因为欧洲人想杀光阿拉伯人。我们杀不了大人，但我们可以杀他那样的人，因为他和我们差不多年纪。"[37]法农写了很多年轻人精神错乱的故事，特别是遭受酷刑的受害者。他指出受过酷刑的受害者可以分为两类："多少知道一点的人"和"一无所知的人"。他说自己从来将那些多少知道一点的人视为患者（他们没病；从某种意义上说，受刑是他们"自找"的），但是那些一无所知的人会出现各种症状，通常与所受刑罚的类型有关：用警棍殴打或用燃烧的香烟头灼烫、电刑，还有被迫服食所谓的吐真药。"例如，受过电刑的人可能会恐惧电，不敢接触电气开关。"[38]

法农的目的与罗纳德·大卫·莱恩相同，就是要证明精神疾病只是对无法忍受的境况做出极端却又本质上理性的反应，不过他还是认为欧洲科学家和社会科学家关于"**非洲思想**"（the African mind）和非洲文化的观点过于简单了。20世纪50年代中期，世界卫生组织委托苏格兰的精神病专家**J.C.卡罗瑟斯**（J. C. Carothers）博士进行了"非洲人正常心理和病态心理"的调查研究。卡罗瑟斯曾经在肯尼亚担任过管理监狱的卫生官员。他的调查结论是："非洲人鲜少使用大脑额叶。非洲精神病的所有特点都可以归结为大脑迟钝。"卡罗瑟斯实际上提出了一个观点，即"正常"非洲人相当于"接受过额叶切除手术的欧洲人"。[39]法农对此不屑一顾，认为卡罗瑟斯根本未得要领。他说，非洲文化的内涵（就像美国黑人文化，如鲍德温的作品）是努力争取自由，斗争（暴力）是阿尔及利亚人共同的文化，也占据了他们的大部分想象力。与金一样，他们已经成了"有创造力的行动主义者"。法农没能活着看到阿尔及利亚走向自治、重获和平。他忙着写书，耽误了白血病的治疗。1961年底，他被送往华盛顿，但已经太晚了。就在作品发表后数周，他的生命走到了尽头，终年36岁。

法农所写的辩论作品正是20世纪60年代黑人需要的精神食粮，在美国，当詹姆斯·鲍德温在系列小说《另一个国度》(1962)、《黑人怨》(1964)和《去见那个人》(1965)中改变立场之后，他的地位就被**艾尔德里奇·克利佛**(Eldridge Cleaver)取代了。克利佛于1935年出生于阿肯色州的小石城，他喜欢说自己“接受的教育来自洛杉矶黑人聚居区以及加利福尼亚州的圣昆廷监狱、福尔松监狱和索莱达监狱”。这个说法虽然不无讽刺意味，却是真实的，克利佛在狱中阅读广泛（他因私藏大麻入狱），527
还遇到另外一些狱友，从而形成了他的叛逆个性。他最后成了非裔美国人的准军事组织黑豹党的情报部长。他的第一本作品《冰上灵魂》在金遇刺的同一年发表，对鲍德温进行了全面的批评。克利佛写道：“在鲍德温的作品里，最令我们感到可憎和痛心的是他对黑人（特别是他本人）的憎恨，还有对白人的最可耻的、狂热的、奉承的、谄媚的爱，这种爱在我们这个时代任何一位著名的美国黑人作家的作品中都不难找到。”[40] 与法农一样，克利佛认为非裔美国人面临的形势极为紧迫，不允许作家奢求成为广泛意义上的艺术家；这一问题过于突出，在克利佛看来，鲍德温经常采用的无论是置之不理的态度或是将其置于更广阔的语境的办法，都是逃避的行为，简直无异于种族犯罪。这部创作于狱中的《冰上灵魂》交织着三大主题。第一是监狱中司空见惯的日常生活中白人对黑人的虐待行为。第二是克利佛对国际种族政治、白人种族神话、非洲、黑人历史、黑人食物、黑人音乐等问题的看法，说明该如何构建与此针锋相对的、同时又能赢得支持的神话。第三是克利佛的进步思想，他谈到了不同种族之间的性，在第一篇文章中就坦承他本人作为一名年轻人觉得白人女性比黑人女性更有魅力，最后又以抒情的笔调赞美“黑色之美”——“请让我从源头品尝你那爱的河流”。[41] 尽管当时克利佛对鲍德温提出了尖锐的批评，但是相对而言，鲍德温的作品却更好地留存了下来。

玛雅·安吉洛（Maya Angelou）的著作与此截然不同。她传达的信息是，黑人已然获得了自由——可能不是政治意义上的自由，而是其他意义上的自由。她更重要的、引起争议的观点便是她远离政治的意识。《我知道笼中鸟为何歌唱》是她五卷本自传中的第一本，发表于1969年，安吉洛在这本书中记录了她在16岁生下第一个孩子之前的人生。[42] 我们领略到了阿肯色州斯坦普斯镇丰富多彩的黑人生活，斯坦普斯距离克利佛的出生地以及众多种族暴力事件的发生地小石城不到一百英里。安吉洛出色地重塑了儿时的世界，“浆洗过的围裙、浅黄色的连衣裙、花生馅饼和孩子们玩的掷刀游戏，洗澡水在火炉上冒着热气”。心情糟糕时，眼泪就像“温热的牛奶”一样顺着脸颊滚下来。[43] 当然，这个温馨的世界远不止拿一把玉米喂小鸡这样的事情。父亲在很多时候是缺席的，但他身后这个由母亲与子女构成的家庭在情感和精神生活方面却毫不贫瘠。在吉卜林和萨克雷与兰斯顿·休斯、詹姆斯·韦尔登·约翰逊和W. E. B. 杜波依斯等人互相争执的世界里，威廉·莎士比亚“是我爱上的第一位白人”。[44] 玛雅（当时她还叫玛格丽特）真心喜爱哥哥贝利和妈妈。她的妈妈是位坚强、正直、美丽的女性，不惧制度的威吓。随着孩子们的成长，成人世界的工作和歧视开始侵蚀他们田园诗般的生活，例如，牙医宁愿把手伸进狗的嘴巴也不
528 愿伸入“黑鬼”的嘴巴。[45] 但是这种情况并未以悲剧的方式呈现。玛雅和妈妈持续关注着这个世界，从未停止思考。无论命运如何多舛，他们的生命是丰富的。安吉洛当然憎恨种族歧视制度，但她的书强调，生命有两种自由构成：一种是大的政治自由，另一种是来源于教育、性格、幽默、自尊和思想等的无数小自由。一次，有人问她母亲：“妈妈，你还好吗？”她答道：“嗯，听说，白人还是领先。”[46]

《我知道笼中鸟为何歌唱》既是黑人作家的作品，也是女性作家的作

品。妇女解放运动虽然不像民权运动那么猛烈，但在整个20世纪60年代还是能看到若干相似之处。这十年在性解放的几乎每个领域都发生了重大变化。1966年金赛研究所开始了一项重要的关于同性恋的早期研究，它发现4%的男性和2%的女性主要是或完全是同性恋者，至少37%的男性有过至少一次同性恋经历。[47] 同年，威廉·豪威尔·马斯特斯和弗吉尼亚·约翰逊合著的《人类性功能障碍》一书显示，大约一半的已婚人士遇到过这样或那样的性问题（男性勃起时间过短或早泄，女性无法达到性高潮）。[48] 一年后，即1967年，斯堪的纳维亚杂志商面对现代大众市场推出了赤裸裸的色情杂志。同年，《花花公子》的出版商休·海夫纳一个月内售出了400万份杂志，还登上了《时代》杂志的封面。[49]1968年11月3日，阿尔·戈德斯坦推出《性交》杂志，自称要做成“性王国”的消费者报告。一年后，菲利普·罗斯发表《波特诺的抱怨》，探讨男性手淫的“痛苦和兴奋”；伦敦和百老汇则上演《喔！加尔各答！》，演员正面全裸，演出中还有露骨的性对话。20世纪70年代，商业杂志《阁楼》首次登出阴毛图片。1970年，关于淫秽和色情文学作品的总统调查委员会报告称，没有充分的证据证明色情作品会引发性犯罪。1973年，这一领域中的一些传统观念也告一段落了。美国最高法院以7比2的投票结果裁定堕胎合法，同年，美国精神病学会将同性恋从诊断手册中除名，宣布男同性恋或女同性恋不属于心理失常。

虽然出版业（色情业）革命和同性恋解放运动主要是指性自由（美国很多州仍然视同性恋为非法），但是妇女解放运动的内容远不止于女性全新的性意识的觉醒。尽管性觉醒也很重要，但是女性对自身看法的改变早在第二次世界大战后的西蒙娜·德·波伏娃时代就开始了，后又受到贝蒂·弗里丹的影响，这些改变至关重要，影响深远。1970年，性革命遭到一记棒喝，三本书同时问世，都对两性关系持强硬态度。

杰曼·格里尔（Germaine Greer）从研究生时代起就定居英国，这位澳大利亚人之所以引起社会的关注，是因为她在《吸吮》杂志上撰文批评传教士体位（她认为，在性交过程中，如果采用女上体位，则女性能自如地控制姿势，获得更多愉悦）。她的著作《女太监》没有忽略妇女经济状况，不过全书三十章，仅有一章的篇幅在谈工作。确切地说，格里尔在书中不遗余力地将通俗文学和严肃文学作品中普遍存在的女性、爱情和婚姻的表现方法与实际情况相比较。她写道："弗洛伊德是精神分析学之父，但精神分析学没有母亲。"[50]从简·奥斯丁的作品到拜伦勋爵的作品再到《妇女周刊》，格里尔批评道，男性形象较之于女性形象一般是居高临下、有社会优越感、成熟、富有、个子高（格里尔本人就很高）。她批驳说，爱情和浪漫（分别各辟一章加以阐述）是种幻觉，完全脱离惨淡的现实，这可能是她最独创之处。事实上，她说，"女性根本不清楚男性有多么憎恨她们"。在题为"悲惨"的那一章，她叙述了女性服用的性辅助药物，这些药物对很多女性来说是一种负担，使她们心生怨恨。[51]她大胆号脉，也提出了解决办法，即彻底重新评估女性，不是评估她们与男性相对的经济和心理地位，而是从根本上重新评价爱情和浪漫到底是什么。格里尔也承认她本人没有完全摆脱成长过程中形成的浪漫观念，但是她也怀疑这些观念是否完全没有根据。与真正的解放一样，这一观点既悲又喜。

朱立叶·米契尔（Juliet Mitchell）的《妇女地位》则完全谈不上振奋人心。[52]米契尔是英国的新西兰移民，起初在大学学习英语，后来转而研究精神分析学。米契尔持马克思主义观点，声称尽管社会主义者对妇女也不是很友好，但社会主义不像资本主义那样压迫妇女，资本主义的思想是"核心家庭"，女性的本分就是获取消费品，抚养"小消费者"。[53]米契尔进而认为，女性需要经历两种革命，即政治革命和个人革命，她提出可以借鉴黑人的经历和精神分析学。[54]她说，妇女在政治上重新组合的同时，还要像黑人（特别是像美国黑人）那样，提升自我意识水平。她坚持认为，资本主义和弗洛伊德一直教导说女性情感丰富，但是实际上，她们的阅历也是无限的。她主张女性效法中国革命的“诉苦”会，组成 6 至 24 人的“**意识提升**”（consciousness-raising）小组。[55] 结合她所研究的其他国家的女性成就，米契尔的目标是要营造一种情境，使女性面临困难时不再感到孤单，同时还要传播精神分析学的功能：“说出难言之隐，当然也是严肃精神分析学工作的目的。”[56] 530

凯特·米利特（Kate Millett）的《性政治》与格里尔的著作一样，实质上也是对文学文本的考察，同样具有博学和生动有趣的特点，不过她的研究更为彻底。[57] 书名显示，她感兴趣的主要是两性关系中固有的权力，不过她也质疑这种权力是否确实是“固有”的。她本人在 13 岁时曾经受到性骚扰，她一直为此保密了十年，后来在一个妇女组织里，她发现几乎所有其他成员都有过类似经历，这激怒了她。她在书中简要介绍了社会学、生物学、人类学，甚至是神话学对于性别差异的解释，然后转向 18 世纪末和 19 世纪初的英国，谈到约翰·斯图尔特·密尔、约翰·罗斯金、威廉·华兹华斯和阿尔弗雷德·劳德·丁尼生，接着又谈到弗里德里希·恩格斯和托尔斯坦·凡勃伦的家庭理论以及家庭与国家、私有财产和革命理论的关系。米利特讨论了克里斯蒂娜·勃朗特、托马斯·哈代和奥斯卡·王尔德（《莎乐美》）作品中的教化、卖淫和性欲，并认为在纳粹、斯大林主义和弗洛伊德主义的“反革命”之前，这些作品是我们尚且存有希望的一些思想。无须多言，纳粹和斯大林主义对女性不利，但是米利特将弗洛伊德主义与这两者结合起来，成功地颠覆了旧的价值观，正如她呼吁废除家庭一样。但是，令米利特满腔愤怒的是三位作家，D. H. 劳伦斯、亨利·米勒和诺曼·梅勒，她还将这三位作家与让·热内进行比较。她说，D. H. 劳伦斯在小说中“操控”女性，米勒“蔑视”女性，梅勒与女性“撕打”。[58]她的观点之所以有力，是因为她的分析基于文本细读，她还发现某些主题贯穿这些作家的多部作品（例如，劳伦斯作品的主题是父权制和工作，梅勒作品的主题是谋杀）。她将这三位作家与热内比较，目的是要证明男性可以持有女性气质型观点，而且她赞成热内将性别和种族角色相互联系的思考方式。[59]最后，米利特还关注了男性气质在“现实政治”和性政治中扮演的角色。她还指出，“异化”不再是哲学家和心理学家使用的模糊字眼，它已经变成了女性、黑人、学生和穷人感受到的各种具体的不满，这一点可能是最有价值的。这种提炼本身就是一大进步。[60]

类似的思考在另外两名女性的著作中达到顶峰，她们是**安德丽娅·德沃金**（Andrea Dworkin）和**雪儿·海特**（Shere Hite）。德沃金自称“肥胖的丑小鸭”，她的父亲是名教师，他的培养使她成长为爱思考的人。但是，1969年，她嫁给了一个左翼激进分子，后来发现此人是个“凶残的强奸犯”，经常殴打她，打得她不省人事。[61]最终她鼓起勇气离开他，成了一名作家，提笔书写米利特留下的悬而未决的问题。1974年，她发表了《女人恨》，并为全国妇女组织在纽约主办的“说出来”活动致辞，那次讲话题
531 为“放弃两性‘平等’”。演讲结束后，掌声持续长达十分钟，一千多名听众中很多人“哭得浑身颤抖”。德沃金关注色情作品，她认为色情作品的创作动机是憎恨女性，而她则以激进的憎恨男性的思想加以反击。她认为自己为女性的唯一出路树立了一个榜样：她与一位男同性恋者过着一种公开的、无性的非婚姻生活。[62]

《海特报告》发表于1976年。海特出生于密苏里州圣约瑟市，本名雪莉·格利高里。雪儿·海特有过一段短暂的婚姻，很快离婚了，但她保留了夫姓。为了攻读哥伦比亚大学文化史硕士学位，海特辞掉工作，靠打零工为生。作为一名前拉斐尔风格的红发女郎，她做过模特，为《花花公子》及时尚婚纱杂志拍过裸照。真正改变她的人生的却是下面这件事。当

时她为一家意大利打字机公司奥利维迪拍摄广告，画面里是一名秘书坐在打字机前，配有旁白“有了如此灵巧聪明的打字机，还需要她干什么？”拍完广告后，海特在报上看到一个妇女团体计划到该公司示威。她加入了这次活动，很快卷入了妇女运动。在这次事件中，她特别注意到，当时的医疗行业认为女性在性交中无法达到性高潮是一种“健康问题”。在接下来的几年里，为了了解女性对性高潮的看法，她筹钱发出了十万份调查问卷，收到了三千多份回复。她的《报告》一经问世，简直被当作启示。[63]她最重要的发现是，大部分女性不能通过阴道性交获得性高潮；而且，对性高潮的不切实际的期望为女性（和男性）带来了巨大的心理负担。这并不是说女性不喜爱性交，而是说她们更享受亲密接触和抚摸。此外她还发现，女性通过手淫能更快达到性高潮，但是女性自慰是社会禁忌。《海特报告》使雪儿·海特一夜暴富，因为很多女性从中获得共鸣，它传达的信息使女性获得了解放，很多女性发现原来她们遇到的那些情况、窘境、问题或无论称之为什么，都不是自己独有的，而且统计数据还显示，这是“正常”的。这就暗示女性与男性在性行为方面一样有着自身特性。[64]海特的统计被证明是一种解放，是对一种“异化”的切实回应。雪儿·海特的作品当然包含一定程度的讽刺意味——对性高潮和手淫的简要统计一定会获得商业成功。即使如此，这份报告仍然标志着妇女解放运动一个阶段的结束，它反映的观点是：只要女性去追求，她们完全能够获得真正的独立，包括性独立和经济独立。

并非人人都乐于看到这些巨大的变化。1963 年，内森·格拉泽（与大卫·里斯曼合写《孤独的人群》的年轻作者）和帕特里克·莫伊尼汉一起发表了一份报告《超越熔炉》，这本书揭露了“中产阶级美国”的真实面目，称其有一种“统一的心态”，“其特点是反对民权运动、反对和平运 532

动、反对学生运动、反对‘福利知识分子’等”。[65]正是在这一背景下，约翰逊总统力求展开他的伟大实验。他在一系列演讲中宣布了“伟大社会”的方案，这些方案与马丁·路德·金的“梦想”一样亲切：为老人提供医疗保险，为年轻人提供教育，为企业提供退税政策，提高劳动者最低工资，为农场工人提供补助，为非熟练工人提供职业培训，为饥饿的人提供食物，为无家可归的人安置住房，为穷人提供贫困拨款，为上下班的人提供干净的道路环境，为黑人提供法律保护，为印第安人提供更好的教育，改善失业人员待遇，提高退休金，让消费者明明白白地消费。大量的特别工作组成立起来，往往由学者挂帅。一批法律法规得以很快通过。约翰逊坚持认为，伟大社会应该满足所有的期望，还要胜过罗斯福新政。

这可能是共产主义世界之外的社会领域中最伟大的实验了。[66]自1965至1968年期间，约翰逊宣布不再寻求总统连任，越南战争使国家走向分裂，战争的开支对经济造成了恶劣影响，大约五百多个社会计划得到立项，其中有些项目比较成功（例如，约翰逊的传记作者多丽丝·基恩丝总结说，医疗保障制度和选举权制度非常成功，模范城方案不尽如人意，社区活动则“适得其反”）。但是，从某种意义上说，真正的战役是有关教育的努力，这场战役还没有结束，可能还要持续很多年，黑人及其他少数族裔应该获得更好的学校教育，平等的教育机会头等重要，因为在这个社会，自由意味着不被忽略，公平和个人主义的民主态度意味着男性和女性公平地站到人生的起跑线上，各自开创属于自己的人生。这些观点在20世纪60年代及其后的岁月里引发了数以千计的社会心理学研究项目，研究人的经济、社会和种族背景对各种因素的影响，其中最具争议的是智商测试。尽管不断受到批评，比如它不能确切测量智力高低，又比如与其他任何人群相比，它的测试结果对中产阶级白人家庭的儿童更有利；但是，在学校和职场，智商测试仍然作为一项研究工具得到广泛应用。

针对伟大社会种种努力的首个重要研究是**詹姆斯·科尔曼**（James Coleman）等人于1966年通过华盛顿特区美国政府印刷办公室发布的《教育机会的均等》(也叫《科尔曼报告》) 报告。[67]《科尔曼报告》全面研究了美国废除种族隔离制度的学校，它得出的结论是，除了学生家庭的社会经济水平以外，影响学生成就的最重要因素是学生所在学校的社会经济水平。换句话说，在废除种族隔离制度的学校，黑人的受教育情况有明显改善，因为这些学校的学生大多属于中产阶级。如果废除种族制度仅仅是指将黑人转入同样贫穷的白人学校，那么这些黑人的状况就不会有明显改善。英国采纳了美国人的观点，在20世纪60年代设立了“教育优先地区”；顾名思义，其目标是提高社会经济水平偏低地区的弱势群体的受教 533
育水平。但是，**J.W.B. 道格拉斯**（J. W. B. Douglas）等人随后在1968年发表了一项题为《我们所有的未来》的研究，其结论是这些社会工程的实施并没有明显地缩小中产阶级小学生和工人阶级小学生之间的差距。[68]

真正引起争议的是20世纪60年代末加州大学伯克利分校的心理学家**阿瑟·詹森**（Arthur Jensen）在《哈佛教育评论》上发表的一篇文章，题为《智商和学业成就能提高到什么程度？》。这篇评论文章（没有新的研究内容，只是重新分析已有的研究结果）开宗明义，“试行的补助式教育显然失败了”。詹森认为，高达80%的智商差异源于基因，因此，白人和黑人的平均智商成绩相差15%，主要原因是遗传的种族智力差异。詹森接着说，任何社会计划都不能使白人和黑人的社会地位平等化，“黑人应该多多学习他们生来就擅长的机械工作”。[69]这样的论调令人觉得，似乎自从杜波依斯时代以来，黑人的处境就没有取得任何进步。

另一项没有引起太大争议、但从长远来看更具影响力的研究来自哈佛大学社会学教授**克里斯托弗·詹克斯**（Christopher Jencks）和他的七名同事。[70]詹克斯也是大卫·里斯曼的学生，他一直对学校教育的局限性很感兴趣，并且在20世纪60年代初写过一本书。《科尔曼报告》问世后，**丹尼尔·莫伊尼汉**（Daniel Moynihan）和**托马斯·佩蒂格鲁**（Thomas Pettigrew）在哈佛大学设立了一个研讨会，重新进行数据分析。莫伊尼汉是约翰逊的劳工部副部长，于1965年3月写成《莫伊尼汉报告》，称半数黑人有“社会病”。佩蒂格鲁则是黑人心理学家。詹克斯等人也参加了这个研讨会，该研讨会几年后发展为“教育政策研究中心”，第一个重要成果就是詹克斯的著作《论不平等》。

不夸张地说，《论不平等》的发现震惊和激怒了大西洋两岸的众多人士。这份哈佛调查用了大量篇幅研究认知技能对成功的影响，及其与学校和种族的联系，其主要结论是，与其他可变因素相比，基因和智商“对经济成就的影响几乎可以忽略”，“学校教学质量对成功或经济成就的影响不大”，从而认为“教育改革不会带来经济或社会上的平等”。这项研究还特别总结道：“我们不能将经济不平等的主要原因归结为人的抽象推理能力的遗传差异，因为在测试结果相同的人群中，经济不平等的现象与总体人群的不平等程度是一致的。我们不能将经济不平等的主要原因归咎于家长将不利条件遗传给了孩子，因为即使家长的经济地位相同，孩子的经济地位也存在很大程度的不平等，与总体人群的不平等程度一致。我们不能
534 将经济不平等归咎于学校差异，因为学校差异对学生的可测量素质影响不大。……经济成功似乎取决于运气和工作能力，与家庭背景、学校教育或标准化测试的成绩关联性一般。工作能力的含义也随工作的不同而有很大的差异，但多数情况下，与技术和技能相比，个性对工作能力的影响更大。因此，很难想象有哪种策略可以使工作能力平均化，更不用说使运气平均化了。”[71]

《论不平等》的影响无疑源于哈佛小组对数据量的执着追求，每章后面都有冗长的注解，还有三篇附录，都对智商、代际变化和统计数据进行了详尽的分析。例如，詹森主持的一项哈佛研究发现，智商的遗传概率不

是 80%，而是大约 25% 至 45%，但是他们还是谨慎地补充道，承认智商的遗传因素并不意味着种族主义。[72] 他们评论说："如果我们假定黑人的标准化测试成绩可以跟白人一样出色，那么这种假设似乎具有象征意义。但是如果黑人或白人得出结论认为种族平等主要是指阅读成绩均等，那么他们是在自欺欺人……黑人和白人即使测试分数相同，他们的职业地位和收入仍然有很大差距。"[73] 关于废除种族隔离，哈佛小组认为，如果全面废除种族隔离，那么白人和黑人在智商上的差异可能会从 15 分降至 12 至 13 分。这不算小事，他们说，"当然它也不会对美国种族不平等的整体状况产生多大影响"，不过，"支持还是反对废除种族隔离制度不应该视学习成绩而定。如果想要种族隔离的社会，我们就会有种族隔离的学校。如果想要废除种族隔离的社会，我们就该有废除种族隔离的学校"。他们认为，只有政治和经济发生变化，才可能促进更大的平等。"这在其他国家通常被称为社会主义。"[74]

鉴于社会主义国家（如苏联和中国）传出的自由和平等的消息，哈佛小组的最终结论没能流传开来可能就不足为奇了。另一方面，民权运动的领导者注意到了他们提出的学校不会带来黑人期望的平等的观点，转而开始猛烈抨击工作场所的种族隔离和歧视，现在看来，与学校教育相比，工作场所的种族隔离和歧视对不平等的影响更大。

伊凡·伊里奇（Ivan Illich）的《非学校化社会》从另外的角度批评了传统学校，伊里奇是维也纳人，曾经在罗马的格里高利大学学习，后在纽约市的爱尔兰—波多黎各教区担任助理牧师。他的主要目标是为贫穷的拉美国家规划教育制度（他曾经在墨西哥工作过）。他认为，学校远远不能帮助学生摆脱无知，也无法让学生充分发挥能力。实际上，到 1971 年为止，学校都是无聊的没有特色的资产阶级"加工厂"，生产"消费社会的猎物"。[75] 他说，教师是监护人、道德家和临床医生，而不是给人们带来丰富生活的知识传播者。因此，伊里奇认为，应该从四个“层次”上完全废除学校及其替代物。第一，他认为，孩子们应该到农田里学习耕作、地理学和植物学，到机场学习飞行或到工厂学习经济学。第二，他呼吁“技能交换”，孩子们应该向“技能模范”学习，比如，向吉他手、舞蹈家或政治家学习他们感兴趣的科目。第三，他提倡“同伴配对”，特别是成立各种不同兴趣的俱乐部（钓鱼、摩托车、希腊语），为对方取得的进步和存在的问题提出表扬和批评。[76] 第四，他说，由专业的教育者，实际上就是前三级网络中提到的经验丰富的人，就孩子的培养问题向家长提出建议。但是教师本身和学校本身都应该取消。《非学校化社会》是一本不同寻常的书，它详细诊断并描述了病情，并且成为反文化思潮的一部分，但对学校并没有产生实质影响。

1968 年 3 月，约翰逊总统宣布不再寻求连任，伟大社会失去了舵手，接着又迷失了方向。越南战争是一大原因。到 1968 年，美国在亚洲部署的兵力接近 50 万，其中每年死亡人数达到 2.5 万人。约翰逊在离职前宣布了“平权”政策，要求所有的政府承包商都要向非裔美国人和其他少数族裔提供优待。尽管在 1968 年，社会各条战线都陷入了暴力和冲突，但他对这一政策持乐观态度。

2 月 8 日，在南卡罗来纳州奥兰治堡市，三名黑人学生因反抗保龄球馆的种族隔离制度被杀害。4 月 4 日，马丁·路德·金在孟菲斯市遭枪杀，美国若干城市因此爆发抗议活动，骚乱持续了一周。6 月，罗伯特·肯尼迪在加利福尼亚州遭枪杀。“美国小姐”竞选遭到女权主义者破坏。但是美国并不是孤军奋战。英国认为有必要推行新的种族关系法案。7 月，苏联拒绝在《华沙条约》生效后从捷克斯洛伐克撤兵，捷克斯洛伐克政府采取了一系列的自由改革措施，促进新闻报道自由，取消审查制度，支持宗教集会。这一年，世界各地，如美国、英国、德国（有人试图杀害学生领袖鲁迪·多茨克）、意大利，都爆发了学生反抗运动，反对越南战争，反对种族歧视和性别歧视，反对严苛的学费政策。在法国，学生与工人联合行动，占领了工厂和校园，封锁了大城市的街道，迫使政府更改若干政策，包括将最低工资额提高33%。

学生反抗运动是引发众多思想后果的社会现象的一个侧面。这种社会现象便是第二次世界大战期间和第二次世界大战后爆发的“婴儿潮”，这 536
意味着从20世纪50年代末开始，伴随着富裕社会的到来（以及电视的普及），出现了随处可见的、人数众多的一代学生。1963年，在有关英国高等教育的《罗宾斯报告》发布之后，政府几乎一夜之间将大学数量翻了一番（从23所大学扩张到46所）。丹尼尔·贝尔的《意识形态的终结》和赫伯特·马尔库塞的《单向度的人》等著作，加上斯大林逝世后更多暴行得以公开以及1956年苏联悍然入侵匈牙利，使得传统左翼政治的幻想破灭了，所有这些使得新左派在1960年左右初具雏形。新左派的实质，是若干国家形成了一股力量，关注马克思的异化观点。新左派认为，政治应该更关注个人，更关注心理层面；其支持者认为反对异化的最佳方法是参与；与工人阶级相比，学生、妇女和黑人这些敏感群体更能推动社会产生根本的变化。早期的（单边）核裁军运动在古巴导弹危机的背景下得到了很大的推动。但是作为激进战斗的焦点，民权运动和妇女解放运动也很快卷入了冷战的旋涡。1968年发生的示威和叛乱使这一过程走向高潮。同样，1969年的伍德斯托克音乐节反映了20世纪60年代的另一股学生思潮：人的解放不仅是政治层面的，还包括新心理学、新音乐、性解放和毒品等各种体验，即后来的“反文化”运动。

一位美国作家就此撰写著作，概括了许多主题，归纳出了一条贯穿十年的主线，他就是**诺曼·梅勒**（Norman Mailer）。从某种意义上说，他在20世纪下半叶的地位相当于乔治·奥威尔在20世纪上半叶的地位。与奥威尔一样，梅勒也是记者和小说家，并且曾经亲赴前线打仗。20世纪60年代，他写下一系列著作：《一场美国梦》（1965）、《食人者与基督徒》（1967）、《夜幕下的大军》（1968）、《迈阿密和围困芝加哥》（1968）、《我们为何在越南？》（1969），这些书名说明这十年是动荡的十年。在《一场美国梦》中，中心人物（绝非英雄主角）史蒂夫·罗雅克是一名功勋卓著的退伍军人和国会议员，故事开篇时，他还是一位电视名人，简直拥有了美国人梦想拥有的一切。[77]然后小说开始没多久，他勒死了自己的妻子，蹑手蹑脚地穿过过道与女仆发生（暴力）性关系，然后将妻子从公寓窗口推下，希望高空坠落和车辆碾压令尸体严重受损，从而销毁她被勒死的证据。他虽然并未得逞，但是由于秘密交易，他逃脱了惩罚。电视节目抛弃了他，但是在小说开始的三天后，另外两个人（一个女人和一个男性黑人）遭遇了更悲惨的命运，成为罗雅克暴力活动的牺牲品。贯穿小说的事实是，无论罗雅克有什么样的遭遇，都无法真正触动他，他完全是一个自
537 恋狂。梅勒说，这正是美国存在的问题。20世纪60年代还有一本书是亨利·斯蒂尔·康马杰的《美国是个错误吗？》，梅勒想必认为史蒂夫·罗雅克正是个不折不扣的错误。[78]

《夜幕下的大军》的副标题是“作为小说的历史 / 作为历史的小说”。表面看来，这本书主要讲的是1967年10月20日，75000名反越战示威者在五角大楼前示威游行的内幕。[79]梅勒在书中用第三人称指代自己，并把读者带到故事的幕后——游行组织的幕后和梅勒本人的幕后，只有从这种意义上说，他的作品才是部小说。小说中的其他“人物”也都确有其人，包括罗伯特·洛威尔、诺姆·乔姆斯基和斯波克博士。梅勒描述了自己的各种妒忌（比如对洛威尔的妒忌）；游行前一晚他在演讲中的尴尬表

现；以及他对妻子的爱。因此，他实际上是为后来的激进主义提供了早期实例。毋庸置疑，读者大众感兴趣的是名人如何看待政治事件的内幕；读者不用多想就明白名人也是政治运动的参与者，如果读者认出其中的某个人，而这个人又颇有几分忏悔的口气，那么读者就会更关注故事的发展。其间，游行者被袭击；梅勒（与大约一千名示威者一起）被逮捕，在牢房里待了一晚，结果他错过了纽约的一个聚会。梅勒在一章中谈到了越南战争，阐述了他缘何认为美国卷入越战是错误的。第二部分"作为历史的小说：五角大楼的战役"概括叙述了同一桩事件，很多地方引用了报纸。在这一部分，梅勒谈到报纸往往篡改事实、捏造消息，他也揭示了报纸发布消息时会如何添油加醋地揣测他在第一部分想要表达的内容。梅勒以游行示威为例描述和分析了当代美国生活和思想的若干潮流：暴力就快要浮出水面；媒体和"想象"同真实事件同样重要；新闻业既是不可或缺的光明使者，又是夜幕下的大军之一；最重要的是，无论采用何种方法都不足以揭露真相。[80]将《夜幕下的大军》与《一场美国梦》相联系的是梅勒的基本观点（这些观点最终构成了20世纪50年代盛行的思维模式），可以归结为一句话：梅勒是一位反存在主义者。他认为，暴力是边缘状态，使思维陷入迟钝；人们不再相互倾听。思考是最强烈、最具创造性的生存形式，但是一旦被暴力包围，观点就会两极分化、僵化。越南战争正在僵化美国人的思想。

20世纪60年代初，冷战的紧张态势进一步加剧。60年代后期发生了一系列事件，反映了共产主义国家对自由、平等和正义的截然不同的态度。

1965年11月10日，上海一位年轻的文艺批评家**姚文元**在《文汇报》上发表文章，批评北京副市长吴晗四年前撰写的戏剧《海瑞罢官》。这部 538

戏讲的是明朝一位正直的官员因反对皇帝的土地政策而直言进谏并最终获罪的故事。虽然故事背景是久远的过去，但是毛泽东认为这出戏是对他本人的批评，以此为借口发起了大规模的运动，即后来的“文化大革命”，包括两个方面：第一，它是由毛泽东发起的一大政治运动；第二，这场运动给中国的艺术家、知识分子和学者带来了毁灭性影响，他们因此被剥夺了思想和行动的自由。

毛泽东的妻子江青时任全军“文化顾问”，坚决支持这一运动。江青身边簇拥着一群年轻的积极分子，她首先批判“学术界的反动权威”运用“晦涩的语言”试图使阶级斗争走向沉寂。更糟糕的是，她说，大学强调“真理面前人人平等”的谬论，试图在辩证法的斗争中置身事外。[81]起初她遇到了一些困难（《人民日报》拒绝发表她的声明），但到1966年5月底，江青争取到了一股新兴力量的支持，即“红卫兵”。红卫兵基本上是大学和中学的学生，他们的主要目标是攻击“戴眼镜的人”，即教师和其他知识分子。他们成群结队地走上街头，首先冲击了清华大学，然后冲击了其他学校，攻击学术权威。[82]后来街头暴力爆发了，红卫兵看到谁的头发或衣服不顺眼就抓谁。他们勒令商店和餐馆整改橱窗或菜单，不允许出现任何西方倾向。他们毁掉霓虹灯广告牌，在街上燃起篝火，焚烧“违禁品”，如爵士乐唱片、艺术品和奇装异服；他们关闭了咖啡厅、剧院、马戏场，禁止举行婚礼，甚至不许握手和放风筝。一位京剧女明星这样回忆自己的经历：她被下放到农村，每天偷偷去偏僻的树林里练嗓子，以免被人听到；她还把自己的戏服和化妆品埋了起来，直到“文革”结束。保罗·约翰逊这样描述那场可怕的灾难：“图书馆被关闭，书籍被焚烧。”还有一件事众所周知：“文革”期间，在北京有色金属研究所，只有四名科学家敢使用图书馆。[83]江青醉心于自己的角色，在无数群众集会上发言，谴责“爵士乐、摇滚乐、脱衣舞、印象派、野兽派”，她声称现代艺术的一切“主义”，包括资本主义本身，摧毁了艺术。她反对特殊化。[84]到1966年下半年，中国的重要文化机构几乎都受到军队的控制。当年12月12日，包括剧作家、演员、电影和戏剧导演、诗人、作曲家在内的众多“公敌”被押往拥有一万多名观众的工人体育馆示众，每个人的脖子上都挂着一块牌子。接着，江青控制了电视台和广播台，没收设备、剧本、乐谱和电影，对后者加以改编，重新发行。她命令作曲家为“大众”创作，后来又改成根据大众的需求创作。她禁止芭蕾舞中出现“兰花指”和掌心向上翻转的手势，要求舞蹈演员握紧拳头，以激烈的动作表现“对地主阶级的仇恨”。[85] 539
对大学和艺术家的批评酿成了暴力，高校出现了武装队。比较有名的是北京地质学院的“东方红”公社和北京航空学院的“天派”组织。[86]很多科研机构的教授被下放到农村，与农民一起劳作，将科研成果投入实际应用。在北京的遗传学研究所（1949年前中国没有遗传学研究院），李森科的理论在中国存续得比在苏联还久，部分原因就是红卫兵。“文化大革命”提出的最绝的观点可能要数交通信号灯了。红卫兵忧心的是，红色是革命的颜色，应该改成向前进，换句话说，应该是“红灯行”，而不是“红灯停”。周恩来用一句玩笑扼杀了这个主意，他说，在浓雾中更容易看清红色，因此红色是最安全的颜色。但是“文化大革命”本身绝非玩笑。[87]“文革”给中国的传统文化带来了灭顶之灾。

苏联对知识分子的审讯并没有随着斯大林的故去而绝迹，虽然其范围早已没有20世纪30年代那么广泛，但其凶残程度毫不逊色。[88]1965年，随着瓦列里·泰西斯《第七号病房》的发表，西方人才开始详细了解苏联精神病院的黑暗内幕。此后，欧洲和北美的许多精神病专家将调查苏联精神病院的活动当成自己的事业。1970年5月29日，乔尔斯·梅德韦杰夫被关进莫斯科南部的卡卢加精神病院，全世界开始关注苏联以精神病治疗的名义所从事的镇压活动。

乔尔斯·梅德韦杰夫（Zhores Medvedev）及其兄弟、职业历史学家**罗伊·梅德韦杰夫**（Roy Medvedev）合写了一部作品《疯癫之问题》，读来颇像卡夫卡的小说。1970年早些时候，克格勃在搜查乔尔斯朋友住处时，没收了乔尔斯所写的一部手稿，当时这本书还没有写完，也不是机密，所以他并不紧张。但是，当他被叫到卡卢加精神病院谈谈他儿子的“不端行为”时（当时其子正处于“奇装异服”、“令人不安”的时期，全家人为此牵肠挂肚），他变得十分焦虑。乔尔斯一到医院就被关进候诊室。透过窗户，他看到儿子被送走了，他意识到当局关注的实际上是他自己。于是他开锁逃了出去，但是一周后，三名警察和一名医生来到他家。[89] 梅德韦杰夫从谈话中得知，他之所以惹怒当局，是因为他写过一本书，原名叫《生物学和个人崇拜》，后来改名为《特罗菲姆·李森科的兴衰》，他在书中揭露了苏联遗传学不光彩的历史。这本书于1969年由哥伦比亚大学出版社在西方发表，当时李森科还在世（他死于1976年）。乔尔斯被带到
540 卡卢加，在那里，医院的精神病医生和中央政府派去的一个委员会试图将他确诊为一名早期精神分裂症患者，很可能对自己和他人造成危险。[90] 但是，当局没有知会乔尔斯的家人和朋友。首先，他的兄弟罗伊和他是同卵双胞胎。精神分裂症是（部分）遗传的，因此严格来说，如果乔尔斯有患病的迹象，那么罗伊也该有。这显然不是事实。很多学者向当局投诉，说他们认识乔尔斯很多年了，从来没有发现任何异常症状。彼得·卡皮察、安德烈·萨哈罗夫和亚历山大·索尔仁尼琴一起声援乔尔斯，结果这件事引起了西方的广泛关注。[91] 但是三周后他才被释放，从梅德韦杰夫兄弟合写的书看来，在此期间，他经历了精神病学的炼狱。多名精神病学家声称乔尔斯“精神高度紧张”，“精神反常”，“无法适应环境”，有类似“臆想症患者的妄想症状”和“自大”。受到其家人质问后，这些精神病医生又

说，只有经验丰富的医生才能诊断出这些精神病的“初期”症状。[92]“特别委员会”还召集了其他精神病专家参与此病例的调查，包括安德烈·斯涅日涅夫斯基教授、丹尼尔·伦特教授和**谢尔布斯基法医精神病学研究所**（Serbsky Institute of Forensic Psychiatry）所长乔治·莫罗佐夫博士。后来，经过揭露之后人们才发现，谢尔布斯基法医精神病学研究所是最臭名昭著的一家苏联精神病研究所，深度参与了苏联的精神病—政治恐怖活动。尽管如此，乔尔斯的朋友们最终解救了他。6 月 17 日，乔尔斯获释，在朋友的帮助下，他恢复了列宁农业科学院高级研究员的职务，继续研究氨基酸。这次事件圆满收场。但是后来的研究显示，在 1965 至 1975 年间，出现了 210 桩“完全真实的”精神病恐怖案，有 14 家研究机构参与了以收治精神患者的名义软禁政治犯的行动。[93]

虽然这些事实令人不寒而栗，但是苏联的精神病专科医院涉及的对象仅几百个人。相比较而言，**亚历山大·索尔仁尼琴**（Aleksandr Solzhenitsyn）揭露的事实涉及大约 6600 万人，它与大规模屠杀犹太人一起，堪称人类历史上最恐怖的事件之一。

《古拉格群岛》是一部三卷本巨著，1969 年完成，但直到 1974、1975 和 1976 年才陆续以英文分卷发表。此前，索尔仁尼琴就因为其他作品闻名西方世界，特别是《伊万·杰尼索维奇的一天》（1962）和《癌症楼》（1968）。[94] 他是个遗腹子（在他出生前 6 个月父亲死于一次枪击事件），于 1918 年 12 月出生于高加索地区，当地有很多白俄罗斯人反对布尔什维克。索尔仁尼琴成长于 20 世纪 30 年代初，经历了斯大林的大镇压之后，共产党加强了对国家的控制。[95] 尽管生活贫困艰难，他在学校表现出色，随后进入大学，学习物理学、数学和马克思列宁主义。[96] 他很会打仗（曾经升至上尉，并获四枚勋章），但 1945 年初被秘密警察逮捕，原因是他的信件

遭到截留和拆阅：他的罪状是在一封信中称斯大林为“那个留八字须的
541 人”，秘密警察还在他的行李中发现了尼古拉二世和托洛茨基的照片。他被控以“危害社会”的罪名，在不同的监狱间辗转，后来被发配去了“新耶路撒冷”的一座集体劳改营，接着又到了一座专门关押科研人员的集中营，好在这里有图书馆。到1955年，他居住在一处泥坯棚屋中，这已经不是监禁，而是流放了。正是在这里，他得了癌症，不过得到了治疗。这些经历成就了他的第一部杰作《癌症楼》，这部作品直到1968年才以英文发表。

1956年6月，事隔十一年之后，他回到莫斯科，当时还不到38岁。接下来的几年里，他在莫斯科郊外教书，根据他在集中营的经历写了一部小说，起初名为《Sh-854》。这部小说令人震惊，但故事写的是劳改营24小时内按部就班的日常生活。之所以令人震惊，是因为他所描写的那种状况，那样的营地生活，在营地居民看来，是正常的、永久的。集中营内的心理状态与外部世界完全不同，人们已经习以为常，因为他们当初也是由于各种武断随意的原因被带到此地的。索尔仁尼琴将手稿寄给他在文艺杂志《新世界》做编辑的朋友——接下来发生的事情已经报道过许多次了。[97]读过手稿的人无不感到震惊和动容；杂志社的人都希望这本书能够出版，但是赫鲁晓夫会持什么态度呢？1956年，赫鲁晓夫在党代会上发表了鼓舞人心（却保密）的讲话，暗示斯大林逝世后苏联将迎来更大的自由。凑巧的是，就在这位苏联领导人招待美国诗人罗伯特·弗罗斯特时，索尔仁尼琴的朋友们将手稿呈给了他。得到赫鲁晓夫首肯之后，1963年，《Sh-854》以英文发表，名为《伊万·杰尼索维奇的一天》，受到全世界的赞誉。[98]这标志着索尔仁尼琴人生的辉煌，持续了几年时间（尽管是短暂的几年），他在苏联备受推崇。但是20世纪60年代中期，赫鲁晓夫取缔了他本人发起的自由化进程，索尔仁尼琴落选了他本该获得的列宁奖，因为委员会的一名成员、苏联共青团负责人声称他曾经在战争中向德国人投降，还说他曾经犯过刑事罪（具体罪名不明）。这两项指责都是不实的，却表明他们对索尔仁尼琴及其主张的反对情绪已经到了十分强烈的程度。

自 1965 年起，索尔仁尼琴开始整理自己在劳改营的经历，写出了《古拉格群岛》。在马克思主义理想幻灭之后，他又找回了“某种基督教信仰”。[99] 但是，苏联再次发生了变化；赫鲁晓夫垮台了，1965 年 9 月，克格勃袭击了索尔仁尼琴几位朋友的住处，搜到了另一本书《第一圈》的全部三份手稿。这本书写的是一位数学家在莫斯科外郊的一所集中营内经历的四天生活，显然有索尔仁尼琴本人的影子。此时，形势变得非常紧张：索尔仁尼琴被迫东躲西藏，发表作品的机会渺茫。《第一圈》和《癌症楼》在西方的发表为他带来了极大的声誉，但也使他与苏联当局的矛盾更加公开了。这种矛盾于 1970 年达到顶峰，当时他获得了诺贝尔文学奖，但是苏联当局明确提出，如果他去瑞典领奖，就不许回国。[100] 因此，《古拉格 542
群岛》问世后，索尔仁尼琴的人生呈现出了史诗般的特点。

这本新书工程浩大，但其题材也使其必须如此。[101] 古拉格以势不可挡的姿态深刻影响了数千万人的生活，只有这样一部鸿篇巨制才能公正地评说这起“人类历史上最恐怖的事件”。除去在劳动营度过的八年，索尔仁尼琴又花了九年时间（从 1958 年 4 月至 1967 年 2 月）撰写此书。[102] 有些故事已经被人遗忘，但是索尔仁尼琴的目标是展现大量确凿的材料，谁也不能质疑苏联曾经以如此丑陋、粗暴的方式伤害过自由。全书共 1800 页，毋庸置疑，它不仅是一部文学作品，同时也是一部纪实作品，这正是索尔仁尼琴的目的。

1973 年 12 月 28 日，这本书首次现身西方，在巴黎面世。1974 年 1 月底，BBC 全球广播频道及其德国同行一起开始用俄语播送《古拉格群岛》的节选。同一周，德语版问世，莫斯科也出现了走私的俄语版：人们手手相传，“每位读者最多只有24小时就必须读完整本书”。[103] 接着，2月12日，索尔仁尼琴被捕。14日（周三）早上8点半，波恩政府获悉，苏联打算驱逐索尔仁尼琴并询问德国人是否愿意收留他。德国总理维利·勃兰特当时正在主持内阁会议，他中断会议，当即同意了苏联的请求。当年春天，《古拉格群岛》相继在英国和美国出版。根据《出版人周刊》的统计数字，到1976年，第一卷在全世界范围内的销量达到800万至1000万册（美国销量为250万，德国100多万，英国、法国和日本略低，接近100万）。索尔仁尼琴的书总共卖出3000万册。[104]

古拉格是劳动改造营总管理局的缩写。全书中，索尔仁尼琴对细节的描述不厌其烦，从逮捕的技巧到审讯的恐怖，从布满群岛的“船舰”（运送囚犯的红色牲畜火车）到202座拘留营的地图，从尸体的处理到卫兵的工资，毫无遗漏。[105] 他讲述了如何将牲畜卡车改装成“红牛”，在车厢里凿上排水孔，四周封上钢条，谁也逃不走。[106] 我们得知，最先想出古拉格这个主意的是一位出生于君士坦丁堡附近、名叫那夫塔利·阿罗诺维奇·弗伦克尔的土耳其犹太人。[107] 我们了解到各个劳改营的死亡率，审讯期间使用的31种刑罚手段，有一种专门用来挤压指甲的机器，还有一种名叫“套马具”的刑讯手段，将毛巾布像套马笼头一样绑住囚犯的颚部，再绕过肩膀绑到脚跟上，使脊柱保持弯曲状态，再把犯人扔到一边，数天不给吃喝，只是偶尔从喉咙口给犯人灌点盐水。[108]

不过，正如索尔仁尼琴的传记作者迈克尔·斯卡梅尔所说，这部作品
543 不仅仅是简单地罗列清单或统计数字。索尔仁尼琴再现了一种世界、一种完整的文化。他的笔调是讥讽的，没有自怜自哀，他给我们讲了集中营生活中的各种玩笑和行话，告诉我们集中营种类繁多，从勘探营到铁路修筑营，从过渡营到集中劳改营，从岛屿集中营到青少年集中营，什么都有。他还揭露了人们被送往集中营的各种荒诞理由。例如，艾丽娜·图钦斯卡

亚的罪名是“在教堂里诅咒斯大林早死”，一些人是因为亲近美国，还有些人是因为对国家贷款持消极态度。行话也是五花八门：dokhodyaga 是指黔驴技穷的人，“无可救药的人”；katorga 指苦工；他们说集中营里制造的一切都是用“屁力”造起来的；nasedha 是指“密探”，他们刻意颠倒现实，把最糟糕的集中营说成拥有最多特权的地方。[109] 然而，随着故事一页页地展开（对古拉格人来说，则是几个星期或是几个月过去了，这正是索尔仁尼琴的意图），恐怖事件不断累积，读者渐渐意识到，尽管数百万人被杀害，但是人类精神永远不死，希望和黑色幽默让那些活下来的人即使不能散发活力，也绝不停止思考。在最后几章中，肯格尔集中营发生了为期四十天的暴动，尽管它最后遭到残酷镇压也在意料之中，但是读者为之振奋，相信理智、清醒和善良终将胜利。[110] 因此，这本书虽然恐怖、凄惨、令人窒息，但是正如索尔仁尼琴希望的那样，最终并非完全无望。它警告我们失去自由意味着什么，同时也警告独裁者他们最后的下场一定是失败。读者历经磨难，依然不会绝望。正如 W. L. 韦伯在《卫报》上评论这本书所说的：“生活在这个年代却对这本著作一无所知的人在某种程度上是历史的傻瓜，因为他们错过了时代意识中至关重要的部分。”[111]

与西方发生的任何事件相比，索尔仁尼琴和梅德韦杰夫兄弟描述的共产主义世界的不自由或中国“文化大革命”中发生的一切要恶劣得多。其暴烈程度和受害者之众都凸显了自由、平等和正义无论在什么地方都是脆弱的。20 世纪 60 年代初，哈耶克和弗里德曼探讨了自由，在这十年接近尾声的时候，在人们经历了打着民权旗号的动乱之后，几位哲学家又谈起了同样的话题。

在 1969 年发表的《自由四论》一书中，**以赛亚·伯林**（Isaiah Berlin）基于哈耶克的观点，提出要想获得自由，人们需要私人生活领域，在这个私人领域里，他不需要对任何人负责，自由自在，不受任何限制。伯林于1909年出生于当时隶属沙俄的里加，6岁时迁往苏联。1921年，他和家人搬到英国，就读于牛津大学，做过全灵学院的研究员，后来任社会与政治理论教授，是牛津大学沃尔夫森学院的首位院长。他在文章中提出了三个观点。第一，自由（liberty）就是指自由（freedom）。[112]他有句名言是这样写的："一切事物都有其本来面目：自由就是自由，不是平等或公平或
544 公正或文化，或人类幸福或沉默的良知。"[113]伯林极力指出，一个人的自由可能与另一个人的自由相冲突；这种冲突有时确实不可调和。他提出的第二和第三个观点是，在他所说的"消极"的自由和"积极"的自由之间有明显的区别。基于这种分析，他认为，消极自由是"一种绝对不能侵犯的最低限度的个人自由；如果它受到侵犯，个体就会觉得自己所处的空间太狭窄了，甚至无法确保自身的天然才能获得最低限度的发展，而恰恰是这种发展使他有可能追求，甚至构想人们认为善良、正确、神圣的东西。由此得出的结论是，必须在私人生活领域和公共权威之间划一道界线……离开应用自由的充分条件，自由的价值何在？"[114]伯林认为，有关消极自由的学说是相对现代的（不是古已有之的），而且不受侵犯、不受干扰的愿望"已经成为高度文明的标志"。在伯林看来，消极自由之所以重要，不仅因为它所代表的主张，更因为它是一个朴素的概念，因此，善意的人都能就此达成共识。

另一方面，积极自由要复杂得多。[115]他说，这关系到围绕个人意欲"主宰自己"的所有问题。因此，这个概念涉及政府、理性、社会认同（种族、部族、教会）和真正自治的问题。如果说获得自由的唯一真实的方法是运用批判理性，那么影响批判理性的一切因素都会发挥作用，如历史学、心理学、科学。正如伯林所说，"所有的矛盾及最终的悲剧，都归因于理性与非理性或理性与欠理性之间的冲突"；只要人是社会人，他是

什么样的人在某种程度上就取决于别人对他的看法和感受。他说，很多人没有得到认可，没能成为自己希望的样子，这在当时是某些国家、阶级、职业和种族之“大悲”。[116] 他说，这种情况与自由很相似，人们可能依然热切地需要自由，却不是自由本身。伯林说这些的目的是强调不存在“最终解决方案”（语出伯林），不存在“解开所有谜团、化解所有矛盾”的终极和谐，不存在“人类的各种目标都能一致实现”的标准答案。他说，人类有许多目标，并非所有的目标都一致，其中有些目标始终处于敌对状态。这是人类的处境，我们必须在这样的背景下理解自由，只有参与政治制度才能实现自由。获得自由总是不易的，对此，我们应该心如明镜。[117]

雷蒙·阿隆的《进步与幻灭》（1968）和赫伯特·马尔库塞的《论解放》（1969）都认为 20 世纪 60 年代是至关重要的十年，这十年表明科技才是自由的真正威胁，不仅因为众多大学与军事扯上关系，进行武器设计和武器研发，还因为心理学的转型普遍支持了民权运动、妇女解放运动和性革命。[118] 他们认为，整个自由观得到了扩展，特别是在第三世界，传统 545
的马克思主义意义上的阶级还有待解放；借助电视的普及，西方消费品涌入，剥削新的一批人。同时，在西方发达的民主国家，人们（特别是年轻人）正在体验一种新的自由，即个人解放，在新心理学的帮助下洞察自己的个性。马尔库塞尤其期待一种新的政治“美学”，艺术和创作借此会使人们感到更充实，同时又能建设他所谓的更“美好”的社会、更美丽的国家。他说，到了那个时候，谈论乌托邦就变得恰当了。

马歇尔·麦克卢汉（Marshall McLuhan）则提出了截然不同的自由观——自由是什么、自由的命运如何？麦克卢汉于 1911 年出生于加拿大阿尔伯塔省埃德蒙顿市，1943 年在剑桥获博士学位，并与 F. R. 利维斯和 I. A. 理查兹共事，后者是新批评的创始人，给予他思想上的自信并令他迸发极强的创造力。麦克卢汉的主要兴趣是新型“电子”媒介对人的自我意识和行为的影响，但是他又认为这会对自由产生重要影响。麦克卢汉对个体及个体与整个社会的关系的看法与其他人大不相同。

麦克卢汉认为，历史上有三个十分重要的转折点：字母表的发明、书籍的发明，以及首个电子媒介即电报的发明，不过他认为电视的诞生也是一次划时代的事件。他的写作风格是引经据典，大量使用格言警句，看得出来他学识渊博，但有时候又令人费解，不太容易读懂。他认为，字母表的发明本质上摧毁了部族人的世界。部族人的特点是口头文化，虽然这个世界主要是听觉的，但是各种感觉都处于平衡状态，“谁也不会明显地比别人懂得更多”。[119] 他写道：“即使放在今天，部族文化也无法理解个体的概念或分离而独立的公民概念。”语音学字母表的出现仿佛给这个世界“投放了一枚炸弹”。字母表不同于象形文字，其组成要素本质上是无意义的、抽象的；它们“削弱了听觉、触觉和嗅觉的地位”，提高了视觉的地位。其结果是，完整的人变成了支离破碎的人。“只有字母文化作为社会和心理组织的手段成功地掌握了相互关联的线性序列。”[120] 他认为，与“文明”人相比，部族人相互间的相似性更小，书籍的到来加速了人类日渐相似的过程，导致民族主义、宗教改革运动、“流水线及其产物工业革命、有关因果关系的整体概念、笛卡尔和牛顿的宇宙观、绘画中的透视、文学中的叙事年表以及内省的心理模式（它极大地强化了个人主义倾向）”。[121] 但是，随着电子媒介的出现，麦克卢汉认为，这个过程正被逆转，我们将看到一种复活的部族人。

使麦克卢汉声名大噪（抑或声名狼藉，这取决于你的态度）的观点是“**媒介就是信息**”以及他将媒介分为“**热**”（hot）媒介和“**冷**”（cool）媒
546 介的做法。“媒介就是信息”有两层意思。第一，如上文所述，媒介决定生活中很多其他东西；第二，我们都设想媒体报道“故事”或“新闻”的

方式与事件的实际内容同等重要。换句话说，内容只是故事的一部分：电子媒介还传播态度和情绪，从这个意义上说，这是一种集体体验，他认为这意味着一种部族化的回归。[122]

面对一张高清照片，观众能毫不费劲地看出它所传递的信息，这就是“热媒介”。[123]另一方面，面对一幅漫画，观众需要费点力气才能完全理解它所传递的信息，这就是“冷媒介”。收音机是热媒介，电视是冷媒介。讲座是热媒介，研讨会是冷媒介。在电视文化的时代，政治领袖比传统的政治家更像部族首领：他们不仅是追随者思想上的领袖，还要发挥情感和社交作用，使支持者 / 追随者感到自己是集体的一员。[124]

麦克卢汉认为，所有这些完全改变了自由的概念：“开放社会是语音文字的视觉产物，与今天重新部族化的年轻人无关，而作为言语、耳鼓和听力技术产物的封闭社会就此获得了新生。……识字的人是异化了的、心灵干涸的人；重新部族化的人得以学会一种更加丰富、充实的生活……他们在情感上深刻意识到自己与全人类相互依赖。在陈旧的‘个人主义’的纸媒社会，个人只能‘自由’地被疏离、异化，是被剥夺了部族梦想的无根的局外人；新的电子媒介环境迫使人们承担义务、亲身参与，满足人类更为复杂的精神和社会需求。”[125]麦克卢汉清楚如何换个角度看待熟悉的范畴，他预见到了一个新时代，在这个时代，意大利可能会每天减少五小时的电视播放时间以促进大选期间的报纸阅读量，或者委内瑞拉为了缓和政治紧张的局势可能会鼓励民众看电视。[126]在麦克卢汉看来，所谓“公众”就是指“支离破碎的个体以特定的方式凝聚在一起，就像生产线上的齿轮一样，虽然各不相同但又能够以基本相同的方式运行”，这一概念不如“大众社会”的提法受欢迎，因为后者“鼓励个体多样性，与此同时，个体对每种刺激因素都会即时做出反应并相互影响”。[127]

这似乎改变了独立个体的概念，但是麦克卢汉接着又大胆预言，在这个新世界，大城市行将消亡，汽车和股市将被淘汰，工作的概念将被角色取代。虽然麦克卢汉在众多方面表现出了惊人的创造性，但（到目前为止）他是错误的。

另一种非常类似的看法来自法国作家**居伊·德波**（Guy Debord）于1967年发表的《景观社会》，这部著作很久之后才被译成英语。德波认为景观（主要是电视主导的社会，同时还包括体育运动、摇滚音乐会、精心安排的政治）是现代社会的主要产物。他说，景观基本上包括统治阶层
547 “连续不断的自夸式独白”和其他人的顺从：“观众仅仅与中心保持单向联系，观众之间相互隔离……观众在哪儿都不自在，因为景观无处不在……景观的社会功能是具体制造异化……与景观相对应的是这个历史性的时代，在这个时代商品完成了对社会生活的殖民……满眼都是商品；我们看到的世界是商品的世界。”在德波看来，景观社会远谈不上是一种自由的形式，而是异化的最终形式，之所以说最终，是因为人们认为自己正在充分地享受自由，但实际上他们不过是消极的看客而已。书中还有大量篇幅涉及历史，谈到了黑格尔、马克思和乔治·卢卡奇，德波在其中认为景观社会本质上是资本主义最终之平庸的胜利。（他研究的一个“文本”是莎士比亚《亨利四世》的第一幕：“哦，先生们，人生是短暂的！……如果我们活着，就是为了践踏国王。”）在后来的版本中，他说他认为可敬的国会图书馆长丹尼尔·布尔斯廷（于1972年出版著作《形象》）做出了错误的判断，因为他认为商品在真实的个人生活中“被消费”了，而德波则认为即使是在做广告的剧院中，个人商品的消费本身也是一种景观，这就否定了以往的“社会”观。因此德波认为，景观社会意味着人类在朝着更高的自我意识前进时最终遭遇失败。人类不仅殚精竭虑、备受奴役，而且连生命都遭到否定；人类受到以景观社会形式出现的资本主义的诱骗，误以为

自己是自由的。[128]

在以赛亚·伯林看来，相较于积极自由，多样性的消极自由才是基本的自由形式。哈佛大学哲学教授**约翰·罗尔斯**（John Rawls）则认为，正义先于自由，哪怕就领先那么一点点。罗尔斯在1971年完成并于一年后发表的《正义论》，被同为哲学家的罗伯特·诺奇克认为是自约翰·斯图尔特·密尔以来最重要的政治哲学著作。罗尔斯认为，正义的社会应该在事实上保障绝大多数人享有最大的自由，因此，了解何为正义，如何获得正义就变得至关重要。他特别反对功利主义传统（行动之所以正确是因为其有用），试图用"更理智"的东西取代洛克、卢梭和康德的社会契约论。这使他提出这样的观点：正义是"社会制度的第一美德，正如真理在思想体系中头等重要"，对正义的最好理解是"公平"。罗尔斯提出的实现公平的方法广受关注。为了实现公平，他提出了"**原初位置**"（original position）和"**无知之幕**"（veil of ignorance）的观念。[129]

在原初位置，假定订立契约（用契约规则治理社会）的个人是理性而无知的。他们不知道自己是富裕还是贫穷、老迈还是年轻、健康还是柔弱；如果有神的话，他们不知道要追随哪个神；不清楚自己属于哪个种族，是聪明还是蠢笨，不了解自己缺乏或是拥有哪些天赋。在原初位置，谁也不清楚自己在社会中的位置，因此人们是"在无知之幕的背后选定了"正义的原则。[130]罗尔斯认为，用这种方法，无论选择何种社会制度，参与选择的人"会告诉彼此，他们是在大家一致同意的条件下相互合作的，即在自由、平等、公平的情况下会一致同意的条件"；"一个社会如果用公平面对正义，那么这个社会要形成自发方案也就为时不远了，因为它符合自由和平等的人在公平的情况下都会赞成的某些原则。从这个意义上说，其成员是独立自主的，他们承担的义务也是自愿的"。罗尔斯还说， 548

在原初位置和无知之幕的前提下，还有两个正义原则，其顺序是这样的：（1）每个人都平等享有最广泛的基本自由，又不妨碍他人的自由；（2）社会和经济领域的不平等应得到妥善的安排，（a）使人们有理由希望这两种不平等对自己有利，（b）使其与向所有人开放的地位和职责相关联。[131] 换句话说，罗尔斯写道："一切社会价值（自由和机遇、收入和财富、基本的自我尊重）都应该是平等分配的，除非这些价值中任何或所有的不平等分配都符合每个人的利益。"他的后一个观点更具争议。例如，他认为自我尊重是"善"，是正义社会中理性的人自然应有的品质。他谈到了妒忌和耻辱。这些直接导致他与哈耶克等人产生了分歧，罗尔斯认定社会正义实际存在；而以赛亚·伯林则认为，对于某些特定群体而言，不存在充分的积极自由，因为人们没有像处于原初位置和无知之幕后的理性人那样对待这些群体。因为正义的第一原则（正义视同公平）优先于第二原则，所以弱势群体的基本自由应优先于财富或收入的不平等，无论这种不平等是多么地对所有人有利。换句话说，假定黑人在白人的统治下比黑白混合的统治下（比方说）状况好得多，如果与白人相比，黑人被剥夺了更多的自由，那么这仍然是错误的（非正义、不公平）的。权利的平等高于一切。

这样，罗尔斯写下了书中最具争议的章节，"公民不服从的正当性"。[132] 他在书中指出，如果大多数人，也可能是代表大多数人的政党，拒绝给少数人同等的自由，那么公民就有理由不服从。他说，首先要努力修订法律；公民不服从应该始终是最后一着，要考虑到其他少数群体也有可能采取公民不服从的手段，那样的话，就可能威胁到全局，带来完全丧失自由的风险，在这种情况下，公民不服从就不是正当的。不过这些都是技术性问题。他认为自尊是天然的善，在一个自由和公平社会里，理性的人都追求和期待自尊，这样，罗尔斯为曾经在哈耶克手中遭受荼毒的社会正义的观点正名了。

罗尔斯提出原初位置和无知之幕是为了得出正义（公平）的社会所要遵循的原则。他在哈佛大学的同事**罗伯特·诺奇克**（Robert Nozick）对此提出了批评。诺奇克更多地继承了哈耶克的传统，倾向于首先考虑事物的实际情况，社会的实际组织情况，而不是像罗尔斯那样首先假定存在某种 549
完美的世界。[*] 1974 年，他发表了《无政府、国家和乌托邦》，在一定程度上是对罗尔斯《正义论》的回应。诺奇克在书中指出，一切“模式化”的正义（如“平权行动”）从道义上看都是错误的；与放开的权利相比，它侵犯的个人权利更多，因此，相对于它惠及的人数，弊大于利。[133] 诺奇克认为，罗尔斯的论点中有诸多逻辑错误，但是他最重要的实质性观点是向任意社会情境提供“权利”的概念。[134] 处在罗尔斯的原初位置、身处无知之幕后、建立社会规则的个人完全不清楚自己的特征——财富、地位、智慧等。诺奇克认为，实际生活中不可能发生这种情况，从这个意义上说，罗尔斯的原初位置学说不充分。逻辑上同样重要的是，人们拥有各种与生俱来的天赋才能。你可以说这是一种不平等，但这属于特殊类型的不平等，正如一个人拥有较多某样东西（比如智慧）在本质上不等于社会上的其他人拥有的就少、情况就会更糟糕。一个人拥有的天赋才能较多并不意味着其他任何人会被剥夺那种才能。因此，强迫社会成员消除天赋差异及由此引起的不平等，是错误的，诺奇克如是说。而如果拥有特别天赋的人还用这天赋为社会谋利（这是常事），那么强制消除天赋差异就是错上加错了。诺奇克刻意举了许多荒诞的例子突出罗尔斯论点中的错误。例如，他将医疗服务与理发服务相比。谈到医疗，我们一般认为提供医疗服务时优先考虑的是患者的“需求”而不是支付能力。这适用于理发吗？是不是该先向有刮脸需求的人提供理发服务？还有个例子，假定四个男人追求一

* 可以看到，这已经成为划分 20 世纪哲学家的重要标杆：分别是从理想的原初位置切入的哲学家和接受世界本来面貌的哲学家。

个女人。我们该让她自己选择嫁给谁还是该让这些追求者投票决定？如果说获得成功的那个追求者比其他人更“需要”这个女人，这说得通吗？诺奇克举这些例子的目的是要证明罗尔斯提出的安排事情的理论太简单了，其次，还要强调生活中很多领域应该留待个人去行动或决定，让个人自由地运用天赋才能，因为这些才能既没有侵害别人，也没有影响社会运转。这些思考使他得出这样的观点：只有发挥最基本的保护功能的低限度国家才可能在道义上是合理的。[135]

在哈佛大学，从哲学系走几百码就能看到心理学系的威廉·詹姆斯教学楼，这幢楼因纪念伟大的实用主义者威廉·詹姆斯而得名。正是在这里，**B.F. 斯金纳**（B. F. Skinner）于1972年发表了谈论自由的杰作《超越自由与尊严》，当时也正值罗尔斯和诺奇克驻校期间。斯金纳不是以哲学家的身份，而是以一名心理学家的身份在写作，他异常清楚地表明，很多传统的哲学观点是错误的。[136] 不过，他首先关注的不是平等及平等与
550 自由的关系，而是自由的基本观点，从这个意义上说，他的著作极具哲学性。作为一名科学家和生物学家，斯金纳认为人性是进化的产物（因此，很大程度上有遗传学根据）和对环境的适应。在斯金纳看来，改变（意指改善）人类的唯一办法是改变环境。他的第二个论点是，真正的自由实际上从未存在过，也不会存在。人性是人的（进化）历史与环境共同作用的结果。因此，人本身就受到一定的控制。对斯金纳而言，自由只是一种状态，一种人不觉得自己受到控制的状态。[137] 他说，自由主要不是指感觉，而是指行为。换句话说，自由是指环境中缺乏令人厌恶的刺激物，我们所说的自由感实际上源于这种刺激物的缺席。对拥有不同历史的不同人群来说，这些负面刺激物是不一样的，不过他在书的末尾几章中试图勾勒出一种负面刺激物处于最低水平的文化。[138] 斯金纳希望看到人类发展出一种行为技术，这种技术承认：人性，即由众多个人组成的集体的天性，是影响

基因构造的各种偶然性发生作用（奖惩）的结果。斯金纳认为，不存在自主的人，或确切地说，如果我们想获得真正的自由，轻松面对自己的真实天性，那么我们就要弄清自主的限度。

斯金纳说，控制与惩罚是人们生活的这个社会环境必须具备的方面，但不要把控制与惩罚看成坏事，它们只是实现最大多数人的最大自由的途径——当自由是指不存在负面刺激物。（这段话写于学生运动高潮期。）创造更好的环境，我们就会变成更好的人。因此他批评了有关（学生）“精神危机”、毒品问题和赌博问题等众多观点。这些问题不是源于人性，不像侏儒的产生是源于胚胎的缺陷，而是源于社会控制方面的管理不善：“所谓自主的人是用来解释我们无法用其他方法解释的东西的一种策略。我们的无知造就了他，随着我们的理解日益增多，构筑他的材料就消失了。科学不会使人类丧失人性，只会为人类增加光辉。”[139]

斯金纳的影响力从来没有能够与罗尔斯或诺奇克或哈耶克相提并论，部分原因是他几乎没有阐释如何改善自由，但是主要原因是，在20世纪60年代美国民权运动的大背景下，大多数人认为自由和正义是一回事。

“漫长的60年代”于1973结束，它完全不像通常所刻画的那样轻佻
肤浅。一种正面的看法认为，它是战后最重要、最关键的时期，当时由于
人类的心理和自我意识正在发生改变，人们的基本状况，如自由的天性， 551
受到了威胁和管制。以阶级为基础的社会学开始向个人心理学转变，旗帜
鲜明的（种族、性别、学生）新型团体的出现不仅改变了自我意识，还改
变了政治，一如汉娜·阿伦特所预言的。本书后续篇幅中发生的很多事情
和20世纪最后25年中涌现的很多思想，必须置于这一背景下才能得到恰
当的理解。 552

31

长时段

1965 年 9 月至 11 月，美国国家科学基金会的“埃尔塔宁号”考察船行驶在太平洋—南极洋的边缘地带，收集海床的常规数据。这艘船隶属于哥伦比亚大学拉蒙特—多尔蒂地质观测站的实验室。由于需要掌握海军潜水艇及其所处的环境，海洋学在第二次世界大战期间得到了长足的发展，此后，深水核潜艇的出现进一步促进了海洋学的突飞猛进。拉蒙特研究所是该领域最活跃的机构之一。[1]

在 1965 年的那次航行中，“埃尔塔宁号”蜿蜒往返于位于南纬 51 度的深海地质结构**太平洋—南极洋海岭**（Pacific-Antarctic Ridge）。船上有专门的设备用来测量海床岩石的磁性。一段时间以来人们发现，由于某种原因，该地区岩石的磁极有规律地逆转，每一百万年左右逆转一次，这种逆转规律向地质学家们提供了有关地表历史的大量信息。负责“埃尔塔宁号”航行第 19、20、21 航段的科学家是哥伦比亚大学研究生**沃尔特·皮特曼三世**（Walter Pitman Ⅲ）。他在船上忙得不可开交，反复察看仪器是否正常工作；

回到拉蒙特以后，他拿出图表查看信息。摆在他面前的是一系列黑白条纹，记录了一段海底的磁场异常情况。每当磁场异常地改变方向时，记录设备就从黑变白再变黑，不断变化。在 11 月的某天，某页记录“埃尔塔宁号”从太平洋—南极海岭以东 500 公里处往太平洋—南极海岭以西 500 公里处航行过程的打印数据清晰地显示，海岭附近的图像呈现出完全的对称。[2] 这种对称只有一种解释：海岭两侧的岩石在同一时期形成，“并占据了各自的位置，因为它们发源于海岭，后来才扩张到海床。换句话说，地球深处出现岩石，并越过海底向外扩张，将大陆推移开去，才形成了海床。最终，**海底扩张**（seafloor spreading）的说法证实了大陆漂移学说”。[3]

回想起来，1915 年阿尔弗雷德·魏格纳才首次提出了大陆漂移说，用 553
以说明世界大陆的分布和生命形成的模式。基于他收集到的证据，他认为这一学说理所当然，但是很多地质学家对此不以为然，特别是美国的地质学家。他们是“固定论者”，相信大陆是坚硬的、静止的。实际上，多年来，至少在第一次世界大战以前，地质学家是有分歧的。但是随着核潜艇的出现，美国海军迫切需要有关太平洋的大量信息，因为这片水域位于美国及其主要敌人苏联之间。这项研究的基本结果是太平洋下面的磁场异常，形似巨大的“厚板”，以大致平行的线条散开，主要是北南走向，每块为 15 至 25 公里宽，数百公里长。这就引发了一道数学题：每 100 万年（地球磁极发生变化的平均时长）扩张 25 公里，那么每年就扩张 2.5 公分。这意味着太平洋正每年以这个速度扩张着吗？[4]

漂移学说者还有其他证据提供支持。1953 年，法国地震学家**让·皮埃尔·罗泰**（Jean Pierre Rothé）在伦敦皇家学会的一次会议上出示了一张地图，上面记录了大西洋和印度洋地震的众多震中位置。[5] 这一证据展现出惊人的一致性，表明很多地震与大洋中的海岭有关。而且，火山距离海岭越远，就越古老，越不活跃。战争的另一个副产品就是，科学家分析了原子弹爆炸引起的影响全球的地震波，其研究结果惊人。人们发现，洋底厚度仅为4英里，而大陆厚度为20英里。就在“埃尔塔宁号”航行一年前，英国的地球物理学家**爱德华·克里斯普·布拉德**（Edward Crisp Bullard）爵士用最先进的水下声学探测方法重新测量了大西洋边缘，这种方法不仅用到海平面等高线，还用到1000米深的等高线，在这个深度，大陆之间的对称性竟然更加完整。[6]纵使有这些证据，但是直到“埃尔塔宁号”记录的对称图表问世后，“固定论者”才被最终打败。

在此基础上，1968年，普林斯顿大学的**威廉·杰森·摩根**（William Jason Morgan）提出了一种更为极端的“**移动**”（mobilist）论。他认为大陆是由一系列球形板块或“构造”板块在地表缓慢推进形成的。他认为这些板块（厚度大约为100公里）的运动可以解释地球上发生的大多数地震活动。这一有争议的观点很快得到了支持，当时在太平洋海底发现了很多“**深海沟**”（deep trenches），即**俯冲带**（subduction zones），达700公里深。就是在这些地方，海底又被并入基本地幔（其中一条海沟从日本延伸到俄罗斯的堪察加半岛，长1800公里）。[7]

大陆漂移和构造板块漂移起初仅受到地质学界关注。但是地质学是一种历史。而对遥远过去的发现正是20世纪在科学领域的一大成就。虽然
554 这些发现仍旧是零散的，但它们是一致的，甚至用某种浪漫的一致性为以人类活动为高潮的历史故事、历史叙述提供依据。这也许是20世纪思想的最高成就。

在与“埃尔塔宁号”航行发现的同一年，来自六个国家的27位科学家在加利福尼亚的斯坦福大学参加会议，讨论早期美洲的人口构成。与会者都是来自国际第四纪协会的会员，是对四大基本地质时期中的最后一个时期感兴趣的地质学家、古生物学家、地理学家和人种学家，他们提

交的论文都涉及一个主题：**白令陆桥**（Bering land bridge）。虽然克里斯托弗·哥伦布因为在1492年“发现”美洲大陆而举世闻名，但是不管你接受与否，很多学者相信，中世纪的北欧海盗维京人早就发现了美洲，而新大陆上遍布的“土著”居民早在一万多年前就已经来到此地了。我们知道，1959年左右，古生物学家开始接受这样一种观点，即智人于数十万年前发源于东非大裂谷。构造板块研究显示，这片山谷处于板块边缘，这也许能够解释为什么人类起源于此，只是我们对其中的缘由还不清楚。从那以后，人们认为，除非人类在世界上不同的地区各自进化，不然人类必然以某种至少理论上可循的顺序在地球上扩散。距离东非最遥远的大陆是澳大利亚、南极洲和美洲。早期的人类要到达美洲，他们要么经历遥远的航程，并且拥有足够多的船只，有一定数量的人口，以便在目的地繁衍（而他们事先对这个目的地并不知情），要么就必须翻越西伯利亚和阿拉斯加之间的狭长（56英里）隘口。斯坦福会议正是要讨论这种可能性。

这些观点并不新鲜，但是这次会议上出现了考古学和地质学方面的证据，这些证据首次使迄今为止模糊的画面生动了起来。这些证明表明，人类穿过陆桥的过程一共有**三波**（three waves），前两波发生在40000年前至20000年前之间，第三波发生在13000年前至12000年前之间。[8]这段漫长的迁移主要是由于冰河时代，它冻住了极地冰川的大量水域，海平面降幅达100米（白令海峡深50米）。有关三次迁移的观点最初源于对手工制品和殡葬技术的分析，后来则源于对艺术、语言和基因的分析。斯坦福会议一年后，丹佛的**C. 万斯·海恩斯**（C. Vance Haynes）通过计算指出，一个由30位猛玛象捕猎者组成的部落，在500年内可以发展出425个部落，人数多达12500人。第三波迁移大潮主要是**克洛维斯**（Clovis）捕猎者，他们将颇具特色的矛头（最初发现于新墨西哥的克洛维斯，靠近德克萨斯州边界）带到了大陆各地。按照海恩斯的计算，他们要在500年内到达墨

555 西哥，只要每年向南迁移4英里就能水滴石穿。于是乎，在美洲早期人类的研究领域内，地理学和人种学的证据也能够相互印证，也非常符合“一则大故事”的叙述。

与对美洲的研究相比，对非洲历史的发现毫不逊色。这期间，影响深远的作品有**巴兹尔·戴维森**（Basil Davidson）于1959年首次出版的著作《古老非洲的再发现》，这本书颇受欢迎，到20世纪60年代初，已经多次再版。[9]它源于非洲研究领域的爆炸性成果，被戴维森加以系统性的整合。他的成就是，揭示“黑暗大陆（非洲）”根本不是那么黑暗；虽然曾经遭到西方一些著名史学家的否认，但是它确实有着灿烂的历史，从公元前2000年以来，非洲曾经出现过若干有着相当复杂程度的文明。

戴维森研究了非洲各地，从北部的埃及和利比亚向西至加纳、马里和贝宁，再到东部的赞吉（或辛吉）海岸，及中南部的罗得西亚（今天的津巴布韦）。他谈到，“黑人”大约在前5000至前3000年出现，为其判断提供支撑的是在王朝统治前埃及遗址中发现的约800块头盖骨的分析研究，以及早期迁移的证据——例如，从尼罗河到西非（“40天的路程”）的迁移。他还描述了埃及王朝没落时崛起的库什文化和距离现代喀土穆大约100英里远的梅罗伊（“非洲的伯明翰”）的巨大熔渣堆。除了宫殿和寺庙，只有一小部分得到了挖掘，熔渣堆能证明梅罗伊有强大的炼铁能力，这也是该地区得以积聚巨大财富的原因。[10]戴维森描述了伟大的海滨文明贝宁、基卢瓦、布拉瓦、桑给巴尔和蒙巴萨，不过他最出色的章节谈论的是伟大的内陆文明桑海、杰贝尔乌利、恩加卢卡、大津巴布韦和马邦谷布韦，主要原因在于这些地方远离外来文明的影响，不曾受到国际贸易和随之而来的思想的复杂影响，最能反映非洲的成就。**恩加卢卡**（Engaruka）位于肯尼亚和坦噶尼喀（现在的坦桑尼亚）的边境，1935年，一位地方官员首先发现这个地方，后来路易斯·李奇对其进行挖掘。李奇发掘出一座主城，包括将近7000间房屋，他认为，常居人口至少有30000到40000人。房屋结构良好，有露台和雕刻，他认为这些雕刻是“部落标志”。[11] 恩加卢卡距离海滨300英里，东非大裂谷的陡峭悬崖为它构筑了天然的屏障，因此它保存状况良好，李奇认为，它所处的年代应该是17世纪。另外还有些石结构，他认为是灌溉水道和单独殡葬的证据。后来的挖掘工作表明，这座城市周围还有8000英亩曾经盛产谷物的土地，人们把多余的谷物经由道路销往北方和南方——道路两边是上百所房屋构成的众多村庄。大约公元500年起，炼铁技术经由非洲这一地区向南传播。

大津巴布韦（Great Zimbabwe）是一大群石结构遗址，距离连接哈拉雷（戴维森的著作出版时还叫索尔兹伯里）和南非的约翰内斯堡的主要道路仅几英里远，以“卫城”和椭圆形“寺庙”为特色。所有建筑物使用的材料都是从当地岩石层上开采的花岗石、平石、砖石等。防御工事的形状 556
和带有露台的城垛都与数百英里外的杰贝尔乌利的建筑物有着某些相似之处，这说明当时很可能存在远距离的商业贸易和思想交流。大津巴布韦和马邦谷布韦都靠近大矿区中心（金矿、铜矿、铁矿和锡矿），这些矿区北至赞比亚和比属刚果（现在的扎伊尔），南至比勒陀利亚和德兰士瓦省的约翰内斯堡。一些学者相信，大津巴布韦的历史可以追溯到公元前2000年，主要兴盛时期为公元600至1600年间。[12]

马邦谷布韦（Mapangubwe）不如大津巴布韦有名，却更具神秘色彩。它在200英里以南、林波波河对岸的一座平顶山上被发现。当地人将其视为“恐怖之地”，但最终还是有人亲赴此地（经过一条狭窄的“烟囱”——上面凿有相互对称的小孔，使“烟囱”内壁构成一部梯子），平顶山的顶部大约有数千吨从周围乡村运来的泥土，显然证明了农耕文明的存在。但是最吸引发现者们关注的是黄金制品和骨架。[13] 其中一具骨架

（一共出土了23具）的手上戴着黄金做的镯子。对这些骨架的分析没有发现黑人特征，他们极有可能是“前黑人”。殡葬仪式是班图式的，但是骨架与霍顿督人有相似之处，也与海滨地区发现的人骨有些类似。他们埋葬人和牲畜，这是宗教存在的证据。

戴维森谨慎地强调，非洲还有很多东西等待发掘。但他已然达成自己的目的，他与钦努阿·阿契贝、沃莱·索因卡等人一起，为证明非洲有自己的声音和历史贡献了力量。而且，戴维森还为覆盖全球的人类历史补上了浓墨厚彩的一笔——他还在书中研究了石器工具和冶金技术的传播方式。与世界其他地区的历史一样，超越个人的更为强大的力量将决定非洲的历史进程。[14]

在20世纪绝大部分时间里，历史学学科发生的最重要的变化乃是，它不再关注显赫人物的个人行为，而是关注更大范围的历史力量——经济、社会、地理、气候等。在这种整体范式中，出现了两个最多产的思想学派，即法国的年鉴学派和英国的马克思主义学派。

20世纪60年代，法国年鉴学派历史学家发表了三本极具影响力的作品：菲利普·阿里耶斯的《儿童的世纪》（1960）、埃马钮埃尔·勒华拉杜里的《郎格多克的农民》（1966）和费尔南·布罗代尔的宏大著作三卷本《十五至十八世纪的物质文明、经济和资本主义》的第一卷《日常生活的结构》（1967）。20世纪60年代，年鉴学派经历了第三次繁荣（第一次是在20世纪20年代，第二次是在20世纪40年代）。

在这三位作家中，**费尔南·布罗代尔**（Fernand Braudel）资历最深。他较年长，也是年鉴学派的两位创始人**吕西安·费弗尔**（Lucien Febvre）和**马克·布洛赫**（Marc Bloch）的亲密同事。费弗尔和布洛赫于20世纪
557 20年代相聚于斯特拉斯堡大学，并在那里创办了一本新的学术刊物《经济

和社会史年鉴》。从刊物名称就可以看出，年鉴学派从一开始就试图关注事件的社会和经济背景，而不是“伟人”的事迹，但是使它独树一帜的是费弗尔和布洛赫在作品中展现出来的想象力，尤其是在他们两人于20世纪30年代中期回到巴黎之后。[15]

布洛赫在第二次世界大战时是一名抗敌英雄，他写下了两部至今令人铭记的作品：《国王神迹》和《封建社会》。《国王神迹》讲述的是从中世纪到启蒙运动时期盛行于英国和法国的一种信仰，即国王只要触摸一下，就可以治愈淋巴结核病，这种被称为“王邪”的皮肤病。[16]但是布洛赫的研究没有止步于这种奇特的信仰；他运用同时期的社会学、心理学、人类学观点研究当时的环境，即布洛赫所说的时代的精神状态。在第二次世界大战前夕发表的《封建社会》中，他尝试重建封建时代的历史心理学，这是一项前所未有的尝试。[17]例如，他研究了中世纪的时间观念，认为最好将其表达为对时间的“冷漠”或对时间精确度量的不感兴趣。同样，费弗尔的《16世纪的不信教问题》研究了16世纪世界的精神状态。例如，通过分析信件和其他书面作品，作者指出，当批评者谴责拉伯雷是位无神论者时，他们要表达的意思与我们今天理解的意思并不一样。[18]在16世纪早期，无神论者还没有确切的含义，原因很简单，当时不可能有人成为我们今天所理解的无神论者。相反，正如彼得·伯克在年鉴学派历史研究中所说的那样，无神论者在当时只是个泛泛的污蔑性字眼。费弗尔也研究了当时的时间观念，例如，他认为像拉伯雷那样的人不可能清楚自己确切的出生年份，他体验时间的方式不是精准的时钟，而是“念万福玛丽亚祈祷文的时长”或“丘鹬的飞行时长”。[19]令读者感到欣喜的正是布洛赫和费弗尔走进历史边缘人“内心”的超凡能力。与很多历史学家所记载的一系列干巴巴的事件相比，他们的作品让人觉得更像是真正的历史。在这方面，布罗代尔甚至更胜一筹，他的第一本书，1949年发表的《地中海与菲利普二世时代的地中海世界》，就深入运用了年鉴学派的方法，产生了更为巨大的反响。[20]

这部作品是在极不寻常的环境中构思和撰写的。20世纪20年代初，布罗代尔本打算将其写成一部外交史。后来在1935至1937年间，布罗代尔受聘到圣保罗大学任教，在返程途中，他遇到了费弗尔，这位大历史学家"视他为自家的孩子"。[21]后来一直到布罗代尔成为战俘被关押在吕贝克附近的集中营时，他才又写起这本书。他没有留下手稿，却凭着过目不忘的惊人记忆力，一字一句地将《地中海》誊写在练习簿上，并寄给了费弗尔。

《地中海》全书共1200页，分为三个部分，各不相同。在第一部分中，布罗代尔辟出300页的篇幅介绍了地中海的地理状况：高山与湖泊、岛屿与大海、海岸线以及商人和游客过去经过的路线，接着他又讨论了不
558 同地理环境中的各种文明：山民、沿海居民和岛民。[22]布罗代尔之所以这样撰史，其目的是突显他所谓的"长时段"的重要性，即任何地方的历史，起决定作用的首先是其地理位置及地理布局。第二部分名为"集体命运和总体趋势"，主要讨论国家、经济制度、总体文明——它们持续的时间不如自然地理因素持久，但又比个体的生命和生涯漫长。[23]他着眼于过去几代人或几个世纪所发生的变化，也都是个体很难感知的变化。例如，他研究了西班牙帝国和土耳其帝国的崛起，发现这些帝国的扩张与地中海的大小和形状（东西向长，南北向窄）有关；他还发现了这些国家渐渐趋于相似的原因——因为交通过程漫长而困难，因为陆地和当时的技术只能承担类似的人口密度。[24]最后一部分则谈到了历史舞台上的各种历史事件和人物。虽然布罗代尔承认人的性格有差异，但他认为这些差异并不像传统的历史学家所说的那么重要。相反，他提出，弄清楚过去的人如何看待当时的世界，有利于我们理解他们的诸多行为。他提到的一个重要例子

是，菲利普二世对事件反应之迟缓乃是众所周知。布罗代尔认为，其原因不仅源于他的个性。菲利普在位期间，西班牙财力空虚（仍然是由于地理因素），沟通效率低——从地中海的一端走到另一端要花两个月时间。菲利普的谨小慎微很大程度上与西班牙的经济和地理情况一样与生俱来。[25]

布洛赫和费弗尔的著作在历史学家中引起了轰动，《地中海》的影响也超出了学术圈，走向法国以外的地区。布罗代尔本人也很有抱负，乐于见到这样的局面。[26] 人们发现书中的新信息像君王和元首的事迹一样令人着迷。费弗尔还邀请这位“自家的孩子”（布罗代尔此时已经 50 岁了）和他一起投入一项更宏大的事业，即撰写从 1400 至 1800 年大约历时 400 年的欧洲史，用新的方法探索欧洲是如何从中世纪世界迈向现代世界的。费弗尔说他负责撰写“思想和信仰”部分，布罗代尔负责写作物质生活部分。1956 年费弗尔去世的时候，这项计划还没有取得多大进展，但是布罗代尔没有停下脚步，最终他花在这部著作上的时间与他完成那部早期作品所用的时间相差无几。《十五至十八世纪的物质文明、经济和资本主义》的第一卷，英文版《日常生活的结构》发表于 1967 年，最后一卷则发表于 1979 年。[27]

在这部作品里，布罗代尔的构思仍然是三层式的，生产在底层，然后是分配，顶层则是消费（这种观点类似于马克思，但又不属于马克思主义）。例如，在生产领域，布罗代尔研究了小麦、玉米和水稻与世界文明的关系。他发现，水稻种植区“人口密集，［因此］在亚洲人丁兴旺的地区，形成了严格的社会纪律”。[28] 另一方面，玉米，是“一种不需要太多劳作的谷物”，所以美洲印第安人才能腾出很多空余时间修建大型金字塔， 559
美洲印第安人的文明正是因此而举世闻名。[29] 他认为，欧洲获得成功的关键因素是相对小的面积、较高的谷物种植效率和气候。[30] 由于人们有很多时间待在室内，促成了家具业的发展，从而又带来工具制造业的发展；恶劣的天气意味着适宜工作的日子很少，但在不工作的时候人们却不能不吃饭，因此，欧洲的劳动力成本相对昂贵。人们迫切需要节省人力的设备，加上工具的发展，促进了科技和工业革命。第二卷《形形色色的交换》和第三卷《世界的时间》研究了资本主义的崛起。布罗代尔的中心观点是，地理情况对原材料、城市（集市）的诞生以及贸易路线起着支配作用。换句话说，文明发展的方式有一定的必然性，这种必然性决定了欧洲，而不是亚洲、非洲或是美洲，成为资本主义和科学技术的摇篮。[31]

布罗代尔的影响力不仅在于他的著作，还在于他的思想带来的启发意义（他于 1985 年逝世）。第二次世界大战结束以来，年鉴学派的研究取得了一系列出色的成果，包括《郎格多克的农民》、《蒙塔尤》、《儿童的世纪》、《面对死亡的人》、《书籍的诞生》、《法兰西的特性》、《屠猫记》、《从路德到伏尔泰的天主教》、《炼狱的诞生》和《资产阶级的胜利》。**埃马钮埃尔·勒华拉杜里**（Emmanuel le Roy Ladurie）被公认为布罗代尔最杰出的学生。[32] 他也对“长时段”感兴趣，在《郎格多克的农民》和《蒙塔尤》中，他试图重建中世纪欧洲的精神状态。蒙塔尤位于法国西南部的阿里热地区，在 14 世纪的清洁派异端活动期间，它曾经是许多离经叛道之人的“家园”。这些异端分子被当地主教抓获并受到审讯，这些审讯的记录被保存了下来。勒华拉杜里找到了这些记录，并根据人类学、社会学和心理学取得的最新成果对它们进行重新解读。[33] 在审讯册的名单上，有 25 人来自同一个村庄蒙塔尤，在许多读者看来，勒华拉杜里使这些人复活了。作品的第一部分主要讲述乡村生活的物质方面：房屋的结构、街道的布局、教堂的地点。[34] 这些描述需要智慧和想象，例如，勒华拉杜里写道，由于石头不平整，墙上总是有洞，所以人们可以听到邻居家的声音：蒙塔尤人不知隐私为何物。但真正令人振奋的是全书的第二部分“蒙塔尤考古：从举止到神话”，在这里我们见识了众多的人物，例如，个性温和但关心政治的牧羊人皮埃尔·莫里，目中无人、令人讨厌的牧师皮埃尔·克莱格，以及那个敏感倔强、渴望长大、勾引碧翠斯·德普拉尼松雷斯的人。[35]

年鉴学派取得了极大的影响力。它之所以吸引很多人，是因为它富有想象力地运用了新型证据，在人文学科中渗入科学，娴熟地消除了跨越诸多世纪的隔阂，这样，我们才能够真正理解历史上发生过什么，当时的人们有什么看法。重建精神状态，重建往昔时代的心理，这个想法本身就 560
是不凡的抱负，但是对很多人而言，它是对历史最迷人的应用，也最接近我们曾经设想过的时间旅行。年鉴学派的历史研究广受欢迎的第二个原因是，它关注的不是国王和议会或将军和军队，而是"普通"人和平常生活。这种关注点的改变，在20世纪特别明显，反映了19世纪末西方国家在文化教育领域取得的巨大进步；贫困的读者自然希望看到和他们相仿的人们的故事。这也是第一次世界大战的另一后果——灾难对普通人生活的影响远比对将军或领袖的影响更为深重。最后，历史写作兴趣的转移形成了一个总体趋势：随着大众社会的发展，随着新媒体和游行娱乐文化的发展，无论在什么地方，"普通人"的世界都成为大家关注的中心。

但是在某些地区，年鉴学派之所以受欢迎，还有一个更具体的原因，我们可以在英国，在一批数量不多却颇有影响力的马克思主义历史学家的著作中窥见端倪。与法国同仁相比，**英国的马克思主义历史学家**在独创性方面要弱些，但他们在寻求目标的过程中更为连贯，他们要"自下往上"（他们偏爱这个短语，不过很快就用滥了）重写从中世纪末期到20世纪初的英国历史。影响力较大的作品大多出现在20世纪60年代左右：克里斯托弗·希尔的《清教与革命》（1958）、埃里克·霍布斯鲍姆的《原始的叛乱》（1959）、《革命的年代》（1962）、莫里斯·多布的《资本主义发展研究》（1963）、E. P. 汤普森的《英国工人阶级的形成》（1964）（"英国马克思主义者最出类拔萃的作品"，[36]"可能是第二次世界大战以来所撰写的最重要的社会史著作”）、霍布斯鲍姆的《劳动者》（1964）、希尔的《英国革命的思想起源》（1965）、罗德尼·希尔顿的《中世纪社会》（1966）、希尔的《走向工业革命的改革运动》（1967）、希尔顿的《中世纪英国农奴制的衰落》（1969）、霍布斯鲍姆的《匪徒》（1969）、希尔的《属神的英国人：奥利弗·克伦威尔与英国革命》（1970），以及希尔顿的《农奴终获自由》（1973）。有三个人在研究底层阶级历史方面尤为出色：罗德尼·希尔顿、克里斯托弗·希尔和E. P. 汤普森。他们关注的问题是封建社会向资本主义社会转变的道路，以及导致工人阶级诞生的斗争史。

罗德尼·希尔顿（Rodney Hilton）是伯明翰大学的历史学教授，在1956年匈牙利事件之前，他与其他人一样是英国共产党员。他的主要研究兴趣是工人阶级的先驱：农民。除了撰写这方面的著作以外，在20世纪60年代，他还协助创办了两份杂志，英国的《农民研究杂志》和美国的《农民研究》。[37] 希尔顿的目的是揭示中世纪英国的农民不是消极被动的阶级；他们不仅不接受自己的地位，而且从未停止努力改善自己的地位。希尔顿提出，为了获得更多的土地，降低或取消地租，农民的反抗持续不
561 断。[38] 用哈维·凯的话说，这绝非“黄金时代”；希尔顿曾经对英国的阶级情况进行了调查研究，并发现在这一阶段并非人人都安于现状、自得其乐。相反，始终存在一种农民的“阶级意识”，它促使英国封建君主政权最终走向衰落。[39] 这是一种社会发展的形式，希尔顿认为这种斗争催生了农业资本主义，从而使工业资本主义浮出水面。[40]

克里斯托弗·希尔（Christopher Hill）研究了社会发展的下一个阶段。自1938年起，他在贝列尔学院担任研究员和教师，主要研究英国革命。他提出，正如中世纪农民为了获得更大的权力而斗争一样，传统上被视为法治、宗教和政治革命的英国革命实际上也是阶级斗争的高潮。在这场阶级斗争中，资本主义的商人和农民试图联合起来夺取封建贵族和君主手

中的权力。换句话说，革命的动机主要是经济性质的。[41] 他说："1640 至 1660 年间的英国革命，正如 1789 年的法国大革命一样，是一场伟大的社会运动。维护旧的封建秩序的国家权力被暴力推翻，新兴的［资产］阶级掌握了权力，从而使资本主义的自由发展成为可能。……此外，英国内战也是一场阶级战争。在这场战争中，英国教会和守旧的地主等反动势力捍卫查理一世的专制统治。国会之所以打败国王，是因为它能获得城市和农村工商业阶级的热情支持，而能获得自耕农和开明绅士的支持，也就能获得借由自由讨论就能理解斗争真谛的更广泛的大众的支持。"[42] 他还说，这场革命与科技领域取得的新进展有某些相似之处，因为科技能够适时地转化出新的商业机会。

与希尔顿和希尔一样，**E.P. 汤普森**（E. P. Thompson）也在 1956 年退出了英国共产党，他同样深信，英国历史主要为阶级斗争所左右。在长篇巨作《英国工人阶级的形成》中，他的一大目标是将工人阶级从"世代相传的巨大屈辱"中"拯救"出来，使纺织工和手艺人等被忽视的群体受到重视。在这个过程中，他重新定义了工人阶级，称它本质上是一种关于经验的事物。1790 至 1830 年间，全世界范围内经验阶层的地位走向衰退和没落。他认为，这正是工业革命的本质，因为英国的工人阶级失去了土地，从而失去了共同的权力，各行各业中的雇佣情况都受到操控，很不稳定，导致贫困加剧。[43] 汤普森的书之所以引人入胜，部分原因在于其写作翔实生动，富有人情味，从社会达尔文主义的意义上说，也很有新意。1790 年以前，英国的工人阶级形式迥异；他们受尽压迫，逐渐丧失权力，却没有灭亡，这就证明他们是一股重要的（因此也是强大的）联合力量。[44]

在这轮历史学研究的"大跃进"中，最后一位现身于 1973 年，他是
英国的考古学家**科林·伦弗鲁**（Colin Renfrew）。他与年鉴学派和马克思主 562

义学派一样，也与各地的考古学家一样，对“长时段”感兴趣。但是，他的主要目标不是确定年代而是重新解读历史。他当时是南安普敦大学的教授，后来则任职于剑桥大学，他的著作题为《文明之前：碳素革命和史前欧洲》。[45] 该书的畅销不仅仅是因为书名，还因为伦弗鲁巧妙、清楚、扼要地讲述了20世纪考古学领域年代测定技术的发展史。其重点在于，他不仅从年代学层面，还基于我们对人类早期发展的设想，探讨了年代测定技术如何改变了我们对于过去的理解。

就考古学而言，他的著作开宗明义。20世纪初瑞士和瑞典地质学家的众多研究证实，最后一次冰河时代持续了60万年，于1万年前结束。人类有文字记载的历史却不早于公元前3000年，这就提出了一个关于古人类历史的问题。在冰河期结束后、文字出现之前的这段时间发生过什么？伦弗鲁的主要目的是运用各种新的年代测定手段重新审视考古学，如轮年代测定法、碳-14年代测定法和钾-氩年代测定法。1949年，纽约的**威拉德·F. 利比**（Willard F. Libby）首先发明了碳-14年代测定法（他因这项创新获得了1960年的诺贝尔化学奖），基于他的发现，《美国科学杂志》于1959年增发了一本有关放射性碳的期刊，后者很快成为一份独立出版物《放射性碳》，为世界各地年代测定数据的修正提供了一个便利的论坛；这可能是科学对历史学科的最大介入，而此前人们一直将历史视为艺术或人文学科。

《文明之前》有两个核心观点。第一，它改写了地球上有人类存在的时间。例如，大约自1960年起，一般认为，早在公元前4000年或甚至公元前17000年前，澳大利亚就有人居住了。研究证实，到公元前5000年时，墨西哥地区的人类已经开始系统采收玉米了，公元前3000年时，已经有种植玉米的迹象。这些年代测定的真正意义不仅在于它得出的结论比此前人们想象得都早，而在于它摧毁了当时流行的模糊不清的理论，这些理论认为欧洲文明以不确切的方式进入中美洲之后，中美洲的文明才得以发展。自从公元前 13000 至前 12000 年以来，实际上是自从最后一次冰河时期以来，美洲就脱离了世界其他地方，形成了文明的各种特征——耕种、建筑、冶金、宗教，而且是在完全分离的情况下形成的。[46]

伦弗鲁著作的第二要点是对编年史的修正及其意义，他主要谈到了自己最擅长的领域，中东的古典文明和欧洲。传统观点认为，中东的文明（例如苏美尔和埃及）是其他文明之母，是人类最早的伟大集体成就，它促进了克里特岛的米诺斯文明的产生，也有利于爱琴海古典文明的产生：雅典、迈锡尼和特洛伊，接着文明从这些地方进一步向北传播到巴尔干
半岛、德国和英国，向西则传播到意大利、法国和伊比利亚半岛。但是，563
碳-14 革命之后，这一模式突然出现了严重的问题。[47]新的年代测定法发现，西班牙、葡萄牙、（法国）布列塔尼、英国、丹麦等地的大西洋海岸巨石遗址要么与爱琴海文明处在同一时期，要么先于爱琴海文明。这就不仅仅是一个个孤立的年代问题了，而是涉及数百个相互关联的年代修正，有些甚至将大西洋的巨石遗址确立在比爱琴海文明早 1000 年的年代。埃及、中东和爱琴海仍然沿用传统的模式。但是，伦弗鲁认为，爱琴海地区存在某种考古学“断层线”。想要走得更远，人们就需要新的模式。

他提出的模式首先要抛弃旧的“扩散”（diffusion）观点，即中东存在过某种文明之母，它孕育了农耕、冶金以及动物的驯化和植物的改良，并随着人口的迁移向其他区域传播。显而易见，伦弗鲁认为，欧洲大西洋海岸沿线，曾经形成一系列的酋邦，这种社会组织介于狩猎采集文明与以埃及、苏美尔或克里特岛为代表的拥有国王、精美的宫殿、高度层级制的全面文明之间。酋邦的辖区小得多（例如，苏格兰的阿伦岛上就有六个酋邦），通常围绕大型墓葬分布，偶尔也围绕宗教 / 天象观测点分布，如巨石阵。[48]与这些酋邦相应的是基本的社会层级和早期贸易。部族成员往往

以独特的巨石遗址（即宗教性的葬礼石碑）为中心聚在一起，这就需要相当数量的人口参与建造。巨石总是与耕地相关，说明酋邦是社会发展的自然阶段：人类在改良了早期农作物并定居下来以后，很快就出现了酋邦和巨石。[49]

伦弗鲁的分析在今天已经被广为接受，对英国、西班牙和巴尔干半岛文明遗址的研究都验证了他的观点。但是最重要的是他的核心观点：虽然早期人类无疑是在地球上的某个原点（可能是东非）生活并向外蔓延，但是文明或文化（随你怎么说）却不是从一个地方发端再以相同的方式向外扩散的；文明是在不同的地点、不同的时代独立发展而成的。[50]这不仅摧毁了一切当时还残存的关于美洲文明发源于欧洲文明（比如以色列的“遗失的部族”）的观点，而且还在思想上产生了两种长期影响。首先，它推翻了人类历史的文化一元斜述论；世界上的所有文化都是独特的，不能将某种文化的存在归结为母亲文化或所有文化的祖先。人类学家的研究成果也表明，所有的文化都同等强大、同样独特，因此“古典”文明不再是最初的源头。

其次，伦弗鲁特别指出，从深层意义上看，新的考古学发现表明，简单地接受达尔文主义观点是危险的。[51]旧的文明扩散理论是一种进化论，
564 但是这种进化论太笼统了，几乎没有意义；它暗示文明是以不间断的单一顺序发展的。新的碳-14和树轮证据则表明，事实并非如此。新的观点同样是“进化论”的，却是截然不同的一种“进化论”，它起码是一种措辞
565 谨慎的表述。

32
天与地

“历史性时刻”这个词在21世纪已经被用滥了。但是如果说20世纪除了战争以外还有什么时刻可以称之为真正的历史性时刻，那么那一刻一定有英国夏令时1969年7月21日周一上午3点56分20秒。此时，**尼尔·阿姆斯特朗**（Neil Armstrong）正走下“阿波罗11号”宇宙飞船“鹰号”着陆舱的梯子，踏上月球表面，成为到达地球以外天体的第一人。在登上月球之后，他说了句日后闻名于世的话：“这是我个人的一小步，却是人类的一大步。”[1]

为了完成休斯敦指挥部的科学家交代的研究工作，他接着以更务实、更科学、更具信息量的方式描述道：“月球表面纤细，呈粉末状，我可以……用脚尖踢起松散的粉末。它像粉状木炭一样薄薄地黏在我的靴底和靴面上。我只能小步幅前行，大概一步为1/8英寸，但是我可以看到靴子走过的脚印和细小沙粒中留下的痕迹。……正如我们推测的一样，走来走去并不困难。……实际上我们落在一个非常平坦的地方——这里真的非常平坦。”[2] 如果说我们无法否认 20 世纪上半叶最伟大的知识成就在于原子弹的设想和制造，那么 20 世纪下半叶的成就则更为多元化，包括对脱氧核糖核酸（DNA）和计算机的研究。不过，太空旅行和登月无疑也是 20 世纪最伟大的成就之一。

1957 年，苏联人势如破竹地抢在美国人之前发射了“斯普特尼克 1 号”，在这一领域占了先机，先后将第一只动物、第一个人——**尤里·加加林**（Yuri Gagarin），1961 年——和第一个女人——**瓦莲京娜·捷列什科娃**（Valentina Tereshkova），1963 年——送入太空。美国的反应只能用惊慌失措来形容。在猪湾灾难（当时在美国受过军事训练的 1500 名古巴流亡者入侵古巴，但是结果要么被杀要么被俘）四天后，肯尼迪总统在白宫召集会议，大发脾气。他一边怒骂着“必须要做点什么”，一边向副总统林登·约翰逊大声嚷嚷，命令他仔细想想“我们有没有机会打败苏联？能不能在太空设立实验室，能不能实施绕月旅行，能不能发射火箭登陆月球，或者能不能用火箭把人送上月球再安全返回？”[3] 美国人最终于 1962
566 年 2 月 20 日将**约翰·格伦**（John Glenn）送入太空轨道（1961 年 5 月，艾伦·谢珀德曾经做过 15 分钟的非轨道飞行）。后来美国人逐渐赶了上来，原因是肯尼迪支持阿波罗计划，这个计划的目标是在“这个十年结束之前”使载人飞船登上月球。[4] 自 1963 年（尽管美国 1958 年就建立了国家航空航天局，即 NASA）起，美国在接下来的十年间，每年花费高达五十亿美元用于太空研究。资金数额之大也反映了这个项目的规模之大，内容之多，其中包括建造一艘比火车头更大的性能可靠的宇宙飞船，设计并制造一座比驱逐舰还重的火箭，以及发明若干新材料。[5] 来自一百五十所大学和两万家公司的四十万人参与了这个计划。从对科洛廖夫的介绍中，我们已经知道，火箭技术是太空项目的核心技术，最大的美国火箭“土星 5 号”重达 2700 吨，相当于 350 辆伦敦公共汽车的重量。德国移民沃纳·冯·布劳恩设计了“土星5号”，它高364英尺，有200万个工作零件，250万个焊接点和41台引导用的独立发动机，运载共计1140万加仑的燃料——液态氮、氧、氢和氦，为了保持其液态，有些燃料的存储温度为零下221摄氏度。[6]光氧气的体积就相当于54只铁路集装箱。[7]探月太空船有一个锥形指令舱，是飞船返回地球的唯一部件，因此，必须能够承受重新进入大气的极高（高速摩擦引起的）温度。[8]将冷冻燃料保持在足够低的温度是工程中遇到的主要问题之一。最后，燃料箱设计得极其密封，如果储存冰块，可以保持九年不融化。为了制造指令舱的舱门，NASA需要发明150种新工具。有些螺栓必须由两人合力用一把五英尺长的扳手锁到位。[9]

没有人真正了解太空环境会对宇航员产生何种影响。[10]因此，NASA在心理选拔和训练方面投入了巨大的精力。宇航员要学会忍耐和谨慎（始终留心避免碰到可能会划破衣服的尖角），每天都要接受身体按摩。执行任务的全体队员必须一起默契工作过一年以上。有意思的是，那几年，美国和苏联对理想宇航员的标准几乎一致：年纪不能太大，40岁以下，身材不能太高，不能超过180公分；必须有工程学学位，有飞行员或试飞员资格。[11]最后，他们还要承担勘查月球的任务。且不说殖民太空和矿物开采的远景，人们自有充分的理由研究月球。由于缺乏大气，月球在某种意义上处于原始状态，一位科学家称其是“无价之古董”，与宇宙（至少是太阳系）开始演变时的状态大致相同。研究岩石有助于确定月球是如何形成的——它是否曾经是地球的一部分，还是太阳与小行星撞击后与地球一起从太阳中崩裂出来，或是由炽热的气体冷却后所形成的。[12]美国和苏联的太阳探测器日益接近月球，发回来的图片越来越清晰，甚至能分辨出五英尺大小的物体。起初他们选择了五块登陆区域，最后确定下一个名叫“宁 567
静之海”的地方，它其实是一片没有环形山的平原。[13]

美国航天计划遇到的最大灾难发生于1967年，当时肯尼迪宇航中心的发射台有一架宇宙飞船不知怎么开始燃烧，烧死了里面的三个人。由于苏联航天计划高度保密，全世界永远不会知道曾经有多少苏联宇航员丧命，但是全球的无线电爱好者收到的遇险信号显示，在1962至1967年间，至少有八名宇航员遇到了麻烦。[14]登月行动之前发生的最具戏剧性的事情要数1968年12月"阿波罗8号"的绕月飞行，它将飞至从未有人见过的月球背后阴暗的一面，这就意味着全体队员将有半个小时与指挥部失去联系。如果火箭发动机"动力"过强，它可能会偏离航向，进入深空；如果过弱，它可能在遥远的侧面与月球撞击，再也没有消息。[15]教宗送去了良好的祝愿，很多苏联太空科学家同样如此，含蓄地表示他们承认美国人此刻领先了。

平安夜上午9点59分，"阿波罗8号"转到了月球的背面。休斯敦指挥部和全世界都在密切关注着。沉默持续了10分钟、20分钟、30分钟。10点39分，传来了弗兰克·博尔曼的声音，他正在报告仪器上观测到的各种数据。"阿波罗8号"的行动完全符合预定计划，彼得·费尔利在回顾阿波罗计划时，谈到这一段时说，"阿波罗8号"在飞行25万英里之后，安全抵达预定轨道，误差仅为半英里。[16]

接着就轮到"阿波罗11号"了。小爱德华·"巴斯"·奥尔德林紧跟着尼尔·阿姆斯特朗来到了月球表面，他们放置了一块纪念牌、一面美国国旗，种下了一些种子，并用特制的工具采集了岩石样本。然后"阿波罗11号"返回指令舱与迈克尔·科林斯会合，返回地球，降落在太平洋上的约翰斯顿岛附近，继而被接到美国总统的美国军舰"大黄蜂号"，理查德·尼克松总统亲自在船上迎接他们。人类安全返回地球，太空时代开始了。[17]

但是，从某些方面看来，登月行动是一次高潮，而不是一次开场。载人飞船登陆月球的计划一直进行到 1972 年，此后就停止了。随着 20 世纪 70 年代的推进，太空探测器进入了深层太空：金星、火星、水星、木星、太阳和土星。1972 年发射的“先驱者 10 号”成为第一个计划飞离太阳系的人造物，并确实于 1983 年飞离了太阳系。在最初的兴奋之情过后，人们认为实际的登陆行动不是非做不可，美国人和苏联人都转而将精力投入到远距离轨道飞行的研究上，以便科学家开展太空实验：1973 年，美国宇航员在太空实验室里待了 84 天。太空时代的第一阶段可以说是在 1980 年左右走向成熟。那一年发射了“国际通信卫星 5 号”，它可以接通数千个电话、转播两个电视频道。第二年，又发射了第一台可重复使用的航天飞机“哥伦比亚号”。仅仅十年的时间，太空旅行已经从非比寻常走向平淡无奇。 568

太空竞赛很自然地激发了大众对天空的兴趣，这是一桩令人愉快的巧合。在 20 世纪 60 年代，人们对宇宙的了解取得了重要的进展，而且还是在没有卫星技术提供便利的不利情况下。20 世纪上半叶，除了原子弹和相对论的发展，物理学的主要成就在于物理学与化学的融合（如莱纳斯·鲍林在其著作中描述的一样）。战后，基本粒子（特别是夸克）的发现使物理学和天文学发生了同样的融合。这种融合的结果是人类得以更全面地解释天空（宇宙）的形成和演变。对那些认为无关亵渎神灵的人来说，这种解释简直是又一种“创世记”。

我们知道，夸克的概念最初由默里·盖尔曼和乔治·茨威格于 1962 年几乎同时提出。值得注意的是，夸克在自然界（至少在地球上）并不独立存在，但是，夸克（以及 20 世纪 60 年代和 70 年代发现的其他粒子，不过在此无须加以说明）的意义在于，它有助于解释大爆炸之后最初时刻的宇宙状态。多数物理学家都接受宇宙最初始于某一有限时刻的观点，但是自从1929年哈勃发现红移以后，20世纪60年代，人们开始重新关注这个话题，部分原因是盖尔曼的夸克理论，还有部分原因是1965年新泽西州贝尔电话实验室的一个偶然发现。

1964年以来，贝尔实验室拥有了一种新型望远镜。它借助安装在汉姆戴尔镇克劳福德山上的一条天线，通过“回波”卫星与太空发生联系，这意味着在没有大气层的干扰下，望远镜可以“观测”更为广阔的太空。主管望远镜的科学家**阿诺·彭齐亚斯**（Arno Penzias）和**罗伯特·威尔逊**（Robert Wilson）在第一次实验中就决定研究我们所在的星系发射出来的无线电波。这实际上是一项基础研究，其设想是，一旦了解了星系发射无线电波的模式，再去研究其他地方的类似电波就简单多了。可惜事情没有那么简单。无论向天空的哪个方向观测，彭齐亚斯和威尔逊都会发现一个持续的干扰源——就像静电干扰。起初他们以为是仪器出了问题。有两只鸽子在天线上筑巢，可以想象，到处都是鸟粪。他们捉了鸟，把它们安置到贝尔实验室的其他地方。但是它们又飞了回来。这次，按照史蒂文·温伯格后来发表的著作中的说法，他们采取了“更加果断的解决办法”。[18] 他们清理了天线，“静电”减少了，但只减少了一点点，仍然在各个方向出现。彭齐亚斯与麻省理工学院的另一位无线电天文学家**伯纳德·伯克**（Bernard Burke）谈起了这一谜团。伯克想起他的一名同行、卡耐基理工学院的肯·特纳曾经提起，他在巴尔的摩的约翰霍普金斯大学听过普林斯顿大学的年轻理论学家**P.J.E. 皮布尔斯**（P. J. E. Peebles）的讲话，其内容也许能解开“静电”谜团。皮布尔斯的专业是早期宇宙研究。这是一门相对新的学科，还处于猜想阶段。在第29章，我们已经
569 看到，20世纪40年代的一位乌克兰移民乔治·伽莫夫开始思考将新的粒子物理学应用于大爆炸时必定存在过的情况。他着眼于“原始的氢”，认为这种氢可能已经部分转化成氦，不过其数量应该取决于大爆炸的温

度。他还说，随着宇宙的膨胀，巨大的火球释放的热辐射已经减弱、冷却了。他进而提出，这种辐射“应该仍然存在，就像无线电波一样，以高度‘红移’的形式存在”。[19] 这种“**残存辐射**”（relict radiation）观点已经为人们所接受，并且有人计算出这种辐射现在的温度是 5K（即绝对零度以上 5 摄氏度）。有意思的是，随着物理学和天文学越走越近，似乎没有哪位物理学家意识到，当时的射电无线电天文学就足以回答这个问题了，这个实验一直没人做。当普林斯顿大学的射电天文学家在**罗伯特·迪克**（Robert Dicke）的指导下开始研究天空辐射时，他们从未探究过这种温度最低的辐射，也不了解其意义。这是一个右手不知道左手在做什么的经典案例。20 世纪 50 年代，温尼伯市的加拿大人皮布尔斯来到普林斯顿大学攻读博士学位，师从罗伯特·迪克。伽莫夫的理论已经被人遗忘，但是更糟的是，迪克本人似乎也忘记了自己的早期研究。[20] 结果，皮布尔斯不知不觉地重做了他人已经做过的所有的实验和推理，并得出了相同的结论，认为目前的宇宙充满了温度只有几 K 的“大量背景辐射”。迪克本人要么还是没有想起自己的早期实验，要么还没有意识到它们的重大意义。他对皮布尔斯的推理表示赞赏，并建议他建造一台小型射电望远镜，寻找背景辐射。

就在普林斯顿大学准备着手实验的时候，彭齐亚斯致电皮布尔斯和迪克，进行了物理学界闻名遐迩的交流。在比较了迪克和皮布尔斯对背景辐射演变所掌握的情况和彭齐亚斯和威尔逊的观测结果之后，这两个研究团队决定先后发表两篇论文，其中彭齐亚斯和威尔逊将描述他们的观测结果，而迪克和皮布尔斯则给出宇宙学的解释——这确实是**大爆炸残留的辐射**。这在科学界引起了轰动，就像当初大爆炸理论获得证实一样。[21] 正是发表在《天文物理学杂志》上的这两篇论文使多数科学家最终接受了大爆炸理论——就像“埃尔塔宁号”的太平洋—南极洋海岭航行发生之后“漂移”学说才广为接受一样。[22] 1978 年，彭齐亚斯和威尔逊因此获得诺贝尔奖。

此前很久，科学界就出现了一种综合的倾向，科学家把基本粒子活动、核反应和爱因斯坦的相对论结合起来，形成了有关宇宙起源和演变的详细理论。关于这些复杂观点的综合，最著名的要数**史蒂文·温伯格**（Steven Weinberg）于 1977 年发表的《最初三分钟》，我的阐述主要基于这部著作。首先，“奇点”，物理学家们称之为“时间零点”，从技术上打破了所有的物理定律。因此，我们不能确切地知道大爆炸那一刻究竟发生了
570 什么，只能试图弄清大爆炸发生几毫微秒之后（一毫微秒是一百万分之一秒）的事情。史蒂文·温伯格给出了下列时间表，为了方便没有背景知识的普通读者理解，现将此表列举如下。

> 在 0.0001（10^{-4}）秒之后：
>
> 这最初的“天地万物的创造时刻”发生在 150 亿年前。在这一接近原初的时刻，宇宙温度为 10^{12}K，或 10 000 亿摄氏度（写出来就是 1 000 000 000 000 摄氏度）。此时的宇宙密度是每立方厘米 10^{14} 克，即 100 000 000 000 000 克（水的密度是每立方厘米 1 克）。此时，光子和粒子可以互换。
>
> 在 0.01（10^{-2}）秒之后：
>
> 温度是 1000 亿 K。
>
> 在 0.1 秒之后：
>
> 温度是 300 亿 K。
>
> 在 13.8 秒之后：
>
> 温度是 30 亿 K，氘原子核形成。它由一个质子和一个中子组成，但它们很快由于和其他粒子的碰撞而被撞开。

在3分2秒之后：

温度是10亿K（大约是目前太阳温度的70倍）。氘和氦的原子核形成。

在4分钟后：

宇宙由25%的氦和其余“孤单的”质子和氢原子核构成。

在30万年后：

温度是6000K（与太阳表面温度大致相同），此时质子能量变弱，无法将电子从原子中撞击出来。至此，可以说大爆炸结束了。宇宙“相对平静地”膨胀，一直在冷却。

在100万年后：

恒星和星系形成，核聚变发生，重元素形成，从而将形成太阳和地球。[23]

此时，整个过程对于实验变得可行了，因为粒子加速器使得物理学家得以复制恒星的某些内部环境。这表明，元素的基础成分是氢、氦和α粒子，即氦-4核。将它们加入已有的原子核，元素就以四个原子质量为单位逐步聚集：“例如，两个氦-4核变成铍-8，三个氦-4核变成碳-12，这些恰巧都很稳定。这一点很重要：每个碳-12核的质量略微小于构成它的三个α粒子。因此，能量释放了，这符合爱因斯坦的著名方程式：$E=mc^2$，释放的能量又产生更多的反应和更多的元素。这个过程在恒星内继续：氧-16、氖-20、镁-24，最后是硅-28。”温伯格写道：“最后一步是这样的，成对的硅-28核结合，形成铁-56、镍-56、钴-56等相关元素。 571
这些元素是最稳定的。”请记住，构成地核的是液态铁。这种有关早期宇宙的描述不仅属于卓越的科学，而且是科学家想象力的伟大成果，是20世纪进化论的第二次综合。[24]不仅如此，除了需要高水平的想象力以外，还需要有证据相互印证（确实有证据）。作为一种知识性的尝试，它可与哥白尼、伽利略和达尔文的思想相媲美。[25]

不过，背景辐射并不是20世纪60年代在太空深处发现的唯一一种无线电波。天文学家还观察到与可见恒星或星系无关的很多其他类型的无线电波辐射。1963年，月球从其中一个辐射源前通过，这个辐射源在《剑桥太空目录第三辑》中编号为273，也称3C 273。天文学家细心捕捉月球边缘阻断3C 273无线电噪声的确切时刻——他们用这种方法定位辐射源，并且认定这些天体“类似于恒星”，但是他们还发现该辐射源存在非常大的红移，这意味着它处于我们所在的星系之外。接着科学家又发现这些“准恒星”天体或**类星体**（quasars）形成了遥远星系的心脏部分，这些星系距离地球非常遥远，它们在宇宙年轻时期（即100多亿年前）所发出的光线如今才到达了地球。不过，其亮度表明，释放这些能量的天体大约有一光日宽，大致与整个太阳系相当。计算结果表明，类星体因此释放的能量“大约是银河系所有恒星发射的能量总和的1000倍”。1967年，曾经在哥本哈根学习并参与过曼哈顿计划的美国物理学家**约翰·惠勒**（John Wheeler）振兴了18世纪的黑洞理论，使其成为对类星体的最佳解释。直到相对论证明黑洞存在之前，它一度被认为是数学奇闻。黑洞所在之处，物质致密、重力巨大，一切都无法逃脱，甚至包括光线：“我们所听到的无线电噪声这样的能量就是来自以大得惊人的速度被吞没的大块物质。”[26]

脉冲星（pulsars）是无线电波探测到的另一种天体。1967年，剑桥的射电天文学家**约瑟琳·伯奈尔**（Jocelyn Burnell）发现了脉冲星，这一发现与背景辐射的发现同样偶然。她在使用无线电望远镜研究类星体时意外发现了一个完全陌生的无线电波源。其脉冲极其精确——其精确程度起初使剑桥天文学家们以为那是另一种遥远的文明发射出来的信号。但是更多此类现象的发现表明这可能是自然现象。脉冲速度很快，有两个明显的特点：脉冲源不大，并且在自转。只有快速自转的小型天体才会产生这样的脉冲，就像灯塔的光束不时以极快的速度射过来一样。由于脉冲星的体积较小，天文学家因此猜测，它们要么是白矮星，即“拥有类似太阳的质量，却只有类似地球的体积”的恒星，要么是**中子星**（neutron stars），即其质量类似太阳，但其外形是一个“直径不足十公里的球体”。[27] 研究表明，白矮星要产生那样的脉冲必须以极高的速度旋转，但这必然会引起它本身破碎，在这种情况下，科学家只得接受中子星的存在。[28] 这些超密恒 572
星介于白矮星和黑洞之间，在由中子或许还有夸克构成的液态内核之外有坚固的铁质外壳。物理学家约翰·格里宾算出，中子星的密度相当于水密度的 1000 万亿倍，也就是说每立方厘米这种恒星的重量为 1 亿吨。[29] 证实脉冲星是中子星的意义在于，它大致完成了**恒星演变**（stellar evolution）的顺序。气体冷却时形成了恒星；在收缩过程中产生热量，最终导致核反应发生；这就是形成恒星的“**主要顺序**”（main sequence）。在此之后，视其体积，伴随必要的温度，量子进程引发相当稳定的微膨胀——此时的恒星是**红巨星**（red giants）。在恒星生命走向终结时，它会脱去外层，留下致密内核——其中所有的核反应都已停止，现在，它成了一颗**白矮星**（white dwarfs），冷却过程将持续数百万年，最终变成一颗黑矮星，除非它非常巨大，最终出现超新星爆炸，爆炸所发出的光芒十分明亮而短暂，重元素则散落在太空中，形成其他天体，而没有这些重元素，生命也不可能存在。[30] 正是这些超新星爆炸产生了中子星，在某些情况下，形成了黑洞。因此，物理学和天文学的联姻将类星体和夸克、脉冲星和粒子、相对论、元素的形成、恒星的生命等都整合到一个一致而连贯的情节中了。[31]

一旦人们不再计较与宇宙有关的一切惊人数字，并且接受十分离奇的粒子以及天体，他们就要面对宇宙中其实有相当多的部分并不适合人类居住的事实：那里有着极度炽热、极度寒冷、放射性强、不可想象的超密度。我们设想的生命无法在这浩瀚无边的外太空中存在。自从人类开始观测太阳和恒星以来，太空一直令人叹为观止。但是如果天国与天堂同义的话，那么太空已经不再是天国了。

1968 年底，“阿波罗 8 号”全体人员完成危险的环月任务返回地球，他们通过广播与世人分享了《圣经》中的片段。弗兰克·博尔曼引用《创世记》说：“地是空虚混沌。”[32] 比尔·安德斯继续道：“渊面黑暗。”人们对此感到不悦，无数观众致电美国电视网，投诉说那一刻不该出现宗教。即使你不是哲学家，也应该明白，无论是在卫星出现之前或是之后，太空研究领域发生的革命与众多观测发现和理论鲜少能与传统宗教思想一致。人类是进化而来的，宇宙也是。天体物理学和宇宙学等现代科学并非现代世界中给宗教信仰带来最多变化的学科。不过二者也并非毫不相关。

第二次世界大战结束后，世界主要宗教经历了三次发展。其中两次关
573 乎基督教，第三次则涉及东方的宗教，特别是印度。（犹太教和伊斯兰教的问题主要是政治问题，源于 1948 年以色列建国。）西方人对东方宗教的兴趣日益高涨将在下一章探讨。这里，我们将考察批评基督教的两大思想领域。

简而言之，这两大领域便是存在主义和科学的新发现，特别是在所谓圣地的中东地区的考古发现。在以色列建国前一年，即 1947 年，发生了自 1922 年图坦卡蒙墓出土以来最壮观的考古发掘工作。这就是在库姆兰（Qumran）发现的**“死海古卷”**（Dead Sea scrolls），当时一只任性的山羊顺着俯瞰内海的崖壁往上爬，一位名叫穆罕默德·阿狄布的阿拉伯男孩因为追赶山羊而在一个洞穴中发现了它。这个男孩很难与发现拉斯科洞窟的几名男孩相提并论，因为穆罕默德发现古卷之后接着发生的事件涉及十分黑暗的交易。这一地区在政治上高度不稳定，本地商人甚至宗教领袖试图

隐瞒真相，他们将古卷藏起来，掩埋在泥土中，导致很多古卷被毁。几个月后，事情才曝光，等到专业的考古学家终于走进穆罕默德最初无意间发现古卷的洞穴时，很多古卷已经面目全非。[33]

即便如此，古卷的意义也不容小觑。在那之前，有关《圣经》考古学的最新成果还是 **F. G. 凯尼恩**（F. G. Kenyon）于 1940 年发表的《〈圣经〉与考古学》。一般来说，它认为科学的要义在于证实《圣经》的记载，特别是耶利哥城,《圣经》上说，它存在于大约公元前 2000 至前 1400 年间，后被毁。古卷的意义则更加深远。它们属于巴勒斯坦的一个早期教派，这个教派存在的时间在大约从公元前 135 至前 70 年耶路撒冷毁灭前不久。[34] 古卷包含《圣经》的部分早期文本，包括《以赛亚书》。当时，在《圣经》是如何结集成书这个问题上，学者们存有分歧；很多学者认为，在头几个世纪，针对哪些应该被收录哪些应该被剔除，有过一场论战。换句话说，据此而言,《圣经》也是进化而来的。但是库姆兰古卷显示，在公元 1 世纪,《旧约》已经大致是我们今天看到的样子了。库姆兰古卷的另一个也是更具煽动性的意义在于，正如研究显示的，它们属于一个名叫**艾赛尼派**（Essenes）的极端禁欲主义教派，这个教派有一位正义之师，其信徒自称扎多克之子或光之子。[35] 库姆兰古卷中没有提到耶稣，他们的生活方式与耶稣的生活方式有明显的差异。但是，这个极端教派存在于我们一般认为耶稣业已经存在的年代，十分有助于说明基督教的出现过程。库姆兰古卷中提及的事件在《圣经》中要么得到确切的描述，要么在《圣经》中以稍加掩饰的寓言形式出现。因此，人们认为，耶稣很可能是一个类似的人物，起初是作为犹太教派的领袖开始传道生涯。[36]

有关这段历史的背景，近年来又有学者加以补充，其权威性和煽动性 574
对基督教构成了严重的威胁。1950 年 8 月 12 日，罗马教宗庇护十二世发布《人类》通谕，反对“进化主义、存在主义和历史主义等非基督教的极端哲学，因为它们在传播错误的观念”。[37]这份通谕并不完全是防御性的：它号召天主教哲学家和神学家研究这些哲学“以便与之战斗”，同时它承认“每种哲学都包含一定程度的真理”。[38]通谕还谴责一切“证伪《旧约》中有关《创世记》记载的企图”，认为进化观点是未经证实的事实，坚持认为不能教授（即接受）多元发生论（认为人类进化过程发生在地球上不同的地方而且不止一次），“因为在原罪这个问题上，多元发生论还不能与教会的传统教义相调和”。[39]通谕批评了存在主义，谴责了海德格尔、萨特等人，因为他们的理论让很多人感到忧郁和焦虑。

对于存在主义、进化主义和历史主义的更生动更独特的（当然也更有趣味的）批判，并非来自梵蒂冈，而是来自独立的神学家，他们自身在某些情况下也与罗马教会不和。例如，**保罗·蒂利希**（Paul Tillich）是一名杰出的宗教存在主义者。他于1886年8月生于勃兰登堡附近的一座小村庄，曾经在柏林、图宾根和哈雷研究神学，并于1912年被授予神职。第一次世界大战期间，他在德国军队担任牧师，后于20世纪20年代中期在马堡大学任神学教授，其间受到了海德格尔的影响。1929年，他到法兰克福大学任哲学教授，开始接触法兰克福学派。[40]他的著作影响巨大，特别是《系统神学》（两卷本，1953—1957）和《存在的勇气》（1952）。蒂利希热烈拥护社会主义的目标，包括马克思主义的很多方面，因此，纳粹掌权后旋即开除了他。所幸那年夏天雷茵霍尔德·尼布尔恰巧在德国，于是邀请他去了纽约的协和神学院。

蒂利希对基督教神学进行了彻底的反思，他首先着眼于常识性的命题——最基本的事实是：人们对于上帝存在的感受是有而不是无；很多人感受到了上帝的存在；有原罪（他认为弗洛伊德提出的欲望是原罪驱动力的现代版）；赎罪是接近上帝的一种方法。[41]蒂利希认为这些感受或想法很自然，不需要复杂的解释；事实上，他认为它们也是理性的形式，与科学的或分析的理性一样——他谈到了“狂喜的理性”和“理性深度”：“理性深度表现的是非理性的东西，但是它先于理性并通过理性得到彰显。”换句话说，他想说的似乎是，直觉是一种理性，是神存在的证据。狂喜的理性就像启示，如同“神性的惊讶”，它传达的是“陷入神秘而又兴奋敬畏”的感受。[42]《圣经》和教会已经存在了许多世纪了；它们不需要解释；它们只是反映上帝存在的现实。蒂利希追随海德格尔，相信人要创造自己的人生，像上帝那样，从无到有，以基督独特的奇迹为指引，展现存在的自 575
我和本质的自我之间的差异，在此过程中，使人远离在他看来已成为人类主要困境的“虚无的焦虑”。

第二次世界大战后，蒂利希重访欧洲，他这样总结对神学界的印象：“今天的欧洲已经不是昔日的欧洲，那时**卡尔·巴特**（Karl Barth）还是言论的中心；如今**鲁道夫·布特曼**（Rudolf Bultmann）取而代之了。”[43]战后二十年间，布特曼提出的“**去神话**”（demythologising）理论对神学产生了显著的影响，这种影响可以与第一次世界大战后巴特的影响相媲美。巴特认为，人的本性不会改变，不存在道德进步，生命的中心事实是原罪和恶。他反对关于人类一直在进步的现代信仰。第一次世界大战的灾难使巴特的观点变得极为可信、大受追捧，在两次世界大战之间的严酷岁月里，他的理论被称为“**危机神学**”（Crisis Theology）。按照巴特的说法，由于人的原罪性，人类永远处于危机之中。人类获得拯救的唯一办法是赢得上帝的爱，这个观点在一定程度上是出于对《圣经》的字面信仰。这种新的经院神学对一些人颇有帮助，成了破除纳粹德国伪宗教的一剂解药。

布特曼对《圣经》的态度完全不同。他很清楚，在整个 19 世纪和 20 世纪的最初几十年里，考古学家和一些神学家试图在圣地寻找证据，证明《旧约》和《新约》中记载的事件。（这场运动的一个高峰是阿尔贝特·施韦泽于 1906 年发表的《寻找历史上的耶稣》。）布特曼没有像《人类》通谕那样对这些寻找行为提出“警告”，而是指出是时候停止寻找了。这种寻找从一开始就是徒劳的，不能期望它能以这种或那种方式解决问题。他指出，《新约》应该“去神话”，这个术语后来很有名。他说，科学已经取得了很大进步，其中一个影响就是，它暗示《圣经》中的奇迹（复活，甚至是耶稣被钉在十字架上）在历史上可能从未发生过。布特曼知道，《圣经》中有关耶稣的很多信息是从犹太人的《圣经》注释和传说故事流传下来的。因此，他的结论是，我们只能从神学上去理解《圣经》。历史上可能出现过耶稣，但是与他传播福音，“宣讲上帝对基督的决定性行动”相比，他的生活细节并不重要。[44]布特曼说，如果人们有信仰，就能进入“恩典”期，接受神的“启示”。布特曼还修正了海德格尔（而不是萨特，因为布特曼是德国人）关于存在主义的若干观点。按照海德格尔的说法，所有的理解都涉及诠释，为了成为基督徒，人们必须在《圣经》的指导下，决定（存在主义行为）走哪条路（这正是信仰的含义）。[45]布特曼承认，历史为这种分析提出了一个问题：为什么基督教中的重要事件发生在久远的过去？他的答案是，要少用科学方式，甚或少用一些东方宗教采用
576 的循环方式，而要以存在主义的方式，以每位信徒加诸自身的意义回顾历史。布特曼没有宣扬“一劳永逸”的哲学——评论家耗费大量的时间和精力讨论《新约》中的哪些内容能够去神话，哪些内容不能去神话。[46]他说，人们不能通过研究宗教史或历史本身，也不能通过科学调查获得信仰。宗教体验很重要，只有用他提出的“去神话”的方式研读《圣经》，才有可能得到福音。他极富争议的重要观点是，基督教是世界上一种特殊的宗教。他认为，基督教，即基督作为上帝行为在凡间的存在，“不可避免地具有确定性特点”。他认为，在19、20世纪之交，“当西方文化日渐成为第一个世界性文化时，基督教……似乎对所有人来说也渐渐获得了最权威的地位”。但是，这种预言当然没有实现，到20世纪50年代，“在相当长

的时间内，不同的宗教有可能需要共存于这个世界”。[47] 这几乎是在说，宗教也是进化的，只是基督教是其中最为先进的。[48]

如果说在对存在主义和历史主义的回应方面，布特曼是最具新意、最强硬的神学家，那么**德日进**（Teilhard de Chardin）在进化论方面与他旗鼓相当。皮埃尔·德日进生于 1881 年 5 月 1 日，他有十个兄弟姐妹，其中七个早夭，他排行第四。他就读于耶稣会学校，十分聪慧，但与功课相比，他更痴迷于岩石。1900 年，他在艾克斯成为耶稣会的见习修士，1901 年首次宣誓修行。[49] 他把对岩石的痴迷化为对地理学、古生物学和进化论的热情。德日进本人曾经在宗教和科学之间、《创世记》和达尔文主义之间进行过激烈的心理斗争。20 世纪 20、30 和 40 年代，他曾经因为宗教事务去过中国，并参与了周口店文明遗址的发掘工作。他遇见了北京人和北京人文化的两位发现者步达生和裴文中。他结识了步日耶神父，后者带他参观了西班牙北部的很多洞窟和洞穴壁画；他与乔治·盖洛德·辛普森和朱利安·赫胥黎关系很好，正是在这两位的帮助下，他形成了关于进化论的综合看法；他还与李约瑟私交不错，后者自 1954 年起发表七卷本著作《中国的科学与文明》。他认识玛格丽特·米德并与之保持通信联系。这些背景特别重要，因为德日进所选择的领域，即人的起源和人性的诞生，将会深刻影响他的神学。他的天赋才华使他在调停教会和科学的矛盾，特别是和进化论之间的矛盾方面无人能比。

德日进认为，达尔文的观点表明，世界已经从柏拉图时代适用的静态宇宙迈进了进化中的动态宇宙。因此，宗教也是进化的，正是人类对进化的发现表明，在发掘人性根源的过程中，人类在精神上取得了进步。宇宙中的最高事件是基督的道成肉身，德日进将其当作事实接受下来。他说，不言而喻，基督事件属于非进化事件，在宇宙的历史中仅此一件，这反映了它的重要性；因此正如《圣经》所示，基督的本质有助于揭示人类进化 577

的方向。[50] 他相信，进化是一件神圣的事情，因为它不仅指向过去，还与基督事件一起，揭示未来。尽管德日进本人没有就此大做文章，他愤然宣称自己不是种族主义者，但他明确说过："有些种族是进化的先锋，有些则已经没有出路。"[51]

终其一生，德日进计划撰写一部综合宗教和科学的巨著，名为《人的现象》。此书于 20 世纪 40 年代完稿，但是作为耶稣会信徒和牧师，他首先将此书呈给梵蒂冈。梵蒂冈从未真正拒绝出版此书，只是一再要求他修改，1955 年德日进去世时此书仍未发表。[52] 此书最终问世时，人们才明白，德日进认为，进化是原罪之源："没有探索，没有意想不到的干预，就不可能有进化；结果，出现对的和错的情况都有可能。"[53] 他说，基督的道成肉身这一事实就是证据，人类已经走到一个特定的进化阶段，能够正确理解这件事的含义。德日进相信，还会有进一步的宗教的和生物学的进化，将会出现一种更高级的意识形式、一种群体意识，在这方面他倾向于荣格的群体无意识观点（同时他嘲笑弗洛伊德的理论）。法兰西学院拒绝向德日进提供教授职位（步日耶神父曾经在那里任教），但是他当选了法兰西研究院院士。

不过，教会不仅关注神学，它还是一个牧师组织。在反思教会的牧师工作方面，最应提及的是另一位极具影响力的战后宗教思想家**雷茵霍尔德·尼布尔**（Rheinhald Niebuhr）。值得注意的是，牧师工作在本质上比神学事务更务实、更实用，而尼布尔是个（讲求实际的）美国人。他来自美国的中西部，早期在汽车业之都底特律市从事牧师工作。在《虔诚的人与不虔诚的人》（1958）一书中，他试图将战后的美国从他所谓的毫无结果的虔诚主义中拯救出来，同时重新定义基督教，重申科学所不能触及的生活领域。[54] 这本书的很多章节名反映了尼布尔内心的忧虑："虔诚而世俗的美国"、"20 世纪中期的挫败"、"美国的高等教育"、"自由和平等"，还有一些章节谈到黑人和反犹主义。尼布尔认为，在某些方面，美国仍然是个天真的国度，甚至有点多愁善感。他承认天真有一定的力量，但是另一方面，他也觉得美国的很多宗派教会仍有边疆心态，一种使他们远离世界而不是走近世界的虔诚心理。他决心以身作则，将宗教与美国的社会和政治生活结合起来。他说，这就是基督徒表现爱的方式，是他们在世上找寻意义的方式。他认为高等教育应该承担部分责任，美国大学开设的课程过于标准化、过于内省，培养出了老于世故的学生，因此他在黑人和犹太人的章节里谈到了不宽容。他坦率地说，虔诚的美国人看到他们不喜欢的东西 578
就一概贴上“对神不敬”标签，这对谁都没有好处。[55]

他指出了“三大谜团”的存在，并认为它们将永远存在下去。它们分别是有关创世、自由和原罪的谜团。他说科学也许会把创世的时间不断倒推，但科学所不能及之处谜团永存。自由与原罪相关联。“理性说明无法轻易解开人之恶的谜团，因为恶是对善的败坏，也是对人类自由的败坏。”[56]他并没有指望解开任何谜团。他认为，美国人满脑子想的都是商业，这实际上是对自由的剥夺；要获得真正的自由，即要真正战胜恶，需要以虔诚的精神与同胞一起参与社会和政治事务。尼布尔的分析早就预示，在接下来的几十年里，教会将更广泛地参与社会政治事务，但是尼布尔本人，正如他冷静的文风一样，并不是激进主义者。[57]

天主教也被同一种精神所感召，至少理论上如此。1962 年 10 月 11 日，2381 名枢机、主教和修道院院长在罗马集会，参加一次大型会议，意欲为天主教注入新的活力，介入当时社会面临的重要社会事务，促进宗教的复兴。1959 年，当时的新任教宗若望二十三世宣布筹备这次会议，即**第二次梵蒂冈大公会议**（Second Vatican Ecumenical Council）。若望二十三世俗名叫**安吉洛·朱塞佩·隆卡利**（Angelo Giuseppe Roncalli），当年在第十一轮投票后才当选教宗，距离他 77 岁生日仅差一个月，人们认为选隆卡利做教宗不过是个权宜之计。但是这位矮胖的教宗出乎所有人的意料。他自然务实的风格非常贴合时代氛围，作为电视时代的首位教宗，他迅速为全世界所熟知，获得了前任教宗从未有过的知名度。

人们对第二次梵蒂冈大公会议寄予厚望，但是依据传统观点，起初召集这次会议颇为令人咋舌，因为第一次梵蒂冈大会于九十二年前召开，当时最重要的决议是，教宗在神学事务上永远正确——所以对纯粹主义者而言，此后再也没有召开大会的必要了。会议向所有的主教和修道院院长发出问卷，邀请他们去罗马开会，恳请他们就即将提交大会的众多事务提出意见。到大会召开时，又补充了 1000 名助手、至少 100 名其他宗教的官方观察员和数百名新闻记者。这是 20 世纪同类会议中规模最大的一次。[58]

会前，圣座成员准备了一份包括 69 项议题的议程，后缩减为 19 项，最后变成 13 项。每项议题都草拟了一份纲要，讨论稿上则列出了教宗及其直接助手的观点。会前，1961 年 5 月 15 日，教宗颁布了《慈母与导师》通谕，概述了教会应如何更好地参与到全人类面临的社会问题中去。不止一名观察员注意到，通谕或是会议都没有很快产生效果；法属多米尼加人依福斯·孔加尔写道，1961 年，“每四个人中就有一个是中国人，每三个
579 人里面就有两个在挨饿，每三个人中就有一个生活在共产主义制度下，每两个基督徒中就有一个不是天主教徒”。[59] 实际上，这次会议远谈不上取得了完全的胜利。第一轮会议于 1962 年 10 月 11 日开始，直到当年 12 月 8 日结束，主教们每天上午花两到三个小时讨论。次年 4 月，教宗颁布第二份通谕《和平于世》，特别谈到了冷战时期的和平问题。当年 6 月 3 日，教宗若望二十三世不幸去世，但是他的继任者**乔瓦尼·巴蒂斯塔·蒙蒂尼**（Giovanni Battista Montini），即保禄六世，继续执行计划，分别于 1963、

1964 和 1965 年秋天召开了另外三轮会议。

在那段时期，密切观察梵蒂冈动向的人们（全世界都在关注着）发现，天主教会正努力现代化。然而，尽管天主教在很多方面显得越来越强，但是罗马却显得无法适应时代的变化。用旁观者的话说，教会蹒跚着从中世纪迈进 17、18 甚至 19 世纪。但是没人认为它已经现代化了。从他们辩论的风格就能看出端倪。[60] 多数问题上都有“进步”派和“保守”派，这在意料之中，但是公开的讨论和争执屡次被教宗的命令打断，相应的话题则交由一个小型教宗委员会关起门来讨论。主教牢牢掌握着教义，俗人被明确排除在外；在与新教和东正教讨论泛基督教时，他们明确认定天主教居首位。会议允许礼拜仪式从拉丁语改为本地语，并且承认了一些历史错误。不过，教会固执地反对避孕，用保罗·布兰沙德（他以观察员身份参加了大会全部四次会议）的话说，这是教会“在思想上的最大失败”。[61] 在《圣经》研究、圣母玛利亚的地位和教会内的女性等问题上，天主教显得不愿改变，完全听命于罗马的权威。也许在召集会议之初，人们对这次会议寄予了太高的期望：它似乎预示了更大的民主。美国已经成为世界事务、同时也在教会事务上的一个强国，相较之下，罗马的处事方式显然不能被大西洋彼岸所接受。[62] 第二次梵蒂冈大公会议对全世界的天主教徒产生了什么影响，目前尚不清楚；但是在接下来的几年里，离婚率继续攀升，在天主教国家也是如此；至于避孕问题，妇女私下里开始自己拿主意了。从这个意义上说，第二次梵蒂冈大公会议错失了良机。

对很多人而言，20 世纪最美的画面不是来自毕加索、波洛克、包豪斯的建筑设计师，或是好莱坞的摄影师，这最美的画面是一张照片，出自一篇简短的新闻报道，却充满独创性。那就是从太空拍摄的地球照片。由于大气中含有水汽，图片中的地球呈浅蓝色；这张图片令人感动，因

为这是从地球之外看到的我们所居住的世界，一个有限的，没有那么大
580 的世界，这一点使很多人为之动容。人类登月使我们意识到世界人口不能一直膨胀下去，地球资源是有限的。生态保护运动与太空竞赛同时展开，或者说当太空旅行成为现实时，生态保护运动也达到了高潮，这两件事绝非偶然。

生态保护运动始于19世纪中期。最初的oekologie（生态学）一词为德国人恩斯特·海克尔首创，刻意与oekonomie（经济学）相关联，并用希腊语oekos做词根，意为“家庭单位”。生态学和经济学向来关系密切，20世纪初，德国经济学家对生态学表现出了极大的热情（从而形成了国家社会主义思想的要点）。[63] 但是在20世纪60年代以前，无论是在德国、英国或美国（这三个国家的学者最关注生态学），这只是一种思潮的分支，它推崇贴近自然的乡村生活，反对都市生活。这一点在海克尔的作品、英国规划师的规划（如埃比尼泽·霍华德规划的城市花园及费边主义者的作品）、森林知识团及D. H. 劳伦斯、亨利·威廉森和J. R. R. 托尔金等作家的作品中都能看到。[64] 在德国，海因里希·希姆莱进行了怪异的有机农场实验，但是直到20世纪60年代，现代人开始对此感到忧虑，原因主要有三：一是第二次世界大战引发的人口爆炸此时才得以显现；二是福利国家往往制定一些浪费的、不合理的计划程序，大规模破坏城镇；三是太空竞赛之后，人们普遍认为地球的资源是有限的，地球是“宇宙飞船式的地球”。

1964年春天，约翰逊总统在密歇根发表“伟大社会”的演讲时，提到我们必须行动起来的一大理由是自然环境日益贫瘠恶化。一定程度上，他了解人们对城市的破坏和简·雅各布斯批评过的“乏味的大荒芜”。不过另一位女性的作品使他震怒，她勇敢地揭露了杀虫剂产业和商业的贪婪给农村带来的破坏，并且不遗余力地想要唤醒全世界的良知。这部揭露性作

品就是《寂静的春天》，其作者是蕾切尔·卡尔森。[65]

1962 年，蕾切尔·卡尔森（Rachel Carson）发表这部著作时，她并非无名之辈。她是一名专业的生物学家，曾经在创建于 1940 年的美国鱼类和野生动植物服务中心工作多年。早在 1951 年，她发表的《海洋传》就在《纽约客》杂志上连载，还是每月读书会的推荐书目，也曾经连续数月荣登《纽约时报》畅销书排行榜榜首。不过，那本书并未引起多大的争论，因为它直观地描写海洋，展现生物间如何相互依存，达到自然界的平衡，而这种平衡对生命的延续和美好至关重要。[66]

《寂静的春天》则大相径庭。正如卡尔森的传记作者琳达·利尔所指出的一样，这是一本愤怒的书，只不过她竭力克制住自己的愤怒。20 世纪 50 年代，作为科学家的卡尔森从杂志和同行那里逐步收集到杀虫剂破坏环境的大量证据。50 年代是经济增长的年代，很多战时科研成果被用于和平目的。这个时期也是冷战日益紧张的时期，《寂静的春天》问世 581
时，冷战达到了高潮。在这部作品的背后，作者的个人生活也很不幸。大约在《海洋传》出版时，卡尔森经历了乳腺癌手术。在收集材料创作《寂静的春天》时，她又备受十二指肠溃疡和风湿性关节炎的折磨（1960 年她 53 岁），癌症又复发了，需要再次手术和放疗。这本书大部分是在病榻上写就的。[67]

20 世纪 50 年代后期，对那些想看到证据的人来说，事情愈发浮出水面，随着时间的流逝，日常生活中的很多污染物开始产生毒副作用。最令人担忧的是烟草，因为它直接影响人体。西方人抽烟已经有三百年的历史，但是直到 1950 年，人们才充分了解抽烟与肺癌之间的关联，当时有两份报告都显示“抽烟是引发癌症的一个因素、一个重要因素”，一篇发表在《英国医学杂志》上，另一篇发表在《美国医学协会杂志》上。[68]结果令人惊讶：进行了实验的英国医生认为，其他环境因素（比如汽车废气或公路上的柏油）也会导致肺癌发病率上升。在英国和美国的研究结果出现后不久，德国和荷兰也在同一年证实了这些研究。

从卡尔森收集的证据来看，她发现，有些杀虫剂比烟草的毒性大得多。最臭名昭著的是 DDT，1945 年由于效果良好投入使用，但是现在，十多年后，不仅引起鸟类、昆虫和植物的死亡，还导致人类罹患癌症死亡。卡尔森研究的一个特别鲜活的例子是加利福尼亚的克利尔湖。[69] 为了灭杀一种折磨渔民和游客的蚊虫，这个地区于 1949 年开始引入 DDT 的变种 DDD。施药很谨慎：浓度为 0.014 ppm（浓度单位，即百万分比浓度）。但是，五年后，蚊虫反扑，于是施药浓度被提高到 0.02 ppm。鸟类开始死亡。起初人们还不知道其中的关联，但是，1957 年，湖区使用了更多的 DDD。大量的鸟类和鱼类开始死亡，于是人们着手调查，调查显示，一种叫鸊鷉的水鸟身上 DDD 的浓度达到 1600 ppm，鱼类则高达 2500 ppm。此时人们才意识到，有些动物体内会累积化学物的浓度，甚至达到致命的程度。[70] 但是，使卡尔森感到震惊的不仅仅是意想不到的化学物累积；每个案例都不一样，而污染往往涉及人类活动。在除草剂氨基三唑的案例中，蔓越莓湿地关于氨基三唑的禁令只适用于蔓越莓收获之后。这一禁令的适用时序很要紧，因为实验室研究显示，氨基三唑在老鼠身上引发了甲状腺癌。有些种植者在收获蔓越莓前喷洒农药，那么该受到责难的就不该再是除草剂本身了。[71] 因此，1962 年发表的《寂静的春天》在《纽约客》杂志上连载时引起轰动。卡尔森不仅研究了杀
582 虫剂科学，发现它们的危害远超过人们的认识，她还研究了行业指导原则，指出这些指导原则原本就不充分，还经常被无视。她揭露了何时何地哪些人因为种种原因死去，并点出了该为此负责的公司，有时候还指责它们的贪婪，只看重利润，对野生动植物和人类漠不关心。[72] 当时还爆发了镇静剂丑闻，即母亲在妊娠初期服用的一些药物（用于镇静或失

眠）可能导致婴儿残疾。[73] 因此，与《海洋传》一样，《寂静的春天》迅速窜至畅销书排行榜榜首。卡尔森逝世之前欣慰地看到肯尼迪总统于1964年4月召集科学顾问委员会特别会议，就她的著作展开讨论。[74] 而她留给后人的真正遗产要到五年后才揭晓。1969年，美国国会通过了《国家环境政策法案》，要求政府作出每项决策时就其对环境的影响加以说明。同年，美国正式禁止将DDT用作杀虫剂。1970年，环境保护署在美国成立，《清洁空气法修正案》获得通过。1972年，美国通过了《水污染控制法案》、《沿海地区管理法案》和《噪声控制法案》。1973年又批准了《濒危物种保护法案》。

1969年，39个国家在罗马集会，讨论污染问题。会议报告**《增长的极限》**（*Limits to Growth*）于结语处这样写道，"时机已晚"，下个世纪的某个阶段，整个世界将达到增长极限，地球有限的资源将被消耗殆尽，人口和工业生产能力将面临"灾难性"的衰退。[75] 要解决这一日益显现的问题，全人类必须即刻行动。同年，**芭芭拉·沃德**（Barbara Ward）和**雷内·杜博斯**（René Dubos）向联合国人类环境大会提交了一份题为《只有一个地球》的报告，传达了相同的信息。[76] 1970年，德国成立了"农民代表大会"。1973年，在法国和英国，生态保护人士参加了竞选。在这种情况下，1973年又发生了赎罪日战争，结果石油输出国组织OPEC大幅提升油价，由此引发的石油危机迫使一些国家实施汽油配给制，这是第二次世界大战以来首次必须采取此类措施。正是这些事件凸显了地球资源之有限，而且此类增长的限制还将带来政治影响。

查尔斯·瑞克（Charles Reich）曾任教于耶鲁和伯克利，他宣称环境革命的意义不止于此；它是人类历史真正的转折点，是人性改变的枢纽。在《美国的绿化》（1970）一书中，他提出美国至少存在三种意识："第一种意识是想要获得成功的美国农民、小商人和工人的传统观点；第二种意识代表了组织化社会的价值观；第三种意识则属于崭新的一代。……第一种意识形成于19世纪，第二种意识形成于20世纪上半叶，第三种意识才刚刚显现。”[77]

583 除此之外，瑞克的观点包含一种巧妙的综合：谈到他的论点时，他提及了很多流行文化作品，说明为什么某些歌曲或电影能够产生影响或能够流行。相对而言，他对第一种意识关注较少，却不遗余力地批判第二种意识，其论点本质上继承了赫伯特·马尔库塞的《单向度的人》和W. H. 怀特的《组织人》。瑞克说，自20世纪50年代中期以来，世界开始恶化；除了大规模的组织，如今我们拥有了“公司化的国家”，它具有普遍的、匿名的、很多情况下近乎专制的权力。他认为，雷蒙德·钱德勒的作品，如《长眠不醒》或《再见，吾爱》，之所以动人，是因为它们刻画的世界没人值得信任，人们只能靠耍小聪明过日子。詹姆斯·琼斯的《从这里到永恒》描写了一个年轻人与匿名的大型组织（军队）做斗争的故事，与菲利普·罗斯的《波特诺伊的抱怨》类似。他说，《卡萨布兰卡》的魅力其实在于“亨弗莱·鲍嘉扮演了一个能通过行动改变命运的男子汉。也许《卡萨布兰卡》之后，大多数美国人都不再相信此类事情了”。[78]

瑞克指出，大量流行作品把矛头对准第二种意识主导的社会的某个方面。接着，在斯坦利·库布里克的《2001：太空漫游》中，一名太空游客身处一间类似旅店或汽车旅馆的房间，里面有昂贵和新奇的东西，但他无事可做，“不需要工作，没有什么东西需要你给出反应”。[79]“［美国电影中］有工作的人都在做一些显然是现代工业社会［即公司化的国家］之外的事情。他可能是牛仔、拓荒居民、私家侦探、强盗、像詹姆斯·邦德那样的冒险家，或是娱乐记者。但是没有哪部影片尝试赋予普通人的劳动以满足和意义。相比之下，乔治·艾略特、哈代、狄更斯、豪威尔斯、加兰和梅尔维尔的小说则表现了普通劳动者的生活，通过艺术赋予它丰富的意义。我们的艺术家、广告商和领导人没有教会我们怎样在这个世界上工作。”[80] 他认为，第三种意识的开端要数 J. D. 塞林格的《麦田里的守望者》（1951），不过鲍勃·迪伦、奶油乐队、滚石乐队以及克罗斯比、斯蒂尔斯和纳什乐队的音乐和歌词赋予了第三种意识更多的力量。瑞克说，迪伦的《我没事，妈妈（我只是在流血）》是对警察暴行的社会批评，比其他任何社会学论文都更早、更有力。《埃莉诺·里格比》和《永远的草莓地》对疏离感的讨论比任何一位心理学家都更深刻。他说，同样的观点也适用于飞鸟乐队的《应征入伍的早晨》、谁人乐队的《汤米》或奶油乐队的《我感到了自由》等作品。他认为毒品文化、Procul Harum 乐团的神奇声音以及喇叭裤一起形成了一个新思想群体（他说，喇叭裤让人想入非非，给了脚踝足够的自由，引人跳舞）。瑞克说，肯·克西等作者表现出全新的意识，肯·克西创作的《飞越疯人院》（1979）讲的是精神病院的一次骚乱；汤姆·沃尔夫虽然在《康提科洛舞薄橘型婴孩》（1965）中对新意识的许多方面作了批评，但他至少承认，赛车和冲浪等亚文化的出现表明人们开始选择属于自己的另类生活方式，不再像父辈那样因循守旧。 584

瑞克说，所有这些汇集成一场**“绿色”运动**（“green” movement）。反对越南战争是进一步的因素，不过即使在这一点上，战争背后的根本力量还是公司化的美国和科技；凝固汽油弹在消灭敌人的同时也破坏了环境。人们担忧环境，认识到资源的有限性，排斥公司化的国家，所以回避可能代表第二种意识的技术。瑞克说，人们开始选择自己烤面包，或者只购买用有机原料和环保方法烘烤的面包。实际上他描写的正是后来被称为反文化的现象（关于反文化将在下一章详细讨论）。他并不天真；他不相信第二种意识（即公司化的美国）会倒过来投诚，但他确实相信会有越来越多的人关注环境，会出现越来越多的绿色政党，人们会把对环境的关注从职业回归到“天职”，致力于保护世界，使其免受以第二种意识为主体的公司的掠夺。

经济学家**弗里茨·舒马赫**（Fritz Schumacher）的两部著作《小即是美》（1973）和他逝世那年（1977）出版的《迷途指津》也提出了相关的论断。[81] 舒马赫于1911年出生于波恩的一个外交官和学者家庭，父母给了他世界主义的教育，送他去伦敦政治经济学院和牛津大学学习。舒马赫有个密友亚当·冯·特罗特参与了1944年7月刺杀希特勒的行动。20世纪30年代末，他在伦敦工作，战争时期他在英国度过，克服了敌对国侨民身份带来的不便。战争结束后，他结识了尼古拉斯·卡尔多和托马斯·巴洛夫（20世纪60年代他们二人担任过首相哈罗德·威尔逊的经济大臣），后在英国国家煤炭委员会（NCB）出任高级职位。舒马赫思想独立，早就洞察地球资源是有限的，人类必须为此做些什么。但是，多年来，他的观点没有受到重视，因为他有主见，人们认为他的立场古怪，甚至反复无常。他深信不明飞行物的存在，对佛教不以为然，他年轻的时候拒绝宗教，却于1971年皈依了天主教，当时他已经60岁。[82]

舒马赫一生喜欢周游世界，特别是去比较贫困的国家，如秘鲁、缅甸和印度。渐渐地，他的宗教感情日深，周围的环境危机日益严重，他意识到西方的大型公司不可能有办法解决那么多第三世界国家的贫困问题，因此，他产生了另一种观点。对他而言，1971年是个转折点。他刚刚当选英国土壤协会主席（他是位热情的园艺师），加入了教会，还辞去了国家煤炭委员会的职务，他开始撰写一部他一直想写的著作，书名暂定为《归乡人》，因为他觉得世界正在走向危机。他认为，最重要的现实是，西方
585 的富裕是“一种异常现象，‘时代的迹象’表明它行将终结”。开始席卷西方国家的通货膨胀就是一种迹象。舒马赫说，派对结束了，但是，“那究竟是谁的派对呢？是少数国家的少数人的派对”。[83] 正如大家所想，这

些少数人把持了权力，但是公司对于世界上其他国家的持续贫困却无动于衷。这些国家不可能一夜之间从欠发达国家一跃成为繁盛的国家。他说，他们需要迈出很多步，而这是可能办到的，在此，他提出了“**中间技术**”（intermediate technology）的概念。20 世纪 60 年代中期以来，英国曾经有一个中间技术发展集团，试图在印度或南美开发技术，这些技术比传统技术更高效，但是又没有西方发达国家的技术那么复杂。（一个经典的例子就是使用发条装置的收音机，这种收音机不用电池，只要上发条就可以工作，原因在于偏远地区很难买到电池或者电池容易腐蚀。）他选用“归乡人”作标题，是说未来人们将从工厂回归家庭，回归简单技术，因为简单技术更有人性、有人情味。出版商不喜欢这个书名，安东尼·布伦德想出了《小即是美》，同时保留了舒马赫的副标题“以人为本的经济学”。这部著作发表后，一开始只有零星的评论，但是随着口口相传，它很快大受欢迎，从德国到日本，都大受追捧。[84] 舒马赫触及了问题要害；他主要关注的是第三世界，但是显然，很多人与他一样憎恶大公司，渴望不同的生活方式。直到舒马赫 1977 年去世，他已经成为一位世界名人，美国州长争相宴请他，卡特总统在白宫款待他，印度人喜爱他，称他为“务实的甘地”。他的根本观点是，如果世界事务得到正确的处理，那么地球上人人都能各得其所。但是，世界事务的处理不仅是经济问题，更是道德问题，在他看来，正因如此，经济学才与宗教相互关联，才是最重要的两门学科。[85] 舒马赫的观点实际上阐述了瑞克的第三种意识。

20 世纪 70 年代，人们越来越担忧人类活动给我们这个星球带来的影响，特别是 1976 年，意大利塞韦索附近的一家杀虫剂工厂发生严重的二噁英气体泄漏事件，致使周边地区很多家畜和动物死亡。1978 年，美国禁止将氯氟烃用作喷雾剂，以减少对臭氧层的破坏，而臭氧层能过滤来自太阳的紫外线辐射。人们相信，破坏臭氧层会形成“温室效应”，导致全球气候变暖。1980年，世界气候研究计划启动，具体研究人类活动对气候的影响，预测气候的变化趋势。

在这四分之一个世纪中，没有人再去过月球。我们失去了阿波罗计划
586 带来的对科学的普遍乐观态度。

第 四 部

从反主流文化到科索沃：由本然观之，由各处观之

33

新感性

1973年10月6日星期六，这一天是犹太历中最神圣的节日——赎罪日，埃及和叙利亚分别从南北两线突然袭击以色列。仅仅48小时之内，以色列国的存亡变得岌岌可危。它在西奈的“巴列夫”防线被突破，很多军用飞机还未起飞就被阿拉伯人的导弹击毁。美国反应迅速，在两天内送去20多亿美元的武器，使以色列最终得以挽回损失，并加以反击、夺回失地。10月24日宣布停战时，以色列军队已经接近大马士革，足以炮轰它，并在苏伊士运河西岸建起了一座桥头堡。

但是这场赎罪日战争可不仅仅是一场战争。它是一种催化剂，直接引发了时任美国国务卿的亨利·基辛格所说的“本世纪历史上的一次重要事件”。战争期间，在10月16日，阿拉伯及几个非阿拉伯产油国家停止石油生产，将油价抬高70%。圣诞节前两天，涨价再次来袭，涨幅达128%。在不到一年的时间里，原油的价格几乎翻了两番。[1]所有国家都受到了“石油危机”的影响，无一例外。非洲和亚洲很多比较贫穷的国家遭到毁灭性打击。在西方，荷兰等很多国家一度实行汽油配给制度，到处可见加油站前排着长龙。石油危机引发了凯恩斯没有预料到的一种现象：滞胀。在赎罪日战争之前，西方发达国家的平均增长率是5.2%，轻松高过4.1%的平均物价增长率；但经过石油冲击之后，增长率下降到零甚至是负数，但是通货膨胀却上升至10%至12%。[2]

用历史学家保罗·约翰逊的话说，石油危机是“1945年以来破坏性最强的经济事件”。但是石油生产国决定提升油价和限制产量并不仅仅因为战争或以下事实：美国对以色列的援助致使他们最终战败并丧失了领土。无论如何，虽然不太明显，但是世界经济结构正在发生变化。讽刺的是，在叛乱之年，即1968年，美国黑人和学生暴力达到高潮，同时美国
589 经济在全球的影响力达到顶峰。那一年，美国经济产量超过全球总量的三分之一，达到了34%。但是，与许多功成名就的故事一样，它掩盖了一些早期问题。1949年以来，中国一直担心美国会在危机时刻截留他们赚取的美元，因此，他们把美元存在巴黎。多年来，其他国家仿效中国人，逐渐形成了“欧洲美元”的市场。反过来，又培育了一个不受华盛顿或任何人控制的欧洲信贷和欧洲债券市场，导致货币比以往更不稳定。同时虎视眈眈的还有两个因素：一是地球资源有限的生态学观点，意味着商品价格将稳定上升；二是上述观点的具体事例，从1970年开始，美国自身的石油产量达到顶峰，接着开始走下坡路。1960年，美国进口石油占10%，到1973年，这一数字增加到36%。[3] 发达国家的性质正在发生重要变化，在20世纪60年代，这种变化越来越快，越来越明显，只是战争使这种变化显露无遗。

首先对这一变化进行反思的是经济学家约翰·肯尼思·加尔布雷思（John Kenneth Galbraith）。1967年，他发表了《新工业国》一书，描述了

一种新的商业经济秩序，他断言，这种秩序彻底改变了资本主义的传统性质。首先，他说，与世纪初相比，20 世纪 60 年代大型企业的性质发生了根本变化。[4] 福特、洛克菲勒、梅隆、卡耐基和古根海姆等人都是企业家，冒着巨大的风险创办了以自己名字命名的公司。此时，这些公司已经成熟，公司的性质在两个方面发生了根本变化。第一，公司不再由身兼领导和股东的那个人经营，而是由经理人经营——加尔布雷思称他们为技术阶层，原因日益明显，他们只拥有少量股份。加尔布雷思说，这样做的一个重要结果就是，如今，公司理论上属于股东所有，但是股东只在名义上掌管公司，这对民主产生了重要的心理影响。第二，大规模生产昂贵而复杂的产品的成熟公司实际上对冒险或竞争没有多大兴趣。相反，他们希望政治和经济稳定，那样才能（在一定限度内）预测需求和需求增长。加尔布雷思认为，这一现象带来的最重要的影响就是，成熟公司实际上更偏爱计划经济。传统的保守主义认为，计划带有社会主义、马克思主义甚至某种糟糕的东西的意味，但是，在加尔布雷思看来，在寡头垄断的现代环境中经营的成熟公司只是一种改头换面的垄断，它没计划不行。[5]

加尔布雷思说，新的工业国家的其他一切都发源于这两个事实。正如凯恩斯所指出的，需求受到调控，一部分来自政府的财政政策——这意味着国家和公司之间是一种共生的关系，一部分来自广告等手段（加尔布雷思相信，广告对现代社会的诚信产生了不可估量的“可怕”效应，以至于我们麻木到不觉得自己有多虚伪）。加尔布雷思说，现代工业社会的另 590
一个特点是，越来越多的重要决策依靠不止一人拥有的信息。技术与此有很大关系。一个后果是新型专业化：涌现了一批人，从传统眼光看来，他们并没有专业技能，但现在他们却掌握新技能，懂得信息评估。因此，信息本身变得重要起来，掌握信息的人即经理人和技术人员构成了“**内幕阶层**”（insider class），股东则是“**外行阶层**”（outsider class）。[6] 加尔布雷思明确指出，这种区分比实际表现更重要（尽管20世纪80年代一度发生了损害大西洋两岸商业生活的“内幕交易”丑闻）。他说，所有这些产生了一个影响，即工作体验发生了变化。管理工作一改过去的艰苦、个性强、竞争激烈、风险高的面貌，变得十分牢靠；最新的研究显示，当加尔布雷思写作此书时，美国有四分之三的行政主管已经为所在的公司服务了二十多年。加尔布雷思认为，富裕是一个因素，因为一个人距离贫困线越远，就越富有，他的欲望就越有可能被操纵，广告所起的作用就越大，而公司的成熟和财富积累也正逢广播和电视的兴起。[7]

但是，尽管这一新变化很重要，但是加尔布雷思的目标并不是对其进行简单的描述。他带点找碴的意味，留意观察着成熟公司的技术成员和管理阶层的表现。技术人员远未触及新型经济生活的真相，至于“顾客就是上帝”，技术人员只是嘴上说说而已，真正说了算的其实还是公司。公司完全控制商品的价格和商品的需求，这句空话也就不可能落实。[8]加尔布雷思的第二个观点是，失业的性质在发生变化，从某种意义上说，失业变得毫无意义；“失业数量越来越反映为当前工业体制所不容的人。”[9]这在丧失权力的工会和获得权力的教育和科技“阶层”产生了多米诺效应。加尔布雷思对工会、教育机构和科学家的相对权力关系的分析无疑是正确的；但他认为后两个阶层将像工会那样获得政治权力，却是错误的。这种情况没有发生。他还认为，为私人公司效力的科学家将成为社会生活中的一股力量，这一点同样没有发生。

加尔布雷思抨击了国防工业，接着又从凯恩斯主义的角度研究冷战对经济的促进作用（不过传统保守派对此加以否认），随后加尔布雷思突然改弦易辙，思考起他称之为“美学经验”（aesthetic experience）的东西。他说，艺术家的世界与技术人员完全不同：“艺术家是不会组团出现的。”雅典、威尼斯、阿格拉和撒马尔罕完全不同于名古屋、杜塞尔多夫、达格南或底特律，这种不同将永远存在。他认为抨击和批评技术层面的人员是艺术家的任务；他说，争斗是不可避免的："美学进步超出了工业体制的范围，两者很大程度上是矛盾的。要不是它属于原本就不存在的一连串工业体制，几乎没有必要强调这种矛盾。"[10] 加尔布雷思感到，美学目标最终 591
会战胜工业目标。

但是《新工业国》的主要论点是，传统的资本主义已经跳脱了既定的认知，然而传统的资本家在这种变化面前满嘴谎言，假装这些变化没有发生过。加尔布雷思说，就在这本书付印时，波音"卖给政府的产品比例为 65%；通用动力公司的比例类似；雷声公司……比例是 70%；洛克希德……比例是 81%；共和航空……则是 100%"。[11] "没人讨论工业体制的未来，部分原因是它行使着不可思议的权力。不言而喻的是，它成功地推翻了认为工业体制是短命的、天生带有瑕疵的观点。……其中，商业词汇中最无趣的词条要数计划、政府控制、国家支持和社会主义。我们正要思考未来它们有无可能发生，结果我们却震惊地发现，它们已然是事实了。不可忽视的是，这些可悲的事物业已到来，往小了说，为工业体制本身所默许；往大了说，是应工业体制本身的需求而来。"最终："不存在支持市场的可能性，鉴于工业体制的发展，即使有任何可能，那也不会有利于市场。在需要计划的地方依赖市场，其结果只会是一团糟。"[12] 加尔布雷思提出了激烈的抨击，关于资本主义的发展方式和发展状况，他的观点令人不安。他预见到科学会发挥越来越重要的作用，信息将具备压倒一切的重要性，失业的性质会发生变化，以及未来会需要某些技能。

加尔布雷思忽略的方面成了**丹尼尔·贝尔**（Daniel Bell）的中心议题。在对贝尔的研究中，马尔科姆·沃特斯谈道，贝尔和加尔布雷思在 1973 年社会学家查尔斯·卡杜欣编写的一份名单上占据了突出地位，查尔斯·卡杜欣曾经就哪些人算是美国的思想精英做过调查。这份名单的前十位包括：诺姆·乔姆斯基、约翰·肯尼思·加尔布雷思、诺曼·梅勒和苏珊·桑塔格，汉娜·阿伦特和大卫·里斯曼稍微靠后，W. H. 奥登和马歇尔·麦克卢汉排名更低些。前十名中只有一位社会学家：丹尼尔·贝尔。

在第 25 章谈及富足社会的新心理时，我们曾经提到过贝尔的《意识形态的终结》。1975 年及 1976 年，他又提出了两个“重要观点”。关于第一个观点，他的著作《后工业社会的来临》的书名做出了最好的概括。贝尔认为，生活分为三个“**领域**”（realms，自然、技术和社会），它们确立了经验的基础。历史也可以分为三个领域。前工业社会可以视为“与自然的竞争”，人们主要通过狩猎、掠夺、耕作、捕鱼、采矿和林业活动努力从自然环境中获取资源。[13] 工业社会是以人机关系为中心的“与生产环境的竞争”，主要经济活动是“生产和加工有形商品”，主要职业则是半熟练的工厂工人和工程师。[14] 后工业社会是“人与人之间的竞争”，“基于信息的‘知识技术’与机器技术同时兴起”。[15] 后工业社会的工业主要包括三个
592 领域——交通和公用事业，金融和资本交易，卫生、教育、研究、公共管理和休闲。贝尔说，在这些领域，科学家居于“核心地位”：“鉴于信息的产生是主要问题，科学是最重要的信息源，那么科研机构、大学和研究所的组建就是后工业社会的中心问题。如此一来，一个国家的科学实力彰显了其国力。”[16] 结果，工作的特点发生了变化，它的焦点不再是人与物之间的关系，而是人与人之间的关系；“服务业的扩张为女性的经济独立提供了基础，这在以前是不可能的”；后工业社会是精英领导的社会；短缺现象发生了变化——“商品短缺的现象消失了，取而代之的是信息和时间的短缺。”最后，贝尔还提出了一种他称之为“**位置**”（situs）的东西，即“一种纵向社会秩序，与横向社会秩序如阶级相对”。贝尔提出了四种功能“位置”（科学、技术、行政、文化）和五种机构位置（企业、政府、大学/研究所、社会福利部门、军队），这种划分与电子邮件组织架构怪诞

地平行（见第42章）。不过，除了位置以外，贝尔还指出了一个“知识阶层”（主要是科学家）。例如，他指出，虽然美国人的第一学历中只有四分之一是科学专业，却有超过半数的博士学位为自然科学和数学专业。[17] 知识阶层对后工业社会的成功至关重要，不过贝尔不能肯定，在马克思主义观点看来，知识阶层算不算是一个阶层，因为它可能永远不具备能够撼动资本主义的充分独立性。[*]

贝尔说，一个更重要的因素在于，知识产权不再为个人拥有，而是集体所有。这就意味着政治变得越来越重要，而不是相反，因为致力于扩大科技产出的计划需要的是全国性的组织，地区性组织或本地组织是远远不够的。“因此，政治成了后工业社会的‘指挥部’，在市场不能有效发挥作用的地方，政治这只看得见的手起到了协调作用。”[18]

一年后，即1976年，贝尔发表了第三个“重要观点”，《资本主义的文化矛盾》。这部作品也有三个主题，围绕当代社会中占主导地位的三大不可调和的矛盾展开。这些主题分别是：（1）禁欲苦行主义的资本主义（为马克斯·韦伯所定义）与后来的贪得无厌的资本主义之间的紧张关系；（2）资本主义社会和现代主义之间的紧张关系——现代主义通过先锋派不断地批评资本主义社会（否认过去，致力于无休止的变化，相信没有什么是神圣不可侵犯的）；（3）法律和道德相分离，“特别是在市场成为所有的经济关系甚至是社会关系（如公司对员工的义务）的主宰之后，以及所有权和财产权的合法权利优先于其他主张（即便是道德性的主张）之后”。[19]

换言之，贝尔认为，现代资本主义之追求效率与现代文化之追求自我实现之间存在矛盾。贝尔还认为，文化之所以头等重要，首先是因为艺术 593
（披着现代主义的外衣）不断地寻求“创新的形式和感觉”；其次是因为，

* 经济学家罗伯特·索洛在其关于增长理论的著作中也提出过基本相同的观点。

文化现在不再是权威道德的来源，而是“新的愉悦感的生产者”。[20] 贝尔认为，现代主义在20世纪30年代就开始走向终结，到20世纪60年代已经枯竭。“社会和艺术在市场中相遇，其结果是审美情调和高雅文化的概念不复存在。”但是，20世纪20年代大规模出现的大众媒体开始孜孜不倦地追求新事物，又同样孜孜不倦地向人们灌输新形象，撼动传统观点，“宣扬古怪离奇的行为”。[21] 在这个过程中，基于年龄、性别、阶级和宗教的社会学类别对于人类行为的传统研究变得不那么可靠了——“生活方式、价值趣味和审美偏好变得更加独特、有个性。”[22] 贝尔说，其结果是混乱和不统一。过去，多数文化和社会是统一的——古典文化追求德行，基督教围绕神定的等级制度获得统一，早期工业文化围绕“工作、秩序和理性”获得统一。但是，当代社会存在着大量的错位。事物在技术经济层面还受到“效率、理性、秩序和纪律的控制……而支配文化的却是即时的感官和情绪满足及自我的放纵”。贝尔认为，这些矛盾暗示，我们的生活方式发生了重大变化，但与之相关的不仅仅是资本主义：“筋疲力尽的现代主义、乏味的共产主义生活、烦闷的不羁自我和无意义的划一的政治颂歌，所有这些都暗示一个漫长的时代正在逐渐走向终点。”人们要为现代主义付出巨大的代价：“现代性即个人主义，个人努力重塑自我，如有必要，还要重塑社会，以便加以设计和选择。……它意味着拒绝‘天’定或神定的秩序，拒绝外部权威和集体权威，将自我作为行动的唯一参考点。”[23]“现代性中无疑存在着自我的道德权威。唯一的问题是如何实现自我——通过享乐主义、占有欲、信仰、道德利己主义或是感觉主义。”[24] 当然，技术也与这种变化有关，特别是汽车。“封闭的汽车成为中产阶级的私密壁橱，年轻人大胆地在此释放性压抑，打破旧禁忌。”[25] 广告也发挥了作用，“宣扬挥霍浪费而不提节俭，炫耀奢华而不提禁欲苦行”。金融服务推波助澜，过去引以为耻的负债如今却成了一种生活方式。[26]

也许贝尔最深刻的观点是，现代文化强调体验，尤其是将观众置于中心的体验。观众与艺术家或艺术作品的对话已经没有意义了。由于艺术的感染力是向情感发出的，一旦体验不存在，这种感染力也就消失了。观众头脑中的对话也就不再继续了。贝尔认为，这意味着现代社会实际上没有文化。594

西奥多·罗萨克（Theodore Roszak）对此有不同看法。他和许多其他人认为，加尔布雷思和贝尔描述的变化引起了文化性质的转变，以至需要一个新的术语：**反文化**（counter-culture，即反主流文化）。

看待反文化的一种方式是将其视作新左派的"软着陆"，我们知道，新左派于20世纪50年代后期至60年代早期形成于西方国家，缘于苏联和恐怖的斯大林主义的幻灭，特别是苏联于1956年悍然入侵匈牙利。但是，另一个重要的影响因素是马克思早期作品即《经济和哲学手稿》的发现，这部作品著于1844年，但直到1932年才发表。第二次世界大战后，20世纪50年代，当新马克思主义者提出人道主义的马克思主义时，这些新发现的手稿才广为人知。在美国，还有一个因素；新左派的诞生可以追溯到《休伦港宣言》，这份宣言于1962年由"学生争取民主社会"（SDS）组织发表，其中提到："我们认为人是无限宝贵的，人们追求理性、自由和爱的能力还没有完全施展。……我们反对把人还原到物的地位的去人格化。……孤独、疏离、隔绝这些词描述了当今人与人之间的遥远距离。要改变这些主要趋势，光靠完善人事管理或是改良设备是办不到的，只有当人类的爱战胜人类对物的盲目崇拜，才能扭转这些趋势。"[27] 异化概念支撑的是反主流文化，后者像另一个先驱"垮掉的一代"一样，拒绝大众社会的主要观念。其他影响来自C. 赖特·米尔斯的《权力精英》和大卫·里斯曼的《孤独的人群》。很快，一系列传播此类观点的"另类"媒体纷纷涌现：报刊（如旧金山的《保护众生杂志》）、电影、戏剧、音乐和《全球邮购目录》，后者教我们如何置身于这片土地之外，如何避免与“主流社会”接触。加州大学历史学教授罗萨克在发表于1970年的著作《反主流文化的形成》中记录下这些观点。[28]

罗萨克明确道，反主流文化是年轻一代的反叛，不外乎反对科技的还原论。罗萨克说，年轻人厌恶“技术专家型”社会的走向，特别是受过教育的年轻人，其抗议表现为选择另类的生活方式，这是资本主义文化矛盾的鲜活体现。在罗萨克看来，反主流文化有五个要素：各种另类心理、东方（神秘）哲学、毒品、革命性的社会学，以及摇滚乐。这些要素以这样或那样的集体形式，为取代技术专家型社会的另类生活方式提供了可行的基础，有助于对抗“正常”生活的异化。反主流文化有很多方面，包括自由大学、自由诊所、“食物共济”（帮助穷人）、地下出版物、“部族”家庭。罗萨克说，“一切都受到质疑：家庭、工作、教育、成功、育儿、男女关系、性、城市化、科学、技术和进步，等等。财富的意义、爱的意
595 义、生活的意义，一切都需要审视。‘文化’是什么？谁来决定什么是‘优秀’、‘知识’或‘理性’？”[29]

罗萨克开篇即批评还原论科学及令很多人深感不满（他忠实记载了英国大学中避开科学课程的学生人数）的“单向度”社会，接着提出了反主流文化的主要议题，“颠覆科学世界观，以及其根深蒂固的自我中心的大脑意识模式。……这里，必然会出现一种新文化，其中人格的非智力能力——由梦幻般的辉煌和人类沟通的经验所成就的能力——成了真、善、美的主宰”。[30]罗萨克说，本质上，阶级意识作为一种“衍生原则”向“意识的”意识让步。[31]他称：“人们能够察觉到年轻人的一系列思想和经历，将米尔斯的左派社会学、赫伯特·马尔库塞的弗洛伊德马克思主义、保罗·古德曼（Paul Goodman）的格式塔疗法无政府主义、诺曼·布朗

（Norman Brown）的天启肉身神秘主义、**艾伦·沃茨**（Alan Watts）的禅式精神疗法，以及**蒂莫西·利里**（Timothy Leary）的自恋结合在一起，世界及其苦痛最终可能在个人的迷幻空虚中变成一颗尘埃。循着这个逻辑，我们发现社会学让位于心理学，政治集体让位于个人，在深层非知识力量面前，自觉表达行为消失。”[32]他说，所有这些汇集起来，在思想上排斥“伟大社会”。

罗萨克首先提到的是马尔库塞和布朗，他们的重要性在于，他们认为，正如弗洛伊德所说，异化是一种心理学状态，不是社会学状态。解放是指人的解放，而不是政治的解放，因此，要在变革的社会中找到出路，首先要出现一系列与众不同的个人——比如说，他们在性的意义上是解放的，或者他们摆脱了要求按规定方式行事（例如职场）的“行为原则”。马克思认为，当人类受制于贫穷时，就面临“贫苦”，马尔库塞则认为，物质极其富有时，人们会面临心理贫苦，此时人们被贪欲和“微妙的技术压抑”所支配。罗萨克在书中还为社会学家保罗·古德曼留出一席之地，古德曼的主要特点是“他能无休止地设想新的社会可能性”。[33]古德曼在反主流文化运动中的角色是设想一些务实的“替代”方案和机构，以取代主导的技术专家型社会的相应方案和机构，其中包括自由大学和“以和平为目标的大罢工”。不过，最重要的是古德曼提出的格式塔疗法，其基本观点是，人应该作为一个整体接受治疗，不能头痛光医头，脚痛光医脚。这就是说，要认可有些社会力量是不可调和的，例如，在解决某些问题时，暴力可能是必要的，不需要掩饰愤怒和内疚的情感。在格式塔疗法中，你不是在倾吐情感，而是通过行动宣泄情感。

另一位心理学家**亚伯拉罕·马斯洛**（Abraham Maslow）也是反主流文化的一员。马斯洛受到迈克尔·波兰尼的《个人知识》（1959）和托马斯·库恩的《科学革命的结构》（1962）的启发，在《科学心理学》

596 （1966）一书中提出了这样一种观点：不存在客观这种东西，即便在物理学科也不存在。[34] 所谓秩序的“发现”其实是将秩序强加给无序的世界，好比科学家在整齐中发现了美，并不是客观意义上的“在那儿”发现了什么真正的秩序。秩序的强加贬低了主观经验的价值，而后者却无比真实。马斯洛和罗萨克都认为，在认识世界方面，还有其他方式，它们产生的主观影响相当——这是客观事实。谈到迷幻药，罗萨克很谨慎，他特别将大麻和 LSD（麦角酸二乙基酰胺）列入一个合法传统，在他看来，这个传统的构建人是威廉·詹姆斯、哈维洛克·艾利斯和阿道斯·赫胥黎（借《知觉之门》）等人，当时他们都在研究致幻物质（例如笑气），寻找“非智力能量”。不过他主要关注大麻和哈佛教授蒂莫西·利里所做的 LSD 实验。罗萨克并不完全相信利里（此人最后被哈佛解聘）和他宣称的“迷幻药革命”（即如果你改变了意识的主导模式，你就改变了世界），但是他相信，在面临困境时，迷幻药能缓解和释放情绪，而且与大剂量的镇静剂和抗抑郁剂相比，迷幻药的破坏性毫不逊色。当时镇静剂和抗抑郁剂是中产阶级的处方药，这些中产阶级正是“毒品一代”的家长。[35]

在有关宗教的章节中，罗萨克介绍了艾伦·沃茨。沃茨从西北大学国教顾问岗位离职后，来到伯克利的亚洲研究学院任教。1970 年，他时年 55 岁，在佛教研究领域展现了自己的惊人天赋，撰写了七本有关禅宗和密宗的著作。禅宗是最先在西方流行起来的东方神秘宗教，罗萨克将这种现象归结为对“青春”的留恋。[36] 他认为禅宗追求“智慧的沉默，与基督教的说教形成鲜明对比”，这对成长于电视机普及的物质环境和“媒体即是信息”的哲学环境的年轻一代有着强烈的吸引力。沃茨本人激烈批评禅宗的应用，比如，有些大众明星将禅宗当作新的流行元素；但是对禅的痴迷激发了他对其他东方宗教的兴趣——苏非教派、佛教、印度教，接着是原始的萨满教、通神学、犹太神秘哲学喀巴拉、《易经》，可能还有《爱经》。

罗伯特·波西格（Robert Pirsig）的《禅与摩托车维修艺术》（1974）是一本与书名全然不相干的公路图书，对禅宗大谈特谈。[37]波西格在一次度假时带着年幼的孩子和几个朋友骑行于明尼阿波利斯和达科他的乡村公路。文章时而描述旅途中田园诗般的生活片段——峡谷陡峭的崖壁，骑行客们在松针铺就的软床上和衣入眠，雨水的味道，时而就哲学展开丰富的讨论。波西格的主要目标是他称之为理性教派的东西。他特别踯躅于东方神秘主义、禅宗佛教和古希腊哲学家之间。对他而言，摩托车维修手册展示了典型的理性流毒：缜密精确、无趣，但在骑行之前要对机车了如 597
指掌。与之相反的是真正的技师对机器的“感觉”。波西格最具创意的观点是获得经验的新方法：修辞、品质和“痴迷”。他说，理性未必是辩证的。修辞学本身就持这个观点：知识绝非中立，知识总是有价值的，因此会有出路。品质是个较难描述的东西，但是按照波西格的观点，他说我们可以在艺术或文学或机器中认出品质，当然这种认识是不假思索的。“痴迷”是指沉浸在思绪中无法自拔。波西格的著作从形式上看本身就是修辞性的，目的是表现他对自然品质的欣赏，以及他沉迷于思考的方式。

罗萨克总结道：“反主流文化带给我们的是对世俗怀疑论的长期传统的决然背叛，这一传统业已推动了西方300年来的科技发展。几乎在一夜之间（令人惊讶的是，在这一点上没有出现大的争论）年轻一代纷纷选择跳出传统，仿佛要为技术社会出现的重大不正常现象提供应急性的平衡。”[38]

虽然罗萨克所描述的景象早已经消失，但是反主流文化并未彻底陷入死胡同。它为绿色运动和女权运动倾注活力，在反文化运动中兴盛起来的很多心理疗法与宗教不无关系：埃哈德小组训练法、领悟疗法、原始疗法、重生疗法、阿里卡疗法、生物能学和西瓦心灵术已经不只是疗法本身了，它们提供了类似于礼拜的团体经验和仪式。所有这些都涉及某种形式的身体控制：通过迅速、混乱的呼吸制造紧张，通过叫喊或尖叫释放压力，这类活动往往以集体性交告终。同样，这些疗法宗教背后有一系列复杂的理念，但普通成员很少有必要了解这些：总会有个知识阶层随时伸出援手。要紧的是有关紧张和放松的体验。[39]

在仍旧追随主流信仰体系的人看来，新的治疗式宗教微不足道；它们的成员从未超越几十万人。但它们的意义在于如下事实：人们之所以求助于疗法宗教，是因为生活已经“支离破碎，他们越来越难以凭借公众角色，获得身份认同的满足感和充实感”。[40]因此，宗教历史学家史蒂夫·布鲁斯将这些新运动称为“自我宗教”，因为它们提升自我，即便无法到达中心位置，至少能够到达远甚于传统主流信仰的程度：每个人都有位居中心的机会。

有一人痴迷于这一观点，并为此撰写了很多睿智的文章以示支持，他就是美国新闻记者**汤姆·沃尔夫**（Tom Wolfe）。沃尔夫在 20 世纪 60 年代开创了后来被称为新新闻主义的报道形式。沃尔夫试图超越大多数报道“灰暗烦闷的腔调”，他运用了小说创作的很多手法和策略，刻画新闻报道
598 对象的内心；他的新闻谈不上是中立的报道，观点丰富（受害者则认为歪曲了事实）。本质上说，沃尔夫是一名喜剧式作者，甚至是一名狂躁作者，他的主要目标是记载美国文化的碎片和多元，这种文化往往有其特有的艺术形式、生活方式和地位礼仪。[41]《令人振奋的兴奋剂实验》（1968）讲述了一群服用“迷幻药”的人乘坐涂上绚丽色彩的巴士横跨美国的旅程，对话和句读都具地方特色。《激进时尚》（1970）写的是纽约的几个文雅的老江湖，特别是指挥家伦纳德·伯恩斯坦，款待黑豹党人（“我以前从没见过黑豹党人——这对我来说是头一回！”）的经历，以及为了自己的事业举办拍卖活动的往事，竞拍人包括奥托·普雷明格、哈里·贝拉方特和芭芭拉·沃特斯。《暴力恐吓投诉处理部门》（1970）记录了领取救济金的

黑人用各种手段疯狂地欺骗形形色色的官员，而这些官员的职责却是防止福利制度被滥用。[42]但是，正是通过《我时代》（1976），沃尔夫在丹尼尔·贝尔、西奥多·罗萨克和史蒂夫·布鲁斯止步的地方继续前行。[43]沃尔夫确实参加过此类自我宗教的集会，不过他并未受骗——至少他自己是这么看的。他称其为柠檬聚会，“柠檬聚会中心”就是爱斯兰研究所，位于加州大苏尔的一处悬崖，可以俯瞰太平洋；但是沃尔夫明确表示，他在这个圣殿中纳入了阿里卡疗法、西纳农集体心理疗法和原始尖叫疗法。虽然很多人怀疑，连续数日与完全陌生的人近距离相处能有什么吸引力，但是沃尔夫知道：“这种吸引力很简单，用一句话概括：‘我们谈谈自己吧。’”沃尔夫认为，沉迷于自我是反主流文化的自然发展（但并不健康）的结果，接下来的个人解放运动则伴随着性革命、毒品尝试和新心理学。沃尔夫说，那是异化（马克思）、失范（迪尔凯姆/涂尔干）、大众人（奥尔特加·伊·加塞特）和孤独人群（里斯曼）导致的结果。但是他又以惯常的语气说道：“对知识分子、艺术家和建筑师来说，这种现代［异化的］受害者从来都是极富魅力的人物。用20世纪20年代苏联的流行语说，很明显，可怜的魔鬼需要我们成为灵魂工程师……但是一旦这些乏味的小瘪三在20世纪40年代开始弄到钱了，他们就做了件令人吃惊的事情——他们卷钱跑路了！他们做了只有贵族（以及知识分子和艺术家）才会做的事情——他们发现了‘我’，并且开始溺爱‘我’！”[44]

沃尔夫指明了“我时代”，但是纽约州罗切斯特大学的精神分析学家和教授**克里斯托弗·拉什**（Christopher Lasch）则更进一步，以“**我时代**”（the Me decades）和旋即为人所知的“**自我的一代**”（the Me generation）为主题大做文章。在《自恋的文化》（1979）中，拉什的论题是，第二次世界大战后美国社会（同时也多多少少暗示了其他西方国家）的整体发展导致了自恋人格的形成，并进而主宰了整个文化。他的书中既有社会批

评，也有精神分析，他的出发点与丹尼尔·贝尔无甚区别。[45]拉什这部作
599 品的副标题是“期望值递减年代的美国生活”，开篇这样写道：“［美国］在越南的溃败，经济停滞，自然资源眼看面临枯竭，使上流社会产生了一种悲观情绪，这种悲观情绪进而蔓延到社会其他层面，人们对领导者丧失了信心。”[46]自由主义（莱昂内尔·特里林在世时伦敦唯一的把戏）现在“在思想上破产了。……它所培植的科学，曾经自信满满，以为可以驱除时代的黑暗，如今却不能为那些本该阐明的现象做出可信的解释。新古典主义经济理论无法解释失业和通胀缘何可以并存；社会学不再努力勾勒适用于现代社会的普遍理论；理论心理学避开弗洛伊德的挑战，纠缠于琐碎的细枝末节。……人文学科士气低落到了承认人文研究无益于了解现代世界的地步”。[47]在这种背景下，拉什说，经济人已经让位于“资产阶级个人主义的最终产品”——心理人。拉什不喜欢这种心理人。经过一番铺垫之后，他猛烈抨击了在他看来本质上受到如今自恋人格影响的各种社会领域：工作、广告、体育运动、学校、法院、老人和两性关系等。

他的首要目标是“**觉知运动**”（the awareness movement）。“在意识到用任何这样或那样的方式都不可能改善生活之后，人们转而相信重要的是提升精神生活：关注自己的感受，吃健康食品，学习芭蕾舞或肚皮舞，潜心研究东方的智慧，慢跑步，学习交往，克服‘享乐恐惧’。”[48]与史蒂夫·布鲁斯的观点一样，拉什认为，我们已经进入了一个“治疗情感”期：他说，治疗方法已经确立了其作为朴实个人主义和宗教的继任者地位，对此，他形容其为反宗教。[49]他进一步指出，这种方法将最终取代政治。诺曼·梅勒的《为我自己做广告》、菲利普·罗斯的《波特诺的抱怨》和诺曼·波德霍雷茨的《发迹》都是中产阶级或中上阶层沉迷自我的好例子，意欲与身边的贫穷、种族主义和不公正等可怕现象绝缘。**新的自恋**（the new narcissism）意味着，与政治变化相比，人们更关注个人变化；交

友小组、精神治疗小组等其他形式的知觉训练实际上有助于消灭有意义的精神层面的私生活——在“一种亲密接触的意识形态”中，私生活被公开了。这削弱了人们的个性特点和真正的创造性，却更具时尚和潮流意识。拉什说，因此，人们越来越难以获得持久的友谊、爱情和成功的婚姻，反过来又将遭受各种挫败，重新开始整个循环。他还指出了自恋社会的不同面向：炮制“徒有虚名”的名人、体育运动从拼搏努力堕落为商业娱乐、学校和法院日趋放任，所有这些都把“个人发展”的需求置于求知和惩罚的老派想法之上（从而更温和地对待年轻人，不再向他们灌输曾经被视为 600
传统的朴实个人主义）。在这种情况下，他还提出了一个问题，这个问题随着时间的流逝变得日益重要，即他对精英人物及其论断（比如学校里研读的各种经典书籍）提出了批评。“在向卡耐基委员会提交的教育报告中，两位撰稿人批评了‘有些作品凡是受过教育的人都应该熟悉’的观点，认为它从根本上说是一种‘精英观念’。此类批评往往伴随着这样的争论：学术生活应该反映现代社会的精彩和动荡，而不仅仅是加以批评，显示自己的高明。”[50]

至此我们才谈到了拉什批评的要点，他认为觉知运动已经失败了，而且是一败涂地。觉知运动之所以失败，是因为它显然产生了错误的意识。它本该带来的解放实际上根本不是解放，而是一种更复杂、更狡猾的控制。总的说来，新的觉知运动仍然涉及既得利益者将权力和掌控力牢牢握在手中的惯用伎俩。女权主义运动也许为很多女性带来了更大的自由，但其代价是单亲家庭数量飙升，绝大多数是母子家庭，这种情况反过来又给女性和儿童带来了更大的压力，多数情况下会导致他们“反感”亲近的人际关系，难以建立忠诚的友谊，更加依赖自我。单亲家庭往往是自恋的家庭。工作中也是如此，大多数情况下，冗长的讨论和员工热情的参与最后演变成了清汤寡水的会议，可能这表面上会让管理层更讨人喜欢，但实质上什么都没改变。“思维治疗模式的流行损害了权威，尤其在家里和教室里，但其实质上的控制却没有受到批评。社会控制的治疗形式通过柔化或消除上下级之间的敌意，使公民抵抗国家之要求以及工人抵制公司之要求的难度越来越大。随着罪与无罪的观念丧失其道德意义，甚至是法律意义，当权者也不必再通过法官、治安官、教师和牧师的权威指令实施统治了。社会也不再期望官方明确提出合理而详尽的法律和道德规范；也不再期望年轻人理解并遵守社会的道德标准；它只是要求人们遵守日常交流习惯，即精神病学定义所认可的正常行为。”[51]

拉什说，现代（即20世纪70年代后期）人被困在自我意识的牢笼中；他“渴望真情流露的逝去的纯真。他无法不计后果地表达情感，他怀疑别人表达的真实性，因而就自身的行为他很难从观众的反应中获得慰藉”。[52]因此，拉什和汤姆·沃尔夫一致认为，觉知运动、沉迷自我和情感治疗不仅令人失望，而且很大程度上是一场骗局。

601 罗萨克、沃尔夫和拉什都注意到，对很多人而言，传统宗教的私人、忏悔和匿名特性正在让位于觉知运动的公开、亲密和自恋特性。换言之，一种信念或信仰正让位于另一种信念或信仰。几位著名的历史学家于20世纪70年代初期撰写的三本书都探讨了过去的类似情形，这绝不是巧合。

克里斯托弗·希尔认为**基思·托马斯**（Keith Thomas）的《宗教与巫术衰落：16和17世纪英格兰大众信仰研究》（*Religion and the Decline of Magic: Studies in Popular Beliefs in Sixteenth- and Seventeenth-Century England*, 1971）是有关英格兰历史的最有新意的书，这本书认为，虽然16和17世纪英格兰的心理学氛围与20世纪60年代末和70年代初加州和巴黎的心理学氛围大不相同，但是，还是能看到很多相似之处，如相互竞争的信仰体系，社会变革和政治激进主义之间的关联。[53]托马斯解释道，16

和 17 世纪的巫术就像喝酒、赌博一样，是对付生活中大量不确定性的办法，特别是医疗领域的不确定性。有序的宗教采用各种巫术强化生活方式。直到宗教改革运动之前，还定期报告奇迹。[54] 1591 年，据传牛津有位名叫约翰·阿林的天主教徒拥有大量基督的血液，“并以每滴 20 英镑的价格出售”。[55] 宗教改革运动成功的原因之一是怀疑论者不再相信身边的“巫术”，他们质疑圣餐饼凭什么会变成基督的身体而酒则变成基督的血。[56] 因此，新教直接声称自己将驱除宗教中的巫术。

宗派繁衍的原因在于宗教领袖继续宣传用超自然办法解决世俗问题，而这是宗教改革运动严厉反对的。顺带一提，其中一个例子就是梦的解析，为此，托马斯·希尔撰写了《梦的解析之最愉快的艺术》。[57] 各种例子不胜枚举，很多女性希望在睡梦中见到未来的丈夫。随着内战的爆发，声称自己是救世主弥赛亚的人数量猛增——伦敦一位名叫威廉·富兰克林的制绳工人也声称自己是救世主，并安排弟子扮演毁灭天使、治愈天使和施洗者约翰；他的活动吸引了“众多的人”，直到 1650 年在温彻斯特审判中他才最终承认自己说了谎。[58] 托马斯相信，在技术进步（特别是火药、印刷机和航海指南针）的推波助澜下，时代的喧嚣促进了不同宗派的产生，公众受其吸引，原因并非仅限于其宣称的目标。很多参与者对这些目标并不在意，只是那些象征性的仪式活动让他们获得了满足感。[59] 这些法师名目繁多——女巫、巫师、男巫、巫婆，他们提供的服务五花八门，从寻找失物、治病到算命，各显神勇，各有一套唬人的把式。[60]

不过也许最大的相似之处在于占星术，这在当时是试图解释人与人之间存在差异，说明个体在身体特点、天资和气质方面各不相同的仅有体系。[61] 连艾萨克·牛顿爵士也于 1728 年发表了《古代王国年代史修订》，
试图用天文学数据重建业已丧失了的古代编年史，其目标是解释不同的民 602
族缘何有不同的性格、举止和法律。[62] 占星术的吸引力是在精神层面上提

供广泛而一致的思想体系，它所宣称的另一个目标是帮助人们解决个人问题，让他们“做出决断”。[63]类似的情况再次发生了，对占星术感兴趣的很多名人往往有宗派或激进派联系——包括再洗礼派教徒、喧嚣派教徒、贵格会教徒和震颤派教徒。按托马斯的说法，（政治意义上）反抗心理的存在实际上引发了预言和偿愿，这些又刺激了超自然的思索。[64]技术变革也影响了思想的进步。这可能源于手工艺行业，这一行的知识是逐渐积累的；但是直到16世纪，在“古代派”和“现代派”经历长期较量之后，出现了“现代”观点，即“最新的就是最好的”。宗派之间也产生了摩擦，即使在宗派领域，人们也开始设想，最新的可能是最好的。对托马斯而言，法术产生于当时社会结构的薄弱环节，无论是社会不公、身体上承受的伤痛或是表示反抗都无人理会。但是，最终，巫术并不是基督教那样的教义综合体（基督教总体而言要充实得多），而是“各种诀窍大汇总”。宗教改革运动之后的那个世纪是过渡期，巫术继续存在，那些认为新教的自助理念太过艰巨的人因此得到了些许慰藉。[65]可以说，这些变化源于人们变幻不定的热望：保险业的发展使人们不再担忧生活中的挫败，医疗领域也取得了真正的进步，巫术的影响自然也就被削弱了。今天，在占星术、天宫图和算命先生那儿，巫术依然存在。

《颠倒的世界》是**克里斯托弗·希尔**发表于1972年的作品，与托马斯的著作有所交叠。[66]希尔认为，英国内战结束后的那几年，与20世纪60和70年代初的那段时期一样，激进的政治观点和新的宗教派别激增。不用大费周章就能发现某些相似之处，特别是政治观点的左翼性质；此外，这些新的宗教观念内化了精神，神不再是“在云端”或“在身外”，神是很私人的事情；还有便是和平主义。希尔走得更远，有一两次他还提到了“反主流文化”这个词。他说，那是个“流光溢彩、思想兴奋”的时期，活力来自脱离天主的大量“无主之人”：流动商人、小贩、手工业者、流浪汉，他们不借谁的光，不顺应阶级社会，因而成为新宗派的骨干：再洗礼派、均平派、喧嚣派、贵格会和马格莱顿教派。[67]

希尔发现了几种新的思维模式。一种是对基督教精神的信仰，不是追随字面意义上的《圣经》，而是要征服罪孽；另一种随着科学的迅猛发展，对基督教的传统说法持怀疑态度。其间也有很多共产主义观点和宪政批评，在我们看来，它们都是左翼的。财产法受到了批评，出现了非法占地者（20 世纪 60 年代和 70 年代初这种情况也很常见）。[68] 礼拜仪式也更为民主，会邀请教徒们对布道内容发表意见或提出批评（也引发了一些“骚动和混乱”）。随着传统信仰（特别是天堂和地狱的信仰）坍塌，一种绝望 603
情绪弥漫开来，人们开始随意谈论自杀（天主教中不可饶恕的大罪）。很多人在不同的宗派之间转悠。希尔注意到一种对赤裸的趣味和对精神病患者夹杂着敬畏和恐惧的普遍态度：精神病患者往往被当作先知。一批新式的学校和大学得以创办。女性地位也有相当大的变化，不仅离婚率上升，而且（相对于业已存在的教派而言）妇女在宗派中的作用也越来越重要。贵格会废除了妻子要服从丈夫的结婚誓言，喧嚣派等宗派则不再认为婚外性行为有罪。[69] 实际上，喧嚣派的观点有时与马尔库塞的观点相似：“世界为人而存在，所有人是平等的。没有来世，重要的是此生此刻。……不要到坟墓里追忆悲伤或喜悦。……只要不伤害同胞，就不算邪恶。……轻松、荣耀地许下誓言，并且‘肆意地亲吻’，有利于我们摆脱主人试图强加给我们的专制道德。”[70] 希尔赞同托马斯的观点：在这个时代，人们对新颖、原创的观点“不仅不感到骇人听闻，而且心向往之”。这是一个十分重要的进步，促进这种变化的不仅是人们对新奇事物的接受度，还因为这种变化促使人们反省自我，审视“内心存有何种思想，又如何能使之绽放光芒”。

19 世纪还发生了更深层的变化，**欧文 · 查德威克**（Owen Chadwick）

在《19 世纪欧洲精神俗化运动》(1975）一书中描述和分析了这种变化。[71] 查德威克这本书包括两个部分。在第一部分“社会问题”中，他思考了经济自由化、卡尔·马克思的唯物主义和普遍的反教权主义的影响。这种“混乱”也源于新机器、新城市和人口的大规模迁移。在第二部分“思想问题”中，他研究了科学对精神的冲击，新的历史（包括考古学）研究和孔德哲学的影响，以及由种种变革发展而来的伦理学。他说，有些趋势就像清点礼拜人数那样一目了然。在 19 世纪 80 年代的法国、德国和英国，做礼拜的人数都有下降趋势；城镇规模越大，去教堂做礼拜的人口比例越低；由于印刷成本低廉，更多的无神论读物得以流传。但是查德威克提出了一个新观点：随着 19 世纪的推进，世俗化这个观点本身发生了变化。首先，它被描述成反教权主义，而且是非常激进的反教权主义。[72] 但是，随着时间的流逝，由于各种新知识的涌现，基督教的影响无疑被削弱了，到 19 世纪末，世俗世界实际上成了一个游离于信仰之外的领域。有些生活领域或经验（如哀悼或节约）还有宗教色彩，但是总的说来，争论中的狂热和愤怒情绪已不复见。不可知论者和无神论者追随马克思、达尔文或激进历史学家，各行其道；宗教在科学中进出自如，选择性地接受科
604 学。[73] 世俗世界以为它懂宗教，认为宗教是通往完全世俗社会的一个阶段，而宗教界又否认科学和历史有能力解决信仰问题。撇开书名，查德威克的书实际上记载的是：宗教紧紧控制了很多人，宗教的存在需要灵性奥秘。

一边是加尔布雷思、贝尔、罗萨克和拉什的作品，另一边是托马斯、希尔和查德威克的作品，实际上，二者是相互补充的。有两样东西在史学研究中很突出，同时也是感性变化的特点：一是新的沟通方式（有助于改变自我意识）；二是新知识，特别是科学知识，它对过去的解释构成了威胁。

加尔布雷思和贝尔都认识到了这一点。就在他们的分析问世后不久，他们所做的最重要的预测就得到了证实。1975 年春，两位年轻人辞职创办了自己的公司，为新一代小型计算机编写软件，其中一位曾是波士顿霍尼韦尔公司的一名计算机程序员，另一位则是一名哈佛的大学生。几个月后，1976 年，旧金山一位年轻的微生物学家和一位同样年轻的风险资本家创办了自己的公司，用脱氧核糖核酸（DNA）链合成某种蛋白质。前两位分别是**保罗·艾伦**（Paul Allen）和**比尔·盖茨**（Bill Gates），他们为公司取名**微软**（Microsoft）。后两位分别是**赫伯特·波伊尔**（Herbert Boyer）和**罗伯特·斯万森**（Robert Swanson），由于无论是波伊尔和斯万森公司或斯万森和波伊尔公司的名字都不太合意，他们为自己的公司取名**基因泰克**（Genentech）。20 世纪最后二十五年里，新的信息技术和生物技术先后迅速发展起来。世界将再一次天翻地覆。 605

34

遗传学一览

1973 年的诺贝尔生理学与医学奖由三个人共同获得。其中二人在第二次世界大战前的德国属于不同的阵营，或支持或反对纳粹政府。卡尔·冯·弗里希曾经遭到纳粹学生的毒手，因为他有八分之一犹太血统。他得以幸存的唯一原因是，他是研究蜜蜂的世界权威，而当时德国的蜜蜂感染了一种病毒，威胁到蜜蜂的存活数量，为了维持食品生产，急需他的帮助。另一方面，康拉德·洛伦茨完全赞同当时蔓延的纳粹思想，即德国犹太人是“劣等民族”，自愿参加各种高度可疑的实验，特别是波兰的实验。战争快结束时，他被俄国人俘获，1948 年才获释。后来他为自己在战前和战时的行为道了歉，同行们接受了他的道歉，其中最重要的要数 1973 年与之分享诺贝尔奖的另一位，即荷兰人**尼古拉斯·廷伯根**（Nikolaas Tinbergen）。战争期间，廷伯根被关进纳粹集中营，由于参加了荷兰地下活动面临被枪决的危险。如果说廷伯根都接受了洛伦茨的道歉，那么他的道歉肯定是真诚的。[1] 诺贝尔奖的授予表明一门相对新的学科得到了认可——动物行为学，而这门学科正是由获奖的三位科学家共同创立，采用相当可靠的实验数据研究动物的行为。动物行为学家感兴趣的是：动物行为是如何反映本能的；如果人类与其他生命有所不同的话，那么人类与其他生命的区别是什么。

廷伯根在战后（在他从莱顿迁到牛津以后）撰写的经典著作阐述了洛伦茨有关“固定行动模式”和“先天释放机制”的观点。通过雄性三棘鱼的实验，廷伯根揭示了三棘鱼有时候头朝下向雌鱼展示红色腹部的重要意义：刺激交配响应。同样，他还证明了银鸥喙部存在红斑的意义：引诱雏鸟。[2] 后来有证据表明先天释放机制要复杂得多，但是廷伯根细致的实验引发了科学家和公众的想象力。约翰·鲍比从事的恋母研究就是从这种动物行为中获得了灵感；这种动物行为还促使人们开始对其他动物进行大量的实地研究，这些实地研究的对象动物与人的亲缘关系要比三位诺贝尔奖 606
获得者研究的昆虫、鸟类和鱼类近得多。此类实地研究的对象主要是哺乳动物和灵长类动物。

自从玛丽·李奇于 1959 年发现“东非人”以来，李奇夫妇在坦桑尼亚的奥杜威峡谷还获得了一些其他重要的发现。其中最重要的要属同时存在的三种原始人：南方古猿、直立人（路易斯此时承认东非人实际上是特别大型的北京人）和 20 世纪 60 年代早期新发现的能人，“能干的人”，因为研究者发现他们会使用稍微先进一点的石制工具。在其名为《奥杜威峡谷》的科学著作中，玛丽·李奇分析了 37000 件奥杜威文物，包括 20 具原始人残骸、20000 具动物残骸，以及大量石制工具。[3] 所有这些都表明，奥杜威的早期原始文化正从直立人让位于使用的工具虽然原始却更精细的能人和很多已经灭绝了的动物（如早期河马）。

美国作者和剧作家**罗伯特·阿德里**（Robert Ardrey）很关注奥杜威和

非洲。在系列作品《非洲人的起源》（1961）、《领地法则》（1967）和《社会契约》（1970）中，阿德里谈到一个观点，即所有的动物——从狮子、狒狒到蜥蜴和寒鸦——都有领地，大小不一，蜥蜴的领地只有几英尺，而狼群的领地有一百英里，它们会拼命捍卫自己的领地。他还注意到动物社会中存在等级，存在极为丰富的性组合，即使灵长类动物也是如此，他认为这有力地驳倒了弗洛伊德的观点（阿德里写道：“弗洛伊德生得太早了。”）。在普及人类起源于非洲这一观点时，阿德里还强调，他认为智人在情感上是一种很难自我驯化的野兽。他认为人最初是森林中的猿，由于被别的大个头猿类击败而被迫来到灌木丛林，从食草的粗壮型南方古猿进化为食肉的南方古猿非洲种，然后（甚至更早之前）进化成智人，逐渐使用工具——阿德里喜欢用“武器”这个词。阿德里认为，人类之所以能够存活和繁荣是因为他内心从未忘记自己是野兽。[4] 阿德里书中至关重要的实地研究确立了一个观点，即人类不是起源于亚洲，而是起源于非洲，而且总体来说，人类起源是在东非大裂谷的某处一次性发生的，而不是在不同地点发生若干次；这一观点与战前流行的观点完全相反。这种转向多了一份紧迫感，因为行为学研究已经证明可以在野外研究动物，而且很多动物数量在减少。因此，行为学大大推动了生态保护运动。

在使广大公众认识到动物行为学的价值方面，影响力最大的莫过于在非洲工作的三位非凡女性，她们无比的想象力和敢于深入丛林的勇气使她
607 们大获成功。她们是：在肯尼亚研究狮子的**乔伊·亚当森**（Joy Adamson）、在坦桑尼亚冈贝河研究黑猩猩的**珍·古道尔**（Jane Goodall）和花费数年时间在乌干达研究大猩猩的**戴安·弗西**（Dian Fossey）。

乔伊·亚当森和**乔治·亚当森**（George Adamson）夫妇在第二次世界大战前就是非洲探险的老手了，也是李奇夫妇的朋友（自1929年起，乔

治·亚当森曾经是肯尼亚的蝗虫防治官员和金矿勘探者）。乔伊出生于澳大利亚，“是位有过多次婚姻，自负，任性，有时情绪不稳定的女性，不过精力充沛，极具独创性”。[5] 1956 年，在他们的驻地附近，一只狮子攻击并捕食了一名当地男孩。乔治·亚当森与其他人一起搜捕那只食人狮，按照惯例，那只狮子必死无疑，否则尝到“甜头”的狮子会再次来犯。他们找到了那只雌狮子，并及时射杀了它。但是，他们在附近发现了三只幼狮，眼睛还没能完全睁开，于是亚当森夫妇决定喂养这三只小狮子。其中两只狮子最终去了动物园，亚当森夫妇留下了一只“长相一般”的狮子，并以一名同样平凡的亲戚的名字为它取名**艾尔莎**（Elsa）。[6] 于是亚当森夫妇开始观察狮子的行为。从实验室意义上说，这种观察算不上系统，但是，人和动物之间的亲密关系却是新鲜的，它使进一步了解哺乳动物的行为成为可能，这在以前是无法想象的。例如，“艾尔莎曾经展现了它出色的理解力和克制力。在乌拉河中她撞翻一头野牛，并成功地将其淹死，就在她怒气未消之时，一个名叫努鲁的穆斯林冲过去抢在野牛死去之前割开了它的喉咙，以便他和其他非洲人能吃点肉。在短暂的瞬间，艾尔莎向他扑过去，但是她突然意识到他不是来偷取猎物，而是来分享猎物的。”[7]

1958 年，由于各种原因，比如艾尔莎的力量越来越大，越来越难以制服（她曾将乔伊的头咬在嘴里），这头母狮子被放回野生环境。对艾尔莎来说，这是种危险的尝试，却十分成功，不过此后她曾经带着她的新家人再次出现过，多数情况下表现温驯、友好。正是在这段时间，乔伊·亚当森构思了一系列令她声名远播的著作：《生来自由》（1959）、《活得自由》（1960）和《永远自由》（1961）。[8] 除了文本本身的影响力，书中还有大量亲切友善的狮子图片，这套书以十多种语言出版，销量达到 500 万册，另外还有一部电影大片和若干纪录片。起初乔伊收养幼狮是因为它们是“孤儿”，我们知道，母爱缺失是战后 20 世纪 50 年代的重要问题。在 20 世纪60、70和80年代，亚当森夫妇继续与狮子近距离生活，以随意而又独特的方式研究它们的真实本性。由于这些狮子对人友善，有人批评他们“毁”了狮子，使狮子变得不像狮子了；但是亚当森夫妇有能力证明，狮子无疑是凶猛野性的，它们的暴烈并非绝对，并非百分之百的本能；它们起码有能力表现出喜爱、尊重或亲密；营养的需要对它们而言并不总是头等大事。英国桂冠诗人泰德·休斯看过《生来平等》后如是说：“一头母
608 狮子，本该是喜怒无常的攻击者，竟然呈现出艾尔莎那样的品性，与其说是狮子接受了训练，倒不如说它受到了人的教化。”*[9]

与后来的戴安·弗西一样，珍·古道尔也是路易斯·李奇的门生。李奇很有才华，同时也是个情场老手，他与许多女助手有暧昧关系。早在1959年，即发现东非人那年，古道尔就开始接触李奇，希望与他共事。他俩见面后，李奇注意到古道尔在动物领域学识渊博，于是他酝酿已久的一个计划诞生了。他知道噶尼喀湖滨基格玛附近的冈贝河地区（Gombe Stream）有一群黑猩猩。李奇的想法很简单：非洲有大量的猿；而人类从猿进化而来；所以我们对猿的研究发现越多，就越有可能弄清楚人类（人性）是如何进化的。李奇认为古道尔适合从事这一工作，因为她有学识又不过于学究，头脑没有“被理论搅乱”。当时因为行为学是门新的学科，这一领域还没有多少理论，而且古道尔热爱这份工作。她于1971年发表了《在人类的阴影下》，既是正式报告又是通俗读物，既具有重要的科学意义，又令人动容。[10]

古道尔发现，黑猩猩花了几个月的时间才接受她，但是一旦被它们接受了，她就能在野外近距离地观察它们的行为，一一分辨每只黑猩猩。这种朴素的观察极其重要。她为每只黑猩猩起了名字——灰胡子大卫、福

---

* 1980年，乔伊被刺身亡，凶手是一名自称没有拿到薪水的助手。1989年，乔治在一次伏击中被索马里的农民偷猎者射杀。

娄、福林特、弗雷姆、格莱斯，后来遭到一些学院派科学家的批评，称她
应该采用中性的数字编号；她对黑猩猩行为的动机解读也受到了批评。但
是与书中丰富的材料相比，这些批评就太逊色了。[11] 她第一个重要发现是：
她看到一只黑猩猩为了抓白蚁，将一根细棍子插入白蚁窝，使白蚁粘在棍
子上，然后黑猩猩将这根细棍送到嘴边。这是一只使用工具的黑猩猩，此
前使用工具一直被认为是人类的特点。几个月后，这些灵长类动物的社
交 / 集体生活也开始显露出来。最引人注意的是雄性黑猩猩之间的等级制
度和为重新划分等级偶尔发生的几次袭击，这种等级制度总体上决定了群
体中的性特权，与采收食物的优先权没有必然关系。古道尔还记录了相当
多的攻击行为只是一种表演，一旦稍弱的雄性黑猩猩表现出恭敬或顺从的
姿态，占优势的动物就会拍拍对手，似乎要给对方以安慰。古道尔还观察
到母子间的亲子行为、互相梳理毛发的行为（从对方的毛发中捉出讨厌的
异物）和其他传递亲密感情的行为。因故失去母亲的幼年黑猩猩会变得束
手无策或神经紧张——我们称之为神经症；黑猩猩兄弟之间经常打架或者
漠不关心，有时候又会相互寻求慰藉。富有争议的是，她认为黑猩猩有基 609
本的自我意识，孩子们会从母亲那里学习很多行为。一个著名的例子是，
她观察到一只腹泻的母亲抓起一把树叶擦屁股；很快，她两岁大的小黑猩
猩也做了同样的事情，其实它的屁股是干净的。[12]

戴安·弗西的《迷雾中的大猩猩》主要讲述了她于 20 世纪 70 年代在卢旺达、扎伊尔、乌干达边境观察到的一种特殊的山地大猩猩。这种猩猩体格比黑猩猩强壮得多，但是从数量上看，这种灵长类动物无论在过去或是现在都受到了极大的威胁。卢旺达是人口最密集的非洲国家之一；二十多年来，大猩猩的数量一直以年平均 3% 的速度递减，已经到了只剩 250 只的地步。因此，弗西的著作既具有生物学意义，也有生态学意义。[13]

弗西以惊人的细节记载了偷猎者的凶残，他们有时候诱拐动物卖给

动物园，有时候杀死动物，以原始的仪式砍下动物的头和脚。这本书在1983年发表后，世界为之震惊，人们开始采取行动保护这种数量日益减少的野生动物，尽管它外表凶猛，有“金刚”的坏名声；另一方面，她的某些论点遭到了不公平的诋毁。弗西能够接近卡里索凯研究中心附近的一些大猩猩群体，一个重要因素是她学会了所谓的“**打嗝发声法**”（belch vocalisations），那是一种轻柔、低沉的喉头颤动声“哝嗷姆，哝嗷姆”，就像肚子咕噜咕噜地叫。她发现，这种声音在大猩猩中间是自在满足的意思，用这种声音预告她的出现，会让动物们感到安心，最终她得以坐到它们中间，与它们通过声音交流，近距离地观察它们。她发现，与黑猩猩相比，大猩猩的家庭结构更加接近于人类的家庭结构。大猩猩生活的群体相对固定，数量大约在十只左右。“一个典型的群体包括：一只银背大猩猩，即一只15岁以上、性成熟的雄性大猩猩，它是这个群体不容争辩的领袖，体重大约在375磅左右，相当于雌性大猩猩的两倍；一只黑背大猩猩，即一只尚未性成熟的雄性大猩猩，年龄在8至13岁之间，体重250磅左右；三到四只8岁以上、性成熟的雌性大猩猩，体重大约为200磅，它们一般终生与统治者银背大猩猩结合；最后还有三到六只不足8岁、未成熟的小猩猩。……小猩猩与父母、同辈和兄弟姐妹之间漫长的联系为大猩猩提供了一个特有的安全的家庭组织，其核心是牢固的亲缘关系。随着雄性幼崽和雌性幼崽渐渐性成熟，它们往往离开自己出生时所在的群体。大猩猩到了求偶交配期会离开，这种现象可能是一种进化，目的是减少近亲繁殖的不利影响，不过，当出生时所在的群体内没有繁殖机会时，成熟的个体倾向于迁移。”[14]

弗西发现，不同的大猩猩性格迥异，它们使用大约七种不同的声音：包括警戒呼叫、行走时发出的像猪一样的呼噜声、表示异议的声音、成年
610 猩猩和幼崽之间的训诫声。遗憾的是，戴安·弗西未能进一步研究；与亚

当森夫妇一样，1985 年底她被谋杀。她的黑人挑夫和白人研究助手均被起诉，但是后来法院撤销了对挑夫的指控。由于担心受到不公平的审判，白人助手逃离该国，后来尽管他缺席审判，仍然被判有罪。[15] 短期看来，弗西反偷猎的斗争比动物行为观察更重要，她的不幸遇害也证明了这一点。她以感性的笔触描述了大猩猩伊卡洛斯面对另一只大猩猩玛切萨死亡的反应，使人们就大猩猩的“悲伤”和非人类对死亡的理解等复杂问题展开了讨论。在很多方面，大猩猩的进化心理甚至比黑猩猩更具启发性。

乔治·夏勒（George Schaller）是纽约动物学协会野生动物保护处主任，他把研究世界上受到生态威胁的大型动物作为自己的毕生事业，希望能够为动物的生存做出贡献。在漫长的研究生涯中，他研究了熊猫、老虎、鹿和大猩猩，但是他最著名的研究成果是 1972 年发表的《塞伦盖蒂的狮子》。[16] 这本书部分章节谈到猎豹、花豹、野狗和土狼，论述了亚当森夫妇所留下的一些问题。夏勒的研究方法更系统更科学，他记录了狮子的数量，在捕猎的日子里一天会捕猎几次，交配的次数，以及它们划分自己领地范围用到了几棵树。[17] 虽然这部著作并没有因这些记录更引人入胜，但是他对非洲食肉动物和猎物之间的微妙平衡的总体描述对生态保护运动产生了重要影响。他告诉我们，食肉动物的存在不仅不会损害其他野生动物（当时是这么认为的），实际上还有积极影响，因为它们剔除了猎物中的薄弱个体，使兽群保持健康、机警。他还指出，尽管从物种史方面来看，狮子与人的关系不如黑猩猩或大猩猩那么亲近，但从生态学方面来看，它们非常接近，比如说，接近于南方古猿。他认为，狮子的捕猎技巧与早期人类很相似，而且他的研究也表明，狮子有令人骄傲的资本，它们可以在不发出任何复杂的声音或语言的情况下高效捕猎。因此，他认为，人类的语言未必是在打猎过程中逐渐发展起来的，而有些学者也同意这种观点。[18]

在肯尼亚、坦桑尼亚和乌干达边境进行的这场伟大的科学研究还包括

伊恩·道格拉斯—汉密尔顿（Ian Douglas-Hamilton）进行的大象研究。道格拉斯—汉密尔顿是尼古拉斯·廷伯根在牛津的学生，他最初打算研究狮子，却得知乔治·夏勒已经先行一步了。道格拉斯—汉密尔顿的研究成果《在象群中》发表于1975年，其研究方法介于亚当森—古道尔—弗西的方法和夏勒保持距离的研究方法之间，主要原因是人类在野生环境中很难接近大象。[19]他观察到大象的固守家庭和亲缘关系，对其他家庭成员有感情，它们之间还用一种特有的象鼻子对着象嘴的姿势表达感情。虽然他从未拟人化地称之为“亲吻”，但是很难找到更恰当的说法。若干家庭单位构成亲缘单位。有时候，雨季过后，食物供应充足，大象会聚到一起，形成数量为200头左右的大规模象群，但在旱季，它们会分解为较小的家庭群
611 体。大象特别关注死去的同类，小象会在死去的母亲身边逗留数日，象群有时候会肢解前同伴的尸体。道格拉斯—汉密尔顿在研究中细心地编号，记录哪头象站在哪头象旁边，证明大象之间存在长期的“友谊”。[20]道格拉斯—汉密尔顿观察到，与非洲其他大型哺乳动物一样，大象具有明显的个性。

在距离奥杜威更远的北面、仍然属于东非大裂谷的地方，这个大山谷一分为二：Y形的一个分叉向东北延伸到亚丁湾，另一个分叉向西北延伸至红海。Y形大裂谷两个分叉之间的部分被称为阿法尔三角地区，属于埃塞俄比亚。

本来阿法尔地区已经被李奇一家挖掘过了，特别是李奇的儿子理查德。他们是应海尔·塞拉西一世的邀请前去挖掘的，塞拉西皇帝本人对人类的起源感兴趣，1966年在对肯尼亚进行国事访问期间遇到了路易斯·李奇，并鼓励他到北方去。早期的发掘强化了人类起源于更南方的观点，但是竞争对手法美考察队的一个发现为这一说法蒙上了阴影。这

支队伍的核心人物是地质学家**莫里斯·泰伯**（Maurice Taieb），他专门研究阿法尔三角地区（它在地质学上非常独特）。他找来一位他在埃塞俄比亚见过的古生物学家、芝加哥大学的研究生**唐·约翰逊**（Don Johnson）。泰伯发现了一个名叫哈达尔的地区，并认为这个地方会很有收获——其面积达到数千平方千米，拥有丰富的化石。于是他们成立了一支考察队，起初李奇一家也是成员。这次考察中发生的事情后来成为古生物学界最有争议的事件之一。

1974 年 11 月，在距离营地 4 英里的地方，约翰逊发现斜坡上露出了一块手臂骨头的碎片。起先他以为那是猴子的骨头，但“它缺乏猴子特有的骨质凸缘”。[21] 他的视线落到了斜坡上面一点的另一块骨头碎片——接着他发现了一块下颚、肋骨、一些椎骨。实际上，他发现了当时发现的最完整的原始人骨骼，大约占到整个骨架的 40%，从盆骨的形状来看，基本确定是名女性。当晚，回到营地后，考察队喝啤酒、烤羊庆祝这个发现，约翰逊还一遍遍地演奏甲壳虫乐队的歌曲《天空中佩戴钻石的露茜》。这个正式编号为 AL288–I 的骨架很不符合科学规律地以“露茜”闻名。[22] 露茜在当时无可比拟的重要性在于，解剖学研究表明她能够直立行走，可以准确推算出她所处的年代大约为 310 万至 320 万年前。她的头盖骨并不完整，但足以让约翰逊推断出它与猿的头盖骨大小相当。她的臼齿类似于人类，但是前面的臼齿不像我们的那样有两个尖头。

1974 年 9 月，海尔·塞拉西一世在一次政变中被推翻，导致埃塞俄比亚出现马克思主义的军事独裁。这使工作难度加大，但是约翰逊设法继续工作，并于 1975 年再次做出更加非凡的发现：他在一处遗址，即著名的第 333 号遗址，发现了一个由 13 位成员组成的“第一家庭”：男性、女性、成年人、少年、孩子以及大约 200 块化石。第二年，即 1976 年，他与法国考古学家海林·罗什一起，发现了玄武岩工具，年代可以追溯到 612

250 万年前。这些都意味着有关人类的起源要彻底改写。人类制作工具的历史和直立行走的历史要比想象的久远得多；而且很明显，这个人类指的是南方古猿而非智人。

埃塞俄比亚政治局势进一步恶化（亚的斯亚贝巴又发生了一次政变），阻碍了哈达尔的深入发掘和研究工作。在此期间，东非大裂谷的南端再次引人瞩目。20 世纪 70 年代中期，**玛丽·李奇**一直在距离奥杜威 30 英里远的**拉托里遗址**（Laetoli）进行发掘工作，这是一个砂岩沟壑流经的高原地区，不同于峡谷地貌。多年来她不断去那儿发掘，不久前刚发现了年代在 360 万至 380 万年前的两块颌骨。1976 年 7 月份的最后一周，又来了四位科学家，其中有安德鲁·希尔和凯·贝雷斯梅耶。新来的科学家们兴致高昂，他们到达后的第二天早晨就绕着遗址走了一圈，并围绕大象粪便爆发了一场争吵。为了寻找攻击对方的新证据，希尔和贝雷斯梅耶跳进了一座平坦的峡谷，结果发现了一层坚硬的火山灰——进而在其中发现了大象的脚印。他们跪下来仔细观察，然后叫来了其他人。这些脚印不是新鲜的脚印，而是化石脚印，在大象足迹附近还分布着野牛、长颈鹿和鸟类的脚印，甚至还有一些古代的雨滴痕迹。一定是附近的火山喷出的火山灰落下来以后被雨水浇过，变成了一种水泥样的东西。这种“水泥”还没干透的时候，动物们在上面行走，接着上面又一层火山灰落下来。若干个世纪过去了，顶层风化了，露出了化石脚印。这是一个不寻常的发现，但是玛丽·李奇让大家去寻找**原始人脚印**——那将一定是条大新闻。整个 8 月他们都在寻找，一直到 9 月的一天，他们才找到了一些看起来像是原始人的脚印，其中有大脚趾的痕迹。在他们发现的两组脚印中，其中一脚稍大些，在这块古代“水泥”上大约持续了 18 英尺的距离。1978 年 2 月，玛丽·李奇信心十足地宣布了这一发现。特别引人关注的是这些火山灰可以追溯到 370 万年前，比埃塞俄比亚的遗址稍早。从凹痕图样来看，一些专家认为无论这位原始人是谁，他都始终没有直立行走。那么，这是不是人类最初走向直立行走的时期呢？[23]

答案并非来自玛丽·李奇。拉托里遗址发现的骨头和颌骨被交给了美国古生物学家**蒂姆·怀特**（Tim White），他的任务是仔细描述这些骨头。但是，怀特是个很难相处的人，他与理查德和玛丽·李奇闹翻了。在李奇看来，更糟糕的是，怀特后来与唐·约翰逊合作，继续研究和分析来自拉托里和哈达尔的全部化石，年代介于 300 万年前和 400 万年前。1979 年，他们在《科学》杂志上发表研究成果，声称他们发现的是一种不同的原始人，是其他原始人的祖先。[24] 他们将这种原始人命名为南方古猿阿法尔种，他们认为这些古猿是两足动物，有明显的雌雄差异（雄性比雌性大得多），不过即使雄性也不超过 1.37 米高；他们的智慧类似于黑猩猩，面部突出， 613
像猿一样；牙齿介于猿和人之间。最具争议的是，约翰逊和怀特声称南方古猿阿法尔种是南方古猿和人类种群的祖先，“因此，后两者应该是在 300 万年前的某个时间内分化出来的”。[25]

起初，约翰逊和怀特打算让玛丽·李奇成为共同作者，但是由于他们将玛丽发现的化石贴上了南方古猿的标签，玛丽相当不满。科学界的传统是发现者在发布其所发现的化石时有第一“发言权”，并由发现者为之命名。然后，其他科学家可以自由地提出赞同或反对意见。但是，将玛丽的发现用于自己的论文，约翰逊和怀特打破了惯例，而且当时他们清楚自己的观点与玛丽的解释相悖。但是，他们急于宣称南方古猿阿法尔种几乎是所有已知的原始人化石的祖先，总之他们那么做了。这就引发了一场无法弥补的宿怨。[26]

不过，除却个人恩怨外，南方古猿阿法尔种的发现促使更多的人们重新思索。[27] 在其获得命名时，主导观点认为直立行走和使用工具是相互关联的：早期的人用两条腿走路，使双手得以解放，从而可以使用工具。但是，根据约翰逊和怀特的说法，早期人先学会直立行走，然后才开始使用工具，两者之间的时间差至少有50万年。最新的观点是，直立行走与非洲干旱期有关，当时森林衰退，大片的萨瓦纳草原扩展开来。在这种环境中，直立行走有很多优势——直立的早期人类行走速度更快，身体散热更快，活动距离更远，可以用解放的双手带食物回家或给孩子。因此，尽管矛盾让人感到不快，但是关于人类起源的问题，它确实激发了一些有益的新观点。[28]

自从1953年发现DNA的螺旋结构以来，1961年又迎来了一次理论进展，当时剑桥的弗朗西斯·克里克和**西德尼·布伦纳**（Sidney Brenner）已经证明构成生物蛋白质的氨基酸实际上由DNA链条上三个一组的碱基对编码组成。也就是说，（A）腺嘌呤、（C）胞嘧啶、（G）鸟嘌呤和（T）胸腺嘧啶四个碱基中的三个以一定的排列组合编码成为某种氨基酸，如CGT或ATG。但是更务实的进步包括控制DNA的两种方法，这是后来的基因工程所必需的。首先是克隆，其次是基因序列。

1972年11月，**斯坦利·科恩**（Stanley Cohen）聆听了旧金山加州大学微生物学家**赫伯特·波伊尔**在夏威夷作的讲座，讲座内容涉及被称为**"限制酶"**（restriction enzymes）的某些物质。当这些物质遇到某种DNA碱基模式时，会将其切分成两个部分。例如，每次它们遇到后面跟着（A）腺嘌呤的（T）胸腺嘧啶时，一种限制酶（有好几种）就会切断DNA。但是，正如波伊尔在会上所说，限制酶所能做的不止于此。它们在切割时没
614 有形成钝端，使双螺旋体的两条链同时终止；相反，它们形成了齿形端或阶梯端，一部分凸出，比另一部分稍长。因此，科学家们将这些端点标示为"黏性"，因为附翼能吸引互补的碱基。[29] 在参加波伊尔的讲座时，科恩本人正在研究质粒，即潜藏在细菌染色体外面并且独立复制的DNA微

观螺圈。科恩听懂了波伊尔讲的东西，突然发现这与他自己的工作有直接且革命性的关联。因为质粒是环形的，如果被波伊尔所说的限制酶切断，就会变成断裂的环，断裂的两端成为彼此的镜像。因此，如果将其他动物身上取下的 DNA 片段，无论是什么动物（例如狮子或昆虫）都可以，以“开裂的环”状放入细菌中，它们就会自我繁殖。科恩这一想法之所以重要，是因为每个细胞中的质粒可以自我复制很多次，同时细菌每 20 分钟分裂一次。随着这种复制和分裂，一天内就可以产生 100 多万个粘连的 DNA 副本。[30]

讲座结束后，科恩就找到了波伊尔。沃尔特·博德默和罗宾·麦凯在讲述基因组计划的历史时是这么说的，两位微生物学家来到威基基海滩附近的一家熟食店，一边吃着咸牛肉三明治一边交谈，最后同意合作。1973 年 11 月，他们在《国家科学院学报》上发表了初期成果，公布了首例成功克隆的报告。自此，有足够的 DNA 可供实验使用了。[31]

下一步是研究 DNA 分子中的碱基序列，这在理论和实践上都很重要。排序很必要，因为如果生物学家想要弄清楚哪些基因控制着哪些功能，就要理解准确的顺序。英国剑桥的**弗雷德·桑格尔**（Fred Sanger）和哈佛的**沃尔特·吉尔伯特**（Walter Gilbert）发现了寻找基因排序的方法，并因此获得诺贝尔奖。但是，桑格尔的方法先获得认可，所以应用更广泛。*

之前，桑格尔在发现胰岛素时，曾经研发出一种方法，鉴别构成蛋白质的氨基酸，并因此获得了他的第一个诺贝尔奖。但是这个方法太慢了，不适用于分子很长的 DNA。而且，DNA 只有四个子单位（A、C、G 和 T）组成，所以要了解它们的性质，就要弄清长序列。他取得的突破是，创造性地运用一种叫双脱氧的化学物，又叫链终止剂。[32] 这些材料实际

* 桑格尔因为这个发现第二次获得诺贝尔奖，这意味着他进入了由两次诺贝尔奖得主构成的荣誉殿堂，其中包括玛丽·居里、约翰·巴丁和莱纳斯·鲍林。

上是不完整的腺嘌呤、胞嘧啶、鸟嘌呤和胸腺嘧啶；如果混入 DNA 聚合
酶，即 DNA 复制酶，就会形成序列，不过并不完全——事实上它们停止
了，被终止在 A、C、G 或 T 上。[33] 结果，它们形成了长度不一的 DNA，
每次都停在相同的碱基上。为了便于论述，我们设想这样一个 DNA 片
615 断：CGTAGCATCGCTGAG。如果用腺嘌呤（A）终止剂处理，就会形成
在 4、7、15 位置停止生长的片段；如果用胸腺嘧啶（T）终止剂，就会形
成在 3、8、12 位置停止生长的片段，等等。这一技术实际上可以分离不
同的 DNA 链，就是将 DNA 放在一盘特殊的凝胶上，再在凝胶的两端接上
电场，带负电的 DNA 被吸引到正电极，小的片段移动速度比大的片段快，
这就意味着最终 DNA 链按大小顺序分离出来了。再给 DNA 染色，就能读
出序列了。1977 年 2 月 24 日，这一技术在《自然》杂志上发表，此后迎
来了克隆实验的高潮，基因工程学就此兴起。[34]

一年多以后，1978 年 8 月 24 日，波伊尔和一位年轻的风险资本家罗伯特·斯万森一手创建的基因泰克宣布，他们已经用基因排序和克隆的方法生产了人类胰岛素，并且已经和制药行业的巨头礼来公司达成协议，大批量生产这种药品。两年后，1980 年 10 月，基因泰克向公众发售 110 万股股票，微生物革命就此进入崭新的阶段：股票发行价格为每股 35 美元，发行后迅速涨到 89 美元。1974 年初，波伊尔仅向公司投资了 500 美元，如今他见证了自己 92.5 万股的股票市值涨至 8000 万美元。从来没有哪位物理学家拥有如此之高的身价。[35]

与电子和其他基本粒子相比，人们花了相当多的时间才将基因分离出来，并进而了解其组成部分。不过，在物理学的帮助下，有关基因的实验和理论工作开始先后展开。

20 世纪 70 年代，一种新的文学形式开始出现。它源于罗伯特·阿德

里的作品，却走得更远。那是些生物学著作，却带有明显的哲学意味。不过，作者不是诸如阿德里或《生物定时炸弹》的作者戈登·拉特雷·泰勒等人的记者或剧作家，也不是《裸猿》的作者德斯蒙德·莫里斯这样的科普作家，而主要是科学家。这些书谈的主要内容都是复杂的生物学，却有更远大的追求。

第一本著作首先于 1970 年以法语发表，一年后推出了英语版。其作者是**雅克·莫诺**（Jacques Monod），他曾因揭示基因材料合成蛋白质的机制而获得 1965 年诺贝尔奖。在《偶然性和必然性》一书中，莫诺谈到了自沃森和克里克发现双螺旋体以来的最新生物知识，努力探寻生命的定义，思考生命到底是什么，进而探索生命对伦理学、政治学和哲学的意义。在我们现在看来，这本书比其初版的时候影响更加深刻（企鹅出版社于 1977 年再版）。这是因为莫诺的思想影响了很多现在知名度比他高得多的生物学家和哲学家的观点，包括 E. O. 威尔逊、史蒂芬·杰·古尔德、理查德·道金斯和丹尼尔·丹尼特。 616

莫诺虽然是位生物学家，但他的重要见解是：生命在本质上是一种物理学现象，甚至是一种数学现象。他最初的目的是要揭示宇宙中的实体如何在遵循宇宙法则的同时又“超越”这些法则。或者，正如他所说的，进化没有赋予存在的“义务”，但是它的确赋予了存在的“权利”。在莫诺看来，20 世纪两项伟大的知识成就（自由市场和晶体管）都显示了生命的重要特点：扩充。这一规律允许组成部分自发且自然地在其所属的系统中产生更多的组成部分。照此推理，原则上生命并不独特。

在其著作的技术部分，莫诺揭示了所有生命的两个组成部分：蛋白质和核酸，它们自发采用三维形式，正是这种三维形式决定了很多其他东西。莫诺认为，这种自发组合是生命最重要的因素。他说，这些物质具有物理学和数学的特征。“伟大的思想家，包括爱因斯坦，往往……惊异于这个事实，即人类创造的数学单位即便与经验毫不相关也能如此忠实地反映自然。”莫诺再次暗示，这一点并无特别“神奇”之处——生命的数学和物理学特征丝毫不逊色于其生物学特征。（我们将在最后一章讨论这部预示性的著作。）

他进而提出，由于核酸能够“精确地”自我复制，进化才得以发生，因此，这意味着只有偶然因素才能产生突变。从这种意义上说，宇宙曾经具有、现在仍然具有偶然性（从统计学的角度，因此也是数学的角度来看）。他感到，这一点具有深刻的意义。首先，进化不仅仅适用于有生命的物体：适应是时间的另一种表述，相当于热力学第二定律的另一功能。生物作为孤立的、完备的能量系统，似乎违背了熵的内涵，只可惜进化不可能倒退，这便是时间的功能。这就意味着，生命是暂时的，因其本质上是物理现象：不同的生命形式相互对抗，直到形成更大的无序状态。

同样富有争议但又没有末日论嫌疑的是，早在E. O. 威尔逊和理查德·道金斯等人的著作之前，莫诺就提出，观念、文化和语言是生存的工具，神话（他避免使用宗教这一术语）中含有生存的价值，不过它们终会被取代。（他认为，从这个意义上说，基督教和犹太教比印度教更“原始”，并认为后者比犹太基督教更长久。）他觉得，进化理论是“盲目”的过程，不指向任何目的性结论，它所概括的科学方法是最“客观”的世界观，原因在于没有哪些人会比另一些人更接近真理。从这个意义上说，他认为科学驳斥并取代了一些观点，如泛灵论、伯格森的活力论，尤其是马
617 克思主义（它自认是社会历史的科学理论）。因而莫诺认为科学不仅是一种研究世界的方法，还是一种其他社会机构能够从中受益的伦理姿态。

他并非看不到这种姿态引发的问题。“现代社会靠科学维系，依存于科学产品，它对科学的依赖不亚于瘾君子对毒品的依赖。它把必要的物质推给知识的根基——基本伦理，把道德弱点推给已经被知识毁坏、但它仍

想参照的那些价值体系。这种矛盾是致命的，我们看到，这使我们陷入困境。创造了现代世界的知识伦理是唯一能与现代世界共存的伦理；一旦被理解和接受，它就是能够引导世界进化的唯一伦理。”[36]

莫诺的视野宽广，他的语气是试探性的，好像一名刚刚接触哲学的新人，没有接受过学科训练，正在摸索前行。他有关“客观知识”的观点极大地忽略了托马斯·库恩的研究，因而在接下来的几年里不断受到哲学家的批评。但是莫诺之后的生物学家们可没有这么谦逊。20 世纪 70 年代中期又有两本书面世，更直接地探讨基因、社会组织和人性之间的关系。

在《社会生物学：新的综合》（1975）一书中，哈佛大学的动物学家**爱德华·O. 威尔逊**（Edward O. Wilson）意图揭示生物学、基因以何种彻底的程度控制包括人类在内的所有动物的社会行为。[37] 威尔逊对生物学各个领域涉猎广泛，还是一名研究昆虫的世界权威。他论证说，昆虫、鸟类、鱼类和哺乳动物的所有社会行为模式都能做出如下解释：出于生物体与环境之关系的需求或出于生物体与某种特殊生物要素（比如气味）之关系的需求，而这显然是遗传决定的。他揭示了领地权何以关系到食物需求，种群规模何以不仅关系到食物供应，还关系到性行为，性行为反过来又与支配模式相关。他研究了大量鸟鸣声，发现鸟类继承了一种“基本”的鸣叫方法，但如果鸟类迁徙，它们还能学会一定的“方言”。[38] 他证明了蚕蛾醇（雄蚕体内的一种化学物质）的重要性，它刺激雄蚕去寻找雌蚕进行交配，按照威尔逊的说法，它使雄蚕看起来有点像“受性指引的导弹”。[39] 他说，这种物质只要一点点就足以使蚕兴奋起来，这说明了进化可能是这样发生的：只要蚕蛾醇或同样敏感的受体发生微小的变化，就足以从性方面驱使许多个体离开原群。威尔逊考察了本章前面提到的有关大猩猩、黑猩猩、狮子、大象，以及南方古猿的众多研究之后，在其著作后面附上了说明人类社会和人类行为如何进化的表格，这些表格引起了争议。它创造了一种层级制，顶部是美国、英国和印度这类国家，中间是夏威夷和新几内亚，底部是澳洲土著居民和爱斯基摩人。[40]

评论家不同意威尔逊的论点，认为他的观点过于简单，有种族主义（他来自美国南方）倾向，在哲学上靠不住，而且也还质疑了自由意志的
618 整个概念。争议还涉及一个在哲学上很重要的技术领域，主要涉及他对于利他主义和群体选择的讨论。评论家质问道，利他主义指的是个体把他人的利益置于自身利益之上，如果进化以传统方式作用于个体，那么怎么会出现利他主义呢？怎么会发生群体选择呢？ 20 世纪 70 年代中期出版的又一部作品给出了更为明确的答案。生物学领域之外的人可能会感到惊讶，《自私的基因》有相当多的篇幅谈到了基础数学。[41]

《自私的基因》一书的作者**理查德·道金斯**（Richard Dawkins）来自牛津大学，他在一些重要章节中设想一个完全由鹰或鸽子组成的鸟群。鹰好斗，而鸽子总是退让，并接着引入了数学。道金斯为不同的遭遇附上相应的完全随意的分值。例如，两只鸽子打架，胜者得 50 分，但是因为它长时间地观望对方，要被扣掉 10 分，这样它一共得了 40 分。负者被扣 10 分，因为它浪费时间，观望不前。因此，一般来说，任何一只鸽子，在与其他鸽子争斗时，都有一半的胜算，因此，平均成绩就是 +40 与−10 之和的一半，即 +15。[42] 现在假设闯入了一只突变异种鹰。它从不退让，所以每战必赢，每次都得 50 分。与平均成绩只有 +15 的鸽子相比，它明显占优势。在这种情况下，做一只鹰有明显的优势。但是，现在鹰的基因扩散到了整个鸟群中，很快，所有的争斗都成了鹰与鹰的争斗，此时，胜者得分 +50，而负者严重受伤，因此得分为−100。如果鹰在所有的争斗中胜负各一半，那么它的平均成绩为 +50 与−100 之和的一半，即−25。在这种情况下，闯入了一只突变异种鸽子，它每战必败，但它从不受伤，所以它的平均成绩为 0。这个成绩似乎不怎么样，但要比−25 好得多。因此，鸽

子基因开始扩散。按照这种计划，鸟群最终将达到**进化稳定策略**（ESS），5/12 是鸽子，7/12 是鹰。在这个临界点上，鹰和鸽子的成绩是一样的，自然选择不会偏向任何一方。这个简单的例子想要说明的是，一群鸟可以呈现出某种特征，而自然选择却是发生在个体身上的。

道金斯接着举了一个稍微复杂一点的例子。这次他要我们假设他是一只动物，发现了食物——一丛蘑菇，共 8 只。他给每只蘑菇 +6 分（这些分值仍然是完全随意的）。他写道：“这些蘑菇很大，我只能吃掉其中 3 只。我要不要发出‘食物呼叫’，把我的发现告诉别的动物呢？谁能听到呢？兄弟乙（它与我的相关性是 1/2，即它与我有一半的基因相同）、堂兄丙（它与我的相关性是 1/8）和丁（没有特别的关系：它与我的相关性没有实际作用，可以忽略）。如果我对自己的发现缄口不言，那么我的净得利益是我吃掉了 3 只蘑菇，每只蘑菇得 +6 分，一共 +18 分。如果我发出食物呼叫，我的净得利益就需要稍微计算一下。我们 4 个人将分享 8 只蘑菇。我能吃到 2 只蘑菇，每只得分 +6，我的总成绩是 +12。但是当我的兄弟和堂兄分别吃自己的那两只蘑菇时，因为我们有共同的基因，所以我 619
也能得到一些分值。实际得分就是（1×12）+（$1/2 \times 12$）+（$1/8 \times 12$）+（0×12）= 19.5。自私行为获得的相应净得利益是 +18：呼叫带来的结果只高了一点点，但结论是明确的。我应该发出食物呼叫；在这种情况下，对我而言，利他主义对我的自私基因有利。”[43] 道金斯最主要的观点是，我们必须把基因视为进化和自然选择的核心单位：基因是一种自我复制的单位，它“关注”自身的生存和兴盛，清楚了这一点，其实一切就一目了然了：昆虫、鸟类、哺乳动物和人类的亲属模式和行为就可以解释了；利他主义是明智的，非亲属群体（如种族）间的相互关系也是如此。

道金斯颇有说服力的论点和威尔逊的观点共同激发了达尔文思想的

复兴，成为20世纪最后二十五年的特点。道金斯和威尔逊的观点还有一个方面与汤姆·沃尔夫、克里斯托弗·拉什、约翰·罗尔斯和经济学相关。这也是20世纪末各种知识走向综合的又一个例子。道金斯的《自私的基因》、沃尔夫的《我时代》和拉什的《自恋的文化》都强调个性化和自私。这些书各不相同，表面上有不同的目标，但引人注意的是，它们都有着自私的主题。与约翰·罗尔斯的《正义论》的联系在于，“原初位置”和“无知之幕”实际上与自私的基因所处的位置完全相反：罗尔斯说的是，谁也不懂得遗传，正因为不懂，我们才希望走向真正公平的制度，拥有剔除自私的生活方式。在罗尔斯的原初位置，当然没有鹰或鸽子，也没有其他亲属。罗尔斯的体系很清楚道金斯类型的论点并努力避开它。丹尼尔·贝尔已经注意到了资本主义的文化矛盾；罗尔斯的观点抛弃了达尔文主义的一些矛盾之处。道金斯的观点与市场体系有相似之处，部分原因是他将行为结果与数值相联系，尽管简单化了，但结果（得失）十分真实。例如，鹰和鸽子的处境在某种程度上反映了人类的价格垄断。为了获得最大利益，车行老板（打个比方）要确定一个（相对）稳定的汽油价格；这样所有的车行老板都会受益。但是，总有一只任性的“鹰”经不住诱惑，降低价格，赚取暴利。于是其他车行老板迅速跟风降价，直到情况稳定，重新定价。很多民主国家有相关法律，防止这类行为的泛滥，但不能抹杀
620 的是，在某些方面，进化与市场经济有很多共同特征。

35

法国专辑

1977年1月31日晚，8点20分，不管谁到了，谁还没到，位于巴黎市中心蓬皮杜国家艺术文化中心的波堡画廊都关上了大门。瓦雷利·吉斯卡·德斯坦总统即将发表讲话，宣布蓬皮杜中心开幕。所有的楼层都是穿正装的男士和着礼服的女士，很多人想找杯饮料喝，但一无所获，因为总统不知出于什么原因下令禁止提供茶点。吉斯卡总统在讲话中首先赞扬前总统蓬皮杜（法兰西共和国前总统，正是他推动了这个项目），有意冷落了负责该中心运作的主管部门领导、巴黎市长雅克·希拉克，只字未提建筑的设计者或建设者。聚集在一起的来宾们手中连酒杯都没有，被迫空手聆听总统的讲话，难免怀疑总统在演讲中没有面面俱到，是否意味着他并不喜欢这座建筑。[1]

的确，很多人不喜欢这座建筑，他们觉得**蓬皮杜中心**（Pompidou Centre）无论在当时还是在现在都是全世界最丑陋的建筑物。无论这一说法有多少真实性，其重要性却是毋庸置疑的。[2] 首先，它的设计初衷不是要建成一座美术馆或博物馆，而是要建成一座艺术综合体和图书馆，帮助巴黎重拾第二次世界大战后因纽约的崛起而失去的艺术之都的地位。其次，这个中心是一座重要的建筑，无论其外观如何，它无疑标志着为摆脱战后占主导地位的现代主义美学而进行的有力尝试。再次，这个中心之所以重要还因为它内设声学、音乐研究和协作学院，该院有意成为实验音乐的世界中心。人们将管理者职位预留给了皮埃尔·布列兹，希望能借此吸引他从美国回来。[3]

不过“波堡”的意义主要在于建筑。两位设计者意大利人伦佐·皮亚诺和来自伦敦的理查德·罗杰斯都是当代最具技术思想的人物，而选中他们的评审团成员包括菲利普·约翰逊、约恩·乌松和奥斯卡·尼迈耶，他们分别是美国、丹麦和巴西的建筑师，曾经合作设计了一些战后最负盛名
621 的建筑。**菲利普·约翰逊**（Philip Johnson）代表了包豪斯（沃尔特·格罗皮乌斯、密斯·凡·德罗和勒·柯布西耶）之后建筑界的主流。在1945至1975年的三十年间，多数西方建筑从功能上可以分为两种：公司建筑和大众住宅。建筑师如果追求国际风（菲利普·约翰逊本人创造了这个术语），就主要通过直线和平面打造设计方案，建筑物往往要么完全采用黑色（例如密斯·凡·德罗设计的曼哈顿西格拉姆大厦），要么完全采用白色（例如数不清的住宅项目）。虽然有人大胆尝试，努力摆脱直线一统天下的局面（在20世纪60年代新大学的建设潮中，最成功的要数锯齿形和菱形），但是现代建筑经常陷入简·雅各布斯所说的“乏味的大荒芜”或批评家雷纳·班汉姆所说的“新野兽主义”。意大利批评家曼夫雷多·塔夫里和弗朗西斯科·达尔科指出，现代建筑的问题是“过度关注于为一系列无意义的传承形式重建意义的深度”。[4]伦敦南岸的建筑群（包括国家剧院）和米兰大教堂附近的维拉斯加塔楼都是大型建筑的例子，给人以压迫感。

奥斯卡·尼迈耶（Oscar Niemayer）和**约恩·乌松**（Jørn Utzon）之所以引人注目，是因为他们努力摆脱这种传统。尼迈耶师从勒·柯布西耶，因曲线形贝壳状混凝土屋顶而声名远扬，他最著名的作品是巴西新首都，其景观令人想起乔治·德·基里科。约恩·乌松设计了很多住宅项目，但他最著名的建筑是澳大利亚的**悉尼歌剧院**（Sydney Opera House），它试图用白色的巨浪式房顶重现不久前首次发现的澳大利亚帆船的线条。毫无疑问，公众喜爱这座建筑（无疑它极具原创性），但是悉尼歌剧院功能单一、地点独特（位于水边码头区，容易看到），无法被广泛仿效。然而，尽管有这样或那样的缺点，尼迈耶和乌松努力摆脱约翰逊所概括的传统建筑智慧，理论上，“波堡”评审团应当十分专业才对，而**威尔海姆·桑德伯格**（Wilhelm Sandberg）的加盟更是锦上添花，威尔海姆·桑德伯格是阿姆斯特丹市立（现代艺术）博物馆馆长，也被广泛认为是20世纪最重要的博物馆长（阿尔弗雷德·巴尔紧随其后）。评审团考查了681个有效方案，他们先是选出100个，然后再选出60个，最后选中了第493号方案（所有的图纸都是匿名的）：皮亚诺、罗杰斯和弗兰奇尼任建筑师、奥雅纳工程顾问公司（曾经参与过南岸建筑群和悉尼歌剧院的工作）担任顾问工程师。[5]

伦佐·皮亚诺（Renzo Piano）是热那亚人，生于1937年，他认为自己不仅是一名建筑师，还是一名工业设计师——奥利维蒂公司是他的客户。**理查德·罗杰斯**（Richard Rogers）于1933年生于英格兰，但是他来自一个意大利人为主的家庭——堂兄厄内斯托·罗杰斯曾经在米兰教过皮亚诺。罗杰斯是一名富布莱特学者，曾就读于伦敦的建筑联盟学院，后赴耶鲁，并在那儿遇到了菲利普·约翰逊和他之前的合作伙伴诺曼·福斯特。皮亚诺和罗杰斯胜出的设计方案有两个主要特点。这个方案没有填满那块巴黎多年前清理出来的一处大约七英亩的空地。相反，它还在主建筑 622

物前留下一块长方形地块，将其建设成露天广场，不仅方便游客，还方便街头表演：杂耍演员、吞火魔术师、杂技演员等。该设计另一个更具争议的特点在于其“内部结构”，特别是那些通常会隐藏起来的部分，如空调管、水管和电梯间等，都放在外面，刷上鲜艳的色彩，使其成为设计的一大特色。这么做的一个原因是灵活性：未来可能会进一步开发该建筑物的用途，那么现存的机械就需要更换。[6]另一个原因是避免巴黎又竖立一座“纪念碑”的说法，将本该隐藏的元素暴露在外，突出了中心的“工业”特点，增强了整个建筑物的都市感。

一部用玻璃管道保护起来的电动扶梯顺着大楼外部曲折上行，这一外观特色打动了菲利普·约翰逊的心。他特别喜欢这一设计。[7]蓬皮杜中心就像是一只用花彩管道装饰的鞋盒；但它看起来特别新颖，当然也不同于国际上流行的现代建筑。无论你喜欢它还是讨厌它，蓬皮杜是与众不同的，它打破了常规。虽然它并未激发多少复制品，但它却是促进变化的催化剂。

声学、音乐研究和协作学院（IRCAM）是蓬皮杜中心规划的一部分，旨在将其建成出色的世界级音乐技术中心，它拥有绝对没有回声的特殊音响设备、先进的计算机、声学研究实验室，以及能容纳500名观众的表演厅。这个中心后来被称为“小波堡”，最初的构想是地下5层，带玻璃房顶和图书馆，用蓬皮杜历史学家内森·西尔弗的话说，要建成“全世界音乐研究者的工作室”。[8]吉斯卡任总统后削减了经费，但是，即使如此，也足以吸引布列兹回国了。

皮埃尔·布列兹（Pierre Boulez）生于1925年，是第二次世界大战后从事音乐创新的少数几位作曲家之一，其他人还有卡尔海因兹·斯托克豪森、米尔顿·巴比特和约翰·凯奇。我们知道，在20世纪50年代，严肃音乐家在作曲时主要有三大方向：十二音阶体系、电子音乐和各种即兴的奇想。布列兹、斯托克豪森和让·巴拉克都曾经师从奥利维埃·梅西安。在第 23 章我们看到，梅西安曾经尝试记下鸟鸣的音符，相信各种声音都可以转成音乐，他正是以这种方式对学生产生了重要的影响。**卡尔海因兹·斯托克豪森**（Karlheinz Stockhausen）还受到了非洲音乐、日本音乐（1966 年他曾在日本工作）和南美音乐的影响，但是布列兹在 1952 至 1954 年间创作《没有主人的琴锤》（*Le Marteau sans maître*）时，采用非洲黑人音乐的节奏谱写了电颤琴和宽音域木琴的乐曲。十二音阶体系在于 1945 年逝世的安东·冯·韦伯恩的晚期创作中发挥了重大影响。布列兹认为这些创作是个“开端”，斯托克豪森和美国的米尔顿·巴比特对此表示赞同。在欧洲，达姆施塔特的克兰尼斯坦学院是践行这一方法的中心。夏天，好几个月的时间里，作曲家和学生们聚在一起探讨音乐创作的最新进展。斯托克豪森是其中的常客。[9] 623

布列兹可能是音乐理论领域中最有思想的一位。对他而言，十二音阶体系是对“声音的客观艺术”的追求。他认为自己不仅是作曲家，还是研究声音的科学家、建筑师或工程师。在一篇题为《技术和作曲家》的论文中，他说，音乐领域的保守趋势阻止了新乐器的发展，他对此感到遗憾。按照评论家保罗·格里菲斯的说法，正因如此，布列兹才认为梅西安的方法、电子音乐和计算机对其艺术形式的发展很重要。[10]《结构》是他创作的一部非常著名的乐曲，这说明他也曾经关注过“结构”，他写道，结构是“我们这个时代的关键词”。布列兹在写作中多次提及克劳德·列维—斯特劳斯、包豪斯、费尔南·布罗代尔和毕加索，他们每个人都堪称典范。他频繁会晤雅克·拉康和罗兰·巴特（见下文），有些会晤是公开的。在一次著名的评论中，他说，仅仅给《蒙娜丽莎》加上八字须还不够：“应该干脆把它毁掉。”因此，他孜孜不倦地追求新的声音形式，在这方面，“研究”和数学模式并非不合时宜。[11] 布列兹和凯奇都采用数字图形确立节奏结构。

电子音乐（electronic music）包括对自然声音、金属和水的声音（具象音乐）的电子改编，为音乐创新提供了另一条探索途径，提出了颇受这个小圈子欢迎的新结构和表面上科学的元素。人们发明了新的记谱法，发明了新的乐器，带来了大量新的电子技术合成的声音，特别是1964年面市的罗伯特·穆格的电子合成器。巴比特和斯托克豪森都创作了大量的电子音乐，后者甚至在1970年的大阪展览会上拥有一座特别为他建造的球形演奏厅（以获得最佳的音响效果）。

保罗·格里菲斯认为音乐中的偶然性与艺术界杰克逊·波洛克的滴画和雕塑界亚历山大·考尔德摇摆的“动态雕塑”异曲同工。[12] 在美国，约翰·凯奇是领军人物；在欧洲，即兴音乐于1957年随着斯托克豪森的《第十一钢琴曲》和布列兹的《第三钢琴奏鸣曲》而来到达姆施塔特。在斯托克豪森的乐曲中，音乐家看到的是一张纸，上面有19个片段，可以用任何顺序演奏。布列兹的作品还不算极端：整首曲子写满了符号，但音乐家要被迫在很多地方进行方向性选择。[13]

布列兹的作品反映了战后作曲家的激进特点，他甚至激进到了质疑与音乐有关的一切：音乐会的性质、管弦乐队的组成、音乐厅的建筑设计，以及最重要的一点，现有乐器的局限性。正因如此，才有了创办声学、音乐研究和协作学院的想法。20世纪50年代初，约翰·凯奇曾经在洛杉矶做过类似的尝试，但是直到1968年5月法国发生五月风暴时，布列兹才得以广泛传播他的理念。[14] 他的目标远大（他曾经说，“我要做的是改变整个人类的心智”）。确实，布列兹领先于同时代的其他人，甚至领先于斯托克豪森，在某种意义上，他以“布罗代尔式”眼光看待自己，认为自己亦是“长时段”的一部分，是音乐发展的一个阶段。因此，他希望声学、音乐研究和协作学院在使用机器（能够“制作”音乐的“4X”）、追求创造性的同时能制作出更“理性”（语出布列兹）的音乐。[15] 1977年5月，布列兹在《泰晤士报文学增刊》上发表观点。“科学家和音乐家协作是必要的，他们应该忠于本来就涵盖大量专业范畴的两个通用名称，不过从外部看来，似乎科学家和音乐家也不是非合作不可。一种直接反应可能是，音乐创作不需要相应的技术；科学界的很多代表也不觉得这种说法有什么错，为了证明自己的理解是正确的，他们会摆出事实：艺术创作属于直觉和非理性的范畴。他们怀疑火与水的乌托邦式联姻能否产生有用的东西。如果事关神秘，那就让它保持神秘吧：对音乐和科学的交汇点的任何探寻都很容易被视为亵渎。许多科学家们由于不清楚音乐家们想从他们那儿得到什么，不清楚双方可以合作的领域，他们只是觉得事情荒谬，就选择提前退出。”[16] 不过，他接着说：“最后，音乐创作总得学会甚至借用技术性语言。……音乐家要创作，就得切实了解当代技术；不然，科学家、技师和音乐家虽然密切往来，甚至互相帮助，但是他们的活动在对方看来却处于边缘位置。因此，我们今天的构想，就是要为整合他们做准备，通过日益中肯的对话，形成兼顾音乐创作之需要和技术优先的共同语言。……未来的实验很可能依据中肯的对话进行，我们当中有多少人能够担此重任？”[17]

《法国贩毒网》是威廉·弗莱德金于1971年拍摄的有关毒品流入美国和黑手党的电影，其实说的不是法国的事情（其中有些恶棍是讲法语的加拿大人），但是片名很受欢迎，它抓住了哲学、心理学、语言学、认识论以及历史学、人类学和音乐等领域一些值得关注的内容。这就是法国思想和盎格鲁-撒克逊思想之间的明显差异，不过二者同样硕果累累又富有争议。在美国、英国和其他英语世界，达尔文的元叙事方兴未艾，但在法国，特别是 20 世纪 60 年代末以及 70 和 80 年代，19 世纪的另外两种元叙事再度兴起：弗洛伊德主义和马克思主义。区分这些理论并非易事，因为有些作者同时支持两种理论，还有些德国和法国的作者文风深奥、矛盾，他们的作品翻译后语言显得更加笨拙、晦涩。下文中，除了引用原作之外，我还会引用一些注释，尽量避免晦涩难懂的语言，因为这些法国思想家确实代表了一股明显的潮流。

雅克·拉康（Jacques Lacan）是一位秉承弗洛伊德传统的精神分析学
625 家，他的成长经历非常特别。拉康于 1901 年生于巴黎，20 世纪 30 年代与雷蒙·阿隆、让—保罗·萨特、安德烈·布雷东、莫里斯·梅洛—庞蒂和雷蒙·格诺等人一起参加过亚历山大·科耶夫主持的有关黑格尔和海德格尔的研讨会（见第 23 章）。在法国，精神分析学并没有像在美国一样迅速获得承认。1953 年，拉康开始举办公开研讨班，这种研讨活动持续了 26 年，至此，精神分析学才在法国受到重视。他的研讨班思想前卫，设计容纳 650 名听众的空间挤进了 800 名听众，其中还有很多知名的知识分子和作家。虽然马克思主义哲学家路易·阿尔都塞高度评价拉康，并于 1963 年邀请他将研讨班转至巴黎高等师范学院，但是拉康还是被迫从巴黎精神分析学协会辞职，并遭到国际精神分析学会驱逐，原因是他采用了“折中”的方法。1968 年 5 月之后，樊尚大学的精神分析系（属于巴黎大学）得以重组，成为弗洛伊德学派的阵地，拉康担任科学主管，弗洛伊德主义和马克思主义在此交流。[18]

拉康的处女作《文集》发表于 1966 年，对弗洛伊德主义进行了重大修改，纳入了诸如自我这样的东西根本不存在之类的观点。[19] 拉康理论中引起广泛关注的部分是他对语言的关注，这一点继承了路德维希·维特根斯坦和罗纳德·大卫·莱恩。[20] 与莱恩一样，拉康相信发疯是面对无法忍受的情况时做出的理性回应；与维特根斯坦一样，他相信语言是不确切的，相同的语言对于说话者和听者而言，其意义多少有些出入；精神分析学家的工作就是要理解无意识地经由语言透露出来的意义问题。同样，拉康并没有给出解决方案；在他看来，精神分析是一种倾听和探求“欲望”的技术。本质上，精神分析过程中展现的语言是“以被拷问的形式”无意识揭开的语言，即欲望。拉康说，无意识不是我们内心的私人地带。相反，它是我们用语言调停的彼此相互关系的基本而未知的模式。受到超现实主义的影响和费迪南·德·索绪尔语言学理论的影响，拉康迷上了语言机制。他认为，有四种“话语模式”——主人话语、大学话语、癔症患者话语和精神分析师话语，不过它们极少以单纯的方式出现，之所以这样分类，是为了便于分析。最后，拉康还有一个重要观点，即不存在完全的真相，等待完全真相的出现是毫无意义的。拉康喜欢说，当患者意识到治疗能永远继续下去时，患者就会结束精神分析治疗。这就体现了在意义获取过程中的语言应用：语言使患者认清了自身处境的真实性（或者说真实意义）。拉康的追随者说，这就是他的写作风格缘何如此笨拙或者说晦涩的一大原因。读者必须透过字面“重构”自己的意义，就像诗人写诗一样（不过一般来说，诗人重构的意义也许要比患者重构的意义易懂得多）。[21]

这当然过于简化了拉康的理论。拉康晚年的时候，甚至在作品中使用了数学符号，不过，多数人并没有因此觉得他的观点更明确易懂，当然他为 626
数众多的批评家同样如此，他们认为拉康古怪、糊涂，甚至一派胡言。尤其有一种批评认为，虽然他的职业生涯有很长一段岁月在巴黎，曾经不断尝试将弗洛伊德和黑格尔、斯宾诺莎、海德格尔和萨特的存在主义综合起来，但他却忽略了生物学和医学领域取得的最基本的发展。如果说拉康给我们留下了什么不朽的遗产，那要数他是“解构主义”的创始人之一，即语言没有内在意义，讲话者表达的意思与他本来的意义多少有出入，听者/说话者必须尽自己的本分。正因如此，他的观点一度在心理学、哲学、语言学、文学批评，甚至电影和政治学中占有一席之地。

在精神学家中，**米歇尔·福柯**（Michel Foucault）在政治和影响力方面无人能敌。他的职业生涯和他的观点同样有趣。保罗—米歇尔·福柯于1926年10月生于普瓦捷，曾就读于巴黎高等师范学院。这所特别有名的全寄宿制高校是“法国大学校”成员之一，其毕业生称为“高师学生”，为大学输送师资。福柯在那里收获了路易·阿尔都塞的友谊、保护和帮助，阿尔都塞身材瘦削，有种“孱弱的忧郁之美”。阿尔都塞经常接受分析甚至是电击治疗，身体远谈不上健康，但是作为一名重要的理论家，他声名显赫。[22]起初，福柯因为考试不及格而惊慌失措，但是后来，他渐渐喜欢上了精神病学，特别是赶上了这个专业的兴起和发展，于是他的职业生涯风生水起。作品的成功使他得以结交法国思想文化界的很多名人：克劳德·列维—斯特劳斯、罗兰·巴特、费尔南·布罗代尔、阿兰·罗伯—格里耶、雅克·德里达和埃马钮埃尔·勒华拉杜里。1968年事件之后，新的樊尚大学选中他主管哲学系。[23]樊尚大学的正式名称是樊尚实验大学中心，“是1968年五月风暴和埃德加·福尔的产儿”，福尔时任法国教育部长。“它绝对跨学科，引进了有关电影、符号学和精神分析等全新的课程，是法国第一所向未获得高中毕业文凭的申请者敞开大门的大学。”“因此，它（一度）成功吸引了很多工薪人士和未能被大学招生办录取的人。”“学校的气氛……就像一只嘈杂的蜂窝。”[24]福柯的这段职业生涯，加上他广为人知的吸毒经历、参与反越战示威、参与监狱改革运动和他在同性恋解放运动中发挥的作用，都表明他是一个典型的反主流文化的中心人物。然后，1970年4月，福柯被选入法国社会的主要阵地法兰西学院负责思想体系史，这简直是一个为他量身定制的职位，也反映了福柯当时已经积累了大量的研究成果。[25]

福柯、拉康和莱恩都相信，精神疾病是一种社会构建，与其说它确实存在，不如说是精神病学家、心理学家和医生认为它存在。他特别指出，现代社会委派人文科学工作者作出决策，进而控制和监督其人口。[26] 他说， 627
这些人文科学“已经颠覆了基于主权和人权的古典政治统治秩序，代之以通过规范人类行为行使权力的新政权”。正如马克·菲尔普所说，我们现在知道，或者我们认为自己知道，“正常的孩子”是什么样、“心理稳定”是什么样、“好公民”是什么样或“完美的妻子”是什么样。科学及科学家在描述何为正常的同时，也定义了何为不正常。这些规则——“言语规则、经济理性规则和社会行为规则”——定义了我们是谁。在福柯看来，“人类作为一种普遍范畴，内部就有‘存在规则’，这种观点是……启蒙运动的发明”，这既是错误的又是不可靠的。他著书的目的是帮助解构这个观点，他认为不存在“单一的、连贯的人类境况”。福柯的作品有一种罕见的一致性。他最重要的著作研究的都是社会机构的历史：《疯癫与文明：理性时代的疯癫史》(1964)、《知识考古学》(1969)、《词与物：人文科学的考古学》(1971)、《临床医学的诞生：医学认知考古学》(1972)、《规训与惩罚：监狱的诞生》(1975)、《性史》(1976)。

但是，也不能据此认为，福柯只写精神病学、刑罚学、经济学、生物学或哲学的历史。他还努力揭示：知识结构是如何反映社会权力结构的，对正常人、正常思想或正常身体的定义为何既反映了“真相”，又是一种政治建构。[27] 福柯写道：“我们臣服于权力制造的真相。”他说，人文科学告诉我们社会是一个有机体，“它可以合法地管控人口，找出疾病、骚乱和偏差的征兆并对它们加以治疗，使它们在种种监控体系的密切注视下恢复正常功能”。很明显，这些正是菲尔普强调过的“纪律”。正如拉康认为意义是一种“重构活动”，福柯之所以称自己的作品是“考古学”而不是历史学，是因为福柯也认为自己的作品是一种发掘，它们不仅描述了过去，还进而重现“被埋葬了”的知识。福柯身上有种“反抗者”气质；他相信只有当人“反抗”人文科学规范的压力时，人才得以存在，他认为，不存在一贯的或不变的人类“境况”或“本性”，不存在理性的历史进程，不存在“人类理性对自然的渐进胜利”。斗争是存在的，却是“无规律可循的”。在这方面，他最后一个论点是要说明资产阶级的人和人文主义的人“已经成为过去”。他说，自由人道主义业已经被证明是种假象，当它作为阶级权力和社会特权者的工具的本来面目被暴露时，它就走向了崩溃。[28]有良知和理性的个人主体在现代已经过时，它在思想上、道德上和心理上均已被解构。

福柯最后一本重要著作是有关性史的研究。他在书中称，除了强奸和与儿童发生性行为，其他行为都不应受到限制；这与他的其他作品是完全
628 一致的。但是对他而言，遗憾的是，他积极支持的同性恋酒吧和澡堂的发展（他喜欢加州并且经常去那儿）可能要为他的离世负责。1984年6月，他死于艾滋病。

现在我们从精神病学来到心理学。瑞士心理学家**让·皮亚杰**感兴趣的不只是儿童的发展和智力行为的系统发育。后来，他进一步拓宽兴趣，运用福柯和拉康的观点，成为结构主义思维模式的主要倡导者。皮亚杰的观点借鉴了诺姆·乔姆斯基的成果，但是结构主义其实是在欧洲大陆特别是法国世界发展起来的观点，很大程度上对盎格鲁—撒克逊英语世界的更多实证发现一无所知。因此，法国以外的很多人发现，要说清楚结构主义为何物并非易事。皮亚杰的《结构主义》（1971）算是将结构主义阐述得比较清晰的一本书了。[29]福柯选择用“考古学”而非历史学这一词汇表明他的发现，即结构是业已存在的东西。皮亚杰也表示，在基因和行为之间存在“心理结构”。例如，他的一个出发点是，“代数学不会‘蕴含’在细菌或病毒（它们比较相似）行为中，当然也不会孕育在基因中。[30]按照皮亚

杰的观点，无论是细菌（分裂）还是人类做加减法，这种数学能力只有一部分来自遗传，还有一部分则源于有机体在发育过程和接触世界的过程中建立的心理结构。皮亚杰认为，语法结构就是心理结构的完美例子，因为它部分来自遗传，部分来自后天“习得”，正是在这个意义上，拉康认为患者通过分析获得意义。

“要是被问及如何‘安置’这些结构，”皮亚杰写道，“我们会将其安排在神经系统和意识行为之间的某处（无论哪里）。”[31] 让人困惑的是，皮亚杰宣称这些结构并未以物理形式存在于有机物中；结构是理论性的演绎，是一个过程。他的这本著作涉猎广泛，从路德维希·冯·贝塔朗菲的数学观点到凯恩斯的经济学、弗洛伊德的精神分析学，再到塔尔科特·帕森斯的社会学。但是，他主要关注心理结构，他认为，有些心理结构的形成是无意识的，而这就需要心理学家去研究了。皮亚杰推动人们关注心理结构，是要阐明，通过研究观察到的行为或研究心理活动的过程都不足以理解人类经验，还需要“其他东西”。[32] 皮亚杰比多数欧洲同行更清楚当代人在进化生物学和心理学方面取得的进步：谁也不能指责他是门外汉。但是他的作品仍然是高度抽象的，这让盎格鲁-撒克逊的批评家们意犹未尽。[33] 皮亚杰认为完美的生命是一种生物范围内的获得性结构，各具创意。心智会逐渐发育或成熟，但是其过程却急不得。随着一个人的成长，他对 629
生命的理解会受到数学和语言知识的调节，本质上说，数学和语言是两种思维逻辑系统，有利于我们应对世界，反过来又利于改造这个世界。在皮亚杰看来，心理结构的发育程度及其与世界匹配的程度影响着我们的幸福感和适应力。本质上，无意识可能是系统内的骚乱，这个问题有待精神分析学家研究。

结构主义获得成功之后，无疑会引发对抗反应。阿尔及利亚犹太人雅克·德里达（Jacques Derrida）发起了批评。1962年，阿尔及利亚独立时，大批犹太人离开阿尔及利亚，法国突然成为欧洲大陆苏联以西犹太人最多的国家。

德里达首先要批评具体的作品。20世纪60年代，在法国，克劳德·列维—斯特劳斯不仅是一名人类学家，还是一名哲学家、一位思想领袖，他的结构主义观点从人类学拓展到心理学、哲学、历史、文学批评，甚至建筑学。[34] 我们还要感谢列维—斯特劳斯提出的新名词"人文科学"，即有关人的科学，他称人文科学抛弃了"传统哲学形而上学的关注"，为研究人类境况提供了更可靠的视角。结果，哲学作为"人类知识的特殊综合"的传统角色似乎日益受到削弱："人文科学不需要此类哲学，它可以独立思考。"[35] 让—保罗·萨特和语言学家费迪南·德·索绪尔也受到了批评。列维—斯特劳斯看不起存在主义的"主观偏见"，认为基于个人经验的哲学"绝不会告诉我们跟社会或人有关的任何基本知识"。作为一名人类学家，他还批评了很多欧洲思想的民族中心主义特点，称其局限于自己的文化范围内，很难成为普世观点。

德里达对列维—斯特劳斯提出批判，认为后者从根本上囿于自己的观点。在其自传性著作《忧郁的热带》中，列维—斯特劳斯讲述了自己缘何选择人类学并谈到了他在巴西的早期实地研究工作，研究了南比克瓦哈等原始部落中书写和内在知识之间的联系。[36] 由此，列维—斯特劳斯概括说，"几千年来"，书写一直是权力精英的特权，关系到社会地位和阶级分化，"其主要功能"是"奴役和征服"。列维—斯特劳斯说，在发明书写和出现科学之间，不存在"知识的增长，不过是知识的上下起伏而已"。[37]

德里达提出了一个相关却更为根本的观点。他说，纵观历史，人们并不像尊重口语那么尊重书写，认为书写不够可靠、不够权威、不够真实。[38] 另外，书写还具有"支配"性，这使书写显得"异化"，对经验"施暴"。

与拉康和福柯一样，德里达被诟病“用词不精密、不准确、自相矛盾”，但他认为这些缺点在哲学上很重要。他深入列维—斯特劳斯的文本，强调 630
逻辑上的前后矛盾导致其论点和观念有局限或不恰当。德里达说，南比克瓦哈部落有各种“修饰”，在民族中心主义观较弱的人看来，这可以称之为“书写”。这些修饰包括画葫芦、家谱图、泥地上的图案，等等，所有这一切无疑都有意义。德里达说，列维—斯特劳斯的书写根本没能抓住这些意义。在写作自传的过程中，他有自己的日程，这或多或少使他写出了自己的工作。但是，即使如此，他还是出了错：他自相矛盾，使事情过于黑白分明，很多语句词不达意。再者，还都是些常识。德里达并不满足于此。在他看来，这种不完全表达同样重要，也是不可避免的。德里达的看法与拉康、福柯和皮亚杰一样，他认为语言是最重要的心理建构，它（可能）使人区别于其他有机体，语言是基本的思维工具，因此大概是理性所必须具备的（不过也可能出错）。[39] 在德里达看来，一旦我们怀疑语言，“怀疑它能否准确表述现实，一旦我们意识到所有的个人都是民族中心主义、前后矛盾、某种程度上不合逻辑、过于简单化……那么我们就会对人有新的认识”。意识不再是其表象，理性、意义，甚至意图都不是。[40] 德里达质疑，一个人所表达的单一话语即使对他本人而言是否只具有单一的意义。在一定程度上，无论是对讲话人而言，还是对听者或读者而言，话语的实际意义可能多于或少于其表象。

德里达将这种意义上的差距或“近似”称为“延异”，进而提出了他所说的“**解构**”（deconstruction），后来解构风行了很多年，直至声名狼藉。正如克里斯托弗·约翰逊在评论德里达的思想时所说，解构是后现代论点或观点的重要元素，它使一个文本有多少读者，就有多少种解读方法。[41] 德里达并非完全武断或乖张。他想说的是（固然危险），不仅人们的话语有无意识的成分，而且跟任何人对那些话语的经验相比，话语本身的历史更丰富，所以几乎任何人说的任何内容都比他要表达的意思更为丰富。这也只是常识的延伸。德里达引发争议之处或不合常识之处在于，他认为语言的性质使说话者对他所说的或所写的内容有何意义丧失了权威。[42] 相反，他认为“意义存在于语言结构本身：我们用符号思考，而符号与其表示的对象之间的关系是随意的”。[43] 在德里达看来，这破坏了我们（认为我们所）理解的哲学的概念。他认为，人类事务不可能取得进步，也绝不存在知识的“积累”，不存在“我们今天掌握的知识比昨天的知识‘更好’、‘更全面’”，原因很简单，旧的词汇已死，不过“那也是一个可能会发生变化的意义”。由此看来，即便是哲学这个词语也不准确、不合逻辑，因此它是个几乎没用的词汇。

631 德里达认为，人类处境的主要方面是它的“未定”性质，我们不断地赋予经验以意义，但从不确定这些意义是否“真实”，无论如何，“真实性”本身是个无用的概念，它本身也在不断变化。[44]“真理是多元的。”不存在进步，不存在“我们只要多读书、好好过日子就能掌握的真理：一切都是未定的，而且永远如此”。无论我们说什么，我们永远不会准确知道我们要表达什么意思，别人永远不会如我们所愿、或像我们以为的那样理解我们。这（可能）是后现代的一种失范。

与德里达一样，**路易·阿尔都塞**（Louis Althusser）也生于阿尔及利亚。苏珊·詹姆斯曾评价说，阿尔都塞和德里达一样，比马克思本人更像一名马克思主义者，他相信即使伟大的革命家也“不完全清楚自己作品的意义”。这使阿尔都塞质疑起意识形态世界与经验主义世界相互关联这一观点。例如：“有关古拉格恐怖的经验数据未必会让人反对斯大林或苏联。”阿尔都塞和德里达想到了一起，经验数据的意义不是单一的，因此，尽管斯大林统治的国土上发生了骇人听闻的事情，他（阿尔都塞就是如此）仍旧忠诚于斯大林和共产主义意识形态。阿尔都塞还认为，过多因素决定了历史：包括经济、社会、文化或政治因素在内的众多因素共同作用于同一件事情或同一个现象，所以不可能弄清具体原因："换句话说，人们没有办法确定历史事件的原因。因此，一个人可以自行确定历史上起作用的是什么，由此构建他的意识形态。正如经济决定论不能被证实一样，它也不能被证伪。历史理论是个人自己得出的结论；一定如此，因为它不容许经验主义的、理性的论证。"[45]阿尔都塞说，不管怎样，个人是他们身处的社会结构的产物，以至于他们的意图被认为是社会实践的结果，而不是原因。[46]通常所有的社会都有他所谓的意识形态国家机器，特别是资本主义社会，例如，家庭、媒体、学校、教学，它们宣传和接受观点，以至于我们不可能真正拥有自我意识。"这些机器作用的结果是，我们借由它们获得了身份。"[47]用马克思主义的话说，阿尔都塞思想的中心是超结构的相对自治，他剔除了马克思很重视的虚假的阶级意识，"换掉了虚假的意识形态意识和个人身份意识，目标是使人们摆脱意识形态的无知，创造接纳变化的环境"。[48]遗憾的是，1980年他谋杀了妻子，法庭宣布他的精神状况不宜接受审判，他的学术观点也就此戛然而止。

雷蒙德·威廉斯概括说，谈到对语言的怀疑，特别是在追求意义的过
程中语言与知识的关系和与权力的联系时，结构主义和解构主义这两种理
论都属于文化研究的范围，只不过其背景中马克思赫然在列。它们一起批 632
评资本主义/物质主义社会和由自然科学产生的知识形式。

对科学的最正面的批评也来自欧洲大陆，他就是**尤尔根·哈贝马斯**（Jürgen Habermas）。哈贝马斯是法兰克福学派最新涌现的重要哲学家，他秉承学派的传统，遵循霍克海默、本雅明、阿多诺和马尔库塞的研究路

线。与这些前辈们相同的是，他的目标在于马克思与弗洛伊德的现代综合。哈贝马斯承认，马克思在世时的社会情况发生了明显变化，例如，工人阶级早就“融入了资本主义社会，已经不再是一种革命力量”。[49]安东尼·吉登斯注意到，哈贝马斯与阿多诺观点相同，都认为苏联社会是“畸形”的社会主义社会。哈贝马斯说，将人类社会生活当作一门等同于自然科学的科学来研究，犯了两个错误。第一，现代思想文化有高估科学地位的倾向，认为科学是“就自然世界和社会领域而言，我们能掌握的唯一有效的知识种类”。[50]第二，科学“产生了一种错误的观点，以为人类是能干的、理智的行动者，非常了解其行动的原因”。哈贝马斯批评马克思与自然科学家无异，他说，不可能有关乎人的“铁律”，否则，就没有人这种东西了。他说，相反，人类会反思、自省，他们做什么都有目的、有原因。自然科学再怎么也解释不了这一点。他另一个观点更具原创性，他认为，知识是有助于解放的：“人类越了解自身行为的根源和行为所处的社会制度，就越有可能逃离之前支配他们的樊篱。”[51]关于这一点，哈贝马斯说，精神分析领域有个著名的例子。分析者的任务是阐释患者的感受，如果成功，患者就能更大程度地用理性控制其行为——意义和意图变化，这是自然科学无法阐释的情况。[52]他希望有一个解放的社会，在这种社会里，人人都可以“更加了解自身所处的环境”，从而把握自己的命运。[53]哈贝马斯说，事实上，不存在各种知识都适用的单一模式。相反，知识有三种不同的形式，于是他提出了著名的三分论点，概括如下，引自吉登斯：[54]

人类社会的面向	知识构成的旨趣	研究类型
劳动	预测和控制	经验分析科学
互动	理解意义	历史阐释学科
统治（权力）	解放	批评理论

最上面一行是“硬科学”，中间那行是精神分析活动和哲学活动，最 633
下面那行是包括本章所有思想家在内的批评理论。福柯、德里达等人都赞同，对知识和权力之关联的理解是最有利于解放的思想层面。

法国思想家（以及哈贝马斯）所提出的观点在本质上是后现代形式的马克思主义。有些作者似乎不愿放弃马克思的观点，有些作者似乎热衷于修正他的观点，但是没人愿意全然弃置他的观点于不顾。与经济决定论或基于阶级的动机相比，他的“虚假意识”观点更多地被沿用，这个观点是指，知识和理性向来由社会的权力关系所打造和调和——知识、阐释和理解总是为目的服务的。康德说，不存在纯粹的理性；欧洲大陆的思想家告诉我们，不存在纯粹的知识，理解这一点就意味着解放。不过并不能说这些思想家反科学（尤其是皮亚杰、福柯和哈贝马斯，他们知识渊博，不至于如此肤浅），但他们的确感到，科学绝不是唯一值得掌握的知识类型，用它来解释我们知道的许多内容是远远不够的。这些作者并没有完全忽视进化，但他们不太了解自己的理论是否适用于快速发展的遗传学研究和行为学研究。还有一点值得注意，他们几乎全部接受并支持精神分析学的证据。在英语世界的读者看来（当然很多批评家也已经指出），关于近年来欧洲大陆对弗洛伊德的关注，有些情况相当不真实。最后，人们还有一种感觉，福柯、拉康和德里达只是拔高了小范围的观察结果，无疑误用了过去的罪犯或精神患者资料，拉康则异想天开地将语言应用于整个哲学。最终，就看人们怎么看待他们观点的可信度了。事实上哪一种观点都没有被普遍接受。

他们推翻了在看人和叙事方面存在普遍标准或方式的观点，但他们在摧毁这一观点时所采用的方法无疑有很大影响。不说别的，他们引进了艾略特和特里林会赞同的怀疑主义。1969 年，在《耶鲁法国研究》杂志的特刊上，结构主义跨越大西洋来到了美国。我们将看到后现代主义思想对美国哲学界产生的巨大影响。

罗兰·巴特（Roland Barthes）普遍被看作是一名后结构主义批评家。1915年，他出生于瑟堡，是一名海军上尉的儿子。因为小时候有肺病，所以他的童年时代痛苦而孤独。第二次世界大战期间，他因身体原因不宜服役，因此，在他职业生涯的最初，他是一名文学教师。巴特是位同性恋者，由于爱人早逝（死于肺结核）和自己经历的各种病痛，他转而攻读医学学位。不过在疗养院期间，他阅读了大量书籍，开始对马克思主义感兴趣，有段时间还差点进入萨特的圈子。战后，他曾在罗马尼亚的布加勒斯特（当时还属于马克思主义国家）和埃及的亚历山大港工作过。后来，他
634 回到法国，在法国外交部的文化部门任职。强烈的孤独感和不同国家之间的游历，使巴特对文学的兴趣大增，尤其迷上了语言，并因此成名。自1953年起，巴特写下了一系列篇幅不长的关注语言的作品，主要是杂文，逐渐在某种程度上获得了影响力。到20世纪70年代，又成了文学研究领域的主流正统。[55]

巴特现象的部分原因在于以拉康为代表的弗洛伊德主义迟迟来到法国。某种意义上说，法国的巴特相当于剑桥的雷蒙德·威廉斯。巴特的观点是，现代文化比我们的眼睛看到的还要丰富，现代男女被各种象征和符号包围，这些象征和符号传达的有关现代世界的信息不亚于传统的文字形式。在《神话学》（1957年出版，但是到1972年才译成英语）中，巴特主要探讨了当代社会的具体领域，他选择的主题与他短文的内容一样引人关注。[56]本质上，他指出了当代文化的某些领域，并称我们不应该既不考察又不反思，就让这些现象从我们身边掠过。例如，他分别写过文章谈人造黄油、牛排和薯条、肥皂粉和清洁剂，追寻这些现象的“细微意

义”。他的散文《塑料》开篇是这样的：“尽管塑料有着希腊牧羊人式的名字（Polystyrene，Polyvinyl，Polyethylene），各种塑料产品遍布展会，但它本质上是一种神奇的物质……其日常名称显示，塑料随处可见……与其说它是种物体，倒不如说它是一种运动轨迹。……但是这种成功所付出的代价是，塑料在运动中得到升华，几乎不以物质的形式存在。……在富有诗意的主要物质体系中，它是一种失宠的材料，迷失在橡胶的热情奔放和金属的乏味坚硬之间。……最能反映其本来面貌的是它的声音，空洞而乏味；噪声是败笔，颜色也是，因为它似乎只能保持最像化学物的颜色。黄色、红色和绿色只能使塑料更刺眼。”[57]

与萨特一样，巴特因为马克思主义而憎恨资产阶级，他对现代日常生活的象征和符号（后来被称为符号学）分析取得了极大的成功，这使他开始批评结构主义者的科学姿态。拉康有关无意识的观点鼓励了巴特，他坚定地批判文学、电影和音乐的人文主义解读。他最著名的文章《作者已死》（“The Death of the Author”）发表于 1968 年，不过也是到 20 世纪 70 年代才被译成英语。[58] 这与 20 世纪 40 年代美国的所谓新批评相呼应，新批评的主要观点是“意图的谬见”。按照巴特的理解，这个观点就是，在诠释文本时，文本作者的意图并不重要。在读一篇新的文章之前，我们都已经读过了很多作品，这些作品已经赋予了言语特别的意义，每个人对意义的理解有细微的差异。因此，作者无法预知自己的作品在别人看来是何意义。在《文之悦》（1975）中，巴特写道：“在文本的舞台上没有脚灯：文本的背后没有主动者（作家），观众席里面也没有被动者 635
（读者）；不存在主体和客体。”[59]“当我们的身体追求自身观点的时候，文本的愉悦就产生了。”[60] 与雷蒙德·威廉斯一样，巴特知道，一切写作和创作都受制于作品的文化语境，他想帮助人们冲破桎梏，使阅读摆脱被动行为，变得更主动，最后变得愉快。在盎格鲁–撒克逊国家他受到了众多负面评价，不过他变得更有影响力了。用现在的眼光来看，他的观点并不像当时看来那么独特。* 但是因为他是一名活跃的作家，会侃大山，又有敏锐的观察力，所以盎格鲁-撒克逊世界不会简单地无视他。[61] 他试图表现语言的各种可能性，使语言更自由舒畅，不那么局限。关于此，数年后出现了一个特别好的例子，苏珊·桑塔格研究了疾病的隐喻，特别是癌症和艾滋病。

在巴特关注的象征和符号系统中，电影占了一席之地（嘉宝、爱森斯坦、曼凯维奇的《恺撒大帝》），这里存在第一个讽刺，而且是一个重大的讽刺。第二次世界大战后的头三十年里，好莱坞的地位并不如今天这般重要：最有趣的创新发生在别的地方，那些地方的发展才是至关重要的。第二，这里还存在着另一个讽刺，欧洲电影工业，特别是最具创意的法国电影工业，正在构建导演（不是作家，不是演员，也不是摄影师）即作者的观念。

战后的好莱坞经历了数次变革。1946 年是第一个完全和平的年份，这一年的票房收入达到了美国电影史上最高，即使除去通货膨胀的因素，仍有可能是一个相当持久的记录。但随后，好莱坞的繁荣开始消退了；观影人数持续减少，1946 至 1957 年间的十年间，4000 家影院关门歇业。原因之一生活方式发生变化，越来越多的人迁往郊区，同时电视时代来临了。20 世纪 60 年代，好莱坞顺应电视潮流，一度好转，但是好景不长，1962 至 1969 年间，八大电影制片厂有五家易手，其间的损失大约有 5 亿美元（超过现在的 40 亿美元）。20 世纪 70 年代，好莱坞复兴，新一代的“电影小字辈”导演们引领电影工业继续发展。为此，他们要感谢成熟于欧洲的

* 巴特的观点至少有一点自相矛盾。如果作者的意图没什么意义，那么巴特本人的观点怎么会有意义呢？

"电影导演即作者"的观念。

当然，在电视出现之初，这一观念就已经存在。但战后不久，法国人重拾这一理念并广泛传播，批评家们一直在争论：就一部成功的电影而言，谁的功能更大：是优秀的编剧还是优秀的导演？1951 年，**雅克·多尼奥—瓦克罗兹**（Jacques Doniol-Valcroze）创办月刊《电影手册》，其理念是电影"属于"导演。[62] 埃里克·侯麦、克劳德·夏布洛尔、让—吕 636
克·戈达尔和弗朗索瓦·特吕弗等批评家都在《电影手册》上发表各自的观点。特吕弗在一篇著名的文章中，谈到了仅仅按照编剧创作内容拍摄的"筹划"型电影导演和真正的作者型导演之区别，他认为堪称作者的导演有让·雷诺阿、罗伯特·布列松、让·科克托、雅克·塔蒂和马克斯·奥菲尔斯。法国人强调导演即作者，这一观念推动艺术电影进入黄金时代，贯穿 20 世纪 50 年代、60 年代和 70 年代初期。

罗伯特·布列松（Robert Bresson）的早期战后电影富有宗教性或精神性，但随着年龄的增长，他日渐悲观，开始关注年轻人日常生活中遭遇的问题。[63]《温柔女子》（1969）是一部寓言电影，讲述一位单纯女子莫名其妙地自杀了。悲恸的丈夫回想他们共同经历的酸甜苦辣，意识到自己非常爱她，然而为时已晚。布列松告诉我们，不要让生命在淡漠中流逝，要把握生命，不然悔之晚矣。《很可能是魔鬼》（1977）是布列松拍的一部极简的电影。主人公又自杀了，但是这部电影的"亮点"是布列松的导演技巧，他赋予电影以神秘和不安的气氛，使观众质疑自己的生活。

雅克·塔蒂（Jacques Tati）踉跄的职业生涯与其电影主人公于洛先生有几分相似：他破产了，并且失去了对电影拷贝的发行权。[64] 塔蒂的电影包括《假日》（1949）和《于洛先生的假期》（1953），但最著名的是《我的舅舅》（1958）和《游戏时间》（1967）。在《我的舅舅》中，于洛先生重返荧幕，再次由塔蒂本人扮演，这是一位躲在雨衣雨伞下顽强生活着的笨拙人物。他以这种形象出现在姐姐、姐夫家，那个家里充满各种现代化的小玩意，关于这些省事省力的设施，塔蒂想出了各种笑话，因为这些设施实际上阻碍了生活的进步和改善。[65] 于洛与自己的侄子，一个漠视周遭一切的敏感男孩杰拉尔德，建立了友谊。塔蒂的创新在于其与众不同的镜头运用，有时候一组镜头里不止一个包袱，充分显示了他的机智。有一个著名的场景，于洛的姐夫在圆形卧室窗台前来回踱步，让人感觉像是房子本身眼波流转。《游戏时间》（1967）的创新性不亚于塔蒂或布列松创作的其他作品。影片没有主人公，几乎没有情节。和《我的舅舅》一样，它讽刺了现代社会闪亮的钢制配件。其中有个典型的塔蒂式场景，运用了多种视觉元素，但都不明显，观众必须仔仔细细地看。不过，一旦你学会了欣赏，你就会明白塔蒂所观察到的世界就是我们身处的平凡世界，没有情节，但我们却有各自不同的理解。这一观点显然与巴特和德里达异曲同工，也更有趣。

法国的新浪潮或"左岸"派导演都受到了《电影手册》的影响，它反映了缘于婴儿潮而繁荣起来的青年文化。电影文化也趋于成熟，20 世纪 50 年代末，强调国际性的国际电影节纷纷涌现：1957 年的旧金山电影节和伦敦电影节、1959 年的莫斯科电影节、1963 年的阿德莱德电影节和纽
637 约电影节、1965 年的芝加哥电影节和巴拿马电影节、1966 年的布里斯班电影节、1967 年的德克萨斯州的圣安东尼奥电影节和伊朗的设拉子电影节。戛纳电影节是众多电影节的法国母亲，创办于 1939 年。希特勒入侵波兰后，戛纳电影节曾一度中断，后于 1946 年恢复。

新浪潮导演以技术革新而著称，主要原因是摄影机更为轻巧，便于运用各种镜头：不寻常的特写、意想不到的拍摄角度、远距离的长镜头拍摄。但他们的主要成就是一种新的直接性，一种类似纪录片的即时感。这

个黄金时代为我们带来了众多经典作品，如《四百击》（特吕弗，1959）、《广岛之恋》（阿兰·雷奈，1959）、《筋疲力尽》（戈达尔，1960）、《扎奇在地铁》（路易·马勒，1960）、《去年在马里昂巴德》（雷奈，1961）、《朱尔与吉姆》（特吕弗，1962）、《五至七时的奇奥》（阿涅斯·瓦尔达，1962）、《柔肤》（特吕弗，1964）、《法外之徒》（戈达尔，1964）、《瑟堡的雨伞》（雅克·德米，1964）、《阿尔法城》（戈达尔，1965）、《华氏451》（特吕弗，1966）、《我略知她一二》（戈达尔，1967）、《慕德家一夜》（埃里克·侯麦，1967）、《日以作夜》（特吕弗，1973）。[66]

最著名的技术创新要数**特吕弗**（François Truffant）的**"跳切"**（jump-cut），从一组连续的镜头中除去某些画面，形成冲突效应，暗示时间流逝（特别是短时间），同时又突出情绪变化。静止镜头也得到广泛运用，最著名的是《四百击》的最后一个场景：男孩站在海边，转身面对观众。通常这样的电影结尾是开放性的，加上跳切营造的紧张感，使得这些电影有时会被贴上"存在主义"或"解构主义"的标签，让观众思考导演的用意。[67]《电影手册》的撰稿人当然受到了萨特等存在主义者观点的影响，同时也受到了布罗代尔有关"长时段"观点的影响，这在布列松的作品中比较明显。反过来，新浪潮导演采用的自由解读也推动了罗兰·巴特"作者已死"的著名思想。[68]

各种电影指南普遍认为《广岛之恋》在电影史上的重要性堪比《公民凯恩》。与所有杰出的电影一样，《广岛之恋》实现了故事和形式的无缝对接。影片改编自玛格丽特·杜拉斯的小说，讲述了一名已婚法国女演员与一名已婚日本建筑师之间为期两天的爱情故事。广岛很容易让人联想到死亡，这位法国女演员忍不住回想起她早年的一段爱情，那是在德军占领法国期间，她爱上了一位年轻的德国士兵，后者在她所在的小镇获得解放的前一天被杀害。由于爱上敌人，她被家人关入地窖，受到了排斥。在广岛，当她爱上这名建筑师时，同样的痛苦再次袭来。温柔、销魂的做爱场景和残酷战争的连续镜头准确地表现了她的心情。[69]

《四百击》被公认为有关青春的最佳电影。它是五部系列电影的第一部，最后一部是《爱情狂奔》（1979）。《四百击》（法语词汇，意指不学好、走极端，字面意思是一个人能承受的最大惩罚）讲述了12岁男孩安
638 托万·达诺的故事。在被父母抛弃后，孤单的安托万遇到了麻烦，他逃走了，最后被送往少管中心。特吕弗认为，安托万不算太坏，也不算太好，他只是个孩子，被他不明白的力量弄得晕头转向。影片想要表现一种自由，既是地理的自由，也是思想和艺术的自由，这孩子瞥见了自由，却对此一知半解，旋即自由又一扫而空了。在学校时，他从来没有真正地快乐过（我们看到了其他人懵懂的快乐），在他成年之前，就已经受到了“摧残”。有人认为影片结尾那个著名的静止画面模棱两可，但是《四百击》无疑是一部关于真实生活的悲伤电影。[70]

《筋疲力尽》被认为是电影中的《春之祭》或《尤利西斯》；它是**让—吕克·戈达尔**（Jean-Luc Godard）的第一部代表作，它改变了电影的一切。表面上看，这部电影讲述的是一个罪犯最后的日子，他因为枪杀一名警察而引发了一场大追捕，影片根据他［由让—保罗·贝尔蒙多扮演］的逃亡行动展开，他以著名演员亨弗莱·鲍嘉为榜样，并经常模仿他在好莱坞警匪片中看到的亨弗莱·鲍嘉的形象。[71]他遇到了一位美国女学生，并爱上了她（由珍·茜宝扮演），这位女学生可怜的法语烘托出他局限的世界和个性。他们在疯狂行动的间隙所讨论的不同的人生观使影片具备一种深度，从而区别于它既尊崇又嘲弄的鲍嘉式影片。贝尔蒙多扮演的米歇尔·博依卡非常清楚安托万·达诺刚刚省悟的失败的人生。这部电影依然没有逃脱生活的真实。[72]

由**阿兰·雷奈**（Alain Resnais）导演、阿兰·罗伯—格里耶编剧的

《去年在马里昂巴德》是一部荧幕上的新小说。它讲述的是一名男子X力图说服一名女子A，他们去年曾经在度假酒店马里昂巴德相遇，当时她答应（或曾经答应过）今年与他私奔。我们不知道先前的相遇是否真实存在，A含糊其词，因为她丈夫就在附近；我们也不知道X的“回忆”是否实际上预示了未来。这个情节写得似乎不可信，不过这不重要；重要的是，导演雷奈通过华美的场景、漂亮的镜头，成功地令观众感到疑惑但又一直兴趣不减。其中最著名的场景设定在巨大而整齐的花园里，人物投下了影子，而高耸的灌木丛却没有。[73]

《朱尔与吉姆》“对体会过痴迷又毁于痴迷的情人而言，是一座神殿”，它讲述了两位作家朋友和他们遇到的一名女子，这名女子先和其中一位有了孩子，又爱上了另一位。[74] 这部作品是特吕弗的代表作，凯瑟琳的扮演者让娜·莫罗也表现出色。她扮演的作为两人友谊中的第三者的角色很可信。在朱尔和吉姆背着她讨论斯特林堡戏剧时，她就一头跳进塞纳河，这个情节似乎非常自然。

《我略知她一二》被评论家詹姆斯·帕洛认为是“第二次世界大战以来可能最重要的导演所拍摄可能是最伟大的电影”。[75] 情节并不动人，也不算特别有新意：它讲述了一个兼做妓女的家庭主妇的故事。这是一部出了名的难以理解的电影，人物众多，不断地提及马克思、维特根斯坦、 639
布罗代尔、结构主义等一切与电影有关的抽象观念，谈到我们该如何看待电影，电影在我们的生活中占据什么位置——这是戈达尔和特吕弗所有作品的基本主题。人们认为，《我略知她一二》也是“巴特式电影”，它创造和反思了世界的“神话”，使用新旧符号，揭示符号如何影响我们的思想和行为。[76] 这是法国电影复兴的重要因素，它愿意与当代思想的其他领域联系起来，视自己为集体活动的一部分：戈达尔的代表作很难，这意味着他把思想内容置于首要位置，娱乐价值则居其次。这是问题的关键。在20世纪走到第四分之三时，就电影而言，传统的好莱坞价值观退居次要地位了。

1980年，**彼得·布鲁克**（Peter Brook）在巴黎的**国际戏剧创作中心**（Centre Internationale de Créations Théâtricales）获得纽约戏剧评论奖。获此殊荣，他当之无愧。从许多方面看来，戏剧之于布鲁克如同音乐之于布列兹。他们都非常有个性，在自己的创作领域辛苦耕耘，具有国际视野，有实验精神。在国际戏剧创作中心，布鲁克将“研究”元素带入戏剧，类似于布列兹的声学、音乐研究和协作学院对音乐的贡献。[77]

布鲁克1925年生于伦敦，父母是俄国后裔，16岁时，他离开学校。战时，他在王冠电影公司短期工作过，后来在家长的劝说下到大学接受教育。在牛津大学莫德林学院，他开始执导戏剧，后来还加入了伯明翰轮演剧目剧团。在电视出现之前，这是一种非常流行的戏剧形式，其流行程度现在几乎无法想象：剧院每两周左右就要推出新剧，分别有新剧目和经典剧目，轮演剧目剧团拥有一群固定的比较熟悉的演员，在思想生活中发挥了重要作用，特别是伦敦以外的地方城市。1961年，皇家莎士比亚剧团在埃文河畔斯特拉福特成立，布鲁克受邀参加，他的知名度也因此水涨船高了。在伯明翰，他将阿瑟·米勒和让·阿努伊介绍给英国，还促成约翰·吉尔古德（《一报还一报》）和劳伦斯·奥利弗（《泰特斯·安特洛尼克斯》）导演经典的莎士比亚戏剧。[78] 1962年，他和扮演李尔王的保罗·斯科菲尔德合作，重新演绎了《李尔王》，这被普遍认为是他职业生涯的转折点。曾经帮助创立英国皇家莎士比亚剧团和国家剧院的彼得·哈尔邀请布鲁克加入，布鲁克同意应聘，条件是他要有“独立的研究组”。

1965年，布鲁克及其同事一度埋头苦干，当他们向公众提交实验成果的时候，他们将自己的作品称为“**残酷戏剧**”（Theatre of Cruelty），表达对

安托南·阿尔托（Antonin Artaud）的敬意。[79] 残酷一词在这儿有特殊的意义，布鲁克本人曾在《60 年代宣言》中说：“我们要关注莎士比亚。布莱希特、贝克特、阿尔托的所有出色见解都能在莎士比亚那儿找到。我们要坚持一个观点，光口头上说说是不够的：必须融入我们的记忆。《哈姆雷 640
特》就是这样一个观点。” [80]

在“残酷戏剧”演出季中，最著名的作品是布鲁克导演、彼得·魏斯编剧的《马拉 / 萨德》。这部戏剧的全名透露了其情节：在萨德侯爵的带领下，夏雷顿精神病院的患者们对让—保罗·马拉执行了迫害和谋杀。魏斯本人认为这出戏是马克思主义的，但是布鲁克并不看重这一点。相反，他关注的是戏剧传达的强烈体验（布鲁克承认，他的一个目标是帮助戏剧抵挡 20 世纪中期主力媒体即电视的冲击）。布鲁克认为，增加戏剧张力的最大技巧是使用韵文，特别是莎士比亚的韵文，它有助于演员、导演和观众关注重点。不过他还意识到也需要一种 20 世纪的技巧，他认为那是布莱希特的发明，“被简单地称为‘异化’。异化是一种艺术，即将某个情节置于一定距离之外，供人得出客观的判断，了解它与周围这个世界或众多世界之间的关系”。《马拉 / 萨德》展示了布鲁克对这一技巧的运用。开始排练时，他要求演员即兴表演疯癫，结果演员们搬出了翻白眼、口吐白沫等老套的表演手法，于是他带大家去了一所精神病院，让他们自己观察。“结果，我受到了强烈的震撼，我亲眼目睹精神病院、老年病房和监狱恶劣的物质条件——真实生活的影像是电影画面无法替代的。那里有犯罪、疯狂和政治暴力，他们敲着窗户、试图推开大门。你无处可逃。待在隔壁房间或站在门槛的另一侧是远远不够的，需要不同的参与方式。” [81]

1970 年，皇家莎士比亚剧团因莎剧《仲夏夜之梦》再获成功，布鲁克（此前他还在法国导演过众多作品）因此获得创立国际戏剧研究中心（CIRT）所需的经济资助，这个中心后来发展为国际戏剧创作中心

（CICT）。布鲁克之所以创办这个中心，是为了摆脱商业戏剧的束缚，而这些束缚是他在工作中经常不得不做出妥协的。[82] 布鲁克吸引了世界各地的演员，他不仅对表演感兴趣，而且关注戏剧的创作和接受，研究如何增加戏剧体验的张力。

《欧尔盖斯特》（1971）改编自普罗米修斯神话，在波斯波利斯上演，经由英国诗人泰德·休斯（1984 年被授予桂冠诗人称号）用一种独创的语言加以改编。这出戏特别探索了台词的表达方式（很多是用咒语唱出来的），这也影响了人们对这出戏的接受程度。休斯发明的新形式运用了诺姆·乔姆斯基的观点和语言的深层结构。[83]

北方剧院建于 1847 年，但 1952 年以后一直呈空关、废弃状态，布鲁克搬进去后，启动了一项绝无仅有的宏大实验。它包括两个部分：一是
641 试图运用戏剧寻找通用的全球语言，他让来自南美、日本和欧洲的不同传统背景的演员演出他的作品，二是让这些实验性的作品面向不同传统背景的观众，看看观众的理解和接受程度如何。这意味着布鲁克要处理一些难以置信的想法。例如，《群鸟大会》（1979）改编自一首 12 世纪的苏菲派诗歌，是一则有着喜剧色彩的悲伤寓言，讲述的是一群鸟开启一段艰苦的旅程，寻找隐匿的王鸟——西牟鸟。[84] 当然，旅途变成了撕开每只鸟 / 每个人的外表和防御的过程，布鲁克以此为基础展开即兴创作。第二部著名作品是《摩诃婆罗多》（1985），这是一首梵文史诗，篇幅相当于《圣经》的 15 倍。这部长达 6 小时的作品将史诗精简成两个敌对家族的“核心叙事”，布鲁克在印度展开研究，后来他充满感情地回忆道：“也许印度是仅有的各种时期历史能够共存的地方，在这里，丑陋的霓虹灯照耀着古老的庆典，而这些庆典的形式和使用的服装自印度教成立以来从未更改过。”[85] 他带着主要演员们前往印度的圣地，让他们尽力感受自己将要刻画的吠陀世界。（这部剧本有众多版本，花了十年时间才精简下来。）布鲁克改编的

第三部杰出的非西方传统的作品是《伊克》，讲述的是非洲的饥荒。向后，它可以追溯到人类学家科林·特恩布尔的著作，他曾经发现了遍布世界的众多离奇的部落；向前，它可以联系到 1998 年诺贝尔奖获得者印度人阿玛蒂亚·森的经济学，他的著作阐述过 20 世纪 80 年代饥荒的发展过程。为了补充这些非西方的观点，布鲁克又带队进行了三次远途旅行，分别去了伊朗、非洲和美国，不仅是为了娱乐和求知，还为了研究不同地方的观众对其作品的反应。这些旅行的初衷是检验布鲁克有关全球戏剧语言的观点，也想看看如果不受商业束缚驱使的话，剧团会如何发展。[86]

但是彼得·布鲁克不只关注实验，不只具有法国倾向，比方说他认为戏剧在英国“至关重要”。[87] 国际戏剧创作中心继续推出莎士比亚和契诃夫的作品，他本人也推出了一些主流电影和戏剧：《蝇王》（1963），改编自威廉·戈尔丁的小说，讲述的是一群少年被放逐到荒岛后很快“回到”原始野蛮状态的故事；《与奇人相遇》（1979），改编自唯灵论者乔治·伊凡诺维奇·葛吉夫的自传；以及《卡门的悲剧》（1983）。他还写了一本有关戏剧的原创著作，其中提到了四类戏剧体验：致命的、神圣的、粗犷的和即时的。文末，布鲁克说：“戏剧原本是种治愈行为，是治愈城市的行为。根据基本的熵行为，任何城市都免不了必然的分裂过程。但是，当人们在特定条件下聚集在特定地点，分享一种神秘时，散乱的肢体聚到了一起，瞬间的治愈重新连接了整个机体，每位成员再次成为部件，找到了各自的位置……饥饿、暴力、无缘由的残忍、强奸、罪恶，这些现象在当前时代 642
往往结伴而行。戏剧可以穿过恐怖和绝望最黑暗的地带，原因无他：它既不提前，也不拖后，而是恰在当时，它肯定光亮存在于黑暗中。进步也许是个空洞的概念，但进化不是，然而进化可能需要几百万年，而戏剧却使我们摆脱了时间的桎梏。”[88]

随后，布鲁克改编了奥利弗·萨克斯创作的《错把妻子当帽子的人》，刻画了一些神经质的怪人。这无疑突显了布鲁克在战后世界的重大影响力。他试图超越狭隘的民族界限，在科学中发现人性，在艺术创作中运用科学技术，这些都显示了他对于现代社会有哪些问题必须治愈有着不一般的见解。[89] 布鲁克也是一位存在主义者，不过他本人可能会避开这个词。让我们回到他的文章："我没有见证过奇迹，但我见到过活生生的出色的男性和女性，他们之所以出色，是因为他们在工作中极其投入。"[90] 这话同样适用于彼得·布鲁克。尤其是，他罕见地表明，在他那个时代，一个人
643 完全有可能同时跨越法语文化和英语文化的藩篱。

36

发财与行善

1944年，贡纳尔·默达尔曾经在《进退维谷的美国》中预言，为了改善美国黑人的状况，法院需要有所作为。在20世纪50年代中期至70年代中期，法院确实有所作为，却也因此引出了反对的声音。总统理查德·尼克松和副总统斯皮罗·阿格纽质询美国最高法院：（1）有没有越权决定本应属于政府工作的事情，将政治决定乔装成法律决定；（2）做出决定时是否悍然无视“沉默的大多数”，总是优先考虑少数派的意见，因此加剧了社会的紧张状态。

尼克松总统和阿格纽副总统后来因“水门事件”不光彩地下台了，他们卷入这场争论，个人也受到过中伤。但是问题是真实存在的。纽约大学法学院教授罗纳德·德沃金（Ronald Dworkin）在1977年出版的《认真对待权利》一书中详细谈到了这些问题。[1]德沃金在书中考察了法律的发展方式，而该书也正是法律发展的一例。它综合考察了法律、道德哲学、语言哲学、政治学和政治经济学的思想，思考了近年来的民权运动、妇女解放运动和同性恋解放运动等的发展情况，以及路德维希·维特根斯坦、赫伯特·马尔库塞、威拉德·冯·奥曼·蒯因，甚至罗纳德·大卫·莱恩等人的理论和观点。但是德沃金的主要目标是澄清民权运动之后的某些法律概念、罗尔斯的正义理论，以及伯林的消极自由和积极自由观点。在此期间，德沃金为公民不服从辩护，认为它是逆向歧视的法律依据；最根本地说，他还辩称，假如“自由”意味着“特许”，那就无权获得普遍的自由。相反，德沃金称，最基本的权利（只要这个词语还有意义）是个人反对国家的权利，而对这一权利的最佳理解是每个人都有权享受与他人同等的待遇。德沃金认为，换句话说，法律面前人人平等高于其他一切，高于自由的任何其他意义。

除了思考当时的宏观社会 / 法律问题，德沃金在其著作中还提出了一个非常重要的问题：民主国家如何保障多数人的权利、少数人的权利和国家的权利。他就像罗尔斯和诺奇克之间的早期交流一样，比较了有利于理
644 想的（视公平为最大的共同利益）功利主义概念（某种法律对最大多数人有利）。他对以赛亚·伯林提出的“消极”自由是自由的基本形式这一观点持怀疑态度。[2] 我们记得，伯林将消极自由定义为不受干扰、不受束缚的权利，而积极自由是主宰自己命运的权利。德沃金认为，倘若法律面前人人平等，那么伯林对消极自由和积极自由的区分就是错误的，因而，某种意义上，法律先于政治。（这不禁让人想起弗里德里希·冯·哈耶克的观点，即人们创建法律体系的“自发”方式先于任何政党。）根据德沃金的分析，法律面前人人平等排除了一般财产权，而哈耶克和伯林却认为一般财产权是自由的必要条件。德沃金之所以得出这一观点，是因为正如他的书名所暗示的，他认为现代社会中权利是严肃的，不认真对待权利，就不会有法律的严肃性。[3]（他这本书也是对阿格纽副总统的具体回应，这位副总统曾经在一次演讲中辩称“权利会引起纷争”，自由主义者对个人权

利的关注“是吹向国家巨轮的逆风”，这与尼克松总统对沉默的大多数的看法相差无几。）德沃金在核心章节的结尾指出：“如果我们希望法律和法律制度提供质疑这些［社会和政治］问题的基本原则，那么这些基本原则必定不是统治阶级强加于弱者头上的征服者的法律，正如马克思设想的资本主义社会的法律必定如此那样。确定和实施社会、经济和外交政策的大多数法律不可能是中立的，它应该最大范围地阐述共同利益的大多数人的观点。因此，权利制度至关重要，因为它代表多数人对少数人的承诺，即他们将尊重少数人的尊严和平等权利。……如果法律不能主张尊重，那么政府就不能重建对法律的尊重。如果忽视法律区别于有序暴行的这一特点，那么政府就做不到重建对法律的尊重。如果政府不认真对待权利，也就不能认真对待法律。”[4] 德沃金的结论是，在 20 世纪 60 年代后的现代，享受政府平等对待的权利是一切自由的先决条件，这一观点获得了多数自由主义者的赞同。

有关 20 世纪 60 和 70 年代的传统以及这一时期产生的自由和平等观，还有另一种看法，他们对业已通过的一些法律也有完全不同的理解，这些观点主要来自芝加哥的两位保守派经济学家。米尔顿·弗里德曼和罗丝·弗里德曼夫妇认为，法律面前当然应该人人平等，却又认为，只有获得经济自由，只有当男人和女人都能“自由选择”谋生的方式、想要购买什么价格的商品以及愿意向雇员支付多少工资，自由才能得到保障，这些观点出自他们在 1980 年出版的名为《自由选择》的著作。[5] 二十多年前，在 1962 年发表的《资本主义与自由》一书中，**米尔顿·弗里德曼**就已经提出了类似的观点，本书第 30 章已经谈过（见第 519 页）。弗里德曼夫妇表示，他们之所以旧话重提，是因为他们感到焦虑，在过渡时期，“大政府”发展过快，法律机构急剧膨胀，相当多的机构在抢夺“权利”，严重 645

妨碍了人们的生活；因为在西方，失业和通货膨胀已经发展到不能接受的程度；他们觉得“潮流在改变”，人们厌烦并怀疑西方经济学和西方政府的“自由”道路，开始寻找新的方向。[6]

正如作者竭力指出的，《自由选择》比《资本主义与自由》更务实、更具体。弗里德曼夫妇的世界观目标明确、问题具体。他们首先重新分析了 1929 年的股市崩盘和接踵而来的大萧条。他们的目标是要反驳认为这两起事件促使资本主义走向崩溃的观点，也反驳如下观点：资本主义制度是众多银行倒闭和世界范围内有史以来持续时间最长的经济萧条的罪魁祸首。他们认为，一些银行管理不善，特别是于 1930 年 12 月 11 日关门的美国银行，是美国历史上倒闭的最大规模的金融机构。虽然政府曾经制订过援助计划，但是该援助计划未能实施，部分原因是纽约“银行协会主要成员”的反犹主义思想。美国银行是犹太人经营的，主要服务于犹太社区，援助计划也设想将其与另一家犹太银行合并。但是，根据弗里德曼（他本人是犹太人）的说法，“这个行业比其他任何行业都要保护出身优越的有身份的企业”，所以这是无法容忍的。[7] 与其说这是经济学的失败，不如说这是社会学的失败，其后果接二连三：1931 年，英国放弃了金本位制度；联邦储备系统管理不善，无法应付各种危机；1933 年，在赫伯特·胡佛的总统任期和富兰克林·罗斯福任期之间长达三个月的过渡期内，二人均未能在经济领域有任何作为。因此，根据弗里德曼的分析，股市大崩盘和经济大萧条的原因，不在于资本主义本身，而在于技术上的管理不善。

但是，大崩盘 / 大萧条是重要的，因为接着很快就发生了世界大战，知识界的气候发生了变化：人们看到，或者以为自己看到，合作比竞争更奏效；战争期间，有关福利国家的设想甚嚣尘上，为 1945 至 1980 年间的政府定下了基调。不过，弗里德曼夫妇这本书的要点是，他们所谓的“新政自由主义”和凯恩斯主义都不管用（但是他们对凯恩斯比较宽容：就连尼克松总统也曾经宣称，“我们现在都是凯恩斯主义者”）。他们研究了学校、工会、消费者保护和通货膨胀等情况，发现在所有情况下，自由市场的资本主义不仅产生了更高效的社会，而且总的说来，创造了更大的自由、更大的平等和更多的公共利益：“与不允许自由市场的社会相比，实施自由市场的资本主义并没有扩大贫富差距，没有出现富人更富、穷人更穷的现象。与由世袭身份决定社会地位的欧洲中世纪社会、独立前的印度，以及很多现代南美国家相比，情况确实如此。相对于中央计划社会（如苏联、中国或独立后的印度），情况也同样如此，在这些国家，同政府 646
的关系决定人们的社会地位。即使在与这三个国家一样以平等的名义引入中央计划的国家相比，情况依然如此。”[8] 弗里德曼夫妇说，即使在西方民主国家，也出现了一个“新阶层”：政府官僚和因相关研究项目受到政府资金资助的学者，他们享受了特权却在那里鼓吹平等，这与欧文·克里斯托最先观察到的现象是一致的。“这让我们想起了一句可能不太恰当的贵格会古谚语：‘他们到新世界来行善，结果自己却发了财。’”[9]

弗里德曼夫妇举了很多例子，说明资本主义促进自由、平等和福利。在批评工会时，他们没有固守“劳工”工会，还关注医生工会等中产阶级工会，并引用了加利福尼亚州某区引进“医护辅助人员”的例子。医生们强烈反对这项措施——表面上是因为他们认为，只有经过正规培训的医护人员才能参与工作，但实际上是因为他们想设置行业门槛，保证他们的高工资。然而，在引入医护辅助人员之后的六个月里，心搏骤停的存活率从 1% 上升到 23%。在消费者权利方面，弗里德曼夫妇声称，美国存在很多政府立法干预自由市场的现象，其中一个后果就是“药品滞后”：美国在推出新药方面落后于英国——他们特别提到了 β-受体阻滞剂。他们说，自 1962 年以来，市场推出的新约数量下降了大约 50%，主要原因是在消费者身上进行药效测试的成本激增。弗里德曼夫妇认为，政府对蕾切尔·卡尔森等人曝光的问题反应太过热情了；“过去二十年来的所有运动，无论是消费者保护运动、生态保护运动、返土归田运动、嬉皮士运动、有机食品运动、保护荒野运动、人口零增长运动、‘小即是美’运动、反核运动，都有一个共同点。它们都反增长。它们反对新发展，反对工业革新，反对进一步利用自然资源。”[10] 现在是时候大喝一声“够了”，主张控制和“权利”的势力已经走得太远了。但是，弗里德曼夫妇在书的结尾写道，他们认为，变革就要发生了，许多人希望“大政府”得到抵制。他们特别指出 1979 年英国玛格丽特·撒切尔因为承诺“要减少政府干预”而当选首相的例子和美国民众反抗政府垄断邮政服务的例子。最后，他们呼吁通过一项美国宪法修订案，它便是后来的**经济权利法案**（Economic Bill of Rights），迫使政府限制联邦开支。

公众心态缘何发生这样的变化？我们在前面已经提到，主要原因是在 1973 至 1974 年的石油危机后，西方生活水平长期停滞不前，人们越来越
647 感到不满。正如麻省理工学院经济学家**保罗·克鲁格曼**（Paul Krugman）所说，西方经济的“魔力”和生活水平的不断提高在 1973 年停止了。这些趋势的出现是需要时间的，但是在此过程中，一些学院派经济学家（特别是哈佛大学的马丁·费尔德斯坦）开始记录征税和政府在投资和储蓄方面的支出所产生的负面影响。[11] 弗里德曼实际上预言过，伴随着通货膨胀，即将出现一段时间的停滞——零增长，而古典经济学认为这种情况不可能发生。**保罗·萨缪尔森**（Paul Samuelson）将这种现象命名为“滞胀”，弗里德曼因这一见解获得了诺贝尔奖，实至名归。弗里德曼和费尔德斯坦因此领先，其他人也迅速跟上，到 20 世纪 70 年代末，出现了一批坚定的“供给派”经济学家，他们拒绝凯恩斯主义，相信如果大幅降低税收，就会有更多的钱“供给”经济领域，经济将会快速增长，也就不用担心支出

了。与此同时，1979 年，英国的玛格丽特·撒切尔上台，一年后，美国的罗纳德·里根当选总统，随后这些经济观点得到了贯彻。在美国，里根年代的一大特点是庞大的预算赤字，直到 90 年代美国还在填补这些赤字，其二是华尔街的行情惊人反弹，1987 至 1992 年间一度疲软，但随即恢复了迅猛的增势。在英国，股市也出现了类似的增长，政府还出台了一系列重要的私有化政策创新，让公共事业大多回到了私人手中。[12] 就社会学、经济学和政治学而言，私有化获得了巨大的成功，一些别扭、过时的企业被改造成高效率的现代化公司，至少有些情况下，消费者承担的成本确实下降了。私有化观点很快被广泛传播到西欧、东欧、亚洲和非洲等地。

然而，尽管股市上扬，但是与 1973 年以前的水平相比，西方主要国家的经济发展仍然毫无起色。同时，财富分配不均现象却又急剧恶化。20 世纪 80 年代，相对于政治家，特别是西方政治家，经济学家更关注两大理论问题：那就是经济增长和不平等。

传统观点认为，石油危机后的经济增长减缓主要有三大原因。第一个原因出在技术层面。麻省理工学院的**罗伯特·索洛**（Robert Solow）是经济学家中准确揭示这一成因的第一人（他于 1987 年获诺贝尔奖）。在他看来，生产力的增长来自技术革新——今天经济学上称之为“索洛剩余”。[13] 很多技术突破成熟于第二次世界大战期间，在随后的和平稳定时期，这些革新结出了累累硕果。然而，所有这些高科技产品，无论是喷气式飞机、电视机、洗衣机、慢转唱片、便携式收音机、汽车，一旦达到饱和，一旦达到一定的复杂程度，就无法再进行名副其实的革新了。1970 年左右，技术进步的速度确实放慢了。保罗·克鲁格曼在其经济史研究中以波音 747 飞机为例强调了这一点。直到 2000 年，很多航空公司的骨干机型仍 648
然是这种 1969 年就开始交付使用的机型。经济增长减缓的第二个原因出在社会学层面。20 世纪 60 年代，婴儿潮一代步入成年；在此期间，有关资本主义的很多设想受到了批评，一些时事评论员发现整体教育水平下降了。克鲁格曼写道："下层阶级的扩大明显拖了美国经济的后腿。……有个貌似正确的观点认为，中产阶级的孩子没有经济动力、教育水平下降、下层阶级的崛起等社会问题在生产力减缓过程中扮演了重要角色。这个说法与技术层面的解释迥然不同；但两者都有一种宿命论的意味。……[它]似乎在暗示我们，要学会接受低增长率的现实，不要奢求政府设法扭转局势。"[14] 第三个原因出在政治层面。这是弗里德曼的论点，他认为政府的政策是导致经济增长缓慢的原因，只有降低税收和抑制调控才能释放经济复苏所需要的力量。在这三个原因中，最后一个原因最容易发生变化，因为它具有明显的政治可操作性。撒切尔政府和里根政府都力图寻求货币主义者和供给派的政策。费尔德斯坦本人曾经获邀去白宫拜访里根总统。

但是，具有讽刺意味的是，正如保罗·克鲁格曼所阐明的，1980 年实际上是保守派经济学的高潮，自那以后，经济学观点进一步发展，关注经济增长和不平等背后的根本力量。[15] 经济学思想的两个主要中心当然都在美国，一处是哈佛大学的所在地，位于马萨诸塞州的芝加哥；另一处是麻省理工大学的所在地，坎布里奇。不过，芝加哥主要与保守派经济学相关，坎布里奇的经济学家则包括费尔德斯坦、加尔布雷思、萨缪尔森、索洛、克鲁格曼和森（现在去了英国剑桥），他们则接纳了两种世界观。

在发现了以其名字命名的"**索洛剩余**"（Solow residual）后，罗伯特·索洛开始关注经济增长及其与福利、工作和失业之间的关联，这可能是理论经济学家涉足宏观经济学（相对于特定的封闭系统）最好的例子。索洛等人的观点流行于 20 世纪 50 和 60 年代，被纳入**旧增长理论**。[16] 本质上，它说的是，技术创新推动经济增长，但没人能预测何时会有创新，创新带来的收益将是暂时的，经济将一度繁荣，然后慢慢趋于平稳。斯坦福大学的**肯尼斯·阿罗**（Kenneth Arrow）进一步完善了这种观点，他揭示说，创新还能再产生大约30%的深层收益——因为工人的工作也是一种学习，他们的技术越来越熟练，工作速度越来越快，需要的工人数量减少了。这意味着经济繁荣持续的时间更长，但即使如此，收益递减的规律仍然适用，经济增长将渐渐趋于平稳。[17]

新增长理论兴起于20世纪80年代，由芝加哥的**罗伯特·卢卡斯**（Robert Lucas）率先提出，并由索洛加以完善。它的观点正好相反，认为政府的大量投资和私人的积极性可以确保经济持续增长，因为别的不说，它能使劳动力接受教育、积极性更高，能使他们认识到创新的重要性。[18]这个观点很出色，原因有二。首先，卢卡斯来自保守主义的大本营芝加 649
哥，却提出了加强政府干预和扩大政府开支的观点。其次，它标志着社会学、社会心理学和经济学的大联合：它最终认可了大卫·里斯曼在《孤独的人群》里提出的论点，即“他人导向”的人喜爱创新。判断新增长理论正确与否还为时尚早。[19]20世纪90年代计算机技术和生物技术的大爆炸，使得人们更易接受新思想，这也暗示新增长理论可能是正确的。更加有趣的是，玛格丽特·撒切尔执政时曾痛骂大学，但实际上，大学是政府推动技术革新从而刺激经济增长的主要手段之一。

弗里德曼夫妇和芝加哥学派的理论总体上基于《国富论》作者、“现代经济学之父”亚当·斯密的重要见解。“亚当·斯密的重要见解是，只要合作是严格自愿的，交换的双方就都能获益，只有双方都能获益，交易才能进行。”[20]因此，自由市场经济学不仅奏效，而且还有伦理基础。

但是，还有一种对立的经济学思想，它并不认同弗里德曼夫妇对开放市场体系的信念。《自由选择》中几乎没有谈到有关贫困的思考，弗里德曼夫妇认为，无论如何，只要开放市场体系充分发挥作用，贫困现象将会大幅度减少。不过，很多其他经济学家对经济上的不平等感到忧虑，在约翰·罗尔斯和罗纳德·德沃金分别发表著作之后，这种忧虑更甚了。在这些其他经济学家中，有一位曾经在牛津和剑桥学习的代表性学者：印度人**阿玛蒂亚·森**（Amartya Sen）。森后来拥有哈佛大学和剑桥大学的双重教职，撰写了相当多的论文和著作，努力使经济学脱离他所谓的弗里德曼夫妇和货币主义者的狭隘兴趣。他提出了“福利经济学”，它本质上越过市场运行，审视贫困机制和“需求”的概念。森的许多文章含有高度技术化的数学演算，因为他试图估量贫困和不同类型的需求。例如，森提出的一个经典问题是关于计算谁的境况更糟：一个人收入较高，但有慢性疾病，要定期治疗和付费；另一个人收入较低，但身体健康。

森的首要成就是，他发现的众多技术手段使政府能够计算出自己管辖的范围内有多少穷人，以及不同领域的确切需求水准如何。这些绝不是泛泛的成就，不过他本人将它们称为“工程学问题”，有“细致”的解决方案。在这里，经济学和社会学又走到了一起。宽泛地说，还有两种思想促成他于1998年获得诺贝尔经济学奖。其一是他实现了经济学和伦理学的
650 联姻。森从他观察到的一个不合逻辑的推论出发：很多人并不穷，却关注贫困问题及其解决办法，其原因并不是他们认为消灭贫困可以提高效率，而是他们觉得贫困是不对的。换句话说，个人行为往往合乎伦理道德，自身利益并非头等大事。他指出，这不仅违背了弗里德曼夫妇等经济学家的观点，也违背了一些进化论思想家的观点，如E. O. 威尔逊和理查德·道金斯。在其著作《伦理学与经济学》（1987）中，森引用了著名的“囚徒困境”游戏，道金斯在《自私的基因》中也用过。森指出，在进化情境中，合作可能是更可取的，然而从理论上来说，在工业或商业背景中，自私策略是个人更可能采取的策略。但在实践中，人们总是采取各种合作策

略，因为人们的观念中不仅有自己，也有别人；他们有集体观念，并想维持这种集体观念。换句话说，人们普遍具有不完全自私的生活伦理观。他认为，这些发现对社会经济组织、税收结构、针对穷人的经济援助和对社会需求的认可等都有间接的意义。[21]

不过森真正引起全世界关注的著作是《贫穷和饥荒》，这是他于1981年为国际劳工组织的世界就业项目撰写的报告，彼时的他正担任牛津大学的政治经济学教授和万灵学院的研究员。[22]这本书的副标题是“论权力和剥夺”，这不禁让我们想起德沃金有关权利的概念。森在报告中考察了四次大的饥荒：分别是1943年孟加拉大饥荒，约150万人饿死；1972至1974年埃塞俄比亚饥荒（10万多人死亡）；1973年萨赫勒干旱和饥荒（10万人死亡）；1974年孟加拉国洪水和饥荒（约2.6万至10万人死亡）。他最重要的发现是，在每次饥荒中，在受灾最严重的地区，食物供应量并没有明显下降；事实上，很多情况下，在很多受灾区，粮食产量和人均粮食产量实际上上升了（例如，在埃塞俄比亚，14个省中有6个省的大麦、玉米和高粱的产量超过正常水平）。[23]相反，森发现，饥荒中常见情况是，洪水或干旱之类的自然灾害：（1）使人们认为食物会短缺；（2）同时影响某些人口（农民、劳工和农业工人）的挣钱能力。拥有食物的人囤积居奇，物价上涨的同时，大部分人收入锐减。洪水意味着土地上没有活儿可干，干旱迫使穷人离开居所，因为他们不能通过耕种挣钱，支付租金。但是，正如森所说，主要因素是“权利”的丧失：他们能用来换取食物的东西越来越少。这是市场体制的失败，因为市场体制的运行正是基于人们对当前情况和即将发生的情况的判断。但是，客观地说，从总的食物供应量来
说，市场是错误的。森的分析令人吃惊，部分原因正如他自己说的，因为 651
它违背常理、违背常识，还因为这表明市场会使糟糕的情况雪上加霜。他的经验主义研究成果不仅能切实帮助政府认识饥荒的成因，从而避免饥荒

或降低饥荒的影响，而且还凸显了自由市场理论及其伦理基础的某些特殊局限性。饥荒可能是特殊情况，但确实能影响相当多的一部分人。

《兜售繁荣》是一部关于20世纪最后二十多年经济史的著作，在其中，麻省理工学院经济学家保罗·克鲁格曼记录了右派经济学的崛起，又在20世纪80年代影响日渐消退，最后谈到了20世纪80和90年代凯恩斯主义改头换面之后的复兴。[24]在克鲁格曼笔下，“经济周期”理论等右翼经济学教条遭遇了失败，巨额预算赤字为美国经济带来了阻碍，以及罗纳德·里根实施多项货币主义政策也自食其果。在《零和社会》(1980)中，他同样批评了近来更自由的经济学家莱斯特·瑟罗等人的观点和加拿大经济学家詹姆斯·布朗德及其合著者芭芭拉·斯宾塞提出的“战略性贸易”观点。战略贸易视国家为类似公司的实体，将其经济“置”于与其他经济体相对的战略地位。这种观点在克林顿时期的白宫占统治地位，至少一度如此，直到1999年5月拉里·萨默斯担任财政部长才告一段落；但是，克鲁格曼说，这是一种错位，因为国家不是公司，不一定需要通过竞争求得生存和繁荣，这种看似聪明的思想注定要失败，因为20世纪80和90年代的很多研究表明，人们的行为不像古典经济学家所说的那样完全理性，而是以一种“近似理性”的方式行事，主要是根据短线思维，采用轻易就能获取的信息。对克鲁格曼而言，这种新见解是个进步，因为它意味着即便是每个人都能做出明智的决定，仍可能产生灾难性的集体后果（简言之，这就是出现衰退的原因）。因此，克鲁格曼与新凯恩斯主义者站到了同一阵线，他们相信，政府有必要对宏观经济事务进行某些干预，以便对发明创造、通货膨胀、失业、国际贸易等施加影响。但是，20世纪90年代中期，克鲁格曼得出的结论是，两大突出的经济问题依然如故，一方面是经济增长率和生产率增速缓慢，另一方面是贫困现象加剧：“其他一切要么是次要的，要么无足轻重。”[25] 这使我们想起了一个熟悉的名字：约翰·肯尼思·加尔布雷思。

在众多职业经济学家中，加尔布雷思不时受到贬损是因为同行们认为他在业内的影响力远不及在公众中的影响力那么大，这对他来说是一种不公的伤害。他在很多著作里，利用自己专业经济学家的“知情人”身份，对变化中的社会性质和经济学在这种变化所发挥的影响作出了一些令人不快的评述。虽然加尔布雷思生于 1908 年，但在 20 世纪的最后十年中，他的这一性格丝毫没有收敛。1992 年，他发表了《心满意足的文化》，四年 652
后又发表了《美好社会：人类议程》，分别是他的第 18 本和第 20 本书。（1999 年他还出版了一本回忆录《攀亲带故》。）

《心满意足的文化》是一个故意错用的书名。加尔布雷思在这里运用了一种略带挖苦的讽刺手法。[26] 他真正想表达的意思是这种文化完全是在自鸣得意。他认为，直到 20 世纪 70 年代中期的石油危机前后，西方民主国家才接受了混合经济的观点，从而取得了经济社会的进步。但是，从那以后，社会上出现一个突出的阶层，他们在物质上舒适，甚至非常富有，但是他们不仅不帮助穷人，反而在政治上和思想上想出了一整套办法，对穷人进行边缘化甚至妖魔化。这些办法包括降低富人的税收，减少穷人的福利，发动小规模“易操纵的战争”来维持对付共同敌人的凝聚力，信奉“绝对自由是自由的体现”，希望缩减政府开支。加尔布雷思说，所有这些办法会带来一个更为重要的集体后果，即“满足”者对层出不穷的社会问题视而不见、充耳不闻。他们乐意花钱打败相对弱小的敌人，甚至已经以自己的名义花了数万亿美元出去（卡扎菲、诺列加和米洛舍维奇），然而却极不情愿在家门口的底层阶级身上花钱。其中有一段，他引用了令人震惊的数据证明“在十年时间里，处于贫困线以下的美国人的数量从 1978 年的 2450 万增加到 1988 年的 3200 万，增长率达 28%。到 1988

年，美国每五个新生儿中就有一个出身贫困，这一数值是加拿大或德国的两倍多”。[27]

加尔布雷思对查尔斯·默里（Charles Murray）心怀怒意。我们来看看其中的缘由。默里是华盛顿特区右翼智囊团美国企业研究所的一名布拉德利基金研究员，他在1984年发表了富有争议但资料翔实的著作《失去根基》。[28] 该书考察了1950至1980年间美国的社会政策，并提出虽然我们普遍认为20世纪50年代美国黑人的境况得到了改善，但是很多统计数据则显示出完全相反的结果：他们依旧很穷；20世纪60和70年代，少数黑人的情况得到改善，大部分黑人处境依然落后；总的来说，伟大社会的社会措施不仅失败了，而且情况变得更糟，因为这些措施本质上是虚假的，提供虚假的激励、虚假的学校课程、虚假的大学文凭，其实什么都没改变。默里与他所谓的“大众智慧”站在同一阵线，他没有选择知识分子或社会科学家的智慧。大众智慧有三个核心前提：首先，人们对激励或抑制措施有回应（大棒和胡萝卜都奏效）；其次，人们并不是天生勤劳或品行端正的（只要缺乏负面刺激，人们就会偷懒、不分是非）；最后，人们必须对自己的行为负责（只要社会正常运转，他们能否在基本的哲学或生物化学意义上负责就不成问题）。[29] 他用图表举例说明，在1955至1980年间，黑人劳动力数量一直在稳定地增长，或黑人工资在上升，或黑人儿童入学数
653 量增加，这与当时盛行的（专家）智慧完全背道而驰；他对非婚生育的分析也是如此：分析显示，非婚生育现象部分源于行为“不端”，部分源于“种族”因素。[30] 但是，总体而言，他要传达的信息是，20世纪50年代美国的情况当然不算完美，但是正在飞速进步，如果任其发展，情况可能会好得多，然而伟大社会的干预把事情搞砸了。

在加尔布雷思看来，默里目的明确：他打算把穷人踢出联邦政府的预算和税收体系，“远离富裕阶层的良心”。[31] 他在《美好社会》（1996）中证

实了这一点。加尔布雷思绝不是一名“易怒”的作家，他很克制，几乎可算得上是位契诃夫式的人物。但是在《美好社会》中，在客气的表象下，他对对手的蔑视丝毫不亚于《心满意足的文化》。《美好社会》的意义，及其与本章探讨的众多观点之间的关联在于：它是一本由经济学家撰写的著作，不过作者在书中把经济学视为人民的奴仆而非火车头。[32] 加尔布雷思关于美好社会的议题显然是左翼的；他认为 1975 至 1990 年间的右翼正统派或准正统派已经进入死胡同。现在是时候回归正轨了，即重建“后二战时代”的高增长、低失业、低通胀的社会，不是为建而建，而是因为那个时代文明程度更高，取得了社会和道德的进步，可惜后来却陷入了自私、贪婪和伪善的小型黑暗时代。[33] 加尔布雷思的观点是否如他所愿地被许多人听进去了，或者是否得到他早年获得的那么多的关注，都很难说。贫困，特别是美国的贫困，在 20 世纪末的最后几年里仍然是个“隐蔽”的话题，似乎无法触动或震动那个心满意足的阶层。

种族问题则更复杂。人们无法“无视”种族问题，无论在媒体、政界还是文学领域，黑人和其他少数族裔取得的成就是有目共睹的。然而，在大众社会，媒体刻画的情况往往前后矛盾。在大众社会，真理越深奥，揭示真理的形式往往越平淡无奇，特别是采用统计数据。在这种环境下，安德鲁·海克于 1992 年发表《两国两民：一黑一白，隔离、敌对、不平等》(*Two Nations*)，震惊了世人。[34] 它使我们回想起本章开头有关权利的讨论，也使我们想起民权运动，想起贡纳尔·默达尔、查尔斯·约翰逊和 W. E. B. 杜波依斯。海克告诉我们，在美国，有些情况并未改变。

安德鲁·海克（Andrew Hacker）是纽约市皇后学院的政治学教授，除了政府人员外，他可能是最了解美国人口普查数据的人，所以他在论述中用数字说话。许多年来，他一直在分析美国的社会和种族数据；他从不煽风点火，是个稳重内敛的学者，不喜欢过于夸张或华丽的辞藻。他主要在

《纽约书评》上发表那些骇人（坦率）的结论，但是《两国两民》比《纽约书评》上的内容还要令人胆寒。由于观点惊人，海克及其编辑都觉得有
654 必要先安排几章“温和一些”的介绍性文字，再推出重点章节，把数据置于上下文中，设法用故事的形式解释种族主义和黑人的实际情况，让读者做好准备接受下面的观点。论述包括两个部分。数据显示，在经历数十年，乃至一个世纪的努力之后，美国仍然是分裂的，虽然民权运动取得了进步，但是自默达尔时代以来，在很多方面，情况却恶化了。随意翻到海克著作的任何一页，都能发现他的研究成果包含令人不安的事实。

女性主导的家庭

年　份	黑　人	白　人	黑人对白人的倍数
1950	17.2%	5.3%	3.2
1960	24.4%	7.3%	3.3
1970	34.5%	9.6%	3.6
1980	45.9%	13.2%	3.5
1993	58.4%	18.7%	3.1

换句话说，相对而言，1993 年的情况比 1950 年好不到哪里去。[35]

海克写道：“我们时代的真正问题是越来越多新生黑人婴儿出生时，他们的母亲是未成年的穷人。与年龄大些、经济情况好些的白人妇女相比，黑人妇女在怀孕期间患上贫血症、无法获得产前护理，以及生下体重不达标的婴儿的可能性均为白人妇女的两倍。她们的孩子在成长过程中发生哮喘、耳聋、发育迟缓和学习障碍等健康问题的人数，以及由于她们在孕期吸毒或酗酒引发孩子罹患其他疾病的人数，均为白人妇女所生孩子的两倍。”[36]“从经济学的角度来说，20 世纪的最后二十年对美国的任何种族来说都是不幸的年代。在 1970 至 1992 年间，用定值美元计算，白人

家庭的平均收入从 34773 美元上升到 38909 美元，增加了 11.9%；同一时期，黑人家庭的收入还有所下降，从 21330 美元下降到 21161 美元。相对而言，白人家庭每赚到 1000 美元，黑人家庭的收入就从 613 美元下降至 544 美元。”[37]

海克用了相当长的篇幅谈论犯罪，不过有关学校种族隔离情况的数字
更加惊人。20 世纪 90 年代早期，63.2% 的黑人儿童仍然在实行种族隔离
的学校接受教育，这个数字接近黑人儿童总数的三分之二。在有些州，这
个数字高达 84%。海克的结论令人沮丧：我们应该弄清楚谁应该为此负
责。让黑人处于境遇如此惨淡的正是美国白人。合法的奴隶制也许已经成
为历史，但种族隔离和隶属关系却被允许继续存在。即使在今天，美国的
黑人儿童一出生就被钉在耻辱柱上。……巨大的种族鸿沟依然存在，也看 655
不到这种鸿沟行将终结的任何迹象。奴隶制已经结束了一个多世纪，美国
白人却继续要求黑人再耐心一点，再坚持一下，然后他们从未对自己提过
类似要求。因此，美国白人身上的问题本质上关乎道德：降低整个种族的
生活起点，然后要求他们自己解决困难，这难道对吗？你们怎么从没向自
己的种族提过同样的要求？[38]

1973 至 1974 年的石油危机至少在一个方面证实了弗里德里希 · 冯 ·
哈耶克和米尔顿 · 弗里德曼的观点是正确的。经济自由即使不像罗纳
德 · 德沃金所说的是最基本的自由，那么也是很基础的自由。自从石油危
机及其引发的经济转型以来，西方生活的很多领域——政治学、心理学、
伦理学和社会学——都已经重新洗牌。加尔布雷思、森和海克的著作，或
准确地说，这些著作未能引发 20 世纪 60 年代初迈克尔 · 哈灵顿的《另一
个美国》所激起的那种大众（相对于学术）辩论，很能说明当前公众的心
态。个人主义和个性化备受推崇，以至于发展到了自私的地步。中产阶级
忙着发财，无心行善。[39] 656

37

压制的代价

1981年9月的第二个星期，加州大学洛杉矶分校的迈克尔·戈特利布博士来到华盛顿，参加国家卫生研究院（NIH）的会议，他乐观地以为美国医学界的权威终于开始重视一种新的疾病了，他担心这种疾病可能很快会发展成流行病。国家卫生研究院是全世界最大、最有影响力的医疗组织，它位于华盛顿特区西北10英里的贝塞斯达地区，占地面积300英亩，到20世纪末，它每年的预算达130亿美元，其中还设有国家过敏症和传染病研究所、国家心肺血液病研究所和国家癌症研究所。

戈特利布参加的会议由国家癌症研究所召集，研究对象是在美国爆发的一连串罕见的皮肤癌病例，又叫**卡波济氏肉瘤**（Kaposi's sarcoma）。[1] 参会者中有位名叫琳达·劳本斯坦的医生，她是纽约大学的血液专家。1979年9月，她第一次在患者身上发现卡波济氏肉瘤，当时的症状是皮肤上有常见的皮疹，伴有淋巴结肿大。那时她还没听说过卡波济氏肉瘤，在一位皮肤科医生将其诊断为癌症之后，她一直在查阅资料。这种病最初于1871

年在地中海沿岸居民和犹太人身上发现，其后一个世纪里，大约有500至800个病例记录在案。非洲班图人中也发现过这种病，发病者多为男性，年龄在40至50岁之间。通常是良性的；病变是无痛的，患者往往很久之后死于其他病症。但是，正如劳本斯坦和戈特利布现在知道的，美国发现的卡波济氏肉瘤多是恶性的：已经报告的120个病例大多伴有罕见的寄生性肺炎——肺孢子虫，且其中90%是男同性恋者。[2]他们还患有一种令人担忧的并发症，这些患者都有奇怪的免疫系统缺陷——面对各种感染，血液中的抗体毫无反应，由于患者的身体已经被癌症侵蚀，无论患者感染上哪种疾病，都会导致死亡。

贝塞斯达会议令戈特利布深感震惊。他来时听说国家卫生研究院终于打算资助一项研究计划，研究这种新疾病。佐治亚州亚特兰大市的疾病 657
控制中心一直在跟踪疾病暴发的源头及其传播方式，但是在与疾病作战的过程中，疾病控制中心不过是支“突击队”，现在是时候进行基础性研究了。因此，当戈特利布等人安静地听取关于该疾病在非洲的治疗情况的报告时，国家卫生研究院似乎没人知道这种疾病已经登陆美洲，而且其形式比大西洋对岸的非洲更致命，这令他大感惊讶。他疑惑而又沮丧地离开了会场，回到洛杉矶，着手就他观察到的卡波济氏肉瘤与卡氏肺孢子虫之间的关联写文章，计划向《新英格兰医学杂志》投稿。但是接着他发现，这家杂志对于发表他的那篇文章“不太热心”，一遍又一遍地让他修改论文。这种搪塞使戈特利布感到，在当权者那里，至少在医疗界的当权者那里，新爆发的疾病没有得到应有的关注，其原因无非是大多数感染者是同性恋者。[3]

又过了一年之后，这组症状才有了名字。起初叫GRID，即同性恋免疫缺损症，后来叫ACIDS，即获得性群体免疫缺损综合征，最终到1982年定名为艾滋病，即**获得性免疫缺陷综合征**（AIDS）。正确的命名至少意味着对这种疾病有了一定的认识。次年3月，曼哈顿同性恋报纸《纽约当地人》刊出了大标题，“1112人，统计进行中”。这是死于这种疾病的男同性恋者人数。[4]众多人死于艾滋病，当然很不幸，不过除此之外，艾滋病之所以重要，还有两个原因。一是它涉及（除精神病药物以外）在战后主导医学界思想的两大类研究；二是死于艾滋病的人中有不少与艺术和知识界有交集。

1945年以后，主导医学界思想的两大类研究分别是免疫系统的生化研究和癌症性质的研究。20世纪50年代初开始出现有关吸烟与癌症相关的报告，很快，有观察表明抽烟与心脏病同样密切相关。与不吸烟的人相比，吸烟的人群中突发性心脏病即冠状动脉血栓症的病发率更高，尤其是男性，这导向了医学研究中的两种方法。就心脏病而言，关键因素是血压，引起血压异常的原因主要有两个。吸烟伤肺，并降低肺从空气中吸收氧的效率，每呼吸一次，身体获得的相应的氧气都更少，为了达到同样的效果，心脏必须使劲工作。时间一长，就对心脏肌肉造成额外的负担，最后筋疲力尽。在这种情况下，血压会降低。但是高血压也不好，因为，人们发现，富含动物脂肪的食物会导致胆固醇在血管中沉淀下来，使血管变窄，严重的时候会完全堵塞血管。这就增加了心脏和血管的压力，因为同
658 样体积的血液被挤进了更小的空间。在极端情况下，它会损伤心脏肌肉和/或撑破血管壁，如果撑破脑血管壁，则会发生脑溢血或中风。医生们的反应是努力研发提高或降低血压的药物，部分通过“稀释”血液达到，如果心脏的损伤已经无可修复，则要完全更换心脏。

第二次世界大战以前实际上不存在降血压的药物。到1970年，至少有四类降压药物得到广泛使用，其中最著名的是β-**受体阻滞剂**（beta-blockers）。这些药物的研制要追溯到20世纪30年代。当时人们发现，参与神经冲动传递的物质即乙酰胆碱（见第28章，第501页）也会影响控制

心脏和血管的神经结构。[5] 在最终通往冠状动脉系统的神经通道中，会释放一种类似肾上腺素的物质，这种物质控制着心脏和血管的运动。因此医生们就要设法对这一活动加以干预。1948 年，佐治亚大学的**雷蒙德·阿尔奎斯特**（Raymond Ahlquist）发现，这一机制涉及的神经有两类，因为它们对不同的物质做出响应，他随意地将其分别命名为 α 和 β。阿尔奎斯特所谓的 β 受体同时刺激心跳的频率和强度，英国医生**詹姆斯·布莱克**（James Black）由此想到，限制肾上腺素的活动会不会有助于降低神经的活跃度。[6] 他采用的第一种物质丙萘洛尔被证明有效，但是他很快发现服用这种药物的老鼠会长肿瘤，于是停用了。它的替代物普萘洛尔没有那些缺点，所以成了众多“β-受体阻滞剂”中的第一种。后来陆续发现，这些药物还有广泛的用途：除了降低血压，还能防止心律不齐，能帮助心脏病突发的患者存活下来。[7]

心脏移植是更激进的干预心脏病的形式，但是医生们也在关注分子生物学，因为人们已经意识到，克隆将会成为可能，那么心脏移植的选择就更有吸引力了。除了涉及复杂的外科手术及从刚去世的人那里获得供体是否合乎伦理之外，移植手术还面临一个核心知识问题，即免疫学问题：植入的器官对人的生理体系来说实际上是个异物，因此会出现排异现象。

免疫抑制剂的研究源于癌症研究，特别是白血病的研究。白血病是一种淋巴球肿瘤，病症发生时，白血球会迅速繁殖，抵御病中的异物。[8] 战后，甚至直到人们发现 DNA 结构之前，白血球的繁殖显示它可能有利于癌症研究（癌症本身就是恶性细胞的迅速繁殖）。早期研究显示某种嘌呤（如腺嘌呤和鸟嘌呤）和嘧啶（胞嘧啶和胸腺嘧啶）确实影响细胞的生长。1951 年，科学家发现了一种名为 6-巯基嘌呤（6-MP）的物质，可以在一段时间内缓解某些白血病。虽然好消息没有持续多久，但是 6-巯基嘌呤的作用足以说明它有助于免疫抑制。20 世纪 50 年代末，新英格兰医学 659

中心进行了关键实验，**罗伯特·施瓦茨**（Robert Schwartz）和**威廉·戴姆谢克**（William Dameshek）决定用两种白血病药物（甲胺嘌呤和6–巯基嘌呤）测试老鼠的免疫反应。米尔斯·韦瑟罗尔在现代医药史中谈到这件事时说，这个重大突破来得十分偶然。施瓦茨写信给**莱德利实验室**（Lederle Laboratories），希望他们提供甲胺嘌呤样品，也写信给**勃罗·韦尔康实验室**（Burroughs Wellcome），请他提供6–巯基嘌呤。[9]他没有得到莱德利实验室的回音，但是勃罗·韦尔康很慷慨，寄给他大量6–巯基嘌呤。因此，他拿着6–巯基嘌呤继续研究，几个星期后发现这种药物确实是一种很强的免疫抑制剂。随后，人们发现，甲胺嘌呤在老鼠身上没有效果，因此，正如施瓦茨本人所说，如果两家单位给他的回复倒过来，那以这次成功的探索就可能变得一无所获，也就不可能取得如此重大的突破。[10]1967年12月，南非的**克里斯蒂安·巴纳德**（Christiaan Barnard）医生进行了世界上第一例人与人之间的心脏移植手术，术后患者存活了18天；一年后，巴纳德进行了第二例心脏移植手术，术后患者存活了24天。1970年，德国进行了一场神经移植手术，到1978年，免疫抑制药物已经进入商业销售，用于外科移植手术。1984年，在加州罗马林达大学医疗中心，一只狒狒的心脏被移植给一名两星期大的女婴，虽然术后她只存活了20天，但是"器官培植"的前景已经打开了。[11]

因此，艾滋病出现时，人们已经比较了解人体免疫系统了，包括免疫抑制和癌症之间的联系。1978年，贝塞斯达国家癌症研究所的研究医生**罗伯特·盖洛**（Robert Gallo）发现一种能导致白血病的新病毒，即逆转录酶病毒。[12]他一直在研究这种病毒，因为当时人们知道猫身上的白血病（即猫科白血病）是导致猫死亡的主要原因，它是由一种破坏猫的免疫系统的病毒引起的。日本研究者研究了T细胞白血病（T细胞是刚刚被发现的白血球细胞，是免疫系统的关键成分），不过认识人类T细胞白血病病毒或HTLV并取得实践和理论突破的却是盖洛。巴黎巴斯德研究所的**吕克·蒙塔尼**（Luc Montagnier）教授沿袭他的方法，于1983年2月宣布，他确信他已经发现一种引起细胞病变的新病毒，这种新病毒能杀死某些种类的细胞，包括T淋巴细胞。它很像猫科白血病病毒，引发癌症的同时，也破坏免疫系统——跟AIDS艾滋病的症状一样。蒙塔尼觉得他发现的病毒不是白血病毒，它们的症状稍有不同，因而有不同的基因特点。随后发生的情况使他更相信自己的看法，因为他从一个同事那里得知有种病毒叫慢病毒，这个病毒的名字源于拉丁文lentus，意为“缓慢”。[13]慢病毒在发作之前潜伏在细胞中，这似乎更像艾滋病病毒，而不是白血病病毒。因此，蒙塔尼将这种病毒称为LAV，即淋巴病相关病毒，因为这种病毒是他从患者的淋巴结获得的。[14] 660

从知识层面来说，当前的癌症研究有五个方面。[15]病毒是其中之一，其他还有环境、基因、个体性（对环境的反应）和自身免疫机制。自身免疫机制的观念是指身体中有癌细胞生长的可能性，但是免疫系统会加以阻止，直到年老体弱，自身免疫系统衰退。毫无疑问，癌症研究已经取得了一些突破，如盖洛有关病毒的发现，以及抽烟和癌症之间的联系，但是1993年，华盛顿特区国家卫生研究院院长、1989年诺贝尔物理学奖获得者**哈罗德·瓦尔姆斯**（Harold Varmus）和麻省理工学院的**罗伯特·温伯格**（Robert Weinberg）在他们合著的作品《基因和癌症生物学》中公布了癌症的惨淡真相。[16]他们的结论是，在美国死于癌症的人中，吸烟致癌占30%，饮食致癌占35%，其他原因占7%。但是，如果在总数中减去与吸烟相关的肿瘤病例，大多数癌症的发生率和死亡率继续持平或有所下降。[17]因此，瓦尔姆斯和温伯格基本不再关注致癌环境的研究，而是专注于研究癌症的生物学原因：**病毒和基因**。最新研究显示：存在原型致癌基因；病毒会发生突变，导致异常生长；如果缺乏肿瘤抑制基因，人体就无法阻止异常生长。虽然这可能意味着人类知识的进步，但是就连瓦尔姆斯和温伯格也承认，这些进步还没有转化成有效的治疗手段。实际上，“在过去几十年里，癌症的发病率和死亡率并无太大变化”。[18] 这种失败本身已经成为一个知识问题，政府和癌症研究所倾向于认为癌症是可以治愈的（某种程度上说，这是真的），而医学杂志则时不时地发出独立的声音，强调说，虽然有例外情况，但癌症的发病率和存活率并没有变化，或者说，多数研究进展都是数年前取得的（也是真的）。

这些争论有时候很尖锐，使癌症看似比其他疾病可怕得多，正因如此，**苏珊·桑塔格**写了一篇有关疾病的著名文章，她本人曾患癌症，后康复。在《疾病的隐喻》（1978）中，她的主要观点是，20 世纪末的一般疾病，特别是癌症，已经被用来隐喻各种政治、军事和其他活动，这些活动又妖魔化了疾病，更重要的是，还将患者与其家人、朋友和生活隔离开来。[19] 在一些火药味很浓的段落中，她将当今的癌症比作几代之前的肺结核。她说，疾病“是生命中的黑夜面，是一份更为棘手的公民权”。[20] 癌症确实被认为是一种特别可怕的东西，因此，即使在今天，在法国和意大利还有一条规则，医生应将癌症诊断结果通知患者家属，而不是患者本人。由于罹患癌症会危及人们的感情生活、晋升机会甚至工作机会，人们学会了保密。她指出，在文学作品里，肺结核代表瓦解（那是“一种液体的疾病”）而癌症象征恶化，“身体组织变得坚硬……仿佛孕育了魔鬼”。[21] 肺结核影响肺部，即身体中的“精神”部分，而“癌症则恶贯满盈，因为它影响到各种难以启齿的身体部位（结肠、膀胱、直肠、乳房、宫颈、前列
661 腺、睾丸）。”患上肿瘤通常会让人觉得丢脸，“身体器官似乎有某种层级结构，肺癌似乎没有直肠癌那么难堪”。[22] 她说，肺结核和癌症之间最惊人

的相似之处在于，它们都是与激情有关的疾病——肺结核反映内心像火一般燃烧的、浪漫的激情煎熬，而癌症则“被人们设想成压制激情的代价”。从《鸽之翼》、《背德者》、《魔山》到《长夜漫漫路迢迢》以及《死于威尼斯》，她研究了大量的文学作品，并且发现肺结核的意义发生了“离奇”的变化，从可怕的疾病转变成某种浪漫的事物，在她看来这是一种扭曲，她希望这一种转变不要重现于癌症。

《疾病的隐喻》源于苏珊·桑塔格的个人经历，《新闻周刊》称其是“我们时代最具解放性的著作之一”。十年后，即 1989 年，桑塔格发表了《艾滋病及其隐喻》，再次提出批评。[23] 她认为艾滋病是一种“承载了过多意义”的疾病，她的目标是“剔除”艾滋病的部分隐喻。桑塔格激烈反对加诸艾滋病的惩罚，并对“意料之中的使某些艾滋患者拒绝接受抗病毒化学疗法的既迷信又顺从的想法”提出质疑。[24] 她特别痛恨基督教右派人士，他们认为艾滋病是对 20 世纪 60 年代的罪孽、沉沦以及“道德放纵和沦丧”的一种报应；她也痛恨那些认为同性恋者是变态的人。她说，这种“文化争端”已经超出美国的范围。在她住过一阵的法国，一位右翼政客称其对手得了“艾滋病似的”或得了“精神上的艾滋病”。但是，她质问道，难道不能把艾滋病看成是消费社会的资本主义类疾病吗？在这种社会，“欲望被认为是无节制的。……考虑到消费规则和几无争议的自我表达的重要性，对某些人来说，性为什么不能成为一种彰显自由和日益增长的流动性、冲破限制的消费选择？很难说一种男同性恋亚文化的出现和娱乐的、无风险的性不是资本主义的必然产物”。[25] 她认为，艾滋病的隐喻贬低了我们每个人。例如，因为这些隐喻，20 世纪 80 年代出现了一种可悲的亲密关系——电话性爱，如果可以用“优点”这个词的话，那么它的优点是安全。她说，有关使用安全套和清洁针头的广泛宣传进一步贬低了我们，“感觉这是在容忍和教唆发生不正当性行为和使用非法药物”。[26] 桑塔格认为是时候认识到疾病、癌症和艾滋病的本来面目了：它们是身体疾病，不具备任何道德、社会或文学意义。

其他因素也促使人们改变了对艾滋病的看法。艾滋病感染者自身的性格和品质也与之有关系。1985 年 7 月 23 日，《好莱坞报道》刊登一则新闻，称英俊的电影演员洛克 · 哈德森感染了艾滋病，最终使得这种严重的疾病受到了应有的广泛关注。[27] 哈德森是大多数人认知中第一位死于艾
662 滋病的患者，他的演员身份起到了很大的作用。接下来的几年中，艺术和人文领域失去了数百位杰出人物，尽管死于不同疾病，但真正致命的，却是艾滋病：米歇尔 · 福柯，哲学家，死于 1984 年 6 月，享年 57 岁；埃里克 · 布鲁恩，芭蕾舞演员，死于 1986 年，享年 58 岁；布鲁斯 · 查特文，游记作家，死于 1989 年 1 月，享年 48 岁；罗伯特 · 梅普尔索普，摄影师，死于 1989 年 3 月，享年 42 岁；基斯 · 哈林，涂鸦艺术家，死于 1990 年 2 月，享年 31 岁；候司顿，时装设计师，死于 1990 年 3 月，享年 57 岁；托尼 · 理查森，电影导演，死于 1991 年 11 月，享年 63 岁；安东尼 · 珀金斯，演员，死于 1992 年 9 月，享年 60 岁；丹霍姆 · 艾略特，演员，死于 1992 年 10 月，享年 70 岁；鲁道夫 · 努里耶夫，彼时最著名的舞蹈家，1991 年叛逃苏联，曾经做过巴黎芭蕾舞剧院的导演，为世界上所有著名的剧团跳过舞，死于 1993 年 1 月，享年 54 岁。在 20 世纪的知识界和艺术界，再也没有哪种疾病引起过这么大的一场屠杀。[28]

另一场屠杀发生在精神病房里。1983 年 3 月 29 日，约翰 · 罗森医生在宾夕法尼亚州哈里斯堡放弃了医生执照。他之所以这么做，是为了逃避国家医学教育委员会和宾夕法尼亚州执照部的制裁，后者准备指控他违反《宾夕法尼亚医疗实务法》达 67 次，违反医学委员会的规章制度达 37 次。[29] 罗森对患者滥用医生权力的行为令人发指，最糟糕的案例莫

过于珍妮特·卡特科，当时她被父母送去看医生（下面的细节摘自法院文书，部分是公开纪录）。他们第一次见面时，罗森当着卡科特父母的面问她是否有过性经验。她没有回答。当她说起想回到科罗拉多群山环绕的家中时，他立刻进行“深度解读”，说那些白雪皑皑的山峰是“仅次于母亲充满乳汁的乳房”的“最美好的事物”。“被告接着告诉原告的母亲，他有更好的东西给原告吮吸，同时用手拍了拍自己的腹股沟。”[30] 在接下来的七年里，罗森逼迫卡特科在治疗期间吮吸他的阴茎。这些过程总是使她呕吐，他解释说，她是在呕吐母亲的乳汁。罗森的另一个患者克劳蒂亚·艾尔曼则由他的两位助手治疗，于 1979 年 12 月 26 日被发现死在病房中，迹象显示她在治疗过程中曾经遭到其助手的毒打，“为了迫使她开口讲话”。

关于罗森医生骇人听闻的理论和实践，被 1959 年以后的精神病学专业称为“直接分析”，最终他面临 102 项指控，被吊销医师执照。这一切构成了**杰弗里·马森**（Jeffrey Masson）于 1988 年发表的著作《反对精神疗法》的核心章节。马森曾受过精神分析的训练，短暂地做过西格蒙德·弗洛伊德档案馆的馆长，但是他得出的结论是，无论是哪个体系的精神疗法都包含极其错误的内容。马森对精神分析的批评来自前所未有的方向，他认为，精神分析的定义本身是有问题的，因此有着无法调和的缺陷。 663

马森的著作首先回顾了弗洛伊德，重新审视他的第一个患者朵拉。马森认为，弗洛伊德有自己的问题，并且把这些问题带到了对朵拉的治疗过程中，这些问题干扰了他对朵拉病情的解读，他了解朵拉，朵拉也完全了解他，只不过弗洛伊德“为了发现更多的证据以修正自己的精神分析学理论，而忽视了她的需求。”[31] 换句话说，精神分析从一开始就有瑕疵。接着，马森更进一步，研究了**桑多尔·费伦齐**（Sandor Ferenczi）的秘密日记（日记直到1985年才出版，而费伦齐已经于1933年去世），发现他也对医患关系持怀疑态度，以至于费伦齐想出了一个变体，即“相互分析”，即在治疗师分析患者时，患者也分析治疗师。他还研究了荣格和纳粹的暧昧关系，以及荣格的反犹太主义和神秘主义，再次发现荣格与弗洛伊德一样，是个独裁主义者，无论患者讲出什么样的故事，他都能用自己的观点加以诠释，而其出发点是治疗师没有神经症，是健康的，而从这个意义上说，患者总是有问题的。马森还研究了更为新近的疗法，例如卡尔·罗杰斯的疗法、弗里茨·波尔斯的格式塔疗法，以及罗洛·梅、亚伯拉罕·马斯洛和米尔顿·埃里克森等人的疗法。[32]他发现，独裁主义比比皆是，更有害的是，这些疗法对于性，特别是医患关系内部的性过分关注。在马森看来，许多治疗师很明显在用治疗情境满足他们自己的需求，其程度等同于甚至高于所谓的患者需求，因此，他认为治疗本质上是不可能的，那些证明精神分析无效的数据反倒是正确的。

欧内斯特·盖尔纳（Ernest Gellner）在《精神分析运动》（1985）中提出的批评要比马森机智得多，算是20世纪揭露知识界的弄虚作假的最伟大的作品之一。[33]盖尔纳于1925年出生于巴黎，在布拉格和英格兰接受教育，继而在伦敦政治经济学院任哲学和社会学教授，后在剑桥大学任社会人类学威廉·怀斯讲席教授。他这部著作的副标题是“非理性的狡诈”，认为精神分析大包大揽、结论不当、前后矛盾、推理草率、逻辑松散、虚伪，什么毛病都有。他抨击的首要对象是无意识，他认为，无意识是新版原罪。[34]他说，它的正规原则仅是“悄悄地、悄悄地抓住无意识”，这只是他众多批判中的一例。他说，似乎有一个“无意识秘密法案”；无意识不仅要躲着意识，还要积极保持无意识。[35]“智慧、正直，或理论学习无论如何都不可能绕过或超越无意识的反智慧阴谋。”[36]但是，弗洛伊德却能通过某些奇怪的事件打破这种貌似坚固的障碍，用世俗的使徒传承形式将秘密传给别人。不过，盖尔纳问道，如果无意识那么聪明，它为什么没看到弗洛伊德的到来，为什么没有把自己伪装得更彻底呢？盖尔纳的目标并非简单地回到统计参数从而反对精神分析学，而是要揭穿它的真面目。他引用了诺贝尔奖获得者弗里德里希·冯·哈耶克的话："我相信人们回顾过去时，会认为我们所处的时代是迷信的时代， 664
是主要与卡尔·马克思和西格蒙德·弗洛伊德这些名字相连的迷信时代。"[37] 盖尔纳并不需要假他人之手。他写道："无意识就像边境线外的某些低级旅馆，所有的小偷和走私者都抛掉伪装，在那儿纵情狂欢；不过在边境线内，由于担心被官方抓获，他们必须小心谨慎地掩饰自己……［无意识］就像一个人见到了所有的朋友、敌人和熟人，不过是在狂欢节上，都穿着奇装异服：他可能会惊讶他们为何而来，不过对于来了哪些人，倒没什么惊讶的。"[38]

弗洛伊德并不是唯一被拆穿的学者。1983 年 1 月底，《纽约时报》头版刊登了一则报道，题为《新的萨摩亚研究著作叫板玛格丽特·米德的研究结论》。这部著作的作者是出生于新西兰的澳大利亚人类学家**德里克·弗里曼**（Derek Freeman）。自 1940 年以来，他一直在萨摩亚工作，大部分时间驻扎在距离米德做实地研究的塔乌村大约 130 英里的地方。他的结论是，米德完全误解了萨摩亚社会，暗示她的结论是错误的。弗里曼说，萨摩亚人与其他地方的人一样麻烦，他们"讨厌《萨摩亚人的成年》把他们描写成那个样子"，认为他们是单纯、顽皮的人，对他们来说，性在很大程度上是种游戏，他们的天性也与其他文化的人们迥然不同。[39]

《纽约时报》的那篇报道长达 47 行，几乎占了整整一个版面，并且引发了激烈的争论。哈佛大学出版社进而出版了弗里曼的著作《玛格丽特·米德和萨摩亚：人类学神话的形成与毁灭》；美国各地的电视节目都争相邀请他。为了探讨他的发现，还组织了若干科学研讨会，其中最重要的一次是美国人类学协会召开的会议。[40] 在这次会议上，人们开始怀疑弗里曼动机不纯。人们注意到，按照他的说法，他自 1940 年起一直在萨摩亚工作，此前一直是名默默无闻的学者。那么米德还在世，还能为自己辩护的时候，他为什么没有提出自己的观点？他回答说，他曾经向米德提出一些初步的怀疑，对方也承认自己的数据存在不足，但是直到 1981 年，他才获准查阅萨摩亚法院档案，从而才断定西方的萨摩亚与别的社会一样，也有暴力存在。[41] 关于这一点，其他人类学家怀疑弗里曼的说法；很多年前，他们就能轻松查看法院档案了。但是，更大的问题在于，弗里曼的新发现（如果算得上新发现的话）偏离了弗朗茨·博厄斯的观点（即在决定行为模式的问题上，文化的重要性胜过自然）。弗里曼本人不是生物决定论者，但是，如果他是对的，那么毫无疑问，他对米德的修正为人们从淡化“文化”的角度理解人性提供了支持。这个问题从未得到满意的答案，但是，与弗洛伊德一样，米德的重要作品已经蒙上了阴影，不过对于她的其他众多发现，并未有人提出质疑。

1997 年，罗伊·波特发表了《给人类的最大福祉：从古代到现在的人
665 类医学史》。在临床医学那章，波特引用了牛津大学医学院钦定讲座教授大卫·韦瑟罗尔爵士的话。波特转述道，韦瑟罗尔向现代医学提问：我们做得如何？他得到了一个惊人的严肃结论。“就我们对西方社会主要疾病的了解而言，我们似乎陷入了僵局，特别是在心脏病和血管病、癌症和慢性病领域，医院里到处都是患者。……虽然我们对这些疾病的详细症状越来越了解，但是在确定最初的病因方面，进展不大。”[42]

韦瑟罗尔的怀疑论是现实的；他的论据也很有力。对科学抱有必胜信念是不科学的；同样这也适用于对弗洛伊德、荣格和米德的修正。治疗无效时，谁也逃脱不了有关疗效的讽刺和谬误。在对医学界进行全面考察

后，波特得出的结论与韦瑟罗尔同样悲观：“问题的根源是结构性的。医疗机构日益膨胀，而人们的健康状况越来越好，于是医护人员被迫去治疗原本正常的情况，如更年期，将可能发生的风险视为疾病，用繁复的程序应对琐碎的抱怨，这些都是医疗系统中的常见现象。医生和‘消费者’开始陷入一种想象：人人都有问题，不管什么疾病，人人都能被治好。”[43] 当然，这也是精神分析的“治愈率”那么低的另一种解释，其实很多寻求精神分析的患者一开始就什么病都没有。 666

38

地方性知识

1979年，美国航天探测器“先锋11号”飞向土星，穿过了土星环，结果发现土星环由覆盖冰层的岩石组成。第一款电子制表软件问世后，个人计算机的商业用途得到了极大的扩展。同年，菲利普公司推出了激光影碟机，松下生产了袖珍型平板电视机。德国汉堡的物理学家们发现了**胶子**（gluons，拥有巨大核能、能聚集夸克的基本粒子）。科技领域继续取得重要进步，不过我们的世界也发生了煞风景的事情：宾夕法尼亚州三里岛核电站发生重大事故，由于操作员的失误，给水缓冲装置失灵，导致少量放射性物质泄漏，部分核反应堆被烧毁。尽管没有人员受伤，但是人人都心有余悸。

一直以来，科学总是在提供物质和知识的进步，但是在1979年，出现了很多反对的声音。这回，反对声音不再是神创论者或极端教派的反科学观点，到20世纪70年代末，对科学、科学方法、作为知识体系的科学的批判成为后现代思想的一个中心话题。继**让—弗朗索瓦·利奥塔**（Jean-

François Lyotard）首先撰写《后现代状况》，对科学的地位提出质疑之后，陆续出现了众多的类似作品。这里要特别指出，利奥塔这部著作的副标题是“关于知识的报告”。他是一名法国学者，任教于巴黎第八大学哲学理工学院（位于樊尚），曾经受魁北克政府大学委员会的委托从事一项调查。[1]利奥塔是位哲学家，不过，他成年后的第一份工作是在战后的巴黎当一名左翼政治记者。后来，在完成哲学学位论文的过程中，他喜欢上了精神分析，与很多同行一样，他也试图综合弗洛伊德和马克思的观点；另外，他还迷上了艺术。他把自己的早期作品整理成“性本能”、“异教徒”和“难以驾驭的东西”三个部分。[2]第一部分有明显的精神分析暗示，但是，除此之外，他之所以使用“性本能”这个词，是要暗示，他观察世界的动力源泉是私人的、个人的，甚至是无意识的，而没有明显的政治性，也并非源于某些具体的元叙述。同样，在使用“异教徒”这个词时，利奥塔想说的与其说是假的神，还不如说是另类的神及很多不同的说法；他想告诉我们，一个人的人生兴趣，即使与任何官方的或最流行的“真理”无关，也有可能是令人愉悦的、感到满足的。最后，他使用了“难以驾驭”一词，意思是说，有些研究或经验领域太复杂或太随意，无法预料或无法理解。 667

但是，在《后现代状况》一书中，利奥塔剑指作为知识形式的科学。他想弄清，科学知识以何种重要方式区别于其他形式的知识，科学知识的成功对我们个人和我们的社会有什么影响。他首先说：“后现代简化到极致，就被我定义为对元叙述的怀疑。”[3]他进而比较了不同种类的知识，例如神话中的知识、法律产生的知识和科学产生的知识。利奥塔承认，对很多科学家而言，科学知识是知识的唯一形式，但是，如果真是这样，那么我们怎么看待神话和法律呢？他说，最重要的非科学的知识形式（这是大多数科学家都能接受的用语）是有关自我的知识。利奥塔说，自我由来已久，它在某种程度上说是一种叙述，不同于其他事物。因此，自我是科学无法涉及的，科学产生的知识本质上具有抽象的特点。

在考察历史的过程中，利奥塔解释了传统的科学方法如何发源于19世纪的柏林大学；他认为，自那以后，科学本质上是大学的孩子，所以通常由政府资助。这是（科学）知识社会学的核心事实，对利奥塔很重要，尼采称之为“理性偏执狂”，而利奥塔则喜欢称之为“专家暴政”。正是由于这个原因，特定知识（如“地球绕着太阳转”）的地位逐渐高于其他知识（如“最低工资应该定为X美元”）。在科学被国营150年以来，我们发现证明前者要比证明后者容易得多。[4]这是因为我们一直在追求科学呢？还是因为后一种说法比较棘手、无法证明？如果某些类别的问题、经验或单纯的谈话方式原则上比较棘手，那么这将置科学于何地呢？又将置大学和乐观主义者于何地呢？假以时日，科学能解决我们所有的问题吗？利奥塔受到了沃纳·海森堡、库尔特·哥德尔和托马斯·库恩的影响，并且对在20世纪70和80年代出现的新观点（特别是突变理论、混沌理论和信息不完全引起的“分形”问题）兴趣浓厚：“它正在改变知识这个词的意义。……它带来的不是已知，而是未知。”[5]利奥塔进而认为，生活中很多领域是语言游戏——我们熟练地使用与经验相关的语言，但是这种相关性是不完整的、复杂的，无论如何，当我们运用语言时，我们还在做着其他很多事情。也许从某种意义上说，自我的概念也是一类游戏。

668 利奥塔的结论并非反科学。但是他认为，其他形式的知识（包括科学家们最喜欢的猜想）也有其位置，科学绝对不可能为我们所面临的（或我们以为自己面临的）哲学问题提供完整的答案。由于技术的成功，科学获得了权力和合法地位，确实如此。但是科学只能走这么远；原则上说，生活中很多领域将始终存在科学无法解决的问题。其中最重要的是自我。

与利奥塔一样，普林斯顿大学的哲学家理查德·罗蒂（Richard Rorty）

也对科学知识的地位问题感兴趣。他写了两本书：《哲学和自然之镜》（1980）和《客观性、相对主义与真理》（1991），其中，他对哲学的未来提出了更为激进的解读。[6]

在《哲学和自然之镜》中，罗蒂承认，在产生一种知识类型方面，科学取得了令人惊异的成功。他赞同鲁道夫·卡尔纳普的观点，认为科学已经正确地摧毁了传统的形而上学。他也赞同利奥塔的观点，认为科学知识不是知识的唯一形式（他将文学批评和政治学视为其他形式）。但是，他的主要观点是要防止哲学成为科学的纯粹附属。他说，“也许有一天”，科学使得我们“只要参考人体内的微观结构，原则上就有能力预测他的每个身体动作（包括他的喉部和握笔的手）”。但是，罗蒂说，即使我们能做到这一点，我们也不能预测他说话的内容和/或意义。他对这种观点很有信心，因为他认为，随着“我们不断地阅读、不断地有所收获、不断地写作”，我们会持续不断地“改造”自身。人们不断地“启发”自己，在此过程中变成不一样的人。从这个意义上说，罗蒂综合了前人的观点，如弗洛伊德、萨特和维特根斯坦。弗洛伊德（和马克思一样）意识到，当人们的自我意识发生变化时，他们也会发生变化，这可能是语言引起的变化；这种不断变化的自我概念对萨特有关“生成”的存在主义概念和拉康在治疗中运用的“成功”观点至关重要；维特根斯坦对语言核心领域的关注，以及他认为形而上学是一种语言“病”的观点，为罗蒂重新评估哲学的本质提供了支持。[7]

罗蒂认为，哲学家的主要错误有两层。第一，把哲学看成是科学的延伸，试图用科学语言谈哲学；第二，把哲学视为系统，认为它或多或少能提供对世界的彻底解释或理解。罗蒂把哲学看成是一种活动，努力触及科学永远不能征服的人类经验领域。从下列意义上说，哲学应该是“启发的”：“我们启发自己努力……可能在于‘诗意’活动，即想出那些新目标、新词语或新学科，接着导致诠释学的逆转：我们试图用新发明的不熟悉的术语重新阐释我们熟悉的环境。……这种活动……有启发功能，但不具有建设性——‘建设性’起码是指正常话语中为完成研究项目而发生的
669 合作，因为启发话语应该是非正常的，用陌生的力量把我们拽出旧的自我，帮助我们变成新的存在。”[8] 但是，罗蒂说：“在现代哲学史的边缘，人们发现了一些观点相近的人，他们都不相信‘人的本质就是成为本质的认识者’这一概念，却没有形成‘传统’。歌德、克尔凯郭尔、桑塔亚那、威廉·詹姆斯、杜威以及后来的维特根斯坦、海德格尔都是这样的人物。人们经常批评他们是相对主义者或犬儒主义者。他们往往怀疑进步，尤其怀疑近来有关某某学科最终阐明了人类知识的性质，以及理性将遍及人类其他活动的论调。”[9]“这些作家一再提出忠告，即使我们已经证明一切我们想了解的真正信念，我们也只不过符合了当代的标准。他们一直保持历史主义观点，认为这个世纪‘迷信’上世纪理性所取得的胜利，他们还持有一种相对论观点，认为借鉴最近的科学成就而来的最新词汇也许不能表达本质的特殊含义，只不过是描绘世界的无数词汇中的又一个而已。……主流哲学家是我所谓的‘体系型’哲学家，边缘哲学家则是我所谓的‘启发型’哲学家。这些边缘的、务实的哲学家主要对系统哲学和人们普遍关注的总体事业持怀疑态度。在我们的时代，杜威、维特根斯坦和海德格尔是伟大且富有启发意义的边缘思想家。”[10]

对罗蒂而言，哲学在某种程度上是一种寄生活动，一种游击战式的思维模式，逐步地实现目标，同时还关注其他学科的发展。约翰·杜威、维特根斯坦和库恩都善于“揭穿别人”，罗蒂比他们更甚，算得上是最伟大的揭穿者。他说哲学不过是“谈话”（《哲学和自然之镜》的最后一节题为“在人类谈话中的哲学”）。“如果我们认为知识不具备科学家或哲学家所描述的实质，而是按当前标准视其为一种信仰的权利，那么我们就快要看到

理解知识的终极语境——谈话了。……我们能继续柏拉图开启的谈话而不讨论柏拉图想讨论的话题，这体现了将哲学视为谈话的声音还是谈话的主体之间的差异。”[11]

在《客观性、相对主义与真理》中，罗蒂研究的两个主要领域是科学的客观性同哲学与政治之间的关系。[12] 他认为客观性的概念（无论是谁在进行观察或思考，某物都在“某处”）只有死路一条。有人认为“绿色”或“重力”的存在方式与“正义”的存在方式不一样，这种观点是个误解，它只反映了对“绿色”持相同看法的人比对“正义”持相同看法的人多。[13] 罗蒂说，在实践中，人们表现得更“一致”。设想一下，远古时第一个使用“绿色”这个词（无论是哪种语言）的人，他必定理解绿色的概念。概念和词语都发挥了作用，但这是纯粹的实用主义。再看“重力”这个词。这是一种存在，无论它是什么，我们都无法完全了解它。即使我们曾经或现在对它有所了解，我们可能会发觉这个词不够准确，如同过去的 670
“燃素”和“以太”一样，然后废弃不用。最后，罗蒂认为，真理和观点之间的区别仅在于程度，在于“团结”的问题，如果我们相信有些事物在不同的文化、不同的时代一贯正确，那么我们就在误导我们自己。

《哲学和自然之镜》的一大目标是打击我们对哲学的野心，他认为哲学更多的是思想的“谈话”，而不是思想体系。在《客观性、相对主义与真理》里，他在探讨理性问题时，也持同样的态度。他说，理性不是对应“某处”现实的一套不变的思维规则。相反，它更像我们说某事或某人“理性”或“有条不紊”或“头脑清醒”时，我们所要表达的意义。“它提出了一系列的美德：宽容、尊重周围人的观点、愿意倾听、相信劝说甚于武力。……这样一解释，理性和非理性之间的区别就与艺术和科学之间的差异没有特别的关联了。按照这种解释，所谓理性就是指在讨论宗教、文学或科学等一切问题时，都要避免教条主义、自我辩护和义愤填膺。”[14]“从这种观点来看，就没有理由赞扬科学家比其他人更‘客观’、更‘有逻辑性’、更‘有条理’或更‘追求真理’。不过我们有充分的理由赞扬他们设立并为其服务的机构，也有充分的理由认为这些机构为其他文化领域树立了典范，因为这些机构为‘非强迫赞同’的观点提供了细节。这些机构能激起‘自由开放的邂逅’观——在这种邂逅中，真理必定会胜出。从这一观点来看，我们说真理将在这种邂逅中获胜并不意味着我们要就人类理性和事物性质之间的联系得出形而上学的观点，我们只不过是说，弄清该相信什么的最佳方法是尽可能多地倾听建议和意见。”[15]作为一名实用主义者，罗蒂赞美科学的上述优点，但这并不是说他希望以相同的方式组织社会的其他领域：“［实用主义］观点的一个后果是，暗示‘人文科学’也许应该与自然科学截然不同。这种暗示并非基于（证明社会研究不同于事物研究的）认识论或形而上学的思考。相反，它基于自然科学主要关注事物行为的预测和控制这一认识，而预测和控制可能并非我们对社会学家和文学批评家的期望。”[16]不存在“不同的世界”，各种形式的探求（从物理学到诗歌）都同样合理。

罗蒂探讨政治的主要目的是辩称政治制度的运行不需要人性概念。确实，罗蒂说这种发展对资产阶级自由民主的存在至关重要。他明确说，他相信资产阶级自由民主政体是最好的政府形式，在这一点上，他与其他很多后现代学者不同。他赞同利奥塔、哈贝马斯等后现代主义者，认为元叙述并无益处，还有误导性，不过他更进一步，他认为《美国宪法》和议会
671 民主的成功源于宽容，显然这也意味着其中避免了有关人性的元叙述。继杜威之后，罗蒂称，世界的“祛魅”（例如宗教魅力的丧失）使个人自由得以取而代之。结果，历史与其说是一种宏大的叙述，倒不如说是无数个人叙述的大汇聚。这几乎等同于说，后现代敏感性是资产阶级自由民主的一个终点。

就这一点来说，罗蒂与下面要谈到的克利福德·格尔茨的观点稍有不同。格尔茨是人类学家、文化历史学家和哲学家，他在20世纪70年代和80年代的几本书里提出，我们只能掌握基于空间和时间的“地方性知识”，别的文化和社会应该放在特定的环境中去理解，而不能以我们的方式去理解。罗蒂在一定程度上赞同格尔茨的观点，他显然相信，资产阶级自由民主社会即便有其他社会所没有的东西，也仅仅因为“它的自我道德价值观基于它对多元性的宽容度。……它所妖魔化的敌人包括不遗余力地贬低这种宽容度的人，即恶毒的民族中心主义者”。[17] 罗蒂强调，人类学家（格尔茨就是杰出代表）是资产阶级自由民主社会的一分子，这才是关键。他们的研究使“我们”注意到从前处于“外部”的某些人的存在。他说，这是自由民主社会中的主要道德领域在“爱的代理人”和“正义的代理人”身上得到体现的一个例子。* 爱的代理人包括人种学者、历史学家、小说家、揭发丑闻的记者、特殊领域的专家，但不是像神学家或老观念中的哲学家那样的普适专家。自由民主社会把人性的主要概念抛到一边，帮助人们“遗忘”传统上被认为是一种思想体系的哲学：“现代性的衰退给我的打击不外乎是不再相信我们有能力想出一套标准，使不同时代不同地方的人都能接受，不再相信我们有能力发明一种语言游戏，以取代以前玩过的所有语言游戏的功能。但是这种理论目标的丧失只不过表明，西方文明中不太重要的一面（形而上学）正在走向终结。我们无法在不同民族之间找到通约所有文化的通用话语（从而免去了不断学习新语言的需求），但这丝毫不会让人怀疑社会和平进步的可能性（相对于难度）。尤其是，形而上学的失败并不妨碍我们正确区分劝说和武力。不识字的土著人在学会玩欧洲的语言游戏后，决定再也不玩先前玩过的游戏了，这就是说他们是被劝说

* 这个术语让人想起科林·麦金尼斯在1958年发表的小说《爱先生和正义先生》。

而不是被胁迫成为世界主义者的；如果他做了相反的决定，他也并不会在
672 吃住和生存空间上受到威胁。”[18]

罗蒂没有深入这一观点，但是他使用了衰退（defaillance）和进步这两个词。Defaillance 的另一种译法是灭绝。因此，罗蒂用两种方式将后现代主义与进化论相结合。他和其他哲学家一方面关注科学的性质及其产生的知识与其他形式的知识有何不同，科学是不是文化进化的例子，或者在哪种程度上属于文化进化的例子；另一方面他们也关注后现代主义本身是不是一种“进化”的概念。

纽约大学哲学和法学教授**托马斯·内格尔**（Thomas Nagel）喜欢给自己的著作按上醒目的标题：《人的问题》、《你的第一本哲学书》、《本然的观点》、《最后的话》。内格尔之所以从众多哲学家中脱颖而出，是因为他在后现代世界中对哲学的传统问题进行了思考。他使用了清晰的新语言，但他考虑的是老问题。他甚至毫不犹豫地使用了“心智”这样的词。

在《人的问题》（1979）和《本然的观点》（1986）中，内格尔主要关注客观、主观之分，及其与自我概念和意识概念之间的联系。[19] 以内格尔为代表的哲学家更像罗伯特·诺奇克而不像约翰·罗尔斯，他们认为世界就是他们看到的模样：“我相信一个人应该相信问题甚于答案，相信直觉甚于争论，相信多元化的不一致甚于整齐划一的和谐。简单和优美从来不是哲学理论正确的理由：相反，它们往往是哲学理论谬误的原因所在。”[20] 内格尔认为，心智状态这样的东西是存在的，它最重要的是有关世界的经验。他怀疑物理学永远不能解释有关世界的经验、自我的感觉，因而追问，我们能否有一个无论在什么情况下都接近完备的“现实”观。我们是不是最好承认这些局限性，难道我们不能尝试用别的方法理解经验和主观性吗？没有哪条定律宣称哲学无用。但是内格尔和利奥塔、罗蒂等人都很

感兴趣的是，科学产生的知识是不是某种特殊知识，是不是比其他知识更"客观"，科学对我们有什么影响。他的方法可算是"重视直觉"。"任何类型的客观性都不是对现实的检验。它只是理解现实的一种方式，"[21] 他写道，"身心之间的差异远大于电气和机械之间的差异。"[22] 正如詹姆斯·克拉克·麦克斯韦和阿尔伯特·爱因斯坦改变了物理学界，改变了我们对客观性的看法，内格尔相信，有一天，我们也会看到心理学界的麦克斯韦和爱因斯坦，同样从根本上改变我们对现实的看法，不过现在还似乎遥不可及。内格尔不仅对物理学的客观性不屑一顾，他还怀疑进化论的主张。达尔文的理论"也许解释了拥有视觉和理性的生物能存活的原因，却没有解释视觉或理性缘何成为可能。这些需要的不是历时性的［历史性的］解释，而是永恒的解释。……心智能够形成日益客观的现实概念的可能性并 673
不是自然选择学说所能解释得了的，因为它根本无法解释众多的可能性，只能选择解释这种或那种可能性。"[23]

对于进化论，内格尔并没有其他替代性解释，但是他说，他不必提出一种解释去质疑进化论的重大观点。这正是内格尔的魅力，或许也正是他的力量所在：他不惧怕告诉我们他不懂什么，或者甚至他的某些观点是荒谬的。他的目标是以从未有过的方式用语言和理性思考。他认为，直觉（以及观察力）告诉他，世界是个巨大而复杂的场所。任何一个方案都极有可能是错误的，不去探索各种可能性就是知识上的懒惰。"想象新形式的隐秩序和理解他人提出的新概念的能力似乎是与生俱来的。物质可以组合成一个有意识的、会思考的有机体，所以其中一些有机体就能重新自我组合，更彻底、更客观地反映他们所处世界的心理表征，这种可能性应该也是早就存在的。"[24] 内格尔描述的观点是理性的，却是反经验主义的。[25] 内格尔说，既然我们只能通过语言达成一致，关于我们的世界，可能（实际上很有可能）存在着很多我们无法想象的东西，这与维特根斯坦的主张相呼应。在这方面，我们几乎肯定受制于我们的生物能力。假以时日，这种情况可能会改变，但是这也将改变我们对客观性和现实的看法。“当我们被迫承认某些我们无法描述，也不完全了解的东西确实存在时，现实主义是最迷人的，因为它超越了语言、证据、证明或经验的理解。”[26]因此，对内格尔来说，有一天我们也许能想象宇宙大爆炸之前是什么景象。[27]

在内格尔看来，伦理学的内容与科学提供的一切同样客观，有关世界的主观经验很容易成为最具魅力的“问题”，科学远不能提供答案。有关我们主观生活的客观事实是一道难题，我们甚至无法为其找到合适的语言或正确的方法。我们所知道的经验科学也不可能给出答案。内格尔的著作让我们觉得自己一直濒临语言的边缘，不断质疑我们的设想，抛出新的可能，以鼓舞人的新方法（正如维特根斯坦所建议的）重新整理熟悉的内容，从这个意义上说，他的著作很难懂。有人会想起莱昂内尔·特里林对虚构的展望，他说虚构将/应寻求置身于任何一致意见之外，继续提出此前无法想象的新可能性。因此，内格尔的学说是晦涩难懂的，但又是令人欣喜的。

新泽西州普林斯顿高等研究院的**克利福德·格尔茨**（Clifford Geertz）坚定赞同利奥塔等其他后现代主义者的观点，认为世界是个“充满多样性的地方”，如果我们心存希望，想要了解我们的生活“状况”，我们必须正视这种令人不安的真相。在《文化的解释》（1973）和《地方性知识》（1983）这两本书（尤其是在后者中），他详细阐述了自己的观点，即主观性是有待人类学家（以及人文学科的学者）研究解决的现象。[28]依据格尔茨的观点，如果我们不明白“要在人类的自然普遍性和永恒性与传统
674 性、地方性和多变性之间划清界限是异常艰难的”，那么“人类的基本统一”就是一句空谈。“实际上，这也暗示，如果我们果真划出那样一条线，

那一定会歪曲人类的境况，至少也会产生严重误解。”[29]格尔茨说，对普遍性的追求始于启蒙运动时期，这一目标指引大多数西方思想，此后也已成为西方科学的范例和“真理”的西方内涵。格尔茨在爪哇、巴厘岛和摩洛哥进行实地考察，毕生致力于改变这一观点，并区分全世界不同文化之“深”（thick）与“浅”（thin）的诠释。“深”意味着试图从一种文化自身的方式理解其标志、符号和习惯，而不是像列维—斯特劳斯那样假定全世界的各种人类经验都能分解为结构。实际情况恰好是，其他文化跟我们自己的文化一样“深刻”、一样出色、一样丰富，只不过因为它不太符合我们的思维方式，因而我们感到“陌生”罢了。[30]

格尔茨的出发点是古生物学。他认为，先有智人大脑的生物学进化，后有文化进化的假定观点是错误的。他认为两者肯定有个重叠期。在人们发明火和工具的时候，人的大脑就已经进化到能思考火和工具了。这种进化在世界各地可能稍有不同，因此，谈论唯一的一种人性，哪怕从生物学角度而言，也可能是具有误导性的。所以，格尔茨本人在人类学中仔细描述了非西方人的某些独树一帜做法，他选择这些例子的原因恰恰是因为在“我们”看来，这些做法很“陌生”。例如，他选择了巴厘岛人斗鸡（巴厘岛人用西方人无法想象的方式用自己的社会地位做赌注）；巴厘岛人起名的方式；意大利文艺复兴画家（这是种历史人类学）；某些北非法律；有伊斯兰色彩的部落仪式。[31]他选择这些例子的目的并非要证明它们是西方现存风俗和仪式的“原始”版本，而是要证明它们本身具有丰富的内涵，西方不存在对等的东西。例如，巴厘岛人有五种不同的取名方法：有些很少用，但是在常用的取名方法中，名字往往同时透露了一个人来自何方，处于何种社会地位，以及他或她与其他一些重要人物的渊源。他还举起了一个例子，说的是一个巴厘岛男人被妻子抛弃后为所欲为，最终因为他的行为为社会所不容而发了疯。[32]格尔茨说，这些事情无法从西方视角出发去考量，因为西方不存在这样的对等物。这就是症结所在。

因此，文化资源与其说是思想的“附属”，不如说是思想的“成分”。在格尔茨看来，分析巴厘岛人的斗鸡之于巴厘岛的思想和社会，正如分析《李尔王》或《荒原》之于西方思想和社会同样丰富和有益。他认为，社会学和心理学的旧式划分（即在地理上相距遥远的社会，它们的社会学各不相同，而心理学却保持一致）如今已经瓦解。[33]格尔茨本人这样总结自己的作品：“每个民族都有自己的深度。”[34]他写道，“思考是对文化形式
675 的故意操纵，犁地或兜售等活动与希望或悔恨等私下经历一样，都是故意操纵的好例子”；[35]“现代意识的标志……是其巨大的多样性。在当代和未来，任何源于人文科学（或源于科学学科）并体现文化方向的大方向、视角和世界观的设想都是一种妄想。……对基本的学术权威、旧书籍和旧式礼仪等所持有的共识已经不复存在。……‘新人文主义’的概念，炮制了某种普遍的‘最佳思想和观点’的意识形态并将其塞入课程，这不仅不可信，而且是完全乌托邦的。也许，确实有点令人不安。”[36]格尔茨认为这不是无政府主义的处方；他认为，一旦我们认可不同民族和传统之间存在“深度差异”，我们就会着手研究它，并建构词汇加以公开的阐述。未来的生活将包括各种生动的方言，而不是“无力的共性”，唯有如此，“人类的对话”才得以延续。[37]

来自哈佛大学的哲学家**希拉里·普特南**（Hilary Putnam）对这一讨论的主要贡献在于，他研究了科学对理性和合理性的影响。普特南的论点是，我们所谓的“‘真理’既依赖事物本身（事物存在的方式），又依赖思想家的贡献。……有一种人类贡献，即观念的贡献，我们称之为‘真理’。科学理论不仅仅通过事实使我们受益。”[38]在普特南那里，这个观点有着重要的内涵，因为他觉得，到了他所处的20世纪末，“科学方法”已经成了

一个“模糊”的事物，他认为科学方法这个观点在17世纪达到巅峰，后来渐隐，与此同时，正是这个观点使维也纳学派的逻辑实证主义成为时代的错误。由此，他想表达的意思是，科学以及理性仅适用于可以直接观察到的中性的“事实”，而滥用很容易导致错误的理论。他指出，很多现代科学理论绝不可能轻易证伪，其中进化就是一例。[39] 他因而赞同罗蒂的观点，认为“理性”应该是我们多数人理解的意思，即理性的人如何以自己的方式接触世界。但是普特南进一步指出，事实与价值观之间的差异远比传统科学家或科学哲学家设想的少得多。他赞同库恩和波兰尼的观点，认为科学往往靠某种直觉或归纳逻辑推进，因为人们不会尝试全部可能的实验，只会做最合理的实验，而“合理”本身源自我们对下一部该做什么的“理性”想法。由此，普特南提出，传统上被认为是价值观或偏见（最广泛意义上说）的某些说法也是跟科学事实一样的事实。他给出了两个例子：希特勒是坏人，诗歌比图钉好。就图钉而言，18世纪的杰里米·边沁曾经说，人们喜爱诗歌甚于游戏，这只是一种主观的偏见，这个观点深受相对主义者青睐，他们相信一个人的主观生活，甚至一种文化的主观生活未必如其他人或其他文化那么丰富、有意义。普特南的驳斥不属于人类 676
学，而属于哲学，因为这一观点相信“偏见”是一种精神实体，但否认它是“扩大了的敏感性”、“扩大了的意义与隐喻之集合”、“自我实现”等：“认为价值观不是‘世界的家具’的观点，和认为‘价值判断’是‘偏见’表现的观点是同一枚硬币的两面。”[40] 普特南说的是，价值判断能够得到合理的支持，现在是时候彻底摆脱科学事实是唯一名副其实的事实这种观念了。“即便是持不同世界观的‘古典’物理学和量子力学，其差异也取决于观察者。”“陈旧的科学观念带来的害处是：如果科学家们试图逐渐堆积出一个绝对事实的王国，那么其他一切就都变成非知识了。”

另一位哈佛哲学家**威拉德·冯·奥曼·蒯因**（Willard van Orman Quine）

则另辟蹊径，不过谈到哲学，他仍然肯定了科学和科学方法的重要性。在《从逻辑的观点看》（1953）、《语词与对象》（1960）、《指称之根》（1974）、《理论与事物》（1981）、《实质》（1987）和《从刺激到科学》（1995）等一系列书中，蒯因提出，哲学与科学相连，甚至是科学的一部分，而且，现实在本质上分为两个方面，分别是独立于我们而外部存在的物理对象和以数学为主的抽象对象。蒯因是一名死忠的唯物主义者，认为“就微观物理性质在空间中的分布而言，不存在没有变化的变化”。[41] 他说，这个方法使他得以避开二元论，因为“心理”现象通过行为“彰显”出来。换句话说，无论我们能否弄明白，对心理现象的理解最终将落实到神经学。按照蒯因的说法，数学有双重重要性。[42] 首先，数的概念存在，并且数有助于高效地描绘和理解宇宙，这是根本性的；数仅作为抽象概念存在时更是如此。其次，有组的概念，一些实体聚合到一起形成高阶超级实体，隐含着相似性和差异性。在蒯因看来，这就将数字联系到词语，又将词语联系到句子，而句子正是经验的构件。例如，在动物学中，生物体进化成不同的种类和族系，这在哲学上有何意义？自然中有没有真正的族系和种类？或者，它们只是我们的大脑基于我们对相似性、差异性以及这些相似性 / 差异性的相对重要性的理解而臆想出来的？当我们思考或谈论这些事物时，在微观物理层面上，大脑在干什么？词语与“某处”的东西怎么能对应？又是怎么紧密对应？以及大脑中的微观物理进程是指什么？[43] 当不同语言中含义类似（但不相同）的词语被转译时，会涉及大脑的哪些微观物理性质？蒯因是个特别难阐释的哲学家，因为他的很多作品采用数学注释，极具技术难度，但是广义上说，我们也可以认为他继承了逻辑实证主义者伯特兰·罗素和 B. F. 斯金纳的传统，因为在他看来，哲学不是罗蒂或内格尔所说的科学之上的学科，而是科学的一部分，也是科学的延
677 伸，不过它提出了一些科学家们无法提出的问题，但是又以科学家们能够

理解的方式讨论这些问题。

阿拉斯戴尔·麦金太尔（Alasdair MacIntyre）所著的《谁之正义？何种合理性？》（1988）可能是最具颠覆性的后现代著作，它以最原创的方式综合了米歇尔·福柯、罗兰·巴特、格尔茨、罗尔斯和德沃金的研究。[44]麦金太尔分别考察了早期社会（包括古希腊、古罗马、13世纪圣托马斯·阿奎那在巴黎大学的教义、17世纪和18世纪苏格兰的启蒙运动）和现代自由时期理性和合理性的概念及其对正义观念的影响。他考察了政治、哲学、法律和文学作品中的相关观点，还研究了它们的语言及其与现代观念存在哪些一致或不一致之处。例如，雅典的修辞被认为是理性的最佳状态，其目标是激励行动；因此，在决定之前参看并权衡敌对双方的观点被认为是不恰当的。正如我们所理解的，理性是指为达到某个目的而就其方式展开讨论，和目的及目的的正义性无关，我们含蓄地以为大家都这么想。麦金太尔说，在雅典，人们觉得只有拥有美德的人才能够具备理性，这种观念甚至有一个特别的名字 boulesis，即“理性愿望”。在这种语境中，雅典的理性人“一旦确定行动的理由，就必定会迅速行动……这与我们现代人设想的理性主体显然不一致”。[45]

与所有基督徒一样，圣托马斯·阿奎那相信人人都有指向道德生活的理性行动的潜能，但只有通过一定顺序的教育（逻辑、数学、物理学）才能使这些潜能完全实现。在他看来，合乎情理无异于合乎道德。另一方面，苏格兰启蒙运动回过头来强调激情，大卫·休谟对冷静的激情和狂热的激情加以区分，指出激情优于理性。“在休谟看来，真理本身……不是欲望的对象。但是我们该如何解释哲学对真理的追求呢？休谟的答案是，哲学的乐趣和求知的乐趣普遍地‘主要在于思维活动和天赋的运用，以及发现和领悟任何真理时的理解力’。结果，哲学就像狩猎山鹬鸟或珩科鸟一样；在这两种狩猎活动中，追逐的乐趣使激情得到了满足。”因而，休谟认为理性不能激励我们。[46]“激情真正激励着我们，激情本身既不是理性的，也不是非理性的。……这样，激情既不能成就真理，也不会带来谬误。”[47]休谟本人说：“理性是激情的奴隶，也只应该是激情的奴隶，除了对激情俯首帖耳之外，再不听命于任何其他东西。”[48]

另一方面，麦金太尔告诉我们，现代自由社会存在着与理性和正义相对的概念，它基于不同的假设，即人是个体，仅此而已：“在亚里士多德
678 的实践理性中，作为公民的个人是理性的；在托马斯的实践理性中，作为探究者的个人探求本人和社会的善；在休谟的实践理性中，个人是互动互惠的社会中有财产的或无财产的参与者；但是在自由现代社会的实践理性中，作为个体的个人是理性的。”[49]麦金太尔的结论是，我们的理性（和正义）观只是若干传统中的一个而已。在这些问题上，他没有提及进化论的观点，他的书中也没有提及达尔文或理查德·道金斯。相反，麦金太尔认为，对经典的低劣翻译（包括一些学者）未能译出古代词语的古代含义，只是生硬地找到一些意义接近的现代词语，破坏了我们与过去的关系。他援引巴特的话说，为了理解过去，我们需要纳入古代人自身可能拥有的符号和其他符号学线索，就古人的理性和正义概念做到克利福德·格尔茨（麦金太尔在书中参考了他的观点）所说的“深度描述”。他说，自由的理性概念带来的结果令人失望：“最后，学生普遍面临的……是在自然科学以外的所有争论中明显不得要领，这种不得要领似乎使他们全然陷入对前理性的偏好。因此，自由教育涌现出的学生拥有一系列技能、一系列偏好，此外别无他物，这种教育既是丰富的过程，也是剥夺的过程。”[50]

大卫·哈维（David Harvey）的著作《后现代的状况》与利奥塔的《后现代状况》书名惊人的相似。这本书首次发表于1980年，1989年再版时考虑到近十年里后现代主义取得了诸多进展，因而进行了大量修订。[51]

哈维对比了后现代性和现代性，一开始就引用了一本建筑杂志《Precis 6》的社论，“普遍现代主义，一般被认为是实证主义、技术中心主义和理性主义，已经等同于线性进步、绝对真理、理想社会秩序的理性规划，以及知识和生产的标准化等信念。通过对比，后现代主义赋予‘异质性和差异性’以特权，使其成为‘重新定义文化话语的解放力量’。支离破碎、不确定性、强烈不信任各种普遍或‘总括性’话语（使用中听的字眼）是后现代主义思想的特点。哲学领域中实用主义的再发现（如罗蒂，1979）、库恩（1962）和费耶阿本德（1975）提出科学哲学的思想转向；福柯强调历史的不连续性和差异性并优先考虑‘多形态相关性取代简单或复杂的因果关系’；数学领域中开始强调不确定性（突变和混沌理论、分形几何）；伦理学、政治学和人类学再度关注‘他者’的有效度和尊严，所有这些都暗示着‘情感结构’发生了广泛而深刻的转变。所有这些事例都有一个共同点：拒绝‘元叙述’（即普遍应用的大规模理论诠释）。”[52] 然而，哈维超越了这一总结，进而作出了四项贡献。首先，他描述了建筑学中的后现代 679
主义（其形式可能大多数人都见过）；其次，最有价值的是，他考察了引起并维系后现代主义的政治和经济状况；再次，他研究了后现代主义对我们的时空概念的影响（他终究还是一名地理学家）；最后，他提出了后现代主义批评，这正是当时最需要的。

在建筑和城市设计领域，哈维告诉我们，后现代主义意味着与现代主义观念的决裂。现代主义认为规划和开发应“大规模地集中在大城市范围内，应当是技术上合理而高效的城市规划，绝无虚饰的建筑物则是规划的重点（简朴的‘功能型’外表和‘国际风格’的现代主义）。相反，后现代主义培植了另一种城市结构观，即一定是碎片式的，是过去形式的相互叠加，有‘擦拭’痕迹，也有很多转瞬即逝的当前潮流的‘拼贴’”。哈维认为建筑中的后现代主义始于1961年，那一年，简·雅各布斯发表了

《美国大城市的死与生》（见第 30 章），它是“反现代主义最有影响力的书”之一，它提出国际风格带来了“巨大的沉闷的阴影”，而且国际风格对城市而言太过静态了，因为城市的本质在于过程。[53] 雅各布斯认为，城市需要相互协调的复杂性，其主要成分是多样性，而这正是国际风格所缺失的。哈维说，建筑中的后现代主义实际上迎合了 1973 年以来全新的经济、社会和政治状况，1973 年发生了石油危机、主要储备货币放弃金本位。他说，一系列的趋势有利于更多样、分裂、亲密而又匿名的社会，这种社会基本上由较小的不同性质的单元构成。在哈维看来，20 世纪可以轻松地划分为福特年代（大体上从 1913 至 1973 年）和“弹性积累”年代。福特主义体现在弗雷德里克·温斯洛·泰勒在《科学管理原理》（1911）中表达的观点，在哈维看来，这完全是一种生活方式，它带来了大规模生产、产品标准化和大众消费[54]：“福特主义在全世界的发展意味着全球大众市场的形成，共产主义世界之外的其他世界人口均被并入一种新型资本主义的全球动力学。”[55] 从政治上看，它依赖于由特殊利益集团的平衡达成的大众经济民主制的概念。[56] 石油价格调整，并达到战时的最高价，从而引起经济大衰退，这些变故促使福特主义瓦解，“积累制度”就此开启。[57]

按照哈维的说法，针对新现实作出调整的主要有两大因素。第一，弹性积累“显然与福特主义的刻板僵化相对，主要仰仗劳动流程、劳动市场、产品和消费格局的弹性，其特点是出现了全新的生产领域，提供金融服务的新途径、新市场，尤为重要的是，商业、技术和组织创新的速度大大提升”。[58] 第二，时间和空间被进一步压缩，强调瞬时性、短暂性和多
680 变性。“福特主义式的现代主义相对稳定的审美让位于动荡的、不稳定的、短暂的后现代主义审美，后者重视差异性、瞬时性、壮观、时尚和文化形式的商品化。”[59] 在哈维看来，这一趋势在 1985 年巴黎蓬皮杜中心的“非物质”展览达到巅峰，而利奥塔则是顾问之一。

前面已经说过，哈维并非对后现代主义毫无批判。他相信，虚无主义因素受到了鼓舞，狭隘的宗派政治有所抬头，“派际之争破坏了对他人的尊重”。[60]旅行，甚至是想象的旅行，不一定会拓宽思路，却只能证实偏见。最重要的是，他质问，如果知识和意义被还原为“一堆符号的碎片”，我们如何能进步呢？[61]他对后现代状况的结论并不完全是溢美之词：“将科学判断与道德判断相联系的信心已经崩溃；美学作为社会和思想关注的主要焦点，战胜了伦理学；图像主导了叙述；短暂和分裂高于永恒的真理和统一的政治；对物质和政治经济基础领域的解读也已转向对自治的文化和政治实践的思考。”[62] 681

39

“人类历史上最优秀的思想”

那柏如是英国东部地区莱斯特城以南 10 英里的一座小村庄。1983 年 11 月 21 日晚，一名 15 岁的女孩琳达·曼恩遭到性侵后被掐死，尸体被扔在离她家不远的地里。排查行动就此展开，但是调查毫无进展，人们对此案的关注也日益转淡，直到 1986 年夏天，案情发生转机。同年 8 月 2 日，有人在那柏如附近的一片黑刺李灌木林里发现了另一位 15 岁女孩唐·艾希渥斯的尸体，她也是在受到性侵后被人掐死。

这次排查很快锁定了一名嫌犯，名叫理查德·巴克兰，是附近一所医院的勤杂工。[1] 在唐的尸体被发现后一周，他被逮捕，被捕前他已经认罪。两起案件的受害者年龄相仿，作案手段相同，作案地点都距离那柏如很近，这些都使警方怀疑理查德·巴克兰可能也是琳达·曼恩一案的凶手。带着这个想法，他们向一位刚刚研发了一项被公众和警方称为“基因鉴定”的新技术的科学家求助。[2] 这一技术是莱斯特大学**亚历克·杰弗里斯**（Alec Jeffreys）教授的研究成果。与很多科学发现一样，杰弗里斯也是在做其他研究时偶然取得了这项突破。他当时正在鉴别肌红蛋白基因，将氧气输送往肌肉的组织就归它管理。杰弗里斯鉴别肌红蛋白基因的目的是寻找“标志基因”，即DNA的特征构造，它们能鉴别某些家族，帮助科学家弄清不同的村庄、不同的国家人口的基因发生了什么变化。杰弗里斯发现，这种基因有一部分DNA会不断地重复。很快他在研究其他染色体的实验里也一再发现这种重复的现象，也就是说他注意到了别人没有注意到的现象，DNA中似乎存在一种普遍的缺陷导致这种无意义的复制发生。正如沃尔特·博德默和罗宾·麦凯所描述的那样，这个过程类似于口吃的人在同一个音节上磕磕巴巴。而且，这种缺陷因人而异。这个关键的重复段大约有15个碱基对那么长，杰弗里斯借助一台显微镜就能对其加以分辨。
他首先冷冻DNA，再将其解冻，这样就破坏了红血球上的细胞膜，但含 682
DNA的白细胞的细胞膜却不受影响。将红血球的残余物洗掉后，他加入一种蛋白酶K，使白细胞破裂并释放出DNA螺旋。然后再加入另一种名叫Hinfl的酶，分离出含有重复片段的DNA带。最后，通过电泳过程将DNA片段分成不同长度的带并转换成尼龙片，此时用放射技术或荧光技术即可获取属于每个个体的独一无二的图像。[3]

杰弗里斯受邀将这项技术用于调查理查德·巴克兰。他得到了从琳达·曼恩和唐·艾希渥斯的尸体上采集的精液和巴克兰的几滴血液。杰弗里斯事后说这次分析是他人生中最紧张的时刻。此前，他曾经用这项技术验证那些依照英国法律获准来到英国投奔近亲的移民是否真如他们所说与英国居民有近亲关系。这起双重谋杀案显然更引人关注。他实在等不及第二天早上，于是当天深夜就回到实验室，结果让他大吃一惊。他从显影液中取出胶片，立即确认从琳达和唐身上提取的精液来自同一个人，但凶手不是理查德·巴克兰。[4]警方得知这个结果后非常恼火。巴克兰已经认罪了，警方认为，这意味着这项新技术有瑕疵。杰弗里斯一开始也很沮丧，但是内政部法医专家的独立测试也证实了同样的结果，于是警方被迫调整思路。最终巴克兰被无罪释放，他也因此成为受益于DNA检测的第一人。警方接受了这一惊人的结果，转而测试那柏如地区所有男性的DNA。总共有4000人接受检测，但无人匹配。后来，一位住处离那柏如稍远些的面包师伊恩·凯利告诉朋友，说他曾经代替附近村子的朋友科林·皮奇福克接受了测试。凯利的朋友对此感到不安，随即报警。皮奇福克被逮捕并接受了DNA测试。凯利朋友的担心不无道理：结果显示皮奇福克的DNA与从被害人琳达和唐身上提取的精液相匹配。1988年1月，皮奇福克成为通过**基因鉴定**（genetic fingerprinting）被定罪的第一人，他被判终身监禁。[5]

DNA鉴定是**分子生物学**（molecular biology）领域革命中最广为人知的成就。20世纪80年代末，这一技术被广泛应用于移民、父子关系和强奸案的检测。在DNA的双螺旋结构被发现之后，DNA鉴定很快又在实践中获得成功，催生了基因材料的克隆和排序技术的新思潮。伴随着这些实
683 践进步，大量的遗传学理论修正并完善了我们对进化的理解，尤其是有生命以来的各种进化阶段和进化的哲学含义。

1985年，格拉斯哥大学有位化学家A. G. **凯因斯—史密斯**（A. G. Cairns-Smith）发表了《生命起源的七条线索》[6]。这本书在某种程度上有点标新立异，关于生命的起源，它给出的观点与多数生物学家的观点截然不同。关于生命起源的传统观点已经在20世纪50年代由S. L. **米勒**（S. L. Miller）和H. C. **尤里**（H. C. Urey）通过一系列实验加以总结。他们假定早期地球上存在着一种原始大气，由氨、甲烷和蒸汽（但没有氧气，原因接下来我们会谈到）组成。他们认为闪电在这种早期大气中产生了超乎想象的“丰富”的有机化合物，包括大量的氨基酸，氨基酸是构成核酸的基本原料，而核酸构成DNA。这些丰富的化合物以某种复杂的方式形成了“生命

分子”。格雷汉姆·凯因斯—史密斯认为这种观点很荒谬，因为DNA分子极其复杂，从构造和工程学意义上看都太复杂了，很难像米勒和尤里设想的那样发自偶然。书中有个令人注意的部分，他通过计算认为，要形成核苷酸，大约要同时发生140种过程，出现这种情况的可能性仅为$1/10^{109}$。因为10^{109}这个数字远远超过宇宙中电子的数量（即10^{80}），凯因斯—史密斯认为核苷酸要是以这种方式进化，根本没有足够的时间，或者说宇宙还不够大。[7]

他自己的版本则迥然不同。他认为进化早于我们所知的生命，地球上的化学“生物体”先于生化“生物体”而存在，其构造为复杂的分子如DNA提供了条件。环顾四周，他看到自然界有若干种能够生长和复制的结构——如，某些黏土在达到水饱和状态时就会形成的晶体结构。这些晶体不断生长，有时分裂为更小的单元，再继续生长，这个过程被称为复制。[8]这些晶体形成不同的形状（如长柱形或平垫形），由于这些形状是因为适应微观环境而产生，所以我们可以说它们已经发生了改变或已经进化了。同样重要的是，晶体垫可以形成电离程度不同的层，凯因斯—史密斯相信，正是在这些层之间，在阳光的作用下，由于光合作用，已经形成了少量的氨基酸。这个过程会将碳原子融入无机生物体，很多物质（如二氧化钛）能够在阳光下将氮合成氨。通过同样的过程，在紫外线照射下，溶于水中的铁盐可以将二氧化碳合成甲酸。黏土的晶体结构与外形（显形）相关，这些都已经全部被碳基结构取代。[9]正如莱纳斯·鲍林的经典著作所示，碳结构有着惊人的对称性和稳定性，凯因斯—史密斯认为，无机复制生物体正是这样循序渐进地被有机生物体取代。 684

这种观点很新颖，也有其合理性，但存在着一些问题。生命链的下一步是细胞组织和细菌的诞生，这就需要外皮。此时最有可能的选择是脂囊泡，一种能自动形成薄膜的小泡。这些化学物通常自然形成于陨星中，很多人认为，是陨星把最初的有机化合物带到了年轻的地球。照此推理，生命，至少生命的某些元素，发源于地球之外。还有一个问题是，被外皮包围的最原始的细菌，其活跃程度仅相当于杆状菌或盘状菌，主要出现在海底的火山道，我们知道，地球炙热的内部喷发促使海底扩张（有些细菌只能在沸点以上才会大量繁殖，所以有人说生命始于地狱）。因此，这很难与生命源于较浅水体中受阳光照射的黏土晶体结构的观点相调和。[10]

无论生命的真正起源是什么（普遍观点认为它发生在大约38亿年前），有一点是毫无疑问的，即最初的细菌生物体是**厌氧菌**（anaerobes），只在缺氧条件下活动。假设地球早期大气的含氧量极低甚至没有，这并不令人惊讶。但是，我们知道，大约25亿年前，地球岩石中就存在赤铁矿堆积物，赤铁矿是一种氧化铁。这似乎意味着当时就有氧气，但是起初被世界上的其他矿物质“耗尽”了。制造氧气的最佳选择是蓝绿细菌，在阳光能照射到的较浅水域中，光作用于叶绿素，蓝绿细菌将二氧化碳分解成碳和氧，也就是光合作用。地球上的矿物质吸收过一部分氧气（石灰岩遇到氧气变成碳酸钙，铁会生锈，等等），但最终矿物世界达到饱和。此后，大约10多亿年间，几十亿细菌不断喷出氧气，逐渐形成了地球大气中的氧。[11]

按照理查德·福泰有关地球历史的观点，接下来的飞跃是形成微生物黏液群落，构成接近二维层的“平垫”。这些现象今天在热带的盐滩依然可以看到，因为那里没有放牧牲畜，所以才得以保留到现在，不过在南非和澳大利亚的岩石中也发现了35亿年前的化石，这些结构也称“**叠层石**”（stromatolites）。[12] 类似于“层状卷心菜”，它们可以长得很长——10米长很常见，100米长也不少见。但是它们主要由**原核生物**（prokaryotes）或仅靠分裂繁殖的无核细胞构成。下一个飞跃就是**核的出现**了。美国生物学家**林·马古利斯**（Lynn Margulis）指出，当一个细菌吞噬另一个细菌，使它成为自己的细胞器，最终也就形成核子。[13] 叶绿体也是一种细胞器，在细胞内完成光合作用。核子和细胞器的形成是关键的一步，为更复杂的结构提供了条件。接下来，就应该是性别的演化，这大概发生于20亿年 685
前。之所以出现性别是因为它能促进基因变异，极大地推动了当时已经加速的进化（此后的化石记录渐渐变得越来越丰富）。细胞变得更大、更复杂——出现了黏质物。黏质物的形式丰富，有时候会在其他物体的表面移动。换句话说，它们既有生命又无生命，这表明特殊组织的初步发展方式隐约类似于动物。

7亿年前，出现了**埃迪卡拉生物群**（Ediacara）。[14] 这些最原始的动物形式在全世界从苏格兰的莱斯特到澳大利亚的弗林德斯山脉的很多地方都有发现。它们形状各异，但总体来说其特点都是辐射对称的，皮肤壁有两个细胞的厚度，有原始的胃和嘴，外表看起来像原始的水母，因此不难令人想起黏质物。最初的真正多细胞生物埃迪卡拉并没有存活下来，至少没有存活至今。尽管它们形式繁多，但是由于某种原因，它们绝迹了，根本原因可能是因为它们没有骨骼。接下来似乎是进化史上的又一个重要时段，古生物学家对此信心满满，因为大约5亿年前，地球上的动物生命发生巨变，出现了所谓的**寒武纪大爆发**（Cambrian Explosion）。在仅仅1500万年之后，出现了有壳动物，其形状在今天看来依旧熟悉。这种三叶虫有握爪，腿部有关节，有些还有初步的背侧神经，有些有早期的眼睛，还有些则有难以描述的古怪特点。[15]

20世纪80年代中后期开始出现了一种新的进化综合论，它填补了生物重要发展的顺序并提供了更确切的年代。按照地质学年代继续发展，从寒武纪大爆发向后跳跃4亿多年，一直行进到了大约6500万年前。人类登月及其后的其他太空探索活动也为地质学带来了丰硕的成果，使得地质学从一个研究单一星球的学科变成了一个突然拥有丰富的基础数据的学科。月球和其他行星区别于地球之处在于，它们的表面似乎有更多的环形山，由于受到太空天体即小行星和陨星的撞击而形成。[16] 这在地质学上很重要，因为在 20 世纪 70 年代之前，这门学科已经习惯于以数百万年为单位缓慢推进的年表。但是，这种状况也有例外，那就是 **K/T 界线**（K/T boundary），即大约发生在 6500 万年前的白垩纪和第三纪之间的分界线，化石记录表明当时发生了巨大而突然的破坏，主要特点是地球上的很多生命形式突然消失。[17] 其中最重要的是恐龙灭绝，恐龙是此前 1.5 亿年间地球上最主要的大型动物，但是其后的化石记录中有关恐龙的部分却完全缺失。传统上，地质学家和古生物学家认为这次大灭绝的原因在于气
686 候变化或海平面下降。但是，很多人认为这一过程太过缓慢了。大多数植物和动物应该能够适应，但是事实上，在白垩纪和第三纪之间，地球上大约一半生命形式突然消失了。在研究了月球和其他行星上的众多环形山之后，一些古生物学家开始思考 6500 万年前发生的类似灾难事件会不会真的引起**大规模的灭绝**（mass extinctions）。这样，一段令人惊奇的科学探索历程就开始了，直到 1991 年才算完成。

如果一颗陨星或小行星能带来如此具有毁灭性的冲击力，那么它必须有一定的最小体积，而它所造成的撞击坑应该很难被忽略。[18] 这一点没有直接的证据。但是很快科学家们取得了首个突破，他们意识到陨星的化学结构与地球不同，特别是铂属元素。因为这些元素被铁吸引，而地球有一个巨大的铁核。另一方面，陨星尘埃富含铱这样的元素。果然，加州大学伯克利分校的**路易斯·阿尔瓦雷茨**（Luis Alvarez）和**沃尔特·阿尔瓦雷茨**（Walter Alvarez）测试了白垩纪 / 第三纪边界的裸露岩石层，发现铱大量存在，如果没有发生碰撞，铱的总含量应该是现在的 1/90。[19] 正是 1978 年 6 月的这次发现使这对父子（后来儿媳也加入了）团队开始了十多年的探索。1981 年他们取得了第二个突破。当时荷兰科学家**吉安·斯密特**（Jan Smit）在《自然》杂志上发表文章，报告了他在西班牙境内**卡拉瓦卡**

（Caravaca）K/T 界线遗址的发现。[20] 他描述了一种小而圆的物体，砂粒样大小，他说这种小球体在当地很常见，分析表明它含有“羽毛”状的晶体，其组成成分是透长石，一种钾长石。[21] 这些小球体由橄榄石（辉石和富钙长石）的早期结构发展而来，其意义在于它们是典型的玄武岩，即海底地壳的主要构造岩石。换句话说，陨星撞击地球时，撞到的是海洋，而不是陆地。

这既是好消息，也是坏消息。说它是好消息，在于它确认了 6500 万年前存在大规模的撞击。说它是坏消息，在于它指引科学家们去寻找海洋中的环形山，及其后必定会发生的大规模海啸或浪潮的证据。计算显示，接近大陆海岸线时，这种巨浪应该达到 1 公里高。然而这样的探寻一无所获，不过 20 世纪 80 年代开始积累了一些撞击证据，发现了 100 多个地区铱含量异常，但是确切的撞击地点还是难以确定。直到 1988 年，隶属于亚利桑那大学的加拿大科学家**艾伦·希尔德布兰德**（Alan Hildebrand）率先着手研究德克萨斯州的布拉索斯河，长达十年之久的探寻终于走到最后阶段。[22] 当时，人们已经知道布拉索斯河在流经韦科附近一段坚硬的沙床时，会遇到多处激流，并认为这是海啸泛滥时的遗迹。希尔德布兰德认真考察了布拉索斯河，按照环形的路线寻找它与该地区其他特征相关的证
据。他仔细考察地图和重力异常的情况，最终发现一个可能是撞击坑的圆 687
形结构，位于哥伦比亚以北的加勒比海海底，一直延伸到墨西哥的尤卡坦半岛。起初其他古生物学都持怀疑态度，但是当希尔德布兰德的看法得到了熟悉尤卡坦半岛的地质学家的支持以后，他们很快确定这个地区就是撞击地点。人们感到疑惑的原因在于，撞击坑，即**希克苏鲁伯陨石坑**（Chicxulub），被埋在年代更近的岩石下面。[23] 希尔德布兰德及其同事于 1991 年发表论文，并引起轰动，至少在地质学家和古生物学家之间如此，现在所有相关学者都必须完全修正看法：灾难性事件可能会影响进化。[24]

希克苏鲁伯陨石坑的发现也带来了其他惊喜。第一，它证明撞击坑在某种程度上造就了沼穴布局，而这种布满泉水的湖区地形构造为玛雅文明提供了条件。[25]第二，此时古生物学家还发现了另外三次动物大规模灭绝的时期，分别是3.65亿年前、2.5亿年前和2.05亿年前。恐龙的消失解放了哺乳动物。直到K/T界线之前，哺乳动物都是小型动物。这也有助于它们在撞击后得以存活，毕竟它们的数量实在太多了。但是不管怎么说，K/T界线之后，霸王龙和三角龙及其兄弟姐妹都不复存在时，才出现了大型哺乳动物。在K/T陨星与地球相撞之前，可能根本没有人类。

谈到人类的起源，20世纪80年代见证了两次关键的发掘工作，不过这一时期与其说是考古发现的黄金期，倒不如说是考古解读和分析的黄金期。

1984年8月，理查德·李奇在肯尼亚的图尔卡纳湖附近发现了“图尔卡纳男孩”（Turkana Boy），其身材比人们想象的更高更瘦，这是第一个体形接近现代人的原始人。[26]他的椎管窄，胸腔自下而上呈锥形，解剖学家因此认为图尔卡纳男孩只向胸腔传递有限的神经信号，对呼吸的控制能力较弱，所以他不可能像我们这样发声讲话。换句话说，图尔卡纳男孩没有语言。同时，锥形胸腔也说明他的两只手臂相距很近，便于悬挂在树上。李奇认为图尔卡纳男孩属于“直立人”，确定其生活在160万年前。两年后，他们的主要竞争对手唐·约翰逊在奥杜威发现了一具能人的骨架，只比图尔卡纳男孩早20万年左右。这具骨架体形明显不同：身材矮胖，有类似于猿类的长手臂。[27]并非所有的古生物学家都能接受这个观点：200万年前同时生活着不止一种原始人，但它似乎也有道理，正是这一时期发生的变化迫使原始人离开森林。耶鲁大学的伊丽莎白·韦尔伯认为，大约250万年前发生了其他引起进化的发展。[28]例如，由于极地冰川的作用，地球温度降低，海平面下降，气候变得更加干燥，植被数量减少。这一观

点得到了佐证，观察报告指出，这段时期的森林羚羊化石稀少，取而代之 688
的是在干燥开阔的大草原上食草的各种动物。[29] 大约 250 万年前出现了石器工具，这说明原始人在 250 万年前至 150 万年前离开了森林，在这个过程中，他们长高了，变得灵巧了，而且开始使用原始工具。更“精细”的工具可见于大约 20 万年前，大约这个时候，出现了尼安德特人。关于他们的观点也随之改变。现在我们知道他们的大脑和我们的一样大，不过位于脸的“后方”而不是“上方”。他们似乎会埋葬死者，会用赭色修饰尸体，会帮助群体中的残疾成员。[30] 换句话说，他们并不是维多利亚时代人想象的野蛮人，他们出现在 5 万年前至 2.8 万年前之间，与智人共存。[31]

伊恩·塔特索尔总结了 1975 至 1995 年间的各种发现，制成化石年代表，得出了修正版原始人进化史：

400 万至 300 万年前	直立行走
250 万年前	使用早期工具
150 万年前	生火（用于做饭，表明有狩猎行为）
100 万年前	非洲原始人迁徙
20 万年前	工具更精细 尼安德特人出现
10 万年前至 5 万年前	智人出现
2.8 万年前	尼安德特人消失

尼安德特人为什么会消失？很多古生物学家认为答案只有一个：智人发展了语言能力。语言使现代人在觅食和获取其他资源方面具备了优势，其对手瞬间被打垮。

细胞器内有一种线粒体 DNA（mitochondrial DNA）。细胞器位于核外，实际上就像是细胞的电池——它们产生一种物质，即三磷酸腺苷（ATP）。

1987 年 1 月，伯克利的**阿伦·威尔逊**（Allan Wilson）和**瑞贝卡·卡恩**（Rebecca Cann）在《自然》杂志上披露了将线粒体 DNA 用于考古学环境的开创性分析。引起威尔逊和卡恩关注的是，线粒体 DNA 只能遗传自母体，它不会像核 DNA 那样通过交配发生变化。因此，线粒体 DNA 只能通过突变发生缓慢的变化。威尔逊和卡恩机敏地想到比较不同种群的线粒体 DNA，其思路是，线粒体 DNA 差异越大，他们从共同的祖先那里分离出来的时间就越久远。突变往往以非常恒定的速度发生，所以这种变化也能为不同种群的分离时长提供一些线索。[32]

689 首先，威尔逊和卡恩发现，世界分成两个主要阵营：一边是非洲人，另一边是非洲以外的人。其次，非洲人种比其他任何人种的突变都稍多，这证实了古生物学家得出的结论，即非洲人种更古老，人类很可能发源于非洲，再从非洲大陆扩散到世界各地。最后，通过研究突变的速度以及反向推导，威尔逊和卡恩得以证明，我们已知的人类历史不超过 20 万年，这再次宽泛确认了化石证据。[33]

威尔逊和卡恩的论文引起关注的一大原因在于，其成果不仅与古生物学家在非洲的发现相吻合，也与语言学家和考古学家的近期研究成果相吻合。早在 1786 年，在加尔各答高等法院工作的英国法官**威廉·琼斯**（William Jones）爵士发现，梵文和拉丁文及希腊文有明显的相似之处。[34] 这个发现使他想到了“母语”（mother tongue）的概念，它可能是很多年前的单一语言，所有其他语言都源于它。1956 年起，**约瑟夫·格林伯格**（Joseph Greenberg）开始重新审视威廉·琼斯爵士的假设，将其应用于美洲大陆。1987 年，他结束了覆盖从南美洲南部到北部的爱斯基摩人的大量土著美洲语言研究，发表著作《美洲的语言》，并得出了美洲语言基本分为三种的结论。[35] 第一种也是最早的一种是“**美洲印第安语**”（Amerind），覆盖了南美和美国南部各州，比北方语言更丰富，说明它更古老。第二种是**纳得内语**（Na-dene），第三种是**阿留申—爱斯基摩语**（Aleut-Eskimo），覆盖加拿大和阿拉斯加。纳得内语比阿留申—爱斯基摩语更多变。格林伯格认为，这些都指向前往美洲的三次移民大潮，分别是三种不同语言的群体。基于语言的“突变”现象，他相信，讲美洲印第安语的人在 1.1 万年前到达这片大陆，讲纳得内语的人在 9000 年前到达，讲阿留申—爱斯基摩语的人则在大约 4000 年前分离出来。[36]

格林伯格的结论极具争议，却与牙科研究和遗传变异研究得出的证据相吻合，特别是与斯坦福大学的**卢卡·卡瓦利—斯福扎**（Luca Cavalli-Sforza）教授的原创成果相吻合。在《文化传播和进化》（1981）、《非洲侏儒》（1986）、《人类大迁徙》（1993）和《人类基因的历史和地理》（1994）等一系列著作中，卡瓦利—斯福扎及其同事研究了世界范围内基因和血液的变化，特别是 Rh 因子的变化。该研究与早期人类向全球扩散的时间点达成了一致，同时也引出了人类漫长历史上的众多显著的可能性。例如，纳得内语、汉藏语系、高加索语系和巴斯克语系似乎有着原始的相关性，它们可能同属于某一超级语系，到了某一时期，该语系遭到外族分裂，而后来讲纳得内语的人被赶到美洲。这一证据还证实了讲巴斯克语的人种极其古老，他们的语言和血液与周围的人群迥然不同。卡瓦利—斯福扎注意到巴斯克民族邻近早期欧洲洞穴壁画遗址，他怀疑这可能是古代人在洞穴 690
墙壁上记录狩猎和采集技巧，抵挡中东种植人口扩散的一个证据。[37]

最后，卡瓦利—斯福扎试图回答两个最令人着迷的问题——语言最早何时产生？是否存在某种单一的古代语言，即真正的母语？前面已经提到，一些古生物学家相信尼安德特人因为没有语言而在 2.8 万年前消亡。但是卡瓦利—斯福扎又指出，我们大脑中负责语言的区域位于眼睛后面的左侧，这使得两侧颅骨稍微有些不对称。这种不对称现象在猩猩身上没有，却在 200 万年前的能人头盖骨中存在。而且，我们的脑壳在 30 万年前就停止发展了，因此，语言的历史应该比很多古生物学家设想得更古老一些。[38] 另一方面，就语言如何随时间的推移而变化（其速度大体为人所知）的问题而言，研究也指出主要的超级语系于 4 万年前至 2 万年前才分裂。这一矛盾至今没有得到解决。

关于母语的问题，卡瓦利—斯福扎赞同格林伯格的看法，后者称至少有一个词在所有语言里面都是共通的。这就是词根 tik。

语系或语言	形　式	意　义
尼罗—撒哈拉语系	tok-tek-dik	一
高加索语系	titi，tito	手指、单一
乌拉尔语系	ik-odik-itik	一
印欧语系	dik-deik	暗示 / 指
日语	te	手
爱斯基摩语	tik	食指
汉藏语系	tik	一
南亚语系	ti	手、臂
印度—太平洋语系	tong-tang-ten	手指、手、臂
纳得内语	tek-tiki-tak	一
美洲印第安语	tik	手指[39]

至于从西欧延伸至印度的印欧语系，剑桥考古学家**科林·伦弗鲁**（Colin Renfrew）将格林伯格的方法发扬光大，利用碳-14 在断代方面的革命性突破验证了他的学说。在《考古学与语言》（1987）中，伦弗鲁的目标是不仅要考察语言的起源，还要将这些发现与考古学的其他发现相比较，看看能否达成一致，最有争议的是还要鉴别印欧人的最早家园，看看这对总体的人类发展而言有何启示。伦弗鲁先按民族介绍规则语音的演变：

‘milk’（奶）	法语 lait	意大利语 latte	西班牙语 leche
‘fact’（事实）	法语 fait	意大利语 fatto	西班牙语 hecho

691

接着继续研究语言变化的速度，思考最早的词汇可能是什么。伦弗鲁一边比较关键词（如眼睛、雨和干燥）的用法变化，一边分析早期陶器，了解农耕方法，还考察了欧洲及邻近地区的农耕传播。他得出结论，印欧人的主要家园，即母语“**原型印欧语系**”（proto-Indo-European）出现的地方，位于公元前 6500 年安纳托利亚的中部和东部；这种语言的分布与农耕的传播有关。[40]

所有这些都说明考古学、语言学和遗传学之间存在惊人的吻合。人类分布到世界各地，尼安德特人消亡，人类来到美洲，语言出现并伴随艺术和农业传播，语言与陶器相关联，今天我们周遭的不同语言，这一切的一切都各有其次序，也由此开启了进化综合论的最后篇章。

在如此强劲的研究或经验背景下，有关进化的理论研究工作一派繁荣也就不足为奇了。20 世纪 80 和 90 年代，生物学著作一度成为文坛现象，这倒有点奇怪。生物学家、古生物学家和哲学家写出的众多畅销书遍布书店的书架，这表明阅读趣味发生了明显的变化，能与之相提并论的只有下一章我们会谈到的物理学和数学的发展。按照字母顺序，在这轮达尔文主义研究的复兴中出现的主要作者有：理查德·道金斯、丹尼尔·丹尼特、尼尔斯·埃尔德雷奇、史蒂芬·杰·古尔德、理查德·莱旺庭、史蒂芬·平克、史蒂芬·罗斯、约翰·梅纳德·史密斯和 E. O. 威尔逊。这些人合称新达尔文主义者，他们唤起了公众的热情，也招来了敌意：新达尔文主义者的书都很畅销，但是在 1998 年，道金斯一度被认为是“英国最危险的人物”。[41]

新达尔文主义者传达的是一种双重讯息。一种观点以威尔逊、道金斯、史密斯和丹尼特为代表，另一种观点则以埃尔德雷奇、古尔德、莱旺庭和罗斯为代表。威尔逊本人著有两类书。第一类是《社会生物学》（1975）、《论人性》（1978）和《论契合》（1998）。这些书都含有某种坚定的新达尔文主义，其中心观点在于，威尔逊认定“基因牢牢地掌控着文化”。[42] 威尔逊想在 C. P. 斯诺所说的两种文化之间架起桥梁，他认为这种桥梁是存在的，他还想证明科学能洞察人性，从而解释文化：“这个论点的本质在于，大脑之所以存在，是因为它能帮助那些负责组装大脑的基因存活下来并实现复制。”[43] 威尔逊相信，生物学最终将能够解释人类学、心理学、社会学和经济学，所有这些学科将实现更密切的融合。在《论人性》中，他进一步阐述了《社会生物学》的观点，认为人类经验的很多方面能够用相应的术语解释。例如，他谈到了高攀婚姻的概念，即女性与拥有财富和地位相当或稍高的男性结婚；他指出，世界上的伟大文明虽然互
692 不接触，却以大致相同的顺序发展出相似的特征；他相信，长期的肉类短缺可能导致了伟大宗教的诞生，因为随着早期人类离开野味丰富的地区，精英集团发明了宗教规则，仅限某一宗教集团能食肉；他还引用西弗吉尼亚州阿尔德森联邦女子管教所的犯人为例，在那里，有一对妇女性关系活跃，互称“丈夫”和“妻子”，其他女性则以这对夫妻为核心组成了类似于家庭的单位，相互之间称“兄弟”和“姐妹”，年长一些的则称“叔叔”和“阿姨”，他指出男性犯人从未出现过这种组织方式。[44] 我们可以看出，威尔逊的作品中自始至终贯穿着一个主题，那便是揭示人类的文化生活，甚至伦理生活都可以从生物学和遗传学角度加以解释，他的措辞欢快、乐观，却强硬而不容妥协。

在其第二批作品中，特别是在《热爱生命的本性：人类与其他物种的纽带》（1984）中，威尔逊的目标是要揭示，相较于其他任何方式，人

类与自然的关系能够更为深入、全面地解释我们的生活。[45] 他认为生物热爱生命的本性可以解释人的审美观（相对于都市景观，我们更喜欢草原风光），可以解释为何科学地理解动物生活能够丰富我们对自然诗篇的解读，也可以解释为何不同民族的人们都害怕蛇（因为它很危险，无须搬出弗洛伊德的理论）；此外，他还带领读者加入科学发现之旅，不仅说明科学发现在思想上如何令人振奋，而且说明科学发现如何赋予生命以意义（诚然是指部分意义）。例如，他向我们揭示他如何证明一个岛屿的大小与它能容纳的物种数量有关，从而深化我们对环境保护的理解。《热爱生命的本性》一书引发了读者的共鸣，也催生了很多研究。十年后，即 1992 年 8 月，马萨诸塞州伍兹霍尔海洋研究所召开了一场专门会议，将这些研究成果汇集到了一起。会议还收到了更为系统的研究成果，例如，如果可以选择，人们更喜欢在不起眼的乡村山水中生活；一项监狱研究表明，比起囚室面向操场的犯人，囚室面向田野的犯人相对不容易生病；研究还发现了一系列可能引发身心失调疾病的生物群（苍蝇、蜥蜴、秃鹰），而且这种现象与食物禁忌有关。这次会议还探讨了詹姆斯·拉夫洛克于 1979 年发表的盖亚理论，这一理论认为整个地球生物群是一个相互调节的体系，相较于物理学，它更接近于生理学（即，大气中的气体、海洋的盐度和碱度等都通过调节保证最多数量的生物存活，如同一个庞大的有机体）。生物热爱生命的本性是社会生物学的延伸，是其不太反传统的版本，却不如社会生物学那么流行。[46]

提出新达尔文主义世界观的理查德·道金斯在科普热情方面仅次于威尔逊。道金斯于 1986 年发表作品《盲人钟表匠》，并于次年获得英国皇家学会文学奖，后于 1995 年成为牛津大学公众理解科学领域的查尔斯·西蒙尼荣誉教授。他的其他作品还有《延伸的表现型》（1982）、《伊甸园之河》（1995）、《攀登不可能之山》（1996），以及 1989 年再版的《自私的基

693 因》。与道金斯的很多其他作品一样，《盲人钟表匠》仍然反映了他希望一劳永逸地消除进化论中模糊的概念。[47] 一位反进化论者诘问说：如果进化属实，为什么不存在中间形式的生命，眼睛或翅膀等复杂的器官如何不经中间形式直接形成？总得有个上帝一样的设计师来安排这一切吧？因此，道金斯煞费苦心地驳斥这些反对意见。以翅膀为例，“今天存活的很多动物出色地表现了连续进化中的每个阶段。青蛙利用脚趾间的蹼滑行；树蛇身体扁平，能拍击空气；蜥蜴身上有副翼；还有若干哺乳动物利用肢体间延伸出来的膜滑行，这些都告诉我们，蝙蝠必定是采取这种行动方式的始祖。与神创论文献相反，不仅拥有‘半只翅膀’的动物很常见，而且拥有四分之一只翅膀或四分之三只翅膀的动物也很常见”。[48] 道金斯的第二个目标是强调自然选择确实发生了，他引用了一些很有说服力的例子，其中最好的例子是蝉，它的生命周期总是质数（十三年或十七年），问题是蝉的成熟期不可预料，这意味着它们赖以生存的物种永远都无法适应它们的到来时刻，因为这一时间在数学上是随机的！但是道金斯的主要原创性贡献在于他提出了“文化基因”概念，这个新词描述的是基因的文化对等物。[49] 道金斯认为，人类认知发展的结果是，诸如思想、观点、书籍、旋律和文化实践等事物逐渐变得类似于基因，越成功的事物（那些使拥有者蒸蒸日上的东西）就越容易存活下来，并加以“复制”供后人使用。

哲学家**丹尼尔·丹尼特**（Daniel Dennett）任教于波士顿附近的梅德福的塔夫茨大学，他也是一位坚定的新达尔文主义者。在《达尔文的危险观念：进化和生命的意义》（1995）一书中，丹尼特直言不讳地说：“如果要我就人类历史上最优秀的思想颁奖，我不会颁给牛顿和爱因斯坦或其他人，我会颁给达尔文。自然选择进化的观点轻松地将生命、意义和目的的领域与空间、时间、因果、机制和物理法则的领域相结合。”[50] 与威尔逊和道金斯一样，丹尼特炮轰了进化论的反对者：“达尔文的危险观念是还原论的体现。”[51] 他的著作试图说明，生命、智慧、语言、艺术，最后还有意识，本质上只是“工程问题”。我们还不能够解释自然选择过程中发生的所有微小步骤，但丹尼特毫不怀疑将来某天我们能够奉上清晰的解释。也许其著作的核心（因其内容丰富，故而至少是一大核心）是审视**斯图尔特·考夫曼**（Stuart Kauffman）写于 1993 年的著作《秩序的起源：进化中的自我组织和选择》。[52] 考夫曼批评自然选择，因为他认为有机体之间的相似性未必暗示血统；所谓的血统相似性可以轻松地归因于一个事实，即任何问题都只有少量的预设方案，这些“内在的”方案塑造了有机体。[53] 丹尼特承认，考夫曼的观点比反对自然选择的其他任何理论都更中肯，但是 694
他认为这些“设计限制”实际上只是增加了进化的可能性，并用诗歌予以类比。他指出，当诗人按照韵律写诗时，会发现他能够施展的天地要比写购物清单大得多。换句话说，秩序可能起初是限制，但是最终却是自由的状态。除了强调生命是通过自然选择塑造的物理工程现象之外，丹尼特的另一个主要目标是理解当时生物科学尚未解决的最重要的谜团：意识。这一点本章后面部分会详细谈到。

萨塞克斯大学的荣誉教授**约翰·梅纳德·史密斯**（John Maynard Smith）是新达尔文主义者的老前辈，早在 1956 年就出版了首部著作。他不像其他人那样有科普意识，却是最具独创精神的思想家和坚定的理论家。1995 年，他与埃俄斯·萨思麦利联合发表了《进化中的重大转变》，书中的章节标题清楚地概括了他的论证框架：

化学进化

模板的进化

转译的起源和遗传密码

原始细胞的起源

真核细胞的起源

性别的起源和物种的性质

共生现象

空间格局的发展

社会的起源

语言的起源[54]

就在梅纳德·史密斯和萨思麦利共同推出著作的同时，麻省理工学院的大脑和认知科学教授**史蒂芬·平克**（Steven Pinker）发表了《语言本能》。梅纳德·史密斯和平克二人的著作最终平息了斯金纳和乔姆斯基之间的论战，他们共同得出了同一个结论：语言能力大部分是遗传的。[55]他们之所以得出这个结论，主要是参考了不同形式的脑损伤对语言能力的影响，儿童的语言发展及其与已知的儿童神经系统的成熟变化之间的关系，早期语言对后期语言的派生，各种原始人头骨的相似程度，更不用说还有黑猩猩大脑的某些区域等同于人类大脑，似乎可以解释它们接收来自同伴的警报和其他呼唤的现象。平克也提出了家族语言障碍的证据（特别是阅读障碍）和一项名为电子发射断层扫描术的新技术。这项技术的应用是指，志愿者吸入有轻微放射性的气体，然后将头放入伽马射线检测器，接着由计算机计算出大脑的哪些部位被“照亮”了。[56]至此，似乎可以肯定的是，语言是种本能，至少有强烈的遗传因素。实际上，其证据确凿到了
695 简直难以理解为何有人提出质疑的地步。

与威尔逊、道金斯、丹尼特等人并驾齐驱，又偶尔针锋相对的是另一派生物学家，他们在很多事情上同意前者的意见，但是在少数根本论题上持不同意见。这派人物包括哈佛大学的史蒂芬·杰·古尔德和理查德·莱

旺庭、美国自然史博物馆的尼尔斯·埃尔德雷奇和英国开放大学的史蒂文·罗斯。

这些人中最负盛名的要数**史蒂芬·杰·古尔德**（Stephen Jay Gould）。古尔德是一名多产的作者，他的书名无不充满热情而又不失慈爱：《自达尔文以来》（1977）、《熊猫的拇指》（1980）、《人的误测》（1981）、《母鸡的牙和马的蹄》（1983）、《火烈鸟的微笑》（1985）、《奇妙的生命》（1989）、《为雷龙喝彩》（1991）、《八头小猪》（1993）和《列奥那多的蛤蜊山和食虫减肥餐》（1999）。古尔德及其同仁在四个方面有别于道金斯和丹尼特的派别。第一是所谓的“**间断平衡说**”（punctuated equilibrium），这个观点要回溯到1972年，当时**尼尔斯·埃尔德雷奇**（Niles Eldredge）和古尔德在一本古生物学著作中发表了一篇题为《间断平衡：另一种世系渐变》的论文。[57]其主旨是，化石检验显示，虽然传统的达尔文主义者倾向于认为进化演变是渐进的，但实际上过去出现了很长一段停滞时间，什么也没有发生，接着就突然而迅速地发生了巨大的变化。他们认为，这有助于解释为什么缺少中间形态，也解释了新物种是如何形成的：原因在于生物环境突然发生了巨大变化。一度有追随者认为这个理论隐喻了突发革命是一种社会变革的形式（古尔德的父亲是位著名的马克思主义者）。但是，大约三十年后，间断平衡理论魅力不再。地质学上意义上的“突发”不同于人文意义上的“突发”——它涉及几十万年甚至几百万年的过程。可以预料，进化的速度会不时发生变化。

第二个分歧产生于1979年，当时古尔德和**理查德·莱旺庭**（Richard Lewontin）在《英国皇家学会学报》上发表了一篇题为《圣马可的三角壁和过分乐观的范式：对适应论纲要的批判》的论文。[58]这篇论文解释了一种怪异的建筑范例，其中心观点是，三角壁（两个圆形拱门在恰当角度交叉形成的锥形三角空间）实际上并不是一种设计特点。古尔德和莱旺庭在威尼斯的圣马可大教堂见过这些特征，认为它是其他诸如拱门等更重要的特征的必然副产品。虽然看起来很协调，但它们并不是对结构的“适应”，只不过是主要设计到位后的自然产物。古尔德和莱旺庭认为生物学中也有类似的情况，自然界中看到的特征并不全是直接的适应现象；他们认为适应现象这种说法过于乐观了。相反，也存在生物学三角壁这样的副产品。古尔德和莱旺庭认为，与间断平衡一样，三角壁的方法是对达尔文主义的激进修正。他们甚至宣称语言是一种生物学三角壁，是大脑在其他方向发
696 展过程中偶然发生的意外现象。这种说法太特别、太重要了，道金斯和丹尼特等人不可能置若罔闻。事实上，即使在建筑学中，三角壁也并非不可避免，当两个拱门在恰当的角度相遇时有其他处理方式；这种将语言看作三角壁、看作是其他适应现象的一种副产品的观点，与间断平衡一样，也没能经受住时间的考验。

古尔德及其同行的第三个分歧在于他 1989 年发表的著作《奇妙的生命》。[59] 这本书对加拿大英属哥伦比亚省一种富含化石的岩石——伯吉斯页岩——的形成史进行重新研究和再解读。自 20 世纪初以来，地质学家和古生物学家就对这种岩石非常熟悉了。古尔德从这些研究中得出结论，寒武纪时期曾经发生过生命形式的大爆炸，“生命形式的多样性远远超过今天的整个动物王国。这些生命形式多在大灭绝中消失，但其中脊椎动物和人类成了幸存者”。古尔德进而说道，如果能够重新播放进化“磁带”，其结果未必相同——如今看到的可能是另外一群幸存者。这显然属于异端，主流的科学观念再次站到了古尔德的对立面。在介绍丹尼特和考夫曼时，我们已经知道，任何问题都只有少量的设计解法；此时人们普遍觉得，如果有人能让进化重新来过，还是会出现类似人类的生物。就连古尔德对伯吉斯页岩的解读也遭到了批评。剑桥大学古生物学小组成员**西蒙·康威·莫里斯**（Simon Conway Morris）几十年来一直在研究页岩，他在 1998

年发表的著作《造物的严酷》中总结道，事实上，数量庞大的三叶虫确实符合广泛的进化观念，我们可以将其与现存的动物家族相比较，不过我们也许在动物分类方面出了点差错。[60]

也许有些读者觉得古尔德在努力重塑古典达尔文主义的过程中一再受挫，会使其热情受到打击，但他实际上丝毫没有受到影响。不过，古尔德、莱旺庭等人不同于新达尔文主义同行的第四个方面倒有点特别。1981至1991年间，古尔德和莱旺庭出版了三部著作，向“基因的教条”发起挑战，用莱旺庭的话说，新达尔文主义会“为社会内部和不同社会之间的不平等辩护，并宣称这些不平等永远不会变化”。在《人的误测》（1981）中，古尔德研究了智商的争议史、智商的意义及其与阶级和种族的关系。[61] 1984年，莱旺庭和史蒂芬·罗斯、莱昂·J. 卡明一起发表了《不在我们的基因中：生物学、意识形态和人性》，他们认为生物学源于19世纪的资产阶级政治心态，称诸如智商等量化概念是肤浅的，而将精神疾病说成仅仅是生化疾病则主要是为了避免政治麻烦。[62] 1991年，莱旺庭在《基因的教条》一书中进一步论证，称DNA完全符合普遍意识形态；因果链也简单，主要是一对一的；目前的DNA研究也看不到能治愈困扰人类重大疾病的希望，如癌症、心脏病和中风；整个知识结构的设计初衷是为了回馈科学家， 697
而不是促进科学或帮助患者。他写道，最危险的是，“自从分子生物学领域取得最初的发现以来，有一点很清楚：创建转基因生物秩序的‘基因工程’极有可能产生私人利润。……我所认识的杰出的生物学家没有谁不在生物技术行业占有股份”。[63] 他认为，E. O. 威尔逊等进化论生物学家所描述的人性“纯属虚构”，不过是迎合理论家们固守的理论而已。

鉴于古尔德和莱旺庭的态度，也难怪他们会卷入1994年爆发的那场众所周知的生物学争论。当时**理查德·赫恩斯坦**（Richard J. Herrnstein）

和查尔斯·默里（Charles Murray）合作发表了《钟形曲线：美国生活中的智力与阶级结构》。[64]

《钟形曲线》的写作耗时十年，其主要观点有两个层面。在某些地方，它直接再现了迈克尔·扬的《知识精英的崛起》，不过赫恩斯坦和默里不是讽刺作家，他们的态度极其严肃。他们说，随着20世纪越来越多的大学向普通民众开放，随着智商测试日益完善并且比其他指标（如大学成绩、面试或个人履历）更能预示工作表现，随着社会环境对大多数人而言更均衡，社会上出现了“**认知精英**”（cognitive elite）。这种筛选过程引起了三种现象，并且在未来会愈演愈烈：其他人还在努力挣钱糊口的时候，认知精英变得越来越富有；在职场和居住区，认知精英实际上与其他人离得越来越远；认知精英越来越倾向于内部联姻。[65]赫恩斯坦和默里还重新分析了全国青年纵向研究的结果，这个数据库覆盖了20世纪60年代出生的400万美国人。例如，他们得出结论，相对于较低的社会经济地位背景，低智商更是贫穷的先兆；中途辍学的学生几乎全部来自智商成绩分布靠后的25%；低智商人群更可能在进入婚姻不久就离婚，从而拥有非婚生子女。他们发现，低智商的家长往往靠福利度日，其子女的出生体重偏低。低智商的男性更容易坐牢。接着就提到了种族问题。赫恩斯坦和默里大费周章地为其观点做铺垫，他们表示高“智商”不见得使一个人受人艳羡或珍惜，不同种族的智商差异正在缩小。但是，在将受教育程度和贫困状况相对比之后，他们仍然发现，有亚洲血统的美国人智商高于“白人”，“白人”的智商高于黑人。[66]他们还发现，刚到美国的新移民智商成绩低于土生土长的美国人。最后，他们表示忧虑，认为美国人的智商水平正在下降。他们认为，部分原因在于种族退化的趋势，即智商低的人会生更多孩
698 子，但这还不是唯一的原因。实际上，美国的学校教育体系已经**降低难度**（dumb down），以满足中等或中等以下学生的需求，这意味着中等学生没

有受到负面影响，这与公众看法相反。受影响最大的是优秀学生，在1972至1993年间，他们的SAT（学业能力测试）成绩下降了41%。他们责怪家长不要求孩子用功读书，责怪电视取代报纸成为信息来源，责怪电话取代书信成为自我表达的新方式。[67]而且，他们还认为，平权运动并没有帮到弱势人群，反而使他们的境遇恶化。但是，赫恩斯坦和默里认为，认知精英的出现，这种“无形的迁移”和“成功者的分化”，以及富裕阶层和认知精英的利益融合才是他们的研究成果中最重要、最悲观的部分。他们表示，认知精英将惧怕正在形成的“**底层阶级**”（underclass），将“善意”地对其加以控制（这正是默里的对手约翰·肯尼思·加尔布雷思在《心满意足的文化》中的基本观点）。他们将为底层阶级提供福利，只要后者能让他们眼不见、心不烦。不过，他们暗示，这些措施可能会遭遇失败：“种族主义将以更恶毒的新形态再现。”[68]

赫恩斯坦和默里都是传统爱好者。他们乐于看到旧式家庭、小型社区和熟悉的教育形式的回归，乐于看到学生们学习历史、文学、艺术、伦理学和科学，并且能够按照严格的标准权衡、分析和评价论点。[69]他们认为智商测试不仅奏效，而且还将成为人类社会的分水岭。智商测试与民主政治和现代资本主义的普遍成功相结合，将推动R. A. 费希尔所说的逃离的进化，促使社会迅速按照智商分层，当然，这种分层大体上也会遗传下来。实际上，我们正在见证精英阶层的崛起。

《钟形曲线》在大西洋两岸引发了一场重大争议，这并不奇怪。整个20世纪，白人一直站在过去所说分界线的“正确”的一边，如今竟然有两位学者得出结论，称白人都是傻瓜。他们期望什么样的反应？很多人反击赫恩斯坦和默里的说法，在1995或1996年，至少有六本书研究（主要是驳斥）《钟形曲线》观点的图书问世。1996年，史蒂芬·杰·古尔德的《人的误测》再版，新增了回应《钟形曲线》的章节。他的要点是，这是一场需要专业技术知识的论战。例如，加入论战的众多评论家（该书引发了两百多篇书评或相关文章）都不太擅长使用统计资料。古尔德却办到了，并对此加以驳斥。他特别批评赫恩斯坦和默里注重统计学的形式而非效果。他对此加以研究后认为，他们发现的关联只能解释不到20%的偏差，“通常低于10%，甚至低于5%。这就意味着你不能根据一个人的
699 智商成绩预测其行为”。[70] 这正是克里斯托弗·詹克斯在三十年前得出的结论。

就在《钟形曲线》引发的争论甚嚣尘上之时，一项生物学计划已经基本就位，它将引起一场规模更大的争议。这便是绘制人类基因组图谱，准确描述构成人类遗传的所有核苷酸的宏大计划。未来，该计划将为人类干预基因组成提供基础。

整个20世纪80年代，人们持续关注此事。此前，波士顿医生**维克托·麦库西克**（Victor McCusick）曾广泛收集医疗记录，并首先于1966年发表《人类孟德尔遗传》一文，列举各种已知遗传疾病。可以说，从此以后，**人类基因组计划**（HGP）就开始持续升温。[71] 随着研究工作的进展，科学家们相继认识到绘制完整基因组图谱的意义。1986年3月7日，诺贝尔奖获得者、索尔克学院院长**雷纳托·杜尔贝克**（Renato Dulbecco）在《科学》杂志上撰文，宣布了一条震惊同行的消息：如果遗传学家能确定人类基因组序列，那么人类对抗癌症的战争将会更快结束。[72] 这引起了包括能源部和国家卫生研究院在内的众多美国政府部门的关注，也引起了意大利、英国、日本和法国（大致是这个次序，德国落后些，主要是因为生物学在纳粹时期扮演的角色富有争议）科学家的关注。1986年7月，霍华德·休斯医学研究所召集相关各方到华盛顿出席一次重要会议，这次会议产生了两个影响。1988年2月，美国国家研究委员会发布了《人类基因

组的绘图与排序》报告，该报告提出了一项年预算高达 2 亿美元的合作研究计划。[73] 同年，詹姆斯·沃森被任命为国家卫生研究院的副主管，这是再合适不过的安排了；当年晚些时候，他专门负责人类基因组研究计划。1988 年 4 月，人类基因组组织成立。这是一个国际科学家联盟，由各国科学家分担研究任务，尽量避免重复研究，其目标是在 21 世纪尽早完成人类基因组的图谱绘制。人类基因组项目进展并不顺利。1992 年 4 月，由于国家卫生研究院的个别科学家就其基因组序列申请专利，詹姆斯·沃森提交了辞呈。与其他很多人一样，沃森认为人类基因应该属于每一个人。[74]

1988 至 1989 年间，基因组项目继续运行。其时，苏联共产主义走向崩溃，柏林墙被拆除，这些事件开启了政治意义上的新时代，知识界同样如此。人类基因组组织并不是 1988 年唯一重大的创新，那一年还见证了互联网的诞生。

就在詹姆斯·沃森主持基因组项目时，他的老同事、双螺旋结构的共同发现者弗朗西斯·克里克也在主持意识研究，这可能是迈入 21 世纪时最热门的生物学课题。1994 年，克里克发表了《惊人的假说》，倡议 700
学界对这个终极谜团 / 问题发起大规模研究。[75] **意识研究**（consciousness studies）自然与神经学研究有所重叠。神经学研究在识别大脑的不同结构（如语言中心）方面取得了很多进展；另外，在神经学研究中使用磁共振成像技术可以看出譬如说当人们只思考语词意义时用到了大脑的哪些部分。但是无论是哲学家还是生物学家，都同样重视意识研究。正如**约翰·马多克斯**（John Maddox）在其 1988 年著作《科学并未终结》中所说：“即使再怎么反省也无法弄清自己头脑中哪个部分的哪些神经元执行了哪个思维过程。这些信息似乎都瞒着人类用户。”[76]

有些科学家认为意识没什么好解释的。他们相信，当你把“一堆神经元”放到一起时，就自然呈现一种“**凸显特征**”（emergent property）。其他人则认为这种观点很荒谬。加州大学伯克利分校哲学系的米尔斯讲席荣誉教授**约翰·塞尔**（John Searle）就以水的流动性为例，较好地解释了“凸显特征”。水分子群聚时的表现解释了流动性，但是单个分子却并非液态。当时，我们对意识问题的理解很不成熟，甚至不知道该如何就此展开讨论，即使是在“大脑的十年”之后，情况依然如此。1990 年 1 月 1 日，美国国会采纳了“大脑的十年”这一词条。[77] 这一提法引发了很多革新和会议，强调采用新方法从事意识研究。例如，1994 年 4 月，位于图森的亚利桑那大学召开了意识科学的第一届国际研讨会，与会代表超过 1000 人。[78] 同年，第一期《意识研究杂志》出版，其参考文献包括 1000 多篇最新论文。同时，市面上还出现了大量有关意识的书籍，其中最重要的有：杰拉尔德·埃德尔曼的《神经达尔文主义：神经元组选择理论》（1987）、埃德尔曼的《记忆中的现在：意识的生物学理论》（1989）、罗杰·彭罗斯的《皇帝新脑》（1989）、柯林·麦克金的《意识问题》（1991）、丹尼尔·丹尼特的《意识的解释》（1991）、约翰·塞尔的《心灵的再发现》（1992）、埃德尔曼的《明亮的空气，炫丽的火焰》（1992）、弗朗西斯·克里克的《惊人的假说》（1994）、罗杰·彭罗斯的《思想的阴影：寻找失去的意识科学》（1994）和大卫·查默斯的《有意识的心灵：寻找基本理论》（1996）。其他研究意识的期刊也开始出现，剑桥大学耶稣学院针对该议题举办了两次国际会议，结集发表了《自然的想象》（1994）和《意识与人类身份》（1998）两本论文集，编辑都是约翰·康威尔。

就这样，意识研究在这十年中如火如荼。客观地说，这一主题的研究者又分为四个阵营。英国哲学家**柯林·麦克金**（Colin McGinn）一派认为，意识基本上是无法解释的，而且是永远不能解释的。[79] 我们之前谈到的部分哲学家（如托马斯·内格尔和希拉里·普特南）也声称，就目前（可能

直到永远）来说，科学无法解释 qualia（即我们理解为意识的第一人称感 701
知体验）。接着，还有两类还原论者。一类以丹尼尔·丹尼特为代表，他们宣称科学发展不但可以解释意识，而且距离制造有意识的人工智能机器的时代也不远了，这些人可以算是“强硬的”还原论者。[80] 另一类温和的还原论者以约翰·塞尔为代表，他们相信意识依存于大脑的物理特性，但是认为我们根本不清楚意识的产生过程，并据此认为机器不会有意识。[81] 最后，**罗杰·彭罗斯**（Roger Penrose）的派别则认为需要引入二重法则的新概念，认为大脑中可能运行着一套能解释意识的全新的物理法则。[82] 彭罗斯的特殊贡献在于，他指出量子物理学作用于被我们称作细管的微小结构，作用于大脑神经细胞，以目前尚不明确的方式产生我们所说的意识现象。[83] 彭罗斯实际上认为我们生活在三种世界中——物理世界、精神世界和数学世界：“物理世界是精神世界的基础，精神世界是数学世界的基础，数学世界又是物理世界的基础，如此循环往复。”[84] 许多人认为这种说法很有趣，但又觉得彭罗斯并未证实什么。他的猜想很动人也很有创意，但终究只是猜想。

相反，在当前环境下，那两类还原主义最引人关注。在丹尼特等人看来，人类意识和认同缘于自身生活的叙述，这关系到具体的大脑状态。例如，越来越多的证明表明，“人类普遍有能力对他人使用有意图的谓语词”，这种能力与大脑的特定区域（眼窝前额皮质）有关；在某些自闭症状态下，这种能力则有缺陷。也有证据表明，当人们“处理”有意图的动词时，相对于无意图的动词而言，眼窝前额皮质的供血会增加，大脑这一区域受损会使人失去自省能力。[85] 这些发现虽然有启发性，但是大脑的显微解剖仍然因人而异，大脑中若干不同部位呈现出某种显著的经验，这显然需要整合。但是，将经验与大脑活动相关联的任何“深度”模式还有待发现，而且看来还得有个漫长的过程，不过这仍然是最有可能取得成功的前进之路。

鉴于近年来的其他发展，也许有一种与此相关的途径值得期待，那就是以达尔文主义的眼光看大脑和意识。从哪种意义上说，意识是适应性的？这种途径产生了两种观点。一种观点认为大脑实际上是在进化过程中“偷工减料制造出来的”，目的是为了完成各种不同的任务。从这一观点来看，至少有三种器官：爬行动物的神经中枢（奠定了我们的基本动力）、远古哺乳动物的神经网络（产生诸如对后代的喜爱之类的感情）和新哺乳动物的大脑（奠定了推理、语言和其他“更高级的功能”）。[86] 第二种观点则认为“凸显特征”存在于整个进化过程中（以及身体各部位，例如，某些
702 生理现象一直有种生化解释——越过隔膜的钠 / 钾流也可能是神经活动。[87] 那么，从这个意义上说，即使我们目前还不能充分理解意识，但是意识实际上并不是新鲜事物。

动物王国的神经活动研究也显示，无论神经是否受到刺激，它都在工作；神经的紧张程度表现为刺激的频率：刺激越强烈，某一神经的开关就越迅速。这与二进制信息的计算机工作方式很相像，一切都以 0 或 1 的配置呈现。计算机并行处理的概念促使哲学家丹尼尔·丹尼特想到，大脑在某一进化阶段是否发生过类似的过程，从而引发意识。这种推测同样吸引人，却仅仅止步于最初的探索。目前，科学家似乎还没有想出下一步该怎么走。

弗朗西斯·克里克的目标已经实现，人们从未像今天这样重视意识研究。但是如果就此预言意识研究将很快在新世纪取得进展，未免太过轻率。诺姆·乔姆斯基曾经说过，“很有可能，我猜是极有可能，未来某一
703 天相对于科学心理学，我们将更多地从小说中了解人类的生命和个性。”

40

帝国的回音

1975年，华盛顿特区乔治华盛顿大学的马库斯·坎利夫教授发表文章，他认为就文学而言，“截至20世纪60年代，过去的盎格鲁—美国之间的文化关系发生了重要的逆转：无论是在数量上还是质量上，主要贡献者变成了美国。”[1]他还注意到，美国在商言商，出版商要想生存，就必须赢利，在这样的环境下，“最可靠的支柱是……非虚构：励志、大众宗教、性科学、卫生、烹饪、历史、传记、投资建议、丑闻纪实、探险记、回忆录等”。[2]他也注意到，截至1960年，“美国每年漫画书的消费量超过10亿册；估计年消费金额为1亿美元，相当于公共图书馆综合预算的四倍”。[3]随着这种“中产阶级文化”的繁荣，消极的、日益商业化的大众文化受到美国作者的敌视，他们越来越多地刻画“异化”。“在先锋派小说中，人们会发现过去主人公具备的优秀品质逐渐消失。即使在海明威的作品中，主人公也走向失败。受害者或庸人占了大多数。”[4]

他说，这种变化发生在20世纪60年代末和70年代初，源头是一系列政治事件和经济事件，如频发的暗杀事件和石油危机。坎利夫因此援引理查德·霍夫施塔特的观点。霍夫施塔特于1970年逝世，继第3章提到的《美国思想中的社会达尔文主义》之后，他还发表了《美国生活中的反智主义》（1963），1967年，他还在丹尼尔·贝尔和欧文·克里斯托创办的《公共利益》杂志上撰文写道："一个负责任的社会很少或压根不从现代文学中获益，却从历史学、新闻学、经济学和社会评论中汲取养料，这不太可能吧？艺术越是冷酷地肯定自我，就越是直率地探查人性，它所触及的社会现状问题实际上可能就越少。"他特别提到了沃尔特·李普曼、詹姆斯·赖斯顿、约翰·肯尼思·加尔布雷思、保罗·萨缪尔森、内森·格拉泽和丹尼尔·帕特里克·莫伊尼汉等人。[5]

坎利夫和霍夫施塔特看法一致。重心点发生了转移；非虚构蓬勃发
704 展。但是美国的天才不断地重塑美国的形象，所以美国小说的命运又一次发生变化也不足为奇。玛雅·安吉洛最早预示即将发生的变化。虽然她的作品是自传性质，但读起来却像小说。在20世纪的最后四分之一，以往由理查德·赖特、拉尔夫·艾里森、詹姆斯·鲍德温和艾尔德里奇·克利佛等人为代表的美国黑人作家群体出现了越来越多的黑人女性，如**托尼·莫里森**（Toni Morrison）和**艾丽斯·沃克**（Alice Walker）。在《秀拉》（1973）、《柏油娃娃》（1981）和《宠儿》（1987）等作品中，托尼·莫里森树立起属于她自己的非裔美国风格，运用民间传说、寓言、口述历史、众所周知的或私密的神怪故事构成匠心独具的叙事手法，主要关注美国黑人（女性）暗无天日的处境，其目的不是要详细揭露这种黑暗，而是要"愉快地消除它"，这与安吉洛的自传十分相像。[6]莫里森笔下的人物回到过去，然后从某种意义上重新上路。《秀拉》讲述的是一个浪荡女孩，但她不是通常意义上的"荡妇"：她成功地挥霍自己的感情、热情和身体，她光彩照人：她周遭了无生机的社区也因此发生了变化。莫里森为我们讲述

的是黑人和女人。《宠儿》是她最具野心的一部作品。[7]小说发生在美国南部的重建时期，在这个故事中，当昔日的奴隶主想让一位黑人母亲回到过去的奴隶制生活时，她杀死了自己年幼的女儿。不过这是一本小说，小说中的女儿，即标题的“宠儿”，以幽灵的形象再现，为母亲带来新的内在生命——爱的力量使女儿复活了。这里，同样是在悲惨、耻辱的奴隶制中，莫里森采用非洲的神话、仪式和口头传说等技巧炮制欢乐：不是煽情的欢乐，而是赢得的欢乐。

艾丽斯·沃克也描写贫穷，她成长于南方的佃农家庭，所以她了解贫穷，但是她最著名的小说《紫色》（1982）不是追忆过去，而是展望未来，展望更开放的都市美国如何给黑人和女性带来希望。这本书获得了普利策奖，通过一系列书信叙述了一群黑人女性如何摆脱贫穷、摆脱施虐的男人，而种族主义却准备颠覆她们取得的一切进展。与莫里森和安吉洛一样，沃克也很乐观，她认为女性取得的不仅是政治上的进步，也是个人的进步。她们笔下的女性不可撼动，有着完整的人格。[8]

莫里森和沃克都是又都不是后现代主义和后殖民作家。她们对黑人身份、“他者”和女性境遇的探究以及对非洲文学形式的运用都成为20世纪最后25年里小说领域的特点。在《英语：全球通用语》（1997）一书中，大卫·克里斯特尔这样总结自己的观点：“从来没有哪种语言像英语这样普及，拥有如此之众的使用者。”[9]他说，这是一个独特的历史事件。他认同印度作者萨曼·鲁西迪的观点。鲁西迪曾经写道：“不久前，英语不再为英国人独有了。”[10]克里斯特尔说：“实际上，即使是最大的英语国家美国，其讲英语的人口也仅占全世界英语人口的20%［克里斯
特尔本人曾经在另一本早期著作中加以佐证］，很明显，谁也不能声称自 705
己拥有独占权。”[11]他进而引用作者拉贾·拉奥、钦努阿·阿契贝和鲁西迪的观点，他们都认可英语是世界语言，但又警告说，今后英语的用法

将层出不穷。

如果说在1970年以前，还有可能写就20世纪（至少有关西方国家）的“伟大著作”，那么在1970年以后，这件事就愈加困难了。原因在于人们对文学领域中占主导地位的主题莫衷一是。过去看法一致的局面如今已经走向崩溃，起因有三：后现代主义理论；前殖民地国家人才不断涌现；以及1979至1980年以来自由市场经济取得成功并带来影响，导致新媒体渠道激增，同时打击BBC和艺术理事会（以英国为例）等机构，从而破坏F. R. 利维斯、T. S. 艾略特和莱昂内尔·特里林等人所推崇的国家文化（即共有传统）的理念。结果是，说句公道话，20世纪末的文学大纲，不管是谁提出来，都必定会引起争议。不过，适当的概括仍旧是可能的，我们将仅仅关注对其他各派的创作产生重要影响的拉丁美洲“魔幻现实主义”写作派、后殖民主义文学（尤其是英语创作）的崛起、取代传统文学课程的“文化研究”的兴起，以及美国虚构创作的持久力量，美国文学的兴盛展示了当时唯一的超级大国的风采，与其他各国人民相比，美国人将生命之可能发挥到了极致。

拉丁美洲作家中，最著名的要数米格尔·安基·阿斯图里亚斯（危地马拉）、豪尔赫·路易斯·博尔赫斯（阿根廷）、卡洛斯·富恩特斯（墨西哥）、加布里尔·加西亚·马尔克斯（哥伦比亚）、巴勃罗·聂鲁达（智利）、奥克塔维奥·帕斯（墨西哥）和马里奥·巴尔加斯·略萨（秘鲁），他们都来自现在不属于后殖民地的国家，大多在19世纪已经取得独立。那时，拉美作家习惯上具有强烈的政治意识，甚至到欧洲寻求庇护。欧洲战争使这种形式的流亡告一段落，但是南美洲的无数革命和政变迫使作家们在政治上寻找新的适应方式。尽管他们自视欧洲文明的一部分，不过本土群体的出现使他们强烈关注社会的边缘成员。

在这种背景下，作为对政治问题和社会问题的一种审美回应，**魔幻现实主义**（magic realism）得以成长并繁荣。20 世纪初期，拉美作家一度视改良社会为自身使命。魔幻现实主义的目标则更谨慎：以全世界都能理解的方式记述拉丁美洲的普遍生存境况。除了纯粹的文学力量之外，拉美文学的魅力还在于它比欧洲文学更有志向，它超越了纯个人的性质，从不忘 706
记社会的理想。

例如，**豪尔赫·路易斯·博尔赫斯**（Jorge Luis Borges）出于表达需要，发展了一种新文体，介于描述真实人物的随笔和描写虚构故事的短篇小说之间。博尔赫斯将哲学观点和美学观点相揉合，玩弄花招，意在“搅乱读者对事实和现实的信心”。[12] 例如，他在一个故事中虚构了一个名叫“特隆”的星球，虚构了其方言、宗教和建筑乃至其玩牌方法。这个星球不是和拉丁美洲一样奇怪吗？在强调差异的同时，他清楚地阐述了普遍的人性。

马里奥·巴尔加斯·略萨（Mario Vargas Llosa）的小说《城市与狗》（1963）中的主要人物是军事学院的学生，他们团结起来对付老生的欺凌。[13] 这种争斗很快变了味，发展成堕落和死亡，与之形成对比的是，这些学生走出军校后随即进入文明程度更高的世界。与“特隆”星和“马孔多”一样，军校与主流社会隔绝，同拉丁美洲如出一辙；《绿房子》也是如此，故事发生在被雨林（也可以算作绿房子）环绕的皮乌拉城的一所妓院。[14] 这本书可能是巴尔加斯·略萨的最佳作品，连句子中都包含时间的变化，暗示时间和关系不断变化的本质，以及存在的不可思议和不可预见性。[15]

1967 年，**米格尔·安基·阿斯图里亚斯**（Miguel Angel Asturias）成为拉丁美洲第一位荣获诺贝尔奖的小说家。但是，当年更重要的事件是“拉美小说界最突出的成就”——**加西亚·马尔克斯**（García Márquez）的不朽作品《百年孤独》面世。[16] 这部作品一度每周重印一次，其受欢迎程度可见一斑。原因不难想象。有人将马尔克斯与塞万提斯、乔伊斯和伍尔夫相提并论，他本人则承认受到福克纳的影响，但这些不足以解释其原创性于万一。此前，从来没有哪部小说能如此成功地实现莱昂内尔·特里林的主张，即跳脱常见思维方式、想象别的可能和别的世界。马尔克斯不仅做到了，而且他采用的方式非常特别。

在你所能想象得出的任何层面，《百年孤独》都有其独特的意义。[17] 马尔克斯虚构了一座名叫马孔多的小镇，马孔多地区的特色是沼泽地和茂密的雨林。马孔多与世隔绝，主人公奥雷良诺·布恩地亚独立做出了很多发现（比如地球是圆的），他不知道世界上其他地方早在几个世纪之前就已经知道了这些。马孔多的道德还处于原始阶段，男性可以和阿姨辈的人通婚，居民还没能为这个小“宇宙”的事物一一命名。故事讲述了马孔多的兴衰、内部冲突、政治腐败和外来侵略，叙事线索是布恩地亚家庭的命运，不过，由于几代人共用某些名字，其年代往往不太清晰。外界的观点和事物不时传到马孔多（如铁路），但这座小镇总是很快重回隔绝状态，
707 布恩地亚家族也随之退回孤独之中。

马尔克斯通过不动声色、不厌其烦地关注细节创造出一种独特的幽默感。“奥雷良诺·布恩地亚上校策划了 32 次武装起义，但都失败了。他和 17 个女人生了 17 个儿子，最大的儿子尚未年满 35 岁时，这些孩子们就在同一天晚上全被杀害。他经历过 14 次暗杀、73 次埋伏和 1 次死刑枪击，有人在他的咖啡里放了马钱子碱，剂量足以毒死一匹马，然后他却活了下来。”[18] 布恩地亚家族周围还有一群怪人。例如有一次，布恩地亚家族的年轻人梅梅从学校带了 68 位朋友回来度假。“这些学生们到达的那天晚上，临睡前争着去洗手间，到凌晨一点，最后一批还在往里进。于是费尔南达买了 72 个便壶，但其结果是，晚上的麻烦改到了早上，从拂晓开始，女

孩子们就拿着便壶开始排长队，等着冲洗。”[19] 在马孔多，游荡的吉卜赛智者梅尔加德斯死后复活，原因是他无法忍受死亡的孤独；在马孔多，黄色的花朵如雨点般落下，而真实的暴风雨则持续了数月之久。

马孔多的故事有其神秘性，其中充满 20 世纪观点的暗示。正如贝尔托·布莱希特所说，马尔克斯刻意将故事年代安排得久远，使读者与故事保持距离。同样，它再次试图迷惑世界：马孔多发生的一切不可能在其他地方发生。虽说这不是金科玉律，但也不相伯仲；我们可能不相信发生的一切，但我们却能够认可它。这种幻象使人想到卡夫卡，不过是个非常开朗的卡夫卡。从某种意义上说，何塞·布恩地亚和妻子乌苏拉是一对离开丛林、寻找大海的原始夫妇；有些人物的年龄极其夸大，这与《圣经》的早期版本很像；梅尔加德斯送给这家人一本用梵文符号撰写的手稿：这令人联想到对早期文明的解读和印度的英籍法官威廉·琼斯爵士有关“母语”的言论。书写密码的羊皮纸原来也是一面镜子，它反映了文本与读者之间的关系和雅克·德里达的观点。这种对时间的把玩不仅令人想到相对性，而且还令人想起费尔南·布罗代尔的“长时段”观点及左右这种观点的各种因素。无论如何，卡洛斯·富恩特斯指出，《百年孤独》提出了疑问：“马孔多对自身的创始了解多少？”换言之，这正是使 20 世纪科学界倍感困扰的问题。[20] 关于马孔多的终结，马尔克斯甚至提出了“熵”的概念。小说的最后一句话提醒我们，生命不会再来一次，这正是事情的“官方说法”总是令人“难以忍受的重要原因”。这部作品可以说是 20 世纪下半叶同类作品最伟大的一部。

这些另类世界具有广泛的双重意义。首先，它们是拉丁美洲自身作为“他者”场所的隐喻，而“他者”正是后现代主义的重要概念。其次是其“幽默的成熟”，这一点可能更重要，这些艺术家们远离日常琐碎和政治生活，使拉丁美洲小说真正具备影响力，令其母国西班牙无法望其项背。马 708

尔克斯明确指出，拉美小说本质上谈的正是孤独，而拉美大陆本身就隐喻了这种困境。

在拉丁美洲的魔幻现实主义之后，以复杂著称的印度小说开始初具规模。20 世纪的印度英语小说至少要追溯到 20 世纪 30 年代拉贾·拉奥和穆尔克·拉吉·安纳德的作品，但是，以 **R.K. 纳拉扬**（R. K. Narayan）的 **“马尔古蒂”系列故事**（Malgudi stories）为例，此后发表的小说主要有两类：对印度生活的细微观察和评论；以及摆脱这种生活的各种努力。这些小说为我们奉上了许多如今常见的英语习语，突显英语不再为英美所独有的现状。

R. K. 纳拉扬的很多小说以他钟爱的“马尔古蒂”小镇（也称“迈索尔”）为背景。1967 年发表的《甜品贩子》是对灵性的研究，不过不是基督徒所理解的灵性。[21] 贾甘卖了 60 年的甜品，突然决定改变生活：他打算帮助一名石匠雕刻一座“纯粹的女神像”，使人们从她的冥想中发现灵性。当然，他丢不了自己的小毛病（另外还带上了支票簿），结果令人捧腹。其实，贾甘改变生活的愿望很狂妄——对其个性缺陷而言太狂妄了：他就像拉金诗中的人物，不能真正面对自我的挑战。抽离生活并非易事；但是，他的儿子比他更加西化，喜怒无常，还有位朝鲜裔妻子（实际上是情妇），贾甘与她时常发生冲突。纳拉扬其实是在以严肃的方式嘲弄印度和印度的精神性（或精神虚妄），她妄想成为世界大国却又做不到自给自足（贾甘制作“零食”），对西方的态度是轻蔑又艳羡。

安妮塔·德塞（Anita Desai）的小说表面上讲的是家庭故事，看似涉及的面很窄，但是她每部小说的人物都未能对独立后的印度生活做好充分准备，因为那往往涉及某些西化的标准。在《海边村庄》中，政府提出要在图尔村附近建一座化肥厂，村民们为此感到忧心忡忡。[22] 主人公哈利不同于其他墨守成规的村民，为了应对新情势，他逃到孟买，做了一名修表匠，希望村里戴表的人都来找他。其他村民则确保村子依旧是鸟类的天堂。但是哈利的生活——他的追求——已经被打乱了，他在孟买生活郁闷，却回不了头。新的沉默不同往日。德塞要表达的是改变不仅关乎事件，还关乎态度和心态。《囚禁》的主人公德温志向远大，在应邀担任乌尔都语大诗人努尔的秘书后，他计划用磁带把诗人的智慧录下来。[23] 实际上，这个计划困难重重；诗人本人远远算不上完美——他对鸽子、摔跤和娼妓的喜爱不亚于他对智慧的喜爱，但是德温技术上的不足也是一个因素，因此，整个计划毫无头绪。德塞的故事都是些小悲剧，但对于经历这 709
些悲剧的人物来说，这些悲剧够他们受的。印度本来就是这样吗？还是殖民占领把她变成这个样子？德塞故事中的人物似乎无从知晓答案。

萨曼·鲁西迪（Salman Rushdie）的小说迥然不同。他创作的人物或情节与弱小沾不上边。他最著名的两部作品——《午夜之子》（1981）和《撒旦诗篇》（1988）辞藻丰富、激情洋溢，象征、隐喻和笑话层出不穷，就像原子弹爆炸时的蘑菇云一样翻腾。[24] 鲁西迪与祖国印度的关系及其与英语语言的关系十分复杂。他创作的故事向我们展示了多样的印度，大多严酷、衰败、割裂。英语语言至少为克服长期割裂提供了可能，没有英语就无法摆脱失败的命运；只有亲身经历一段难以置信的、离奇的狂想之旅，他才有可能获得实际上已经被吞噬的交流。《午夜之子》讲述的是撒利姆·撒奈伊的故事，他出生于1947年印度独立那天的午夜，同时出生的还有1000个孩子。因为这个原因，孩子们被赋予了魔力，他们出生的时间距离“钟表上指针合掌致意”的午夜越近，魔力就越大。撒利姆的鼻子很大，这使他能够“看透人的内心”。他的主要对手是希瓦，希瓦膝部硕大，极具战斗力。这本书主要以撒利姆的回忆录形式写就，鲜有传统的人物刻画方法。不过，鲁西迪的叙述丰富，跌宕起伏，夹杂着日常政治和个人爱好（其中有个人物在拍摄有关咸菜厂生活的纪录片），同时又富含妙不可言的隐喻、笑话和语言结构。最精彩最恐怖的笑话出现在小说中间，两位主角发现自己在婴儿时就被交换了，鲁西迪对纯洁、魔力、国家、自我和社会以及贯穿其中的独立等基本思想的含义表示怀疑。所有这些都有着“象皮病”的风格，颇像远古的印度说书人，但又有现代感，让人想起君特·格拉斯和加西亚·马尔克斯。《午夜之子》不是完全东方的，也不是完全西方的。这才是关键，也是其成功所在。[25]

《撒旦诗篇》的主题是迁徙和移民，以及移民的信仰遗失。[26]鲁西迪本人承认，这本书的要点是信仰、信仰遗失以及信仰与世俗生活的关系，曾经虔诚的人内心存在着的一种洞——“神形之洞”。[27]他以近乎荒诞的方式谈及这些问题。故事一开始，一架印度航空公司的大型客机在英吉利海峡 30000 英尺上空爆炸，两位印度演员吉布列尔·法利什达和萨拉丁·尚沙坠到地面。这个情节自然让人联想到 1985 年发生的一场真实事故，当时印度航空公司一架波音 747 飞机在飞离爱尔兰时发生爆炸，据说是加拿大的锡克教恐怖分子所为。[28]法利什达是位颇受欢迎的孟买“宗教”电影明星，在很多印度人眼里，他是神圣的。另一方面，萨拉丁是亲英派，他
710 排斥印度，常驻英国，他的工作是为电视广告配画外音，“模仿袋装土豆薯片、速冻青豆、番茄酱瓶”的声音。[29]和他们一起掉落的还有飞机座位、饮料车、耳机等，不过他们安全地落在一个英国海滩上。随后，书中展开了一系列相互交织的情节，一个比一个不可思议。虽然情节错综复杂，但鲁西迪出色地控制着情节发展的节奏，而且对那些热衷解密的人来说，鲁西迪的处理丰富了作品的内涵。例如，吉布列尔·法利什达的名字在乌尔都语里意为加百利天使，伊斯兰传统认为他“从真主那儿为穆罕默德带来了《古兰经》”。萨拉丁则是中世纪伊斯兰教对抗十字军的大护卫，他在埃及复兴了逊尼派伊斯兰教。吉布列尔从母亲那儿接触到伊斯兰教，了解到

“撒旦诗篇”的说法，即人们认为魔鬼曾经在《古兰经》里添了一句话，后来又删掉了，但它却暗示了少许宗教怀疑。而宗教怀疑正是鲁西迪这本书的核心。有人认为这是在玩魔鬼的概念，从信徒的眼光来看，世俗都是魔鬼。在环环相扣的叙述中，实质上，吉布列尔类似奥赛罗，而萨拉丁则有点像伊阿古，他“发挥自己过去的广告天分，花言巧语”。在这样的冲击下，吉布列尔走入歧途，还去了妓院，用马利兹·鲁思文的话说，就是“反清真寺”，与渎神的人为伍，不仅出言诅咒，还批评先知的行为（例如，穆罕默德娶的妻子超过了严格的伊斯兰律法规定的数量）。因此，《撒旦诗篇》不放过任何一个在危险边缘行走的机会，这本书无疑具有挑战精神。但是，一本探讨亵渎神明的书在追求这一主题的过程中能真正做到不渎神吗？鲁西迪明白，要探讨信仰，就必须刻意激怒信徒。书中还有先知签署伊斯兰教令惩罚不敬神的诗人的情节。[30]

可能正是这些激怒了伊斯兰教的当权者。1989年2月14日，鲁霍拉·穆萨维·霍梅尼，即伊朗领袖**阿亚图拉·霍梅尼**（Ayatollah Khomeini）签署教令称《撒旦诗篇》“叛教”：“以全能的真主的名义，只有一位神，我们都应该归顺于他；兹通知世上全体无畏的穆斯林，《撒旦诗篇》一书的编撰、印刷和出版都是反伊斯兰教、反先知、反《古兰经》的，其作者及知悉其内容的出版商均已被判死刑。我呼吁全体热情的穆斯林们，无论何地，只要发现他们，立即将其处死，以消灭胆敢侮辱伊斯兰法令的居心。谁若因此遇害，则将遵从真主的意志追其为烈士。另外，如果有人能接触到该书作者，但又无力处死他，则应该提醒相关人士，使他因自己的行为受到惩罚。愿真主赐福给你们。”[31]

教令发布后48小时内，鲁西迪及其妻子已经躲了起来，这种躲藏持续了将近十年，中间只有几次短暂地出现在公众场合。在接下来的几个月里，“鲁西迪事件”不断见诸报端。在英国等地，不断上演穆斯林公开焚

烧该书的事件；在伊朗，万人游行示威抗议此书；而在鲁西迪的故乡孟
711 买，警方向示威者开火，10 人遇害。[32]《撒旦诗篇》共计引起 21 人死亡，其中 19 人死于印度大陆，2 人死于比利时。[33]

与萨曼·鲁西迪一样，V.S. 奈保尔（V. S. Naipaul）的小说（特别是后期作品）普遍关注生活在本土语境之外的人们。他本人生于特立尼达岛，是第二代印度人，后赴英国牛津求学，此后除了为写作大量游记而外出调研，其他时间一直居住在英国。

奈保尔不像鲁西迪那么关注信仰，他与安尼塔·德塞有更多相似之处，钟爱现代化和科技变革的题材，不过他借此表现了自己对自由本质的关注。《毕司沃斯先生的房子》（1961）表面上以建造房子为线索，但与此同时，奈保尔解构了毕司沃斯先生本人。[34] 毕司沃斯先生擅长写招牌，这门手艺使他摆脱了贫穷，并缔结了一段婚姻，却又受到婚姻的束缚，只不过束缚的形式不一样罢了。他也不再写招牌了，转而主要给儿子写信。毕司沃斯像个作家一样，发现了语言的妙处，因而发现了另一个层面的自由。但是，奈保尔暗示，完全的自由是不可能的、也是不可取的。满足源于爱和被爱的毕司沃斯已经达到了这个状态，但这不是自由。在《模仿者》（1968）中，故事背景变成了英国，那不是贫穷的特立尼达岛人梦想中的英国，而是移民眼中无趣的英国郊区，对他们来说，现代城市生活就是不断地找工作，长期劳顿，生活困顿。[35] 自由又一次归结为用一种挣扎取代另一种挣扎。他后期的作品，如荣获布克奖的《自由国度》（1971）、《游击队员》（1975）和《河湾》（1979），则有着更明显的政治意味，刻意以格格不入的方式比对政治自由和个人自由。[36] 在 1971 年发表的《自由国度》中，两名白人琳达和博比驱车返回侨乡，途经一个饱受战争蹂躏的非洲黑人国家。他们的政治观点南辕北辙——博比是一名自由主义的同性恋者，而琳达则是一名夸夸其谈的右翼分子。奈保尔感到奇怪的是，他们俩

永远观点相左，又怎么能自在地享有那么多自由呢？果不其然，两人在车里爆发了战争。

萨蒂亚吉特·雷伊（Satyajit Ray）的电影里不仅能看到几分德塞和纳拉扬的影子，更多的则是鲁西迪和奈保尔的元素，因为他不仅仅是电影制作人，还是广告艺术家、书籍装帧设计师、儿童读物和科幻小说作家、知名音乐家。他成为电影制作人是1945年的事情，当时有人请他为儿童版的通俗小说《大路之歌》画插图。[37]雷伊随即产生了将其拍成电影的想法，虽然没有制作电影的经验，他开始利用周末时间着手去做（完全没有所谓的剧本）。[38]这个项目历时十年，其间雷伊数次遇到财务问题，后来孟加拉政府施以援手，才最终完成。[39]这部电影几经周折，终获成功，并成为雷伊首个三部曲的开篇之作，雷伊也因此成名：《阿普三部曲》[‘Apu’ trilogy，还有拉维·香卡作曲的《大河之歌》（1956）、《大树之歌》（1960）]、《觉醒的女性三部曲》[包括最著名的《孤独的妻子》（1964），时至今日依然很受欢迎]和“城市”电影三部曲，包括《中间人》（1975）。[40]雷伊的电影被视作是亨利·詹姆斯和安东·契诃夫的综 712
合，不过雷伊从不吝啬流露丰富的情感，而詹姆斯却鲜少如此。雷伊的魅力在于讲述普通人的故事（《大路之歌》讲述一家人如何讨生活；《孤独的妻子》讲述的是一个女人与丈夫的表弟之间的私情；《中间人》讲述的是一个商人专为客户物色女人的故事），细节繁多，面面俱到。雷伊的传记作者指出，雷伊的世界里很少有坏人，因为他试图去理解每个人的想法。与其他作家一样，雷伊也意识到了印度的衰落，但是他对种种矛盾处之泰然。[41]

1986年诺贝尔文学获得者是尼日利亚作家兼戏剧家沃莱·索因卡；1991年埃及小说家纳吉布·马哈富兹获此殊荣；同年，另一位尼日利亚作家本·欧克里荣获布克奖。这表明，非洲文学终于获得西方文学“机构”的认可了。然而，当代非洲文学不如印度文学和南美洲文学那样具有世界性。索因卡曾经在英国求学，并为英国皇家剧院审编剧本，在《神话、文学与非洲世界》（1976）一书中，他竭力推出众多同胞作家，使他们在西方语境中受到更多的关注。[42]

索因卡对文学的贡献类似于巴兹尔·戴维森对非洲考古学的贡献，除了上文提到的《神话、文学与非洲世界》一书以外，他的诗歌和戏剧都反映他的卓越贡献。索因卡的文学才华（特别是戏剧才华）最终使他荣膺诺贝尔奖，在这一点上，他胜过了钦努阿·阿契贝。（1987年，阿契贝的小说《荒原蚁丘》曾入围布克奖候选名单。）索因卡是独立前伊巴丹大学培养出来的一代优秀作家之一，这些作家包括希普林·埃昆西、克里斯托弗·奥基布和约翰·佩珀·克拉克，他们的部分作品在《神话、文学与非洲世界》一书中也有提及。除了向全世界的读者推介作家以外，这本书还想做成两件事情：首先他要表明非洲黑人文学有其独特性，与其他伟大的文学有共同的主题，而且同样丰富、复杂、智慧。其次，在讨论杜洛·拉迪普的约鲁巴戏剧、奥伯图德·伊基米尔的《奥巴塔拉的囚禁》或乌斯曼·塞姆班的《上帝的些许木头》的同时，索因卡还强调了非洲文学不同于西方文学的特色。[43]在此，他强调典仪的集体经验，指出西方个人主义与非洲经验是相悖的。在非洲的社会契约中，社会生活第一；为了生动阐述典仪，索因卡用了一个类比说明典仪的影响：“假设他［故事的主人公］是个悲剧人物：一段悲情的慷慨陈词之后，出现了一段空白，观众就忐忑不安了，猜想他忘记台词了吗？他大脑短路了？人物的行为将体现社会行为，主人公的幸福与整个社会的幸福密不可分。”[44]索因卡认为，无论什么
713 故事，只要在非洲文学中发生，一定会有不一样的体验。

索因卡既是一名富有创造力的作家，也是一名批评家。在20世纪的

最后25年里，文学和文化批评异常丰富，同时也特别富有争议，尤其是以下三个相互关联的领域：后殖民主义批评、后现代主义批评，以及以文化研究著称的学科发展。

后殖民主义批评领域中比较突出的有两位：爱德华·萨义德和佳亚特里·斯皮瓦克。**爱德华·萨义德**（Edward Said）是纽约哥伦比亚大学的一名巴勒斯坦裔学者，他发表了很多作品，尤其是在《东方主义》（1978）、《报道伊斯兰》（1981）以及《东方主义再思》（1986）中，他探讨了自19世纪早期的"东方研究"兴起以来，西方人如何看待"东方"。[45] 他研究了众多学者、政治家、小说家，甚至画家的作品，从西尔维斯特·德·萨西（其作品《阿拉伯文选》发表于1806年）、古斯塔夫·福楼拜、亚瑟·詹姆斯·贝尔福、T. E. 劳伦斯到20世纪60和70年代发表的学术作品。《东方主义》的封面是一名身披巨蟒的裸体男孩站在毡毯上献艺，观众则是一群佩剑、佩枪的深肤色阿拉伯人，他们懒洋洋地靠在一堵用阿拉伯花纹和经文装饰的瓷砖墙上。这是让—莱昂·杰罗姆所著《弄蛇人》（1870）中的一个细节，它准确地阐明了萨义德的论点。因为这代表了虚构的东方，一个满是漫画化的、过于简化的刻板东方。萨义德的论点是，西方从事东方研究的思想史已经被政治权力所玷污，作为单一实体的"东方"概念不仅荒唐，而且也是对涵盖众多文化、宗教、种族的这片广袤地区的轻视。据此，世界被分成不相等的两半，原因是根植于（帝国）政治权力的不平等交流。他说，虚构的"神秘东方"魔鬼学认为"东方人"总是懒惰、阴险、不理性。萨义德表示，德·萨西试图将"东方研究"等同于拉丁和希腊文化研究，从而得出东方与古希腊或罗马同质的观点。在《包法利夫人》中，爱玛过着单调忙碌的资产阶级生活，但她对自己生活中所没有的一切充满渴望，例如"东方的那一套：闺房、公主、王子、奴隶、面纱、跳舞的年轻男女、果汁、药膏，等等"。[46] 在约瑟夫·康拉德的《胜利》

中，他笔下的女主人公阿尔玛（Alma）的魅力不可抗拒——但到19世纪中叶，这个名字却让人想起出卖色相的舞女。然而，萨义德提醒我们，在阿拉伯语中，Alemah意为“博学的女人”；埃及社会用这个名字来指称那些擅长作诗的知识女性。萨义德说，近代以来，特别是阿以战争以来，情况也没有改善。他援引在1972年的《美国精神病学杂志》上刊发的一篇名为《阿拉伯世界》的文章，其作者是美国国务院情报局的退休人员；在这篇一共四页的文章中，这位作者仅通过两本书和两篇报刊文章，共计四种参考书，就为拥有1300年历史的1亿多人口勾画了心理肖像。[47]萨义德强调这种做法极端荒谬，他呼吁深入了解“东方”文学（他哀叹道，即
714 使是西方大学里的东方系科对“东方”文学也不甚了解），他赞同克利福德·格尔茨的人类学研究方法和国际性研究方法，特别是后者提出的“深度描述”的观点。[48]由于萨义德赞同马丁·贝尔纳有关古代文明起源于非洲（下一章将会谈及）的观点，他的论点受到了阿尔伯特·霍拉尼等著名东方学家的激烈批评。

佳亚特里·斯皮瓦克（Gayatri Spivak）是批评家是印度人，同时又是女性，还是一位杰出的后殖民主义作家，她在担任著名的《底层研究》杂志编辑时发挥了巨大的影响力。底层（subaltern）这个词极具讽刺意味，它最初指军队底层，特别指英帝国军队的底层，他们依附于军官阶层，地位很低。实际上，哪怕底层想要说句话，也必须先征得许可。底层研究涉及各种史学，坦率地说，就是修正主义，试图用一种新声音展现非正统的印度历史，与英国的马克思主义历史学家类似，“彻底地”再现整个故事。与鲁西迪、德塞等众多印度知识分子一样，佳亚特里·斯皮瓦克区分了印度时间和西方时间，形成了实质上的女性主义世界观，并且辅之以源于德里达和福柯的新马克思主义。[49]这个群体的主要成就在于：第一，获得了“英国统治印度”的原始材料，缺乏这些原始材料，就谈不上修正；第二，

正视很多人眼中的失败，即印度文化此前一直未能形成可与英国文化相对抗的文化体系。[50] 例如，在编纂历史的过程中，底层研究者修正了很多反抗英国的所谓暴动，按照帝国主义的说法，“一群狂徒”叛变，最终遭到镇压。[51] 他们转而主要从当时的宗教信仰、婚姻习惯 / 性习惯、英帝国的经济需要等方面阐述这些事件。五卷本《底层研究》发表于 20 世纪 80 年代，在学者中间引起很大的反响，为我们今天所说的殖民主义知识提供了另一种历史叙述。[52]

且不说后现代的感性，后殖民运动的很大一部分原因在于政治无意识，1981 年，美国批评家**弗雷德里克·詹姆逊**（Fredrick Jameson）以此为题创作了《政治无意识》。[53] 后殖民主义批评和后现代主义批评很大程度上得益于雷蒙德·威廉斯的早期论点，即人们阅读“严肃”文学的方式应该与通俗文学无异，一切艺术都是如此。这一立场主要见之于《新左派评论》杂志上发表的两篇著名文章，一篇是詹姆逊于 1984 年发表的《后现代主义，或晚期资本主义的文化逻辑》，另一篇是英国牛津大学英文教授**特里·伊格尔顿**（Terry Eagleton）于 1985 年发表的《格格不入》。詹姆逊的论点是，所有的意识形态都是一种“遏制战略”，它让社会“自我解释，从而抑制其深层矛盾”。[54] 例如，19 世纪的小说反映了确定性，其目的是让中产阶级深信这种有序的阶级制度将是持久的。而另一方面，海明威的小说句子短小精悍，迷漫着男性气概，故事背景设在异邦，因为这不符合美国社会复杂、科技发达的自我形象。詹姆逊的第二个主要论点是，后现代的感性并不是 20 世纪 90 年代中期观看世界的唯一方式，却是主导 715
方式，这是因为它是晚期资本主义的逻辑后果。[55] 他说，在晚期资本主义阶段，社会最终消除了高雅文化与大众文化之间的区别，很多人认为文化在“堕落”，但是年轻人却热情拥护这些文化：媚俗的创作、廉价产品、庸俗小说、电视、《读者文摘》。最先拥抱这一潮流的是安迪·沃霍尔。詹姆逊认为，关键在于晚期资本主义承认艺术首先是一种商品，是可以买卖的东西。

伊格尔顿是一位更具有侵略性的马克思主义者。他说，高雅艺术与通俗/大众艺术之间的区别是确定的，是古已有之的，削弱这种区别对社会主义者有利，因为它会“暴露修辞结构，而非社会主义的作品正是借此在政治上产生不良后果”。[56]伊格尔顿写道，在资本主义末期，商品（包括艺术商品）已经成为物化的神。这是一个史无前例的美学新范畴。

不言而喻，詹姆逊及其同事**斯坦利·费希**（Stanley Fish，当时在北卡罗来纳州杜克大学教书，现任职于伊利诺伊大学芝加哥分校）在各自的著作中同样关注书籍之外的其他媒体。电影、电视、连环画、广告……所有这些都属于符号体系。[57]雷蒙德·威廉斯的早期作品、后殖民主义、后现代文学理论，以及法国作家巴特、利奥塔、拉康、德里达和鲍德里亚等人的理论，再加上克利福德·格尔茨的人类学，汇聚成了一门新学科：文化研究。它不同于媒体研究，但二者都源于同一种冲动。二者背后的基本观点，如上所述，回到了詹姆逊的著名概念：政治无意识，即虚构的作品无论如何都没有“特权”使用特别的术语，它们并无特别之处，只是语境和环境的产物，从属于市场力量，因此不可避免地带有意识形态倾向或政治倾向。文化研究的目标就是揭示这些看不见的动机，剥开自我意识的最后几层外衣。

文化研究（cultural studies）是有争议的，在老一辈人中间尤其如此，他们从小相信“美学”价值自成一格，不受外物支配，有利于我们探索人类境况的“永恒真理”。但是大学里的文化研究课程很受欢迎，这说明它迎合了年轻人的需求（他们徘徊已久，现在只想赶时髦）。问题的核心，或者说这门新学科最受争议的方面是有关莎士比亚的论战。济慈称莎士比亚是“首席诗人”是“我们内心深处的永恒主题之父”。另一方面，新一代莎士比亚研究者却认为，尽管这位文豪创作了数量惊人的出色戏剧，但是正如柯勒律治所说，他不能为所有地方、所有时代的所有人代言。

新派学者认为，莎士比亚只属于特定的时代，他的戏剧（即使不是全部，至少大多）都有特定的政治语境。他们还说，在莎士比亚去世后接近四百年间，不断有团体出于本质上的右翼动机对他加以追捧。换句话说，716
莎士比亚远不是关乎我们本质的根本智慧的客观源泉，他已经成为一些渺小的灵魂用来推广和维护某种观点的宣传品。在提出莎士比亚属于特定的时代的同时，他们还称，与其他任何人相比，莎士比亚对人性的洞察谈不上更“根本”、更“深刻”或更“永恒”，因此，应该剥夺他作为英国文学奠基人的地位。对这些文化唯物主义者而言，莎士比亚的意义在于为文学，及文学与生活的相关性提供了辩论的战场。

1985年，萨塞克斯大学的**乔纳森·多利莫尔**（Jonathan Dollimore）和**艾伦·辛菲尔德**（Alan Sinfield）出版了合编著作《政治性的莎士比亚》，首次集中攻击传统观点颇具挑衅性。[58] 其中包括英国和北美学者撰写的八篇系列论文；这些论文将莎士比亚戏剧与同时期的政治事件相比较，意在表明莎士比亚远未超越历史、政治和人性，他只是他那个时代的孩子。结果，许多莎士比亚戏剧的传统意义发生了根本变化。例如，《暴风雨》不再是关于殖民主义和美洲的戏剧，而是一部关于英格兰和爱尔兰问题的戏剧。《政治性的莎士比亚》发表于撒切尔 / 里根执政期间，引发了一场学术风暴。读过该手稿的两名审稿员认为这本书“绝不能出版”。[59] 在其问世后，一位评论员这样写道：“保守的批评家……可能会惊恐地得出结论，莎士比亚患上了学术艾滋病，悲剧的是，马克思主义批评、女权主义批评、符号学批评、后结构主义批评和精神分析学批评已经破坏了他的免疫系统。”还有些人认识到这本书的重要性，事实证明，这本书在课堂上大受欢迎，重印了三次。1989 年，安纳贝尔·帕特森发表《莎士比亚和大众之声》，她认为在 19 世纪之前，莎士比亚一直被视为政治戏剧家和反叛者，正是柯勒律治本人担心法国大革命会在英国泛起余波，才出于个人政治原因，试图颠覆早期观点。[60] 这些书引起广泛关注，《伦敦书评》于 1991 年底就这些争议制作了一次特刊。

马库斯·坎利夫在 20 世纪 60 年代就明确说过，战后几十年美国文学的力量将日益彰显。随着新人才的不断涌现，它最鲜明的特征在于名人的持久影响力及其在艺术道路上的韧性。

例如，剧作家**大卫·马梅**（David Mamet）继承了尤金·奥尼尔、田纳西·威廉斯和阿瑟·米勒的良好传统，他的主题是私人的心理戏剧，人物内心发生各种“活动”，并在语言上有所反映。有人认为马梅最伟大的两部戏剧《美国野牛》（1975）和《拜金一族》（1983）是对社会的控诉，“在这个社会里，商业伦理是各种犯罪活动的遮羞布”。[61] 在《美国野牛》
717 中，一群小人物策划抢劫，却完全“没有能力实施”。马梅塑造的人物几乎都不善言辞，这是他们绝望的缘由和症状。他着眼于现代城市和日渐消失的职业——特别是推销员，在这一点上他与奥尼尔和米勒遥相呼应。在《拜金一族》中，房产推销员可怜的乐观主义与沉默的绝望相互交织，十分感人，即使在最渺小的争斗中，人人都想打败对手。他们因此迷失了，无法认清自己的本性。

作为 20 世纪 70 年代崭露头角的人物，马梅的重要性在于他对后现代世界的来临和过去的确定性走向崩塌做出了回应。虽然彼得·布鲁克所代表的新潮流欣赏多元文化主义，但是英国剧作家**汤姆·斯托帕德**（Tom Stoppard）则坚决反对，他声称客观真理、客观的善恶都是存在的，相对论本身实际上是恶的，马梅只是将过时的、艾略特式的怀疑论运用于周遭世界。[62]斯托帕德拥护奥尼尔所说的传统（美国是个“巨大的失败”），并对其有所提升。[63]他的戏剧之所以是戏剧，是因为他对大众媒体心存怀疑。他在回忆录中写道，“大众媒体……腐蚀了人类的文化需求（它混合了艺术、宗教、庆典、戏剧——庆祝我们的共同生活），使它堕落成娱乐，将不能即刻吸引大众的东西说成是‘文化垃圾’或‘魅力不够’，加以排斥。……信息高速公路似乎会带来多样性，但其结果却是淘汰和轻视一切不能即刻吸引大众的东西，使之边缘化。莫迪利亚尼、塞缪尔·贝克特、查尔斯·艾夫斯、华莱士·史蒂文斯的作品现在只被当作‘文化’留存下来，社会不认可它们是艺术。……大众媒体——包括计算机工业——合伙曲解了我们的社会需求。……我们正学着相信我们不需要智慧、社群、刺激、建议、磨炼和教化，学着相信我们只需要信息，因为全世界的人都以为生活就像一个打包好的工具箱，我们作为消费者只是缺乏装配指令。”[64]

约翰·厄普代克（John Updike）于1959年发表了《贫民院义卖会》，此后他又出版了30多本书，其间他尝试了美国白人中产阶级生活中的大大小小的主题。在《夫妇们》（1968）、《我们结婚吧》（1976）和《罗杰教授的版本》（1986）中，他审视了性、通奸和“旧道德的暮光”。在《贝克：一本书》（1970）中他通过一名犹太裔美国旅行家的眼睛观察共产主义东欧，进而比较冷战中的敌对帝国。在《东镇女巫》（1984）中，他同时抨击女权主义和美国清教主义。但是，最值得思考的是他的“**兔子**”（Rabbit）系列丛书，包括四本书：《兔子，跑吧》（1960）、《兔子归来》（1971）、《兔子富了》（1981）和《兔子歇了》（1990）。[65]“兔子”哈罗德·安斯特朗曾经是一名职业篮球运动员，年轻过，也浪漫过，如今却被困于枯燥的婚姻生活。“兔子”是对“巴比特”的刻意回应，因为厄普代克笔下的主角与辛克莱创作的来自泽尼斯市的男主角“巴比特”有相似之处。但是世界在变，兔子生活在东海岸，而不是中西部，兔子在纽约和康涅狄

格更觉轻松自在。他的世界是堆满各种小玩意的公寓、是商品（包括艺
718 术）的世界，物质丰富、精神萎靡。“兔子”及其朋友们生活无忧，试图通过婚外恋、艺术课程、拼酒量及旅游等方式重温年轻时的激情。尽管如此，他们从未摆脱一种感觉，即他们生活在一个衰落的时代，一个没有英雄的寒酸时代；随着丛书的不断推出，人物不断表现出厄普代克本人称之为“本能现代主义”的东西，他们追求领会真谛式的顿悟，却变得更加绝望。在兔子丛书中，厄普代克创作的人物的命运是，他们正迈入后现代的无望，自己却全然不知。厄普代克引导我们认为社会进化就是这样发生的。[66]

索尔·贝娄（Saul Bellow）于1976年荣获诺贝尔奖，不过更加令人艳羡的是：在长达50年的创作过程中，他每十年至少能推出一部杰作：《晃来晃去的人》（1944）、《雨王亨德森》（1959）、《赫索格》（1964）、《洪堡的礼物》（1975）、《院长的十二月》（1982）和《更多的人死于心碎》（1987）。[67]贝娄于1915年生于加拿大犹太移民家庭，在芝加哥长大，他的作品大多以芝加哥或纽约为背景，无论如何，都是在城市里。但是，这并不是厄普代克的世界。贝娄笔下的人物大多是犹太作家或学者，而不是商人，他们愿意反思，在大众文化和大城市的大众社会面前，经常感到无所适从，有种“形而上学的饥饿感”。[68]《晃来晃去的人》一书深受卡夫卡、萨特和加缪的影响，贝娄这样描述主人公：“他问了自己一个问题，这个问题我但愿已经有答案，即‘好人应该怎么活，应该怎么做？’”在《奥吉·玛琪历险记》（1953）中，主人公说：“我们有些人花了很长时间才弄清楚我们按照本性生活的代价，以及按照这种方式生活又会发生哪些事情。至于到底要花多长时间取决于我们从社会中尝到的甜头消隐的速度。”贝娄的所有作品都是关于这种或那种的“社会甜头”以及自我与他者、群体和社会之间的联系。贝娄认为，社会契约的性质是所有问题的根

本，包括政治学的根本问题、资本主义最深层的矛盾，以及科学尚未着手应对而宗教又不再具备权威性的最重要的现象。[69] 在《赫索格》中，我们看到一个人物决心不屈服于当时盛行的虚无主义；在《洪堡的礼物》中，我们看到了一个"喋喋不休的莫扎特"，一个会能说会道的诗人，他死时一文不名，而他那后现代的学生，满脑子想着商品，却腰缠万贯。在《院长的十二月》中，院长阿尔伯特·科尔德来自自由之城芝加哥，那里充满暴力、癌症和后现代的混乱，他到当时还处于铁幕之下的布加勒斯特访问，那里还存在家庭和家庭生活。他不断地权衡自己对城市生活的无望了解和宇宙天体物理学的确定性，后者也是他的罗马尼亚妻子每天关心的事情。《更多的人死于心碎》中的格言是"更多的人不是死于放射而是死于心碎"，它以特有的悲剧形式展现科学的某些局限（这本书是喜剧）。从晃来晃去的人到奥吉·玛琪、亨德森、赫索格、洪堡和院长阿尔伯特·科尔德等一系列人物深刻反映了人性，竭力表现各种悲剧和顿悟，展现了 20 719
世纪下半叶无与伦比的思想和艺术成就。

20 世纪 90 年代初，也见证了美洲本土印第安人文学作品的诞生。**格雷格·萨里斯**（Greg Sarris）创作的两部著作《让邋遢女人焕发生机：美洲印第安人文本的研究方法》（1993）和《格兰德大街》（1994）在商业界和评论界都很成功。[70] 萨里斯有美洲印第安人、菲律宾人和犹太人血统，是米沃克族选出的首领，也是加州大学洛杉矶分校的英语教授。可以想象，这些背景令他成为彻底后现代的多元文化人物，自然会成为美国发展史上的下一类印记。他，或像他这样的人，有可能会发出 21 世纪文学界的首批强音。但是贝娄已经设立了标杆，其他人都将据此接受评判。 720

41

文化战争

1988年9月，在北卡罗来纳大学教堂山分校，学者们汇聚一堂，探讨通识教育的未来。学术会议多半气氛平和，但这次却是例外。据《纽约时报》说，与会代表们回顾了奥威尔的《一九八四》中的“仇恨时刻”——要求公民站起来冲着一个名叫歌德斯坦的男人的画像谩骂，因为此人是国家“公敌”。在教堂山，与会者“接二连三”地谴责一小撮“文化保守主义者”，杜克大学英语教授斯坦利·费希说，他们“大肆批评人性”。《纽约时报》记者说，这些保守主义者受到了“嘲弄、鄙视和讥讽”。虽然与会者没有对这些人指名道姓（以免有诽谤的嫌疑），但是对于目标所指，大家都心知肚明。[1] 头号公敌是**艾伦·布卢姆**（Allan Bloom），他是芝加哥大学约翰·奥林民主理论和实践研究中心的负责人，也是芝加哥大学社会思想委员会 * 的成员。更确切地说，布卢姆一年前出版了一本书，引

---

* 用哈罗德·罗森伯格的话说，社会思想委员会是“一群独立思想者”，是一群集中在芝加哥大学的关注社会的知识分子，其中包括罗森伯格本人、索尔·贝娄和爱德华·希尔斯。

起轩然大波，书名为《美国精神的封闭》，它如愿冲破了学术的贫民窟，使布卢姆迅速成名（同时暴富）。[2]《时代》杂志、《华盛顿邮报》、《华尔街日报》、《洛杉矶时报》和《纽约时报》等都对其加以评论和褒扬；康纳·克鲁斯·奥布赖恩、索尔·贝娄及阿瑟·施莱辛格等很多人物则对其褒贬不一。

布卢姆这本书的观点简单，却极具野心，不过他本人可能不会认同这番评价。这本书开篇就谈到，基于长期的教学经验，他发现，从 20 世纪 50 年代末到 20 世纪 80 年代中期，美国大学的学生素质发生了明显变化，大学也随之变化。他毫不讳言，所有这些变化都是朝着越来越糟的方向。他说，20 世纪 50 年代，由于前半个世纪欧洲的喧嚣历史，美国大学才得 721
以挤进世界一流大学的行列，既有土生土长的人才，也有因躲避极权主义而流亡过来的人才。在 20 世纪 50 年代和 60 年代早期，他发现，由于这 20 年的富裕和繁荣造就了一代爱冒险又认真的学生，他们有理想、有思想，使“大学氛围激动人心”。[3]但是，到 20 世纪 60 年代后期，他注意到大学的新生和老生阅读量有所下降。从那时起，布卢姆开始寻找并批评背后的罪魁祸首，他清楚地认识到，祸根正是美国文化的严重衰退。他先是大肆攻击摇滚乐，认为摇滚乐是野蛮的，专门蛊惑儿童，让他们沉迷于性、仇恨和“谄媚而伪善的兄弟之情”。[4]他认为，摇滚乐与显贵、高尚、深刻、优秀或精致都沾不上边：“我认为它毁掉了年轻人的想象力，使他们很难对艺术和思想产生热情，而艺术和思想正是通识教育的实质。”他说，这同样适用于毒品，不过他还谴责女权主义、新心理学，谴责年轻人在一切事务，特别是与种族有关的事务上狂热追求平等的现象。[5]

谈完大学生素质的变化之后（主要是美国大学的情况，不过这些变化在别的地方也很明显），在第二部分，他刻意探讨了一些重大问题，如詹姆斯·乔伊斯所谓的“令我们感到害怕的大观念”：“自我”、“创造力”、

“文化”、“价值观”以及“我们的无知”。其目的是要揭示：无论学生发生多大变化，无论他们认为周遭的世界发生了多大变化，重大问题始终不曾改变。为此，他指出他喜爱的过去的哲学家（特别是柏拉图、亚里士多德、卢梭和洛克）依然能够教诲我们、“使我们睿智”、感动我们。他指出，社会科学领域发现的或重新发现的很多思想实际上主要是由德国思想家提出的，包括黑格尔、康德、尼采、韦伯、胡塞尔和海德格尔。[6] 其目的是要指出，很多人把自由和理智这两样东西看成是理所当然的事情，但它们其实是要经过斗争和思考才能获得的；相对于毒品文化、街头文化，真正的文化是有深度的，是一种理智的、向善的、来之不易的素质；对于以“智慧的名义存在”的知识，人们的认识是统一的。他说，严肃的生活意味着完全了解在面临重大抉择时我们有哪些选择：理性—神启、自由—必然、善—恶、自我—他人等：“这正是悲剧文学的意义”。在这本书的最后一部分，他批评了大学，他认为在这个政治日趋正确的世界里，大学严重失职，未能成为理性和自主的岛屿。“哲学的本质是摒弃一切权威、追求个体的人类理性。……［大学］必须轻视民意，因为它本身具备自主的源泉——顺应自然追求真理、发现真理。它必须重视哲学、神学、古典文学、牛顿、笛卡尔、莱布尼茨等科学家，因为他们拥有最广博的科学视
722 野，清楚他们从事的工作与事物总体秩序之间的关系。这些必定有利于保护最易被民主制度忽视的东西。”[7] 布鲁姆同样严厉批评了整个 20 世纪 60 年代（“门口的野蛮人”）、向学生压力低头的大学同僚、社会科学的“新”学科（“只见树木不见森林”），尤其将工商管理硕士学位（MBA）视为“一场巨大的灾难”，因为它不能从根本上改变学生的生活，而恰当的教育却可以做到这一点。

布卢姆的这些说法自然惹恼了很多人，最恼火的要数人文学科的同事。与 F. R. 利维斯和莱昂内尔·特里林相呼应，布卢姆的主要诉求是，大

学应该首先是人文科学的家园，即“研究高雅文化，特别是研究希腊文化，为现代成就提供范式”。[8]他明确表示，我们最应该学习的对象是古代哲学家、小说家和诗人，即通常所说的“伟大著作”的作者。他们的作品能流传到今天不是偶然的，他们的思想是最出色的。

布卢姆引发了一阵旋风。教堂山会议表达了相反的观点，也是布卢姆力图反驳的观点。参会者公开指责文化保守主义者的观点是“是对人文学科和文化本身狭隘、过时的阐释，他们的观点说来说去都不过基于‘已故的欧洲白人男性’的几本著作。……北卡罗来纳州的这次会议传达了这样的信息：美国社会变化太大了，这种观点不可能再大行其道了。黑人、女人、拉丁美洲人和同性恋者群体都渴望获得认可”。费希教授补充说：“布卢姆等人的观点都是回过头去，希望重拾美国文化的早期想象，与某种种族狂欢、文化庆典、生活方式或习俗相对立。”[9]

这样的事情我们并不是第一次遇到。艾伦·布卢姆的著作比 T. S. 艾略特的《文化定义札记》篇幅更长，也更富激情、更雄辩，不过二者的论点明显有交叠。不同的是，时隔四十年，全世界在少数族裔的地位、大学以及政治领域都发生了巨大的变化。而且，变化还表现在：布卢姆和艾略特二人的著作所引发的反应截然不同；毕竟退一步说，当时艾略特得到的回应曾经是一片死寂。

很多人与艾伦·布卢姆意见相左，但是在 1994 年，他获得了来自美国另一所大学的一位同姓学者强有力的支持，即耶鲁大学的**哈罗德·布鲁姆**（Harold Bloom）。在《西方正典》中，哈罗德·布鲁姆同样态度强硬。[10]布鲁姆在伟大文学中摒弃了女权主义、马克思主义、多元文化主义、新保守主义、非洲中心主义和后现代文化唯物主义，他宣称“世界已经土崩瓦解，中心业已经失守，纯粹的无秩序正在过去所谓的‘学术界’弥漫开来”。他以宏大的文风以及更宏大的篇幅论证了生活中有一样东西叫美学价值，经验告诉他，“在一辈子的阅读过程中”，生活中的美学是独立主
723 体，“不能还原”为意识形态或形而上学：“美学批评让我们回到了想象文学的自主性和孤独灵魂至高无上的权力，读者不再是个社会人，而是深层的自我、本质的内在。……美学价值源于记忆，也源于痛苦（与尼采的看法相仿），即为了更难得的愉悦放弃相对易得的愉悦而感受到的痛苦。”[11]

布鲁姆阐明，当今时代是“文学批评最不合宜的时代”，接着，他开始确立并解释自己眼中的西方正典，包括26位作家，喜欢阅读的人都必须读他们的作品，不过他提出了下列“健康警告”：“深入阅读此类著作不会使人变得更好或更坏，也不会造就栋梁之材或蛀虫公民。心灵的对话从根本上说并非社会现实。西方正典能带给我们的只是恰当运用孤独，而孤独的最终形式是直面自身的灭亡。”[12] 在布鲁姆看来，西方正典的中心是莎士比亚，是“我们所知晓的最伟大的作家”，他在书中不时谈及莎士比亚所受到的影响及其对后世作家的影响。布鲁姆详细论述了《哈姆雷特》、《李尔王》、《奥赛罗》和《麦克白》这几部伟大的悲剧，他谈到，福斯塔夫可能是人类迄今为止塑造得最成功的人物，因为莎士比亚通过他向我们展示了人类“性情不定的心理状态”和“以自我窃听的方式描述自我变化”。[13] 布鲁姆认为，经典的价值在于一种奇特、怪异、重要的原创性特质，“我们无法完全理解和吸收”，与此同时又“对其独树一帜的特点熟视无睹”。在莎士比亚之后，他还列举了但丁、乔叟、塞万提斯、弥尔顿、蒙田、莫里哀、歌德、华兹华斯以及简·奥斯汀。他认为沃尔特·惠特曼和艾米莉·狄金森是美国正典的中心，狄更斯的《荒凉山庄》和艾略特《米德尔马契》是经典小说，托尔斯泰、易卜生、乔伊斯、伍尔夫、卡夫卡、博尔赫斯和聂鲁达等人也值得纳入经典。贝克特、乔伊斯和普鲁斯特都要回溯到莎士比亚。在其中一章中，他提出莎士比亚是“世界史上一

位重要的心理学家”，他对弗洛伊德所知内容的揭示远甚于弗洛伊德对这位经典作家的了解。事实上，在这一章中，布鲁姆狡黠地解读了弗洛伊德的几篇鲜为人知的论文，并表示弗洛伊德（他终身阅读莎士比亚的英文作品）承认自己深受莎士比亚的影响。[14] 在宣称弗洛伊德的写作独具风格之后，布鲁姆贬斥道，精神分析的世界观是一种萨满教，是“古代世界到处都有的医疗技术”，他还得出结论，认为这很好地构筑了精神分析学的最终命运。布鲁姆认为，女权主义、多元文化主义和非洲中心主义都不是研究文学的方法，因为理解和吸收必须是私人的，而不是意识形态的。布鲁姆认为自己并非种族中心主义者，相反，他特别提到，伟大的作家都是颠覆性的；他还指出，但丁或塞万提斯的文化与20世纪末美国东海岸社会之间的差异远远大于后者与20世纪拉丁美洲社会或北美黑人社会之间的差异。

他说，经典与否从来不在于是否被刻在石头上，而在于其成为经典或
努力成为经典的过程，在这个过程中存在一种竞争感，人们不断地思考、 724
评判和权衡一个又一个说法。人们（读者）总是“放大自身的孤独”。“没有经典，我们就会停止思考。你可能会无限理想化，设想用种族中心主义和性别观取代美学标准，你的社会目标确实令人钦佩。但是正如尼采不断证明过的，强者的力量往往源于自身。”[15] 布鲁姆还发明了“影响的焦虑”这个术语，作家都会受到其他伟大作家的影响，因此，后代作家必须了解伟大的前代作家都写了些什么。这并不是要将虚构文学等同于科技文献（即并非某种知识积累）。但是它确实暗示，后代作品基本上是在前代作品的基础上发展而来的。这并不是传统生物学意义的进化，结合构建经典的过程中所经历的斗争的确意味着虚构文学的发展不是完全随意的。

艾伦·布卢姆和哈罗德·布鲁姆各自发动一场反击，它们形式各异，

但收获的回应有一个共同点：尽管他们都从个人的角度提出了各自的论题，口吻极尽挑衅、讽刺，甚或哀叹，但是他们得到的回应却平淡无奇，其中“悲哀大于愤怒”，只是学究式地加以反驳。

1996年，**劳伦斯·莱文**（Lawrence Levine）发表了《走向开放的美国精神》。[16] 莱文是加州大学伯克利分校的历史学领域的荣誉教授，此前还发表过一本著作《高雅文化和低俗文化》，探讨了莎士比亚研究在美国的历史，并得出结论，在19世纪之前，美国各阶层和各种族群都喜爱“高雅文学”。只是到19世纪后半叶，由于“高雅”文化与“低俗”文化之间的区别被强化，有关莎士比亚和大歌剧流派的一切才开始走向“神圣化”。《走向开放的美国精神》一书阐述了很多观点。关于经典和一般课程的争论已经持续了一百多年，因此，艾伦和哈罗德的观点毫无新意。莱文认为，在国家发生变革并调整自我认识时，这些论战是不可避免的。他认为少数群体、种族群体和移民群体并不像他们所描述的那样排斥经典，他们只是想将先前被遗漏的或反映他们自身经历的作品补充入经典的行列。[17] 他说，美国有众多的移民和不同的种族，美国缺乏核心传统（比如法国那样的传统），因此他们所说的那种狭隘的经典不切实际，没有考虑到经历迥异的各种群体的丰富需求。他为大学辩护，认为大学至少努力关注变化中的美国社会结构，而没有盯着想象中的、也许从未存在过的过去。莱文最具原创性的贡献在于，他指出，事实上，有关“伟大作品”和“西方文明”经典的观点“只有短暂的优势”，至少美国的情况如此。他说，这个观点于第一次世界大战后出现，在第二次世界大战后走向没落。他进一步指
725 出，将莎士比亚和沃尔特·惠特曼等人纳入“现代”作家的范畴，也“经历了漫长的争论，其激烈程度和分歧程度不亚于今天”。例如，莱文查阅了19世纪早期有关大学教育的各种记录，发现1829年获得哈佛大学文学学士的詹姆斯·弗里曼·克拉克抱怨说：“无人引导我们的学习兴趣。在

《伊利亚特》这片沼泽中，我们只能艰难地涉水而过。……无人向我们提及这部不朽史诗的光荣和伟大、细腻和魅力，也没人向我们提及过六音步诗的美妙韵律。”[18] 查尔斯·威廉·艾略特曾于 1869 年担任哈佛大学校长，他赞成多样性，反对单一性。1885 年冬天，他与时任普林斯顿大学校长的詹姆斯·麦考士就此展开了一场著名的辩论。艾略特称，大学“在不忽略古代学识宝藏的同时，必须密切关注有新发现的领域，既要引领学生走老路，也要引领学生走新路。”1921 年，哥伦比亚大学开设了著名的“名著讲读”课程，“使经典著作的观点与强调秩序和等级的亚里士多德式经院学派联姻”。接下来的问题是要将美国文学纳入经典。例如，20 世纪 20 年代，康奈尔大学的英语教授莱恩·库珀写信给同事说，“我已经尽力阻止美国文学课程遍地开花了”，这些课程“害处不少，转移学生的注意力，使他们不去关注更好的文学。…… 我在罗格斯大学读书时，就没有美国文学的课程”。[19] 莱文引证第二次世界大战加速了变革，认为阿尔弗雷德·卡津的《论本土文学》（1942）有重要意义，它发现了大量的虚构文学和引人关注的“民族的自我发现经验”，这些经验正是经济萧条的十年的特征，同时又因为“美国在法西斯主义泛滥的世界里突然成为‘西方文化’的宝库”而得到强化。[20] 莱文不反对经典本身，他只是反对经典的不变性和不变的趋势，而这正是经典存在的根本。他承认美国经验不同于任何其他地方，美国是一个没有民族文化的移民国家，但是某些学者却试图掩盖这一事实。这里提到了著名的“带连字符的美国人”，即土著—美国人、非裔—美国人、墨西哥裔—美国人、意大利裔—美国人。因此，莱文认为，在美国，有关经典、历史、高雅文化和低俗文化的论战总会比其他地方更尖锐，因为这些恰恰是关于身份（认同）的争论。[21]

对“经典”最根本的批评出现于 1987 年，来自一位从事汉语研究的英国学者马丁·贝尔纳，他同时也是美国康奈尔大学从事政府研究的教授。**马丁·贝尔纳**（Martin Bernal）的父亲 J.D. **贝尔纳**（J. D. Bernal）是一位出生于爱尔兰的卓越学者、马克思主义的物理学家，1953 年获得列宁和平奖，曾经写过一部四卷本著作《历史中的科学》。

20 世纪 70 年代中期，马丁·贝尔纳感到中国的毛泽东时代即将终结，开始意识到地中海东部将成为“全世界最危险的中心和瞩目的焦点”，于
726 是着手研究犹太历史。他说，自己的祖先有“犹太人血统”，对家族血统的兴趣引导他研究古代犹太历史及其周边民族。他进而开始研究地中海地区的早期语言，因为它们有助于研究史前时代，特别是古希腊的祖先。研究耗时十年，最终以书的形式出现。这本书一经发表，就被认为极具颠覆性。最终，贝尔纳满意地论证道，希腊文化（正是经典的基础）并未像传统学术界认为的那样于公元前 400 年左右在古希腊自然发展起来，其实它发源于北非民族，而北非民族却是黑人。

《黑色雅典娜》是三卷本巨著，囊括了文献学、考古学、历史学、历史编纂学、《圣经》研究、种族研究、社会学等很多学科的资料，因此，公正地评价贝尔纳的复杂论点实属不易。[22] 不过，基本上，他谈了如下几点：以古埃及（它的几个王朝都是黑人建立的）形式出现的北非对古希腊产生了主要影响；北非与古希腊之间有贸易联系；古埃及是该地区的军事强国；希腊的很多地名反映了北非的影响；不能简单地认为古希腊遗址所发现的原产于北非的物件来自偶然的贸易交换。同样引起争议的是，贝尔纳还声称，这是对希腊“标准的”看法，它一直盛行于欧洲学术界，后来北欧的“种族主义”学者于 19 世纪早期将其“消灭”，他们企图表明：欧洲（特别是北欧）在创造性和想象性思维领域独领风骚，我们所知晓的文明诞生于欧洲；这是为殖民主义和帝国主义开脱的众多策略之一。[23]

贝尔纳相信，曾经有个民族会讲一种原始的非亚印欧语，才产生了

今天在这些大陆上能找到的民族和语言。他认为非亚语系和印欧语系之间的断裂始于公元前 9000 年，非亚语的传播是文化的扩张，在公元前 10 世纪至公元前 9 世纪的最后一次冰河时代的末期，这种文化已经深植于东非大裂谷。人们养牛、种植谷物、捕猎河马。渐渐地，随着撒哈拉沙漠的扩张，他们继续迁徙，一些人迁到尼罗河谷下游，一些人进入沙特阿拉伯，然后进入美索不达米亚，最初的“文明”随即在此诞生。[24] 此外，文明，包括文字，在从印度延伸到北非的横穿亚洲的狭长地带发展起来，于公元前 1100 年或更早些时候基本成形。贝尔纳延引一连串上埃及的黑人法老为证，他们有相同的名称“Menthope”，将鹰神和牛神、Mntw 或 Mont 作为神圣的守护神。“正是在这个世纪，克里特岛宫殿建成，有人在这儿发现了公牛崇拜的起点，宫墙上能看到公牛崇拜的证据，这是希腊的米诺斯王和克里特岛神话的核心。由此，似乎可以设想克里特岛的发展直接或间接地反映了埃及中古王朝的崛起。”[25] 但这才刚刚
开始。贝尔纳继而研究了古希腊戏剧，如受到埃及影响的埃斯库罗斯的 727
《祈援人》、各自的神灵及其功能的对应性、外来语、河流和山川的名字（Kephisos 是河川和溪流的名字，在希腊俯首可拾，却不知何义，他认为这个名字源于 Kbh，是“常见的埃及河流名‘清新’”）。在关于雅典的章节中，他认为“雅典”源于埃及语 Ht Nt：“在古代，人们一直认为雅典娜等同于埃及女神 Nt 或 Neit。二者都是专管战争、纺织、智慧的女神。Neit 崇拜以尼罗河西三角洲的塞斯城为中心，本地市民感到他们与雅典人有特殊的亲缘关系。”[26] 同样，贝尔纳还研究了陶器造型、军事术语及狮身人面像的意义。

贝尔纳在这本书的后半部分接着研究了诸如哥白尼和布鲁诺等文艺复兴时期的科学家作品，他的研究表明，与后代学者相比，他们更乐意接受埃及对希腊的影响。但是，在法国大革命之后，贝尔纳发现，基督徒感

觉到了埃及“智慧”的威胁，发起了一场反抗行动，并且兴起“希腊热”。他谈到了德国、英国和法国的一系列学者，他们的观点或多或少都带有种族主义色彩（反黑人和反犹太人），他认为，这些人刻意贬低了埃及和北非的重要性。他特别提到了卡尔·奥弗里德·缪勒，他“采用新的考据批评手法质疑古代埃及殖民的文献，淡化有关腓尼基人的参考资料”。[27] 在贝尔纳看来，缪勒是反犹太主义者，他全盘否定腓尼基人在古希腊创作中的作用，而1880至1945年间的其他学者均据此认为，希腊人被赋予了“半人半神的地位”。贝尔纳说，本质上而言，我们今天所知的古典研究是19世纪的产物，它们都是伪造的。

贝尔纳的著作招来了详尽的回应，1996年，《重访黑色雅典娜》发表，两位编辑分别是韦尔斯利学院的**玛丽·莱夫克维茨**（Mary Lefkowitz）和**盖伊·麦克莱恩**（Guy MacLean）。[28] 来自美国、意大利和英国的一批学者（包括黑人学院霍华德大学从事古典文化研究的著名教授弗兰克·斯诺登在内）均认定马丁·贝尔纳完全错了，可能其唯一正确之处是促使古典学者用更加怀疑的精神审视自己。他们得出了如下结论：（1）古埃及人不是黑人；（2）古埃及对古典希腊的影响，即使存在，也不是主要的；（3）历史上宣传“印欧语系”观的学者绝不全是反犹太主义者或浪漫主义者。贝尔纳对埃及—希腊史中某些既定的关键事件的年代测定进行了修改，其基础是错误的放射性碳读取数据；对古埃及人骨骼和头骨的分析显示，古埃及人包括众多民族，最接近苏丹的人种，而不是最具黑人特征的西非人种。对古代艺术、古希腊、古罗马和其他语言的分析显示，埃及人迥异于传统的“黑人”群体埃塞俄比亚人。[29] 弗兰克·斯诺登表示，在古典时期，希罗多德等人曾经将埃塞俄比亚人的黑肤色和“卷曲”的头发视为标志性
728 特征。努比亚人的肤色没有埃塞俄比亚人那么黑，但是又比埃及人肤色深，埃及人又比摩尔人肤色深。贝尔纳声称，各种希腊城市名（Methone、

Mothone 和 Methana）都可以追溯到埃及语 mtwn，意为“斗牛、斗牛场”。但是别的学者指出，methone 意为“类似剧场的港域”，而且贝尔纳提到的城市确实如此。[30] 在种族主义问题上，盖伊·罗杰斯批评贝尔纳将乔治·格罗特视为反犹太主义者，实际上，格罗特与伦敦大学的建立休戚相关，这所大学于 1829 年建立，它的一大目标就是为进不了牛津和剑桥的群体提供高等教育，包括非英国国教徒、天主教徒和犹太人。[31]

人们指责贝尔纳的所为弊大于利，认为他与 C. A. 迪奥普等作家为伍，而迪奥普曾经在《文明的非洲起源》（1974）中“篡改”了历史，罔顾与推论相左的证据（如，希腊花瓶上的很多神兽源于近东主题的启发，而不是北非主题），说埃及人是黑人。[32] 很多学者赞同《重访黑色雅典娜》的编者玛丽·莱夫克维茨的看法，认为贝尔纳的观点不外乎“非洲中心主义的幻想”，说埃及人是黑人更是“错误至极”。“对美国黑人而言（其中很多人更愿意称自己为非裔美国人），古希腊文明的非洲起源制造了一种自我认同和自我贴金的神话，而苏格拉底认为，他在柏拉图的《理想国》中所描述的乌托邦国家需要的就是这种‘高贵的谎言’”。[33] 双方的辩论到最后也没有解决，也许没有指望解决，因为这在一定程度上只是一场思想辩论。对理论化背后的所谓种族主义问题的探索既是贝尔纳“计划”的一部分，也是其实质性结果。

伴随这些“文化战争”的还有“历史战争”和“课程战争”，但是其本质是一样的，即传统主义者与后现代主义者之间的对抗。

1995 年，一场更为艰苦的战役在种种计划中展开。人们打算在华盛顿史密森学会下属的美国国家航空航天博物馆（NASM）布置一些展品，纪念 1945 年 8 月向广岛和长崎投掷两枚原子弹五十周年。展品中有复建的“艾诺拉·盖号”，当年向广岛投掷炸弹的波音 B-29 轰炸机。[34] 在完成那项具有历史意义的任务之后，“艾诺拉·盖号”命运曲折。多年来，它的零件散落在马里兰州郊区的一座仓库里，预约方可参观，实际上等于被隐藏了起来。在B-29老兵一再陈情之后，军方于1984年底开始复原这架飞机，随着第二次世界大战纪念日的临近，陈列这架飞机的可能性越来越大。即便如此，鉴于“艾诺拉·盖号”承载的意义，仍然有人对此持谨慎态度。在很多人看来，人们之所以对这架B-29特别感兴趣，并不在于其航空意义，而在于它曾经完成的作战任务及其“武器装备”。

在航空航天博物馆做出纪念第二次世界大战胜利五十周年的决定之
729 后，史密森学会有人提出，此次展览不仅要庆祝军事和技术胜利，还要审视核武器的运用和核时代的开启。问题随之而来，很多老兵和服务机构希望宣传造势、庆祝胜利，而不是审视问题。当众多服务机构看到300页厚的展览文案（展览前18个月就可以领取）时，他们很不满：太“沉闷”了。《空军杂志》首先刊文反对，接着媒体、五角大楼和国会纷纷提出反对意见。[35]看起来，除了历史学家以外，人人都想把这次展览办成庆典，对于投掷原子弹的决定是否正确这种令人不快的问题，则无人提及。四十位历史学家致函克林顿总统，恳请获得他的支持，希望展览能严肃看待历史，但这无济于事。1995年1月，展览宣布取消，取而代之的是一场鲜有争议的庆祝性质的展出活动。同时，史密森学会的主管辞职。取消展览的决定受到媒体和国会的广泛欢迎，纽特·金里奇称，“人民”从精英手中“夺回”了历史。[36]

学术界曾经是艾伦·布卢姆最初攻击的焦点，也是斯坦利·费希等人为之辩护的对象。果然，人们开始密切关注大学，大学接受了一系列的考察，特别是它们教什么，以及怎么教。**罗杰·金博尔**（Roger Kimball）首先于1990年发表了言辞激烈的著作：《获终身教职的激进分子：政治如何腐蚀了高等教育》。[37] 金博尔是保守主义文化思想杂志《新标准》的总编，他设法参加了许多高校的各种研讨会，将会上的各种思想记录下来汇编成书。这些会议包括1988年普林斯顿建筑学院举办的为期一天的“建筑与教育：回顾过去的25年并设想未来”专题研讨会，1989年威廉斯学院召集的专题讨论会，以及1986年斯坦福大学召开的“重建个人主义：西方思想中的自主、个性和自我”会议。[38] 金博尔觉得这些会议乏善可陈，或者对所见所闻感到不满。他认为多数后现代主义者不过是“折中地”糅合了左翼思想，即激进的20世纪60年代的思想残余，这要大大归因于马尔库塞提出的“压抑的宽容”概念。他用了一章的篇幅谈论保罗·德曼和斯坦利·费希，热衷于嘲笑后现代主义思想中的一些公认的过分之处。[39] 他承认，政治会影响艺术判断，但在最后的分析中又否认政治左右艺术判断。

金博尔的著作实际上是一种歇斯底里的反应，是新闻报道式的，没有经过深思熟虑。更有深度的回应来自印度人**迪内希·德索萨**（Dinesh d’Souza），他于20世纪70年代末移民美国。他撰写的《非自由的教育：校园中的种族和性别政治》1991年出版，考察了美国六所大学（伯克利、斯坦福、霍华德、密歇根、杜克和哈佛）在招生和教学中如何处理性别和 730
种族问题。[40] 德索萨采用了统计学方法，但又不过分；他恰当地使用了数字，但又不受制于数字。例如，在谈到伯克利时，他引用了保密的内部报告，报告说，经过五年的学习后，因平权运动而被录取的黑人只有18%能修完课程，而正常录取的黑人中有42%顺利毕业。但是，德索萨的回应不是歇斯底里的。他认为我们可以一分为二地看待这些数据——有成功也有失败。他认为，这些“加州最出色的黑人学生和西班牙裔学生”到别的大学去可能会表现得更加出色，“他们可能更容易适应，能与旗鼓相当的同学竞争，毕业人数会更多、比例会更大”。[41] 接着他又研究了斯坦福大学。

在激烈的争议声中，斯坦福的教员们把西方文明的课程换成了“文化、思想和价值观”课程，同等重视西方之外的文化、思想和价值观。他列出了“欧美”部分的著作清单。

诗歌	何塞·马利亚·阿格达斯、巴勃罗·聂鲁达、厄内斯托·卡德纳尔、奥德烈·罗尔蒂、艾梅·塞泽尔
戏剧	莎士比亚、欧里庇得斯
小说	加西亚·马尔克斯、奈保尔、梅尔维尔、赫斯顿、芬德利、鲁尔福、费雷
哲学	亚里士多德、卢梭、韦伯、弗洛伊德、马克思、法农、雷塔马尔、本尼迪克特
历史	詹姆斯、瓜曼·波马
日记	哥伦布、卡韦萨·德·巴卡、艾奎亚诺、纽金特夫人、戴尤克、奥古斯丁、门楚、瓦里奥斯·德·琼加拉
文化	有关民间宗教和疗法的秘鲁电影（《爱德华多医生》）和美国电影（《圣灵之人》）
音乐	雷盖音乐歌词、拉斯特法里教派的诗歌、安第斯音乐

德索萨强调这张清单并非强制性的：“只要确保能在‘实质上体现’第三世界，斯坦福的教授们可以灵活调整。”[42] 不过，他对将莎士比亚视作“殖民、种族和性别力量”之函数的教授方法颇为不满，他还挑出了《我，吉戈贝塔·门楚》，这部所谓的新文本副标题是“一名印度女人在危地马拉”，这是一部口述作品，因为吉戈贝塔本人并不会写字。书中大多是日常信息，特别是她的家庭生活，其间穿插着她的政治觉醒。德索萨对这本书的代表性、感人性或审美表示怀疑；据说吉戈贝塔为全体美国土著居民代言，但她也有去巴黎参加国际会议的经历。（后来，1998 年，吉戈贝塔·门楚被爆出她在书中谈及的许多经历都是捏造的。）

德索萨还提到了斯坦利·费希和马丁·贝尔纳，并引用了大卫·里斯
731 曼、E. O. 威尔逊和威拉德·冯·奥曼·蒯因等著名学者的观点，他们称美

国高等教育的潮流令人担忧。[43] 德索萨的最后一个观点是，如果将平权运动引起的糟糕后果与第三世界文化和思想的新课程联系起来，就会发现新种族主义取代旧种族主义的重大风险。“不过从某种意义上说，新的种族主义有所不同。旧的种族主义基于偏见，而新的种族主义基于推论。……新的偏见不是源于无知，而是源于经验。持有偏见的人并非不学无术之人，而是学生，他们在大学里与少数族裔极为接近，有直接的一手经验。‘新种族主义者’并不认为自己不了解少数族裔；相反，他们认为自己是唯一愿意面对真相的人……他们并未对自己的观点感到不安。……他们认为自己占据了优势，而其他人只是在表演原地旋转和翻筋斗，规避显而易见的东西。”[44]

并非人人都觉得美国校园生活了无希望。芝加哥大学法律和伦理学院的恩斯特·弗罗因德杰出讲席教授**玛莎·纳斯鲍姆**（Martha Nussbaum）曾经在这块大陆上到处讲学。她于 1997 年发表著作《培养人性》，书中提到了十五所“核心高校”，分别代表不同类型的高等教育机构——精英派常青藤大学联盟、大型州立高校、小型文理学院，以及宗教大学（如圣母大学、布兰迪斯大学和杨百翰大学）。[45] 这本书的副标题是“从古典学角度为通识教育改革辩护”；作为一名古典学者，她认为古代雅典对多元文化主义的保守评论家而言是个关键的参考点，但是古代雅典人对另类见解的态度也比这些评论家承认的更为开明。纳斯鲍姆选取苏格拉底和斯多葛派学者为典范，认为是他们创建了通识教育的三大“核心价值观”——批判自省、树立世界公民的理想、发展叙事想象力。[46]

纳斯鲍姆研究的高校数量比其他从事类似研究的任何人都多，她为我们提供的信息表明：大学里的极端主义者数量远远低于人们的猜想；学生们对哲学、其他文化和其他生活方式抱有浓厚的兴趣和爱好；这些课程正日益增加，原因在于它们广受学生欢迎，而不是左翼教员强加给学生的；

而任课老师在教授这些课程时，也往往具备难能可贵的学术严肃性。纳斯鲍姆说，想象力丰富的老师往往有很多办法让学生深刻认识经典与哲学之间的相关性：例如，在哈佛大学课堂上，老师提了一个问题，苏格拉底会不会抵制兵役？她认为，雅典重视世界公民的观点，并引述希罗多德的说法，认为雅典可能会向埃及和波斯学到一些社会价值观。[47] 她发现，阿玛蒂亚·森在哈佛大学教授"饥饿和饥荒"课程这件事并不足为奇，这门课程提出了有关经济学标准的新观点。她感到，叙事想象力中的悲剧形式在跨越文化边界这一方面特别有力，其普适性和抽象性特别有利于召集人
732 群。[48] 她再次注意到，在古代雅典，道德和政治携手前进，并且质疑是否有可能心无旁骛地阅读乔治·艾略特或狄更斯并完全领略其含义。她还提到莱昂内尔·特里林和《自由的想象》，她从中得到的启示是："小说作为一种文学类型，在形式上服务于自由主义，尊重每个人的个性和隐私。"[49] 她说，非西方文化的研究有利于对抗她所谓的"描述性瑕疵"和"规范性瑕疵"，"描述性瑕疵"是指沙文主义和浪漫主义，"规范性瑕疵"是指沙文主义（同样在列）、田园诗意和怀疑论。她指出，西方很多人传统上高估了西方文化的个人主义程度和东方文化的非个人主义程度，并且大费周章地揭示非西方社会的个人主义大概在何种程度。在非裔美国人研究和女性研究中，她也采用了相同的方法（例如，她认为社会生物学家的理论某种程度上基于黑猩猩，却从未涉及1929年才发现的另一个原始品种倭黑猩猩，倭黑猩猩的"优雅和友善"与黑猩猩有天壤之别）。她发现，谈到一些理论上会构成思想威胁的事情，圣母大学（天主教）比杨百翰大学（摩门教）更开明，结果，前者气象万千、备受欢迎，而后者却日渐衰落。[50] 换句话说，纳斯鲍姆想说的是，一旦你真正进行校园调查，真相远不如新闻标题那么耸人听闻，那么令人担忧，却更有价值。她发现，证据是对抗偏见的有力武器，也是学术圈与纯粹新闻业的区别所在；当然，她并非有

此发现的第一人。

对文化战争的最具原创性的回应要数**大卫·邓比**（David Denby）于1996年发表的杰作《伟大的著作》。邓比是《纽约》杂志的影评人，也是《纽约客》的特约编辑。他曾于1961年进入哥伦比亚大学学习，当时修了两门基础课，“文学人文”和“当代文明”。[51] 到1991年秋天，他打算回到哥伦比亚大学再修这两门课程，他想看看这两门课有什么变化，看看老师们如何授课，以及这些课程对他本人和对20世纪90年代入学的新生们有什么影响。1969年以来，他一直从事影评人的工作，他说虽然他热爱这份工作，但是他厌烦了“景观社会”以及永远充斥着二手挖苦言论的媒体世界：“媒体本该提供信息，但是20世纪90年代的信息瞬息万变。前一分钟还好好的，后一分钟可能变得支离破碎。……谁的信息都不完整，这是令美国人焦虑不安、近乎疯狂的一大原因。那时的我与很多人一样，感到厌倦，但又饥渴；我感到自己被丢进了一种生活在媒体里面的现代状态，或者说一种被恶心刺激起来的兴奋状态。”[52] 邓比引领我们穿越他所喜爱的经典（荷马、柏拉图、维吉尔、《圣经》、但丁、卢梭、莎士比亚、休谟、密尔、马克思、康拉德、波伏娃、伍尔夫），对他不喜欢的作家则干脆不提（伽利略、歌德、达尔文、弗洛伊德、阿伦特、哈贝马斯）。值得注意的是，这本书有些章节非常精彩，他描述了自己对伟大著作的理解，偶尔还将它们与电影联系起来，还谈到了他担心儿子马克斯的世界充斥着俗艳、琐碎的媒体，而那些古老作品发出的声音根本无法与媒体对抗。他注 733
意到有时候少数族裔学生会反抗这些著作的“白人性和欧洲性”，但是这些反抗往往带有浓厚的尴尬、悲伤以及愤怒的色彩。总之，他的主要观点是：学生，无论是白人、黑人、拉丁裔或亚裔，“进大学的时候很少带有良好的阅读习惯”，他们与往昔的接触大多是有名无实：“绝大多数白人学生对于那些据说属于他们的智识传统的了解并没有好过黑色或棕色人种。”

荷马、但丁、薄伽丘、卢梭和马克思现在看来很陌生、很异常，他从中得出了一个惊人的结论："基础课程科目与学生的众多习惯相冲突，与众多同时代的虔诚表现相违背，向各种形式的懒惰行为发起挑战，因此，它们根本算不上保守，实际上倒成了本科阶段最激进的科目。"[53] 邓比发现，他所研读（重读）的伟大著作可以进行富有个性的、特别的阐释，虽然这种阐释未必是文化权威所希冀的，但这无关紧要。学生们领会到的是"它们都生动地展现了我们都极有可能陷入的爱情、痛苦和学识等的终极境界"。也许最棒的事情是，西方经典可以被用来攻击它自身。"[非白人]汲取先辈'白人'文化，将其变为己有，这对他们没有坏处。"[54]

邓比认为，更大的危险来自媒体。"面对图像和音响的洪流，多数中学无力招架，这股洪流使过去的一切变得怪异、苍白、了无生气。"[55] 他说，现代世界其实已经完全颠倒了。大约1961年，他初次接触流行文化，那简直是一股解放力量，也是沉闷课堂的一剂良药；但是现在"电影式微；流行文化领域弥漫着从众和自鸣得意；而传统的高雅文化则变得陌生而晦涩，令学生们感到古怪，甚至震惊。……[伟大]著作不是一支占领军，反倒是一群桀骜不驯的野兽，他们相互撕打着，也与读者撕打着"。[56]

1999年，哈罗德·布鲁姆重拾至爱。他在《莎士比亚：人的发明》中提出，这位伟大的诗人"发明"了我们，"我们所理解的个性是莎士比亚发明的"。[57] 布鲁姆称，在莎士比亚之前，人物谈不上成长和发展。"莎士比亚的作品不仅呈现了人物，还反映了人物的发展，因为他的人物懂得重新审视自己。有时候这种审视表现为，他们会在自言自语中或在与他人的谈话中窃听自己的内心。自我窃听是一条通往个性化的坦途。"[58] 布鲁姆的书完全不合潮流，无论其传达的信息还是行文风格都是如此。这是一种膜拜。他坦承莎士比亚崇拜成为"世俗宗教"已经有两百年了，他喜欢这一传统，因为他相信莎士比亚的成功超越了任何对他加以研究的方法：他太耀眼、太智慧，女权主义者、文化唯物主义者和马克思主义者都无法将其阐明。“通过哈姆雷特这个人物，莎士比亚把我们变成了怀疑论者，怀疑一切与我们有关的人，因为我们已经学会不相信情感世界中的说法。……如同嘲笑别人一般，我们能够随时准备嘲笑自己，这要归功于福斯塔夫。……通过克利奥帕特拉这个人物，这位剧 734
作家教会我们情爱有多复杂，要辨明假装沉醉于爱情和真正沐浴在爱河二者几无可能。……她奔放的情感中，不变的是多变，这种多变性剔除了忠诚，因为它与情爱无关。”[59]“如果我们是完整的人，如果我们了解自身，我们就变得与哈姆雷特或福斯塔夫极为相像。”[60]

这位“恋爱中的布鲁姆”很了不起，他对批评者和反对者完全不予理会，甚至连他们的名字都不屑提及。这么做违背了科研的精神，但是布鲁姆的观点是：这是艺术应该仿效的东西，这正是伟大艺术赖以存在的情感。个性化可能是20世纪的一个大问题，但是莎士比亚早就捷足先登了，而且至今无人能与之比肩。他是一个值得膜拜的人，而我们始终都生活在他的作品中。

加入布鲁姆阵营的另一位著名斗士是学术圈的波阿狄西亚，**格特鲁德·希梅尔法布**（Gertrude Himmelfarb），她是《公共利益》杂志的创始人欧文·克里斯托（另一位创始人是丹尼尔·贝尔）的妻子，是一名历史学家，而她批评的对象更宽泛。在《看进深渊》（1994）中，时任纽约城市大学研究生院荣誉历史教授的希梅尔法布抨击了披着各种外衣（从文学理论、哲学到历史）活动的后现代主义。[61]她反对文学理论的论点是，文学理论本身已经取代文学，成为研究对象，在此过程中，它剥夺了读者在阅读伟大著作时获得的“深刻的精神和情感”体验，她称之为“潜伏在‘深渊’底部的怪兽”。[62]她说，其结果就是“现代主义的怪兽突变成后现代主义的怪兽：相对主义突变成虚无主义，非道德突变成道德败坏，非理性突变成疯狂，性向偏差突变成各种性变态”。[63] 她极度反感德里达和保罗·德曼等“解构主义先驱”以及他们对文学的所作所为，认为其目标的政治色彩大于文学色彩（这一点他们本人应该也同意）。她抨击年鉴学派：她欣赏费尔南·布罗代尔在集中营里凭着记忆撰写第一部著作的不屈精神，但她认为其“长时段”概念使他在诸如大屠杀之类的事件上不可避免地保持了歪曲的视角。她认为自由主义的新敌人正是自由主义本身。她感到自由主义如今已经自由到不要求后现代主义的历史学家们探寻真理的程度了。“后现代主义者不仅否认绝对真理，而且否认偶发的、局部的、渐进的真理。……用这个学派的术语说，真理是‘极权的’、‘霸权的’、‘理性中心的’、‘男权主义的’、‘专制的’、‘蛮横的’。”[64] 她批评理查德·罗蒂，后者称没有“本质的”真理或真实；她批评斯坦利·费希，后者称客观性已死，“我无须追求正确”。[65] 不过，她最主要的观点是，“后现代主义以解放和创新的海妖呼唤来魅惑我们”，然而“绝对自由”却有“破坏它所努力维护的自由”的趋势。[66] 她特别注意到周围存在一种危险的趋势，即对大屠杀的重要程度和恐怖程度轻描淡写，认为这是“制度”之祸，不是人祸。人祸要有真实的个人为之
735 负责，人祸本来不该发生却发生了，每一代人都应当对人祸有所认识或重新认识。她富有说服力地引用了大卫·亚伯拉罕于 1981 年发表的著作《魏玛共和国的瓦解》中的献辞，“献给我的父母——他们在奥斯威辛和其他地方遭受了最令人发指的苦难，我唯有将之记录下来。”在希梅尔法布看来，读者会猜想作者的父母死在集中营里，但是事实并非如此。后来一名历史学家娜塔莉·泽蒙·戴维斯研究了这种奇怪的措辞，并得出结论，亚伯拉罕的作品意在提示大屠杀不是“魔鬼所为”，而是“历史的力量和历史的参与者所为”。[67] 希梅尔法布无法接受，她认为这种说法弱

化了丧失理智的恶。这正是后现代困境的缩影：是过度自由要将我们带往何处去的绝佳例证。

从某种意义上说，文化战争是俄国革命的大爆炸遗留下来的一种背景辐射。随着马克思主义政治观和柏林墙的同时坍塌，后现代主义大获全胜。至少在当时，地方性知识的倡导者们已经占有优势。无论格特鲁德·希梅尔法布的警告多么及时、多么让人有共鸣，也不过是试图将张牙舞爪的妖怪收回瓶中而已。 736

42

深层秩序

1986 年，从加州大学洛杉矶分校走出去的学生丹·林奇创办了一场名为 Interop 的计算机硬件和软件商品交易会。当时，通过计算机网络互通有无的不过只有几百位“核心”科学家和学者。但是从 1988 至 1989 年间，Interop 快速发展：这个交易会原本是仅限于专家，渐渐更多人参与，因为他们发现这种新的沟通方式（通过可以访问众多数据库的遍布世界各地的远程计算机终端相连，即互联网）必定会成为未来的大势所趋，不仅带来知识进步，也承诺着商业回报。来自加州的**温特·瑟夫**（Vint Cerf）自称“电脑迷”，每年要抽几天时间重读《魔戒》，他是少数几个可以被称为互联网之父的人之一。他参加过林奇的交易会，当然注意到这个巨变。直到那时，从某种程度上说，互联网不过是个实验，仅此而已。[1]

至于互联网起源于何时，众说纷纭。最早的说法可以追溯到 1945 年**范内瓦·布什**（Vannevar Bush）的想法。布什在原子弹的制造过程中起过重要作用，他曾经设想有台机器能够全面“访问”人类掌握的知识。但是直到1957年10月，俄国人成功发射了震惊世界的“斯普特尼克号”时，我们今天所知的“网络”才蹒跚迈开了第一步。卫星的发射（详见第27章）带来了相关的技术：为了把卫星送进太空，俄国研制了火箭，这种火箭能够准确抵达美国，如果在上面安装核弹头，就可以从事巨大的破坏活动。至此，交战规则发生了变化，这项成就刺激了美国，随后美国启动了一批研究项目，其中一项研究的就是如何将美国的（军事方面的和政治方面的）指挥系统和控制系统分散于整个国家，如果一地受袭，仍然可以通过其他地方使美国正常运转。出于各种考虑，美国政府还设立了一些新的机构，包括国家航空航天局（NASA）和高级研究计划署（ARPA）。[2] 正是这一整套机构担起了调查核打击之后的指挥和控制机构的安全性的职责。其 737
中ARPA拥有大约70名员工、5.2亿美元拨款和20亿美元的预算资金。[3]

那个时候计算机已经不是新鲜事儿，不过它们价格高昂、体积庞大（当时哈佛大学有一台计算机，长15米、高2.4米）。在高级研究计划署招募的专家中，有一位**约瑟夫·利克莱德**（Joseph Licklider），他身材高大，说话简明扼要，是位来自密苏里州的心理学家，曾于1960年发表过一篇论文，题为《人机共生》，他在文中展望了计算机的整体部署，反讽地称其为“星际间网络”。这似乎预示了某种方向。20世纪60年代初，随着**保罗·巴兰**（Paul Baran）提出“包交换”技术的设想，第一次突破发生了。[4] 巴兰是位波兰移民，其灵感源自人脑，人脑有时会将它传递的信息转移到新的路径，从而使病体恢复健康。巴兰打算将信息分成更小的信息包，然后通过不同路径将它们传至终点。他发现，这样不但能加快传输速度，而且还能避免因一条路径出错导致信息全部丢失的情况。这样，他们开始设想一种技术，这项技术能够在信息包抵达时将其重组，并检测网络的最快路径。当时在英国国家物理实验室工作的**唐纳德·戴维斯**（Donald Davies）几乎也在同一时间产生了相同的想法，事实上，“包交换”这个术语是他首创的。新硬件带来了新软件；排队论随即出现了，这是一个全新的数学分支，其目标是要发现最合适的替代方案，防止信息包在中间节点不断累积并发生堵塞。[5]

1968 年，第一组“网络”建成，它只有四个站点：加州大学洛杉矶分校、斯坦福研究院、犹他大学和加州大学圣巴巴拉分校。[6]促成这一进步技术突破是所谓的接口信息处理机或 IMP 的概念，它的任务是将零碎的信息输送到指定位置。换句话说，不将“主”机相互连接，而是只连 IMP，每个 IMP 与一台主机相连。[7]计算机可能有不同的硬件配置，使用不同的软件，但是 IMP 使用相同的语言，能够识别终点。高级研究计划署与马萨诸塞州坎布里奇市一家名叫博尔特—贝拉尼克—纽曼（BBN）的小型咨询公司签订了生产 IMP 的合同，后者于 1969 年 9 月为加州大学洛杉矶分校生产了第一批处理机，同年 10 月为斯坦福研究院生产了第二批处理机。至此，两台不相干的计算机第一次出现了“对话”的可能。到 1970 年 1 月，四个节点建成并运行，全部位于美国的西海岸。东海岸的第一个节点位于博尔特—贝拉尼克—纽曼公司的总部，于 3 月建成。此时，这个网络已经横贯了整个大陆，后来称为阿帕网。[8]到 1970 年底，阿帕网一共包含 15 个节点，全部设在大学或智囊机构内部。

到 1972 年底，有三条横跨全国的线路投入运行，IMP 簇群主要集中在四个区域，分别是波士顿、华盛顿特区、旧金山和洛杉矶，一共囊括 40 多个节点。至此，阿帕网基本形成，虽然其功能有严格的防御倾向，但还是能看到一些非正式的用途：棋类游戏、智力测试、美联社有线服务
738 广播。私人信息沟通已经不再遥远。1972 年的一天，**电子邮件**（email）诞生了，当时博尔特—贝拉尼克—纽曼公司的一名工程师**雷·汤姆林森**（Ray Tomlinson）开发了一个计算机地址程序，它最突出的特点是区分用户名与用户正在使用的机器名。汤姆林森需要一个从未在任何用户名中出

现过的字符。他环顾键盘，恰好看到了“@”符号。[9]这个符号非常完美：意为“在”，且没有其他用途。事情的进展非常自然，阿帕网社区纷纷效仿。1973 年的一份调查显示，在阿帕网的 50 个 IMP，其中四分之三的信息流量为电子邮件。

到 1975 年，网络社区的用户已经增长到一千多名。下一个突破来自温特·瑟夫的设想，当时他正在旧金山一家酒店的大厅里坐着，等待开会。那个时候，阿帕网已经不是唯一的计算机网络：其他国家也拥有了自己的网络，美国的一些科技公司也开始建设自己的网络。瑟夫开始思考如何通过一系列他所谓的网关把这些网络整合起来，创建一个大型网络，即链式网，其他人称之为互联网。[10]这不需要添置机械设备，但要求设计一种传输—控制协议（TCP），即通用的计算机语言。1977 年 10 月，瑟夫及其同事演示了第一台可以访问一个以上网络的系统。我们今天熟知的互联网终于诞生了。

网络加速发展，变得不再是单纯的演练式网络。不过，到 1979 年，它仍然主要局限于（大约 120 所）大学和其他学术 / 科研机构。因此，美国高级研究计划署安排国家科学基金会接手，建立了计算机科学研究网络（CSNET），并于 1985 年创建了一个由五家分散在美国境内各处的超级计算机中心和十多个地区网络构成的“框架”。[11]这些超级计算机是网络的中枢和蓄电池，也是巨大的记忆库，可以吸收用户扔进去的各种信息，并防止堵塞。大学每年花在网络连接上的费用为 2 万至 5 万美元。越来越多的人如今看到了互联网的潜力，1986 年 1 月，西海岸召开了一个大型峰会，整理电子邮件秩序，并创建了 7 个域名或“Frodos”，分别是大学（edu）、政府部门（gov）、公司（com）、军事机构（mil）、非营利性组织（org）、网络服务提供商（nct）和国际条约组织（int）。正是这一新秩序在 1988 至 1989 年有力地促进了互联网的大发展，丹·林奇的 Interop 便是明证。最后的转折发生在 1990 年，当时日内瓦附近的欧洲粒子物理实验室的研究人员创建了**万维网**（World Wide Web）。[12] 它采用了**蒂姆·伯纳斯—李**（Tim Berners-Lee）设计的特别协议 HTTP，使互联网变得更易浏览或操作。Mosaic 是第一款真正流行的浏览器，它由伊利诺伊大学开发，并于 1993 年投入使用。从此，互联网才在商业领域变得可行而易操作。

互联网也不乏批评者，如布莱恩·温斯顿，他在 1998 年撰写的媒体技术史中警告："互联网代表了 20 世纪下半叶信息商业化理念的最终灾难
739 性应用。"[13] 但是几乎无人质疑，互联网的确是一种新的沟通方式，人们同时也相信，一种新的心理学即将因为"网络空间"的虚拟人际关系而诞生。[14]

在接下来的几年里，1988 年也可以说是科学的转折点。这一年，互联网和人类基因组组织走上正轨，引领人类进入了超现代世界，也使 21 世纪的发展初现轮廓。也是这一年，一本书面世了，在科技图书出版史上，它获得的商业成功是其他任何书籍所无法比拟的。它为科学的普及打上了烙印，不过，正如我们将在结语中看到的，在某种程度上，这本书也代表了科学最受欢迎的那个年代。

《时间简史：从大爆炸到黑洞》是剑桥大学的宇宙学家**斯蒂芬·霍金**（Stephen Hawking）的著作，而 Bantam 图书公司的纽约编辑**彼得·古扎迪**（Peter Guzzardi）为这本书的编印忙乎了五年，所以某种程度上说，也是他的作品。[15] 正是古扎迪说服霍金放弃了与剑桥大学出版社的合作。在此之前剑桥大学出版社一直计划出版霍金的这部作品，而且他们已经出版了他的其他作品，还为《时间简史》支付了 1 万英镑的预付款——这已经打破了他们的预付款最高纪录。但是古扎迪说服霍金改投 Bantam 的过程并没有大费周章，因为古扎迪的满腔热情早就征服了公司的编辑部，他们

的预付款高达25万美元。其间数年，古扎迪努力工作，发奋编辑霍金深奥晦涩的文章，使其更易被普通读者接受。[16]这本书于1988年初春发布，其后发生的事情很快载入出版史。在美国和英国，精装本的销量均超过50万本，到1991年，这本书已经重印了20次，在畅销书榜单上停留了234周，长达四年半之久。这本书在意大利、德国和日本等全世界众多国家也大获成功，霍金旋即成为世界上最著名的科学家。人们为他制作电视剧，请他友情客串好莱坞电影，聆听他的公开演讲，即使像伦敦阿尔伯特音乐厅那么大的会场也会因为他而人满为患。[17]

这个成功的故事中还蕴含着一个不寻常的因素。1988年，霍金已经46岁，但是早在1963年起，当他还只有21岁时，他就已经被诊断出肌萎缩性侧索硬化症（ALS），在英国它也被叫作运动神经元病，在美国它也被称为卢伽雷氏病，因为美国洋基队的一名棒球运动员卢·伽雷就死于这种疾病。[18]在1962年底，诊断之初的症状只是动作笨拙，接着病情不断发展，到1988年霍金已经被迫要坐轮椅，而且只能通过一种与语音合成器相连的特制计算机同周围的人进行沟通。尽管身有残疾，1979年，他荣获剑桥大学的数学卢卡斯荣誉教席，这一职位此前属于艾萨克·牛顿。他还获得了爱因斯坦奖章，发表了众多关于万有引力、相对论和宇宙结构的著作，反响很好。正如霍金的传记作家所说，斯蒂芬·霍金的残疾程度与 740
他的科学思想之深入人心到底有多大关联，我们也许不得而知，但是，他战胜病魔的精神确实令人鼓舞、感动人心（20世纪60年代末医生推测他只能再活两年）。他从不允许残障妨碍他关注重要的科学问题，包括黑洞、“奇点”的概念、它们对大爆炸理论的启示、多重宇宙的可能性、万有引力的新观点和真实世界的脉络，特别是“弦理论”。

霍金的名字无可磨灭地与黑洞联系在一起。我们早先时候已经提到，黑洞的概念始于20世纪60年代。科学家想象中的黑洞是密度超大的物体，源于某种恒星演变，在此过程中由于万有引力的作用，大型天体自身瓦解，一切都无可幸免地被它吸收，哪怕是光线。20世纪60年代，脉冲星、类星体、中子星和背景辐射的发现大大拓宽了我们对这一过程的理解，这个过程变得更加具体，而不是抽象。霍金在伦敦大学伯贝克学院期间，曾与另一位卓越的物理学家罗杰·彭罗斯共事。他们二人首先提出，在每个黑洞的中心，如同宇宙发端时一样，一定有一个“奇点”，此时物体的密度无穷大而体积又无穷小，我们所熟悉的物理学法则在此完全无效。霍金进一步提出了一个革命性的观点，黑洞可以发出辐射（即霍金辐射），在特定条件下会发生爆炸。[19] 他相信，正如20世纪60年代射电星的发现要归功于新发明的射电望远镜一样，X光应可以通过大气层（大气层可以屏蔽掉这些光线）之上的卫星从太空中探测到。霍金的推论基于这样的推算，即当物体被吸入黑洞，它就会变得温度极高，从而释放X光。果然，科学家随后就在太空探索中发现了四种X光源，因而成为印证可观测黑洞的第一候选项。霍金后来的计算显示，与他最初的想法相反，黑洞不会保持稳定，而是以引力的形式丢失能量，接着收缩，最终在几十亿年后爆炸，这也许能解释宇宙中偶然发生的、无法解释的能量爆发。[20]

20世纪70年代，霍金应邀去了加州理工学院，在那儿遇到了极具魅力的**理查德·费曼**（Richard Feynman），并与他交换了意见。[21] 费曼是量子理论的权威，霍金利用这次会面进一步发展了有关宇宙起源的解释。[22] 1981年，他在梵蒂冈公布了这一理论。霍金理论的来源是，他尝试设想当黑洞收缩成一个点并消失时会发生什么情况。麻烦在于，根据量子理论，最小的理论长度是普朗克长度，取自普朗克常数，相当于10^{-35}米。一旦物体到达这个长度（虽然它很小，但不是零），就无法继续收缩，但可以完全消失。类似地，普朗克时间也是相同的情况，相当于10^{-43}秒，因此，当宇宙产生时，它不可能在不到10^{-43}秒内产生。[23] 霍金通过一个

可以用类比解释的方法解决这个反常现象。他要求我们接受爱因斯坦提出 741
的时空弯曲学说，它就像气球的表面，或者地球的表面。记住这些只是类比，霍金还采用了另一个类比，他说，宇宙最初就像绕北极画的一个小圆圈那么大。随着宇宙（圆圈）的膨胀，仿佛纬线绕着地球膨胀一样，直到抵达赤道位置，然后开始收缩，在"大收缩"时抵达南极。在南极，无论你要往哪儿去，你都必须要往北走：几何学告诉我们，不可能有别的路径。霍金要求我们接受，在宇宙诞生之初，一个类似的过程就发生了：正如"南"在南极没有意义，在宇宙的奇点，"之前"也无意义，时间只能往前。

霍金的理论试图解释大爆炸"之前"发生了什么。关于大爆炸理论，困扰物理学家的一大问题在于，正如我们所知，宇宙似乎在各个方向上都很相似。[24] 它为什么会有这么精妙的对称？多数爆炸不会展现如此完美的平衡，那么是什么使"奇点"与众不同？麻省理工学院的**阿兰·古斯**（Alan Guth）和**安德烈·林德**（Andrei Linde，他是一位俄罗斯物理学家，于 20 世纪 90 年代移居美国）提出，在时间的起点，即 T=10^{-43} 秒时，宇宙比一个质子还小，而重力暂时是一种斥力，而不是引力。他们认为，宇宙因此经历了一个迅速的膨胀期，待它变成葡萄柚般大小时，它开始稳定为我们今天看到的（并能测量到的）膨胀速率。这一理论（有些批评家称之为"理论发明"）的要点在于，它能以最简单的方式解释宇宙为何如此统一：迅速膨胀可以消除任何褶皱。它还解释了宇宙缘何不完全同质：大块的物质形成银河系、恒星和行星，其他形式的辐射则形成气体。林德进一步阐明，我们的宇宙并不是膨胀的唯一产物。[25] 他认为存在着"多重宇宙"，由很多不同大小的宇宙组成；而这也是霍金正在探索的东西。幼小的宇宙实际上就是黑洞，是时空中的气泡。回到有关气球的类比，想象一下气球的表面有一个泡泡，由一个狭长带分开，相当于奇点。我们谁也无法通过这个狭长带，谁也不知道这个小泡泡可能会变得和气球一样大，或者比气球还大。事实上，任何数字都可能存在——它们是代表时空曲度和黑洞物理曲度的函数。显然，我们永远无法获得宇宙大爆炸的直接经验：它们也就变得无意义了。

“无意义”这个词把物理学领进了全新的思考阶段。一些批评家称之为“反讽科学”，人们进行各种推测和实验，提出（往往是）奇怪的观点，却得不到实际的证据。[26]不过，这样说不完全公平。很多推测得到了数学计算的提示或支持，而数学计算又指向答案，在这当中，文字、视觉影像和类比都不起作用。整个20世纪，物理学家们提出了一些很久之后才得
742 到实验支持的观点，因此似乎也没有什么新内容。此时，我们正处于一个中间时段，我们无法确定当前物理学的哪些观点经得起考验，能得到实验支持，而有些观点似乎永远都不可能获得实验支持。

霍金等科学家提出的另一个理论是，“原则上来说”，原初的黑洞和所有随之而来的宇宙实际上是由“虫洞”或“宇宙弦”等连接起来的。[27]科学家们把虫洞设想为极小的管状体，能连接包括黑洞在内的宇宙的不同部分，因此理论上也可以连接其他宇宙。但是它们非常狭窄（直径只有一个普朗克长度），如果没有宇宙弦的协助，什么也无法从中穿过——需要强调的是，宇宙弦完全是理论上的设想，被视为原初大爆炸的残骸。宇宙弦以极细（但极紧密）的带状形态横跨宇宙，运行方式“奇特”。这意味着，当它受到挤压时，就会膨胀；当它被拉长时，就会收缩。因此，至少在理论上，宇宙弦能够打开蠕虫洞。理论上说，它再次证明，某种未来文明可能会实现时间旅行。一些物理学家持此观点，而另一些物理学家则表示怀疑。

马丁·里斯（Martin Rees）的宇宙“**人择原理**”（anthropic principle）可能更容易领会。里斯是英国皇家天文学家，也是与霍金同时代的人，他

为“平行宇宙”提供了一些间接证据。他的论点是，如果只有一个宇宙，那么一定发生了大量的巧合才使得人类的存在成为可能。在一篇早期论文中，他表示，只要我们熟悉的物理定律发生一点点变化（比如，重力增加），那么我们所熟知的宇宙就会发生巨大的变化：天体将会变小、变冷，寿命变短，表面地形将大相径庭，等等。其理论的一大结论是我们所知的生命可能只形成于我们这个宇宙，因为这里的物理定律适合我们。这就意味着：首先，其他形式的生命很可能存在于宇宙中别的地方（因为同样的物理定律也适用于我们的整个宇宙），但它也意味着，可能存在适用其他物理定律的很多其他宇宙，其中存在着形式截然不同的生命或根本不存在任何形式的生命。里斯认为，我们可以观察自己的宇宙，猜想其他宇宙，因为我们所处的这个宇宙的物理定律允许我们这么做。他坚称，这不是巧合所能说得通的：全然不同于我们宇宙的其他宇宙几乎必定存在。[28]

与多数老一辈物理学家、宇宙学家和数学家一样，霍金也投入了大量精力研究科学家所说的“宇宙纪事”，即所谓的“**万有理论**”（Theory of Everything）。这也是个不无讽刺意味的概念，想通过一组方程式全面概括基础物理学。十多年来，物理学家们一直说，“最终答案”即将揭晓，但事实上，万有理论始终难以捉摸。[29]在（本书前几章讨论过的）物理学革命开始之前，有两种理论是必需的。正如史蒂文·温伯格所说，艾萨克·牛顿提出的万有引力理论“解释了天体运动及诸如苹果等物体如何掉落地面；詹姆斯·克拉克·麦克斯韦提出的电磁学理论解释了光、辐射、
磁性和带电颗粒之间的作用力”。但是，这两个理论只在某一点上是相容 743
的：麦克斯韦的理论认为，对所有观察者来说，光速是一样的；而牛顿的理论则预言，实测的光速取决于观察者的移动。“爱因斯坦的广义相对论解决了这个问题，表明麦克斯韦是对的。”但是量子革命改变了一切，使物理学变得更美，同时也更复杂；它把麦克斯韦的理论和新的量子理论相

联系，认为宇宙是不连续的，电磁能量包有最小限值，时间或距离的单位也有最小限值。同时，量子革命还提出了两个新的力，都只在原子核的很小范围内起作用。强作用力使原子核的粒子聚集到一起（核武器释放出来的正是这种能量）。弱作用力则是引起放射性衰变的原因所在。

因此，到20世纪60年代，物理学中有四种力需要调和：重力、电磁力、强核力和弱放射力。60年代，经**谢尔顿·格拉肖**（Sheldon Glashow）设想，**阿卜杜勒·萨拉姆**（Abdus Salam）和德克萨斯大学的史蒂文·温伯格共同创建了一套方程式，描述弱力和电磁力，并设想了三种新的粒子，W^+、W^-和Z^0。[30] 1983年，日内瓦的欧洲粒子物理研究所对此进行实验观察。后来，物理学家又想出一系列描述强力的方程式：这与夸克的发现有关。解释夸克相互作用的新理论曾经被赋予各种古怪的名字，包括色彩名（不过这些粒子当然没有颜色），最终定名为**量子色动力学**（QCD）。因此，电磁力、弱力和强力形成了一整套方程式。这是一项非凡的成就，但它依然遗漏了重力，在物理学家们看来，如能将重力整合进去，形成一个总体方案，才成其为"万有理论"。

一开始，他们向重力量子理论方向推进。也就是说，物理学家们推论存在着可以解释重力的一种或多种粒子，并将其命名为"引力子"，不过新的理论推测这类粒子远远不止一种。（一些物理学家推测有8种，还有些则推测有154种，让我们觉得这个领域有待解决的任务还不少。）但是，20世纪80年代中期，"弦革命"席卷了物理学领域，1995年，又发生了"**超弦革命**"（superstring revolution）。物理学领域不可思议地再现了20世纪初的繁荣状态，随着21世纪的临近，一个全新的研究领域呈现在人们面前。[31] 到1990年，发达国家的主要书店里全是各种热门的科普图书，品种繁多，涉及物理学、宇宙学、数学、进化论和生物学，等等，这是一种前所未有的热潮。1999年，一位同时任教于康奈尔大学和哥伦比亚大学的物理学和数学教授携作品进入了大西洋两岸的畅销书榜单，这本书的难度绝不亚于《时间简史》。**布赖恩·格林**（Brian Greene）撰写的《优雅的宇 744
宙》讲述了物理学领域的最新成果，极力使一些深奥的概念易于理解（为了不使读者畏难，格林称这些难懂的主题只是比较“微妙”而已）。[32]他将一系列新的物理学家引入了已然包括爱因斯坦、欧内斯特·卢瑟福、尼尔斯·玻尔、沃纳·海森堡、埃尔温·薛定谔、沃尔夫冈·泡利、詹姆斯·查德威克、罗杰·彭罗斯和斯蒂芬·霍金的物理学名人堂。这批新名单中，最突出的是爱德华·威腾，此他之外，欧根尼奥·卡拉比、西奥多·卡鲁扎、安德鲁·斯特罗明格、斯坦·斯特罗姆、库姆兰·瓦法、加布雷尔·维尼齐亚诺和丘成桐也都是享誉国际的人物。

弦革命的到来源于一个基本的悖论。广义相对论解释了宇宙的宏观结构，量子力学解释了极小的亚原子结构，它们本身都很成功，但二者却互不相容。物理学家无法相信大自然会允许这样的事情发生，即一套定律只适用于大型物体，另一套只适用于小型物体。有一段时间，他们设法协调这种不相容性，很多人认为，这种不相容性与人们无法解释重力不无关系。除此之外，物理学还存在其他一些基本问题，它们也正是弦理论学家所面临的问题：为什么会有四种基本的力？[33]为什么有不同种类的粒子？为什么它们具备各自不同的性质？弦理论学家们给出的答案是，物质的基本成分其实不是一系列的粒子（点状物体），而是极小的，往往呈环状的单维弦。这些弦很小，长度大约 10^{-33} 厘米，这就意味着，我们无法用现有的测量仪器直接观测弦。然而，根据弦理论，电子是以某种方式震动的弦，上夸克是以另一种方式震动的弦，T 介子是以第三种方式震动的弦，如此等等，就好像小提琴上的弦以不同的方式震动，会奏出不同的音符一样。根据长度数量级，这里我们所说的确实是极为微小的物体，原子核比它大了整整 10^{20} 倍。但是，弦理论家认为相对论和量子理论将可能在这个层面上走向统一。他们还认为，重力粒子（即引力子）将作为副产品和额外收获，从中自然推算出来。

弦理论最初出现于1968至1970年间，当时在欧洲粒子物理研究所工作的**加布雷尔·维尼齐亚诺**（Gabriele Veneziano）注意到，一道200多年前验证的数学公式似乎恰好可以解释粒子物理学的各个方面。[34]接着，另外三名物理学家，南部阳一郎、霍尔格·尼尔森和莱昂纳德·苏士侃表示，如果粒子不是点状物体，而是震动的小弦，那么这道数学公式就很好理解了。不过后来人们放弃了这些方法，因为它们不能解释强核力。但是，这个想法并未消失，1984年，第一次弦革命爆发，迈克尔·格林和约翰·施瓦茨发表了一篇意义重大的论文，首次表明弦理论可以调和相对论和量子理论。这个突破激起了一系列的研究，在接下来
745 的两年里，1000多篇有关弦理论的论文纷纷发表，它们都揭示粒子物理学的诸多主要特点是由弦理论发展而来的。但是，弦理论的众多成果暴露了自己的问题。有段时间，竟然有五种弦理论并存，它们同样精妙，“真假”难辨。弦理论再次陷入停滞，直到南加州大学于1995年3月召开“弦1995”会议，**爱德华·威腾**（Edward Witten）在会上提出“**第二次超弦革命**”，该理论才得以继续前行。[35]威腾使其同行确信，这五种看似不同的理论实际上是同一个基本概念的五个方面，这就是所谓的M-理论，M代表“神秘”（mystery）、“元”（meta）或“理论之母”（mother of all theories）。[*]

当物理学下沉到弦这样微小的层面时，此前物理学家从未想到的各种可能性开始出现，其中之一是可能存在“隐藏的维度”，要把这个概念解释清楚，需要另一个类比。首先，有个观点认为粒子之所以被视为粒子是

---

* 顺便提一下，弦理论家是最早为自己建立互联网档案的科学家群体之一。通过互联网，他们使物理学论文立刻传遍全世界。

因为我们的仪器太鲁钝了，看不到更小的形态。借用格林举的例子，设想从远处看一截软管，它看起来像一条细线，像纸上的一条直线。实际上，如果你凑近观看，就能看到它有两个维度。它一直有两个维度，只是我们凑得不够近，所以没有发现。物理学家说，就算是在弦这一级，（可能）情况也是一样，我们目前还不了解的隐藏维度蜷缩起来了。实际上，他们认为可能一共有“十一”个维度，即十个空间维度和一个时间维度。[36] 这个观点即使不是毫无可能，也难以想象，但是科学家从数学（这样的数学连数学家都觉得艰深）的角度进行了阐述。但是，一旦他们认定这个观点，宇宙中的很多事物就好理解了。例如，黑洞可以解释为类似于某种基本粒子，是通往其他宇宙的关口。额外维度也是需要的，因为弦理论家认为，它们的弯曲方式可能决定了弦震动的强度和频率，换句话说，这也解释了我们熟悉的“粒子”为何有各自的质量、能量和数量。根据最新的发展，弦理论不仅只有弦，还包括二维、三维或多维膜，或“膜”（branes）、小包，这些将是人们在 21 世纪要了解的主要物理学议题。[37]

关于弦理论，除了弦本身的存在以外，最惊人的事情是，它暗示可能存在宇宙的史前时期，即大爆炸之前的时期。正如格林所说，弦理论“暗示宇宙最初并非极端灼热的、紧紧卷成的空间颗粒，而是寒冷的、在空间上是无限的”。[38] 他说，接着发生动荡，出现了一段膨胀期，然后形成了我们所了解的宇宙。这种说法的优势是，它囊括了四种力，包括重力。

弦理论将每个人的理解力拓展到了极限。直观类比行不通了，它用到的数学连数学家都感到艰深，但是有些观点我们还是能领会的。第一，弦
涉及的世界超越了普朗克长度，某种意义上说，这也是 1900 年提出的普 746
朗克量子概念的逻辑结果。第二，它仍然是 99%的理论，物理学家们正设法用实验测试这些新理论，而至今仍然怀疑弦是否存在的仍然大有人在。第三，在这些极小的层面，我们可能会进入一个时空无限的领域。最新研

究涉及零膜结构，在这个领域里，法国数学家**阿兰·科纳**（Alain Connes）设想的“**非交换几何学**”（noncommunicative geometry）取代了普通几何学。格林认为不仅在哲学上还是在科学上，这都是一大进步，一大突破，“它能够为我们解答宇宙的起源和为什么会有时空等问题，这种形式体系使我们日益接近回答莱布尼茨提出的为什么是有而不是无的问题”。[39] 最后，在超弦理论领域，物理学和数学几乎完全融合。这两门学科一向关系密切，但是从来没有密切到现在这种程度，那也许是因为我们触及了某种可能性，从某种意义上说，现实的基础正是数学。

很多物理学家相信，我们正处于数学的黄金时代，有两个领域引起了数学家们的普遍关注。

“**混杂**”（chaoplexity）这个词源于混沌（chaos）和复杂（complexity）。1987 年，詹姆斯·格雷克在《混沌：开创新科学》中首次提到了这个新的知识领域。[40] 混沌研究始于如下观念：用数学家的话说，世界上有很多现象是非线性的，这就意味着原则上它们是无法预知的。其中最著名的是所谓的蝴蝶效应，打个比方，美国中西部的一只蝴蝶拍打翅膀，可能会引发一系列事件，最终导致远东地区的一场季风。这个理论的第二个方面是其“突发性”，即世界上存在着很多“仅靠研究系统成分无法预知或理解的”现象。意识就是一个很好的例子，因为即便可以理解它（这一点也极具争议），也不能通过研究大脑内部的神经和化学物质而达成理解。但是，这还不及混沌科学家所要表达的一半。他们还称，计算机的到来使我们能够进行前所未有的强大的数学运算，其结果是，最终我们将有能力模拟复杂的系统，如大分子、神经网络、人口增长、气候模式。换句话说，混沌表面之下的深层秩序将被揭示。

混杂学的基本观点来自 IBM 的应用数学家**本华·曼德博**（Benoit

Mandelbrot），他发现了所谓的“**分形**”（fractal）。完美的分形是海岸线，雪花和树木亦属于分形。从远处看，它们是形状或轮廓；稍近一些，就能看到复杂的细节；再近一些，能看到更多的细节。靠得越近，轮廓的细节越多，而且图案往往不同规模地重复。因为这些轮廓不会变成平滑的线，也就是说，从不符合某种简单的数学函数，曼德博称之为“数学里最复杂 747
的事物”。[41]但是，人们同时还发现，简单的数学规则可以植入计算机程序，经过很多代之后，会产生复杂的模式，“从不完全重复”。基于这一点，以及实际生活中的分形观察，数学家们推断，自然界中有某种特别强大的规则控制着看似混乱而复杂的系统，这些系统的本质还有待揭示——这是深层秩序的又一个例子。

20 世纪 80 年代末 90 年代初，混沌学突然兴起，成为最流行的数学领域之一；新的研究机构也随之建立，那便是位于新墨西哥州洛斯阿拉莫斯东南部的**圣菲研究所**（Santa Fe Institute），它还将夸克的发现者默里·盖尔曼招至麾下。[42]这项新研究提出了若干新的概念，包括“自组织临界性”、“灾变理论”、现实的层级结构、“**人造生命**”（artificial life）和“自组织”。自组织临界现象是**帕·巴克**（Per Bak）的创见，帕·巴克是一名丹麦物理学家，20 世纪 70 年代移民美国。[43]他曾告诉约翰·霍根，他的研究始于他对沙堆的观察。如果不断地往沙堆上添沙子，沙堆会变高，可是只要超过某一临界状态再多加一粒沙子，就会引发崩塌。巴克注意到这一过程与很多其他现象（股市崩盘、物种灭绝、地震等）有明显相似性。他认为可以从数学层面理解这些过程，用数学的方法加以描述。有一天，我们也许能够理解这些事情缘何发生，不过这未必意味着我们能控制或阻止其发生。帕·巴克的理论与法国人**雷内·托姆**（René Thom）的灾变理论相去不远，后者认为，纯数学计算可以解释“非连续的行为”，如生命的出现、毛毛虫蜕变成蝴蝶或文明的衰退。这些研究都是对深层秩序的探索。

在众多探索中，**菲利普·安德森**（Philip Anderson）的工作尤为突出。1977年，他因超导体研究荣获诺贝尔物理学奖。安德森没有论证基础秩序，他的观点是，存在着一个秩序层级——世界上的每个组织层次，均独立于其上面一层或下面一层，生物学领域尤其如此。“在每个阶段，全新的规律、概念和总结都是必要的，需要与前一阶段同等的敏锐度和创造力。心理学不是应用生物学，生物学也不是应用化学……你必须抵制如下诱惑：你在一个层面上所掌握的普遍原理，可以在每个层面上都适用。”[44]

时间推移到20和21世纪之交，混杂学家开始感到些许失望。20世纪90年代初令人振奋的研究到现在为止还没有产生可以与弦理论相提并论的鼓舞人心的成果。不过，数学没有让人气馁，并继续打动人心，并且与生物学密切相关。这些成就在英国华威大学数学系教授**伊恩·斯图尔特**（Ian Stewart）发表于1908年的著作《生命的另一个秘密》中有所总结。[45]斯
748 图尔特继承的传统虽然不如霍金—彭罗斯—费曼—格拉肖的物理学/宇宙学谱系，或道金斯—古尔德—丹尼特的进化论谱系那么有名，但他属于达西·温特沃斯·汤普森（《生长与形态》，1917）、斯图尔特·考夫曼（《秩序的起源》，1993）和布莱恩·古德温（《豹子如何改变自身的斑点》）等人组成的阵营，可以算得上是后起之秀。他们有一个共同观点：遗传学不曾解释生命，也不可能完全解释生命。虽然看似奇怪，但遗传学需要数学知识，因为数学即深层秩序，它决定了实物；说到底，所有的生物全都缘于深层秩序。

《生命的另一个秘密》旨在揭示，数学“在每个层面左右着我们对生命的理解，从DNA到雨林，从病毒到鸟群，从第一个自我复制的分子到

势不可挡的进化过程”。[46] 斯图尔特举的例子既有趣又有煽动性，比如蜘蛛网和雪花中的数学、蚁群大小的变化、八哥群的形成，他还研究了植物的分枝系统和虎豹等动物身上的花纹。他还专辟一章书写“花卉中的斐波纳契数列”，概述植物王国的格局。

所谓斐波纳契数列，即 1，2，3，5，8，13，21，34，55，89，144……它由比萨的列奥纳多于 1202 年首先发现，列奥纳多的父亲是波纳契，因此他将其命名为“斐—波纳契”。在这个数列里，每个数字都是前两个数字之和，这一简单排列描述的内容却相当丰富：例如，百合的花瓣是 3 片，毛艮的花瓣是 5 片，飞燕草的花瓣是 8 片，金盏花的花瓣是 13 片，紫菀的花瓣是 21 片，雏菊的花瓣为 34 片、55 片或 89 片。[47] 但是斯图尔特的作品和思想在眼界和趣味方面远甚于此。他开篇即指出，胚胎期细胞的分裂现象与肥皂泡形成泡沫的方式有明显的相似性，染色体在分裂细胞中的排列方式与互相排斥的磁铁的排列方式相似。换句话说，无论把什么指令编进基因，生物体的众多表现似乎都受制于其物理性质，而物理性质则可以写成数学等式。斯图尔特认为，这绝非偶然，是生命出于自身目的利用了自然界中的数学 / 物理学。他发现了分子的“深层几何学”，特别是在形成结点和线圈的 DNA 中，这种结构十分重要。例如，他引用了海因茨 · 弗伦克尔—康拉特和罗布利 · 威廉斯著名的烟草花叶病毒实验。[48] 斯图尔特认为，这正是无机世界和有机世界之间的过渡；如果试管能分离出病毒成分，并让其保持自身机制，它们自然就会重新合成可复制的完整病毒。换句话说，分子结构可以自动形成生命。因此，理论上，准备好相应的各种合成物质并将其置于试管中，应该可以创造病毒，也就是生命。20 世纪 90 年代后半叶，数学家已经了解原始生命（黏菌，如土壤阿米巴盘基网柄菌）的发展过程，这并不是什么难解的数学方程。斯图尔特说：“关键是，许多生命特征被证明具有物理学特性，而不是生物学特性。”[49]

也许最能说明问题的是斯图尔特等人称之为“人造生命”的实验。本质上说，这些实验是计算机游戏，其目的是以符号形式复制进化的方方面面。[50]计算机屏幕上往往会有一片网格，比如，宽100个方格，长100个方格。在每个方格中分配一丛“灌木”或一朵“花”，一条“鼻涕虫”或一只“鼻涕虫的捕食者”。然后科学家设计各种规则，比如，鼻涕虫的捕食者一次可以移动五个方格，而鼻涕虫只能移动一个方格；还有，与红色花相比，绿色花上的鼻涕虫不太显眼（也不容易被吃掉）；等等。这种人造生命借由计算机模拟开始运行，移动数量可能是1万步，甚至是5000万步，使得科学家得以观察“**人造生命的演变**”。人们尝试了很多程序。最令人震惊的是安德鲁·帕格利斯于1996年设计的“变形虫”实验。这个实验的规则是植入一组随机的计算机代码，每10万步就随机更换其中7%（以模拟突变）。帕格利斯发现，大约每5000万步就会出现一次自我复制的代码片段，这个结果源于编程时所仰仗的数学。正如斯图尔特说过的：“不必将复制写入规则——它自然就会发生了。”[51]其他的惊人尝试还包括共生和寄生虫的产生，不时被快速变化打断的长时间停滞，这就是尼尔斯·埃尔德雷奇和史蒂芬·杰·古尔德提出的间断平衡说。这些模型（它们并非传统意义上的实验）显示了生命起源的可能性，同时，斯图尔特也引用数学模型，说明神经细胞的网络，或者说“神经网络”，如果相互连接，就能够自然获得计算能力，这个现象被称为“突现计算”。[52]这就意味着普通物理学活动能够自发地产生具有原始计算能力的网络：“进化会自主选择能进行计算的网络，从而提高生物的存活率，继而导向更高级的计算。”[53]

斯图尔特的基本观点是，在赋予生命形式方面，除了遗传学以外，数学和物理学也同样强大；不过，“生命基于物质世界的数学模式。遗传学发掘和整理了那些模式，但是物理学使之成为可能并加以约束”[54]，这种观点并非人人都能接受。在斯图尔特看来，遗传学不是生命最深层的秘密，也不是生命最深层的秩序。相反，数学才是。在书的结尾，他预言，21 世纪将会出现一门结合数学、物理学和生物学的“形态数学”新学科，他希望这门学科能揭示周遭世界的深层模式，并最终帮助我们理解生命的起源。 750

结　语

实证时代

我不希望再重新感受

实证时代那摇曳的光芒

T. S. 艾略特，《圣灰星期三》，1930 年

谁能怀疑艾略特的感受：20 世纪是实证的时代，它的荣光，无论多么耀眼，却仍旧摇曳。他极为不满地继续分析道：

因为我知道时间永远是时间

地点始终是地点并且仅仅是地点

真实的东西只在那个时间是真实的

只在那个地点是真实的

我对事情的现状感到欢欣……

因此我欢欣，只得去构筑

令人欢欣的某样东西

……

因为这些翅膀不再是翱翔的翅膀

而仅仅是拍击空气的羽翼

那空气现在渺小且平淡

比意志更加渺小且平淡

教导我们操心或不操心

教导我们坐定。[1]

艾略特创作这首诗的时间正逢物理学的黄金年代，也是海德格尔的黄金年代，其后二者都走向了衰落。艾略特所说的“教导我们坐定”，也就是海德格尔所说的“顺从”。顺从世界本来的样子并为之欣喜、欢庆，不要总想着阐释这个世界。珍惜这份神秘，它让我们随心所愿。但是这首诗的下半部分内容及其哀伤的语调清楚地表明，艾略特并不完全满足于此。与其他太多人一样，他发现科学进步太有说服力了，已经完全无法回到原状。对于已知的事物，他不了解的地方和常人一样多。但是，作为诗人，他可以记录正在发生的一切。《圣灰星期三》发表于1930年，这是至关重 751
要的一年，它可能是20世纪三股伟大的知识力量趋于明显的最初时段。这三股力量分别是科学、自由市场经济和大众媒体。

当然，这并不是说，科学、自由市场经济或大众媒体是在20世纪才出现的现象，它们并非如此。但是20世纪一些重要的方面表明，这些力量都在这个时代获得了新的潜能。在20世纪20年代，大家对此已经有目共睹。

在《圣灰星期三》发表的时代，科学界发生的一切，特别是埃德温·哈勃的发现，正随着这个世纪的深入而日益积聚能量，远远超过艾略特或其他任何人的想象。且不提个人发现产生的影响，知识界出现了一个最重要的发展，它无限加强了科学的权威，改变了人类对自身的看法：那就是科学开始汇聚一堂，多门学科从不同的角度讲述同一件事情。首先，物理学和化学走到了一起，然后是物理学和天文学 / 宇宙学，接着是物理学和地质学，最近则是物理学和数学（不过这两个学科一直走得很近）。经济学和社会学也以同样的方式融会贯通。生物学也以遗传学的形式与语言学、人类学和考古学相结合。在惰性物质如何相互结合蜕变出生命的问题上，生物学和物理学暂且还没有联姻，但是它们早就发生了交集，在上一章提到的伊恩·斯图尔特的研究中，物理学和数学帮助解释了生物结构；在经过扩展的进化概念中更是如此：它从大爆炸开始娓娓道来，穿过几十亿年的宇宙历史，谈到银河系、太阳系、地球、海洋和陆地的形成，一直谈到生命本身和动物及植物在地球上的分布。这无疑是前所未有的观念，是最强大的、基于经验的主观观点。

这种叙述的最后一层最近才由**贾雷德·戴蒙德**（Jared Diamond）提出。戴蒙德是加利福尼亚医学院的生理学教授，也是一位人类学家，一直在新几内亚工作，曾经于1998年因《枪炮、病菌与钢铁》荣获隆普兰克科学书籍奖。[2] 在这本书中，他阐释了最近1.3万年（即最后一次冰川纪以来）整个人类的进化模式，给出的答案既大胆又具原创性。他特别关注为什么是进化使欧洲人在1492年及其后的岁月里发现并征服美洲，而不是相反。比如说，为什么印加人没有自西向东横渡大西洋征服摩洛哥或葡萄牙？他发现答案藏在地球的整体布局中，特别是陆地在地球表面的分布中。简单地说，美洲和非洲的大陆主轴是南北向的，而欧亚大陆的主轴则是东西向的。[3] 其意义在于种植植物和饲养动物更易于在东西向之间传播，
752 因为类似纬度的地理条件和气候条件相近，拥有相似的平均气温、降水量或日照时间等。与此相反，南北向传播则相对困难，从而限制了饲养动物

和种植植物的传播。因此，与非洲或美洲大陆相比，牛、绵羊和山羊在欧亚大陆上的传播要迅速、彻底得多。[4]戴蒙德认为，农耕技术的传播使欧亚大陆的人口密度大于其他大陆，这一现象反过来又产生了两种后果。第一点是不同社会之间的竞争促进了新的文化实践，尤其是武器的发展，武器在征服美洲的过程中起着重要作用。第二点关系到动物（主要是饲养动物）传染给人类的疾病。这些疾病只在人口数量较大的人群中发生，如果未建立免疫系统的人群感染这些疾病，就会丧命。戴蒙德认为，世界格局就是这样形成的。从进化角度来看，与世界其他地区相比，非洲拥有“600万年”的启动期，却未能得到充分的发展，因为它被隔绝了，三面是海洋，北面是沙漠，而且在其南北向主轴中，能够饲养的动物或可供种植的植物种类较少。[5]

尽管有人批评戴蒙德的说法（扩展版本的长时段），认为它只是一种猜测（这当然是毫无疑问的），但是他的说法一经接受，就在某种意义上为人类的一类思想画上了休止符，揭示了缘何世界上不同种族处于不同的发展阶段，或者在公元1500年时已经处于不同的发展阶段。在此过程中，戴蒙德消解了当时仍旧甚嚣尘上的、试图证明欧洲人比其他人种优越的种族主义情绪。他用科学反驳了那些试图在社会上制造混乱、在20世纪末依然大行其道的观点。

科学的根本意义，如果还需要深入阐述的话，还表现在20世纪德国和法国的不同命运上。在1933年以前，在众多思想领域，德国在全世界处于领先地位，但是这种探索精神受到了希特勒的破坏，至今未能恢复。（还记得艾伦·布卢姆在《美国精神的封闭》一书中对德国文化的广泛引用吗？）第二次世界大战不仅是有关疆域和生存空间的战争。从某种现实意义上而言，它还是思想的战争。在法国，情况则不一样。很多大陆思想家，特别是来自德语地区的法国人，试图将弗洛伊德和马克思相结合，这是20世纪重要的思想活动之一，可能也是最没有出路的蠢事，结果导致法国思想家无视“硬”科学取得的进步。用思想界的话来说，它在英语思想和法语思想之间制造了一种文化分裂。

20世纪第二股重要的力量是自由市场经济，并且由于苏联于1917年开始并一直持续到80年代的伟大“实验”，这股力量显得尤为突出。由于敌对制度的存在和共产主义的随后崩溃，人们开始注意到自由市场经济的
753 优越性，这可能是在大萧条时期创作《圣灰星期三》的艾略特所无法想象的。自由市场制度取得了完胜，**弗朗西斯·福山**（Francis Fukuyama）在1992年出版了《历史的终结与最后的人》，以示庆祝。[6]福山曾应艾伦·布卢姆之邀到芝加哥大学发表演讲，以此为基础，他开篇就指出，在过去的几年里，自由民主制度在全世界取得了胜利，并称这标志着“人类意识形态发展的终点”，也是“人类政府的最终形式”。[7]他所指的不仅是俄罗斯，某种程度上说，还包括众多信奉自由市场和民主制度的国家：阿根廷、博茨瓦纳、巴西、智利、东欧国家、纳米比亚、葡萄牙、韩国、西班牙、泰国、乌拉圭等。不仅如此，福山还力图阐释一种他所谓的“普遍历史”，一种囊括“所有时代全部民族经历”的单一的、一贯的进化过程。[8]他的论点是，自然科学是这种一贯进程的作用机制，而且人们对科学持有共识，即科学是渐进的、有方向性的，“纵然它对人类福祉的最终影响还不明确”。[9]他还说：“除此之外现代自然科学的逻辑也为资本主义的发展指明了进化的方向。”福山认为，这带来了20世纪生活中的诸多非物质文化的发展，最明显的是心理学的发展。他暗示，现代自然科学带来了民主的进步——因为科研机构本质上是民主的，要成功运营，就需要普及教育，正如黑格尔预言的，这又反过来使很多人关注并“渴望获得认可”，即渴望凭借自身实力赢得赞赏。在这种情况下，20世纪的心理学革命和民

权运动，甚至是后现代主义的种种个性发展几乎是无法避免的。同样，我们也经历了一个与宗教改革相似的时期。在宗教改革时期，宗教和政治分道扬镳；20 世纪，则是个人自由取代了政治解放。其间，福山还探讨了基督教，他追随黑格尔，认为基督教是“绝对宗教”，他说，这并非出于狭隘的民族优越感，而是由于基督教认为，“基于道德选择或信仰的能力”，上帝面前人人平等，还因为基督教认为人是自由的，能够在道德上明辨是非。[10] 从这个意义上说，相对于其他宗教，基督教是一种更“进步”的宗教。

正如科学、资本主义和自由民主制度密切相关，它们与 20 世纪的第三种力量，即大众媒体，也密切相关。本质上说，大众媒体从一开始就是民主的，实际上，随着 20 世纪的推进，大众媒体也变得愈发民主。无论是曾经还是现在，市场全球化都在势不可挡地前进着。这并不是要否认这一过程有其自身的问题，有些问题仍旧在解决的过程中。但是我想说明，科学、自由市场经济和大众媒体源于相同的推动力，这种推动力主宰了已 754
然过去的 20 世纪。

在大卫·兰德斯（David Landes）的《国富国穷》（1998）一书中，贾雷德·戴蒙德和弗朗西斯·福山的观点不可思议地走到一起。[11] 从一种层面上说，这本书重复了“传统的”历史叙事，描述了西方取得的胜利。从更深的层面而言，它试图阐述背后深层的原因，比如，虽然中世纪的中国拥有庞大的舰队，却从未像西方国家那样走上征服的道路；同时期，伊斯兰国家的技术革新又是为什么突然中断，而且从此以后不曾恢复。兰德斯认为，部分原因在于地理（寄生虫的全球分布情况各有不同，带来了不同的死亡率），部分原因在于宗教（伊斯兰教拒绝印刷术，担心它会亵渎神明），部分原因在于人口密度和移民模式（以家庭为单位的移民涌入北美，单身汉则涌入拉美与当地土著通婚），部分原因在于倡导自尊（以及勤劳）

的经济 / 政治和思想体系，这与南美洲的西班牙体制截然不同，那里的天主教对新世界缺乏好奇心，缺乏革新精神，缺乏适应能力。[12] 与福山一样，兰德斯将资本主义与科学相联系，认为二者都是渐进的知识体系。对兰德斯而言，这些都是至关重要的教训；在书的末尾，他指出，趋同的情况并未发生。富者愈富，穷者愈穷。国家（文明）如若忽视这些教训，后果堪忧。

但是，不可回避的是，科学也带来了问题。在《科学的终结：在科学时代的暮色中审视知识的限度》（1996）中，作者**约翰·霍根**（John Horgan）探讨了两个问题。[13] 他思量着科学中的重要问题是否业已得到解答——例如，所有的生物学如今只不过是达尔文的脚注，或所有的物理学在大爆炸的阴影下都显得苍白无力——他审视着科学的现状是否标志着人类历史的决定性阶段。他采访了数量惊人的科学家，他们认为我们正接近科学时代的终结，我们所能了解的内容是有限度的，总之，这种情势不是坏事。霍根本人也承认，他的观点基于**贡特尔·斯滕特**（Gunther Stent）的看法。贡特尔·斯滕特是加州大学伯克利分校的生物学家，于 1969 年发表《黄金时代的来临：进步之终结概论》，认为“科学、技术、艺术以及所有进步的、渐进的事业都将走向终结”。[14] 斯滕特着眼于物理学，他认为物理学变得越来越难以理解，假设性越来越强，越来越不切实际。

在霍根采访的众多的认为知识有其限度的科学家中，有一位就是诺姆·乔姆斯基，他把科学问题分成两类，“有些问题起码可能是有解的，有些问题则是神秘的、无解的”。[15] 在乔姆斯基看来，有些科学领域已经取得了“世人瞩目的进步”，而有些领域则毫无进步可言，如意识和自由意志。他说，在这些领域里，“我们甚至连肤浅的观点都谈不上”。[16] 实际上，乔姆斯基走得更远，他在自己的著作《语言和有关知识的问题》（1988）

中说："人们从小说中了解到的生活和人性很有可能（甚至是必定）仍将 755
远远多于他们从科学心理学学到的东西。"[17]

霍根认为，科学领域可能存在两种突出的基本问题：永生和意识。他认为下个世纪很可能会实现永生，在某种程度上，正如 J. D. 贝尔纳在 1992 年预言的一样，人类最终将有能力主导自身的进化方向。

约翰·马多克斯接过了霍根论点中暗含的难题。1998 年，马多克斯刚从《自然》杂志的编辑职位退休，就发表了著作《科学并未终结》。[18] 事实上，这本书出色地回顾了我们在物理学、生物学和数学领域业已取得的成就以及尚待解开的谜团，同时也修正了一些科学家的必胜信念。例如，马多克斯特别强调了很多物理学理论的临时性；他指出，黑洞理论只是一种"推定"，万有理论的探索只是"体现了一种信念，又或者是一种希望"；他还称，目前量子引力计划之所以"停滞不前"是因为"没有完全弄清楚要解决什么样的问题"，宇宙起源于大爆炸的观点"将被证明是错误的"。[19] 同时，马多克斯认为科学远未终结。他认为，全世界在 20 世纪第一次被科学所席卷，在 21 世纪则很可能现出一种诸如万有理论的"新物理学"。例如，在天文学领域，需要证实存在某种被称为"巨引源"的假想结构，自 1996 年 2 月以来，天文学家已经发现有 600 个可见星系向它移动。在宇宙学领域，则要寻找"无踪质量"，可能相当于已知宇宙的 80%，它可以解释大爆炸之后的膨胀速率。马多克斯还强调，没有直接证据能证明宇宙早期发生过膨胀，或像是大爆炸这样的快速膨胀。他说，大爆炸"与其说是一种理论，不如说是一种模型"。他索性摒弃李·斯莫林认为宇宙起源不唯一的平行宇宙说，认为"其令人信服的程度与《创世记》中有关宇宙起源的阐述不相上下"。[20] 事实上，马多克斯坦承，我们不知道宇宙如何开始；哈勃定律亟待修正。"从各种迹象看来，我们周围的时空并非明显弯曲［根据相对论，它应该如此］，而是扁平的。"[21]

马多克斯认为，即使是我们目前对基本粒子的理解也谈不上全面，等到欧洲粒子物理研究所的全新加速器于2005年投入使用之后，我们对基本粒子的理解还要出现重大改变，因为彼时可做的实验又会进一步导向我们目前无法也无从设想的新实验。他指出，已经有科学家在1997年伊始的时候提出电子也存在内部结构，也属于复合物的猜想，因此，“要弄清现实世界中的粒子为何是这番模样，还有很长一段路要走”。[22]谈到弦理论，马多克斯则坚决反对：如果弦存在于多种维度，它怎么能与我们所处的真实世界相关联？他认为弦理论不过是一种隐喻，即我们对时间或空间
756 的理解可能犯了严重的错误，物理学过于关注他所谓的“不同构件的命名”，匆忙之间无法得出正确的认识。马多克斯对科学进步所持的保留意见令人耳目一新，因为他曾经是位无懈可击的编辑，他曾率先同意有关这些理论的众多文章的刊载。他确实同意霍根的观点，认为生命本身也是一种有待21世纪解开谜底的神秘现象；癌症终将被攻克；在认识遗传和个体特征的关联方面将取得巨大进步；在其他问题或神秘现象之中，最重要的问题或者最神秘的现象仍旧是人的意识。

在第39章，我们谈到的进化思想在意识领域中的应用只是新达尔文主义者最近关注的几个领域之一。事实上，我们现在正处于“普遍达尔文主义”的时代，其运算方法几乎无所不在：进化宇宙学、进化经济学（从而还有进化政治学），以及技术的进化。但是新达尔文主义者和极端达尔文主义者最激进的观点可能仍旧与知识本身相关，它提出了一个有趣的问题：我们是否正在经历一个知识形态进化的时代？[23]我们无疑正处于实证的时代，科学正取代艺术、人文和宗教，成为最主要的知识形态。想当年，我们在第1章提到过，在20世纪初的德国，马克斯·普朗克一家还认为，作为一种知识形态，人文学科优于科学。理查德·霍夫施塔特等

人率先表示，这一切可能正在发生变化，他指出在20世纪60年代，相对于小说，纪实文学和社会学对美国社会的影响反而更为巨大（见第39章）。我们也来看看，面对科学取得的成就，尤金·尤内斯库说了些什么："我怀疑艺术已经没有出路"，这言论发表在1970年。"就目前的形式而言，它确实还没有走向死路。过去，作家和诗人被尊为先知和预言家。他们具备某些直觉，远比同时代的人敏锐，更妙的是，他们某些惊人发现要远远胜过科学发现，而科学往往要到25年甚至50年以后，才会得到确认。……但是，很长一段时间以来，科学不断取得巨大的进步，而作家的主观发现却进展不大……文学还算是一种知识吗？"[24]

在《文学之死》（1990）中，艾尔文·克南引用了乔治·斯坦纳的话："今天的我们都在见证古典的阅读时代逐渐走向终结。"[25]克南本人如是说："人文主义的传统通过学习，通过充分的阅读和写作能够走向最终真理，这个梦想在我们这个时代正走向破灭。"[26]他毫不迟疑地指出了罪魁祸首。"电视不仅是新瓶装旧酒，还以截然不同的方式看待和诠释世界。它用视觉形象取代了语言，用简单明了取代了复杂隐晦，用暂时取代了永恒，用情节取代了结构，用戏剧性取代了真实。很多人理所当然地认为，文学能与电视共存；但是当读者变成观众，随着阅读能力的下降，随着电视屏幕 757
上看到和感受到的世界变得更加形象和直接，人们将不可避免地不再相信基于文字的文学，文学与电视共存的可能性将不复存在。"[27]"正如吟游诗歌和英雄史诗是部落口述社会的产物一样，文学可能始终是印刷文化和工业资本主义的产物……在电子时代，文学将会消失，或退居至纯粹的仪式性角色，也许就有点像中国的京剧。"[28]

天文学家约翰·巴罗（John Barrow）和前文提及的贡特尔·斯滕特均对艺术领域的进化过程阐述过看法，认为"它平稳地解放了艺术家的创作束缚……随着传统、技术或个人偏好等加诸其身的束缚一一得到解放，最终结构在形式上不再程式化，更接近随机，也更难将其与处于同样自由状态的其他人创作的作品相区分”。[29] 斯滕特相信，音乐其实也像其他艺术门类那样进化着。例如，研究显示，为了讨好受众，音乐必须在满足听众的期望与推陈出新之间保持微妙的平衡。如果旋律太过熟悉，听众就会觉得无聊；如果太新奇，就容易显得“刺耳”。偏爱数学的物理学家居然专门计算出了音乐的熟悉度 / 新奇性比率，斯滕特也指出：“最早的古代音乐有着节奏严谨的鼓点，它在每个层面上都竭力将束缚发挥到极致，然后加以释放，再进入自由表达的新层面。从古代到中世纪，到文艺复兴时期的巴洛克音乐和浪漫主义音乐，再到无调性音乐和现代时期，每个阶段都有进化，束缚日渐松散，前一阶段的各种新奇模式都被耗尽之后，进而驱使音乐迈入下一步。……20 世纪 60 年代，这种进化过程达到高潮，约翰·凯奇等作曲家挣脱一切束缚，让听众根据自己听到的声音自由创作：这简直是声学版的洛夏墨迹测验。”[30] 约翰·巴罗补充说，其他创造性活动（如建筑、诗歌、绘画和雕塑）都呈现出类似摆脱束缚的趋势。他写道：“斯滕特怀疑，它们都非常接近某种进化的渐近线：一种要求纯粹主观回应的最终无结构状态。”[31]

罗伯特·赖特（Robert Wright）也以类似的方式提出，达尔文主义促进了知识形态的进化。用他的话说，诸如道德、政治、艺术、文学、科学等诠释世界的各种方式，“假借达尔文主义的视角，都是原始的权力斗争。斗争中会出现胜利者，但我们往往没有充分理由指望胜利者便是真理”。赖特称之为“**达尔文式的犬儒主义**”（Darwinian cynicism），并将其与后现代感性相提并论，后者将人类交流的各种方式看成是“权力话语”，认为“反讽的自我意识是当代的秩序”，由于个人无法避免“自助式操控”，所以人不能把理想当回事。[32] 基于这一分析，后现代主义本身已经进化了，作为看世界的方式，它与音乐、诗歌、绘画一样，已经走到尽头。福山在书写历史的终结时，还不清楚他开启了怎样的时代。

在20世纪，很多艺术形式之所以被视为不尽如人意的知识形态，还有一个原因是现代主义者对西格蒙德·弗洛伊德的依赖。在此，我赞同英 758
国的诺贝尔奖得主**彼得·梅达沃**（Peter Medawar）爵士的观点，他在1972年将精神分析认定为“20世纪思想史上最悲哀、最古怪的一件大事”。[33]弗洛伊德于1900年向全世界揭示了无意识，几乎在同一时间，人们发现了电子、量子和基因。与弗洛伊德的发现不同的是，后三者通过一个又一个实验得到证实，并得到发展和丰富，而弗洛伊德主义却从未获得任何明确的实证支持，无意识的系统观点以及自我、本我和超我的心理三分法也变得愈发牵强。在我看来，弗洛伊德的失败将带来深远的影响，因为没有人想过其失败将带来怎样的后果，一旦如此，精神分析学就亟待重新评估。例如，如果弗洛伊德确实错得离谱，那么它将置超现实主义、达达主义、表现主义和抽象主义等几乎所有现代艺术于何地呢？更不用说理查德·施特劳斯的“弗洛伊德”戏剧（如《莎乐美》与《厄勒克特拉》）和包括D. H. 劳伦斯、弗朗茨·卡夫卡、托马斯·曼和弗吉尼亚·伍尔夫等在内的众多现代作家的重要小说了。我并不是说这些作品缺乏美感或愉悦感，而是说，这些作品的含义必定会因此而大打折扣。它们的存在并非完全归功于精神分析学，但是如果精神分析学失去了大部分含义，它们还能维持思想上的重要性和合法性吗？它们会不会因此成为时代性作品？我强调这一点是因为上面提到的小说、绘画和剧目曾经促进了有关人性的某些观点的接受和普及，可如今我们知道，这种观点是错误的，缺乏一切相反的证据。如果事态果真如此，其整体效应是不可估量的。例如，我们都认为成年后的自己与童年经历及我们与父母之间的矛盾有一定的关系。但是，1998年，一位曾在哈佛大学攻读博士学位期间被开除的心理学家**朱蒂思·里奇·哈里斯**（Judith Rich Harris）发表《教养的迷思》。她提出，其研究成果与传统观念相悖，家长对孩子的影响没有那么大。相反，重要的是孩子的同辈群体，即其他年龄相仿的孩子。这在欧美心理学界引起轩然大波。她提出了大量证据证明自己的观点，从而颠覆了弗洛伊德长达一个世纪的胡言乱语。[34] 在弗洛伊德的影响下，一种带有原始社会色彩的观点在 20 世纪蔚然成风，即疯子对人类处境有独到的看法。如今，这个观点不仅没有任何证据支持，而且还断送了精神病患者的幸福。

罗伯特·赖特还从其他角度用进化论思想进一步质疑了弗洛伊德主义。他在《道德动物：我们为什么会如此》（1994）中写道："人为什么会有死亡本能（'死之欲'）[弗洛伊德如是说]？为什么女孩子渴望拥有男性生殖器（'阴茎嫉妒论'）？为什么男孩子想与母亲发生性关系并杀死父亲（'俄狄浦斯情结'）？如果你设想这类冲动的背后是特定基因在起作用，那么这些基因必然不会在狩猎采集部落中大面积扩散。"[35]

759 20 世纪 90 年代中期，华盛顿特区国会图书馆的一场展览使有关弗洛伊德及精神分析学的困惑显露无余。这次展览原本为庆祝精神分析学的百年华诞而举办。[36] 然而，展览的消息一经传出，包括奥利佛·萨克斯在内的众多学者都表示反对，认为筹备会充斥着弗洛伊德的"忠臣"，展览会有可能变成宣传会和传诵会，"对近年来有关弗洛伊德的观点修正置若罔闻"。[37] 在 1998 年发布的有关本次展览的宣传册上，无论是撰写前言的国会图书馆馆长，还是编辑，都对这一争议只字未提。即便如此，它也未能完全避免弗洛伊德在《梦的解析》问世将近一百周年时遭到质疑。有两位作者撰写论文，称弗洛伊德的观点不可靠、经不起检验，"与目击宇宙飞船"无异；还有两位作者，其中之一是《倾听百忧解》的作者**彼得·克雷默**（Peter Kramer），他虽然承认弗洛伊德有其影响力，却认为他的观点并不可信。例如，值得注意的是，宣传中有大量篇幅谈及弗洛伊德的"勤勉"、"勇气"和"天分"，声称"与其说他是一名科学家，不如说他是一名有想象力的艺术家”。[38] 如今，就连精神分析学家也普遍承认，他有关女性、原始狩猎采集社会，以及“原罪”的观点都是令人难堪的异想天开。因此，正如批评家保罗·罗宾逊所说，我们处于一个矛盾的境地，即 20 世纪占主导地位的思想竟有如此重大的错误。

这种修正性的批评并未止步于弗洛伊德。1996 年，哈佛大学的科学历史学家**理查德·诺尔**（Richard Noll）发表了《荣格崇拜》，两年后又发表了《雅利安救世主》。[39] 这些著作引发了激烈的争论，其激烈程度绝不亚于围绕弗洛伊德的争论，因为诺尔认为荣格在早期研究中撒了谎，在其笔记中捏造日期，从而认为患者对诸如神话故事等事情的记忆属于“集体无意识”，而不是儿时获得的。诺尔还详细证明了荣格的反犹主义，批评当代的荣格心理学派担心吓走潜在客户而不愿对其思想加以检验。

有关荣格学派商业性的一面我们暂且不提。更重要的是，当其与弗洛伊德的缺点并置的时候，我们就会明白，20 世纪心理学的根基是缺乏观察数据，以及与神话无异的理论，其特点是异想天开、古怪，有时全然是欺骗。长期以来，心理学已经被弗洛伊德和荣格带入歧途。弗洛伊德理论本身的表面合理性正是其最成问题的特征。我们花了整整一个世纪才走出其阴影。我们只有摆脱了弗洛伊德的思维模式（奥登称其为弗洛伊德“思潮”），才有可能以必要的新方法看待我们自身。恰在此时，伴随神经科学所取得的最新进展，达尔文让我们看到了此时仅有的希望。

在拉塞尔·雅各比的《最后的知识分子》（1987）和约翰·布罗克曼的《第三种文化》（1995）中，我们可以看到一股有关知识进化的潮流。[40] 雅各比描述了美国社会中“公共知识分子”的衰落。他说，直到 20 世纪 60 年代初，丹尼尔·贝尔、简·雅各布斯、欧文·豪和约翰·肯尼思·加
尔布雷思等人还生活在市区不羁的文化人聚居区，为公众写作，提出并探 760
讨公众（特别是受过教育的公众）关注的问题。[41] 但其后，他们就消失了，

或者说，在他们之后新一代的公共知识分子从此缺席，直到20世纪80年代末雅各比的著作问世，知识界的知名人士依然是贝尔、加尔布雷思这批人。[42]雅各比认为，这种情况的成因有：文化界走向堕落，遭遇垮掉的一代，进而迷失在郊野；随着反犹主义的退潮，市区犹太人逐渐摆脱边缘地位；斯大林暴行被揭露，导致左翼势力衰退；最主要的是，随着大学的扩张，大批知识分子进入学校，追求教职和名利。[43]虽然这种观点对克里斯托弗·拉什、安德鲁·海克、欧文·路易斯·霍罗威兹或弗朗西斯·福山等近代知识分子不太公平，但是雅各比的说法还是有其中肯之处。正如我们在本书“导言”部分所引用的约翰·布罗克曼的观点，这是因为科学所带来的政策和哲学衍生物比以往任何时候都多，所以公共知识分子的功能已经被科学家所取代。根据雅各比的描述，分析哲学在美国和英国的大学里取得了完胜，但是对布罗克曼提及的科学家们而言，取得完胜的是他们的科学哲学，科学哲学更先进、更有价值。这就是正在发生的观点和知识形式的进化。

最后，在思考知识形式的进化时，让我们回想一下我们在“结语”开头提到的科学、自由市场经济和自由民主之间的关联。也许读者已经注意到本书没有提及一样东西，正是这种缺失使这三者间关联的恰当性和重要性显得分外清楚。我指的是非西方思想家的相对缺失。在构思本书时，我（和出版商）的意图是想尽可能把本书写成一部国际化的、多元文化的文本。按照原计划，这本书不仅要谈论欧洲和北美的思想，还要关照非西方的主要文化，认识它们的重要思想和思想家，包括哲学家、作家、科学和作曲家。在准备过程中，我接触了一些学者，他们专门研究主要的非西方文化：印度、中国、日本、南非、中非及阿拉伯世界。我震惊（这个词还不足已表达我的震惊）地发现他们都（我毫不夸张，绝无例外）给出了相同的答案：20世纪非西方文化中没有出现任何可以与西方思想相媲美的著作。考虑到全书对种族主义的涉及，我必须澄清，这些学者中，有相当大的比例拥有非西方文化背景。他们中不止一人认为，在20世纪，其所属的（非西方）文化所做的努力，主要是与现代性寻求妥协，学习如何应对或回应西方的方法或西方的思维模式（主要是民主与科学）。这再次突显了第30章中提过的弗朗兹·法农和詹姆斯·鲍德温的观点，即对很多群体来说，目前而言他们的文化要义就是求得生存。对这种回应，我感到惊讶，来自不同背景和不同学科的专家给出的说法如此接近，这就更加要引起我们的重视了。

当然，20世纪也有一些重要的中国作家和画家，我们也能想到一些 761
重要的日本电影导演、印度小说家和非洲戏剧家。有些人在这本书中已经有所提及。我们查看了正蓬勃发展的印度历史编纂学的修正主义学派。非西方背景的著名学者几乎是家喻户晓，比如爱德华·萨义德、阿玛蒂亚·森、安妮塔·德塞或钱德拉·维克拉玛辛赫。但是我一再发现，20世纪没有出现中国版的超现实主义或精神分析学，没有出现印度版的逻辑实证主义，也没有出现非洲版的历史年鉴学派。有关20世纪的发明和创新，无论怎么罗列，都不外乎塑料、抗生素、原子，或意识流小说、自由体诗，或抽象表现主义，而这些毫无例外都是西方的。

有一个人可能会为这种差异提供线索，他就是V. S. 奈保尔爵士。1981年，奈保尔访问了四个伊斯兰国家，分别是伊朗、巴勒斯坦、马来西亚和印度尼西亚。他发现伊朗是个困惑而愤怒的国家："这种困惑主要在于，这个高度传统的民族从沉睡中醒来，发现石油和金钱唾手可得，感受到了权力和侵害，认识到他们已然被全新的文明团团围住。"[44]"这种文明无法制服，所以人们拒绝它，同时又依赖它。"[45]他发现，巴勒斯坦是一个破碎的国家，经济停滞，"聪慧的人民几近歇斯底里"。[46]他说，巴勒斯坦社会的失败，"使人们一再回头求助于信仰"。[47]伊朗在感情上排斥西方，特别是西方对待女性的态度。他发现，伊朗没有工业，没有科学，大学几乎被极端教派扼杀，因为它“提供了一个思想上的恒定低温环境”。[48] 他发现，马来西亚人“缺乏竞争力”（他是指与华裔竞争，华裔占其人口的一半并在经济上主导这个国家）。在奈保尔笔下，印度尼西亚的伊斯兰社会处于“麻木”状态；社会生活崩溃，人民不可避免地投奔信仰。[49] 他说，在这四个国家中，伊斯兰教过分地关注过去，这就妨碍了发展，而缺乏发展又意味着这些伊斯兰国家的人民不能应对西方带来的挑战。由此引发的“愤怒和无序”又将其禁锢于信仰中，如此循环反复。奈保尔在其著作中引用伯特兰·罗素的话并非无缘无故：“历史让人明白，人类事务永无定论；静态的完美和终极的智慧均不可企及。”[50]

奈保尔对印度则更加刻薄。他三次访问印度，并撰写了数部著作：《幽暗国度》（1967）、《印度：伤痕累累的文明》（1977）和《印度：百万叛变的今天》（1990）。[51] 他在 1967 年写道：“印度的危机……在于其腐朽的文明，它唯一的希望是更彻底地迅速腐朽。”1977 年，情况似乎还不那么糟糕，不过这也许意味着迅速腐朽已经席卷整个国度。奈保尔对印度并非毫不同情，但是他在第二本书中依然不留情面。如下措辞随处可见：“印度的危机不仅在于政治，还在于经济。这个伤痕累累的古老文明的更大危机在于，它知道自己的不足，却缺乏奋力前行的知识手段。”[52]“印度教……给［印度人］带来的是一千年的失败和停滞。它未能带来契约意识
762 和国家意识。……它回避忍让的哲学从思想上削弱了人们的力量，更谈不上将人们武装起来应对挑战；它扼杀了发展。”[53]

墨西哥的诺贝尔文学奖得主、诗人**奥克塔维奥·帕斯**（Octavio Paz）曾两次代表墨西哥出使印度，第二次更是担任驻印度大使。他撰写的《印度札记》发表于 1995 年，对这片次大陆表现出了更多的同情，特别赞扬了其诗歌、音乐和雕塑的成就。[54] 同时，帕斯并非不了解印度的不幸：

“关于印度最独特也最能说明其本质的，既不是政治，也不是经济，而是宗教：印度教和伊斯兰教在这片土地上共存。这个社会最富裕的阶层持最严格、最极端的一神论，同时这个国家还有最丰富多变的多神论，这不仅是历史的悖论，还是一道深深的伤口，伊斯兰教和印度教不仅相互对立，而且水火不容”；[55]“13 世纪末，最后一批大寺院建成了，而印度思想成为社会麻木的牺牲品，走向了停滞，伴随这种历史麻木的还有两种重要现象：佛教的消失和伊斯兰教在德里等地的获胜”；[56]“印度文明开始漫长的沉睡，一直持续到今天。……由于伊斯兰教的存在，印度出现了一批高超的艺术品，特别是建筑，另外还有绘画，却没有出现任何新的原创思想。”[57]

奈保尔有关次大陆的第三本著作《印度：百万叛变的今天》发表于 1990 年，语气截然不同，总体而言更加热情洋溢，汇集了各种生动的记述，内容涵盖了电影制作人、建筑师、科学家、报人、慈善工作者，其中鲜少甚至几乎没有促人警醒的概述，而这恰恰是他早期著作的特点。在书的末尾，他这样总结：“如今每个地方的人都清楚他们是谁，该做些什么。……逐渐降临印度的精神解放不可能单单以释放的形式出现。……它还将以愤怒和反叛的形式出现。……但是如今的印度拥有两百年前所没有的东西：中央意志、中央智慧和国家观念。”[58]他省悟到，印度社会正重新走向发展，走向复兴。[59]

我之所以关注奈保尔的转向，是因为其中有令我讶异的地方，是因为奈保尔后期的赞美之词远远不能抵消他在早期著作中提出的重大思想，即以下两个方面存在着重大关联：一方面是宗教和政治的状况，另一方面则是创造力以及思想和社会的进步。这一关联有助于解释本书最终的形态，以及它为何没能更多地谈及非西方思想的发展。在此我无法提供一个全面的答案，因为我没有做过这方面的研究。据我所知，也没有其他人做过这项工作。不过大卫·兰德斯的著作《国富国穷》（1998，上文提到过）已经接近这个课题了。他也毫不客气，直接称阿拉伯民族、印度人、非洲人和非美洲人为“输家”。[60] 兰德斯引用的数据表明，即使殖民主义也并非全部糟糕透顶，并且指出知识的隔离是宗教极端主义的首要遗害，它导致了科技的落后。我们最好把兰德斯的著作看成是一种勇敢的尝试，是苦口良药，其目的是要给“衰败”的文化以震动和刺激，使它们面对现实。这个
763 话题还有很多值得我们进一步讨论。

以上探讨的话题部分关乎心理学，部分关乎社会学。在《社会学的瓦解》（1994）一书中，罗格斯大学汉娜·阿伦特荣誉社会学教授、交易与社会出版社（一家专业的社会学出版机构）社长**欧文·路易斯·霍罗威兹**（Irving Louis Horowitz）就他毕生奋斗的这一学科的处境及发展方向发出哀叹。[61] 他之所以写这本书，缘于1992年的一条新闻，即美国有三所大学的社会学系停办，耶鲁大学社会学系的规模也缩减了一大半。同时，社会学毕业生数量也从1973年的35 996人下降到14 393人。霍罗威兹清楚引起这种衰退的原因，他指出，这种衰退并不局限于美国：“我相信这门曾经伟大的学科如今即使没有腐臭，也已经发酸了。”[62] 他言辞激烈地表示，最重要的变化源于某种意识形态对社会学的入侵：即认为某种单一的变量就能解释人类行为：“因而社会学在很大程度上已经成为不满分子的聚集地，他们有着各自关心的事务，从同性恋权利到神学解放，不一而足”；[63]“任何有关公共民主文化或普遍科学基础的概念都遭到质疑。意识形态专家戴上社会学家的面具，批评此类概念是危险的资产阶级客观主义，甚至更糟糕地说它是帝国主义的主张。……社会学过去最擅长用实证研究支持人文学科，通过准确地了解目前的处境以使未来更好一些，如今这个优势已经消失殆尽。既然社会学的目标变成了重塑人性，对社会进行系统的大修，那么适合社会学研究的就只有革命性的过去和幸福的未来了。”[64] 他

说，其结果是，那些认为社会科学与公共政策相关的学者都抛弃了社会学，其中包括社会规划者、刑罚学者、人口统计学家、犯罪学家、医院管理者和国际发展专家。[65] 与其说社会学是意识形态的研究，不如说它已经成为意识形态本身——特别是马克思主义的意识形态。“贫民窟与郊区的每一样差异都成为资本主义衰败的证据。每一项有关谋杀和自杀数量上升的统计都显示了美国社会的堕落，或者人们对美国社会的反抗。每个非婚生的孩子都是‘整个系统’失控的明证。”[66]

在霍罗威兹看来，重振和重塑社会学的办法是通过它解决人们普遍关心的重大问题，详细且不带偏见地描述这些问题并加以阐释。他写道，犹太大屠杀就是最重大的问题，令人惊讶的是，社会学至今还没有给出恰当的描述或阐释。社会学应该向政府和公众施以援手的领域还包括毒品滥用、艾滋病，另外它还应当努力定义“国家利益”，以此制定外交政策。他还简要提出了社会学“经典”，列出了一份作者清单，称任何一个受过教育的社会学家都应熟悉这些作者。最后，他提出了一个与本章主题十分契合的观点，即“实证时代”（他称之为“实证泡沫”）不会一直持续下去，也不会带来我们希冀的理想社会。[67] 他说，最重要的是，社会学家的本分是帮助我们审视这种泡沫，探索我们该如何生活在同一片蓝天下。在
阅读霍罗威兹的这本著作时，读者会发现他结语部分的语气比开篇时积极 764
乐观多了，但我们也不能据此认为社会学已然发生了变化；瓦解仍然是社会学的主要特征。

霍罗威兹的思想令我回想起我在本书“导言”中写过的话，事实上，在这部作品中，我一直尽力将话题与政治和军事事件拉开距离。正如一开始说过的，这是一种人为的划分，只是为了方便研究在传统历史中容易靠边站的一些重大而有趣的问题。不过，一旦涉及政治，本书所讨论的许多

思想发现就必须做出调整，使其适应各国的治国方针。光是此类调整的理论与实践就能写出许多作品，而本书实在无暇作此尝试，因此有必要承认这一局限，只抓取我眼中的重点。

也就是说，谈到思想和社会问题的处理时，传统政治阵营中的任何一方（左派和右派）都不是十全十美的。左派试图将马克思和弗洛伊德相结合，这种努力业已失败，这是必然的，因为这两种理论都是僵化、错误的（弗洛伊德的僵化和错误比马克思更甚）。后现代传统更擅长诊断和描述，却不擅长指引前路；只有一点除外，即它警告我们要提防那些吹嘘自己适用于一切人、一切地方和一切时代的“宏大”思想。

回顾这个世纪，尽管自由市场制度无疑取得了成功，人们还是要怀疑右派理论家是否有充分理由沾沾自喜。他们提出的观点往往实质上指向无为，让事情“自然”发展，似乎无为比有为更自然。例如，如果没有思及乔治·奥威尔的作品，人们会觉得米尔顿·弗里德曼或查尔斯·默里的理论似乎很有道理。如果弗里德曼和默里在20世纪30年代笔耕不辍，那么他们肯定得为现状争辩，让经济顺其“自然”，无须干预。但是谁能怀疑奥威尔的作品在情感上引发了变化，再结合战争经历，使人们对待穷人的方式发生了重大转变？无论福利国家如何令人不满，但它确实改善了世界上千百万人的生活条件。如果遵照放任派经济学家的观点，放任经济自由发展，这种改良就不会出现。

也许卡尔·波普尔是对的，政治就像科学，需要（或者应该需要）不断地修订。在这种政治进化的视角下，建设福利国家可能是对某些经济环境的恰当回应。但是，一旦它造就了更健康、更富裕的社会，使更多人获得长寿，照顾到全体人民的医疗和经济状况，人们会不会又要求拥有更完善的物质环境呢？现在我们应该明白（这也是本书隐约要表达的一个信息），在人满为患的世界，在大众社会（一种20世纪特有的现象）的世

界，每一次进步都会带来相应的退步或问题。就这一点而言，我们永远不
能忘记科学教给我们的两个道理，其重要性不分伯仲。科学向我们揭示了 765
大自然的部分基本原理；它还教会我们，务实地、零敲碎打地改善生活是最成功的适应方法。我们应该提防那些所谓的宏大理论。

就在20世纪日益接近尾声时，贡特尔·斯滕特和约翰·霍根首先发现，科学的不足和失败变得越来越重要，特别是我们明白了科学所能揭示的和我们所能了解的东西在原则上是有限的。苏塞克斯大学天文学教授约翰·巴罗在其1998年发表的《不可能性：科学的极限与极限的科学》中也提到了这些观点。[68] 巴罗在结尾部分说，"科学存在的唯一原因在于，自然容许的东西是有局限的。自然规律和不变的自然'常量'界定了我们的宇宙与其他众多想象世界的边界。在想象的世界中，一切都有可能。……在很多方面，我们发现，日益增长的复杂性最终都导向了有限及自我限制的局面。最强大的理论往往遵循这样的发展路线：这些理论很成功，于是人们以为它们可以解释一切。……'万有理论'的概念不时抬头。可是，有些事情实在出乎我们的意料。这个理论预言了它无法预言的东西：它告诉我们有些事情就是说不清、道不明。"[69] 巴罗以库尔特·哥德尔在1931年提出的理论为切入点，认为有些事情数学无法解释；有些局限源于人性，源于我们共同的进化传统，这些东西决定了我们的生物性，例如身材。我们能处理的信息量也是有限的，有关宇宙性质的大问题其实是没有答案的，因为光速首先就是有限的。原则上，混杂性和随机性是无法理解的。"无论是上帝的旨意，或是一堆相互连接的计算机，或是大脑中的'表决'神经细胞，都不可能将个人的理性选择转变为集体理性。"[70]

并非人人都赞同巴罗的观点，但是如果他的观点是正确的，那么我们将在20世纪末感受到另一种变化，这也许是自伽利略和哥白尼时代以来

最重要的变化：我们正接近实证时代的终结，等待我们的将是“后科学时代”。很多人认为，这一时代不可能马上到来，不要言过其实，因为正如约翰·马多克斯所说，还有大量科学研究工作有待完成，仿佛科学一贯给人以希望，无论前路多么漫长，科学家终将解开宇宙之谜。假如真如巴罗等人所说，这在理论上是不可能的，谁知道会有什么结果？知识形式的进化接下去将走向何方？

有一点似乎很清楚：如艾略特所说，我们无路可退。科学的主要批评者怀着特有的世俗狂热，常常娴熟地阐述科学缘何不可能彻底解答哲学问题，除此之外，他们往往没什么要补充的，似乎更没有什么新说法。他们要么去回顾宗教时代，要么提出诸如海德格尔的“顺从”自然、“放任自
766 流”的主张，还哀叹因为我们抛弃了上帝，“祛魅”已经不复存在，但至于“复魅”是否有意义，他们也不清楚。

在这些思想家中，英国哲学家**罗杰·斯克鲁顿**（Roger Scruton）的观点最为明晰。他的《聪明人的哲学指南》（1998）直指现代主义和通俗文化的做作、扭捏和空洞，称其不能提供“成员体验”，而这种成员体验在共享宗教和高雅文化的时代曾经何其真实。他哀叹“在一个无从判断的世界里”，我们怎么能学会判断。他对科学持怀疑态度：“人类世界是一个意义丰富的世界，科学无法完全领会任何一种人类意义。”在斯克鲁顿看来，虚构、想象和魅力世界是最高的感召，因为它会唤起我们对自身境遇的关切、宽容、共同的情感、无法满足的渴望和无以言表的如同瓦格纳戏剧一样的“发展过程”。[71]

斯克鲁顿怀念宗教，但并没有充分阐述宗教的可能性。最成熟的后科学宗教观可能来自**约翰·波尔金霍恩**（John Polkinghorne）。波尔金霍恩是一位物理学家，师从保罗·狄拉克、默里·盖尔曼和理查德·费曼，后在

剑桥大学任数学物理学家，因此成为斯蒂芬·霍金的亲密同事。1982年，他被任命为圣公会的牧师。在《超越科学》（1996）一书中，他的观点主要包括两个方面：其一，“我们的科学、美学、道德和精神力量远远超过生存竞争之确切所需，如果我们只是将其视为生存竞争中偶然获得的、幸运的副产品，那就说明我们对其存在之谜所持的态度还不够严肃”；[72] 其二，“有意识的生命的进化似乎是宇宙历史中发生过的最有意义的事情，我们都感兴趣的是，为生命的进化提供可能的正是如此特别的宇宙”。[73] 事实上，波尔金霍恩相信造物主的存在，他的主要观点是人择原理，即宇宙为我们的存在准备了物理定律，宇宙的一切都拿捏得如此巧妙，这一切的背后一定有位造物主。与20世纪30年代伯明翰主教和英奇教长的观点相比，这是个新观点；但是波尔金霍恩关于上帝的说法停留在我们无法理解（可能也理解不了）的细节。从这个意义上说，这与此前有关宗教和科学的说法并无二致。[74]

布莱恩·麦基在其思想自传《一个哲学家的自白》（1997）中这样写道：“我本人不信教，但我相信大部分现实对人类来说可能永远都是不可知的。在我们的社会里，我看到人们迫切希望了解那些不可知的事物。我发现，绝大多数人要么认为所有现实在原则上都是可知的，要么认为事物都有宗教的维度。但实际上还存在着第三种可能性，即我们能够知道的很少，而这些知识也没有多少宗教的维度，这种知识观鲜有人考虑，在我看来却蕴含真理。”[75] 我在很大程度上赞同麦基的此类观点，我也同意他所说的“西方哲学大分裂”。他说，一边是分析哲学，主要是逻辑实证主义者和英美哲学家，他们痴迷于科学及其影响，主要目标是 767
“解释、理解和洞悉”。[76] 与之相对的是在英美被称为“大陆派”的哲学家，代表人物是胡塞尔和海德格尔，也包括雅克·拉康、路易·阿尔都塞、汉斯—格奥尔格·伽达默尔、尤尔根·哈贝马斯，还能追溯到德国哲学，包括康德、黑格尔、马克思和尼采。这些哲学家不像分析哲学家那样痴迷科学，他们感兴趣的是弗洛伊德（和后弗洛伊德）心理学、文学和政治，其方法是修辞和派别，相对于理解，他们更感兴趣的是评论。[77]我认为这是一个重要的区分，因为它将一些最深刻的思想家划分开了，一边是科学，另一边是弗洛伊德、文学和政治。无论怎么做，我们似乎都无法摆脱“两种文化”的划分，不过，如果我说得没错的话，我们所面临的主要问题也要求我们这么做。一方面，科学 / 分析理性总体而言在20 世纪取得了巨大的成功；另一方面，政治、派别和修辞理性则遭遇惨败。分析理性和主动 / 被动理性的强大为政治的修辞理性带来了它受之有愧的权威性。乔治·奥威尔最先看到这一点并进行了明确的阐述。奥斯瓦尔德·斯宾格勒和维尔纳·桑巴特所说的英雄和商人的区别变成了英雄与科学家的区别。

但是，尽管如此，我觉得我们仍然可以有所作为，至少可以为未来的工作做些安排。从本书的叙述中，有一点非常清楚，在过去的 20 世纪里，科学（特别是社会学和心理学）的失败至关重要，并与政治灾难密切相关。在过去的 20 世纪里，科学、自由民主、自由市场经济学和大众媒体的成功开创了个人自由的时代，实现了前所未有的个性化。这绝不是一般的成就，但是值得我们努力的地方还有很多。例如美国种族问题处理不力，为这个世纪投下了阴影。看看卢旺达以及最近科索沃发生的种族清洗，都让人想起犹太大屠杀和康拉德的《黑暗心灵》。再看看犯罪、吸毒、非婚生子和堕胎的数据。所有这些都在某种程度上反映了不同民族、不同种族、不同氏族、不同性别、不同家族、不同年龄段等各种不同群体之间关系的破裂。20 世纪的发展使我们日益意识到自身作为个体的存在，却没有让我们懂得我们依旧是群体的成员，是休戚与共的群体成员，有着共同的责任和权利。在社会学领域，马克思的重要遗害是过分强调了一些群体（中产阶级、管理阶层）对另一些群体的奴役和剥削，导致关于不同群体之间其他关系的研究被严重忽视。在心理学领域，弗洛伊德强调所谓基于利己、敌对和竞争的个人发展，将个人自我价值的实现凌驾于其他一切之上。

因此，科学面临的任务很清楚，也很紧迫。科学应转而关注群体、不同群体的人、群体心理学和社会学，研究相互关系，个人与自身所处的不 768
同群体（家庭、性别、世代、种族、民族）之间的关系。希望有一天我们能够理解和控制诸如种族主义、强奸、虐待儿童和吸毒等社会问题。[78] 正如**塞缪尔·亨廷顿**（Samuel Huntington）在《文明的冲突与世界秩序的重建》（1996）中所说，不同民族之间的首要区别不再是意识形态，而是文化，即群体文化。[79] 这些无疑是未来的社会学和心理学最关键的课题。

有关科学、自由市场经济和大众媒体，我还想做最后一点说明。本书中的绝大多数观点来自象牙塔，远离喧嚣的市场。本书所提到的那些有思想的人大多不是为了金钱而思考的，而是因为他们满怀求知欲。彼得·布鲁克和皮埃尔·布列兹等人则刻意避开市场体制，这样他们的工作就不会受到市场考量的制约。出于同样的原因，为我们的知识生活和公共生活做出巨大贡献的大众媒体（BBC）也特意避开原始市场。我们应该知道，知识（特别是基础科学、伦理哲学和社会评论等）的产生，似乎都是不屈从于市场经济的人类活动，不过在这种体制下、在受保护的环境中，知识活动无疑会很活跃。大学已经发展成高度宽容的小社会，在很大程度上，大学里拥有不同年龄、不同背景、不同观点、兴趣和技能的人能够探索出共同生活的诸多方式。我们永远都不应忘记大学是多么宝贵，对于前面各章以及“结语”中讨论过的很多当前问题，大学最有可能提供一条前行的道路，引领心理学和社会学走出当下的僵局。

新的人文学科和新的经典

除了科学，今日西方思想在后现代主义者和传统主义者之间还有一条重要分界线，它影响着哲学、文学、宗教，甚至历史。后现代主义喜欢文化的片段性、差异性和“狂欢性”（语出斯坦利·费希），而传统主义者则深感后现代主义的路径将彻底把我们（特别是年轻人）掏空，他们认为这种方法在伦理上有背叛的嫌疑，逃避判断人类成就哪个更好，哪个稍次，从而妨碍人们实现进一步的发展。后现代主义和相对主义目前还方兴未艾，但它能持续多久？尽管非洲文化、巴厘岛文化及其他第三世界国家的文化在一定程度上得到了复兴，并且获得了必要的推动，但到目前为止，还没有恢复中东地区古典文明曾经引起的广泛共鸣。谁也不会怀疑各个地方、各个时代都出现过艺术珍品、学识和科学，而界定和拓展这一原本宽
769 泛的范围已经成了20世纪的主要学术成就。尤其是有关早期的、前哥伦布时期的美洲原住民的大量知识为我们展现出一幅丰富的相互关联的文化图卷。但是这些发现有没有产生令我们对今天的生活方式加以反思的文学作品呢？有没有揭示令我们改变思维方式或行为方式的法律、医学或技术呢？有没有带来拥有新视野的全新的文学或哲学呢？答案很直白：没有。

有可能（也许可能性还很大）的是，在21世纪的某个时刻，我们最终会进入“后”后现代主义世界，在那里，人们仍然接受让—弗朗索瓦·利奥塔、克利福德·格尔茨、弗雷德里克·詹姆逊、大卫·哈维及其同行的论点，不过仅仅是在一定程度上。我们将会进入这样一个阶段，即使世界上所有的文化都得到了复兴和描述，文明的等级仍然存在，因为在塑造世界方面，总有少数文明比其他文明重要得多。应该说，20世纪末传统等级制（意味着传统的“元叙述”）遭遇了各种破坏，但其基本架构依

然无甚改变。

海勒姆·宾厄姆重新发现了马丘比丘，巴兹尔·戴维森“再现”了马邦谷布韦，克利福德·格尔茨“深描”了巴厘岛人的斗鸡，它们在某种程度上都能与柏拉图的《理想国》、莎士比亚的福斯塔夫或普朗克的量子相媲美。但是真正的重点是：虽然这些发现合力造就了20世纪重大学术成就的“传奇”，但是马丘比丘、马邦谷布韦和巴厘岛并未如传统思想那般在任何地方促成传奇。

我坚持这种观点并非出于种族歧视或种族优越感。理查德·罗蒂准确地指出，关于巴厘岛人斗鸡的深度描述本身就是西方人类学的一项成就。但我认为，后现代主义者与传统主义者之间的差异（也许需要一个更恰当的术语）是可以调和的，至少在一定程度上是如此。**尼尔·波兹曼**（Neil Postman）使我注意到，威廉·詹姆斯曾经在20世纪初说过，只要用历史的眼光去看待，任何学科都可以成为“人文学科”。[80]“任何学科，只要用历史的观点讲授，都可能被赋予人文价值。如果在讲授的过程中涉及创建相应领域的天才所取得的一系列成就，那么地理学、经济学和力学都可以是人文学科。所以说，如果不这样讲授，文学不过是语法，艺术不外乎商品目录，历史则是一串日期，自然科学将只是一页页的方程式、重量和尺寸而已。”叙事形式得到恰当实现，就会树立强大的权威，它不仅能揭示我们当下的处境，还能揭示我们如何走到了这一步。说到这种在20世纪的进程中出现的宏大叙事，我相信它摧枯拉朽的叙事能力可以提供一剂良药，解决近年来困扰教育机构的诸多问题，特别是所谓的“文化战争”和有关西方经典的论争。

如前所述，众多思想流派和众多学科正汇聚到一起，讲述同一个传 770
奇。提出这个观点的最有影响力的人物是E. O. 威尔逊，他甚至搬出“知识大融通”一词来描述这个过程。在1998年出版的著作《知识大融通》

中，威尔逊提出了世界的极端还原论观点，不仅阐述了科学知识是如何融通的，而且提出总有一天科学会“解释”艺术、宗教、伦理道德、亲缘模式、政府形式、礼节、时尚、婚恋、礼品馈赠模式、葬礼仪式、人口政策、刑事制裁等，如果还不够，那么可以这样说，科学几乎能解释一切。[81] 他认为色彩偏好在很大程度上是与生俱来的，特定艺术家天生就关注某些主题，隐喻是大脑在学习过程中扩展激活的结果，因此是“创造性思维的建筑模块”。[82] 促成艺术的天生冲动包括模仿，把事物几何化的倾向，以及效果强化的冲动。好的艺术家凭直觉就知道哪些图案最能唤醒大脑。[83] 在神话故事和小说中，“仅需二十余种”情节就可以涵盖构成社会经典文集的大多数史诗故事。这些情节包括：部落迁移、遭遇恶势力、天启、性觉醒，等等。“孕育艺术的主要原因是需要为思想上的困惑引入秩序。”[84] “我们正走进一个新的存在主义时代，”威尔逊说，“不是克尔凯郭尔和萨特那赋予个体完全自主的、旧的荒诞派存在主义，而是一种新的思想，它认为只有统一的学习和普遍的分享，才有可能帮助人类做出准确的预见和明智的选择。……在此过程中，我们都在学习一条基本原则，即伦理道德就是一切。不同于动物的社会性，人类的社会存在是在遗传倾向的基础上形成长期契约，接着通过文化发展成道德规则和法律。”[85]

换句话说，在威尔逊看来，艺术也是整体叙事的一部分。我认为，这个整体叙事应该成为新经典的基础。假使我们要理解这种叙事，以及我们如何达成此种叙事，我们就需要很好地理解各种重要的科学、重大历史阶段、各种文明的兴衰以及基本模式形成之原因。宗教、文学、音乐、绘画和雕塑等领域的伟大作品都符合这种叙事，符合这种知识体系，在某种意义上，所有的文化都努力与自然世界和超自然世界达成妥协，创造美，形成知识和领会真理。语言的意义以及不同语言如何相互关联，如何发展，又如何保持相异，也符合这种情况。进化使我们能够尽量舒适妥帖地将文化世界置于自然世界之中，它提示了不同群体之间是如何相互关联的。另外，这种叙事指出了当前人类的发展方式，在此过程中陈旧的思维方式正被新的思维方式所取代。很多人不同意这种观点，他们回应说，进化过程中不存在技术方向。也许更多人不喜欢，甚至怀疑我的观点，但是我想，证据是不言而喻的。

在 20 世纪末，已有证据显示，我们生活在学科交叉的文化环境中。一方面，人们哀叹大众媒体影响了知识生活；另一方面，在西方世界，随
便找一家好书店，看看它的书架就能发现，大众科学占据了越来越多的书 771
架空间。说它们是大众科学实际上具有误导性，因为其中很多书比较难，例如，其研究内容可能涉及物质属性、深奥的数学（费马大定理和经度）、进化的细节、古生物学的冷僻领域、时间的起源和科学哲学。但是越来越多的人开始接受如下说法：如果一个人不饱读此类最新知识，他就不能算是有学问的人。相对而言，书店里这些书的数量不算多，但是二十年前，书店里几乎遍寻不到这类书籍。

在我看来，这一点非常鼓舞人心，尤其是因为它将防止这个社会的科学家和大众之间出现重大裂隙。否则，如果（这将是个大胆的假设）超弦理论革命真的取得了成果，那么科学家将很难将这种成果与大众分享。因为对于使用哪些隐喻可以揭开宇宙的奥秘，科学家已经走到了极限；至少我们必须面临一种可能性，有一天，真正掌握宇宙秘密的只能是那些数学能力超常的人。即使我们其他人反对知识的前进方向，那也毫无用处。我们要为此做好准备，而这也是我为新经典辩护的又一个原因；正如詹姆斯所说，我们要把科学当作人文科学来传授，这样它就能吸引越来越多的人。

进化是属于我们每一个人的故事。物理学、化学和生物学所能达到的国际化程度是文学、艺术或宗教无法企及的。虽然科学始于西方，但是如

今在印度、阿拉伯、日本和中国都有为数不少的科学家。（1999年7月，中国宣布拥有制造中子弹的能力，这又是一次知识的胜利。）科学和自由民主是西方思想，或曾经是西方思想；我这么说不是为了逃避棘手的判断，也不是为了规避有关西方文艺经典的争论。但是，将20世纪的思想作为一种叙事来研究，有望为我们当前的生活提供一种新的人文学科视角和一系列新的经典。本书既是在为大众讲述属于全人类的知识，描绘一幅历史和知识的经典画卷，也试图向我们遗留的问题发起冲击。它们将是我
772 们所有人都可以共享的。

注 释

在注释中，尤其涉及20世纪初的文献时，我不仅给出了初版文献的详细信息，而且在必要的时候也给出了更为新近的重印版和修订版信息。这是为了帮助那些希望阅读原著的读者，将相对易得的版本告知他们。除此之外，关键作品的出版史也能展现出部分关键思想的流行趋势。

本书最后一部的文献相对稀少，这也是理所应当的。因为这些作品太新了，还未能产生出足够的批评或评论的二手文献。

序 言

1. Saul Bellow, *Humboldt's Gift*, New York: Viking Press, 1975; Penguin paperback, 1996, page 4. 此处提到的噩梦可与詹姆斯的《尤利西斯》相比较："历史，"小说人物斯蒂芬说，"是我正努力从中醒来的一场噩梦。" James Joyce, *Ulysses*, Paris: Shakespeare & Co., 1922; Penguin edition of the 1960 Bodley Head edition, 1992, page 42.

导 言 思想规律进化论

1. Michael Ignatieff, Interview with Isaiah Berlin, BBC 2, 24 November, 1997. See also Michael Ignatieff, *Isaiah Berlin*, London: Chatto & Windus, 1998, page 301.
2. Martin Gilbert, *The Twentieth Century: Volume I, 1900—1933*, London: HarperCollins, 1997.
3. Claude Lévi-Strauss and Didier Eribon, *De Prés et de Loin*, translated as *Conversations with Claude Lévi-Strauss*, Paula Wissig (translator), Chicago: Chicago University Press, 1988, page 119.
4. John Maddox, *What Remains to Be Discovered*, London: Macmillan, 1998, Introduction, pages 1—21.
5. Daniel C. Dennett, *Darwin's Dangerous Idea: Evolution and the Meanings of Life*, New York: Simon & Schuster, 1995, page 21.
6. Roger Smith, *The Fontana History of the Human Sciences*, London: Fontana Press, 1997, pages 577—578.
7. See, for example, Paul Langford, *A Polite and Commercial People: England 1727—1783*, Oxford: Oxford University Press, 1989.
8. Roger Scruton, *An Intelligent Person's Guide to Modern Culture*, London: Duckworth, 1998, page 42.

9. See Roger Shattuck, *Candor & Perversion: Literature, Education and the Arts*, New York: W. W. Norton, 1999, 特别是第6章对“艺术精神”的讨论，作者认为抽象（或者说艺术中比喻性表达的缺失）排除了类比和对应，因而也排除了意义。
10. John Brockman (editor), *The Third Culture: Beyond the Scientific Revolution*, New York: Simon & Schuster, 1995, pages 18—19.
11. Frank Kermode, *The Sense of an Ending*, Oxford: Oxford University Press, 1966; paperback edition, Oxford, 1968.

1 打破宁静

1. 弗洛伊德的作品已有24卷本的英文标准版，译自德文原著，由丛书总编詹姆斯·斯特拉奇与弗洛伊德之女安娜·弗洛伊德合作完成。《梦的解析》是该丛书的第4、5卷。在这部分中，我从弗洛伊德的多种传记中主要引用了Ronald Clark, *Freud: The Man and the Cause*, New York: Random House, 1980; and Giovanni Costigan, *Sigmund Freud: A Short Biography*, London: Robert Hale, 1967; 但我也推荐Peter Gay, *A Life for Our Time*, London: J. M. Dent, 1988。
2. Costigan, Op. cit., page 101.
3. Ibid., page 100.
4. Ibid., page 99.
5. Ibid.
6. William M. Johnston, *The Austrian Mind: An Intellectual and Social History 1848—1938*, Berkeley: University of California Press, 1972, pages 33—34.
7. Costigan, Op. cit., pages 88—89.
8. Johnston, Op. cit., page 40.
9. Ibid., page 238. Costigan, Op. cit., page 89.
10. Costigan, Op. cit., page 89.
11. Johnston, Op. cit., page 65.
12. Clark, Op. cit., page 12.
13. Johnston, Op. cit., page 223.
14. Ibid., page 235.
15. Ibid., page 236.
16. Costigan, Op. cit., page 42.
17. Ibid., pages 68ff.
18. Ibid., page 70.
19. Clark, Op. cit., page 180.
20. Costigan, Op. cit., page 77; Clark, Op. cit., page 181.
21. Clark, Op. cit., page 185.
22. Costigan, Op. cit., page 79.
23. Clark, Op. cit., page 213—214; Costigan, Op. cit., page 101.
24. Joan Evans, *Time and Chance: The Story of Arthur Evans and His Forebears*, London: Longmans, 1943, page 329.

25. Ibid., pages 350—351.
26. Richard Stoneman, *Land of Lost Gods: The Search for Classical Greece*, London: Hutchinson, 1987, pages 268ff.
27. Donald Mackenzie, *Crete and Pre-Hellenic: Myths and Legends*, London: Senate, 1995, page 153.
28. Evans, Op. cit., page 309.
29. Ibid., pages 309—318.
30. Mackenzie, Op. cit., page 116. Evans, Op. cit., pages 318—327.
31. Evans, Op. cit., pages 329—330.
32. Ibid., page 331.
33. Mackenzie, Op. cit., page 118.
34. Evans, Op. cit., pages 331ff.; Mackenzie, Op. cit., pages 187—190.
35. Ernst Mayr, *The Growth of Biological Thought*, Cambridge, Massachusetts: The Belknap Press of Harvard University Press, 1982, pages 727—729.
36. Ibid., page 729; William R. Everdell, *The First Moderns*, Chicago: Chicago University Press, 1997, pages 162—163.
37. Mayr, Op. cit., pages 722—726.
38. Ibid., page 728.
39. Ibid., page 730. 关于这一系列事件更具批评性的意见，see Peter J. Bowler, *The Mendelian Revolution; The Emergence of Hereditarian Concepts in Modern Science and Society*, London: The Athlone Press, 1989, pages 110—116。
40. Mayr, Op. cit., page 715. Everdell, Op. cit., page 160.
41. Ibid., page 734.
42. Everdell, Op. cit., page 166.
43. Richard Rhodes, *The Making of the Atomic Bomb*, New York: Simon & Schuster, 1986, 尽管我实际引用的是 Penguin paperback edition: London, 1988, page 30。
44. Ibid., page 40.
45. Ibid.
46. Everdell, Op. cit., page 167.
47. Ibid.
48. Ibid., page 167; Rhodes, Op. cit., pages 30—31.
49. Joel Davis, *Alternate Realities*, New York: Plenum, 1997, pages 215—219.
50. Everdell, Op. cit., page 171.
51. Ibid., page 166. Everdell, Op. cit., page 175.
52. Davis, Op. cit., page 218.
53. John Richardson, *A Life of Picasso, 1881—1906*, volume Ⅰ, London: Jonathan Cape, 1991, pages 159ff.
54. Everdell, Op. cit., chapter 10, passim; Roger Shattuck, *The Banquet Years: The Origins of the Avant-Garde in France 1885 to World War One*, New York: Vintage, 1953, passim.
55. Richardson, Op. cit., pages 159ff.
56. Everdell, Op. cit., chapter 10, passim.
57. Richardson, Op. cit., page 172.
58. Everdell, Op. cit., page 155.

59. John Berger, *The Success and Failure of Picasso*, Harmondsworth: Penguin, 1965, reprinted New York: Pantheon, 1980, page 67. Robert Hughes, *The Shock of the New*, London: Thames & Hudson, 1980 and 1991, pages 21 and 24.

2　思想驿站

1. William R. Johnston, *The Austrian Mind*, Op. cit., pages 147—148.
2. Hilde Spiel, *Vienna's Golden Autumn 1866—1938*, London: Weidenfeld & Nicolson, 1987, pages 55ff.
3. Johnston, Op. cit., pages 77 and 120. See Spiel, Op. cit., page 55, and George R. Marek, *Richard Strauss, The Life of a Non-Hero*, London: Victor Gollancz, 1967, page 166.
4. Allan Janik and Stephen Toulmin, *Wittgenstein's Vienna*, London: Weidenfeld & Nicolson, 1973, page 45.
5. Johnston, Op. cit., page 77.
6. Ibid., page 169，以及关于治疗虚无主义，page 223。
7. Janik and Toulmin, Op. cit., page 45.
8. Franz Kuna, 'A Geography of Modernism: Vienna and Prague 1890—1928,' in Malcolm Bradbury and James McFarlane (editors), *Modernism: A Guide to European Literature 1890—1930*, London: Penguin, 1976, page 126.
9. Carl E. Schorske, *Fin-de-siècle Vienna: Politics and Culture*, London: Weidenfeld & Nicolson, New York: Knopf, 1980, pages 12—14.
10. Kuna, Op. cit., page 126.
11. Janik and Toulmin, Op. cit., pages 62—63.
12. Schorske, Op. cit., page 14.
13. Kuna, Op. cit., page 127.
14. Janik and Toulmin, Op. cit., pages 114ff.
15. Schorske, Op. cit., page 17.
16. Ibid., page 18.
17. Ibid., page 19.
18. Ibid.
19. Cf. T.S. Eliot in *Notes Towards the Definition of Culture*, discussed in chapter 26.
20. Schorske, Op. cit., page 21.
21. Ibid.
22. Kuna, Op. cit., page 128.
23. Janik and Toulmin, Op. cit., page 92, 作者同时指出，布鲁克纳给路德维希·波尔兹曼上过钢琴课，以及马勒"会因自己的心理问题求助于弗洛伊德医生"。
24. Johnston, Op. cit., page 291.
25. Ibid., page 296.
26. Ibid., page 294.
27. Ibid., page 299.
28. William S. Everdell, *The First Moderns*, Op. cit., page 190. See Johnston, Op. cit., pages

299—300.
29. Janik and Toulmin, Op. cit., page 135.
30. Johnston, Op. cit., pages 300—301.
31. Ibid., page 301.
32. Everdell, Op. cit., page 187.
33. Ibid., page 191.
34. Johnston, Op. cit., page 302.
35. Ibid., pages 302—305.
36. Janik and Toulmin, Op. cit., pages 71ff.
37. Johnston, Op. cit., page 159.
38. Ibid., pages 72—73; see Johnston, Op. cit., pages 159—160.
39. Johnston, Op. cit., page 233.
40. Ibid., pages 233—234.
41. Ibid., page 234.
42. Janik and Toulmin, Op. cit., page 96.
43. Schorske, Op. cit., page 79.
44. Ibid.; see Johnston, Op. cit., page 150.
45. Ibid.; see Schorske, Op. cit., pages 83ff.
46. Schorske, Op. cit., page 339.
47. Janik and Toulmin, Op. cit., page 100.
48. Ibid., page 94; see Johnston, Op. cit., page 144.
49. Schorske, Op. cit., page 220.
50. Ibid., pages 227—232.
51. Ibid.
52. Johnston, Op. cit., page 144.
53. Janik and Toulmin, Op. cit., page 133.
54. John T. Blackmore, *Ernst Mach: His Work, Life and Influence*, Berkeley: University of California Press, 1972, page 6.
55. Ibid., pages 182—184.
56. Janik and Toulmin, Op. cit., page 134.
57. Ibid., see Johnston, Op. cit., page 183.
58. Blackmore, Op. cit., pages 87ff.
59. Johnston, Op. cit., page 184; Janik and Toulmin, Op. cit., page 134.
60. Johnston, Op. cit., page 186; Blackmore, Op. cit., pages 232ff and pages 247ff.

3 达尔文的黑暗心灵

1. John Ruskin, *Modern Painters: 5 Volumes*, Orpington, Kent: George Allen, 1844—1888.
2. Arthur Herman, *The Idea of Decline in Western History*, New York: The Free Press, 1997, page 221.
3. Ibid., page 222.

4. Ivan Hannaford, *Race: The History of an Idea in the West*, Washington D.C. and Baltimore: The Woodrow Wilson Center Press and Johns Hopkins University Press, 1996, page 296.
5. Friedrich Nietzsche, *Will to Power*, New York: Random House, 1968, page 30.
6. Herman, Op. cit., page 99.
7. Ibid.
8. Ibid., pages 99—100.
9. Ibid., page 102.
10. Ibid., pages 102—103.
11. Richard Hofstadter, *Social Darwinism in American Thought*, Boston: Beacon Press, 1944, page 5.
12. Mike Hawkins, *Social Darwinism in European and American Thought 1860—1945*, Cambridge: Cambridge University Press, 1997, pages 109—118; see Hofstadter, Op. cit., pages 51—66.
13. Hofstadter, Op. cit., pages 152—153.
14. Ibid., page 41.
15. Hawkins, Op. cit., page 132.
16. Hannaford, Op. cit., pages 289—290. Hawkins, Op. cit., page 133.
17. Hawkins, Op. cit., pages 126—127.
18. Ibid., page 178.
19. Ibid., page 152.
20. Hannaford, Op. cit., page 292.
21. Hawkins, Op. cit., page 193.
22. Ibid., page 196.
23. Hannaford, Op. cit., pages 291—292.
24. Hawkins, Op. cit., page 185.
25. Ibid.
26. Ibid., page 219.
27. Hannaford, Op. cit., page 338.
28. Johnston, *The Austrian Mind*, Op. cit., page 364. Herman, Op. cit., page 125.
29. Hawkins, Op. cit., page 62.
30. Ibid., page 201.
31. Ibid.
32. Hannaford, Op. cit., page 330; see Hawkins, Op. cit., page 217.
33. Hawkins, Op. cit., page 219.
34. Hannaford, Op. cit., page 332.
35. Hawkins, Op. cit., page 218.
36. Hawkins, Op. cit., page 225.
37. Ibid., page 242.
38. Johnston, Op. cit., page 357.
39. Janik and Toulmin, *Wittgenstein's Vienna*, Op. cit., pages 60—61.
40. Ibid., page 61.
41. Johnston, Op. cit., page 358.

42. Schorske, *Fin-de-siècle Vienna*, Op. cit., page 164.
43. Ibid., pages 166—167.
44. Johnston, Op. cit., page 358.
45. Anthony Giddens, *Introduction to: Max Weber, The Protestant Ethic and the Spirit of Capitalism*, London and New York: Routledge, 1942 (reprint 1986), page vii.
46. Ibid., page viii.
47. Donald G. Macrae, *Weber*, London: The Woburn Press, 1974, pages 30—32. See Hartmut Lehmann and Guenther Roth, *Weber's Protestant Ethic*, Cambridge: Cambridge University Press, 1993, especially pages 73ff and 195ff.
48. Ibid., page 58.
49. J. E. T. Eldridge (editor), *Max Weber: The Interpretation of Social Reality*, London: Michael Joseph, 1970, page 9.
50. Giddens, Op. cit., page ix.
51. Ibid., page 35.
52. Ibid., page xi.
53. Ibid.
54. Eldridge, Op. cit., pages 168—169.
55. Giddens, Op. cit., page xii. Eldridge, Op. cit., page 166.
56. Ibid., pages xii—xiii.
57. Ibid., page xvii.
58. Lehmann and Roth, Op. cit., pages 327ff. See Giddens, Op. cit., page xviii.
59. Eldridge, Op. cit., page 281.
60. Hawkins, Op. cit., page 307. Ernest Gellner, *Plough, Sword and Book: The Structure of Human History*, London: Collins Harvill, 1988 进一步深化了韦伯的分析，他认为标准的内化让新教社会变得更加可信，从而有助于经济活动（page 106）。“对《圣经》教条的强调有利于高水准的文化”，他说，这意味着高等文化最终会成为主流文化。而这会促进平等主义以及现代的无个性社会。这种社会既充满创新性，同时也包含了标准化措施和规范，进一步促进具有现代性的社会秩序的产生（page 107）。
61. Redmond O'Hanlon, *Joseph Conrad and Charles Darwin*, Edinburgh: Salamander Press, 1984, page 17.
62. D. C. R. A. Goonetilleke, *Joseph Conrad: Beyond Culture and Background*, London: Macmillan, 1990, pages 15ff.
63. O'Hanlon, Op. cit., pages 126—127. See Kingsley Widner, 'Joseph Conrad,' *Dictionary of Literary Biography*, Detroit: Bruccoli Clark, 1988, Volume 34, pages 43—82.
64. O'Hanlon, Op. cit., pages 17ff.
65. Ibid., pages 20—21.
66. Widner, Op. cit., pages 43—82.
67. Ibid.
68. Joseph Conrad, *Heart of Darkness*, Edinburgh and London: William Blackwood, 1902; Penguin, 1995.
69. Goonetilleke, Op. cit., pages 88—91.
70. Conrad, Op. cit., page 20.
71. Ibid., page 112.

72. Goonetilleke, Op. cit., page 168; see R. W. Stalman, *The Art of Joseph Conrad: A Critical Symposium*, East Lansing: Michigan State University Press, 1960.
73. O'Hanlon, Op. cit., page 26.
74. Richard Curie, *Joseph Conrad: A Study*, London: Kegan Paul, French, Triibner, 1914.
75. Goonetilleke, Op. cit., page 85.
76. Ibid., page 63.
77. Gary Adelman, *Heart of Darkness: Search for the Unconscious*, New York: Twayne, 1987, page 59.

4 现代主义的少女

1. Kurt Wilhelm, *Richard Strauss: An Intimate Portrait*, London: Thames & Hudson, 1989, pages 99—100. 关于这一反应与其他反应，see Michael Kennedy, *Richard Strauss: Man, Musician, Enigma*, Cambridge: Cambridge University Press, 1999, pages 142—149。
2. See Malcolm Bradbury and James Mcfarlane (editors), *Modernism*, Op. cit., pages 97—101.
3. George R. Marek, *Richard Strauss*, Op. cit., pages 15 and 27.
4. Ibid., page 150.
5. Michael Kennedy, *Richard Strauss*, London: J. M. Dent, 1976, page 144.
6. Wilhelm, Op. cit., page 100.
7. Ibid.
8. Ibid., page 102.
9. Ibid., page 103.
10. Wilhelm, Op. cit., page 120; Kennedy, *Richard Strauss: Man, Musician, Enigma*, Op. cit., page 152.
11. Wilhelm, Op. cit., pages 120—121.
12. Kennedy, *Richard Strauss*, Op. cit., page 161.
13. Marek, Op. cit., page 183.
14. Ibid., page 185.
15. Kennedy (1976), Op. cit., page 45. See Bryan Gilliam (editor), *Richard Strauss and His World*, Princeton: Princeton University Press, 1992, pages 311ff., 'Strauss and the Viennese Critics.'
16. Marek, Op. cit., page 182.
17. Kennedy (1976), Op. cit., page 149.
18. Marek, Op. cit., page 186.
19. Kennedy (1976), Op.cit., page 150.
20. Marek, Op. cit., page 316.
21. Hans H. Stuckenschmidt, *Schoenberg: His Life, World and Work*, London: John Calder, 1977, page 42.
22. Harold C. Schonberg, *The Lives of the Great Composers*, London: Davis-Poynter, 1970, page 516.

23. Ibid., page 517.
24. Everdell, *The First Moderns*, Op. cit., page 275.
25. Schonberg, Op. cit., page 517.
26. Everdell, Op. cit., page 266.
27. Stuckenschmidt, Op. cit., page 88.
28. Schonberg, Op. cit., page 520; see Stuckenschmidt, Op. cit., page 141; and Schorske, Op. cit., page 351.
29. Schonberg, Op. cit., page 517.
30. Ibid., page 518.
31. Everdell, Op. cit., page 269; see Stuckenschmidt, Op. cit., pages 88 and 123—124.
32. Stuckenschmidt, Op. cit., page 94; see Schonberg, Op. cit., page 400.
33. Everdell, Op. cit., page 277.
34. Ibid., page 279.
35. Paul Griffiths, *A Concise History of Modern Music*, London: Thames & Hudson, 1978, revised 1994, page 26. Everdell, Op. cit., page 278.
36. Schorske, *Fin-de-Siècle*, Op. cit., page 349.
37. Stuckenschmidt, Op. cit., page 124.
38. Everdell, Op. cit., pages 277—278.
39. Ibid., page 279.
40. Ibid., pages 280—281.
41. Stuckenschmidt, Op. cit., page 124.
42. Schonberg, Op. cit., page 520.
43. Schorske, Op. cit., page 354.
44. Griffiths, Op. cit., page 34.
45. Joan Allen Smith, *Schoenberg and his Circle*, New York: Macmillan, 1986, page 68.
46. Schonberg, Op. cit., page 521.
47. Griffiths, Op. cit., page 43. Everdell, Op. cit., page 282.
48. Janik and Toulmin, *Wittgenstein's Vienna*, Op. cit., page 107.
49. Schorske, Op. cit., page 360.
50. See for example: James R. Mellow, *Charmed Circle: Gertrude Stein and Company*, London: Phaidon, 1974, pages 8ff.
51. John Russell, *The World of Matisse*, Amsterdam: Time-Life, 1989, page 74.
52. Jack Flam, *Matisse on Art* (revised edition), Berkeley: University of California Press, 1995, page 35.
53. Pierre Cabanne, *Pablo Picasso: His Life and Times*, New York: William Morrow, 1977, page 110.
54. André Malraux, *Picasso's Mask*, New York: Holt, Rinehart & Winston, 1976, pages 10—11.
55. Lael Westenbaker, *The World of Picasso, 1881—1973*, Amsterdam: Time-Life, 1980, pages 125ff.
56. Robert Hughes, *The Shock of the New*, Op. cit., page 24.
57. Dora Vallier, 'Braque, la peinture et nous,' Paris: *Cahiers d'Art*, No. 1, 1954, pages 13—14.

58. Ibid., page 14.
59. Hughes, Op. cit., pages 27 and 29.
60. Arianna Stassinopoulos, *Picasso: Creator and Destroyer*, London: Weidenfeld & Nicolson, 1988, pages 96—97.
61. 'Testimony Against Gertrude Stein,' *Transition*, February 1935, No. 23, pages 13—14.
62. Everdell, Op. cit., page 311.
63. Ibid., page 314.
64. Ibid., page 313.
65. Peg Weiss, *Kandinsky in Munich*, Princeton: Princeton University Press, 1979, pages 58—59.
66. Ibid., pages 5—6.
67. K. Lindsay and P. Vergo (editors), *W. Kandinsky: Complete Writings on Art* (two vols), New York: G. K. Hall, 1982; reprinted in one volume, 1994, pages 371—372.
68. Weiss, Op. cit., pages 28, 34 and 40.
69. Lindsay and Vergo (editors), Op. cit., page 364, quoted in Everdell, Op. cit., page 307.
70. Quoted in Hughes, Op. cit., page 301.
71. Weiss, Op. cit., page 91.
72. Algot Ruhe and Nancy Margaret Paul, *Henri Bergson: An Account of His Life and Philosophy*, London: Macmillan, 1914, page 2.
73. Jacques Chevallier, *Henri Bergson*, London: Ridier, 1928, pages 39—41.
74. Leszek Kolakowski, *Bergson*, Oxford: Oxford University Press, 1985, page 73.
75. Chevallier, Op. cit., page 60.
76. Philippe Soulez (completed by Frederic Worms), *Bergson: Biographie*, Paris: Flammarion, 1997, pages 93—94.
77. *New Catholic Encyclopaedia*, volume II, New York: McGraw-Hill, 1967, page 324.
78. Jacques Chevallier, *Bergson*, Paris: Plon, 1926.
79. Soulez, Op. cit., pages 132—133.
80. Kolakowski, Op. cit., pages 88—91.
81. Soulez, Op. cit., pages 133—134.
82. Ibid., pages 142—143.
83. Ibid.
84. Ibid., pages 251ff.
85. *New Catholic Encyclopaedia*, volume X, New York: McGraw-Hill, 1967, page 1048.
86. Ibid., volume IX, pages 991—995.
87. J. G. Frazer, *The Golden Bough*, London: Macmillan, 1890; revised 1900.
88. René Bazin, *Pius X*, London: Sands & Co., 1928, pages 11ff.
89. *The Catholic Encyclopaedia*, volume X, London: Caxton, 1911, page 415.
90. Ibid., page 416. 关于对《牧尔主羊》的其他反应的描述，see A. N. Wilson, *God's Funeral*, London: John Murray, 1999, pages 349ff。
91. Quoted in John King Fairbank, *China: A New History*, Cambridge, Massachusetts: The Belknap Press of Harvard University Press, 1994, page 52.
92. Fairbank, Op. cit., page 53.
93. Denis Twitchett and John K. Fairbank, *The Cambridge History of China, Volume II, Late*

Ch'ing, 1800—1911, Part 2, Cambridge: Cambridge University Press, 1980, pages 361—362; Fairbank, Op. cit., page 218.

94. Fairbank, Op. cit., page 224.
95. O. Edmund Clubb, *Twentieth-Century China*, New York and London: Columbia University Press, 1964, pages 25ff.
96. Fairbank, Op. cit., page 232.
97. Ibid., page 240.
98. Ibid., page 243.
99. Jerome B. Grieder, *Intellectuals and the State in Modern China*, New York: Free Press/ Macmillan, 1981, pages 35ff; Fairbank, Op. cit., page 243.

5 美国的实用主义智慧

1. Edward Bradby (editor), *The University Outside Europe*, Oxford: Oxford University Press, 1939, pages 285ff.
2. Ibid., passim.
3. Professor Robert Johnston, personal communication.
4. Bradby, Op. cit., pages 39ff. See Samuel Eliot Morison (editor), *The Development of Harvard University*, Cambridge, Massachusetts: Harvard University Press, 1930, pages 11 and 158.
5. Morison, Op. cit., page XC, and Abraham Flexner, *Universities: American, English, German*, Oxford: Oxford University Press, 1930, pages 85ff.
6. Bradby, Op. cit., page 52. Flexner, Op. cit., page 67. 值得注意的是德国科学的领导力量集中在大学之中，而英国则集中在诸如英国皇家学会之类的私立研究院中，这也制约了英国大学的发展。
7. Flexner, Op. cit., page 124. Bradby, Op. cit., page 57.
8. Ibid., page 151. See E. R. Holme, *The American University*, Sydney: Angus & Robertson, 1920, pages 143ff. Bradby, Op. cit., pages 59—60.
9. Ray Fuller (editor), *Seven Pioneers of Psychology*, London: Routledge, 1995, page 21.
10. William James, *Pragmatism*, New York: Longman Green, 1907; reprinted New York: Dover, 1995, pages 4 and 5.
11. William James, *Varieties of Religious Experience*, London: Longman Green, 1902.
12. James, *Pragmatism*, Op. cit., page 20.
13. Ibid., pages 33ff.
14. Arthur Lovejoy, *The Great Chain of Being*, Cambridge, Massachusetts: Harvard University Press, 1936.
15. Ellen Key, *The Century of the Child*, New York: Putnam, 1909.
16. Richard Hofstadter, *Anti-Intellectualism in American Life*, Op. cit., page 362.
17. John Dewey, *The School and Society*, Chicago: University of Chicago Press, 1900; and John Dewey, with E. Dewey, *The School of Tomorrow*, London: Dent, 1915.
18. Hofstadter, Op. cit., page 366.
19. Ibid., page 386.

20. Morison, Op. cit., pages 534—535.
21. Frederick Winslow Taylor, *The Principles of Scientific Management*, New York: Harper & Bros, 1913.
22. Ibid., pages 60—61.
23. Morison, Op. cit., pages 539—540.
24. Hofstadter, Op. cit., Part IV, pages 233ff.
25. Ibid., page 266.
26. Ibid., page 267.
27. Ada Louise Huxtable, *The Tall Building Artistically Reconsidered: The Search for a Skyscraper Style*, New York: Pantheon, 1984.
28. John Gloag, *The Architectural Interpretation of History*, London: Adam and Charles Black, 1975, page 1.
29. Paul Goldberger, *The Skyscraper*, New York: Knopf，第 9 页讨论了熨斗大厦的重要性，第 38 页刊载了斯泰肯的摄影作品。
30. See Ibid.，page 38，刊载了一张著名的熨斗大厦贺卡，名为“熨斗大厦的倒灌风”，上面画着一位女子，她的裙子被风吹起。
31. Goldberger, Op. cit., pages 17ff.
32. John Burchard and Albert Bush-Brown, *The Architecture of America*, London: Victor Gollancz, 1967, page 145.
33. Goldberger, Op. cit., pages 22—23.
34. Ibid., page 18. See Hugh Morrison, Louis Sullivan: *Prophet of Modern Architecture*, Westport, Connecticut: Greenwood Press, 1971 (reprint of 1935 edition).
35. Wesley Towner, *The Elegant Auctioneers*, New York: Hill & Wang, 1970, page 176.
36. Patrick Nuttgens, *The Story of Architecture*, Oxford: Phaidon, 1983.
37. William J. Curtis, *Modern Architecture since 1900*, Oxford: Phaidon, 1982, page 39.
38. Goldberger, Op. cit., pages 18—19. See Louis H. Sullivan, *The Autobiography of an Idea*, New York: Dover, 1956 (revised version of 1924 edition).
39. Goldberger, Op. cit., page 34.
40. 关于沙利文在欧洲的影响力，see Leonard K. Eaton, *American Architecture Comes of Age: European Reaction to H. H. Richardson and Louis Sullivan*, Cambridge, Massachusetts: MIT Press, 1972。
41. Goldberger, Op. cit., page 83.
42. Frank Lloyd Wright, *An Autobiography*, London: Quartet, 1977 (new edition) pages 50—52.
43. 关于该设计的图片，see Goldberger, Op. cit., pages 87 and 89。
44. Henry Combs with Martin Caidin, *Kill Devil Hill*, London: Seeker & Warburg, 1980, page 212.
45. Ibid., page 213.
46. Ibid., page 214.
47. Ibid.
48. Ibid., page 216.
49. C. H. Gibbs-Smith, *A History of Flying*, London: Batsford, 1953, pages 42ff.
50. Alphonse Berget, *The Conquest of the Air*, London: Heinemann, 1909, pages 82ff.

51. Combs and Caidin, Op. cit., pages 50—51.
52. Ibid., pages 36—38.
53. Ibid., pages 137—138.
54. Ibid., page 204.
55. Ibid., pages 216—217.
56. Gibbs-Smith, Op. cit., pages 242—245.
57. H. H. Arnason, *A History of Modern Art*, London: Thames & Hudson, 1977, page 410.
58. Robert Hughes, *American Visions*, London: The Harvill Press, 1997, page 323.
59. Arnason, Op. cit., page 410.
60. Martin Green, *New York 1913*, New York: Charles Scribner's Sons, 1988, page 137.
61. Quoted in Hughes (1997), Op. cit., page 325.
62. Ibid., page 327.
63. Green, Op. cit., page 140.
64. Hughes (1997), Op. cit., page 334.
65. Ibid., page 331.
66. Arnason, Op. cit., page 507.
67. Arthur Knight, *The Liveliest Art*, New York: Macmillan, 1957, pages 16—17.
68. Everdell, *The First Moderns*, Op. cit., page 203.
69. Ibid., page 204.
70. Richard Schickel, *D. W. Griffith*, London: Michael Joseph, 1984, pages 20—23.
71. Ibid., pages 129ff.
72. Ibid., page 131.
73. See the list in Schickel, Ibid., pages 638—640.
74. Ibid., page 132.
75. Ibid., page 134.
76. Knight, Op. cit., pages 25—27.
77. Schickel, Op. cit., page 116.

6　$E=mc^2$，$\supset / \equiv / v + C_7H_{38}O_{43}$

1. Rhodes, *The Making of the Atomic Bomb*, Op. cit., page 50. 对于早期经验主义与启蒙运动之间的关联，see Ernest Gellner, *Plough, Sword and Book*, Op. cit., page 133。
2. Rhodes, Op. cit., pages 41—42.
3. L. G. Wickham Legg (editor), *Dictionary of National Biography*, Oxford: Oxford University Press, 1949, page 766, column 2.
4. Rhodes, Op. cit., page 43.
5. *Dictionary of National Biography*, Op. cit., page 769, column 2.
6. Rhodes, Op. cit., page 47
7. Ibid.
8. David Wilson, *Rutherford: Simple Genius*, London: Hodder & Stoughton, 1983, page 291.

9. Wilson, Op. cit., page 289.
10. Ernest Marsden, 'Rutherford at Manchester,' in J. B. Birks (editor), *Rutherford at Manchester*, London: Heywood & Co., 1962, page 8.
11. Rhodes, Op. cit., pages 49—50.
12. Wilson, Op. cit., pages 294 and 297.
13. Rhodes, Op. cit., page 50.
14. Michael White and John Gribbin, *Einstein: A Life in Science*, London: Simon & Schuster, 1993, page 5.
15. Ibid., page 9.
16. Ibid., page 10.
17. Ibid., page 8.
18. Ronald W. Clark, *Einstein: The life and Times*, London: Hodder & Stoughton, 1973, page 16.
19. Ibid., pages 76—83; see White and Gribbin, Op. cit., page 48.
20. Clark, Einstein, Op. cit., pages 61—62.
21. 关于其他案例，see Ibid., pages 89ff。
22. White and Gribbin, Op. cit., page 95.
23. Clark, Einstein, Op. cit., pages 100ff.
24. 这部分内容基于 Wiebe E. Bijker, *Of Bicycles, Bakelites and Bulbs: Towards a Theory of Sociological Change*, Cambridge, Massachusetts: MIT Press, chapter 3, pages 101—108。
25. Stephen Fenichell, *Plastic: The Making of a Synthetic Century*, New York: HarperCollins, 1996, page 86. Bijker, Op. cit., page 130.
26. *Encyclopaedia Britannica*, London: William Benton, 1963, volume 18, page 40A.
27. Bijker, Op. cit., pages 107—115. 第 114 页提到了“爆炸的牙齿”。
28. Ibid., page 119.
29. Fenichell, Op. cit., page 89.
30. Bijker, Op. cit., page 146.
31. *Encyclopaedia Britannica*, Op. cit., page 40D. Bijker, Op. cit., page 147.
32. Fenichell, Op. cit., page 90.
33. Bijker, Op. cit., page 147.
34. Ibid., page 148.
35. Ibid., page 158.
36. Fenichell, Op. cit., page 91.
37. Bijker, Op. cit., pages 159—160.
38. 关于其他用法，see also *Encyclopaedia Britannica*, Op. cit., page 40D。
39. Bijker, Op. cit., page 166.
40. Caroline Moorehead, *Bertrand Russell: A Life*, London: Sinclair Stevenson, 1992, page 2.
41. 以传记形式讨论罗素作品，see Ray Monk, *Bertrand Russell, The Spirit of Solitude*, London: Vintage, 1997, pages 667ff。
42. Moorehead, Op. cit., page 335.
43. Ibid., page 35.
44. Ibid., pages 46ff.
45. Ronald W. Clark, *The Life of Bertrand Russell*, London: Penguin, 1978, page 43.

Moorehead, Op. cit., page 49.
46. Moorehead, Op. cit., pages 96ff.
47. Ibid., pages 97—100.
48. Clark, *Bertrand Russell and His World*, London: Thames & Hudson, 1981, page 28; see Monk, Op. cit.,page 153.
49. Monk, Op. cit., pages 129ff and passim; Moorehead, Op. cit., page 94.
50. Moorehead, Op. cit., page 96.
51. Bertrand Russell, 'Whitehead and Principia Mathematical,' *Mind*, volume lvii, No. 226, April 1948, pages 137—138.
52. Bertrand Russell, *The Autobiography of Bertrand Russell, 1872—1914*, London: George Allen & Unwin, 1967, page 152.
53. Moorehead, Op. cit., pages 99ff.
54. Monk, Op. cit., page 192.
55. Ibid., page 193.
56. Ibid., page 191.
57. Moorehead, Op. cit., page 101.
58. Ibid., page 102.
59. Monk, Op. cit., page 193.
60. Ibid., page 195.
61. M. Weatherall, *In Search of a Cure: A History of Pharmaceutical Discovery*, Oxford: Oxford University Press, 1990, page 83.
62. Ibid., pages 84—85.
63. Ibid., page 86.
64. Claude Quétel, *Le Mal de Naples: histoire de la syphilis*, Paris: Editions Seghers, 1986; translated as *History of Syphilis*, London: Polity Press in association with Basil Blackwell, 1990, pages 2ff.
65. Allan M. Brandt, *No Magic Bullet: A Social History of Venereal Disease in the United States since 1880*, Oxford: Oxford University Press, 1985, page 23.
66. Quetel, Op. cit., page 149.
67. Ibid., page 146.
68. Ibid., page 152.
69. Ibid., pages 157—158.
70. Martha Marquardt, *Paul Ehrlich*, London: Heinemann, 1949, page 163. Brandt, Op. cit., page 40.
71. Quetel, Op. cit., page 141.
72. Marquardt, Op. cit., page 28.
73. Ibid., pages 86ff.
74. Ibid., page 160.
75. Ibid., pages 163ff.
76. Ibid., page 168.
77. Ibid., pages 175—176
78. Sigmund Freud, *Three Essays on the Theory of Sexuality*, 1905, now available as part of volume VII of the *Collected Works* (see chapter I, note 1, supra), pages 20—21n.

7 血之阶梯

1. David Levering Lewis, *W. E. B. Du Bois: A Biography of a Race*, New York: Holt, 1993, page 392.
2. Ibid., pages 387—389.
3. Manning Marable, *W. E. B. Du Bois: Black Radical Democrat*, Boston: Twayne, 1986, page 98.
4. Lewis, Op. cit., page 393.
5. Marable, Op. cit., pages 52ff.
6. Lewis, Op. cit., page 33.
7. Marable, Op. cit., page 49.
8. Lewis, Op. cit., pages 302—303.
9. Ibid., page 316.
10. Ibid., pages 387ff.
11. Marable, Op. cit., page 73.
12. Lewis, Op. cit., page 404.
13. Ibid., page 406.
14. Marable, Op. cit., page 73.
15. Lewis, Op. cit., page 405.
16. Everdell, *The First Moderns*, Op. cit., page 209.
17. Ibid., pages 210 and 215—219.
18. Ibid., page 217.
19. Mike Hawkins, *Social Darwinism in European and American Thought*, Op. cit., pages 239—240.
20. Ibid., pages 229—230.
21. Kenneth M. Ludmerer, *Genetics and American Society*, Baltimore: Johns Hopkins University Press, 1972, page 60.
22. Ernst Mayr, *The Growth of Biological Thought*, Op. cit., pages 752ff.
23. Bruce Wallace, *The Search for the Gene*, Ithaca: Cornell University Press, 1992, page 56.
24. Mayr, Op. cit., pages 750—751.
25. Wallace, Op. cit., pages 57—58; Mayr, Op. cit., page 748.
26. Peter J. Bowler, *The Mendelian Revolution*, Op. cit., page 132; Mayr, Op. cit., page 752.
27. Mayr, Op. cit., page 753.
28. T. H. Morgan, A. H. Sturtevant, H. J. Muller and C. B. Bridges, *The Mechanism of Mendelian Inheritance*, New York: Henry Holt, 1915; see Bowler, Op. cit., page 134.
29. Bowler, Op. cit., page 144.
30. Melville J. Herskovits, *Franz Boas: The Science of Man in the Making*, New York: Charles Scribner's Sons, 1953, page 17. 关于博厄斯的政治观点以及他对德国政治体制的反感，see Douglas Cole, *Franz Boas: The Early Years 1858—1906*, Vancouver/Toronto: Douglas & McIntyre and the University of Washington Press, Washington and London, 1999, pages 278ff。
31. Ludmerer, Op. cit., page 25.

32. 有关前后渊源，see Franz Boas, *The Mind of Primitive Man*, New York: Macmillan, 1911, pages 53ff。
33. Ludmerer, Op. cit., page 97.
34. Franz Boas, Op. cit., page 1.
35. Boas, Op. cit., pages 34ff.
36. Ibid., pages 145ff.
37. Ibid., pages 251ff.
38. Ibid., page 278.
39. Bertrand Flornoy, *Inca Adventure*, London: George Allen & Unwin, 1956, page 195.
40. Hiram Bingham, *Lost City of the Incas*, London: Phoenix House, 1951, page 100.
41. John Hemming, *The Conquest of the Incas*, London: Macmillan, 1970; paperback edition 1993, page 243.
42. Bingham, Op. cit., pages 50—52.
43. Hemming, Op. cit., pages 463—464.
44. Ibid., page 464.
45. Bingham, Op. cit., page 141.
46. Flornoy, Op. cit., page 194.
47. Bingham, Op. cit., page 141.
48. Hemming, Op. cit., page 464.
49. Bingham, Op. cit., pages 142—143.
50. Nigel Davies, *The Incas*, Niwot, Colorado: University of Colorado Press, 1995, page 9.
51. Hemming, Op. cit., page 469.
52. Ibid., page 470.
53. Bingham, Op. cit., page 152. Hemming, Op. cit., page 470.
54. Hemming, Op. cit., page 472.
55. David R. Oldroyd, *Thinking About the Earth*, London: The Athlone Press, 1996, page 250.
56. See map in see Ibid., page 251.
57. George Gamow, *Biography of the Earth*, London: Macmillan, 1941, page 133.
58. Oldroyd, Op. cit., page 250.
59. R. Gheyselinck, *The Restless Earth*, London: The Scientific Book Club, 1939, page 281. 有关地槽的地图，see Oldroyd, Op. cit., page 257。
60. 其他参考文献，see Oldroyd, Op. cit., pages 144 and 312。
61. Gamow, Op. cit., pages 2ff.

8 火山爆发

1. Robert Frost, *A Boy's Will*, verse 2, 'The Trial by Existence,' 1913; in *Robert Frost: Collected Poems, Prose and Plays*, New York: The Library of America, 1995, page 28. Everdell, Op. cit., 其中第 21 章“奇迹之年”指的便是 1913 年。
2. John Rewald, *Cézanne and America: Dealers, Collectors, Artists and Critics*, Princeton: Princeton University Press, 1989, page 175.

3. Judith Zilczer, *The Noble Buyer: John Quinn, Patron of the Avant-Garde*, Washington D.C.: Published for the Hirschhorn Museum by the Smithsonian Institution Press.
4. Milton Brown, *The Story of the Armory Show*, New York: Abbeville Press, 1988, pages 107ff.
5. Peter Watson, *From Manet to Manhattan: The Rise of the Modern Art Market*, London: Hutchinson, 1992; New York: Random House, 1992, pages 176ff.
6. Rewald, Op. cit., pages 166—168; Brown, Op. cit., pages 64—73.
7. Watson, Op. cit., page 179.
8. Brown, Op. cit., pages 133ff.
9. Ibid., page 143.
10. Ibid., pages 119ff and 238—239.
11. Roger Shattuck, *The Banquet Years*, Op. cit., pages 282—283.
12. Marcel Adema, *Apollinaire*, London: Heinemann, 1954, page 162.
13. Ibid., pages 163—164; Everdell, Op. cit., page 330.
14. Adema, Op. cit., page 164.
15. Everdell, *The First Moderns*, Op. cit., page 330.
16. 关于阿波利奈尔的精彩介绍，see Shattuck, *The Banquet Years*, Op. cit., chapters 9 and 10, pages 253—322。
17. Schonberg, *The Lives of the Great Composers*, Op. cit., page 431.
18. Everdell, Op. cit., pages 329—330.
19. Peter Watson, *Nureyev: A Biography*, London: Hodder & Stoughton, 1994, pages 87—88.
20. Schonberg, Op. cit., page 433.
21. Ibid.
22. Ibid., page 434.
23. Ibid.
24. Richard Buckle, *Diaghilev*, London: Weidenfeld & Nicolson, 1979, page 175.
25. Schonberg, Op. cit., page 430.
26. Everdell, Op. cit., page 331.
27. Buckle, Op. cit., page 251.
28. Schonberg, Op. cit., page 431; Buckle, Op. cit., page 253.
29. Schonberg, Op. cit., page 431.
30. Buckle, Op. cit., page 254.
31. Ibid., page 255.
32. Everdell, Op. cit., page 333.
33. Henri Quittard, *Le Figaro*, 31 May 1913; quoted in Everdell, Op. cit., page 333. 关于"音乐潜意识", see Schonberg, Op. cit., page 432。
34. Everdell, Op. cit., page 335.
35. Clark, *Einstein*, Op. cit., page 199.
36. White and Gribbin, *Einstein*, Op. cit., pages 132—133.
37. Clark, *Einstein*, Op. cit., page 241.
38. White and Gribbin, Op. cit., page 135.
39. C. P. Snow, *The Physicists*, London: Macmillan, 1981, page 56.
40. Rhodes, *The Making of the Atomic Bomb*, Op. cit., page 69; Snow, Op. cit., page 58.

41. Ruth Moore, *Niels Bohr: The Man and the Scientist*, London: Hodder & Stoughton, 1967, page 71. See Rhodes, Op. cit., pages 69—70.
42. Rhodes, Op. cit., pages 70ff.
43. Moore, Op. cit., page 59.
44. Snow, Op. cit., page 57.
45. Ibid., page 58.
46. David Luke, Introduction, in Thomas Mann, *Death in Venice and Other Stories*, translated and with an introduction by David Luke, London: Minerva, 1990, page ix.
47. Ibid., page xxxv.
48. Ronald Hayman, *Thomas Mann*, New York: Scribner, 1995, page 252.
49. Luke, Op. cit., pages xxxiv—xli.
50. Brenda Maddox, *The Married Man: A Life of D. H. Lawrence*, London: Sinclair Stevenson, 1994, page 36.
51. Helen Baron and Carl Baron, Introduction to: D. H. Lawrence, *Sons and Lovers*, London: Heinemann, 1913; reprinted Cambridge University Press and Penguin Books, 1992, page xviii.
52. James T. Boulton (editor), *The Letters of D. H. Lawrence*, volume 1, Cambridge: Cambridge University Press, 1979, pages 476—477; quoted in Baron and Baron, Op. cit., page xix.
53. Baron and Baron, Op. cit., page xviii.
54. See George Painter, *Marcel Proust: A Biography*, volume 2, London: Chatto & Windus, 1965, especially chapter 3. 关于无意识的解释，see Harold March, *The Two Worlds of Marcel Proust*, Oxford: Oxford University Press, 1948, pages 241 and 245。
55. See the index in Painter, Op. cit., for details, pages 407ff.
56. Clark, *Freud*, Op. cit., pages 305—306.
57. 关于弗洛伊德所理解的维也纳社会生活与“挫折”，see Janik and Toulmin, *Wittgenstein's Vienna*, Op. cit., page 76。
58. Frank McLynn, *Carl Gustav Jung*, London: Bantam Press, 1996, page 72.
59. Ibid., pages 176ff.
60. Barbara Hannah, *Jung: His Life and Work*, London: Michael Joseph, 1977, page 69.
61. J. A. C. Brown, *Freud and the Post-Freudians*, Harmondsworth: Penguin, 1961, page 43. 关于荣格的种族和集体无意识理论，see pages 46 and 48。第 43 页呈现了支持其理论的“证据”。
62. McLynn, Op. cit., page 305. Brown, Op. cit., page 43.
63. Clark, *Freud*, Op. cit., page 332.
64. Richard Noll, *The Aryan Christ: The Secret Life of Carl Gustav Jung*, London: Macmillan, 1997, page 108.
65. Clark, *Freud*, Op. cit., page 331.
66. Ibid., page 352.
67. Ibid.
68. Peter Gay, *A Life for Our Time*, London: J. M. Dent, 1988, page 332.
69. Clark, *Freud*, Op. cit., page 356.
70. Gay, Op. cit., page 242, 提出了弗洛伊德是否“需要”化敌为友的问题。
71. Robert Frost, Op. cit., verse 4: ‘Reluctance,’ page 38.

9 反 击

1. Ronald Clark, *Freud*, Op. cit., page 366.
2. Ibid., page 366.
3. Caroline Moorehead, *Bertrand Russell: A Life*, Op. cit., page 205.
4. John Richardson, *A Life of Picasso, 1907—1917: The Painter of Modern Life*, volume 2, London: Jonathan Cape, 1996, pages 344—345.
5. Everdell, *The First Moderns*, Op. cit., page 346.
6. Ibid.
7. Ibid.
8. For Example, see Paul Fussell, *The Great War and Modern Memory*, Oxford: Oxford University Press, 1975; and Jay Winter, *Sites of Memory, Sites of Mourning: The Great War in European Cultural History*, Cambridge: Cambridge University Press, 1995.
9. Fussell, Op. cit., page 9.
10. Ibid., page 11.
11. Ibid., page 13.
12. Ibid.
13. Ibid., page 14.
14. Ibid., page 41.
15. Ibid., page 18.
16. Maxwell Maltz, *The Evolution of Plastic Surgery*, New York: Froben Press, 1946, page 268.
17. Kenneth Walker, *The Story of Blood*, London: Herbert Jenkins, 1958, page 144.
18. Walker, Op. cit., pages 152—153.
19. Harley Williams, *Your Heart*, London: Cassell, 1970, pages 74ff.
20. Walker, Op. cit., page 144.
21. *Encyclopaedia Britannica*, London: William Bennett, 1963, volume 3, page 808.
22. Walker, Op. cit., pages 148—149.
23. Stephen Jay Gould, *The Mismeasure of Man*, New York: W. W. Norton, 1981. Revised and expanded, Penguin, 1997, page 179.
24. Raymond E. Fancher, *The Intelligence Men: Makers of the IQ Controversy*, New York: W.W. Norton, 1985, page 60.
25. Gould, Op. cit., page 179.
26. Ibid., page 386.
27. Ibid., page 188.
28. Fancher, Op. cit., page 107.
29. Gould, Op. cit., page 190.
30. H. J. Eysenck and Leon Kamin, *Intelligence: The Battle for the Mind*, London: Macmillan, 1981, page 93.
31. Gould, Op. cit., pages 286ff.
32. Fancher, Op. cit., pages 136—137.
33. Ibid., pages 144—145.
34. Gould, Op. cit., page 222.

35. Ibid., page 223.
36. Ibid., page 224.
37. Fancher, Op. cit., pages 124ff.
38. Gould, Op. cit., page 227.
39. Ibid., pages 254ff.
40. Clark, *Freud*, Op. cit., pages 366—367.
41. Ibid., page 375.
42. John Rawlings Rees, *The Shaping of Psychiatry by War*, New York: W. W. Norton, 1945, page 113.
43. Rees, Op. cit., page 28.
44. Emanuel Miller (editor), *The Neuroses in War*, London: Macmillan, 1945, page 8.
45. Peter Gay, Op. cit., page 376.
46. Clark, *Freud*, Op. cit., pages 386—387.
47. Ibid., pages 404—405.
48. Fussell, Op. cit., page 355.
49. Bernard Bergonzi, *Heroes' Twilight: A Study of the Literature of the Great War*, London: Macmillan, 1978, page 32.
50. Ibid., pages 42 and 44.
51. Ibid., page 36.
52. John Silkin, *Out of Battle*, Oxford: Oxford University Press, 1972, page 65.
53. Bergonzi, Op. cit., page 41.
54. Ibid.
55. Martin Seymour-Smith, *Robert Graves: His Life and Work*, London: Bloomsbury, 1995, pages 49—50.
56. Bergonzi, Op. cit., pages 65—66; Desmond Graham, 'Poetry of the First World War,' in Dodsworth (editor), Op. cit., page 124.
57. Martin Seymour-Smith, 'Graves,' in Ian Hamilton (editor), *The Oxford Companion to Twentieth Century Poetry*, Oxford: Oxford University Press, 1994, page 194.
58. Silkin, Op. cit., page 249.
59. Ibid., page 250.
60. Ibid., page 276.
61. Kenneth Simcox, *Wilfred Owen: Anthem for a Doomed Youth*, London: The Woburn Press, 1987, pages 50ff.
62. Simcox, Op. cit., page 129.
63. Bergonzi, Op. cit., page 127 and Silkin, Op. cit., page 207.
64. Silkin, Op. cit., page 232.
65. Fussell, Op. cit., pages 7—18 and 79 (for the 'versus habit').
66. Winter, Op. cit., pages 78ff.
67. Ibid., page 132.
68. Ibid., page 57.
69. Ibid., pages 133ff.
70. Ray Monk, *Ludwig Wittgenstein: The Duty of Genius*, London: Jonathan Cape, 1990, page 112.

71. Ibid., page 112.
72. Janik and Toulmin, Op. cit., pages 167ff.
73. Monk, Op. cit., page 12.
74. Ibid., page 15.
75. Ibid., pages 30—33.
76. Brian McGuinness, *Wittgenstein: A Life*, Volume One, Young Ludwig, 1889—1921, London: Duckworth, 1988, page 84.
77. Janik- and Toulmin, *Wittgenstein's Vienna*, Op. cit., page 176.
78. Monk, Op. cit., page 48.
79. McGuinness, Op. cit., pages 179—180.
80. Monk, Op. cit., page 138.
81. Ibid., page 145.
82. McGuinness, Op. cit., page 263.
83. Monk, Op. cit., pages 149—150.
84. McGuinness, Op. cit., page 264.
85. Georg Henrik von Wright, *Wittgenstein*, Oxford: Basil Blackwell, 1982, page 77.
86. Monk, Op. cit., pages 157 and 180ff.
87. Magee, Op. cit., page 82; Monk, Op. cit., page 215.
88. Ibid., page 222.
89. See Janik and Toulmin, Op. cit., 关于对维也纳社会和维特根斯坦的评价（pages 214—215）以及其他对《逻辑哲学论》的回应（pages 180—201）。
90. Monk, Op. cit., page 155. 关于细节，see McGuinness, Op. cit., chapter 9, pages 296—316。P. M. S. Hacker, *Wittgenstein*, London: Phoenix, 1997, passim.
91. McGuinness, Op. cit., page 300. Magee, Op. cit., pages 80 and 85.
92. Van Wright, Op. cit., page 145.
93. Based on Robert Short, 'Dada and Surrealism,' in Malcolm Bradbury and James McFarlane (editors), *Modernism*, Op. cit., page 293.
94. William S. Rubin, *Dada and Surrealist Art*, London: Thames & Hudson, 1969, page 63.
95. Short, Op. cit., page 295.
96. Rubin, Op. cit., page 36.
97. Hughes, *The Shock of the New*, Op. cit., page 61.
98. Short, Op. cit., page 295.
99. Hughes, Op. cit., page 61.
100. Rubin, Op. cit., pages 40—41.
101. Hughes, Op. cit., page 61.
102. Rubin, Op. cit., pages 52—56.
103. Hughes, Op. cit., pages 64—66.
104. Ibid., pages 67—68.
105. Short, Op. cit., page 296.
106. Ibid.
107. Rubin, Op. cit., pages 42—46.
108. Ibid.
109. Hughes, Op. cit., pages 75—78.

110. Short, Op. cit., page 299.
111. Ibid., page 300.
112. Ibid.
113. Anna Balakian, André Breton: *Magus of Surrealism*, New York: Oxford University Press, 1971, pages 61 and 86—101.
114. Short, Op. cit., page 300.
115. Beverly Whitney Kean, *French Painters, Russian Collectors*, London: Barrie & Jenkins, 1985, page 144.
116. Hughes, Op. cit., page 81.
117. L. A. Magnus and K. Walter, Introduction to *Three Plays of A. V. Lunacharski*, London: George Routledge & Co., 1923, page v.
118. 关于这方面的讨论，see Timothy Edward O'Connor, *The Politics of Soviet Culture: Anatoli Lunacharskii*, Ann Arbor, Michigan: University of Michigan Press, 1983, pages 68—69。
119. Magnus and Walter, Op. cit., page vii.
120. Hughes, Op. cit., page 87.
121. Ibid.
122. Ibid.
123. Galina Demosfenova, *Malevich: Artist and Theoretician*, Paris: Flammarion, 1990, page 10.
124. Ibid., page 14.
125. Hughes, Op. cit., page 89.
126. Demosfenova, Op. cit., page 14.
127. Hughes, Op. cit., page 89.
128. Demosfenova, Op. cit., pages 197—198.
129. Hughes, Op. cit., page 92.
130. Magdalena Dabrowski, Leah Dickerman and Peter Galassi, *Aleksandr Rodchenko*, New York: Harry. N. Abrams, 1998, pages 44—45.
131. Hughes, Op. cit., page 93.
132. Ibid., page 95.
133. Dabrowksi et al, Op. cit., pages 63ff.
134. Ibid., page 124.
135. 'The Future is our only Goal,' in Peter Noever (editor), *Aleksandr Rodchenko and Varvora F. Stepanova*, Munich: Prestel Verlag, 1991, page 158.
136. 'The Discipline of Construction, leader Rodchenko,' in Noever, Op. cit., page 237.

10 日 蚀

1. Oswald Spengler, *The Decline of the West*, translated by Charles Francis Atkinson, published in two volumes: volume one: *Der Untergang des Abendlandes: Gestalt und Wirklichkeit*, Munich: C. H. Beck'sche Verlags Buchhandlung, 1918; and volume two: *Der Untergang des Abendlandes: Welt Historische Perspektiven*, same publisher, 1922.

2. See Herman, *The Idea of Decline in Western History*, Op. cit., page 228.
3. Ibid., pages 231—232.
4. Arthur Helps (editor and translator), *Spengler Letters*, London: George Allen & Unwin, 1966, page 17. Herman, Op. cit., pages 233—234.
5. Herman, Op. cit., page 234.
6. Ibid., page 235.
7. Spengler, Op. cit., volume one, page 21.
8. Spengler, Op. cit., volume two, page 90. See Herman, Op. cit., page 240.
9. Helps, Op. cit., page 31, letter to Hans Klores, 25 October 1914.
10. Thomas Mann, *Diaries, 1918—1939*, entry for 2 July 1919, Frankfurt, 1979—1982, Peter de Mendelssohn (editor), pages 61—64.
11. Herman, Op. cit., pages 244—245.
12. Helps, Op. cit., page 133, letter to Elisabeth Forster-Nietzsche, 18 September, 1923.
13. Herman, Op. cit., pages 246—247.
14. Bruce Arnold, *Orpen: Mirror to an Age*, London: Jonathan Cape, 1981, page 365. 'The Signing of the Peace in the Hall of Mirrors, Versailles, 28 June 1919,' oil on canvas, 60 × 50 inches, is in the Imperial War Museum, London.
15. D. E. Moggridge, *Maynard Keynes: An Economist's Biography*, London and New York: Routledge, 1992, page 6. 女性直到 1947 年才开始获准从剑桥大学毕业。
16. Robert Skidelsky, *John Maynard Keynes, volume one: Hopes Betrayed*, London: Macmillan, 1983, page 131.
17. Ibid., page 176.
18. Moggridge, Op. cit., pages 282—283.
19. Skidelsky, Op. cit., page 382.
20. John Howard Morrow, *The Great War in the Air: Military Aviation from 1909—1921*, Washington D.C.: The Smithsonian Institution Press, 1993, page 354.
21. Trevor Wilson, *The Myriad Faces of War: Britain and the Great War, 1914—1918*, Cambridge: Polity Press, 1986, pages 839—841.
22. Moggridge, Op. cit., pages 341ff.; Skidelsky, Op. cit., pages 397ff.; Etienne Mantoux, *The Carthaginian Peace; or, The Economic Consequences of Mr Keynes*, London: Oxford University Press, 1946.
23. *The Economic Consequences of the Peace* (1919) is now available as volume II (1971) of *The Collected Writings of John Maynard Keynes* (30 vols. 1971—1989), Managing Editors Sir Austin Robinson and Donald Moggridge, London: Macmillan, 1971—1989.
24. John Fairbanks, *China*, Op. cit., pages 267—268. Immanuel C. Y. Hsü, *The Rise of Modern China*, New York and Oxford: Oxford University Press, revised edition, 1983, 该书第 501 页认为学生数量有五千人。
25. Fairbanks, Op. cit., page 268; Hsü, Op. cit., pages 569—570.
26. Chow Tse-tung, *The May Fourth Movement: Intellectual Revolution in Modern China*, Cambridge, Massachusetts: Harvard University Press, 1960, pages 84ff. and Part Two, pages 269ff.
27. Hsü, Op. cit., pages 422—423.
28. Fairbanks, Op. cit., page 258.

29. Ibid., pages 261—264.
30. Ibid., page 265.
31. Ibid.
32. Tse-tung, Op. cit., pages 171ff.
33. Fairbank, Op. cit., page 266.
34. Ibid.
35. Hsü, Op. cit., pages 569—570.
36. See Tse-tung, Op. cit., pages 178—179 for a list.
37. Fairbank, Op. cit., page 268.
38. Ibid., pages 269ff.
39. Paul Johnson, *The Modern World*, Op. cit., page 197. Fairbanks, Op. cit., pages 275—276.
40. William Johnston, *The Austrian Mind*, Op. cit., page 73.
41. Ibid.
42. Janik and Toulmin, *Wittgenstein's Vienna*, Op. cit., pages 239—240.
43. M. Weatherall, *In Search of a Cure*, Op. cit., page 128.
44. Arpad Kadarkay, *Georg Lukacs: Life, Thought and Politics,* Oxford: Basil Blackwell, 1991, page 177. Mary Gluck, *Georg Lukacs and His Generation*, Cambridge, Massachusetts: Harvard University Press, 1985, page 14.
45. Ibid., 关于齐美尔和高更的讨论，see pages 22 and 131，关于马奈的评论，see page 147。
46. Ibid., page 154.
47. Ibid., pages 154—155.
48. Ibid., pages 156ff.
49. Kadarkay, Op. cit., page 195.
50. Gluck, Op. cit., page 204.
51. Ibid., page 205.
52. Kadarkay, Op. cit., pages 248—249.
53. Gluck, Op. cit., page 211.
54. A. Vibert Douglas, *The Life of Arthur Stanley Eddington*, London: Thomas Nelson & Sons, 1956, page 38.
55. L. P. Jacks, *Sir Arthur Eddington: Man of Science and Mystic*, Cambridge: Cambridge University Press, 1949. See pages 2 and 17.
56. John Gribbin, *Companion to the Cosmos*, London: Weidenfeld & Nicolson, 1996, Phoenix paperback, 1997, pages 92 and 571. See Douglas, Op. cit., pages 54ff.
57. Douglas, Op. cit., page 39.
58. Ibid.
59. Ibid., page 40.
60. Ibid.
61. Ibid.
62. Ibid., page 41; see Albrecht Folsing, *Albert Einstein: A Biography*, New York: Viking, 1997, pagc 440.
63. Douglas, Op. cit., page 42.
64. Ibid., page 43. See Ronald W. Clark, *Einstein: The Life and Times*, Op. cit., pages

224—225; and Victor Lowe, *Alfred North Whitehead: The Man and His Work*, volume II, 1910—1947, edited by J. B. Schneewind, Baltimore and London: Johns Hopkins University Press, 1990, 关于爱丁顿对怀特海和相对论的评论，see page 127。

11 贪婪的荒原

1. Ross Terrill, *R. H. Tawney and His Times: Socialism as Fellowship*, London: André Deutsch, 1974, page 53.
2. Ibid., pages 53—56.
3. Anthony Wright, *R. H. Tawney*, Manchester: Manchester University Press, 1987, pages 48—49.
4. Ibid., pages 35ff.
5. R. H. Tawney, *Religion and the Rise of Capitalism*, London: John Murray, 1926; published in Pelican Books 1938 and as a Penguin 20th Century Classic, 1990. See in particular chaper 3, section iii, and chapter 4, section iii.
6. Tawney, Op. cit., chapter 3, section iii, chapter 4, section iii.
7. Wright, Op. cit., page 148.
8. Peter Ackroyd, *T. S. Eliot*, London: Hamish Hamilton, 1984; Penguin edition, 1993, pages 61—64 and 113—114.
9. Stephen Coote, *T. S. Eliot: The Waste Land*, London: Penguin, 1985, page 10.
10. Ibid., pages 12 and 94.
11. Ibid., page 14. See Robert Sencourt, *T. S. Eliot: A Memoir*, London: Garnstone Press, 1971, page 85.
12. Boris Ford (editor), *The New Pelican Guide to English Literature: Volume 9: American Literature*, Penguin 1967, revised 1995, page 327.
13. Letter from Pound to Eliot, 24 December 1921, Paris. In Valerie Eliot (editor), *The Letters of T. S. Eliot, Volume I, 1889—1921*, London: Faber & Faber, 1988, page 497.
14. See Coote, Op. cit., page 30 and in particular chapter 5，论及《荒原》初稿的编辑修改，pages 89ff。And Ackroyd, Op. cit., pages 113—126.
15. Sencourt, Op. cit., page 89. Coote, Op. cit., page 9.
16. Coote, Op. cit., page 26.
17. Ibid., pages 125—126 and 132—135.
18. Valerie Eliot, Op. cit., pages 551—552. See Coote, Op. cit., 关于“个性的逃避”的引用，see page 17。
19. Luigi Pirandello, *Six Characters in Search of an Author*, translated by Frederick May, London: Heinemann, 1954, reprinted 1975, page x.
20. May, Op. cit., page viii. Mark Musa, Introduction to the Penguin edition of *Six Characters in Search of an Author and Other Plays*, London: Penguin, 1995, pages xi and xiv; see Benito Ortolani (editor and translator), *Pirandello's Love Letters to Marta Abba*, Princeton: Princeton University Press, 1994.
21. Gaspare Giudice, *Pirandello*, Oxford: Oxford University Press, 1975, page 119.

22. Frank Field, *The Last Days of Mankind: Karl Kraus and His Vienna*, London: Macmillan, 1967, page 14.
23. Field, Op. cit., page 18.
24. Ibid., page 102.
25. Ibid., page 103.
26. W. Kraft, *Karl Kraus, Beiträdge zum Verständnis seines Werkes*, Salzburg, 1956, page 13; quoted in Field, Op. cit., pages 242 and 269.
27. Coote, Op. cit., page 28.
28. Richard Ellmann, *James Joyce*, New York: Oxford University Press, 1959, page 401.
29. Declan Kiberd, Introduction to James Joyce's *Ulysses*, Paris: Shakespeare & Co., 1922; Penguin edition of the 1960 Bodley Head edition, 1992, page lxxxi.
30. Ellmann, Op. cit., page 672; John Wyse Jackson and Peter Costello, *John Stanislaus Joyce: The Voluminous Life and Genius of Joyce's Father*, London: Fourth Estate, 1997, pages 254—255.
31. Ibid., page xxiii.
32. Ellmann, Op. cit., page 551.
33. Kiberd, Op. cit., page xxxii.
34. James Joyce, *Ulysses*, Op. cit., page 271.
35. Ibid., page 595.
36. Kiberd, Op. cit., pages xv and lx.
37. Ibid., pages xxx and xliv.
38. David Perkins, *A History of Modern Poetry, Volume 1*, Cambridge, Massachusetts: Harvard University Press, 1976, page 572.
39. Ibid., page 601.
40. Ibid., page 584.
41. Ibid., page 596.
42. A. Norman Jeffares, *W. B. Yeats*, London: Hutchinson: 1988, page 261.
43. Perkins, Op. cit., page 578.
44. Jeffares, Op. cit., page 275.
45. James R. Mellow, *Invented Lives: F. Scott and Zelda Fitzgerald*, Boston: Houghton Mifflin, 1985, page 56.
46. F. Scott Fitzgerald, *The Great Gatsby*, London: Penguin, 1990, page 18.
47. Matthew Bruccoli, *Some Sort of Epic Grandeur: The Life of F. Scott Fitzgerald*, London: Hodder & Stoughton, 1981, page 221.
48. 关于本书结尾的修订，see Ibid., pages 217—218。
49. Ibid., page 223.
50. Paul Johnson, *A History of the Modern World from 1917 to the 1980s*, Op. cit., pages 9—10.
51. Harold March, *The Two Worlds of Marcel Proust*, Oxford: Oxford University Press, 1948, page 114.
52. Ibid., pages 182—194.
53. Ibid., page 228.
54. 有关弗洛伊德和普鲁斯特的讨论，see Ibid., pages 241—242。
55. George Painter, *André Gide: A Critical Biography*, London: Weidenfeld & Nicolson,

1968, page 142.
56. Justin O'Brien, *Portrait of André Gide: A Critical Biography*, London: Seeker & Warburg, 1953, pages 254—255.
57. Painter, Op. cit., page 143.
58. O'Brien, Op. cit., page 195.
59. Kate Flint, Introduction to Oxford University Paperback edition of *Jacob's Room*, Oxford, 1992, pages xiii—xiv.
60. James King, *Virginia Woolf*, London: Hamish Hamilton, 1994, page 148.
61. Ibid., pages 314—315. 关于艾略特的反应，see Hermione Lee, *Virginia Woolf*, London: Chatto & Windus, 1996, page 444。
62. Virginia Woolf, *Diaries*, 26 January 1920, quoted in Flint, Op. cit., page xii.
63. Ibid., page xiv.
64. King, Op. cit., page 318.
65. Virginia Woolf, *Jacob's Room*, Oxford: Oxford University Press, 1992 edition, page 37, quoted in Flint, Op. cit., page xv.
66. Robert Hughes, *The Shock of the New*, Op. cit., page 212.
67. Ibid., page 213.
68. Ibid.
69. Walter Hopps, *Ernst at Surrealism's Dawn: 1925—1927,* in William A. Camfield, *Max Ernst: Dada and the Dawn of Surrealism*, Munich: Prestel-Verlag, 1993, page 157.
70. Camfield, Op. cit., page 158.
71. Hughes, Op. cit., page 215.
72. See the sequence of piazzas, plates vii—xv, in Maurizio Fagiolo Dell'Arco, *De Chirico* 1908—1924, Milano: Rizzoli, 1984.
73. Hughes, Op. cit., pages 217—221.
74. See 'The Politics of Bafflement,' in Carolyn Lanchner, *Joan Miró*, New York: Harry N. Abrams, 1993, page 49.
75. Ibid., pages 28—32.
76. Hughes, Op. cit., pages 231 and 235.
77. Ibid., pages 237—238. See Robert Descharnes, *The World of Salvador Dalí*, London: Macmillan, 1962, page 63. 关于达利痴迷于自己的容貌，see Ian Gibson, *The Shameful Life of Salvador Dali*, London and Boston: Faber & Faber, 1997, pages 70—71。
78. Descharnes, Op. cit., page 61. Gibson, Op. cit., page 283.
79. A. M. Hammacher, *René Magritte,* London: Thames & Hudson, 1974, figures 81 and 88.
80. Ibid.，整个部分都用于论述马格里特。

12 巴比特的米德尔敦

1. Stephen Jay Gould, *The Mismeasure of Man*, Op. cit., page 260.
2. Ibid., page 261.
3. Ibid.

4. Laurie R. Godfrey (editor), *Scientists Confront Creationism*, New York: W. W. Norton, 1983, passim.
5. Hofstadter, *Anti-Intellectualism in American Life*, New York: Knopf, 1963, page 126.
6. Ibid., page 125.
7. Ronald L. Numbers, *Darwinism Comes to America*, Cambridge, Massachusetts: Harvard University Press, 1998, pages 77—89.
8. Hofstadter, Op. cit., pages 124—125.
9. James M. Hutchisson, Introduction to: Sinclair Lewis, *Babbitt*, New York: Harcourt Brace & Co., 1922; Penguin edition, London, 1996, pages xiiff.
10. Ibid., pages viii—xi.
11. Ibid., xi.
12. Mark Schorer, *Sinclair Lewis: An American Life*, London: Heinemann, 1963, page 345. See Hutchisson, Op. cit., page xii.
13. Hutchisson, Op. cit., page xxvi.
14. Alfred Kazin, *On Native Grounds*, New York: Harcourt Brace, 1942; paperback, third edition, 1995, page 221.
15. Hutchisson, Op. cit., page xvii.
16. Schorer, Op. cit., pages 353—356.
17. Asa Briggs, *The Birth of Broadcasting*, Oxford and New York: Oxford University Press, 1961, page 65.
18. Theodore Peterson, *Magazines in the Twentieth Century*, Urbana: University of Illinois Press, 1956, pages 40ff and 211.
19. Ibid., page 211.
20. Ibid.
21. Janice A. Radway, *A Feeling for Books: The Book-of-the-Month Club, Literary Taste and Middle Class Desire*, Chapel Hill: University of North Carolina Press, 1997, pages 195—196.
22. Ibid., pages 221ff.
23. Robert S. and Helen Merrell Lynd, *Middletown: A Study in Contemporary American Culture*, London: Constable, 1929, page vi.
24. Ibid., page 7.
25. Ibid., page 249.
26. Ibid., page 48.
27. Ibid., pages 53ff.
28. Ibid., page 83.
29. Ibid., page 115.
30. Ibid., page 532.
31. Ibid., page 36.
32. David Levering Lewis, *When Harlem was in Vogue*, New York: Alfred A. Knopf, 1981, page 165.
33. Ibid., page 168.
34. Discussion see George Hutchinson, *The Harlem Renaissance in Black and White*, Cambridge, Massachusetts: The Belknap Press of Harvard University Press, 1995, pages 396ff.
35. Lewis, Op. cit., pages 91—92.

36. 关于在此背景下种族科学的讨论，see Hutchinson, Op. cit., pages 289—304。
37. Ibid., pages 145—146. See Lewis, Op. cit., pages 34—35.
38. Lewis, Op. cit., page 33.
39. Ibid., pages 51ff.
40. Ibid., pages 67—71.
41. 关于对洛克观点的批评，see Hutchinson, Op. cit., page 396。
42. Ibid., pages 170ff.; see Lewis, Op. cit., pages 115—116.
43. Lewis, Op. cit., pages 180ff.
44. Peterson, Op. cit., page 235.
45. Ibid., page 238.
46. Ibid., page 240.
47. Ibid., page 241.
48. Asa Briggs, Op. cit., page 65.
49. John Cain, *The BBC: Seventy Years of Broadcasting*, London: BBC, 1992, pages 11 and 20.
50. Ibid., pages 10—15.
51. 数据整合自下书的图表：Briggs, Op. cit., passim。Cain, Op. cit., page 13.
52. Briggs, Op. cit., page 14.
53. Radway, Op. cit., pages 219—220 and chapter 7, 'The Scandal of the Middlebrow,' pages 221ff.
54. Cain, Op. cit., page 15.
55. Ibid., page 25.

13 英雄的黄昏

本章标题取自伯纳德·伯尔贡齐关于第一次世界大战文学的著作，该作品已在本书第9章中讨论过。我们将逐渐清楚地看到，“英雄的黄昏”更适合用来描述魏玛德国。本章内容深蒙彼得·盖伊《魏玛文化》的提点（见本章注释3）。

1. Otto Friedrich, *Before the Deluge: A Portrait of Berlin in the 1920s*, London: Michael Joseph, 1974, page 67.
2. 关于波默对迈耶和雅诺维茨的反应，see Lotte H. Eisner, *The Haunted Screen: Expressionism in the German Cinema and the Influence of Max Reinhardt*, London and New York: Thames & Hudson, 1969, pages 17—27。
3. Peter Gay, *Weimar Culture: The Outsider as Insider*, London: Martin Seeker & Warburg, 1969, page 107.
4. Ibid., page 126.
5. Ibid.
6. Ibid.
7. Friedrich, Op. cit., page 66.
8. Ibid. 关于这部电影的成功，see Geoffrey Nowell-Smith, *The Oxford History of World Cinema*, Oxford and New York: Oxford University Press, 1996, page 144; 关于波默的评价，see page 145。

9. Friedrich, Op. cit., page 67.
10. Gay, Op. cit., pages 108—109.
11. Ibid., page 110.
12. Ibid., page 32.
13. Ibid., page 34.
14. Hughes, *The Shock of the New*, Op. cit., page 175.
15. Ibid., pages 192—195; Gay, Op. cit., pages 102ff.
16. Friedrich, Op. cit., page 160.
17. Gay, Op. cit., page 105.
18. Hughes, Op. cit., page 195.
19. Ibid.
20. Ibid., page 199.
21. Ibid.
22. Bryan Magee, *Men of Ideas: Some Creators of Contemporary Philosophy*, Oxford: Oxford University Press, 1978, paperback, 1982, page 44.
23. Martin Jay, *The Dialectical Imagination: A History of the Frankfurt School and the Institute of Social Research, 1923—1950*, Berkeley: University of California Press, 1973, paperback edition 1996, pages 152—153. Magee, Op. cit., pages 44 and 50.
24. Magee, Op. cit., page 50.
25. Jay, Op. cit., pages 86ff.
26. Magee, Op. cit., page 48.
27. Ibid., page 51.
28. Ibid., page 52.
29. Ibid.
30. Gay, Op. cit., page 49.
31. Ibid., pages 51—52.
32. E. M. Butler, *Rainer Maria Rilke*, Cambridge University Press, 1941, page 14.
33. Ibid., pages 147ff.
34. Friedrich, Op. cit., page 304.
35. Gay, Op. cit., page 54.
36. Ibid., page 59.
37. Ibid., page 55.
38. Butler, Op. cit., page 317.
39. Quoted in Ibid., page 327.
40. Gay, Op. cit., page 55.
41. Ibid., page 57.
42. Ibid.
43. Ibid., page 59.
44. Friedrich, Op. cit., page 220，其中道出了爱因斯坦的困难处境。See Gay, Op. cit., pages 129ff.
45. Hayman, *Thomas Mann*, Op. cit., pages 344—348.
46. Gay, Op. cit., page 131.
47. Hayman, Op. cit., page 346.

48. Gay, Op. cit., page 131.
49. Ibid., pages 132—133.
50. Ibid., page 136.
51. Bruno Walter, 'Themes and Variations: An Autobiography,' 1946, pages 268—269, quoted in Gay, Op. cit., page 137.
52. Schonberg, *The Lives of the Great Composers*, Op. cit., page 526.
53. Friedrich, Op. cit., page 178; Griffiths, *Modern Music*, Op. cit., page 81.
54. Schonberg, Op. cit., page 526.
55. Ibid.
56. Griffiths, Op. cit., page 82.
57. Friedrich, Op. cit., pages 155 and 181.
58. Griffiths, Op. cit., pages 36—37. Schonberg, Op. cit., page 524.
59. Schonberg, Op. cit., page 524.
60. Friedrich, Op. cit., page 183.
61. Schonberg, Op. cit., page 527.
62. Peter Conrad, *Modern Times, Modern Places: Art and Life in the Twentieth Century*, London: Thames & Hudson, 1998, pages 327—328.
63. Friedrich, Op. cit., page 243.
64. Ibid., page 244.
65. Ronald Hayman, *Brecht: A Biography*, London: Weidenfeld & Nicolson, 1983, page 138.
66. Ibid., page 130.
67. Ibid., pages 131ff.
68. Ibid., page 134.
69. Ibid., page 135.
70. Griffiths, Op. cit., pages 112—113.
71. Hayman, Brecht, page 148.
72. Ibid.
73. Ibid., page 149.
74. Ibid., page 148.
75. Ibid., page 147.
76. Hugo Ott, *Martin Heidegger: A Political Life*, London: HarperCollins, 1993, page 125.
77. Paul Huhnerfeld, *In Sachen Heidegger*, 1961, pages 14ff., quoted in Gay, Op. cit., page 85.
78. Magee, Op. cit., pages 59—60; Gay, Op. cit., page 86.
79. 毕竟，他和存在主义神学家鲁道夫·布特曼以及卡尔·巴特的危机神学走得很近（见本书第 32 章）。Ott, Op. cit., page 125.
80. Magee, Op. cit., page 67.
81. Ibid.
82. Ibid., pages 67 and 73.
83. Ott, Op. cit., page 122ff.and 332. See Gay, Op. cit., page 86.
84. Mary Gluck, *Georg Lukacs and His Generation, 1900—1918*, Op. cit., page 211.
85. Johnston, *The Austrian Mind*, Op. cit., page 366.
86. Ibid., page 367.
87. Gluck, Op. cit., page 218.

88. Johnston, Op. cit., page 368.
89. Ibid., page 372.
90. Conrad, Op. cit., page 504.
91. Johnston, Op. cit., page 374.
92. Magee, Op. cit., page 96.
93. Ibid.
94. Ben Rogers, *A. J. Ayer: A Life*, London: Chatto & Windus, 1999, pages 86—87.
95. Magee, Op. cit., pages 102—103.
96. Ibid., page 103.
97. Rogers, Op. cit., pages 91—92.
98. Johnston, Op. cit., page 195.
99. Robert Musil, *Der Mann Ohne Eigenschaften*, 1930—1943; *The Man Without Qualities*, New York: Alfred A. Knopf, 1995, (trans) Sophie Wilkins. 以下作品对该部分内容帮助良多：Philip Payne, *Robert Musil's 'The Man without Qualities,'* Cambridge: Cambridge University Press, 1988, passim。
100. Johnston, Op. cit., page 335.
101. Franz Kuna, 'The Janus-faced Novel: Conrad, Musil, Kafka, Mann,' in Malcolm Bradbury and James McFarlane (editors), *Modernism*, Op. cit., page 449.
102. Ronald Speirs and Beatrice Sandburg, *Franz Kafka*, Op. cit., pages 1 and 5.
103. Speirs and Sandburg, Op. cit., page 15.
104. P. Mailloux, *A Hesitation Before Birth: A Life of Franz Kafka*, London and Toronto: Associated Universities Presses, 1989, page 13.
105. Ibid., page 352.
106. Speirs and Sandburg, Op. cit., pages 105ff.
107. Mailloux, Op. cit., page 355.
108. Richard Davenport-Hines, *Auden*, London: Heinemann, 1995, page 26.
109. Alan Bullock, *Hitler and Stalin: Parallel Lives*, London: HarperCollins, 1991; Fontana Paperback, 1993, page 148.
110. Ibid., page 149.
111. Adolf Hitler, *Mein Kampf*, published in English as 'My Struggle,' London: Hurst & Blackett, The Paternoster Press, October 1933 (eleven impressions by October 1935); see Bullock, Op. cit., pages 405—406.
112. George L. Mosse, *The Crisis of German Ideology: Intellectual Origins of the Third Reich*, New York: Howard Festig, 1998.
113. Ibid. 关于朗本、埃达及迪德里希斯，see page 39, 72, 52ff。
114. Ibid., pages 102—103.
115. Ibid., page 99.
116. Ibid., page 155.
117. Werner Maser, *Hitler: Legend, Myth and Reality*, New York: Harper & Row, 1973, page 157.
118. Ibid., page 158.
119. Ibid., page 159.
120. Mosse, Op. cit., pages 89—91.
121. Maser, Op. cit., page 162.

122. Mosse, Op. cit., pages 95, 159 and 303.
123. Percy Schramm, *Hitler: The Man and the Military Leader*, London: Allen Lane, The Penguin Press, 1972, pages 77—78.
124. Maser, Op. cit., pages 42ff.
125. Ibid., page 165.
126. Ibid., page 167.
127. Mosse, Op. cit., page 295.
128. Maser, Op. cit., page 169.
129. Ibid., page 135.
130. Schramm, Op. cit., pages 84ff.
131. Maser, Op. cit., page 154.

14 进化之进化

1. J. B. Bury, *The Idea of Progress*, London: Macmillan, 1920.
2. Ibid., pages 98ff.
3. Ibid., pages 291ff.
4. Ibid., pages 177ff.
5. Ibid., page 192.
6. Ibid., pages 335ff.
7. Ibid., page 278.
8. Ibid., page 299.
9. Ibid., page 334.
10. See Ibid., pages 78ff. Ernest Gellner, *Plough, Sword and Book: The Structure of Human History*, Op. cit. 认为进步本质上是一个经济学的、资本主义的理念。See page 140.
11. Howard Carter and A. C. Mace, *The Tomb of Tut.ankh.Amen*, London: Cassell, 1923, volume 1, page 78.
12. C. W. Ceram, Gods, *Graves and Scholars*, London: Victor Gollancz, 1951, page 183.
13. Carter and Mace, Op. cit., page 87.
14. Ceram, Op. cit., page 184.
15. Carter and Mace, Op. cit., page 96.
16. Ceram, Op. cit., page 186.
17. 相关照片，see Carter and Mace, Op. cit., at page 132。
18. Ceram, Op. cit., page 188; Carter and Mace, Op. cit., pages 151ff.
19. 关于陵墓中的物品清单，see Carter and Mace, Op. cit., page 178。
20. Ceram, Op. cit., page 193.
21. Ibid., page 195.
22. 关于装饰列表，see Carter and Mace, Op. cit., Appendix, pages 189ff。
23. Ceram, Op. cit., page 198.
24. Ibid., page 199.
25. Ibid., pages 199—200.

26. C. Leonard Woolley, *The Sumerians*, Oxford: Clarendon Press, 1929, page 6.
27. Ibid., page 27.
28. Ceram, Op. cit., page 309; Woolley, Op. cit., page 43.
29. Ceram, Op. cit., page 311.
30. Woolley, Op. cit., page 31.
31. Ceram, Op. cit., pages 311—312.
32. Woolley, Op. cit., pages 30—32.
33. Leonard Woolley, *Excavations at Ur*, London: Ernest Benn, 1954, page 251.
34. Ceram, Op. cit., page 315.
35. Ibid., page 316.
36. Woolley, *Excavations at Ur*, Op. cit., page 91.
37. Ceram, Op. cit., page 316.
38. Woolley, *Excavations at Ur*, Op. cit., page 37. 关于早期拱形的照片，see Woolley, *The Sumerians*, Op. cit., page 36。
39. Ceram, Op. cit., page 312.
40. Frederic Kenyon, *The Bible and Archaeology*, London: George Harrap, 1940, page 155.
41. Ibid., page 156.
42. Ibid., page 158.
43. Frederic Kenyon, *Our Bible and the Ancient Manuscripts*, London: Eyre & Spottiswoode, 1958, page 30.
44. Kenyon, *The Bible and Archaeology*, Op. cit., pages 160—161.
45. C. W. Ceram, *The First Americans*, Op. cit., page 126.
46. Ibid.
47. A. E. Douglass, *Climatic Cycles and Tree Growth, volumes I—III*, Washington D.C.: Carnegie Institution, 1936, pages 2 and 116—122.
48. Ibid., pages 105—106.
49. Ceram, *The First Americans*, Op. cit., page 128.
50. 关于历史上有时太阳黑子出现频率很低的讨论，see Douglass, Op. cit., page 125。
51. Herbert Butterfield, *The Whig Interpretation of History*, London: G. Bell, 1931.
52. Ibid., pages 37 and 47.
53. Ibid., pages 27ff.
54. Ibid., page 96.
55. Ibid., page 107.
56. Ibid., page 111.
57. Ibid., page 123.

15 物理学的黄金年代

1. Rhodes, *The Making of the Atomic Bomb*, Op. cit., page 134.
2. C. P. Snow, *The Search*, New York: Charles Scribner's Sons, 1958, page 88.
3. Rhodes, Op. cit., page 137.

4. Wilson, Rutherford: *Simple Genius*, Op. cit., page 404.
5. Rhodes, Op. cit., page 137.
6. Moore, *Niels Bohr: The Man and the Scientist*, Op. cit., page 21.
7. Stefan Rozental (editor), *Niels Bohr*, Amsterdam: North-Holland, 1967, page 137, quoted in Rhodes, Op. cit., page 114.
8. 关于使电子“跳出”其轨道所需的电压，see Moore, Op. cit., pages 80ff；修订版元素周期表，see pages 122—123; see Rhodes, Op. cit., page 115。
9. Emilio Segre, *From X-Rays to Quarks*, London and New York: W. H. Freeman, 1980, page 124.
10. 曾到访哥本哈根物理研究所的学者列表：Helge Kragh, *Quantum Generations: A History of Physics in the Twentieth Century*, Princeton: Princeton University Press, 1999, page 160。
11. Paul Strathern, *Bohr and Quantum Theory*, London: Arrow, 1998, pages 70—72.
12. Moore, Op. cit., page 137.
13. Strathern, Op. cit., page 74.
14. Werner Heisenberg, *Physics and Beyond*, New York: Harper, 1971, page 38; quoted in Rhodes, Op. cit., page 116.
15. Moore, Op. cit., page 138.
16. Heisenberg, Op. cit., page 61, quoted in Rhodes, Op. cit., pages 116—117.
17. Strathern, Op. cit., page 77.
18. Moore, Op. cit., page 139.
19. Snow, The Physicists, Op. cit., page 68.
20. Moore, Op. cit., page 14.
21. 相关数学运算，see Kragh, Op. cit., pages 164—165。
22. Rhodes, Op. cit., page 128; Moore, Op. cit., page 143; Kragh, Op. cit., page 165.
23. Heisenberg, Op. cit., page 77; quoted in Rhodes, Op. cit., page 130.
24. Moore, Op. cit., page 151.
25. John A. Wheeler and W. H. Zurek (editors), *Quantum Theory and Measurement*, Princeton: Princeton University Press, 1983, quoted in Kragh, Op. cit., page 209.
26. Gerald Holton, *Thematic Origins of Scientific Thought*, Cambridge, Massachusetts: Harvard University Press, 1973, page 120.
27. 关于列表，see Kragh, Op. cit., page 170。
28. Wilson, Op. cit., pages 444—446. See Rhodes, Op. cit., page 153.
29. Ibid., page 449.
30. Rhodes, Op. cit., page 154.
31. Ibid., page 155.
32. Andrew Brown, *The Neutron and the Bomb, A Biography of James Chadwick*, Oxford and New York: Oxford University Press, 1997, page 8.
33. Rhodes, Op. cit., pages 155—156.
34. Kragh, Op. cit., page 185.
35. Rhodes, Op. cit., page 160.
36. Brown, Op. cit., page 102.
37. Rhodes, Op. cit., pages 161—162.
38. Brown, Op. cit., page 104; see James Chadwick, ‘Some personal notes on the search for

the neutron,' *Proceedings of the Tenth Annual Congress of the History of Science*, 1964, page 161, quoted in Rhodes, Op. cit., page 162. 这些说法之间略有出入。
39. Rhodes, Op. cit., pages 163—164; Brown, Op. cit., page 105.
40. Kragh, Op. cit., page 185.
41. Brown, Op. cit., page 106.
42. Timothy Ferris, *The Whole Shebang: A State of the Universe(s) Report*, New York: Simon & Schuster, 1997, page 41.
43. Gale Christianson, *Edwin Hubble: Mariner of the Nebulae*, New York: Farrar, Straus & Giroux, 1995, Chicago: University of Chicago Press, paperback edition, 1996, page 199. See John Gribbin, *Copernicus to the Cosmos*, London: Phoenix, 1997, pages 2 and 186ff.
44. Clark, *Einstein*, Op. cit., page 213. See Banesh Hoffmann, *Albert Einstein: Creator and Rebel*, London: Hart-Davis, MacGibbon, 1973, page 215.
45. Ferris, Op. cit., page 42.
46. Christianson, Op. cit., page 199; Ferris, Op. cit., page 43.
47. Clark, *Einstein*, Op. cit., page 406; Ferris, Op. cit., page 44.
48. Ferris, Op. cit., page 45.
49. Gribbin, *Companion to the Cosmos*, Op. cit., pages 92—93.
50. Christianson, Op. cit., pages 157—160.
51. Ibid., pages 189—195.
52. Ferris, Op. cit., page 45.
53. Christianson, Op. cit., pages 260—269.
54. Thomas Hager, *Force of Nature: The Life of Linus Pauling*, New York, Simon & Schuster, 1995, page 217.
55. Ibid., page 65.
56. Ibid., page 113.
57. Bernadette Bensaude-Vincent and Isabelle Stengers, *A History of Chemistry*, translated by Deborah Dam, Cambridge, Massachusetts: Harvard University Press, 1996, pages 242ff.
58. Hager, Op. cit., page 136.
59. Bensaude-Vincent and Stengers, Op. cit., pages 242—243. Hager, Op. cit., page 136.
60. Hager, Op. cit., page 138.
61. Ibid., page 148.
62. 近来，海特勒和伦敦的理论成了修正主义化学历史的议题。See for example, Bensaude-Vincent and Stengers, Op. cit., page 243.
63. Hager, Op. cit., page 169.
64. Ibid., page 171.
65. Ibid., page 159.
66. 许多出版于 20 世纪 30 年代的化学专著都没有提到海特勒和伦敦，也没有提及鲍林。
67. Glyn Jones, *The Jet Pioneers*, London: Methuen, 1989, page 21.
68. Ibid., pages 22—23.
69. Ibid., page 24.
70. Ibid., pages 27—28. 英国人对惠特尔贡献的描述普遍粗枝大叶，或许这是因为他受到的待遇过于不公。Charles Gibbs-Smith, *Aviation, An Historical Survey from Its Origins to the End of World War II*, HMSO, 1970，惠特尔的名字一共只被提到了三

次，其中第二次提及的还是一位同名海军准将。H. Montgomery Hyde, *British Air Policy Between the Wars 1918—1939*, London: Heinemann, 1976, page 539 提到过一次惠特尔并有一条相关注释。
71. Jones, Op. cit., page 29.
72. Ibid., page 36.
73. John Allen Paulos, *Beyond Numeracy*, New York: Knopf, 1991, page 95.
74. Ray Monk, *Wittgenstein*, Op. cit., page 295.
75. Ibid., page 295n.
76. Ernst Nagel and James Newman, 'Goedel's Proof,' in James Newman (editor), *The World of Mathematics* (volume 3, of 4), New York: Simon & Schuster, 1955, pages 1668—1695, especially page 1686.
77. Newman, Op. cit., page 1687.
78. Paulos, Op. cit., page 97.
79. David Deutsch, *The Fabric of Reality, London*: Allen Lane, The Penguin Press, 1997, Penguin paperback, 1998, pages 236—237.
80. Philip J. Davis and Reuben Hersh, *The Mathematical Experience*, London: The Harvester Press, 1981, page 319.

16 文明及其缺憾

1. Freud, *Civilization and Its Discontent*, London: The Hogarth Press and the Institute of Psychoanalysis, 1953—1974 (1961), edited by James Strachey and Anna Freud 现已作为弗洛伊德全集标准版的第 21 卷出版。关于弗洛伊德的手术细节，see Clark, *Freud*, Op. cit., pages 444—445。
2. Ibid., page 218.
3. Ibid., pages 64ff.
4. C. G. Jung, *Modern Man in Search of a Soul*, London: Kegan Paul, Trench, Trubner, 1933.
5. Ibid., pages 91ff.
6. Lucien Levy-Bruhl, *How Natives Think*, translated by L. A. Clare, London: George Allen & Unwin, 1926, chapter II, pages 69ff.
7. Henry Frankfort et al., *Before Philosophy*, London: Pelican, 1963, especially pages 103ff.
8. J. A. C. Brown, *Freud and the Post-Freudians*, Op. cit., page 122.
9. Ibid., pages 8, 125 and 128.
10. Karen Horney, *The Neurotic Personality of Our Time*, London: Kegan Paul, Trench, Trubner & Co., 1937. See J. A. C. Brown, Op. cit., page 135.
11. Horney, Op. cit., page 77.
12. Brown, Op. cit., page 137.
13. Horney, Op. cit., respectively chapters 8, 9, 10 and 12. Summarised in Brown, Op. cit., pages 138—139.
14. Horney, Op. cit., pages 288ff.
15. Brown, Op. cit., pages 143—144.

16. Virginia Woolf, *A Room of One's Own*, London: Hogarth Press, 1929; Penguin paperback, 1993, with an introduction by Michèle Barrett, page xii.
17. Ibid., page 3.
18. Barrett, Op. cit., page xii.
19. 'Aurora Leigh'（对伊丽莎白·巴雷特·布朗宁同名诗作的评论）, see Barrett ed., *Women and Writing*, London: Women's Press, 1988; quoted in Barrett, Op. cit., page xv。
20. Ibid., page xvii.
21. Ibid., page x.
22. Jane Howard, *Margaret Mead: A Life*, London: Harvill, 1984, pages 53—54. 关于人类学的最新进展, see Hilary Lapsley, *Margaret Mead and Ruth Benedict: The Kinship of Women*, Amherst: University of Massachusetts Press, 1999。这本书包含了克利福德·格尔茨对鲁思·本尼迪克特的评价，他是 20 世纪最后 25 年间最具影响力的人类学家之一（见本书第 38 章“地方性知识”）。
23. Margaret Mead, *Blackberry Winter: My Early Years*, London: Angus & Robertson, 1973, page 139.
24. G. Stanley Hall, *Adolescence: Its Psychology and Its Relation to Physiology, Anthropology, Sociology, Sex, Crime, Religion and Education*, New York: Appleton, 1905, 2 vols., quoted in Howard, Op. cit., page 68.
25. Howard, Op. cit., page 68.
26. Mead, Op. cit., page 150.
27. Howard, Op. cit., page 79.
28. Ibid., page 52.
29. Ibid., page 79.
30. Ibid., pages 80—82.
31. Margaret Mead, *Coming of Age in Samoa: A Psychological Study of Primitive Youth for Western Civilisation*, New York: William Morrow, 1928.
32. Howard, Op. cit., page 86.
33. Ibid.
34. Ibid., page 127.
35. Quoted in Ibid., page 121.
36. Mead, *Coming of Age in Samoa*, page 197.
37. Ibid., page 205.
38. Ibid., page 148.
39. Howard, Op. cit., page 162.
40. Ruth Benedict, *Patterns of Culture*, Boston: Houghton Mifflin, 1934.
41. Ibid., page 59.
42. Ibid., page 69.
43. Ibid., page 131.
44. Judith Modell, *Ruth Benedict: Patterns of a Life*, London: Chatto & Windus, 1984, page 201.
45. Ibid., page 205.
46. Ibid., pages 206—207.
47. 关于鲁思·本尼迪克特对美国思想产生的更普遍影响的讨论，see Margaret Caffrey, *Ruth Benedict: Stranger in this Land*, Austin: University of Texas Press, 1989, pages

211ff。

48. Margaret Mead, *Ruth Benedict*, New York: Columbia University Press, 1974, 该书确实尝试重新恢复人类学较早前的热潮。
49. Howard, Op. cit., page 212.
50. Martin Bulmer, *The Chicago School of Sociology*, Chicago: University of Chicago Press, 1984, paperback edition, 1986, pages 1—2.
51. Ibid., pages 4—8, but see also chapters 4 and 5.
52. Charles S. Johnson, *The Negro in American Civilisation*, London: Constable, 1931.
53. Bulmer, Op. cit., pages 64—65.
54. Johnson, Op. cit., pages 229ff.
55. Ibid., page 463.
56. Ibid., pages 179ff.
57. Ibid., page 199.
58. Ibid., page 311.
59. Ibid., page 463.
60. Ibid., pages 475ff.
61. David Minter, *William Faulkner: His Life and Work*, Baltimore and London: Johns Hopkins University Press, 1980, pages 72—73.
62. 福克纳对于他自己提出的要求可以从下列事实中略知一二：他在写完一章后，会暂时转到另一些完全不同的东西上——比如改写一段时间短篇小说。See Joseph Blotner, *Selected Letters of William Faulkner*, London: The Scolar Press, 1955, page 92.
63. Ursula Brumm, 'William Faulkner and the Southern Renaissance,' in Marcus Cunliffe (editor), *The Penguin History of Literature: American Literature since 1900*, London: Sphere Books, 1975; Penguin paperback revised edition, 1993, pages 182—183 and 189.
64. Ibid., page 195.
65. Minter, Op. cit., pages 153—160.
66. Eric Hobsbawm, *The Age of Extremes: The Short Twentieth Century, 1914—1991*, London: Michael Joseph, 1994, page 192.
67. T. R. Fyvel, *George Orwell: A Personal Memoir*, London: Weidenfeld & Nicolson, 1982, page 21.
68. George Orwell, *The Road to Wigan Pier*, London: Gollancz, 1937, page 138; New York: Harcourt, 1958. Michael Shelden, *Orwell: The Authorised Biography*, London: Heinemann, 1991, page 128.
69. Fyvel, Op. cit., page 39.
70. Shelden, Op. cit., page 129.
71. Ibid.
72. Ibid., page 132.
73. Ibid., pages 132—133.
74. Ibid., page 134.
75. Fyvel, Op. cit., page 45.
76. Shelden, Op. cit., page 135.
77. Fyvel, Op. cit., page 44.
78. Shelden, Op. cit., pages 173—174.

79. Ibid., page 180.
80. Ibid., page 239.
81. Ibid., page 244.
82. Ibid., page 245.
83. Ibid.
84. Fyvel, Op. cit., page 64.
85. Shelden, Op. cit., page 248.
86. Ibid., page 250.
87. Ibid., page 256.
88. Fyvel, Op. cit., pages 65—66.
89. Lewis Mumford, *Technics and Civilisation*, London: George Routledge, 1934.
90. Ibid., pages 107ff.
91. 有关介绍，see Lewis Mumford, *My Works and Days: A Personal Chronicle*, New York: Harcourt Brace Jovanovich, 1979, pages 197—199。
92. Mumford, *Technics and Civilisation*, Op. cit., pages 400ff.
93. Ibid., page 333.
94. Lewis Mumford, *The Culture of Cities*, London: Martin Seeker & Warburg, 1938.
95. Ibid., pages 100ff.
96. Ibid., chapter IV, pages 223ff.
97. Ernest William Barnes, *Scientific Theory and Religion*, Cambridge: Cambridge University Press, 1933.
98. Ibid., lectures XIII (pages 434ff), XIV (pages 459ff) and XV (pages 504ff).
99. Ibid., lecture XX (pages 636ff).
100. William Ralph Inge, *God and the Astronomers*, London and New York: Longmans Green, 1933.
101. Ibid., pages 19ff.
102. Ibid., page 107.
103. Ibid., pages 140ff.
104. Ibid., pages 254—256.
105. Bertrand Russell, *Religion and Science*, London: Thornton Butterworth, 1935.
106. Ray Monk, *Bertrand Russell*, Op. cit., page 244.
107. Ibid., page 245.
108. Russell, Op. cit., chapters IV and VII.
109. Ibid., pages 236ff.
110. Ibid., page 237.
111. Ibid., page 243.
112. José Ortega y Gasset, 'The Barbarism of "Specialisation",' from *The Revolt of the Masses*, New York and London: W.W. Norton and George Allen & Unwin, 1932, quoted in John Carey, *The Intellectuals and the Masses*, London and Boston: Faber & Faber, 1992, pages 17—18.
113. 关于他们之间的联系和早年的情况，see Royden J. Harrison, *The Life and Times of Sidney and Beatrice Webb, 1858—1905: The Formative Years*, London: Macmillan, 2000。
114. Lisanne Radice, *Beatrice and Sidney Webb: Fabian Socialists*, London: Macmillan,

1984, page 56.
115. Ibid., page 264.
116. Ibid., page 292.
117. Ibid., pages 292 and 295.
118. Ibid., page 297.
119. Ibid., pages 297 and 298.
120. Ibid., page 303.
121. Ibid., pages 305 and 323.
122. Stephanie Barron (editor), *Degenerate Art: The Fate of the Avant-Garde in Nazi Germany*, Los Angeles: County Museum of Art, and New York: Harry N. Abrams, 1991, pages 12—13.
123. Ibid., page 12.
124. Robert Cecil, *The Myth of the Master Race: Alfred Rosenberg and Nazi Ideology*, London: Batsford, 1972.
125. Ibid., page 12.
126. Ibid., page 83.
127. Ibid., pages 86—93.
128. Ibid., pages 95—103.
129. Ibid., page 120.
130. Ronald Clark, *The Huxleys*, London: Heinemann, 1968, page 130.
131. *Aldous Huxley: 1894—1963: A Memorial Volume*, London: Chatto & Windus, 1965, page 30.
132. 关于他自己对该书的感受，see Sybille Bedford, *Aldous Huxley: A Biography, Volume One: 1894—1939*, London: Chatto & Windus/Collins, 1973, pages 245—247。
133. Keith May, *Aldous Huxley*, London: Paul Elek, 1972, page 100.
134. Ibid.
135. Aldous Huxley, *Brave New World*, London: Chatto & Windus, 1934; New York: Harper, 1934. May, Op. cit., page 103.
136. Clark, *The Huxleys*, Op. cit., page 236.

17 思想浩劫

1. 我很大程度上依赖于这本精彩的小书：Henry Grosshans, *Hitler and the Artists*, New York: Holmes & Meier, 1983, page 72。
2. Hildegard Brenner, ‘Art in the Political Power Struggle of 1933 and 1934,’ in Hajo Holborn (editor), *Republic to Reich: The Making of the Nazi Revolution*, New York: Pantheon, 1972, page 424. quoted in Grosshans, Op. cit., page 72.
3. Grosshans, Op. cit., page 72.
4. Barron, *Degenerate Art*, Op. cit., page 396.
5. Carl Carls, *Ernst Barlach*, New York: Praeger, 1969, page 172, quoted in Grosshans, Op. cit., page 72.

6. Ibid., page 73.
7. Ibid., page 72.
8. Ibid., page 73.
9. Ibid., page 74.
10. Ibid., page 75.
11. Ibid., page 77.
12. Victor H. Miesel (editor), *Voices of German Expressionism*, Englewood Cliffs, New Jersey: Prentice-Hall, 1970, pages 209ff.
13. Barron, Op. cit., page 319.
14. Grosshans, Op. cit., page 79.
15. Ibid., pages 79—80.
16. Ibid., page 81.
17. Berthold Hinz, *Art in the Third Reich*, New York: Pantheon, 1979, pages 43ff.
18. White and Gribbin, *Einstein*, Op. cit., pages 163—164.
19. Albrecht Folsing, *Albert Einstein: A Biography*, New York: Viking, 1997, pages 659ff.
20. White and Gribbin, *Einstein*, Op. cit., page 206.
21. Folsing, Op. cit., pages 648ff.
22. White and Gribbin, Op. cit., page 200.
23. Folsing, Op. cit., page 649.
24. Headline quote: *Berliner Lokal-Anzeiger*, March 1933, quoted in White and Gribbin, Op. cit., page 204; 美国阻止爱因斯坦的企图：Folsing, Op. cit., page 661。
25. Jarrell Jackman and Carlo M. Borden, *The Muses Flee Hitler: Cultural Transfer and Adaptation, 1930—1945*, Washington D. C.: Smithsonian Institution Press, 1963, page 170.
26. Ute Deichmann, *Biologists under Hitler*, Cambridge, Massachusetts: Harvard University Press, 1996, pages 40—47.
27. Ibid., pages 294ff.
28. Stephanie Barron (editor), *Exiles and Emigres: The Flight of European Artists from Europe*, Los Angeles: County Museum of Art, and Harry N. Abrams, 1997, page 212.
29. Peter Hahn, 'Bauhaus and Exile: Bauhaus Architects and Designers between the Old World and the New,' in Barron, *Exiles and Emigres*, Op. cit., page 212.
30. Ibid., page 213.
31. Ibid., page 216.
32. Ibid., page 218.
33. Martin Jay, *The Dialectical Imagination*, Op. cit., page 29.
34. Ibid., page 30.
35. Laura Fermi, *Illustrious Immigrants: The Intellectual Migration from Europe: 1930—1941*, Chicago: University of Chicago Press, 1971, pages 364—368.
36. Ibid., chapter VI, pages 139ff.
37. Clark, *Freud*, Op. cit., pages 502—504.
38. Ibid., page 507.
39. Ibid.
40. Ibid., pages 511 and 513—516.
41. See Paul Ferris, *Dr Freud*, London: Sinclair-Stevenson, 1997, page 380 for a summary.

42. Clark, Op. cit., page 524.
43. Elisabeth Young-Bruehl, *Hannah Arendt: For Love of the World*, New Haven and London: Yale University Press, 1982, pages 44ff.
44. Ibid., pages 49ff.
45. Elzbieta Ettinger, *Hannah Arendt/Martin Heidegger*, New Haven and London: Yale University Press, 1995, pages 24—25.
46. Riidiger Safranski, *Martin Heidegger: Between Good and Evil*, Cambridge, Massachusetts: Harvard University Press, 1998, page 255.
47. Ibid., pages 238ff.
48. Young-Bruehl, Op. cit., pages 102—106.
49. Ibid., pages 138—144.
50. 关于海德格尔在纳粹德国论大学的演讲，see Victor Farias, *Heidegger and Nazism*, Philadelphia: Temple University Press, 1989, pages 140ff。
51. Safranski, Op. cit., page 258, 此处称海德格尔对胡塞尔的一处致谢依然因“藏在脚注中”而得以保留。
52. Deichmann, Op. cit., page 187.
53. Ibid., page 184.
54. Ibid., pages 188—189.
55. Ibid., page 229.
56. Ibid. See Michael H. Kater, *Doctors under Hitler*, Chapel Hill, North Carolina: University of North Carolina Press, 1989, 关于犹太医生遭到清洗后对医生收入产生的影响，see page 31，关于年轻医生的暴行（他们也不是种族主义暴徒），see page 133; and Robert Proctor, *Racial Hygiene: Medicine Under the Nazis*, Cambridge, Massachusetts: Harvard University Press, 1988。
57. Deichmann, Op. cit., pages 231ff.
58. Ibid., pages 251ff.
59. Ibid., page 257.
60. Ibid., page 258.
61. Grosshans, Op. cit., page 111.
62. Ibid., page 101.
63. Richard Grunberger, *A Social History of the Third Reich*, London: Weidenfeld & Nicolson, 1971, page 427, quoted in Grosshans, Op. cit., pages 99—100.
64. 关于希特勒的演讲以及他在展览上的照片，see Barron, *Degenerate Art*, Op. cit., pages 17ff；希特勒关于艺术应当“基于人民”的观点，see Grosshans, Op. cit., page 103。
65. Grosshans, Op. cit., page 103.
66. Ibid., page 105.
67. Barron, *Degenerate Art*, Op. cit., pages 20 and 25ff.
68. Grosshans, Op. cit., page 105.
69. Barron, *Degenerate Art*, pages 36—38; Grosshans, Op. cit., page 107.
70. Miesel, Op. cit., page 209, quoted in Grosshans, Op. cit., page 109.
71. Barron, *Degenerate Art*, Op. cit., page 19.
72. Grosshans, Op. cit., page 116.
73. Erik Levi, *Music in the Third Reich*, London: Macmillan, 1994, especially chapters 4 and

7. See Boris Schwarz, ‘The Music World in Migration,’ in Jackman and Borden (editors), Op. cit., pages 135—150.
74. Mary Bosanquet, *The Life and Death of Dietrich Bonhoeffer*, London: Hodder & Stoughton, 1968, pages 82ff.
75. Eberhard Bethge, *Dietrich Bonhoeffer: Theologian, Christian, Contemporary*, London: Collins, 1970, pages 379ff.
76. Bosanquet, Op. cit., page 82.
77. Ibid., pages 121—124; see Bethge, Op. cit., page 193.
78. Bosanquet, Op. cit., pages 187ff.
79. See his diary entry for 9 July 1939, quoted in Bosanquet, Op. cit., page 218; see Bethge, Op. cit., pages 557ff.
80. Bosanquet, Op. cit., page 235.
81. Dietrich Bonhoeffer, *Letters and Papers from Prison* (edited by Eberhard Bethge), London: SCM Press, 1967.
82. Bosanquet, Op. cit., pages 277—278; see Bethge, Op. cit., pages 827ff.
83. Vitaly Shentalinsky, *The KGB's Literary Archive*, London: The Harvill Press, 1995, paperback 1997. Originally published in French as *La parole ressuscitée dans les archives littéraires du KGB*, Paris: Editions Robert Laffont, 1993.
84. Ibid., pages 136—137.
85. Ibid., pages 287—289.
86. 关于革命对科学家产生的全面影响，see Loren R. Graham, *Science in the Soviet Union*, Cambridge: Cambridge University Press, 1993, pages 79ff。
87. Nikolai Krementsov, *Stalinist Science*, Princeton: Princeton University Press, 1997, pages 20—25. 此书是本节的主要资料来源。
88. Paul R. Josephson, *Physics and Politics in Revolutionary Russia*, Berkeley: University of California Press, 1991, pages 104ff.
89. Krementsov, Op. cit., pages 24—25.
90. Ibid., pages 29—30.
91. Josephson, Op. cit., pages 152ff.
92. Krementsov, Op. cit., page 35. 关于巴甫洛夫对心理学所持的怀疑态度，以及他对马克思主义的抵触，see Loren R. Graham, *Science, Philosophy and Human Behaviour in the Soviet Union*, New York: Columbia University Press, 1987, page 161。该书是以下作品的升级版：*Science and Philosophy in the Soviet Union*, London: Allen Lane The Penguin Press, 1973。
93. Josephson, Op. cit., page 204.
94. Krementsov, Op. cit., page 40.
95. Ibid., page 43.
96. Ibid., page 47. 关于社会达尔文主义工程学及其与马克思主义的融合，see Graham, Op. cit., page 117。
97. 关于马克思主义哲学与理论物理学之间的“冲突”，see Josephson, Op. cit., pages 225ff。
98. Krementsov, Op. cit., page 56; Graham, Op. cit., page 241.
99. See Krementsov, Op. cit., page 57. 关于列宁主义对量子力学和相对论物理学产生的影响的讨论，see Graham, Op. cit., chapters 4, 6 and 10, 11。
100. Krementsov, Op. cit., page 59.
101. Graham, Op. cit., page 108.
102. Krementsov, Op. cit., page 60.
103. 关于苏俄物理学家发起的反对唯物主义者的论战，see Josephson, Op. cit., page 269, 称他们在和证据玩“捉迷藏”。See Graham, Op. cit., page 121.
104. Krementsov, Op. cit., page 60.
105. Josephson, Op. cit., page 308.
106. Graham, Op. cit., page 315.
107. Krementsov, Op. cit., pages 66—67.
108. Ibid., page 73.
109. Ibid., page 82.
110. 关于瓦维洛夫命运的详细情况，see Graham, *Science in the Soviet Union*, Op. cit., pages 129—130。
111. Gleb Struve, *Russian Literature under Lenin and Stalin, 1917—1953*, Norman: University of Oklahoma Press, 1971, pages 59ff.
112. A. Kemp-Welch, *Stalin and the Literary Intelligentsia, 1928—1939*, London: Macmillan, 1991, page 233.
113. 关于高尔基在生前最后的日子里与斯大林之间关系的细节，see Dan Levy, *Stormy Petrel: The Life and Work of Maxim Gorky*, London: Frederick Muller, 1967, pages 313—318。
114. 尽管 RAPP 本身也非常不团结。See Struve, Op. cit., page 232; Kemp-Welch, Op. cit., page 77.
115. Kemp-Welch, Op. cit., page 77.
116. Ibid., pages 169—170.
117. See Struve, Op. cit., chapter 20, pages 256ff.
118. Edward J. Brown, *The Proletarian Episode in Russian Literature 1928—1932*, New York: Columbia University Press, 1953, pages 69—70, 96, 120 and 132.
119. Struve, Op. cit., page 261; Kemp-Welch, Op. cit., page 175.
120. 关于苏共政治局对肖斯塔科维奇的评价，see Brown, Op. cit., page 182; Kemp-Welch, Op. cit., page 178。
121. 曼德尔施塔姆与阿赫玛托娃之间的关系，see Nadezhda Mandelstam, *Hope Against Hope*, London: Collins and Harvill Press, 1971, pages 217—221。
122. John and Carol Garrard, *Inside the Soviet Writers' Union*, London: I. B. Tauris, 1990, pages 58—59.
123. Shentalinsky, Op. cit., page 191.
124. Ibid., page 193.
125. Garrard and Garrard, Op. cit., page 38; 关于爱伦堡尝试为巴别尔所作的辩护，see Shentalinsky, Op. cit., pages 70—71。
126. Kemp-Welch, Op. cit., page 223.
127. Ibid., page 224.
128. I. Ehrenburg, *Men, Years-Life*, London, 1963, volume 4, *The Eve of War*, page 96, quoted in Kemp-Welch, Op. cit., page 198.

18 无用的慰藉

1. Lewis Jacobs, *The Rise of the American Film, A Critical History*, New York: Harcourt Brace, 1939, page 419.
2. Alfred Knight, *The Liveliest Art*, Op. cit., page 156.
3. Ibid., pages 164—165.
4. 关于这些影片的剧照，see Jacobs, Op. cit., pages 428 and 429。
5. Knight, Op. cit., page 257.
6. Ibid., pages 261—262. 关于这一时期部分著名导演的名单，see Jacobs, Op. cit。
7. Knight, Op. cit., page 222.
8. Kristin Thompson and David Bordwell, *Film History*, New York: McGraw Hill, 1994, page 353.
9. Knight, Op. cit., page 225.
10. Ibid., pages 226—227.
11. Thompson and Bordwell, Op. cit., page 354.
12. W. H. Auden, 'Night Mail,' July, 1935. See Edward Mendelsohn (editor), *The English Auden*, London and Boston: Faber & Faber, 1977.
13. Knight, Op. cit., page 211.
14. Thomson and Bordwell, Op. cit., page 309.
15. Ibid., page 310.
16. Knight, Op. cit., page 212. 里芬斯塔尔后来称她只是曾经钟情于艺术，对纳粹的迫害一无所知。此说法遭到了电影历史学家的质疑。See Thompson and Bordwell, Op. cit., page 320.
17. John Lucas, *The Modern Olympic Games*, Cranbury, New Jersey: A. S. Barnes, 1980.
18. Allen Guttman, *The Olympics: A History of the Modern Games*, Urbana and Chicago: University of Illinois Press, 1992, pages 67ff.
19. 里芬斯塔尔获准选用其他摄影师拍摄的画面，see Audrey Salkeld, *A Portrait of Leni Riefenstahl*, London: Jonathan Cape, 1996, page 173。
20. 里芬斯塔尔在回忆录中写道，希特勒并不是如广泛报道的那样，出于种族歧视原因而拒绝与欧文斯握手，而是因为“这是违反奥林匹克章程的”。See Leni Riefenstahl, *The Sieve of Time: The Memoirs of Leni Riefenstahl*, London: Quartet, 1992, page 193.
21. Salkeld, Op. cit., page 186.
22. Knight, Op. cit., page 213.
23. Ibid., page 216.
24. Thompson and Bordwell, Op. cit., page 294.
25. Knight, Op. cit., page 217.
26. Ibid., page 218.
27. Thompson and Bordwell, Op. cit., page 298. Knight, Op. cit., page 218.
28. Knight, Op. cit., page 218.
29. 关于他与布莱希特和克劳斯之间的友谊，以及对柏林生活的描写：Momme Broderson, *Walter Benjamin: A Biography*, London: Verso, 1996, pages 184ff。
30. Bernd Witte, *Walter Benjamin: An Intellectual Biography*, Detroit: Wayne State

University Press, 1991, pages 159—160.
31. Ibid., page 161. 格尔肖姆·肖勒姆在谈到他和本雅明的友谊时，描述了他对这篇文章的反应，声称本雅明是“被迫”使用了“光晕”的概念。Gershom Scholem, *Walter Benjamin: The Story of a Friendship*, London and Boston: Faber & Faber, 1982, page 207.
32. Stanislaus Von Moos, *Le Corbusier: Elements of a Synthesis*, Cambridge, Massachusetts, MIT Press, 1979, pages 210—213.
33. Ibid., page 191.
34. Ibid., pages 17, 49—50.
35. Robert Furneaux Jordan, *Le Corbusier*, London: J. M. Dent, 1972, page 36 and plate 5; see Von Moos, Op. cit., page 75.
36. Jordan, Op. cit., page 33.
37. Ibid., page 36 and plate 5.
38. Von Moos, Op. cit., page 154; see Jordan, Op. cit., pages 56—57.
39. Von Moos, Op. cit., pages 302—303.
40. 关于勒·柯布西耶对色彩的思考以及随时间变化而发生的转变，see Von Moos, Ibid., pages 296—297。勒·柯布西耶在下列作品中将此过程做了这样的描述：“人们必须尽可能利用现代科学”：Jordan, Op. cit., page 45。
41. Humphrey Carpenter, *W. H. Auden: A Biography*, London: George Allen & Unwin, 1981, pages 12—13. 关于伯纳德·伯尔贡齐对“奥登式”的讨论，see *Reading the Thirties*, London: Macmillan, 1978, pages 40—41。
42. Grevel Lindop, ‘Poetry in the 1930s and 1940s,’ in Martin Dodsworth (editor), *The Twentieth Century*, volume 7 of *The Penguin History of Literature*, London, 1994, page 268.
43. Ian Hamilton (editor), *The Oxford Companion to Twentieth-Century Poetry*, Op. cit., page 21.
44. ‘VII,’ July 1932, from ‘Poems 1931—1936,’ in Edward Mendelsohn (editor), Op. cit., page 120.
45. ‘VII,’ August 1932, Ibid., page 120.
46. G. Rostrevor Hamilton, *The Tell-Tale Article*, quoted in Bergonzi, Op. cit., page 43.
47. Ibid., page 52.
48. Poem XXIX, in Mendelsohn (editor), Op. cit.
49. Bergonzi, Op. cit., page 51. 关于《西班牙》的撰写过程以及奥登对作品版税的使用，see Carpenter, Op. cit. Lindop, Op. cit., page 273。
50. Quoted in Frederick R. Benson, *Writers in Arms: The Literary Impact of the Spanish Civil War*, London: University of London Press; New York: New York University Press, 1968, page 33.
51. Carpenter, Op. cit., page 219. See Bernard Crick, *George Orwell: A Life*, London: Seeker & Warburg, 1980, chapter 10, ‘Spain and “necessary murder”,’ pages 207ff.
52. Benson, Op. cit., pages xxii and 88ff.
53. Ibid., pages xxii and 27.
54. André Malraux, *L’Espoir*, Paris: Gallimard, 1937.
55. Curtis Cate, *André Malraux: A Biography*, London: Hutchinson, 1995, pages 259ff.
56. Benson, Op. cit., pages 240 and 295. 有时海明威的作品在西班牙地下出售，see Jose Luis Castillo-Duche, *Hemingway in Spain*, London: New England Library, 1975, page 96。

57. John Berger, *The Success and Failure of Picasso*, Op. cit., page 164.
58. Arianna Stassinopoulos, Op. cit., page 231.
59. Berger, Op. cit., page 102.
60. Stassinopoulos, Op. cit., page 232.
61. Herbert Read, 'Picasso's *Guernica*,' *London Bulletin*, No. 6, October 1938, page 6.
62. Robert Hughes, *The Shock of the New*, Op. cit., page 110.
63. Ibid., pages 110—111.
64. Stassinopoulos, Op. cit., page 256.
65. Herbert Rutledge Southworth, *Guernica! Guernica!*, Berkeley: University of California Press, 1977, pages 277—279 表明西班牙人花了很长时间才宽恕毕加索。关于奥威尔对西班牙内战的反应，see Benson, Op. cit., page 64。
66. George Orwell, *Homage to Catalonia*, London: Martin Seeker & Warburg, 1938.
67. J. E. Morpurgo, *Allen Lane: King Penguin*, London: Hutchinson, 1979, page 80.
68. Ibid., pages 81—84.
69. Ibid., pages 92—93.
70. W. A. Williams, *Allen Lane, A Personal Portrait*, London: The Bodley Head, 1973, page 45.
71. J. B. Priestley, *English Journey*, London: Heinemann, 1934; Penguin, 1977.
72. F. R. Leavis, *Mass Civilisation and Minority Culture*, London: Minority Press, 1930. (Actually issued by Gordon Fraser.)
73. Ian MacKillop, *F. R. Leavis: A Life in Criticism*, London: Allen Lane, The Penguin Press, 1995, pages 74—75. I. A. 理查兹于 1929 年出版的《实用批评》一书中表达了这种观点，并造成了巨大影响。理查兹后来转到哈佛任教，在哈佛这种方法被称为“新批评主义”。
74. Q. D. Leavis, *Fiction and the Reading Public*, London: Chatto & Windus, 1932; Reissued: Bellew, 1990.
75. Ibid., pages 199—200.
76. Williams, Op. cit., 52ff 将它们与 BBC 的第三套节目进行了对比。他说这是 BBC 历史上至关重要的事件，并且将它与英国艺术协会的前身，即音乐和艺术鼓励委员会联系在了一起。
77. Morpurgo, Op. cit., pages 114—116.
78. Ibid., page 116.
79. Williams, Op. cit., page 54.
80. Morpurgo, Op. cit., page 131.
81. Ibid., page 135.
82. J. K. Galbraith, *The Age of Uncertainty,* London: BBC/André Deutsch, 1977, page 203.
83. Ibid., page 204.
84. Ibid., page 211.
85. Robert Lekachman, *The Age of Keynes*, London: Allen Lane, The Penguin Press, 1967, Pelican Books, 1969, page 72.
86. Ibid., pages 80—84.
87. 这是罗伯特·斯基德尔斯基在他所写的凯恩斯传记中的措辞：Skidelsky, Op. cit., volume 2, chapter 13, page 431。
88. Galbraith, Op. cit., page 214.

89. 根据斯基德尔斯基所说,《就业、利息和货币通论》的出版在经济学家之间引发了“一场观点之战”。Skidelsky, Op. cit., page 572.
90. Galbraith, Op. cit., page 218.
91. Lekachman, Op. cit., page 120.
92. Galbraith, Op. cit., page 221.
93. Bergonzi, Op. cit., pages 112—114, and 126—127.
94. Bergonzi, Op. cit., pages 61 and 112.
95. Cole Porter, ‘You’re the Tops,’ 1934. Bergonzi, Op. cit., page 127 认为这对波特来说是“准马克思主义”。
96. 关于这方面的基本介绍，以及关于聚乙烯的介绍，see John Gloag, *Plastic and Industrial Design*, London: George Allen & Unwin, 1945, page 86。
97. Stephen Fenichell, *Plastic*, Op. cit., page 106.
98. Burr W. Leyson, *Plastics in the World of Tomorrow*, London: Elek, 1946, page 17 强调了人们对玻璃纸的快速接受程度。
99. 法尔本还在 1934 年生产过一种人造祖母绿，see David Fishlock, *The New Materials*, London: John Murray, 1967, page 49。
100. Fenichell, Op. cit., pages 152—153.
101. Ibid., page 161.
102. Ibid., pages 150—151.
103. Paul Johnson, *A History of the Modern World*, Op. cit., page 247.
104. Michael Mannheim (editor), *The Cambridge Companion to Eugene O’Neill*, Cambridge: Cambridge University Press, 1998, page 1.
105. Louis Shaeffer, *O’Neill: Son and Playwright*, London: J. M. Dent, 1969, pages 69—70.
106. Stephen Black, ‘Cell of Loss,’ in Mannheim (editor), Op. cit., pages 4—12. Shaeffer, Op. cit., page 174.
107. Normand Berlin, ‘The Late Plays,’ in Mannheim (editor), Op. cit., pages 82ff.
108. 奥尼尔说，霍普的旅馆是基于三个“我曾生活过的”地方构建出来的。See Arthur and Barbara Gelb, *O’Neill*, London: Jonathan Cape, 1962, page 296.
109. 这是后达尔文主义的观点，但奥尼尔也承认自己受到了荣格的影响。See Egil Tornqvist, ‘O’Neill’s philosophical and literary paragons,’ in Mannheim (editor), Op. cit., page 22.
110. 关于“等待希基”的说法，see Shaeffer, Op. cit., page 514. See Mannheim, Op. cit., page 85。
111. David Morse, ‘American Theatre: The Age of O’Neill,’ in Marcus Cunliffe (editor), *American Literature since 1900*, London: Sphere, 1975; Penguin edition 1993, page 77.
112. Berlin, Op. cit., page 90.
113. Shaeffer, Op. cit., page 510ff 认为这是整部剧作自传色彩最少的部分。奥尼尔将蒂龙一家设定为比他自己一家患有严重得多的幽闭恐惧症，至少奥尼尔一家人还会一同出去就餐。
114. See Arthur and Barbara Gelb, *O’Neill*, Op. cit., page 93. Berlin, Op. cit., page 91.
115. Berlin, Op. cit., page 89.
116. Alfred Kazin, *On Native Grounds*, Op. cit., page 485.
117. Ibid.，关于提到范・威克・布鲁克斯、多斯・帕索斯和“悲喜交加的高潮”，see

pages 295, 352 and 442。
118. Ibid., page 404.
119. Ibid., page 488.
120. Simon Callow, *Orson Welles: The Road to Xanadu*, London: Jonathan Cape, 1995, page xi.
121. Ibid., page 521.
122. Frank Brady, *Citizen Welles*, London: Hodder & Stoughton, 1990, pages 309—310.
123. Callow, Op. cit., page 570.

19 希特勒的礼物

1. Stephanie Barron, *Exiles and Emigres*, Op. cit., pages 136—137.
2. Ibid., pages 16—18.
3. Ibid., page 14.
4. Laura Fermi, *Ilustrious Immigrants*, Op. cit., pages 66—68.
5. Jarrel C. Jackman and Carla M. Borden, *The Muses Flee Hitler*, Op. cit., page 218.
6. Ibid., page 219.
7. Ibid., pages 206—207.
8. Ibid., pages 208—226.
9. Barron, *Exiles and Emigres*, Op. cit., page 19. See Lewis A. Coser, *Refugee Scholars in America: Their Impact and Their Experiences*, New Haven and London: Yale University Press, 1984, 该书有一整章关于以下学者的内容：库尔特・勒温、埃里克・埃里克森、威廉・赖希、布鲁诺・贝特尔海姆、埃里希・弗洛姆、卡伦・霍妮、保罗・拉扎斯费尔德、路德维希・冯・米泽斯、卡尔・波兰尼、汉娜・阿伦特、托马斯・曼、弗拉基米尔・纳博科夫、罗曼・雅各布森、埃尔温・帕诺夫斯基、哈乔・霍尔本、鲁道夫・卡尔纳普和保罗・蒂利希。
10. Elisabeth Kessin Berman, 'Moral Triage or Cultural Salvage? The Agendas of Varian Fry and the Emergency Rescue Committee,' in Barron, *Exiles and Emigres*, Op. cit., pages 99—112.
11. Varian Fry, *Surrender on Demand*, New York: Random House, 1945, page 157. Jackman and Borden, Op. cit., page 89.
12. Fry, Op. cit., pages 189—191.
13. Martica Swain, *Surrealism in Exile and the Beginnings of the New York School*, Cambridge, Massachusetts: MIT Press, 1995, pages 124—126.
14. Jackman and Borden, Op. cit., page 90.
15. Coser, Op. cit., 'The New School for Social Research: A Collective Portrait,' pages 102—109.
16. Ian Hamilton (editor), *The Oxford Companion to Twentieth-Century Poetry*, Op. cit., pages 51—52.
17. Barron, *Exiles and Emigres*, Op. cit., page 187.
18. Ibid., pages 190ff.
19. Jackman and Borden, Op. cit., pages 140—141.

20. Ibid., pages 142—143.
21. Ehrhard Bahr, *Literary Weimar in Exile: German Literature in Los Angeles, 1940—1958*, in Ehrhard Bahr and Carolyn See, *Literary Exiles and Refugees in Los Angeles*, William Andrews Clark Memorial Library, University of California at Los Angeles, 1988. 巴尔认为流亡洛杉矶的德国作家从未被完全同化，他们一直心系德国。
22. Barron, *Exiles and Emigres*, Op. cit., pages 358—359.
23. Ibid., page 341.
24. Bernard Taper, *Balanchine*, New York: Times Books, 1984, pages 147ff.
25. Ibid., page 148.
26. Richard Buckle, *George Balanchine: Ballet Master: A Biography*, London: Hamish Hamilton, 1988, pages 61ff.
27. Taper, Op. cit., page 149.
28. Lincoln Kirstein, *Mosaic: Memoirs*, New York: Farrar, Straus & Giroux, 1994, page 23.
29. Taper, Op. cit., page 151.
30. Buckle, Op. cit., page 66 说他俩的第一次会面是在萨沃伊酒店，第二次是在柯克·艾斯丘位于切尔西的家中。
31. Kirstein, Op. cit., pages 247—249.
32. Taper, Op. cit., page 151.
33. Ibid., page 153.
34. Ibid., page 154.
35. Buckle, Op. cit., page 88.
36. Taper, Op. cit., page 156.
37. Ibid., page 157.
38. Ibid.
39. Buckle, Op. cit., page 88.
40. Taper, Op. cit., page 160.
41. Various authors, *The Cultural Migration: The European Scholar in America*, Philadelphia: University of Pennsylvania Press, 1953. 关于蒂利希，see page 155。

20 巨 人

1. Andrew Hodges, *Alan Turing: The Enigma*, London: Burnett Books, in association with Hutchinson, 1983, Vintage paperback, 1992, pages 160ff.
2. 关于其他几乎同时到达布莱切利的人，see I. J. Good, 'Pioneering work on computers at Bletchley,' in N. Metropolis, J. Howlett and Gian-carlo Rota (editors), *A History of Computing in the Twentieth Century*, New York and London: Academic Press, 1980, page 33。
3. Hodges, Op. cit., page 160.
4. Paul Strathern, *Turing and the Computer*, London: Arrow, 1997, page 59.
5. 关于恩格尼玛密码机的精彩图片，see Good, Op. cit., pages 35 and 36。基于最新解密的文件，关于恩格尼玛密码破解方式的最新说法，以及哈里·辛斯利做出的卓越贡献，see Hugh Sebag-Montefiore, *Enigmas The Battle for the Code*, London: Weidenfeld &

Nicolson, 2000。

6. Hodges, Op. cit., page 86.
7. Strathern, Op. cit., pages 46—47.
8. 关于有理数和可计算数之间的联系，see Hodges, Op. cit., pages 96—101。See Strathern, Op. cit., page 48.
9. Strathern, Op. cit., pages 49—50.
10. S. M. Ulam, 'Von Neumann: The Interreaction of Mathematics and Computers,' in Metropolis et al. (editors), Op. cit., pages 95ff.
11. Strathern, Op. cit., pages 51—52.
12. Ibid., pages 55—56.
13. Ibid., pages 57—59.
14. 图灵也知道该征求谁的意见。关于波兰人，see Wladyslaw Kozoczuh, *Enigma*, London: Arms & Armour Press, 1984, page 96。
15. 有时这些信息并非以纯正德语发送。这是早期解决的一个问题。See R. V. Jones, Most Secret War, London: Hamish Hamilton, 1978, page 63.
16. Good, Op. cit., pages 40—41.
17. Hodges, Op. cit., page 277.
18. 关于巨人机项目的其他共同参与者，see B. Randall, 'The Colossus,' in Metropolis et al. (editors), Op. cit., pages 47ff。关于他们的照片，see Hodges, Op. cit., between pages 268 and 269。
19. Strathern, Op. cit., pages 63—64.
20. 关于图灵的评价，以及仍然笼罩着他与冯·诺伊曼举行的战时会议的"迷雾"，see Randall, Op. cit., pages 77—80。
21. Hodges, Op. cit., page 247.
22. Strathern, Op. cit., page 66.
23. 关于计算机发展的确切年表，see John Haugeland, *Artificial Intelligence: The Very Idea*, Cambridge, Massachusetts: MIT Press, 1985, pages 261—263。
24. Hodges, Op. cit., pages 311—312.
25. Guy Hartcup, *The Challenge of War: Scientific and Engineering Contributions to World War Two*, Exeter: David & Charles, 1970, pages 17ff.
26. Ibid., page 94.
27. Ibid., pages 96—97.
28. Ibid., page 91. 关于德军方面取得的进步，以及雷达的一些缺点，see Alfred Price, *Instruments of Darkness*, London: William Kimber, 1967, circa pages 40—45; and David Pritchard, *The Radar War*, London: Patrick Stephens, 1989, especially pages 80ff。
29. Hartcup, Op. cit., page 91, 关于详细的年表，see Jack Gough, *Watching the Skies: A History of Ground Radar for the Air Defence of the United Kingdom by the RAF from 1946 to 1975*, London: HMSO, 1993, pages 8—12。
30. Hartcup, Op. cit., pages 90 and 107.
31. Ronald W. Clark, *The Life of Ernst Chain: Penicillin and Beyond*, New York: St Martin's Press, 1985, pages 47ff. Weatherall, *In Search of a Cure*, Op. cit., pages 174—175.
32. Gwyn Macfarlane, *Alexander Fleming: The Man and the Myth*, London: Chatto & Windus/The Hogarth Press, 1984, pages 119ff.

33. Weatherall, Op. cit., page 168.
34. Ibid., pages 165—166.
35. Gwyn Macfarlane, *Howard Florey: The Making of a Great Scientist*, Oxford and New York: Oxford University Press, 1979, page 331.
36. Weatherall, Op. cit., pages 175—176.
37. John E. Pfeiffer, *The Creative Explosion: An Inquiry into the Origins of Art and Religion*, New York: Harper & Row, 1982, pages 26ff 认为他们当时并没有带着狗。Annette Laming, *Lascaux*, London: Penguin, 1959, pages 54ff.
38. Mario Ruspoli, *The Cave of Lascaux: The Final Photographic Record*, London and New York: Thames & Hudson, 1987, page 188. See note 37.
39. Ibid.
40. Pfeiffer, Op. cit., page 30.
41. Ruspoli, Op. cit., page 188.
42. Pfeiffer, Op. cit., page 31.
43. 关于更为详细的描述，see Ruspoli, Op. cit., and Fernand Windels, *Montignac-sur-Vezere*, Centre d'Etudes et de documentations prehistoriques, Dordogne, 1948。
44. Paul G. Bahn and Jean Vertut, *Images of the Ice Age*, London: Windward, 1988, pages 20—23.
45. Evan Hadingham, *Secrets of the Ice Age: The World of the Cave Artists*, London: Heinemann, 1979, page 187.
46. 相关讨论，see Ruspoli, Op. cit., pages 87—88，不过拉科斯洞穴没有关于女性的绘画。纽约大学教授兰德尔·怀特认为维纳斯雕像的一些特征（辫子和动物耳朵）表明，这些作品可以追溯到早期人类尚未将性交与生育联系起来的时代。其中的动物特征表明，当时的人类认为动物的灵魂也和生育有关。（以上说法源自作者与怀特教授的个人通信。）
47. Pierre Teilhard de Chardin, *The Appearance of Man*, London: Collins, 1965, page 51.
48. Ian Tattersall, *The Fossil Trail*, Oxford and New York: Oxford University Press, 1995, paperback 1996, pages 62 and 67.
49. Chardin, Op cit., pages 91 and 145. Tattersall, Op. cit., page 62.
50. Mayr, *The Growth of Biological Thought*, Op. cit., pages 566—569 还提到了这组人中的伯恩哈德·伦施和 G. 莱迪亚德·斯特宾斯，虽然他们分别直到 1947 年和 1950 年才发表各自的著作，当时普林斯顿会议（见下文）已经召开。迈尔说（page 70）不存在库恩式的“范式转换”（见本书第 27 章），而存在能够存活成分的“交换”。朱利安·赫胥黎的书由伦敦的乔治·艾伦与昂温出版社出版，其他人的作品都由纽约的哥伦比亚大学出版社出版。See Ernst Mayr and William B. Provine (editors), *The Evolutionary Synthesis: Perspectives on the Unification of Biology*, Cambridge, Massachusetts: Harvard University Press, 1980, 1988, 该书探讨了英美以外地区（包括法国、德国和苏俄）进化论思想的发展，还对该领域内的早期人物，包括 T. H. 摩根、R. A. 费希尔、G. G. 辛普森、J. B. S. 霍尔丹和威廉·贝特森等，进行了现代评估。
51. 关于“突变”观点的流行，see David Kahn (editor), *The Darwinian Heritage*, Princeton: Princeton University Press in association with Nova Pacifica, 1985, pages 762—763。
52. Tattersall, Op. cit., pages 89—94.
53. Ibid., page 95.

54. Walter Moore, *Schrodinger: Life and Thought*, Cambridge: Cambridge University Press, 1989, page 395.
55. Erwin Schrodinger, *What is Life?*, Cambridge: Cambridge University Press, 1944, page 77.
56. Moore, Op. cit., page 396.
57. Schrodinger, Op. cit., page 61.
58. Ibid., page 79.
59. Ibid., page 30.
60. Moore, Op. cit., page 397.

21 无路可退

1. Karl Mannheim, *Diagnosis of Our Time: Wartime Essays of a Sociologist*, London: Kegan Paul, Trench, Trubner, 1943.
2. Ibid., page 38.
3. Ibid., page 32.
4. Ibid., pages 6ff.
5. Joseph Schumpeter, *Capitalism, Socialism, and Democracy*, London: George Allen & Unwin, 1943.
6. Johnston, *The Austrian Mind*, Op. cit., page 83.
7. Robert Heilbronner, *The Worldly Philosophers*, New York: Simon & Schuster, 1953, Penguin Books, 1986, pages 292—293.
8. Schumpeter, Op. cit., pages 111ff.
9. Ibid., page 81.
10. Ibid., pages 143ff; Heilbronner, Op. cit., pages 6 and 301—302.
11. Heilbronner, Op. cit., pages 300—303.
12. Friedrich von Hayek, *The Road to Serfdom*, London: George Routledge, 1944, page 52.
13. Ibid., page 61.
14. C. H. Waddington, *The Scientific Attitude*, London (another Penguin Special), 1941.
15. Karl Popper, *The Open Society and Its Enemies, Volume I: The Spell of Plato, Volume II: The High Tide of Prophecy: Hegel, Marx and the Aftermath*, London: George Routledge & Sons, 1945.
16. 波普尔在出版《开放社会及其敌人》时遇到了麻烦，因为一些出版商认为该书对亚里士多德有诸多不敬；《心灵》杂志曾经拒绝发表《历史主义的贫困》。见曼海姆的自传，*Unended Quest: An Intellectual Biography*, London: Routledge, 1992, page 119。
17. Roberta Corvi, *An Introduction to the Thought of Karl Popper*, London and New York: Routledge, 1997, page 52.
18. Ibid., page 55.
19. Ibid., page 59.
20. Popper, Op. cit., volume I, page 143. Corvi, Op. cit., page 65.
21. Ibid., volume II, page 218.
22. Corvi, Op. cit., page 69.

23. 关于社会学的自主性，see Popper, Op. cit., volume II, chapter 14；关于知识社会学，see chapter 23。
24. Corvi, Op. cit., page 73.
25. William Temple, *Christianity and the Social Order*, London: Penguin Special, 1942.
26. 关于教会的干涉，Ibid., chapter 2。
27. Ibid., page 75.
28. Ibid., pages 76ff.
29. Ibid., page 79.
30. Ibid., page 87.
31. Nicholas Timmins, *The Five Giants: A Biography of the Welfare State*, London: HarperCollins, 1995, Fontana Paperback, 1996, page 23. See also Derek Fraser, *The Evolution of the British Welfare State*, London: Macmillan, 1973, page 199 称该报告卖出了 635 000 册。
32. John Kenneth Galbraith, *A History of Economics*, London: Hamish Hamilton, 1987, Penguin edition, 1991, pages 213—215.
33. 关于战争对各方态度的影响，see Fraser, Op. cit., pages 194—195。
34. Timmins, Op. cit., page 11. 当然，贝弗里奇的回忆录中并未提及这一点：Lord Beveridge, *Power and Influence*, London: Hodder & Stoughton, 1953。
35. Beveridge, Op. cit., page 9；quoted in Timmins, Op. cit., page 12. See also Jose Harris, *William Beveridge: A Biography*, Oxford: Clarendon Press, 1977, page 44.
36. Paul Addison, *Churchill on the Home Front 1900—1955*, London: Jonathan Cape, 1992, page 51; quoted in Timmins, Op. cit., page 13.
37. Harris, Op. cit., pages 54 and 379. Timmins, Op. cit., page 14.
38. Timmins, Op. cit., page 15.
39. Ibid., page 20.
40. Ibid. See also Harris, Op. cit., page 385.
41. Timmins，Op. cit., page 21. 不过根据 Harris, Op. cit., page 390，贝弗里奇直到 1941 年底才开始思考保险。
42. Fritz Grunder, 'Beveridge meets Bismark,' York papers, volume 1, page 69, quoted in Timmins, Op. cit., page 25.
43. Ibid., pages 23—24.
44. Cmnd. 6404, *Social Insurance and Allied Services: Report by Sir William Beveridge*, London: HMSO, 1942, pages 6—7, quoted in Timmins, Op. cit., pages 23—24.
45. 实际上，许多政府官员都相当谨慎。Harris, Op. cit., page 422.
46. Timmins, Op. cit., page 29.
47. Derek Fraser, Op. cit., page 180, quoted in Timmins, Op. cit., page 33.
48. Ibid., page 37.
49. 贝弗里奇在其回忆录中提到了一位美国时事评论员，后者称："在今日之英国，威廉爵士可能是仅次于丘吉尔的最受欢迎的人物。" Beveridge, Op. cit., page 319.
50. Allan Bullock, *Hitler and Stalin*, Op. cit., page 858.
51. Crick, *George Orwell*, Op. cit., page 316.
52. Malcolm Bradbury, Introduction to George Orwell, *Animal Farm*, Penguin Books, 1989, page vi.

53. Crick, Op. cit., pages 316—318 补充道，纸张短缺可能不是此书推迟出版的唯一原因。
54. Galbraith, *A History of Economics*, Op. cit., page 248.
55. Lekachman, Op. cit., page 128.
56. Moggridge, Op. cit., page 629.
57. Lekachman, Op. cit., page 124.
58. Moggridge, Op. cit., page 631.
59. Lekachman, Op. cit., page 127.
60. Ibid., page 131.
61. The New Republic, 'Charter for America,' 19 April 1943, quoted in Lekachman, Op. cit., pages 133—135. See also Galbraith, Op. cit., page 249.
62. Lekachman, Op. cit., page 150.
63. Ibid., page 152.
64. Moggridge, Op. cit., page 724. Lekachman, Op. cit., page 158.
65. Lekachman, Op. cit., page 152.
66. 怀特已经准备了有关世界银行的提案。Moggridge, Op. cit., page 724.
67. Ibid., pages 802—803.
68. 凯恩斯本人更担忧英国的海外开销，认为这不符合英国的精简方针。Ibid., page 825.
69. Lekachman, Op. cit., page 138.
70. Ibid., page 161.
71. Gunnar Myrdal, *An American Dilemma: The Negro Problem and Modern Democracy* (two vols), New York: Harper & Row, 1944.
72. Ivan Hannaford, *Race: The History of an Idea in the West*, Baltimore: Johns Hopkins University Press, 1996, page 378.
73. E. Franklin Frazier, *The Negro Family in the United States*, Chicago: University of Chicago Press, 1939.
74. Myrdal, Op. cit., page xlvii.
75. Hannaford, Op. cit., page 379.
76. See Myrdal, Op. cit., chapter 34, on leaders.
77. Paul Johnson, *A History of the American People*, London: Weidenfeld & Nicolson, 1997, page 794. Hannaford, Op. cit., page 395.
78. Ralph Ellison, *Shadow and Act*, New York: Random House, 1964, page 316.

22 八月之光

1. Richard Rhodes, *The Making of the Atomic Bomb*, Op. cit., page 319.
2. Ibid., page 321.
3. 有关弗里施的住处被炸弹袭击并起火的错误说法，see R. W. Clark, *The Birth of the Bomb*, London: Phoenix House, 1961, page 116。
4. 有关派尔斯算法的详细情况，see Clark, *The Birth of the Bomb*, Op. cit., page 118；see also Rhodes, Op. cit., page 323。
5. 蒂泽德的委员会是战争时英国能够评估科学发现的军事用途的唯一的特别组织。

Clark, Op. cit., page 55.
6. Robert Jungk, *Brighter than a Thousand Suns*, London: Victor Gollancz in association with Rupert Hart-Davis, 1958, page 67.
7. Rhodes, Op. cit., page 212.
8. 费米被其他物理学家称为“教宗”。Jungk, Op. cit., page 57.
9. Laura Fermi, *Atoms in the Family*, Chicago: University of Chicago Press, 1954, page 123. Quoted in Rhodes, Op. cit., page 249.
10. C. P. Snow, *The Physicists*, Op. cit., pages 90—91.
11. Otto Hahn, *New Atoms*, New York and Amsterdam: Elsevier, 1950, pages 53ff.
12. Rhodes, Op. cit., pages 254—256.
13. Jungk, Op. cit., pages 67—77.
14. Helge Kragh, *Quantum Generations*, Op. cit., page 260.
15. Ronald Clark, *The Greatest Power on Earth: The Story of Nuclear Fission*, London: Sidgwick & Jackson, 1980, page 45. See also Jungk, Op. cit., page 77. Rhodes, Op. cit., page 258.
16. Rhodes, Op. cit., page 261.
17. 西拉德揭示了这一秘密，但支持者甚少。Kragh, Op. cit., page 263.
18. Clark, *The Birth of the Bomb*, Op. cit., page 80.
19. 关于西拉德的其他主张，see Jungk, Op. cit., pages 82ff。
20. Ibid., page 91 还称，爱因斯坦并未想到链式反应的可能性。
21. Rhodes, Op. cit., pages 291--292 and 296.
22. See Clark, *The Birth of the Bomb*, Op. cit., page 183，其中提及曾经考虑过用加拿大全面代替英国。See also Rhodes, Op. cit., pages 329—330.
23. Kragh, Op. cit., page 265; and Rhodes, Op. cit., page 379.
24. Rhodes, Op. cit., page 385.
25. Mark Walker, *German National Socialism and the Quest for Nuclear Power*, Cambridge: Cambridge University Press, 1989, pages 222ff 称双方都夸大了这次会面的意义。这次会面后来成了迈克·弗雷恩创作的《哥本哈根》剧本的主题，该剧于 1998 年在伦敦国家剧院首次演出，十分成功。
26. Kragh, Op. cit., page 266; Rhodes, Op. cit., page 389.
27. Leslie Groves, ‘The atomic general answers his critics,’ *Saturday Evening Post*, 19 May, 1948, page 15；See also Jungk, Op. cit., page 122.
28. Rhodes, Op. cit., pages 450—451.
29. Clark, *The Greatest Power on Earth*, Op. cit., page 161.
30. Rhodes, Op. cit., page 437.
31. Jane Wilson (editor), ‘All in Our Time,’ *Bulletin of the Atomic Scientists*, 1975, quoted in Rhodes, Op. cit., page 440.
32. 关于其内部组织，see Kragh, Op. cit., page 267。
33. Rhodes, Op. cit., pages 492 and 496—500.
34. Kragh, Op. cit., page 270.
35. Stefan Rozental (editor), *Niels Bohr*, Op. cit., page 192.
36. Margaret Gowing, *Britain and Atomic Energy: 1939—1945*, London: Macmillan, 1964, pages 354—356. See also Rhodes, Op. cit., pages 482 and 529.

37. 关于英国人如何监视德国人的内容，see Clark, *The Birth of the Bomb*, Op. cit., page 141。
38. 有关德国人对重水的偏爱，see Mark Walker, Op. cit., page 27。
39. David Irving, *The Virus House*, London: William Kimber, 1967, page 191. 第二次世界大战后，德国物理学家参与原子弹的研制成为一桩著名的诉讼案件，后来，其中一些人声称他们在道德层面上控制了原子弹研究的进展。后来一些公开资料上出现了若干种相互矛盾的说法，其中最著名的是《希特勒的核俱乐部：农场馆的秘密记录》（edited by Jeremy Bernstein，New York: American Institute of Physics Press，1996）。这些秘密记录是在一所称为农场馆的英式庄园里留下的已经解密的记录材料，这所庄园里当时住着很多在第二次世界大战爆发时即被抓来的德国科学家，他们的谈话被人秘密录音。记录显示，到战争结束时，德国人动用了数百名科学家从事核研究，这些科学家被分成九个研究小组，由海森堡全面负责。这个项目于 1943 年启动，旨在研制正常运转的核反应堆，但是部分由于重水供应被切断以及同盟国的轰炸，这些计划被迫中断，研究所也因此南迁，搬出了柏林。
40. Herbert York, *The Advisers*, London: W. H. Freeman, 1976, page 30. Rhodes, Op. cit., page 458.
41. Kragh, Op. cit., page 271. Rhodes, Op. cit., pages 501—502.
42. See Rhodes, Op. cit., page 618，但是按照容克的说法，杜鲁门直到 4 月 25 日才得知此事。Jungk, Op. cit., page 178.
43. Jungk, Op. cit., page 195.
44. 另参见埃米里奥・西格雷的说法，reported in Kragh, Op. cit., page 269。
45. Jungk, Op. cit., chapters 11, 12 and 14.
46. 这架飞机的名字源于该机驾驶员保罗・蒂贝茨的母亲，see Jungk, Op. cit., page 219。
47. Paul Tibbets, ‘How to Drop an Atomic Bomb,’ *Saturday Evening Post*, 8 June 1946, page 136.
48. Caffrey, *Ruth Benedict*, Op. cit., page 321.
49. Modell, *Ruth Benedict*, Op. cit., page 285.
50. Ruth Benedict, *The Chrysanthemum and the Sword*, Boston: Houghton Mifflin, 1946, paperback edition: Houghton Mifflin, 1989.
51. Ibid., pages x—xi.
52. Ibid., page 104.
53. Ibid.,“忠”、“孝”和“情义”的比较图表，see page 116。
54. Ibid., pages 253ff.
55. Ibid., page 192.
56. Caffrey, Op. cit., page 325.
57. Modell, Op. cit., page 284.
58. Benedict, Op. cit., page 305.

23 战后零年的巴黎

1. Annie Cohen-Solal, *Sartre: A Life*, London: Heinemann, 1987, page 250. Herman, Op. cit., page 343.
2. Herman, *The Idea of Decline in Western History*, Op. cit., page 343.

3. J.-P. Sartre, *Self Portrait at 70, in Life Situations, Essays Written and Spoken*, translated by P. Auster and L. Davis, New York: Pantheon 1977, pages 47—48; quoted in Herman, Op. cit., page 342.
4. Ibid., page 334.
5. Ronald Hayman, *Writing Against: A Biography of Sartre*, London: Weidenfeld & Nicolson, 1986, page 64. Herman, Op. cit., page 334; Cohen-Solal, Op. cit., page 57.
6. Herman, Op. cit., page 335.
7. Cohen-Solal, Op. cit., page 95.
8. Herman, Op. cit., page 333.
9. Ibid., page 338.
10. 海德格尔关于世界本身是“失调的仪表”与萨特本人的“反抗者”思想有相通之处。Hayman, Op. cit., pages 132—133.
11. Herman, Op. cit., page 339.
12. Antony Beevor and Artemis Cooper, *Paris After the Liberation: 1944—1949*, London: Hamish Hamilton, 1994, page 199.
13. Ibid., pages 81 and 200.
14. Ibid., pages 156 and 164.
15. Cohen-Solal, Op. cit., page 248. Beevor and Cooper, Op. cit., pages 159—161.
16. Beevor and Cooper, Op. cit., page 155.
17. Herman, Op. cit., page 343; Cohen-Solal, Op. cit., page 258.
18. Herman, Op. cit., page 344.
19. Cohen-Solal, Op. cit., pages 444ff.
20. Herman, Op. cit., page 346.
21. Maurice Merlau-Ponty, *Humanism and Terror*, Boston: Beacon Press, 1969, pages xvi—xvii.
22. Herman, Op. cit., page 346.
23. Arthur Koestler, *Darkness at Noon*, London: Jonathan Cape, 1940, translator Daphne Harley; 关于与萨特的争论，see David Cesarani, *Arthur Koestler: The Homeless Mind*, London: Heinemann, 1998, pages 288—290。
24. Cohen-Solal, Op. cit., pages 347—348.
25. Ibid., page 348.
26. Beevor and Cooper, Op. cit., page 158.
27. Stanley Karnow, *Paris in the Fifties*, New York: Random House/Times Books, 1997, page 240.
28. Cohen-Solal, Op. cit., page 265.
29. Karnow, Op. cit., page 240. Beevor and Cooper, Op. cit., page 202.
30. Cohen-Solal, Op. cit., page 266. Karnov, Op. cit., page 242.
31. Beevor and Cooper, Op. cit., page 382.
32. Karnow, Op. cit., page 251. Beevor and Cooper, Op. cit., page 207.
33. 关于与美国之间的分歧的讨论，see Cohen-Solal, Op. cit., page 30。
34. Beevor and Cooper, Op. cit., page 405.
35. Ibid., page 408.
36. 有关这一事件牵涉的情感，有一点需要指出，在安妮·科恩—索拉尔于 1987 年撰写的长达 590 页的萨特传记中，她对这件事情、对克拉夫琴科及对参与此事的其他人，都只字未提。
37. Beevor and Cooper, Op. cit., page 409.
38. Ibid., pages 411—412.
39. Ibid. Cohen-Solal, Op. cit., pages 332—333 提到了他们的这次争吵。
40. Beevor and Cooper, Op. cit., page 416.
41. “尼古拉·布尔巴基”是一个以法国数学家为主的群体的笔名（包括让·迪科尼、亨利·卡尔东等人），其目的是要整合各种数学理论。《数学基础》第一卷于 1939 年问世，其后陆续出了二十多卷。关于奥利弗·梅西安的情况，see Arnold Whittall, *Music Since the First World War*, London: J. M. Dent, 1977; Oxford University Press paperback, 1995, pages 216—219 and 226—231；see also sleeve notes，pages 3—4, by Fabian Watkinson to: ‘Messaien, Turangalila-Symphonie,’ Royal Concertgebouw Orchestra, Decca, 1992。
42. 关于《西绪福斯的神话》的创作及加缪有关荒诞的哲学思想，see Olivier Todd, *Albert Camus: Une Vie*, Paris: Gallimard, 1996, pages 296ff。关于第二次世界大战后巴黎的艺术市场，see Raymonde Moulin, *The French Art Market: A Sociological View*, New Brunswick: Rutgers University Press, 1987，and an abridged translation by Arthur Goldhammer of *Le Marché de la peinture en France*, Paris: Éditions de Minuit, 1967。
43. See Albert Camus, *Carnets 1942—1951*, London: Hamish Hamilton, 1966, page 53，记录了他对塔罗牌及此次瘟疫的重大影响等话题的随想。
44. Simone de Beauvoir, *La Force des Choses*, Paris: Gallimard, 1960, page 29, quoted in Beevor and Cooper, Op. cit., page 206.
45. Kate Millett, *Sexual Politics*, London: Rupert Hart-Davis, 1971, page 346.
46. 具有讽刺意味的是，热内服刑的曼特雷监狱是个农业基地，热内的传记者如此说：“这个地方一眼看去有田园诗般的错觉（四周没有围墙，通往监狱的长长的小路两边种植着高大的树木），倒霉的是，这里管理完善……” Edmund White, *Genet*, London: Chatto & Windus, 1993, page 68.
47. 热内为保住黑人演员的饭碗而顽强斗争。关于他在波兰的斗争，see White, Op. cit., pages 502—503。
48. Andrew K. Kennedy, *Samuel Beckett*, Cambridge: Cambridge University Press, 1989, pages 4—5.
49. James Knowlson, *Damned to Fame: The Life of Samuel Beckett*, London: Bloomsbury, 1996, page 54.
50. Kennedy, Op. cit., page 8.
51. Knowlson, Op. cit., page 175.
52. Beevor and Cooper, Op. cit., page 173.
53. Kennedy, Op. cit., pages 6, 7, 9 and 11.
54. Knowlson, Op. cit., page 387.
55. Kennedy, Op. cit., page 24.
56. Ibid., page 42.
57. “戈多”这一形象在犯人中广受欢迎，在德国、美国以及其他地方都是如此。相关的讨论，see Knowlson, Op. cit., pages 409ff。
58. 相关的讨论，see Kennedy, Op. cit., page 30。
59. Ibid., pages 33—34 and 40—41.

60. Claude Bonnefoy, *Conversations with Eugène Ionescu*, London: Faber & Faber, 1970, page 65.
61. Ibid., page 82.
62. 关于尤内斯库对“个人的终结”的思想，see Eugène Ionescu, *Present Past, Past Present: A Personal Memoir*, London, Calder & Boyars, 1972, translator Helen R. Lane, page 139。
63. Bonnefoy, Op. cit., pages 167—168.

24　女儿与情人

1. 参见他于1944年初写的信，当时他正与加缪竞争追求一位年轻女性。Simone de Beauvoir (editor), *Quiet Moments in a War: The Letters of Jean-Paul Sartre to Simone de Beauvoir, 1940—1963*, London: Hamish Hamilton, translators Lee Fahnestock and Norman MacAfee, 1994, page 263. And Simone de Beauvoir, *Adieu: A Farewell to Sartre*, London: André Deutsch and Weidenfeld & Nicolson, 1984，其中她的文辞庄重而动人。
2. Claude Francis and Fernande Gontier, *Simone de Beauvoir*, London: Sidgwick & Jackson, 1987, page 207.
3. Ibid., page 235.
4. Deidre Bair, *Simone de Beauvoir*, London: Jonathan Cape, 1990, pages 325, 379—380.
5. Bair, Op. cit., page 379.
6. Ibid., page 380.
7. See discussion in Bair, Op. cit., page 383, chapter 40.
8. 关于该书在法国的受欢迎程度，see Francis and Gontier, Op. cit., page 251；关于该书的影响，see page 253。
9. Bair, Op. cit., page 387. 关于《第二性》的精神分析方法，see also Toril Moi, *Simone de Beauvoir: The Making of an Intellectual Woman*, Oxford: Blackwell, 1994, pages 155ff。
10. 该书被译成了16种语言：Francis and Gontier, Op. cit., page 254。
11. Bair, Op. cit., pages 432—433.
12. Ibid., page 438.
13. Brendan Gill, ‘No More Eve,’ *New Yorker*, volume XXIX, Number 2, February 28, 1953, pages 97—99, quoted in Bair, Op. cit., page 439.
14. Bair, Op. cit., page 432.
15. 他自视“达尔文第二”：James H. Jones, *Alfred C. Kinsey: A Public/Private Life*, New York: W. W. Norton, 1997, pages 25ff。
16. John Heidenry, *What Wild Ecstasy: The Rise and Fall of the Sexual Revolution*, New York: Simon & Schuster, 1997, page 21.
17. John D’Emilio and Estelle B. Freedman, *Intimate Matters: A History of Sexuality in America*, New York: Harper & Row, 1988, page 285.
18. Ibid.

19. Ibid.
20. Ibid., page 286.
21. Ibid.
22. Heidenry, Op. cit., page 21.
23. Jones, Op. cit., pages 690—691；See also D'Emilio and Freedman, Op. cit., page 286.
24. Jones, Op. cit., page 695.
25. Heidenry, Op. cit., page 21.
26. D'Emilio and Freedman, Op. cit., page 288.
27. Heidenry, Op. cit., page 23.
28. Ibid.
29. Ibid., pages 24—25.
30. Ibid.
31. Ibid., page 26.
32. D'Emilio and Freedman, Op. cit., pages 268 and 312. Heidenry, Op. cit., page 28.
33. Heidenry, Op. cit., page 29.
34. Ibid., page 33.
35. Ibid.
36. Audrey Leathard, *The Fight for Family Planning*, London: Macmillan, 1980, page 72.
37. Ibid., page 87.
38. Ibid., page 84.
39. Heidenry, Op. cit., page 31.
40. 有关罗克的哲学，see Leathard, Op. cit., page 114。
41. Heidenry, Op. cit., page 31.
42. Leathard, Op. cit., page 104. Heidenry, Op. cit., page 31.
43. Heidenry, Op. cit., pages 31—32.
44. Ibid., page 32.
45. Leathard, Op. cit., page 105.
46. 为了保全自己在康奈尔大学的全职教授位置，他原本打算匿名发表此书，但是出版商法拉、施特劳斯和吉鲁斯认为这有碍于他们对该书的文学定位。这种说法一直存有争议。See Andrew Field, VN: *The Life and Art of Vladimir Nabokov*, London: Macdonald/Queen Anne Press, 1987, pages 299—300.
47. 纳博科夫拒绝用精神分析的方法阐述其著作，Ibid., pages 324—325。
48. Daniel Horowitz, Betty Friedan: *The Making of the Feminine Mystique*, Amherst: University of Massachusetts Press, 1998, page 193.
49. Betty Friedan, *The Feminine Mystique*, New York: W. W. Norton, 1963; reprinted by Dell Publishing, paperback, 1984, page 7.
50. 关于其他方面的反应，see Horowitz, Op. cit., page 202。
51. Friedan, Op. cit., page 38.
52. Horowitz, Op. cit., pages 2—3.
53. Friedan, Op. cit., pages 145—146.
54. Ibid., page 16.
55. Ibid., page 383.
56. See also Horowitz, Op. cit., pages 226—227.

25 人类新境况

1. David Riesman, with Nathan Glazer and Reuel Denney, *The Lonely Crowd*, New Haven: Yale University Press, 1950, reprinted 1989 with the Preface to the 1961 edition and with a new Preface, page xxiv.
2. Ibid., pages 5ff.
3. Ibid., page 11.
4. Ibid., page 15.
5. Ibid., page 18.
6. Ibid., page 19.
7. Ibid., page 22.
8. Ibid., see chapters VIII, IX and X.
9. Ellen Schrecker, *The Age of McCarthyism: A Brief History with Documents*, Boston: Bedford Books, 1994, page 63.
10. Herman, *The Idea of Decline in Western History*, Op. cit., page 316.
11. Ibid.
12. Ibid.
13. 阿多诺暗示，过去源于家庭的感情现在转而来自政党了。See Ben Agger, *The Discourse of Domination: From the Frankfurt School to Postmodernism*, Evanston, Illinois: Northwestern University Press, 1992, page 251. And T. B. Bottomore, *Sociology as Social Criticism*, London: George Allen & Unwin, 1975, page 91.
14. Herman, Op. cit., page 318.
15. Andrew Jamison and Ron Eyerman, *Seeds of the Sixties*, Berkeley: Los Angeles: London: University of California Press, page 52. 我竭力推荐这本书，它很好地介绍了 20 世纪 60 年代的思想，很有见地，值得一读。
16. 在一封日期为 1956 年 8 月 9 日的信件中，玛丽·麦卡锡称，贝伦森也买过《极权主义的起源》，他也满心好奇地与阿伦特会晤。Carol Brightman, *Between Friends: The Correspondence of Hannah Arendt and Mary McCarthy, 1949—1975*, London: Seeker & Warburg, 1995, page 42.
17. 关于这一困难的创作过程，see Young-Bruehl, Op. cit., pages 201ff。
18. Jamison and Eyerman, Op. cit., page 47.
19. Young-Bruehl, *Hannah Arendt*, Op. cit., pages 204—211.
20. Hannah Arendt, *The Origins of Totalitarianism*, New York: Harcourt, Brace, Jovanovich, 1951, page 475. Jamison and Eyerman, Op. cit., page 47.
21. Jamison and Eyerman, Op. cit., page 48. Young-Bruehl, Op. cit., pages 206—207.
22. 她本人称这本书的书名为“积极生活”：Brightman, Op. cit., page 50。
23. Young-Bruehl, Op. cit., page 319.
24. Jamieson and Eyerman, Op. cit., page 50.
25. Ibid., page 57.
26. Erich Fromm, *The Sane Society*, London: Routledge & Kegan Paul, 1956.
27. Ibid., pages 5—9.
28. Ibid., pages 122ff.

29. Ibid., page 356.
30. Ibid., pages 95 and 198.
31. Ibid., page 222.
32. W. H. Whyte, *The Organisation Man*, London: Jonathan Cape, 1957.
33. Ibid., page 14.
34. Ibid., page 63.
35. Ibid., pages 101ff.
36. Ibid., pages 217ff.
37. Ibid., pages 338—341.
38. Jamieson and Eyerman, Op. cit., page 36.
39. Ibid., page 37.
40. Ibid., pages 36—37.
41. Ibid., pages 33 and 34.
42. C. Wright Mills, *The Power Elite*, New York: Oxford University Press, 1956, pages 274—275. See also Howard S. Becker, 'Professional sociology: The case of C. Wright Mills,' in Roy C. Rist, *The Democratic Imagination: Dialogues on the work of Irving Louis Horowitz*, New Brunswick and London: Transaction, 1994, pages 157ff.
43. Jamieson and Eyerman, Op. cit., page 39.
44. Ibid., page 40.
45. C. Wright Mills, *White Collar: The American Middle Classes*, New York: Oxford University Press, 1953, page ix, quoted in Jamieson and Eyerman, Op. cit., page 40.
46. C. Wright Mills, *White Collar*, Op. cit., pages 294—295. Jamison and Eyerman, page 41.
47. Jamison and Eyerman, Op. cit., page 43.
48. Ibid.
49. C. Wright Mills, *The Sociological Imagination*, Oxford: Oxford University Press, 1959, page 5.
50. Ibid., page 187.
51. Jamieson and Eyerman, Op. cit., page 46.
52. J. K. Galbraith, *The Affluent Society*, Boston: Houghton Mifflin, 1958, Penguin paperback, 1991, page 40.
53. Ibid., page 65.
54. 加尔布雷思的首部自传清晰地记录了凯恩斯对他的影响。See J. K. Galbraith, *A Life in Our Times*, London: André Deutsch, 1981, pages 74—82. See also page 622.
55. Ibid., page 86.
56. Ibid., pages 122ff.
57. Ibid., pages 128ff.
58. Ibid., pages 182 and 191—195.
59. Ibid., pages 195ff.
60. Ibid., pages 233ff.
61. 加尔布雷思在其自传中称，《时代》杂志视其为“极大的嘲讽”，但是马尔科姆·马格里奇则将其与托尼的《贪婪社会》和凯恩斯的《和平的经济后果》归为一类。J. K. Galbraith, *A Life in Our Times*, Op. cit., page 354.
62. W. W. Rostow, *The Stages of Economic Growth*, Cambridge: Cambridge University Press, 1960, paperback edition, 1971.

63. Ibid., page 7.
64. Ibid., pages 36ff.
65. Ibid., pages 59ff.
66. Ibid., 结合第 38 页和第 59 页上的表格。
67. Ibid., pages 73ff.
68. Ibid., page 11.
69. Ibid., page 107.
70. 见结语部分关于福山的相关评论。
71. Rostow, Op. cit., pages 102—103.
72. Daniel Horowitz, *Vance Packard and American Social Criticism*, Chapel Hill, N.C.: University of North Carolina Press, 1994, pages 98—100.
73. Ibid., page 105.
74. Ibid.
75. Vance Packard, *The Hidden Persuaders*, New York: David McKay, 1957.
76. Ibid., pages 87—88.
77. Vance Packard, *The Status Seekers*, New York: David McKay, 1959.
78. Horowitz, Op. cit., page 123.
79. Vance Packard, *The Waste Makers*, New York: David McKay, 1960.
80. Horowitz, Op. cit., page 119.
81. Malcolm Waters, *Daniel Bell*, London: Routledge, 1996, pages 13—15.
82. Waters, Op. cit., page 78.
83. Daniel Bell, *The End of Ideology: On the Exhaustion of Political Ideas in the Fifties*, Glencoe: The Free Press, 1960; 1965 paperback reprinted by Harvard University Press, 1988, with a new Afterword. Waters, Op. cit., page 79.
84. Waters, Op. cit., page 80.
85. 参见以下著作的相关章节：Malcolm Dean, pages 105ff；Daniel Bell, pages 123ff, in Geoff Dench, Tony Flower and Kate Gavron (editors), *Young at Eighty*, London: Carcanet Press, 1995。
86. Michael Young, *The Rise of the Meritocracy*, London: Thames & Hudson, 1958, with a new Introduction by the author, Transaction Publishers, New Brunswick, New Jersey, 1994.
87. Ibid., page xi.
88. Ibid., page xii. 但是理查德·霍加特等人却不太认同。See Paul Barker, 'The Up and Downs of the Meritocracy,' in Dench, Flower and Gavron (editors), Op. cit., page 156.
89. Young, Op. cit., page 170.
90. Barker, Op. cit., page 161，这里引用了那些认为这本书未能“倾听人类声音”的评论家的观点。

26 经典的裂隙

1. Peter Ackroyd, *T. S. Eliot*, Op. cit., page 289.
2. T. S. Eliot, *Notes Toward the Definition of Culture*, London: Faber & Faber, 1948,

paperback 1962.
3. Ackroyd, Op. cit., page 291.
4. 关于艾略特对闲暇的更广泛的思考，see Sencourt, *T. S. Eliot: A Memoir*, Op. cit., page 154。
5. Eliot, *Notes*, Op. cit., page 31.
6. Ibid., page 23.
7. Ibid., page 43.
8. 他说，他意识到自己是个欧洲人，而不仅仅是个英国人或美国人。See Sencourt, Op. cit., page 158.
9. Eliot, *Notes*, Op. cit., page 50.
10. Ibid., pages 87ff.
11. Ibid., page 25.
12. Ian MacKillop, *F. R. Leavis*, Op. cit., pages 15 and 17ff.
13. F. R. Leavis, *The Great Tradition*, London: Chatto & Windus, 1948; F. R. Leavis, *The Common Pursuit*, London: Chatto & Windus, 1952.
14. 有关社会学与文学之间的联系，利维斯持怀疑的态度，see Leavis, *The Common Pursuit*, chapter 14；关于“T. S. 艾略特的研究”，see chapter 23，他认为《圣灰星期三》是一部令艾略特改变立场的作品。（另参见本书“结语”第 750 页。）
15. MacKillop, Op. cit., page 111. 关于文学批评的未来，see especially chapter 8, pages 263ff。
16. Lionel Trilling, *The Liberal Imagination*, New York: Macmillan, 1948 London: Seeker & Warburg, 1951.
17. Ibid., page 34.
18. Ibid., pages 288ff.
19. Henry S. Commager, *The American Mind: An Interpretation of American Thought and Character Since the 1880s*, New York: Oxford University Press, 1950.
20. Ibid., pages 199，227ff.
21. Ibid., pages 176—177.
22. Ibid., pages 378ff.
23. Jamison and Eyerman, *Seeds of the Sixties*, Op. cit., pages 150—151.
24. Ibid., page 150.
25. 特里林的妻子称这种关系为“准俄狄浦斯式关系”。See Graham Caveney, *Screaming with Joy: The Life of Allen Ginsberg*, London: Bloomsbury, 1999, page 33.
26. Jamison and Eyerman, Op. cit., page 152.
27. Barry Miles, *Ginsberg: A Biography*, New York: Viking, 1990, page 196.
28. Ibid., page 192.
29. Jamison and Eyerman, Op. cit., page 156.
30. Ibid., pages 158—159.
31. 关于费林盖蒂对《嚎叫》的反应，see Miles, Op. cit., page 197。
32. Ann Charters, *Kerouac: A Biography*, London: André Deutsch, 1974, pages 24—25. 她说，凯鲁亚克摔断了一条腿，因此未能进入一线队伍，他对此一直不甘心。
33. Jack Kerouac, *On the Road*, New York: Viking, 1957, Penguin paperback 1991, Introduction by Ann Charters, page x.

34. Ibid., pages viii and ix.
35. Ibid., page xx.
36. Charters, *Kerouac: A Biography*, Op. cit., pages 92—97.
37. 1945 年，凯鲁亚克因服用了过多的苯丙胺，导致双腿血栓静脉炎。Ibid., page 52.
38. 关于流行音乐简史，see Gerald Nicosia, *Memory Babe: A Critical Biography of Jack Kerouac*, New York: Grove Press, 1983, page 112。关于争论，他们后来“某种程度上”和解了。See pages 690—691.
39. Charters, ‘Introduction,’ Op. cit., page xxviii.
40. Jamison and Eyerman, Op. cit., page 159.
41.《新音乐特快》在 1956 年 9 月 23 日刊登了艾伦·弗里德的采访，quoted in Richard Aquila, *That Old Time Rock‘n’Roll: A Chronicle of an Era, 1954—1963*, New York: Schirmer, 1989, page 5。
42. Donald Clarke, *The Rise and Fall of Popular Music*, New York: Viking, 1995, Penguin 1995, page 373.
43. Aquila, Op. cit., page 6.
44. Clarke, Op. cit., page 370 称这绝非第一张摇滚唱片。
45. 当然这并非仅仅是模仿。关于普莱斯利的性感，see Simon Frith, *Performing Rites: Evaluating Popular Music*, Oxford: Oxford University Press, page 195。
46. Aquila, Op. cit., page 8.
47. 关于流行音乐市场的分类，see Frith, Op. cit., passim。
48. Arnold Goldman, ‘A Remnant to Escape: The American Writer and the Minority Group,’ in Marcus Cunliffe (editor), The Penguin History of Literature, Op. cit., pages 302—303.
49. Ralph Ellison, *Invisible Man*, London: Gollancz, 1953, Penguin 1965. Goldman, Op. cit., page 303.
50. Jamison and Eyerman, Op. cit., page 160.
51. James Campbell, *Talking at the Gates: A Life of James Baldwin*, London: Faber & Faber, 1991, page 117.
52. Jamison and Eyerman, Op. cit., page 163.
53. Campbell, Op. cit., page 228.
54. Ibid., page 125, quoted in Jamison and Eyerman, Op. cit., page 166.
55. Colin Maclnness, *Absolute Beginners*, London: Allison & Busby, 1959; *Mr Love and Justice*, London: Allison & Busby, 1960.
56. See Michael Dash, ‘Marvellous Realism: The Way out of Negritude,’ in Bill Ashcroft, Gareth Griffiths and Helen Tiffin (editors) *The Post-Colonial Studies Reader*, London and New York: Routledge, 1995, page 199.
57. Ezenwa-Ohaeto, *Chinua Achebe: A Biography*, Oxford: James Currey and Bloomington and Indianapolis: Indiana University Press, 1997, page 60. See also Gilbert Phelps, ‘Two Nigerian Writers: Chinua Achebe and Wole Soyinka,’ in Boris Ford (editor), *The New Pelican Guide to English Literature, volume 8: From Orwell to Naipaul*, London: Penguin, 1983, pages 319—331.
58. Chinua Achebe, *Things Fall Apart*, New York: Doubleday, 1959, Anchor paperback, 1994. Phelps, Op. cit., page 320.
59. Ezenwa-Ohaeto, Op. cit., page 66. Phelps, Op. cit., page 321.

60. Ibid., pages 66ff 谈到了该书的不同手稿及阿契贝出版此书的初步尝试。Phelps, Op. cit., page 323.
61. 关于列维—斯特劳斯对 20 世纪人类学发展的看法，see Claude Lévi-Strauss and Didier Eribon, *Conversations with Lévi-Strauss*, Op. cit., page 145。See also Leach, Op. cit., page 9.
62. Edmund Leach, *Lévi-Strauss*, London: Fontana, 1974, page 13.
63. Claude Lévi-Strauss, *Tristes Tropiques*, Paris: Plon, 1955; *Mythologiques I: Le cru et le cuit*, Paris: Plon, 1964, translated as *The Raw and the Cooked*, London: Jonathan Cape, 1970, volume I of *The Science of Mythology*; volume II, *From Honey to Ashes*, London: Jonathan Cape, 1973. 列维—斯特劳斯告诉埃里邦，他认为，精神分析学（至少是《图腾与禁忌》）是"失败"的。See Eribon and Lévi-Strauss, Op. cit., page 106.
64. Leach, Op. cit., page 60.
65. Ibid., page 63.
66. Ibid., pages 82ff.
67. 玛格丽特·米德访问巴黎时，克劳德·列维—斯特劳斯把她介绍给西蒙娜·德·波伏娃。"她们彼此并未交谈。" Eribon and Lévi-Strauss, Op. cit., page 12.
68. Basil Davidson, *Old Africa Rediscovered*, London: Gollancz, 1959.
69. Oliver Neville, 'The English Stage Company and the Drama Critics,' in Ford (editor), Op. cit., page 251.
70. Ibid., page 252. 关于奥斯本对该广告的记述，see John Osborne, *A Better Class of Person: Autobiography 1929—1956*, London: Faber & Faber, 1981, page 275。
71. Neville, Op. cit., pages 252—253.
72. Peter Mudford, 'Drama since 1950,' in Dodsworth (editor), *The Penguin History of Literature*, Op. cit., page 396.
73. 关于剧本的自传性质，see Osborne, Op. cit., pages 239ff。
74. Mudford, Op. cit., page 395.
75. Ibid.
76. Michael Hulse, 'The Movement,' in Ian Hamilton (editor), *The Oxford Companion to Twentieth-Century Poetry*, Op. cit., page 368.
77. Mudford, Op. cit., page 346.
78. 关于拉金的图书馆生涯及其反应，以及他的怯懦感，see Andrew Motion, *Philip Larkin: A Writer's Life*, London: Faber & Faber, 1993, page 109ff。关于本部分谈到的有关拉金的其他情况，see Alastair Fowler, 'Poetry since 1950,' in Dodsworth (editor), Op. cit., page 346；Motion, Op. cit., pages 242—243 and 269，其中提到了《时代》杂志的宣传报道；*A Tribute to Philip Larkin*, George Hartley (editor), London: The Marvell Press, 1988, page 39，上面发表了谢默斯·希尼的诗，最末一句是，"一个曾经见识过诗歌的朝九晚五的人"。
79. 关于"无助的看客"，see Michael Kirkham, 'Philip Larkin and Charles Tomlinson: Realism and Art,' in Boris Ford (ed.), *From Orwell to Naipaul, vol. 8, New Pelican Guide to English Literature*, London: Penguin, revised edn 1995, pages 286—289。Blake Morrison, 'Larkin,' in Hamilton (editor), Op. cit., page 288.
80. Richard Hoggart, *A Sort of Clowning: Life and Times, volume II, 1940—1959*, London: Chatto & Windus, 1990, page 175.

81. 利维斯称这本书“有些价值”，不过霍加特“应该把它写成一部小说”。See Hoggart, Op. cit., page 206.
82. Richard Hoggart, *The Uses of Literacy*, London: Chatto & Windus, 1957.
83. Raymond Williams, *Culture and Society*, London: Chatto & Windus, 1958.
84. 关于这方面较好的讨论，see Fred Inglis, *Cultural Studies*, Oxford: Blackwell, 1993, pages 52—56; and Fred Inglis, *Raymond Williams*, London and New York: Routledge, 1995, pages 162ff。
85. Stefan Collini, ‘Introduction’ to: C. P. Snow, *The Two Cultures*, Cambridge: Cambridge University Press, 1959, paperback 1969 and 1993, page vii.
86. Ibid.
87. Ibid., page viii. 斯诺的讲座收费 9 基尼（相当于 9. 45 英镑），这是 1525 年讲学制创建以来一直沿用的费用。See Philip Snow, *Stranger and Brother: A Portrait of C. P. Snow*, London: Macmillan, 1982, page 117.
88. Ibid., page 35. See also Collini, Op. cit., page xx.
89. C. P. Snow, Op. cit., page 14.
90. Ibid., page 18.
91. Ibid., pages 29ff.
92. Ibid., page 34.
93. Ibid., pages 41ff.
94. MacKillop, Op. cit., page 320.
95. 他也病了。See Philip Snow, Op. cit., page 130.
96. Collini, Op. cit., pages xxxiiiff 这篇 64 页的论文值得推荐。别的不说，它把斯诺的讲座与 20 世纪下半叶不断变化的学科图景联系到了一起。
97. Lionel Trilling, ‘A comment on the Leavis-Snow Controversy,’ *Universities Quarterly*, volume 17, 1962, pages 9—32. Collini, Op. cit., pages xxxviiiff.
98. 1968 年，这一主题首次在电视上辩论。See Philip Snow, Op. cit., page 147.

27　自然科学的力量

1. Michael Polanyi, *Science, Faith and Society*, Oxford: Oxford University Press, 1946.
2. Ibid., page 14.
3. Ibid., page 19.
4. Ibid., pages 60ff.
5. Julian Symons, Introduction to: George Orwell, *1984*, Everyman’s Library, 1993, page xvi. See also Ben Pimlott’s Introduction to Penguin paperback edition, 1989.
6. James Burnham, *The Managerial Revolution, or What is Happening in the World Now*, New York: Putnam, 1941.
7. 关于物理学的问题，see Paul R. Josephson, *Physics and Politics in Revolutionary Russia*, Los Angeles and Oxford: University of California Press, 1991。关于李森科问题在中国的情况，see Laurence Schneider, ‘Learning from Russia: Lysenkoism and the Fate of Genetics in China, 1950—1986,’ in Denis Fred Simon and Merle Goldman

(editors), *Science and Technology in Post-Mao China*, Cambridge, Massachusetts: The Council on East Asian Studies/Harvard University Press, 1989, pages 45—65。
8. Krementsov, *Stalinist Science*, Op. cit., page 115.
9. Ibid., page 107.
10. Ibid., pages 129—131, 151 and 159.
11. Ibid., pages 160 and 165.
12. Ibid., page 169.
13. Ibid., pages 174, 176 and 179.
14. Michael Riordan and Lillian Hoddeson, 'Birth of an Era,' *Scientific American: Special Issue: 'Solid State Century: The Past, Present and Future of the Transistor,'* 22 January 1998, page 10.
15. S. Millman (editor), *A History of Engineering and Science in the Bell Systems: Physical Sciences (1925—1980)*, Thousand Oaks, California: Bell Laboratories, 1983, pages 97ff.
16. Riordan and Hoddeson, Op. cit., page 11.
17. Ibid.
18. Ibid.
19. Ibid., page 14.
20. Brian Winston, *Media, Technology and Society: A History from the Telegraph to the Internet*, London and New York: Routledge, 1998, pages 216—217. See also Chris Evans, *The Mighty Micro*, London: Gollancz, 1979, pages 49—50.
21. Frank H. Rockett, 'The Transistor,' *Scientific American: Special Issue: 'Solid State Century: The Past, Present and Future of the Transistor,'* 22 January 1998, pages 18ff.
22. Ibid., page 19.
23. Winston, Op. cit., page 213.
24. Riordan and Hoddeson, Op. cit., pages 14—15.
25. Ibid., page 13.
26. 尽管广告促进了晶体管的销量。See Winston, Op. cit., page 219.
27. Ibid., page 221.
28. Paul Strathern, *Crick, Watson and DNA*, London: Arrow, 1997, pages 37—38. James D. Watson, *The Double Helix*, London: Weidenfeld & Nicolson, 1968; Penguin paperback, 1990, page 20.
29. Strathern, Op. cit., page 42.
30. Ibid., page 44.
31. 关于当时的竞争对手和研究状况，see Bruce Wallace, *The Search for the Gene*, Op. cit., pages 108ff。
32. Strathern, Op. cit., page 45.
33. Watson, Op. cit., page 25.
34. Strathern, Op. cit., page 49.
35. Ibid., pages 50—53.
36. Watson, Op. cit., page 79.
37. Strathern, Op. cit., page 56.
38. Watson, Op. cit., pages 82—83. Strathern, Op. cit., pages 57—58.
39. Watson, Op. cit., page 91. Strathern, Op. cit., page 60.

40. Watson, Op. cit., page 123.
41. 根据鲍林的传记作者托马斯·黑格的说法，“历史学家推测，鲍林因为护照原因未能参加英国皇家协会会议，这实质上阻止了他发现脱氧核糖核酸的结构。如果他出席了那次会议，他就能了解富兰克林的工作……”Hager, *Force of Nature*, Op. cit., page 414.
42. Strathern, Op. cit., pages 70—71.
43. 他们相互尊重。鲍林早就想让克里克到加州理工学院去。See Hager, Op. cit., page 414. Strathern, Op. cit., page 72.
44. Strathern, Op. cit., page 81.
45. Ibid., page 84，此处有一幅实用的简图。
46. Watson, Op. cit., page 164.
47. Strathern, Op. cit., page 82.
48. 沃森曾经在一本书的后记中写到她，赞扬她的勇气和正直。他承认从前误解了她，不过这一表态太迟了。See Watson, Op. cit., pages 174—175. Strathern, Op. cit., pages 83—84.
49. Alan Shepard and Deke Slayton, *Moon Shot*, New York: Turner/Virgin, 1994, page 37.
50. James Harford, *Korolev: How One Man Masterminded the Soviet Drive to Beat the Americans to the Moon*, New York: John Wiley & Sons, 1997, page 121.
51. 路透社的新闻标题更过分，see Shepard and Slayton, Op. cit., page 39. Harford, Op. cit., page 130。
52. 虽然“斯普特尼克1号”体积不大，但它比美国计划发射的卫星都要大。See Charles Murray and Catherine Bly Cox, *Apollo: The Race for the Moon*, London: Seeker & Warburg, 1989, page 23. See also Harford, Op. cit., page 122.
53. 关于费用和安全问题的讨论，see Young, Silcock, and Peter Dunn, *Journey to the Sea of Tranquility*, London: Jonathan Cape, 1969, pages 80—81。
54. Harford, Op. cit. 参见本章注释50。
55. 关于其他个人详情，see Shepard and Slayton, Op. cit., pages 38—39。
56. Harford, Op. cit., pages 49—50.
57. Ibid., page 51.
58. Robert Conquest, *The Great Terror*, London: Macmillan, 1968; Robert Conquest, *Kolyma: The Arctic Death Camps*, New York: Viking, 1979.
59. Harford, Op. cit., page 57.
60. Ibid., page 91.
61. 在“先锋号”信息发布之后，苏联人信心满满，认为他们将打败美国人。See Young, Silcock et al., Op. cit., page 67.
62. 关于对美国的影响，see Murray and Cox, Op. cit., page 77。
63. Harford, Op. cit., pages 114—115.
64. Ibid., page 110.
65. 不过艾森豪威尔并不吃惊，他从一开始就料到了。See Young, Silcock et al., Op. cit., page 68.
66. See Young, Silcock et al., Op. cit., page 74，这是当时对这一问题的众多解释中的一种，并未提及科罗廖夫。Harford, Op. cit., page 133.
67. Shepard and Slayton, Op. cit., page 42.
68. Harford, Op. cit., page 132.

69. “斯普特尼克 2 号”的影响甚至比“斯普特尼克 1 号”的影响还要大。See Young, Silcock et al., Op. cit., pages 70—71.
70. Harford, Op. cit., page 135.
71. Ibid., pages 135—136.
72. 关于“斯普特尼克号”的发射对艾森豪威尔政策的影响，see Young, Silcock et al., Op. cit., pages 82ff。
73. Richard Leakey, *One Life*, London: Michael Joseph, 1983, page 49.
74. Virginia Morrell, *Ancestral Passions: The Leakey family and the Quest for Humankind's Beginnings*, New York: Simon & Schuster, 1995, page 57.
75. Mary Leakey, *Olduvai Gorge: My Search for Early Man*, London: Collins, 1979, page 13.
76. Morrell, Op. cit., pages 80—89.
77. 部分程度上讲，他因此又写了几本关于东非其他方面情况的著作。例如 L. S. B. Leakey, *Kenya: Contrasts and Problems*, London: Methuen, 1936。
78. Morrell, Op. cit., pages 163—174.
79. Mary Leakey, Op. cit., pages 83ff.
80. 关于奥杜威峡谷的详细地图，see Mary Leakey, Ibid., pages 52—53。
81. Morrell, Op. cit., page 178.
82. Ibid., pages 180—181.
83. Mary Leakey, Op. cit., page 75. See also Richard Leakey, Op. cit., page 50.
84. Morrell, Op. cit., page 181.
85. Ibid.
86. Mary Leakey, Op. cit., page 74.
87. L. S. B. Leakey, ‘Finding the World's Earliest Man,’ *National Geographic Magazine*, September 1960, pages 421—435. Morrell, Op. cit., page 194.
88. Morrell, Op. cit., page 196.
89. Ibid., Richard Leakey, Op. cit., page 49.
90. Claude Lévi-Strauss and Didier Eribon, *Conversations with Lévi-Strauss*, Op. cit., page 119.
91. Karl Popper, *The Logic of Scientific Discovery*, London: Hutchinson, 1959. See especially chapters I, IV and V.
92. Thomas S. Kuhn, *The Structure of Scientific Revolutions*, Chicago: University of Chicago Press, 1962; 2nd edition, enlarged, University of Chicago Press, 1970, especially chapter VI, pages 52ff.
93. Ibid., page 151.
94. Ibid., pages137ff.
95. 参见本章注释 92，2nd edition, enlarged, Postscript, pages 174ff。

28　心智的祛魅

1. John Russell Taylor, *Hitch: The Life and Work of Alfred Hitchcock*, London: Faber & Faber, 1978, page 255.
2. Donald Spoto, *The Life of Alfred Hitchcock: The Dark Side of Genius*, London: Collins,

1983, page 420. James Pallot, Jacob Levich et al., *The Fifth Virgin Film Guide*, London: Virgin Books, 1996, pages 553—554.
3. Ibid., pages 421—423.
4. Russell Taylor, Op. cit., page 256.
5. Spoto, Op. cit., pages 423—424.
6. Ibid., page 420.
7. R. D. Laing, *The Divided Self: An Existential Study in Sanity and Madness*, London: Tavistock, 1959. See also Adrian Laing, *R. D. Laing: A Life*, London: Peter Owen, 1994, chapter 8, pages 77—78.
8. Gilbert Ryle, *The Concept of Mind*, London: Hutchinson, 1949.
9. Ibid., pages 36ff.
10. Ibid., pages 319ff.
11. S. Stephen Hilmy, *The Later Wittgenstein: The Emergence of a New Philosophical Method*, Oxford: Blackwell, 1987, page 191.
12. Ludwig Wittgenstein, *Philosophical Investigations*, Oxford: Blackwell, 1953 (edited by G. E. M. Anscombe and R. Rhees). 维特根斯坦从 1931 年起就着手撰写此书。See Hilmy, Op. cit., page 50.
13. P. M. S. Hacker, *Wittgenstein*, Op. cit., page 8.
14. 就连专业哲学家们也视其为游戏。See Hilmy, Op. cit., chapters 3 and 4.
15. Wittgenstein, *Philosophical Investigations*, Op. cit., page 109, quoted in Hacker, Op. cit., page 11.
16. Magee (editor), Op. cit., page 89.
17. Hacker, Op. cit., page 16.
18. Ibid., page 18.
19. 其中很多段落最初是在第二次世界大战末写成的，这也是他选择疼痛为例的原因。See Monk, Op. cit., pages 479—480. See also Hilmy, Op. cit., page 134, and Hacker, Op. cit., page 21.
20. Wittgenstein, Op. cit., page 587, quoted in Hacker, Op. cit., page 24.
21. Ibid., page 31.
22. Magee (editor), Op. cit., page 90; and Hacker, Op. cit., page 40.
23. Martin L. Gross, *The Psychological Society*, New York: Simon & Schuster, 1979, page 200.
24. Ibid., page 201.
25. H. M. Halverson, 'Genital and Sphincter Behavior in the Male Infant,' *Journal of Genetic Psychology*, volume 56, pages 95—136. Quoted in Gross, Op. cit., page 220.
26. See also H. J. Eysenck, *Decline and Fall of the Freudian Empire*, London: Viking, 1985, especially chapters 5 and 6.
27. Ralph Linton, *Culture and Mental Disorder*, Springfield, Illinois: Charles C. Thomas, 1956, quoted in Gross, Op. cit., page 219.
28. Ray Fuller (editor), *Seven Pioneers of Psychology*, Op. cit., page 126.
29. B. F. Skinner, *Science and Human Behavior*, Glencoe: The Free Press, 1953.
30. Ibid., pages 263ff.
31. Ibid., page 375.
32. Ibid., pages 377—378.

33. Fuller (editor), Op. cit., page 113.
34. B. F. Skinner, *Verbal Behavior*, New York: Apple-ton-Century-Crofts, 1957.
35. Ibid., pages 81ff.
36. Noam Chomsky, *Syntactic Structures*, The Hague: Mouton, 1957. See also Roger Smith, *The Fontana History of the Human Sciences*, Op. cit., page 672. And John Lyons, *Chomsky*, London: Fontana/Collins, 1970, page 14.
37. Noam Chomsky, *Language and the Mind*, New York: Harcourt Brace, 1972, pages 13 and 100ff. Lyons, Op. cit., page 18.
38. Lyons, Op. cit., pages 105—106.
39. Fuller (editor), Op. cit., page 117.
40. Published by Pelican as: John Bowlby, *Child Care and the Growth of Love*, 1953.
41. Ibid., pages 18ff.
42. Ibid., pages 50ff.
43. Ibid., pages 161ff.
44. Fernando Vidal, *Piaget Before Piaget*, Cambridge, Massachusetts: Harvard University Press, 1994, pages 206—207.
45. Peter E. Bryant, 'Piaget,' in Fuller (editor), Op. cit., page 133.
46. 皮亚杰的众多著作中有两本很好地介绍了他的研究和方法：*The Language and Thought of the Child*, London: Kegan Paul, Trench and Trubner, 1926; and *Six Psychological Studies*, London: University of London Press, 1968。
47. Bryant, Op. cit., pages 135ff.
48. Vidal, Op. cit., page 230.
49. Bryant, Op. cit., page 136.
50. Vidal, Op. cit., page 231.
51. Weatherall, *In Search of a Cure*, Op. cit., page 254.
52. Ibid., page 255.
53. Ibid., page 257.
54. David Healy, *The Anti-Depressant Era*, Cambridge, Massachusetts: Harvard University Press, 1997, page 45.
55. Ibid., pages 61—62. Weatherall, Op. cit., pages 258—259.
56. Healy, Op. cit., pages 52—54 讨论了《自然》杂志上有关这个主题的一篇颇有影响力的论文。
57. Gregory Bateson, 'Toward a Theory of Schizophrenia,' *Behavioral Science*, volume 1, Number 4, 1956.
58. Adrian Laing, Op. cit., page 138.
59. Ibid., page 71. 就在莱恩的儿子撰写有关莱恩的书时，从前的患者告诉他，致幻剂是有用的。
60. Jamison and Eyerman, *Seeds of the Sixties*, Op. cit., pages 122—123.
61. Ibid., page 123.
62. Herbert Marcuse, *One-Dimensional Man: Studies in the Ideology of Advanced Industrial Society*, London: Routledge & Kegan Paul, 1964.
63. Marcuse, Op. cit., page 156. Jamison and Eyerman, Op. cit., page 127.
64. Ibid., pages 193ff.

65. 关于这里所说的艺术和革命之间“对抗的统一”，see Herbert Marcuse, *Counter-Revolution and Revolt*, London: Allen Lane, 1972, page 105。

29 转向曼哈顿

1. Moshe Pearlman, *The Capture of Adolf Eichmann*, London: Weidenfeld & Nicolson, 1961, especially pages 113—120.
2. Young-Bruehl, *Hannah Arendt*, Op. cit., pages 328ff.
3. Hannah Arendt, *Eichmann in Jerusalem: A Report on the Banality of Evil*, New York: Viking, 1963，enlarged and revised edition, Penguin, 1994, page 49.
4. Ibid., page 92.
5. Young-Bruehl, Op. cit., page 337.
6. Arendt, Op. cit., page 252.
7. 关于这场争议的完整讨论，包括其与肯尼迪总统遇刺一案的交集，see Young-Bruehl, Op. cit., pages 347—378。
8. Laura Fermi, *Illustrious Immigrants*, Op. cit., pages 153—154.
9. Erik Erikson, *Childhood and Society*, New York: W. W. Norton, 1950; Penguin edition, especially Part 4, ‘Youth and Evolution of Identity.’
10. Erikson, Op. cit., chapter 8, pages 277—316.
11. Bruno Bettelheim, ‘Individual and Mass Behavior in Extreme Situations,’ *Journal of Abnormal and Social Psychology*, 1943.
12. Bruno Bettelheim, *The Empty Fortress*, New York: Collier-Macmillan, 1968.
13. Nina Sutton, *Bruno Bettelheim: The Other Side of Madness*, London: Duckworth, 1995, chapters XI and XII.
14. And Bruno *Bettelheim, Recollections and Reflections*, New York: Knopf, 1989; London: Thames & Hudson, 1990, pages 166ff.
15. Laura Fermi, Op. cit., pages 207—208.
16. Richard Rhodes, Op. cit., page 563.
17. Ibid., page 777.
18. Kragh, Op. cit., pages 332ff；See also Alexander Hellemans and Bryan Bunch, *The Timetables of Science*, New York: Simon & Schuster, 1988, page 498.
19. 关于更通俗易懂的解释，see George Gamow, *The Creation of the Universe*, New York: Viking, 1952。关于宇宙空间的当前温度，see page 42。
20. Hellemans and Bunch, Op. cit., page 499.
21. 关于他选择“夸克”的原因，see Murray Gell-Mann, *The Quark and the Jaguar*, New York: Little Brown, 1994, page 11。
22. “夸克”、“重子”和“轻子”等词条，see John Gribbin, *Q is for Quantum*, London: Weidenfeld & Nicolson, 1998，paperback edition 1999，pages 190—191 谈到了有关夸克的早期研究工作。
23. 关于“八重法”技术性介绍，see also Yuval Ne’eman and Yoram Kirsh, *The Particle Hunters*, Cambridge: Cambridge University Press, 1986, pages 196—199。

24. Victor Bockris, *Warhol*, London and New York: Frederick Muller, 1989, page 155.
25. Barron, *Exiles and Emigres*, Op. cit., pages 21—28.
26. Dore Ashton, *The New York School: A Cultural Reckoning*, New York: Viking, 1973, pages 123 and 140.
27. Alice Goldfarb Marquis, *Alfred H. Ban: Missionary for the Modern*, Chicago: Contemporary Books, 1989, page 69.
28. Ashton, Op. cit., pages 142—145 and 156.
29. Ibid., page 175.
30. Diana Crane, *The Transformation of the Avant-Garde: The New York Art World, 1940—1986*, Chicago and London: University of Chicago Press, 1987, page 45.
31. Ibid., page 49.
32. Bockris, Op. cit., pages 112—134, especially page 128.
33. Hughes, *The Shock of the New*, Op. cit., page 251.
34. Crane, Op. cit., page 82.
35. David Lehman, *The Last Avant-Garde: The Making of the New York School of Poets*, New York: Doubleday 1998, Anchor paperback 1999. 莱曼指出，这些诗人也是“反抗道德主义世界的美学家，他们相信实验之路通往诗歌的愉悦穹顶”, see page 358。
36. Arnold Whittall, *Music Since the First World War*, Op. cit., page iii.
37. Ibid., page 3.
38. *Dancers on a Plane: John Cage, Merce Cunningham, Jasper Johns*, Liverpool: The Tate Gallery, 1990, Introduction by Richard Francis, page 9.
39. Whittall, Op. cit., page 208.
40. Sally Banes, *Writing Dancing in the Age of Postmodernism*, Hanover and London: Wesleyan University Press, published by the University Presses of New England, 1994, page 103.
41. Banes, Op. cit., page 104.
42. Ibid., page 110.
43. Richard Francis, Op. cit., page 11.
44. Banes, Op. cit., page 115.
45. Ibid., page 117.
46. Susan Sontag, *Against Interpretation*, London: Vintage, 1994, page 10.
47. Ibid., pages 13—14. 桑塔格于 1964 年在《纽约书评》上发表了《关于坎普的札记》; 她提出，某种感性完全是审美的，与高雅文化相对，高雅文化基本上是道德主义的（Sontag, Op. cit., page 287.）。“它体现了‘形式’对‘内容’的胜利、‘美学’对‘道德’的胜利，以及反讽对悲剧的胜利。”她说，这不同于同性恋品位，但有交集。“坎普的经验基于高雅文化的感受力并未垄断精美这一伟大发现。坎普声称，好的品位不仅仅指识别精美的好品位，还包括识别粗陋的好品位。”（Ibid., page 291.）这也是后现代感性的一个要素。

30 伟大社会中的平等、自由与正义

1. Doris Kearns, *Lyndon Johnson and the American Dream*, London: André Deutsch, 1976,

pages 210—217.
2. Friedrich von Hayek, *The Constitution of Liberty*, London: Routledge & Kegan Paul, 1960.
3. John Gray, *Hayek on Liberty*, London: Routledge, 1984, page 61.
4. Hayek, Op. cit., page 349; and Gray, Op. cit., page 71.
5. Hayek, Op. cit., pages 385 and 387; Gray, Op. cit., page 72.
6. Hayek, Op. cit., page 385. See also Roland Kley, *Hayek's Social and Political Thought*, Oxford: The Clarendon Press, 1994, pages 199—204.
7. Gray, Op. cit., page 73.
8. Ibid.
9. Milton Friedman, with the assistance of Rose Friedman, *Capitalism and Freedom*, Chicago: University of Chicago Press, 1963.
10. 关于这部著作与弗里德曼后期著作的区别，see Eamon Butler, *Milton Friedman: A Guide to His Economic Thought*, London: Gardner/Maurice Temple Smith, 1985, pages 197ff。
11. Friedman, Op. cit., page 156.
12. Ibid., pages 100ff.
13. Ibid., page 85.
14. Ibid., pages 190ff.
15. Michael Harrington, *The Other America*, New York: Macmillan, 1962.
16. 不过，虽然约翰逊在回忆录中专门辟出一章谈贫困问题，但是他对哈灵顿及雅各布斯只字未提。See Lyndon Baines Johnson, *The Vantage Point: Perspectives on the Presidency, 1963—1969*, London: Weidenfeld & Nicolson, 1972.
17. See, for example, Arthur Marwick, *The Sixties*, Oxford: Oxford University Press, 1998, page 260.
18. Harrington, Op. cit., page 1.
19. Ibid., pages 82ff.
20. Kearns, Op. cit., pages 188—189.
21. Jane Jacobs, *The Death and Life of Great American Cities*, London: Jonathan Cape, 1962.
22. Ibid., pages 97ff.
23. Ibid., pages 55ff.
24. Ibid., pages 94—95.
25. Ibid., pages 128—129.
26. Ibid., chapter 14, pages 257ff.
27. Ibid., page 378.
28. Ibid., pages 291ff.
29. Ibid., pages 241ff.
30. David L. Lewis, *Martin Luther King: A Critical Biography*, Allen Lane, The Penguin Press, 1970, pages 187—191.
31. Marwick, Op. cit., pages 215—216; See also Coretta King, *My Life with Martin Luther King Jr.*, London: Hodder & Stoughton, 1970, pages 239—241. New York: Holt, Rinehart, Winston.
32. Lewis, Op. cit., pages 227—229.

33. Ibid., page 229.
34. 这份表单和下一份表单来自若干出处，但是主要来自 Phillip Waller and John Rowett (editors), *Chronology of the Twentieth Century*, London: Helicon, 1995。
35. Frantz Fanon, *A Dying Colonialism*, London: Monthly Review Press, 1965, Penguin 1970; originally published as: *L'An Cinq de la Révolution Algérienne*, Paris, Maspuro, 1959; and Black Skin, *White Masks*, New York: The Grove Press, 1967.
36. Frantz Fanon, *The Wretched of the Earth*, London: MacGibbon & Kee, 1965, translator Constance Farrington.
37. Ibid., page 221.
38. Ibid., pages 228ff.
39. Eventually published as: J. C. Carothers, *The Mind of Man in Africa*, London: Tom Stacey, 1972.
40. Eldridge Cleaver, *Soul on Ice*, London: Jonathan Cape, 1968, pages 101—103.
41. Ibid., page 207.
42. Maya Angelou, *I Know Why the Caged Bird Sings*, New York: Random House, 1969.
43. Ibid., page 51.
44. Ibid., page 14.
45. Ibid., page 184.
46. Ibid., page 201.
47. Jones, Op. cit., page 529.
48. D'Emilio and Freedman, *Intimate Matters*, Op. cit., page 312.
49. Ibid., pages 302—304.
50. Germaine Greer, *The Female Eunuch*, London: MacGibbon & Kee, 1971, pages 90—98.
51. Ibid., pages 273—282.
52. Juliet Mitchell, *Women's Estate*, Penguin: 1971.
53. Ibid., page 75.
54. Ibid., page 59.
55. Ibid., page 62.
56. Ibid. 朱立叶·米契尔后来在《精神分析学与女权主义》一书中继续就这个课题进行了全面的研究（Juliet Mitchell, *Psychoanalysis and Feminism*, London: Allen Lane, 1974）。
57. Kate Millett, *Sexual Politics*, Op. cit.
58. Ibid., pages 314ff.
59. Ibid., pages 336ff.
60. Ibid., page 356.
61. Heidenry, *What Wild Ecstasy*, Op. cit., pages 110—111. See also Andrea Dworkin, 'My Life as a Writer,' Introduction to *Life and Death*, Glencoe: Free Press, 1997, pages 3—38.
62. Heidenry, Op. cit., page 113.
63. Ibid., pages 186—187.
64. Ibid., page 188.
65. Marwick, Op. cit., page 114.
66. Kearns, Op. cit., pages 286ff.

67. 关于背景，see Robert A. Caro, *The Years of LBJ: The Path to Power*, London: Collins, 1983, pages 336—337。
68. J. W B. Douglas, *All Our Future*, London: MacGibbon & Kee, 1968.
69. Steven Rose, Leon J. Kamin and R. C. Lewontin, *Not in Our Genes*, New York: Pantheon, 1984, Penguin, 1984, page 19.
70. Christopher Jencks et al., *Inequality: A Reassessment of the Effects of Family and Schooling in America*, New York: Basic Books, 1972.
71. Ibid., page 8.
72. Ibid., page 315.
73. Ibid., page 84.
74. Ibid., page 265.
75. Ivan Illich, *De-Schooling Society*, London: Marion Boyars, 1978.
76. Ibid., page 91.
77. Norman Mailer, *An American Dream*, London: André Deutsch, 1965, Flamingo Paperback, 1994.
78. 关于与真实生活的交集，see Peter Manso, *Mailer: His Life and Times*, New York: Viking, 1985, page 316。
79. Norman Mailer, *The Armies of the Night*, London: Weidenfeld & Nicolson, 1968.
80. 关于背景，see Manso, Op. cit., pages 455ff。
81. Paul Johnson, *A History of the American People*, Op. cit., page 555.
82. Ibid., page 557.
83. Ibid.
84. See Jiang Qing, ‘Reforming the Fine Arts,’ in Michael Schoenhals (editor), *China's Cultural Revolution 1966—1969*, New York and London: M. E. Sharpe, 1996, page 198.
85. 就连不合时宜的发型也被禁止了。See: ‘Vigorously and Speedily Eradicate Bizarre Hairstyles, a Big-Character Poster by the Guangzhou Hairdressing trade,’ Schoenhals, Op. cit., pages 21ff. See also Johnson, Op. cit., pages 558—559.
86. Johnson, Op. cit., page 560.
87. Yu Xiaoming, ‘Go on Red! Stop on Green’, Schoenhals (editor), Op. cit., page 331.
88. Zhores and Roy Medvedev, A Question of Madness, New York: Knopf, 1971; London: Macmillan, 1971. 关于中国对李森科主义的讨论、对科学技术结构的概述，以及在国外学习过的学者所发挥的影响，see Denis Fred Simon and Merle Goldman (editors), *Science and Technology in Post-Mao China*, Cambridge, Massachusetts: The Council on East Studies/Harvard University Press, 1989，especially chapters 2, 3, 4, 8 and 10。
89. Medvedev and Medvedev, Op. cit., page 30.
90. Ibid., page 51.
91. Ibid., pages 54 and 132.
92. Ibid., page 78.
93. Ibid., pages 198ff.
94. Alexandr Solzhenitsyn, *One Day in the Life of Ivan Denisovich*, New York: Praeger, 1963, translated by Max Hayward and Ronald Hingley. *Cancer Ward*, London: The Bodley Head, 2 vols., 1968—1969, translated by Nicholas Bethell and David Burg.
95. Michael Scammell, *Solzhenitsyn: A Biography*, New York: W. W. Norton, 1984, page 61.

96. Ibid., page 87.
97. Ibid., pages 415—418.
98. Ibid., pages 428—445.
99. Ibid., page 518.
100. Ibid., pages 702—703.
101. David Burg and George Feiffer, *Solzhenitsyn*, London: Hodder & Stoughton, 1972, page 315.
102. Scammell, Op. cit., pages 510—511, 554—555 and 628—629.
103. Ibid., page 831.
104. Ibid., pages 874—877.
105. Aleksandr I. Solzhenitsyn, *The Gulag Archipelago 1918—1956*, abridged edition, London: Collins Harvill, 1986. The maps appear after page xviii.
106. Ibid., page 166.
107. Ibid., page 196.
108. Ibid., page 60.
109. Ibid., page 87.
110. Ibid., pages 403ff.
111. 关于在西方出版的“阴谋”, see Burg and Feiffer, Op. cit., page 316。
112. Isaiah Berlin, *Four Essays on Liberty*, Oxford: Oxford University Press, 1969.
113. Ibid., page 125.
114. Ibid., pages 122ff.
115. Ibid., pages 131ff.
116. Ibid., page 132.
117. 他似乎不如别人那么重视这个观点。See Michael Ignatieff, *Isaiah Berlin: A Life*, London: Chatto & Windus, 1998, page 280.
118. Raymond Aron, *Progress and Disillusion: The Dialectics of Modern Society*, New York: Praeger, 1968, Penguin, 1972. Herbert Marcuse, *An Essay on Liberation*, Boston: Beacon, 1969, Penguin, 1972.
119. Marshall McLuhan, *Understanding Media*, London: Routledge & Kegan Paul, 1968, pages 77ff. Eric McLuhan and Frank Zingone, *Essential McLuhan*, Ontario, Canada: House of Anansi, 1995, Routledge paperback, London, 1997, pages 239—240.
120. Ibid., page 242.
121. Ibid., page 243.
122. Ibid., pages 161ff.
123. Marshall McLuhan, Op. cit., pages 22ff.
124. Ibid., page 165.
125. McLuhan and Zingone, Op. cit., pages 258—259.
126. Marshall McLuhan, Op. cit., pages 308ff.
127. McLuhan and Zingone, Op. cit., page 261.
128. Guy Debord, *La Société du spectacle*, Paris: Buchet-Chastel, 1967; *The Society of the Spectacle*, New York: Zone Books, 1995, translated by Donald Nicholson-Smith. 关于“单向度的关系”, see pages 19—29；关于布尔斯廷的批评, see page 140；关于资本主义的批评, see page 151。

129. 主要观点的概述：John Rawls, *A Theory of Justice*, Oxford: Oxford University Press, 1972, pages 11—22。
130. Ibid., page 19.
131. Ibid., pages 6ff.
132. Ibid., pages 371ff.
133. Robert Nozick, *Anarchy, State, and Utopia*, Oxford: Blackwell, 1974.
134. Ibid., page 150.
135. See especially Ibid., chapter 8 pages 232ff.
136. B. F. Skinner, *Beyond Freedom and Dignity*, London: Jonathan Cape, 1972.
137. Ibid., page 32.
138. Ibid., pages 42—43.
139. Ibid., pages 200ff.

31 长时段

1. Anthony Hallam, *A Revolution in the Earth Sciences*, Oxford: The Clarendon Press, 1973, pages 63—65. Simon Lamb, *Earth Story: The Shaping of Our World*, London: BBC, 1998. Robert Muir Wood, *The Dark Side of the Earth*, London: Allen & Unwin, 1985, pages 165—166.
2. David R. Oldroyd, *Thinking about the Earth*, Op. cit., page 271.
3. Robert Muir Wood, Op. cit., page 167.
4. Muir Wood, Op. cit., page 166 上有相应图表；更为生动的图表，see also D. H. and M. P. Tarling, *Continental Drift*, London: Bell, 1971, Penguin 1972, page 77。
5. Muir Wood, Op. cit., pages 141—142.
6. Tarling, Op. cit., pages 28ff. Muir Wood, Op. cit., map on page 149.
7. Muir Wood, Op. cit., pages 172—175，and map on page 176.
8. C. W. Ceram, *The First Americans*, Op. cit., pages 289—290.
9. Basil Davidson, *Old Africa Rediscovered*, Op. cit., chapter 26. See also Basil Davidson, *The Search for Africa: A History in the Making*, London: James Currey, 1994.
10. Davidson, *Old Africa Rediscovered*, Op. cit., page 50.
11. Ibid., pages 187—189.
12. Ibid., pages 212—213.
13. Ibid., pages 216ff.
14. See also Anthony Kirk-Greene, *The Emergence of African History at British Universities*, Oxford: World View, 1995.
15. Peter Burke, *The French Historical Revolution: The Annales School 1929—1989*, London: Polity Press, 1990, chapter 2.
16. Ibid., page 17. See also Françoise Dosse, *New History in France: The Triumph of the Annales*, Urbana and Chicago: University of Illinois Press, 1994, pages 42ff，tr. Peter Convoy Jr.
17. Marc Bloch, *La Société Féodale: Le Class et le gouvernement des Hommes*, Paris: Editions Albin Michel, 1940, especially pages 24ff.

18. Burke, Op. cit., pages 27ff.
19. Ibid., page 29.
20. Dosse, Op. cit., pages 88ff.
21. Burke, Op. cit., page 33.
22. 关于布罗代尔与列维—斯特劳斯之间的联系，see Dosse, Op. cit., page 92。
23. Burke, Op. cit., pages 35—36.
24. 关于布罗代尔与地中海地区的“阶级斗争”，see Dosse, Op. cit., page 96。
25. Burke, Op. cit., page 35.
26. Dosse, Op. cit., page 100.
27. Fernand Braudel, *The Structures of Everyday Life*, London: Collins, 1981. Burke, Op. cit., page 45.
28. Fernand Braudel, *Capitalism and Material Life*, London: Weidenfeld & Nicolson, 1973, pages 68, 97 and 208, translated by Miriam Kochan.
29. Burke, Op. cit., page 46.
30. See ‘How shops came to rule the world,’ in *Civilisation and Capitalism, volume 2, Fifteenth to Eighteenth Centuries, The Wheels of Commerce*, London: Collins, 1982, pages 68ff.
31. Burke, Op. cit., pages 48ff.
32. Ibid., page 61.
33. 关于拉杜里的批评，see Dosse, Op. cit., page 157. Burke, Op. cit., page 81。
34. Emmanuel Le Roy Ladurie, *Montaillou: Cathars and Catholics in a French village 1294—1324*, London: Scolar Press, 1979, translated by Barbara Bry.
35. Ibid., page 39. See also Burke, Op. cit., page 82.
36. Harvey J. Kaye, *The British Marxist Historians: An Introductory Analysis*, London: Polity Press, 1984, pages 167—168.
37. Ibid., page 86.
38. See ‘Rent and Capital Formation in Feudal Society,’ in R. H. Hilton, *The English Peasantry in the Later Middle Ages*, Oxford: Clarendon Press, 1975, pages 174ff.
39. 关于农民与地主之间的争吵，甚至是就羊粪发生的争吵，see R. H. Hilton, *A Medieval Society: The West Midlands at the end of the Thirteenth Century*, London: Weidenfeld & Nicolson, 1966, page 108。
40. Kaye, Op. cit., pages 91—92.
41. See Christopher Hill, *Change and Continuity in Seventeenth Century England*, London: Weidenfeld & Nicolson, 1975, pages 205ff.
42. Christopher Hill, *The English Revolution 1640*, London: Lawrence & Wishart, 1955, page 6. See also Kaye, Op. cit., page 106.
43. E. P. Thompson, *The Making of the English Working Classes*, London: Gollancz, 1963, especially Part 2: The Curse of Adam and page 12 for the ‘Condescension’ reference.
44. Ibid., pages 807ff. See also Kaye, Op. cit., pages 173ff.
45. Colin Renfrew, *Before Civilisation: The Radio-carbon Revolution and Prehistoric Europe*, London: Jonathan Cape, 1973; Pimlico paperback, 1999.
46. Ibid., pages 32ff.
47. Ibid., page 93.

48. Ibid., page 133.
49. Ibid., pages 161 and 170.
50. Ibid., page 222.
51. Ibid., page 273.

32 天与地

1. 为了方便理解，see Young, Silcock et al., *Journey to the Sea of Tranquility*, Op. cit., pages 306—320，参见激动人心的序言。
2. Peter Fairley, *Man on the Moon*, London: Mayflower, 1969, pages 33—34. 彼得·费尔利当时是英国独立电视新闻公司的科学通讯员，他的叙述是我读过的最为生动的，也是本部分的主要信息来源。See also Young, Silcock, et al., Op. cit., page 321.
3. Paul Johnson, Op. cit., page 629.
4. John M. Mansfield, *Man on the Moon*, London: Constable, 1969, pages 8ff.
5. Fairley, Op. cit., page 73.
6. Young, Silcock, et al., Op. cit., pages 71ff. Fairley, Op. cit., page 74.
7. Fairley, Op. cit., pages 81—83.
8. Ibid., page 99.
9. Ibid., pages 101—102.
10. 一支太空特遣队在兰利市创立。See Young, Silcock, et al., Op. cit., pages 120—122. See also Fairley, Op. cit., page 104.
11. 不过也有一些耸人听闻的说法。See Young, Silcock, et al., Op. cit., page 167. And Fairley, Op. cit., page 101.
12. Fairley, Op. cit., page 139.
13. Ibid., pages 141, 142 and 152.
14. Ibid., pages 152—153.
15. Young, Silcock et al., Op. cit., page 275；and Fairley, Op. cit., pages 177—178.
16. 当时全体人员都面临着医疗问题，see P. J. Bocker, G. C. Freud and G. K. C. Pardoe, *Project Apollo: The Way to the Moon*, London: Chatto & Windus, 1969, page 190. And Fairley, Op. cit., page 190.
17. Young, Silcock, et al., Op. cit., page 326. Fairley, Op. cit., pages 38ff.
18. Steven Weinberg, *The First Three Minutes: A Modern View of the Origin of the Universe*, New York: Basic Books, 1977, page 47.
19. Ibid., pages 49 and 124.
20. Ibid., pages 126—127.
21. John Gribbin, *The Birth of Time*, London: Weidenfeld & Nicolson, 1999, pages 177—179.
22. Weinberg, Op. cit., page 52.
23. Ibid., especially chapter 5, pages 101ff.
24. See John D. Barrow, *The Origin of the Universe*, London: Weidenfeld & Nicolson, 1994, page 48 有一张图表，说明这四种力是如何被纳入宇宙的基本发展史。
25. See also Gribbin, *Companion to the Cosmos*, Op. cit., pages 353—354.

26. Ibid., page 401；有关黑洞的一些问题，see also Barrow，Op. cit., pages 134—135。
27. Gribbin, *Companion to the Cosmos*, Op. cit., pages 343 and 387.
28. Ibid., page 388.
29. Ibid., page 344.
30. Barrow, Op. cit., page 10.
31. 关于另一种综合情况及更新近的天文观测结果，see Gribbin, *The Birth of Time*, Op. cit., pages 50—52。And Gribbin, Op. cit., pages 457—459.
32. Fairley, Op. cit., page 194.
33. 有若干种说法。See, for example, John Allegro, *The Dead Sea Scrolls*, Harmondsworth: Penguin, 1956.
34. Geza Vermes, *The Dead Sea Scrolls: Qumran in Perspective*, London: Collins, 1977, pages 87ff.
35. Allegro, Op. cit., page 104.
36. Vermes, Op. cit., pages 118—119.
37. *New Catholic Encyclopaedia*, New York: McGraw-Hill, 1967, page 215.
38. Ibid.
39. Ibid.
40. John Heywood Thomas, *Paul Tillich: An Appraisal*, London: SCM Press, 1963, pages 13—14.
41. 他还认为必定有不同的接近上帝的方法。See *Theology and Culture*, New York: Oxford University Press, 1959, especially chapters IX on Einstein, Russia and America, and XIV on Jewish thought.
42. Paul Tillich, *Systematic Theology I*, London: Nisbet, 1953, pages 140—142. Thomas, Op. cit., page 50.
43. John Macquarrie, *The Scope of Demythologising: Bultmann and His Critics*, London: SCM Press, 1960, page 13. 我很重视这部著作。
44. See also Rudolf Bultmann, 'The Question of Natural Revolution,' in Rudolf Bultmann: *Essays Philosophy and Theology*, London: SCM Press, 1955, pages 104—106. Macquarrie, Op. cit., pages 12—13.
45. Macquarrie, Op. cit., pages 88—89.
46. Ibid., page 84.
47. Ibid., page 181.
48. Bultmann, *Essays*, Op. cit., pages 305ff.
49. Claude Cuenot, *Teilhard de Chardin: A Biographical Study*, London: Burns & Oates, 1965, page 5.
50. Pierre Teilhard de Chardin, *Christianity and Evolution*, London: Collins, 1971, pages 76 and 138; translated by Renée Hague.
51. Teilhard de Chardin, Op. cit., page 301.
52. 实际上有两本书：*The Phenomenon of Man*, London: Collins, New York: Harper, 1959, revised 1965; and *The Appearance of Man*, London: Collins, New York: Harper, 1965.
53. Teilhard de Chardin, *Christianity and Evolution*, Op. cit., page 258.
54. Reinhold Niebuhr, *The Godly and the Ungodly*, London: Faber, 1959.
55. Ibid., pages 22—23.

56. Ibid., page 131.
57. Arthur Schlesinger Jr., 'Reinhold Niebuhr's role in American political thought and life,' in Charles W. Kegley and Robert W. Bretall (editors), *Reinhold Niebuhr: His Religious, Social and Political Thought*, London: Macmillan, 1956, page 125.
58. 关于这次会议，有很多记述，但都不是天主教徒写的。我使用了其中的两种，see Robert Kaiser, *Inside the Council: The Story of Vatican II*, London: Burns & Oates, 1963, pages 12—15。
59. Ibid., page 236.
60. Ibid., page 179.
61. Paul Blanshard, *Paul Blanshard on Vatican II*, London: George Allen & Unwin, 1967, page 340.
62. Ibid., pages 288—289.
63. Anna Bramwell, *Ecology in the Twentieth Century: A History*, London and New Haven: Yale University Press, 1989, pages 40—41.
64. Ibid., pages 132—134.
65. Linda Lear, *Rachel Carson: Witness for Nature*, London: Allen Lane, 1998.
66. Ibid., pages 191ff.
67. Ibid., pages 365—369.
68. Richard Doll, 'The first reports on smoking and lung cancer,' in S. Lock, L. A. Reynolds, and E. M. Tansey (editors), *Ashes to Ashes: The History of Smoking and Health*, Amsterdam-Atlanta: Rodopi, 1998, pages 130—142.
69. 关于卡尔森著作中语言的探讨，see Carol B. Gartner, *Rachel Carson*, New York: Frederick Ungar, 1983, pages 98—99。
70. 关于 DDT 的长期毒副作用，see Bill McKibben, *The End of Nature*, London: Viking, 1990。
71. Lear, Op. cit., pages 358—360.
72. Ibid., pages 409—414.
73. 有些人认为她夸大了风险。See Gartner, Op. cit., page 103.
74. Lear, Op. cit., page 419.
75. D. H. Meadows, D. L. Meadows, J. Randen and W. W. Behrens, *The Limits to Growth*, Rome: Potomac, 1972.
76. Barbara Ward and Renée Dubos, *Only One Earth*, London: André Deutsch, 1972.
77. Charles Reich, *The Greening of America*, New York: Random House, 1970, page 11.
78. Ibid., page 108.
79. Ibid., page 129.
80. Ibid., pages 145—146.
81. Fritz Schumacher, *Small is Beautiful*, London: Anthony Blond, 1973; *A Guide for the Perplexed*, London: Jonathan Cape, 1977.
82. Barbara Wood, *Alias Papa: A Life of Fritz Schumacher*, London: Jonathan Cape, 1984, pages 349—350.
83. Ibid., page 355.
84. Ibid., pages 353ff.
85. Ibid., page 364.

33 新感性

1. Martin Gilbert, *The Arab-Israel Conflict*, London: Collins, 1974, page 97. Quoted in Paul Johnson, Op. cit., page 669.
2. Johnson, Op. cit., page 669.
3. Ibid., pages 663—665.
4. J. K. Galbraith, *The New Industrial Estate*, London: Deutsch, 1967.
5. Ibid., pages 180—188.
6. Ibid., pages 59 and 208—209.
7. Ibid., page 223.
8. Ibid., page 234.
9. Ibid., page 347.
10. Ibid., page 393.
11. Ibid., page 389.
12. Ibid., page 362.
13. Waters, Op. cit., page 108.
14. Daniel Bell, *The Coming of the Post-Industrial Society: A Venture in Social Forecasting*, New York: Basic Books, 1975, page 119. Waters, Op. cit., page 109.
15. Waters, Op. cit., page 109.
16. Ibid.
17. Bell, Op. cit., page 216. Waters, Op. cit., page 117.
18. Waters, Op. cit., pages 119—120.
19. Daniel Bell, *The Cultural Contradictions of Capitalism*, New York: Basic Books, 1976; 20th anniversary issue, paperback, 1996, page 284.
20. Waters, Op. cit., page 126.
21. Bell, *The Cultural Contradictions of Capitalism*, Op. cit., pages xxvff. Waters, Op. cit., page 126.
22. Waters, Op. cit., page 126.
23. Bell, *The Cultural Contradictions of Capitalism*, Op. cit., page xxix; and Daniel Bell, 'Resolving the Contradictions of Modernity and Modernism,' *Society*, 27 (3; 4), 1990, pages 43—50 and 66—75, quoted in Waters Op. cit., page 132.
24. Ibid., page 133.
25. Bell, Op. cit., page 67.
26. Waters, Op. cit., page 134.
27. Mitchell Cohen and Dennis Hale (editors), *The New Student Left*, Boston: Beacon Press, 1967, revised edition, pages 12—13.
28. Theodore Roszak, *The Making of a Counter Culture*, New York: Doubleday, 1969, University of California Press paperback, 1995.
29. Ibid., page xxvi.
30. Ibid., pagc 50.
31. Ibid., page 62.
32. Ibid., page 64.

33. Ibid., page 182.
34. 有关马斯洛的讨论，see Colin Wilson, *New Pathways in Psychology: Maslow and the Post-Freudian Revolution*, London: Gollancz, 1973, pages 29ff。
35. Roszak, Op. cit., page 165.
36. Alan Watts, *This Is It, and Other Essays on Spiritual Experiences*, New York: Collier, 1967.
37. Robert Pirsig, *Zen and the Art of Motorcycle Maintenance*, London: The Bodley Head, 1974; Vintage paperback, 1989.
38. Roszak, Op. cit., pages 141—142.
39. Steve Bruce, *Religion in the Modern World: From Cathedrals to Cults*, Oxford and New York: Oxford University Press, 1996, pages 178—180.
40. Ibid., pages 181—186.
41. Tom Wolfe, *The Purple Decades*, New York: Farrar, Straus & Giroux, 1982, page xiii.
42. Tom Wolfe, *Radical Chic*, London: Michael Joseph, 1970; and *Mau-Mauing the Flak Catchers*, London: Michael Joseph, 1971.
43. Wolfe, *The Me Decade*, New York: Farrar, Straus & Giroux, 1976.
44. Wolfe, *The Purple Decades*, Op. cit., pages 292—293.
45. Christopher Lasch, *The Culture of Narcissism: American Life in an Age of Dimishing Expectations*, New York: W. W. Norton, 1979; Warner paperback edition, 1979.
46. Ibid., page 17.
47. Ibid., pages 18—19.
48. Ibid., page 29.
49. Ibid., page 42.
50. Ibid., page 259.
51. Ibid., pages 315—316.
52. Ibid., page 170.
53. Keith Thomas, *Religion and the Decline of Magic*, London: Weidenfeld & Nicolson, 1971; Penguin 1991.
54. Ibid., page 31.
55. Ibid., page 34.
56. Ibid., page 62.
57. Ibid., page 153.
58. Ibid., page 161.
59. Ibid., page 174.
60. Ibid., page 249.
61. Ibid., page 384.
62. Ibid., page 387.
63. Ibid., pages 391—401.
64. Ibid., pages 445 and 505.
65. Ibid., pages 763—764.
66. Christopher Hill, *The World Turned Upside Down*, London: Temple Smith, 1972.
67. Ibid., chapters 3, 6, 7 and 10.
68. Ibid., pages 282 and 290.

69. Ibid., chapter 15, pages 247ff.
70. Ibid., pages 253—258.
71. Owen Chadwick, *The Secularisation of the European Mind in the Nineteenth Century*, Cambridge: Cambridge University Press, 1975.
72. Ibid., chapter 5, passim.
73. Ibid., pages 209—210.

34 遗传学一览

1. Robert A. Hinde, 'Konrad Lorenz (1903—1989) and Niko Tinbergen (1907—1988),' in Fuller (editor), *Seven Pioneers of Psychology*, Op. cit., pages 76—77 and 81—82.
2. Niko Tinbergen, *The Animal in its World, 2 volumes*, London: George Allen & Unwin, 1972, especially volume 1, pages 25ff.
3. Mary Leakey, *Olduvai Gorge: My Search for Early Man*, Op. cit.
4. Robert Ardrey, *African Genesis*, London: Collins, 1961, Fontana paperback, 1967.
5. Adrian House, *The Great Safari: The Lives of George and Joy Adamson*, London: Harvill, 1993, page xiii.
6. Joy Adamson, *Born Free*, London: Collins Harvill, 1960.
7. House, Op. cit., page 227.
8. All published by Collins/Harvill in London.
9. 由亚当森夫妇撰写的或关于亚当森夫妇的著作中，最出色的是：George Adamson, *My Pride and Joy*, London: Collins Harvill, 1986，especially Part II, 'The Company of Lions'。See also House, Op. cit., pages 392—393.
10. Jane Goodall, *In the Shadow of Man*, London: Collins, 1971, revised edition, Weidenfeld & Nicolson, 1988.
11. Ibid., pages 101ff.
12. Ibid., page 242.
13. Dian Fossey, *Gorillas in the Mist*, London: Hodder & Stoughton, 1983, page xvi.
14. Ibid., pages 10—11.
15. Harold Hayes, *The Dark Romance of Dian Fossey*, London: Chatto & Windus, 1991, page 321.
16. George Schaller, *The Serengeti Lion*, Chicago: University of Chicago Press, 1972.
17. Ibid., pages 24ff.
18. Ibid., page 378.
19. Iain and Oria Douglas-Hamilton, *Among the Elephants*, London: Collins & Harvill, 1978, page 38.
20. Ibid., pages 212ff.
21. Virginia Morrell, *Ancestral Passions*, Op. cit., page 466.
22. Donald C. Johanson and Maitland A. Edey, *The Beginnings of Humankind*, London: Granada, 1981, pages 18ff. Morrell, Op. cit., page 466.
23. Morrell, Op. cit., pages 473—475. Tattersall, Op. cit., page 145.

24. Johanson and Edey, Op. cit., pages 255ff.
25. Ian Tattersall, *The Fossil Trail*, Op. cit., page 151.
26. Morrell, Op. cit., pages 480 and 487ff.
27. Johanson and Edey, Op. cit., pages 294—304.
28. 关于南方古猿阿法尔种的讨论，see Donald Johanson and James Shreeve, *Lucy's Child*, New York: Viking, 1990, pages 104—131。Tattersall, Op. cit., page 154.
29. Walter Bodmer and Robin McKie, *The Book of Man: The Quest to Discover our Genetic Heritage*, London: Little, Brown, 1994; paperback Abacus, 1995, page 77. Cook-Deegan, Op. cit., page 59.
30. Bodmer and McKie, Op. cit., pages 77—78.
31. Ibid., 下书给出了另一种说法：Colin Tudge, *The Engineer in the Garden*, London: Jonathan Cape, 1993, pages 211—213。
32. Robert Cook-Deegan, *The Gene Wars: Science, Politics and the Human Genome*, New York and London: W. W. Norton, 1994, paperback 1995, pages 59—61.
33. 有关用类比的方法解释这个难题，see Bruce Wallace, *The Search for the Gene*, Op. cit., page 90。
34. Bodmer and McKie, Op. cit., pages 73—74. 关于（桑格尔的）第一基因组排序的一览表，see Cook-Deegan, Op. cit., pages 62—63。
35. Bodmer and McKie, Op. cit., pages 86—87.
36. Jacques Monod, *Chance and Necessity: An Essay on the Natural Philosophy of Modern Biology*, New York: Alfred A. Knopf, 1971; Penguin paperback 1997. 关于爱因斯坦和"数学实体"，see page 158；关于犹太教—基督教的"原始"性质，see page 168；关于现代社会的基础即"知识伦理"，see page 177。
37. Edward O. Wilson, *Sociobiology: The New Synthesis*, Cambridge, Massachusetts: The Belknap Press of Harvard University Press, 1975; abridged edition 1980.
38. Ibid., page 218.
39. Ibid., pages 19 and 93.
40. Ibid., page 296.
41. Richard Dawkins, *The Selfish Gene*, Oxford and New York, 1976, new paperback edition, 1989.
42. Ibid., page 71.
43. Ibid., page 97.

35 法国专辑

1. Nathan Silver, *The Making of Beaubourg: A Building Biography of the Centre Pompidou, Paris*, Cambridge, Massachusetts: MIT Press, 1994, page 171.
2. John Musgrove (editor), *A History of Architecture*, London: Butterworths, 1987, page 1352 更注重建筑的位置而非结构。
3. Jean-Jacques Nattier (editor), *Orientations: Collected Writings of Pierre Boulez*, London: Faber, 1986, pages 11—12, translated by Martin Cooper.

4. Various authors, *History of World Architecture*, London: Academy Editions, 1980, page 378.
5. Silver, Op. cit., pages 39ff.
6. Ibid., pages 6 and 44—47.
7. Ibid., page 49.
8. Ibid., page 126.
9. 关于其他常客，see Nattier (editor), Op. cit., page 26。
10. 关于布列兹与梅西安的交往，see Jean-Jacques Nattier (editor), *The Boulez-Cage Correspondence*, Cambridge: Cambridge University Press, 1993, pages 126—128。
11. Paul Griffiths, *Modern Music*, Op. cit., page 136.
12. Ibid., pages 160—161.
13. Ibid., page 163.
14. 布列兹与凯奇关系密切，see Jean-Jacques Nattier (editor), *The Boulez-Cage Correspondence*, Op. cit., passim。
15. Nattier (editor), *Orientations*, Op. cit., page 25.
16. *Times Literary Supplement*, 6 May 1977.
17. Nattier (editor), *Orientations*, Op. cit., pages 492—494.
18. Philip Julien, *Jacques Lacan's Return to Freud*, New York: New York University Press, 1994. See also Bice Benvenuto and Roger Kennedy, *The Work of Jacques Lacan*, London: Free Association Books, 1986, pages 223—224.
19. Jacques Lacan, *Ecrits*, Paris: Editions du Seuil, 1966, page 93.
20. Ibid., pages 237ff.
21. Benvenuto and Kennedy, Op. cit., pages 166—167; Julien, Op. cit., pages 178ff.
22. Quentin Skinner (editor), *The Return of Grand Theory in the Human Sciences*, Cambridge: Cambridge University Press, 1985, paperback 1990, page 143.
23. Didier Eribon, *Michel Foucault*, Cambridge, Massachusetts: Harvard University Press, 1991, Faber 1992, paperback 1993, pages 35—37 and 202, translated by Betsy Wing.
24. David Macey, *The Lives of Michel Foucault*, London: Hutchinson/Radius, 1993, pages 219—220.
25. Eribon, Op. cit., pages 201ff.
26. Mark Philp, 'Michel Foucault,' in Skinner (editor), Op. cit., pages 67—68. Ibid., chapter 18, 'We are all ruled.'
27. Mark Philp, 'Michel Foucault,' in Skinner (editor), Op. cit., page 74. See also pages 70—71，福柯认为人文科学往往根植于"令人不快的过往"，可以说是一个异常清晰的总结。
28. Eribon, Op. cit., pages 269ff. 关于权力关系，see Philp, Op. cit., pages 74—76；关于我们"无规律可循"的状况，see page 78。
29. Jean Piaget, *Structuralism*, London: Routledge & Kegan Paul, 1971, translated by Chaninah Maschler.
30. Piaget, Op. cit., page 68.
31. Ibid., page 62.
32. Ibid., page 103.
33. Ibid., page 117.

34. David Hoy, ‘Derrida,’ in Quentin Skinner (editor), Op. cit., page 45.
35. Christopher Johnson, *Derrida*, London: Phoenix, 1997, page 6.
36. Ibid., page 7.
37. Geoffrey Benington and Jacques Derrida, *Jacques Derrida*, Chicago: University of Chicago Press, 1993, pages 42—43，这本书的排版也反映了德里达的一些思想。Johnson, Op. cit., page 10.
38. Johnson, Op. cit., page 4.
39. Ibid., page 28.
40. Benington and Derrida, Op. cit., pages 133—148.
41. Johnson, Op. cit., pages 51ff；Hoy, Op. cit., pages 47ff.
42. Ibid., page 51.
43. Benington and Derrida, Op. cit., pages 23—42.
44. See ‘Differance’ in Jacques Derrida, *Margins of Philosophy*, London: Harvester Press, 1982, pages 3—27.
45. Cantor, Op. cit., pages 304—305; see also Susan James, ‘Louis Althusser,’ in Skinner (editor), Op. cit., page 151.
46. Susan James, ‘Louis Althusser,’ in Skinner (editor), Op. cit., pages 144 and 148.
47. Louis Althusser, *Lenin and Philosophy, and Other Essays*, London: New Left Books, 1971, translated from the French by Ben Brewster, pages 135ff and 161—168. See also Kevin McDonnell and Kevin Robins, ‘Marxist Cultural Theory: The Althusserian Smokescreen,’ in Simon Clark et al. (editors), *One-Dimensional Marxism: Althusser and the Politics of Culture*, London and New York: Alison & Busby, 1980, pages 157ff. James, Op. cit., pages 152—153.
48. 关于意识形态及其应用的详细讨论，see Louis Althusser, *Philosophy and Spontaneous Philosophy of the Scientists*, London and New York: Verso, 1990, pages 73ff。
49. Anthony Giddens, ‘Jurgen Habermas,’ in Skinner (editor), Op. cit., page 123.
50. See Jurgen Habermas, *Post-Metaphysical Thinking: Philosophical Essays*, London: Polity, 1993, especially essay three. Giddens, in Skinner (editor), Op. cit., pages 124—125.
51. Giddens, Op. cit., page 126.
52. Rick Roderick, *Habermas and the Foundations of Critical Theory*, London: Macmillan, 1986, page 56.
53. Giddens, Op. cit., page 127.
54. Ibid.
55. Louis-Jean Calvet, *Roland Barthes: A Biography*, London: Polity, 1994, translated by Sarah Wykes, especially pages 97ff and 135ff.
56. Roland Barthes, *Mythologies*, London: Jonathan Cape, 1972, paperback 1993, translated by Annette Lavers.
57. Ibid., page 98.
58. Roland Barthes, *Image, Music, Text*, London: Fontana, 1977, pages 142ff, translated by Stephen Heath.
59. Roland Barthes, *The Pleasure of the Text*, New York: Farrar, Straus & Giroux, 1975, page 16, translated by Richard Miller.
60. Ibid., page 17.

61. 巴特的传记作家提出了一个尖锐的问题，巴特与萨特均于 1984 年去世，这两位法国知识分子谁会被更多的人铭记？后者生前无疑更著名，但是……See Calvet, Op. cit., page 266。
62. Thompson and Bordwell, *Film History*, Op. cit., page 493。
63. Robin Buss, *French Film Noir*, London and New York: Marion Boyars, 1994, pages 139—141 and 506—509.
64. Ibid., pages 510—512.
65. 特吕弗认为他很笨拙，see Gilles Jacob and Claude de Givray, *François Truffaut Letters*, London: Faber, 1989, page 187。Thompson and Bordwell, Op. cit., page 511.
66. 关于完整的列表，see Thompson and Bordwell, Op. cit., page 522。
67. 杰罗姆·罗宾斯一度想把《四百击》改编成芭蕾舞剧。See Jacob and Givray (editors), Op. cit., page 158.
68. Thompson and Bordwell, Op. cit., pages 523—525.
69. Ibid., pages 528—529.
70. 结尾确实模棱两可，不过特吕弗认为观众很好地理解了这部电影，see Jacob and Givray (editors), Op. cit., page 426。See also Thompson and Bordwell, Op. cit., pages 524—525.
71. 关于戈达尔讲述故事的哲学，see Richard Roud, *Jean-Luc Godard*, London: Seeker & Warburg in association with BFI, 1967, page 48。James Pallot and Jacob Levich (editors), *The Fifth Virgin Film Guide*, London: Virgin, 1996, page 83。
72. Thompson and Bordwell, Op. cit., pages 519—522.
73. Ibid., page 529. Pallot and Levich, Op. cit., page 376 指出了它在另一个层面是对“好莱坞三角恋情”的戏仿。
74. Pallot and Levich, Op. cit., page 341.
75. Ibid., page 758.
76. 关于影片中“废弃的界限”的讨论，see Colin McCabe et al., *Godard, Images, Sounds, Politics*, London: BFI/Macmillan, 1980, page 39。See also Louis-Jean Calvet's biography of Barthes (参见本章注释 55), pages 140—141。
77. Peter Brook, *Threads of Time*, London: Methuen, 1998.
78. Ibid., page 127.
79. Ibid., page 134.
80. Ibid., page 54.
81. Ibid., page 137.
82. M. M. Delgado and Paul Heritage (editors), *Directors Talk Theatre*, Manchester: Manchester University Press, 1996, page 38.
83. Brook, Op. cit., page 177. Delgado and Heritage, Op. cit., page 38.
84. Brook, Op. cit., pages 182—183.
85. Ibid., page 208.
86. Ibid., pages 189—193.
87. Delgado and Heritage (editors), Op. cit., page 49.
88. Brook, Op. cit., page 225.
89. 同时，他还痴迷于传统的戏剧问题，如人物性格。See John Peters, *Vladimir's Carrot: Modern Drama and the Modern Imagination*, London: Deutsch, 1987, page 314.
90. Brook, Op. cit., page 226.

36　发财与行善

1. Ronald Dworkin, *Taking Rights Seriously*, London: Duckworth, 1978.
2. Ibid., pages 266ff.
3. Ibid., pages 184ff.
4. Ibid., pages 204—205.
5. Milton and Rose Friedman, *Free to Choose*, New York: Harcourt Brace, 1980, Penguin paperback 1980.
6. Ibid., page 15.
7. Ibid., page 107.
8. Ibid., page 179.
9. Ibid., page 174.
10. Ibid., page 229.
11. Paul Krugman, *Peddling Prosperity: Economic Sense and Nonsense in the Age of Diminished Expectations*, New York: W. W. Norton, 1994, page 15.
12. Ibid., pages 178ff.
13. Robert Solow, Interview with the author, MIT, 4 December, 1997. 索洛的观点最初发表在 1956 年的《经济学季刊》与次年《经济统计评论》杂志上的几篇文章中。
14. Krugman, Op. cit., pages 64—65.
15. Ibid., page 197.
16. Robert Solow, *Learning from 'Learning by Doing': Lessons for Economic Growth*, Stanford, California: Stanford University Press, 1997.
17. Ibid., page 20.
18. Ibid., pages 82ff；See also Krugman, Op. cit., pages 200—202.
19. See also：'The economics of Qwerty,' chapter 9 of Krugman, Op. cit., pages 221ff.
20. Friedman and Friedman, Op. cit., pages 19—20.
21. Amartya Sen, *On Ethics and Economics*, Oxford: Blackwell, 1987, paperback 1988. 关于囚徒困境，see pages 82ff。
22. Amartya Sen, *Poverty and Famines*, Oxford: The Clarendon Press, 1981, paperback 1982.
23. Ibid., pages 57—63.
24. Krugman, Op. cit., chapter 8, 'In the long run Keynes is still alive,' pages 197ff.
25. Ibid., pages 128, 235 and 282.
26. J. K. Galbraith, *The Culture of Contentment*, Boston: Houghton Mifflin, 1992.
27. Ibid., page 107.
28. Charles Murray, *Losing Ground: American Social Policy 1950—1980*, London: Basic Books, 1984.
29. Ibid., page 146.
30. Ibid., chapter 2.
31. Galbraith, Op. cit., page 106.
32. J. K. Galbraith, *The Good Society*, Boston: Houghton Mifflin, 1996.
33. Ibid., page 133 and chapters 8—11.
34. Andrew Hacker, *Two Nations: Black and White, Separate, Hostile, Unequal*, New York:

Ballantine, 1992, paperback 1995.
35. Ibid., page 74.
36. Ibid., page 84.
37. 以下著作虽然不如海克或默里的著作那么有影响力，但仍然值得一读：Nicholas Lemann, *The Promised Land: The Great Black Migration and How it Changed America*, New York: Knopf, 1991, Vintage paperback 1992, 该书考察了 1940 至 1970 年间 500 万非裔美国人的迁移模式。
38. Hacker, Op. cit., page 229.
39. Richard Bronk, *Progress and Invisible Hand: The Philosophy and Economics of Human Advance*, London: Little, Brown, 1998 尝试将心理学、经济史、增长理论、复杂性理论和个人主义的发展结合起来，提供了一种悲观主义的视野，实际上重新演绎了 Daniel Bell, *The Cultural Contradictions of Capitalism*，承认资本主义的势力威胁到"创造性自由"与"公民义务"之间的平衡。在千禧年，《经济视角杂志》刊登了一项有关经济学未来的研讨会成果，确认了这门学科的两大方向。其一，更多地考虑复杂性理论（见下文第 42 章）；其二，加强与心理学的联姻，特别是个体并不理性的经济行为方式。See *The Economist*, 4 March 2000, page 112.

37 压制的代价

1. Randy Shilts, *And the Band Played On*, New York: St Martin's Press, 1987, Penguin 1988, pages 20 and 93—94.
2. 关于危机前夕同性恋社会的记述，see Robert A. Padgug and Gerald M. Oppenheimer, 'Riding the Tiger: AIDS and the Gay community,' in Elizabeth Fee and Daniel M. Fox (editors), *AIDS: The Making of a Chronic Disease*, Los Angeles and London: University of California Press, 1992, pages 245ff。
3. Shilts, Op. cit., page 94.
4. Ibid., page 244. 关于纽约的艾滋病传播状况，see Fee and Fox (editors), Op. cit., pages 279ff。
5. Weatherall, *In Search of a Cure*, Op. cit., pages 240—241.
6. W. F. Bynum and Roy Porter, *Companion Encyclopaedia of the History of Medicine, Volume I*, London: Routledge, 1993, page 138.
7. Weatherall, Op. cit., page 241.
8. Bynum and Porter, Op. cit., volume 2, page 1023.
9. Weatherall, Op. cit., pages 224—226.
10. Ibid.
11. 关于更完整的历史，see Bynum and Porter, Op. cit., pages 1023—1024。
12. Mirko D. Grmek, *A History of AIDS*, Princeton and London: Princeton University Press, 1990, pages 58—59.
13. Shilts, Op. cit., pages 73—74 and 319.
14. Grmek, Op. cit., pages 62—70. Shilts, Op. cit., pages 50—51.
15. 关于癌症相对短暂却面面俱到的研究发展史，see David Cantor, 'Cancer,' in Bynum

and Porter, Op. cit., volume 1, pages 537—559。
16. Harold Varmus and Robert Weinberg, *Genes and the Biology of Cancer*, New York: Scientific American Library, 1993. 在斯堪的纳维亚进行的一项大型研究于 2000 年 7 月提交报告，结论是 50% 的癌症是“环境因素”导致的。
17. Ibid., page 51.
18. Ibid., page 185.
19. Susan Sontag, *Illness as Metaphor*, New York: Farrar, Straus & Giroux, 1998; published in paperback with *AIDS and its Metaphors*, 1990.
20. Sontag, Op. cit., page 3.
21. Ibid., pages 13—14.
22. Ibid., pages 17—18.
23. 关于出版的细节，参见本章注释 19。
24. Sontag, Op. cit., page 124.
25. Ibid., page 165.
26. Ibid., page 163.
27. Shilts, Op. cit., page 453.
28. 全书主要谈艾滋病对艺术领域的影响，see James Miller (editor), *Fluid Exchanges*, Toronto: University of Toronto Press, 1992。
29. Jeffrey Masson, *Against Therapy*, London: Collins, 1989, Fontana paperback, 1990, page 165.
30. Ibid., page 185.
31. Ibid., page 101.
32. 关于马斯洛，Ibid., chapters 7 and 8，pages 229ff and 248ff。
33. Ernest Gellner, *The Psychoanalytic Movement: The Cunning of Unreason*, London: Paladin, 1985, Fontana, 1993.
34. Ibid., pages 36—37.
35. Ibid., page 76.
36. Ibid.
37. Ibid., page 162.
38. Ibid., pages 104—105.
39. Jane Howard, *Margaret Mead: A Life*, Op. cit., pages 432ff.
40. Derek Freeman, *Margaret Mead and Samoa: The Making and Unmaking of an Anthropological Myth*, Cambridge, Massachusetts: Harvard University Press, 1983.
41. Howard, Op. cit., page 435.
42. Roy Porter, *The Greatest Benefit to Mankind: A Medical History of Mankind from Antiquity to the Present*, London: HarperCollins, 1997, page 596.
43. Ibid., page 718.

38 地方性知识

1. Jean-François Lyotard, *The Post-Modern Condition: A Report on Knowledge*, Manchester: Manchester University Press, 1984.

2. See his 'The Psychoanalytic Approach to Artistic and Literary Expression,' in *Toward The Post-Modern*, New York: Humanities Press, 1993, pages 2—11; 本书第一部分题为“性本能”，第二部分题为“异教徒”，第三部分题为“难以驾驭之物”。
3. Lyotard, *The Post-Modern Condition*, Op. cit., page xxiv.
4. Ibid., pages 42—46.
5. Ibid., page 60.
6. Richard Rorty, *Philosophy and the Mirror of Nature*, Oxford: Blackwell, 1980.
7. Ibid., pages 34—38.
8. Ibid., page 363.
9. Ibid., page 367.
10. Ibid., pages 367—368.
11. Ibid., pages 389—391.
12. Richard Rorty, *Objectivity, Relativism, and Truth*, Cambridge: Cambridge University Press, 1991.
13. Rorty, *Objectivity, Relativism, and Truth*, Op. cit., pages 56—57.
14. Ibid., page 37.
15. Ibid., page 39.
16. Ibid., page 40.
17. Ibid., pages 203ff.
18. Ibid., page 218.
19. Thomas Nagel, *Mortal Questions*, Cambridge: Cambridge University Press, 1979; and *The View From Nowhere*, Oxford: Oxford University Press, 1986, paperback, 1989.
20. Nagel, *Mortal Questions*, Op. cit., page x.
21. Nagel, *The View From Nowhere*, Op. cit., page 26.
22. Ibid., page 52.
23. Ibid., pages 78—79.
24. Ibid., page 84.
25. Ibid., page 85.
26. Ibid., page 108.
27. Ibid., page 107.
28. Clifford Geertz, *The Interpretation of Cultures*, New York: Basic Books, 1973.
29. Ibid., page 36.
30. Ibid., pages 3ff.
31. Ibid., page 412.
32. Ibid., page 435.
33. Clifford Geertz, *Local Knowledge*, New York: Basic Books, 1983, paperback edition 1997, page 8.
34. Ibid., page 74.
35. Ibid., page 151.
36. Ibid., page 161.
37. 格尔茨的著作以两个讲座系列的形式结集出版。See *Works and Lives*, London: Polity, 1988; and *After the Fact*, Cambridge, Massachusetts: Harvard University Press, 1995.
38. Bryan Magee, *Men of Ideas*, Op. cit., pages 196—197.

39. 关于他众多著作中的一些主题："合理性的两个概念"和"科学对现代合理性概念的影响"，see *Reason, Truth and History*, Cambridge: Cambridge University Press, 1981。"什么是数学真理？"以及"量子力学的逻辑"，see *Mathematics, Matter and Method*, Cambridge: Cambridge University Press, 1980；以及"为什么没有一个现成的世界"和"为什么理性不能自然化"，see *Realism and Reason*, Cambridge: Cambridge University Press, 1983。Magee, Op. cit., pages 202 and 205.
40. Putnam, *Reason, Truth and History*，Op. cit., page 215. Magee, Op. cit., page 201.
41. Magee, Op. cit., pages 143—145.
42. 关于冯·蒯因观点的一个更易理解的形式，see *Quiddities: An Intermittently Philosophical Dictionary*, Cambridge, Massachusetts: The Belknap Press of Harvard University Press, 1987，其中日常生活的某些方面得到了数学般巧妙的呈现。See also 'Success and Limits of Mathamaticalism,' in *Theories and Things*, Cambridge, Massachusetts: The Belknap Press of Harvard University Press, 1981, pages 148ff. See also Magee, Op. cit., page 147.
43. 冯·蒯因的立场刚好与分析哲学相对，see George D. Romanos, *Quine and Analytic Philosophy*, Cambridge, Massachusetts: MIT Press, 1983, pages 179ff。Magee, Op. cit., page 149.
44. Alasdair Maclntyre, *Whose Justice? Which Rationality?*, London: Duckworth, 1988.
45. Ibid., page 140.
46. Ibid., page 301.
47. Ibid., page 302.
48. Ibid., page 304.
49. Ibid., page 339.
50. Ibid., page 500.
51. David Harvey, *The Condition of Postmodernity*, Oxford: Blackwell, 1980, paperback 1990.
52. Ibid., pages 8—9.
53. Ibid., page 3.
54. Ibid., page 135.
55. Ibid., page 137.
56. Ibid., page 136.
57. Ibid., page 140.
58. Ibid., page 147.
59. Ibid., page 156.
60. Ibid., page 351.
61. Ibid., page 350.
62. Ibid., page 328.

39 "人类历史上最优秀的思想"

1. Bodmer and McKie, *The Book of Man*, Op. cit., page 259.
2. Colin Tudge, *The Engineer in the Garden*, Op. cit., pages 257—260.

3. Bodmer and McKie, Op. cit., page 257.
4. Ibid., page 259.
5. Ibid., page 261.
6. A. G. Cairns-Smith, *Seven Clues to the Origin of Life*, Cambridge: Cambridge University Press, 1985.
7. Ibid., page 47.
8. Ibid., page 74.
9. Ibid., page 80.
10. Richard Fortey, *Life: An Unauthorised Biography*, London: HarperCollins, 1997; Flamingo paperback, 1998, pages 44 and 54ff.
11. Ibid., pages 55—56 给出了细菌氧气产量的计算。
12. J. D. MacDougall, *A Short History of Planet Earth*, New York: Wiley, 1996, pages 34—36. Fortey, Op. cit., pages 59—61.
13. Ibid., page 52. 关于马古利斯的合作观点及其意义的讨论，see Tudge, Op. cit., pages 331 and 334—335。Fortey, Op. cit., pages 68—69.
14. 关于黏质物，see Fortey, Op. cit., pages 81ff；关于埃迪卡拉，see Ibid., pages 86ff。埃迪卡拉因澳大利亚南部的埃迪卡拉山而得名，当时在那个地方首先发现了埃迪卡拉。安德鲁・帕克博士是一名动物学家，也是牛津大学萨黑维尔学院的一名成员，在 2000 年 3 月伦敦皇家学院的一次演讲中，他指出寒武纪大爆炸是想象力逐渐发展的结果，认为生物体必须急速发展，以便逃脱捕食者的视线。See *The* (London) *Times*, 1 March 2000, page 41.
15. Fortey, Op. cit., pages 102ff.
16. MacDougall, Op. cit., pages 30—31.
17. John Noble Wilford, *The Riddle of the Dinosaurs*, London and Boston: Faber, 1986, pages 221ff.
18. Ibid., pages 226—228.
19. Walter Alvarez, *T. Rex and the Crater of Doom*, Princeton and London: Princeton University Press, 1997; Penguin paperback 1998, page 69. See also MacDougall, Op. cit., page 158.
20. 关于恐龙灭绝的传统观点，see Bjorn Kurten, *The Age of the Dinosaurs*, London: Weidenfeld & Nicolson, 1968, pages 211ff。
21. Alvarez, Op. cit., pages 92—93.
22. Ibid., pages 109ff.
23. Ibid., pages 123ff.
24. MacDougall, Op. cit., page 160；海洋生物灭绝图表，see page 162。
25. Alvarez, Op. cit., page 133.
26. Tattersall, *The Fossil Trail*, Op. cit., pages 187—188.
27. Donald Johanson and James Shreeve, *Lucy's Child: The Discovery of a Human Ancestor*, New York: Viking, 1990, pages 201ff.
28. E. S. Vrba, 'Ecological and adaptive changes associated with early hominid evolution,' in E. Delson (editor), *Ancestors: The Hard Evidence*, New York: Alan Liss, 1988, pages 63—71; and E. S. Vrba, 'Late Pleistocene climatic events and hominid evolution,' in E. E. Grine (editor), *Evolutionary History of the 'Robust' Australopithecines*, New York:

Adine de Gruyter, 1988, pages 405—426.
29. Tattersall, Op. cit., page 197.
30. Christopher Stringer and Clive Gamble, *In Search of the Neanderthals*, London: Thames & Hudson, 1993, pages 152—154. 这一段后半部分的观点在许多方面受到质疑。
31. Tattersall, Op. cit., chapter 15: ‘The cave man vanishes,’ pages 199ff.
32. Bodmer and McKie, Op. cit., pages 218 and 232—233.
33. Brian M. Fagan, *The Journey from Eden: The Peopling of Our World*, London: Thames & Hudson, 1990, pages 27—28. Bodmer and McKie, Op. cit., pages 218—219.
34. Colin Renfrew, *Archaeology and Language*, London: Jonathan Cape, 1987, pages 9—13.
35. J. H. Greenberg, *Language in the Americas*, Stanford: Stanford University Press, 1986.
36. Brian M. Fagan, *The Great Journey: The Peopling of Ancient America*, London and New York: Thames & Hudson, 1987, page 186.
37. See especially: Luigi Luca Cavalli-Sforza and Francesco Cavalli-Sforza, *The Great Human Diasporas: The History of Diversity and Evolution*, New York: Helix/Addison Wesley, 1995（first published in Italy by Arnaldo Mondadori Editore Spa, 1993), pages 156—157.
38. Ibid., page 187.
39. Ibid., page 185; and see a second candidate in the chart on page 186.
40. Renfrew, *Archaeology and Language*, Op. cit., page 205.
41. Paul Johnson, *Daily Mail* (London).
42. E. O. Wilson, *On Human Nature*, Cambridge, Massachusetts: Harvard University Press, 1978, page 167.
43. Ibid., page 2.
44. Ibid., page 137；另参见第 90 页上的图表。
45. E. O. Wilson, *Biophilia*, Cambridge, Massachusetts: Harvard University Press, 1984.
46. Stephen R. Kellert and E. O. Wilson (editors), *The Biophilia Hypothesis*, Washington D.C.: Island Press, 1993, page 237. See also James Lovelock, *Gaia: A New Look at Life on Earth*, Oxford: Oxford University Press, 1979; paperback 1982 and 1995.
47. Richard Dawkins, *The Blind Watchmaker*, London: Longman, 1986; Penguin 1988.
48. Ibid., page 90.
49. Ibid., page 158.
50. Daniel Dennett, *Darwin's Dangerous Idea*, Op. cit., page 21.
51. Ibid., page 82.
52. Stuart Kauffman, *The Origins of Order: Self-Organisation and Selection*, Oxford: Oxford University Press, 1993.
53. Ibid., page 220.
54. John Maynard Smith and Eors Szathmary, *The Major Transitions in Evolution*, Oxford, New York and Heidelberg: W. H. Freeman/Spektrum, 1995.
55. Steven Pinker, *The Language Instinct*, New York: Morrow, 1994; Penguin 1995.
56. Ibid., page. 301.
57. N. Eldredge and S. J. Gould, ‘Punctuated equilibrium: an alternative to phyletic gradualism,’ in T. J. M. Schopf (editor), *Models in Paleobiology*, San Francisco: Freeman

Cooper, 1972, pages 82—115. See also N. Eldredge, *Reinventing Darwin*, New York: John Wiley, 1995, pages 93ff，此处争论内容进行了更新。

58. S. J. Gould and R. C. Lewontin, 'The spandrels of San Marco and the Panglossian paradigm: A critique of the adaptationist programme,' *Proceedings of the Royal Society*, volume B205, 1979 pages 581—598.
59. S. J. Gould, *Wonderful Life*, London: Hutchinson Radius, 1989.
60. Simon Conway Morris, *The Crucible of Creation: The Burgess Shale and the Rise of Animals*, Oxford: Oxford University Press, 1998.
61. S. J. Gould, *The Mismeasure of Man*, Op. cit.
62. Steven Rose, Leon Kamin and R. C. Lewontin, *Not in Our Genes*, Op. cit.
63. R. C. Lewontin, *The Doctrine of DNA: Biology as Ideology*, Toronto: Anansi Press, 1991; Penguin, 1993, pages 73—74.
64. Richard J. Herrnstein and Charles Murray, *The Bell Curve: Intelligence and Class Structure in American Life*, Glencoe: The Free Press, 1994.
65. See also Bernie Devlin, Stephen E. Fienberg, Daniel P. Resnick and Kathryn Roeder (editors), *Intelligence, Genes and Success: Scientists Respond to The Bell Curve*, New York: Copernicus, 1997, page 22.
66. Ibid., pages 269ff.
67. Ibid., pages 167ff.
68. Herrnstein and Murray, Op. cit., page 525.
69. Ibid., page 444.
70. Gould, *The Mismeasure of Man*, Op. cit., page 375.
71. Robert Cook-Deegan, *The Gene Wars*, Op. cit., page 110.
72. Bodmer and McKie, Op. cit., page 320.
73. Cook-Deegan, Op. cit., page 286.
74. Ibid., page 339.
75. Francis Crick, *The Astonishing Hypothesis*, New York: Simon & Schuster, 1994.
76. John Maddox, *What Remains to be Discovered*, Op. cit., page 306.
77. John Cornwell (editor), *Consciousness and Human Identity*, Oxford and New York: Oxford University Press, 1998, page vi.
78. Ibid., page vii.
79. Ibid.
80. J. R. Searle, *The Mystery of Consciousness*, London: Granta, 1997, pages 95ff.
81. J. R. Searle, *The Rediscovery of the Mind*, Cambridge, Massachusetts: MIT Press, 1992; and Cornwell (editor), Op. cit., page 33.
82. Roger Penrose, *Shadows of the Mind: A Search for the Missing Science of Consciousness*, Oxford and New York: Oxford University Press, 1994.
83. Searle, *The Mystery of Consciousness*, Op. cit., pages 53ff.
84. Ibid., page 87.
85. Cornwell (editor), Op. cit., pages 11—12.
86. Robert Wright, *The Moral Animal*, New York: Pantheon, 1994, page 321.
87. Olaf Sporns, 'Biological variability and brain function,' in Cornwell (editor), Op. cit., pages 38—53.

40 帝国的回音

1. Marcus Cunliffe (editor), *American Literature since 1900*, Op. cit., page 373.
2. Cunliffe (editor), Op. cit., page 377.
3. Ibid., page 378.
4. Ibid., page 373.
5. Richard Hofstadter, *Anti-Intellectualism in American Life*, New York: Knopf, 1963; quoted in Cunliffe (editor), Op. cit., page 386.
6. 托尼·莫里森所有的著作都由伦敦的查托与温达斯出版社出版。See Malcolm Bradbury, *The Modern American Novel*, Oxford and New York, 1983, 2nd edition, 1992, page 279.
7. Nancy J. Peterson (editor), *Toni Morrison: Critical and Theoretical Approaches*, Baltimore and London: Johns Hopkins Press, 1997.
8. Alice Walker, *The Color Purple*, New York: Harcourt Brace, 1982. Bradbury, *The Modern American Novel*, Op. cit., page 280.
9. Michael Awkward, *Inspiriting Influences: tradition, revision and Afro-American women's novels*, New York: Columbia University Press, 1989. See also David Crystal, *English as a Global Language*, Cambridge: Cambridge University Press, 1997, page 139.
10. Crystal, Op. cit., page 130.
11. Ibid.
12. Jean Franco, *The Modern Culture of Latin America: Society and the Artist*, London: Pall Mall, 1967; Penguin 1970, page 198.
13. Gabriel Vargas Llosa, *The City and the Dogs*, translated as *The Time of the Hero*, New York: Harper & Row, 1979.
14. Gabriel Vargas Llosa, *The Green House*, London: Jonathan Cape, 1969.
15. Keith Booker, *Vargas-Llosa among the Post-Modernists*, Gainesville, Florida: University Press of Florida, 1994.
16. Gerald Martin, *Journeys through the Labyrinth*, London: Verso, 1989, page 218.
17. Gabriel García Márquez, *One Hundred Years of Solitude*, published in Spanish 1967, London: Jonathan Cape, 1970; Penguin 1973.
18. D. P. Gallagher, *Modern Latin American Literature*, Oxford and New York: Oxford University Press, 1973, page 150.
19. Ibid., pages 145—150.
20. Carlos Fuentes, *La nueva novela hispanoamericana,* Mexico City: Joanna Mortiz, 1969; quoted in David W. and Virginia R. Foster (editors), *Modern Latin American Literature*, New York: Frederick Ungar, 1975, pages 380—381.
21. R. K. Narayan, *The Sweet Vendor*, London: The Bodley Head, 1967. See also William Walsh, 'India and the Novel,' in Boris Ford (editor), *From Orwell to Naipaul*, Penguin, 1983, pages 238—240.
22. Anita Desai, *The Village by the Sea*, London: Heinemann, 1982; Penguin 1984.
23. Anita Desai, *In Custody*, London: Heinemann, 1984.
24. Salman Rushdie, *Midnight's Children*, London: Jonathan Cape, 1982; and *The Satanic*

Verses, London: Viking, 1988. Catherine Cundy, *Salman Rushdie*, Manchester and New York: Manchester University Press, 1996, pages 34ff.

25. Malise Ruthven, *A Satanic Affair: Salman Rushdie and the Rape of Islam*, London: Chatto & Windus, 1990, page 15. 他的书是我的主要参考来源。
26. Ruthven, Op. cit., page 27.
27. Ibid., page 20.
28. Ibid., page 17.
29. Ibid., page 16.
30. Ibid., pages 20—25 passim.
31. Mehdi Mozaffari, *Fatwa: Violence and Discovery*, Aarhus, Denmark: Aarhus University Press, 1998.
32. Ruthven, Op. cit., page 114.
33. Ibid., page 25. See also Various authors, *For Rushdie: Essays by Arab and Muslim Writers in Defence of Free Speech*, New York: George Braziller, 1994, especially pages 2ff, 54ff and 255ff.
34. V. S. Naipaul, *A House for Mr Biswas*, London: André Deutsch, 1961.
35. V. S. Naipaul, *The Mimic Men*, London: Readers Union, 1968.
36. 所有这些书均由安德烈·多伊奇出版社出版。
37. See the account in: Andrew Robinson, *Satyajit Ray: The Inner Eye*, London: Deutsch, 1989, pages 74ff.
38. See Robinson, Op. cit., page 76.
39. Thompson and Bordwell, *Film History*, Op. cit., pages 483—484 and 512—513. Pallot and Levich, Op. cit., page 520.
40. Robinson, Op. cit., page 156.
41. Ibid., page 513.
42. Wole Soyinka, *Myth, Literature and the African World*, Cambridge: Cambridge University Press, 1976.
43. Ousmane Sembene, *God's Bits of Wood*, London: Heinemann, 1970. See also Soyinka, Op. cit., pages 54—60.
44. Soyinka, Op. cit., page 42.
45. Edward Said, *Orientalism*, New York: Pantheon, 1978.
46. Ibid., page 190.
47. Ibid., pages 317ff.
48. Ibid., page 326.
49. Ranajit Guha and Gayatri Chakravorty Spivak, *Selected Subaltern Studies*, Oxford and New York: Oxford University Press, 1988, pages 3—32.
50. Gayatri Spivak, *In Other Words: Essays in Cultural Politics*, London: Methuen, 1987; and *A Critique of Post-Colonial Reason: Toward a History of the Vanishing Present*, Cambridge, Massachusetts: Harvard University Press, 1999.
51. Guha and Spivak, Op. cit., passim.
52. Bill Ashcroft, Gareth Griffiths and Helen Tiffin, *The Post-Colonial Studies Reader*, London and New York: Routledge, 1995, especially pages 24ff and 119ff.
53. Fredric Jameson, *The Political Unconscious*, Princeton: Princeton University Press, 1981.

54. Raman Selden and Peter Widdowson, *Contemporary Literary Theory*, Lexington: University of Kentucky Press, 1993, page 97.
55. Fredric Jameson, *Postmodernism or the Cultural Logic of Late Capitalism*, Durham, North Carolina: Duke University Press, 1991.
56. Selden and Widdowson, Op. cit., pages 93—94. And see Terry Eagleton, *The Idea of Culture*, London: 2000.
57. H. Aram Veeser (editor), *The Stanley Fish Reader*, Oxford: Blackwell, 1999.
58. Jonathan Dollimore and Alan Sinfield (editors), *Political Shakespeare*, Manchester: Manchester University Press, 1985.
59. Peter Watson, 'Presume not that I am the thing I was,' (London) *Observer*, 22 August 1993, pages 37—38.
60. Annabel Patterson, *Shakespeare and the Popular Voice*, Oxford: Blackwell, 1989. 2000 年 5 月，剑桥大学英语研究部的负责人决定莎士比亚研究不再是攻读英语学位的必修课程。
61. Cunliffe (editor), Op. cit., page 234.
62. 他与艾略特一样，有"道德沦丧感"，这是丹尼斯·卡罗尔于 1987 年为剧作家所著传记中某一章的标题，see *David Mamet*, Basingstoke: Macmillan, 1987。
63. Ibid., page 147.
64. David Mamet, *Make-Believe: Essays and Remembrances*, London and Boston: Faber, 1996. See also Cunliffe, Op. cit., pages 159—160.
65. Published together as: *Rabbit Angstrom: a tetralogy*, London: Everyman's Library, 1995. Bradbury, *The Modern American Novel*, Op. cit., page 184.
66. Judie Newman, *John Updike*, Basingstoke: Macmillan Education, 1988. Bradbury, Op. cit., page 184.
67. 索尔·贝娄的著作出版方如下：*Dangling Man* and *The Adventures of Augie March*: Weidenfeld & Nicolson; *Henderson the Rain King*, *Humboldt's Gift* and *The Dean's December*: Seeker & Warburg; *More Die of Heartbreak*: Morrow.
68. Jonathan Wilson, *On Bellow's Planet: Readings from the Dark Side*, New York: Associated Universities Press, 1985.
69. Michael K. Glenday, *Saul Bellow and the Decline of Humanism*, London: Macmillan, 1990. And see Bradbury, Op. cit., pages 171—172 and 174.
70. Greg Sarris, *Keeping Slug Woman Alive: A Holistic Approach to American Indian Texts*, Los Angeles, University of California Press, 1993; and *Grand Avenue*, New York: Hyperion 1994; Penguin 1995.

41　文化战争

1. Allan Bloom, *Giants and Dwarves: Essays 1960—1990*, New York: Simon & Schuster, 1990; Touchstone paperback, 1991, pages 16—17.
2. Allan Bloom, *The Closing of the American Mind*, New York: Simon & Schuster, 1987; Penguin 1988.

3. Ibid., page 49.
4. Ibid., page 122.
5. Ibid., page 91.
6. Ibid., page 141.
7. Ibid., page 254.
8. Ibid., page 301.
9. Bloom, *Giants and Dwarves*, Op. cit., pages 24—25.
10. Harold Bloom, *The Western Canon*, New York: Harcourt Brace, 1994.
11. Ibid., page 38.
12. Ibid., page 30.
13. Ibid., page 48.
14. Ibid., pages 371ff.
15. Ibid., page 41.
16. Lawrence Levine, *The Opening of the American Mind*, Boston: Beacon Press, 1996.
17. Ibid., pages 91ff.
18. Ibid., page 16.
19. Ibid., page 83.
20. Ibid., page 86.
21. Ibid., page 158.
22. Martin Bernal, *Black Athena: The Afroasiatic Roots of Classical Civilisation*, London: Free Association Books, 1987; Vintage paperback, 1991.
23. Ibid., page 239.
24. Ibid., pages xxiv, xxvi and xxvii.
25. Ibid., page 18.
26. Ibid., page 51.
27. Ibid., page 31.
28. Mary Lefkowitz and Guy MacLean Rogers, *Black Athena Revisited*, Chapel Hill and London: University of North Carolina Press, 1996.
29. Ibid., page 113.
30. Ibid., pages 112ff.
31. Ibid., pages 431—434.
32. C. A. Diop, *The African Origin of Civilisation: Myth or Reality?*, Westport, Connecticut: Lawrence Hill, 1974.
33. Lefkowitz and Rogers, Op. cit., page 21.
34. Edward T. Linenthal and Tom Engelhardt (editors), *History Wars*, New York: Metropolitan Books/Holt, 1996.
35. Ibid., pages 35—40.
36. Ibid., pages 52 and 59.
37. Roger Kimball, *Tenured Radicals: How Politics Has Corrupted Our Higher Education*, New York: Harper & Row, 1990.
38. Ibid., pages 46ff.
39. Ibid., pages 96ff.
40. Dinesh d'Souza, *Illiberal Education: The Politics of Sex and Race on Campus*, Glencoe:

The Free Press, 1991.
41. Ibid., page 40.
42. Ibid., page 70.
43. Ibid., page 226.
44. Ibid., page 241.
45. Martha Nussbaum, *Cultivating Humanity: A Classical Defence of Reform in Liberal Education*, Cambridge, Massachusetts: Harvard University Press, 1997.
46. Ibid., page 85.
47. Ibid., page 53.
48. Ibid., page 94.
49. Ibid., page 105.
50. Ibid., pages 277—278.
51. David Denby, *Great Books*, New York: Simon & Schuster, 1996.
52. Ibid., page 13.
53. Ibid., page 459.
54. Ibid., page 461.
55. Ibid., page 457.
56. Ibid., pages 457—458.
57. Harold Bloom, *Shakespeare: The Invention of the Human*, London: Fourth Estate, 1999, pages 4—5.
58. Ibid., page xvii.
59. Ibid., page 715.
60. Ibid., page 745.
61. Gertrude Himmelfarb, *On Looking into the Abyss*, New York: Knopf, 1994.
62. Ibid., page 4.
63. Ibid., page 6.
64. Ibid., page 83.
65. Ibid., page 8.
66. Ibid., page 104.
67. Ibid., page 24.

42 深层秩序

1. Katie Hafner and Matthew Lyon, *Where Wizards Stay Up Late: The Origins of the Internet*, New York: Simon & Schuster, 1996; Touchstone paperback, 1998, pages 253—254.
2. Ibid., pages 18—24.
3. Ibid., pages 23—24.
4. John Naughton, *A Brief History of the Future: The Origins of the Internet*, London: Weidenfeld & Nicolson, 1999, pages 92—119 passim; See also Hafner and Lyon, Op. cit., pages 34, 38, 53, 57.
5. Hafner and Lyon, Op. cit., pages 59 and 65.

6. Ibid., pages 143 and 151—154.
7. Naughton, Op. cit., pages 131—138; Hafner and Lyon, Op. cit., pages 124ff.
8. Hafner and Lyon, Op. cit., pages 161ff.
9. Naughton, Op. cit., chapter 9, pages 114ff. Hafner and Lyon, page 192.
10. Hafner and Lyon, Op. cit., pages 204 and 223—227.
11. Ibid., pages 245ff.
12. Ibid., pages 253 and 257—258.
13. Brian Winston, *Media, Technology and Society: a History: from the Telegraph to the Internet*, London: Routledge, 1998.
14. 关于计算机文化利弊的讨论，see Lauren Ruth Wiener, *Digital Woes*, New York: Addison-Wesley, 1993。
15. Michael White and John Gribbin, *Stephen Hawking: A Life in Science*, New York and London: Viking 1992; Penguin 1992, pages 223—231. Stephen Hawking, *A Brief History of Time*, London: Bantam, 1988.
16. White and Gribbin, Op. cit., pages 227—229.
17. Ibid., pages 245 and 264ff.
18. Ibid., pages 60—61.
19. Paul Davies, *The Mind of God*, London: Simon & Schuster, 1992, Penguin 1993, pages 63ff; White and Gribbin, Op. cit., pages 149—151 and 209—213.
20. White and Gribbin, Op. cit., pages 137—138.
21. Ibid., pages 154—155.
22. 费曼本人发表过若干部颇受欢迎的科学和哲学著作。See *The Meaning of It All*, London: Allen Lane The Penguin Press, 1998，especially chapter three, 'This Unscientific Age'; See also White and Gribbin, Op. cit., pages 176ff.
23. White and Gribbin, Op. cit., pages 179 and 182—183.
24. Joel Davis, *Alternate Realities: How Science Shapes Our View of the World*, Op. cit., pages 159—162.
25. White and Gribbin, Op. cit., pages 208 and 274—275.
26. John Horgan, *The End of Science: Facing the Limits of Knowledge in the Twilight of the Scientific Age*, New York: Addison-Wesley, 1996; Broadway paperback, 1997, pages 7, 30—31, 126—127, 154. 其中有些问题第一次公开发表在一本于 1970 年出版、后来广受膜拜的著作中，即 *Gödel, Escher, Bach: an eternal golden braid* (New York: Basic Books)。霍夫施塔特着眼于他在数学家、艺术家和音乐家的作品中发现的概念相似性。按照霍夫施塔特的观点，之所以产生这种相似性，是因为在巴赫的某些赋格曲和埃舍尔的绘画中，在本该使用和声法或透视法的地方，规则被打破了。例如，在埃舍尔的艺术中，即使透视法没有遭到破坏，水还是显得向山上流，甚至形成一种不可能出现的圆形，或者人们沿着同一个楼梯走上走下，却又聚到一起，换句话说，他们也沿着一个不可能的圆形运动。在霍夫施塔特看来，这些形式体系的悖论（即，遵循一系列规则的体系）是重要的，在概念上与数学、生物学和哲学相联系，他相信终有一天，这些有助于解释生命和智慧。他追随莫诺，相信我们只有理解了一种现象如何超越其存在的规则之后，才能理解生命。霍夫施塔特的一个目标是提出，如果人工智能继续发展下去，就必须阐明形式体系的这一方面。哥德尔声称形式体系不能为证实那种体系提供证据，这是否言之有理？它是否意味着我们永远不能完全理解我们自身？或者，哥德尔的观点存在某种根本性的错误？*Gödel, Escher, Bach* 是一本特别的书，很难公允地加以概括。它充满绘画与视觉假象，无论是埃舍尔的、勒内·马格利特的，或者作者自己的，书中还包括具有严肃意图的数学难题、乐谱和化学结构图。虽然这本书颇有教益，而且作者轻松健谈，但它仍然不好读。书中包括大量附有注释的参考文献，还介绍了有关人工智能的许多重要著作。

27. White and Gribbin, Op. cit., pages 292—301.
28. See also Martin Rees, *Just Six Numbers: The Deep Forces that Shape the Universe*, London: Weidenfeld & Nicolson, 1999; White and Gribbin, Op. cit., pages 216—217.
29. David Deutsch, *The Fabric of Reality*, London: Allen Lane The Penguin Press, 1997; Penguin paperback, 1998, pages 1—29 for an introduction； see also Horgan, Op. cit., pages 222—223; and P. C. W. Davies and J. Brown (editors), *Superstrings: A Theory of Everything?*, Cambridge: Cambridge University Press, 1988, pages 1—5.
30. Brian Greene, *The Elegant Universe: Superstrings, Hidden Dimensions and the Quest for the Ultimate Theory*, London: Jonathan Cape, 1998, pages 174—176.
31. 除了已经引用过的著作，see Richard Feynman, *The Meaning of It All*, New York: Addison Wesley Longman; London: Allen Lane, The Penguin Press, 1998; Paul Davies, *The Mind of God: Science and the Search for Ultimate Meaning*, New York and London: Simon & Schuster, 1992; Penguin paperback, 1993; Ian Stewart, *Does God Play Dice?*, Oxford: Blackwell, 1989; Penguin paperback, 1990; Timothy Ferris, *The Whole Shebang: A State-of-the-Universe(s) Report*, New York: Simon & Schuster, 1997。注意这些书名都透露出作者的野心。
32. Greene, Op. cit., passim.
33. Ibid., pages 10—13. See also Davies and Brown, Op. cit., pages 26—29.
34. Greene, Op. cit., pages 136—137.
35. 与威腾的访谈，Davies and Brown, Op. cit., page 90，与阿卜杜勒·萨拉姆和谢尔顿·格拉肖的访谈，pages 170—191。See also Greene, Op. cit., pages 140—141.
36. Greene, Op. cit., pages 187ff.
37. Ibid., pages 329—331.
38. Ibid., page 362.
39. Ibid., page 379.
40. James Gleick, *Chaos: Making a New Science*, New York: Penguin, 1987.
41. Horgan, Op. cit., pages 193—194.
42. George Johnson, *Strange Beauty*, London: Jonathan Cape, 1999. See also Horgan, Op. cit., pages 211—215.
43. Horgan, Op. cit., pages 203—206 and 208.
44. Philip Anderson, 'More is different,' *Science*, August 4, 1972, page 393. Quoted in Horgan, Op. cit., pages 209—210.
45. Ian Stewart, *Life's Other Secret*, New York: Wiley, 1998; Penguin paperback, 1999.
46. Stewart, Op. cit., page xiii. 大量的修正主义思想进入了计算机和数学领域。See P.J. R. Millican and A. Clark (editors), *Machines and Thought: The Legacy of Alan Turing*, volume 1, Oxford: Oxford University Press, 1999. David Deutsch, *The Fabric of Reality*, Op. cit., page 354 将图灵原则视为一种基本的自然法则。
47. Ibid., page 22.

48. Ibid., page 66.
49. Ibid., pages 89—90.
50. See Blay Whitby, 'The Turing Test: AI's Biggest Blind Alley?' in Millican and Clark (editors), Op. cit., pages 53ff；See also Stewart, Op. cit., pages 95ff.
51. Stewart, Op. cit., pages 96ff.
52. Ibid., page 162.
53. Ibid.
54. See Joseph Ford, 'Chaos: Past, Present, and Future,' in Millican and Clark (editors), Op. cit., 他持相反的观点。"……秩序是全然无聊的，混乱确实迷人"，page 259。"本质上，混乱控制着进化"，page 260。在这本书中，克拉克·格莱莫尔还思考了是否存在"秩序的秩序"的问题，pages 278ff。See also Stewart, Op. cit., page 245.

结 语 实证时代

1. T. S. Eliot, *Collected Poems 1909—1935*, London: Faber, 1936, page 93.
2. Jared Diamond, *Guns, Germs and Steel*, London: Jonathan Cape, 1997.
3. Ibid., see map on page 177.
4. Ibid., page 57.
5. Ibid., page 58.
6. Francis Fukuyama, *The End of History and the Last Man*, Glencoe: The Free Press, 1992.
7. Ibid., page xi.
8. Ibid., page xii.
9. Ibid., page xiv.
10. Ibid., page 196.
11. David Landes, *The Wealth and Poverty of Nations*, New York: W. W. Norton, 1998; Abacus paperback, 1999.
12. Ibid., page 312.
13. John Horgan, *The End of Science: Facing the Limits of Knowledge in the Twilight of the Scientific Age*, Op. cit.
14. Ibid., pages 9—10.
15. Ibid., page 152.
16. Ibid.
17. Ibid., pages 152—153. 美国物理哲学家大卫·玻姆也发表过类似的观点，他在麦卡锡鼎盛时期离开美国，定居英国。与后来的菲杰弗·卡普拉一样，Bohm, *The Tao of Physics*, London: Wildwood House, 1975 将东方的宗教与现代物理学相联系，称之为"隐秩序"。在玻姆看来，艺术和科学之间的差异是暂时的。"过去差异确实存在，但是未来它没有理由存在。"科学不是纯粹的事实累积，而是"新的感知方式"的创造。持这一思想的第三位科学家是保罗·费耶阿本德。他也曾在伯克利任教，但是到 90 年代中期就闲居瑞士和意大利。在费耶阿本德的《反对方法》(1975）和《告别理性》(1987）两本书中，他认为科学和科学进步没有逻辑可言，"人类追求绝对真理的强迫性冲动，虽然高尚却往往以专横告终"(page 48)。他认为科学对思想有着庸俗和同质化的影响，使别的形式纷纷出逃。因此他坚定相信自己的观点，在后期著作中，他走得更远，拒绝谴责法西斯，他的论点是这种态度首先会导致法西斯主义。（在他的批评者那里，他曾在德国陆军作战的经历更是带来了负面影响。）

18. Maddox, Op. cit.
19. Ibid., page 122.
20. Ibid., pages 56—57.
21. Ibid., page 59.
22. Ibid., page 88.
23. 伦敦大学学院的心理学教授亨利·普洛特金在 *Darwin Machines and the Nature of Knowledge*, Allen Lane, The Penguin Press, Penguin paperback, 1995 中提出，适应本身就是一种知识形式，是有机体历史的一部分，它决定了一个有机体如何诞生、知道什么、能知道什么。照此推论，“高等”动物表现出来的智力显然是一种进化了的适应能力，它自身又有助于我们去适应。在普洛特金看来，智力有若干功能，其中一大功能是有助于社会团结：人类是社会动物，能够从合作中受益。因此，我们也可以从这个角度理解语言和文化。
24. Claude Bonnefoy, *Conversations with Eugène Ionescu*, Op. cit., pages 167—168. 比如，在 1998 年 11 月，牛津大学出版社发生了一件仅此一次（但未必微不足道）的事情：它中断了诗歌的出版，原因是诗歌没有出版价值，换言之，诗歌没有市场。这令英语国家的文学界大感震惊，特别是牛津的诗集出版量排在英国出版社的第二位，它的诗歌出版史可以追溯到 1918 年出版的杰拉德·曼利·霍普金斯作品。随后，人们发现，伦敦只有四家出版公司照常出版诗歌，每年发布近 25 种新诗集，销量只有 2000 至 3000 本，这种局面很难说诗歌业在健康发展。在 Peter Conrad, *Modern Times, Modern Places*, Thames & Hudson, 1998 一书中，他考察了 19 世纪的艺术，发现，19 世纪前 50 年的艺术比后 50 年的艺术更有趣、更重要，而且，在他所认定的近 30 个重要的艺术主题中，超过一半与科学相关（第二重要的是地方感：围绕维也纳、柏林、巴黎、美国和日本）。康拉德的艺术观与莱昂内尔·特里林并无二致，只是与时俱进了。用他的话说，音乐、文化、绘画和戏剧使我们情绪高涨，帮助我们“继续”。也许这是一个普通的观点，但是与瓦格纳、霍夫曼斯塔尔、伯格森等人还活跃着的一百年前相比，它的目标更简单。即使按照彼得·康拉德的严格标准，艺术的作用也已经萎缩了。
25. Alvin Kernan, *The Death of Literature*, New Haven and London: Yale University Press, 1990, page 134.
26. Ibid., page 135.
27. Ibid., page 151.
28. Ibid., page 210.
29. John Bariow, *Impossibility: The Limits of Science and the Science of Limits*, Oxford and New York: Oxford University Press, 1998; Vintage paperback, 1999, page 94.
30. Ibid., pages 94—95.
31. Ibid., page 95.
32. Robin Wright, *The Moral Animal*, Op. cit., page 325.
33. P. B. Medawar, *The Hope of Progress*, London: Methuen, 1972, page 68.
34. Judith Rich Harris, *The Nurture Assumption: Why Children Turn Out the Way They Do*, London: Bloomsbury, 1998.

35. Wright, Op. cit., page 315.
36. Michael S. Roth (editor), *Freud: Conflict and Culture*, New York: Knopf, 1998.
37. Paul Robinson, 'Symbols at an Exhibition,' *New York Times*, 12 November 1998, page 12.
38. Ibid.
39. Richard Noll, *The Jung Cult*, Princeton: Princeton University Press, 1994; and *The Aryan Christ: The Secret Life of Carl Gustav Jung*, Op. cit.
40. Russell Jacoby, *The Last Intellectuals: American Culture in the Age of Academe*, New York: Farrar, Straus & Giroux, 1987; Noonday paperback 1989. John Brockman (editor), *The Third Culture*, Op. cit.
41. Jacoby, Op. cit., pages 27ff.
42. Ibid., pages 72ff.
43. Ibid., pages 54ff.
44. V. S. Naipaul, *Among the Believers: An Islamic Journey*, New York: Knopf, 1981; Vintage paperback, 1982.
45. Ibid., page 82.
46. Ibid., page 85.
47. Ibid., page 88.
48. Ibid., page 167.
49. Ibid., page 337.
50. Ibid., page 224.
51. V. S. Naipaul, *An Area of Darkness*, London: Deutsch, 1967; *India: A Wounded Civilisation*, London: Deutsch, 1977; Penguin 1979; *India: A Million Mutinies Now*, London: Heinemann, 1990.
52. Naipaul, *An Area of Darkness*, Op. cit., page 18.
53. Ibid., page 53. 我还可以列举出更多此类言辞。不过，我们来看看另一位印度作家尼拉德·乔杜里，他生于次大陆，长于次大陆。他热爱自己的祖国，但他认为它“了无生气”，“除非屈服于外来影响，否则它自身无力产生至关重要的文明”。(Quoted in Edward Shils, *Portraits*, University of Chicago Press，1997，page 83. ）乔杜里的很多同胞认为他“反印度”，老年后，他移居英国。但他的凝视毫不畏惧。乔杜里认为印度精神并不存在。“它是西方想象的虚构之物……印度没有创造性力量。”(Ibid.)“除了从事印度学研究之外，印度的学院和大学从来不是适合其他研究的地方。”(Ibid., page 103.)
54. Octavio Paz, *In Light of India*, London: Harvill, 1997. Originally published as: *Vislumbras de la India*, Barcelona: Editorial Seix Barral SA, 1995.
55. Ibid., page 37.
56. Ibid., page 89.
57. Ibid., page 90.
58. V. S. Naipaul, *India: A Million Mutinies Now*, Op. cit., page 518.
59. 这一后期观点得到了普拉桑吉特·巴苏的响应。1999 年 8 月，他在《国际先驱论坛报》上撰文提醒读者，虽然在那一周印度的人口总数到达了 10 亿，而大多数人认为这绝不是好消息，但是这个国家还是好好的。印度增长强劲，软件出口蓬勃发展，农业生产的增长速度胜过人口增速。从英国独立出来以后，印度没有遭遇过严重的饥荒，印度教教徒、穆斯林教徒、锡克教教徒和基督徒携手合作，既研究核能，也制定人性化法律。因此“内在导向的印度”最终发生了变化。Aziz Al-Azmeh, *Islams and Modernities*, Verso, 1993 似乎对伊斯兰教更为乐观。他认为，总体上，在赎罪日战争和石油危机之前，伊斯兰就已经走在现代化的道路上，接受了达尔文等思想。但是，从那以后，他说，右派取代了共产主义，成为主导伊斯兰的力量，“对西方文明和价值观构成主要威胁”。

60. Landes, Op. cit., pages 49ff.
61. Irving Louis Horowitz, *The Decomposition of Sociology*, Oxford and New York: Oxford University Press, 1993; paperback edition, 1994.
62. Ibid., page 4.
63. Ibid., page 12.
64. Ibid.
65. Ibid., page 13.
66. Ibid., page 16.
67. Ibid., pages 242ff.
68. Barrow, *Impossibility*, Op. cit.
69. Ibid., page 248.
70. Ibid., page 251.
71. Roger Scruton, *An Intelligent Person's Guide to Modern Culture*, Op. cit., page 69.
72. John Polkinghorne, *Beyond Science*, Cambridge: Cambridge University Press, 1996; Canto paperback 1998, page 64.
73. Polkinghorne, Op. cit., page 88.
74. 其中有些问题，哈佛大学的杰拉尔·霍尔顿在 The Scientific Imagination, Cambridge University Press, 1978, reissued Harvard University Press, 1998 作了特别的思考。基于诸如恩里科·费米的发现以及高温超导电性等科学创新，霍尔顿得出结论，科学基本上是内向的，像孩童一样害羞，又像顶着同辈压力的成年人那么清醒，这种情况下的想象“小于”艺术中想象，因为科学总体上受制于各种“主题”，即预想观点一步步前进，最终改变思维范式。霍尔顿的研究提出了这样一种可能性，这类细小的想象力的飞跃实际上比刘易斯·芒福德和莱昂内尔·特里林呼吁的艺术领域革命性的大方向型转变更富成效。根据霍尔顿的论据，科学领域细小的想象进步正是科学的成功所在。另一种回应是发现科学的魅力，所有的科学家，或者说很多科学家都是这么做的。理查德·道金斯在 *Unweaving the Rainbow*, London: Allen Lane, The Penguin Press, 1998 中特地提出了这种观点。书名来自济慈写的关于牛顿的一首诗，在用物理学措辞展示彩虹形成的原理时，他去除了神秘和巫术，甚至还偏离了诗意。相反，道金斯却说，假如济慈（以及乔叟、莎士比亚、西特韦尔等众多其他作家）懂点科学知识的话，他们将会是更好的诗人；他花了大量时间纠正乔叟、莎士比亚和华兹华斯诗歌中的科学问题。他猛烈抨击神秘主义、唯心论和占星学，称其艳俗；他大肆赞扬大脑的神奇和自然史，还详细描述了一种虫子，“它专门住在河马的眼睑里，以河马的眼泪为食”（page 241）。这本书是道金斯首次没有自设主题、专为回应事件而写的著作，具有他的其他著作所没有的辩护性，这一点，我以为不必要。但是他纠正伟大诗人的做法，看似倨傲，其实很有道理。科学评论家必须做好准备，自己的英雄可能受到批评。
75. Bryan Magee, *Confessions of a Philosopher*, Op. cit., page 564.
76. Ibid., page 536.

77. Ibid., pages 546—548.
78. 有一个人曾经考虑过这个问题，至少部分考虑过这个问题，弗朗西斯・福山在 *The Great Disruption*, The Free Press, 1999 中认为大分裂发生在 20 世纪 60 年代的发达国家，那里犯罪率剧增，社会混乱加剧，作为社会黏合剂的家庭和亲缘关系走向衰退。他将此归咎于社会从工业化转向后工业化，带来了社会阶层的变化、生育高峰（年轻男性数量太大，容易引起暴力犯罪），以及诸如避孕药的技术进步。不过福山也考虑到，在过去的四分之一个世纪里，他所谓的“新生物学”已经取得了重大思想成就。他主要是指社会生物学，认为它向我们表明，人性这种东西确实存在，人类是社会动物，总是会制定道德规则，在瓦解之后重建社会凝聚力。他指出，本质上，这就是文化战争的内容，是道德的战场，在此，他用现代性和科学性粉饰了尼采和哈耶克。因此，福山认为大分裂现已告终，我们所处的这个时代正重新走向凝聚，甚至回归家庭生活。
79. Samuel Huntington, *The Clash of Civilisations and the Remaking of World Order*, New York: Simon & Schuster, 1996.
80. Also cited in: Neil Postman, *The End of Education*, New York: Knopf, 1995; Vintage paperback, 1996, page 113.
81. Edward O. Wilson, *Consilience: The Unity of Knowledge*, New York: Little, Brown, 1998.
82. Ibid., page 220.
83. Ibid., page 221.
84. Ibid., page 225.
85. Ibid., page 297.

索 引

（条目后数字为原书页码，见本书边码。）

人名、地名与作品名

思想与主题

图书在版编目（CIP）数据

20世纪思想史：从弗洛伊德到互联网／（英）彼得·沃森（Peter Watson）著；张凤，杨阳译．—南京：译林出版社，2019.10（2024.4重印）

书名原文：The Modern Mind: An Intellectual History of the 20th Century

ISBN 978-7-5447-7901-2

Ⅰ.①2… Ⅱ.①彼… ②张… ③杨… Ⅲ.①思想史－研究－20世纪 Ⅳ.①B151

中国版本图书馆 CIP 数据核字（2019）第 130673 号

20世纪思想史：从弗洛伊德到互联网 ［英国］彼得·沃森／著 张 凤 杨 阳／译

责任编辑 陶泽慧
装帧设计 韦 枫
校 对 孙玉兰
责任印制 董 虎

原文出版 Harper Perennial, 2002
出版发行 译林出版社
地 址 南京市湖南路 1 号 A 楼
邮 箱 yilin@yilin.com
网 址 www.yilin.com
市场热线 025-86633278
排 版 南京展望文化发展有限公司
印 刷 南京爱德印刷有限公司
开 本 718 毫米 ×1000 毫米 1/16
印 张 82.25
插 页 8
版 次 2019 年 10 月第 1 版
印 次 2024 年 4 月第 11 次印刷
书 号 ISBN 978-7-5447-7901-2
定 价 248.00 元